Mit digitalen Extras:
Exklusiv für Buchkäufer!

D1725208

Ihre digitalen Extras zum Download:

- Gesetzestexte, Rechtsvorschriften, BMF-Schreiben, OFD-Verfügungen
- Wichtiges aus anderen Behörden
- Vertiefende Informationen

► http://mybook.haufe.de/

► Buchcode: PTU-5120

Umsatzsteuer in der Praxis

Umsatzsteuer in der Praxis

Die wichtigsten Fragen und Fälle

Dipl.-Finanzwirt Rüdiger Weimann,
Lehrbeauftragter, Dozent und Gutachter in Umsatzsteuerfragen
Begründer des Netzwerks umsatzsteuerDIALOG

20., völlig überarbeitete Auflage

Auf dem Rechtsstand 1. März 2022

Haufe Group
Freiburg · München · Stuttgart

Bibliografische Information der Deutschen Nationalbibliothek
Die Deutsche Nationalbibliothek verzeichnet diese Publikation in der Deutschen Nationalbibliografie; detaillierte bibliografische Daten sind im Internet über http://dnb.dnb.de abrufbar.

Print: ISBN 978-3-648-15045-0   Bestell-Nr. 00782-0020
ePDF: ISBN 978-3-648-15046-7   Bestell-Nr. 00782-0160

Rüdiger Weimann
Umsatzsteuer in der Praxis
20., völlig überarbeitete Auflage, Mai 2022

© 2022 Haufe-Lexware GmbH & Co. KG, Freiburg
www.haufe.de
info@haufe.de

Bildnachweis (Cover): © Melamory, Shutterstock

Produktmanagement: Dipl.-Kfm. Kathrin Menzel-Salpietro
Redaktionsassistenz: Christine Rüber
Satz: Agentur: Satz & Zeichen, Karin Lochmann, Buckenhof

Aus Gründen der besseren Lesbarkeit wird bei Personenbezeichnungen und personenbezogenen Hauptwörtern entsprechend den Empfehlungen des Rats für Deutsche Rechtschreibung und gemäß dem Amtlichen Regelwerk der deutschen Rechtschreibung in diesem Buch die männliche Form im Sinne des generischen Maskulinums verwendet. Entsprechende Begriffe beziehen sich ausdrücklich auf Personen jeglichen Geschlechts. Die verkürzte Sprachform hat nur redaktionelle Gründe und beinhaltet keine Wertung.

Für Bücher mit Online-Angebot gilt: Die Inhalte auf unserem Online-Angebot stehen für 12 Monate nach Einstellen bzw. Abverkauf des Buches, mindestens aber für zwei Jahre nach Erscheinen des Buches, zur Verfügung. Einen Anspruch auf Nutzung darüber hinaus besteht nicht.
Sofern diese Publikation bzw. das Online-Angebot Links auf Webseiten Dritter enthalten sollte, so übernehmen wir für deren Inhalte und die Verfügbarkeit keine Haftung. Wir machen uns diese Inhalte nicht zu eigen und verweisen lediglich auf deren Stand zum Zeitpunkt der Erstveröffentlichung.

Inhaltsverzeichnis

Vorbemerkungen

Dieses Buch konzentriert sich auf die für das Tagesgeschäft relevanten Schwerpunkte des Umsatzsteuerrechts und unternimmt den Versuch, diese praxisbezogen unter Verwendung von Checklisten, Fallbeispielen und Gestaltungshinweisen aufzubereiten; das Buch erhebt damit keinen Anspruch auf Vollständigkeit.

Damit sind Sie komplett:
Ergänzendes Informationsangebot der Haufe-Lexware Downloadseite

Im Interesse der Lesbarkeit verzichtet die Darstellung auf die gedruckte Wiedergabe der Rechtsgrundlagen Umsatzsteuergesetz, Umsatzsteuer-Durchführungsverordnung, Umsatzsteuer-Anwendungserlass und Mehrwertsteuer-Systemrichtlinie; diese finden Sie auf der Haufe-Lexware Downloadseite[1] im Volltext. Gesamtdarstellungen einzelner Kapitel sowie Kapitelunterpunkte, auf die der Praktiker erfahrungsgemäß nur gelegentlich zurückgreifen wird, finden Sie ebenfalls auf der Haufe-Lexware Downloadseite – und zwar unter der jeweiligen Kapitelnummer.

 Verweise auf die Arbeitshilfen der Haufe-Lexware Downloadseite

... erfolgen unter Angabe der fachspezifischen Ordner bzw. unter Angabe der Kapitelnummer
➔ mybook.haufe.de ...

Stets auf aktuellem Stand:
Aktualisierungen unter www.umsatzsteuerpraxis.de

Das Umsatzsteuerrecht unterliegt einem ständigen Wandel; auch scheinbar gefestigte Rechtsauffassungen können durch ein neues Urteil oder eine neue Verwaltungsanweisung in Frage gestellt werden. Erschwerend wirkt auch die

---

[1] Den Link sowie Ihren Zugangscode finden Sie am Buchanfang; zum Informationsangebot der Haufe-Lexware Downloadseite ➔ Downloadangebote.

ständig erforderliche Anpassung an die Vorgaben des europäischen Umsatz-steuerrechts. Daher **aktualisiert und ergänzt der Autor seine Darstellungen** laufend auf einer ausschließlich dazu eingerichteten Homepage.

 Verweise auf die Homepage ...

... erfolgen unter Angabe der Ordner/Unterordner:
➲ www.umsatzsteuerpraxis.de > Ordner > Unterordner > ...

»Lassen Sie uns doch einfach drüber reden!« –

Die bewährte Autoren-Hotline

Sicher wird manchmal auch ein persönliches Gespräch dazu beitragen können, »Licht« in das Gelesene zu bringen und »Denkblockaden« zu beseitigen. Sollte das bei Ihnen der Fall sein, zögern Sie bitte nicht! Gern können Sie Ihre Fragen in einem kurzen **Telefonat mit dem Autor** zu klären versuchen – für Sie nur zu den üblichen Telefongebühren ins Handy-Netz.

Aus berufs- und haftungsrechtlichen Gründen sowie aufgrund der Komplexität und des ständigen Wandels der Rechtsmaterie erlauben Sie aber bitte den Hin-weis, dass der Autor Ihre Fragen zwar wissenschaftlich und mit größter Sorgfalt bearbeiten wird, jedoch jegliche Haftung und Gewähr für die Richtigkeit aus-schließen muss. Insbesondere bleibt die Hilfe in Steuersachen i. S. d. Steuerbe-ratungsgesetzes ausschließlich Ihrem/n Steuerberater/n oder Wirtschaftsprü-fer/n vorbehalten (§§ 1 ff. StBerG). **Insbesondere dann, wenn sich Empfehlun-gen nicht mit denen Ihres Beraters decken, sollten Sie dem Berater die Ant-worten vorlegen und mit ihm gemeinsam die zukünftige Vorgehensweise ab-stimmen.**

 Verweis auf die Autoren-Hotline

Die **Rufnummer** der hierzu vom Autor speziell eingerichteten Hotline sowie die **Sprechzeiten** entnehmen Sie bitte der Homepage:
➲ www.umsatzsteuerpraxis.de > Autoren-Hotline.

Vorwort

»Nichts ist so alt wie das, was gestern zum Steuerrecht geschrieben wurde!«

Gesetzgeber, Finanz- und Zivilgerichte sowie Finanzverwaltung haben auch in der letzten Zeit ihr Bestes getan, um diese Beraterweisheit für die umsatzsteuerliche Beurteilung innerdeutscher und internationaler Fallgestaltungen eindrucksvoll zu bestätigen.

Die Ihnen nunmehr auf dem neuesten Stand vorliegende 20. Auflage von »Umsatzsteuer in der Praxis« bringt Sie wieder auf dem neuesten Stand! Das Buch vermittelt Ihnen alle praxisrelevanten Kenntnisse. Besonders zu erwähnen sind dieses Mal die wichtigen Neuerungen in folgenden Themenbereichen:

- Richtige Prüfung der Umsatzsteuer-Identifikationsnummer ➲ Kapitel 19a
- Umsatzsteuerfolgen des Brexit ➲ Kapitel 19b
- Neuregelung der Steuerbefreiung für EU-Lieferungen, Ausfuhren und Reihengeschäfte ➲ Kapitel 21.b
- Richtige Dokumentation der EU-Lieferung durch Abnehmerversicherung, Gelangensbestätigung und Gelangensvermutung? ➲ Kapitel 23, Kapitel 23a und Kapitel 24
- Umsetzung des MwSt-Digitalpakets zum 1.7.2021➲ Kapitel 35a, Kapitel 35b und Kapitel 35c
- Richtige Zusammenfassende Meldung ➲ Kapitel 63
- Rechnungsstellung in das und aus dem Ausland ➲ Kapitel 71a
- Sicherer Umgang mit E-Rechnungen ➲ Kapitel 74 und Kapitel 74a

Aber auch die anderen Neuerungen haben es wieder einmal »in sich« – versprochen!

Mit der Neuauflage wende ich mich wie gehabt an den **Praktiker in Unternehmen oder Steuerberatung** und möchte diesen über die Möglichkeiten, Steuern zu sparen, und die Gefahren, unnötigen Steuer- und Verwaltungsaufwand zu produzieren, aufklären. Dabei konzentriere ich mich wieder auf die für das **Tagesgeschäft relevanten Schwerpunkte** des Umsatzsteuerrechts und unternehme den Versuch, diese praxisbezogen unter Verwendung von **Checklisten,**

wird dies begrüßen; der anspruchsvolle Umsatzsteuertheoretiker dagegen wird sicher so manches – akademisch recht interessante – Gedankenspiel vermissen.

Bewährt hat es sich, neben dem Print auch **Downloads** anzubieten und so dem Bedürfnis des Praktikers nach stets aktueller Information Rechnung zu tragen.

Das »Informations-Paket« runde ich ab durch meine **Autoren-Hotline**: möge auch diese Ihnen eine willkommene Unterstützung sein.

Zu guter Letzt der Hinweis, dass ich für **Feedbacks** immer dankbar bin – positive Stimmen erfreuen, negative spornen zu Verbesserungen an!

Dortmund, im März 2022

Rüdiger Weimann

1 Warum die Umsatzsteuer erhoben werden darf

Rechtsgrundlagen und weitere grundlegende Gedanken

1.1 Keine Doppelbesteuerungsabkommen zur USt

Die Besonderheiten der Umsatzsteuer verdeutlicht am ehesten ein Vergleich der Umsatzsteuer mit der Ihnen in der Regel wesentlich geläufigeren Einkommensteuer/Lohnsteuer:

> **Beispiel**
>
> In Dortmund arbeitet ein Türke (T), dessen Familie in Ankara wohnt. Monat für Monat schickt der Mann einen Großteil seines Geldes in die Türkei; dort ist auch weiterhin sein Lebensmittelpunkt.
>
> Die deutsche Finanzverwaltung will, unabhängig von der Nationalität des T, die Einkünfte besteuern, da sie in Deutschland erzielt wurden. Die türkische Finanzverwaltung will, unabhängig vom Ort der Einkunftserzielung, die Einkünfte ebenfalls besteuern, da die Türkei für ihre Bürger, wie die Bundesrepublik Deutschland auch, das Welteinkommensprinzip kennt.
>
> Die Einkünfte des T würden damit eigentlich doppelt besteuert. Damit es dazu nicht kommt oder aber zumindest die Folgen einer doppelten Besteuerung gemildert werden, schließen die Staaten Doppelbesteuerungsabkommen.

Deutschland hat Doppelbesteuerungsabkommen mit sehr vielen Staaten – insbesondere zu den Ertragsteuern und den Besitzsteuern. **Weltweit gibt es aber kein Doppelbesteuerungsabkommen zur Umsatzsteuer!** Das verdeutlicht nicht zuletzt die aktuelle **Übersicht des BMF**[2] **per 1.1.2022**: es gibt viele DBAs – aber kein Einziges zur Umsatzsteuer!

➡️ Beratungskonsequenzen

1. Bei der Umsatzsteuer kann bei **Umsätzen mit Drittlandsbezug** – zur Abgrenzung Inland/Ausland/Gemeinschaftsgebiet/Drittlandsgebiet[3] – eine **doppelte Besteuerung niemals ausgeschlossen** werden!

---

[2] BMF, Schreiben vom 19.1.2022, IV B 2 – S 1301/21/10048 :001, 2021/1300096, Stand der Doppelbesteuerungsabkommen und anderer Abkommen im Steuerbereich sowie der Abkommensverhandlungen am 1.1.2022 ➲ mybook.haufe.de > Wichtiges aus dem BMF.

[3] Vgl. Abschn. 1.9 und 1.10 UStAE.

2. Tätigt der Unternehmer grenzüberschreitende Umsätze in Drittländer, muss er sich damit **immer auch die Frage stellen, wie das Ausland** den Fall umsatzsteuerlich beurteilt ➲ Kapitel 84.

1.2   Die europäische Lösung

1.2.1   Das Bedürfnis nach einem gemeinsamen Umsatzsteuersystem

Die Länder Europas wollten für ihr Hoheitsgebiet den grenzüberschreitenden Waren- und Dienstleistungsaustausch fördern; zumindest ein Doppelbesteuerungsabkommen wäre dafür unabdingbar gewesen.

Die Länder Europas sind aber noch einen Schritt weiter gegangen: Sie vermeiden nicht nur die gemeinsame Festlegung von Leistungsorten und Doppelbesteuerungen, sondern haben sich auch weitere gemeinsame Spielregeln gegeben, die grenzüberschreitende Geschäfte erleichtern.

Mit dem UStG 1980 kam die Bundesrepublik Deutschland der Verpflichtung nach, das nationale Umsatzsteuerrecht der damals in Europa gültigen 6. EG-Richtlinie anzupassen.

Das **Umsatzsteuerbinnenmarktgesetz** vom 25.8.1992 brachte mit Wirkung vom 1.1.1993 eine Übergangsregelung mit dem Ziel, vier Jahre später einen »echten« umsatzsteuerlichen Binnenmarkt zu schaffen. **Diese vermeintliche Übergangsregelung ist derzeit allerdings immer noch in Kraft – ein Ende ist aber absehbar** (➲ Hinweis auf Kapitel 20).

➡️ Beratungskonsequenzen

1. Mit geringfügigen Abweichungen wurde das **materielle Umsatzsteuerrecht** innerhalb der Europäischen Gemeinschaft damit **einheitlich gestaltet.**
2. Unterschiedlich sind aber insbesondere noch die Steuersätze und die **Verfahrensregeln.**
3. Auch die durch europäische Vorgaben eingeräumten **Gestaltungsspielräume** führen zu diversen Unterschieden zwischen den Umsatzsteuergesetzen der einzelnen Mitgliedstaaten, was die im Binnenmarkt tätigen Unternehmen in der Praxis auch weiterhin vor nicht unerhebliche Probleme stellt.

1.2.2 Die Mehrwertsteuer-Systemrichtlinie

 Rechtsgrundlagen

- Mehrwertsteuer-Systemrichtlinie (MwStSystRL)
- Durchführungsbestimmungen zur Mehrwertsteuer-Systemrichtlinie

➲ mybook.haufe.de > Gesetze, Verordnungen, Richtlinien

1.2.2.1 Die eigentliche Richtlinie

Der Rat der Europäischen Union hat am 28.11.2006 die Richtlinie 2006/112/EG über das gemeinsame Mehrwertsteuersystem[4] – nachfolgend »MwStSystRL« – verabschiedet. Die neue Richtlinie ist **am 1.1.2007 in Kraft getreten** und ersetzt die bisherige 6. EG-Richtlinie zur Harmonisierung der Umsatzsteuern[5] – nachfolgend »6. EG-RL« – einschließlich der später dazu ergangenen Änderungsrichtlinien. Darüber hinaus wurden auch die noch geltenden Regelungen der 1. EG-RL eingearbeitet.

Die MwStSystRL ist damit im Grunde eine (praxisgerechtere) **Neufassung der 6. EG-RL.** Letztere wurde erforderlich, da die 6. EG-RL seit ihrem Inkrafttreten am 1.1.1978 oft und umfänglich geändert wurde, ohne dass es jemals zu einer Konsolidierung des Rechtstextes kam. Die sicher weiteste Änderung brachte die Errichtung des Binnenmarkts zum 1.1.1993 und die damit verbundene Beseitigung der Steuergrenzen zwischen den Mitgliedstaaten. Der Rechtsanwender musste sich, um für »seinen Fall« auf jeweils aktuellem Stand zu sein, mühsam durch die verschiedenen Änderungsrichtlinien »durchwühlen«. Der nunmehr konsolidierte Text soll dem Praktiker diese Arbeit abnehmen – erst einmal, denn auch Änderungen der MwStSystRL sind über kurz oder lang absehbar! Insbesondere die **Betrugsbekämpfung** hat bereits weit reichende Neuerungen mit sich gebracht und wird noch weitere bringen[6].

Zusammengefasst ist die MwStSystRL **dadurch gekennzeichnet,** dass sie

- alle wesentlichen bisherigen mehrwertsteuerlichen Vorschriften bündelt,
- überholte Bestimmungen und vorläufige Fassungen streicht,

---

4   ABl EU 2006 Nr. L 347, S. 1.

5   Richtlinie 77/388/EWG v. 17.5.1977, ABl EG 1977 Nr. L 145, S. 1.

6   Hinweis auf ➲ Kapitel 20.

- lange und komplexe Bestimmungen entflechtet und
- die Anweisungen insgesamt neu strukturiert.

Die neue Richtlinie umfasste bei ihrer Verabschiedung **414 Artikel und 12 Anhänge**. Ursächlich für die im Vergleich zur »alten« 6. EG-RL hohe Anzahl der Vorschriften ist, dass nunmehr (in der MwStSystRL) selbstständige Vorschriften in der 6. EG-RL lediglich Absätze und Unterabsätze übergeordneter Bestimmungen darstellten.

> **Beispiel**
>
> Allein Art. 6 der »alten« 6. EG-RL (Definition der Dienstleistungen) hatte fünf Absätze. Diese führten bei der Umstellung zu sechs eigenständigen Vorschriften (Art. 24 bis 29 MwStSystRL).

 Beratungskonsequenzen

1. Der Praktiker steht – zumindest in einer Übergangsphase – vor dem Problem, dass Urteile, Verwaltungsanweisungen sowie Kommentierungen und andere Literaturbeiträge auf der 6. EG-RL basieren werden. Zur Erleichterung der praktischen Arbeit ist auf Anhang XII der MwStSystRL hinzuweisen, der in einer vom Richtliniengeber sog. »**Entsprechungstabelle**« synoptisch darstellt, wo sich die alten Vorschriften in der neuen Richtlinie wieder finden[7].

2. Der neue Text führt ursprünglich **nicht zu inhaltlichen Änderungen** des geltenden Rechts. Dennoch haben sich durch die Neufassung einige inhaltliche Änderungen ergeben, die in den Bestimmungen über die Umsetzung und das Inkrafttreten der Richtlinie[8] abschließend aufgeführt sind. Für das deutsche Umsatzsteuerrecht ergibt sich allerdings kein Änderungs- bzw. Umsetzungsbedarf aus dem neuen Rechtstext. Damit sind auch für den Rechtsanwender keine neuen Vorschriften zu beachten.

3. Das Umsatzsteuerrecht ist weiter im Fluss – *und* der EU-Gesetzgeber reagiert darauf mit neuen (zusätzlichen) Vorschriften. Bei Drucklegung (März 2022) ist die MwStSystRL daher bereits auf knapp **500 Artikel angewachsen**.

---

7 Vgl. auch *Weimann* in Weimann/Lang, Umsatzsteuer – national und international, 5. Auflage 2018, Einführung UStG, Rdn. 100 ff.

8 Vgl. Art. 411 und 412 der MwStSystRL.

1.2.2.2 Durchführungsbestimmungen zur Richtlinie

Der Rat der Europäischen Union hat am 15.3.2011 die **Durchführungsverordnung (EU) Nr. 282/2011 des Rates vom 15.3.2011 zur Festlegung von Durchführungsvorschriften zur Richtlinie 2006/112/EG über das gemeinsame Mehrwertsteuersystem (Neufassung)** verabschiedet[9].

Mit der neuen DVO, die auf Art. 397 MwStSystRL beruht, wird die bisherige DVO[10] neu gefasst und unter Berücksichtigung der zwischenzeitlich angenommenen Leitlinien des MwSt-Ausschusses (Art. 398 MwStSystRL) erweitert.

Die Neuregelungen gelten größtenteils **ab dem 1.7.2011**; gleichzeitig wird die alte DVO aufgehoben.

In die neue DVO sind insbesondere die vom MwSt-Ausschuss zu der Richtlinie 2008/8/EG vom 12.2.2008 (sog. »Mehrwertsteuerpaket«) mit den neuen **Bestimmungen zum Ort der Dienstleistungen** erlassenen Leitlinien eingeflossen (➲ Kapitel 40 ff.).

Die DVO ist – ohne dass es eines nationalen Umsetzungsakts bedarf – **unmittelbar geltendes Recht**. Sie bindet damit

- die Mitgliedstaaten (Wirtschaftsteilnehmer, Verwaltung und Gerichtsbarkeit),
- die Europäische Kommission und
- **auch den EuGH**!

 Beratungskonsequenzen

1. **Wirkung »ex nunc«:** Die DVO soll zukünftig eine einheitliche Anwendung der MwStSystRL in den Mitgliedstaaten sicherstellen.

2. **Keine Rückwirkung:** Die DVO berührt damit nicht die Gültigkeit der von den Mitgliedstaaten in der Vergangenheit (d. h. bis zum Inkrafttreten der DVO) angenommenen Rechtsvorschriften und Auslegungen.

3. **Restriktive Auslegung geboten:** Bei der Anwendung der Durchführungsvorschriften ist zu beachten, dass diese spezifischen Regelungen zu einzelnen

---

9   ABl. EU 2011 Nr. L 77 vom 23.3.2011; nachfolgend kurz »DVO«.

10   Verordnung (EG) Nr. 1777/2005 des Rates vom 17.10.2005 zur Festlegung von Durchführungsvorschriften zur Richtlinie 77/388/EWG über das gemeinsame Mehrwertsteuersystem, ABl. EU 2005 L 288 vom 29.10.2005.

Anwendungsfragen enthalten und ausschließlich im Hinblick auf eine gemeinschaftsweit einheitliche steuerliche Behandlung dieser Einzelfälle konzipiert sind.

4. Sie sind daher nicht auf andere Fälle übertragbar und grundsätzlich restriktiv auszulegen.

5. **Erwägungsgründe beachten:** Der VO gehen 46 Erwägungsgründe vor, warum die dort angesprochenen Regelungen getroffen wurden. Die Erwägungsgründe sind **materiell-rechtlicher Teil der VO** und bei ihrer Auslegung zu berücksichtigen.

1.3 Die Grundlagen des (deutschen) materiellen USt-Rechts

§ Rechtsgrundlagen

- Mehrwertsteuer-Systemrichtlinie (MwStSystRL)
- Umsatzsteuer-Anwendungserlass (UStAE)
- Umsatzsteuer-Durchführungsverordnung (UStDV)
- Umsatzsteuergesetz (UStG)

➔ mybook.haufe.de > Gesetze, Verordnungen, Richtlinien

Die Grundlagen des Umsatzsteuerrechts ergeben sich derzeit im Wesentlichen aus folgenden Rechtsquellen:

- Mehrwertsteuer-Systemrichtlinie (➔ s. o., Kapitel 1.2)

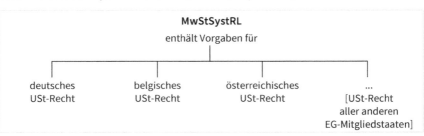

- Umsatzsteuer-Anwendungserlass – UStAE ➔ Kapitel 10
- Umsatzsteuergesetz (UStG)
- Umsatzsteuer-Durchführungsverordnung (UStDV)

1.4 Bedeutung der USt für die deutsche Volkswirtschaft

1.4.1 Anteil am deutschen Steueraufkommen

Die Umsatzsteuer ist **gemessen am Steueraufkommen** neben der Einkommensteuer (in all ihren Erhebungsformen) die **bedeutendste Steuerart**.

717 Mrd. € Steuern haben Bund, Länder und Gemeinden im Jahr 2020 insgesamt eingenommen. **Ergiebigste Steuerquelle** war wieder einmal die **Umsatzsteuer**, auch wenn diese Corona-bedingt **mit 218 Mrd. €** erstmals erheblich hinter dem Vorjahresergebnis (Mehrwertsteuereinnahmen 2019: 243 Mrd. €) zurückblieb[11].

Ob Auto, iPod, T-Shirt oder Zahncreme: den größten Teil der Steuereinnahmen liefern auf den ersten Blick die Verbraucher – und zwar mit fast jedem ihrer Einkäufe. Insgesamt betrug im Jahr 2020 das MwSt-Aufkommen 218 Mrd. € und war damit – wie schon in den Vorjahren – noch vor der Lohnsteuer (207 Mrd. €) die ergiebigste Einzelsteuer. Die Lohnsteuer ist jedoch keine eigenständige Steuer, sondern lediglich eine spezielle Erhebungsform der Einkommensteuer. Rechnet man alle einkommensbezogenen Steuern zusammen, wird deutlich, dass die aufkommensstärksten sind: Lohn-, Einkommen- und Körperschaftsteuer, nicht veranlagte Steuern vom Ertrag, Solidaritätszuschlag und Abgeltungssteuer auf Zins- und Veräußerungserträge summieren sich auf rund 325 Mrd. €.

Eindrucksvoll ist auch die Entwicklung über die letzten Jahre. Im Jahr 2006 belief sich das Mehrwertsteueraufkommen noch auf 147 Mrd. € und ist seitdem also bis 2020 – auch unter Berücksichtigung des Corona-Einbruchs – **um mehr als 48 % gestiegen**!

---

11 BMF, Arbeitskreis Steuerschätzungen, www.bundesfinanzministerium.de (Datum der Abfrage: 17.2.2022).

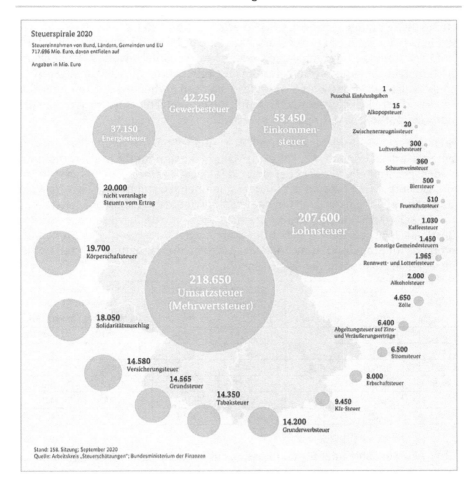

Steuerspirale 2020

Steuereinnahmen von Bund, Ländern, Gemeinden und EU
717.696 Mio. Euro, davon entfielen auf

Angaben in Mio. Euro

42.250 Gewerbesteuer

37.150 Energiesteuer

53.450 Einkommen-steuer

20.000 nicht veranlagte Steuern vom Ertrag

19.700 Körperschaftsteuer

207.600 Lohnsteuer

218.650 Umsatzsteuer (Mehrwertsteuer)

18.050 Solidaritätszuschlag

14.580 Versicherungsteuer

14.565 Grundsteuer

14.350 Tabaksteuer

14.200 Grunderwerbsteuer

1 Pauschal. Einfuhrabgaben

15 Alkopopsteuer

20 Zwischenerzeugnissteuer

300 Luftverkehrsteuer

360 Schaumweinsteuer

500 Biersteuer

510 Feuerschutzsteuer

1.030 Kaffeesteuer

1.450 Sonstige Gemeindesteuern

1.965 Rennwett- und Lotteriesteuer

2.000 Alkoholsteuer

4.650 Zölle

6.400 Abgeltungsteuer auf Zins- und Veräußerungserträge

6.500 Stromsteuer

8.000 Erbschaftsteuer

9.450 Kfz-Steuer

Stand: 158. Sitzung; September 2020
Quelle: Arbeitskreis „Steuerschätzungen"; Bundesministerium der Finanzen

1.4.2 Kosten der Umsatzsteuererhebung

Zugleich erweist sich die Umsatzsteuer als **besonders kostengünstige Form der Steuererhebung**[12]; ca. 15 Mrd. € p. a. kostete 2003 die deutsche USt-Erhebung. Zu diesem Ergebnis kam das Rheinisch-Westfälische Institut für Wirtschaftsfor-

---

12   *Hacke,* VDI-Nachrichten Nr. 34 vom 22.8.2003, 12.

schung (RWI), das im Auftrag des BMF die Erhebungskosten ermittelt und analysiert hat. Jeder »Steuer-Euro« verursachte damals danach durchschnittlich fünf Cent Verwaltungs-, Beratungs- und Gerichtskosten. Dabei erweist sich vor allem das **Selbstveranlagungssystem der Umsatzsteuer** als das kostengünstigste. Die Studie weist zutreffend darauf hin, dass die Steuererhebungskosten über die Steuerzahllast hinaus gesamtwirtschaftliche Ressourcen beanspruchen, die **für andere öffentliche wie für private Investitionen verloren** gehen.

Verwaltungs- und Gerichtskosten auf der einen, Steuerberatungskosten und Zeitaufwand auf der anderen Seite: Die **Vollzugskosten für die Steuererhebung** werden größtenteils vom Steuerzahler direkt getragen und belaufen sich im Durchschnitt auf 4,7 Prozent der Steuereinnahmen. So summieren sich etwa die Ausgaben bei der Einkommensteuer auf Seiten der Steuerzahler auf 3,4 Prozent und auf Seiten der Finanzverwaltung auf 2,2 Prozent. Für die wesentlich kostengünstigere Umsatzsteuer wenden die Steuerzahler 2,6 Prozent des Steueraufkommens für Steuererklärung und -beratung auf; die Verwaltungskosten betragen lediglich 0,5 Prozent der Steuereinnahmen.

	Verwaltungskosten		Befolgungskosten (Steuerzahler)		Vollzugskosten (insgesamt)	
	in Mrd. €	in Prozent	in Mrd. €	in Prozent	in Mrd. €	in Prozent
USt	0,613	0,5	3,118	2,6	3,731	3,1
ESt	3,731	2,2	5,725	3,4	9,456	5,6
KöSt	0,460	5,0	0,460	5,0	0,920	10,0
GewSt	0,255	1,2	0,817	3,8	1,072	5,0
KfzSt	0,204	2,9	0,102	1,4	0,306	4,3
Summe	5,263	1,6	10,222	3,1	15,485	4,7

Aktuell: Zahlen der EU-Kommission zur beabsichtigten Mehrwertsteuerreform

Die vorgeschlagene Reform der Mehrwertsteuer (Kapitel 20) soll das System für Unternehmen einfacher machen. Das neue Mehrwertsteuersystem soll es den europäischen Unternehmen ermöglichen, alle Vorteile des Binnenmarktes zu nutzen und auf den Weltmärkten zu bestehen. **Grenzüberschreitend tätige Unternehmen haben derzeit um 11 % höhere Kosten** für die Vorschrifteneinhaltung als nur im Inland tätige Unternehmen (s. o.). Diese Kosten dürften durch die Vereinfachung und Modernisierung des Mehrwertsteuersystems **um schätzungsweise 1 Milliarde € verringert** werden können.

Die Selbstveranlagung zur Umsatzsteuer erweist sich also trotz erhöhter Kontrollkosten als besonders günstig für die Finanzverwaltung; in diese Richtung könnten daher auch Überlegungen zur Kostensenkung bei den anderen Steuerarten gehen. Ein weiterer Denkansatz könnte sich aus einem Übergang zu **relativ autonomen (dezentralen) Steuerbehörden** ergeben – also einer mehr oder weniger strikten Trennung von Politik und operativer Ebene, wie sie Neuseeland, Schweden oder Finnland und zuletzt Italien vollzogen haben.

1.4.3 Jahresbericht 2021 des NKR

 Rechtsgrundlagen

- Nationaler Normenkontrollrat, Zukunftsfester Staat – weniger Bürokratie, praxistaugliche Gesetze und leistungsfähige Verwaltung
  ➲ mybook.haufe.de > Wichtiges aus anderen Behörden

Auch vermeintliche Entlastungsgesetze entpuppen sich für die Mandanten häufig als finanzieller Bumerang, da sie erheblichen **Umsetzungsaufwand (die sog. »Befolgungskosten«)** provozieren. Denken Sie bitte nur an die steuerlichen und handelsrechtlichen Vorgaben, an die Datenschutz-Grundverordnung, das Geldwäschegesetz, die Hygienevorschriften, das Lieferkettengesetz oder das Transparenzregister.

Das moniert auch der aktuelle Jahresbericht 2021 des Nationalen Normenkontrollrats (NKR). Die unabhängige Kontrollinstanz legte wieder einmal den Finger in die Wunden. Die **Belastung der Wirtschaft** hat im letzten Jahr per Saldo zugenommen. Der einmalige Aufwand (Neustrukturierungen, Investitionen) war mit **5.800.000.000 €** (= 5,8 Milliarden Euro) so hoch wie nie zuvor!

Dieses ›Aus-dem-Ruder-Laufen‹ verlangt eine effektivere, ganzheitliche Kostenbegrenzung!

Dazu unterbreitet der Jahresbericht praktische Vorschläge – ebenso wie für die Gewährleistung ausreichender Beteiligungen von Vollzugsbehörden und Betroffenen bei der Vorbereitung gesetzlicher Regelungen. Ein zentraler Punkt der Regierungsarbeit, der im Verlauf der Legislaturperiode immer mehr an den Rand gedrängt worden ist!

Doch auch zu einem weiteren Aspekt sind die Erwartungen an die nächste Legislaturperiode hoch. Die Bedeutung schnellerer Planungs- und Genehmigungsverfahren wird zunehmend erkannt – nicht zuletzt mit Blick auf notwendige Klimaschutzinvestitionen[13].

1.5 Betrugsanfälligkeit der USt

Das Recht zum Vorsteuerabzug macht die Umsatzsteuer in erhöhtem Maße betrugsanfällig. Der Gesetzgeber versucht hiergegen im derzeitigen Umsatzsteuersystem durch Einzelmaßnahmen anzukämpfen Nunmehr beabsichtigt der EU-Gesetzgeber das komplette System gegen ein weniger betrugsanfälliges System zu ersetzen[14].

1.6 Und immer wieder: Die untauglichen Versuche der FinVerw zur Vereinfachung des deutschen (Umsatz-) Steuerrechts

Nachdenkliches zu den kassierenden BMF-Schreiben – zuletzt vom 18.3.2021

§ Rechtsgrundlagen

- BMF, Schreiben vom 7.6.2005, IV C 6 – O 1000 – 86/05, BStBl. I 2005, 717.
- BMF, Schreiben vom 29.3.2007, IV C 6 – O 1000/07/0018, 2007/0145039, BStBl. I 2007, 369.
- BMF, Schreiben vom 23.4.2010, IV A 6 – O 1000/09/10095, 2010/197416, BStBl. I 2010, 391.
- BMF, Schreiben vom 27.3.2012, IV A 2 – O 2000/11/10006, 2012/0060781, BStBl. I 2012, 370.
- BMF, Schreiben vom 9.4.2013, IV A 2 – O 2000/12/10001, 2013/0110996, BStBl. I 2013, 522.

---

13 *Weimann*, Umsetzung neuer Gesetzesvorgaben kostet die Wirtschaft 5,8 Mrd. EUR, AStW 2022, 47.

14 Hinweis auf die ➲ Kapitel 12, 12a, 12b, 20 und 39.

Einführung

- BMF-Schreiben vom 24.3.2014, IV A 2 – O 2000/13/10002, 2014/0205033, Anwendung von BMF-Schreiben; BMF-Schreiben, die bis zum 21.3.2014 ergangen sind, BStBl. I 2014, 606.
- BMF-Schreiben vom 23.3.2015, IV A 2 – O 2000/14/10001, 2015/0188422, Anwendung von BMF-Schreiben; BMF-Schreiben, die bis zum 20.3.2015 ergangen sind, BStBl. I 2015, 278.
- BMF-Schreiben vom 14.3.2016, IV A 2 – O 2000/15/10001, 2016/0210799, Anwendung von BMF-Schreiben; BMF-Schreiben, die bis zum 11.3.2016 ergangen sind, BStBl. I 2016, 290.
- BMF, Schreiben vom 21.3.2017, IV A 2 – O 2000/16/10001, 2017/0209070, Anwendung von BMF-Schreiben; BMF-Schreiben, die bis zum 20.3.2017 ergangen sind, BStBl. I 2017, 486.
- BMF, Schreiben vom 19.3.2018, IV A 2 – O 2000/17/10001, 2018/0151652, Anwendung von BMF-Schreiben; BMF-Schreiben, die bis zum 16.3.2018 ergangen sind, BStBl. I 2018, 322.
- BMF, Schreiben vom 18.3.2019, IV A 2 – O 2000/18/10001, 2019/0163664, Anwendung von BMF-Schreiben; BMF-Schreiben, die bis zum 15.3.2019 ergangen sind, BStBl. I 2019, 270.
- BMF, Schreiben vom 11.3.2020, IV A 2 – O 2000/19/10008 :001, 2020/0137308, Anwendung von BMF-Schreiben; BMF-Schreiben, die bis zum 10. März 2020 ergangen sind, BStBl. I 2020, 298.
- BMF, Schreiben vom 18.3.2021, IV A 2 – O 2000/20/10001 :001, 2021/0219490, Anwendung von BMF-Schreiben; BMF-Schreiben, die bis zum 17. März 2021 ergangen sind, BStBl I 2021, 390.

Die Antwort der Bundesregierung auf eine große Anfrage der Fraktion der FDP verdeutlichte bereits im Jahr 2003 recht eindrucksvoll, wie wenig das Attribut »einfach« schon damals auf das Steuerrecht und insbesondere das Umsatzsteuerrecht anzuwenden war[15].

- **Zahl der Steuergesetze unbezifferbar:** 118 Gesetze regelten als Stammnormen das Steuerrecht. Gesetze, die neben ihrem außersteuerlichen Regelungsgehalt auch Vorschriften zur Besteuerung enthalten, lassen sich nicht beziffern.
- **4853 BMF-Schreiben:** Ausweislich der Bundesdatenbank »VV-Steuer« gab es 2042 gültige – im BStBl. I veröffentlichte – BMF-Schreiben. Hinzu kommen 1193 BMF-Schreiben, die eine zeitliche Beschränkung in ihrer Anwendung

---

15   BT-Drs. 15/1548 vom 16.9.2003.

aufweisen. Darüber hinaus werden 1618 nicht im Bundessteuerblatt Teil I veröffentlichte BMF-Schreiben in der Datenbank nachgewiesen.

- **Mehrfachänderung von Gesetzen:** Allein in der 14. Legislaturperiode wurden weit über 100 Vorschriften des EStG mehrfach geändert, d. h. innerhalb von vier Jahren hatten die Vorschriften zumindest drei unterschiedliche Fassungen; nicht berücksichtigt sind Vorschriften, die »nur« zwei Fassungen hatten.
- **Nichtanwendungserlasse:** Allein in der 14. Legislaturperiode sind 28 BMF-Schreiben oder gleichlautende Erlasse der obersten Finanzbehörden der Länder ergangen, die anordnen, dass BFH-Entscheidungen über den entschiedenen Einzelfall hinaus nicht anzuwenden sind.

Daran hat sich bis heute nichts geändert!

1.6.1 BMF-Schreiben vom 7.6.2005

Mit Schreiben vom 7.6.2005[16] wollte das BMF das »Anweisungsdickicht« erstmalig lüften. Auf einen Schlag wurden unter der Überschrift »Eindämmung der Normenflut« ca. 1.000 BMF-Schreiben aufgehoben, die vor dem 1.1.1980 ergangen waren.

Weiter gültig blieben immerhin 134 BMF-Schreiben aus der Zeit vor 1980! Darüber, ob diese wirklich (alle) so bedeutsam sind, dass sie weiter gültig bleiben müssen, wird sich trefflich streiten lassen. So scheint es fast undenkbar, dass die Auswirkungen der Umsatzsteuererhöhungen zum 1.1.1978 oder zum 1.7.1979 für aktuelle Steuerfestsetzungen von Bedeutung sein können. Gleiches gilt wohl auch für die Auswirkungen des Umsatzsteuergesetzes auf Maßnahmen der deutschen Bundesbahn nach dem Eisenbahnkreuzungsgesetz vom 14.8.1963.

1.6.2 BMF-Schreiben vom 29.3.2007, 23.4.2010, 27.3.2012, 9.4.2013, 24.3.2014, 23.3.2015, 14.3.2016, 21.3.2017, 19.3.2018, 18.3.2019, 11.3.2020 und zuletzt 18.3.2021

 Hinweis

Nach Drucklegung – voraussichtlich im März 2022 – ist mit einer **Neuauflage des BMF-Schreibens** zu rechnen.

---

16 ➲ mybook.haufe.de > Wichtiges aus dem BMF.

Aktuell hat das BMF den Zeitraum bis zum 17.3.2021 überprüft. Bereits zum Schreiben vom 29.3.2007 machte das BMF in der Pressemitteilung vom 30.3.2007 Hoffnung auf eine Steuervereinfachung:

»... Auf Bundesebene sind ca. 3.500 BMF-Schreiben auf ihre Aktualität geprüft worden. In Abstimmung mit den Ländern wurde festgestellt, dass von den rd. 3.500 Bundesanweisungen lediglich rund 1.000 BMF-Schreiben – also rund 28 Prozent – über den 31. Dezember 2004 hinaus Gültigkeit behalten. ... Der Bund reduziert damit im Ergebnis seinen aktuellen Bestand von Verwaltungsanweisungen für die Jahre ab 2005 auf einen Schlag von 3.500 auf 1.000 – also um 72 Prozent. Auf Landesebene kommen die Erlasse der Länder und die Verfügungen ihrer nachgeordneten Behörden hinzu, die auf diese BMF-Schreiben Bezug genommen haben und nicht bereits im Rahmen eigener Rechtsbereinigungsverfahren aufgehoben wurden. ... Dies ist ein weiterer Schritt zu einem umfassenden Bürokratieabbau, der mittels einer spürbaren Reduzierung der Normenflut von Steuer-Verwaltungsvorschriften erreicht wird.«

Die nunmehr bereits 12 Folgeschreiben des BMF[17] **gleichen in Text und Aufbau dem ersten Schreiben vom 7.6.2005.** Insbesondere enthalten sie ebenfalls eine Positivliste der BMF-Schreiben, die weiterhin ihre Gültigkeit behalten sollen. Alle Verwaltungsanweisungen des Bundes, die nicht auf dieser Liste stehen, sollen für Steuertatbestände, die nach dem

- 31.12.2004 (Schreiben vom 29.3.2007),
- 31.12.2009 (Schreiben vom 23.4.2010),
- 31.12.2010 (Schreiben vom 27.3.2012),
- 31.12.2011 (Schreiben vom 9.4.2013),
- 31.12.2012 (Schreiben vom 24.3.2014),
- 31.12.2013 (Schreiben vom 23.3.2015),
- 31.12.2014 (Schreiben vom 14.3.2016),
- 31.12.2015 (Schreiben vom 21.3.2017),
- 31.12.2016 (Schreiben vom 19.3.2018),
- 31.12.2017 (Schreiben vom 18.3.2019),
- 31.12.2018 (Schreiben vom 11.3.2020),
- 31.12.2019 (Schreiben vom 18.3.2021)

---

17   ➲ mybook.haufe.de > Wichtiges aus dem BMF.

verwirklicht werden, nicht mehr angewendet werden. Ländererlasse, die auf diesen nicht mehr anwendbaren BMF-Schreiben beruhen, sollen damit ebenfalls außer Kraft gesetzt sein[18].

Auffällig ist jedoch, dass die neuen BMF-Schreiben anders als das erste Schreiben vom 7.6.2005 **zusätzlich folgende Regelung** treffen: »... *Die Aufhebung der BMF-Schreiben bedeutet keine Aufgabe der bisherigen Rechtsauffassung der Verwaltung, sondern dient der Bereinigung der Weisungslage ...*«

1.6.3   Was heißt »Bereinigung der Weisungslage«?

Es drängt sich der Verdacht auf, dass die »Ministeriellen« damit weniger den Bürgern oder deren Steuerberatern als vielmehr sich selbst helfen wollen, scheint ihnen doch nicht mehr präsent zu sein, was sie so alles an Verwaltungsanweisungen produziert haben. Allen Schreiben hängt daher eine **Positivliste** an; nur die nicht in die Listen aufgenommenen Schreiben werden außer Kraft gesetzt. Das Verfahren hat für das BMF z. B. den Vorteil, dass es darauf verzichten kann, genau zu dokumentieren, welche BMF-Schreiben aufgrund von Gesetzes- und/oder Rechtsprechungsänderungen ohnehin längst bedeutungslos sind. Zur Euphorie jedenfalls gibt dieses Vorgehen keinen Anlass[19]:

- Wenn die Aufhebung der bis zum 17.3.2021 ergangenen BMF-Schreiben keine Aufgabe der bisherigen Rechtsauffassung der Verwaltung bedeutet, heißt dies – positiv ausgedrückt –, dass die vermeintlich aufgehobenen BMF-Schreiben auch weiterhin die Verwaltungsauffassung wiedergeben. **Damit bleiben die formell aufgehobenen Schreiben materiell weiter gültig!**
- Für die Praxis folgt daraus, dass der einzelne Finanzbeamte auch die bis zum 18.3.2021 ergangenen BMF-Schreiben weiter anwenden und der **Steuerberater diese wie gehabt berücksichtigen muss!**
- Damit wird (wissenschaftlich) genau **wie folgt zu zitieren** sein:
  - BMF-Schreiben, die vor dem 18.3.2021 ergangen und **weiter in der Positivliste** enthalten sind: BMF, Schreiben vom 28.2.2014, IV D 3 – S 7117-a/10/10002, 2014/0197080, BStBl. I 2014, 279, weiter gültig gem. BMF-Schreiben vom 18.3.2021, IV A 2 – O 2000/20/10001 :001, 2021/0219490, Positivliste Nr. 1434, BStBl I 2021, 390.

---

18   BMF, Pressemitteilung vom 30.3.2007.
19   *Weimann,* AStW 5/2020, 374.

- BMF-Schreiben, die vor dem 18.3.2021 ergangen sind, in der Positivliste vom 11.3.2020 enthalten waren und **ab sofort nicht mehr in der Positivliste** enthalten sind: BMF, Schreiben vom 15.2.1994, IV C 3 – S 7102 – 3/94, Umsatzsteuerliche Behandlung der nichtunternehmerischen Nutzung von Fernsprechgeräten und -dienstleistungen, BStBl. I 1994, 194, formell aufgehoben, materiell aber weiter gültig lt. BMF, Schreiben vom 18.3.2021, IV A 2 – O 2000/20/10001 :001, 2021/0219490, , Anlage 2 Nr. 90, BStBl I 2021, 390.

- BMF-Schreiben, die vor dem 18.3.2021 ergangen sind und **schon in der Positivliste vom 11.3.2020 nicht enthalten waren**: BMF, Schreiben vom 16.5.1994, IV C 4 – S 7118b – 17/94, BStBl I 1994, 321, formell aufgehoben, materiell aber weiter gültig lt. BMF, Schreiben vom 10.3.2020, IV A 2 – O 2000/19/10008 :001, 2020/0137308, BStBl I 2020, 298.

- Da die Zitate der bis zum 17.3.2021 ergangenen Schreiben damit **unnötig** »aufgebläht« werden, wird die Praxis wie schon bei den Vorgängerschreiben« dazu übergehen, sich den Hinweis auf das Schreiben vom 18.3.2021 zu sparen.

Abschließend bleibt der Hinweis, dass das BMF-Schreiben **deklaratorisch** (= bezeugend, klarstellend, beweiskräftig) wirkt, soweit die in der Positivliste nicht enthaltenen Schreiben aus anderen Gründen keine Rechtswirkung mehr entfalten.

Beratungskonsequenzen

Auch das neue BMF-Schreiben ist – wie schon die Vorgängerschreiben – rundherum eine »**Mogelpackung**« und weitgehend sinnfrei:

- die Normenflut wird ausgeweitet
- es gibt zusätzliche – wenn auch inhaltsleere – Verwaltungsanweisungen
- das – zumindest wissenschaftlich genaue – Zitieren wird erschwert
- der Regelungsgehalt geht gegen Null!

1.7 Informationspflicht des Steuerberaters bei angekündigten oder zu erwartenden USt-Änderungen

Das Foto zeigt einen gut gekleideten Mittvierziger, der die Tageszeitung lesend durchs Meer watet, und ist unterschrieben mit »Selbst im Urlaub sollten sich Berater mit der richtigen Lektüre auf dem Laufenden halten – wenn es sein muss, auch am Strand«. Das Handelsblatt[20] leitet so einen Bericht über die neue Rechtsprechung des BGH zur Informationspflicht des Steuerberaters ein. Wird in der Tages- oder Fachpresse über Vorschläge zur Änderung des Steuerrechts berichtet, die im Falle ihrer Verwirklichung das von dem Mandanten des Beraters erstrebte Ziel unter Umständen vereiteln oder beeinträchtigen, kann der Steuerberater gehalten sein, sich aus allgemein zugänglichen Quellen über den näheren Inhalt und Verfahrensstand solcher Überlegungen zu unterrichten[21].

1.7.1 Umfang der Informationspflicht

Der Steuerberater ist im Rahmen des ihm erteilten Auftrags verpflichtet, den Mandanten umfassend zu beraten und **auch ungefragt** über alle steuerlichen Einzelheiten und deren Folgen zu unterrichten[22]. Er hat seinen Mandanten möglichst vor Schaden zu schützen. Hierzu hat er den relativ sichersten Weg zum angestrebten steuerlichen Ziel aufzuzeigen und die für den Erfolg notwendigen Schritte vorzuschlagen. Die mandatsbezogenen erheblichen Gesetzes- und Rechtskenntnisse muss der Steuerberater besitzen oder sich ungesäumt verschaffen. Neue oder geänderte Rechtsnormen hat er in diesem Rahmen zu ermitteln. Wird **in der Presse über Vorschläge zur Änderung des Steuerrechts** berichtet, die im Falle ihrer Verwirklichung von dem Mandanten des Beraters erstrebte Ziele vereiteln oder beeinträchtigen können, kann der Steuerberater gehalten sein, sich aus allgemein zugänglichen Quellen über den näheren Inhalt und den Verfahrensstand solcher Überlegungen zu unterrichten, um den Mandanten optimal zu beraten.

Gefahrenpotenzial für Haftungsfälle sieht der **Deutsche Steuerberaterverband** vor allem im Umsatzsteuerrecht. So sei derzeit für Steuerberater noch gar nicht absehbar, wie die Finanzverwaltung die erst seit Anfang 2004 gültigen **Dokumentations- und Aufbewahrungspflichten** für Umsatzsteuerzwecke auslegen werde. Viele Berater fürchten, dass angesichts der neuen BGH-Rechtsprechung die Begehrlichkeiten von Mandanten wachsen könnten, ihren Steuerberater noch stärker als ohnehin schon in Anspruch zu nehmen. Ein Fehler lässt sich schnell finden[23]!

---

20 *Engelken,* Handelsblatt 53 vom 16.3.2005, 38.
21 BGH, Urteil vom 15.7.2004, IX R 472/00, BFH/NV Beilage 2005, 51.
22 Weimann, UStB 2005, 132.
23 So auch *Weyand*, Anmerkungen zum Urteil des BGH vom 15.7.2004 (IX ZR 472/00), INF 2004, 811.

In einer neueren Entscheidung nimmt das OLG Köln diese Rechtsprechung auf[24]. Der Steuerberater ist im Rahmen des ihm erteilten Auftrags verpflichtet,

- den Mandanten **umfassend** zu beraten und
- **ungefragt** über alle steuerlichen Einzelheiten und deren Folgen zu unterrichten.

Er hat seinen Mandanten möglichst vor Schaden zu schützen. Hierzu hat er den relativ sichersten Weg zu dem angestrebten steuerlichen Ziel aufzuzeigen und die für den Erfolg notwendigen Schritte vorzuschlagen. Die mandatsbezogenen erheblichen Gesetzes- und Rechtskenntnisse muss der Steuerberater besitzen oder sich verschaffen. Neue oder geänderte Rechtsnormen hat er in diesem Rahmen zu ermitteln[25].

1.7.2 Besonderheit: ausländische EuGH-Verfahren

Hinzuweisen ist in diesem Zusammenhang auch noch einmal auf die für den Berater zusätzlich bestehende **Informationspflicht zu ausländischen Umsatzsteuerverfahren** vor dem EuGH[26].

1.7.3 Mandantenrundschreiben allenfalls bedingt geeignet

Steuerberater schulden eine **individuelle Belehrung**[27]! Das OLG Düsseldorf[28] hat darauf erkannt, dass der Steuerberater dem Mandanten eine konkrete, auf die speziellen Probleme des Mandanten bezogene Belehrung schuldet. Allgemeine Ausführungen in **Mandantenrundschreiben** können solche konkreten Hinweise ebenso wenig ersetzen, wie nach Art eines steuerrechtlichen Lehrbuchs abgefasste **Merkblätter**.

Im konkreten Fall machte der Mandant geltend, der Steuerberater habe ihn nicht auf die steuerliche Notwendigkeit der Führung eines Fahrtenbuches hingewiesen.

---

24 OLG Köln, Urteil vom 12.11.2018, 16 U 84/18, iww.de/astw, Abruf-Nr. 208127.

25 Dazu *Peine,* AStW 05/2019, 338.

26 Hier wird insbesondere ein Blick auf die entsprechenden Homepages hilfreich sein ➲ Kapitel 84 und 85.

27 Steuerberater-Verband e. V. Köln, Wochenübersicht StBdirekt vom 1.3.2009.

28 OLG Düsseldorf, Urteil vom 29.1.2008, I – 23 U 64/07, MDR 2008, 802.

Der Steuerberater hielt dem entgegen, der **geschäftserfahrene Mandant** sei zum einen gar nicht belehrungsbedürftig gewesen, da dieses Thema ohnehin »in aller Munde« gewesen sei. Darüber hinaus habe er seine Belehrungspflichten durch Übersendung von Mandantenrundschreiben und Merkblättern erfüllt.

Nach Ansicht des OLG Düsseldorf sei auch von einem geschäftserfahrenen Mandanten **nicht zu erwarten, dass dieser in der Lage und auch bereit sei, derlei allgemein theoretische Ausführungen auf ihre Erheblichkeit auf seine eigenen Angelegenheiten zu überprüfen.** Vielmehr sei davon auszugehen, dass sich der Mandant gerade nicht selbst um seine Probleme kümmern wolle und deshalb den Steuerberater beauftragt habe.

 Beratungskonsequenzen

1. So aufwendig und inhaltlich hochwertig Mandantenrundbriefe auch sein mögen: **primär** wird jeder Mandant diese Informationen als Marketingmaßnahme betrachten, die das Know-how der Kanzlei demonstrieren und **Kundenbindung** erzeugen soll[29].

2. Die **vertragsmäßig geschuldeten Beratungs- und Informationspflichten** können durch derartige Informationen jedoch nicht ersetzt werden[30]!

---

29 *Weimann*, StB 2014, 324.
30 Steuerberater-Verband e. V. Köln, a. a. O.

2 Rechtsgrundlagen

 Hinweis

➲ Kapitel 1.2, 3 und 4

3 Interpretation von Umsatzsteuer

§ **Rechtsgrundlagen**

- BMF, Schreiben vom 17.12.2014, IV D 1 – S 7058/14/10004, 2014/1109561, Umsatzsteuer; Umgang mit Veröffentlichungen der europäischen Kommission zur praktischen Anwendung des EU-Rechts auf dem Gebiet der Mehrwertsteuer, BStBl. I 2015, 43.

§ **Rechtsgrundlagen**

- Erläuterungen zu den wichtigsten Änderungen der Mehrwertsteuervorschriften für die Rechnungsstellung ab dem 1.1. 2013 (Oktober 2011)
- Leitfaden zur kleinen einzigen Anlaufstelle für die Mehrwertsteuer (MOSS) (Oktober 2013)
- Zusätzliche Leitlinien – Prüfung der MOSS-Daten (Juni 2014)
- Erläuterungen zu den 2015 in Kraft getretenen EU-Mehrwertsteuervorschriften bezüglich des Ortes der Erbringung von Telekommunikations-, Rundfunk- und elektronischen Dienstleistungen (April 2014)
- Erläuterungen zum steuerlichen Ort der im Zusammenhang mit einem Grundstück erbrachten Dienstleistungen (Oktober 2015)
- Erläuterungen zu den MwSt-Änderungen in der EU, welche die Konsignationslagerregelung, Reihengeschäfte und die Steuerbefreiung für innergemeinschaftliche Lieferungen von Gegenständen betreffen (»2020 Quick Fixes«) (Dezember 2019)
- Erläuterungen zu den Mehrwertsteuervorschriften für den elektronischen Geschäftsverkehr (Dezember 2020)
- Leitfaden für die einzige Anlaufstelle für die Mehrwertsteuer (März 2021)
➲ mybook.haufe.de > Wichtiges aus anderen Behörden

3.1 Erläuterung neuer Rechtsvorschriften durch die EU-Kommission (»Leitlinien«)

Die Europäische Kommission ist in der letzten Zeit dazu übergegangen, die Anwendung von Vorschriften aus neuen Legislativakten des Rates durch umfangreiche Veröffentlichungen auf ihrer Homepage zu begleiten. In den Veröffentlichungen erläutert die Europäische Kommission, wie die neuen Vorschriften aus ihrer Sicht anzuwenden sind.

3.1.1 Rechtliche Einordnung durch die EU-Kommission

Die Europäische Kommission weist in den Veröffentlichungen jeweils selbst ausdrücklich darauf hin, dass diese nicht rechtsverbindlich sind.

Die Kommission betrachtet diese vielmehr als **praktische und informelle Information** dazu, wie die Rechtsvorschriften der EU nach **Ansicht der Generaldirektion Steuern und Zollunion** anzuwenden sind.

Folglich seien weder die Europäische Kommission selbst noch die Mitgliedstaaten an den Inhalt der Veröffentlichungen gebunden.

3.1.2 Rechtliche Einordnung durch das BMF

Dem schließt sich das BMF – natürlich gerne – wie folgt an:

 Rechtsgrundlagen

BMF, Schreiben vom 17.12.2014, IV D 1 – S 7058/14/10004, 2014/1109561, BStBl. I 2015, 43

»Veröffentlichungen der Europäischen Kommission zur praktischen Anwendung des EU-Rechts auf dem Gebiet der Mehrwertsteuer haben keine rechtliche Bindungswirkung. Dies gilt sowohl für bereits vorliegende Veröffentlichungen als auch für künftige Veröffentlichungen der Europäischen Kommission. Maßgeblich für die Rechtsanwendung sind das Umsatzsteuergesetz, die Umsatzsteuer-Durchführungsverordnung sowie die Regelungen im Umsatzsteuer-Anwendungserlass und anderen Verwaltungsanweisungen.«

→ **Beratungskonsequenzen**

Das ist – mit Verlaub – »nur« die Rechtsauffassung von EU-Kommission und Finanzverwaltung. Es steht zu erwarten, dass die Gerichte das anders sehen:

- Die Veröffentlichungen geben eine wichtige Rechtsauffassung wieder und sind bei der **Interpretation der nämlichen Vorschriften** zweifelsohne mit heranzuziehen.

- Aus den Veröffentlichungen wird sich auch – zumindest solange keine gegenteiligen Rechtauffassungen der deutschen Finanzverwaltung oder -gerichte bekannt sind – ein **gewisser Vertrauensschutz** ableiten lassen.

3.1.3 Inhalt der aktuellen Leitlinien

Bei Drucklegung sind folgende Leitlinien veröffentlicht:

Titel	Erläuterte MwSt-Vorschriften	Datum der Veröffentlichung/ Überarbeitung
Leitfaden für die einzige Anlaufstelle für die Mehrwertsteuer	Die einzige Anlaufstelle in der EU (OSS) ist das elektronische Portal, über das Unternehmen ab dem 1.7.2021 ihre Mehrwertsteuerverpflichtungen für E-Commerce-Verkäufe an Verbraucher innerhalb der EU erfüllen können	März 2021
Erläuterungen zu den Mehrwertsteuervorschriften für den elektronischen Geschäftsverkehr	Am 1.7.2021 wird eine Reihe von Änderungen der Richtlinie 2006/112/EG (»MwSt-Richtlinie«) wirksam, die sich auf die Mehrwertsteuervorschriften für den grenzüberschreitenden elektronischen Geschäftsverkehr zwischen Unternehmen und Verbrauchern auswirken	Dezember 2020
Erläuterungen zu den MwSt-Änderungen in der EU, welche die Konsignationslagerregelung, Reihengeschäfte und die Steuerbefreiung für innergemeinschaftliche Lieferungen von Gegenständen betreffen (»2020 Quick Fixes«)	Vorschriften, die am 1.1.2020 in Kraft treten und die Konsignationslagerregelung, Reihengeschäfte, die Steuerbefreiung für innergemeinschaftliche Lieferungen von Gegenständen und den Nachweis der Beförderung für die Zwecke dieser Befreiung betreffen	Dezember 2019

Titel	Erläuterte MwSt-Vorschriften	Datum der Veröffentlichung/ Überarbeitung
Erläuterungen zum steuerlichen Ort der im Zusammenhang mit einem Grundstück erbrachten Dienstleistungen	Steuerlichen Ort der im Zusammenhang mit einem Grundstück erbrachten Dienstleistungen	Oktober 2015
Erläuterungen zu den 2015 in Kraft getretenen EU-Mehrwertsteuervorschriften bezüglich des Ortes der Erbringung von Telekommunikations-, Rundfunk- und elektronischen Dienstleistungen	EU-Mehrwertsteuervorschriften bezüglich des Ortes der Erbringung von Telekommunikations-, Rundfunk- und elektronischen Dienstleistungen	April 2014
Leitfaden zur kleinen einzigen Anlaufstelle für die Mehrwertsteuer (MOSS)	Regelung für die kleine einzige Anlaufstelle für Erbringer von Telekommunikations-, Rundfunk- und elektronischen Dienstleistungen	Oktober 2013
Zusätzliche Leitlinien – Prüfung der MOSS-Daten	Prüfungen im Rahmen von MOSS	Juni 2014
Erläuterungen zu den wichtigsten Änderungen der Mehrwertsteuervorschriften für die Rechnungsstellung ab dem 1.1.2013	Mehrwertsteuervorschriften für die Rechnungsstellung	Oktober 2011

 Hinweis

Alle Leitlinien stehen für Sie zum Download bereit
➲mybook.haufe.de > Wichtiges aus anderen Behörden !

3.2 Absage an das (deutsche) Zivilrecht!

Der EuGH hatte in einem deutschen Vorlageverfahren den Begriff der »Vermietung von Grundstücken« zu beurteilen. In Deutschland war es bislang (… und ist es unverständlicherweise auch weiter …) üblich, im Hinblick auf den Grundsatz der »Einheitlichkeit der Rechtsordnung« hierzu auf das Zivilrecht zurückzugreifen[31]. Diesem Gedanken erteilte der EuGH allerdings eine klare Absage. Der Begriff der »Vermietung von Grundstücken« sei ein eigenständiger Begriff des Gemeinschaftsrechts[32] und daher **vom Zivilrecht der Mitgliedstaaten unabhängig**

---

31 Vgl. z. B. Abschn. 4.12.1 Abs. 1 UStAE.
32 So bereits EuGH, Urteil vom 3.2.2000, Rs. C-12/98, Amengual Far, UR 2000, 123.

und unter Berücksichtigung von Wortlaut, Regelungszusammenhang und Zielen des Art. 13 Teil B Buchst. b der 6. EG-RL (seit 1.1.2007: Art. 135 MwStSystRL) zu finden[33]. Zu berücksichtigen ist damit der Normzweck; das entspricht deutscher Auslegungsmethodik.

Die Bestimmungen der MwStSystRL sind also – wie auch die ihrer Vorgängerin, der 6. EG-RL – grundsätzlich eigenständige Begriffe des Gemeinschaftsrechts und erfordern daher eine **autonome und einheitliche gemeinschaftsrechtliche Definition,** welche – insbesondere bei den Ortsbestimmungen – auch bezweckt, eine Doppelbesteuerung oder Nichtbesteuerung zu vermeiden[34].

Die europäische Einbettung des jeweiligen nationalen Umsatzsteuerrechts verlangt, dass auch dieses EG-Richtlinien-konform ausgelegt wird. Vor diesem Hintergrund verbietet sich damit grundsätzlich auch die Interpretation der **Tatbestandsmerkmale des deutschen UStG** nach (nationalem) deutschem Zivilrechtsverständnis. Im Hinblick auf die Vielzahl der unterschiedlichen Zivilrechtsordnungen kann der EuGH die MwStSystRL nur **wirtschaftlich ohne Berücksichtigung der jeweiligen Zivilrechtslagen** in den einzelnen Mitgliedstaaten auslegen. Nur so kann die **Harmonisierung** des Umsatzsteuerrechts und dessen **Wettbewerbsneutralität** in der EG erreicht werden.

  Beratungskonsequenzen

1. Bestimmungen des Umsatzsteuerrechts sind grundsätzlich **losgelöst von nationalen Rechtsvorgaben** auszulegen.

2. Auch für die Umsatzsteuer gilt der Grundsatz der »**Einheitlichkeit der Rechtsordnung**« – allerdings mit der Besonderheit, dass mit Letzterer die **europäische** und nicht lediglich die deutsche (einzelstaatliche) Rechtsordnung gemeint ist.

3. **Ausnahmsweise** spielt das deutsche Zivilrecht eine Rolle bei der Interpretation des (deutschen) UStG, wenn Letzteres **unmittelbar** Begriffe aus dem Zivilrecht übernimmt, diese also erst aus dem Zivilrecht ihren Bedeutungsinhalt erfahren[35]. Als Beispiele sind zu nennen: »Einräumung, Übertragung und Wahrnehmung von Patenten, Urheberrechten, Markenrechten und ähnlichen

---

33 EuGH, Urteil vom 16.1.2003, Rs. C-315/00, *Rudolf Maierhofer*, UR 2003, 86; vgl. auch EuGH, Urteil vom 14.10.1999, Rs. C-23/98, Heerma, UR 2000, 121, Rz. 23; EuGH, Urteil vom 14.6.2001, Rs. C-191/99, Kvaerner plc, RIW 2001,791, Rz. 30.

34 Vgl. Art. 58 MwStSystRL.

35 *Stadie*, UStG, 1. Aufl. 2009, Vorbemerkung Rz. 63 u. 75.

Rechten« (§ 3a Abs. 4 Nr. 1 UStG), »Berechtigungen, für die die Vorschriften des bürgerlichen Rechts über Grundstücke gelten« (§ 4 Nr. 12 Buchst. a UStG), »die Bestellung, die Übertragung und die Überlassung der Ausübung von dinglichen Nutzungsrechte an Grundstücken« (§ 4 Nr. 12 Buchst. c UStG), »wesentliche Bestandteile eines Grundstücks« (§ 4 Nr. 12 Satz 2 UStG), »Wohnungseigentümer i. S. d. Wohnungseigentumsgesetzes« (§ 4 Nr. 13 UStG), »Übertragung von Erbbaurechten« (§ 9 Abs. 2 UStG), »die Einräumung, Übertragung und Wahrnehmung von Rechten, die sich aus dem Urhebergesetz ergeben« (§ 12 Abs. 2 Nr. 7 Buchst. c UStG).

4 »Bürgerwirkung« der MwStSysRL

Was passiert, wenn die europäischen Vorgaben vom Fiskus pflichtwidrig (nicht) umgesetzt wurden?

 Hinweis

➲ mybook.haufe.de > Vertiefende Informationen > Kapitel 4

5 Vorsteuerabzug von Leistungspartnern

EuGH vom 26.1.2012: Was beim Händler zur USt führt, muss beim Kunden noch lange keine Vorsteuer auslösen!

5.1 Die Grundsatzentscheidung des EuGH

Leistender Unternehmer und Leistungsempfänger machen leider immer wieder die Erfahrung, dass die jeweils für sie zuständigen Finanzämter ein und dieselbe Leistungsbeziehung – z. B. hinsichtlich des Vorsteuerabzugs oder der Steuerschuldnerschaft nach § 13b UStG – umsatzsteuerlich unterschiedlich beurteilen. Hierzu lag dem FG Hamburg folgender Sachverhalt zur Entscheidung vor:

Sachverhalt

Unternehmer U vermittelte selbstständig tätige Lkw-Fahrer an Speditionen im In- und Ausland insbesondere für kurzfristige Einsätze wie Urlaubs- oder Krankheitsvertretung. Bei der Fakturierung und in der Umsatzsteuererklärung ging U hier von einer »Personalgestellung« i. S. v. § 3a Abs. 4 Nr. 7 UStG aus und rechnete daher gegenüber auslandsansässigen Leistungsempfängern i. S. v. § 3a Abs. 3 UStG a. F. netto – also ohne deutsche Umsatzsteuer – ab.

Im Zuge einer Außenprüfung entschied das **Finanzamt** jedoch, der Leistungsort bestimme sich nach **§ 3a Abs. 1 UStG**, da eine »Personalgestellung« nur abhängig Beschäftigte, nicht jedoch selbstständige Unternehmer betreffen könne. U wies daher ab sofort auch gegenüber auslandsansässigen Unternehmern **deutsche Umsatzsteuer** aus.

Das **BZSt** dagegen **verwehrte** den auslandsansässigen Leistungsempfängern des U die **Vergütung dieser Umsatzsteuer** mit der Begründung, es handele sich – wie ursprünglich von U angenommen – doch um eine »Personalgestellung« i. S. v. **§ 3a Abs. 4 Nr. 7 UStG**, sodass ein nicht zum Vorsteuerabzug berechtigender »unrichtiger Steuerausweis« vorliege.

Die ausländischen Leistungsempfänger verweigerten dem U daraufhin die Zahlung der in Rechnung gestellten Umsatzsteuer, sodass U – da das für ihre Besteuerung zuständige Finanzamt die Umsatzbesteuerung gleichwohl forderte – die Geschäftstätigkeit letztlich einstellen musste.

Das FG Hamburg sah darin einen Verstoß gegen das **Gebot widerspruchsfreien Verwaltungshandelns**; es sei völlig inakzeptabel, dass unterschiedliche für den Leistenden und den Leistungsempfänger zuständige Finanzbehörden in sich divergierende Rechtsauffassungen zum Nachteil der Steuerpflichtigen vertreten. Das Gericht legte dem EuGH daher die Frage vor, das Gemeinschaftsrecht die Mitgliedstaaten im Hinblick auf den **Neutralitätsgrundsatz** und die **unternehmerische Planungssicherheit** dazu verpflichtet, verfahrensrechtliche Voraussetzungen zu schaffen, die eine einheitliche Rechtsbeurteilung auch in solchen Fällen zu gewährleisten. Das FG verweist auch darauf, dass nach derzeitiger Rechtslage zwar eine zum einen Beteiligten ergangene Rechtsmittelentscheidung letztlich auch gegenüber dem anderen Beteiligten Wirkung entfalten könne (§ 174 Abs. 5 AO), dies aber ausschließlich die Steuerpflichtigen und nicht die Steuerbehörden binde[36].

---

36   FG Hamburg, Beschluss vom 20.4.10, 3 K 3/09, EFG 2010, 1170.

In das EuGH-Urteil hat die Praxis **hohe Erwartungen** gesetzt – **leider vergebens**! Der EuGH hat im 2. Leitsatz nämlich erkannt[37]:

»Art. 17 Abs. 1, 2 Buchst. a und 3 Buchst. a sowie Art. 18 Abs. 1 Buchst. a der Sechsten Richtlinie 77/388 sind dahin auszulegen, dass sie den Mitgliedstaaten nicht vorschreiben, ihr nationales Verfahrensrecht so zu gestalten, dass die Steuerbarkeit und die Mehrwertsteuerpflicht einer Dienstleistung beim Leistungserbringer und beim Leistungsempfänger in kohärenter Weise beurteilt werden, auch wenn für sie verschiedene Finanzbehörden zuständig sind. Diese Bestimmungen verpflichten die Mitgliedstaaten jedoch, die zur Sicherstellung der korrekten Erhebung der Mehrwertsteuer und zur Wahrung des Grundsatzes der steuerlichen Neutralität erforderlichen Maßnahmen zu treffen.«

Der EuGH betont, dass es nach ständiger Rechtsprechung mangels einer entsprechenden EU-rechtlichen Regelung den Mitgliedstaaten überlassen bliebe, die zuständigen Behörden zu bestimmen und die Verfahrensmodalitäten zu regeln. Letztere müssen den Schutz der dem Einzelnen aus dem Unionsrecht erwachsenden Rechte gewährleisten und dürfen

- nicht weniger günstig ausgestaltet sein als die entsprechenden innerstaatlichen Rechtsbehelfe (**Äquivalenzgrundsatz**) und

- die Ausübung der durch die Unionsrechtsordnung verliehenen Rechte nicht praktisch unmöglich machen oder übermäßig erschweren (**Effektivitätsgrundsatz**)[38].

Während der Äquivalenzgrundsatz außer Zweifels stand, hatte das FG Hamburg **Bedenken hinsichtlich des Effektivitätsgrundsatzes**. Mangels spezieller Vorschriften im deutschen Verfahrensrecht würde das vom EuGH im Urteil vom 13.12.1989[39] anerkannte Recht des Dienstleistungserbringers und des Dienstleistungsempfängers, hinsichtlich der Steuerbarkeit und der Mehrwertsteuerpflicht ein und derselben Leistung gleich behandelt zu werden, **de facto jede praktische Wirksamkeit verlieren**.

Diese Auffassung teilt der EuGH nicht und erinnert daran, dass der Effektivitätsgrundsatz nur dann als verletzt gilt, wenn sich erweist, dass die Ausübung eines durch die Unionsrechtsordnung verliehenen Rechts **unmöglich gemacht oder**

---

37 EuGH, Urteil vom 26.1.2012, Rs. C-218/10, ADV Allround Vermittlungs AG in Liquidation, DB 2012, 384.

38 EuGH, Urteil vom 26.1.2012, a. a. O., Rz. 35.

39 EuGH, Urteil vom 13.12.1989, Rs. C-342/87, Genius Holding BV, NJW 1991, 632.

übermäßig erschwert wird. Dies sei im Urteilsfall aber gerade nicht so. Dienstleistungserbringer und -empfänger haben – so der EuGH – die Möglichkeit, ihre Rechte nicht nur gegenüber den Verwaltungsbehörden, sondern auch vor den für Mehrwertsteuersachen zuständigen Gerichten **im Rahmen von Verfahren** geltend zu machen, deren **grundsätzliche Eignung,** eine korrekte und einheitliche Auslegung und Anwendung des EU-Rechts sicherzustellen, **außer Streit steht.** Die einheitliche Auslegung und Anwendung des Unionsrechts wird nämlich letztlich durch das **Vorabentscheidungsverfahren** zur Auslegung oder Beurteilung der Gültigkeit des Unionsrechts nach Art. 267 AEUV gewährleistet; Letzteres schafft ein System der Zusammenarbeit zwischen den nationalen Gerichten und dem EuGH. Aus den dem EuGH vorliegenden Akten ergibt sich jedoch nicht, dass eine nationale Regelung wie die im Ausgangsverfahren in Rede stehende es nicht erlaubt, das ordnungsgemäße Funktionieren dieser gerichtlichen Zusammenarbeit zu gewährleisten[40].

➡ Beratungskonsequenzen

1. Was nicht sein darf, das nicht sein kann! Während das FG Hamburg auf die **faktische Unmöglichkeit** hinweist, gleich lautende Verwaltungsentscheidungen zu erreichen, betont der EuGH, dass doch **(theoretisch) alle notwendigen Instrumentarien** zur Verfügung stünden. Alles bleibt wie es schon immer war – und ist damit in höchstem Maße unbefriedigend!

2. Martin[41] fasst dies – aus der Sicht einer BFH-Richterin – wie folgt zusammen: »... Ob der Effektivitätsgrundsatz die Mitgliedstaaten verpflichtet ihr nationales Verfahrensrecht so zu gestalten, dass auch bei Zuständigkeit verschiedener FA der Umsatz bei beiden Beteiligten in kohärenter Weise beurteilt wird, war eine Frage. **Verfahrensrechtlich könnte dies durch eine Beiladung hergestellt werden. Nach ständiger Rechtsprechung des BFH liegen die Voraussetzungen für eine notwendige Beiladung aber nicht vor.** ... Das Unionsrecht gibt den Mitgliedstaaten kein Verfahrensrecht vor; es muss lediglich für unionsrechtliche Ansprüche derselbe Standard wie für nationalrechtliche Ansprüche gelten. Der Effizienzgrundsatz ist nur verletzt, wenn die Ausübung eines unionsrechtlichen Anspruchs unmöglich gemacht oder übermäßig erschwert wird. Insoweit betont der EuGH, dass beide am Umsatz Beteiligte die Möglichkeit haben, die korrekte und einheitliche Auslegung und Anwendung gerichtlich geltend zu machen und dadurch den Gleichklang herzustellen. Der

---

40   EuGH, Urteil vom 26.1.2012, a. a. O., Rz. 38 ff.
41   *Martin*, BFH/NV online, Dokument HI 2943250.

materiell-rechtliche Gleichklang wird bei Zweifeln ggf. durch ein Vorabent-scheidungsersuchen bewirkt. **Dass aber tatsächlich der Gleichklang nicht gelingt, z. B. wenn eine Nichtzulassungsbeschwerde nicht ausreichend begründet oder ein Rechtsmittel verspätet eingelegt worden ist, berührt den unionsrechtlichen Effektivitätsgrundsatz nicht.«.**

5.2   Ein Fall aus der Beratungspraxis

Ein – leider fast alltäglicher – »Echtfall«[42]:

Sachverhalt

Im Rheinland sind 2 Vertragshändler (V_1 und V_2) desselben Automobilherstellers (H) ansässig. V_1 beabsichtigt sich zur Ruhe zu setzen; V_2 hat Interesse, das Geschäft des V_1 zu erwerben.

H verlangt von den Vertragshändlern für den Werkstattbereich u. a. eine funktionierende Lackiererei.

Da V_2 insoweit bereits modernst ausgestattet ist, beabsichtigt er, von V_1 alles zu übernehmen – mit Ausnahme der Lackiererei.

Eine Anfrage beim Finanzamt des V_1 ergab, dass die Lackiererei ja von H vorgeschrieben und damit wesentliche Betriebsgrundlage sei. Auf eine Veräußerung ohne Lackiererei sei damit § 1 Abs. 1a UStG nicht anzuwenden; diese erfolge mithin umsatzsteuerbar und -pflichtig. V_1 rechnete gegenüber V_2 unter offenem Umsatzsteuerausweis ab.

Das Finanzamt des V_2 verweigerte eine Vorsteuererstattung mit dem Hinweis, dass die Veräußerung als Geschäftsveräußerung im Ganzen gem. § 1 Abs. 1a UStG nicht steuerbar und der Steuerausweis damit gem. § 14c Abs. 1 UStG unrichtig sei.

Im geschilderten »Echtfall« ist es damit **bei der eigentlich nicht zu verstehenden »Ungerechtigkeit« geblieben**:

- der Leistende zahlte die Umsatzsteuer,
- ohne dass der Leistungsempfänger einen korrespondierenden Vorsteueranspruch hatte!

---

42   Vgl. *Weimann*, StB 2014, 398.

Beratungskonsequenzen

1. In derartigen Fällen sollte der Berater **im Vorfeld** auf die verwaltungsinterne Sonderzuständigkeit des für V_1 zuständigen Finanzamts hinweisen (➲ Kapitel 5.3).
2. Ausführlich zur GiG ➲ Kapitel 80.

5.3 Der Versuch einer Abhilfe auf Verwaltungsebene

Auch die Finanzverwaltung scheint das Problem erkannt zu haben und – das muss man fairerweise zugeben – im Grundsatz auch lösen zu wollen. Daher regelt eine Verfügung der OFD Hannover die Zuständigkeit für die Entscheidung über das Vorliegen einer Geschäftsveräußerung oder eines Organschaftsverhältnisses wie folgt:

§ **Rechtsgrundlagen**

OFD Hannover, Vfg. vom 9.10.2009[43]

(Hinweis: ➲ Hervorhebungen durch **Fett**druck sind vom Autor.)

»*Es kann nur einheitlich entschieden werden, ob eine Geschäftsveräußerung oder ein Organschaftsverhältnis vorliegt. Weder die Abgabenordnung noch das Umsatzsteuergesetz stellen eine einheitliche Entscheidung sicher. Beurteilen die beteiligten Finanzämter und/oder Unternehmer den jeweiligen Sachverhalt unterschiedlich, wird gebeten, zunächst eine Abstimmung mit dem anderen FA herbeizuführen. Erreichen Sie dabei keine einvernehmliche Beurteilung, ist* **verwaltungsintern** *bei einer* **Geschäftsveräußerung** *die steuerliche Beurteilung des Finanzamtes maßgebend, das für den veräußernden Unternehmer zuständig ist, und bei einer umsatzsteuerlichen* **Organschaft** *die steuerliche Beurteilung des Finanzamtes maßgebend, das für den potentiellen Organträger zuständig ist.* **Die Regelung ist bundeseinheitlich abgestimmt und gilt auch, wenn Finanzämter verschiedener Bundesländer zuständig sind.***

Die Regelung begründet **keine ausschließliche Zuständigkeit***. Es ist nicht erforderlich, dass Sie in allen Fällen Anfragen bzw. Kontrollmitteilungen an das andere beteiligte FA richten. Die Veranlagungen des Betriebserwerbers bzw. der potentiellen Organgesellschaft sind nur in den Fällen zurückzustellen, in denen Sie Anfragen an das andere beteiligte FA gerichtet haben.*«

---

43 S 7500 – 466 – StO 171, SIS 09 37 50.

Beratungskonsequenzen

1. Noch einmal: In derartigen Fällen sollte im Vorfeld auf die verwaltungsinterne Sonderzuständigkeit hinwirkt werden. Denn die Regelung begründet keine ausschließliche Zuständigkeit; ihre Anwendung wäre **gerichtlich kaum durchzusetzen**.

2. Die Sonderzuständigkeit gilt zunächst nur für die erwähnten Tatbestände (Geschäftsveräußerung im Ganzen und Organschaft) und z. B. schon nicht mehr für den Urteilsfall des FG Hamburg (➜ Kapitel 5.1). Hier sollte ggf. eine **entsprechende Anwendung** angeregt werden.

6 Vorsteuerprobleme des EU-Kunden

Steuerpflichtiger Abrechnung des deutschen Händlers/Dienstleisters

Beispiel

Der niederländische Unternehmenskunde NL (mit niederländischer USt-Id-Nr.) hat im Jahr 2010 ein Fahrzeug beim deutschen Autohaus D erworben. Da das Fahrzeug in Deutschland zugelassen wurde, hat D die Rechnung unter Ausweis deutscher Umsatzsteuer aufgemacht. NL hat versucht, sich die Vorsteuer vergüten zu lassen, und darauf vom BZSt folgende Antwort erhalten:

> Beantragte Vergütung: 1.915,97 €
> Ihr Antrag auf Vergütung der Umsatzsteuer wird abgelehnt.
>
> (Die in der nachfolgenden Tabelle verwendeten Schlüsselzahlen sind am Ende des Bescheides erläutert.)
>
> | Pos. | Grund | Art | Belegnummer | Schlüsselzahl |
> |------|-------|-------|-------------|---------------|
> | 1 | 99 | RECHN | 1110521664 | 482 |
>
> Die Ablehnung erfolgt aus folgenden Gründen:
>
> 474 Die Gründe für die abweichende Festsetzung sind im Bescheid benannt.
> 482 Die Voraussetzung für eine steuerfreie innergemeinschaftliche Lieferung gemäß § 6a Umsatzsteuergesetz (UStG) lagen vor. Vom Rechnungsaussteller hätte daher keine Umsatzsteuer in Rechnung gestellt werden dürfen.
> Nach dem Urteil des Bundesfinanzhofes vom 2.4.1998 (V R 34/97) setzt der Vorsteuerabzug nach § 15 Abs. 1 Nr. 1 UStG voraus, dass die Steuer gesetzlich geschuldet wird.

> Wird die Steuer nur geschuldet, weil sie zu Unrecht ausgewiesen worden ist, so ist der Vorsteuerabzug unzulässig. In diesem Fall haben Sie gegebenenfalls einen zivilrechtlichen Anspruch gegenüber dem Rechnungsaussteller zur Berichtigung der Rechnung und zur Gutschrift der Umsatzsteuer.

NL verlangt nun von D die Erstattung des Umsatzsteuerbetrags in Höhe von 1.915,97 €.

Wer hat Recht? Muss D dem NL die Mehrwertsteuer erstatten?

Wenn nein: Wie sollte sich der Händler gegenüber dem Kunden verhalten?

6.1 Die Antwort auf die aufgeworfenen Fragen

Der Fahrzeugverkauf war ein »normales« Inlandsgeschäft und erfolgte damit zu Recht umsatzsteuerpflichtig. D darf dem NL die Steuer auf keinen Fall erstatten. Wenn D den Kunden behalten und nicht verärgern will, sollte er diesem die Rechtslage kurz erläutern.

6.2 Warenbewegung »von EU nach EU« erforderlich

Voraussetzung für die Annahme einer steuerfreien innergemeinschaftlichen Lieferung ist, dass das Fahrzeug von einem EU-Mitgliedstaat in einen anderen EU-Mitgliedstaat gelangt (§ 4 Nr. 1 Buchst. b, § 6a Abs. 1 Satz 1 Nr. 1 UStG ➲ Kapitel 22 ff.).

Bitte beachten Sie!

Es kommt **nicht** darauf an, dass das Fahrzeug »**irgendwann**« in das EU-Ausland gelangt. Die Warenbewegung muss vielmehr in Erfüllung des zu beurteilenden Umsatzes stattfinden![44]

---

44   *Weimann,* ASR 2012/06, 10.

6.3 Objektiven Beurteilungsmaßstab anlegen

Bei der Beurteilung der Frage, ob steuerpflichtig oder steuerfrei abzurechnen ist, kommt es immer auf den **Zeitpunkt der Lieferung** und damit auf die Kundenübergabe des Fahrzeuges an. Der **Kunde hat es selbst in der Hand,** durch entsprechende Erklärungen im Zeitpunkt der Lieferung festzulegen, ob die Lieferung steuerfrei oder steuerpflichtig erfolgen soll.

> **Bitte beachten Sie!**
> Nach der Rechtsprechung sind so weit wie möglich die Absichten zu berücksichtigen, die der Kunde zum Zeitpunkt des Erwerbs hat, sofern diese durch **objektive Gesichtspunkte** gestützt werden[45]. Zum Glück, denn der Kfz-Händler muss sich ja auf die Kundenangaben verlassen dürfen! Er kann insbesondere nicht wissen, welche Vereinbarungen sein Kunde wiederum mit seinem Folgekunden getroffen hat.

6.4 Aussagekraft der Kfz-Zulassung

In Fällen der innergemeinschaftlichen Lieferung von Fahrzeugen soll nach Auffassung des BMF aus Vereinfachungsgründen bei innergemeinschaftlichen Lieferungen zukünftig die Gelangensbestätigung durch einen Nachweis über die Zulassung des Fahrzeugs für den Straßenverkehr im Bestimmungsmitgliedstaat der Lieferung des Fahrzeugs erbracht werden können (siehe Ausführungen zum neuen »Gelangensnachweis« ➲ Kapitel 24). Dies lässt Umkehrschluss zu, dass die Zulassung in Deutschland gegen ein steuerfreies und damit für ein steuerpflichtiges Geschäft spricht.

6.5 Kein Rechnungshinweis auf igL

Letztlich ist ein formales Argument anzuführen. Gegen die Annahme einer steuerfreien innergemeinschaftlichen Lieferung spricht nämlich auch die Tatsache, dass eine Bruttoabrechnung ohne Hinweis auf eine igL ergangen ist[46].

---

45   EuGH, Urteil vom 18.12.2010, Rs. C-430/09, Euro Tyre Holding, Rz. 34 u. Rz. 37, UR 2011, 176 u. 269; BFH, Urteil vom 11.8.2011, V R 3/10, BStBl. II 2011, 769 ➲ Kapitel 22a.
46   BFH, Urteil vom 12.5.2011, V R 46/10, BStBl. II 2011, 957; vgl. *Schönmann,* ASR 2011/12, 9.

6.6 Kundenanschreiben

Den Kunden will man ja grundsätzlich behalten und ihn nicht verärgern. Daher sollte man die Problematik natürlich kurz erläutern und ihm eine Hilfestellung geben[47]:

 Musterschreiben

Sehr geehrte Damen und Herren,

mit Schreiben vom ..... *[Datum]* berichteten Sie uns über Ihre Probleme, die von uns abgerechnete Umsatzsteuer vom deutschen Bundeszentralamt für Steuern – BZSt – als Vorsteuer vergütet zu erhalten, und bitten uns, Ihnen die Umsatzsteuer wieder zu erstatten.

So sehr wir die Probleme auch bedauern, sehen wir uns doch außer Standes, Ihrem Anliegen zu entsprechen. Die uns beim Fahrzeugkauf bekannten Umstände ließen nur den Schluss zu, dass das Fahrzeug in Deutschland verbleiben soll. Letzteres bekräftigt auch die Zulassung des Fahrzeugs in Deutschland (EuGH, Urteil vom 18.12.2010, Rs. C-430/09, Euro Tyre Holding, UR 2011, 176; BFH, Urteil vom 11.8.2011, V R 3/10, BStBl. II 2011, 769). Zudem haben Sie von uns eine Rechnung ohne Hinweis auf eine innergemeinschaftliche Lieferung erhalten (BFH, Urteil vom 12.5.2011, V R 46/10, BStBl. II 2011, 957).

Danach mussten wir steuerpflichtig abrechnen und diese Abrechnung auch beibehalten. Wir empfehlen Ihnen, dies so noch einmal dem BZSt vorzutragen. Letzteres sollte zeitnah unter Beachtung der dortigen Einspruchsfristen geschehen.

Mit freundlichen Grüßen

 Beratungskonsequenzen

Auf keinen Fall darf die Umsatzsteuer dem Kunden erstattet werden. Auch wenn das BZSt von einer Steuerfreiheit ausgeht, muss das Finanzamt des Autohauses nach derzeitiger Rechtsauffassung dem nicht folgen und darf damit auch weiter auf einer steuerpflichtigen Abrechnung des Autohauses bestehen!

Beispiel

- Verkauf des Fahrzeugs für 50.000 € zzgl. 9.500 € USt
- Erstattung der 9.500 € an den Kunden
- Rechnung des Finanzamts dann: 50.000 € : 1,19 = 7.983 € USt

Das Autohaus hätte derzeit damit ein Risiko in Höhe von 7.983 Euro!

---

47   *Weimann*, ASR 2012/06, 10.

7 EuGH zum Schutz des »Guten Glaubens«

7.1 Generalanwalt beim EuGH hält deutschen Vertrauensschutz für unzureichend

Der EuGH hat darauf erkannt, dass das Recht zum Vorsteuerabzug unabhängig davon besteht, dass in der Eingangsrechnung die Anschrift angegeben ist, unter der der Rechnungsaussteller seine wirtschaftliche Tätigkeit ausübt[48]. Gleichzeitig hält der Generalanwalt den Schutz des Vertrauens in das Vorliegen der Voraussetzungen des Rechts auf Vorsteuerabzug in Deutschland für nur unzureichend[49].

7.1.1 Bisherige Rechtsprechung des BFH

In ständiger Rechtsprechung hat der BFH wiederholt festgestellt, dass § 15 UStG **nicht den guten Glauben** an die Erfüllung der Voraussetzungen für den Vorsteuerabzug schützt. Liegen die materiellen Voraussetzungen für den Vorsteuerabzug wegen unzutreffender Rechnungsangaben nicht vor, kommt unter Berücksichtigung des **Grundsatzes des Vertrauensschutzes** ein **Vorsteuerabzug im Billigkeitsverfahren (§§ 163, 227 AO)** in Betracht. Macht der Steuerpflichtige im Festsetzungsverfahren geltend, ihm sei der Vorsteuerabzug trotz Nichtvorliegens der materiell-rechtlichen Voraussetzungen zu gewähren, ist die Entscheidung über die **Billigkeitsmaßnahme nach § 163 Satz 3 AO regelmäßig mit der Steuerfestsetzung zu verbinden**[50].

> **Beispiel**
>
> Unternehmer U hat Ausgangsumsätze i. H. v. 100.000 €, die dem allgemeinen Umsatzsteuersatz unterliegen.
>
> Die Vorsteuerbeträge des U belaufen sich insgesamt auf 5.000 €. Ein Teilbetrag i. H. v. 3.000 € entfällt auf eine Rechnung mit unzutreffenden Angaben, was U nicht erkennen konnte.

---

48 EuGH, Urteil vom 15.11.2017, verbundene Rs. C-374/16 und 375/16, Rochus Geissel und Igor Butin; Hinweis auf ➲ Kapitel 71.01.

49 Schlussanträge des Generalanwalts vom 5.7.2017 ➲ mybook.haufe.de > Wichtiges aus anderen Behörden.

50 Z. B. BFH-Urteil vom 8.10.2008, V R 63/07, BFH/NV 2009, 1473.

	Umsatzsteuererklärung des Unternehmers	Steuerfestsetzung des Finanzamts
Steuer aufAusgangsumsätze	19.000 €	19.000 €
Vorsteuern(unstrittig)	2.000 €	2.000 €
Vorsteuern(Falschangaben)	3.000 €	~~3.000 €~~
Umsatzsteuer	14.000 €	17.000 €
Billigkeitsmaßnahme (§§ 163, 227 AO)		3.000 €
		14.000 €

Das Finanzamt berücksichtigt im Rahmen der Steuerfestsetzung nur die unstrittigen Vorsteuerbeträge i. H. v. 2.000 €.

Über den Restbetrag i. H. v. 3.000 € entscheidet das Finanzamt

- anschließend und
- in einem gesonderten Verfahren

im Rahmen einer Billigkeitsmaßnahme (»... können ...«) nach § 163 AO (Abweichende Festsetzung von Steuern aus Billigkeitsgründen) oder § 227 AO (Erlass).

7.1.2 EuGH-Vorlagen

Dazu ergaben sich folgende Vorlagefragen:

- Ist für den Fall, dass die formellen Rechnungsanforderungen des Art. 226 MwStSystRL nicht erfüllt sind, der Vorsteuerabzug bereits immer dann zu gewähren, wenn keine Steuerhinterziehung vorliegt oder der Steuerpflichtige die Einbeziehung in einen Betrug weder kannte noch kennen konnte oder setzt der Vertrauensschutzgrundsatz in diesem Fall voraus, dass der Steuerpflichtige alles getan hat, was von ihm **zumutbarer Weise verlangt werden kann, um die Richtigkeit der Rechnungsangaben zu überprüfen**[51]?
- Steht Art. 168 Buchst. a i. V. m. Art. 178 Buchst. a MwStSystRL unter Beachtung des Effektivitätsgebots einer nationalen Praxis entgegen, die einen guten Glauben des Leistungsempfängers an die Erfüllung der Vorsteuerabzugsvoraussetzungen nur außerhalb des Steuerfestsetzungsverfahrens im Rahmen eines **gesonderten Billigkeitsverfahrens** berücksichtigt? Ist Art. 168 Buchst. a i. V. m. Art. 178 Buchst. a MwStSystRL insoweit berufbar[52]?

---

51   3. Vorlagefrage des V. Senats.
52   2. Vorlagefrage des XI. Senats.

7.1.3   Keine Antwort des EuGH

Der EuGH konnte diese Fragen unbeantwortet lassen (➲ Kapitel 71.01).

7.1.4   Überlegungen des Generalanwalts

Der Generalanwalt hat bereits erkannt, dass der EuGH die Rechtsfragen aller Voraussicht nach nicht beantworten müssen wird. Dennoch hielt er es für wichtig und richtig, seine **gravierenden Bedenken gegen die derzeitige deutsche Rechtspraxis** darzustellen.

 Hinweis

Darin steckt eine große Aussagekraft für gleichgelagerte zukünftige Verfahren!

7.1.4.1   Guter Glaube an die Richtigkeit der Rechnungsangaben

Der Rechnungsempfänger ist nicht dazu verpflichtet, den Rechnungsaussteller ohne konkreten Anlass umfassend zu überprüfen. Das ist vielmehr Aufgabe der Finanzverwaltung. Letztere trägt auch – entgegen BFH – die Feststellungslast für Unregelmäßigkeiten[53].

7.1.4.2   Effektiver Rechtsschutz

Dazu führt der **Generalanwalt in seinen Schlussanträgen** aus[54]:

 Rechtsgrundlagen

Schlussanträge des Generalanwalts vom 5.7.2017

(Hinweis: Hervorhebungen durch **Fett**druck sind vom Autor.)

71. Bezüglich des Effektivitätsgrundsatzes hat der Gerichtshof befunden, dass die Frage, ob eine nationale Verfahrensvorschrift die Ausübung der dem Einzelnen aus der Unionsrechtsordnung erwachsenden Rechte unmöglich macht oder übermäßig erschwert, unter Berücksichtigung der Stellung dieser Vorschrift im

---

53   EuGH, Urteil vom 15.11.2017, verbundene Rs. C-374/16 und 375/16, Rochus Geissel und Igor Butin, Rz. 47 ff. unter Hinweis auf EuGH, Urteil vom 22.10.2015, Rs. C-277/14, PPUH Stehcemp, ➲ nachfolgendes Kapitel 7.2.

54   A. a. O., Rz. 40 ff.

gesamten Verfahren, des Verfahrensablaufs und der Besonderheiten des Verfahrens vor den verschiedenen nationalen Stellen zu prüfen ist. Dabei sind die Grundsätze zu berücksichtigen, die dem nationalen Rechtsschutzsystem zugrunde liegen, wie z. B. der Schutz der Verteidigungsrechte, der Grundsatz der Rechtssicherheit und der ordnungsgemäße Ablauf des Verfahrens. Es ist grundsätzlich Sache des vorlegenden Gerichts, festzustellen, ob die nationalen Maßnahmen mit diesen Grundsätzen unter Berücksichtigung aller Umstände der Rechtssache vereinbar sind.

72. Vorliegend verfügt der Gerichtshof nicht über hinreichend detaillierte Informationen zu dem besonderen Billigkeitsverfahren (und zu den Unterschieden zwischen diesem Verfahren und dem normalen Steuerfestsetzungsverfahren), um entscheiden zu können ob nationale Verfahrensvorschriften wie die in den Ausgangsverfahren in Rede stehenden den Vorschriften der Mehrwertsteuerrichtlinie entsprechen. Daher ist es nach der oben angeführten Rechtsprechung Sache des vorlegenden Gerichts, im Licht der in der Rechtsprechung des Gerichtshofs genannten Grundsätze zu entscheiden, ob das Recht eines Steuerpflichtigen, seinen guten Glauben hinsichtlich der formellen Richtigkeit einer Rechnung geltend zu machen, in einem Verfahren wie dem gesonderten Billigkeitsverfahren nach den §§ 163 und 227 AO effektiv geschützt ist.

73. Bei seiner Würdigung sollte das vorlegende Gericht meines Erachtens besonders berücksichtigen, ob das gesonderte Verfahren **hinsichtlich seiner Länge, Komplexität und der damit verbundenen Kosten unverhältnismäßige Schwierigkeiten für den Steuerpflichtigen mit sich bringt**. Solche Schwierigkeiten sind sicherlich umso wichtiger, wenn der Steuerpflichtige bei Klagen, die im Wesentlichen dieselben oder miteinander zusammenhängende Rechtsfragen bzw. dieselben oder miteinander zusammenhängende Umsätze betreffen, gezwungen ist, parallel zwei oder mehr gerichtliche Verfahren anzustrengen.

74. Auch wenn ich hier keine genaueren Hinweise geben kann, sehe ich mich doch gezwungen, angesichts bestimmter Angaben im Vorlagebeschluss meine Zweifel hinsichtlich der Vereinbarkeit der in Rede stehenden nationalen Verfahrensvorschriften mit dem Unionsrecht zu äußern. Das Recht eines Steuerpflichtigen auf Vorsteuerabzug ergibt sich aus der Mehrwertsteuerrichtlinie und nicht aus Billigkeitserwägungen. Dies gilt unabhängig davon, ob die betreffenden Rechnungen vollständig Art. 226 dieser Richtlinie entsprechen.

75. Anders gesagt **haben die Behörden auch in diesen Fällen kein Ermessen** hinsichtlich der Frage, ob dem Steuerpflichtigen der Vorsteuerabzug zu gewähren ist. Demgemäß sehe ich aus verfahrensrechtlicher Sicht keinen wesentlichen Un-

terschied zwischen der Situation eines Steuerpflichtigen, der zum Vorsteuerabzug berechtigt ist, wenn die formellen Anforderungen an die Rechnungen erfüllt sind, und der Situation, in der diese Person ein solches Recht hat, trotzdem diese Anforderungen nicht erfüllt sind. Ich sehe keinen Grund, warum ein Steuerpflichtiger nicht berechtigt sein sollte, ein solches Recht im Rahmen des normalen Steuerfestsetzungsverfahrens geltend zu machen.

Hierüber zu entscheiden ist jedoch **Sache der nationalen Gerichte** – also der deutschen FGs und des BFH.

 Beratungskonsequenzen

1. Hinsichtlich der **Adressangaben** bleibt alles so wie vor der Rechtsprechungsänderung – und damit so, wie in Abschn. 14.5 Abs. 2 UStAE verfügt.

2. Hinsichtlich der Pflicht zur **Überprüfung von Eingangsrechnungen** ist die deutsche Rechtspraxis der EuGH-Entscheidung Stehcemp anzupassen – zu Gunsten der Kreditoren.

3. Der deutsche **Schutz des guten Glaubens** ausschließlich über §§ 163, 227 AO dürfte einer Überprüfung durch den EuGH nicht Stand halten – Folgeverfahren sind absehbar.

7.2 Keine überzogenen Prüfungspflichten des Rechnungsempfängers

EuGH vom 22.10.2015

Der EuGH hat noch einmal darauf erkannt, dass der Rechnungsempfänger nicht dazu verpflichtet ist, den Rechnungsaussteller ohne konkreten Anlass umfassend zu überprüfen. Das ist vielmehr Aufgabe der Finanzverwaltung. Letztere trägt auch – entgegen BFH – die Feststellungslast für Unregelmäßigkeiten[55].

Sachverhalt

Die Klägerin (PPUH Stehcemp; im Folgenden: K) kaufte von Verkäuferin V Dieselkraftstoff. K verwandte den Kraftstoff im Rahmen ihrer wirtschaftlichen Tätigkeit und zog aus den Eingangsrechnungen die Vorsteuern.

---

55   EuGH, Urteil vom 22.10.2015, Rs. C-277/14, PPUH Stehcemp; vgl. *Weimann*, AStW 2016, 723.

Nach einer Steuerprüfung versagte die polnische Finanzverwaltung der K das Recht zum Vorsteuerabzug, weil die Rechnungen über die Kraftstoffeinkäufe von V als einem nicht existenten Wirtschaftsteilnehmer ausgestellt worden seien. V sei nach den in einer polnischen Sonderverordnung festgelegten Kriterien als nicht existenter Wirtschaftsteilnehmer anzusehen, der keine Lieferungen von Gegenständen vornehmen könne.

Die Feststellung, dass V nicht existent sei, war auf eine Reihe von Gesichtspunkten gestützt – insbesondere darauf, dass V nicht für mehrwertsteuerliche Zwecke registriert sei, keine Steuererklärung abgebe und keine Steuern entrichte. Außerdem veröffentliche die V ihre Jahresabschlüsse nicht und verfüge nicht über eine Konzession zum Verkauf von Flüssigkraftstoffen. Das im Handelsregister als Gesellschaftssitz angegebene Gebäude sei in einem heruntergekommenen Zustand, der jegliche wirtschaftliche Tätigkeit unmöglich mache. Schließlich seien alle Versuche, mit V oder mit der als ihr Geschäftsführer im Handelsregister eingetragenen Person Kontakt aufzunehmen, erfolglos gewesen.

Gegen die Entscheidung der Finanzverwaltung wandte sich die K im Klagewege. Diese Klage wurde erstinstanzlich mit der Begründung abgewiesen, dass V eine Wirtschaftsteilnehmerin sei, die zum Zeitpunkt der im Ausgangsverfahren in Rede stehenden Umsätze nicht existent gewesen sei, und dass K keine angemessene Sorgfalt angewandt habe, da sie nicht überprüft habe, ob die Umsätze der V in Zusammenhang mit der Begehung einer Straftat stünden.

Gegen diese Entscheidung legte K Kassationsbeschwerde zum polnischen Obersten Verwaltungsgerichtshof ein. K macht geltend, dass es zum Grundsatz der Neutralität der Mehrwertsteuer im Widerspruch stehe, einem gutgläubigen Steuerpflichtigen das Recht auf Vorsteuerabzug zu versagen. Sie habe nämlich von V Unterlagen über deren Eintragung erhalten, die belegten, dass diese Gesellschaft ein ihre Tätigkeiten legal ausübender Wirtschaftsteilnehmer sei, nämlich einen Auszug aus dem Handelsregister, die Zuteilung einer Steueridentifikationsnummer und eine Bescheinigung über die Zuteilung einer statistischen Identifikationsnummer.

Der polnische Oberste Verwaltungsgerichtshof ersuchte nunmehr den EuGH, sich zur Bedeutung des guten Glaubens für den Vorsteuerabzug zu positionieren.

Die Entscheidung des EuGH

Der EuGH stellt klar, dass der Vorsteuerabzug nicht versagt werden darf, wenn

- die materiellen Voraussetzungen des Vorsteuerabzugs erfüllt sind (Art. 167 ff. MwStSystRL) und

- eine formell richtige Rechnung vorliegt (Art. 226 MwStSystRL).

Einschränkend gilt dies nur unter der Voraussetzung, dass der Leistungsempfänger[56]

- keine Veranlassung hatte, im Hinblick auf die unternehmerische Tätigkeit des angeblich Leistenden weitere eigene Nachforschungen anzustellen und

- hinsichtlich des Vorliegens einer »Scheinfirma« nicht bösgläubig war.

Es ist **Sache der Steuerverwaltung,** die Steuerhinterziehungen oder Unregelmäßigkeiten seitens des Ausstellers der Rechnung festgestellt hat, aufgrund objektiver Anhaltspunkte und **ohne vom Rechnungsempfänger ihm nicht obliegende Überprüfungen** zu fordern, darzulegen, dass der Rechnungsempfänger wusste oder hätte wissen müssen, dass der zur Begründung des Rechts auf Vorsteuerabzug geltend gemachte Umsatz in eine Mehrwertsteuerhinterziehung einbezogen war, was vom vorlegenden Gericht zu prüfen ist.

Welche Maßnahmen im konkreten Fall vernünftigerweise von einem Steuerpflichtigen, der sein Recht auf Vorsteuerabzug ausüben möchte, verlangt werden können, um sicherzustellen, dass seine Umsätze nicht in einen von einem Wirtschaftsteilnehmer auf einer vorhergehenden Umsatzstufe begangenen Betrug einbezogen sind, hängt wesentlich von den jeweiligen **Umständen des Einzelfalls** ab[57].

Zwar kann dieser Steuerpflichtige bei Vorliegen von Anhaltspunkten für Unregelmäßigkeiten oder Steuerhinterziehung dazu verpflichtet sein, über einen anderen Wirtschaftsteilnehmer, von dem er Gegenstände oder Dienstleistungen zu erwerben beabsichtigt, Auskünfte einzuholen, um sich von dessen Zuverlässigkeit zu überzeugen. Die Steuerverwaltung kann jedoch von diesem Steuerpflichtigen **nicht generell verlangen,** zum einen zu prüfen, ob der Aussteller der Rechnung über die Gegenstände und Dienstleistungen, für die dieses Recht geltend gemacht wird, über die fraglichen Gegenstände verfügte und sie liefern konnte und seinen Verpflichtungen hinsichtlich der Erklärung und Abführung der Mehrwertsteuer nachgekommen ist, um sich zu vergewissern, dass auf der Ebene der Wirt-

---

56   Rn. 33 ff. des Besprechungsurteils.
57   Rn. 50 f. des Besprechungsurteils.

schaftsteilnehmer einer vorhergehenden Umsatzstufe keine Unregelmäßigkeiten und Steuerhinterziehung vorliegen, oder zum anderen entsprechende Unterlagen vorzulegen[58].

 Beratungskonsequenzen

Der Rechnungsempfänger darf also von der Finanzverwaltung **nicht mittelbar zu Nachprüfungen bei seinem Vertragspartner verpflichtet** werden, die ihm grundsätzlich nicht obliegen.

Es ist nämlich grundsätzlich **Sache der Steuerbehörden**, bei den Steuerpflichtigen die erforderlichen Kontrollen durchzuführen, um Unregelmäßigkeiten und Mehrwertsteuerhinterziehung aufzudecken und gegen den Steuerpflichtigen, der diese Unregelmäßigkeiten oder Steuerhinterziehung begangen hat, Sanktionen zu verhängen.

Die Steuerbehörde **würde ihre eigenen Kontrollaufgaben auf die Steuerpflichtigen übertragen**, wenn sie oben genannte Maßnahmen aufgrund der Gefahr der Verweigerung des Vorsteuerabzugsrechts den Steuerpflichtigen auferlegt[59].

Anmerkung

Im Besprechungsurteil sagt der EuGH eigentlich nichts Neues. Er bestätigt lediglich seine neuere Rechtsprechung zu den Pflichten des Rechnungsempfängers und festigt diese damit. Sei´s drum! Der BFH sah sich auf Grund des Urteils zu seinen oben dargestellten Vorlagebeschlüssen (➲ Kapitel 7.1) veranlasst – und das ist gut so!

7.3 Wiederholung und Untermauerung der Rechtsgrundsätze »Teleos«

1. Art. 138 Abs. 1 der Richtlinie 2006/112/EG des Rates vom 28.11.2006 über das gemeinsame Mehrwertsteuersystem in der durch die Richtlinie 2010/88/EU des Rates vom 7.12.2010 geänderten Fassung ist dahin auszulegen, dass er es nicht verwehrt, dem Verkäufer unter Umständen wie denen des Ausgangsverfahrens den Anspruch auf Steuerbefreiung einer innergemeinschaftlichen Lieferung zu versagen, wenn aufgrund der objektiven Sachlage feststeht,

---

58   Rn. 52 des Besprechungsurteils.
59   Vgl. auch EuGH-Urteil vom 21.6.2012, Rs. C-80/11 u. C-142/11, C-80/11, C-142/1, Mahagében und Dávid, Rn. 62 ff.

dass der Verkäufer seinen Nachweispflichten nicht nachgekommen ist oder dass er wusste oder hätte wissen müssen, dass der von ihm bewirkte Umsatz mit einer Steuerhinterziehung des Erwerbers verknüpft war, und er nicht alle ihm zur Verfügung stehenden zumutbaren Maßnahmen ergriffen hat, um seine eigene Beteiligung an dieser Steuerhinterziehung zu verhindern.

2. Dem Verkäufer kann die Steuerbefreiung einer innergemeinschaftlichen Lieferung i. S. v. Art. 138 Abs. 1 der Richtlinie 2006/112 nicht allein deshalb versagt werden, weil die Steuerverwaltung eines anderen Mitgliedstaats eine Löschung der Mehrwertsteuer-Identifikationsnummer des Erwerbers vorgenommen hat, die zwar nach der Lieferung des Gegenstands erfolgt ist, aber auf einen Zeitpunkt vor der Lieferung zurückwirkt.

Sachverhalt

Der ungarische Lieferant Mecsek (M) vereinbarte mit dem italienischen Käufer Agro-Trade (A) im August 2009 die Lieferung von Raps. Vor Lieferung teilte A, dessen USt-IdNr. bestätigt wurde, dem M die Kennzeichen der Fahrzeuge mit, die den Raps nach Italien befördern würden. Die fortlaufend durchnummerierten CMR-Frachtbriefe wurden M per Post von der Anschrift der A in Italien aus zugesandt. Geschäftssitz der A war ein Privathaus und die USt-IdNr. der A, die nie USt abgeführt hatte, war im Januar 2010 rückwirkend zum April 2009 gelöscht worden. M begehrte vergeblich die Befreiung der Lieferung als innergemeinschaftliche.

Die Entscheidung des EuGH

Der EuGH[60] betont das Risiko einer nachlässigen **Einhaltung der im nationalen Recht** (in Deutschland: in den UStDV) **geforderten Nachweise.**

Die rückwirkende Löschung einer USt-IdNr. des Leistungsempfängers darf jedoch einem **gutgläubigen leistenden Unternehmer nicht angelastet** werden.

---

60   EuGH, Urteil vom 6.9.2012, Rs. C-273/11, Mecsek-Gabona, BFH/NV 2012, 1919.

Vorgaben aus Europa für das deutsche Umsatzsteuerrecht

Pressemitteilung des EuGH

Gerichtshof der Europäischen Union
PRESSEMITTEILUNG Nr. 111/12
Luxemburg, den 6. September 2012

Urteil in der Rechtssache C-273/11
Mecsek-Gabona Kft / Nemzeti Adó- és Vámhivatal Dél-dunántúli Regionális
Presse und Information
Adó Főigazgatósága

Einem Unternehmen, das Waren mit Bestimmungsort in einem anderen Mitgliedstaat verkauft hat, kann die Mehrwertsteuerbefreiung versagt werden, wenn es nicht nachgewiesen hat, dass es sich dabei um ein innergemeinschaftliches Geschäft handelte

Hat das Unternehmen diesen Nachweis hingegen erbracht und in gutem Glauben gehandelt, darf ihm die Mehrwertsteuerbefreiung nicht mit der Begründung versagt werden, der Käufer habe die Waren nicht an einen Ort außerhalb des Versandstaats befördert

Nach der Mehrwertsteuerrichtlinie[1] wird die in einem Mitgliedstaat erfolgte Veräußerung von Waren, die für einen Käufer, der selbst in einem anderen Mitgliedstaat als dem Ausgangspunkt der Versendung oder Beförderung der Gegenstände steuerpflichtig ist, in einen anderen Mitgliedstaat versandt oder befördert werden, im erstgenannten Mitgliedstaat von der Mehrwertsteuer befreit. In einem solchen Fall ist es der Käufer, der die Mehrwertsteuer im Bestimmungsland der Waren abführen muss.

Mecsek-Gabona ist eine ungarische Gesellschaft, zu deren Kerngeschäft der Großhandel mit Getreide, Tabak, Saatgut und Futtermitteln gehört. Im August 2009 verkaufte sie an eine italienische Gesellschaft – die zu diesem Zeitpunkt über eine Mehrwertsteuer-Identifikationsnummer verfügte – 1000 Tonnen Raps, der laut Kaufvertrag von der Käuferin in einen anderen Mitgliedstaat zu befördern war. Die Ware wurde der Käuferin auf dem Betriebsgelände von Mecsek-Gabona in Ungarn übergeben, und die italienische Gesellschaft übersandte der Verkäuferin von einer italienischen Postanschrift aus mehrere CMR-Frachtbriefe[2], die belegten, dass der Raps an einen Ort außerhalb Ungarns befördert worden war.

Für dieses Geschäft stellte Mecsek-Gabona zwei Rechnungen aus. In der Annahme, es handele sich um einen in Ungarn von der Mehrwertsteuer befreiten innergemeinschaftlichen Umsatz stellte sie der Käuferin die Mehrwertsteuer nicht in Rechnung und führte sie nicht an die ungarische Steuerverwaltung ab.

Die italienische Steuerverwaltung stellte jedoch fest, dass die Käuferin unauffindbar war und in Italien nie Mehrwertsteuer abgeführt hatte. Deshalb wurde die Mehrwertsteuer-Identifikationsnummer dieser Gesellschaft im Januar 2010 rückwirkend zum 17. April 2009 in dem Register gelöscht. Unter diesen Umständen ging die ungarische Steuerverwaltung davon aus, dass der von Mecsek-Gabona verkaufte Raps nie in einen anderen Mitgliedstaat befördert worden sei und das fragliche Geschäft keine mehrwertsteuerbefreite innergemeinschaftliche Lieferung von Gegenständen darstelle. Sie zog Mecsek-Gabona daher zur Entrichtung der Mehrwertsteuer für dieses Geschäft heran und verhängte eine Geldbuße und einen Verspätungszuschlag gegen sie.

Mecsek-Gabona ging gegen diese Argumentation vor dem Baranya Megyei Bíróság (Komitatsgericht Baranya, Ungarn) vor. Dieser ersucht den Gerichtshof um Klärung, welche Beweise hinreichend sind, um das Vorliegen einer mehrwertsteuerbefreiten Lieferung von

---

[1] Richtlinie 2006/112/EG des Rates vom 28. November 2006 über das gemeinsame Mehrwertsteuersystem (ABl. L 347, S. 1) in der durch die Richtlinie 2010/88/EU des Rates vom 7. Dezember 2010 (ABl. L 326, S. 1) geänderten Fassung.
[2] Beförderungsdokumente, die auf der Grundlage des am 19. Mai 1956 in Genf unterzeichneten Übereinkommens über den Beförderungsvertrag im internationalen Straßengüterverkehr ausgestellt werden.

www.curia.europa.eu

Gegenständen nachzuweisen. Er möchte auch wissen, in welchem Ausmaß der Verkäufer, wenn er die Beförderung nicht selbst übernimmt, für das rechtswidrige Handeln des Käufers verantwortlich gemacht werden kann, wenn nicht nachgewiesen ist, dass die verkauften Waren im Bestimmungsmitgliedstaat angekommen sind.

In seinem Urteil vom heutigen Tag ruft der Gerichtshof zunächst die drei Voraussetzungen für die Mehrwertsteuerbefreiung einer innergemeinschaftlichen Lieferung eines Gegenstands in Erinnerung. Erstens muss das Eigentumsrecht an dem Gegenstand auf den Käufer übertragen worden sein. Zweitens muss der Verkäufer nachweisen, dass der Gegenstand in einen anderen Mitgliedstaat versandt oder befördert worden ist. Drittens muss der Gegenstand den Versandmitgliedstaat aufgrund dieses Versands oder dieser Beförderung physisch verlassen haben.

Da im vorliegenden Fall die erste Voraussetzung erfüllt ist, prüft der Gerichtshof die Pflichten des Verkäufers in Bezug auf den Nachweis des Versands oder der Beförderung von Gegenständen in einen anderen Mitgliedstaat. In diesem Zusammenhang stellt der Gerichtshof fest, dass in Ermangelung einer konkreten Bestimmung in der Mehrwertsteuerrichtlinie, welche Beweise das Vorliegen einer innergemeinschaftlichen Lieferung belegen können, die Mitgliedstaaten dafür zuständig sind, dies festzulegen, wobei sie die allgemeinen Grundsätze des Unionsrechts wie die Grundsätze der Rechtssicherheit und der Verhältnismäßigkeit zu beachten haben. Die Nachweispflichten sind daher nach nationalem Recht und der für ähnliche Geschäfte üblichen Praxis zu bestimmen. Ein Mitgliedstaat kann vom Steuerpflichtigen jedoch nicht verlangen, den zwingenden Nachweis dafür zu erbringen, dass die Ware diesen Mitgliedstaat physisch verlassen hat.

Der Gerichtshof stellt außerdem fest, dass **die Mehrwertsteuerrichtlinie den Mitgliedstaaten im Zusammenhang mit einer innergemeinschaftlichen Lieferung gestattet, dem Verkäufer einen Anspruch auf Mehrwertsteuerbefreiung zu versagen, wenn er seinen Nachweispflichten nicht nachkommt.**

Im vorliegenden Fall hat das ungarische Gericht zu prüfen, ob Mecsek-Gabona den Nachweispflichten nachgekommen ist, die ihr nach ungarischem Recht und der üblichen Praxis oblagen.

Sodann weist der Gerichtshof darauf hin, dass der Nachweis, den der Verkäufer gegenüber den Steuerbehörden führen kann, wenn der Käufer im Versandmitgliedstaat die Befähigung hat, über den betreffenden Gegenstand wie ein Eigentümer zu verfügen, und sich verpflichtet, den Gegenstand in den Bestimmungsmitgliedstaat zu befördern, wesentlich von den Angaben abhängt, die er zu diesem Zweck vom Käufer erhält. Unter diesen Umständen stellt der Gerichtshof fest, dass **der Verkäufer, wenn er seinen Nachweispflichten nach nationalem Recht und der gängigen Praxis nachgekommen ist, nicht im Liefermitgliedstaat zur Mehrwertsteuer herangezogen werden kann, wenn der Käufer seine vertragliche Verpflichtung, diese Gegenstände an Orte außerhalb dieses Staates zu versenden oder zu befördern, nicht erfüllt hat.** Unter solchen Umständen ist es nämlich der Käufer, der im Liefermitgliedstaat zur Mehrwertsteuer heranzuziehen ist.

Jedoch kann dem Verkäufer die Mehrwertsteuerbefreiung für ein innergemeinschaftliches Geschäft nicht gewährt werden, wenn er wusste oder hätte wissen müssen, dass dieses Geschäft mit einer Steuerhinterziehung des Käufers verknüpft war, und er nicht alle ihm zur Verfügung stehenden zumutbaren Maßnahmen ergriffen hat, um diese zu verhindern.

Schließlich stellt der Gerichtshof fest, dass Mecsek-Gabona der Anspruch auf Mehrwertsteuerbefreiung nicht allein deshalb versagt werden kann, weil die italienische Mehrwertsteuer-Identifikationsnummer des Käufers rückwirkend im Steuerpflichtigen-Register gelöscht wurde. Unregelmäßigkeiten des Registers, dessen Verwaltung den nationalen Behörden obliegt, können nämlich nicht zu Lasten eines Steuerpflichtigen gehen, der sich auf die Angaben in diesem Register gestützt hat.

www.curia.europa.eu

HINWEIS: Im Wege eines Vorabentscheidungsersuchens können die Gerichte der Mitgliedstaaten in einem bei ihnen anhängigen Rechtsstreit dem Gerichtshof Fragen nach der Auslegung des Unionsrechts oder nach der Gültigkeit einer Handlung der Union vorlegen. Der Gerichtshof entscheidet nicht über den nationalen Rechtsstreit. Es ist Sache des nationalen Gerichts, über die Rechtssache im Einklang mit der Entscheidung des Gerichtshofs zu entscheiden. Diese Entscheidung des Gerichtshofs bindet in gleicher Weise andere nationale Gerichte, die mit einem ähnlichen Problem befasst werden.

Zur Verwendung durch die Medien bestimmtes nichtamtliches Dokument, das den Gerichtshof nicht bindet.

Der Volltext des Urteils wird am Tag der Verkündung auf der Curia-Website veröffentlicht.

Pressekontakt: Hartmut Ost ☎ (+352) 4303 3255

 Beratungskonsequenzen

1. Das Besprechungsurteil schien **aus der Sicht der – vom BFH umgesetzten – Rechtsprechung des EuGH nicht erforderlich** zu sein und ist vielleicht nur den EU-Beitrittsstaaten und deren nationalen Recht geschuldet, das in Ungarn keine konkreten Nachweispflichten regelte wie z. B. eine Liste von Unterlagen, die den zuständigen Behörden für die Steuerbefreiung einer innergemeinschaftlichen Lieferung vorzulegen sind. Die Entscheidung ist gleichwohl sehr interessant im Hinblick auf die **Bedeutung der Erfüllung der Nachweispflichten.**

2. Bei innergemeinschaftlichen Abhollieferungen ist der leistende Unternehmer hinsichtlich Warenbewegung in einen anderen Mitgliedstaat **auf die Angaben seines Kunden hierzu angewiesen** und hat darüber hinaus keine Beweismöglichkeit für das Verbringen der Ware in einen anderen Mitgliedstaat. Hat – wie im Urteilsfall – der Lieferant eine qualifizierte Bestätigung über die dem Kunden erteilte USt-IdNr., ist die veräußerte Ware vereinbarungsgemäß mit im Ausland zugelassenen Fahrzeugen abtransportiert worden und sind die CMR-Frachtbriefe von der Erwerberin von deren postalischer Anschrift aus zugeschickt worden, hat der Lieferant **keinen Anlass dies anzuzweifeln**[61].

3. Wie der EuGH betont verlangt der Grundsatz der Rechtssicherheit, dass der Steuerpflichtige **seine steuerlichen Nachweis- und Sorgfaltspflichten kennen muss, bevor er ein Geschäft abschließt** und es nicht gegen das Unionsrecht verstößt, von einem Wirtschaftsteilnehmer zu fordern, dass er **in gutem Glauben handelt** und **alle Maßnahmen ergreift, die vernünftigerweise verlangt werden können,** um sicherzustellen, dass der von ihm getätigte Umsatz nicht zu seiner Beteiligung an einer Steuerhinterziehung führt.

4. Wenn also eine Steuerhinterziehung des Erwerbers vorliegt, rechtfertigt das nach Auffassung des EuGH, das Recht auf Mehrwertsteuerbefreiung davon abhängig zu machen, ob der Unternehmer wusste oder hätte wissen müssen,

---

61   *Martin,* BFH/NV, BFH/PR 2012, 406.

dass der von ihm bewirkte Umsatz mit einer Steuerhinterziehung des Erwerbers verknüpft war. Hat er nicht **alle ihm zur Verfügung stehenden zumutbaren Maßnahmen ergriffen**, um diese zu verhindern, ist ihm der Anspruch auf Mehrwertsteuerbefreiung zu versagen. Das ist **nichts Neues**[62].

5. Auch **nicht neu** ist, dass die Zuteilung einer USt-IdNr. den Nachweis des steuerlichen Status des Steuerpflichtigen für die Zwecke der Mehrwertsteuer und die steuerliche Kontrolle innergemeinschaftlicher Umsätze erleichtert, dass aber **Unregelmäßigkeiten des Registers,** das die nationale Behörde führen muss, **nicht zulasten des Unternehmers** gehen können, sofern die materiellen Voraussetzungen einer innergemeinschaftlichen Lieferung erfüllt sind.

6. **Neu** ist, dass die **Erfüllung der Nachweispflichten des nationalen Rechts ein zusätzliches Gewicht erhält**: Der Anspruch auf Steuerbefreiung einer innergemeinschaftlichen Lieferung ist nach dem EuGH zu versagen, wenn aufgrund der objektiven Sachlage feststeht, dass der Verkäufer seinen Nachweispflichten nicht nachgekommen ist oder dass er wusste oder hätte wissen müssen, dass der von ihm bewirkte Umsatz mit einer Steuerhinterziehung des Erwerbers verknüpft war und er nicht alle ihm zur Verfügung stehenden zumutbaren Maßnahmen ergriffen hat, um seine eigene Beteiligung daran zu vermeiden[63].

7. **Zu den konkreten Auswirkungen** der neuen Rechtsprechung auf die Steuerbefreiung der innergemeinschaftlichen Lieferung ➲ Kapitel 22a.3, auf die Steuerbefreiung der Ausfuhrlieferung ➲ Kapitel 27a.4.

 Hinweis

➲ Kapitel 12, Kapitel 22.3 und Kapitel 27.4

8   Wissenswertes zur Abrundung

 Hinweis

Sobald es vom europäischen Umsatzsteuerrecht Neues zu berichten gibt, was sich keinem der Einzelkapitel zuordnen lässt, finden Sie das dann unter
➲ www.umsatzsteuerpraxis.de > Aktualisierungen > zu Kapitel 8.

---

62   *Martin,* BFH/NV, BFH/PR 2012, 406.

63   *Martin,* BFH/NV, BFH/PR 2012, 406.

9 Wenn der (Zweit-)Name zum Programm wird: die Umsatzsteuer als »Mehrwert«steuer

Weltweit gibt es im Wesentlichen zwei Grundprinzipien, auf denen Umsatzsteuersysteme beruhen: die Allphasen-Bruttoumsatzsteuer und die Allphasen-Nettoumsatzsteuer mit Vorsteuerabzug.

9.1 Allphasen-Bruttoumsatzsteuer

Ein Allphasen-Bruttoumsatzsteuersystem gab es in Deutschland bis zum 31.12.1967. Ein solches System

- arbeitet mit einem geringen Steuersatz,
- kennt keinen Vorsteuerabzug
- und besteuert auf jeder Stufe den Gesamtumsatz.

Beispiel

Landwirt L verkauft seine Milch an Molkerei M. Soll der Rohgewinn des L 100 € betragen, müsste er M bei einem angenommenen Steuersatz von 5 % folglich 105 € in Rechnung stellen.

Verkauft M die Milch weiter an die Käserei K und kalkuliert auch M eine Marge von 100 €, müsste M wie folgt abrechnen:

	Einkaufspreis	105,00 €
+	Marge	100,00 €
=		205,00 €
+	5 % USt	10,25 €
=		215,25 €

Verkauft K nun den Käse weiter an Großhändler G und kalkuliert ebenfalls eine Marge von 100 €, müsste G wie folgt abrechnen:

	Einkaufspreis	215,25 €
+	Marge	100,00 €
=		315,25 €
+	5 % USt	15,76 €
=		331,01 €

 Quintessenz

Da ein derartiges System keinen Vorsteuerabzug kennt, unterwirft es auf jeder Stufe den Eingangsumsatz inkl. der darin bereits enthaltenen USt einer nochmaligen USt und steht damit einer **Arbeitsteilung kontraproduktiv** gegenüber.

9.2 Allphasen-Nettoumsatzsteuer mit Vorsteuerabzug

Über den Vorsteuerabzug erreicht die Allphasen-Nettoumsatzsteuer, dass im Regelfall jede Wirtschaftstufe per Saldo nur die von ihr geschaffene Wertschöpfung – eben den »Mehrwert« – besteuern muss.

Beispiel

Beispiel wie vorher. L müsste dem M wiederum 105 € in Rechnung stellen.
M dagegen könnte wie folgt abrechnen:

	Einkaufspreis (netto	100,00 €	
+	Marge	100,00 €	
=		200,00 €	
+	5 % USt	10,00 €	(– 5 € VorSt = belastet mit 5 €)
=		210,00 €	

Entsprechend würde G wie folgt abrechnen:

	Einkaufspreis (netto	200,00 €	
+	Marge	100,00 €	
=		300,00 €	
+	5 % USt	15,00 €	(– 10 € VorSt = belastet mit 5 €)
=		315,00 €	

Grundlagen des deutschen Umsatzsteuerrechts

➡️ **Quintessenz**

1. Die Mehrwertsteuer ist eine **besondere Form der Umsatzsteuer.**
2. Jede Wirtschaftstufe wird per Saldo **nur mit der Wertschöpfung belastet** – eine Arbeitsteilung ist nicht nachteilig.

10 Anwendungserlass – UStAE

Hinweis

➲ mybook.haufe.de > Vertiefende Informationen > Kapitel 10

11 Prüfung von Unternehmereigenschaft und Seriosität des Geschäftspartners

Bescheinigung der Unternehmereigenschaft/Prüfung der Umsatzsteuer-Identifikationsnummer/Zertifizierter Steuerpflichtiger/Gewerbliche Unternehmensauskünfte

11.1 Das Grundproblem

Insbesondere beim **Waren- oder Dienstleistungseinkauf von einem neuen Zulieferer/Dienstleister** besteht häufig Unsicherheit darüber, ob der leistende Unternehmer auch tatsächlich – wie von ihm behauptet – ein Unternehmer i. S. v. § 2 UStG ist und damit eine von diesem ausgestellte Bruttoeingangsrechnung akzeptiert werden kann. [64]

Ebenso steht **auch der leistende Unternehmer** häufig vor dem Problem, gesicherte Erkenntnisse zur Unternehmereigenschaft des Kunden haben zu wollen, z. B. für die Anwendung der B2B-Regel des § 3a Abs. 2 UStG oder eine mögliche Steuerbefreiung des Warenexports (§§ 4 Nr. 1, 6, 6a UStG).

---

64 *Weimann*, StB 2014, 360.

11.2   Innerdeutsches Geschäft

11.2.1 Bescheinigung der Unternehmereigenschaft als Praxislösung

Quasi als »Geheimtipp« für Kreditoren(buchhalter) gilt eine vom leistenden Unternehmer beizubringende **»Bescheinigung der Unternehmereigenschaft«** seines Finanzamts.

> **Bitte beachten Sie!**
> Die Bescheinigung muss der Geschäftspartner des Mandanten **von sich aus** beibringen. Auch wenn der Mandant um das zuständige Finanzamt des Geschäftspartners weiß, stünde das Steuergeheimnis (§ 30 AO) der Beantwortung einer dahingehenden Anfrage Ihres Mandanten entgegen.

11.2.2 Die Finanzverwaltung versucht gegenzusteuern

Dies führt zu einer **unerwünschten Arbeitsmehrbelastung für die Finanzämter,** der die OFD Frankfurt einen Riegel vorschieben will[65]:

 Rechtsgrundlagen
OFD Frankfurt/Main, Vfg. v. 5.6.2013[66]

(Hinweis: Hervorhebungen durch **Fett**druck sind vom Autor.)

»Umsatzsteuerlich geführte Firmen beantragen häufig bei dem für sie zuständigen FA die Ausstellung einer Bescheinigung, die – sei es formlos, sei es in Form einer sogenannten Unbedenklichkeitsbescheinigung, sei es als ›Nachweis der Eintragung als Steuerpflichtiger (Unternehmer)‹ für das Vorsteuer-Vergütungsverfahren – bestätigen soll, dass sie Unternehmer i. S. d. § 2 UStG sind.

Die Unternehmerbescheinigung wird von den Firmen gegenüber ihren ›Vertragspartnern‹ als Nachweis dafür verwendet, dass es sich bei ihnen nicht um ein Schein- oder Strohmannunternehmen handelt, aus dessen Rechnungen ein Vorsteuerabzug nicht zulässig wäre.

---

65   OFD Frankfurt/Main, Vfg. v. 29.2.2021, S 7340 A–94-St 112.
66   ➲ mybook.haufe.de > Wichtiges aus dem BMF.

Die Ausstellung solcher Unternehmerbescheinigungen erweist sich insbesondere in den Fällen als problematisch, in denen der Rechnungsaussteller die berechnete Leistung – wie es bei ›**Subunternehmern**‹ **in der Baubranche** (soweit § 13b UStG keine Anwendung findet) oder bei in **Karussellgeschäfte** eingebundenen Firmen vorkommt – tatsächlich nicht selbst erbringt oder nur zum Schein bewirkt hat. Die Unternehmerbescheinigung soll in diesen Fällen der Verschleierung von Umsatzsteuerbetrügereien dienen.

Ich bitte, zur Ausstellung solcher Unternehmerbescheinigungen folgende Auffassung zu vertreten:

Nach ständiger **Rechtsprechung des BFH** trägt der den Vorsteuerabzug begehrende Unternehmer die **objektive Beweislast** für das Vorhandensein der den Anspruch begründenden Tatsachen, also auch für die Unternehmereigenschaft des Rechnungsausstellers. Steht fest, dass der Rechnungsaussteller kein Unternehmer ist, entfällt grundsätzlich der Vorsteuerabzug. Einen Schutz des guten Glaubens daran, dass die Voraussetzungen für den Vorsteuerabzug erfüllt sind, sieht das UStG nicht vor (vgl. BFH vom 8.7.2009, XI R 51/07).

Zu den Aufgaben der Finanzämter gehört es demnach nicht, im Rahmen eines Verfahrens zur Erteilung von Unternehmer- oder Unbedenklichkeitsbescheinigungen etwa die Zuverlässigkeit von steuerlich geführten Personen oder ihre tatsächliche Unternehmereigenschaft zu prüfen.

Die Ausstellung von Unternehmerbescheinigungen nach dem Muster USt 1 TN ist daher abzulehnen, soweit diese nicht

- zur Vorlage bei zentralen Erstattungsbehörden im Vorsteuer-Vergütungsverfahren in Drittstaaten dienen oder
- für Zwecke der umsatzsteuerlichen Registrierung im Ausland benötigt werden.

Die Zulässigkeit der Erteilung einer »**Bescheinigung in Steuersachen**« wird hierdurch nicht berührt[67]. Durch die »Bescheinigung in Steuersachen« wird nicht die Unternehmereigenschaft bescheinigt, sondern nur die steuerliche Erfassung erklärt und ggf. eine Aussage über Steuerrückstände bzw. das Zahlungsverhalten des Steuerpflichtigen getroffen. Um Missverständnissen vorzubeugen, kann bei unklaren Antragsgründen ein Hinweis angebracht werden, dass mit der »Bescheinigung in Steuersachen« nicht die Unternehmereigenschaft nach § 2 UStG bestätigt wird.

---

67 Zur Bescheinigung in Steuersachen ausführlich OFD Frankfurt/Main, Vfg. v. 6.5.2015, S 0270 A-7-St 23.

11.2.3 Das ist »nur« die Auffassung der Finanzverwaltung

So verständlich dieser Standpunkt aus der Sicht der Finanzverwaltung auch sein mag: damit ist noch lange **nicht geklärt, ob bei einer gerichtlichen Überprüfung nicht doch Gutglaubensschutz** aus einer »Bescheinigung der Unternehmereigenschaft« abgeleitet werden könnte. Letzterer wäre dann freilich erst in einem **Billigkeitsverfahren (§§ 163, 227 AO)** zu berücksichtigen[68].

Auf Grund der dann immer erforderlichen »**Gesamtschau aller legalen Beweismittel**« ist dem Mandanten **im Zweifel immer empfehlen,** sich die Bescheinigung vom Geschäftspartner aushändigen zu lassen.

 Beratungskonsequenzen

Freilich muss man in diesem Fall den Mandanten darauf hinweisen, dass die Bescheinigung aufgrund der abweichenden Auffassung der Finanzämter nur eine »**Sicherheit 2ter Wahl**« gibt. Da sich ein Rechtsstreit mit der Finanzverwaltung nicht vermeiden lassen wird und der Händler **wahrscheinlich erst vor einem Finanzgericht Recht (= Gutglaubensschutz)** bekommen wird.

11.2.4 FG Hamburg vom 11.2.2014

Das FG Hamburg hat in einem Aussetzungsbeschluss wie folgt entschieden[69]:

Leitsatz

1. Der Geschäftsführer einer GmbH ist verpflichtet, beim Vorliegen von offensichtlichen Ungereimtheiten und Auffälligkeiten bezüglich der Rechnungsaussteller wie: - die Rechnungsaussteller verfügen nicht über genügend Fahrzeuge für die Durchführung der abgerechneten Anlieferungen, – sie treten stets in Begleitung auf bzw. lassen sich durch einen Handlungsbevollmächtigen vertreten und – sie rechnen bereits unmittelbar nach ihrer Gewerbeanmeldung sehr hohe Liefermengen gegen Barzahlung von fünf- bzw. sechsstelligen EUR-Beträgen ab Auskünfte über die Unternehmereigenschaft der Rechnungsaussteller einzuholen, um sicherzustellen, dass die Rechnungsstellung nicht der Verschleierung einer Steuerhinterziehung der tatsächlich Leistenden dient.

---

68   BFH, Urteile vom 8.10.2008, V R 63/07 (NV), BFH/NV 2009, 1473; vom 30.4.2009, V R 15/07, BFH/NV 2009, 1342; vom 8.7.2009, XI R 51/07 (NV), BFH/NV 2010, 256.
69   FG Hamburg, Beschluss vom 11.2.2014, 3 V 241/13.

2. Es genügt insoweit nicht, wenn der Geschäftsführer von den Rechnungsaus-
   stellern lediglich die Vorlage der Gewerbeanmeldung sowie der steuerlichen
   Unbedenklichkeitsbescheinigung verlangt. Vielmehr ist insbesondere erforderlich, dass der Geschäftsführer der GmbH den Sitz der einzelnen Rechnungsaussteller überprüft.

Diese Entscheidung widerspricht nicht der Einschätzung unter Kapitel 11.2.3,
sondern zeigt lediglich die Grenzen des Vertrauensschutzes auf, die wie immer
aus den Anforderungen an eine **verständige Würdigung der Gesamtumstände**
(»... wusste oder wissen konnte bzw. hätte wissen müssen...«)[70] ergeben.

 Beratungskonsequenzen

Der Mandant darf also auch der Unbedenklichkeitsbescheinigung nicht »blind«
vertrauen!

11.3   EU-Geschäft

11.3.1 EU-Mitgliedstaaten müssen für korrekte USt-IdNr. einstehen

Nach Auffassung des EuGH steht es den EU-Mitgliedstaaten frei, Steuerhinterziehungen, -umgehungen und etwaigen Missbräuchen durch geeignete Maßnahmen entgegenzuwirken. Quasi im Gegenzug sind die Mitgliedstaaten verpflichtet, die Richtigkeit der Eintragungen in das Register der Steuerpflichtigen zu ga-
rantieren, um ein ordnungsgemäß funktionierendes Mehrwertsteuersystem sicherzustellen[71].

 Beratungskonsequenzen

Die zuständige nationale Behörde muss daher die Unternehmereigenschaft eines
Steuerpflichtigen prüfen, bevor sie ihm eine USt-IdNr. erteilt.

---

70   So z. B. BFH, Urteil vom 19.4.2007, V R 48/04, BStBl. II 2009, 315; ausführlich dazu *Weimann,*
     Umsatzsteuer in der Praxis, 12. Aufl. 2013, Kap. 39.
71   EuGH, Urteil vom 14.3.2013, Rs. C-527/11, Ablessio SIA, BB 2013, 725.

Im Umkehrschluss ergibt sich daraus zwingend, dass der inländische Steuerpflichtige **Vertrauensschutz** genießen muss, wenn er die so erteilte USt-IdNr. gewissenhaft, zeitnah und präzise im Rahmen seiner innergemeinschaftlichen Lieferung abfragt. In diesem Fall können dem Steuerpflichtigen nicht »objektive Anhaltspunkte« vorgehalten werden, die einen Rückschluss auf die Mehrwertsteuerhinterziehung im Ausland erzwingen würden. Denn diese Negativkriterien, die die Steuerfahndungen und Staatsanwaltschaften derzeit meinen als belastendes Material vorlegen zu können, mussten wiederum zwingend, nach der Rechtsprechung des EuGH, bereits von den nationalen Steuerverwaltungen geprüft worden sein, bevor die USt-IdNr. erteilt wurde[72].

 Hinweis

Zur Prüfung der USt-IdNr. ausführlich ➲ Kapitel 19a

11.3.2 Vorläufig zurückgestellt: der zertifizierte Steuerpflichtige

Auch mit dem Ziel der Betrugsbekämpfung soll das Besteuerungsverfahren mittelfristig EU-weit umgestellt werden. Da für die Umstellung ein zeitlicher Vorlauf unabdingbar ist, werden **ab 2020 Sofortmaßnahmen** greifen. Eine der ursprünglich angedachten Maßnahmen war sofortige die Einführung eines »zertifizierten Steuerpflichtigen« (ZS). Darunter werden **besonders vertrauenswürdige Unternehmen** verstanden, die von einfacheren und zeitsparenden Vorschriften profitieren sollen. Die Einführung des ZS wurde wegen des damit verbundenen Diskussionsbedarfs zurückgestellt und soll **spätestens bei der Umstellung auf ein endgültiges MwSt-System** erfolgen (➲ Kapitel 20.4.6 und Kapitel 20.6).

---

72 *Meyerhuber,* ASR 1/2014, 5; vgl. auch *Huschens,* Haufe.Umsatzsteuer, HI 3651993, der das Urteil allerdings – unverständlicher Weise – für aus deutscher Sicht bedeutungslos hält.

11.4 Drittlandsgeschäft

Vermehrt machen sich **Unternehmensberater** die beschriebene Unsicherheit zu Nutze und bieten dem Mandanten »Expertisen« an, die insbesondere für das Drittlandsgeschäft Gewissheit über die Seriosität von Geschäftspartnern geben sollen[73].

 Beratungskonsequenzen

Vom Mandanten darauf angesprochen, sollte der Berater folgendes zu bedenken geben:

Die nämlichen Unternehmensberater können insoweit nichts, was der Mandant nicht auch selbst – im Zweifel vielleicht sogar besser – könnte, nämlich Internetauftritte auswerten, Handelsregisterauszüge einholen, Adresseinträge abfragen usw.

- Obwohl die Unternehmensberater ein **recht hohes Entgelt** – pro Abfrage in der Regel mehrere hundert € – verlangen, …
- … **schließen sie jedwede Haftung für ihre Empfehlungen aus.**

11.5 Positive Erfahrungen der Mandanten mit Bureau von Dijk

Die in Kapitel 11.4 geäußerten Vorbehalte mahnen zur lediglich Vorsicht und sollen nicht etwa so verstanden werden, dass jegliche kostenpflichtige Informationsbeschaffung abgelehnt wird. Ganz im Gegenteil: Letztere wird sogar empfohlen, sollte aber auch Sinn machen. Vermehrt berichten Mandanten insoweit von positiven Erfahrungen mit Bureau von Dijk (kurz: BvD).

BvD ist der weltweit wohl führende Anbieter von Unternehmensinformationen. BvD bietet Daten zu rund **400 Millionen börsennotierten und nicht-börsennotierten Unternehmen** in allen Ländern weltweit und kombiniert diese Daten auf Wunsch mit spezieller Such- und Analysesoftware.

Das Konglomerat von Unternehmensinformationen, Finanzdaten, Ratings und Beteiligungsstrukturen gibt der Geschäftspartnerprüfung ein **hohes Maß an Transparenz und Sicherheit.**

---

73   Vgl. z. B. ASR 6/2013, 7.

Beratungskonsequenzen

Im Gegensatz zu den (meisten) konkurrierenden Anbietern werden die

- **Quellen offengelegt** und
- **Quelldaten angezeigt**.

Dadurch bietet sich den Benutzern die Möglichkeit, auf der Grundlage der Primärdaten und Berichte ihre **eigenen Analysen, Prognosen und Einschätzungen** zu erstellen.

Ansprechpartner für deutsche Unternehmen ist vorzugsweise das Büro in Frankfurt: Bureau von Dijk Frankfurt, Hanauer Landstraße 175–179, 60314 Frankfurt am Main, Tel.: +49 69 963 665 0, E-Mail: frankfurt@bvdinfo.com

12 Neuer Vorstoß der Finanzverwaltung bei Außenprüfungen

Gezielte Aufklärung des Unternehmens zum USt-Missbrauch

 Hinweis

Ihr guter Glaube ist in Gefahr! Hüten Sie sich vor übereilten Unterschriften!

Aktuell: Umsatzsteuerverschärfung durch § 25f UStG

Die neue Vorschrift führt ausweislich der Überschrift zur »Versagung des Vorsteuerabzugs und der Steuerbefreiung bei Beteiligung an einer Steuerhinterziehung«. Der Gesetzgeber übernimmt damit die Rechtsprechung von EuGH, BFH und FGs und wird im Zweifel dazu führen, dass die Finanzverwaltung das hier vorgestellte Merkblatt nunmehr intensiver einsetzen wird (➲ Kapitel 39a).

Der Umsatzsteuerbetrug kostet die Bundesrepublik Deutschland weiter jährlich rund 15 Milliarden Euro. Den Betrug zu bekämpfen bleibt damit ein vorrangiges Ziel der Finanzverwaltung. Daran gibt es wenig zu kritisieren. Kritisch zu sehen ist aber die Art und Weise, wie die Verwaltung die Problematik neuerdings angeht. Da sie der wahren Täter eher selten habhaft wird, geht die Tendenz dahin, deren redliche Geschäftspartner ins Unrecht zu setzen und Umsatzsteuereinbußen dadurch auszugleichen, dass Letzteren der Vorsteuerabzug versagt wird. Zu offensichtlich diesem Ziel hat die Finanzverwaltung ein Papier entwickelt, dass sie ausgewählten Unternehmern zunächst »erläutert« und danach »aushändigt«; die Unternehmer sollen dies durch ihre Unterschrift bestätigen[74].

12.1 Der Inhalt des Merkblatts

12.1.1 Die Einleitung

Die Finanzverwaltung leitet das Papier wie folgt ein:

Auszug aus dem Merkblatt

Merkblatt zur Umsatzsteuer
Beachtung des gemeinschaftsrechtlichen Missbrauchsverbots

1. Ausgangslage
In der Bundesrepublik Deutschland finden immer wieder Umsatzsteuerhinterziehungen in erheblichem Umfang statt, bei denen mehrere Unternehmen auch in grenzüberschreitende Lieferketten eingebunden werden. Die Finanzbehörden haben darauf hinzuwirken, dass Umsatzsteuern nicht verkürzt und Steuererstattungen nicht zu Unrecht gewährt werden. Hierbei werden die Finanzbehörden auch präventiv im Interesse der Sicherstellung des Umsatzsteueraufkommens, zur Vermeidung von Wettbewerbsverzerrungen und zum Schutz steuerehrlicher Unternehmer tätig.

2. Gemeinschaftsrechtliches Missbrauchsverbot
Nach der Rechtsprechung des Europäischen Gerichtshofs und des Bundesfinanzhofes ist der Vorsteuerabzug zu versagen, wenn aufgrund objektiver Umstände feststeht, dass der Unternehmer wusste oder hätte wissen müssen, dass dieser Umsatz in eine vom Lieferer bzw. Leistenden oder einem anderen Wirtschaftsteilnehmer auf einer vorhergehenden Umsatzstufe begangenen Steuerhinterziehung einbezogen war. Hat das Finanzamt diese objektiven Umstände rechtlich hinreichend nachgewiesen bzw. substantiiert vorgetragen, obliegt es im Rahmen der Feststellungslast dem Unternehmer, dies zu widerlegen. Hierzu muss er die Feststellungen des Finanzamtes durch substantiierte Argumente und Beweise entkräften.

---

74 *Weimann,* GStB 2015, 68.

Dies gilt in gleicher Weise für die Beanspruchung der Steuerfreiheit für innergemeinschaftliche Lieferungen und die Haftung für die schuldhaft nicht abgeführte
Steuer gemäß § 25d UStG. ...

Hierzu ist anzumerken, dass schon die **Bezeichnung »Merkblatt« verharmlo-
send und damit ein Stück weit irreführend** ist. Es geht der Finanzverwaltung
nicht darum, dem Unternehmer ein Hilfsmittel an die Hand zu geben. Vielmehr
soll der Unternehmer mit dem Ziel belehrt werden, ihm später einmal den guten
Glauben abzusprechen und den Vorsteuerabzug und eventuelle Billigkeitsmaßnahmen zu versagen.

Wichtig!

Da der Unternehmer zu bestimmten Verhaltensweisen veranlasst und auf die Konsequenzen vermeintlichen Fehlverhaltens hingewiesen werden soll (➲ siehe unten, Kapitel 12.1.3), wäre eine Bezeichnung wie »Belehrung über die Mitwirkungs-
pflichten zur Bekämpfung von Umsatzsteuerbetrug und die Folgen ihrer Verletzung« sicher treffender.

In Abschnitt 2 wird die **Rechtsprechung des EuGH pauschal und unspezifiziert**
– insbesondere ohne Angabe von Aktenzeichen – in markigen Sätzen wiedergegeben.

 Beratungskonsequenzen

Ja, die Aussagen entstammen der EuGH-Rechtsprechung, werden aber hier aus
dem Zusammenhang gegriffen. Dass der EuGH diesbezüglich gerade keine Generalisierung wünscht und vielmehr gegensteuert, zeigt sich an seiner jüngeren
Rechtsprechung (➲ siehe unten, Kapitel 12.2.1 und Kapitel 12.2.2).

12.1.2 Die »schwarze Liste«

Der Einleitung folgt eine »schwarze Liste«, in der die Finanzverwaltung Anhaltspunkte auflistet, die ihres Erachtens für einen Umsatzsteuerbetrug sprechen sollen.

Auszug aus dem Merkblatt

... 3. Betroffene Geschäfte

Das Finanzamt macht den Unternehmer hiermit darauf aufmerksam, dass er bei der Anbahnung und Abwicklung von Geschäften auf ungewöhnliche Geschäftsverhältnisse achten muss. Dem Unternehmer wird deshalb zur Kenntnis gebracht, dass folgende Umstände darauf deuten können, dass ein Unternehmen in einen Umsatzsteuerbetrug eingebunden sein kann.

a) Allgemein

Der Unternehmer wird durch einen Dritten aufgefordert/gebeten, sich an Umsätzen zu beteiligen, bei denen der Dritte z. B.

- Lieferanten und/oder Abnehmer vermittelt.
- Einkaufs- und/oder Verkaufspreise vorgibt.
- Zahlungsmodalitäten vorgibt.
- Lieferwege vorgibt.

b) Bei einem Kauf

- Der Lieferant bietet Ware an, deren **Preis unter dem Marktpreis** liegt.
- **Der Lieferant ist ein neu gegründetes Unternehmen** oder hat gerade seine Geschäftstätigkeit begonnen.
- Der Lieferant ist in der Branche unbekannt.
- Der **Gesellschaftszweck des Lieferanten laut Handelsregister** entspricht nicht dem tatsächlich ausgeübten oder ist sehr allgemein gehalten.
- ...
- Es bestehen Zweifel an der umsatzsteuerlichen Registrierung des Lieferanten.
- Die Geschäftsadresse des Lieferanten ist ungewöhnlich, z. B. eine Büroservice- oder c/o-Adresse.
- Der Lieferant verfügt über **keine oder keine angemessenen Lagerräume** oder lässt Ware nur über eine Spedition lagern.
- Die verantwortlichen Personen des Lieferanten haben **keinen Wohnsitz in der Nähe des Unternehmens oder in Deutschland** und/oder sind der deutschen Sprache nicht mächtig.
- Die schriftlichen Anfragen des Lieferanten wirken laienhaft, z. B. bezüglich Briefpapier, Schrift, Logo.
- ...
- Die **E-Mail-Adresse ist in einem anderen Staat vergeben.**

- Der Lieferant bietet Waren an, die der Unternehmer schon einmal eingekauft hat (z. B. identische Fahrzeug-Identifikationsnummer, IMEI-Nummer u ä. Seriennummern).

- …

c) Bei einem Verkauf

- Der Abnehmer ist ein neu gegründetes Unternehmen …

 Hinweis

Die »schwarze Liste« ist hier nur auszugsweise wiedergegeben. Die Anhaltspunkte, die für einen betrügerischen Verkauf aufgelistet werden, entsprechen denen für den Einkauf; auf eine Wiedergabe an dieser Stelle wurde daher verzichtet. Hervorhebungen durch **Fett**druck sind vom Autor. Den **vollständigen Originaltext** finden Sie in Kapitel 12.4, der **Anlage zu diesem Kapitel**.

Die vermeintlichen Anhaltspunkte für einen Umsatzsteuerbetrug sind eine »bunte Mischung« von zweifelsohne kritischen Geschäftsumständen mit solchen, die zum Teil völlig üblich und damit unauffällig oder auch gar nicht nachprüfbar sind:

- Sicherlich sollte es einem Einkäufer auffallen, wenn derselbe Artikel von ihm schon einmal eingekauft wurde (gleiche Fahrzeug-Identifikations- oder IMEI-Nummer); das spricht für ein »klassisches« Karussellgeschäft.

- Ähnliches gilt für Ware, die weit unter dem Marktwert angeboten wird. Aber muss der Einkäufer auch Preise hinterfragen, die leicht darunter liegen? Kann das von ihm überhaupt erwartet werden oder ist es nicht vielmehr so, dass ein jeder Einkäufer gute Chancen zu nutzen wird?

- Was spricht gegen ein Geschäft mit einem neu gegründeten oder bislang unbekannten Unternehmen? Woraus ergibt sich das Erfordernis eines Abgleichs mit Handelsregisterauszügen; diese vor einem Geschäft einzusehen ist den meisten Branchen vollkommen fremd.

- Informationen über Lagerkapazitäten des Geschäftspartners abzufragen ist unüblich, die Arbeit mit einer Spedition dagegen in den meisten Branchen an der Tagesordnung.

- Ein ausländischer oder im Ausland wohnender Geschäftsführer ist sicher nichts Ungewöhnliches; gleiches gilt für eine ausländische Internet- oder E-Mail-Anschrift (…@com).

Beratungskonsequenzen

Die Tatbestandsmerkmale scheinen weit hergeholt und wenig aussagekräftig[75]. Die Finanzverwaltung wird daher genauestens argumentieren müssen, warum ein Merkmal im konkreten Einzelfall der Annahme eines guten Glaubens entgegensteht. Für den Unternehmer/Berater wird es in der Regel nicht schwer sein, die Argumente zu entkräften.

12.1.3 Die Belehrung und der Unterschriftsteil

Das Papier schließt wie folgt:

Auszug aus dem Merkblatt

… Liegen objektive Umstände vor, die darauf schließen lassen, dass der Unternehmer in einen Umsatzsteuerbetrug eingebunden war und hat der Unternehmer insbesondere oben genannte Anhaltspunkte dafür ignoriert oder übersehen, kann im Einzelfall

- die Versagung des Vorsteuerabzugs (§ 15 UStG),
- die Versagung der Steuerfreiheit bei innergemeinschaftlichen Lieferungen (§ 4 Nr. 1b i. V. m. § 6a UStG) oder
- eine Haftung für schuldhaft nicht abgeführte Steuer (§ 25d UStG)

als mögliche Rechtsfolge in Frage kommen. Der Unternehmer sollte deshalb in der Lage sein, im Einzelfall gegenüber dem Finanzamt dokumentieren zu können, dass aufgetretene Anhaltspunkte untersucht wurden.

Der Unternehmer sollte auch alle ihm zur Verfügung stehenden Angaben über die beteiligten Unternehmer und Kontaktpersonen (Name, Adresse, Telefonnummer, Faxnummer, E-Mail-Adresse) aufbewahren. Treten Bevollmächtigte (z. B. Angestellte, Vermittler) auf, sollten Handlungsvollmachten für diese Personen vorgelegt werden.

Vorsorglich wird darauf hingewiesen, dass die Beachtung der Hinweise dieses Merkblattes nicht automatisch zur Gewährung des Vorsteuerabzugs oder der Steuerbefreiung für innergemeinschaftliche Lieferungen führt.

Die o. g. Anhaltspunkte, die auf Umsatzsteuerbetrug hinweisen können, sind nicht abschließend. Der Unternehmer muss auch bei weiteren Auffälligkeiten seiner kaufmännischen Sorgfaltspflicht nachkommen.

---

75 *Weimann*, GStB 2015, 68.

> Das Merkblatt wurde erläutert durch ....
>
> Das Merkblatt wurde ausgehändigt an ....
>
> Datum: ....   Empfang wird bestätigt: ....

Hier zeigt sich, was die Verwaltung will: dem Unternehmer soll durch das Merkblatt die **Gutgläubigkeit im Vorgriff genommen** werden.

 Beratungskonsequenzen

Es stellt sich die Frage, ob der Unternehmer der Aufforderung zur Unterschrift Folge leisten sollte oder nicht. Unterschreibt der Unternehmer nicht, wird der Beamte das Gespräch protokollieren und das Dokument nachweisbar übersenden, etwa per Einschreiben mit Rückschein. Wesentlich wichtiger scheint es zu sein, sofort mit einer Gegenäußerung zu reagieren (➲ siehe unten, Kapitel 12.3).

12.2   Das Merkblatt widerspricht der neueren Rechtsprechung

12.2.1 EuGH vom 21.6.2012: Der Einkäufer hat keine generelle Pflicht zur Verifizierung von Eingangsrechnungen

Die Steuerverwaltung kann von einem Steuerpflichtigen, der sein Recht auf Vorsteuerabzug ausüben möchte, **nicht generell verlangen zu prüfen**, ob der Aussteller der Rechnung über die Gegenstände und Dienstleistungen, für die dieses Recht geltend gemacht wird, Steuerpflichtiger ist, über die fraglichen Gegenstände verfügte und sie liefern konnte und seinen Verpflichtungen hinsichtlich der Erklärung und der Abführung der Mehrwertsteuer nachgekommen ist, um sich zu vergewissern, dass auf der Ebene der Wirtschaftsteilnehmer einer vorgelagerten Umsatzstufe keine Unregelmäßigkeiten und Steuerhinterziehung vorliegen, oder entsprechende Unterlagen vorzulegen[76].

Es ist nämlich grundsätzlich **Sache der Steuerbehörden,** bei den Steuerpflichtigen die erforderlichen Kontrollen durchzuführen, um Unregelmäßigkeiten und Mehrwertsteuerhinterziehung aufzudecken und gegen den Steuerpflichtigen,

---

76   EuGH, Urteil vom 21.6.2012, Rs. C-80/11 u. C-142/11, C-80/11, C-142/1, Mahagében und Dávid, Rn. 61 bis 65; vgl. auch Urteil vom 31.1.2013, Rs. C-643/11, LVK, HFR 2013, 361, Rz. 61.

der diese Unregelmäßigkeiten oder Steuerhinterziehung begangen hat, Sanktionen zu verhängen[77].

Die Steuerbehörde **würde ihre eigenen Kontrollaufgaben auf die Steuerpflichtigen übertragen,** wenn sie oben genannte Maßnahmen aufgrund der Gefahr der Verweigerung des Vorsteuerabzugsrechts den Steuerpflichtigen auferlegt[78].

 Beratungskonsequenzen

Der Rechnungsempfänger darf also von der Finanzverwaltung **nicht mittelbar zu Nachprüfungen bei seinem Vertragspartner verpflichtet** werden, die ihm grundsätzlich nicht obliegen.

12.2.2 EuGH vom 6.9.2012: Guter Glaube erfordert nur die verständige Würdigung aller bekannten Umstände

In der Entscheidung Mecsek-Gabona[79] nimmt der EuGH auch Stellung zu der Frage, welche Nachweishandlungen einem Wirtschaftsteilnehmer zur Wahrung seiner Rechte zumutbar sind. Für die Beurteilung eines (Ausgangs- oder Eingangs-)Umsatzes kommt es danach immer auf den **Kenntnisstand der Beteiligten bei Ausführung des Umsatzes** an!

 Beratungskonsequenzen

Sind **alle** *bekannten* **Umstände verständig gewürdigt**, ist der gute Glaube gewahrt!

Ausführliche Urteilsbesprechung ➔ Kapitel 7

12.2.3 FG Münster vom 12.12.2013: Kein Vorsteuerabzug? – Dann muss das Finanzamt dem Einkäufer Betrugsabsicht nachweisen!

Das FG Münster hat sich der in ➔ Kapitel 12.2.1 vorgestellten EuGH-Rechtsprechung angeschlossen und – zur Fortbildung des Rechts (§ 128 Abs. 3 FGO i. V. m.

---

77 *Weimann,* GStB 2015, 68.
78 EuGH, Urteil vom 21.6.2012, a. a. O., Rn. 62 ff.
79 EuGH, Urteil vom 6.9.2012, Rs. C-273/11, Mecsek-Gabona, BFH/NV 2012, 1919.

§ 115 Abs. 2 Nr. 2 FGO) – die Beschwerde zum BFH zugelassen[80]. Die Finanzverwaltung hat darauf – soweit ersichtlich – verzichtet.

 Beratungskonsequenzen

In diesem Verzicht steckt eine große Aussagekraft! Rechnet die Finanzverwaltung nämlich mit einer für sie negativen Entscheidung des BFH, vermeidet sie gerne, dass ein Streitfall »hochgekocht« wird, verzichtet auf Rechtsmittel und wendet die – wahrscheinlich falsche, aber profiskalische – Rechtsauffassung weiter an.

 Hinweis

Ausführliche Urteilsbesprechung ➲ Kapitel 7

12.3 Gegenäußerung nach Aushändigung des Merkblatts

So pauschal, wie die Finanzverwaltung den guten Glauben durch den Einsatz des Merkblatts zu beseitigen versucht, sollten Unternehmer und Berater versuchen, diesen wieder herzustellen.

Dazu empfiehlt sich – ebenfalls möglichst per Einschreiben mit Rückschein – in etwa folgende schriftliche Gegenäußerung[81]:

 Musterschreiben

»Wir bestätigen, das Merkblatt erhalten zu haben, erkennen jedoch nach nochmaliger sorgfältiger Überprüfung unserer Ein- und Verkaufsbeziehungen keinerlei Auffälligkeiten.

Sollten behördlicherseits bereits konkrete andere Erkenntnisse vorliegen, bitten wir zur Abwendung eines Schadens von unserem Unternehmen, uns diese zeitnah schriftlich mitzuteilen.«

 Beratungskonsequenzen

Der letzte Satz **bringt die Finanzverwaltung insoweit in Zugzwang,** als bei einem Zurückhalten besserer Erkenntnisse über eine (Staats-)Haftung nachzudenken sein wird.

---

80 FG Münster, Beschluss vom 12.12.2013, 5 V 1934/13 U, BB 2014, 543, SIS 14 06 08.
81 *Weimann,* GStB 2015, 68.

12.4 Anlage: Merkblatt (Volltext)

Merkblatt zur Umsatzsteuer

Beachtung des gemeinschaftsrechtlichen Missbrauchsverbots

1. Ausgangslage

In der Bundesrepublik Deutschland finden immer wieder Umsatzsteuerhinterziehungen in erheblichem Umfang statt, bei denen mehrere Unternehmen auch in grenzüberschreitende Lieferketten eingebunden werden. Die Finanzbehörden haben darauf hinzuwirken, dass Umsatzsteuern nicht verkürzt und Steuererstattungen nicht zu Unrecht gewährt werden. Hierbei werden die Finanzbehörden auch präventiv im Interesse der Sicherstellung des Umsatzsteueraufkommens, zur Vermeidung von Wettbewerbsverzerrungen und zum Schutz steuerehrlicher Unternehmer tätig.

2. Gemeinschaftsrechtliches Missbrauchsverbot

Nach der Rechtsprechung des Europäischen Gerichtshofs und des Bundesfinanzhofes ist der Vorsteuerabzug zu versagen, wenn aufgrund objektiver Umstände feststeht, dass der Unternehmer wusste oder hätte wissen müssen, dass dieser Umsatz in eine vom Lieferer bzw. Leistenden oder einem anderen Wirtschaftsteilnehmer auf einer vorhergehenden Umsatzstufe begangenen Steuerhinterziehung einbezogen war. Hat das Finanzamt diese objektiven Umstände rechtlich hinreichend nachgewiesen bzw. substantiiert vorgetragen, obliegt es im Rahmen der Feststellungslast dem Unternehmer, dies zu widerlegen. Hierzu muss er die Feststellungen des Finanzamtes durch substantiierte Argumente und Beweise entkräften.

Dies gilt in gleicher Weise für die Beanspruchung der Steuerfreiheit für innergemeinschaftliche Lieferungen und die Haftung für die schuldhaft nicht abgeführte Steuer gemäß § 25d UStG. ...

3. Betroffene Geschäfte

Das Finanzamt macht den Unternehmer hiermit darauf aufmerksam, dass er bei der Anbahnung und Abwicklung von Geschäften auf ungewöhnliche Geschäftsverhältnisse achten muss. Dem Unternehmer wird deshalb zur Kenntnis gebracht, dass folgende Umstände darauf deuten können, dass ein Unternehmen in einen Umsatzsteuerbetrug eingebunden sein kann.

a) Allgemein

Der Unternehmer wird durch einen Dritten aufgefordert/gebeten, sich an Umsätzen zu beteiligen, bei denen der Dritte z. B.

- Lieferanten und/oder Abnehmer vermittelt.
- Einkaufs- und/oder Verkaufspreise vorgibt.
- Zahlungsmodalitäten vorgibt.
- Lieferwege vorgibt.

b) Bei einem Kauf

- Der Lieferant bietet Ware an, deren Preis unter dem Marktpreis liegt.
- Der Lieferant ist ein neu gegründetes Unternehmen oder hat gerade seine Geschäftstätigkeit begonnen.
- Der Lieferant ist in der Branche unbekannt.
- Der Gesellschaftszweck des Lieferanten laut Handelsregister entspricht nicht dem tatsächlich ausgeübten oder ist sehr allgemein gehalten.
- Der Lieferant bietet eine Warenmenge an, die für die Größe des Unternehmens und/oder seine fehlende Erfahrungen in der Branche unüblich sind (z. B. ungewöhnlich hohe Stückzahlen trotz Neugründung).
- Es bestehen Zweifel an der umsatzsteuerlichen Registrierung des Lieferanten.
- Die Geschäftsadresse des Lieferanten ist ungewöhnlich, z. B. eine Büroservice- oder c/o-Adresse.
- Der Lieferant verfügt über keine oder keine angemessenen Lagerräume oder lässt Ware nur über eine Spedition lagern.
- Die verantwortlichen Personen des Lieferanten haben keinen Wohnsitz in der Nähe des Unternehmens oder in Deutschland und/oder sind der deutschen Sprache nicht mächtig.
- Die schriftlichen Anfragen des Lieferanten wirken laienhaft, z. B. bezüglich Briefpapier, Schrift, Logo.
- Der Lieferant hat keinen Internetauftritt.
- Der Lieferant ist ausschließlich über eine Mobilfunknummer und/oder ausländische Telefonnummern erreichbar.
- Die E-Mail-Adresse ist in einem anderen Staat vergeben.
- Der Lieferant bietet Waren an, die der Unternehmer schon einmal eingekauft hat (z. B. identische Fahrzeug-Identifikationsnummer, IMEI-Nummer u. ä. Seriennummern).
- Es gibt keine oder unübliche Reklamationsbedingungen.
- Die Lieferbedingungen sind für die Branche ungewöhnlich.
- Die Waren werden von einem nicht an dem Umsatz beteiligten Unternehmen geliefert.
- Zubehör oder Ausstattung der Ware sind für den Bestimmungsort ungewöhnlich (z. B. ausländische Bedienungsanleitungen, Software, Netzstecker).
- Die vom Lieferanten vorgegebene Zahlungsart ist Barzahlung oder eine ungewöhnliche Zahlungsart.
- Der vom Lieferanten vorgegebene Zahlungsweg ist ungewöhnlich, z. B. Zahlung nicht an den Lieferanten, sondern an einen Dritten.
- Das vom Lieferanten angegebene Bankkonto befindet sich nicht in dem Land, in dem das Unternehmen betrieben wird.

c) Bei einem Verkauf

- Der Abnehmer ist ein neu gegründetes Unternehmen oder hat gerade seine Geschäftstätigkeit begonnen.

Grundlagen des deutschen Umsatzsteuerrechts

- Der Abnehmer ist in der Branche unbekannt.
- Der Gesellschaftszweck des Abnehmers laut Handelsregister entspricht nicht dem tatsächlich ausgeübten oder ist sehr allgemein gehalten.
- Es bestehen Zweifel an der umsatzsteuerlichen Registrierung des Abnehmers.
- Die Geschäftsadresse des Abnehmers ist ungewöhnlich, z. B. eine Büroservice- oder c/o-Adresse.
- Der Abnehmer bestimmt, dass die Waren in ein anderes Land geliefert werden sollen, als das, in dem der Abnehmer sein Unternehmen betreibt oder steuerlich registriert ist.
- Die schriftlichen Anfragen des Abnehmers wirken laienhaft, z. B. bezüglich Briefpapier, Schrift, Logo.
- Der Abnehmer hat keinen Internetauftritt.
- Der Abnehmer ist ausschließlich über eine Mobilfunknummer erreichbar.
- Die E-Mail-Adresse ist nicht in dem Staat vergeben, in dem der Abnehmer sein Unternehmen betreibt.
- Der Abnehmer besteht auf ungewöhnliche Lieferbedingungen.
- Der Abnehmer besteht auf Barzahlung oder einer ungewöhnlichen Zahlungsart.
- Die Zahlung erfolgt nicht durch den Abnehmer selbst, sondern einen Dritten, der nicht am Umsatz beteiligt ist.
- Die Zahlung erfolgt aus einem anderen Land, als dem, in dem der Abnehmer sein Unternehmer betreibt.
- Das vom Abnehmer genutzte Bankkonto befindet sich nicht in dem Land, in dem das Unternehmen betrieben wird.

Hinweis

Liegen objektive Umstände vor, die darauf schließen lassen, dass der Unternehmer in einen Umsatzsteuerbetrug eingebunden war und hat der Unternehmer insbesondere oben genannte Anhaltspunkte dafür ignoriert oder übersehen, kann im Einzelfall

- die Versagung des Vorsteuerabzugs (§ 15 UStG),
- die Versagung der Steuerfreiheit bei innergemeinschaftlichen Lieferungen (§ 4 Nr. 1b i. V. m. § 6a UStG) oder
- eine Haftung für schuldhaft nicht abgeführte Steuer (§ 25d UStG)

als mögliche Rechtsfolge in Frage kommen. Der Unternehmer sollte deshalb in der Lage sein, im Einzelfall gegenüber dem Finanzamt dokumentieren zu können, dass aufgetretene Anhaltspunkte untersucht wurden.

Der Unternehmer sollte auch alle ihm zur Verfügung stehenden Angaben über die beteiligten Unternehmer und Kontaktpersonen (Name, Adresse, Telefonnummer, Faxnummer, E-Mail-Adresse) aufbewahren. Treten Bevollmächtigte (z. B. Angestellte, Vermittler) auf, sollten Handlungsvollmachten für diese Personen vorgelegt werden.

Vorsorglich wird darauf hingewiesen, dass die Beachtung der Hinweise dieses Merkblattes nicht automatisch zur Gewährung des Vorsteuerabzugs oder der Steuerbefreiung für innergemeinschaftliche Lieferungen führt.

Die o. g. Anhaltspunkte, die auf Umsatzsteuerbetrug hinweisen können, sind nicht abschließend. Der Unternehmer muss auch bei weiteren Auffälligkeiten seiner kaufmännischen Sorgfaltspflicht nachkommen

Das Merkblatt wurde erläutert

durch ....

Das Merkblatt wurde ausgehändigt

an ....

Datum: .... Empfang wird bestätigt: ....

12a Umsatzsteuerbetrug: So dokumentieren Ihre Mandanten den guten Glauben prüfungssicher!

Aktuell: Umsatzsteuerverschärfung durch § 25f UStG

Die neue Vorschrift führt ausweislich der Überschrift zur »Versagung des Vorsteuerabzugs und der Steuerbefreiung bei Beteiligung an einer Steuerhinterziehung«. Der Gesetzgeber übernimmt damit die Rechtsprechung von EuGH, BFH und FGs und wird im Zweifel dazu führen, dass die Finanzverwaltung das ➲ in Kapitel 12 vorgestellte Merkblatt noch intensiver einsetzen wird (➲ Kapitel 39a). Eine prüfungssichere Dokumentation wird damit noch wichtiger!

12a.1 Die »schwarze Liste« der Finanzverwaltung

Die Finanzverwaltung listet in Abschnitt 3 des neuen Merkblatts (➲ Kapitel 12.4) die Anhaltspunkte auf, die ihres Erachtens für einen Umsatzsteuerbetrug sprechen, und beschreibt in der anschließenden Belehrung die sich daraus für den Unternehmer ergebenden

- die Rechtsfolgen einer Nichtbeachtung und
- Dokumentationspflichten.

Grundlagen des deutschen Umsatzsteuerrechts

Merkblatt/Belehrung

(Hinweis: ➲ Hervorhebungen durch **Fett**druck sind vom Autor.)

»… Liegen objektive Umstände vor, die darauf schließen lassen, dass der Unternehmer in einen Umsatzsteuerbetrug eingebunden war und hat der Unternehmer insbesondere oben genannte Anhaltspunkte dafür ignoriert oder übersehen, kann im Einzelfall

- die Versagung des Vorsteuerabzugs (§ 15 UStG),
- die Versagung der Steuerfreiheit bei innergemeinschaftlichen Lieferungen (§ 4 Nr. 1b i. V. m. § 6a UStG) oder
- eine Haftung für schuldhaft nicht abgeführte Steuer (§ 25d UStG)

als mögliche Rechtsfolge in Frage kommen. **Der Unternehmer sollte deshalb in der Lage sein, im Einzelfall gegenüber dem Finanzamt dokumentieren zu können, dass aufgetretene Anhaltspunkte untersucht wurden.** …«

▶ **Beratungskonsequenzen**

Sie werden also von der Finanzverwaltung aufgefordert, ab dem Einsatz des Merkblattes die benannten Auffälligkeiten zu prüfen.

Wenn Sie das vorher bereits unaufgefordert tun, genügen Sie damit auf jeden Fall den Anforderungen der Verwaltung und vermeiden damit spätere dahingehende Beanstandungen.

12a.2 Welche Unternehmen sind besonders betroffen?

Die Dokumentationsempfehlungen richten sich vor allem an Unternehmen, deren Branchen schon einmal von Umsatzsteuer-Karussellen betroffen waren, also insbesondere der Handel mit

- Kraftfahrzeugen
- Schmuck
- Handys und Smartphones
- Tablet-PCs
- Camcordern

Beratungskonsequenzen

Potentiell betrugsgefährdet sind vor allem Branchen, die mit kleinen und zugleich teuren Wirtschaftsgütern handeln:

- klein, weil sich dann die Ware für die Betrüger leichter lagern und bewegen lässt, und
- teuer, damit sich ein nennenswertes Betrugsvolumen ergibt.

12a.3 Dokumentation der Prüfung in der Belegbuchhaltung

Um Prüfungsbeanstandungen schon im Vorfeld abzuwenden, sollten Sie ab sofort den guten Glauben dokumentieren. Dazu empfiehlt es sich, die Durchführung der von der Finanzverwaltung geforderten Prüfungshandlungen ab sofort »eins zu eins« vorzunehmen[82]:

📄 **Dokumentation/Wareneinkauf – Ausschluss der Einbeziehung in einen Umsatzsteuerbetrug**

Um ausschließen zu können, dass dieser Wareneinkauf unserem Lieferanten einen Umsatzsteuerbetrug ermöglicht, wurden insbesondere folgende Feststellungen getroffen bzw. Prüfungen vorgenommen:

1. Zu dem Einkauf wurde unser Unternehmen nicht durch einen Dritten aufgefordert oder gebeten. Insbesondere hat uns kein Dritter den Lieferanten vermittelt und/oder uns den Einkaufspreis oder die Zahlungsmodalitäten vorgeben.
2. Der Einkaufspreis ist der Höhe nach unauffällig und liegt nicht unter dem Marktpreis.
3. Es ist nicht ersichtlich, dass unser Lieferant ein neu gegründetes Unternehmen ist oder die Geschäftstätigkeit gerade erst begonnen hat.
4. Der Lieferant
   ☐ ist in der Branche bzw. uns selbst aus früheren Einkäufen bekannt.
   ☐ beliefert uns erstmals, scheint aber in der Branche bekannt zu sein und ist unauffällig.
5. Wir hatten keine besondere Veranlassung, den Gesellschaftszweck unseres Lieferanten im Handelsregister zu prüfen.
6. Die Menge der uns verkauften Ware ist unauffällig.
7. Es bestehen keine Zweifel an der umsatzsteuerlichen Registrierung des Lieferanten.
8. Die Geschäftsadresse des Lieferanten ist unauffällig und insbesondere keine Büroservice- oder c/o-Adresse.

---

82 *Weimann,* GStB 2015, 371.

9. Im Hinblick auf die Lagermöglichkeiten unseres Lieferanten wurden keine Auffälligkeiten bekannt.

10. Die Entscheidungsträger unseres Lieferanten
    ☐ haben einen Wohnsitz in der Nähe des Unternehmens oder in Deutschland und/oder sind der deutschen Sprache mächtig.
    ☐ haben einen Wohnsitz im Ausland und/oder sind der deutschen Sprache nicht mächtig. Das ist aber unauffällig, da es sich um einen internationalen Geschäftskontakt handelt.

11. Die schriftlichen Anfragen unseres Lieferanten wirken bezüglich des Briefpapiers, der Schrift, des Logos etc. professionell.

12 Unser Lieferant hat einen Internetauftritt.

13. Unser Lieferant

14. Die E-Mail-Adresse unseres Lieferanten ist
    ☐ in Deutschland vergeben.
    ☐ in einem anderen Staat vergeben. Das ist unauffällig, da es sich um einen internationalen Geschäftskontakt handelt.

15. Wir haben die nicht bereits schon einmal eingekauft (Abgleich mit den Fahrzeug-Identifikationsnummern/IMEI-Nummern/Seriennummern unserer bisherigen Einkäufe).

16. Der Lieferant verwendet keine unüblichen Reklamationsbedingungen.

17. Die Lieferbedingungen sind branchenüblich.

18. Die Ware wird nicht von einem nicht an dem Umsatz beteiligten Unternehmen geliefert.

19. Zubehör oder Ausstattung der Ware sind unauffällig (keine unüblichen ausländischen Bedienungsanleitungen, Software, Netzstecker).

20. Die vom Lieferanten vorgegebene Zahlungsart ist unauffällig und insbesondere keine Barzahlung.

21. Der vom Lieferanten vorgegebene Zahlungsweg ist unauffällig und insbesondere keine Zahlung an einen Dritten.

22. Das vom Lieferanten angegebene Bankkonto befindet sich
    ☐ in Deutschland.
    ☐ nicht in dem Land, in dem das Unternehmen betrieben wird. Das ist unauffällig, da es sich um ein international tätiges Unternehmen handelt.

23. Auch andere Auffälligkeiten wurden geprüft, aber nicht festgestellt.
    Der Unterzeichner bestätigt, die vorstehenden Ziffern 1–23 geprüft zu haben.
    ☐ Bei der Prüfung ergaben sich keinerlei Auffälligkeiten.
    ☐ Zu Ziffer/n _____ ist folgendes anzumerken:
    _____

Datum: _____   Unterschrift: _____

22. Das vom Lieferanten angegebene Bankkonto befindet sich
    ☐ in Deutschland.
    ☐ nicht in dem Land, in dem das Unternehmen betrieben wird. Das ist unauffällig, da es sich um ein international tätiges Unternehmen handelt.

23. Auch andere Auffälligkeiten wurden geprüft, aber nicht festgestellt.

Der Unterzeichner bestätigt, die vorstehenden Ziffern 1–23 geprüft zu haben.
    ☐ Bei der Prüfung ergaben sich keinerlei Auffälligkeiten.
    ☐ Zu Ziffer/n _____ ist folgendes anzumerken:

_____

Datum: _____   Umterschrift: _____

📄 **Dokumentation/Warenverkauf – Ausschluss der Einbeziehung in einen Umsatzsteuerbetrug**

Um ausschließen zu können, dass dieser Warenverkauf unserem Kunden einen Umsatzsteuerbetrug ermöglicht, wurden insbesondere folgende Feststellungen getroffen bzw. Prüfungen vorgenommen:

1. Zu dem Verkauf wurde unser Unternehmen nicht durch einen Dritten aufgefordert oder gebeten. Insbesondere hat uns kein Dritter den Kunden vermittelt und/oder uns den Verkaufspreis oder die Zahlungsmodalitäten vorgeben.

2. Es ist nicht ersichtlich, dass unser Kunde ein neu gegründetes Unternehmen ist oder die Geschäftstätigkeit gerade erst begonnen ha

3. Der Kunde
    ☐ ist in der Branche bzw. uns selbst aus früheren Verkäufen bekannt.
    ☐ wird uns erstmals beliefert, ist aber unauffällig.

4. Wir hatten keine besondere Veranlassung, den Gesellschaftszweck unseres Kunden im Handelsregister zu prüfen.

5. Die Menge der dem Kunden verkauften Ware ist unauffällig.

6. Es bestehen keine Zweifel an der umsatzsteuerlichen Registrierung des Lieferanten.

7. Die Geschäftsadresse des Kunden ist unauffällig und insbesondere keine Büroservice- oder c/o-Adresse.

8. Der Kunde bestimmt, dass die Ware
    ☐ nach Deutschland geliefert wird.
    ☐ in das Ausland geliefert wird. Das ist aber unauffällig, da es sich insgesamt um internationales Geschäft handelt.

9. Die schriftlichen Anfragen unseres Kunden wirken bezüglich des Briefpapiers, der Schrift, des Logos etc. professionell.

10 Unser Kunde hat einen Internetauftritt.

11. Unser Kunde

☐ hat einen deutschen Festnetzanschluss.

☐ ist ausschließlich über eine Mobilfunknummer und/oder ausländische Telefonnummern erreichbar. Das ist unauffällig, da es sich um einen internationalen Geschäftskontakt handelt.

12. Die E-Mail-Adresse unseres Kunden ist

☐ in Deutschland vergeben

☐ in einem anderen Staat vergeben. Das ist unauffällig, da es sich um einen internationalen Geschäftskontakt handelt.

13. Die Lieferbedingungen sind branchenüblich.

14. Die vom Kunden erbetene Zahlungsart ist unauffällig und insbesondere keine Barzahlung.

15. Der vom Kunden gewählte Zahlungsweg ist unauffällig und insbesondere keine Zahlung von einem Dritten.

16. Das Bankkonto, von dem aus der Kunde uns bezahlt, befindet sich

☐ in Deutschland.

☐ inicht in dem Land, in dem das Unternehmen betrieben wird. Das ist unauffällig,
da es sich um ein international tätiges Unternehmen handelt.

17. Auch andere Auffälligkeiten wurden geprüft, aber nicht festgestellt.

Der Unterzeichner bestätigt, die vorstehenden Ziffern 1–17 geprüft zu haben.

☐ Bei der Prüfung ergaben sich keinerlei Auffälligkeiten.

☐ Zu Ziffer/n _____ ist folgendes anzumerken:

_____

_____

Datum: _____   Umterschrift: _____

⮕ Beratungskonsequenzen

Die Finanzverwaltung weist ausdrücklich darauf hin, dass **im Einzelfall weitere
Prüfungen geboten** sein können: Die o. g. Anhaltspunkte, die auf Umsatzsteuerbetrug hinweisen können, sind nicht abschließend. Der Unternehmer muss auch
bei weiteren Auffälligkeiten seiner kaufmännischen Sorgfaltspflicht nachkommen«. Aus diesem Grund enden beide Musterblätter mit der Feststellung: »Auch
andere Auffälligkeiten wurden geprüft, aber nicht festgestellt.«

13 Steuertatbestände und Besteuerungsgrundlagen im Überblick

Entscheidungsmatrix zur Prüfung in Grundfällen

13.1 Grundtatbestand: Leistungsaustausch

Der umsatzsteuerliche Grundtatbestand ergibt sich aus **§ 1 Abs. 1 Nr. 1 Satz 1 UStG**. Danach unterliegen der Umsatzsteuer die Lieferungen und sonstigen Leistungen, die ein Unternehmer im Inland gegen Entgelt im Rahmen seines Unternehmens ausführt.

✅ **Checkliste**

Der Grundtatbestand hat danach **5 Merkmale**:

1. Lieferungen oder sonstige Leistungen
   (§ 3 Abs. 1 UStG, § 3 Abs. 9 UStG) ➲ Kapitel 17

2. Unternehmer
   (§ 2 Abs. 1 Satz 1, Abs. 2, Abs. 3 UStG) ➲ Kapitel 14.1

3. im Rahmen seines Unternehmens
   (§ 2 Abs. 1 Satz 2, Abs. 2 Nr. 2 UStG) ➲ Kapitel 14.2

4. gegen Entgelt
   (= im Leistungsaustausch, § 10 UStG) ➲ Kapitel 68

5. im Inland
   (§ 1 Abs. 2 UStG) ➲ Kapitel 21 ff. (Lieferungen) und 40 ff. (sonstige Leistungen)

Es muss ein **Leistungsaustausch** stattfinden. Der Leistende und der Leistungsempfänger dürfen nicht identisch sein. Leistungsaustausch ist das Erbringen einer Leistung an einen Anderen um der Gegenleistung willen.

Kein Leistungsaustausch und damit auch kein steuerbarer Umsatz liegt demnach vor, wenn es an einer Gegenleistung fehlt, wie z. B beim **echten Zuschuss**. Von einem solchen ist auszugehen, wenn Zahlungen nicht an bestimmte Umsätze anknüpfen, sondern unabhängig von einer bestimmten Leistung gewährt werden[83]. Gleiches gilt bei der Leistung von **Schadensersatz**. Die Zahlung erfolgt

---

[83] Vgl. Abschnitt 10.2 UStAE.

hier nicht aufgrund einer gewollten Lieferung oder sonstigen Leistung, sondern wegen gesetzlicher oder vertraglicher Verpflichtung zum Schadensersatz[84].

13.2 Sondertatbestände

Neben dem Grundtatbestand sieht das UStG Sondertatbestände vor:

- **Unentgeltliche Wertabgaben (§ 3 Abs. 1b, Abs. 9a UStG):** Das Steuerentlastungsgesetz 1999/2000/2002 hat die Besteuerung der unentgeltlichen Wertabgaben ab dem 1.4.1999 neu geregelt. Bis zu diesem Zeitpunkt sprach man von »Eigenverbrauch« (§ 1 Abs. 1 Nr. 2 a. F. UStG), Arbeitnehmerverbrauch (§ 1 Abs. 1 Nr. 1 Satz 2 Buchst. b a. F. UStG) und Gesellschafterverbrauch (§ 1 Abs. 1 Nr. 3 a. F. UStG). Ausführungen und insbesondere Urteile zur damaligen Rechtslage können i. d. R. auf die neuen Vorschriften entsprechend angewandt werden (➲ Kapitel 18) – mit 2 Ausnahmen:

  – Die Bestimmung des Leistungsorts richtete sich bis zum 18.2.2019 nach dem nunmehr ersatzlos aufgehobenen § 3f UStG (➲ Kapitel 18.0).

  – Nach der Rechtsprechung des EuGH können die Steuerbefreiungen für Lieferungen und Leistungen nicht einfach analog auf die unentgeltlichen Wertabgaben übertragen werden (➲ Kapitel 16.5).

- **Einfuhr von Gegenständen aus dem Drittlandsgebiet in das Inland (§ 1 Abs. 1 Nr. 4 UStG):** Die Erhebung der Einfuhrumsatzsteuer wird vom Zoll vorgenommen. Bemessungsgrundlage ist der Zollwert, der nach zollrechtlichen Vorschriften (Zollkodex und Zollkodex-DV) zu bestimmen ist (§ 11 Abs. 1 UStG).

- **Innergemeinschaftlicher Erwerb von Gegenständen im Inland gegen Entgelt (§ 1 Abs. 1 Nr. 5 i. V. m. § 1a UStG):** Ein innergemeinschaftlicher Erwerb liegt – vereinfacht – vor, wenn ein Unternehmer, eine juristische Person (des öffentlichen Rechts oder des privaten Rechts) oder – bei neuen Fahrzeugen – jede Privatperson einen Gegenstand gegen Entgelt im EG-Ausland von einem dortigen Unternehmer erwirbt und der Gegenstand in Erfüllung des Kaufvertrages in das Inland gelangt.

- **Innergemeinschaftliches Verbringen (§ 3 Abs. 1a UStG):** Innergemeinschaftliches Verbringen gilt als Lieferung gegen Entgelt. Innergemeinschaftliches Verbringen liegt vor, wenn ein Unternehmer einen Gegenstand, der

---

84   Vgl. Abschnitt 1.3 UStAE.

seinem Unternehmen zugeordnet ist, aus dem Inland in das übrige EG-Gebiet bringt. Vorübergehende Verwendungen im EG-Ausland sind hiervon ausgenommen. Der Begriff der vorübergehenden Verwendung ist grundsätzlich nach zollrechtlichen Vorschriften auszulegen.

- **Lieferung von Neufahrzeugen von Nichtunternehmern vom Inland in das übrige Gemeinschaftsgebiet (§ 2a UStG):** Der Nichtunternehmer wird nur für diese Lieferung wie ein Unternehmer behandelt (➲ Kapitel 38).

 Dieses Buch ...

... richtet sich an den Praktiker in Unternehmen und Beratung und fokussiert daher den Grundtatbestand. Die Sondertatbestände werden – mit Ausnahme der unentgeltlichen Wertabgaben und der Lieferung von Neufahrzeugen – daher nur am Rande gestreift, wenn es dem Gesamtverständnis dienlich ist.

13.3 Die Prüfung der Ausgangs- und Eingangsumsätze in den Grundfällen

Entscheidungsmatrix:

1. Prüfung der Ausgangsseite (... des »eigentlichen« Umsatzes)

1.1 Steuerbarkeit (Grundtatbestand, § 1 Abs. 1 Nr. 1 Satz 1 UStG)
- Unternehmer (§ 2 Abs. 1 Satz 1, Abs. 2, Abs. 3 UStG)
- im Rahmen seines Unternehmens (§ 2 Abs. 1 Satz 2, Abs. 2 Nr. 2 UStG)
- gegen Entgelt (= im Leistungsaustausch, § 10 UStG)
- **im Inland*** (§ 1 Abs. 2 UStG)

1.2 Steuerpflicht (§§ 4, 4b ff. UStG)

1.3 Bemessungsgrundlage (§ 10 UStG)

1.4 Steuersatz (§ 12 UStG)
- Prüfung der Voraussetzungen für die Anwendung eines speziellen Steuersatzes (§§ 12 Abs. 2, 24 UStG)
- falls kein spezieller Steuersatz anzuwenden ist: Anwendung des allgemeinen Steuersatzes (§ 12 Abs. 1 UStG)

2. Prüfung der Eingangsseite (des Vorsteuerabzugs)

2.1 Abzugsfähigkeit von Vorsteuerbeträgen (§ 15 Abs. 1 UStG)
Grundtatbestand: § 15 Abs. 1 Satz 1 Nr. 1 UStG
- Leistungsbezug für das Unternehmen
- von einem anderen Unternehmer
- Vorsteuer in Rechnungen (§ 14 UStG) ausgewiesen

Grundlagen des deutschen Umsatzsteuerrechts

Entscheidungsmatrix:

2.2 Abziehbarkeit (§ 15 Abs. 1a – 4 UStG)

Inwieweit entfallen die Vorsteuerbeträge auf Umsätze, die den Vorsteuerabzug ausschließen?

2.3 Berichtigung des Vorsteuerabzugs (§ 15a UStG)

* s. u. Beratungskonsequenzen

 Beratungskonsequenzen

1. Die Zuweisung eines (einzigen) Leistungsortes* zu jedem Umsatz **wirkt de facto wie ein DBA**!

2. Die **Bedeutung der Prüfung des Leistungsorts** wird in der Praxis häufig unterschätzt ➲ **Fallstudie** in Kapitel 79 (= »Echtfall«!).

3. Der Praktiker sollte sich daher verinnerlichen, dass der Leistungsort dort ist, wo das Gesetz ihn bestimmt, und **nicht dort, wo man meint, dass er sein müsste**!

13.4 Ablaufdiagramm: Die Prüfung der Umsatzsteuer

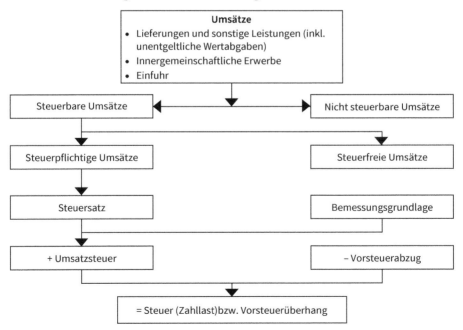

14 Wer die Steuer bezahlen muss: der Unternehmer und das Unternehmen

(Steuerpflichtiger/Besteuerungssubjekt)

§ **Rechtsgrundlagen**
- UStG: § 2
- UStAE: Abschn. 2.1–2.11
- MwStSystRL: Art. 9 f.

14.1 Unternehmer

Unternehmer ist, wer eine gewerbliche oder berufliche Tätigkeit selbstständig ausübt (§ 2 Abs. 1 Satz 1 UStG).

14.1.1 Unternehmerfähigkeit

Die Frage, wer oder was überhaupt Unternehmer sein kann, ist die Frage nach der Unternehmerfähigkeit. Unternehmer ist jedes selbstständig tätige Wirtschaftsgebilde, das nachhaltig Leistungen gegen Entgelt ausführt oder die durch objektive Anhaltspunkte belegte Absicht hat, eine unternehmerische Tätigkeit gegen Entgelt und selbstständig auszuüben und erste Investitionsausgaben für diesen Zweck tätigt[85]. Dabei kommt es weder auf die Rechtsform noch auf die Rechtsfähigkeit des Leistenden an[86]. Unternehmerfähig sind damit[87]:

- **natürliche Personen:** Unternehmer ist man unabhängig von der Geschäftsfähigkeit. Grundsätzlich kann auch ein Säugling oder Kleinkind Unternehmer sein!

  Beispiel

  Dem FG Baden-Württemberg lag – vereinfacht – folgender Sachverhalt zur Entscheidung vor:

---

85 Abschn. 2.1 Abs. 1 Satz 2 UStAE.
86 Abschn. 2.1 Abs. 1 Satz 3 UStAE.
87 Abschn. 2.1 Abs. 1 Satz 1 UStAE.

Eine Ärztin hatte von ihrer dreijährigen Tochter Praxisräume gemietet, die diese mit Mitteln erworben hatte, die ihr von ihren Eltern geschenkt worden waren.

Das FG sieht die Tochter nicht als selbstständige Unternehmerin an, weil zwar für den Abschluss des Mietvertrages, nicht aber für die Dauer seiner Durchführung ein Pfleger bestellt worden war[88].

Mit dem Hinweis auf eine erforderliche Dauerpflegschaft ergeben sich neue Probleme für die steuerliche Anerkennung von Vertragsverhältnissen zwischen Eltern und ihren minderjährigen Kindern. Die umsatzsteuerliche Selbstständigkeit des Kindes dürfte wohl entgegen dem Urteil des FG eine Dauerpflegschaft nicht erfordern. Nahe liegend ist jedoch, bei Dauerschuldverhältnissen allgemein (also auch ertragsteuerlich) eine solche Pflegschaft als Voraussetzung für die steuerliche Anerkennung von Vertragsverhältnissen zwischen Eltern und Kindern zu verlangen, da Dauerschuldverhältnisse auf einen fortlaufenden Interessenwiderstreit der Vertragsparteien und Insichgeschäfte der Eltern angelegt sind. Beim Abschluss von Miet- und Pachtverträgen mit Kindern sollte deshalb ein Pfleger nicht nur für den Abschluss des Vertrages, sondern für seine gesamte Dauer bestellt werden.

Die Entscheidung des FG ist rechtskräftig. Das FG-Urteil wurde im Wege der Revision auch dem BFH vorgelegt; dieser hat die Revision jedoch ohne Entscheidung in der hier aufgeworfenen Frage aus anderen Gründen zurückgewiesen[89].

- **Personenvereinigungen** (z. B. GbR, OHG, KG)[90]
- **juristische Personen des privaten Rechts** (z. B. AG, GmbH)[91]
- **juristische Personen des öffentlichen Rechts** (z. B. Gebietskörperschaften wie die Bundesrepublik Deutschland, Städte und Gemeinden; Realkörperschaften wie die Industrie- und Handelskammern; Personalkörperschaften wie staatliche Hochschulen; Anstalten des öffentlichen Rechts wie kommunale Sparkassen; ➔ zu den **Änderungen ab 1.1.2016** vgl. § 2b UStG).

---

88 Urteil des FG Baden-Württemberg vom 3.3.1999, 2 K 20/97, rkr., EFG 1999, 733 sowie Beilage »Tendenzen/Konsequenzen« 1999, S. 56 mit Anmerkung von *Müller*.

89 BFH, Urteil vom 6.6.2002, V R 20/99, UR 2002, 606; ausführlich zu Verträgen zwischen nahe stehenden Personen und zur Bedeutung des Fremdvergleichs *Weimann*, UStB 2007, 361.

90 Zu den Sonderproblemen der Umsatzbesteuerung von Personenvereinigungen und des Haltens und Veräußerns von Beteiligungen ➔ Kapitel 81.

91 Zu den Sonderproblemen der Umsatzbesteuerung von Personenvereinigungen und des Haltens und Veräußerns von Beteiligungen ➔ Kapitel 81.

Nicht unternehmerfähig sind[92]

- **Innengesellschaften** (z. B. typische oder atypische stille Gesellschaften)
- **Gewinnpools**

14.1.2 Unternehmereigenschaft

Unternehmensfähige Gebilde werden erst zum Unternehmer, wenn sie

- gewerbliche oder berufliche Tätigkeiten
- selbstständig

ausüben.

14.1.2.1 Gewerbliche oder berufliche Tätigkeit

Gewerblich oder beruflich ist jede

- nachhaltige Tätigkeit
- zur Erzielung von Einnahmen
- auch wenn die Absicht fehlt, Gewinn zu erzielen[93]

14.1.2.1.1 Nachhaltige Tätigkeit

Unternehmer ist, wer eine gewerbliche oder berufliche Tätigkeit selbstständig ausübt. Gewerblich oder beruflich ist jede nachhaltige Tätigkeit zur Erzielung von Einnahmen, auch wenn die Absicht, Gewinn zu erzielen, fehlt oder eine Personenvereinigung nur gegenüber ihren Mitgliedern tätig wird (§ 2 Abs. 1 UStG). Die gewerbliche oder berufliche Tätigkeit wird nachhaltig ausgeübt, wenn sie auf Dauer zur Erzielung von Entgelten angelegt ist.

---

92   Abschn. 2.1 Abs. 5 UStAE.
93   § 2 Abs. 1 Satz 3 UStG.

Checkliste

Für eine nachhaltige Betätigung sprechen[94]:

- mehrjährige Tätigkeit
- planmäßiges Handeln
- auf Wiederholung angelegte Tätigkeit
- die Ausführung mehr als nur eines Umsatzes
- Vornahme mehrerer gleichartiger Handlungen unter Ausnutzung derselben Gelegenheit oder desselben dauernden Verhältnisses
- langfristige Duldung eines Eingriffs in den eigenen Rechtskreis
- Intensität des Tätigwerdens
- Beteiligung am Markt
- Auftreten wie ein Händler
- Unterhalten eines Geschäftslokals
- Auftreten nach außen z. B. gegenüber Behörden
- der nicht nur vorübergehende, sondern auf Dauer angelegte Verkauf einer Vielzahl von Gegenständen über eine Internet-Plattform.
  Beachten Sie: Die Beurteilung der Nachhaltigkeit hängt **nicht** von einer bereits beim Einkauf der Gegenstände vorhandenen Wiederverkaufsabsicht ab[95]!
- der planmäßige, wiederholte und mit erheblichem Organisationsaufwand verbundene Verkauf einer Vielzahl fremder Gebrauchsgegenstände über eine **elektronische Handelsplattform**.
  Beachten Sie: Dieser Einstufung steht nicht entgegen, dass die Tätigkeit nur für kurze Dauer und ohne Gewinn ausgeübt wird und ein Wareneinkauf nicht festgestellt werden kann[96]!

Die für und gegen die Nachhaltigkeit sprechenden Merkmale müssen gegeneinander abgewogen werden. Abschn. 2.3 Abs. 5 UStAE listet eine Vielzahl von Tatbestandsmerkmalen auf, die für eine nachhaltige Betätigung sprechen. Abschn. 2.3 Abs. 6 UStAE nennt Einzelfälle, in denen mal die Nachhaltigkeit gegeben ist und mal nicht. Entscheidend ist jeweils das **Gesamtbild der Verhältnisse im Einzelfall**.

---

94   Vgl. Abschn. 2.3 Abs. 5 Satz 4 und Abs. 6 Satz 1 UStAE.
95   BFH vom 26.4.2012, V R 2/11, BStBl. I 2012, 634.
96   BFH vom 12.8.2015, XI R 43/13, BStBl. II 2015, 919.

Quintessenz

Maßgebend ist also nicht das einzelne Charakteristikum; es ist vielmehr erforderlich, die für oder gegen die Nachhaltigkeit sprechenden **Merkmale gegeneinander abzuwägen**.

Bitte beachten Sie!
Beim **Verkauf von Jahreswagen** durch Mitarbeiter von Automobilherstellern oder -händlern ist die Haltedauer maßgeblich ➲ s. u., Kapitel 14.2.1.

 Beratungskonsequenzen

1. »Nachhaltigkeit« ist damit ein **unbestimmter Rechtsbegriff**. Während manche Betätigungen eindeutig nachhaltig oder eindeutig nicht nachhaltig erfolgen, wird man sich über andere Betätigungen trefflich streiten können.

2. Aufgrund der u. U. gravierenden Auswirkungen von Fehleinschätzungen ist es im Zweifel zu empfehlen, die eigene Einschätzung durch eine **verbindliche Auskunft der Finanzverwaltung** (§ 89 AO) abzusichern. Da die nämlichen Betätigungen in der Regel mit zeitlichem Vorlauf geplant und langfristig angelegt sind, sollte insoweit der Zeitfaktor (Bearbeitungsdauer des Finanzamts) keine Rolle spielen.

Bei Nachhaltigkeit kann damit auch eine aufgrund von Dauerverlusten **ertragsteuerlich als Liebhaberei einzustufende Tätigkeit** die Unternehmereigenschaft begründen oder den Rahmen eines schon bestehenden Unternehmens erweitern. Zur Abgrenzung einer nachhaltig ausgeübten wirtschaftlichen Tätigkeit und einer aus außerunternehmerischen Gründen betriebenen Betätigung ist insbesondere auf die Dauer und Intensität der Tätigkeit, die Zahl der Kunden, die Höhe der Einnahmen, die Beteiligung am Markt und das Vorhandensein eines Geschäftslokals abzustellen[97].

---

97 Abschn. 2.3 Abs. 5, Abs. 6 UStAE.

Beispiel

Der An- und Verkauf von Wein stellt nur dann eine unternehmerische Tätigkeit dar, wenn sich die Betätigung deutlich von einer privaten Versorgung des Bekannten- und Freundeskreises abhebt.

Bei einem Weineinkauf von rund 120 Flaschen pro Jahr spricht der Beweis des ersten Anscheins gegen das geschäftsmäßige Betreiben eines Weinhandels[98].

 Praxistipp

1. Die Aufwendungen im Zusammenhang mit einer **ertragsteuerlichen Liebhaberei** fallen nicht unter das Abzugsverbot des § 12 Nr. 1 EStG, sondern sind bereits aus den übergeordneten Gesichtspunkten des § 2 EStG ertragsteuerlich unbeachtlich[99].
   Die Vorsteuer aus Vorbezügen unterliegt damit nicht dem Abzugsverbot des § 15 Abs. 1a UStG i. V. m. § 12 Nr. 1 EStG[100].

2. Bei Unternehmern, für die § **4 Abs. 5 EStG ertragsteuerlich keine Bedeutung** hat, weil sie **keinen Gewinn zu ermitteln** haben, ist für Zwecke der Umsatzsteuer darauf abzustellen, ob die Aufwendungen **ihrer Art nach unter das Abzugsverbot** des § 4 Abs. 5 Satz 1 Nrn. 1–4, 7 EStG fallen[101].

 Hinweis

Weitere Einzelfälle ➲ s. u., Kapitel 14.2 und Kapitel 14.5

14.1.2.1.2 Erzielung von Einnahmen

Die Erzielung von Einnahmen auch ohne Gewinnerzielungsabsicht ist weiteres Tatbestandsmerkmal für die Annahme der Unternehmereigenschaft. Die **nicht erforderliche Gewinnerzielungsabsicht** ist ein wichtiger Charakterzug der Umsatzsteuer in ihrer Wirkung als Verbrauchsteuer. Im Gegensatz dazu stehen die

---

98 FG Hessen, Urteil vom 8.11.2000, 6 K 4774/96, rkr., EFG 2001, 599.

99 *Stadie* in R/D, § 2 Anm. 387 ff.

100 Vgl. BMF, Schreiben vom 14.7.2000, IV D 1 – S 7303a – 5/00, UR 2000, 399; formell aufgehoben, materiell aber weiter gültig lt. BMF, Schreiben vom 18.3.2019 ➲ Kapitel 1.6.

101 Abschn. 15.6 Abs. 3 UStAE.

Ertragsteuern, die – wie der Name bereits verrät – einen Ertrag, z. B. den Gewinn, besteuern wollen[102].

Zur Erlangung der Unternehmereigenschaft (und damit in der Regel auch für den Vorsteuerabzug!) genügen daher Vorbereitungshandlungen für eine beabsichtigte unternehmerische Tätigkeit, die letztendlich nicht zu Umsätzen führt (**sog. »erfolgloser Unternehmer«**)[103].

14.1.2.2 Selbstständigkeit natürlicher Personen (§ 2 Abs. 2 Nr. 1 UStG)

Bei der Entscheidung der Frage der Selbstständigkeit kommt es im Ergebnis nicht darauf an, wie der Vertrag bezeichnet ist, die Entlohnung durchgeführt oder welche Art von Tätigkeit ausgeführt wird.

Nach 2 Abs. 1 UStG ist Unternehmer, wer eine gewerbliche oder berufliche Tätigkeit selbstständig ausübt. Eine solche Tätigkeit wird nicht selbstständig ausgeübt, soweit natürliche Personen einem Unternehmen so eingegliedert sind, dass sie den Weisungen des Unternehmers zu folgen verpflichtet sind (§ 2 Abs. 2 Nr. 1 UStG). Diese **negative Abgrenzung zur Selbstständigkeit** entspricht nach ständiger Rechtsprechung des BFH der Begriffsbestimmung des »Dienstverhältnisses« i. S. v. § 1 Abs. 2 LStDV. Die Frage der Selbstständigkeit natürlicher Personen ist daher für die **Umsatzsteuer, Einkommensteuer und Gewerbesteuer nach denselben Grundsätzen** zu beurteilen[104].

Ob und inwieweit eine natürliche Person als Arbeitnehmer nichtunternehmerisch tätig ist, bestimmt sich unter Beachtung der Vorschriften des § 1 LStDV nach dem **Gesamtbild der Verhältnisse**. Für die Unselbstständigkeit von juristischen Personen hat § 2 Abs. 2 Nr. 2 UStG dies ausdrücklich bestimmt; die Gesetzesaussage gilt jedoch gleichermaßen für die Beurteilung natürlicher Personen. Das Gesamtbild der Verhältnisse setzt sich zusammen aus

- dem **Innenverhältnis** zwischen Unternehmer und der zu beurteilenden Person und
- dem Auftreten der zu beurteilenden Person im **Außenverhältnis**.

Letztlich maßgebend ist das Innenverhältnis. Letzteres ergibt sich bereits aus der Formulierung des Gesetzestextes und noch deutlicher aus der **Wortwahl des**

---

102 Abschn. 2.3 Abs. 8 UStAE.
103 Abschn. 2.6 Abs. 1–4 UStAE.
104 Abschn. 2.2 Abs. 2 UStAE.

Art. 10 MwStSystRL, der das Über-/Unterordnungsverhältnis zwischen Arbeitgeber und Arbeitnehmer deutlich hervorhebt. Wesentlich ist dabei, wer das **Risiko der wirtschaftlichen Betätigung** trägt: Muss der Betreffende

- mit der Möglichkeit eines Verlustes rechnen und
- ist er in der Gestaltung seiner Betriebsausgaben frei,

so ist er in der Regel Unternehmer.

Für die Arbeitnehmereigenschaft sprechen insbesondere die in **H 67 LStH 2007 aufgelisteten Tatbestandsmerkmale.** Die Merkmale ergeben sich regelmäßig aus dem der Beschäftigung zugrunde liegenden Vertragsverhältnis, sofern die Vereinbarungen ernsthaft gewollt sind und tatsächlich durchgeführt werden.

Die 1999 aufgestellten Kriterien zur Ermittlung sog. Scheinselbstständigkeit dienen ausschließlich der Erfassung natürlicher Personen (also auch Selbstständiger) zur Heranziehung zu Abgaben an die Sozialversicherung. Die Kriterien sagen nichts darüber aus, ob jemand steuerlich als lohnsteuerpflichtiger Arbeitnehmer oder als umsatzsteuerpflichtiger Unternehmer gilt.

14.1.2.3 Selbstständigkeit juristischer Personen (»Organschaft«, § 2 Abs. 2 Nr. 2 UStG)

Die gewerbliche oder berufliche Tätigkeit wird nicht selbstständig ausgeübt, wenn eine juristische Person nach dem Gesamtbild der tatsächlichen Verhältnisse finanziell, wirtschaftlich und organisatorisch in das Unternehmen des Organträgers eingegliedert ist (= Organschaft) ➲ Kapitel 81.

14.1.3 Unternehmereigenschaft der Vereine

Eine der derzeit wohl interessantesten Diskussionen, die umsatzsteuerlich geführt werden, hat die Unternehmereigenschaft von Vereinen und die daraus resultierenden Folgen (Umsatzversteuerung der Mitgliederbeiträge; Vorsteuerabzug aus Investitionen) zum Gegenstand ➲ Kapitel 81.

14.1.4 Unternehmereigenschaft juristischer Personen des öffentlichen Rechts

Eine gesetzliche Begriffsbestimmung der juristischen Person des öffentlichen Rechts gibt es nicht. Juristische Personen des öffentlichen Rechts sind **rechtsfähige Gebilde**, denen **kein privatrechtlicher Gründungsakt** vorausgegangen ist. Ihre Rechtsfähigkeit wird vielmehr durch einen hoheitlichen Akt begründet. Dies kann geschehen durch Bundesrecht, Landesrecht oder Gewohnheitsrecht.

Juristische Personen des öffentlichen Rechts können sein:

- **Gebietskörperschaften** (z. B. Bundesrepublik Deutschland, Bundesländer, Städte, Gemeinden, Zweckverbände),
- **Realkörperschaften** (z. B. Wasser- und Bodenverbände, Waldwirtschafts-, Jagd- und Fischereigenossenschaften, Industrie- und Handelskammern),
- **Personalkörperschaften** (z. B. staatliche Hochschulen, Berufskammern, Innungen, Träger der Kranken-, Unfall- und Rentenversicherung, Krankenkassen mit Pflichtversicherten),
- **Kirchenrechtskörperschaften** und/oder Religionsgemeinschaften des öffentlichen Rechts (z. B. katholischer Orden),
- **Anstalten des öffentlichen Rechts** (z. B. Anstalten zur Stadtreinigung oder Wasserversorgung, kommunale Sparkassen und bestimmte andere Geldinstitute, öffentlich-rechtliche Bausparkassen, öffentlich-rechtliche Rundfunk- und Fernsehanstalten),
- **Stiftungen** (z. B. kirchenrechtliche Stiftungen),
- **ausländische, inter- und supranationale Körperschaften.**

Keine Körperschaften des öffentlichen Rechts sind:

- die **politischen Parteien**,
- die **Gewerkschaften**,
- das **Deutsche Rote Kreuz**,
- **Interessenverbände der öffentlichen Hand**.

Nach § 2 Abs. 3 Satz 1 UStG kann eine juristische Person des öffentlichen Rechts **nur im Rahmen ihrer Betriebe gewerblicher Art** sowie ihrer **land- und forstwirtschaftlichen Betriebe** unternehmerisch tätig sein. Der Begriff des Betriebs gewerblicher Art entspricht dem des § 4 KStG. Nur die Betriebe gewerblicher Art und die land- und forstwirtschaftlichen Betriebe einer juristischen Person des öffentlichen Rechts bilden den Rahmen des Unternehmens. Insbesondere der sog. Hoheitsbereich liegt außerhalb des Unternehmens.

Die nach § 2 Abs. 3 Satz 1 UStG zu beurteilenden Betriebe gewerblicher Art einer juristischen Person des öffentlichen Rechts bedürfen der **Abgrenzung zu den privatrechtlich organisierten Betrieben,** deren Unternehmereigenschaft ausschließlich nach den allgemeinen Vorschriften des § 2 Abs. 1 u. 2 UStG zu beurteilen ist.

Nicht unter die Vorschrift des § 2 Abs. 3 UStG fallen die sog. **Eigenbetriebe.** Hierbei handelt es sich i. d. R. um Betriebe, die unter der Einflussnahme einer juristischen Person des öffentlichen Rechts stehen, selbst jedoch in privatrechtlicher Form (z. B AG, GmbH) geführt werden. Eigenbetriebe sind selbstständige Unternehmer i. S. v. § 2 Abs. 1 UStG, sofern nicht die juristische Person des öffentlichen Rechts als Organträger und der Eigenbetrieb als Organ im Rahmen einer Organschaft angesehen werden können. Als typische Beispiele für Betriebe in privatrechtlicher Form sind Energieversorgungsunternehmen oder Verkehrsbetriebe zu nennen, die häufig in die Rechtsform einer AG gekleidet sind und an denen die Gebietskörperschaft, in deren Bereich die Unternehmen tätig sind, zumindest mehrheitlich beteiligt ist. Eigenbetriebe erbringen ihre Leistung i. d. R. direkt an den Bürger (= Endverbraucher).

Praxistipp

Zu den Besonderheiten der Umsatzbesteuerung juristischer Personen des öffentlichen Rechts wird auf die hierzu erschienene **Spezialliteratur** verwiesen:[105]

---

105 *Weimann* in UNI, § 2; *Raudszus/Weimann,* Die Umsatzbesteuerung juristischer Personen des öffentlichen Rechts, Bielefeld 1999.

14.2   Blick in die Rechtsprechung

So schnell ist man ein Unternehmer und damit steuerpflichtig!

14.2.1 Unternehmer durch Verkauf von Jahreswagen?

14.2.1.1   Verkäufe in Abständen von über 1 Jahr

 Rechtsgrundlagen

BFH, Urteil vom 18.7.1991, V R 86/87, BStBl. II 1991, 776

»Ein Angehöriger einer Automobilfabrik, der von dieser unter Inanspruchnahme des Werksangehörigenrabatts fabrikneue Automobile erwirbt und diese **nach mehr als einem Jahr** wieder verkauft, ist **nicht nachhaltig** als Unternehmer tätig (Abgrenzung zum BFH-Urteil vom 26. April 1979 V R 46/72, BFHE 128, 110, BStBl. II 1979, 530).«

14.2.1.2   Verkäufe in Abständen von unter 1 Jahr

 Rechtsgrundlagen

BFH, Urteil vom 26.4.1979, V R 46/72, BStBl. II 1979, 530

»Ein Angehöriger einer Automobilfabrik, der regelmäßig von dieser unter Inanspruchnahme des Werksangehörigenrabatts fabrikneue Automobile erwirbt und diese bis zum Ablauf der vom Werk gesetzten Verkaufssperrfrist ausschließlich zu privaten Zwecken nutzt, kann die auf den Erwerb des Automobils entfallende Umsatzsteuer nicht gemäß § 15 Abs. 1 UStG 1967 als Vorsteuer abziehen, **unterliegt aber mit dem jeweiligen Verkauf der Automobile als Unternehmer der Umsatzsteuer.**«

 Beratungskonsequenzen

1. Ob im Einzelfall jemand eine nachhaltige Tätigkeit im umsatzsteuerrechtlichen Sinn ausübt, ist nach dem Gesamtbild der Verhältnisse – **Abwägung der für und gegen die Nachhaltigkeit sprechenden Merkmale** – zu entscheiden.
2. Bei Verkäufen **in Abständen von über einem (1) Jahr ist die Intensität der wirtschaftlichen Betätigung so gering**, dass eine unternehmerische Betätigung entfällt.

14.2.2 Unternehmer durch Verkäufe bei eBay?

 Rechtsgrundlagen

BFH, Urteil vom 26.4.2012, V R 2/11, BFH/NV 2012, 1285

1. Der **Verkauf einer Vielzahl von Gegenständen über die Internet-Plattform** »eBay« kann eine der Umsatzsteuer unterliegende (nachhaltige) unternehmerische Tätigkeit sein; die Beurteilung als nachhaltig hängt **nicht** von einer bereits beim Einkauf vorhandenen Wiederverkaufsabsicht ab.

2. Bei der laufenden Veräußerung von Gegenständen in erheblichem Umfang liegt keine nur private Vermögensverwaltung vor, wenn der Verkäufer **aktive Schritte zum Vertrieb der Gegenstände unternimmt,** indem er sich ähnlicher Mittel bedient wie ein Händler i. S. v. Art. 4 Abs. 2 der 6. EG-RL.

Beratungskonsequenzen

1. Wann ist der Verkauf von Gegenständen via »eBay« nur eine umsatzsteuerrechtlich **irrelevante private Vermögensumschichtung** oder doch eine **wirtschaftliche Tätigkeit,** wie das Unionsrecht den Begriff Steuerpflichtigen (= Unternehmer i. S. d. UStG) unter Hinweis auf »alle Tätigkeiten eines Erzeugers, Händlers oder Dienstleistenden, insbesondere Umsätze, die die Nutzung von körperlichen oder nicht körperlichen Gegenständen zur nachhaltigen Erzielung von Einnahmen« beschreibt?[106]

2. **Weder** ein **absoluter Betrag** *allein* (z. B. Verkauf des bisher privat erworbenen und genutzten Pkw für 50.000 €) **noch die Zahl der Verkäufe** *allein* (eine Sammlung von Briefmarken wird en bloc an einen Versteigerer gegeben) eignen sich als Kriterium.

3. Verkäufe in den **Grenzen der Kleinunternehmerregelung** führen jedenfalls nicht zur Steuerpflicht.

4. **Im Übrigen gilt:** Im Einzelfall ist aufgrund des **Gesamtbildes der Verhältnisse** zu beurteilen, ob die Voraussetzungen einer nachhaltigen Tätigkeit i. S. d. § 2 Abs. 1 Satz 3 UStG erfüllt sind. Dabei ist eine Reihe **verschiedener (nicht abschließend festgelegter) Kriterien** zu würdigen, die je nach dem Einzelfall in unterschiedlicher Gewichtung für oder gegen die Nachhaltigkeit der Einnahmeerzielung sprechen können. [107]

---

106 *Martin*, Anmerkungen zum Besprechungsurteil, BFH/PR 2012, 280.
107 *Martin*, a. a. O.

5. Ohne Bedeutung ist auch, ob Gegenstände in Wiederverkaufsabsicht erworben wurden.[108]

6. Bei laufenden Verkäufen einer Vielzahl von Gegenständen über »eBay« ist auch der damit verbundene **zeitliche und logistische Aufwand** zu berücksichtigen. Dass die Gegenstände **vorher gesammelt** worden sind, schließt die Annahme einer unternehmerischen Tätigkeit **nicht** aus. Soweit der BFH in Entscheidungen der 80er-Jahre einen Briefmarken- und einen Münzsammler nicht als Unternehmer beurteilt hatte, beruhte dies darauf, dass beide jeweils en bloc eine Vielzahl von Gegenständen in eine Versteigerung gegeben, nicht dagegen jeden einzelnen Sammlungsgegenstand sukzessive selbst vermarktet hatten.[109]

14.3 Unternehmen

14.3.1 Unternehmenseinheit

Gemäß § 2 Abs. 1 Satz 2 UStG umfasst das Unternehmen die **gesamte gewerbliche oder berufliche Tätigkeit** des Unternehmers. Dazu korrespondierend ergibt sich aus § 1 Abs. 1 Nr. 1 Satz 1 UStG, dass nur die Lieferungen und sonstigen Leistungen umsatzsteuerlich beachtlich sind, die ein Unternehmer im Rahmen seines Unternehmens ausführt. Daraus ergibt sich, dass ein Unternehmen

- sich auf die gewerbliche oder berufliche Tätigkeit des Unternehmers beschränkt,
- nicht nur Tätigkeiten im Inland (§ 1 Abs. 2 UStG),
- sondern auch solche im Ausland (übriges Gemeinschaftsgebiet oder Drittlandsgebiet, vgl. § 1 Abs. 2 a UStG) erfasst.

> ➡ **Beratungskonsequenzen**
>
> Alles, was sich außerhalb dieses Unternehmensrahmens ereignet, ist umsatzsteuerlich unbeachtlich.

Der umsatzsteuerliche Unternehmensbegriff ist inhaltlich von anderen Steuergesetzen abzugrenzen, die als Besteuerungsgrundlage z. B. den Betrieb nehmen.

---

108 BFH vom 26.4.2012, V R 2/11, BStBl. I 2012, 634; vgl. auch Abschn. 2.3 Abs. 5 Satz 4 UStAE und ➲ oben Kapitel 14.1.2.1.1.

109 *Martin*, a. a. O.

So kann ein Gewerbetreibender mit zwei Betrieben getrennt zur Gewerbesteuer veranlagt werden; umsatzsteuerlich befinden sich beide Betriebe innerhalb des Unternehmensrahmens und sind demnach ein (1) Unternehmen (Unternehmenseinheit)!

In der Praxis ergeben sich aus der Unternehmenseinheit vielfältige Auswirkungen. Gegenüber dem Finanzamt hat der Unternehmer für alle Betriebe im Unternehmensrahmen lediglich **eine (1) Umsatzsteuererklärung** abzugeben, obwohl möglicherweise mehrere Gewerbesteuererklärungen und Bilanzen zu erstellen sind. Leistungsbeziehungen zwischen den Unternehmensteilen sind als sog. **Innenumsätze** nicht steuerbar, auch wenn Abrechnungen erstellt und Zahlungen geleistet werden.

Beispiel

Unternehmer U hat eine Fleischerei in Dortmund, eine weitere Fleischerei in Essen, ein Lebensmittelgeschäft und ein Wohnhaus. »Privat« betreibt U eine Hundezucht, aus der er jährlich i. d. R. 5 Welpen verkauft und ertragsteuerlich nur Verluste erzielt. Des Weiteren ist er Gesellschafter einer GbR und besitzt Anteile an einer GmbH.

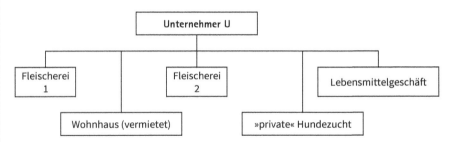

Das **Ertragsteuerrecht** würde die einzelnen Betätigungsfelder des U getrennt beurteilen. Die Fleischereien und das Lebensmittelgeschäft führen zu Einkünften nach § 15 EStG und das Wohnhaus zu solchen nach § 21 EStG; die Hundezucht bliebe als Liebhaberei unbeachtet.

Das **Umsatzsteuerrecht** fasst dagegen all diese Betätigungsfelder zu **einem** Unternehmen zusammen:

- innerhalb des Unternehmens erfolgen ausschließlich nichtsteuerbare **Innenumsätze**,

- eventuelle (Ab)Rechnungen zwischen den Unternehmensteilen sind interne Vorgänge **ohne** Außenrechtswirkung; daher kommt eine insbesondere »Haftung« nach § 14c UStG nicht in Betracht,
- bei **Nutzungsänderungen** ist eventuell der Vorsteuerabzug zu berichtigen (§ 15a UStG).

Neben dem (Einzel-)Unternehmen des U steht – quasi als fremdes Unternehmen – die Personengesellschaft; hier ist ein Leistungsaustausch denkbar[110]. Gleiches gilt grundsätzlich auch für die Kapitalgesellschaft; hier stellt sich jedoch immer die Frage der Organschaft ➲ Kapitel 81.

14.3.2 Bedeutung des Einzelbetriebs und der Betriebsstätte

Aus den Anmerkungen zur Unternehmenseinheit darf nicht gefolgert werden, dass der einzelne Betrieb oder eine Betriebsstätte umsatzsteuerlich unter allen Umständen unbeachtlich sind. Vielmehr gibt es innerhalb des UStG Vorschriften, die den Betrieb oder die Betriebsstätte als Tatbestandsmerkmal beinhalten.

Beispiele

1. Innerhalb eines Unternehmens können gesondert geführte Betriebe im Ganzen veräußert werden, § 1 Abs. 1a UStG.
2. Nach § 3a Abs. 1, Abs. 3 UStG kann eine Betriebsstätte Ort der sonstigen Leistung sein.
3. Gemäß § 20 Abs. 1 UStG kann ggf. für einen einzelnen Betrieb des aus mehreren Betrieben bestehenden Unternehmens die Steuer nach vereinnahmten Entgelten berechnet werden.
4. § 22 Abs. 1 UStG behandelt Aufzeichnungspflichten für gesondert geführte Betriebe.
5. § 24 Abs. 3 UStG definiert den land- und forstwirtschaftlichen Betrieb als einen in der Gliederung des Unternehmens gesondert geführten Betrieb.

14.3.3 Rahmen des Unternehmens

Der Leistungsaustausch ist nur im Rahmen des Unternehmens steuerbar. Zum Rahmen des Unternehmens gehören Grund-, Hilfs- und Nebengeschäfte. Leistungen, die weder Grund- noch Hilfs- oder Nebengeschäfte eines Unternehmens

---

110   Abschn. 1.6 UStAE.

und nicht ihrerseits wiederum nachhaltig sind, liegen außerhalb des Unternehmensrahmens.

> **Beispiel**
>
> Fleischer Fastfuht (F) ist in seiner Freizeit begeisterter Radrennfahrer. Im Jahr 2022 entschließt sich F zum Erwerb einer neuen und zur Veräußerung seiner alten Rennmaschine.
>
> ➲ **Folge:**
>
> Sowohl der Erwerb als auch die Veräußerung sind umsatzsteuerlich ohne Bedeutung; der Rahmen des Unternehmens erstreckt sich ausschließlich auf den Fleischhandel. F hat daher die Veräußerung nicht der Umsatzsteuer zu unterwerfen; aus der Anschaffung des neuen Rades ist er nicht zum Abzug der Vorsteuer berechtigt.

14.3.4 Wechsel der unternehmerischen Tätigkeit

Häufig stellt sich die Frage, ob eine – ertragsteuerliche – Veräußerung eines Betriebes (§§ 16, 18 Abs. 3 EStG) auch umsatzsteuerlich zu einer Aufgabe des Unternehmens führt.

> **Beispiel**
>
> Ein Gastwirt veräußert sein Lokal, um nunmehr als Handelsvertreter Gastronomiebetriebe zu betreuen. Für seine neue Tätigkeit setzt er ein Fahrzeug ein, mit dem er bislang Büfetts ausgeliefert hat.

 Praxistipp

1. Umsatzsteuerlich beinhaltet ein »Unternehmen« sämtliche Aktivitäten eines Unternehmers[111]. Somit bleibt auch mit der Aufnahme einer (ertragsteuerlich) anderen gewerblichen Tätigkeit (umsatzsteuerlich) das Unternehmen erhalten[112].

2. Der betrieblich genutzte PKW verbleibt damit im Unternehmen. Eine Entnahme i. S. d. § 3 Abs. 1b Nr. 1 UStG liegt nicht vor.

3. Ein ursprünglich beim Kauf des PKW gezogener Vorsteuerabzug bleibt erhalten.

---

111   Vgl. § 2 UStG.
112   *Weimann*, UStB 2000, 159; vgl. auch *Schneider/Hoffmann*, Stbg 2000, 229.

4. Eventuell ergeben sich andere Maßstäbe für die Beurteilung der privaten Nutzung des PKW (§ 3 Abs. 9a UStG).

14.4 Beginn und Ende der Unternehmereigenschaft

Die Unternehmereigenschaft beginnt mit dem ersten nach außen erkennbaren, auf eine Unternehmertätigkeit gerichteten Tätigwerden und endet mit dem letzten Tätigwerden[113].

14.5 Einzelfall-ABC: Aktuelles aus Rechtsprechung und Verwaltung

Aufsichtsratsmitglieder sind nicht selbständig und damit keine Unternehmer (EuGH)

Ein Mitglied des Aufsichtsrats einer Stiftung ist hinsichtlich der Ausübung seiner Tätigkeit als Aufsichtsratsmitglied weder dem Vorstand noch dem Aufsichtsrat dieser Stiftung hierarchisch untergeordnet. Das Mitglied handelt jedoch nicht in eigenem Namen, für eigene Rechnung und in eigener Verantwortung und trägt auch nicht das wirtschaftliche Risiko seiner Tätigkeit. Diese wird daher nicht selbständig ausübt[114].

> **Sachverhalt**
>
> Der Kläger (K) ist Mitglied des Aufsichtsrats einer niederländischen Stiftung. Die Befugnisse des Aufsichtsrats der Stiftung umfassen insbesondere die Ernennung, Suspendierung und Entlassung der Mitglieder des Vorstands, die Festlegung ihrer Arbeitsbedingungen, die Aussetzung des Vollzugs der Entscheidungen des Vorstands, die Beratung des Vorstands, die Feststellung der Jahresabschlüsse, die Ernennung, Suspendierung und Entlassung der Mitglieder des Aufsichtsrats und die Bestimmung ihrer festen Vergütung.
>
> Die Stiftung wird in rechtlicher und sonstiger Hinsicht von ihrem Vorstand vertreten. Im Fall eines Interessenskonflikts zwischen dem Vorstand oder einem seiner Mitglieder und der Stiftung wird sie jedoch vom Vorsitzenden und einem oder

---

113 Ausführlich hierzu Abschn. 2.6 UStAE.
114 EuGH, Urteil vom 13.6.2019, C-420/18, IO; vgl. dazu auch *Weimann*, AStW, Datenbank ID-Nr. 47256383.

mehreren Mitgliedern des Aufsichtsrats gemeinsam vertreten. Ferner wird die Stiftung, wenn sämtliche Mitglieder des Vorstands ausscheiden, vom Aufsichtsrat geleitet, bis ein neuer Vorstand ernannt ist.

Die Mitglieder des Aufsichtsrats können nur wegen Fahrlässigkeit bei der Ausübung ihrer Aufgaben oder anderer schwerwiegender Gründe suspendiert oder entlassen werden, und zwar durch Beschluss des Aufsichtsrats, der mit einer Dreiviertelmehrheit der abgegebenen Stimmen in einer Sitzung mit mindestens drei Vierteln seiner Mitglieder gefasst wird, wobei das betroffene Mitglied bzw. die betroffenen Mitglieder nicht mitgezählt werden.

Für seine Tätigkeit als Mitglied des Aufsichtsrats der Stiftung erhält K eine Bruttovergütung in Höhe von ca. 15.000 € pro Jahr, von der Lohnsteuer einbehalten wird. Diese Vergütung wurde vom Aufsichtsrat gemäß den in einem speziellen niederländischen Gesetz dafür aufgestellten Regeln festgesetzt und hängt weder von der Teilnahme des K an Sitzungen noch von seinen tatsächlich geleisteten Arbeitsstunden ab.

K ist ferner auch in einem Dienstverhältnis als Kommunalbeamter tätig. Seine Funktion als Aufsichtsratsmitglied hat jedoch nichts mit der Gemeinde zu tun, die ihn beschäftigt, so dass sich die Frage etwaiger Interessenskonflikte nicht stellt.

Das vorlegende niederländische Gericht möchte wissen, ob K eine wirtschaftliche Tätigkeit im Sinne dieser Bestimmungen selbständig ausübt und damit als Unternehmer einzustufen ist.

Entscheidung

Der EuGH erinnert zunächst daran, dass Steuerpflichtiger ist, wer eine der in Artikel 9 der Mehrwertsteuer-Systemrichtlinie genannten wirtschaftlichen Tätigkeiten selbständig ausübt.

Die in dieser Bestimmung verwendeten Begriffe verleihen dem Begriff »Steuerpflichtiger« eine **weite Definition mit dem Schwerpunkt auf der Selbständigkeit** der Ausübung einer wirtschaftlichen Tätigkeit. Alle Personen, die objektiv die Kriterien dieser Bestimmung erfüllen, gelten als Mehrwertsteuerpflichtige.

Insoweit **präzisiert Artikel 10** der Mehrwertsteuer-Systemrichtlinie, dass die Voraussetzung der selbständigen Ausübung der wirtschaftlichen Tätigkeit Lohn- und Gehaltsempfänger und sonstige Personen von der Besteuerung ausschließt, soweit sie an ihren Arbeitgeber durch einen Arbeitsvertrag oder ein sonstiges Rechtsverhältnis gebunden sind, das hinsichtlich der Arbeitsbedingungen und des Arbeitsentgelts sowie der Verantwortlichkeit des Arbeitgebers ein **Verhältnis der Unterordnung** schafft.

Checkliste

Daraus leitet der EuGH folgende **Prüfungsreihenfolge** ab:

- D muss dem I aus Deutschland heraus eine Bruttorechnung mit italienischer Umsatzsteuer erteilen.
- Zunächst zu prüfen, ob eine Tätigkeit als Mitglied des Aufsichtsrats einer Stiftung wie die vom Kläger des Ausgangsverfahrens ausgeübte als »**wirtschaftlich**« einzustufen ist.
- Bejahendenfalls ist danach ist zu prüfen, ob die nämliche wirtschaftliche Tätigkeit auch »**selbständig**« ausgeübt wird.
- Die Prüfung der Selbständigkeit bedarf zunächst den **Ausschluss einer hierarchischen Einbindung** im Sinne von Artikel 10 der Mehrwertsteuer-Systemrichtline.
- Sodann bedarf die Prüfung der Selbständigkeit das Vorliegen einer **Tätigkeit in eigenem Namen und für eigene Rechnung und in eigener Verantwortung** im Sinne von Artikel 9 der Mehrwertsteuer-Systemrichtline.

1. Aufsichtsratsmitglied ist »wirtschaftlich« tätigt

Die Tätigkeit des K stuft der EuGH als »wirtschaftlich« ein, da diese

- nachhaltig ist und
- gegen ein Entgelt ausgeübt wird und
- derjenige das Entgelt erhält, der die Leistung erbringt.

Da diese Vergütung nach den in einem speziellen niederländischen Gesetz dafür aufgestellten Regeln festgesetzt wurde, entsprechen die Umstände, unter denen K die fragliche Dienstleistung erbringt, den **Umständen, unter denen eine derartige Dienstleistung gewöhnlich erbracht** wird.

Ferner werden die Mitglieder des Aufsichtsrats der Stiftung, wie sich aus deren Satzung ergibt, für eine Amtszeit von vier Jahren ernannt, was der erhaltenen Vergütung einen **nachhaltigen Charakter** verleiht.

Die wirtschaftliche Natur der Tätigkeit als Mitglied des Aufsichtsrats einer Stiftung wird auch nicht dadurch in Frage gestellt, dass ein Mitglied **nur ein einziges Mandat** ausübt, sofern diese Tätigkeit nachhaltig ist und gegen Entgelt ausgeübt wird.

Grundlagen des deutschen Umsatzsteuerrechts

2. Aufsichtsratsmitglied ist nicht hierarchisch eingebunden

Mitglieder eines Aufsichtsrats sind **nicht** im Sinne von Artikel 10 der Mehr-wertsteuer-Systemrichtlinie **einem Lohn- oder Gehaltsempfänger ver-gleichbar in ein Rechtsverhältnis eingebunden,** das hinsichtlich der Arbeits-bedingungen und des Arbeitsentgelts sowie der Verantwortlichkeit des Ar-beitgebers ein Verhältnis der Unterordnung schafft.

Der Aufsichtsrat legt zwar seine Arbeitsweise in einer Geschäftsordnung fest. Er darf aber seinen Mitgliedern nicht vorschreiben, wie sie ihr Mandat jeweils wahrnehmen. Nach diesen Angaben sind die Aufsichtsratsmitglieder nämlich **innerhalb des Aufsichtsrats unabhängig** und müssen gegenüber den ande-ren Aufsichtsratsmitgliedern kritisch handeln.

3. Aufsichtsratsmitglied ist aber nicht »selbständig« tätigt

In einem zweiten Schritt ist zu prüfen, ob ein Aufsichtsratsmitglied die Tätig-keit auch unter den weiteren (allgemeinen) Voraussetzungen des Art. 9 MwStSystRL selbständig ausübt.

Dazu ist erforderlich, dass das Mitglied die Tätigkeit

- im eigenen Namen ausübt und
- auf eigene Rechnung ausübt und
- in eigener Verantwortung ausübt und
- auch das mit der Ausübung dieser Tätigkeiten einhergehende wirtschaft-liche Risiko trägt.

Wie bereits ausgeführt, besteht hinsichtlich der Ausübung der Tätigkeit als Aufsichtsratsmitglied kein hierarchisches Unterordnungsverhältnis gegen-über dem Vorstand dieser Stiftung und dem Aufsichtsrat. Allerdings handelt ein Aufsichtsratsmitglied weder in eigenem Namen noch für eigene Rech-nung oder in eigener Verantwortung. So ergibt sich im Urteilsfall aus der Sat-zung der Stiftung, dass die Tätigkeit als Mitglied dieses Aufsichtsrats in be-stimmten Fällen in der rechtlichen Vertretung der Stiftung besteht. Letzteres impliziert die Befugnis, die Stiftung insoweit zu verpflichten. Außerdem kön-nen die Aufsichtsratsmitglieder die dem Aufsichtsrat übertragenen Befug-nisse nicht individuell ausüben und handeln ausschließlich **für Rechnung und unter Verantwortung des Aufsichtsrats**. Somit erweist sich, dass die Mitglieder des Aufsichtsrats der Stiftung individuell weder die Verantwortung tragen, die sich aus den in gesetzlicher Vertretung der Stiftung vorgenomme-nen Handlungen des Aufsichtsrats ergibt, noch für Schäden haften, die sie

Dritten in Wahrnehmung ihrer Aufgaben verursachen, und damit nicht in eigener Verantwortung handeln.

Letztlich geht mit der ausgeübten Tätigkeit für das Aufsichtsratsmitglied **keinerlei wirtschaftliches Risiko** einher. Das Aufsichtsratsmitglied bezieht eine feste Vergütung, die weder von seiner Teilnahme an Sitzungen noch von seinen tatsächlich geleisteten Arbeitsstunden abhängt. Daher übt das Mitglied im Unterschied zu einem Unternehmer keinen nennenswerten Einfluss auf seine Einnahmen oder Ausgaben aus. Überdies scheint eine von einem solchen Aufsichtsratsmitglied in Ausübung seiner Tätigkeit begangene Fahrlässigkeit keine unmittelbaren Auswirkungen auf seine Vergütung zu haben, da sie nach der Stiftungssatzung nur dann zu seiner Entlassung führen kann, wenn zuvor ein besonderes Verfahren durchgeführt wird.

 Beratungskonsequenzen

1. Das Urteil betrifft ein **niederländisches Ausgangsverfahren**.
2. Die deutsche Finanzverwaltung dürfte das Urteil nur ungern vernommen haben, denn es **widerspricht sowohl der gefestigten Verwaltungsauffassung** als auch der **älteren BFH-Rechtsprechung**. Vergleiche im Einzelnen Abschn. 2.2 Abs. 2 Satz 7 UStAE.
3. Die **neue BFH-Rechtsprechung** hat sich diese Rechtsauffassung mittlerweile zu Eigen gemacht (Urteil vom 27.11.2019). Die Finanzverwaltung ist diesen Schritt noch nicht gegangen.
4. In Deutschland unterliegen Aufsichtsratsvergütungen daher auch weiterhin regelmäßig der Umsatzsteuer. Die Gesellschaft macht hieraus den Vorsteuerabzug geltend. Sollte es auf Grund der Rechtsprechung zu einer neuen Beurteilung kommen, besteht ein **Recht auf Vertrauensschutz** in die bisherige Beurteilungsweise.
5. Branchen mit **Vorsteuerabzugsbeschränkungen** – insbesondere also Banken und Versicherungen und auch Sportvereine – werden das Urteil natürlich begrüßen und in eigenem Interesse anwenden.
6. Auf ähnliche Urteile des Finanzgerichts Köln (ABC-Stichwort »Aufsichtsratsvergütung eines Sportvereins«) und des Niedersächsischen Finanzgerichts (ABC-Stichwort »Verwaltungsausschussmitglieder«) wird hingewiesen.

Aufsichtsratsvergütung eines Sportvereins

Erhält ein Mitglied des Aufsichtsrats eines Sportvereins für seine Tätigkeit eine Vergütung, so unterliegt diese nicht der Umsatzsteuer. Das Aufsichtsratsmitglied ist hinsichtlich der Ausübung seiner Tätigkeit weder dem Vorstand noch dem Aufsichtsrat hierarchisch untergeordnet. Das Mitglied handelt jedoch nicht in eigenem Namen, für eigene Rechnung und in eigener Verantwortung und trägt auch nicht das wirtschaftliche Risiko seiner Tätigkeit. Die Tätigkeit wird daher nicht selbständig ausübt[115].

Sachverhalt

Der Kläger (K) ist Mitglied des Aufsichtsrats eines Sportvereins. Er erhielt ein jährliches Budget, das er für den Bezug von Dauer- und Tageskarten, die Erstattung von Reisekosten und den Erwerb von Fanartikeln einsetzen konnte.

Das von K in Anspruch genommene Budget beurteilte das Finanzamt als Entgelt für seine Aufsichtsratstätigkeit und unterwarf dieses Umsatzsteuer.

Entscheidung

Die Klage war erfolgreich und führte zur Aufhebung der Umsatzsteuerfestsetzung.

Mit seiner Entscheidung wendet das Finanzgericht die neue Rechtsprechung von EuGH und BFH zu den Aufsichtsratsvergütungen einer niederländischen Stiftung und einer deutschen Aktiengesellschaft entsprechend auf die Aufsichtsratsvergütung eines deutschen eingetragenen Vereins an.

1. Auch Vereine können einen Aufsichtsrat haben!

Klassische Organe eines eingetragenen Vereins sind die Mitgliederversammlung und der Vorstand. Wenn es die Satzung des Vereins vorsieht, kann der Verein aber auch – wie im Urteilsfall – einen Aufsichtsrat erhalten. In der Satzung erfolgt dann eine Aufgabenverteilung zwischen Aufsichtsrat und Vorstand.

---

[115] FG Köln, Urteil vom 26.11.2020, 8 K 2333/18; EuGH, Urteil vom 13.6.2019, C-420/18, IO; BFH, Urteil vom 27.11.2019, V R 23/19; vgl. dazu auch *Weimann*, AStW 4/2021, 257.

2. Entgeltliche und nachhaltige Tätigkeit im Rahmen eines Leistungsaustauschs

Die dem K zugewandten Eintrittsberechtigungen, die erstatteten Auslagen für Reisen und die Steuererstattungen in Höhe der Mehrsteuern aufgrund der ihm zugewandten Eintrittsberechtigungen über mehrere Jahre führen dazu, dass K seine Aufsichtsratstätigkeit im Rahmen eines Leistungsaustausches nachhaltig und entgeltlich ausübt.

3. Keine hierarchische Einbindung

Auch ist K als Aufsichtsratsmitglied entsprechend der Vereinssatzung und den glaubhaft geschilderten vereinsinternen Abläufen nicht weisungsgebunden und steht in keinem Unterordnungsverhältnis zum Vorstand oder zum Aufsichtsrat des Vereins.

4. Es fehlt aber an der Selbständigkeit!

Das fehlende Unterordnungsverhältnis bzw. die fehlende Weisungsgebundenheit des

Aufsichtsratsmitglieds reichen jedoch für die bei einem Unternehmer vorausgesetzte »selbstständige Ausübung" der Tätigkeit als Aufsichtsratsmitglied nach neuer Rechtsprechung nicht aus.

Das Gericht verweist insoweit insbesondere auf die EuGH-Rechtsprechung. Danach liegt eine selbstständige Tätigkeit bei einem Aufsichtsratsmitglied, das wie K nicht weisungsabhängig bzw. untergeordnet als Aufsichtsratsmitglied tätig ist, vor wenn das Aufsichtsratsmitglied

– seine Tätigkeit als Aufsichtsratsmitglied im eigenen Namen und

– auf eigene Rechnung ausübt und

– das mit der Ausübung der Tätigkeit verbundene wirtschaftliche Risiko trägt.

Im Urteilsfall folgt aus der Vereinsatzung, dass K **nicht in eigenem Namen,** sondern stets für den Aufsichtsrat in Umsetzung der dort unter seiner Mitwirkung getroffenen Beschlüsse tätig wurde. Seine Tätigkeit im Eilausschuss übte er ebenfalls für den Aufsichtsrat und nicht im eigenen Namen aus.

K hat weder auf eigene Rechnung noch erfolgsabhängig und damit **ohne Verlustrisiko** gearbeitet. Eine ein wirtschaftliches Risiko möglicherweise begründende **persönliche Haftung für Pflichtverletzungen gegenüber Dritten** ist in der Vereinssatzung nicht vorgesehen. Eine durch ein Aufsichtsratsmitglied begangene Fahrlässigkeit hat keine Auswirkungen auf die Vergütung des Aufsichtsratsmitglieds.

 Beratungskonsequenzen

1. Das Urteil ist **rechtskräftig**.
2. Das FG hat **Revision zur Rechtsfortbildung zugelassen**.
3. Die Finanzverwaltung hat darauf verzichtet. **In diesem Verzicht steckt eine große Aussagekraft!** Rechnet die Finanzverwaltung nämlich mit einer für sie negativen Entscheidung des BFH, vermeidet sie es gerne, dass ein Streitfall »hochgekocht« wird, verzichtet auf Rechtsmittel und wendet die – nach Auffassung des Finanzgerichts fehlerhafte, dafür aber profiskalische – Rechtsauffassung weiter an. Im Hinblick auf die neue Rechtsprechung von EuGH und BFH lässt sich die Vorsicht der Finanzverwaltung bestens nachvollziehen!
4. Für Aufsichtsratsmitglied und Sportverein ist das Besprechungsurteil sicher höchst positiv. Der Verein dürfte – wenn überhaupt – nur teilweise zum Vorsteuerabzug berechtigt sein. Durch die Umsatzbesteuerung entstünden damit »echte« Kosten – wer auch immer diese intern tragen müsste. Hinzu kämen für das Mitglied die Steuererklärungspflichten etc.

Fotovoltaikanlagen und BHKW

Das BMF räumt Steuerzahlern mit kleinen Fotovoltaikanlagen und Blockheizkraftwerken ein Liebhabereiwahlrecht ein. Das ist ausschließlich ertragssteuerlich von Bedeutung[116]; die umsatzsteuerliche Rechtslage ändert sich dadurch nicht[117]:

1. Betreiber einer derartigen Anlage ist Unternehmer

Steuerzahler, die sich auf dem Dach ihres Eigenheims eine Fotovoltaikanlage installieren lassen oder mit einem Blockheizkraftwerk Strom erzeugen und gegen eine Vergütung in ein öffentliches Netz einspeisen, sind Unternehmer im umsatzsteuerlichen Sinn (§ 2 UStG).

---

116 Statt vieler AStW 9/2021, 581.
117 BMF, Schreiben vom 2.6.2021, IV C 6 – S 2240/19/10006 :006, 2021/0627224; vgl. dazu auch *Weimann*, AStW 10/2021, 654.

2. Die ertragsteuerliche Liebhaberei wirkt sich umsatzsteuerlich nicht aus

Bei den nämlichen Anlagen und vergleichbaren BHKW ist nach dem BMF-Schreiben auf schriftlichen Antrag der steuerpflichtigen Person aus Vereinfachungsgründen ohne weitere Prüfung in allen offenen Veranlagungszeiträumen zu unterstellen, dass diese nicht mit Gewinnerzielungsabsicht betrieben werden. Bei ihnen liegt grundsätzlich eine ertragsteuerlich unbeachtliche Liebhaberei vor.

Umsatzsteuerlich wirkt sich dies nicht aus. Erforderlich ist lediglich, dass eine Tätigkeit

- nachhaltig
- zur Erzielung von Einnahmen

ausgeübt wird, **auch wenn die Absicht fehlt, Gewinne zu erzielen** (§ 2 Abs. 1 Satz 3 UStG) ➲ s. o., Kapitel 14.1.2.1.2

➡ **Beratungskonsequenzen**

Die Einnahmen aus einer Photovoltaikanlage oder einem BHKW fließen in der Regel monatlich über einen längeren Zeitraum und damit im Rahmen einer unternehmerischen Betätigung.

3. Betreiber regelmäßig Kleinunternehmer

Mit der Einspeisevergütung für eine 10 KW-Anlage lässt sich die Kleinunternehmergrenze des § 19 Abs. 1 UStG von derzeit 22.000 Euro nicht überschreiten.

Im Hinblick auf den **Vorsteuerabzug** wird der Betreiber der Anlage aber zumindest nach der Investitionsphase immer zur Regelbesteuerung optieren (§ 19 Abs. 2 UStG).

➡ **Beratungskonsequenzen**

Auch dann, wenn nach den ersten fünf Kalenderjahren wieder die Kleinunternehmerregelung in Anspruch genommen wird, müssen Kleinunternehmer trotz Steuerbefreiung nach § 18 Abs. 3 UStG eine **Umsatzsteuer-Jahreserklärung** abgeben[118].

---

118 BFH, Urteil vom 24.7.2013, XI R 14/11, BStBl. II 2014, 210.

Grundlagen des deutschen Umsatzsteuerrechts

Hundezucht als Unternehmen

Eine Hundezüchterin wird unternehmerisch tätig, wenn diese – etwa über eine eigene Homepage – aktiv und planmäßig auf den Markt zugeht und daraus über Jahre Einnahmen erzielt. Ohne Bedeutung ist, ob diese Züchterin Gewinne oder Überschüsse erzielt und besondere gewerbliche Räume vorhält. Ebenfalls irrelevant ist, ob subjektive Erwägungen einem (noch) größeren wirtschaftlichen Erfolg entgegenstehen[119].

Sachverhalt

Der Kläger (K) ist Mitglied des Aufsichtsrats eines Sportvereins. Er erhielt ein jährliches Budget, das er für den Bezug von Dauer- und Tageskarten, die Erstattung von Reisekosten und den Erwerb von Fanartikeln einsetzen konnte.

Streitig ist die Unternehmereigenschaft der Klägerin (K). Bereits seit 2011 züchtet K in ihrem Privathaus Hunde. Erst im Februar 2016 meldete K rückwirkend zum 1.1.2016 bei der Stadt ein Gewerbe an. Im April 2016 reichte K beim Finanzamt den Fragebogen zur steuerlichen Erfassung nach; auch hier datierte sie den Tätigkeitsbeginn auf den 1.1.2016. Weiter kreuzte K an, dass sie die Kleinunternehmergrenzen nach § 19 UStG voraussichtlich nicht überschreiten werde und sie die Kleinunternehmerregelung in Anspruch nehme. Am 12.1.2017 meldete K das Gewerbe zum 31.12.2016 dann wieder ab, weil sie keine hinreichende Gewinnerzielungsmöglichkeit sah.

Nach Streitigkeiten im Züchterverein erfolgten Anzeigen zulasten der K u.a. an das Finanzamt. Daraufhin wurde gegen K ein Steuerstrafverfahren eingeleitet, welches später eingestellt wurde.

Das Finanzamt führte zudem für die Veranlagungszeiträume 2011 bis 2017 eine Umsatzsteuer-Sonderprüfung durch. Der Prüfer stellte fest, dass es sich bei der Tätigkeit der K um eine unternehmerische Tätigkeit gehandelt habe. K beantragte die Ist-Versteuerung ab dem 1.1.2012. Im Rahmen der Prüfung wurden für K nachträglich Einnahme-/Überschussrechnungen erstellt, welche für sämtliche Jahre Verluste auswiesen.

Der Prüfer stellte daraufhin fest, dass für die Jahre 2013, 2015 und 2016 die Kleinunternehmerregelung nicht in Betracht komme, weil die Umsatzgrenzen des jeweiligen Vorjahres überschritten worden seien. Daraufhin erließ das Finanzamt für die Streitjahre erstmalige Umsatzsteuerbescheide, die sämtlich unter dem Vorbehalt der Nachprüfung standen.

---

119 FG Münster, Urteil vom 25.3.2021, 5 K 3037/19 U; vgl. dazu auch *Weimann*, AStW 7/2021, 470.

Zur Begründung ihres hiergegen gerichteten Einspruchs führte die K aus, dass strenge Anforderungen der verschiedenen Zuchtverbände dazu führen würden, dass eine wirtschaftliche und nachhaltige Betätigung als Hundezüchter nahezu ausgeschlossen sei. Ertragsteuerlich liege daher Liebhaberei vor. Mit Einspruchsentscheidung wies das Finanzamt den Einspruch als unbegründet zurück. Dabei blieb der Vorbehalt der Nachprüfung bestehen.

Hiergegen richtet sich die Klage der K. , zu deren Begründung sie ausführt, dass ihre Hundezucht zu keiner unternehmerischen Betätigung führt. Die strengen Anforderungen der verschiedenen Zuchtverbände würden dazu führen, dass eine wirtschaftliche und nachhaltige Betätigung als Hundezüchter nahezu ausgeschlossen sei. Von der Zucht lasse sich nur leben, wenn die Menge an Zuchthündinnen/Würfen noch deutlich über der Zahl liegen würde, die von K erreicht würden. Eine wirtschaftlich ausgerichtete Handlungsweise würde verlangen, dass sich K nicht als Mitglied eines Züchterbands listen ließe. Denn wirtschaftlich wäre es nur, sich nicht an strenge Zuchtmaßstäbe halten zu müssen, sondern »ohne Papiere« zu züchten.

Zur Begründung der Unternehmereigenschaft reiche es nicht aus, eine Nachhaltigkeit der ausgeübten Tätigkeit und die Einnahmeerzielung zu bejahen. Es sei grob fehlerhaft, wenn das Merkmal der Nachhaltigkeit nicht im offensichtlichen Kontext mit den Begriffen »gewerblich oder beruflich« stehe.

Sie, K, habe keine gewerbliche Tätigkeit ausgeübt und ihre Tätigkeit komme auch nicht einem Beruf gleich. Bevor sie mit einem Hund züchten könne, müsse eine Vielzahl von Voraussetzungen erfüllt sein. Hierzu gehöre z. B., dass der Hund regelmäßig über zwei Jahre alt und ausgewachsen sowie in jeder Hinsicht »fehlerfrei« im Sinne der Zuchtstatuten sein müsse. Er müsse mindestens einmal auf einer Zuchtschau vorgestellt und dort für zuchttauglich befunden worden sein. Jeder Welpe werde individuell im Zuchtbuch verzeichnet, mit einem individuellen Transponder gechipt, mehrfach geimpft und entwurmt. Üblicherweise werde der Welpe auch nicht vor 8–10 Wochen von der Mutter entwöhnt und an den Erwerber abgegeben. Bei einem »Kilozüchter« hingegen würden insbesondere die erheblichen, mit den Untersuchungen und Vorstellungen bei Zuchtschauen verbundenen Kosten entfallen, sodass mit jungen Hunden gezüchtet werden könne. Hierdurch würden im Vergleich zu den Verbands-Züchtern erheblich geringere Aufwendungen anfallen, was ein wirtschaftliches Handeln ermöglichen würde.

Sie, K, trete gerade nicht »wie ein Händler« auf, sondern gehe mit der Hundezucht vielmehr ihren persönlichen Neigungen nach. Sie kaufe Elterntiere zum Teil im Ausland bzw. lasse ihre eigenen Hündinnen im Ausland decken. Sie fahre regelmäßig zu verschiedensten Ausstellungen und Meisterschaften und sei im Vorstand des Zuchtverbandes der Hunderasse C tätig. Die Familie lebe mit ihren

Hunden zusammen in ihrem Privathaus. Es existiere keine Zwingeranlage noch seien sonstige Anlagen zu erkennen, die ein gewerbliches Handeln andeuten könnten. Sie verbringe ihre Nächte nach einem Wurf zusammen mit der Hündin, um das Überleben sämtlicher Welpen sicherzustellen. Dies entspreche nicht einem gewerblich handelnden Marktteilnehmer (»Kilozüchter«), der darauf achte, möglichst geringe (Tierarzt-)Kosten mit einem Wurf zu verursachen. Sie suche sich zudem jeden einzelnen Käufer für etwaige Welpen persönlich aus. Sie lege hierbei Wert auf die persönliche Qualifikation des Käufers und ihren Eindruck von ihm. Anders als ein »Kilozüchter«, dem der Zustand der Welpen oder die Eignung des Erwerbers aus wirtschaftlichen Gründen gleichgültig sein müsse, wolle sie sicherstellen, dass der Hund in »gute Hände« gelange. Ihr Verhalten stelle sich als wenig wirtschaftlich, weder als nachhaltig noch gewerblich, beruflich oder in sonstiger Weise unternehmerisch dar. Sie gehe vielmehr nur einem Hobby nach, welches ihrer Tierliebe entgegenkomme.

Entscheidung

Nach Auffassung des Finanzgerichts ist die Klage unbegründet. K hat – auch wenn die Hundezucht ihr langjähriges Hobby und ein für sie wichtiger persönlicher Lebensinhalt war – ähnlich wie ein Händler agiert. K war deshalb unternehmerisch tätig.

1. **Beteiligung am Markt**

   K hat sich mit ihrer Hundezucht am allgemeinen Markt beteiligt, indem sie die Hunde(welpen) nicht sämtlich bei sich belassen oder unentgeltlich abgegeben hat, sondern diese vielmehr auch gegen Entgelt an Dritte abgegeben bzw. verkauft hat.

   Hierbei handelt es sich nicht um umsatzsteuerlich irrelevante Vorgänge in Form bloßer Verkäufe ihrer Hunde als Ausfluss des privaten Hobbys der Klägerin. Denn die Klägerin hat **aktive Schritte zur »Vermarktung« ihrer Hunde** unternommen, indem sie sich ähnlicher Mittel wie ein Händler bedient hat.

2. **Aktives Ergreifen von Vertriebsmaßnahmen**

   K hat sich hinsichtlich des Verkaufs der Hunde(welpen) nicht nur auf Verkäufe über Mund-zu-Mund-Propaganda verlassen, sondern auch bei Händlern allgemein bewährte Vertriebsmaßnahmen ergriffen. Insbesondere hat sie ihre Hundezucht im Internet beworben und dort ihre zum Verkauf anstehenden Welpen angeboten und präsentiert.

   Nochmals im Erörterungstermin hat K sehr deutlich gemacht, wie wichtig ihr das Wohlergehen der Hunde in allen Belangen war. Auf ihrer Internetseite hat sie diesen positiven Eindruck versucht, bestmöglich wiederzugeben. So konnte sie potentielle Erwerber der Hunde nicht nur vor Ort von der Qualität ihrer Hundezucht überzeugen, sondern diese auch so erreichen, um sie zu überzeugen und letztlich **zur Kaufentscheidung eines Welpen aus ihrer Zucht zu bewegen**.

3. Eigener Internet-Auftritt

Soweit K den Hundekäufern mittels der auf ihrer Homepage eingestellten Fotos und Kommentare zu einzelnen Welpen ermöglicht hat, die von ihnen auserwählten Welpen bereits jetzt stetig begleiten zu können, obwohl diese die Welpen wegen der Regularien der zuchtverbände noch nicht gleich mit zu sich nehmen durften, hatte dies auch gleichzeitig einen werbenden Effekt. Potentielle Käufer konnten und sollten über das Internetmedium sogleich sehen, dass Hundewelpen bei K aus besten Händen kamen. Hierdurch konnte sich K bei Kaufinteressierten, die sorgsam darauf bedacht waren, ihren Hund nur bei einem seriösen und guten Züchter zu kaufen, bessere Verkaufschancen und auch eine bessere Preisgestaltung ausrechnen.

Dass K das Internetmedium als allgemein **bewährte Vertriebsmaßnahme zum Wecken von Kaufinteressen tatsächlich genutzt** hat, zeigt sich auch darin, dass K dort ihre persönliche Eignung und die Qualität ihrer Hundezucht dargestellt hat. So hat sie auf ihrer Homepage mit ihrer Qualifikation geworben, nämlich mit ihrer Ausbildung und ihren Fortbildungen, ihren langjährigen praktischen Erfahrungen und den in der Zahl beziffert gelesenen Fachbüchern.

Wäre die Homepage nur eingerichtet und genutzt worden, um dem jeweiligen zukünftigen Welpenbesitzer das stetige Begleiten des heranwachsenden Hundes zu ermöglichen, **hätte es dieser Werbung für die eigene Hundezucht nicht bedurft**, weil die neuen Besitzer ja bereits überzeugt waren und den Welpen bereits reserviert oder gekauft hatten.

4. Planmäßiges Vorgehen

K ist auch planmäßig tätig geworden und hat hierbei aktive Schritte bis hin zum Verkauf vorgenommen. Das planmäßige Tätigwerden zeigt sich angefangen mit dem Einkauf geeigneter Hunde bzw. dem planmäßigen Decken der Hündinnen, um geplant regelmäßig neue Würfe zu haben. Schon bei der Planung der Würfe bestand die Absicht, die Welpen – zumindest teilweise – zu verkaufen.

Hierzu kündigte K die bei ihr anstehenden Würfe auf ihrer Internetseite an und machte damit schon zu diesem frühen Zeitpunkt auf in nächster Zeit zum Verkauf stehende Welpen aufmerksam. K stellte die neuen Würfe sodann auf der Internetseite ein und kümmerte sich im Weiteren um die Zuchtzulassung und die Ahnentafel der zum Verkauf anstehenden Welpen.

Schließlich verkaufte sie die Tiere gegen Entgelt und zwar zu Preisen, die für Zuchttiere regelmäßig gezahlt werden.

5. Umfangreiche Vertragsregelungen

Die Vertragsabschlüsse mit umfangreichen Vertragsregelungen sind in der Gesamtschau ein weiteres Element eines Tätigwerdens wie ein Händler, auch wenn K hierzu nach den Regularien der Zuchtverbände verpflichtet war. Sie hat über den jeweiligen Hundeverkauf jeweils vierseitige Verträge in deutscher oder englischer Sprache verwendet.

Zwar stehen schriftliche Vertragsabschlüsse einer nur privaten Vermögensverwaltung grundsätzlich nicht entgegen, doch ist **der Einzelfall in der Gesamtschau** zu betrachten. Vorliegend hat sich K jedenfalls nicht auf einfache »Von-Haus-zu-Haus-Verkäufe« beschränkt, sondern sogar Rücktrittsrechte und Rücknahmepflichten geregelt.

6. Besondere gewerbliche Räume nicht erforderlich

Darüber hinaus ist für ein Auftreten wie ein Händler das Unterhalten eines Geschäftslokals neben der eigenen Wohnung nicht erforderlich. Es ist deshalb hier unbeachtlich, dass die Hunde im Privathaushalt der K lebten und es keine Zwingeranlage gab.

Auch der Umstand, dass die K die Nächte nach einem Wurf zusammen mit der Hündin verbrachte, um sicherzustellen, dass alle Welpen überleben, steht einem Agieren wie ein Händler im maßgebenden Sinne nicht entgegen. **Letztlich dient die Sorge um die Hunde zudem auch ihrer Verkaufsfähigkeit.**

7. Keine bloße Vermögensverwaltung

Die Tätigkeit der K war von einer bloßen »privaten Vermögensverwaltung« bzw. hier von einer bloßen »Verwaltung« des eigenen Hobbys auch deshalb abzugrenzen, weil

– K die Hundezucht über die Jahre ausweitete,

– sie aber selbst nicht alle Hunde hätte behalten können.

K unterhielt eine intensive und vom Umfang her zunehmende Zucht und war mit ihr **Tag und Nacht beschäftigt**. Sie kaufte Hunde ein und deckte Hündinnen ihrer Zucht planmäßig – teils sogar unter Vornahme von Fahrten ins Ausland, sodass geplant regelmäßig neue Würfe erfolgten. Demnach war auch die Anzahl der Welpen über die Jahre ansteigend, gleichzeitig stieg auch die Zahl der Verkäufe über die Jahre der Zucht an.

8. Gewinnerzielungsabsicht und Gewerbeanmeldung ohne Bedeutung

Wie erfolgreich bzw. wie ertragreich das Handeln in finanzieller Hinsicht war, ist für die Frage der Unternehmereigenschaft nicht entscheidend. Auch die Gewerbeanmeldung nur für das Kalenderjahr 2016 hat umsatzsteuerlich keine Bewandtnis.

9. Subjektive Beweggründe irrelevant

Dass K nicht jeden potentiellen Erwerber als neuen Hundebesitzer akzeptierte, sondern entsprechend der Regularien, denen sie sich unterworfen hatte, sorgfältig darauf achtete, dass die Hunde in auserwählt »gute Hände« gelangten, steht dem Vorliegen der Beteiligung am Markt wie ein Händler nicht entgegen.

Voraussetzung für eine Tätigkeit wie ein Händler kann nicht sein, dass man als Händler mit jedem Geschäfte macht. Außerdem ist es die freie Entscheidung eines Händlers, mehr Herzblut und zeitlichen wie finanziellen Mehraufwand in das einzelne Geschäft zu stecken. **Das Bedienen eines Hobbys schützt nicht vor der Qualifizierung als unternehmerisches Handeln.**

Dementsprechend steht der Einordnung der Tätigkeit als unternehmerische **in der Gesamtschau** nicht entgegen, wenn K hier lediglich ihren persönlichen Neigungen nachgegangen ist und mit den Hunden nicht wie ein »Kilozüchter« gehandelt hat, welcher erheblich geringere Kosten zu tragen habe. Außerdem kann K als seriöse Züchterin meist andere Preise als ein »Kilozüchter« verlangen.

10. Nachhaltigkeit

K war bei Würdigung des Gesamtbildes der Verhältnisse auch nachhaltig tätig. Nachhaltig ist jede Tätigkeit, die fortgesetzt oder mit Wiederholungsabsicht ausgeübt wird, wobei eine Tätigkeit **dann fortgesetzt ausgeübt wird, wenn mehrere gleichartige Handlungen vorgenommen** werden. Im Streitfall hat K die Hundezucht über mehrere Jahre betrieben und hat in diesem Zusammenhang wiederholt und planmäßig Verkäufe vorgenommen.

➡️ **Beratungskonsequenzen**

1. Das Besprechungsurteil bringt an sich nichts »Revolutionäres«. Es fügt vielmehr einzelne Bausteine der gefestigten Rechtsprechung und Verwaltungsauffassung zu den Voraussetzungen einer unternehmerischen Tätigkeit mustergültig zu einem Ganzen zusammen und gibt dem Praktiker damit ein »**finanzrichterliches Prüfungsschema**« an die Hand.

2. Unternehmer ist, wer eine gewerbliche oder berufliche Tätigkeit selbstständig ausübt (§ 2 Abs. 1 Satz 1 UStG). Gewerblich oder beruflich ausgeübt werden kann nur eine nachhaltige Tätigkeit. Die Nachhaltigkeit wiederum ergibt sich aus dem »**Gesamtbild der Verhältnisse**« und damit aus einer wertenden Beurteilung. Letztere wiederum birgt sowohl für den potentiellen Unternehmer als auch für seinen Berater erhebliche Gefahren, wie nicht zuletzt das Besprechungsurteil zeigt (AStW 6/2020, 455, astw.iww.de, Abruf-Nr. 46579286).

3. »Nachhaltigkeit« ist damit ein **unbestimmter Rechtsbegriff**. Während manche Betätigungen eindeutig nachhaltig oder eindeutig nicht nachhaltig erfolgen, wird man sich über andere Betätigungen trefflich streiten können.

4. Aufgrund der u. U. gravierenden Auswirkungen von Fehleinschätzungen ist es im Zweifel zu empfehlen, die eigene Einschätzung durch eine **verbindliche Auskunft der Finanzverwaltung** (§ 89 AO) abzusichern. Da die nämlichen Betätigungen in der Regel mit zeitlichem Vorlauf geplant und langfristig angelegt sind, sollte insoweit der Zeitfaktor (Bearbeitungsdauer des Finanzamts) keine Rolle spielen

5. Die **Nichtzulassungsbeschwerde** gegen dieses Urteil ist beim BFH unter dem Aktenzeichen XI B 33/21 anhängig.

Verwaltungsausschussmitglieder

Das Niedersächsische Finanzgericht hat (erneut) zur Steuerbarkeit der Tätigkeit eines Mitglieds eines kollektiven Leitungsgremiums Stellung genommen. Das Mitglied des Verwaltungsausschusses eines berufsständischen Versorgungswerks unterliegt mit dieser Tätigkeit danach nicht der Umsatzsteuer[120].

---

120 FG Niedersachsen, Urteil vom 8.10.2020, 5 K 162/19; vgl. dazu auch *Weimann*, AStW, Datenbank ID-Nr. 47268213.

Sachverhalt

Die Klägerin (K) wurde zur Sicherung der Kammerangehörigen im Alter und bei Berufsunfähigkeit sowie zur Sicherung der Hinterbliebenen errichtet (sog. berufsständisches Versorgungswerk). Sie erzielte in den Streitjahren unter anderem sowohl umsatzsteuerpflichtige als auch umsatzsteuerfreie Vermietungsumsätze.

Ein Organ der K ist der Verwaltungsausschuss. Der Verwaltungsausschuss leitet die K und bedient sich dabei einer Geschäftsführung. Die Geschäftsführung besorgt die Angelegenheiten der K nach Weisung des Verwaltungsausschusses. Der Verwaltungsausschuss ist für die Durchführung der Beschlüsse der Kammerversammlung und des Aufsichtsausschusses verantwortlich. Der Verwaltungsausschuss besteht aus vier der Kammerangehörenden Mitgliedern und drei weiteren sog. nichtberufsständischen Mitgliedern.

Die Tätigkeit der berufsständischen Mitglieder des Verwaltungsausschusses ist ehrenamtlich. Aufwandsentschädigungen und Kostenerstattungen werden durch Beschluss der Kammerversammlung festgelegt. Über die Höhe der Entschädigung der nichtberufsständischen Mitglieder des Verwaltungsausschusses entscheidet der Aufsichtsausschuss.

Streitig war, ob die Mitglieder des Verwaltungsausschusses unternehmerisch tätig wurden. Wenn ja, wäre die Umsatzsteuerschuld eines ausländischen Mitglieds gem. § 13b Umsatzsteuergesetz auf K übergegangen. Da K nur teilweise zum Vorsteuerabzug berechtigt ist, würde dies zu »echten« Kosten führen.

Entscheidung

Das Finanzgericht hatte bereits mit Urteil vom 19.11.2019 unter Berücksichtigung des EuGH-Urteils vom 13.6.2019 (ABC-Stichwort »Aufsichtsratsmitglieder sind nicht selbständig und damit keine Unternehmer«) entschieden, dass die Tätigkeit eines **Verwaltungsratsvorsitzenden** eines berufsständischen Versorgungswerks nicht der Umsatzsteuer unterliegt, wenn dieser weder im eigenen Namen nach außen auftritt noch gegenüber dem Versorgungswerk über die Befugnis verfügt, die für dessen Führung erforderlichen Entscheidungen zu treffen. Der Verwaltungsratsvorsitzende sei auch nicht deshalb unternehmerisch tätig geworden, weil er neben einer Festvergütung auch Fahrtkostenersatz und geringfügige Sitzungsgelder bezogen habe.

Mit dem Besprechungsurteil führt das Gericht seine Rechtsprechung im Wesentlichen fort und hat in einem vergleichbaren Fall entschieden, dass auch das **einfache Mitglied** des Verwaltungsausschusses eines berufsständischen Versorgungswerks kein Unternehmer ist, wenn es diese Tätigkeit nicht mit eigenem wirtschaftlichen Risiko ausübt.

Das Gericht führt zur Begründung weiter aus, dass das Verwaltungsausschussmitglied insbesondere keine über die eines gewöhnlichen Arbeitnehmers hinausgehende **individuelle Verantwortung** aus den Handlungen des Verwaltungsausschusses trage.

Darüber hinaus sei auch eine nicht unerhebliche variable Vergütung für die Teilnahme an Sitzungen des Verwaltungsausschusses ohne nennenswerte Einflussmöglichkeiten des Mitglieds auf solche Termine ebenfalls **nicht geeignet, ein wirtschaftliches Risiko zu begründen**.

 Beratungskonsequenzen

Die in der Sache zugelassene **Revision** wurde vom unterlegenen Finanzamt nicht eingelegt, so dass die Entscheidung des Finanzgerichts rechtskräftig ist. Die Gründe dürften sich mit denen decken, die auch im Urteilsfall des FG Köln (ABC-Stichwort »Aufsichtsratsvergütung eines Sportvereins«) die Finanzverwaltung zu einem Verzicht auf die Revision veranlasst haben.

15 Nichtumsatz – nicht steuerbarer Umsatz – steuerfreier Umsatz

Nicht alles, was dem Unternehmer Geld bringt, führt auch zur USt!

15.1 »Nichtumsatz«

Der Umsatzsteuer unterliegen nach § 1 Abs. 1 Nr. 1 UStG die Lieferungen und sonstigen, die ein Unternehmer im Inland gegen Entgelt **im Rahmen seines Unternehmens** (➲ Kapitel 14) erbringt.

Leistungen außerhalb dieses Rahmens werden – auch von einem ansonsten unternehmerisch Tätigen – »privat« erbracht. Sie sind kein Umsatz und damit ein »Nichtumsatz«.

Beispiele

1. Steuerberater S verkauft im Jahr 2022 an Privatmann P einen Computer, den er für sein Büro nutzte, und den iPod, den er bislang beim Joggen benutzt hat.

   ➲ Folge:

   Der Verkauf des Computers erfolgt als Hilfsgeschäft (Verkauf von Anlagevermögen) im Rahmen des Unternehmens und unterliegt der Umsatzsteuer. Der Verkauf des iPods dagegen erfolgt »privat«; Umsatzsteuer fällt nicht an.

2. Fleischer Fastfuht (F) ist in seiner Freizeit begeisterter Radrennfahrer. Im Jahr 2022 entschließt sich F zum Erwerb einer neuen und zur Veräußerung seiner alten Rennmaschine ... ➲ Kapitel 14.3.3!

15.2   Nicht steuerbarer Umsatz

Ein Umsatz, der die weiteren Voraussetzungen des § 1 Abs. 1 Nr. 1 UStG nicht erfüllt – weil etwa der Leistungsort im Ausland liegt – ist nicht steuerbar; er ist zwar ein Umsatz des Unternehmers, unterliegt aber nicht dem (deutschen) Umsatzsteuergesetz (➲ Kapitel 13).

Beispiel

Ein deutscher Bootshändler (B) liefert im Sommer 2022 seinem Kunden (K) ein Schiff, das in Marmaris (Türkei) ankert.

➲ **Folge:**

B tätigt gegenüber K eine Lieferung, deren Lieferort in der Türkei liegt und die damit nicht steuerbar erfolgt.

  Hinweis

➲ Kapitel 21 ff. (Ort von Lieferungen) und

➲ Kapitel 40 ff. (Ort von sonstigen Leistungen/»Dienstleistungen«)

15.3   Steuerfreier Umsatz

Steuerbare Umsätze – also Umsätze, die grundsätzlich der deutschen Umsatzsteuer unterliegen – führen faktisch nur dann zur Steuer, wenn für sie keine Steuerbefreiung greift, wenn sie also auch umsatzsteuerpflichtig sind ➲ Kapitel 16.

16 Steuerbefreiungen/Option zur Steuerpflicht

§ Rechtsgrundlagen

- UStG: §§ 4 ff.
- UStDV: §§ 8 ff.
- UStAE: Abschn. 4.3.1–4.28.1, Abschn. 6.1–6.12, Abschn. 6a.1–6a.8, Abschn. 7.1–7.4, Abschn. 8.1–8.3
- MwStSystRL: Art. 131 ff.

16.1 Steuerbefreiungen bei Lieferungen und sonstigen Leistungen (§ 4 UStG)

Steuerbare Umsätze – also Umsätze, die grundsätzlich dem deutschen UStG unterliegen – führen faktisch nur dann zur Umsatzbesteuerung, wenn für sie keine Steuerbefreiung greift, wenn sie also auch umsatzsteuerpflichtig sind (➲ Kapitel 15).

Die Steuerbefreiungen teilen sich auf in solche, die

- den Vorsteuerabzug nicht ausschließen (**echte Steuerbefreiungen**),
- den Vorsteuerabzug ausschließen (**unechte Steuerbefreiungen**).

 Beratungskonsequenzen

Ein Umsatz, der zwar steuerfrei ist, muss kalkulatorisch Umsatzsteuer enthalten, wenn dem betreffenden Unternehmer kraft Gesetzes der Vorsteuerabzug auf Eingangsumsätze verwehrt wird. Die Steuerbefreiung tritt in diesen Fällen materiell nur für die Wertschöpfung durch den befreiten Unternehmer ein[121].

Beispiel

Derart »unecht steuerfrei« sind z. B. die Umsätze der Humanmediziner (§ 4 Nr. 14 Buchst. a UStG). Der Arzt muss neben der steuerfreien eigentlichen Arztleistung auch die auf die Behandlung entfallenden Vorbezüge und anteilige Gemeinkosten (Einrichtung des Wartezimmers, Bürokosten etc.) berücksichtigen, die teilweise umsatzsteuerbelastet bezogen wurden.

---

121 Heidner in B/G, § 4 Rz. 4.

16.1.1 Unechte Steuerbefreiungen

Die wichtigsten unechten Steuerbefreiungen betreffen:

- bestimmte Finanzumsätze (§ 4 Nr. 8 UStG)
- Verkauf von Grundstücken (§ 4 Nr. 9 Buchst. a UStG)
- bestimmte Glücksspielumsätze (§ 4 Nr. 9 Buchst. b UStG)
- Versicherungsumsätze (§ 4 Nr. 10 UStG)
- Umsätze von Versicherungs- und Bausparkassenvertretern (§ 4 Nr. 11 UStG)
- Post-Universaldienstleistungen (§ 4 Nr. 11b UStG)
- Vermietung und Verpachtung von Grundstücken (§ 4 Nr. 12 UStG)
- Leistungen von Wohnungseigentümergemeinschaften (§ 4 Nr. 13 UStG)
- Humanmedizinische Heilbehandlungen (§ 4 Nr. 14 UStG)
- Umsätze der gesetzlichen Träger der Sozialversicherung, Träger der Sozialhilfe, sonstigen Stellen und Träger der Kriegsopferversorgung und -fürsorge (§ 4 Nr. 15 UStG)
- medizinische Dienste der Krankenversicherer (§ 4 Nr. 15a UStG)
- Maßnahmen zur Arbeitsförderung (§ 4 Nr. 15b UStG)
  Hinweis: Anzuwenden ab 01.01.2015
- Teilhabe am Arbeitsleben (§ 4 Nr. 15c UStG)
  Hinweis: Anzuwenden ab 01.01.2017
- Betreuung- und Pflegeleistungen (§ 4 Nr. 16 UStG; bis 31.12.2008: Umsätze, die mit dem Betrieb der Krankenhäuser, Altenheime, Altenwohnheime und Pflegeheimen eng verbunden sind)
- Lieferungen von menschlichen Organen, menschlichem Blut und Frauenmilch (§ 4 Nr. 17 Buchst. a UStG)
- die Krankentransporte unter bestimmten Voraussetzungen (§ 4 Nr. 17 Buchst. b UStG)
- Blindenumsätze (§ 4 Nr. 19 UStG)
- Schul- und Bildungsumsätze (§ 4 Nr. 21-22 UStG)
- Beherbergung, Beköstigung an Personen bis zum 27. Lebensjahr für Erziehungs-, Ausbildungs- oder Fortbildungszwecke (§ 4 Nr. 23 UStG)

- bestimmte Leistungen der Träger der öffentlichen Jugendhilfe (§ 4 Nr. 25 UStG)
- ehrenamtliche Tätigkeiten für juristische Personen des öffentlichen Rechts (§ 4 Nr. 26 UStG)

 **Quintessenz**

Aus § 15 Abs. 2 Nr. 1 UStG und der Negativabgrenzung in § 15 Abs. 3 UStG ergibt sich, dass für die genannten Umsätze der **Vorsteuerabzug ausgeschlossen** ist.

16.1.2 Echte Steuerbefreiungen

Die wichtigsten echten Steuerbefreiungen betreffen:

- Ausfuhrlieferungen (grenzüberschreitende Lieferungen in ein Land außerhalb der EG, §§ 4 Nr. 1 Buchst. a, 6 UStG) ➲ Kapitel 27 ff.
- innergemeinschaftliche Lieferungen (grenzüberschreitende Lieferungen in ein anderes Land der EG, §§ 4 Nr. 1 Buchst. b, 6a UStG) ➲ Kapitel 22 ff.
- Transportleistungen in und aus Ländern außerhalb der EG (§ 4 Nr. 3 UStG) ➲ Kapitel 54
- Leistungen, die der Steuerlagerregelung unterliegen (Einlagerungen, Lagerlieferungen, Folgeumsätze, § 4 Nr. 4a USt) ➲ Kapitel 34
- Lieferungen vor Einfuhr (§ 4 Nr. 4b USt) ➲ Kapitel 34
- die Vermittlung von Ausfuhren und bestimmten damit zusammenhängenden sonstigen Leistungen (§ 4 Nr. 5 UStG) ➲ Kapitel 49
- Lieferungen für die Seeschifffahrt und Luftfahrt (§ 4 Nr. 2, § 8 UStG),
- Leistungen an NATO-Streitkräfte, an die im Gebiet eines anderen EG-Staats ansässigen diplomatischen Missionen und an die im Gebiet eines anderen EG-Staats ansässigen zwischenstaatlichen Einrichtungen (z. B. Behörden der EG, § 4 Nr. 7 UStG),
- bestimmte Finanzumsätze (§ 4 Nr. 8 UStG).

 **Quintessenz**

Aus § 15 Abs. 2 Nr. 1, Abs. 3 UStG und der Negativabgrenzung in § 15 Abs. 3 UStG ergibt sich, dass für die genannten Umsätze der **Vorsteuerabzug zulässig** ist.

16.2 Verzicht auf unechte Steuerbefreiungen (Option zur Steuerpflicht)

16.2.1 Allgemeines

Trotz der Vorteile einer unechten Steuerbefreiung (Verzicht auf die Abgabe von Umsatzsteuer-Voranmeldungen und Steuererklärungen) wirkt sich diese **u. U. nachteilig** aus – und zwar immer, wenn bei Steuerpflicht hohe Eingangsumsätze zu einem Vorsteuerüberhang und damit zu einem Erstattungsanspruch führen würden. Für einige unechte Steuerbefreiungen sieht § 9 UStG daher die Möglichkeit eines Verzichts auf vor:

- bestimmte Finanzumsätze (§ 4 Nr. 8 Buchst. a bis g UStG),

- grunderwerbsteuerpflichtige Umsätze (z. B. Verkauf von Grundstücken, § 4 Nr. 9 Buchst. a UStG),

- Vermietung und Verpachtung von Grundstücken (§ 4 Nr. 12 UStG),

- Leistungen der Wohnungseigentümergemeinschaften (§ 4 Nr. 13 UStG),

- Blindenumsätze (§ 4 Nr. 19 UStG).

Der Verzicht auf die Steuerbefreiung wird als **Option** bezeichnet. Er zieht die Steuerpflicht des Umsatzes nach sich, und zwar mit dem Regelsteuersatz von derzeit 19 %. Die Optionsmöglichkeit bei der Vermietung und Verpachtung von Grundstücken wurde in der Vergangenheit mehrmals geändert. Je nachdem wie alt das vermietete oder verpachtete Gebäude auf dem Grundstück ist, werden an die Option unterschiedliche Bedingungen geknüpft (§§ 9 Abs. 2, 27 Abs. 2 UStG).

16.2.2 Option bei Ferienhäusern und -wohnungen?

Nutzt der Eigentümer einer Ferienwohnung diese ausschließlich selbst oder überlässt er sie Dritten zur ausschließlich unentgeltlichen Nutzung, gilt dies umsatzsteuerlich als Letztverbrauch mit der Folge, dass keine Umsatzsteuer anfällt – und gleichzeitig auch keine Berechtigung zum Vorsteuerabzug auf Eingangsleistungen besteht. Anders bei entgeltlicher Überlassung der Ferienwohnung;

diese wird in der Regel zur Steuerpflicht der Ausgangsumsätze und damit zur Vorsteuerabzugsberechtigung auf die Eingangsumsätze führen[122].

Soweit die Nutzungsüberlassung steuerpflichtig erfolgt oder erfolgen könnte, stellt sich bei der einer Nutzungsüberlassung vorangehenden Veräußerung immer die Frage, ob der Veräußerer im Interesse des Erwerbers gem. § 9 UStG zur Steuerpflicht optieren sollte.

Beispiel: Vergleichende Kalkulation

Bauträger BT errichtet zum 2.3.2022 am Timmendorfer Strand eine Ferienwohnanlage. Eine der Wohneinheiten veräußert BT an Reiseveranstalter RV. Dieser beabsichtigt, die Wohnung i. S. v. § 4 Nr. 12 Satz 2 UStG kurzfristig (= Mietdauer unter 6 Monate)[123] an Reisende zu überlassen. Im Interesse des RV ist zu prüfen, ob wirtschaftlich ein steuerfreier oder ein steuerpflichtiger Erwerb sinnvoller ist.

BT hätte den Verkaufspreis (VKP) wie folgt zu kalkulieren:

	VKP mit Option	VKP ohne Option
Gestehungspreis des BT netto	240.000 €	240.000 €
+ nicht abziehbare Vorsteuer (19 % des Gestehungspreises)	- entfällt -	45.600 €
+ Rohgewinnaufschlag	40.000 €	40.000 €
= Nettoverkaufspreis	280.000 €	325.600 €
+ USt (19 %)	53.200 €	- entfällt -
= VKP	333.200 €	325.600 €

Aufgrund des möglichen Vorsteuerabzugs wäre für RV bei unverändertem Rohgewinnaufschlag des BT ein steuerpflichtiger Erwerb sinnvoll.

Das Beispiel zeigt, dass

- wenn der **Veräußerer** bei der Kalkulation seinerseits i. S. v. § 15 Abs. 1 UStG abzugsfähige **Vorsteuerbeträge zu berücksichtigen** hat und

- **gleichzeitig bei** dem **Erwerber** in Rechnung gestellte Umsatzsteuer als Vorsteuer nach § 15 Abs. 2 ff. UStG **abziehbar** wäre,

---

122 Vgl. Abschn. 4.12.1 ff., Abschn. 9.1 f. UStAE sowie *Wenzel* in R/D, § 4 Nr. 12 Anm. 90 ff.

123 Vgl. Abschn. 4.12.3 Abs. 2 UStAE unter Hinweis auf BFH, Urteil vom 13.2.2008, XI R 51/06, BStBl. I 2009, 63 sowie EuGH-Urteil vom 12.2.1998, Rs. C-346/95, Blasi, UR 1998, 189.

der Veräußerer im Interesse des Erwerbers bei dem der Nutzungsüberlassung vorangehenden Erwerb gem. § 9 UStG zur Steuerpflicht optieren sollte[124].

16.2.3 Unternehmenskredite etc.: Soll der Mandant der zusätzlichen Fakturierung von Umsatzsteuer durch die Bank aufgrund einer Option zustimmen?

Die Dienstleistungen der Banken sind nach § 4 Nr. 8 UStG weitgehend von der Umsatzsteuer befreit. Hierbei handelt es sich um unechte Steuerbefreiungen, die nach § 15 Abs. 2 UStG zum Vorsteuerausschluss führen. Für das Gros der steuerfreien Bankdienstleistungen besteht unter den weiteren Voraussetzungen des § 9 Abs. 1 UStG die Möglichkeit, zur Steuerpflicht zu optieren. Letzteres gilt insbesondere für die Gewährung und Vermittlung von Krediten sowie für den Kontokorrentverkehr, soweit die Bank ihre Dienste an andere Unternehmer für deren Unternehmen erbringt. Die Option hat für die Bank den Vorteil, dass die nämlichen Dienstleistungen nunmehr steuerpflichtig erbracht werden und daher unter den weiteren Voraussetzungen des § 15 Abs. 1 UStG zum Vorsteuerabzug berechtigen. Hieran haben viele Banken spätestens seit der Erhöhung des Steuersatzes auf 19 % ein reges Interesse[125].

16.2.3.1 Optionsentscheidung der Bank

Ob eine Bank zur Steuerpflicht optiert oder nicht, ist allein ihre eigene Entscheidung und insbesondere unabhängig von der Zustimmung ihrer Kunden. Die Optionsentscheidung hat nämlich nicht zur Folge, dass die Bankkunden neben den vereinbarten Entgelten auch die dadurch ausgelöste Umsatzsteuer an die Bank entrichten müssen. Sofern keine anderweitige Vereinbarung besteht, umfassen die an die Bank zu entrichtenden Zinsen, Gebühren etc. auch die Umsatzsteuer[126]. Damit macht die Option aus Sicht einer Bank nur dann Sinn, wenn die Umsatzsteuer dem Kunden zusätzlich in Rechnung gestellt werden kann. Dies

---

124 Zur Problematik ausführlich *Paus/Eichmann*, StWK Gruppe 11, S. 193 = Heft 11/2002. Hinweis auch auf *Becker/Urbahns*, DStZ 1999, 54; *dies.*, StBP 2000, 177 u. 198; *Klenk*, DStR 2000, 1346; *Peltner*, KFR 2000, 409 = Fach 7 UStG § 1, 5/00; *Serafini*, GStB 2002, 185.

125 *Weimann*, UStB 2007, 207; Vgl. auch *Lehr*, DStR 2006, 2243; *Maunz/Zugmaier*, NWB 2007, 713 = Fach 7, 6833; *o. V.*, StWK 24/2006 Gruppe 27, 417. Zur elektronischen Abrechnung ➲ Kapitel 74.

126 Vgl. § 10 Abs. 1 Satz 2 UStG: »Entgelt ist alles, ..., jedoch abzüglich der Umsatzsteuer.«

wiederum setzt eine **Vertragsänderung** und damit auch die **Zustimmung des Kunden** voraus.

16.2.3.2 Kundenbriefe der Banken

Zahlreiche gewerbliche Bankkunden wurden von den Optionsbegehren der Kreditinstitute förmlich »überfahren«. Freundlich formulierte Anschreiben mit teils sehr kurzer Reaktionszeit informieren den Kunden darüber, dass die Option automatisch vollzogen wird, sofern der Kunde sich nicht mittels standardisierter (direkt beigefügter) Antwortschreiben meldet. Die Kunden erfahren lediglich, dass die Bank beabsichtigt, Umsatzsteuer bei Geschäfts-Girokonten, Darlehen und Avalen zu erheben. Die den Schreiben beigefügten Antwortbögen haben in der Regel folgendes Aussehen:

 Musterschreiben

Antwortbogen

> ... Für folgende Konten ist ab TT.MM.JJJJ die Berechnung der Umsatzsteuer auf Zinsen und Entgelte vorgesehen. Bitte machen Sie durch Ankreuzen die Konten kenntlich, wenn Sie Konten für private Zwecke verwenden oder generell von der Umsatzsteuer befreit sind:
>
> – Konto Nr. 1234: Verwendung für private Zwecke? ☐ ja ☐ nein
> – Konto Nr. 2345: Verwendung für private Zwecke? ☐ ja ☐ nein
> – Konto Nr. 3456: Verwendung für private Zwecke? ☐ ja ☐ nein
> – Konto Nr. 4567: Verwendung für private Zwecke? ☐ ja ☐ nein
>
> ☐ Ich bin generell von der Umsatzsteuer befreit.

Letztlich enthalten die Schreiben den Hinweis, dass künftig der Andruck der gezahlten Umsatzsteuer im Kontoauszug als steuerlicher Nachweis gilt. Die Umsatzsteuer auf Finanzdienstleistungen sei somit genauso einfach zu behandeln, wie es der Unternehmer beispielsweise von Materialaufwendungen gewohnt ist. Meldet sich der Unternehmer (beispielsweise innerhalb von 14 Tagen) nicht, geht die Bank davon aus, dass sie für die aufgeführten Konten künftig Umsatzsteuer erheben kann.

16.2.3.3   Die Entscheidung des Mandanten

Der Steuerberater ist aufgerufen, dem Mandanten bei der Beantwortung des Anschreibens zu unterstützen und mit ihm gemeinsam das Für und Wider der Zustimmung abzuwägen:

- **Zustimmung nur bei 100 % Vorsteuerabzug:** Der Bankkunde sollte der Vertragsänderung nur dann zustimmen, wenn er insoweit zum vollen Vorsteuerabzug berechtigt ist. Die Banken wenden sich aus diesem Grund auch nur an Kunden, bei denen sie die volle Vorsteuerabzugsberechtigung vermuten. Hier gilt es aber, Fehlauskünfte zu meiden! Mandanten wie z. B. pauschalierende Land- und Forstwirte finden sich in den meisten Antwortbögen nicht wieder, da sie weder umsatzsteuerfrei arbeiten noch betriebliche Darlehen privat nutzen. Akzeptieren diese Mandanten eine Option, müssen sie zukünftig Umsatzsteuer an die Banken abführen, ohne insoweit zum Vorsteuerabzug berechtigt zu sein, da Letzterer unabhängig von den tatsächlichen Leistungsbezügen pauschal gewährt wird.

- **Umstellungskosten des Mandanten bedenken:** Die neuen Kreditbedingungen werden in der Regel eine Anpassung bzw. Umstellung des Rechnungswesens, der Verfahrensabläufe und der EDV erforderlich machen und damit auf Seiten des Mandanten Kosten auslösen. Hierauf sollte der Mandant – nicht zuletzt aus Haftungsgründen – ausdrücklich hingewiesen werden.

- **Absicherung durch Widerrufsvorbehalt:** Die Zustimmung kann auch solchen Mandanten nicht uneingeschränkt empfohlen werden, die aktuell zum vollen Vorsteuerabzug berechtigt sind. Die Berechtigung kann sich jederzeit (prozentual) ändern; das ist insbesondere im Immobiliensektor üblich. Die zusätzliche Umsatzsteuer führt ab diesem Zeitpunkt auf Seiten des Mandanten zu einer vermeidbaren Mehrbelastung; ob die Bank dann bereit ist, eine Optionsentscheidung zurückzunehmen, ist fraglich. Vor diesem Hintergrund sollte die Zustimmung zur Option, die zivilrechtlich eine Vertragsänderung darstellt, nur unter dem jederzeitigen Widerrufsvorbehalt erteilt werden. Da die Antwortformulare der Banken einen Widerrufsvorbehalt nicht vorsehen, empfiehlt sich folgende Ergänzung:

Musterklausel

»Ich/Wir stimme/n ab dem TT.MM.JJJJ der Umsatzsteueroption für die Konten Nr. ...,
Nr. ... und Nr. ... unter dem Vorbehalt des jederzeitigen Widerrufs zu.«

- **Vorfinanzierung der Umsatzsteuer vermeiden:** Gerne weisen die Banken darauf hin, dass die Option aufgrund des Vorsteuerabzugs für den Kunden per Saldo zu einem Nullsummenspiel und damit zu keinerlei Belastung führe (»durchlaufender Posten«). Das stimmt so nicht! Der Bankkunde muss auf jeden Fall die ihm von der Bank in Rechnung gestellte Umsatzsteuer bis zu der Umsatzsteuer-Voranmeldung, in der der Vorsteuerabzug geltend gemacht werden kann, vorfinanzieren. Werden die Banken mit diesem Argument konfrontiert, gestehen sie in der Regel eine **entsprechend spätere Wertstellung** der Umsatzsteuer zu.

- **Günstigere Konditionen aushandeln:** Durch die Option erhöht sich die Vorsteuerabzugsquote der Bank. Für den zustimmungsgeneigten Bankkunden liegt es daher nahe, von der Bank als Gegenleistung für seine Zustimmung günstigere Konditionen zu verlangen. Hierzu wird sich die Bank allerdings in der Regel nicht durchringen und eher auf die Option zur Umsatzsteuerpflicht ihrer Bankdienstleistungen verzichten. Sobald die Bank nämlich die auf ihrer Seite erreichten Vorsteuervorteile an die Kunden auskehren würde, ließe sich der Umstellungsaufwand für sie kaum rechnen. Die Banken verweisen hier auch darauf, dass die Kosteneinsparung mittel- und langfristig bei allen Kunden zu günstigeren Konditionen führen wird.

- **Besonderheiten gemischt genutzter Darlehen:** In der Praxis stehen gemischt genutzte Darlehen insbesondere im Zusammenhang mit dem Bau oder der Anschaffung von Wohn- und Geschäftshäusern mit einer nicht dem Unternehmensvermögen zugeordneten Privatwohnung des Unternehmers – m. a. W. Sachverhaltsgestaltungen, auf die die »Seeling-Rechtsprechung« anwendbar wäre, aber nicht angewandt wird. Hier kann die Umsatzsteuerbelastung nur für den unternehmerischen Darlehensanteil akzeptiert werden; im Zweifel sollten die Darlehen auf separate Verträge umgeschuldet werden.

- **Keine »automatische« Zustimmung:** Die derzeitige Vorgehensweise mancher Kreditinstitute, die Zustimmung bei Nichtantwort bis zu einem bestimmten Tag einfach zu unterstellen, dürfte zivilrechtlich kaum haltbar sein; ein zunächst vereinbarter Preis kann nicht vom Leistenden einseitig erhöht, sondern allenfalls gemeinsam angepasst werden.

➡️ **Beratungskonsequenzen**

1. Stimmt der Mandant (Bankkunde) der Option zu, muss er in eigenem Interesse darauf achten, dass die **Abrechnungsdokumente der Bank** in vollem Umfang die Rechnungserfordernisse des § 14 UStG erfüllen. Abrechnungsfehler gehen zulasten des Mandanten und führen bekanntlich zur Versagung des Vorsteuerabzugs.

2. Entscheidet sich die Bank zu **monatlichen oder vierteljährlichen Einzelabrechnungen,** müssen diese den Rechnungserfordernissen des § 14 Abs. 4 UStG genügen. Aus Haftungsgründen sollte der Steuerberater dem Mandanten empfehlen, dies – nicht nur in der Anfangszeit – selbst zu kontrollieren oder die Abrechnungspapiere zur Kontrolle vorzulegen.

3. Alternativ kann Abrechnung auch – wie bei Mietverträgen – über den dem **Dauerschuldverhältnis zugrunde liegenden Vertrag** (z. B. Kreditvertrag) **in Verbindung mit den Kontoauszügen** erfolgen[127]. Eine Rechnung kann nämlich aus mehreren Dokumenten bestehen, aus denen sich die geforderten Rechnungsangaben insgesamt ergeben[128]. In einem dieser Dokumente (z. B. auf den Kontoauszügen) sind das Entgelt und der darauf entfallende Steuerbetrag jeweils zusammengefasst anzugeben und alle anderen Dokumente (z. B. der Kreditvertrag) zu bezeichnen, aus denen sich die übrigen Angaben nach § 14 Abs. 4 UStG ergeben[129]. Werden die **Kontoauszüge elektronisch** übertragen, handelt es sich um eine (partiell) elektronisch übermittelte Rechnung, die nach § 14 Abs. 3 Nr. 1 UStG einer qualifizierten elektronischen Signatur bedarf. Da die Kontoauszüge ohne qualifizierte elektronische Signatur übertragen werden, muss der Bankkunde auf die **(monatliche) Übersendung der Kontoauszüge in Papierform** bestehen, um die Vorsteuer abziehen zu können. Außerdem besteht bei diesem Vorgehen stets das Risiko, dass infolge von Gesetzesänderungen der Vertrag nicht mehr sämtliche Anforderungen des § 14 Abs. 4 UStG erfüllt und so – von den Vertragsparteien unerkannt – der Vorsteuerabzug gefährdet wird.

---

127   Vgl. Abschn. 14.1 Abs. 2 UStAE.
128   § 31 Abs. 1 Satz 1 UStDV.
129   § 31 Abs. 1 Satz 2 UStDV.

16.3 Umsatzsteuerbefreiung kann steuererhöhend wirken!

Eine Umsatzsteuerbefreiung wirkt sich unter Umständen steuererhöhend aus, wenn ein steuerfreier Umsatz an einen steuerpflichtig tätigen Unternehmer ausgeführt wird. In diesem Fall wird der Umsatz, den der Empfänger mit dem (steuerpflichtigen) Ausgangsumsatz erzielt, in vollem Umfang von der Umsatzsteuer erfasst, während beim (unecht steuerfreien ➲ s. o. Kapitel 16.1.1) Eingangsumsatz bereits die nicht abzugsfähige Vorsteuer Kostenbestandteil geworden ist[130].

> **Beispiel**
>
> Der blinde Unternehmer B kauft im Mai 2022 einen PKW für 10.000 € zzgl. 1.900 € USt. Er verkauft den Wagen steuerfrei für 12.000 € an den Händler H, der ihn für 14.000 € zzgl. 2.660 € Umsatzsteuer dem Endverbraucher E verkauft.
>
>
>
> Um die bei B nicht abzugsfähige Vorsteuer i. H. v. 1.900 € ist die Gesamtbelastung des PKW auf dem Weg zu E höher, als wenn der Wagen über eine Kette steuerpflichtiger Unternehmer geliefert worden wäre.

16.4 Enge Auslegung der Befreiungstatbestände

Nach ständiger Rechtsprechung des EuGH sind die in Art. 13 der 6. EG-RL (seit dem 1.1.2007: Art. 131 ff. MwStSystRL) vorgesehenen Steuerbefreiungen **autonome gemeinschaftsrechtliche Begriffe**, die eine von Mitgliedstaat zu Mitgliedstaat unterschiedliche Anwendung des Mehrwertsteuersystems vermeiden sollen und bei denen der Gesamtzusammenhang des gemeinsamen Mehrwertsteuersystems zu beachten ist[131]. Letzterer gebietet eine **enge Auslegung**, da die Steuerbefreiungen Ausnahmen vom allgemeinen Grundsatz darstellen, dass jede Dienstleistung, die ein Steuerpflichtiger gegen Entgelt erbringt, der Umsatzsteuer unterliegt[132]. Diese Gedanken sind letztlich auch die Grundlage der »**Seeling-Rechtsprechung**« des EuGH (➲ s. u., Kapitel 16.5).

---

130 *Heidner,* a. a. O., Rz. 5.

131 EuGH, Urteil vom 8.3.2001, Rs. C-240/99, Försäkringsaktiebolag Skandia, UR 2001, 157, Rz. 23, mit zahlreichen Querverweisen auf die eigene Rechtsprechung; ausführlich hierzu ➲ Kapitel 1.2.

132 EuGH, a. a. O., Rz. 32, mit zahlreichen Querverweis auf die eigene Rechtsprechung.

16.5 Steuerbefreiung entgeltlicher Umsätze führt nicht zwangsläufig zur Befreiung unentgeltlicher Wertabgaben!

 Hinweis

Zur Seeling-Rechtsprechung des EuGH und dem kurzfristigen Ende der Gestaltungsmöglichkeiten zum 1.1.2011 (➲ Kapitel 76).

16.6 Aufzeichnungspflichten (§ 22 Abs. 2 Nr. 1, Nr. 2 UStG)

Aus den Aufzeichnung des Unternehmers muss ersichtlich sein, wie sich die vereinbarten Entgelte (§ 22 Abs. 2 Nr. 1 UStG) bzw. die vereinnahmten Entgelte oder Teilentgelte (§ 22 Abs. 2 Nr. 2 UStG) auf die steuerfreien und steuerpflichtigen Umsätze verteilen.

17 Lieferung/Sonstige Leistung/Einheitlichkeit der Leistung

 Rechtsgrundlagen

- UStG: § 3
- UStAE: Abschn. 3.1, 3.5, 3.7 ff.
- MwStSystRL: Art. 14 ff., 24 ff.

17.1 Lieferung (§ 3 Abs. 1 UStG)

17.1.1 Begriff und Gegenstand der Lieferung (§ 3 Abs. 1 bis Abs. 5 UStG)

Zum **Begriff** der Lieferung vgl. grundsätzlich Abschn. 3.1 UStAE.

Als **Liefergegenstand** kommen in Betracht[133]:

- körperliche Gegenstände i. S. d. BGB (Sachen und Tiere, § 90 f. BGB),
- Sachgesamtheiten (z. B. Warenlager),
- Wirtschaftsgüter, die im Geschäftsverkehr wie Sachen behandelt werden (z. B. Energie, Firmenwert, Kundenstamm).

> ❗ **Hinweis**
>
> Zur **Übertragung von Wertpapieren** und Anteilen ➲ Kapitel 81!

Unter **Verschaffung der Verfügungsmacht** versteht man den gewollten Übergang der wirtschaftlichen Substanz, des Wertes und des Ertrages eines Gegenstandes vom Leistenden auf den Leistungsempfänger (Abnehmer). Der Abnehmer muss faktisch in die Lage versetzt werden, mit dem Liefergegenstand nach Belieben zu verfahren, d. h. ihn wie ein Eigentümer ohne Beschränkungen einschließlich der Möglichkeit einer Weiterveräußerung tatsächlich zu nutzen. Die Verfügungsmacht kann verschafft werden durch[134]:

- körperliche Übergabe des Gegenstandes (z. B. im Einzelhandel).
- Einigung über den Eigentumsübergang (§ 929 Satz 2 BGB), wenn der Abnehmer bereits im Besitz des Gegenstandes ist.
- Abtretung des Herausgabeanspruchs (§ 931 BGB).
- Vereinbarung eines Besitzmittlungsverhältnisses (§ 930 BGB).
- Übergabe eines Traditionspapiers (z. B. Konnossement, Ladeschein, Orderlagerschein).

Bei den Liefergeschäften ist auf folgende **Sonderfälle** hinzuweisen:

- Verbringen eines Gegenstandes zur eigenen Verfügung vom Inland in das übrige Gemeinschaftsgebiet (§ 3 Abs. 1a UStG) ➲ Kapitel 19
- Entnahme eines Gegenstandes (§ 3 Abs. 1b Nr. 1 UStG) ➲ Kapitel 18
- Unentgeltliche Zuwendung eines Gegenstandes an das Personal (§ 3b Abs. 1b Nr. 2 UStG) ➲ Kapitel 18

---

133 Vgl. Abschn. 3.1 Abs. 1 UStAE.
134 Vgl. Abschn. 3.1 Abs. 2 UStAE.

- Unentgeltliche Zuwendung eines Gegenstandes an andere Unternehmer (§ 3 Abs. 1b Nr. 3 UStG) ➜ Kapitel 18

- Kommissionsgeschäft (§ 3 Abs. 3 UStG i. V. m. § 383 HGB)

- Werklieferung (§ 3 Abs. 4 UStG)

- Gehaltslieferung (§ 3 Abs. 5 UStG)

- Lieferung unter Eigentumsvorbehalt (§ 455 BGB)[135]

- Lieferung im Rahmen eines Leasingvertrages[136]

 Sonderproblem »Sale-and-lease-back«-Geschäfte

Das Problem: Der BFH hat darauf erkannt, dass im strittigen »Sale-and-lease-back«-Verfahren keine umsatzsteuerbaren Lieferungen erfolgten[137]. In der Vergangenheit wurde jedoch von der Finanzverwaltung im »sale« regelmäßig eine Lieferung des Verkäufers (Leasingnehmers) an den Käufer (Leasinggeber) gesehen.

Das »lease back« wurde dann entweder als nicht steuerbare Rücklieferung oder als umsatzsteuerpflichtige Rücklieferung beurteilt.

Die Entscheidung: Auf eine gemeinsame Anfrage von DIHK und Bundessteuerberaterkammer zu den Folgen dieses Urteils hat das BMF darauf hingewiesen, dass das Urteil im BStBl. Teil II ohne begleitendes BMF-Schreiben veröffentlicht wird; das Urteil ist demnach grundsätzlich von der Finanzverwaltung anzuwenden[138].

 Beratungskonsequenzen

1. Das BMF weist ausdrücklich darauf hin, dass das Urteil einen sehr speziellen Fall betrifft. Bei der Beurteilung von Leasinggeschäften birgt jede Generalisierung damit auch weiterhin Gefahren; Einzelfallprüfungen sind weiter unumgänglich.

2. Im Rahmen der Überarbeitung der UStR 2005 wurde in die UStR 2008 als neuer Abschn. 25 Abs. 6 ein entsprechender Hinweis aufgenommen (»...

---

135   Vgl. Abschn. 3.1 Abs. 3 Satz 4 UStAE.

136   Vgl. Abschn. 3.1 Abs. 5 Abs. 5 UStAE; vgl. aber auch Abschn. 13.1 Abs. 4 UStAE sowie 182c
        Abs. 4 UStR 2008 (im UStAE ersatzlos weggefallen).

137   BFH, Urteil vom 9.2.2006, V R 22/03, BStBl II 2006, 727.

138   BMF, Schreiben vom 10.10.2006, IV A 5 – S 7100 – 91/0611, UR 2006, 662.

kann ... bloße Sicherungs- und Finanzierungsfunktion zukommen, ...«; vgl. nunmehr **Abschn. 3.5 Abz. 7 Satz 2 UStAE**).

3. Im Zweifel ist eine **verbindliche Auskunft** der Finanzverwaltung zu erwägen.

- Lieferung im Rahmen einer Zwangsversteigerung[139],
- Lieferung im Rahmen einer Sicherungsübereignung oder -verwertung[140],
- Lieferung im Rahmen einer Verpfändung[141],
- Tausch (§ 3 Abs. 12 Satz 1 UStG).

17.1.2 Zeitpunkt der Lieferung

§ 3 UStG enthält keine Aussage zur Frage des Zeitpunkts der Lieferung. Mit der wohl herrschenden Meinung war daher davon auszugehen, dass der Lieferzeitpunkt der Ortbestimmung in § 3 Abs. 6 f. UStG folgt. Dieser Auffassung hat sich die Finanzverwaltung nunmehr ausdrücklich angeschlossen[142]. Hierzu ausführlich ➲ Kapitel 69.2.

17.1.3 Ort der Lieferung

Zum Ort der Lieferung ausführlich ➲ Kapitel 21 ff.

17.1.4 Den Lieferungen gleichgestellte unentgeltliche Wertabgaben (§ 3 Abs. 1b UStG)

Die Gegenstandsentnahme ist eine den Lieferungen gleichgestellte unentgeltliche Wertabgabe. Der Tatbestand ist in der Regel erfüllt, wenn ein Unternehmer einen Gegenstand, den er seinem Unternehmen zugeordnet hatte, aus dem Unternehmen entfernt und ihn zu nicht unternehmerischen Zwecken weiternutzt. Damit soll die Besteuerung des Letztverbrauchs sichergestellt werden ➲ Kapitel 18.

---

139 Vgl. Abschn. 1.2 UStAE.
140 Vgl. Abschn. 1.2 UStAE.
141 Vgl. Abschn. 1.2 UStAE.
142 Abschn. 3.1 Abs. 2 Satz 5 UStAE.

17.2   Sonstige Leistungen (§ 3 Abs. 9 bis Abs. 11 UStG)

17.2.1 Begriff der sonstigen Leistung (§ 3 Abs. 9 UStG)

Sonstige Leistungen sind nach § 3 Abs. 9 UStG Leistungen, die keine Lieferungen sind:

- **Aktives Handeln** (Tun), z. B. Dienstleistungen aller Art, Werkleistungen, Beförderungsleistungen;
- **Duldungsleistungen** in jeder Form (z. B Miet- und Pachtleistungen);
- Leistungen, die in einem **Unterlassen** bestehen (z. B. Verzicht auf Ausübung einer Tätigkeit).

Auch hier ist – wie bei den Lieferungen – auf **Sonderfälle** hinzuweisen:

- Abgabe von Speisen und Getränken zum Verzehr an Ort und Stelle (§ 3 Abs. 9 Satz 4 f. UStG)[143];
- Den sonstigen Leistungen gleichgestellte unentgeltliche Wertabgaben (§ 3 Abs. 9a UStG) ➲ Kapitel 18;
- Sonderfall der Werkleistung »Umtauschmüllerei« (§ 3 Abs. 10 UStG);
- Leistungskommission (§ 3 Abs. 11 UStG) ➲ Kapitel 60;
- Tauschähnliche Umsätze (§ 3 Abs. 12 Satz 2 UStG).

Zur Übertragung von Wertpapieren und Anteilen vgl. ➲ Kapitel 81.

17.2.2 Abgrenzung zur Lieferung

Bei **einheitlichen Leistungen**, die sowohl Elemente einer Lieferung als auch einer sonstigen Leistung haben, kommt es darauf an, welche Leistungselemente unter Berücksichtigung des Willens der Vertragsparteien den wirtschaftlichen Gehalt der Leistung bestimmen ➲ s. u., Kapitel 17.3.

Ob eine **Werklieferung** oder eine **Werkleistung** vorliegt, hängt davon ab, ob der Werkhersteller für das Werk die Hauptstoffe selbst beschafft oder diese vom Besteller des Werks beigestellt werden (§ 3 Abs. 4 UStG)[144]. Eine Vereinfachung gilt für Reparaturleistungen ➲ s. u. Kapitel 17.4.

---

143   Abschn. 3.6 UStAE (bis 31.10.2010: Abschn. 25a UStR 2008.
144   Abschn. 3.8 UStAE.

Es kommt aber auch vor, dass in einem einheitlichen Vertragswerk 2 verschiedene Leistungen vereinbart werden.

> **Beispiel**
>
> Neben einer selbstständigen Lieferung wird auch eine selbstständige sonstige Leistung (z. B. eine Kreditgewährung) vereinbart[145].

Für die Abgrenzung bei der Reparatur eines Beförderungsmittels **(insbesondere Kfz-Reparatur)** enthält Abschn. 7.4 Abs. 2 UStAE eine für die Praxis wichtige Vereinfachungsregel: beträgt der Entgeltanteil für das Material mehr als 50 Prozent des Gesamtentgelts, kann ohne weiteres die Reparatur als eine Werklieferung angesehen werden[146].

17.2.3   Zeitpunkt der sonstigen Leistung

Sonstige Leistungen, insbesondere Werkleistungen, sind grundsätzlich im **Zeitpunkt ihrer Vollendung** ausgeführt[147].

Bei zeitlich begrenzten **Duldungs- oder Unterlassungsleistungen** ist die Leistung mit Beendigung des entsprechenden Rechtsverhältnisses ausgeführt. Den Beteiligten steht es jedoch frei, **Teilleistungen** (z. B. Monat, Vierteljahr) zu vereinbaren. Hierzu ausführlich ➲ Kapitel 69.2.

17.2.4   Ort der sonstigen Leistung

Zum Ort der sonstigen Leistung nach der damaligen Neuregelung durch das **Mehrwertsteuerpaket 2010** ➲ Kapitel 40 ff.

---

145   Vgl. Abschn. 3.1 UStAE.
146   ➲ www.umsatzsteuerpraxis.de > Aktualisierungen > Kapitel 17.
147   Abschn. 13.1 Abs. 3 UStAE.

17.2.5 Den sonstigen Leistungen gleichgestellte unentgeltliche Wertabgaben (§ 3 Abs. 9a UStG)

Unter diese Vorschrift fällt hauptsächlich für die teilweise unternehmensfremde Nutzung eines Gegenstandes, den der Unternehmer seinem Unternehmen zugeordnet hat. Damit soll die Besteuerung des Letztverbrauchs sichergestellt werden ➲ Kapitel 18.

17.3 Grundsatz der »Einheitlichkeit der Leistung«

Ob bei der Beurteilung eines Sachverhalts von einer einheitlichen oder von mehreren getrennten Leistungen auszugehen ist, hat insbesondere Bedeutung für den Zeitpunkt der Steuerentstehung und die Anwendung von Befreiungsvorschriften sowie des zutreffenden Steuersatzes. Ein einheitlicher wirtschaftlicher Vorgang darf nicht in mehrere Leistungen aufgeteilt werden. Nach der wirtschaftlichen Ausrichtung des Umsatzes ist zunächst die sog. Hauptleistung zu ermitteln. Ggf. im Gefolge vorkommende Nebenleistungen **teilen umsatzsteuerlich das »Schicksal« der Hauptleistung**[148].

> **Beispiel**
>
> A ist Autor wissenschaftlicher Beiträge. Nach Erstellung eines Beitrags übersendet er diesen am 5.3.2022 vereinbarungsgemäß an seinen Verlag. Für jede Manuskriptseite vergütet der Verlag 100 € zzgl. Nebenkosten und USt. A übersendet dem Verlag ein zwanzigseitiges Manuskript, das er auf Bitten des Verlages für 150 € von einem Studenten als Word-Datei erfassen lässt. Dem Manuskript liegt eine Diskette bei, für die A 1,19 € inklusive USt gezahlt hat. Einen alten wattierten DIN C 4 Umschlag hat A noch vorrätig; auf den Brief klebt er eine Briefmarke über 1,45 €. Honorar, verauslagte Schreibarbeiten und Nebenkosten will A dem Verlag in Rechnung stellen und kommt dabei zu folgender Überlegung:
>
> • Die Einräumung des Verwertungsrechts ist eine sonstige Leistung, die gemäß § 12 Abs. 2 Nr. 7 Buchst. c UStG dem ermäßigten Steuersatz von 7 % unterliegt. Damit ergibt sich ein Nettohonorar in Höhe von 2.000 €. Dies ist die Bemessungsgrundlage. Die Umsatzsteuer darauf beträgt 7 % oder 140 €.
>
> • Die eigentlichen Schreibarbeiten sind ebenfalls eine sonstige Leistung, für die bei isolierter Betrachtung der Regelsteuersatz in Höhe von 19 % gilt.

---

148 Dazu ausführlich Abschn. 3.10 UStAE.

Grundlagen des deutschen Umsatzsteuerrechts

- Der Versand der Unterlagen mit der Deutschen Post erfolgt – wieder isoliert betrachtet – steuerfrei nach § 4 Nr. 8 Buchst. i UStG.
- Für Diskette und Verpackung will A netto pauschal 5 € berechnen. Isoliert betrachtet müsste A 5 € + 19 % USt (0,95 €) = 5,95 € in Rechnung stellen.

Hier kommen A der Entgeltsbegriff und der Grundsatz der Einheitlichkeit der Leistung zu Hilfe. Wie zuvor ausgeführt ist Entgelt alles, was der Leistungsempfänger für die Leistung aufwendet, jedoch ohne die Umsatzsteuer. Nach dem Grundsatz der Einheitlichkeit der Leistung ist die Überlassung des Manuskripts die Hauptleistung zu sehen, deren Schicksal der Hauptleistung die anderen weiterberechneten Leistungen teilen. **Daraus ergibt sich, dass A den auf die Hauptleistung anzuwendenden Steuersatz auch auf die Nebenleistungen anzuwenden hat.** A muss die Rechnung also wie folgt stellen:

Für den Fachbeitrag »...« zur Veröffentlichung in Ihrer Zeitschrift berechne ich mein Honorar vereinbarungsgemäß wie folgt:

20 Manuskriptseiten zu 100 €	2.000,00 €
Schreibauslagen	150,00 €
Porto und Verpackung (Diskette und Verpackung 5, 00 € zzgl. Porto 1,45 €)	6,45 €
Zwischensumme (Entgelt ➜ Kapitel 68)	2.156,45 €
Umsatzsteuer (7 %)	150,95 €
Zahlbetrag	2.307,40 €

 Beratungskonsequenzen

Als Nebenleistungen, die das Schicksal der Hauptleistung teilen würden, gelten insbesondere auch **Transporte** des Lieferanten **im Gefolge von Warenlieferungen.**

Nach diesem Grundsatz sind auch die Fälle der »**Durchreichung**« von Kosten an den Kunden zu lösen ➜ Kapitel 68.2.

17.4 Vereinfachung durch »50%-Regel« für Reparaturarbeiten

Das BMF hat in Abschn. 3.8 Abs. 6 Satz 6 UStAE eine generelle Nichtbeanstandungsregelung für die Abgrenzung der Werklieferungen von den Werkleistungen bei Reparaturen beweglicher körperlicher Gegenstände erlassen (sog. »50%-Regel«).

17.4.1 Werklieferung oder Werkleistung?

Beim Einbau von Zubehör- und Ersatzteilen – zum Beispiel durch eine Kfz-Reparaturwerkstatt in ein Kundenfahrzeug – kann es sich um die Lieferung eines Gegenstands (Werklieferung) oder um eine reine Dienstleistung handeln, in welche die eingebauten Teile eingehen (Werkleistung).

Beispiel

Teileeinbau durch eine deutsche Kfz-Reparaturwerkstatt in das Fahrzeug eines Ausländers.

⮑ **Folge:**

1. Ist die Leistung eine »Werklieferung«, ist diese unter den weiteren Voraussetzungen der §§ 4 Nr.1 Buchst. b, 6a UStG steuerfrei. Dazu ist dann ggf. eine Gelangensbestätigung erforderlich.
2. Bei einer »Werkleistung« dagegen gelten die entsprechenden Sondervorschriften mit ggf. besonderen Nachweispflichten; eine Gelangensbestätigung aber ist nicht erforderlich.

17.4.2 Allgemeine Vereinfachung auf Basis der Wertanteile

Das BMF hat eine generelle Nichtbeanstandungsregelung für die Abgrenzung der Werklieferungen von den Werkleistungen bei Reparaturen beweglicher körperlicher Gegenstände erlassen:

- **Materialanteil bis zu 50 %:** Stellt die Reparatur eine Werkleistung dar, beurteilt sich die Leistung **umsatzsteuerlich** *insgesamt* **als sonstige Leistung** und nicht als Lieferung; damit ist keine Gelangensbestätigung erforderlich.
- **Materialanteil über 50 %:** Stellt die Reparatur eine Werkleistung dar, beurteilt sich die Leistung **umsatzsteuerlich** *insgesamt* **als Lieferung**. Für eine Steuerbefreiung als innergemeinschaftliche Lieferung ist damit eine Gelangensbestätigung erforderlich

Bitte beachten Sie!
Auch wenn dies nicht ausdrücklich geregelt wurde, so muss dies im Umkehrschluss bedeuten, dass bei einem Materialanteil von bis zu 50 Prozent eine Werkleistung angenommen werden kann.

Diese Grundsätze gelten für alle Umsätze, die nach dem 31.12.2012 ausgeführt werden (Abschn. 3.8. Abs. 6 UStAE).

18 Unentgeltliche Wertabgaben

§ **Rechtsgrundlagen**

- UStG: § 3 Abs. 1b, Abs. 9a, § 10 Abs. 4
- UStAE: Abschn. 3.2, 3.3, 3.4, 10.6
- MwStSystRL: Art. 16, 26, 74, 75
- BMF, Schreiben vom 15.6.2020, IV C 4 – S 2223/19/10003 :002, 2020/0105723, Steuerliche Maßnahmen zur Unterstützung der Flutopfer in Albanien vom 26. November 2019, BStBl. I 2020, 574.
- BMF, Schreiben vom 23.7.2021, III C 2 – S 7030/21/10008 :001, 2021/0845812, Umsatzsteuer/Billigkeitsmaßnahmen im Zusammenhang mit der Flutkatastrophe vom Juli 2021, BStBl. I 2021, 1024.

18.1 Grundsätzliches

Der Begriff der »unentgeltlichen Wertabgaben« ist zum 1.4.1999 durch das Steuerentlastungsgesetz 1999/2000/2001 in das Umsatzsteuerrecht eingeführt worden.

Er umfasst im Wesentlichen die Tatbestände, die bis zum 31.3.1999 als

- Eigenverbrauch (§ 1 Abs. 1 Nr. 2 S. 2 Buchst. a und b UStG a. F.),
- Gesellschafterverbrauch (§ 1 Abs. 1 Nr. 3 UStG a. F.) sowie
- Arbeitnehmerverbrauch (§ 1 Abs. 1 Nr. 1 S. 2 Buchst. b UStG a. F.)

der USt unterlagen.

 Beratungskonsequenzen

Ausführungen und insbesondere Urteile zur damaligen Rechtslage können i. d. R. auf die neuen Vorschriften entsprechend angewandt werden – mit einer wichtigen Ausnahme: die Steuerbefreiung entgeltlicher Umsätze führt nicht zwangsläufig zur Befreiung entsprechender unentgeltlicher Wertabgaben[149] ➲ Kapitel 16.4 u. 16.5.

---

149 EuGH vom 08.05.2003, Rs. C-269/00, Wolfgang Seeling, BStBl II 2004, 378.

Systematisch sind die unentgeltlichen Wertabgaben

- soweit sie in der Abgabe von Gegenständen bestehen, nach § 3 Abs. 1b UStG den **entgeltlichen Lieferungen gleichgestellt** und

- soweit sie in der Abgabe oder Ausführung von sonstigen Leistungen bestehen, nach § 3 Abs. 9a UStG den **entgeltlichen sonstigen Leistungen gleichgestellt**.

Die Finanzverwaltung positioniert sich umfassend im UStAE:

- Abschn. 3.2: Unentgeltliche Wertabgaben
- Abschn. 3.3: Den Lieferungen gleichgestellte Wertabgaben
- Abschn. 3.4: Den sonstigen Leistungen gleichgestellte Wertabgaben
- Abschn. 10.6: Bemessungsgrundlage bei unentgeltlichen Wertabgaben

18.2 Wegfall des § 3f UStG zum 1.1.2020

18.2.1 Gesetzesänderung

 Rechtsgrundlagen
Neufassung des UStG

(Hinweis: **Einfügungen** und ~~Streichungen~~ sind gekennzeichnet.

§ 3f

~~Ort der unentgeltlichen Lieferungen und sonstigen Leistungen~~ (**weggefallen**)
~~¹Lieferungen im Sinne des § 3 Abs. 1b und sonstige Leistungen im Sinne des § 3 Abs. 9a werden an dem Ort ausgeführt, von dem aus der Unternehmer sein Unternehmen betreibt. ²Werden diese Leistungen von einer Betriebsstätte ausgeführt, gilt die Betriebsstätte als Ort der Leistungen.~~

18.2.2 Inkrafttreten der Neuerung

Die Neuerung gilt **seit dem 18.12.2019**[150].

---

150 Art. 39 Abs. 1 Gesetz zur weiteren steuerlichen Förderung der Elektromobilität und zur Änderung weiterer steuerlicher Vorschriften vom 12.12.2019, BStBl. I 2019, 2451

Grundlagen des deutschen Umsatzsteuerrechts

18.2.3 Inhalt der Neuerung

§ 3f UStG a. F. enthielt eine s**pezielle Regelung zur Ortsbestimmung** für die den entgeltlichen Lieferungen und sonstigen Leistungen gleichgestellten Tatbestände i. S. d. § 3 Abs. 1b und 9a UStG.

Im Unionsrecht ist eine entsprechende Spezialregelung **nicht vorgesehen**. Für unentgeltliche Leistungen gelten nach der Fiktion der Art. 16 bzw. Art. 26 MwStSystRL die allgemeinen Ortsbestimmungsregelungen der Art. 31 bzw. Art. 43 MwStSystRL.

Diese Systematik soll nunmehr auch im nationalen Recht nachvollzogen werden.

18.2.4 Praxisfolgen und Fallbeispiele

Eine Änderung der Regelung zur Ortsbestimmung ist mit der Aufhebung des § 3f UStG **in der Regel nicht** verbunden[151].

Praktische Änderungen können sich z. B. bei Leistungen in Zusammenhang mit einem Grundstück im Ausland sowie bei der kurzfristigen Vermietung eines Beförderungsmittels im Ausland ergeben, bei denen der Leistungsort nicht mit dem Sitzort des Unternehmers bzw. dem Belegenheitsort der Betriebsstätte zusammenfällt. Gleiches gilt für die Entnahme eines Gegenstands eines inländischen Unternehmens im Ausland, ohne dass dort eine Betriebsstätte des Unternehmens liegt.

Beispiel 1

Die unentgeltliche Leistung betrifft die Nutzung eines **in Spanien belegenen Betriebsgrundstücks**.

Bislang war – wenn die Leistung keiner in Spanien begründeten Betriebsstätte zugerechnet wurde – die Leistung am Unternehmenssitz [... in Deutschland ...] steuerbar.

Nunmehr erfolgt die Leistung nach § 3a Abs. 3 Nr. 1 UStG am Belegenheitsort und ist damit in Spanien steuerbar.

---

151 Gesetzesentwurf der Bundesregierung vom 23.9.2019, BT-Drs. 19/13436, zu Art. 8 Nr. 5.

Beispiel 2

Die unentgeltliche Leistung betrifft die kurzfristige Nutzung eines **in Spanien zur Verfügung gestellten Kfz**.

Bislang war – wenn die Leistung keiner in Spanien begründeten Betriebsstätte zugerechnet wurde – die Leistung am Unternehmenssitz [... in Deutschland ...] steuerbar.

Nunmehr erfolgt die Leistung nach § 3a Abs. 3 Nr. 2 UStG dort, wo das Fahrzeug dem Empfänger tatsächlich zur Verfügung gestellt wird, und ist damit in Spanien steuerbar.

Beispiel 3

Die unentgeltliche Leistung betrifft ein **Ersatzteil**, das ein angestellter Monteur **in Spanien einem Kunden schenkt**.

Bislang war – wenn die Leistung keiner in Spanien begründeten Betriebsstätte zugerechnet wurde – die Leistung am Unternehmenssitz [... in Deutschland ...] steuerbar.

Nunmehr erfolgt die Leistung nach § 3 Abs. 7 Satz 1 UStG dort, wo der Monteur dem Kunden das Teil überlässt und ist damit in Spanien steuerbar.

  Beratungskonsequenzen

Bei unentgeltlichen sonstigen Leistungen (»Dienstleistungen« ➲ Beispiele 1 + 2) führt die Neuerung vor allem dann zu Änderungen, wenn die Grundregel des § 3a Abs. 2 UStG nicht zur Anwendung kommt, d. h. **keine B2B-Leistung** vorliegt.

18.3 Solidarmaßnahmen führen schnell in eine Umsatzsteuerfalle

Immer wieder verursachen (Natur-)Katastrophen beträchtliche Schäden, die Solidarmaßnahmen erfordern. Das BMF schnürt dann im Einvernehmen mit den Landesfinanzministerien umfangreiche Maßnahmepakete, um Unterstützungsleistungen für die Opfer steuerlich zu fördern – zuletzt zur Unterstützung der

Erdbebenopfer in Albanien[152]. Dabei betreffen die Fördermaßnahmen ausschließlich die Ertragsteuern in all ihren Erhebungsformen sowie das Verfahrensrecht, da nur hier die Bundesrepublik Deutschland die alleinige Steuerhoheit besitzt.

18.3.1 Europäische Vorgaben sehen keine Hilfsmaßnahmen vor

Das Umsatzsteuerrecht ist in den EU-Mitgliedstaaten insbesondere durch die MwStSystRL weitgehend harmonisiert. Die Mitgliedstaaten sind verpflichtet, die dort getroffenen Regelungen in nationales Recht umzusetzen. Die MwStSystRL kennt **keine Möglichkeit**, die es einem Mitgliedstaat zur Bewältigung von Naturkatastrophen – wenn auch nur zeitlich und sachlich begrenzt – gestatten würde, von den verbindlichen Richtlinienvorschriften abzuweichen. Sachliche Billigkeitsmaßnahmen bei unentgeltlichen Zuwendungen aus einem Unternehmen nach § 3 Abs. 1b UStG sind daher ebenso wenig möglich wie eine Ausweitung der Steuervergütung nach § 4a UStG[153].

18.3.2 Auch unternehmerisch veranlasste unentgeltliche Sachleistungen werden besteuert

Gem. § 3 Abs. 1b Satz 1 Nr. 3 UStG sind einer Lieferung gegen Entgelt unter den weiteren Voraussetzungen (Berechtigung zum Vorsteuerabzug, kein Geschenk von geringem Wert, kein Warenmuster) gleichgestellt auch alle (»jede andere«) unentgeltlichen Zuwendungen, die nicht aus außerunternehmerischen Motiven (Nr. 1) oder zu Privatzwecken des Personals (Nr. 2) erfolgen. **Damit erfasst die Vorschrift auch unternehmerisch bedingte unentgeltliche Wertabgaben[154]!**

Nach der amtlichen Gesetzesbegründung sollte die Neuregelung lediglich einen umsatzsteuerlich **unbelasteten Letztverbrauch vermeiden**[155].

---

152 BMF, Schreiben vom 15.6.2020, IV C 4 – S 2223/19/10003 :002, 2020/0105723, BStBl. I 2020, 574, weiter gültig gem. BMF, Schreiben vom 18.3.2021, Ziffer 770 ➲ mybook.haufe.de > Wichtiges aus dem BMF.

153 BMF, Schreiben vom 15.6.2020, Abschnitt V.

154 Vgl. *Weimann,* GStB 2011, 167.

155 Vgl. BT-Drs. 14/23 = BR-Drs. 910/98; so auch Abschn. 3.3 Abs. 10 Satz 5 UStAE.

Die Finanzverwaltung ist dennoch der Auffassung, dass die Steuerbarkeit nicht entfällt, wenn der zuwendende Unternehmer die Gegenstände aus unternehmerischen Gründen abgibt. Hierzu gehört die Abgabe von neuen oder gebrauchten Gegenständen insbesondere zu Werbezwecken, zur Verkaufsförderung oder zur Imagepflege, z. B. Sachspenden an Vereine oder Schulen, Warenabgaben anlässlich von Preisausschreiben, Verlosungen usw. zu Werbezwecken (Abschn. 3.3 Abs. 10 Sätze 8 u. 9 UStAE). Weite Teile der Literatur sehen hierin – m. E. zu Recht – einen **Verstoß gegen das Neutralitätsgebot**, weil der Unternehmer letztlich mit der Umsatzsteuer aus Gemeinkosten des Unternehmens belastet wird.

Beispiel 4

Schenkt der deutsche Unternehmer seinen albanischen Geschäftspartnern zum Zwecke der Aufrechterhaltung der Geschäftsbeziehungen eine Maschine aus seinem Betriebsvermögen, sind die Aufwendungen in voller Höhe als Betriebsausgaben abziehbar. § 4 Abs. 5 Satz 1 Nr. 1 EStG ist insoweit aus Billigkeitsgründen nicht anzuwenden[156].

Umsatzsteuerlich ist die unentgeltliche Zuwendung auch dann nach § 3 Abs. 1b Satz 1 Nr. 3 UStG steuerbar, wenn der Unternehmer sie aus unternehmerischen Erwägungen tätigt.

Das war einmal anders! Bis zum 31.3.1999 wäre eine derartige Zuwendung nicht umsatzsteuerbar gewesen, da der »alte« Eigenverbrauch (§ 1 Abs. 1 Nr. 2 Satz 2 Buchst. a und b a. F. UStG) neben dem Gesellschafterverbrauch (§ 1 Abs. 1 Nr. 3 a. F. UStG) und dem Arbeitnehmerverbrauch (§ 1 Abs. 1 Nr. 1 Satz 2 Buchst. c a. F. UStG) nur Wertabgaben aus außerunternehmerischen Erwägungen erfasste[157].

 Beratungskonsequenzen

1. Der Mandant ist darauf hinzuweisen, dass er im Fall der Sachspende neben der »reinen« Sacheinbuße grundsätzlich auch die **zusätzliche Umsatzsteuerbelastung** zu tragen hat.

2. Auch nach der Verwaltungsauffassung nicht steuerbar ist dagegen die Gewährung **unentgeltlicher sonstiger Leistungen** aus unternehmerischen Gründen. Hierunter fällt z. B. die unentgeltliche Überlassung von Gegenständen, die im Eigentum des Zuwendenden verbleiben und die der Empfänger später den

---

156   BMF, Schreiben vom 15.6.2020, Abschn. I Ziff. 2.
157   Vgl. *Weimann,* UStB 2005, 389.

Zuwendenden zurückgeben muss[158].
Beispiel: Wie vorher unter Beispiel 4. Der deutsche Unternehmer überlässt seinen albanischen Geschäftspartnern die Maschine lediglich leihweise.

3. Lezteres dürfte selbst dann gelten, wenn sich im Nachhinein herausstellt, dass die Maschine aufgrund der Nutzung für das deutsche Unternehmen wertlos geworden ist und die **albanischen Geschäftspartner die Verschrottung übernehmen**[159].

18.4 Sonderfall: Bewältigung von Regentief »Bernd«

Billigkeitsmaßnahmen für unmittelbar Betroffene, aber auch für deren Helfer!

Das Unwetter hat am 14. und 15.7.2021 in Bayern, Nordrhein-Westfalen, Rheinland-Pfalz und Sachsen zu teilweise flächendeckenden Zerstörungen und zu einem Kollaps der Versorgung in den betroffenen Gebieten geführt. Zur Unterstützung bei der Bewältigung des außergewöhnlichen und parallel zur Corona-Pandemie eingetretenen Unwetterereignisses haben das BMF und die Landesfinanzminister nunmehr auch umsatzsteuerliche Billigkeitsmaßnahmen verabschiedet[160].

Durch das Regentief sind beträchtliche Hochwasser-Schäden entstanden. Die Beseitigung dieser Schäden wird bei vielen unmittelbar betroffenen Steuerpflichtigen zu erheblichen finanziellen Belastungen führen. Die Finanzverwaltungen des Bundes und der Länder haben bereits reagiert und kommen den Geschädigten durch steuerliche Maßnahmen zur Vermeidung unbilliger Härten entgegen. Unterstützt werden müssen aber auch die vielen freiwilligen Helfer!

---

158 Vgl. Abschn. 3.3 Abs. 10 Sätze 10 u. 11 UStAE.
159 Vgl. *Weimann*, GStB 2011, 167.
160 BMF, Schreiben vom 23.7.2021, III C 2 – S 7030/21/10008 :001, 2021/0845812
     ➲ mybook.haufe.de > Wichtiges aus dem BMF.

So geschehen!

Es ist ein sonniger Tag, durch den Ort laufen nun immer neue Trupps von Helfern, manche kommen von weit her. Bruno Kalhøj zum Beispiel, ein Däne, der über Facebook Kontakt zu einer Helfergruppe aufnahm, sich einen kleinen Bagger lieh und sich aufmachte, bis zum Schotterweg hinunter nach Mayschoß.

Kalhøj war lange in Frankfurt, als Sicherheitschef der Europäischen Zentralbank, davor war er mit der dänischen Armee im Irak und in Afghanistan. »Aber hier ist es schlimmer«, sagt er, während er mit seinem Bagger einen Schuttberg wegräumt, »weil es so ein riesiges Gebiet der Zerstörung ist.« Und wenn ihn etwas wundere, »dann dass die Menschen hier überhaupt noch auf den Beinen stehen, nach all dieser Anstrengung und dem Verlust«[161].

BMF und Landesfinanzminister haben das erkannt und helfen mit Umsatzsteuervergünstigungen, wenn Unternehmer

- selbst hochwassergeschädigt sind oder
- sich helfend in die Schadensbeseitigung einbringen.

18.4.1 Überlassung von Wohnraum durch die öffentliche Hand

Für Nutzungsänderungen von Unternehmen der öffentlichen Hand im Zusammenhang mit der Bewältigung der Flutkatastrophe vom Juli 2021 wird gem. § 163 AO aus sachlichen Billigkeitsgründen bis zum 31.12.2021 von der Besteuerung einer unentgeltlichen Wertabgabe nach § 3 Abs. 9a UStG und einer Vorsteuerkorrektur nach § 15a UStG abgesehen, wenn und soweit der Sachverhalt in einer Nutzung zur Bewältigung der Flutkatastrophe begründet ist.

 Beratungskonsequenzen

1. Diese Billigkeitsregelung ist auch auf **Vorsteuern aus laufenden Kosten** anzuwenden.
2. Die Billigkeitsregelung ist auf **in privater Rechtsform betriebene Unternehmen der öffentlichen Hand** entsprechend anzuwenden, sofern die Nutzungsüberlassung unentgeltlich erfolgt.

---

161 Ruhr Nachrichten, Sonntag, den 25.7.2021, Ausgabe SZ 30, 29. Woche

Grundlagen des deutschen Umsatzsteuerrechts

18.4.2 Überlassung von Wohnraum durch private Unternehmen

Von der Besteuerung einer unentgeltlichen Wertabgabe und einer Vorsteuerkorrektur nach § 15a UStG wird im Billigkeitswege ebenfalls befristet bis zum 31.12.2021 abgesehen, wenn private Unternehmen Unterkünfte, die für eine umsatzsteuerpflichtige Verwendung vorgesehen waren unentgeltlich Personen zur Verfügung stellen, die infolge der Flutkatastrophe vom Juli 2021 obdachlos geworden sind oder als Helfer in den Krisengebieten tätig sind.

Beispiel 5

Unentgeltliche Überlassung von

- Hotelzimmern
- Ferienwohnungen
- etc.

Beratungskonsequenzen

Beabsichtigen diese Unternehmer **bereits bei Bezug von Nebenleistungen (Strom, Wasser o. Ä.)** eine unentgeltliche Beherbergung von Flutopfern oder Helfern, wird ausnahmsweise unter den oben genannten Bedingungen und den weiteren Voraussetzungen des § 15 UStG ebenfalls befristet bis 31.12.2021 zusätzlich im Billigkeitswege ein entsprechender Vorsteuerabzug für Vorsteuern aus laufenden Kosten gewährt. Die folgende unentgeltliche Wertabgabe wird nach dem vorangegangenen Absatz im Billigkeitswege nicht besteuert.

18.4.3 Unentgeltliche Nutzung von Wirtschaftsgütern zur Suche und Rettung von Flutopfern sowie zur Beseitigung der Flutschäden

Bei der unentgeltlichen Verwendung von dem Unternehmen zugeordneten Gegenständen (Investitionsgütern), die zuvor zum vollen oder teilweisen Vorsteuerabzug berechtigt haben,

- zur Bewältigung der unwetterbedingten Schäden und Folgen der Flutkatastrophe vom Juli 2021, die außerhalb des Unternehmens liegen, oder
- für den privaten Bedarf des durch die Unwetter betroffenen Personals,

wird im Billigkeitswege befristet bis zum 31.10.2021 auf die Besteuerung einer unentgeltlichen Wertabgabe verzichtet.

Beispiel 6

Unentgeltliche Überlassung von
- Fahrzeugen
- Räumlichkeiten zur Unterbringung von Mensch und Tier
- Stellflächen für Fahrzeuge, Geräte, Müll
- etc.

18.4.4 Unentgeltliche Erbringung einer sonstigen Leistung

Bei der unentgeltlichen Erbringung einer sonstigen Leistung durch den Unternehmer für Zwecke,

- die unmittelbar der Bewältigung der unwetterbedingten Schäden und Folgen dienen, die außerhalb des Unternehmens liegen, oder
- für den privaten Bedarf des durch die Unwetter betroffenen Personals,

wird im Billigkeitswege **befristet bis zum 31.10.2021** auf die Besteuerung einer unentgeltlichen Wertabgabe verzichtet.

Beispiel 7

Unentgeltliche Erbringung von sonstigen Leistungen wie
- Personalgestellungen,
- Aufräumarbeiten mit eigenem Gerät und Personal
- Reparatur und/oder Wartung von Hilfsfahrzeugen
- etc.

18.4.5 Herabsetzung der Umsatzsteuer-Sondervorauszahlung 2021

Bei Unternehmen, die von der Flutkatastrophe betroffen sind, kann auf entsprechenden Antrag die Umsatzsteuer-Sondervorauszahlung 2021 ggf. **bis auf Null herabgesetzt** werden, ohne dass die gewährte Dauerfristverlängerung durch die Erstattung bzw. Festsetzung auf Null berührt wird.

18.4.6 Sachspenden

Bei unentgeltlichen Zuwendungen aus einem Unternehmen nach § 3 Abs. 1b UStG, die

- im **Zeitraum 15.7.2021–31.10.2021** erfolgen, wird aus Billigkeitsgründen auf eine Besteuerung verzichtet, wenn es sich bei den gespendeten Gegenständen um Lebensmittel, Tierfutter,
- für den täglichen Bedarf notwendige Güter (insbesondere Hygieneartikel, Reinigungsmittel, Kleidung, Geschirr oder medizinische Produkte) oder
- zur unmittelbaren Bewältigung des Unwetterereignisses sachdienliche Wirtschaftsgüter (z. B. Pumpen, Werkzeug, Maschinen) handelt und
- die Gegenstände den unmittelbar von der Flutkatastrophe betroffenen Menschen zugutekommen.

> **➡ Beratungskonsequenzen**
>
> Beabsichtigen Unternehmer **bereits bei Bezug oder Herstellung der gespendeten Waren** eine entsprechende unentgeltliche Weitergabe, wird unter den gleichen Bedingungen und den weiteren Voraussetzungen des § 15 UStG ein entsprechender Vorsteuerabzug im Billigkeitswege gewährt.

19 Innergemeinschaftlicher Erwerb – Innergemeinschaftliches Verbringen

> **§ Rechtsgrundlagen**
>
> - UStG: § 1a–c
> - UStAE: Abschn. 1a.1, 1a.2, 1b.1, 1c.1
> - MwStSystRL: Art. 2–4, 20 ff., 131, 141

19.1 Grundsätzliches zum innergemeinschaftlichen Erwerb und Verbringen

> **! Hinweis**
>
> ➲ mybook.haufe.de > Vertiefende Informationen > Kapitel 19.1

19.2 Vorsicht vor einem »falschen« innergemeinschaftlichen Erwerb!

> **§ Rechtsgrundlagen**
>
> * EuGH v. 22.4.2010
> * BFH v. 1. u. 8.9.2010
> * BMF v. 7.7.2011
> * Abschn. 15.10 UStAE n. F.

Aufgrund der neuen Rechtsprechung von EuGH und BFH ergibt sich für den Käufer unerwartet ein **Vorsteuer- und Zinsrisiko** bei Verwendung einer anderen USt-IdNr. als der des Bestimmungslandes ➲ Kapitel 75.5.2 und 75.5.3.

19.3 Anwendung des § 3 Abs. 8 UStG war bis zum 31.12.2018 möglich

Bis zum 31.12.2018 war immer auch eine entsprechende Anwendung des § 3 Abs. 8 UStG zu erwägen!

Befördert oder versendet der Lieferer den Gegenstand unmittelbar aus dem übrigen Gemeinschaftsgebiet an den inländischen Abnehmer, liegt ein innergemeinschaftlicher Erwerb seitens des Abnehmers vor.

Aus Gründen der Vereinfachung konnte auch in diesen Fällen ein **innergemeinschaftliches Verbringen i. S. v. § 1a Abs. 2 UStG** angenommen werden, wenn

* Abgangsstaat und
* Bestimmungsstaat

mit dieser Behandlung einverstanden waren.

Die Regelung betraf vor allem Unternehmer, die vor Inkrafttreten des UStG 1993 Gegenstände unter den Lieferbedingungen »versteuert« eingeführt hatten. Diese Unternehmer konnten den Ort der Lieferung ins Inland verlagern und Schuldner der EUSt werden[162]. Diese nach Art. 32 UnterAbs. 2 MwStSystRL zulässige Verlagerung des Umsatzes ist ab 1.1.1993 nur mehr bei Einfuhren aus einem Drittland möglich.

Da die der Praxis entgegenkommende Regelung ohne ersichtlichen Grund auf den Drittlandsverkehr beschränkt wurde, hatten sich die EG-Mitgliedstaaten auf eine Beibehaltung dieser Regelung im innergemeinschaftlichen Verkehr unter bestimmten Voraussetzungen verständigt.

Beispiel 1

Ein niederländischer Gemüsegroßhändler (NL) beliefert in 2018 Einzelhandelsgeschäfte (E) im Ruhrgebiet. NL arbeitet ausschließlich auf Vorbestellung; die E müssen dem NL am Abend vorher mitteilen, von welcher Ware sie welche Mengen wünschen.

⊃ Folge:

Da für NL die Abnehmer jeweils schon bei Beginn des Transports feststehen, tätigt NL eigentlich aus den Niederlanden heraus steuerfreie inngemeinschaftliche Lieferungen an die E (⊃ Kapitel 21.3.1). Konsequenterweise hätten die E damit innergemeinschaftliche Erwerbe zu besteuern. Da die E damit verwaltungstechnisch (buchhalterisch) im Zweifel überfordert wären, bietet es sich an, dass

* NL die Erwerbsbesteuerung übernimmt und
* die E dann im Rahmen »normaler« innerdeutscher Umsätze beliefert.

Beispiel 2

Wie Beispiel 1. NL arbeitet nicht auf Vorbestellung, sondern schätzt selbst ein, welche Ware seine Kunden wohl vor Ort abrufen werden. Die Kunden müssen sich also erst vor Ort (in Deutschland) entscheiden.

⊃ Folge:

Da für NL die Abnehmer bei Beginn des Transports noch nicht feststehen, muss NL schon qua Gesetzes

* die Erwerbsbesteuerung übernehmen

---

162   § 3 Abs. 8 UStG a. F.

- die E dann im Rahmen »normaler« innerdeutscher Umsätze beliefern (➲ Kapitel 21.3.1). Die Rechtslage ähnelt der bei der Lieferung aus Konsignationslagern (➲ Kapitel 33).

Nach **Abschn. 1a.2 Abs. 14 UStAE a. F.**[163] wurde unter dort näher bestimmten Voraussetzungen ein innergemeinschaftliches Verbringen angenommen[164].

Die Vereinfachung ist zum 31.12.2018 ausgelaufen! Dies insbesondere zur Vermeidung des Risikos eines Steuerausfalls, das sich aufgrund der Vereinfachungsregelung aus der Steuerschuldverlagerung ins Inland ergibt[165].

19a   Umsatzsteuer-Identifikationsnummer

§ **Rechtsgrundlagen**

- UStG: §§ 18e, 27a
- UStAE: Abschn. 18e.1, 18e.2, 27a.1
- MwStSystRL: Art. 213 ff.
- BMF, Schreiben vom 28.10.2020, III C 5 – S 7427-d/19/10001 :001, 2020/1044418, Änderung zu Abschn. 18e des UStAE (»Bestätigung einer ausländischen Umsatzsteuer-Identifikationsnummer«); Nachweisführung im Bestätigungsverfahren, weiter gültig gem. BMF, Schreiben vom 18.3.2021, Anlage 1 Ziffer 1812

19a.1   »FAQ« – Die häufigsten Fragen und Antworten

🛈 **Hinweis**

Die nachfolgenden Ausführungen bauen auf FAQ des BZSt auf und ergänzen, erläutern oder kürzen diese, soweit dies erforderlich oder geboten erscheint. Eine zusätzliche Checkliste unterstützt Sie im Tagesgeschäft.

---

163   Bis 31.10.2010: Abschn. 15b Abs. 14 UStR 2008.
164   ➲ vgl. 18. Auflage 2021, Kapitel 19.3.
[165] BMF, Schreiben vom 23.04.2018, III C 3 – S 7103a/17/10001, 2018/0248550, BStBl. I 2018, 638

FAQ 1: Was ist die USt-IdNr.?

Die Umsatzsteuer-Identifikationsnummer (USt-IdNr.) ist ein **eindeutiges Identifikationsmerkmal für EU-Unternehmer** im Bereich der Umsatzsteuer. Sie dient der Abwicklung von innergemeinschaftlichen Leistungen. Unternehmer, die am EU-Binnenmarkt teilnehmen, benötigen die USt-IdNr.

FAQ 2: Bestätigung von ausländischen USt-IdNrn.

Über das folgende **Internetformular** können Sie sich die Gültigkeit einer ausländischen USt-IdNr. bestätigen lassen. Das BZSt ist täglich in der Zeit zwischen 05:00 Uhr und 23:00 Uhr erreichbar.

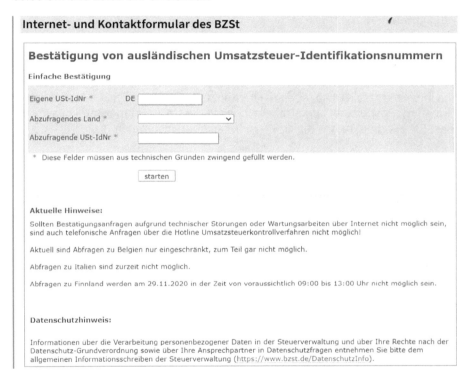

Als Ergänzung zum Bestätigungsverfahren über das Internetformular bietet das Bundeszentralamt für Steuern (BZSt) eine **Alternative** an, die sich insbesondere an **Unternehmen mit vielen Bestätigungsanfragen** richtet. Über die sog. **XML-RPC-Schnittstelle** wird Unternehmen die Möglichkeit gegeben, die Prüfung von ausländischen Umsatzsteuer-Identifikationsnummern (USt-IdNrn.) in die eigenen Softwaresysteme einzubinden und die USt-IdNrn. automatisiert abzufragen.

FAQ 3:   Was ist der Unterschied zwischen einer einfachen und einer qualifizierten Bestätigung?

Bei einer **einfachen Bestätigung** erhalten Sie Auskunft darüber, ob eine ausländische USt-IdNr. zum Zeitpunkt der Anfrage in dem Mitgliedstaat, der sie erteilt hat, gültig ist.

> **Beachten Sie!**
> Eine einfache Bestätigung muss zwingend vor einer qualifizierten Bestätigung durchgeführt werden.

Bei einer **qualifizierten Bestätigung** können Sie darüber hinaus abfragen, ob die von Ihnen mitgeteilten Angaben zu Firmenname (einschließlich der Rechtsform), Firmenort, Postleitzahl und Straße mit den in der **Unternehmerdatei des jeweiligen EU-Mitgliedstaates** registrierten Daten übereinstimmen.

> **Beratungskonsequenzen**
> Eine Bekanntgabe der in der Unternehmerdatei des jeweiligen EU-Mitgliedstaates registrierten Daten ist **nicht** möglich.

FAQ 4:   Wer ist anfrageberechtigt?

Anfrageberechtigt ist **jeder Inhaber einer deutschen USt-IdNr.** Die Anfrage muss immer die eigene deutsche USt-IdNr. (Anfrageberechtigung) enthalten.

FAQ 5:   Welche Möglichkeiten gibt es, eine Bestätigung durchzuführen?

Neben der Möglichkeit der Online-Bestätigungsanfrage können Sie die einfache und qualifizierte Anfrage auch

- postalisch,
- telefonisch,

- per Telefax oder
- per E-Mail

an das BZSt zu richten. Nutzen Sie hierfür bitte das entsprechende Kontaktformular des BZSt (➲ FAQ 2).

> **Beachten Sie!**
> Die Antwort erfolgt **grundsätzlich schriftlich**; eine Ausnahme gilt für Internetanfragen (➲ FAQ 6).
>
> Sollten Sie über die Online-Bestätigung zu einer ausländischen USt-IdNr. mehrere Anfragen an einem Tag gestellt und zu jeder Anfrage eine Bestätigungsmitteilung gewünscht haben, wird lediglich das Ergebnis der zeitlich letzten Anfrage schriftlich mitgeteilt.

FAQ 6: Muss ich bei Anfragen zu einzelnen USt-IdNrn. über das Internet immer eine schriftliche Bestätigungsmitteilung des BZSt anfordern?

1. Rechtslage bis 31.12.2020

Bei Anfragen zu einzelnen USt-IdNrn. über das Internet **konnte** der Nachweis der durchgeführten qualifizierten Bestätigungsabfrage – abweichend vom Grundsatz einer qualifizierten amtlichen Bestätigungsmitteilung – durch die Übernahme des vom BZSt übermittelten Ergebnisses als Screenshot in das System des Unternehmers geführt werden.

Durch Anklicken eines entsprechenden Feldes erfolgte die Antwort **auf besonderen Wunsch des Anfragenden auch schriftlich**.

2. Rechtslage ab 1.1.2021

Das BMF hat Abschn. 18e Abs. 2 Sätze 3 bis 5 und Abs. 5 UStAE neu gefasst[166]:

 Rechtsgrundlagen

Ab 1.1.2021: Neufassung von Abschn. 18e.1 Abs. 2 u. Abs. 5 UStAE
Bestätigung einer ausländischen Umsatzsteuer-Identifikationsnummer
(Hinweis: **Einfügungen** und ~~Streichungen~~ sind gekennzeichnet.

---

166   BMF, Schreiben vom 28.10.2020 ➲ mybook.haufe.de > Wichtiges aus dem BMF.

(1) ...

(2) [1]Unternehmer können einfache und qualifizierte Bestätigungsanfragen schriftlich, über das Internet (www.bzst.de) oder telefonisch an das BZSt – Dienstsitz Saarlouis –, 66738 Saarlouis (Telefon-Nr.: 0228/406-1222), stellen. [2]Bei Anfragen über das Internet besteht neben der Anfrage zu einzelnen USt-IdNrn. auch die Möglichkeit, gleichzeitige Anfragen zu mehreren USt-IdNrn. durchzuführen. [3]Bei Anfragen zu einzelnen USt-IdNrn. ~~kann~~ **ist** der Nachweis der durchgeführten qualifizierten Bestätigungsa~~b~~nfrage ~~– abweichend vom Grundsatz einer qualifizierten amtlichen Bestätigungsmitteilung –~~ durch **die Aufbewahrung des Ausdrucks** oder die Übernahme des vom BZSt übermittelten Ergebnisses **in einem allgemein üblichen Format** oder als Screenshot in das System des Unternehmens ~~geführt werden~~ **zu führen**. [4]Bei der Durchführung gleichzeitiger Anfragen zu mehreren USt-IdNrn. über ~~eine XML-RPC-~~ **die vom BZSt zu diesem Zweck angebotene** Schnittstelle kann die vom BZSt übermittelte elektronische Antwort in Form eines Datensatzes unmittelbar in das System des Unternehmens eingebunden und ausgewertet werden. [5]In diesen Fällen ~~kann~~ **ist** der Nachweis einer durchgeführten qualifizierten Anfrage einer USt-IdNr. – abweichend vom Grundsatz einer qualifizierten amtlichen Bestätigungsmitteilung – über den vom BZSt empfangenen Datensatz ~~geführt werden~~ **zu führen**.

...

(5) [1]~~Da~~ **Erfolgt** eine Anfrage telefonisch, teilt das BZSt~~ teilt~~ das Ergebnis der Bestätigungsanfrage grundsätzlich schriftlich mit.~~, auch wenn vorab eine telefonische Auskunft erteilt wurde.~~ ~~[2]Bestätigungsanfragen über das Internet werden unmittelbar beantwortet; eine zusätzliche schriftliche Mitteilung durch das BZSt kann angefordert werden.~~

Beratungskonsequenzen

1. Die Grundsätze dieses Schreibens sind erstmals auf Bestätigungsanfragen anzuwenden, die **nach dem 31.12.2020** an das BZSt gestellt werden.

2. Die Möglichkeit des Anfragenden, bei Internetanfragen auf Wunsch durch Anklicken des entsprechenden Feldes eine schriftliche **Antwort des BZSt per Briefpost** anzufordern, besteht **nicht** mehr.

3. Beispiel für eine **Originalbestätigung**:

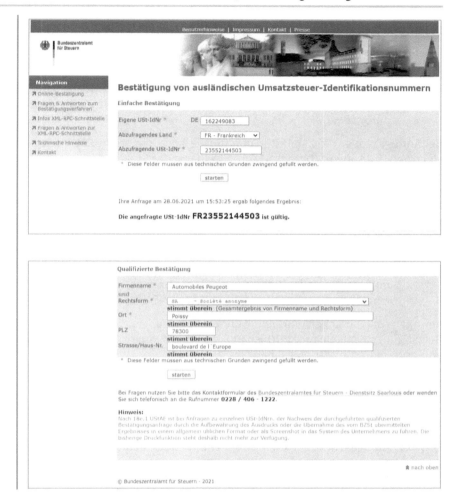

FAQ 7:   Ich möchte besonders viele Anfragen gleichzeitig stellen, ist das möglich?

Für Unternehmen mit besonders vielen Anfragen bietet das BZSt die Möglichkeit die Abfrage der USt-IdNr. auch in eigene Systeme zu integrieren. Die Schnittstelle zum BZSt-System läuft über eine **XML-RPC-Schnittstelle**.

Hinweis

Mehr Informationen dazu finden Sie auf der Homepage des BZSt (www.bzst.de).

FAQ 8:   Muss ich bei Anfragen über die XML-RPC-Schnittstelle zusätzlich zur elektronischen Antwort immer eine schriftliche Mitteilung des BZSt anfordern?

Bei Anfragen über die XML-RPC-Schnittstelle kann die vom BZSt übermittelte elektronische Antwort (Datensatz) unmittelbar in das System des Unternehmens eingebunden und ausgewertet werden. In diesen Fällen kann der **Nachweis** einer durchgeführten qualifizierten Anfrage einer USt-IdNr. – abweichend vom Grundsatz einer qualifizierten amtlichen Bestätigungsmitteilung – **über den vom BZSt empfangenen Datensatz** geführt werden (Abschn. 18e.1 Abs. 2 UStAE n. F. ➲ FAQ 6).

FAQ 9:   Welche rechtliche Wirkung haben eine schriftliche Bestätigungs-mitteilung, ein in das System übernommener Screenshot bzw. eine übermittelte elektronische Antwort?

Anfragen zur rechtlichen Würdigung und steuerlichen Auswirkung der jeweiligen Bestätigungsmitteilungen sind nicht an das BZSt, sondern an das für das Besteu-erungsverfahren zuständige Finanzamt zu richten.

 Beratungskonsequenzen

Zuständig ist also **Ihr Betriebsfinanzamt.**

FAQ 10: Kann ich als deutscher Unternehmer auch deutsche USt-IdNrn. bestätigen lassen?

Lediglich Lagerhalter i. S. d. § 4 Nr. 4a UStG können auf Antrag auch die Gültig-keit inländischer USt-IdNrn. sowie Name und die Anschrift des Auslagerers oder dessen Fiskalvertreters bestätigen (§18e Nr. 2 UStG) lassen.

 Beratungskonsequenzen

Im Normalfall können Sie sich die deutsche USt-IdNr. Ihres Geschäftspartners – etwa zur Bestätigung seiner Unternehmereigenschaft – **nicht** überprüfen lassen. Insoweit stehen Ihnen aber andere Möglichkeiten zur Verfügung ➲ Kapitel 11

Für die Bestätigung deutscher USt-IdNrn. durch Lagerhalter kann das Online-Bestätigungsverfahren nicht genutzt werden. Richten Sie Ihre schriftliche Anfrage mit der Zulassung als beim Finanzamt registrierter Umsatzsteuerlagerinhaber an das Bundeszentralamt für Steuern, Dienstsitz Saarlouis, Ludwig-Karl-Balzer-Allee 2, 66740 Saarlouis.

FAQ 11: Bestätigungen sind im Internet nicht möglich, was soll ich tun?

Bestätigungsanfragen über das Internet greifen auf die gleiche Datenbank zurück, wie Bestätigungen, die per Telefon oder aufgrund schriftlicher Anfragen durchgeführt werden. Ist die Technik im Internet ganz oder nur für einige Länder, z. B. aufgrund von Wartungsarbeiten, ausgefallen, so ist auch eine Bestätigung per Telefon nicht möglich.

 Beratungskonsequenzen

Bitte versuchen Sie, die Bestätigung **zu einem späteren Zeitpunkt im Internet** durchzuführen.

 Hinweis

Auf der Webseite zum Online-Bestätigungsverfahren finden Sie eine **Übersicht der geplanten Ausfälle** aufgrund von Wartungsarbeiten.

FAQ 12: Ist die Nutzung der Bestätigung über das Internet kostenpflichtig?

Die Nutzung der einfachen und/oder der qualifizierten Bestätigung über das Internet ist **kostenfrei**. Es entstehen lediglich die Verbindungsentgelte Ihres Internetanbieters.

FAQ 13: Ich erhalte nicht alle angefragten Daten bestätigt bzw. ich erhalte im Ergebnis die Mitteilung »stimmt nicht überein«. Was soll ich tun?

Eine **Bekanntgabe der in der Unternehmerdatei** des jeweiligen EU-Mitgliedstaates registrierten Daten durch das BZSt ist **nicht** möglich. Daher lautet die Aufforderung des BZSt:

 Beratungskonsequenzen

Bitte setzen Sie sich zunächst **mit Ihrem Geschäftspartner in Verbindung** und lassen Sie sich **von diesem** die korrekten Daten nennen.

- Rechtschreibfehler,
- Buchstabendreher oder
- die Eingabe von Sonderzeichen

führen in der Regel nicht zu dem Ergebnis »stimmt nicht überein«. Vergewissern Sie sich bitte direkt bei Ihrem Geschäftspartner, ob die Daten, die er Ihnen gegeben hat, mit den in seinem Mitgliedstaat hinterlegten Daten übereinstimmen.

Beachten Sie!

Ist sich Ihr Geschäftspartner nicht sicher, welche Daten hinterlegt sind, so hat **er** (der Geschäftspartner) die Möglichkeit, bei der zuständigen Behörde im jeweiligen EU-Mitgliedstaat, die für sein Unternehmen hinterlegten Daten zu erfragen.

Eine Änderung bzw. Anpassung der Daten ist lediglich bei den zuständigen Behörden im jeweiligen Mitgliedstaat durch Ihren Geschäftspartner selbst möglich.

 Beratungskonsequenzen

Erfragen kann also ausschließlich Ihr Geschäftspartner und nicht Sie selbst!

FAQ 14: Ich möchte eine Bestätigung für zurückliegende Zeitpunkte oder Zeiträume durchführen. Ist das möglich?

Eine Bestätigung für zurückliegende Zeitpunkte oder Zeiträume sind **nicht** möglich.

FAQ 15: Mein ausländischer Geschäftspartner möchte meine deutsche USt IdNr. bestätigt bekommen. Kann er sich an das BZSt wenden?

Das BZSt bestätigt ausschließlich deutschen Unternehmern die Gültigkeit der USt-IdNr. die von einem anderen EU-Mitgliedstaat erteilt wurde (§ 18e Nr. 1 UStG).

Jeder EU-Mitgliedstaat hat eine zentrale Behörde geschaffen, die Bestätigungen über die Gültigkeit ausländischer USt-IdNr. erteilt. **Bei dieser (ausländischen) Behörde** kann sich Ihr Geschäftspartner Ihre deutsche USt-IdNr. bestätigen lassen.

FAQ 16: Wie sind ausländische USt-IdNrn. aufgebaut?

Informationen über den Aufbau von ausländischen USt-IdNrn. finden Sie in einem **Merkblatt auf der Homepage des BZSt** ➲ Kapitel 19a.3.

19a.2 Steuerbefreiung auch bei zwischenzeitlich ungültig gewordener USt-IdNr.!

 Rechtsgrundlagen
FG Berlin-Brandenburg, Urteil vom 4.11.2015[167]

Sachverhalt

Ein deutscher Kfz-Händler (D) verkaufte ein Fahrzeug an ein spanisches Unternehmen (ES). D behandelte den Umsatz als innergemeinschaftliche Lieferung umsatzsteuerfrei (§§ 4 Nr. 1 Buchst. b, 6a UStG).

Im Abschluss an eine Umsatzsteuer-Nachschau (§ 27b UStG) versagte das Finanzamt die Steuerbefreiung. Die von ES angegebene USt-IdNr. sei zwar bei Vertragsschluss, nicht aber im (späteren) Lieferzeitpunkt gültig gewesen.

Entscheidung

D hat nach Auffassung des FG die nach § 6a Abs. 3 UStG, §§ 17a ff. UStDV **Beleg- und Buchnachweise vollständig erbracht**. Dem steht nicht entgegen, dass die aufgezeichnete USt-IdNr. zurzeit der Lieferung nicht mehr galt. Denn zum **Zeitpunkt des Vertragsschlusses** hatte die D alle für den Beleg- und Buchnachweis erforderlichen Angaben erfasst (Besprechungsurteil, Rz. 35).

Der Vertragsschluss erfolgte mit der Bestätigung des Geldeinganges durch die Pro-Forma-Rechnung und der Bereitstellung des Fahrzeugs zur Abholung. **Denn bereits zu diesem Zeitpunkt hatte sich D vertraglich gebunden**, das Fahrzeug an ES zum vereinbarten und schon erhaltenen Preis zu liefern. Mit der Abfrage der USt-IdNr. beim BZSt hat D zu diesem Zeitpunkt alles getan, um die erforderlichen Angaben zu ermitteln. Zudem galt die USt-IdNr. auch an diesem Tag noch. Es war zum Zeitpunkt des Vertragsschlusses für D nicht möglich zu erkennen, dass sich dies zukünftig ändern werde.

Allein das Auseinanderfallen von Vertragsschluss und Lieferzeitpunkt verpflichtet den Lieferer nicht, die beim Vertragsschluss korrekten Angaben insbesondere zur

---

167 Az. 7 K 7283/1.

Umsatzsteueridentifikationsnummer erneut und gegebenenfalls laufend in ganz kurzen Abständen zu überprüfen (Besprechungsurteil, Rz. 37).

Dies wäre dann anders, wenn

- der Lieferer **Anhaltspunkte für eine Änderung der Angaben** hat; diesen müsste er dann nachgehen oder

- zwischen Vertragsschluss und Lieferung eine **größere Zeitspanne** liegt. Eine Zeitspanne von – wie im Streitfall – elf Tagen (davon neun Tage zwischen Vertragsschluss und Liefertag) reicht dafür aber nach Ansicht des Senats nicht aus. Welche Zeitspanne ausreichen würde, lässt das Gericht offen (Besprechungsurteil, Rz. 38).

FinVerw verzichtet auf Revision

Die FG hat Revision gemäß § 115 Abs. 2 FGO zugelassen, weil die Einzelheiten zur Aufzeichnungspflicht der USt-IdNr. nebst der Vertrauensschutzregelung des § 6a Abs. 4 UStG bei Wegfall der USt-IdNr. während der Abwicklung des Geschäfts noch nicht im Einzelnen geklärt sind (Besprechungsurteil, Rz. 45). Die Finanzverwaltung hat darauf – soweit ersichtlich – verzichtet.

 Beratungskonsequenzen

In diesem Verzicht steckt eine große Aussagekraft![168] Rechnet die Finanzverwaltung nämlich mit einer für sie negativen Entscheidung des BFH, vermeidet sie es gerne, dass ein Streitfall »hochgekocht« wird, verzichtet auf Rechtsmittel und wendet die – wahrscheinlich falsche, aber profiskalische – Rechtsauffassung weiter an.

Urteil nur restriktiv anwenden

Das Besprechungsurteil ist das erste zu diesem Problembereich; die Rechtsauffassung ist damit alles andere als gesichert.

Das Urteil sollte daher nur als **Rettungsanker** gesehen werden – und keinesfalls als »Freibrief« zur Einsparung von Prüfungshandlungen des Lieferanten:

---

[168] *Weimann,* AStW 2016, 771.

➡ **Beratungskonsequenzen**

1. Ein vorsichtiger Unternehmer sollte damit auch weiterhin die USt-IdNr. bei der Lieferung – und damit in der Regel ein zweites Mal – prüfen.

2. Nur dann, wenn diese zweite Prüfung im Ausnahmefall einmal nicht erfolgt ist oder sich sonstige Unregelmäßigkeiten ergeben, sollte man sich des Urteils erinnern.

3. Es bleibt abzuwarten, ob auch andere Gerichte diesen Gedanken aufnehmen, und damit weiter spannend!

19a.2.5 Ergänzende Hinweise des FG

Das FG weist hilfsweise darauf hin, dass

- nach der EuGH- und BFH-Rechtsprechung die Steuerbefreiung **nicht** allein wegen des Fehlens der Aufzeichnung einer USt-IdNr. ohne weiteres hätte versagt werden dürfen (Besprechungsurteil, Rz. 39 f.)

> **Beachten Sie!**
> Nach Umsetzung der Quick Fixes durch § 6a Abs. 1 UStG dürfte diese Rechtsauffassung kaum noch weiter Bestand haben ➲ Kapitel 21b.2.

- ggf. auch **Vertrauensschutz** zu gewähren wäre (Besprechungsurteil, Rz. 41 f.).

19a.3 Aufbau der USt-IdNrn. in den EU-Mitgliedstaaten zum 1.1.2021

Aktuell[169] arbeitet das BZSt mit der folgenden Übersicht:

---

169 Abfrage auf www.bzst.bund.de bei Erstellung des Manuskripts am 9.3.2022.

Aufbau der Umsatzsteuer-Identifikationsnummer in den EU-Mitgliedstaaten
Stand 07.01.2021

Mitgliedstaat	Bezeichnung der USt-IdNr in der Landessprache	Abkürzung	Aufbau	
			Länder-kenn-zeichen	Anzahl der weiteren Stellen
BELGIEN	le numéro d'identification à la taxe sur la valeur ajoutée BTW - identificatienummer	No.TVA BTW-Nr.	**BE**	**zehn**, nur Ziffern; (**alte** neunstellige USt-IdNrn. werden durch Voran-stellen der Ziffer Ø ergänzt)
BULGARIEN	Dank dobawena stoinost	DDS = ДДC	**BG**	**neun** oder **zehn**, nur Ziffern
DÄNEMARK	momsregistreringsnummer	SE-Nr.	**DK**	**acht**, nur Ziffern
DEUTSCHLAND	Umsatzsteuer-Identifikations-nummer	USt-IdNr.	**DE**	**neun**, nur Ziffern
ESTLAND	Käibemaksukohustuslase registreeri-misnumber	KMKR-number	**EE**	**neun**, nur Ziffern
FINNLAND	Arvonlisâverorekisterointi-nu-mero	ALV-NRO	**FI**	**acht**, nur Ziffern
FRANKREICH	le numéro d'identification à la taxe sur la valeur ajoutée	keine	**FR**	**elf**, nur Ziffern bzw. die erste und / oder die zweite Stelle <u>kann</u> ein Buchstabe sein
GRIECHENLAND	Arithmos Forologikou Mitroou FPA	A.φ.M.	**EL**	**neun**, nur Ziffern
IRLAND	value added tax identification number	VAT No	**IE**	**acht**, die zweite Stelle <u>kann</u> und die letzte Stelle <u>muss</u> ein Buch-stabe sein <u>oder</u> **neun** Stellen (ab 01.01.2013) , 1. - 7. Stelle Ziffern 8. Stelle Buchstaben von A bis W 9. Stelle Buchstaben von A bis I
ITALIEN	il numero di registrazione IVA	P.IVA	**IT**	**elf**, nur Ziffern
KROATIEN	Porez na dodanu vrijednost hrvatskog identifikacijski broj	HR PDV ID broj	**HR**	**elf**, nur Ziffern
LETTLAND	pievienotâsvêrtîbas nodokļa reģistrācijas numurs	PVN reģistrācijas numurs	**LV**	**elf**, nur Ziffern
LITAUEN	Pridetines vertes mo-kescio moketojo kodas	PVM moketojo kodas	**LT**	**neun** <u>oder</u> **zwölf**, nur Ziffern
LUXEMBURG	le numéro d'identification à la taxe sur la valeur ajoutée	keine	**LU**	**acht**, nur Ziffern
MALTA	value added tax identification number	VAT No	**MT**	**acht**, nur Ziffern
NIEDERLANDE	BTW-identificatienummer	OB-Nummer	**NL**	**zwölf**, Ziffern, Buchstaben und die Zeichen '+' und '*' <u>kann</u> in zu-fälliger Reihenfolge sein

Seite 1 von 2

Seite 2 von 2

Mitgliedstaat	Bezeichnung der USt-IdNr in der Landessprache	Abkürzung	Aufbau	
			Länder-kenn-zeichen	Anzahl der weiteren Stellen
NORDIRLAND	value added tax registration number	VAT Reg.No.	XI	**neun** <u>oder</u> **zwölf**, nur Ziffern
				<u>für Verwaltungen und Gesundheitswesen</u>: **fünf**, die ersten zwei Stellen GD oder HA;
ÖSTERREICH	Umsatzsteueridentifikations-nummer	UID-Nr.	AT	**neun**, die erste Stelle <u>muss</u> der Buchstabe „U" sein
POLEN	Numer identyfikacji podatkowej	NIP	PL	**zehn**, nur Ziffern
PORTUGAL	o número de identificacao para efeitos do imposto sobre o valor acrescentado	NIPC	PT	**neun**, nur Ziffern
RUMÄNIEN	cod de înregistrare în scopuri de TVA	TVA	RO	maximal **zehn**, nur Ziffern Ziffernfolge nicht mit Ø beginnend
SCHWEDEN	Registreringsnummer för mervärdesskatt (Momsnummer)	MomsNr.	SE	**zwölf**, nur Ziffern, die beiden letzten Stellen bestehen immer aus der Ziffernkombination „Ø1"
SLOWAKEI	Identifikačné číslo pre daň z pridanej hodnoty	IČ DPH	SK	**zehn**, nur Ziffern
SLOWENIEN	davčna številka	DDV	SI	**acht**, nur Ziffern
SPANIEN	el número de identificación a efectos del Impuesto sobre el Valor Anadido	N.IVA	ES	**neun**, die erste <u>und</u> die letzte Stelle bzw. die erste <u>oder</u> die letzte Stelle <u>kann</u> ein Buchstabe sein
TSCHECHISCHE REPUBLIK	danove identifikacni cislo	DIC	CZ	**acht**, **neun** oder **zehn**, nur Ziffern
UNGARN	közösségi adószám		HU	**acht**, nur Ziffern
ZYPERN (ZUR ZEIT NUR GRIECHISCHER TEIL; EINSCHLIEßLICH AKROTIRI UND DHEKALIA)	Arithmos Egrafis FPA		CY	**neun**, die letzte Stelle <u>muss</u> ein Buchstabe sein

Hinweis:
In mehreren EU-Mitgliedstaaten ist die USt-IdNr. die Steuernummer, unter der ein Unternehmer für umsatzsteuerliche Zwecke von den Finanzbehörden registriert wird und nicht, wie in der Bundesrepublik Deutschland, eine - in einem besonderen Verfahren erteilte - zusätzliche besondere Nummer. Vor diese Umsatzsteuernummer wird dann lediglich der entsprechende Ländercode gesetzt.
Allerdings kann es sein, dass ungeachtet dessen ein besonderer Antrag erforderlich ist, damit die Daten des Unternehmers in die Datenbank aufgenommen werden, anhand derer im Bestätigungsverfahren (vgl. § 18e UStG) Bestätigungen erteilt werden.

Weitere Informationen im Internet (www.bzst.bund.de)

19a.4 Konsequenzen des Brexit

Seit dem 1.1.2021 gilt das Vereinigte Königreich, also

- Großbritannien und
- Nordirland

nach dem Austrittsabkommen nicht mehr als Gemeinschaftsgebiet und ist für umsatzsteuerrechtliche Zwecke nach dem 31.12.2020 grundsätzlich als **Drittlandsgebiet** i. s. d. § 1 Abs. 2a Satz 3 UStG zu behandeln ➲ Kapitel 19b.

Eine Ausnahme gilt für **Nordirland für den Bereich der Warenlieferungen**, für das im »Protokoll zu Irland/Nordirland« ein besonderer Status vereinbart wurde.

Unternehmer aus Nordirland, für die der besondere Status des Protokolls gilt, erhalten eine Umsatzsteuer-Identifikationsnummer mit dem Länderkennzeichen »XI«. Diese Umsatzsteuer-Identifikationsnummern können seit dem 1.1.2021 im Bestätigungsverfahren nach § 18e UStG geprüft werden.

19a.5 Checkliste: Überprüfung der USt-IdNr. eines Kunden

 Checkliste: Besteuerung nach der Systemumstellung

- Viele Unternehmer prüfen bei Vertragsschluss die ausländische USt-IdNr. des Kunden qualifiziert und fordern auf diesen Zeitpunkt das amtliche Bestätigungsschreiben an. Bis zur (Aus-)Lieferung der Ware vergeht in der Regel noch einige Zeit; auf eine erneute Abfrage verzichten die Lieferanten dann. **Das ist falsch!** Benötigt wird die qualifizierte Bestätigung der USt-IdNr. **für den Tag der Lieferung**!

- Nach Auffassung des **FG Berlin-Brandenburg** reicht es aus, dass ein Kfz-Händler bei einem EU-Geschäft die USt-IdNr. des Geschäftspartners bei Vertragsschluss prüft, wenn die Lieferung **zeitnah** erfolgt (im Urteilsfall: **11 Tage** ➲ Kapitel 19a.2)

- Die USt-IdNr. darf *nicht* nur bei der Neuaufnahme des Kunden geprüft werden, sondern muss regelmäßig verifiziert werden. Dies gilt auch für …

- … **Stammkunden**! Das richtige Prüfungsintervall stimmen Sie bitte zusammen mit Ihrem Steuerberater/Wirtschaftsprüfer ab.

- Im Auslieferungszeitpunkt sollten Sie daher die Gültigkeit der USt-IdNr. durch einen **Screenshot** nachweisen können.

- Es bedarf seitens des Lieferanten **keines** Abgleichs, ob die vom Kunden-USt-IdNr. vom Bestimmungsland erteilt wurde (Abschn. 6a.1 Abs. 18 Satz 4 n. F.

UStAE, BMF vom 9.10.2020[170]). Für – aus der Sicht von MIAS – Falschmeldungen hat ausschließlich der Kunde einzustehen (vgl. § 3d Satz 2, § 15 Abs. 1 Satz 1 Nr. 3 UStG).

• Liegt dem Verkäufer im Zeitpunkt der Lieferung keine USt-IdNr. seines Kunden vor, sind die materiell-rechtlichen Voraussetzungen der Steuerbefreiung nicht erfüllt. Die Steuerfreiheit entfällt. Dieser Mangel kann allerdings seit neuestem (Abschn. 6a.1 Abs. 18 Satz 3 n. F. UStAE, BMF vom 9.10.2020[171]) durch nachträgliches Verwenden einer »im Zeitpunkt der Lieferung gültigen USt-IdNr. durch den Abnehmer« **mit Rückwirkung geheilt** werden.

Beispiel

Ein niederländisches Unternehmen (NL) bestellt Ware bei einem schweizerischen Händler (CH). CH kauft die Ware von einem deutschen Händler (D). D trägt die Transportverantwortung. Da CH keine USt-IdNr. benennt, fakturiert D zunächst einen Inlandsumsatz.

CH benennt dem D dann im Nachhinein seine portugiesische USt-IdNr.

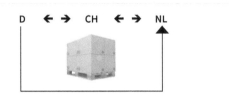

Das Fehlen der USt-IdNr. wird durch das nachträgliche Verwenden der portugiesischen USt-IdNr. mit Rückwirkung geheilt – sofern diese im Zeitpunkt der Lieferung gültig war. Letzteres kann D nicht mehr über die Homepage des BZSt prüfen (➲ FAQ 14); D trägt insofern also ein Risiko!

Dass die portugiesische USt-IdNr. für Erwerbe im Bestimmungsland Niederlande die falsche ist (vgl. § 3d UStG), bleibt für D allerdings ohne Auswirkung.

---

170 BMF, Schreiben vom 9.10.2020, III C 3 – S 7140/19/10002 :007, 2020/1027480, weiter gültig gem. BMF, Schreiben vom 18.3.2021, Anlage 1, Ziffer 1475.

171 A. a. O.

19b   Brexit – Umsatzsteuerfolgen

 Rechtsgrundlagen

- BMF, Schreiben vom 10.12.2020, III C 1 – S 7050/19/10001 :002, 2020/1227942, Konsequenzen des Austritts des Vereinigten Königreichs Großbritannien und Nordirland aus der Europäischen Union, weiter gültig gem. BMF, Schreiben vom 18.3.2021, Anlage 1 Ziffer 1330

19b.1   »FAQ« – Die häufigsten Fragen und Antworten

Die nachfolgenden Ausführungen bauen auf FAQ des BZSt auf und ergänzen, erläutern oder kürzen diese, soweit dies erforderlich oder geboten erscheint.

FAQ 1:   Wie ist der umsatzsteuerrechtliche Status des Vereinigten Königreichs nach dem 31.12.2020?

Seit dem 1.1.2021 gilt das Vereinigte Königreich, also

- Großbritannien und
- Nordirland

nach dem Austrittsabkommen nicht mehr als Gemeinschaftsgebiet und ist für umsatzsteuerrechtliche Zwecke nach dem 31.12.2020 grundsätzlich als **Drittlandsgebiet** i. S. d. § 1 Abs. 2a Satz 3 UStG zu behandeln.

Eine Ausnahme gilt für **Nordirland für den Bereich der Warenlieferungen**; siehe dazu unter FAQ 3., für das im »Protokoll zu Irland/Nordirland« zum Austrittsabkommen ein besonderer Status vereinbart wurde.

FAQ 2:   Was ist nach dem 31.12.2020 im Waren- und Dienstleistungsverkehr mit Großbritannien zu beachten?

Nach dem 31.12.2020 im Waren- und Dienstleistungsverkehr mit Großbritannien ausgeführte Umsätze unterliegen den **für das Drittlandsgebiet geltenden Vorschriften** zur Umsatzsteuer.

Eine **Zusammenfassende Meldung** muss für diese Umsätze **nicht** abgegeben werden.

FAQ 3: Was muss ich ab 01.01.2021 im Warenverkehr mit Nordirland beachten?

Nach Art. 8 des »Protokolls zu Irland/Nordirland« zum Austrittsabkommen gelten für die Umsatzbesteuerung des Warenverkehrs nach dem 31.12.2020 die Vorschriften zur **Umsatzsteuer für den innergemeinschaftlichen Handel**.

Für die Lieferung von Waren

* **von** und
* **nach**

Nordirland kommen daher weiterhin die umsatzsteuerlichen Regelungen für EU-Mitgliedstaaten zur Anwendung.

FAQ 4: Was muss ich ab 01.01.2021 im Dienstleistungsverkehr mit Nordirland beachten?

Für den Dienstleistungsverkehr mit Nordirland gelten die für das **Drittlandsgebiet** geltenden Vorschriften zur Umsatzsteuer.

FAQ 5: Wie kann ich erkennen, ob es sich um ein Unternehmen aus Nordirland handelt, für den der besondere Status des Protokolls zu Irland/Nordirland gilt?

In Nordirland ansässige Unternehmen erhalten eine USt-IdNr. mit dem **Länderkennzeichen »XI«**.

FAQ 6: Kann ich die Gültigkeit von USt-IdNrn. mit dem Länderkennzeichen »XI« auch im Bestätigungsverfahren (Internet, XML-RPC-Schnittstelle, telefonisch, schriftlich) prüfen?

Seit dem 1.1.2021 können USt-IdNrn. mit dem Länderkennzeichen »XI« im Bestätigungsverfahren nach § 18e UStG geprüft werden.

FAQ 7: Über welche Warenlieferungen an Erwerber in Nordirland muss ich Angaben in der Zusammenfassenden Meldung machen?

Für die Meldezeiträume nach dem 31.12.2020 sind in der Zusammenfassenden Meldung die Angaben zu

- innergemeinschaftlichen Lieferungen
- innergemeinschaftlichen Dreiecksgeschäften und
- Beförderungen oder Versendungen i. S. d. § 6b Abs. 1 Nr. 4 UStG (Konsignationslagerregelung)

an nordirische Unternehmen mit USt-IdNrn. mit dem Länderkennzeichen »XI« zu machen.

FAQ 8: Muss ich in der Zusammenfassenden Meldung auch Angaben zu Dienstleistungen für Leistungsempfänger in Nordirland machen?

Nein!

Für den Dienstleistungsverkehr mit Nordirland gelten die **für das Drittlandsgebiet geltenden Vorschriften** zur Umsatzsteuer. Angaben zu gegenüber nordirischen Leistungsempfängern erbrachten sonstigen Leistungen sind deshalb in der Zusammenfassenden Meldung nicht zu machen.

FAQ 9: Für welche Meldezeiträume ist das Länderkennzeichen »GB« ein zulässiges Länderkennzeichen?

Das Länderkennzeichen »GB« ist nur für die Meldezeiträume **bis zum Ablauf des Übergangszeitraumes am 31.12.2020** ein zulässiges Länderkennzeichen.

FAQ 10 Muss ich ungültige USt-IdNrn. mit dem Länderkennzeichen »GB« auch nach dem 31.12.2020 noch berichtigen?

Das Länderkennzeichen »GB« ist für die Meldezeiträume bis zum Ablauf des Übergangszeitraumes am 31.12.2020 ein zulässiges Länderkennzeichen.

Sofern Sie vom BZSt für diese Meldezeiträume zur Berichtigung Ihrer Zusammenfassenden Meldung wegen darin angegebener ungültiger USt-IdNrn. mit dem Länderkennzeichen »GB«, aufgefordert werden, müssen Sie die ungültigen USt-IdNrn. **auch nach dem 31.12.2020 berichtigen.**

FAQ 11: **Kann die Gültigkeit von USt-IdNrn. mit dem Länderkennzeichen »GB« auch nach dem 31.12.2020 im Bestätigungsverfahren (Internet, XML-RPC-Schnittstelle, telefonisch, schriftlich) noch geprüft werden?**

Nein!

Nach dem 31.12.2020 können USt-IdNrn. mit dem Länderkennzeichen »GB« nicht mehr im Bestätigungsverfahren nach § 18e UStG geprüft werden.

Es wird deshalb empfohlen, die erforderlichen Abfragen vor dem 31.12.2020 durchzuführen und die Abfrageergebnisse als Nachweis gegenüber dem Finanzamt aufzubewahren.

FAQ 12: **Wie kann ich nachträgliche Änderungen der umsatzsteuerlichen Bemessungsgrundlage im Sinne des § 17 UStG (z. B. Rabatt, Uneinbringlichkeit oder Stornierungen von Rechnungen) in meiner Zusammenfassenden Meldung für Meldezeiträume vor dem 31.12.2020 berücksichtigen?**

Zusammenfassende Meldungen mit Angabe des Länderkennzeichens »GB« für Meldezeiträume nach dem 31.12.2020 können nicht übermittelt werden.

Dies gilt auch für nachträgliche Änderungen der Bemessungsgrundlage für ausgeführte innergemeinschaftliche Umsätze mit Erwerbern bzw. Leistungsempfängern im Vereinigten Königreich in der Zusammenfassenden Meldung für Meldezeiträume vor dem 31.12.2020.

Die Änderungen der Bemessungsgrundlage sind in der Umsatzsteuer-Voranmeldung bzw. Umsatzsteuer-Jahreserklärung nach den dort geltenden Berichtigungsvorschriften vorzunehmen.

19b.2 Übergangsregelungen des BMF

Das BMF positioniert sich zu folgenden Problembereichen[172]:

- Künftiger umsatzsteuerrechtlicher Status von Großbritannien und Nordirland ➲ **Ziffer 1**
- Behandlung von Lieferungen vor dem 1.1.2021, bei denen der gelieferte Gegen-stand nach dem 31.12.2020 nach Großbritannien oder von dort in das Inland gelangt ➲ **Ziffer 2**
- Behandlung von sonstigen Leistungen (Dauerleistungen), deren Erbringung vor dem 1.1.2021 beginnt und nach dem 31.12.2020 endet ➲ **Ziffer 3**
- Kleine einzige Anlaufstelle (Mini-One-Stop-Shop/VAT on e-Services) für bestimmte Dienstleistungen ➲ **Ziffer 4**
- Vorsteuer-Vergütungsverfahren ➲ **Ziffer 5**
- Bestätigungsverfahren nach § 18e UStG ➲ **Ziffer 6**
- Haftung für die Umsatzsteuer beim Handel mit Waren im Internet (§§ 22f, 25e und 27 Abs. 25 UStG) ➲ **Ziffer 7**
- Bearbeitung von Amtshilfeersuchen ➲ **Ziffer 8**

---

[172]   BMF, Schreiben vom 10.12.2020 ➲ mybook.haufe.de > Wichtiges aus dem BMF.

20 Quick Fixes/EU-Geschäfte ab 2020 ff.

Reform der Besteuerung von innergemeinschaftlichen Lieferungen und Reihengeschäften

– Ein Überblick –

§ **Rechtsgrundlagen**

- EU-Kommission, Vorschlag für eine Verordnung des Rates zur Änderung der Verordnung (EU) Nr. 904/2010 hinsichtlich des zertifizierten Steuerpflichtigen, BR-Drs. 659/17 vom 4.10.2017
- EU-Kommission, Vorschlag für eine Richtlinie des Rates zur Änderung der Richtlinie 2006/112/EG in Bezug auf die Harmonisierung und Vereinfachung bestimmter Regelungen des Mehrwertsteuersystems und zur Einführung des endgültigen Systems der Besteuerung des Handels zwischen Mitgliedstaaten, BR-Drs. 660/17 vom 4.10.2017
- EU-Kommission, Pressemitteilung vom 4.10.2017
- EU-Kommission, Mitteilung vom 27.6.2012, com (2012) 722 final, Aktionsplan zur Verstärkung der Bekämpfung von Steuerbetrug und Steuerhinterziehung.
- EU-Kommission, Erläuterungen zu den Änderungen der EU-Mehrwertsteuervorschriften in Bezug auf Konsignationslagerregelungen, Reihengeschäfte und die Steuerbefreiung für innergemeinschaftliche Lieferungen von Gegenständen (»Quick Fixes 2020«).
- Rat der EU, Pressemitteilung 715/18 vom 04.12.2018.
- Richtlinie hinsichtlich bestimmter Harmonisierungs- und Vereinfachungsregeln des Mehrwertsteuersystems für die Besteuerung des Handels zwischen Mitgliedstaaten.
- Verordnung hinsichtlich des Informationsaustauschs für die Überwachung der Anwendung der Konsignationslagerregelung.
- Verordnung hinsichtlich bestimmter Befreiungen bei innergemeinschaftlichen Umsätzen.

Die EU-Kommission hat im Oktober 2017 Pläne für die größte Reform der Mehrwertsteuervorschriften seit einem Vierteljahrhundert vorgelegt[173]. Die Kommission hat dadurch eine Diskussion angestoßen, die im September 2018 zu einem

---

173 *Weimann*, PIStB 2018, 122.

finalen Reformvorschlag führte. Durch die Neuregelung soll das System für alle Beteiligten – also die Mitgliedstaaten und die Unternehmen – gleichermaßen verbessert und modernisiert werden. Da hierzu ein zeitlicher Vorlauf unabdingbar ist, greifen **seit dem 1.1.2020 erste Sofortmaßnahmen**.

20.1 Die bisherige Regelung

Am 17.5.1977 wurde die 6. EG-Richtlinie zur Harmonisierung der Umsatzsteuern verabschiedet, die mit dem UStG 1980 in nationales Recht umgesetzt wurde. Seitdem ist das Umsatzsteuerrecht der EU-Mitgliedstaaten weitestgehend harmonisiert. Am 16.12.1991 wurde die Richtlinie 91/680/EWG verabschiedet, die im Wesentlichen die 6. EG-RL dahingehend ergänzte, dass ab dem 1.1.1993 die Einfuhrumsatzsteuer im Wirtschaftsverkehr der EU-Mitgliedstaaten nicht mehr erhoben wird und für den innergemeinschaftlichen Handel eine »**Übergangsregelung**« gilt. Die Übergangsregelung sollte nach ursprünglicher Planung vier Jahre später durch eine »**echte« Binnenmarktregelung mit grenzüberschreitendem Vorsteuerabzug** ersetzt werden (⊃ vgl. Kapitel 21.1.1).

Beispiel

Nach den damaligen Plänen sollte ein solches Geschäft ausschließlich im Ursprungsland (Deutschland) steuerpflichtig sein.

Das Be¬stim¬mungsland (Italien) sollte dem Abnehmer im »normalen« Besteuerungsverfahren die deutschen Vorsteuern erstatten (grenzüberschreitender Vorsteuerabzug).

Diese **Idee des grenzüberschreitenden Vorsteuerabzugs scheitert bislang** daran, dass ungeklärt ist, wie ein finanzieller Ausgleich (Clearing) zwischen dem vereinnahmenden Ursprungsland (im Beispiel: Deutschland) und dem erstatten-den Bestimmungsland (im Beispiel: Italien) erreicht werden kann.

Die vermeintliche »**Übergangsregelung**« ist daher auf unbestimmte Zeit verlängert worden und auch **heute – im März 2021 – noch in Kraft**. Für den gewerblichen Handel konnte damit das Ursprungslandprinzip bislang nicht verwirklicht werden. Der Handel zwischen den Unternehmern der EU-Staaten folgt seitdem den hinlänglich bekannten eigenen Regeln (Wechselspiel von innergemeinschaftlicher Lieferung und innergemeinschaftlichem Erwerb).

 Beratungskonsequenzen

Umsatzsteuerlich ist damit **für den Letztverbraucher** zum 01.01.1993 ein **echter Binnenmarkt** entstanden, da er grundsätzlich überall innerhalb der EU ohne wert- und mengenmäßige Beschränkung Waren erwerben und mit nach Hause nehmen darf. Der Letztverbraucher zahlt allerdings am Ort des Kaufes die dort gültige Umsatzsteuer; ein etwaiger Grenzausgleich ist nicht vorgesehen. Da die Belastung des Umsatzes am Ort des Verkaufs erhoben wird, folgt diese Art der Besteuerung dem sog. Ursprungslandprinzip.

Für den gewerblichen Handel dagegen konnte das Ursprungslandprinzip bislang nicht verwirklicht werden. Der Handel zwischen den Unternehmern der EU-Staaten folgt seitdem eigenen Regeln. Das beruht auf zwei Umständen:

- Einerseits sind innerhalb der EU die Zollgrenzen verschwunden, sodass eine Kontrolle des innergemeinschaftlichen Warenverkehrs nicht mehr durch die Zollverwaltung erfolgen kann und soll.
- Andererseits bestehen die Mitgliedstaaten auch weiterhin auf ihrem Besteuerungsrecht. Bei einer Warenlieferung von Deutschland nach Italien – wie im Beispiel – soll nicht deutsche Umsatzsteuer (dies wäre das sog. Ursprungslandprinzip), sondern nach dem sog. **Bestimmungslandprinzip** italienische Umsatzsteuer anfallen. Die Besteuerung soll damit im Verbrauchsstaat erfolgen.

20.2 Die bisherigen Schwachstellen

Insgesamt gehen jedes Jahr mehr als **150.000.000.000 €** (= 150 Milliarden Euro) an Mehrwertsteuern verloren.

Allein der grenzüberschreitende Betrug verursacht jährliche Mehrwertsteuereinbußen von rund **50 Milliarden €** und damit **100 € pro EU-Bürger**.

Grenzüberschreitend tätige Unternehmen haben derzeit **um 11 % höhere Steuer-befolgungskosten** (= Kosten für die Vorschrifteneinhaltung) als ausschließlich im Inland und/oder Drittland tätige Unternehmen.

20.3   Mittelfristige Beseitigung der Schwachstellen durch ein endgültiges Mehrwertsteuersystem

20.3.1   Praxisfolgen der Systemumstellung

Ursprünglich ab dem Jahr 2022 soll die (EU-ausländische) Mehrwertsteuer vom Lieferer in Rechnung gestellt werden,

- der die (EU- ausländischen) Umsätze **bei seinem (deutschen) Betriebs-finanzamt** anmeldet und
- in der Lage sein wird, den geltenden **Mehrwertsteuersatz jedes Mitgliedstaats** online über ein **Webportal** zu überprüfen.

☑ **Checkliste: Besteuerung nach der Systemumstellung**

Im vorherigen Beispiel wird voraussichtlich wie folgt zu verfahren sein:
- D muss dem I aus Deutschland heraus eine Bruttorechnung mit italienischer Umsatzsteuer erteilen.
- D muss den Umsatz in seine deutsche Umsatzsteuer-Voranmeldung aufnehmen und die italienische Steuer an das deutsche Finanzamt abführen.
- Das deutsche Finanzamt muss dann die Umsatzsteuer dann an den italienischen Fiskus überweisen.
- Der italienische Fiskus muss die Steuer dann bei Vorliegen der weiteren Voraussetzungen an I als Vorsteuer erstatten.

Wichtig!
Zum Vorteil der Unternehmen unterbleibt damit für D trotz des Ausweises der italienischen Umsatzsteuer eine teure Registrierung im EU-Ausland!

20.3.2 Der Mehrwertsteuer-Aktionsplan

In ihrem **Mehrwertsteuer-Aktionsplan**[174] verkündete die Kommission ihre Absicht, einen Vorschlag mit Grundsätzen für ein endgültiges Mehrwertsteuersystem für den grenzüberschreitenden Handel zwischen Unternehmen der Mitgliedstaaten vorzulegen, der auf einer Besteuerung grenzüberschreitender Lieferungen von Gegenständen im Bestimmungsmitgliedstaat basiert.

Hierfür wäre es notwendig, das derzeitige System, das auf einer steuerbefreiten Lieferung im Abgangsmitgliedstaat der Gegenstände und einem steuerpflichtigen innergemeinschaftlichen Erwerb der Gegenstände im Bestimmungsmitgliedstaat beruht, durch ein System zu ersetzen

- mit einer **einzigen Lieferung,**
- die **im Bestimmungsmitgliedstaat besteuert** wird und
- **dessen Mehrwertsteuersätzen** unterliegt.

Grundsätzlich wird die Mehrwertsteuer vom Lieferer in Rechnung gestellt werden, der in der Lage sein wird, den geltenden **Mehrwertsteuersatz jedes Mitgliedstaats online über ein Webportal** zu überprüfen.

Falls der Erwerber der Gegenstände jedoch ein zertifizierter Steuerpflichtiger (ein von den Mitgliedstaaten anerkannter zuverlässiger Steuerpflichtiger) ist, würde die **Umkehrung der Steuerschuldnerschaft** zur Anwendung kommen und der zertifizierte Steuerpflichtige sollte für die Lieferung innerhalb der Union mehrwertsteuerpflichtig sein.

Das endgültige Mehrwertsteuersystem wird außerdem auf einem System der einzigen Registrierung (**einzige Anlaufstelle**) für Unternehmen basieren, bei der die Zahlung und der Abzug der geschuldeten Mehrwertsteuer erfolgen können.

Diese Grundsätze sollten in der Richtlinie festgelegt werden und das derzeitige Konzept ersetzen, demzufolge die endgültige Regelung auf der **Besteuerung im Ursprungsmitgliedstaat** basiert.

---

174 Mitteilung der Kommission an das Europäische Parlament, den Rat und den Europäischen Wirtschafts- und Sozialausschuss über einen Aktionsplan im Bereich der Mehrwertsteuer – Auf dem Weg zu einem einheitlichen europäischen Mehrwertsteuerraum: Zeit für Reformen vom 7.4.2016.

20.3.3 Die vier »Eckpfeiler« der Neuregelung

Damit lassen sich **vier grundlegende Prinzipien als »Eckpfeiler«** eines neuen endgültigen und gemeinsamen EU-Mehrwertsteuerraums ausmachen:

- **Betrugsbekämpfung:** Künftig wird auf den grenzüberschreitenden Handel zwischen Unternehmen Mehrwertsteuer erhoben. Diese Art von Handel ist derzeit von der Mehrwertsteuer befreit, was skrupellose Unternehmen dazu verleitet, die Mehrwertsteuer einzuziehen und dann zu verschwinden, ohne die Mehrwertsteuer an die Regierung abzuführen.

- **Zentrale Anlaufstelle:** Dank einer zentralen Anlaufstelle wird es einfacher für grenzüberschreitend tätige Unternehmen, ihren mehrwertsteuerlichen Pflichten nachzukommen. Unternehmer können in einem einzigen Online-Portal in ihrer eigenen Sprache und nach den gleichen Regeln und administrativen Mustern wie in ihrem Heimatland Erklärungen abgeben und Zahlungen durchführen. Die Mitgliedstaaten leiten einander dann die Mehrwertsteuer weiter, wie dies bei elektronischen Dienstleistungen bereits der Fall ist.

- **Größere Kohärenz:** Umstellung auf das »Bestimmungslandprinzip«, bei dem der endgültige Betrag der Mehrwertsteuer stets an den Mitgliedstaat des Endverbrauchers entrichtet wird und dem in diesem Mitgliedstaat geltenden Satz entspricht. Die Kommission hat seit Langem auf dieses Ziel hingearbeitet und wird dabei von den Mitgliedstaaten unterstützt. Bei elektronischen Dienstleistungen gilt der Grundsatz bereits.

- **Weniger Bürokratie:** Vereinfachung der Vorschriften für die Rechnungslegung, sodass die Verkäufer auch beim grenzüberschreitenden Handel Rechnungen gemäß den Vorschriften ihres eigenen Landes stellen können. Die Unternehmen müssen künftig keine Liste von grenzüberschreitenden Transaktionen (»zusammenfassende Meldung«) für ihre Finanzbehörde mehr erstellen.

 Beratungskonsequenzen

Die vorgeschlagene Reform der Mehrwertsteuer soll das System für Unternehmen einfacher machen. Das neue Mehrwertsteuersystem soll es den europäischen Unternehmen ermöglichen, alle Vorteile des Binnenmarktes zu nutzen und auf den Weltmärkten zu bestehen. Grenzüberschreitend tätige Unternehmen haben derzeit um 11 % höhere **Steuerbefolgungskosten** als nur im Inland tätige

Unternehmen (➲ s. o., Kapitel 20.2). Diese Kosten dürften durch die Vereinfachung und Modernisierung des Mehrwertsteuersystems **um schätzungsweise 1 Milliarde € verringert** werden können.

20.4   Seit dem 1.1.2020 greifen Sofortmaßnahmen (»Quick Fixes«)

Das »Erste-Hilfe-Set« der EU

20.4.1   Umstellung auf ein endgültiges MwSt-System wird dauern

EU-Kommission und Rat sind sich bewusst, dass die eigentlich gewünschte **endgültige Systemumstellung mehrere Jahre dauern** wird[175].

20.4.2   Damalige Schwachstellen duldeten kein weiteres Zuwarten

Insgesamt gingen jedes Jahr mehr als **150.000.000.000 €** an Mehrwertsteuern verloren; gleichzeitig hatten EU-grenzüberschreitend tätige Unternehmen **um 11 % höhere Steuerbefolgungskosten** (➲ s. o., Kapitel 20.2).

Diese Schwachstellen sollten vorab behoben werden.

20.4.3   Drei Gesetzgebungsakte vom 4.12.2018

Der Rat der EU hat dazu am 4.12.2018 folgende Gesetzgebungsakte angenommen:

- Richtlinie hinsichtlich bestimmter Harmonisierungs- und Vereinfachungsregeln des Mehrwertsteuersystems für die Besteuerung des Handels zwischen Mitgliedstaaten
- Verordnung hinsichtlich des Informationsaustauschs für die Überwachung der Anwendung der Konsignationslagerregelung

---

175   Vgl. Richtlinie hinsichtlich bestimmter Harmonisierungs- und Vereinfachungsregeln des Mehrwertsteuersystems für die Besteuerung des Handels zwischen Mitgliedstaaten, Ziffer 4.

- Verordnung hinsichtlich bestimmter Befreiungen bei innergemeinschaftlichen Umsätzen

20.4.4 Vier Sofortmaßnahmen

Die Gesetzgebungsakte regeln bis zur Einführung eines neuen MwSt-Systems folgende Problembereiche:

- **Mehrwertsteuer-Identifikationsnummer und ZM:** Die Identifikationsnummer des Erwerbers und die ordnungsgemäße Meldung werden zusätzliche Voraussetzungen für die Mehrwertsteuerbefreiung einer innergemeinschaftlichen Lieferung von Gegenständen (➌ Kapitel 21c).

- **Reihengeschäfte:** Die Texte sehen einheitliche Kriterien vor, um die Rechtssicherheit bei der Bestimmung der mehrwertsteuerlichen Behandlung von Reihengeschäften zu verbessern (➌ Kapitel 21c).

- **Nachweis der innergemeinschaftlichen Lieferung:** Es wird ein gemeinsamer Rahmen für die Belege festgelegt, die für die Beantragung einer Mehrwertsteuerbefreiung von innergemeinschaftlichen Lieferungen erforderlich sind (➌ Kapitel 23a).

- **Konsignationslager (Call-off Stock):** Der Text sieht eine vereinfachte und einheitliche Behandlung für die Konsignationslagerregelungen vor, bei denen ein Verkäufer Gegenstände in ein Lager verbringt, das einem bekannten Erwerber in einem anderen Mitgliedstaat zur Verfügung steht (➌ Kapitel 33a).

20.4.5 Flankierende Sofortmaßnahme des deutschen Gesetzgebers: Beteiligung an Steuerhinterziehung führt zur Versagung von Vorsteuerabzug und Steuerbefreiung (§ 25f UStG – neu)

In Anwendung der EuGH-Rechtsprechung ist **seit dem 1.1.2020** geregelt, dass einem Unternehmer

- der wusste oder
- **der hätte wissen müssen** (!),
- dass er sich mit seinem Leistungsbezug oder dem erbrachten Umsatz an einem Umsatz beteiligt,

- bei dem ein Beteiligter auf einer vorhergehenden oder nachfolgenden Umsatzstufe in eine begangene Umsatzsteuerhinterziehung oder Erlangung eines nicht gerechtfertigten Vorsteuerabzugs i. S. v. § 370 AO oder einer Schädigung des Umsatzsteueraufkommens i. S. d. §§ 26b und 26c UStG einbezogen war,

der Vorsteuerabzug bzw. die Steuerbefreiung für den entsprechenden Umsatz verwehrt werden kann.

Die neue Vorschrift steht in Zusammenhang mit der **Bekämpfung des Umsatzsteuerbetrugs**[176] – durch Karussellgeschäfte. Zu den Einzelheiten vgl. ➲ Kapitel 39a.

20.4.6 Vorläufig »aussortiert«: der zertifizierte Steuerpflichtige

Die Sofortmaßnahmen führen in der Regel

- zu Begünstigungen der sie anwendenden Unternehmen und
- gleichzeitig zu Steuerausfallrisiken des Fiskus.

Daher sollte die Anwendung der Begünstigungen ursprünglich davon abhängen, dass die Unternehmen der Finanzverwaltung ihre Vertrauenswürdigkeit bewiesen haben (Einstufung als »ZS« oder »CTP« = certified taxable person).

Der ZS wurde **wegen des Diskussionsbedarfs zurückgestellt** und soll **spätestens bei der Umstellung auf ein endgültiges MwSt-System** eingeführt werden.

 Beratungskonsequenzen

Für die Unternehmen wird es daher Sinn machen, sich rechtzeitig mit den Antragsvoraussetzungen und Folgen des Zertifikats vertraut zu machen. Zu den Einzelheiten siehe Vorauflage[177].

---

176 Vgl. oben ➲ Abschnitt 20.2.
177 17. Auflage 2019, Kapitel 20.6.

20.5 Leitlinien der EU-Kommission zu den Neuerungen

Die EU-Kommission hat am 20.12.2019 in »Leitlinien« (zu diesem Begriff ➲ Kapitel 3.1) ihre Sicht der Dinge dargestellt. Seit Mai 2020 sind die Leitlinien auch in deutscher Sprache verfügbar.

 Hinweis

Volltext der Leitlinien

Erläuterungen zu den Änderungen der EU-Mehrwertsteuervorschriften in Bezug auf Konsignationslagerregelungen, Reihengeschäfte und die Steuerbefreiung für innergemeinschaftliche Lieferungen von Gegenständen (»Quick Fixes 2020«).

➲ mybook.haufe.de > Wichtiges aus anderen Behören

21 Die Basics im Überblick

 Rechtsgrundlagen

- UStG: § 3 Abs. 5a ff., § 4 Nr. 1, §§ 6 ff.
- UStDV: §§ 8 ff.
- UStAE: Abschn. 3.1 – 3.15, 6.1 – 6.12, 6a.1 – 6a.8
- MwStSystRL: Art. 14 ff., 20 ff., 31, 32 ff., 40 ff., 131, 138 f., 140 f., 143 ff., 146 f.

21.1 Warum das Gesetz zwischen innerdeutschen Umsätzen, EU-Umsätzen und Drittlandsumsätzen unterscheidet

Das Grundprinzip der Besteuerung von Warenumsätzen

21.1.1 Der Binnenmarktgedanke

Am 17.5.1977 wurde die 6. EG-Richtlinie zur Harmonisierung der Umsatzsteuern verabschiedet, die mit dem UStG 1980 in nationales Recht umgesetzt wurde. Seitdem ist das Umsatzsteuerrecht der EU-Mitgliedstaaten weitestgehend harmonisiert. Am 16.12.1991 wurde die Richtlinie 91/680/EWG verabschiedet, die im Wesentlichen die 6. EG-RL dahingehend ergänzte, dass ab dem 1.1.1993 die Einfuhrumsatzsteuer im Wirtschaftsverkehr der EU-Mitgliedstaaten nicht mehr erhoben wird und für den innergemeinschaftlichen Handel eine »**Übergangsregelung**« gilt. Die Übergangsregelung sollte nach ursprünglicher Planung vier Jahre später durch eine »**echte**« **Binnenmarktregelung mit grenzüberschreitendem Vorsteuerabzug** ersetzt werden.

Diese **Idee des grenzüberschreitenden Vorsteuerabzugs scheitert derzeit** daran, dass ungeklärt ist, wie ein finanzieller Ausgleich (Clearing) zwischen dem vereinnahmenden Ursprungsland und dem erstattenden Bestimmungsland erreicht werden kann (➲ Kapitel 20.1 mit Fallbeispiel).

Die vermeintliche »Übergangsregelung« ist daher immer noch und **auf unbestimmte Zeit auch zukünftig** weiterhin in Kraft[178] und wurde im Wesentlichen unverändert in die seit dem 1.1.2007 gültige MwStSystRL übernommen.

Umsatzsteuerlich ist damit **für den Letztverbraucher** zum 1.1.1993 ein **echter Binnenmarkt** entstanden, da er grundsätzlich überall innerhalb der EU ohne wert- und mengenmäßige Beschränkung Waren erwerben und mit nach Hause nehmen darf. Der Letztverbraucher zahlt allerdings am Ort des Kaufes die dort gültige Umsatzsteuer; ein etwaiger Grenzausgleich ist nicht vorgesehen. Da die Belastung des Umsatzes am Ort des Verkaufs erhoben wird, folgt diese Art der Besteuerung dem sog. **Ursprungslandprinzip**.

Für den gewerblichen Handel dagegen konnte das Ursprungslandprinzip bislang nicht verwirklicht werden. Der Handel zwischen den Unternehmern der EU-Staaten folgt seitdem eigenen Regeln. Das beruht auf zwei Umständen:

---

178 Die ursprüngliche Übergangsregelung für die Besteuerung des Handels zwischen den Mitgliedstaaten der EG war der 6. EG-RL in einem Akt nachträglich angefügt worden und zusammenhängend in den Art. 28 a bis 28 p der 6. EG-RL enthalten. Nach Art. 28 l der 6. EG-RL sollte die   Übergangsregelung nur vom 1.1.1993 bis zum 31.12.1996 gelten. In der Vorschrift war jedoch auch gleichzeitig eine Regelung enthalten, die für den Fall in Kraft trat, dass bis zu dem genannten Zeitpunkt der Rat (der Europäischen Gemeinschaft) noch nicht über eine endgültige Regelung über die Besteuerung des Handels zwischen den Mitgliedstaaten befunden hat. Danach verlängerte sich automatisch die Geltungsdauer der Übergangsregelung, bis eine endgültige Regelung in Kraft tritt. Nunmehr verteilen sich die Binnenmarktregelungen über die gesamte MwStSystRL (vgl. dort Anhang XII).

- Einerseits sind innerhalb der EU die Zollgrenzen verschwunden, sodass eine Kontrolle des innergemeinschaftlichen Warenverkehrs nicht mehr durch die Zollverwaltung erfolgen kann und soll.

- Andererseits bestehen die Mitgliedstaaten auch weiterhin auf ihrem Besteuerungsrecht. Bei einer Warenlieferung von Deutschland nach Italien – wie im Beispiel – soll nicht deutsche Umsatzsteuer (dies wäre das sog. Ursprungslandprinzip), sondern nach dem sog. **Bestimmungslandprinzip** italienische Umsatzsteuer anfallen. Die Besteuerung soll damit im Verbrauchsstaat erfolgen.

21.1.2 Territoriale Abgrenzungen und Besonderheiten

Territorial unterscheidet das Umsatzsteuerrecht das **EU-Geschäft** (= Handel zwischen den EU-Mitgliedstaaten) vom **Drittlandsgeschäft** (= Handel zwischen EU-Mitgliedstaaten und Drittländern).

 Checkliste

1. Das Gemeinschaftsgebiet umfasst

   — das Inland der Bundesrepublik Deutschland i. S. d. § 1 Abs. 2 Satz 1 UStG sowie

   — die gemeinschaftsrechtlichen Inlandsgebiete der übrigen EU-Mitgliedstaaten (»übriges Gemeinschaftsgebiet«, vgl. Abschn. 1.10 Abs. 1 UStAE).

2. Das **Drittlandsgebiet** umfasst die Gebiete, die nicht zum Gemeinschaftsgebiet gehören[179].

3. Im Juni 2016 hat sich das Vereinigte Königreich entschieden, die EU zu verlassen. Somit ist das Vereinigte Königreich seit dem 31.1.2020 nicht länger Mitglied der EU.

---

179 Vgl. Abschn. 1.10 Abs. 2 UStAE.

Liefergeschäfte/Einführung

Die EU-Mitgliedstaaten nach dem Brexit im Überblick:

Quelle: Homepage Europäische Union (https://europa.eu)

Praxistipp

1. Nach Art. 5 ff. MwStSystRL haben jedoch einige Mitgliedstaaten **Teile ihres Staatsgebietes von der Anwendung des Gemeinschaftsrechtes ausgeschlossen.** Diese Gebiete gelten in der Regel als Drittlandsgebiet[180].

2. Zurzeit besteht die Besonderheit, dass die **deutschen Freihäfen** nach dem geltenden Zollrecht der Gemeinschaft zum gemeinschaftlichen Zollgebiet gehören. Umsatzsteuerrechtlich werden die Freihäfen jedoch wie Drittlandsgebiet behandelt. Dabei beruft sich die Bundesrepublik Deutschland nach wie vor auf eine Protokollerklärung, die sie 1970 zu Art. 16 der 6. EG-RL abgegeben hat. Art. 16 der 6. EG-RL (nunmehr Art. 164 MwStSystRL) sieht die Möglichkeit vor, bestimmte Umsätze in Freizonen (Freihäfen) von der Umsatzbesteuerung auszunehmen, wenn sichergestellt ist, dass der Endverbrauch besteuert wird. Diese Protokollerklärung führt dazu, dass Umsätze in Freihäfen – soweit sie nicht Endverbrauch darstellen – als nicht steuerbar behandelt werden[181].

Bei der Beurteilung von Sachverhalten im grenzüberschreitenden gewerblichen Handel innerhalb der EU ist stets zu beachten, dass die Vorgaben der MwStSystRL/6. EG-RL zwar in jedem Mitgliedstaat in nationales Recht umgesetzt, jedoch vielfach – soweit die EG-rechtlichen Vorgaben dies erlauben – den **nationalen individuellen Bedürfnissen** angepasst werden.

 Hinweis

Das führt zu einem weiteren Problem innerhalb der EU. Die MwStSystRL ist wie ihre Vorgängerin, die 6. EG-RL, kein europäisches Gesetz. Sie ist nur teilweise konkret gefasst, teilweise aber auch nur als Rahmen formuliert, innerhalb dessen die Mitgliedstaaten individuell gestalten dürfen. Deutlich wird dies wiederum an den unterschiedlichen Umsatzsteuersätzen innerhalb der EU.

21.1.3 Innergemeinschaftlicher Warenverkehr (Grundzüge)

Bis einschließlich 1992 war eine **Warenlieferung von Deutschland in das Ausland (Export)** als sog. Ausfuhrlieferung steuerfrei[182], wenn die Ausfuhr buch- und

---

180 Vgl. Abschn. 1.10 Abs. 2 UStAE sowie Merkblatt des BZSt zur Unterscheidung zwischen Gemeinschaftsgebiet und Drittlandsgebiet; https://www.bzst.de; ➲ mybook.haufe.de > Wichtiges aus anderen Behörden.
181 Vgl. Abschn. 1.11 UStAE.
182 §§ 4 Nr. 1, 6 UStG.

Liefergeschäfte/Einführung

belegmäßig nachgewiesen wurde. Dies gilt seit 1993 nur noch im Verhältnis zu Drittstaaten. Innerhalb der EU wird der Warenexport umsatzsteuerlich nunmehr als **innergemeinschaftliche Lieferung** bezeichnet, die ebenfalls steuerfrei sein kann[183].

Bis einschließlich 1992 war ein **Warenimport nach Deutschland** aus dem Ausland als sog. Einfuhr steuerbar und in der Regel steuerpflichtig[184]. Als besondere Erhebungsform gab es die Einfuhrumsatzsteuer, die vom Zoll erhoben und verwaltet wurde. Unter den weiteren Voraussetzungen des § 15 UStG konnte die Einfuhrumsatzsteuer als Vorsteuer geltend gemacht werden. Dies gilt seit 1993 nur noch im Verhältnis zu Drittstaaten. Innerhalb der EG wird der Warenimport nunmehr umsatzsteuerlich als **innergemeinschaftlicher Erwerb** bezeichnet, der als steuerbarer und in der Regel steuerpflichtiger Umsatz (§ 1 Abs. 1 Nr. 5 UStG) gilt. Der den innergemeinschaftlichen Erwerb tätigende Unternehmer berechnet die auf den Erwerb zu erhebende Umsatzsteuer selbst und meldet sie im Voranmeldungsverfahren an. Unter den weiteren Voraussetzungen des § 15 UStG kann die Umsatzsteuer auf den innergemeinschaftlichen Erwerb (Erwerbsteuer) als Vorsteuer geltend gemacht werden.

Beispiel

Ein deutscher Unternehmer verkauft Ware an einen italienischen und einen ukrainischen Abnehmer.

⮩ **Folge:**

Bis zum 31.12.1992 wurden beide Vorgänge umsatzsteuerlich gleich behandelt. Die Bundesrepublik Deutschland stellte jeden Export als Ausfuhr steuerfrei; gleichzeitig hatte der deutsche Unternehmer auf alle mit dem Export verbundenen Eingangsumsätze das Recht zum Abzug der Vorsteuer. Die Ware sollte umsatzsteuerlich unbelastet in das Bestimmungsland gelangen können und so bessere Wettbewerbschancen haben **(Ziel: Entlastung des Exports)**.

Europäische Bestimmungsländer belegten solche Vorgänge als Import der EUSt; die Behandlung in Drittländern richtete sich nach dem jeweiligen nationalen Steuerrecht und war daher im Zweifel von mit dem dortigen Steuerrecht vertrauten Experten zu klären.

---

183 §§ 4 Nr. 1, 6a UStG.

184 § 1 Abs. 1 Nr. 4 UStG.

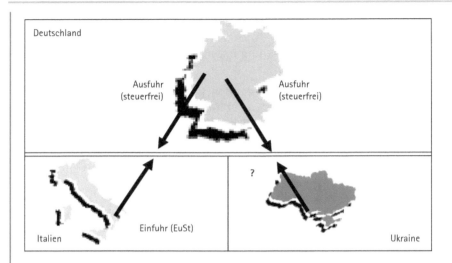

Seit dem 1.1.1993 gelten für den innergemeinschaftlichen Warenverkehr neue Regeln, deren (Fern-)Ziel es ist, auf europäischer Ebene einen **grenzüberschreitenden Vorsteuerabzug** zu erreichen (➲ vgl. Kapitel 21.1.1).

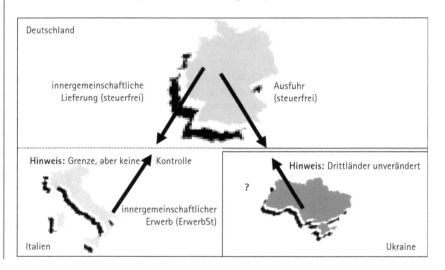

Beratungskonsequenzen

Warenbewegungen in Drittländer sind von der Neuregelung nicht betroffen; sie werden unverändert mit dem **Ziel der Exportentlastung** steuerfrei gestellt.

Als Kontrollinstrument wurde die sog. **Umsatzsteuer-Identifikationsnummer (USt-IdNr.)** eingeführt (§ 27a UStG), die jeder Unternehmer erhält, der am innergemeinschaftlichen Handel teilnimmt (➲ vgl. Kapitel 19a). Der in andere EG-Staaten steuerfreie innergemeinschaftliche Lieferungen ausführende Unternehmer muss neben der Umsatzsteuer-Voranmeldung i. d. R. vierteljährlich eine Meldung an das Bundeszentralamt für Steuern (BZSt) abgeben, in der die innergemeinschaftlichen Lieferungen wertmäßig und sortiert nach den USt-IdNrn. der Lieferempfänger aufzulisten sind. Diese Meldung wird als **Zusammenfassende Meldung (ZM)** bezeichnet (§ 18a UStG ➲ Kapitel 63).

21.1.4 Das Praxisproblem: die in der Regel unerwartete Registrierungspflicht im europäischen Ausland

Nach Einführung des Umsatzsteuerbinnenmarktes zum 1.1.1993 wurden die Lieferortsbestimmungen zum 1.1.1997 noch einmal grundlegend geändert. Bis zum 31.12.1996 enthielt das Umsatzsteuergesetz Sonderregelungen für Reihengeschäfte; diese betrafen insbesondere den Zeitpunkt und den Ort der einzelnen Lieferungen sowie die Beurteilung innergemeinschaftlicher Lieferbeziehungen.

  Beratungskonsequenzen

Diese Sonderregelungen wurden zum 1.1.1997 aufgehoben.

Auch Reihengeschäfte sind DAMIT grundsätzlich nach den allgemeinen Vorschriften zu beurteilen!

Ausnahmen ergeben sich lediglich aus § 25b UStG für Reihengeschäfte in Form innergemeinschaftlicher Dreiecksgeschäfte (➲ Kapitel 32).

Hintergrund der Gesetzesänderung sollte eine harmonisierte Umsetzung gemeinschaftsrechtlicher Vorgaben bei grenzüberschreitenden Lieferungen sein. Die bisher im Handel zwischen den Mitgliedstaaten möglichen Nicht- und Doppelbesteuerungen sollten damit endgültig der Vergangenheit angehören.

Beispiel

Der deutsche Unternehmer D bestellt bei dem Italiener I Ware. Dieser hat die Ware nicht vorrätig und bestellt beim Franzosen F, der seinerseits auf den Niederländer NL zurückgreift. Vereinbarungsgemäß bringt NL die Ware aus den Niederlanden direkt zu D nach Deutschland.

➲ **Bis zum 31.12.1996 folgte die Besteuerung dem Rechnungslauf:**

- Der **Vorteil** dieser Regelung bestand darin, dass jeder der beteiligten Unternehmer steuerliche Pflichten ausschließlich im eigenen Land begründete.

- **Nachteilig** war neben dem Erfordernis von Sondervorschriften für Reihengeschäfte und zwangsläufigen Abweichungen zur Intrahandelsstatistik vor allem die Tatsache, dass die Regelung nicht harmonisiert und damit Doppel- und Nichtbesteuerungen an der Tagesordnung waren.

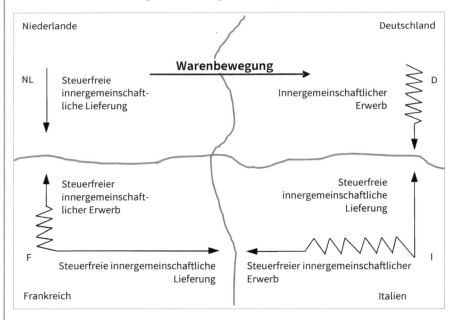

➲ **Seit dem 1.1.1997 ist der Fall wie folgt zu lösen:**

- NL tätigt **in den Niederlanden** eine Lieferung an F; die Lieferung ist – unter den weiteren Voraussetzungen der §§ 4 Nr. 1 Buchst. b, 6 a UStG – als innergemeinschaftliche Lieferung steuerfrei.

- F tätigt **in Deutschland (!)** einen innergemeinschaftlichen Erwerb von NL.

- F tätigt ferner eine **in Deutschland** (!) steuerbare und steuerpflichtige Lieferung an I; seine Rechnung muss daher **deutsche Umsatzsteuer** (!) ausweisen.

- I tätigt eine **in Deutschland** (!) steuerbare und steuerpflichtige Lieferung an D. Auch seine Rechnung muss **deutsche Umsatzsteuer** (!) ausweisen; die von F berechnete Umsatzsteuer berechtigt ihn – ebenfalls in Deutschland – zum Vorsteuerabzug.

- D tätigt **in Deutschland** einen normalen Eingangsumsatz; die Rechnung des I berechtigt ihn – unter den weiteren Voraussetzungen des § 15 UStG – zum Vorsteuerabzug.

➪ **Zur Lösung für die Zeit ab 1.1.1997 vgl. auch Grundfall 2 in Kapitel 21.4.9.**

⇒ **Beratungskonsequenzen**

1. Aufgrund der Neuregelung erfolgen damit **alle Lieferungen am Anfang (Ursprungsland) oder am Ende (Bestimmungsland)** der Warenbewegung.

2. Die neuen Vorschriften führen dazu, dass durch die Beteiligung an internationalen Reihengeschäften **steuerliche Pflichten im Ausland ggf. neu begründet** werden können. Dies führt zu einem erhöhten Verwaltungsaufwand durch

   – Umstellung der Buchführung

   – Einrichtung der EDV

   – Bestellung eines Steuerberaters

   – Bestellung eines Fiskalvertreters

   – ...

   der bereits bei der Kalkulation eines Auftrags und damit von den (in der Regel mit steuerlichen Fragen wenig befassten) Ein- und Verkaufsabteilungen berücksichtigt werden muss.

3. Ein Steuerberater muss den Mandanten auf die Problematik hinweisen; Schulungen und sichere Verfahrensabläufe (Controlling) für den Ein- und Verkauf sind vorzuschlagen.

21.1.5 Formulierungshilfe für den steuerlichen Berater

Beratern, die auch EG-weit tätige Mandanten betreuen, wird immer wieder die Frage gestellt: »Warum müssen für den innergemeinschaftlichen Waren- und Dienstleistungsverkehr derart viele Aufzeichnungen geführt, Nachweise erbracht und Erklärungen abgegeben werden? Was soll der Papierkrieg?«. Die Beantwortung solcher Fragen ist müßig – zumal in der Regel auch allenfalls nur bedingt abrechenbar. Es bietet sich an, derartige Anfragen in einem Standardbrief mit wenig Zeitaufwand zu beantworten. Die entscheidende Textstelle könnte wie folgt lauten:

 Musterschreiben

»… Die Mitgliedstaaten der EU haben seit 1993 das Ziel, das Vorsteuererstattungsverfahren grundlegend zu reformieren. Den Unternehmern bereitet nämlich die Erstattung der in anderen EU-Staaten entrichteten Vorsteuerbeträge beträchtliche Schwierigkeiten; als Folge wird häufig auf Vorsteuererstattungen verzichtet. Das ist nicht im Sinne des EU-Richtliniengebers, da die Unternehmen de facto eine zu hohe Steuer bezahlen und insoweit das System der Mehrwertsteuerneutralität ausgehebelt ist.

Grenzüberschreitender Vorsteuerabzug als Ziel: In – zugegebenermaßen noch ferner – Zukunft soll es daher den Unternehmern gestattet sein, die Mehrwertsteuern (MwSt), die sie in einem EU-Mitgliedstaat entrichtet haben, in dem sie nicht ansässig sind, unmittelbar mit dem MwSt-Betrag zu verrechnen, den sie in dem EU-Mitgliedstaat schulden, in dem sie die zum Vorsteuerabzug berechtigenden Umsätze ausführen. Hierzu muss ein Erstattungs- und Ausgleichsverfahren für die geleistete MwSt auf der Ebene der EU-Mitgliedstaaten eingeführt werden.

Der Vorteil für Sie: Als deutscher Unternehmer werden Sie dann bei Ihrem Finanzamt *[Dortmund-Ost*]* im Rahmen der monatlichen Umsatzsteuer-Voranmeldungen oder jährlichen Steuererklärungen auch die Vorsteuerbeträge aus *[Polen*]* erstattet bekommen. Sie werden dazu eine Aufstellung beifügen müssen, aus der – nach Mitgliedstaaten getrennt – die in anderen Mitgliedstaaten entrichteten MwSt-Beträge hervorgehen, die sie als Vorsteuer abziehen wollen, sowie die Kopien der entsprechenden Rechnungen oder Einfuhrdokumente.

Bis dahin ist Statistikarbeit angesagt: Die für die anderen EU-Mitgliedstaaten erstatteten Vorsteuern möchte die Bundesrepublik Deutschland dann natürlich von diesen wieder erstattet bekommen. Im Gegenzug wird Deutschland an die anderen EU-Mitgliedstaaten deutsche Vorsteuern erstatteten müssen, die diese an ihre Unternehmer ausgezahlt haben. Das System erfordert den Aufbau eines EU-weit tätigen »Super-Finanzamts« oder zumindest einer von allen Mitgliedstaaten akzeptierten Datenbank. Um das »Super-Finanzamt«/die Datenbank aufzubauen, müssen sich die Staaten zunächst auf eine Aufteilung des »Gesamt-Umsatzsteuerkuchens EU« und damit auf ein Rechenverfahren einigen. Letzteres wieder erfordert eine Transparenz über die Warenströme; um diese zu erreichen, sind die deutschen Unternehmer und damit auch Sie zur Abgabe von *[Umsatzsteuer-Voranmeldungen, Zusammenfassenden Meldungen und Erklärungen zur Intrahandelsstatistik*]* verpflichtet. …«

*   Hinweis: *[Geklammerter Text]* = Bitte an den Mandanten-Sachverhalt anpassen!

21.2 Die seit dem 1.1.1997 geltenden Regeln zur Bestimmung des Lieferortes im Überblick

§ 3 Abs. 5a – Abs. 8 UStG regeln den umsatzsteuerlichen Lieferort grundsätzlich abschließend und sind wie folgt aufgebaut:

- **§ 3 Abs. 5 a UStG** bestimmt einleitend, dass sich der Ort einer Lieferung nach § 3 Abs. 6 ff. UStG richtet. Gleichzeitig stellt die Vorschrift – rein deklaratorisch – klar, dass im Einzelfall folgende **speziellere Vorschriften vorrangig** anzuwenden sind:

    - § 3c UStG (Ort der Lieferung in besonderen Fällen (sog. »**Versandhandelsregelung**« ➲ Kapitel 35)

    - § 3e UStG (Ort der **Lieferung während einer Beförderung** an Bord eines Schiffes, in einem Luftfahrzeug oder in einer Eisenbahn, vgl. Abschn. 3e.1 UStAE[185]

    - § 3g UStG (Ort der **Lieferung von Gas oder Elektrizität**, vgl. Abschn. 3g.1 UStAE[186]

- § 3 Abs. 6 Sätze 1–4 UStG enthalten die Generalklausel für **Liefergeschäfte mit einer Warenbewegung** (➲ Kapitel 21.3.1)

- § 3 Abs. 7 Satz 1 UStG regelt **Liefergeschäfte ohne jede Warenbewegung** (➲ Kapitel 21.3.2)

- § 3 Abs. 6 Sätze 5 u. 6 a. F., Abs. 6a, Abs. 7 Satz 2 enthalten Sonderregeln für **Liefergeschäfte mit Warenbewegung in Form der Reihengeschäfte** (➲ Kapitel 21.4, 21a, 21b)

- § 3 Abs. 8 UStG trifft eine Sonderregelung für **Lieferungen mit einer Warenbewegung aus dem Drittlandsgebiet** (➲ Kapitel 27 ff.)

---

185 Hierzu ausführlich *Weimann* in UNI, § 3e.

186 Hierzu ausführlich *Birgel* in UNI, § 3g.

Damit ergibt sich für den Lieferort **folgende Prüfungsreihenfolge:**

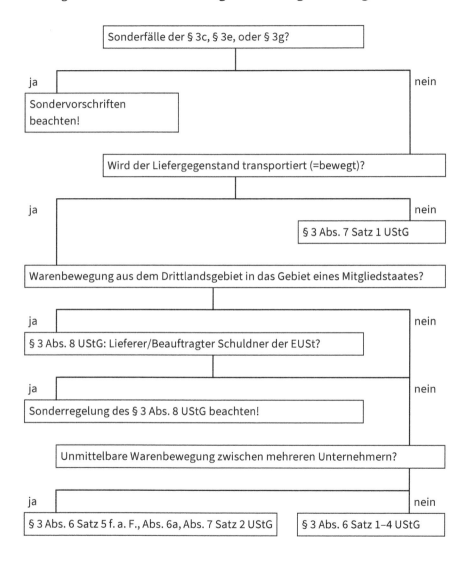

21.3 Der Lieferort im Regelfall

21.3.1 Liefergeschäfte mit einer Warenbewegung (»Bewegte« Lieferungen/Beförderungs- oder Versendungslieferungen, § 3 Abs. 6 Sätze 1–4 UStG)

Wird der Gegenstand der Lieferung durch den Lieferer, den Abnehmer oder einen vom Lieferer oder Abnehmer beauftragten Dritten befördert oder versendet, gilt die Lieferung dort als ausgeführt, wo die Beförderung oder Versendung an den Abnehmer oder in dessen Auftrag an einen Dritten **beginnt**[187]; die Besteuerung folgt insoweit damit dem **Ursprungslandprinzip**.

Für die Unterscheidung zwischen »befördern« und »versenden« ist die **Person des den tatsächlichen Transportakt Vollziehenden** maßgebend:

- Eine **Beförderungslieferung** setzt voraus, dass der liefernde Unternehmer, der Abnehmer oder ein unselbstständiger Erfüllungsgehilfe den Gegenstand der Lieferung befördert[188].

> **Beispiele**
> 1. Der Lieferant oder der Kunde haben einen **eigenen LKW**, mit dem die Ware zum Kunden transportiert wird.
> 2. Dabei brauchen die beteiligten Unternehmer natürlich **nicht höchstpersönlich** tätig werden; der Einsatz eines **Arbeitnehmers (= Erfüllungsgehilfen = unselbstständiger Beauftragter)** reicht aus.
> 3. Eine Beförderung liegt auch vor, wenn der Gegenstand der Lieferung **aus eigener Kraft fortbewegt** wird, z. B. bei Kraftfahrzeugen auf eigener Achse, bei Schiffen auf eigenem Kiel[189].

- Eine **Versendungslieferung** setzt voraus, dass der Transport von einem selbstständigen Beauftragten ausgeführt oder besorgt wird[190].

---

187 § 3 Abs. 6 Satz 1 UStG.
188 Vgl. Abschn. 3.12 Abs. 2 UStAE; Der Satz verweist zur Begründung auf das BFH-Urteil vom 20.12.2006, V R 11/06, BStBl. II 2007, 434.
189 Vgl. Abschn. 3.12 Abs. 2 Satz 2 UStAE.
190 Vgl. Abschn. 3.12 Abs. 2 UStAE.

Beispiele

1. Weder der Lieferant noch der Kunde haben einen eigenen LKW; einer der beiden beauftragt daher einen **Frachtführer (= selbstständiger Beauftragter)**.

2. Wie vorher; einer der Beteiligten beauftragt einen **Spediteur (= Geschäftsbesorger)**.

»Bewegte Lieferungen« haben den umsatzsteuerlichen Leistungsort »dort ... wo die Beförderung oder Versendung **an den Abnehmer** ... beginnt« (§ 3 Abs. 6 Satz 1 UStG). Die Annahme einer Lieferung setzt damit voraus, dass beim Beginn der Beförderung oder Versendung

- ein **konkretes Umsatzgeschäft** über einen
- **bestimmten Gegenstand** mit einem
- **bestimmten Abnehmer**

geschlossen wurde[191].

  Beratungskonsequenzen

1. Der Ort der Lieferung ist mit anderen Worten dort, wo die Ware **erstmals mit Zielrichtung auf einen konkreten Abnehmer** bewegt wird. Die Bedeutung dieser Überlegung zeigt sich am besten an den von mir so genannten »Registrierungsfällen« ➲ Kapitel 21c.

2. Die **Bewegung eines Gegenstands innerhalb des Unternehmens,** die lediglich der Vorbereitung des Transports dient, stellt noch keine Beförderung an den Abnehmer dar[192].

Dieses Ergebnis ist häufig dann wenig erwünscht [... aber dennoch unvermeidlich! ...], wenn ein **Warenpaket aus mehreren Lagern** zusammengestellt wird[193].

---

191 Abschn. 3.12 Abs. 3 Sätze 3 ff. UStAE; die Sätze verweisen zur Begründung auf BFH, Urteil vom 30.7.2008, XI R 67/07, BStBl. II 2009, 552 ➲ vgl. Kapitel 33.5.
192 Vgl. Abschn. 3.12 Abs. 2 Satz 3 UStAE.
193 Vgl. *Weimann,* UStB 2003, 254.

Beispiel

Das deutsche Bekleidungshaus Klamotten-Anton (K&A) bestellt bei einer deutschen Bekleidungsfirma, der Egon Chef AG (EC) in München, 1000 Herrenhemden. 500 Hemden hat EC im Lager in München, 300 Hemden im Auslieferungslager in Rom und 200 Hemden in einem weiteren Auslieferungslager in Kiew.

- Die Lieferung der 500 Hemden ab dem Lager München führt zu **500 (!)** innerdeutschen Umsätzen. [**Hinweis: Jedes Hemd ist Gegenstand einer eigenständigen Lieferung.**]
- Die Lieferung der 300 Hemden ab dem Lager Rom führt unter den weiteren Voraussetzungen in Italien zu 300 innergemeinschaftlichen Lieferungen von EC, registriert in Italien. K&A hat in Deutschland entsprechende innergemeinschaftliche Erwerbe zu erklären. **Aktuell:** Zur möglichen Gestaltung durch **entsprechende Anwendung des § 3 Abs. 8 UStG** auch bei innergemeinschaftlichen Geschäften ➲ Kapitel 19.3.
- Die Besteuerung der 200 Hemden ab dem Lager Kiew richtet sich nach § 3 Abs. 8 UStG.

Die **Praxis versucht** in diesen Fällen häufig (**am UStG vorbei!**) für alle Lieferungen zu einem einheitlichen Lieferort – hier vorzugsweise München – zu kommen. Diese **Versuche scheitern** jedoch daran, dass bei Beginn der Transporte der konkrete Abnehmer K&A bereits feststeht.

21.3.2 Lieferungen ohne jede Warenbewegung (»ruhende« Lieferungen, 3 Abs. 7 Satz 1 UStG)

Lieferungen, bei denen der Liefergegenstand weder befördert noch versendet wird, werden als ruhende Lieferungen bezeichnet. Der Lieferort ruhender Lieferungen ergibt sich aus § 3 Abs. 7 UStG:

- Wird der Gegenstand der Lieferung **nicht befördert oder versendet**, wird die Lieferung dort ausgeführt, wo sich der Gegenstand zur Zeit der Verschaffung der Verfügungsmacht befindet (§ 3 Abs. 7 Satz 1 UStG = **Grundfall**).
- Liegt ein **Reihengeschäft** vor, gelten Besonderheiten[194].

---

194   § 3 Abs. 7 Satz 2 UStG ➲ Kapitel 21.4.

Beispiele

1. »Grundstücke werden in den seltensten Fällen zum Kunden gebracht!« Der Grundfall betrifft damit insbesondere die Lieferung (einschließlich der Werklieferung) von **Grundstücken und Grundstücksbestandteilen** wie Gebäuden. Lieferort ist in diesem Fall der Belegenheitsort.

2. In Betracht kommen aber auch die Lieferungen von Gegenständen, die sich im Lieferzeitpunkt **in einem Lager oder an Bord eines Schiffes** befinden; in diesen Fällen erfolgt die Verschaffung der Verfügungsmacht in der Regel durch

   – die Vereinbarung eines Besitzkonstituts (§ 930 BGB)

   – die Abtretung des Herausgabeanspruchs (§ 931 BGB)

   – die Übergabe sog. Traditionspapiere, die das Eigentum am Liefergegenstand verkörpern (z. B. Lagerscheine, Konnossemente).

3. Der Grundfall wird insbesondere auch auf Werklieferungen anzuwenden sein, die ein **ortsgebundenes (nicht transportables) Werk** zum Gegenstand haben (»**Anlagenbau**«); deren Lieferort ist dort, wo sich der Liefergegenstand zzt. der Übergabe an den Auftraggeber befindet. Werden derartige Umsatzgeschäfte von mehreren Unternehmern über denselben Gegenstand abgeschlossen, können mangels Beförderung oder Versendung nicht Gegenstand eines Reihengeschäfts sein (➲ Kapitel 21.4.3.4).

4. Vgl. auch **Abschn. 3.12 Abs. 6 UStAE**.

 Beratungskonsequenzen

Insbesondere bei EU-Verkäufen von Miet-, Leasing-, Messe-, Vorführ- und ähnlichen Produkten muss man in der Praxis darauf achten, dass nicht **versehentlich** eine – per Saldo teure – **Registrierungspflicht im Bestimmungsland** ausgelöst wird (➲ Kapitel 21c).

21.4 Die Sonderbestimmungen für Reihengeschäfte

 Rechtsgrundlagen

• § 3 Abs. 6 Sätze 5 f. a. F., Abs. 7 Satz 2, Abs. 6a UStG

21.4.1 Begriffliche Klärungen

Nach Aufhebung des § 3 Abs. 2 UStG zum 1.1.1997 mieden Verwaltung und Literatur anfangs den Terminus »Reihengeschäft«, um jegliche Assoziation zum bisherigen Recht zu vermeiden. Stattdessen verwandten sie für den Tatbestand des »alten« Reihengeschäfts nunmehr uneinheitlich Begriffe wie Ketten-, Mehrecks-, Mehrfach- oder Vielecksgeschäfte. Dies führte in der Praxis zu erheblichen Irritationen[195]. Verwaltung und Literatur haben schnell reagiert, so dass **folgender Sprachgebrauch gängig** war und ist:

- **Liefergeschäfte/Lieferungen:** Umsatzgeschäfte, durch die der Unternehmer oder in seinem Auftrag ein Dritter den Abnehmer oder in dessen Auftrag einen Dritten befähigt, im eigenen Namen über einen Gegenstand zu verfügen[196].

- **Reihengeschäfte:** Sonderfall der Liefergeschäfte = Umsatzgeschäfte, die mehrere Lieferer über denselben Gegenstand abschließen, und bei denen dieser Gegenstand bei der Beförderung oder Versendung unmittelbar vom ersten Unternehmer an den letzten Abnehmer gelangt[197].

- **Dreiecksgeschäfte:** Sonderfall der Reihen- und damit der Liefergeschäfte = drei in verschiedenen Mitgliedstaaten für Zwecke der Umsatzsteuer erfasste Unternehmer schließen unter genau definierten Voraussetzungen ein Reihengeschäft ab[198].

Bitte beachten Sie!

Bei der Auswertung von Literaturbeiträgen sollten Sie sich nicht verwirren lassen: die Bezeichnungen

- Kettengeschäfte
- Mehrecksgeschäfte
- Mehrfachgeschäfte

---

195 Bis zum 31.12.2006 lautete die Vorschrift in der zuletzt gültigen Fassung des UStG 1993: »(2) Schließen mehrere Unternehmer über denselben Gegenstand Umsatzgeschäfte ab und erfüllen sie diese Geschäfte dadurch, dass der erste Unternehmer dem letzten Abnehmer in der Reihe unmittelbar die Verfügungsmacht über den Gegenstand verschafft, so gilt die Lieferung an den letzten Abnehmer gleichzeitig als Lieferung eines jeden Unternehmers in der Reihe (Reihengeschäft).«

196 Vgl. § 3 Abs. 1 UStG.

197 Vgl. § 3 Abs. 6 Satz 5 a. F., Abs. 6a Satz 1 UStG.

198 Vgl. § 25b UStG, ➲ Kapitel 32.

- Vielecksgeschäfte

sind in der Regel **Synonyme für Reihengeschäfte**.

Mit der Neuregelung zum 1.1.2020 durch § 3 Abs. 6a Satz 1 UStG fand der **Begriff »Reihengeschäft« auch offiziell wieder den Weg zurück in das Gesetz**.

21.4.2 Die Tatbestandsmerkmale im Überblick

Das Gesetz stellt die Reihengeschäfte den »normalen« Liefergeschäften im Grundsatz gleich. Das Verständnis der Sonderregelungen des § 3 Abs. 6 Satz 5 a. F., Abs. 6a Satz 1 UStG und Abs. 7 Satz 2 UStG setzt daher zunächst das Wissen um die allgemeinen Vorschriften voraus (➲ Kapitel 21.3).

Für Reihengeschäfte ergeben sich aus § 3 Abs. 6 Satz 5 a. F., Abs. 6a Satz 1 UStG **zusätzlich folgende Tatbestandsmerkmale**:

 Checkliste: Tatbestandsmerkmale Reihengeschäft

- **Mehrere Unternehmer**
- schließen **mehrere Umsatzgeschäfte**
- über **denselben Gegenstand** ab und
- der Liefergegenstand gelangt im Rahmen der Beförderung oder Versendung **unmittelbar vom ersten** Unternehmer (besser: vom Ort der Lieferung des ersten Unternehmers) **an den letzten** Abnehmer.

Ein besonderer Fall des Reihengeschäfts ist das innergemeinschaftliche Dreiecksgeschäft i. S. d. § 25b Abs. 1 UStG[199].

Primäre Rechtsfolge eines Reihengeschäftes ist, dass es zwischen den Beteiligten zu einer **Vielzahl von Lieferumsätzen** i. S. d. § 3 Abs. 1 UStG kommt. Reihengeschäfte sind damit nichts anderes als die **Aneinanderreihung mehrerer Liefergeschäfte**[200].

---

199 Vgl. Abschn. 3.14 Abs. 1 Satz 2 UStAE; ➲ Kapitel 21.3.
200 Vgl. Abschn. 3.14 Abs. 2 UStAE.

Liefergeschäfte/Einführung

Beispiel

Elektroeinzelhändler D1 in Lörrach bestellt bei dem Elektrogerätegroßhändler D2 in Freiburg eine Sonnenbank. D2, der die Sonnenbank nicht vorrätig hat, bestellt diese wiederum bei dem Elektrogerätehersteller D3 in Stuttgart. D3 muss seinerseits auf D4 in Hamburg zurückgreifen. Vereinbarungsgemäß liefert D4 die Sonnenbank direkt an D1 in Lörrach aus.

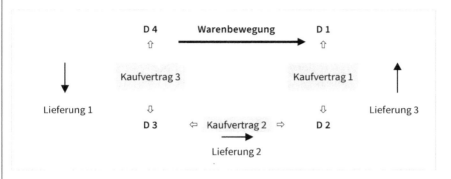

Aus zivilrechtlicher Sicht (➲ Kapitel 21.4.4) sind **3 Vertragsbeziehungen** zu unterscheiden:

- Kaufvertrag 1 zwischen D2 (Verkäufer) und D1 (Käufer)
- Kaufvertrag 2 zwischen D3 (Verkäufer) und D2 (Käufer)
- Kaufvertrag 3 zwischen D4 (Verkäufer) und D3 (Käufer)

Aus umsatzsteuerlicher Sicht werden diese Verträge durch **3 Lieferungen** erfüllt:

- Zunächst beliefert D4 (= erster Lieferer) den D3 (Leistungsempfänger).
- Danach beliefert D3 (= zweiter Lieferer) den D2 (Leistungsempfänger).
- Zuletzt beliefert D2 (= dritter Lieferer) den D1 (Leistungsempfänger).

➡ Beratungskonsequenzen

1. Alle **zivilrechtlichen Erfüllungsgeschäfte = umsatzsteuerliche Lieferungen** werden durch eine (tatsächliche) Warenbewegung erfüllt ➲ Zu den zivilrechtlichen Grundlagen vgl. Kapitel 21.4.4 dieses Buches.

2. Die Kaufverträge werden **quasi »rückwärts« erfüllt:** Zunächst muss im Beispiel der letzte Vertragspartner D4 liefern, damit sein Kunde D3 den Kunden D2 beliefern kann usw.

21.4.3 Die Tatbestandsmerkmale im Detail

21.4.3.1 Die Beteiligten: mehrere Unternehmer

§ 3 Abs. 6 Satz 5 a. F., Abs. 6a Satz 1 UStG verlangt zunächst Umsatzgeschäfte **mehrerer Unternehmer**. Damit erfordert die Annahme eines Reihengeschäfts die Beteiligung von **mindestens drei Personen**, die über denselben Liefergegenstand zwei Umsatzgeschäfte abgeschlossen haben[201]. Eine Begrenzung auf eine bestimmte Anzahl besteht dagegen nicht; vielmehr können beliebig viele Unternehmer an einem Reihengeschäft beteiligt sein.

Nach der h. M. kommt der Anforderung an die Beteiligten, »**Unternehmer**« zu sein, keine besondere Bedeutung zu. Der Hinweis auf den Unternehmer dient nur der Klarstellung, dass die Steuerbarkeit des Umsatzgeschäftes von der Unternehmereigenschaft des Lieferanten abhängig ist. Die Regeln des Reihengeschäfts gelten uneingeschränkt auch dann, wenn Nichtunternehmer als Lieferer oder Abnehmer beteiligt sind. Daher kann z. B. der erste Lieferer auch Nichtunternehmer sein.

Beispiel

Frau Ältlich (A) sammelt altes Porzellan und bestellt bei dem Antiquitätenhändler Historius (H) ein bestimmtes Service. H hat dieses Service nicht vorrätig, wird jedoch bei der Erbin Steinreich (S) fündig. S verkauft das Service an H; beide vereinbaren, dass A das Service persönlich bei S abholt.

➲ **Folge:**

Sowohl die Lieferung der S an H als auch die des H an A erfolgen im Reihengeschäft; die Lieferung der S ist jedoch nicht steuerbar.

Ist einer der Unternehmer **mehrfach in dieselbe Lieferkette eingeschaltet**, liegen insoweit keine Lieferungen vor[202].

Zwar werden bei der **Verkaufskommission** zwischen dem Kommittenten und dem Kommissionär keine Liefergeschäfte abgeschlossen; da § 3 Abs. 3 UStG jedoch ein Liefergeschäft fingiert, sind auch diese als Reihengeschäfte zu behandeln.

---

201 BFH, Beschluss vom 17.12.1981, V S 20/80, BStBl. II 1982, 279.
202 BFH, Urteil vom 31.7.1996, XI R 74/95, BStBl. II 1997, 157.

21.4.3.2 Die Vertragsbeziehungen: mehrere Umsatzgeschäfte

Die beteiligten Lieferer müssen Umsatzgeschäfte über den Liefergegenstand abgeschlossen haben. Unter Umsatzgeschäft versteht der BFH[203] den Sachverhalt, der einer Lieferung zugrunde liegt, also insbesondere das (schuldrechtliche) Verpflichtungsgeschäft. Regelmäßig liegen Umsatzgeschäfte in Form von **Kauf- oder Werklieferungsverträgen** vor[204].

21.4.3.3 Die Identität: derselbe Liefergegenstand

Die Wirkungen des § 3 Abs. 6 Satz 5 a. F., Abs. 6a Satz 1 UStG treten nur ein, wenn die Umsatzgeschäfte über denselben Liefergegenstand abgeschlossen wurden. Die Identität des Gegenstandes muss innerhalb der Umsatzkette gewahrt bleiben; der Liefergegenstand darf m. a. W. seine »**Marktgängigkeit**« zwischen den zu einem Reihengeschäft verbundenen Umsatzgeschäften **nicht ändern**[205].

Die Identität ist z. B. **nicht** gewahrt, wenn der Liefergegenstand von einem Zwischenlieferer bearbeitet wird oder wenn ein Zwischenlieferer dem Gegenstand notwendige Zubehörteile beifügt oder Montagearbeiten an ihm ausführt.

Der Liefergegenstand kann auch in einer **Werklieferung** bestehen (Ausnahme: ortsgebundenes, nicht transportables Werk ➲ Kapitel 21.3.2, Kapitel 21.4.3.3, Kapitel 36).

21.4.3.4 Die Warenbewegung: Unmittelbares Gelangen des Liefergegenstandes vom ersten Unternehmer an den letzten Abnehmer/Besonderheiten der »gebrochenen Warenbewegung«

Tatbestandsmerkmal des Reihengeschäfts ist es gem. § 3 Abs. 6 Satz 5 a. F., Abs. 6a Satz 1 UStG u. a., dass der Liefergegenstand im Rahmen der Beförderung oder Versendung **durch *eine* Warenbewegung unmittelbar** vom ersten Unternehmer (besser: vom Ort der Lieferung des ersten Unternehmers) an den letzten Abnehmer gelangt. Primäre Rechtsfolge eines Reihengeschäftes ist, dass es zwischen den Beteiligten zu einer Vielzahl von Lieferumsätzen i. S. d. § 3 Abs. 1 UStG kommt. Reihengeschäfte sind damit nichts anderes als die Aneinanderreihung

---

203 BFH, Urteil vom 14.9.1989, V R 76/84, BStBl. II 1989, 999.

204 Vgl. auch Abschn. 3.14 Abs. 1f. UStAE.

205 Vgl. Abschn. 1.4 UStAE.

mehrerer Liefergeschäfte[206]. **Je nach Zurechnung der Warenbewegung zu einer (1) der Lieferungen** ergibt sich die Umsatzbesteuerung eines oder mehrerer Lieferanten in der Reihe im europäischen Ausland.

Die Praxis versucht Letzteres aufgrund des damit verbundenen Mehraufwands häufig durch Einschaltung mehrerer der am Reihengeschäft beteiligten Unternehmer in die Warenbewegung zu beseitigen[207]. Das **unmittelbare Gelangen** i. S. d. § 3 Abs. 6 Satz 5 a. F., Abs. 6a Satz 1 UStG setzt nämlich grundsätzlich

- **eine (1)** Beförderung oder Versendung
- durch **einen (1)** am Reihengeschäft beteiligten Unternehmer

voraus. Diese Voraussetzung ist bei der Beförderung oder Versendung durch **mehrere** beteiligte Unternehmer nicht erfüllt (sog. **gebrochene Beförderung oder Versendung** ➲ Kapitel 21d). Die Bestimmungen über das Reihengeschäft sind in diesem Fall lediglich auf eine Teilreihe anzuwenden[208].

Beispiel 1

Schnapsbrennerei S bestellt Zucker bei B. Dieser bestellt den Zucker seinerseits bei A. Da auch A den Zucker nicht vorrätig hat, bestellt er ihn bei R. Zwischen B, A und R wird vereinbart, dass R den Zucker selbst mit eigenem LKW oder unter Beauftragung eines Spediteurs/Frachtführers zu B bringt; B bringt den Zucker dann – ebenfalls mit eigenem LKW – zu S.

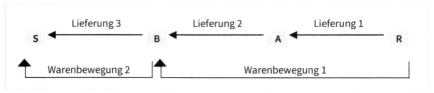

➲ Folge:

Die Vorschriften über das Reihengeschäft sind nur auf die Teilreihe B-A-R und damit auf die Liefergeschäfte 1 und 2 anzuwenden.

Für die Lieferung des B an S gelten die allgemeinen Bestimmungen.

---

206 Vgl. Abschn. 3.14 Abs. 2 UStAE.

207 *Weimann,* UStB 2005, 390.

208 BMF, Schreiben vom 18.4.1997, IV C 3 – S 7116 – 11/97, BStBl. I 1997, 529 Rz. 5. Das Schreiben ist zwar formell aufgehoben, materiell aber weiter gültig lt. BMF, Schreiben vom 11.3.2020, IV A 2 – O 2000/19/1008 :001, 2020/0137308, BStBl. I 2020, 298; allgemein zur (»Nicht-«)Bedeutung des BMF-Schreibens vom 29.3.2007 ➲ Kapitel 1.6.

Derzeit strittig ist, ob sich die Warenbewegung auch dadurch brechen lässt, dass **alle zum Transport Verpflichteten den gleichen Frachtführer/Spediteur** beauftragen.

Beispiel 2

Wie Beispiel 1. Den Gesamttransport von R nach S übernimmt ein einziger Spediteur mit R als Auftraggeber für die Teilbeförderung R – B und B als Auftraggeber für die Restbeförderung zu S.

➡ Beratungskonsequenzen

1. **Nochmals:** Die Lieferortvorschriften führen dazu, dass durch die Beteiligung an internationalen Reihengeschäften **steuerliche Pflichten im Ausland ggf. neu begründet werden** können. In diesem Fall kommt es zu einem erhöhten Verwaltungsaufwand durch Umstellung der Buchführung, Einrichtung der EDV, Bestellung eines Steuerberaters etc., der bereits bei der Kalkulation eines Auftrages und damit von den (in der Regel mit steuerlichen Fragen wenig befassten) Ein- und Verkaufsabteilungen berücksichtigt werden muss (➲ Kapitel 21.1.4).

2. Ein **Steuerberater** muss den Mandanten auf die Problematik hinweisen; **Schulungen und sichere Verfahrensabläufe (Controlling) für den Ein- und Verkauf** sind vorzuschlagen.

3. Anders als einige Autorkollegen sehe ich in der **absichtlichen »Brechung« der Warenbewegung** keine echte Gestaltungsmöglichkeit, da sie den Transport zwangsläufig verteuern wird[209].

Lässt sich der Liefergegenstand nicht transportieren, kann es auch zu keiner (unmittelbaren) Warenbewegung und damit zu keinem Reihengeschäft kommen; der Lieferort bestimmt sich in diesem Fall nach § 3 Abs. 7 Satz 1 UStG (➲ Kapitel 21.3.2, Kapitel 21.4.3.3, Kapitel 36).

---

209 *Röck,* LSW Gruppe 7, 125 = Heft 4/2005; ders., StWK Gruppe 8, 203 = Heft 16/2005.

Beispiel 3

Privatmann Kleinod (K) beauftragt den Unternehmer U mit der Errichtung eines Einfamilienhauses; U gibt den Auftrag an den Subunternehmer S weiter.

➲ **Folge:**

Es liegen keine Lieferungen im Reihengeschäft vor. Gegenstand der Umsatzgeschäfte ist jeweils ein ortsgebundenes Werk, nämlich das bezugsfertige Einfamilienhaus. Lieferort ist – für beide Lieferungen – gem. § 3 Abs. 7 Satz 1 UStG dessen Belegenheitsort.

21.4.4 Zivilrechtliche Grundlagen

Die zivilrechtliche Ausgangslage lässt sich wie folgt zusammen[210]:

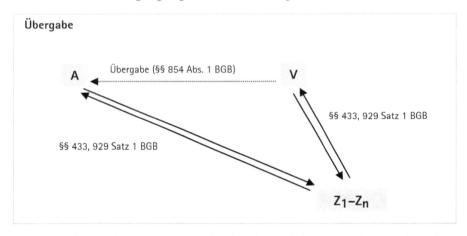

Beim **Strecken- oder Kettengeschäft** schließen auf der **Ebene des Schuldrechts**, ggf. auch schon vor der Aussonderung der Ware (§ 243 Abs. 2 BGB), der Verkäufer (V) mit dem Zwischenkäufer Z_1, dieser ggf. mit weiteren Zwischenkäufern (Z_2, Z_3 usw.) sowie der letzte Zwischenkäufer (Z_n) mit dem Letztkäufer = Abnehmer (A) Kaufverträge ab.

Auf der **Ebene des Sachenrechts** finden zwischen den Parteien der schuldrechtlichen Verträge Einigungen i. S. v. § 929 Satz 1 BGB statt. Die für § 929 Satz 1 BGB

---

210 Vgl. *Handzik*, UVR 1995, 235 und 257.

zusätzlich erforderliche Übergabe (hier: Verschaffung des unmittelbaren Besitzes nach § 854 Abs. 1 BGB) erfolgt dadurch, dass V über Z_1 und Z_1 über Z_2 usw. angewiesen wird, den unmittelbaren Besitz an A zu übertragen (➲ Kapitel 21.4.2)[211].

21.4.5 Zeitpunkt der Lieferungen

§ 3 Abs. 6 f. UStG enthält **keine Aussage zur Frage des Zeitpunkts der Lieferung.** Der Lieferzeitpunkt bestimmt sich nach der Gesetzesbegründung nach den Vorgaben des Zivilrechts. In der Vergangenheit wurde für den Regelfall angenommen, dass der Lieferzeitpunkt dem Zeitpunkt des Gefahrübergangs und des Übergangs von Nutzen und Lasten[212] entspricht[213]. Damit musste in Versendungs- oder Beförderungsfällen der Lieferzeitpunkt nicht zwangsläufig im Zeitpunkt des Beginns der Versendung oder Beförderung liegen[214]. Diese Auffassung wurde zwischenzeitlich aufgegeben. **Mit der herrschenden Literaturmeinung ist daher davon auszugehen, dass der Lieferzeitpunkt der Ortbestimmung in § 3 Abs. 6 f. UStG folgt;** gilt also eine Lieferung an einem bestimmten Ort als ausgeführt, wird damit auch der Lieferzeitpunkt festgelegt. Dieser Auffassung hat sich auch die Finanzverwaltung nunmehr ausdrücklich angeschlossen[215].

 Beratungskonsequenzen

Bedeutung hatte die Bestimmung des Lieferzeitpunkts zuletzt insbesondere für die überraschende **Absenkung des Umsatzsteuersatzes im zweiten Halbjahr 2020:**

1. Der temporär auf 16%/5% abgesenkte Steuersatz ist auf Lieferungen, sonstigen Leistungen und innergemeinschaftliche Erwerbe anzuwenden, die nach dem 30.6.2020 und vor dem 1.1.2021 bewirkt wurden. Maßgebend für die Anwendung dieses Steuersatzes ist stets der **Zeitpunkt, in dem der jeweilige Umsatz ausgeführt** wird (= Leistungszeitpunkt).

---

211 Vgl. BGH, NJW 1982, 2371, sowie zum Geheißerwerb *Bassenge* in Palandt, Bürgerliches Gesetzbuch, 80. Aufl. 2021, § 929 Rz. 17.

212 Vgl. §§ 446, 447 BGB.

213 So auch noch die 4. Auflage 2006 zu dieses Buchem (dort Kapitel 12.8).

214 Vgl. die amtliche Gesetzesbegründung zu § 3 UStG.

215 Abschn. 13.1 Abs. 2 Satz 5 UStAE unter Hinweis auf BFH, Urteil vom 6.12.2007, V R 24/05, BStBl. II 2009, 490.

2. Auf den **Zeitpunkt der vertraglichen Vereinbarung** kommt es für die Frage, welchem Steuersatz eine Leistung unterliegt, ebenso wenig an wie auf den Zeitpunkt der **Entgeltsvereinnahmung** oder der **Rechnungserteilung**.

Hierzu ausführlich ➲ Kapitel 70 der 19. Auflage 2020 zu diesem Buch.

21.4.6 Bausteine der Lieferortsregelung für Reihengeschäfte

 Rechtsgrundlagen

- § 3 Abs. 6 Sätze 5 f. a. F., Abs. 6 a, Abs. 7 Satz 2 UStG

21.4.6.1 Überblick

Schon seit der damaligen Neuregelung der Reihengeschäfte zum 1.1.1997 (➲ Kapitel 21.4.1) fanden die bisherigen Regelungen zum Reihengeschäft, einschließlich der besonderen Regelungen für innergemeinschaftliche Reihengeschäfte[216], keine Anwendung mehr. Bei mehreren aufeinanderfolgenden Lieferungen, die im Rahmen einer Warenbewegung (Beförderung oder Versendung) ausgeführt werden (§§ 3 Abs. 6 Satz 5 a. F. und Abs. 6a Satz 1, 25b Abs. 1 UStG), gilt ab diesem Zeitpunkt – anders als vorher – **keine** Fiktion eines einheitlichen Lieferorts und keine Fiktion eines einheitlichen Lieferzeitpunkts.

 Beratungskonsequenzen

Lieferort und Lieferzeitpunkt sind **für jede einzelne Lieferung** eines Reihengeschäfts **gesondert** zu bestimmen (➲ Kapitel 21.4.5).

Für den Lieferort gelten nach § 3 Abs. 6 Satz 5 a. F., Abs. 6a Satz 1, Abs. 7 UStG UStG folgende Grundsätze:

- Da die Lieferungen nacheinander ausgeführt werden, ist **für jede Lieferung der Ort gesondert** zu bestimmen.

- Die Warenbewegung kann immer »**nur einer**«[217] der Lieferungen zugeordnet werden. Diese Lieferung ist die Beförderungs- oder Versendungslieferung.

---

216   Zur Rechtslage vom 1.1.1993 bis zum 31.12.1996 vgl. BMF-Schreiben vom 15.3.1993, IV A 2 – S 7114a – 6/93, BStBl. I 1993, 291.

217   Vgl. § 3 Abs. 6 Satz 5 a. F., Abs. 6a Satz 1 UStG.

- Bei **allen anderen Lieferungen** findet keine Warenbewegung statt. Diese Lieferungen werden als »**ruhende vorangehende Lieferungen**«[218] und »**ruhende nachfolgende Lieferungen**«[219] bezeichnet. Der Lieferort liegt entweder am Beginn oder am Ende der Beförderung oder Versendung.

Diese Grundsätze gelten einheitlich für alle Umsatzgeschäfte i. S. d. §§ 3 Abs. 6 Satz 5 a. F. und Abs. 6a Satz 1, 25b Abs. 1 UStG – unabhängig davon, wo die Warenbewegung beginnt oder endet[220].

21.4.6.2 Die Abgrenzung der (einen) bewegten von den (ggf. vielen) ruhenden Lieferungen

Bei Reihengeschäften werden im Rahmen einer Warenbewegung (Beförderung oder Versendung) **mehrere Lieferungen** ausgeführt, die in Bezug auf den **Lieferort und den Lieferzeitpunkt jeweils gesondert** betrachtet werden müssen (➲ Kapitel 21.4.2).

21.4.6.3 Beförderungs- oder Versendungslieferung als »bewegte« Lieferung vs. »ruhende« Lieferungen

§ **Rechtsgrundlagen**

- § 3 Abs. 6 Satz 5 a. F., Abs. 6a Satz 1 UStG

Die Beförderung oder Versendung des Gegenstandes ist »**nur einer**« der Lieferungen zuzuordnen (§ 3 Abs. 6 Satz 5 a. F., Abs. 6a Satz 1 UStG). Diese eine Lieferung ist die **Beförderungs- oder Versendungslieferung** bzw. – in Abgrenzung zur ruhenden Lieferung des § 3 Abs. 7 Satz 2 UStG – die **bewegte Lieferung**.

➡ **Beratungskonsequenzen**

1. Die Worte »**nur einer der Lieferungen zuzuordnen**« sollen zum Ausdruck bringen, dass § 3 Abs. 6 Satz 5 a. F., Abs. 6a Satz 1 UStG eine Regelung nur für *eine* (1) der Lieferungen trifft; diese Lieferung ist die bewegte Lieferung (➲ Kapitel 21.3.1).

---

218   § 3 Abs. 7 Satz 2 Nr. 1 UStG.
219   § 3 Abs. 7 Satz 2 Nr. 2 UStG.
220   Vgl. Abschn. 3.12 UStAE.

2. Für alle anderen Lieferungen ist eine neue Lieferortsbestimmung zu suchen. Diese findet sich in § 3 Abs. 7 Satz 2 UStG; er handelt sich mithin um ruhende Lieferungen (➲ Kapitel 21.3.2).

Innerhalb der ruhenden Lieferungen gilt es zu unterscheiden, und zwar danach ob diese zeitlich vor oder nach der Beförderungs- oder Versendungslieferung ausgeführt werden:

- Gehen ruhende Lieferungen der bewegten Lieferung voran, spricht man von **ruhenden vorangehenden Lieferungen**. Diese ruhenden Lieferungen gelten – wie die bewegten Lieferungen – gem. § 3 Abs. 7 Satz 2 Nr. 1 UStG dort als ausgeführt, wo die Warenbewegung beginnt (**Ursprungslandprinzip**).

- Folgen ruhende Lieferungen der bewegten Lieferung, spricht man von **ruhenden nachfolgenden Lieferungen**. Diese ruhenden Lieferungen gelten gem. § 3 Abs. 7 Satz 2 Nr. 2 UStG dort als ausgeführt, wo die Warenbewegung endet (**Bestimmungslandprinzip**).

➡ **Beratungskonsequenzen**

Jedes Reihengeschäft besteht aus
- **einer (1) bewegten** Lieferung (§ 3 Abs. 6 Satz 5 a. F., Abs. 6a Satz 1 UStG)
- ggf. **mehreren ruhenden** Lieferungen (§ 3 Abs. 7 Satz 2 UStG)

Nur bei der bewegten Lieferung kommen die Steuerbefreiungen für
- Ausfuhrlieferungen (§ 4 Nr. 1 Buchst. a i. V. m. § 6 UStG)
- innergemeinschaftliche Lieferungen (§ 4 Nr. 1 Buchst. b i. V. m. § 6a UStG) und damit auch die Notwendigkeit von Gelangensbestätigung, Abnehmerversicherung und Gelangensvermutung (➲ Kapitel 23 ff.)
- die Lieferortsfiktion des § 3 Abs. 8 UStG

in Betracht[221].

Bitte beachten Sie!
- Da bei einem Reihengeschäft nur eine (1) der Lieferungen die bewegte sein kann und alle anderen Lieferungen daraufhin zu beurteilen sind, ob sie der bewegten (zeitlich) vorangehen oder folgen, muss die **erste Frage** einer jeden Fallbearbeitung lauten: »**Welche Lieferung ist die bewegte Lieferung?**«

---

221 Vgl. Abschn. 3.14 Abs. 2 UStAE.

- **Alle anderen Lieferungen** sind danach **um die bewegte herum zu gruppieren:** sie gehen der bewegten entweder zeitlich voran (Ortsbestimmung nach § 3 Abs. 7 Satz 2 Nr. 1 UStG) oder folgen ihr (Ortsbestimmung nach § 3 Abs. 7 Satz 2 Nr. 2 UStG).

Noch einmal: Umsatzgeschäfte, die von mehreren Unternehmern über denselben Gegenstand abgeschlossen werden und bei denen **keine Beförderung oder Versendung** stattfindet (z. B. Grundstückslieferungen oder Lieferungen, bei denen die Verfügungsmacht durch Vereinbarung eines Besitzkonstituts oder durch Abtretung des Herausgabeanspruchs verschafft wird), **können nicht Gegenstand eines Reihengeschäfts sein**[222].

21.4.6.4 Zuordnung der Warenbewegung/Neuregelung zum 1.1.2020 (»Quick Fixes«)

Die EU-Kommission hat im Oktober 2017 erstmals ihre Pläne für die größte Reform der Mehrwertsteuervorschriften seit einem Vierteljahrhundert vorgelegt (➲ Kapitel 20). Die EU-Kommission hat dadurch eine Diskussion angestoßen, die im September 2018 zu einem finalen Reformvorschlag führte. Durch die Neuregelung soll das System für alle Beteiligten – also die EU-Mitgliedstaaten und deren Unternehmen – gleichermaßen verbessert und modernisiert werden.

Da hierzu ein zeitlicher Vorlauf unabdingbar ist, greifen seit dem 1.1.2020 erste Sofortmaßnahmen (»Quick Fixes«). Folge ist u. a. eine Neuregelung für die Zuordnung der Warenbewegung im Reihengeschäft:

- Reihengeschäfte bis zum 31.12.2019 ➲ Kapitel 21a
- Reihengeschäfte ab dem 1.1.2020 ➲ Kapitel 21b

---

222 Abschn. 3.14 Abs. 2 Satz 6 UStAE; ➲ Kapitel 21.3.2, 21.4.3.3 und 21.4.3.4.

21a Reihengeschäfte bis zum 31.12.2019
Zuordnung der Warenbewegung

21a.1 Basiswissen Reihengeschäfte

- Begriffliche Klärungen ➲ Kapitel 21.4.1
- Tatbestandsmerkmale im Überblick ➲ Kapitel 21.4.2
- Die Beteiligten: mehrere Unternehmer ➲ Kapitel 21.4.3.1
- Die Vertragsbeziehungen: mehrere Umsatzgeschäfte ➲ Kapitel 21.4.3.2
- Die Identität: derselbe Liefergegenstand ➲ Kapitel 21.4.3.3
- Die Warenbewegung: Unmittelbares Gelangen des Liefergegenstandes vom ersten Unternehmer an den letzten Abnehmer / Besonderheiten der »gebrochenen Warenbewegung« ➲ Kapitel 21.4.3.4
- Zivilrechtliche Grundlagen ➲ Kapitel 21.4.4
- Zeitpunkt der Lieferungen ➲ Kapitel 21.4.5
- Die Abgrenzung der (einen) bewegten von den (ggf. vielen) ruhenden Lieferungen ➲ Kapitel 21.4.6.2
- Beförderungs- oder Versendungslieferung als »bewegte« Lieferung vs. »ruhende« Lieferungen (§ 3 Abs. 6 Satz 5 a. F., Abs. 6a Satz 1 UStG) ➲ Kapitel 21.4.6.3

21a.2 Zuordnung der Warenbewegung

 Rechtsgrundlagen

- § 3 Abs. 6 Satz 6 a. F. UStG

21a.2.1 Allgemeines

Bis zum 31.12.2019 ist die Zuordnung der Beförderung oder Versendung zu einer der Lieferungen des Reihengeschäfts davon abhängig, ob der Gegenstand der Lieferung durch den ersten Unternehmer, den letzten Abnehmer oder einen mittleren Unternehmer in der Reihe befördert oder versendet wird[223].

---

223 Vgl. Abschn. 3.14 Abs. 7 Satz 1 UStAE.

Abhängig von der Zuordnung sind u. a. die Anwendung[224] der

- Steuerbefreiung für die Ausfuhrlieferung (§ 4 Nr. 1 Buchst. a i. V. m. § 6 UStG)
- Steuerbefreiung für die innergemeinschaftliche Lieferung (§ 4 Nr. 1 Buchst. b i. V. m. § 6a UStG)
- Vereinfachungsregel zum innergemeinschaftlichen Dreiecksgeschäft (§ 25b UStG)

Die **Zuordnungsentscheidung** muss **einheitlich für alle Beteiligten** getroffen werden[225]. Aus den vorhandenen Belegen muss sich **eindeutig und leicht nachprüfbar** ergeben, wer die Beförderung durchgeführt oder die Versendung veranlasst hat[226]. Im Fall der Versendung ist dabei auf die **Auftragserteilung** an den selbstständigen Beauftragten abzustellen[227].

Ist an dem Reihengeschäft eine inländische **Organgesellschaft beteiligt**, dürfte es für die Frage der Zuordnung der Versendung keine Rolle spielen, ob die Organgesellschaft selbst oder der nicht (direkt) am Reihengeschäft beteiligte Organträger den Spediteur beauftragt[228].

Sollte sich aus den Geschäftsunterlagen nichts anderes ergeben, ist auf die **Frachtzahlerkonditionen** abzustellen. Danach kann auch der Empfänger der Frachtrechnung als Auftraggeber des Spediteurs angesehen werden, wenn er die Frachtrechnung zahlt[229].

21a.2.2 Transport durch den ersten Unternehmer/letzten Abnehmer in der Reihe

Wird der Gegenstand der Lieferung durch den ersten Unternehmer in der Reihe befördert oder versendet, ist die Beförderung oder Versendung der **ersten Liefe-**

---

224 Vgl. Abschn. 3.14 Abs. 2 UStAE; ➲ siehe auch Kapitel 21.4.6.2.
225 Vgl. Abschn. 3.14 Abs. 7 Satz 2 UStAE.
226 Vgl. Abschn. 3.14 Abs. 7 Satz 3 UStAE.
227 Vgl. Abschn. 3.14 Abs. 7 Satz 4 UStAE.
228 *Fritsch,* Abschn. III.1, NWB 1997, 3403 = Fach 7, S. 4917.
229 *Fritsch,* a. a. O.; vgl. auch Abschn. 3.14 Abs. 7 Satz 5 UStAE.

rung in der Reihe zuzuordnen. Wird der Liefergegenstand durch den letzten Abnehmer befördert oder versendet, ist die Beförderung oder Versendung der **letzten Lieferung in der Reihe** zuzuordnen[230].

Beispiel

Der Unternehmer SP aus Spanien bestellt eine Maschine bei dem Unternehmer D 1 in Kassel. D 1 bestellt die Maschine seinerseits bei dem Großhändler D 2 in Bielefeld. D 2 wiederum gibt die Bestellung an den Hersteller F in Frankreich weiter.

Variante 1: F lässt als erster Unternehmer in der Reihe die Maschine durch einen Beförderungsunternehmer von Frankreich unmittelbar nach Spanien an den SP transportieren.

Variante 2: SP holt als letzter Abnehmer in der Reihe die Maschine mit eigenem Lkw bei F in Frankreich ab und transportiert sie unmittelbar nach Spanien.

⮕ **Folge:**

Variante 1: Transport durch den ersten Unternehmer

Bei diesem Reihengeschäft werden nacheinander drei Lieferungen (F an D 2, D 2 an D 1 und D 1 an SP) ausgeführt.

Die Versendung ist der ersten Lieferung F an D 2 zuzuordnen, da F als erster Unternehmer in der Reihe die Maschine versendet. Der Ort der Lieferung liegt nach § 3 Abs. 6 Satz 5 i. V. m. Satz 1 UStG in Frankreich (Beginn der Versendung).

Die zweite Lieferung D 2 an D 1 und die dritte Lieferung D 1 an SP sind ruhende Lieferungen. Für diese Lieferungen liegt der Lieferort nach § 3 Abs. 7 Satz 2 Nr. 2 UStG jeweils in Spanien (Ende der Versendung), da sie der Versendungslieferung folgen.

D 2 und D 1 müssen sich demnach in Spanien steuerlich registrieren lassen.

Variante 2: Transport durch den letzten Abnehmer

Bei diesem Reihengeschäft werden nacheinander drei Lieferungen (F an D 2, D 2 an D 1 und D 1 an SP) ausgeführt.

---

230 Abschn. 3.14 Abs. 8 UStAE; vgl. auch *Leonard/Robisch* in B/G, § 3 Rz. 207 m. w. N.

Die Beförderung ist der dritten Lieferung D 1 an SP zuzuordnen, da SP als letzter Abnehmer in der Reihe die Maschine befördert (Abholfall). Der Ort der Lieferung liegt nach § 3 Abs. 6 Satz 5 i. V. m. Satz 1 UStG in Frankreich (Beginn der Beförderung).

Die erste Lieferung F an D 2 und die zweite Lieferung D 2 an D 1 sind ruhende Lieferungen. Für diese Lieferungen liegt der Lieferort nach § 3 Abs. 7 Satz 2 Nr. 1 UStG ebenfalls jeweils in Frankreich (Beginn der Beförderung), da sie der Beförderungslieferung vorangehen.

D 2 und D 1 müssen sich demnach in Frankreich steuerlich registrieren lassen.

21a.2.3 Transport durch einen mittleren Unternehmer

21a.2.3.1 Begriffliche Klärung

Befördert oder versendet ein **mittlerer Unternehmer** in der Reihe den Liefergegenstand, ist dieser **zugleich**

- **Abnehmer** der Vorlieferung (= »Lieferung an ihn« = **Eingangsumsatz**) und

- **Lieferer** seiner eigenen Lieferung (= **Ausgangsumsatz**).

Beispiel

Der Unternehmer A bestellt eine Maschine bei dem Unternehmer B. B bestellt die Maschine seinerseits bei dem Großhändler C. C wiederum gibt die Bestellung an den Hersteller D weiter.

Rechnungsweg
D → C → B → A
Warenweg

➲ **Folge:**

»Mittlere« Unternehmer i. S. d. § 3 Abs. 6 Satz 6 UStG sind hier B und C:

- C ist Abnehmer des D und tätigt von ihm einen Eingangsumsatz. Zugleich ist C Lieferant des B und tätigt an diesen einen Ausgangsumsatz.

- B ist Abnehmer des C und tätigt von ihm einen Eingangsumsatz. Zugleich ist B Lieferant des A und tätigt an diesen einen Ausgangsumsatz.

21a.2.3.2   Grundsatz: Zuordnung der Warenbewegung zum Eingangsumsatz

 Rechtsgrundlagen

* § 3 Abs. 6 Satz 6 Halbsatz 1 UStG

Grundsätzlich ist die Beförderung oder Versendung der »**Lieferung an ihn**« (= Eingangsumsatz des transportierenden mittleren Unternehmers = Ausgangsumsatz seines Lieferanten) zuzuordnen.

 Beratungskonsequenzen

Hierbei handelt es sich um eine **widerlegbare Vermutung** des Gesetzgebers[231].

21a.2.3.3   Ausnahme: Zuordnung der Warenbewegung zum Ausgangsumsatz

 Rechtsgrundlagen

* § 3 Abs. 6 Satz 6 Halbsatz 2 UStG

Der **befördernde oder versendende Unternehmer** *kann* jedoch **nachweisen**, dass er als Lieferer aufgetreten und die Beförderung oder Versendung dementsprechend seiner eigenen Lieferung zuzuordnen ist.

Der Nachweis ist zu erbringen **anhand von Belegen**, z. B. durch

* eine Auftragsbestätigung,
* das Doppel der Rechnung,
* andere handelsübliche Belege und Aufzeichnungen[232].

Aus den Belegen muss sich **eindeutig und leicht nachprüfbar** ergeben, dass der Unternehmer die Beförderung oder Versendung

---

231   Vgl. Abschn. 3.14 Abs. 9 Satz 2 UStAE.
232   Vgl. Abschn. 3.14 Abs. 9 Satz 3 UStAE.

- in seiner Eigenschaft als Lieferer
- und nicht als Abnehmer der Vorlieferung

getätigt hat[233].

 Beratungskonsequenzen

Hiervon kann regelmäßig ausgegangen werden, wenn der Unternehmer

- **unter der USt-IdNr. des Mitgliedstaates auftritt**, in dem die Beförderung oder Versendung des Gegenstandes beginnt, und
- aufgrund der mit seinem Vorlieferanten und seinem Auftraggeber vereinbarten Lieferkonditionen **Gefahr und Kosten der Beförderung oder Versendung übernommen hat**[234].

Den Anforderungen an die Lieferkonditionen ist genügt, wenn **handelsübliche Lieferklauseln (z. B. Incoterms)** verwendet werden[235].

Ausreichend für den »Lieferernachweis« des mittleren Unternehmers sind die folgenden **Incoterm-Kombinationen**, die vom mittleren Unternehmer mit seinem Lieferanten bzw. seinem Kunden abgeschlossen werden[236]:

- Lieferbedingung **EXW** (Ex Works = Erwerb ab Werk ... benannter Ort) mit dem Lieferanten bei gleichzeitiger Lieferbedingung **DDP** (Delivered Duty Paid = Geliefert verzollt ... benannter Bestimmungsort) mit seinem Kunden.
  - EXW bedeutet, dass der Käufer Gefahr und Kosten des gesamten Transports tragen sowie die Export- und Importabwicklung durchführen soll.
  - Nach DDP muss der Lieferer die Ware auf eigene Kosten und Gefahr bis zum Bestimmungsort im Importland liefern und alle anfallenden Formalitäten erledigen, sowie neben allen Kosten auch alle Eingangsabgaben tragen.

---

233 Vgl. Abschn. 3.14 Abs. 10 Satz 1 UStAE.
234 Vgl. Abschn. 3.14 Abs. 10 Satz 2 UStAE.
235 Vgl. Abschn. 3.14 Abs. 10 Satz 3 UStAE.
236 *Fritsch,* NWB 1997, 3403 = Fach 7, S. 4917, Abschn. III.3.b; Zur Bedeutung der Incoterms ausführlich ICC (International Chamber of Commerce), Die Regeln der ICC zur Auslegung nationaler und internationaler Handelsklauseln, Deutschland 2019.

- Lieferbedingung **EXW** (s. o.) mit dem Lieferanten bei gleichzeitiger Lieferbedingung **DDU** (Delivered Duty Unpaid = Geliefert unverzollt ... benannter Bestimmungsort) mit seinem Kunden.

  Hier übernimmt der mittlere Unternehmer gegenüber seinem Vorlieferanten
  ebenfalls die Gefahr und die Kosten des gesamten Transports; gegenüber seinem Kunden übernimmt er alle Gefahren und Kosten, jedoch nicht die Einfuhrabgaben und -modalitäten.

- Lieferbedingungen **FOB** (Free on Board = Frei an Bord ... benannter Verschiffungshafen), **FAS** (Free Alongside Ship = Frei Längsseite Seeschiff ... benannter Verschiffungshafen) oder **FCA** (Free Carrier = Frei Frachtführer ... benannter Ort) bei gleichzeitiger Lieferbedingung **DDP** (s. o.) mit seinem Kunden.

  Gegenüber seinem Vorlieferanten übernimmt der mittlere Kunde immerhin
  noch die Kosten des Haupttransports.

- Lieferbedingungen **FOB, FAS** oder **FCA** (s. o.) bei gleichzeitiger Lieferbedingung **DDU** (s. o.) mit seinem Kunden.

Bitte beachten Sie!

Seit dem 1.1.2011 gelten die neuen INCOTERMS 2020!

Die Incoterms Regeln der Internationalen Handelskammer (ICC) sind im Warenverkehr inzwischen zu gebräuchlichen Abkürzungen geworden. Die Handelsklauseln
erleichtern den Export erheblich und **gelten überall auf der Welt** als Standard. So
werden beide **Vertragspartner durch klare Regeln vor Konflikten geschützt**.

Die Incoterms betreffen nicht etwa den Eigentumsübergang oder die Folgen von
Vertragsbrüchen. Sie regeln vielmehr Fragen zu **Transportkosten** und **Gefahren-
übergang** sowie zu **Geschäftsabwicklungspflichten**. Damit legen sie fest, ob der
Käufer oder Verkäufer Warendokumente beschafft und eventuelle Zollkosten trägt,
wer für Transportdokumente und mögliche Kosten verantwortlich ist, wer die Ware
versichert, wer die Waren prüft und sie verpackt. Wirksam werden sie erst, wenn in
einem nationalen oder internationalen Vertrag auf sie Bezug genommen wird. Welche der Klauseln gilt, müssen die Vertragspartner konkret vereinbaren. Zudem ist
es wichtig, im Vertrag festzuhalten, welche Fassung der Incoterms gelten soll.

Bereits seit mehr als sieben Jahrzehnten nutzen Unternehmer aller Länder diese
International Commercial Terms, bekannt als Incoterms. 1936 veröffentlichte die

ICC in Paris zum ersten Mal dieses Regelwerk, das sie seitdem sechsmal überarbeitet und weiterentwickelt hat. Im Herbst 2019 wurde die achte Revision veröffentlicht und ist seit dem **1.1.2020 gültig**[237].

Aus der Formulierung (»... es sei denn, er weist nach, ...«) des § 3 Abs. 6 Satz 6 Halbsatz 2 UStG lässt sich entnehmen, dass der mittlere Unternehmer ein **Wahlrecht** hat, welcher Lieferung er die Warenbewegung zugeordnet haben möchte. Allein der betroffene Unternehmer kann damit die Entscheidung betreffen, ob er als Lieferer oder als Abnehmer transportieren will. Selbst wenn also objektiv die für einen möglichen Nachweis erforderlichen Belege, Urkunden etc. vorliegen und beispielsweise im Rahmen einer Sonderprüfung der Finanzverwaltung zugänglich sind, muss es **allein der Willensentscheidung des betroffenen Unternehmers** überlassen bleiben, ob er die Zuordnung nach § 3 Abs. 6 Satz 6 Halbsatz 2 UStG wählt oder nicht.

Beispiel

Das französische Unternehmen F bestellt Ware beim deutschen Unternehmen D1. D1 hat die Ware nicht vorrätig und bestellt sie bei D2. Vereinbarungsgemäß holt D1 die Ware bei D2 ab und transportiert sie zu F.

Frankreich	Deutschland
F ←	D1 ← D2

Obwohl D1 den nach § 3 Abs. 6 Satz 6 Halbsatz 2 UStG erforderlichen Nachweis erbringen könnte, einigen sich die Beteiligten darauf, dass D2 den D1 steuerfrei innergemeinschaftlich beliefern soll; D1 bestellt daher die Ware unter Verwendung seiner französischen USt-IdNr.

Im Rahmen einer Umsatzsteuer-Sonderprüfung greift die deutsche Finanzverwaltung den Sachverhalt auf, rechnet die Warenbewegung der Lieferung D1 ➜ F zu und beurteilt die Lieferung D2 ➜ D1 als steuerpflichtig. Zu Recht?

➲ Antwort:

Nein! Es bleibt **allein der Willensentscheidung des D1** überlassen, ob er die Zuordnung nach § 3 Abs. 6 Satz 6 Halbsatz 2 UStG wählt oder nicht. D1 hat sich dafür entschieden, den Transport dem Eingangsumsatz zuzurechnen; dies ist für alle Beteiligten und auch für die Finanzverwaltung bindend.

---

237 ➲ www.umsatzsteuerpraxis.de > Aktualisierungen > Kapitel 21.

Beratungskonsequenzen

1. Bei innergemeinschaftlichen Lieferungen wird man verlangen müssen, dass der mittlere Unternehmer gegenüber seinem Lieferer nicht als Abnehmer einer steuerfreien innergemeinschaftlichen Lieferung aufgetreten ist und gegenüber seinem Abnehmer das Vorliegen einer innergemeinschaftlichen Lieferung **deutlich zum Ausdruck gebracht** hat. Denn durch die Ausübung des Wahlrechts wird die Qualifikation der Lieferung seines Vorlieferanten wie auch des Erwerbs seines Abnehmers beeinflusst.

2. Aus diesem Grunde wird man auch eine **spätere Änderung des Wahlrechts ausschließen** müssen[238].

Wird die Beförderung oder Versendung der Lieferung des mittleren Unternehmers zugeordnet, muss dieser die Voraussetzungen der Zuordnung nachweisen (z. B. über den **belegmäßigen und den buchmäßigen Nachweis** der Voraussetzungen für seine Ausfuhrlieferung (§§ 8 bis 17 UStDV) oder innergemeinschaftliche Lieferung (§ 17 a bis 17 c UStDV)[239]. Für den Nachweis trägt der mittlere Unternehmer damit die **objektive Beweislast**[240].

Beispiel

Der Unternehmer SP aus Spanien bestellt eine Maschine bei dem Unternehmer D1 in Kassel. D1 bestellt die Maschine seinerseits bei dem Großhändler D2 in Bielefeld. D2 wiederum gibt die Bestellung an den Hersteller D3 in Dortmund weiter. D2 lässt die Maschine durch einen Transportunternehmer bei D3 abholen und sie von Dortmund unmittelbar nach Spanien transportieren. Dort übergibt sie der Transportunternehmer an SP. Alle Beteiligten treten unter der USt-IdNr. ihres Landes auf.

Rechnungsweg
D3 → D2 → D1 → SP
Warenweg

Variante a: Es werden keine besonderen Lieferklauseln vereinbart.

Variante b: Es werden folgende Lieferklauseln vereinbart: D2 vereinbart mit D1 »Lieferung frei Haus Spanien (Lieferklausel DDP)« und mit D3 »Lieferung ab Werk

---

238 *Leonard/Robisch*, a. a. O., Rz. 75.
239 Vgl. Abschn. 3.14 Abs. 10 Satz 4 UStAE.
240 *Fritsch*, a. a. O., Abschn. III.3.b.

Liefergeschäfte/Einführung

Dortmund (Lieferklausel EXW)«. Die vereinbarten Lieferklauseln ergeben sich sowohl aus der Rechnungsdurchschrift als auch aus der Buchhaltung des D2.

➲ **Zur Lösung** vgl. Abschn. 3.14 Abs. 10 Satz 4 Beispiel UStAE.

21a.2.3.4 Nichtbeanstandungsregelung bei abweichendem Recht anderer Mitgliedstaaten

Ist die Zuordnung der Beförderung oder Versendung zu einer der Lieferungen von einem an dem Reihengeschäft beteiligten Unternehmer aufgrund des Rechts eines anderen Mitgliedstaates ausnahmsweise abweichend von den vorstehenden Grundsätzen vorgenommen worden, ist es nicht zu beanstanden, wenn dieser Zuordnung gefolgt wird (Abschn. 3.14 Abs. 11 UStAE ➲ Kapitel 31).

21a.3 Das Wechselspiel zwischen ig. Lieferung und ig. Erwerb

Im Rahmen eines Reihengeschäfts, bei dem die Warenbewegung im Inland beginnt und im Gebiet eines anderen Mitgliedstaates endet, kann mit der Beförderung oder Versendung des Liefergegenstandes in das übrige Gemeinschaftsgebiet **nur eine (1)** innergemeinschaftliche Lieferung i. S. d. § 6a UStG bewirkt werden.

Die **Steuerbefreiung nach § 4 Nr. 1 Buchst. b i. V. m. § 6a UStG** kommt demnach nur bei der bewegten Lieferung (Beförderungs- oder Versendungslieferung) zur Anwendung (➲ vgl. Kapitel 21.4.6.3).

Beginnt die Warenbewegung in einem anderen Mitgliedstaat und endet sie im Inland, ist von den beteiligten Unternehmern **nur derjenige Erwerber i. S. d. § 1a UStG, an den die Beförderungs- oder Versendungslieferung ausgeführt** wird.

> **Beispiel**
>
> Der Unternehmer B1 in Belgien bestellt bei dem ebenfalls in Belgien ansässigen Großhändler B2 eine dort nicht vorrätige Ware. B2 gibt die Bestellung an den Großhändler D1 in Frankfurt weiter. D1 bestellt die Ware beim Hersteller D2 in Köln. Alle beteiligten treten unter der USt-IdNr. ihres Landes auf

Variante a: D2 befördert die Ware von Köln mit eigenem Lkw unmittelbar nach Belgien und übergibt sie dort B1.

Variante b: D1 befördert die Ware von Köln mit eigenem Lkw unmittelbar nach Belgien an B1 und tritt hierbei in seiner Eigenschaft als Abnehmer der Vorlieferung auf.

Variante c: B2 befördert die Ware von Köln mit eigenem Lkw unmittelbar nach Belgien an B1 und tritt hierbei in seiner Eigenschaft als Abnehmer der Vorlieferung auf.

Variante d: B1 holt die Ware bei D2 in Köln ab und befördert sie von dort mit eigenem LKW nach Belgien.

⊃ Zur Lösung vgl. Abschn. 3.14 Abs. 13 Satz 3 Beispiel UStAE.

21a.4   Lieferort von Reihengeschäften – Checkliste bis 31.12.2019

Die Prüfung des Lieferorts von Reihengeschäften hat zusammengefasst unter Beachtung folgender Grundsätze zu erfolgen:

 Checkliste

- Beim Reihengeschäft werden mehrere Liefergeschäfte durch einen Transportvorgang erfüllt. Nur das **Geschäft, dem der Transportvorgang zuzurechnen** ist, ist nach § 3 Abs. 6 UStG zu beurteilen; für **alle anderen Geschäfte** gilt ausschließlich § 3 Abs. 7 UStG.
- Erfolgen die zu beurteilenden Lieferungen *vor* der Lieferung, der der Transportvorgang zuzurechnen ist, ist der Lieferort gem. § 3 Abs. 7 Satz 2 Nr. 1 UStG dort, wo sich der Gegenstand vor dem Transport befindet; dies wird in der Regel der **Ort des ersten Unternehmers** in der Reihe sein.
- Erfolgen die zu beurteilenden Lieferungen **nach** der Lieferung, der der Transportvorgang zuzurechnen ist, ist der Lieferort gem. § 3 Abs. 7 Satz 2 Nr. 2 UStG dort, wo sich der Gegenstand nach der Beförderung befindet; dies wird der in der Regel der **Wohn- oder Sitzort des letzten Abnehmers** sein.

- Da im Reihengeschäft zumindest einer der Erwerber zugleich Lieferer der nächsten Lieferung ist, könnte dies bei wörtlicher Auslegung des § 3 Abs. 6 Satz 5 UStG zu einer Doppelerfassung des Transportvorgangs führen. Die Doppelerfassung vermeidet § 3 Abs. 6 Satz 6 UStG, indem er den Transportvorgang grundsätzlich der **frühestmöglichen Lieferung** zuordnet.
- Als »**beauftragter Dritter**« i. S. d. § 3 Abs. 6 Satz 1 UStG kommt nur in Betracht, wer nicht bei einer anderen Lieferung in der Reihe als Lieferer oder Erwerber auftritt.

21a.5 Lieferort von Reihengeschäften – Grundfälle bis 31.12.2019

21a.5.1 Transportfall

Das bei Reihengeschäften besonders zu beachtende **Wechselspiel zwischen innergemeinschaftlicher Lieferung/innergemeinschaftlichem Erwerb** (➲ Kapitel 21a.3) stellt sich wie folgt dar:

Grundfall 1

Der deutsche Unternehmer D bestellt einen Gegenstand bei dem italienischen Unternehmer I. Dieser bestellt den Gegenstand bei dem Franzosen F, der ihn seinerseits bei dem Niederländer NL bestellt. Alle Beteiligten benutzen eine USt-IdNr. ihres Landes; vereinbarungsgemäß befördert NL den Gegenstand direkt zu D.

⮑ Lösung (Hinweis: Sachverhalt identisch mit dem in Kapitel 21.1.4 für die Zeit zwischen dem 1.1.1993 und dem 31.12.1996 betrachteten. Nachfolgend wird dargestellt, wie dieser Fall nach der ab dem 1.1.2007 gültigen Lieferortsregelung zu lösen ist.)

Lieferung des NL an F: Der Ort Lieferung liegt bei NL in den Niederlanden, da sich hier der Gegenstand zum Zeitpunkt des Beginns der Beförderung an den Erwerber F befindet, § 3 Abs. 6 UStG. Die Lieferung ist als innergemeinschaftliche Lieferung unter den weiteren Voraussetzungen[241] steuerfrei.

Erwerb des F von NL: F tätigt in Deutschland (!) einen innergemeinschaftlichen Erwerb (§ 3d Satz 1 UStG) und muss sich beim Finanzamt Offenburg für die Umsatzsteuer registrieren lassen[242]. Der Erwerb ist steuerpflichtig, berechtigt aber zum Vorsteuerabzug[243]. Gleichzeitig tätigt F einen innergemeinschaftlichen Erwerb in Frankreich wegen der Verwendung der französischen USt-IdNr.; dieser Erwerb berechtigt nicht zum Vorsteuerabzug[244]. Der Erwerb entfällt rückwirkend, sobald F den französischen Behörden die Besteuerung in Deutschland nachgewiesen hat[245].

Lieferung des F an I: F tätigt in Deutschland (!)[246] eine steuerbare und steuerpflichtige Lieferung an I. F erteilt dem I eine Bruttorechnung mit deutscher USt und schuldet diese gegenüber dem Finanzamt Offenburg (s. o.).

Erwerb des I von F: Der Erwerb des Liefergegenstandes von F ist für I kein innergemeinschaftlicher Erwerb, sondern ein »ganz normaler« Leistungsbezug für Zwecke des Unternehmens. I ist aus der (Brutto-)Rechnung des F unter den weiteren Voraussetzungen des § 15 Abs. 1 Satz 1 Nr. 1 UStG zum Vorsteuerabzug berechtigt (»normaler« Vorsteuerabzug und keine Vergütung, da sich I registrieren lassen muss, s. u.).

---

241   § 4 Nr. 1 Buchst. b, § 6 a UStG.

242   § 1 Abs. 1 Nr. 8 Umsatzsteuer-Zuständigkeitsverordnung ⮑ Kapitel 84.4.

243   »Nullsummenspiel« ⮑ Kapitel 75.5.1.

244   EuGH, Urteil vom 22.4.2010, Rs. C 536/08 und C-539/08, X und Facet BV/Facet Trading BV, UR 2010, 418; BFH, Urteil vom 1.9.2010, V R 39/08, BStBl. II 2011, 658; BFH, Urteil vom 8.9.2010, XI R 40/08, BStBl. II 2011, 661; BMF, Schreiben vom 7.7.2011, IV D 2 – S 7300-b/09/10001, 2011/0468888, BStBl. I 2011, 739; Abschn. 15.10 UStAE n. F.; ⮑ Kapitel 75.5.2.

245   Vgl. § 3d Satz 2 UStG, ⮑ Kapitel 75.5.3.

246   § 3 Abs. 7 Satz 2 Nr. 2 UStG.

Lieferung des I an D: Auch diese Lieferung ist – wie die des F an I – in Deutschland steuerbar und steuerpflichtig. I muss sich in Deutschland beim Finanzamt München II für die Umsatzsteuer registrieren lassen[247]. I erteilt dem D eine Bruttorechnung mit deutscher USt und schuldet diese gegenüber dem Finanzamt.

Erwerb des D von I: Der Erwerb des Liefergegenstandes aus der Sicht des D ein »ganz normaler« Leistungsbezug für Zwecke des Unternehmens. D ist aus der (Brutto-)Eingangsrechnung unter den weiteren Voraussetzungen des § 15 Abs. 1 Satz 1 Nr. 1 UStG zum Vorsteuerabzug berechtigt.

21a.5.2 Abholfall

Grundfall 2

Der deutsche Automobilhersteller GAUDI (G) bestellt bei dem österreichischen Walzwerk ROST (R) Bleche. Aufgrund eigener Lieferschwierigkeiten bestellt R die Bleche bei FEUGOT (F) in Frankreich und dieser wiederum bei KAS (K) in Holland. Alle Beteiligten benutzen eine USt-IdNr. ihres Landes.

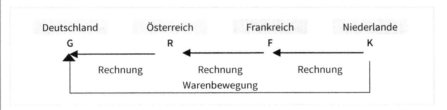

Variante 1: Die Warenbewegung wird von K veranlasst.
Variante 2: Die Warenbewegung wird von F veranlasst.
Variante 3: Die Warenbewegung wird von R veranlasst.
Variante 4: Die Warenbewegung wird von G veranlasst.

⊃ **Lösung (Zu den Rechtsgrundlagen vgl. Kapitel 21.4.6.3):**

---

247 § 1 Abs. 1 Nr. 12 Umsatzsteuer-Zuständigkeitsverordnung Kapitel 84.4.

zu Variante 1: Die Warenbewegung wird von K veranlasst

Die Lieferung von K an F ist nach § 3 Abs. 6 UStG am Ort des K ausgeführt, da K als Lieferer dieser Lieferung den Versand veranlasst. Die Lieferungen des F an R und des R an G finden zeitlich nach Beendigung des Transportes statt und sind dort ausgeführt, wo die Verfügungsmacht verschafft wird (§ 3 Abs. 7 Satz 2 Nr. 2 UStG). Dies ist für beide Lieferungen am Ort des G. Daraus ergibt sich:

- **K schreibt F eine Nettorechnung** über eine steuerfreie innergemeinschaftliche Lieferung.
- **F muss sich in Deutschland registrieren lassen** (FA Offenburg, § 1 Abs. 1 Nr. 8 Umsatzsteuer-Zuständigkeitsverordnung ➲ Kapitel 84.4) und den innergemeinschaftlichen Erwerb versteuern; gleichzeitig schreibt er dem R eine Rechnung mit deutscher USt.
- **Auch R muss sich in Deutschland registrieren lassen** (FA München II, § 1 Abs. 1 Nr. 21 Umsatzsteuer-Zuständigkeitsverordnung ➲ Kapitel 84.4) Er schreibt dem G eine Rechnung mit deutscher USt und darf sich die Vorsteuer aus der Eingangsrechnung von F abziehen.
- **G erhält von R eine Eingangsrechnung**, aus der er unter den weiteren Voraussetzungen des § 15 Abs. 1 Satz 1 Nr. 1 UStG die Vorsteuern ziehen darf. G sollte die Eingangsrechnung im eigenen Interesse auf die Umsatzsteuer-Wahrheit hin überprüfen.

zu Variante 2: Die Warenbewegung wird von F veranlasst

Lösung wie Variante 1. Da F als Erwerber der Lieferung des K den Transport veranlasst, bleibt diese Lieferung diejenige, die nach § 3 Abs. 6 UStG zu beurteilen ist, vgl. § 3 Abs. 6 Satz 6 UStG.

zu Variante 3: Die Warenbewegung wird von R veranlasst

Die Lieferung von K an F ist am Ort des K ausgeführt, da die Lieferung der Beförderungslieferung vorangeht, § 3 Abs. 7 Satz 2 Nr. 1 UStG.

Die Lieferung F an R ist am Ort des K ausgeführt, da R als Erwerber dieser Lieferung den Transport veranlasst und sich der Gegenstand bei Transportbeginn am Ort des K befindet, § 3 Abs. 6 UStG.

Die Lieferung R an G ist am Ort des G ausgeführt, da sich der Liefergegenstand zum Zeitpunkt der Verschaffung der Verfügungsmacht, d. h. *nach Abschluss der Lieferung F an R*, am Ort des G befindet, § 3 Abs. 7 Satz 2 Nr. 2 UStG.

Daraus ergibt sich:

- **K schreibt F eine Bruttorechnung** unter Ausweis niederländischer USt.
- **F muss sich in den Niederlanden steuerlich registrieren lassen.** Er schreibt **dem R eine Nettorechnung** über eine steuerfreie innergemeinschaftliche Lieferung und darf sich die Vorsteuer aus der Eingangsrechnung von NL abziehen.
- **R muss sich weiterhin in Deutschland registrieren lassen** (FA München II) und nunmehr den innergemeinschaftlichen Erwerb von F versteuern. Er schreibt dem G wieder eine Rechnung mit deutscher USt.
- **G erhält von R eine Eingangsrechnung,** aus der er unter den weiteren Voraussetzungen des § 15 Abs. 1 Satz 1 Nr. 1 UStG die Vorsteuern ziehen darf. G sollte auch jetzt die Eingangsrechnung im eigenen Interesse auf die Umsatzsteuer-Wahrheit hin überprüfen (➜ Kapitel 75.1).

zu Variante 4: Die Warenbewegung wird von G veranlasst

Die Lieferungen von K an F und F an R sind nach § 3 Abs. 7 Satz 2 Nr. 1 UStG am Ort des K ausgeführt, da mit den Lieferungen kein Transport verbunden ist. Ebenfalls am Ort des K ist die Lieferung des R an G ausgeführt, das sich hier die Ware bei Transportbeginn befindet, § 3 Abs. 6 UStG.

Daraus ergibt sich:

- **NL schreibt F eine Bruttorechnung** unter Ausweis niederländischer USt.
- **F muss sich in den Niederlanden steuerlich registrieren** und schreibt dem R ebenfalls eine Bruttorechnung unter Ausweis niederländischer USt; gleichzeitig darf er sich die Vorsteuer aus der Eingangsrechnung von NL abziehen.
- **Nunmehr muss auch R sich in den Niederlanden registrieren lassen.** Er schreibt dem G eine Nettorechnung über eine steuerfreie innergemeinschaftliche Lieferung und darf sich die Vorsteuer aus der Eingangsrechnung von F abziehen.
- **G erhält von R eine Nettorechnung** und versteuert in Deutschland den innergemeinschaftlichen Erwerb; eine Überprüfung der Eingangsrechnung auf die Umsatzsteuer-Wahrheit ist nicht erforderlich[248].

---

248 ... obwohl ich mich auch schon einmal mit dem Leiter der Steuerabteilung eines großen deutschen Unternehmens auseinanderzusetzen hatte, der es aus ethischen Gründen als seine Pflicht gegenüber den Ausstellern von Eingangsrechnungen ansah, diese vor Rechnungen mit zu niedrigem Umsatzsteuerausweis zu bewahren – freilich eine Ausnahme!

21a.6   Zur Überraschung aller: Beurteilung der Zuordnung durch BFH und EuGH

Der BFH hat in Umsetzung der EuGH-Rechtsprechung entschieden, dass bei innergemeinschaftlichen Reihengeschäften die Prüfung, welche von mehreren Lieferungen über ein und denselben Gegenstand in einen anderen EU-Mitgliedstaat nach § 4 Nr. 1 Buchst. b i. V. m. § 6a Abs. 1 UStG steuerfrei ist, anhand der objektiven Umstände und nicht anhand von Erklärungen der Beteiligten vorzunehmen ist. Erklärungen des Erwerbers können allerdings im Rahmen der Prüfung des Vertrauensschutzes für den Lieferanten (§ 6a Abs. 4 UStG) von Bedeutung sein[249].

Beratungskonsequenzen

Die neue Rechtsprechung stellte die Unternehmen in ganz Europa vor schier unlösbare Probleme[250]. Um diese zu beseitigen, ist **zum 1.1.2020** eine **Sofortmaßnahmen («Quick Fix»)** zur Zuordnung der Warenbewegung im Reihengeschäft in Kraft getreten ➲ Kapitel 21b.

21b   Reihengeschäfte ab dem 1.1.2020

Änderungen zum 1.1.2020 durch die »Quick Fixes«/ Sofortmaßnahmen 1 + 2: Steuerbefreiung und Zuordnung der Warenbewegung

Rechtsgrundlagen

• EU-Kommission, Erläuterungen vom 20.12.2019 zu den MwSt-Änderungen in der EU, welche die Konsignationslagerregelung, Reihengeschäfte und die Steuerbefreiung für innergemeinschaftliche Lieferungen von Gegenständen betreffen (»2020 Quick Fixes«)
   ➲ mybook.haufe.de > Wichtiges aus anderen Behörden

---

249 BFH, Urteil vom 25.2.2015, XI R 15/14, BFH/NV 2015, 772, m. w. N.
250 Hierzu ausführlich ➲ Kapitel 21b der 18. Auflage 2020 zu diesem Buch.

Wegweiser durch dieses Buch im Hinblick auf die »Quick Fixes«

- Gesamtüberblick ➲ Kapitel 20
- **1. Sofortmaßnahme**
  Ohne Aufzeichnung der USt-IdNr. des Kunden und korrekte ZM entfällt die Steuerbefreiung!
- **2. Sofortmaßnahme**
  Endlich Rechtsicherheit im Abholfall!/Neuregelung des Reihengeschäfts
- 3. Sofortmaßnahme ➲ Kapitel 23a
  Gelangensvermutung
- 4. Sofortmaßnahme ➲ Kapitel 33a
  Konsignationslager (Call-off Stock)
- 5. »Flankierende« deutsche Sofortmaßnahme ➲ Kapitel 39a
  Beteiligung an Steuerhinterziehung führt zur Versagung von Vorsteuerabzug und Steuerbefreiung

21b.1 Basiswissen Reihengeschäfte

- Begriffliche Klärungen ➲ Kapitel 21.4.1
- Tatbestandsmerkmale im Überblick ➲ Kapitel 21.4.2
- Die Beteiligten: mehrere Unternehmer ➲ Kapitel 21.4.3.1
- Die Vertragsbeziehungen: mehrere Umsatzgeschäfte ➲ Kapitel 21.4.3.2
- Die Identität: derselbe Liefergegenstand ➲ Kapitel 21.4.3.3
- Die Warenbewegung: Unmittelbares Gelangen des Liefergegenstandes vom ersten Unternehmer an den letzten Abnehmer / Besonderheiten der »gebrochenen Warenbewegung« ➲ Kapitel 21.4.3.4
- Zivilrechtliche Grundlagen ➲ Kapitel 21.4.4
- Zeitpunkt der Lieferungen ➲ Kapitel 21.4.5
- Die Abgrenzung der (einen) bewegten von den (ggf. vielen) ruhenden Lieferungen ➲ Kapitel 21.4.6.2
- Beförderungs- oder Versendungslieferung als »bewegte« Lieferung vs. »ruhende« Lieferungen (§ 3 Abs. 6 Satz 5 a. F., Abs. 6a Satz 1 UStG) ➲ Kapitel 21.4.6.3

21b.2   Ohne Aufzeichnung der USt-IdNr. des Kunden und korrekte Zusammenfassende Meldung entfällt die Steuerbefreiung!

Beispiel

Ein niederländisches Unternehmen (NL) bestellt einen Sportwagen bei einem schweizerischen Kfz-Händler (CH). CH kauft das Fahrzeug von einem deutschen Kfz-Händler (D). D trägt die Transportverantwortung und soll das Fahrzeug an CH steuerfrei innergemeinschaftlich liefern. Da CH selbst über keine USt-IdNr. verfügt, bittet er den D um **Abwicklung des Vorgangs unter der USt-IdNr. des NL** (Sachverhalt nach dem EuGH-Urteil »VSTR«[251]).

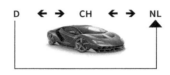

21b.2.1   Beurteilung bis 31.12.2019

Trotz der Warenbewegung »von EU nach EU« erhält CH eine **Bruttorechnung**.

D konnte nicht steuerfrei innergemeinschaftlich liefern, da er verpflichtet ist, dazu die USt-IdNr. **seines Kunden** aufzuzeichnen und in die Zusammenfassende Meldung aufzunehmen.

   Beratungskonsequenzen

Zunächst müssen Sie **auf den Warenweg abstellen**. Führt dieser aus Deutschland in einen anderen EU-Mitgliedstaat, kommt ausschließlich die Steuerbefreiung der innergemeinschaftlichen Lieferung in Betracht – auch bei einem Non-EU-Kunden.

Die Steuerbefreiung einer Ausfuhrlieferung ist daher **nicht** zu prüfen – obwohl CH ein Drittlandskunde ist!

---

251   EuGH, Urteil vom 27.9.2012, Rs. C-587/10, Vogtländische Straßen-, Tief- und Rohrleitungsbau GmbH Rodewisch – VSTR –.

21b.2.2 Zur Überraschung aller: Beurteilung durch den EuGH bis 31.12.2019

Nach Auffassung des EuGH hätte D **steuerfrei innergemeinschaftlich** liefern können[252]!

Die bisherige Steuerbefreiung der innergemeinschaftlichen Lieferung war dahin auszulegen, dass er es der Finanzverwaltung eines Mitgliedstaats nicht verwehrt, die Steuerbefreiung einer innergemeinschaftlichen Lieferung davon abhängig zu machen, dass der Lieferer die Umsatzsteuer-Identifikationsnummer des Erwerbers mitteilt. Dies gilt allerdings unter dem Vorbehalt, dass die Steuerbefreiung **nicht allein aus dem Grund verweigert** wird, dass diese Verpflichtung nicht erfüllt worden ist, wenn

- der Lieferer redlicher weise und
- nachdem er alle ihm zumutbaren Maßnahmen ergriffen hat
- diese Identifikationsnummer nicht mitteilen kann und
- er außerdem Angaben macht, die hinreichend belegen können, dass der Erwerber ein Steuerpflichtiger ist, der bei dem betreffenden Vorgang als solcher gehandelt hat.

21b.2.3 Neuregelung ab 1.1.2020

Die Neuregelung von MwStSystRL und UStG soll damit ein Problem beseitigen, das sich vollkommen unerwartet aus der Rechtsprechung von EuGH und BFH ergab, und damit die Rechtslage herbeiführen, von der die Finanzverwaltung und die Unternehmer und damit **wir alle immer und wie selbstverständlich ausgegangen sind – die aber rein rechtlich nicht gegeben war!**

---

252 EuGH, Urteil vom 27.9.2012, Rs. C-587/10, Vogtländische Straßen-, Tief- und Rohrleitungsbau GmbH Rodewisch – VSTR –; vgl. auch EuGH, Urteil vom 6.9.2012, Rs. C-273/1, Mecsek-Gabona; vom 20.10.2016, Rs. C-24/15, Plöckl; vom 9.2.2017, Rs. C 21/16, Euro-Tyre.

Rechtsgrundlagen

Neufassung des UStG

(Hinweis: **Einfügungen** und ~~Streichungen~~ sind gekennzeichnet.)

§ 4

Steuerbefreiungen bei Lieferungen und sonstigen Leistungen

Von den unter § 1 Abs. 1 Nr. 1 fallenden Umsätze sind steuerfrei:

1.

a) ...

b) die innergemeinschaftlichen Lieferungen (§ 6a); **dies gilt nicht, wenn der Unternehmer seiner Pflicht zur Abgabe der Zusammenfassenden Meldung (§ 18a) nicht nachgekommen ist oder soweit er diese im Hinblick auf die jeweilige Lieferung unrichtig oder unvollständig abgegeben hat. § 18a Absatz 10 bleibt unberührt;**

§ 6a

Innergemeinschaftliche Lieferung

(1) ^{1}Eine innergemeinschaftliche Lieferung (§ 4 Nummer 1 Buchstabe b) liegt vor, wenn bei einer Lieferung die folgenden Voraussetzungen erfüllt sind:

1. der Unternehmer oder der Abnehmer hat den Gegenstand der Lieferung in das übrige Gemeinschaftsgebiet befördert oder versendet,

2. der Abnehmer ist

a) ein **in einem anderen Mitgliedstaat für Zwecke der Umsatzsteuer erfasster** Unternehmer, der den Gegenstand der Lieferung für sein Unternehmen erworben hat,

b) eine **in einem anderen Mitgliedstaat für Zwecke der Umsatzsteuer erfasste** juristische Person, die nicht Unternehmer ~~Unternehmen~~ erworben hat, oder

c) bei der Lieferung eines neuen Fahrzeugs auch jeder andere Erwerber**,**

~~und~~

3. der Erwerb des Gegenstands der Lieferung unterliegt beim Abnehmer in einem anderen Mitgliedstaat den Vorschriften der Umsatzbesteuerung

und

4. **der Abnehmer im Sinne der Nummer 2 Buchstabe a oder b hat gegenüber dem Unternehmer eine ihm von einem anderen Mitgliedstaat erteilte gültige Umsatzsteuer-Identifikationsnummer verwendet.**

(2) ...

21b.2.4 Beurteilung nach der Neuregelung

Damit mutieren

- gültige ausländische USt-IdNr. (➲ Kapitel 19a) und
- korrekte Erfassung in der Zusammenfassenden Meldung (»MIAS« ➲ Kapitel 63)

zu materiellen Voraussetzungen, was grundsätzlich dazu führt, dass eine **Steuerbefreiung von der Finanzverwaltung abgelehnt** werden wird, wenn diese Voraussetzungen nicht erfüllt sind.

 Beratungskonsequenzen

Überprüfung der Kunden-USt-IdNr.

Hinweis auf ➲ Kapitel 19a. Zu beachten ist insbesondere, dass die qualifizierte Bestätigung der USt-IdNr. **für den Tag der Lieferung** benötigt wird! Die USt-IdNr. darf damit ...

... *nicht* **nur bei der Neuaufnahme des Kunden** geprüft werden, sondern muss regelmäßig verifiziert werden (Hinweis auf ➲ Kapitel 19a.5).

21b.2.5 Auswirkung von Fehlern in der ZM

Der europäische Gesetzgeber gibt folgenden Rahmen vor:

 Rechtsgrundlagen

Art. 138 MwStSystRL

(1) Die Mitgliedstaaten befreien die Lieferung von Gegenständen, die ...

(1a) Die Befreiung gemäß Absatz 1 gilt nicht, wenn der Lieferer der Verpflichtung zur Abgabe einer Zusammenfassenden Meldung nach den Artikeln 262 und 263 nicht nachgekommen ist oder die Zusammenfassende Meldung nicht die gemäß Artikel 264 erforderlichen korrekten Angaben zur Lieferung enthält, **es sei denn, der Lieferer kann sein Versäumnis** *zur Zufriedenheit der zuständigen Behörden* **ordnungsgemäß begründen.**

(2) ...

Danach dürften insbesondere **entschuldbar** sein

- Zahlendreher und andere ...
- ... Eintragungsversehen (falscher Kunde) sowie
- unzutreffende Umsatzangaben

➡ **Beratungskonsequenzen**

1. Die **ZM sollte mit größter** (... und vielfach wohl auch neuer ...) **Sorgfalt** bearbeitet werden.

2. Zumal sich nunmehr letztlich immer auch die Frage stellen wird, ob spätere Korrekturen **im Hinblick auf § 233a AO dann auch zinswirksam** zurückwirken.

3. Zu all dem ausführlich ➲ Kapitel 63.

21b.3 Endlich Rechtsicherheit im Abholfall!

Neuregelung des Reihengeschäfts

Die Rechtsprechung zur Zuordnung der Warenbewegung im Abholfall (➲ s. o., Kapitel 21b.2.2) veranlasste auch die Finanzverwaltung zu neuen Prüfungsansätzen:

Echtfall

Unternehmer D aus Dortmund beliefert den niederländischen Unternehmenskunden NL1 schon seit Jahren steuerfrei innergemeinschaftlich. Dies mit gutem Gewissen; die bekannten formalen Voraussetzungen der §§ 4 Nr. 1 Buchst. b, 6a UStG i. V. m. §§ 17a ff. UStDV werden von D peinlichst genau erfüllt.

Zwischen D und NL1 sind Abhollieferungen vereinbart. Voraussetzung hierfür ist immer die vorherige vollständige Bezahlung der Ware. Erst dann, wenn die Debitorenbuchhaltung den vollständigen Geldeingang bestätigt, wird die Ware übergeben – sprich: umsatzsteuerlich geliefert.

Liefergeschäfte/Einführung

21b.3.1 Beurteilung bis 31.12.2019

In Abholfällen haben wir bislang nur

* geprüft, ob uns eine **gültige USt-IdNr. des Kunden** vorliegt, und
* den Abholenden die **Abnehmerversicherung** ausfüllen und unterzeichnen lassen[253].

Dabei wurde bislang von der Buchhaltung *nicht* **geprüft, von wem das Geld überwiesen wurde.**

Im Echtfall ...

... interessierte aber vollkommen unerwartet gerade Letzteres den Betriebsprüfer! Dabei stellte der Prüfer fest, dass die Zahlung von einem fremden Dritten kam:

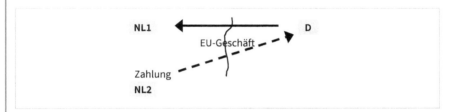

21b.3.2 Zur Überraschung aller: Beurteilung durch den EuGH bis 31.12.2019

Nach Auffassung des EuGH sollte die Steuerbefreiung einer innergemeinschaftlichen Lieferung von dem weiteren – **ungeschriebenen!** – **Tatbestandsmerkmal** abhängig sein, dass die Verfügungsmacht an der Ware im Ursprungsland vom Kunden nicht auf einen Dritten übertragen wird[254].

---

253 Vgl. ➲ Kapitel 21a.
254 Hierzu ausführlich ➲ Kapitel 21b der 18. Auflage 2020 zu diesem Buch.

Im Echtfall ...

... unterstellte die Finanzverwaltung einen mit der vorherigen Bezahlung einhergehenden Übergang der Verfügungsmacht auf NL2. Damit war nach der Rechtsprechung die Lieferung von D → NL eine ruhende, die einer bewegten vorangeht – also zwingend umsatzsteuerpflichtig! (➲ Kapitel 21.4.6.2)

21b.3.3 Neuregelung ab 1.1.2020

Daher gilt – wie schon bei der Sofortmaßnahme 1 (➲ vgl. oben, Kapitel 21b.2.3): Die Neuregelung von MwStSystRL und UStG soll ein Problem beseitigen, das sich vollkommen unerwartet aus der Rechtsprechung von EuGH und BFH ergab, und damit die Rechtslage herbeiführen, von der die Finanzverwaltung und die Unternehmer und damit **wir alle immer und wie selbstverständlich ausgegangen sind – die aber rein rechtlich** *nicht* **gegeben war!**

Begriffliche Erklärung

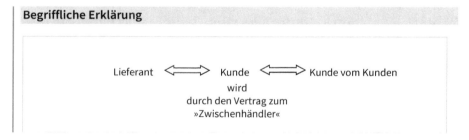

Rechtsgrundlagen

Neufassung des UStG

(Hinweis: **Einfügungen** und ~~Streichungen~~ sind gekennzeichnet.)

§ 3

Lieferung, sonstige Leistung

(1) Lieferungen eines Unternehmers sind Leistungen, durch die er oder in seinem Auftrag ein Dritter den Abnehmer oder in dessen Auftrag einen Dritten befähigt, im eigenen Namen über einen Gegenstand zu verfügen (Verschaffung der Verfügungsmacht).

(1a) [1]Als Lieferung gegen Entgelt gilt das Verbringen eines Gegenstands des Unternehmens aus dem Inland in das übrige Gemeinschaftsgebiet durch einen Unternehmer zu seiner Verfügung, ausgenommen zu einer nur vorübergehenden Verwendung, auch wenn der Unternehmer den Gegenstand in das Inland eingeführt hat. [2]Der Unternehmer gilt als Lieferer. [3]**Die Sätze 1 und 2 gelten nicht in den Fällen des § 6b UStG.**

...

(6) [1]Wird der Gegenstand der Lieferung durch den Lieferer, den Abnehmer oder einen vom Lieferer oder vom Abnehmer beauftragten Dritten befördert oder versendet, gilt die Lieferung dort als ausgeführt, wo die Beförderung oder Versendung an den Abnehmer oder in dessen Auftrag an einen Dritten beginnt. [2]Befördern ist jede Fortbewegung eines Gegenstands. [3]Versenden liegt vor, wenn jemand die Beförderung durch einen selbständigen Beauftragten ausführen oder besorgen lässt. [4]Die Versendung beginnt mit der Übergabe des Gegenstands an den Beauftragten. [5]~~Schließen mehrere Unternehmer über denselben Gegenstand Umsatzgeschäfte ab und gelangt dieser Gegenstand bei der Beförderung oder Versendung unmittelbar vom ersten Unternehmer an den letzten Abnehmer, ist die Beförderung oder Versendung des Gegenstands nur einer der Lieferungen zuzuordnen. [6]Wird der Gegenstand der Lieferung dabei durch einen Abnehmer befördert oder versendet, der zugleich Lieferer ist, ist die Beförderung oder Versendung der Lieferung an ihn zuzuordnen, es sei denn, er weist nach, dass er den Gegenstand als Lieferer befördert oder versendet hat.~~

(6a) [1]**Schließen mehrere Unternehmer über denselben Gegenstand Liefergeschäfte ab und gelangt dieser Gegenstand bei der Beförderung oder Versendung unmittelbar vom ersten Unternehmer an den letzten Abnehmer (Reihengeschäft), so ist die Beförderung oder Versendung des Gegenstands nur einer der Lieferungen zuzuordnen. [2]Wird der Gegenstand der Lieferung dabei durch** den ersten Unternehmer in der Reihe befördert oder versendet, ist die Beförderung oder Versendung seiner Lieferung zuzuordnen. [3]Wird der Gegenstand der Lieferung durch den letzten Abnehmer befördert oder versendet, ist die Beförderung oder Versendung der Lieferung an ihn zuzuordnen. [4]Wird der Gegenstand der Lieferung durch einen Abnehmer befördert oder versendet, der zugleich Lieferer ist (*Zwischenhändler*), ist die Beförderung oder Versendung der Lieferung an ihn zuzuordnen, es sei denn, er weist nach, dass er den Gegenstand als Lieferer befördert oder versendet hat. [5]Gelangt der Gegenstand der Lieferung aus dem Gebiet eines Mitgliedstaates in das Gebiet eines anderen Mitgliedstaates und verwendet der Zwischenhändler gegenüber dem leistenden Unternehmer bis zum Beginn der Beförderung oder Versendung eine Umsatzsteuer-Identifikationsnummer, die ihm vom Mitgliedstaat des Beginns der Beförderung oder Versendung erteilt wurde, ist die Beförderung oder Versendung seiner Lieferung zuzuordnen. [6]Gelangt der Gegenstand der Lieferung in das Drittlandsgebiet, ist von einem ausreichenden Nachweis nach Satz 4 auszugehen, wenn der Zwischenhändler gegenüber dem leistenden Unternehmer bis zum Beginn der Beförderung oder Versendung eine Umsatzsteuer-Identifikationsnummer oder Steuernummer verwendet, die ihm vom Mitgliedstaat des Beginns der Beförderung oder Versendung erteilt wurde. [7]Gelangt der Gegenstand der Lieferung vom Drittlandsgebiet *in* das Gemeinschaftsgebiet, ist von einem ausreichenden Nachweis nach Satz 4 auszugehen, wenn der Gegenstand der Lieferung im Namen des Zwischenhändlers oder im Rahmen der indirekten Stellvertretung (Artikel 18 der VO (EU) Nr. 952/2013 des Europäischen Parlaments und des Rats zur Festlegung des Zollkodex der Union, ABl. L 269 vom 10.10.2013, S. 1) für seine Rechnung zum zoll- und steuerrechtlich freien Verkehr angemeldet wird.

(7) [1]Wird der Gegenstand der Lieferung nicht befördert oder versendet, wird die Lieferung dort ausgeführt, wo sich der Gegenstand zur Zeit der Verschaffung der Verfügungsmacht befindet. [2]In den Fällen des **Absatzes 6a** ~~Absatzes 6 Satz 5~~ gilt Folgendes:

1. Lieferungen, die der Beförderungs- oder Versendungslieferung vorangehen, gelten dort als ausgeführt, wo die Beförderung oder Versendung des Gegenstands beginnt.

2. Lieferungen, die der Beförderungs- oder Versendungslieferung folgen, gelten dort als ausgeführt, wo die Beförderung oder Versendung des Gegenstands endet.

(8) ...

21b.3.4 Praxisfälle zur Neuregelung

Beispiel

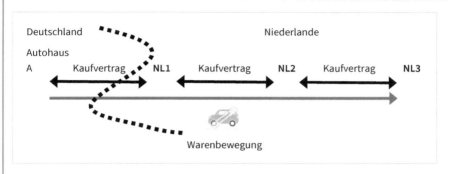

»[1]*Schließen mehrere Unternehmer über denselben Gegenstand Liefergeschäfte ab und gelangt dieser Gegenstand bei der Beförderung oder Versendung unmittelbar vom ersten Unternehmer an den letzten Abnehmer (Reihengeschäft), so ist die Beförderung oder Versendung des Gegenstands nur einer der Lieferungen zuzuordnen. ...*«

➲ **hier:**

- Liefergeschäfte A > NL1 > NL2 > NL3
- Warenbewegung A > NL3

»... [2]*Wird der Gegenstand der Lieferung dabei durch den ersten Unternehmer in der Reihe befördert oder versendet, ist die Beförderung oder Versendung seiner Lieferung zuzuordnen. ...*«

➲ **hier:**

Gegeben, wenn die Transportverantwortung bei A liegt.

»... [3]*Wird der Gegenstand der Lieferung durch den letzten Abnehmer befördert oder versendet, ist die Beförderung oder Versendung der Lieferung an ihn zuzuordnen. ...*«

➲ **hier:**

Gegeben, wenn die Transportverantwortung bei NL3 liegt.

»... *⁴Wird der Gegenstand der Lieferung durch einen Abnehmer befördert oder versendet, der zugleich Lieferer ist (Zwischenhändler), ist die Beförderung oder Versendung der Lieferung an ihn zuzuordnen, es sei denn, er weist nach, dass er den Gegenstand als Lieferer befördert oder versendet hat. ...«*

➲ hier:

- Liegt die Transportverantwortung bei NL1, ist grundsätzlich die Lieferung von A an NL 1 die bewegte.
- Liegt die Transportverantwortung bei NL2, ist grundsätzlich die Lieferung von NL1 an NL 2 die bewegte.

»... *⁵Gelangt der Gegenstand der Lieferung aus dem Gebiet eines Mitgliedstaates in das Gebiet eines anderen Mitgliedstaates und verwendet der Zwischenhändler gegenüber dem leistenden Unternehmer bis zum Beginn der Beförderung oder Versendung eine Umsatzsteuer-Identifikationsnummer, die ihm vom Mitgliedstaat des Beginns der Beförderung oder Versendung erteilt wurde, ist die Beförderung oder Versendung seiner Lieferung zuzuordnen. ...«*

➲ hier:

- Nur dann gegeben, wenn NL1 gegenüber D mit **deutscher USt-IdNr.** auftreten würde. Dieser Fall ist aber unproblematisch, da A dann sowieso eine brutto abrechnen würde.
- Tritt NL1 unter der **USt-IdNr. eines anderen EU-Mitgliedstaates** auf, bleibt es bei der Vermutung des Satzes 4

21b.3.5 Checkliste: Beurteilung nach der Neuregelung

 Checkliste: Innergemeinschaftliche Lieferungen ab 1.1.2020

Wir können – unter den weiteren Voraussetzungen – steuerfrei innergemeinschaftlich liefern, wenn

- der Kunde uns eine gültige ausländische USt-IdNr. benennt *und*
- **wir die Transportverantwortung tragen**, d. h. die Ware selbst (»mit eigenem LKW«) in das EU-Ausland transportieren oder einen Frachtführer beauftragen oder einen Spediteur bestellen *oder*
- **unser Kunde die Transportverantwortung trägt** und der Transporteur – der LKW-Fahrer, der tatsächlich vor uns steht – uns eine **Abnehmerversicherung** unterschreibt. Zur Abnehmerversicherung ausführlich ➲ Kapitel 24.

21c Umgehung der »Registrierungsfalle« bei ruhenden Lieferungen

Besonderheiten der EU-Verkäufe von Miet-, Leasing-, Messe-, Vorführ- und ähnlichen Produkten

In der Praxis sind es insbesondere die – vermeintlich guten – Gelegenheiten (Spontangeschäfte), die oft wenig durchdacht und mit steuerlich nicht erkannten Risiken behaftet sind. Ein- und Verkäufer sollten da »auf der Hut« sein und sich bei außergewöhnlichen Umsätzen vorab absichern[255].

21c.1 Das hätte nicht passieren dürfen!

Aus dem Umfeld eines deutschen Automobilherstellers wurde unlängst folgender »Fauxpas« bekannt:

»Echtfall«

Zu einem großen deutschen Automobilhersteller (H) gehört auch die 100%ige Tochtergesellschaft T, die mit Markenzubehör handelt. Die Steuerabteilung des H ist – vernünftigerweise – stets darauf bedacht, teure Umsatzsteuer-Registrierungen im EU-Ausland möglichst zu vermeiden. H liefert daher vorzugsweise steuerfrei innergemeinschaftlich aus Deutschland.

Nunmehr stellte T die Produkte auf einer Messe in Frankreich aus. Am Ende der Messe ging Kunde K auf die Standbetreuer zu und machte ein Angebot zum Ankauf der gesamten Ausstellungsware.

Die Standbetreuer setzten sich daraufhin mit dem zuständigen Verkäufer V der T in Verbindung. V war »begeistert«, sparte er doch die Kosten für den Rücktransport und tätigte gleichzeitig einen Verkauf.

Die Freude des V währte jedoch nicht lang. Die französische Steuerverwaltung erkannte, dass die Ware nicht für den Umsatz aus Deutschland nach Frankreich gebracht worden war, sondern dass sich diese bereits aus anderem Grund – nämlich aufgrund der Messe – bereits in Frankreich befand.

➲ Folge:

H tätigte durch T die Umsätze in Frankreich und musste das gesamte Unternehmen – also die Muttergesellschaft mit allen Tochtergesellschaften – dort für ein

---

255 *Weimann*, GStB 2013, 197.

(1) Jahr umsatzsteuerlich registrieren lassen. H musste damit neben den deutschen auch den französischen Steuerpflichten genügen. Letzteres löste Mehrkosten aus, die die Marge aus dem Verkaufsumsatz um ein Mehrfaches übertrafen.

21c.2 Das Tagesgeschäft »normaler« Unternehmer birgt ähnliche Gefahren

Der Fall wurde mit Interesse und einer gewissen Schadensfreude zur Kenntnis genommen, zeigt er doch, dass selbst »den Großen« derartige Fehler passieren können. Dass man auch als vermeintlich »Kleiner« schnell in diese Steuerfalle »tapsen« kann, wird dabei gern übersehen:

Beispiel 1

Händler H sitzt in Kerken nahe der deutsch-niederländischen Grenze und handelt mit größeren Kaffeeautomaten für Bürobetriebe. Der niederländische Rechtsanwalt NL ist zunächst skeptisch, ob eine solch aufwendige Maschine sich für seinen Bürobetrieb eignet; NL leiht sich daher ein Gerät zu Testzwecken aus. Der Testbetrieb überzeugt und NL kauft dem H das Gerät ab.

➲ **Folge:**

Hier ist die Maschine bereits beim Kunden. Der Liefergegenstand verbleibt zur Vertragserfüllung dort, wo er bereits ist; das Liefergeschäft erfolgt ohne jede Warenbewegung. Lieferort ist gem. § 3 Abs. 7 Satz 1 UStG Venlo.

Der Umsatz unterliegt damit der niederländischen Umsatzsteuer.

Wenn keine niederländische Ausnahmevorschrift greift, muss sich H aufgrund dieses einen Umsatzes in den Niederlanden steuerlich registrieren lassen. Wahrscheinlich ist zumindest die Marge des H dahin!

Beispiel 2

Wie Beispiel 1. NL ist Leasingnehmer des H und übernimmt die Maschine nach Leasingende.

➲ Folge:

Auch hier verbleibt die Maschine (= der Liefergegenstand) dort, wo sie bereits ist – nämlich bei NL. Das Liefergeschäft wird damit wieder ohne Warenbewegung erfüllt.

21c.3 Absicherung über Rückholvereinbarung

Zu einem anderen (günstigen) Ergebnis – nämlich:

- **Lieferort** = Verkaufsstätte/Werkstatt des H **in Deutschland** und
- »bewegte« Lieferung aus Deutschland heraus **ohne Registrierungspflicht**

gelangt man, wenn die Maschine vor der Lieferung aus irgendeinem Grund **noch einmal zu H zurück** muss.

Beispiel 3

Wie Beispiel 1. H vereinbart mit NL, dass die Maschine vor der Übereignung eine Endabnahme in der Werkstatt des H in Kerken durchläuft.

⊃ Folge:

In diesem Fall tätigt H gegenüber NL eine Lieferung in Kerken (§ 3 Abs. 6 UStG), die in Deutschland steuerbar (§ 1 Abs. 1 Nr. 1 UStG) und unter den weiteren Voraussetzungen der § 4 Nr. 1 lit. b), § 6a UStG innergemeinschaftlich steuerfrei erfolgt.

Die Registrierung in den Niederlanden entfällt!

21c.4 Kundenanschreiben und Kaufvertrag (Muster)

Um die vorgeschlagene Gestaltung auch gegenüber der Finanzverwaltung/den Finanzverwaltungen glaubhaft machen zu können, sollte diese **eindeutig in die Kundenvereinbarungen eingehen,** und zwar idealerweise

- in ein die Übereignung vorbereitendes Anschreiben und
- in den Kaufvertrag selbst.

 Musterschreiben des Händlers an den Käufer

Verkauf unserer Vorführmaschine

Sehr geehrte Damen und Herren,

wir freuen uns, dass Sie sich dazu entschieden haben, den Ihnen am 5. d. M. zur Ansicht geliehenen Kaffeeautomaten nunmehr von uns käuflich zu erwerben.

Der Verkauf erfordert eine vorherige Endabnahme durch unsere Servicetechniker in unserer Werkstatt in Kerken (Bundesrepublik Deutschland). Dazu möchten wir gerne einen Termin mit Ihnen vereinbaren und schlagen vor, dass wir den Automaten am *[Datum]* zur Vornahme der anstehenden Arbeiten bei Ihnen abholen. ...

Musterklausel für den Kaufvertrag

Der Kaffeeautomat wird dem Kunden nach der Endabnahme übergeben. Die anstehenden Arbeiten führen wir in unserem Servicebetrieb in Kerken durch. Wir werden dazu den Automaten am vereinbarten Tag beim Kunden abholen und innerhalb einer Arbeitswoche beim Kunden wieder in Betrieb nehmen.

 Hinweis

In der Praxis findet man derartige Fallgestaltungen insbesondere auch im

- Anlagenbau (Maschinenleasing)
- Kfz-Handel

21c.5 Fazit

Die Beispielfälle verdeutlichen einmal mehr, wie wichtig es ist, den Ein- und Verkäufern **in Abstimmung mit dem Steuerberater Checklisten** zur Verfügung zu stellen, welche die Abwicklung der Standardfälle des Unternehmens verdeutlichen.

Gleichzeitig muss allen Mitarbeitern klar sein, dass Sonderfälle – also solche, die nicht in der Checkliste erfasst sind – nicht ohne Rücksprache angegangen werden dürfen.

21d Lieferungen mit gebrochenem Transport

 Rechtsgrundlagen

BMF-Schreiben vom 7.12.2015, III C 2 – S 7116-a/13/10001, III C 3 – S 7134/13/10001, 2015/1097870 = Abschn. 3.14 Abs. 18, 6.1 Abs. 3a u. Abs. 8 Sätze 3 u. 4 UStAE

 Beratungskonsequenzen

Die Finanzverwaltung hat sich zu der Frage positioniert, welche Folgen es für die Steuerbefreiung einer innergemeinschaftlichen Lieferung oder Ausfuhrlieferung

hat, wenn Lieferant und Kunde den Transportweg aufteilen und jeder für ein Teilstück die Verantwortung übernimmt[256].

Die Positionierung erfolgte zur **Rechtslage bis zum 31.12.2019 – also vor Ergehens der »Quick Fixes«** und damit insbesondere vor Ergehens des § 3 Abs. 6a UStG (➲ Kapitel 21b). Es ist allerdings davon auszugehen, dass die neue Vorschrift an der Rechtsauffassung der Finanzverwaltung insoweit nichts geändert hat.

21d.1 Praxisrelevanz der Neuregelung

Wird Ware aus Deutschland in das europäische oder außereuropäische Ausland verkauft,

- teilen sich Lieferant und Kunde häufig die Transportverantwortung und
- übernehmen beide ein Teilstück des Transports (sog. **»gebrochener Transport«**).

Dies aus den unterschiedlichsten Gründen:

- Die **Kosten der Streckenanteile im Ausland** lassen sich für den Verkäufer im Vergleich zu Inlandsstrecken weit weniger sicher kalkulieren und einpreisen. Aus diesem Grunde werden Transporte bis zur deutschen Grenze vereinbart; dort übernimmt der Kunde die Ware.
- Sind Bestimmungsländer durch besonders **häufige Fahrzeugdiebstähle und/oder -beschädigungen** aufgefallen, findet der deutsche Lieferant in der Regel keinen Spediteur oder Frachtführer – aus Angst vor Beschädigungen an den Lastzügen des Transporteurs. Auch dann wird ein Transport bis zur letzten deutschen oder zumindest letzten sicheren Grenze vereinbart; sodann ist der Kunde für den Transport verantwortlich.

21d.2 Bilaterale Geschäfte vs. Reihengeschäfte

Das BMF unterscheidet

- die Geschäfte mit 2 Beteiligten (**bilaterale Geschäfte**) von
- den Geschäften mit 3 oder mehr Beteiligten (**Reihengeschäfte**)

---

256   Vgl. *Weimann,* GStB 2016, 207.

und sieht für beide Umsatzarten bei gebrochenem Transport **unterschiedliche Rechtsfolgen** vor.

21d.3 Bilaterale Geschäfte (2 Teilnehmer)

An einem Transport (Beförderung oder Versendung) können

- entweder nur der Lieferer oder
- nur der Abnehmer oder
- in deren jeweiligen Auftrag ein Dritter

beteiligt sein.

 Beratungskonsequenzen

Bei diesen **Geschäften ohne Transportbrechung** sind keine Besonderheiten zu beachten; es gilt das Übliche.

Möglich ist aber auch, dass

- sowohl der Lieferer
- als auch der Abnehmer

in den Transport des Liefergegenstands eingebunden sind.

Beispiel 1

Großhändler D aus Dortmund beauftragt einen Frachtführer, die verkauften Fahrzeuge zum Hafen Duisburg zu bringen. Von Duisburg aus wird die Ware Auftrag des D eine Woche später an Abnehmer A verschifft wird. A holt die Ware am Zielhafen ab und befördert sie mit eigenem Lastzug zum eigenen Auslieferungslager.

Derartige **gebrochene Transporte** sind für die Annahme der »Beförderung oder Versendung des Liefergegenstands bei der Lieferung« und damit für die Entscheidung,

- ob eine **Ausfuhrlieferung** nach § 6 UStG
- bzw. eine innergemeinschaftliche Lieferung nach § 6a UStG

vorliegt, unschädlich, wenn

- der **Abnehmer zu Beginn des Transports feststeht**[257]
- und der **liefernde Unternehmer nachweist**, dass ein zeitlicher und sachlicher Zusammenhang zwischen der Lieferung des Gegenstands und seiner Beförderung sowie ein kontinuierlicher Vorgang der Warenbewegung gegeben sind.

> **Bitte beachten Sie!**
> Wie dieser Nachweis konkret zu führen ist, lässt das BMF-Schreiben offen. Dokumentieren Sie daher insbesondere, dass Sie den Transport in **Erfüllung eines bestimmten Kaufvertrags** vornehmen/ordern und sorgen Sie für eine **zügige Abwicklung**.

21d.3.1 Transportunterbrechungen unschädlich

Rein tatsächliche Unterbrechungen des Transports, die lediglich dem Transportvorgang geschuldet sind, führen ebenfalls nicht zum Verlust der Steuerbefreiung.

> **➡ Beratungskonsequenzen**
>
> Das BMF lässt offen, wann Transportunterbrechungen »rein tatsächlicher« Natur sind. Gemeint sind wohl solche, die dem Transportvorgang selbst geschuldet sind, wie
> - das Umladen der Ware
> - eine Umlagerung der Ware
> - Zusammenstellung auf anderen LKWs

21d.3.2 »Fußangel« beim Abholfall

Transportiert in diesen Fällen der Abnehmer die Ware im Rahmen seines Teils der Lieferstrecke in das Drittlandsgebiet, müssen die Voraussetzungen des § 6 Abs. 1 Satz 1 Nr. 2 UStG erfüllt sein[258].

---

257 Siehe dazu Abschnitt 3.12 Abs. 3 Satz 4 ff. UStAE.
258 Vgl. Abschn. 6.1 Abs. 3a Satz 3 UStAE n. F.

Beispiel 2

Wie Beispiel 1. Wieder bringt D die Ware zum Hafen Duisburg; Kunde A besorgt die Verschiffung nach Tunesien.

Variante a: Kunde A ist ein ausländisches Unternehmen.
Variante b: Kunde A ist ein anderes deutsches Unternehmen.

Nur dann, wenn der Kunde ein **ausländischer Abnehmer** (Variante a) ist, ist die Lieferung D im Abholfall als Ausfuhrlieferung steuerfrei.

 Beratungskonsequenzen

Abhollieferungen **an andere Deutsche** (Variante b) sind immer steuerpflichtig!

21d.4 Reihengeschäfte (3 oder mehr Teilnehmer)

Voraussetzungen[259] für das Vorliegen eines Reihengeschäfts sind, dass

- mehrere Unternehmer
- über denselben Gegenstand
- Umsatzgeschäfte abschließen und
- der Gegenstand beim Transport **unmittelbar** vom ersten Unternehmer an den letzten Abnehmer gelangt.

21d.4.1 Keine Unmittelbarkeit bei gebrochenem Transport

Bei einer gebrochenen Beförderung oder Versendung fehlt es an der für das Reihengeschäft erforderlichen Unmittelbarkeit der Warenbewegung.

---

259 § 3 Abs. 6 Satz 5 UStG.

Beispiel 3

Wie Beispiel 2. A hat die Ware seinerseits weiterkauft und verschifft diese von Duisburg aus direkt zum Endkunden nach Tunesien.

Der Vorgang spaltet sich damit in **mehrere hintereinandergeschaltete und getrennt zu beurteilende Einzellieferungen** auf:

- Bei Beurteilung der Warenlieferungen des D an den A ist ausschließlich der Transportweg Dortmund – Duisburg zu berücksichtigen. Die Lieferungen sind damit umsatzsteuerbar und -pflichtig. D muss gegenüber A in jedem Fall brutto – mit deutscher Umsatzsteuer – abrechnen.

- Die Lieferungen des A an seine Endkunden sind unter den weiteren Voraussetzungen (§ 6 UStG) als Ausfuhrlieferung steuerfrei.

 Beratungskonsequenzen

Insoweit hält das BMF also **unverändert** am bisherigen Abschn. 3.14 Abs. 4 Satz 1 UStAE fest.

21d.4.2 Transportunterbrechungen unschädlich

Rein tatsächliche Unterbrechungen des Transports stehen – wie bei den bilateralen Geschäften (s. o.) – der Annahme einer unmittelbaren Warenbewegung nicht entgegen und führen damit auch hier nicht zum Verlust der Umsatzsteuerbefreiung.

21d.4.3 »Kollisionsregelung« – Eine vermeintliche Vereinfachung, die aber meist nicht zur Anwendung kommen wird

Trotz einer gebrochenen Beförderung/Versendung durch mehrere Beteiligte[260]

- **aus einem anderen Mitgliedstaat**
- **ins Drittlandsgebiet**

---

260   Vgl. Abschnitt 3.14 Abs. 4 Satz 1 UStAE.

ist die Behandlung als Reihengeschäft nicht zu beanstanden, wenn der erste Unternehmer den Liefergegenstand aus dem Mitgliedstaat des Beginns der Beförderung oder Versendung (Abgangsmitgliedstaat)

- nur zum Zweck der Verschiffung ins Drittlandsgebiet in das Inland befördert oder versendet,
- aufgrund des Rechts des Abgangsmitgliedstaats die Behandlung als Reihengeschäft vorgenommen worden ist und
- der Unternehmer, dessen Lieferung bei Nichtannahme eines Reihengeschäfts im Inland steuerbar wäre, dies nachweist.

 Beratungskonsequenzen

Die Kollisionsregelung gilt **nicht bei Transportbeginn** in Deutschland!

21d.5   Zeitliche Anwendung

Die Neuregelung gilt für alle offenen Fälle, ist damit also auch rückwirkend anzuwenden.

 Praxistipp

Letzteres aber wohl **nur zu Gunsten des Unternehmers**! Sollte sich die Neuregelung nachteilig auswirken – was aber derzeit schwer vorstellbar ist –, wird **Vertrauensschutz** zu prüfen sein.

 Beratungskonsequenzen

1. Für **bilaterale Geschäfte** sind die Klarstellungen des BMF sicher hilfreich.
2. Für **Reihengeschäfte** bleiben dagegen viele Fragen offen. Wie soll der deutsche Lieferant wissen, ob er Partner eines bilateralen Geschäfts ist und steuerfrei liefern darf oder in ein Reihengeschäft eingebunden ist und damit steuerpflichtig abrechnen muss? Darf er sich insoweit auf den Kundenvortrag verlassen? Wichtige Fragen, die hoffentlich baldmöglichst geklärt werden!

22 Steuerbefreiung, Zuordnung der Warenbewegung, Reihengeschäfte

! Hinweis

➲ Kapitel 21.4, 21a, 21b

22a Die Grundsatzrechtsprechung von EuGH und BFH

§ Rechtsgrundlagen

- UStG: § 3 Abs. 5a ff., § 4 Nr. 1, § 6a
- UStDV: §§ 17a ff.
- UStAE: Abschn. 6a.1–6a.8
- MwStSystRL: Art. 14 ff., 20 ff., 31, 32 ff., 40 ff., 131, 138 f., 140 f., 143 ff., 146 f.

22a.1 Ursprüngliche deutsche Rechtsauffassung

Voraussetzung für die Steuerbefreiung einer Lieferung als innergemeinschaftliche Lieferung war nach gefestigter deutscher Rechtsauffassung das Vorhandensein der von § 6a Abs. 3 UStG i. V. m. §§ 17a ff. UStDV geforderten Beleg- und Buchnachweise. Dabei waren die entsprechenden Nachweise **materiell-rechtliche Bestandteile der Steuerbefreiung**. Eine Lieferung war m. a. W. steuerpflichtig, wenn die Nachweise nicht oder nicht rechtzeitig erbracht wurden. Fehlangaben genügten diesen Anforderungen nicht. Das galt auch dann, wenn die Fehler für den leistenden Unternehmer als solche nicht zu erkennen waren.

22a.2 Die drei Grundsatzentscheidungen des EuGH: »Collée«, »Teleos« und »Twoh«

22a.2.1 Die »Collée«-Entscheidung: Der Buchnachweis für die innergemeinschaftliche Lieferung kann nachgeholt werden!

§ **Rechtsgrundlagen**

- EuGH-Urteil vom 27.9.2007[261];
- BFH, Nachfolgeurteil vom 6.12.2007[262].

22a.2.1.1 Sachverhalt (vereinfacht)

Ein Autohändler (A) lieferte aufgrund schriftlicher Verträge Vorführwagen an seinen belgischen Abnehmer (B). B überwies die Kaufpreise netto auf ein von A speziell für die Abwicklung dieser Geschäfte eingerichtetes Konto. Nach Eingang des Geldes auf dem Konto des A holte B mit eigenen Transportern die Fahrzeuge vom Hof des A ab.

Aus Gründen des Gebietsschutzes standen dem A gegenüber dem Autohersteller nur aus Verkäufen an deutsche Abnehmer Provisionsansprüche zu. Deshalb schaltete er einen **Dritten (D) als »Pro-Forma-Abnehmer«** ein. Gegen Provision erklärte sich D dazu bereit, die Fahrzeuge pro forma an- und weiterzuverkaufen. A schloss daraufhin mit D Kaufverträge über die Fahrzeuge ab und stellte hierüber Rechnungen unter Ausweis von Umsatzsteuer aus. D überließ dem A Blanko-Rechnungen, mit denen A sodann im Namen und für Rechnung des D die Lieferungen an B abrechnete. Im Rahmen einer Betriebsprüfung wertete das Finanzamt die Verkäufe des A an D als Scheinlieferungen, weil D nur formal als Strohmann zwischengeschaltet gewesen sei, und versagte dem D daher den Vorsteuerabzug.

---

261 EuGH, Urteil vom 27.9.2007, Rs. C-146/05, Albert Collée, BStBl. II 2009, 78; UR 2007, 813.
262 BFH, Nachfolgeurteil vom 6.12.2007, V R 59/03, BStBl. II 2009, 57; UR 2008, 186.

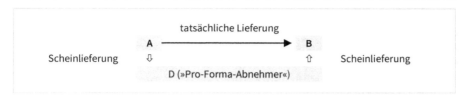

A, der die Lieferungen als steuerpflichtige Umsätze behandelt hatte, erfuhr von dem Ergebnis der Prüfung und setzte daraufhin den D durch »Gutschriften« davon Kenntnis, dass die Rechnungen über die Vorführwagenwagen gegenstandlos seien. Außerdem stornierte A die jeweiligen Buchungen und buchte die Erlöse nunmehr auf dem Konto »steuerfreie innergemeinschaftliche Lieferungen«; entsprechend berücksichtigte er die Lieferungen in der Umsatzsteuer-Voranmeldung.

Das Finanzamt jedoch versagte A für die Lieferung an B die Steuerbefreiung, weil die hierzu erforderlichen Aufzeichnungen nicht laufend und unmittelbar nach Ausführung der Umsätze vorgenommen worden seien; diese Auffassung teilte Hessische FG.

22a.2.1.2   Der Vorlagebeschluss

Der **BFH** hielt für die Entscheidung des Rechtsstreites eine Auslegung der Sechsten Richtlinie für erforderlich und legte dem EuGH folgende Fragen zur Vorabentscheidung vor:

1. Darf die Finanzverwaltung die Steuerfreiheit einer innergemeinschaftlichen Lieferung, die zweifelsfrei vorliegt, allein mit der Begründung versagen, der Steuerpflichtige habe den dafür vorgeschriebenen Buchnachweis nicht rechtzeitig geführt?

2. Kommt es zur Beantwortung der Frage darauf an, ob der Steuerpflichtige zunächst das Vorliegen einer innergemeinschaftlichen Lieferung verschleiert hat?

22a.2.1.3   Das Urteil des EuGH

22a.2.1.3.1   Allgemeine Betrachtungen

Art. 138 Abs. 1 MwStSystRL regelt die **Pflicht der Mitgliedstaaten zur Befreiung der innergemeinschaftlichen Lieferungen von Gegenständen**.

Eine Steuerbefreiung kommt demnach für die Lieferungen von Gegenständen, die durch den Verkäufer oder durch den Erwerber oder für ihre Rechnung von einem Mitgliedstaat in einem anderen Mitgliedstaat versendet oder befördert werden, in Betracht. Der gelieferte Gegenstand muss **physisch das Lieferland verlassen haben (materielle Anforderung)**. Den Nachweis, dass die Voraussetzungen der Steuerbefreiung für innergemeinschaftliche Lieferungen vorliegen, hat der Lieferant der Gegenstände in Form von **Belegen und Nachweisen zu erbringen (formelle Anforderung)**.

Die **Frage, welche Nachweise** zu erbringen sind, lässt die 6. EG-RL (wie jetzt auch die MwStSystRL) **ungeregelt**. Sie stellt vielmehr den Mitgliedstaaten frei, die Bedingungen für die Steuerbefreiung von innergemeinschaftlichen Lieferungen selbst festzulegen. Somit sind die Anforderungen des deutschen Rechts an die Beleg- und Buchnachweise, geregelt in §§ 17a und 17c UStDV, durch das Gemeinschaftsrecht gedeckt. Besonders hervorzuheben ist, dass die Mitgliedstaaten (nationalen Finanzbehörden) bei der Ausübung ihrer Befugnisse, die ihnen die Gemeinschaftsrichtlinien einräumen, die **europäischen Grundsätze**

- der **Rechtssicherheit**,
- der **Verhältnismäßigkeit** und
- der steuerlichen **Neutralität**

beachten müssen.

Wenden wir diese Ausführungen auf die Rechtssache Collée an, ergibt sich für die Beurteilung Folgendes:

22a.2.1.3.2   Zur ersten Vorlagefrage des BFH

Die Steuerfreiheit einer innergemeinschaftlichen Lieferung darf die Finanzverwaltung **nicht allein mit der Begründung der verspäteten Abgabe der Buchnachweise** (§ 17c UStDV formelle Anforderungen) verweigern. Denn eine nationale Maßnahme, die das nationale Recht auf Steuerbefreiung im Wesentlichen von der Einhaltung formeller Pflichten abhängig macht, ohne die materiellen Anforderungen zu berücksichtigen bzw. deren Erfüllung in Betracht zu ziehen, geht über das hinaus, was erforderlich ist, um eine genaue Erhebung der Steuer sicherzustellen.

Im Fall Collée, ist es unbestreitbar, dass eine innergemeinschaftliche Lieferung ausgeführt wurde. Der europäische **Grundsatz der steuerlichen Neutralität** erfordert, dass die Mehrwertsteuerbefreiung gewährt wird, wenn die materiellen Anforderungen und die Voraussetzungen des Art. 28c Teil A Buchst. A Unter-Abs. 1 der 6. RL erfüllt sind, selbst wenn bestimmten formellen Anforderungen nicht Genüge getragen wurde.

Die Anforderungen, dass die erforderlichen Aufzeichnungen unmittelbar nach der Ausführung des Umsatzes vorgenommen werden müssen, ohne dass dafür jedoch eine konkrete Frist vorgesehen ist, stellt den Grundsatz der Rechtssicherheit in Frage. Es ist dem Steuerpflichtigen vielmehr zu ermöglichen, Korrekturen, die nach Durchführung des Umsatzes vorgenommen werden in seiner Buchführung zu berücksichtigen, sofern sie objektiven Kriterien des Umsatzes erfüllen.

22a.2.1.3.3 Zur zweiten Vorlagefrage des BFH

Ausgangspunkt bei der Beantwortung dieser Frage ist die **Prüfung, ob für den Mitgliedstaat eine Gefährdung des Steueraufkommens** bestand oder nicht.

Der europäische Grundsatz der **Neutralität der Mehrwertsteuer** verlangt, dass jede zu Unrecht in Rechnung gestellte Steuer berichtigt werden kann, wenn der Rechnungsaussteller die Gefährdung des Steueraufkommens rechtzeitig und vollständig beseitigt hat, ohne dass eine solche Berichtigung vom guten Glauben des Rechnungsaussteller abhängig gemacht werden darf.

In unserem Fall Collée, kann die Einschaltung eines Zwischenhändlers zur Erlangung einer Provision nicht mit einer Steuerhinterziehung oder einer missbräuchlichen Anwendung der gemeinschaftlichen Regeln gleichgesetzt werden, da der Umsatz **nicht zur Erlangung eines ungerechtfertigten** *Steuer*vorteils getätigt wurde.

Es steht jedoch den Mitgliedstaaten frei, die Verschleierung des Vorliegens eines innergemeinschaftlichen Umsatzes als versuchte Mehrwertsteuerhinterziehung zu behandeln. Die nach **nationalem Recht vorgesehenen Sanktionen, wie Geldstrafe oder Geldbuße**, können verhängt werden, sollten jedoch **immer in angemessenem Verhältnis zur Schwere der missbräuchlichen Handlung** stehen.

Beratungskonsequenzen

1. Hat ein Mitgliedstaat keine gesetzliche Frist für die Nachweisführung vorgesehen, sind alle relevanten Umstände des Einzelfalls zu berücksichtigen. Die Steuerfreiheit einer unzweifelhaft vorliegenden innergemeinschaftlichen Lieferung kann nicht mit der Begründung versagt werden, dass der Steuerpflichtige den dafür vorgesehen Buchnachweis nicht laufend und unmittelbar erbracht hat. Es ist vielmehr **zu prüfen, ob die nicht rechtzeitige Buchnachweisführung zu einer Steuergefährdung geführt hat**.

2. Das Urteil des EuGH **stärkt die Position der gutgläubigen Steuerpflichtigen,** die innergemeinschaftliche Lieferungen durchführen.

22a.2.2 Die »Teleos«-Entscheidung: Schutz des Gutgläubigen bei fehlerhafter Abnehmerversicherung

 Rechtsgrundlagen

EuGH-Urteil vom 27.9.2007[263].

22a.2.2.1 Sachverhalt (vereinfacht)

Die im Vereinigten Königreich ansässige Teleos plc (Teleos) verkaufte im Jahr 2002 Mobiltelefone an die spanische Gesellschaft Total Telecom España SA (TT). Gemäß den Kaufverträgen befand sich der Bestimmungsort der Waren zumeist in Frankreich und in einzelnen Fällen auch in Spanien. Als Lieferbedingung wurde gemäß den Incoterms 2000 »ab Werk« (»ex-works« oder EXW) vereinbart. Somit musste Teleos die Mobiltelefone TT in einem Lager im Vereinigten Königreich zur Verfügung stellen. Für den Weitertransport in den vereinbarten Mitgliedstaat war TT verantwortlich. Es handelt sich hier also um einen **klassischen Abholfall**.

Als Nachweis, dass die Mobiltelefone ihren Bestimmungsort erreicht hatten, erhielt Teleos einige Tage nach dem Verkauf die von TT gestempelten und unterschriebenen **Originale der CMR-Frachtbriefe**, in dem die Gegenstände beschrieben wurden und die Lieferadresse, sowie der Name des Fahrers und das Kennzeichen des Fahrzeugs angegeben waren.

---

263 EuGH, Urteil vom 27.9.2007, Rs. C-409/04, Teleos plc, BStBl. II 2009, 70; UR 2007, 774.

TT reichte bei den spanischen Finanzbehörden Steuererklärungen betreffend des innergemeinschaftlichen Erwerbs von Mobiltelefonen ein. **Zunächst akzeptierten die Finanzbehörden diese CMR-Frachtbriefe** als Beweis für die Ausfuhr der Gegenstände, sodass die Lieferungen von der Mehrwertsteuer befreit wurden und Teleos zum Vorsteuerabzug berechtigt war.

Bei **späteren Kontrollen** stellten die Finanzbehörden jedoch fest, dass in einigen Fällen in den CMR-Frachtbriefen ein falscher Bestimmungsort angegeben war, dass es die angegebenen Frachtführer gar nicht gab oder diese keine Mobiltelefone transportierten und dass die angegebenen Kennzeichen der Transportfahrzeuge keinen tatsächlich existierenden Fahrzeugen oder für den Transport solcher Waren ungeeigneten Fahrzeugen zuzuordnen waren.

Die **Finanzbehörden schlussfolgerten daraus, dass die Mobiltelefone das Vereinigte Königreich nie verlassen hatten**, und setzten daher für diese Lieferungen Mehrwertsteuerzahlungen in Höhe von mehreren Millionen Pfund Sterling fest.

22a.2.2.2 Das Vorabentscheidungsersuchen

Das vorlegende **britische Gericht**[264] sah es als **erwiesen an, dass Teleos keinen Anlass hatte, an den Angaben in den CMR-Frachtbriefen oder an deren Echtheit zu zweifeln**, dass sie an keinem Betrug beteiligt war und dass sie nicht wusste, dass die Mobiltelefone das Vereinigte Königreich nicht verlassen hatten. Trotz ernsthafter und gründlicher Untersuchungen in Bezug auf die Zuverlässigkeit von TT, fand Teleos keinen konkreten Beweis für die Fehlerhaftigkeit der Angaben in den Frachtbriefen. Die Beschaffung zusätzlicher Beweise neben den CMR-Frachtbriefen wäre nicht zumutbar gewesen. Das Gericht hielt für die Entscheidung des Rechtsstreits eine Auslegung der Sechsten Richtlinie für erforderlich und legte dem EuGH folgende Frage zur Vorabentscheidung vor:

1. Verlangt eine steuerfreie innergemeinschaftliche Lieferung zwingend eine Warenbewegung über die Grenze?

2. Kann ein Steuerpflichtiger, der als Lieferer nicht erkennen konnte, dass er Teil einer Betrugskette war, nachträglich zur Umsatzsteuer herangezogen werden?

---

264 High Court of Justice (England & Wales), Queen's Bench Division (Administrative Court).

22a.2.2.3 Das Urteil des EuGH

22a.2.2.3.1 Allgemeine Betrachtungen

Als Voraussetzung für eine Steuerbefreiung einer innergemeinschaftlichen Liefe-rung ist es erforderlich, dass der Erwerber das Recht erlangt, wie ein Eigentümer über den Gegenstand zu verfügen und dieser Gegenstand in einen anderen Mit-gliedstaat versandt oder befördert worden ist. Das heißt, der Gegenstand hat den **Liefermitgliedstaat physisch verlassen**.

Das führt zunächst auch der EuGH aus. Er betont, dass eine steuerfreie innerge-meinschaftliche Lieferung zwingend eine Warenbewegung über die Grenze ver-langt und dies auch für Abholfälle gilt. Aber, er führt auch weiterhin aus, dass die eingesetzten Maßnahmen, die die Mitgliedstaaten erlassen können, um eine ge-naue Erhebung der Steuer sicherzustellen und Steuerhinterziehungen zu verhin-dern, nicht so eingesetzt werden dürfen, dass der **Grundsatz der steuerlichen Neutralität der Mehrwertsteuer** in Frage gestellt wird.

So sind gleichartige und deshalb miteinander im Wettbewerb stehende Leistun-gen hinsichtlich der Mehrwertsteuer nicht unterschiedlich zu behandeln. Steu-erpflichtige, die einen innergemeinschaftlichen Umsatz bewirken, dürfen durch Mehrwertsteuernachzahlungen nicht schlechter gestellt werden als Steuer-pflichtige, die nur inländische Umsätze ausführen.

Die Sechste Richtlinie (seit dem 1.1.2007: die MwStSystRL) enthält keine Vor-schrift, die genau festlegt, welche Nachweise für die Steuerbefreiung von inner-gemeinschaftlichen Lieferungen zu erbringen sind. **Sie stellt es den Mitglied-staaten frei, die Bedingungen für die Steuerfreiheit selbst festzulegen.** Die Mit-gliedstaaten sollten jedoch die **allgemeinen europäischen Rechtsgrundsätze** beachten – vor allem die der **Rechtssicherheit** und der **Verhältnismäßigkeit**.

22a.2.2.3.2 Zu den Vorlagefragen

Legt ein Mitgliedstaat als Voraussetzung für die Steuerfreiheit in einer Liste, die Unterlagen fest, die ein Lieferant für die Steuerfreiheit einer innergemeinschaft-lichen Lieferung zu erbringen hat, und werden diese vom Lieferanten bei den zu-ständigen Finanzbehörden als Nachweis für das Recht auf Steuerbefreiung vor-gelegt, so kann die Behörde bei Akzeptanz der vorgelegten Nachweise, den Lie-feranten im Nachhinein nicht wegen eines vom Erwerber begangenen Betrugs mit Mehrwertsteuer belasten. Das würde gegen den Grundsatz der Rechtssicherheit verstoßen. Aus diesen Gründen hat der Gerichtshof (Dritte Kammer) für Recht erkannt:

1. Die Art. 28a Abs. 3 UnterAbs. 1 und 28c Teil A Buchst. a UnterAbs. 1 der 6. EG-RL sind im Hinblick auf den in diesen beiden Bestimmungen enthaltenen Begriff »versendet«/»versandt« **grundsätzlich** dahin auszulegen, dass der innergemeinschaftliche Erwerb eines Gegenstands erst dann bewirkt ist und die Befreiung der innergemeinschaftlichen Lieferung erst dann anwendbar wird, wenn das Recht, wie ein Eigentümer über den Gegenstand zu verfügen, auf den Erwerber übertragen worden ist und der Lieferant nachweist, dass der Gegenstand in einen anderen Mitgliedstaat versandt oder befördert worden ist und aufgrund dieses Versands oder dieser Beförderung den Liefermitgliedstaat **physisch verlassen hat**.

2. Art. 28c Teil A Buchst. a UnterAbs. 1 der 6. EG-RL ist dahin auszulegen, dass die zuständigen Behörden des Liefermitgliedstaats nicht befugt sind, einen **gutgläubigen Lieferanten**, der Beweise vorgelegt hat, die dem ersten Anschein nach sein Recht auf Befreiung einer innergemeinschaftlichen Lieferung von Gegenständen belegen, zu verpflichten, später Mehrwertsteuer auf diese Gegenstände zu entrichten, wenn die Beweise sich als falsch herausstellen, jedoch nicht erwiesen ist, dass der Lieferant an der Steuerhinterziehung beteiligt war, **soweit er alle ihm zur Verfügung stehenden zumutbaren Maßnahmen ergriffen hat**, um sicherzustellen, dass die von ihm vorgenommene innergemeinschaftliche Lieferung nicht zu seiner Beteiligung an einer solchen Steuerhinterziehung führt.

3. Wenn der Erwerber bei den Finanzbehörden des Bestimmungsmitgliedstaats eine Erklärung wie die im Ausgangsverfahren über den innergemeinschaftlichen Erwerb abgibt, kann dies einen zusätzlichen Beweis dafür darstellen, dass die Gegenstände tatsächlich den Liefermitgliedstaat verlassen haben, ist jedoch kein für die Befreiung einer innergemeinschaftlichen Lieferung von der Mehrwertsteuer maßgeblicher Beweis.

➡ Beratungskonsequenzen

1. Die **Rechte gutgläubiger Unternehmer im Binnenmarkt** werden durch die Entscheidung des EuGH **erheblich gestärkt**.

2. Das Urteil unterstreicht die **Bedeutung des Abnehmernachweises** (Muster ➲ Kapitel 23) für **den guten Glauben**.

3. Die Steuerbehörden können für eine innergemeinschaftliche Lieferung die Entrichtung der Steuer nicht nachträglich vom Lieferer verlangen, wenn sich im Nachhinein erweist, dass die vorgelegten Nachweise falsche Angaben enthielten, der **Lieferer davon aber nichts wusste und auch nichts wissen konnte**.

4. Der in der Praxis häufig vorkommende Vorwurf der deutschen Finanzbehörden, dass die gelieferten Gegenstände **Deutschland nie verlassen** hätten, muss sich der gutgläubige Steuerpflichtige nun nicht mehr gefallen lassen.

5. Erbringt der gutgläubige Lieferant den Nachweis der Steuerfreiheit einer innergemeinschaftlichen Lieferung i. S. d. §§ 17a und 17c UStDV und kommt der Erwerber seiner vertraglichen Verpflichtung, die Gegenstände in einen anderen Mitgliedstaat zu versenden oder zu befördern nicht nach, so ist eine **Abwälzung des Risikos des betrügerischen Erwerbers auf den gutgläubigen Lieferanten nicht mehr möglich**. Der Erwerber müsste im Liefermitgliedstaat zur Mehrwertsteuer herangezogen werden. Stellt sich im Nachhinein heraus, dass die Nachweise bzw. Unterlagen gefälscht sind, so ist das für die Gewährung der Steuerfreiheit unschädlich.

22a.2.3   Die »Twoh«-Entscheidung: Keine Pflicht der Finanzbehörden, die Voraussetzungen der Steuerbefreiung durch Amtshilfe der Mitgliedstaaten selbst einzuholen!

 Rechtsgrundlagen

EuGH-Urteil vom 27.9.2007[265]

22a.2.3.1   Ausgangslage (vereinfacht)

Die in den Niederlanden ansässige Gesellschaft Twoh lieferte Computerteile an verschiedene Unternehmen in Italien. In den Kaufverträgen wurde als Lieferbedingung gemäß den Incoterms 2000 »ab Werk« (»ex-works« oder EXW) vereinbart. Twoh musste den Käufern die Computerteile lediglich in einem Lager in den Niederlanden zur Verfügung stellen. Für die weitere Beförderung nach Italien

---

265 EuGH, Urteil vom 27.9.2007, Rs. C-184/05, Twoh International BV, BStBl. II 2009, 83; UR 2007, 782.

waren somit die Käufer verantwortlich. Auch hier handelte es sich – wie bereits bei der Rechtssache Teleos – um **Abholfälle**.

Das niederländische Steuerrecht fordert von seinen Unternehmern ebenfalls Unterlagen, die den innergemeinschaftlichen Charakter der Warenlieferungen **nachweisen. Diese erhielt Twoh von seinen Kunden nicht.** Twoh ging jedoch immer davon aus, dass es sich bei den von ihr getätigten Lieferungen um steuerfreie innergemeinschaftliche Lieferungen handelte/handle. Die Rechnungsstellung erfolgte deshalb ohne Ausweis der niederländischen Mehrwertsteuer.

Bei einer Steuerprüfung konnte Twoh nicht den Nachweis erbringen, dass die Computerteile nach Italien befördert oder versandt wurden. Deshalb vertrat die niederländische Finanzverwaltung die Auffassung, dass zu Unrecht keine Mehrwertsteuer abgeführt worden sei und erließ gegen Twoh einen Nacherhebungsbescheid über einen Mehrwertsteuerbetrag in Millionenhöhe.

Gegen diesen Nacherhebungsbescheid legte Twoh Einspruch ein und forderte die niederländische Finanzverwaltung ausdrücklich auf, im Rahmen der **Amtshilfe-Richtlinie** und der **Verordnung über die Zusammenarbeit der Verwaltungsbehörden** bei der zuständigen italienischen Behörde Auskünfte über Richtigkeit der steuerfreien innergemeinschaftlichen Lieferungen einzuholen. Dieser Aufforderung kam die Finanzverwaltung nicht nach. Sie bestätigte den Nacherhebungsbescheid.

Dagegen erhob Twoh Klage beim niederländischen Gerechtshof te Arnhem. Dieser setzte den Nacherhebungsbescheid herab, nachdem Twoh bestimmte Nachweise vorgelegt hatte. Vertrat aber die Auffassung, dass die niederländische Finanzverwaltung nicht verpflichtet sei, bei ihren italienischen Kollegen eine Untersuchung zur Überprüfung der tatsächlichen Verbringung der Waren nach Italien zu beantragen.

Auch gegen dieses Urteil legte Twoh Kassationsbeschwerde beim Hoge Raad ein.

22a.2.3.2 Der Vorlagebeschluss

Das vorlegende **niederländische Gericht**[266] hielt für die Entscheidung des Rechtsstreites eine Auslegung der Sechsten Richtlinie für erforderlich und legte dem EuGH folgende Frage zur Vorabentscheidung vor:

---

266 Der Hoge Raad.

Ist die Sechste Richtlinie in Verbindung mit der Amtshilfe-Richtlinie und der Verordnung über die Zusammenarbeit der Verwaltungsbehörden so auszulegen, dass die Finanzbehörden des Mitgliedstaates des Beginns des Versandes oder der Beförderung der Gegenstände die Behörden des vom Lieferanten angegebenen Bestimmungsmitgliedstaates um Auskünfte ersuchen und diese bei der Prüfung, ob es sich tatsächlich um eine innergemeinschaftliche Lieferung handelt, berücksichtigen müssen?

22a.2.3.3 Das Urteil des EuGH

Allgemeine Betrachtungen

Anders als in der Rechtssache Teleos geht es im Fall Twoh **nicht** um die Gutgläubigkeit des Lieferanten oder darum, ob der Kunde ein Betrug begangen hat. Es geht allein darum, dass Twoh nicht die erforderlichen Nachweise erbringen konnte, dass die Computerteile tatsächlich in den Bestimmungsmitgliedstaat (Italien) verbracht worden sind und er deshalb die niederländische Finanzverwaltung aufforderte, bei der zuständigen Behörde des Mitgliedstaates Auskünfte einzuholen, die den innergemeinschaftlichen Charakter der Lieferungen belegen könnten.

Die zu klärende Frage ist also, ob die Finanzverwaltung einer solchen Aufforderung nachzukommen hat.

Bei der Beantwortung dieser Frage sollte zuerst **Zweck und Inhalt der Amtshilfe-Richtlinie und der Verordnung über die Zusammenarbeit der Verwaltungsbehörden** etwas näher betrachtet werden.

Aus beiden Gemeinschaftsrechtsakten geht hervor, dass mithilfe dieser Möglichkeiten die **Steuerhinterziehung und die Steuerflucht bekämpft** werden soll. Den Mitgliedstaaten soll somit ermöglicht werden, die zu erhebende Steuer zutreffend festzusetzen. Inhaltlich wurden Regeln zur Zusammenarbeit der Verwaltungsbehörden erlassen.

Dem Einzelnen (Steuerpflichtigen) werden, außer dem Recht der Bestätigung der Gültigkeit der Umsatzsteuer-Identifikationsnummer, **keine weiteren Rechte eingeräumt**.

Amtshilfe bedeutet, dass die nationalen Finanzbehörden zur Bekämpfung von Steuerhinterziehung untereinander um Auskünfte ersuchen können, die ihnen sonst so nicht zugänglich wären.

Jeder einzelne Mitgliedstaat hat selbst zu entscheiden, in welchen Fällen ihm Informationen über Umsätze von in seinem Hoheitsgebiet ansässigen Steuerpflichtigen fehlen und ob es gerechtfertigt ist einen anderen Mitgliedstaat um Auskunft zu ersuchen. Das Auskunftsersuchen darf keinen unverhältnismäßig hohen Verwaltungsaufwand verursachen. Erweckt die auskunftssuchende Behörde den Eindruck, dass sie ihre eigenen üblichen Auskunftsmöglichkeiten nicht ausgeschöpft hat, braucht die um Hilfe ersuchte Behörde keine Auskunft zu erteilen.

22a.2.3.3.1 Zur Vorlagefrage

Wenden wir diese Ausführungen auf die Rechtssache Twoh an, ergibt sich für die Beurteilung Folgendes:

Die Amtshilfe-Richtlinie und die Verordnung über die Zusammenarbeit der Verwaltungsbehörden dienen **nicht** der Einführung eines Systems zum Informationsaustausch zwischen den Finanzverwaltungen der Mitgliedstaaten. Sie ermöglichen somit auch nicht die Feststellung des innergemeinschaftlichen Charakters von Lieferungen eines Steuerpflichtigen, wenn er selbst nicht in der Lage ist, die erforderlichen Beweise vorzulegen.

Aus diesen Gründen hat der Gerichtshof (Dritte Kammer) für Recht erkannt: Art. 28c Teil A Buchst. a UnterAbs. 1 der Sechsten Richtlinie 77/388/EWG des Rates vom 17.5.1977 zur Harmonisierung der Rechtsvorschriften der Mitgliedstaaten über die Umsatzsteuern – Gemeinsames Mehrwertsteuersystem: einheitliche steuerpflichtige Bemessungsgrundlage in der durch die Richtlinie 95/7/EG des Rates vom 10.4.1995 geänderten Fassung in Verbindung mit der Richtlinie 77/799/EWG des Rates vom 19.12.1977 über die gegenseitige Amtshilfe zwischen den zuständigen Behörden der Mitgliedstaaten im Bereich der direkten und indirekten Steuern in der durch die Richtlinie 92/12/EWG des Rates vom 25.2.1992 geänderten Fassung und der Verordnung (EWG) Nr. 218/92 des Rates vom 27.1.1992 über die Zusammenarbeit der Verwaltungsbehörden auf dem Gebiet der indirekten Besteuerung ist dahin auszulegen, dass die Finanzbehörden des Mitgliedstaats des Beginns des Versands oder der Beförderung von Gegenständen nicht verpflichtet sind, die Behörden des vom Lieferanten angegebenen Bestimmungsmitgliedstaats um Auskunft zu ersuchen.

Beratungskonsequenzen

1. Kann der Steuerpflichtige den Nachweis über den Versand oder die Beförderung der Waren in einen anderen Mitgliedstaat nicht selbst erbringen, so ist die **Finanzbehörde nicht verpflichtet**, die Finanzbehörden des Bestimmungsstaates um Auskünfte zu ersuchen.

2. Der **Steuerpflichtige**, der die Steuerbefreiung für innergemeinschaftliche Lieferungen beantragt hat, **muss nachweisen**, dass der Erwerber die Verfügungsmacht über die Ware erlangt hat.

22a.3 Weitere wichtige Entscheidungen von EuGH und BFH

 Hinweis

mybook.haufe.de > Vertiefende Informationen > Kapitel 22a.3

23 Die Gelangensbestätigung

 Rechtsgrundlagen

- UStG: § 6a Abs. 3 UStG
- UStDV: § 17b Abs. 2 Nr. 2 UStDV n. F.
- UStAE: Abschn. 6a.3 Abs. 3 UStAE

23.0 Auf einen Blick vorab

Seit dem 1.1.2020 tritt neben die Gelangensbestätigung die neue Gelangensvermutung

Die Quick Fixes haben zur Einführung der neuen Gelangensvermutung geführt (§ 17a UStDV n. F.). Die Gelangensbestätigung finden Sie – unverändert – im neuen § 17b UStDV. Materiell hat sich dadurch für Sie nichts geändert, zumal die neue Vorschrift wenig durchdacht zu sein scheint (➲ Kapitel 23a).

Beratungskonsequenzen

Verfahren Sie daher weiter wie bisher und legen Sie Wert auf den Erhalt der Gelangensbestätigung!

FAQ 1:   Was ist die »Gelangensbestätigung«?

Die Gelangensbestätigung ist eine Bestätigung des EU-Kunden, dass die **Ware
bei Ihrem Kunden im EU-Ausland angekommen** ist.

Bitte beachten Sie!
Die Neuregelung ist **keine branchenspezifische** und gilt für den **Handel mit allen
Produkten!**

FAQ 2:   Auf welcher Rechtsgrundlage beruht die Gelangensbestätigung?

Rechtsgrundlage § 17b

- Abs. 2 Nr. 2 (**Gelangensbestätigung i. e. S.**) und
- Abs. 3 (**Alternativnachweise**)

der Umsatzsteuer-Durchführungsverordnung (UStDV)[267].

FAQ 3:   War die Gelangensbestätigung neu oder gab es diese schon vorher?

Letzteres – auf freiwilliger Basis setzen z. B. viele Autohäuser die Gelangensbestätigung bereits ein.

Der Grund: Nach der Rechtsprechung des EuGH kann ein EU-Geschäft im Zweifel
auf jedem geeigneten Weg nachgewiesen werden (»**Eichhörnchenarbeit treiben!**« ➲ FAQ 16).

 Beratungskonsequenzen

Die Gelangensbestätigung sollte bei Ihnen **nicht** die im Abholfall bereits bei Übernahme der Ware durch den Kunden abzugebende »**Abnehmerversicherung**«
(➲ FAQ 23)[268] ersetzen.

---

267 § 17a UStDV in Fassung der »Elfte Verordnung zur Änderung der Umsatzsteuer-Durchführungsverordnung« vom 25.3.2013, BStBl. I 2013, 515.

268 Abnehmerversicherung: Zur Vertiefung der rechtlichen Voraussetzungen ➲ Kapitel 24.

Die Abnehmerversicherung sollten Sie **in Abholfällen auch weiterhin vom Kunden einfordern!**

FAQ 4: **Vermehrt hört man von praktischen Bedenken gegen die Gelangensbestätigung. – Worin bestehen diese konkret?**

1. Die Gelangensbestätigung ist nur nachträglich möglich – wenn der Kunde also bereits »alles hat«!

Eine Gelangensbestätigung kann vom Kunden

– erst am Bestimmungsort und damit

– nach Erhalt der Ware

erstellt werden.

Dem liefernden Unternehmer wird die Bestätigung somit regelmäßig **erst nach Ausführung seiner Lieferung** vorliegen.

> **Bitte beachten Sie!**
> Zur Zeit der an sich steuerfreien Lieferung verfügt der Unternehmer noch nicht über den entsprechenden Nachweis.

Damit läuft der Lieferant zukünftig immer Gefahr, die Gelangensbestätigung nicht zu erhalten.

2. Die Durchsetzung der Gelangensbestätigung wird dem Lieferanten nur schwer möglich sein!

Die in verwaltungsnahen Fachbeiträgen hierzu angebotene »Lösung«, der Lieferant hätte doch die Möglichkeit, sich durch **Ausstellung einer sog. »Bruttorechnung«** abzusichern, erscheint **für die Praxis wenig praktikabel**:

Beispiele

1. Ein deutsches Autohaus (D) verkauft einem belgischen Unternehmenskunden steuerfrei innergemeinschaftlich einen Sportwagen vom Typ »Wiesmann GT« für 200.000 € netto.

2. Wie 1. Der Kunde ist ein belgischer Pflegedienst, der zu diesem Preis 15 Citroën C3 erwerben möchte

Vorschlag der FinVerw: D könnte in der Rechnung den Bruttokaufpreis (238.000 €) ausweisen, also eine Rechnung, die **einen Sicherungsbetrag in Höhe der auf den Nettopreis entfallenden Umsatzsteuer** i. H. v. 38.000 €

enthält – mit dem Zusatz, dass der Betrag erstattet werde, wenn die Gelangensbestätigung übersandt wird.

Der Kunde im Beispiel muss also bereit sein, wenn auch nur übergangsweise »freiwillig« **38.000 € mehr als vereinbart** zu zahlen! Dem ist – so meine ich – nichts hinzuzufügen!

 Hinweis

Wenn Sie diesen Weg wider Erwarten als einen für Ihr Unternehmen/Mandantenunternehmen gangbaren einschätzen – etwa weil Sie mit sehr exklusiven Fahrzeugen handeln, die so leicht nicht anderswo erworben werden können ➲ FAQ 20.

In der Praxis wird der EU-ausländische Kunde das Fahrzeug aber dann im Zweifel **in einem anderen EU-Mitgliedstaat kaufen**, denn die Gelangensbestätigung gibt es nur in Deutschland! (➲ nachfolgende Ziffer 3.)

3. Die Gelangensbestätigung führt grundlos zu einer einseitigen Benachteiligung der deutschen Wirtschaft!

   Die Gelangensbestätigung ist eine **rein deutsche »Erfindung«**! Damit ist zu bedenken, dass der Nachweis ausländische Kunden zur Mitwirkung an Nachweisvorschriften des deutschen Fiskus verpflichtet, diese aus dem Recht ihres Landes **nicht kennen** und **im Zweifel nicht verstehen** werden.

 Hinweis

Die **Motivation der ausländischen Kunden** zur Mitwirkung wird aus diesem Grund vermutlich **eher gering** sein!

4. Es gibt nur eine »halbherzige« Kleinbetragsregelung!

   Auch sollte über eine »richtige« Kleinbetragsregelung nachgedacht werden, die sich **wie bei Ausfuhren in Drittländer** am Warenwert orientieren könnte. Nur so ließe sich vermeiden, dass Kleinstumsätze durch das Einfordern und Überwachen der Gelangensbestätigung **unangemessen hohe Mühen und Kosten** verursachen.

   Die derzeitige Lösung jedenfalls befriedigt kaum!

FAQ 5: **Bei welchen Geschäften wird zukünftig eine Gelangensbestätigung erforderlich sein?**

§ 17b UStDV normiert den **Belegnachweis nur für** innergemeinschaftliche Lieferungen (igL) i. S. d. § 6a Abs. 1 UStG (also – in der Sprache der Branche – für **das »EU-Geschäft«**). Voraussetzung dafür ist u. a.:

- eine **Warenbewegung »von EU nach EU«** (§ 6a Abs. 1 Satz 1 Nr. 1 UStG)
- die als **»bewegte« Lieferung** erfolgt (➲ FAQ 7 u. 8) und
- an einen **Unternehmer**, an eine gleichgestellte **juristische Person** oder im Ausnahmefall auch an eine **Privatperson** (Sonderregel für **Neufahrzeuge** ➲ FAQ 17) erbracht wird.

FAQ 6: **Gegenfrage – Bei welchen Geschäften ist damit keine Gelangensbestätigung erforderlich?**

1. Inlandsgeschäft

> **Beispiel**
> Ein Niederländer kauft ein Fahrzeug, das in Deutschland verbleibt.

> **Bitte beachten Sie!**
> **Keine innergemeinschaftliche Lieferung:** Zwar EU-Kunde, aber keine Warenbewegung »von EU nach EU«

2. Drittlandsgeschäft

> **Beispiel**
> Ein Niederländer kauft ein Fahrzeug, das er nach Russland exportiert.

> **Bitte beachten Sie!**
> **Keine innergemeinschaftliche Lieferung:** Zwar EU-Kunde, aber keine Warenbewegung »von EU nach EU«; unter den weiteren Voraussetzungen des § 6 UStG aber steuerfreie Ausfuhr[269].

---

269 Hierzu ausführlich ➲ Kapitel 27a ff.

3. EU-Geschäft als »ruhender« Lieferer

Für den Fall des Reihengeschäfts ist die »bewegte« Lieferung von der »ruhenden« Lieferung abzugrenzen. ➲ FAQ 7 u. 8.

> **Bitte beachten Sie!**
> Eine ruhende Lieferung ist immer steuerpflichtig; einer Gelangensbestätigung bedarf es daher nicht.

4. EU-Geschäft ohne Warenbewegung

> **Beispiel**
> Ein Niederländer erhält von einem deutschen Autohaus einen Vorführwagen, der ihm so gut gefällt, dass er ihn kauft.

> **Bitte beachten Sie!**
> **Keine innergemeinschaftliche Lieferung!** Zwar EU-Kunde, aber keine Warenbewegung »von EU nach EU«, da das Fahrzeug zzt. des Kaufentschlusses schon dort ist, wo es schlussendlich verbleiben soll.

5. Sonstige Leistungen – insbes. Reparaturen und andere Werkarbeiten, die nicht zu einer Lieferung führen –

> **Beispiel**
> Eine Kfz-Reparaturwerkstatt in Kerken repariert für einen niederländischen Unternehmenskunden ein Fahrzeug.
> Die Ersatzteile machen 23 % des Rechnungsbetrages aus.

> **Bitte beachten Sie!**
> Da die **50%-Grenze** nicht überschritten ist, führen die Reparaturarbeiten insgesamt zu einer Werkleistung und damit zu einer sonstigen Leistung ➲ Kapitel 4.9.

FAQ 7: Was ist eine »bewegte« Lieferung?

Eine bewegte Lieferung ist eine Lieferung, der ein zur Erfüllung des Geschäfts erforderlicher **Transport umsatzsteuerlich zugordnet** wird.

 Beratungskonsequenzen

1. Eine Lieferung ist nur dann als innergemeinschaftliche steuerfrei, wenn die Warenbewegung von EU nach EU **dem eigenen Ausgangsumsatz zugeordnet** wird.

2. Die »**Spielregeln**« hierfür ergeben sich aus § 3 Abs. 6 UStG[270].

FAQ 8: Woran erkenne ich die »bewegte« Lieferung im Tagesgeschäft?

 Checkliste: Bewegte Lieferung

- Der Kunde tritt unter einer **gültigen ausländischen USt-IdNr.** auf *und*

- **Sie bringen** die Ware (mit einem eigenen Lkw oder unter Beauftragung eines Frachtführers oder Spediteurs) in das EU-Ausland *oder*

- **der Kunde holt** die Ware ab bzw. lässt die Ware abholen und der **Abholende bestätigt unmittelbar vor der Übergabe (also noch bei Ihnen vor Ort)**, dass er das Fahrzeug als »unser Kunde oder dessen Mitarbeiter oder dessen Beauftragter« transportiert (Abnehmerversicherung ➲ **FAQ 23**).

 Beratungskonsequenzen

1. Nur dann, wenn bei einem EU-Geschäft die bewegte Lieferung getätigt wird, kann das Geschäft nach § 6a UStG steuerfrei erfolgen.

2. Nur zum Nachweis der Steuerbefreiung und damit **nur für diesen Fall** wird die Gelangensbestätigung benötigt.

3. Die Abnehmerversicherung lassen Sie sich bitte immer von dem unterschreiben, der **tatsächlich vor Ort** (in ihrem Geschäft/Lager) vor Ihnen steht (➲ FAQ 23).

4. **Umkehrschluss:** Die Abnehmerversicherung schicken Sie nicht – etwa per Telefax oder E-Mail – an die Geschäftsleitung des Kunden!

---

270 Hierzu ausführlich ➲ Kapitel 21.

Hinweis

Neuer Prüfungsansatz der FinVerw: Bei unbarer Vorkasse wird neuerdings die **Überweisung vom richtigen Konto** geprüft[271].

FAQ 9: Welche Angaben gehören in die Gelangensbestätigung?

Die Gelangensbestätigung ist gem. § 17b Abs. 2 Satz 1 Nr. 2 UStDV ein Dokument/Dokumentensatz (➲ FAQ 10) mit folgenden Angaben:

 Checkliste: Angaben Gelangensbestätigung

- Name und Anschrift des Abnehmers
- **Menge** des Gegenstands der Lieferung und **handelsübliche Bezeichnung** einschließlich **Fahrzeug-Identifikationsnummer,** wenn der Liefergegenstand ein Fahrzeug i. S. v. § 1b Abs. 2 UStG ist
- **Ort und Monat** des Endes der Beförderung oder Versendung des Gegenstands, also dessen Erhalt des Gegenstands im Gemeinschaftsgebiet
- **Ausstellungsdatum** der Gelangensbestätigung
- **Unterschrift** des Abnehmers oder eines von ihm zur Abnahme Beauftragten (zum elektronischen Beleg ➲ FAQ 13)

Bitte beachten Sie!

1. Ursprünglich sollte das Transportende **tagesgenau** benannt werden. Das wird nun **nicht** mehr verlangt, ist aber weiterhin natürlich freiwillig möglich.

2. **Auch im Abholfall** muss der Kunde im Nachhinein bestätigen, dass das Fahrzeug (die Ware) tatsächlich ins EU-Ausland gelangt ist. Daneben sollte, wie bisher auch, bei der Übergabe des Fahrzeugs die **Abnehmerversicherung** verlangt werden (siehe ➲ FAQ 3 und 23).

FAQ 10: Sind Formvorgaben zu beachten?

Nein!

---

271 Hierzu ausführlich ➲ Kapitel 26.

Die Gelangensbestätigung kann **in jeder die erforderlichen Angaben enthaltenden Form** erbracht werden. Sie kann auch **aus mehreren Dokumenten** bestehen, aus denen sich die geforderten Angaben dann insgesamt ergeben (§ 17b Abs. 2 Nr. 2 Satz 4 UStDV).

> ➡️ **Beratungskonsequenzen**
>
> 1. Damit ist es nicht zwingend, ein (1) Muster zu verwenden oder Formular einzusetzen; zum Nachweis genügt mithin auch ein **Dokumentensatz,** also mehrere Dokumente mit insgesamt den genannten Angaben.
> 2. Bis zuletzt wurde von der Finanzverwaltung gefordert, dass ein **Dokumentensatz insgesamt in deutscher Sprache** verfasst sein müsse. Dieses Erfordernis wurde **auf Drängen der Wirtschaft gekippt** (➲ FAQ 11).
> 3. Auch eine **elektronische Übermittlung des Belegs** ist möglich (➲ FAQ 13).

Beispiele

Die Gelangensbestätigung kann sich daher

- aus einer Kombination des Lieferscheins mit einer entsprechenden Bestätigung über den Erhalt des Liefergegenstands
- aus einer **Kopie der Rechnung** über die innergemeinschaftliche Lieferung, **ergänzt um** die weiteren erforderlichen Angaben
- aus einem ggf. ergänzten Versendungsbeleg

ergeben.

FAQ 11: Sind Sprachvorgaben zu beachten?

Nein!

Grundsätzlich kann die Gelangensbestätigung **in allen gesprochenen Sprachen** erstellt werden. Denn die aus dem Einführungsschreiben[272] ersichtliche Neufassung von Abschn. 6a.4 Abs. 5 UStAE lautet dazu wie folgt:

---

272 BMF, Schreiben vom 16.9.2013, IV D 3 – S 7141/13/10001, 2013/0828720, a. a. O.

Rechtsgrundlagen

Abschn. 6a.4 Abs. 5 UStAE

(Hinweis: Hervorhebungen durch **Fett**druck sind vom Autor.)

(5) … [7]Die Gelangensbestätigung oder die die Gelangensbestätigung bildenden Dokumente können danach **auch in englischer oder französischer Sprache** abgefasst werden; entsprechende **Nachweise in anderen Sprachfassungen** bedürfen einer amtlich beglaubigten Übersetzung. …

 Beratungskonsequenzen

1. **Ursprünglich** wollte die Finanzverwaltung mit engen Sprachvorgaben arbeiten, hält daran jedoch auf Drängen der Wirtschaft nicht weiter fest.

2. Für die Gelangensbestätigung gibt es damit an sich **keinerlei Sprachvorgaben**.

3. Von Vorteile sind Bestätigungen in **deutscher, englischer oder französischer Sprache,** da diese **keine** amtlich beglaubigte Übersetzung erfordern.

4. Für den Verzicht auf eine amtlich beglaubigte Übersetzung werden sicher auch **sprachlich uneinheitlich abgefasste Dokumentensätze** in deutscher, englischer *und* französischer Sprache genügen.

5. Entsprechende Nachweise **in anderen Sprachfassungen** (… als deutsch, englisch oder französisch …) bedürfen einer **amtlich beglaubigten Übersetzung**.

FAQ 12: **Können bei festen Geschäftsbeziehungen mehrere Umsätze in einer Art»Sammelbestätigung« gemeldet werden?**

Ja!

Die Gelangensbestätigung kann als Sammelbestätigung ausgestellt werden. In dieser können Umsätze aus **bis zu einem Quartal** zusammengefasst werden (§ 17b Abs. 2 Nr. 2 Sätze 2 u. 3 n. F. UStDV).

Beratungskonsequenzen

1. Damit ist es **nicht** erforderlich, eine Gelangensbestätigung für jeden einzelnen Liefergegenstand auszustellen.

2. Bei

   − **Lieferungen, die mehrere Gegenstände umfassen**, oder bei

   − Rechnungen, in denen einem Abnehmer gegenüber **über mehrere Lieferungen abgerechnet wird**,

   ist es regelmäßig ausreichend, wenn sich die Gelangensbestätigung auf die jeweilige Lieferung bzw. auf die Sammelrechnung bezieht.

3. Auch in einer Quartalsbescheinigung muss aber **für das jeweilige Transportende der Monat** benannt werden.

4. Gerade die Arbeit mit Sammelbestätigungen wird die nunmehr zulässige **Mehrsprachigkeit** (⮞ FAQ 11) nicht unerheblich vereinfachen.

5. Auch Sammelbestätigungen können **per E-Mail** (⮞ FAQ 13) erfolgen[273].

 Hinweis

Muster zur Sammelbestätigung ⮞ Kapitel 23.2, Anlage 3

FAQ 13: Ist ein »E-Beleg« zulässig?

Ja!

Die Gelangensbestätigung ist **technologieneutral** ausgestaltet. Das bedeutet, dass kein bestimmtes technisches Übermittlungsverfahren vorgeschrieben ist. Die Unternehmen sind vielmehr **frei in ihrer Entscheidung, in welcher Weise** sie die Bestätigung übermitteln. Diese können den Lieferanten daher in allen denkbaren und damit ganz unterschiedlichen Formen erreichen:

- als **bloße E-Mail**
- als E-Mail mit **Word- oder sonstigem Textanhang**
- als E-Mail mit **PDF-Anhang**
- im **EDI-Verfahren**
- als **Standardfax, Computer-Fax** oder über einen **Faxserver**
- per **Web-Download**

---

273   Vgl. Abschn. 6a.4 Abs. 5 Bsp. 2 UStAE.

- via **DE-Mail**
- via **E-Post**
- … [zukünftige Techniken]

Bei einer elektronischen Übermittlung des Belegs an den liefernden Unternehmer ist eine **Unterschrift** des mit der Beförderung beauftragten Unternehmers **nicht erforderlich**, sofern erkennbar ist, dass die elektronische Übermittlung im Verfügungsbereich des mit der Beförderung beauftragten Unternehmers begonnen hat (§ 17b Abs. 2 Nr. 2 Buchst. e Satz 2 UStDV).

> **Bitte beachten Sie!**
> Für die Anforderungen an die Lesbarkeit der Bestätigung und ihre Archivierung verweist die Finanzverwaltung auf die GoBS[274] und GDPdU[275].
>
> Wird die Gelangensbestätigung per E-Mail übersandt, *soll* auch die E-Mail selbst **dazu archiviert werden** ($\Rightarrow$ FAQ 19[276]).

FAQ 14: Wie sieht eine Gelangensbestätigung konkret aus? (Muster)

Das BMF bietet Mustertexte für die Gelangensbestätigung an[277]. Schon ein erster Blick auf die Muster zeigt, dass diese einen **streng behördlichen Charakter** haben und damit wenig praktikabel sein werden. Man muss sich nämlich immer vor Augen halten, dass man seinem Kunden eine Bestätigung »abtrotzen« soll, die er aus seinem Umsatzsteuerrecht nicht kennt ($\Rightarrow$ FAQ 4 Unterpunkt 3) und die er damit – zumindest während einer Übergangszeit – nicht einordnen können wird.

Meine Empfehlung geht daher darin, es dem Kunden möglichst einfach machen, in dem man ihm z. B. eine schon **vorbereitete Bestätigung zufaxt**, die der Kunde dann selbst **lediglich unterschreiben und zurückfaxen** muss.

---

274 GoBS = Grundsätze ordnungsgemäßer DV-gestützter Buchführungssysteme, BMF-Schreiben vom 7.11.1995, IV A 8 – S 0316 – 52/95, BStBl. I 1995, 738, weiter gültig gem. BMF-Schreiben vom 9.4.2013, IV A 2 – O 2000/12/10001, 2012/0110996, Positivliste Nr. 62, BStBl. I 2013, 522.

275 GDPdU = Grundsätze zum Datenzugriff und zur Prüfbarkeit digitaler Unterlagen, BMF-Schreiben vom 16.7.2001, IV D 2 – S 0316 – 136/01, BStBl. I 2001, 415, weiter gültig gem. BMF-Schreiben vom 9.4.2013, IV A 2 – O 2000/12/10001, 2012/0110996, Positivliste Nr. 63, BStBl. I 2013, 522.

276 Zur Vertiefung *Weimann*, Gelangensbestätigung, 1. Auflage 2014, Kapitel 2.5.

277 BMF, Schreiben vom 16.9.2013, IV D 3 – S 7141/13/10001, 2013/0828720, a. a. O, Anlagen 1–3.

> **Bitte beachten Sie!**
>
> Selbstverständlich ist hier **auch die Arbeit mit einer entsprechenden E-Mail mög-lich** (➲ FAQ 13).
>
> In der Praxis hat sich allerdings das **Telefax bewährt,** da beim Kunden etwas »auf dem Schreibtisch liegt«, was beantwortet werden muss. Eine E-Mail droht häufig in der Flut der elektronischen Eingangspost unterzugehen.

Der Schriftwechsel sollte **in englischer Sprache** und **mit einfachen Worten** erfolgen, damit alle Beteiligten – also sowohl der ausländische Kunde als auch der deutsche Betriebsprüfer – den Inhalt schnell und eindeutig erfassen können.

 Hinweis

- Muster **Einzelbestätigung/allgemein** ➲ 23.2, Anlage 1 zu diesem Kapitel
- Muster **Einzelbestätigung/Kfz-Handel** ➲ 23.2, Anlage 2 zu diesem Kapitel
- Muster **Sammelbestätigung** ➲ 23.2, Anlage 3 zu diesem Kapitel

FAQ 15: Gibt es Alternativen zur Gelangensbestätigung?

Ja!

 Rechtsgrundlagen

§ 17b Abs. 1, Abs. 2 Einleitungssatz UStDV

(1) Bei innergemeinschaftlichen Lieferungen (§ 6a Absatz 1 des Gesetzes) hat der Unternehmer im Geltungsbereich dieser Verordnung durch Belege nachzuweisen, dass er oder der Abnehmer den Gegenstand der Lieferung in das übrige Gemeinschaftsgebiet befördert oder versendet hat. Die Voraussetzung muss sich aus den Belegen eindeutig und leicht nachprüfbar ergeben.

(2) Als eindeutig und leicht nachprüfbar nach Absatz 1 gilt insbesondere ein Nachweis, der wie folgt geführt wird: …

Damit ist die in § 17b Abs. 2 UStDV geregelte Gelangensbestätigung nur der »**Königsweg**«, der die wenigsten Beanstandungen der FinVerw erwarten lässt. Grds. kann der Nachweis aber im Rahmen der erforderlichen **Gesamtschau** (➲ FAQ 16) auch anders – **nämlich mit allen zulässigen Belegen und Beweismitteln** – geführt werden.

Beratungskonsequenzen

1. Der Unternehmer sollte also **alle zum Nachweis geeigneten Belege** sammeln (»Eichhörnchenarbeit treiben!« ➔ FAQ 16)

2. Eine Auswahl dieser sog. **Alternativnachweise** ergibt sich aus dem nachfolgend vorgestellten § 17b Abs. 3 UStDV n. F.

1. Strikte Trennung zwischen »Beförderung« und »Versand«

§ 17b Abs. 3 UStDV differenziert zwischen »befördern« und »versenden«. Hierfür maßgebend ist die **Person des den tatsächlichen Transportakt Vollziehenden:**

- **Beförderung**

  Eine **Beförderung** setzt voraus, dass der liefernde Unternehmer **selbst** oder der Abnehmer **selbst** oder ein unselbstständiger Erfüllungsgehilfe den Gegenstand der Lieferung transportieren (Vgl. Abschn. 3.12 Abs. 2 UStAE.) ➔ Kapitel 21.3.1.

- **Versendung**

  Eine **Versendung** setzt voraus, dass der Transport von einem **selbstständigen Beauftragten** ausgeführt oder besorgt wird (Vgl. Abschn. 3.12 Abs. 2 UStAE.) ➔ Kapitel 21.3.1.

2. Kraftfahrzeugzulassung als Alternativnachweis

 Checkliste

Voraussetzungen gem. § 17b Abs. 3 Satz 1 Nr. 5 u. Satz 2 UStDV

- Fahrzeug, für das eine Zulassung für den Straßenverkehr erforderlich ist und
- **Beförderung** (➔ FAQ 15 Unterpunkt 1) des Fahrzeugs **durch den Kunden**
- Zulassung des Fahrzeugs auf den Kunden

Nachweis durch:

- Zulassungspapiere
- ggf. ergänzt um die Fahrzeug-Identifikationsnummer

Beratungskonsequenzen

1. Ein Nachweis der **Zulassung auf eine andere Person** als den Kunden des Autohauses soll **kein** ausreichender Nachweis sein!

2. Aber selbstverständlich wäre auch eine solche Zulassung **in die Gesamtbetrachtung** (➔ FAQ 15 vor Unterpunkt 1) **mit einzubeziehen,** wäre für das Autohaus also **keinesfalls »wertlos«**!

3. Aus diesem Grunde sollte ein Autohaus **ausnahmslos immer** versuchen, eine Ablichtung der Zulassungspapiere zu erhalten.

3. Versendungsbeleg als Alternativnachweis

 Checkliste

Voraussetzungen gem. § 17b Abs. 3 Satz 1 Nr. 1 Buchst. a Doppelbuchst. aa UStDV

- Insbesondere handelsrechtlicher Frachtbrief
- der vom Auftraggeber des Frachtführers unterzeichnet ist und
- die Unterschrift des Empfängers als Bestätigung des Erhalts des Gegenstands der Lieferung enthält

 Beratungskonsequenzen

Damit wird für den CMR-Frachtbrief wieder die **Empfängerunterschrift in Feld 24** gefordert.

4. Spediteursbescheinigung über das *bereits erfolgte* Verbringen als Alternativnachweis

 Checkliste

Voraussetzungen gem. § 17b Abs. 3 Satz 1 Nr. 1 Buchst. b UStDV

- Den Namen und die Anschrift des mit der Beförderung beauftragten Unternehmers sowie das Ausstellungsdatum,
- den Namen und die Anschrift des liefernden Unternehmers sowie des Auftraggebers der Versendung,
- die Menge des Gegenstands der Lieferung und dessen handelsübliche Bezeichnung, den Empfänger des Gegenstands der Lieferung und den Bestimmungsort im übrigen Gemeinschaftsgebiet,
- den Monat, in dem die Beförderung des Gegenstands der Lieferung im übrigen Gemeinschaftsgebiet geendet hat,

- eine Versicherung des mit der Beförderung beauftragten Unternehmers, dass die Angaben in dem Beleg aufgrund von Geschäftsunterlagen gemacht wurden, die im Gemeinschaftsgebiet nachprüfbar sind, sowie
- die Unterschrift des mit der Beförderung beauftragten Unternehmers.

Hier bewiesen Gesetzgeber und FinVerw ein »offenes Ohr« für die Praxis, denn für den Einsatz der bewährten **Spediteursbescheinigung** als Nachweisdokument »*hatte sich die Wirtschaft massiv eingesetzt*«[278].

Bitte beachten Sie!
Die Bestätigung muss sich nunmehr **auf das bereits erfolgte und nicht das lediglich beabsichtigte Verbringen** beziehen.

5. Spediteursversicherung über das *erst beabsichtigte* Verbringen mit Zahlungsnachweis als Alternativnachweis

 Checkliste
Voraussetzungen gem. § 17b Abs. 3 Satz 1 Nr. 2 UStDV

- den Namen und die Anschrift des mit der Beförderung beauftragten Unternehmers sowie das Ausstellungsdatum,
- den Namen und die Anschrift des liefernden Unternehmers sowie des Auftraggebers der Versendung,
- die Menge des Gegenstands der Lieferung und die handelsübliche Bezeichnung,
- den Empfänger des Gegenstands der Lieferung und den Bestimmungsort im übrigen Gemeinschaftsgebiet,
- eine Versicherung des mit der Beförderung beauftragten Unternehmers, den Gegenstand der Lieferung an den Bestimmungsort im übrigen Gemeinschaftsgebiet zu befördern, sowie
- die Unterschrift des mit der Beförderung beauftragten Unternehmers,

und
Nachweis über die **Entrichtung der Gegenleistung** für die Lieferung des Gegenstands **von einem Bankkonto des Abnehmers**.

---

278 *IHK Köln*, Aktueller Sachstand zur Gelangensbestätigung, www.ihk-koeln.de.

Beauftragt der Abnehmer den Spediteur, befürchtet die Finanzverwaltung **Nachweisschwierigkeiten** aufgrund des fehlenden Vertragsverhältnisses zwischen Spediteur und Lieferant.

Deshalb soll in diesem Fall auch eine Spediteursbescheinigung über die nur **beabsichtigte** Verbringung ausreichen, wenn daneben (= **zusätzlich!**) der **Nachweis der Bezahlung** des Liefergegenstands über ein Bankkonto erfolgt.

 Beratungskonsequenzen

1. Bei Zweifeln weist die Finanzverwaltung für diese Konstellation darauf hin, dass eine **Gelangensbestätigung** (s. o.!) **gefordert werden** kann.
2. Da die (ausländischen) Kundenspediteure ohnehin bereits die **Spediteursbescheinigungen deutscher Vorgabe** auch für den Fall der beabsichtigten Verbringungen **kaum kennen werden**, wird in den Fällen vielfach die Gelangensbestätigung zum Nachweis erforderlich sein.
3. Daher wird in diesen Fällen mit **Empfängerbestätigungen** gearbeitet.

6. Andere Alternativnachweise

Weitere Alternativen des § 17b Abs. 3 UStDV sind insbesondere das **Tracking and Tracing**.

FAQ 16: **Sollte der Unternehmer versuchen, auch andere und ggf. mehrere Nachweise zu bekommen?**

Ja!

Das zeigt auch ein Zitat aus der nunmehrigen Ergänzung des UStAE:

 Rechtsgrundlagen
Abschn. 6a.2 Abs. 6 UStAE

(Hinweis: Hervorhebungen durch **Fett**druck sind vom Autor.)

… Die Gelangensbestätigung ist **nur eine mögliche Form** des Belegnachweises. Gleiches gilt für die in § 17b Absatz 3 UStDV angeführten Belege, mit denen …

Dem Unternehmer steht es aber frei, den Belegnachweis **mit allen geeigneten Belegen und Beweismitteln** zu führen, aus denen sich das Gelangen des Liefergegenstands in das übrige Gemeinschaftsgebiet an den umsatzsteuerrechtlichen Abnehmer in der **Gesamtschau** nachvollziehbar und glaubhaft ergibt.

Beratungskonsequenzen

Sie dürfen/Ihr Mandant darf ruhig kreativ sein und »**Eichhörnchenarbeit trei-ben**«: da das Gesamtbild zählt, sollte **jeder geeignete Nachweis** gesammelt werden!

FAQ 17: Benötigt der Unternehmer die Gelangensbestätigung oder einen Alternativnachweis auch für Umsätze »an Privat«?

Grundsätzlich nein!

Derartige EU-Umsätze sind »ganz normal« zu besteuern.

Bei der Lieferung von *Neu*fahrzeugen: Ja!

Hier greift die besondere Steuerbefreiung des § 6a Abs. 1 Satz 1 Nr. 2 Buchst. c) UStG, da Neufahrzeuge immer im EU-Bestimmungsland umsatzbesteuert werden sollen.

Ein Kfz ist »**neu**«, wenn[279]

- es nicht mehr als 6.000 km zurückgelegt hat oder
- seine erste Inbetriebnahme im Zeitpunkt des Erwerbs nicht mehr als sechs Monate zurückliegt.

  Beratungskonsequenzen

Damit bei einem EU-Geschäft an Privat die Sonderregel für Neufahrzeuge **nicht** zur Anwendung kommt, muss das Fahrzeug also

- **mehr als 6.000 km** »auf dem Tacho« haben *und*
- **älter ein halbes Jahr** sein.

Bitte beachten Sie!

Bei einer steuerfreien innergemeinschaftlichen Lieferung von Neufahrzeugen an Privat müssen Sie auch eine »**Meldung nach der Fahrzeuglieferungs-Meldepflicht-verordnung**« (= eine Art Zusammenfassende Meldung) abgeben[280].

---

279   § 1b Abs. 3 Nr. 1 UStG.
280   Hinweis auf ➲ Kapitel 62.7 und Weimann, ASR 3/2013, 6.

FAQ 18: Was ist, wenn nichts von all dem vorliegt?

In diesem Fall gestaltet sich die Argumentation gegenüber der FinVerw sicher schwieriger, allerdings kann der Nachweis auch anders – **nämlich mit allen anderen zulässigen Belegen und Beweismitteln** – erbracht werden (➲ FAQ 16).

FAQ 19: Wie sind die Belege zu archivieren?

Hier gilt **grundsätzlich »das Übliche«.**

Bei **E-Belegen** verweist die FinVerw für die Anforderungen an die Lesbarkeit und ihre Archivierung auf die GoBS[281] und GDPdU[282]. Wird die Gelangensbestätigung per E-Mail übersandt, **soll** daher **auch die E-Mail selbst** archiviert werden (➲ FAQ 13).

Letztere kann für umsatzsteuerliche Zwecke aber auch in ausgedruckter Form aufbewahrt werden[283].

 Beratungskonsequenzen

1. Auszudrucken ist die **E-Mail** und **nicht** lediglich die – ggf. als PDF anhängende – Gelangensbestätigung!
2. Der Ausdruck genügt **(nur) umsatzsteuerlichen Zwecken!** Sind Sie buchführungspflichtig, verstoßen Sie damit gegen die GoBS und GDPdU.

FAQ 20: Was müssen Unternehmer beachten, wenn – wie bei Ausfuhren – mit einer Sicherheit (Aufschlag oder Einbehalt) gearbeitet werden soll?

Zu den **grundsätzlichen wirtschaftlichen Bedenken** gegen dieses Vorgehen ➲ FAQ 3 Unterpunkt 2.

---

281 GoBS = Grundsätze ordnungsgemäßer DV-gestützter Buchführungssysteme, BMF-Schreiben vom 7.11.1995, IV A 8 – S 0316 – 52/95, BStBl. I 1995, 738, weiter gültig gem. BMF-Schreiben vom 9.4.2013, IV A 2 – O 2000/12/10001, 2012/0110996, Positivliste Nr. 62, BStBl. I 2013, 522.

282 GDPdU = Grundsätze zum Datenzugriff und zur Prüfbarkeit digitaler Unterlagen, BMF-Schreiben vom 16.7.2001, IV D 2 – S 0316 – 136/01, BStBl. I 2001, 415, weiter gültig gem. BMF-Schreiben vom 9.4.2013, IV A 2 – O 2000/12/10001, 2012/0110996, Positivliste Nr. 63, BStBl. I 2013, 522.

283 BMF-Schreiben vom 16.9.2013, I.7 = Neufassung von Abschn. 6a.4. Abs. 6 UStAE ➲ Kapitel 8.4.

Wenn Sie dennoch diesen Weg als einen für Ihr Unternehmen/das Mandantenunternehmen gangbaren einschätzen – etwa weil Sie/Ihr Mandant mit sehr exklusiver Ware handeln/handelt, die so leicht nicht anderswo erworben werden kann –, müssen Sie im Hinblick auf **§ 14c Abs. 1 UStG (unrichtiger Umsatzsteuerausweis)** sicherstellen, dass die Abrechnung so gestaltet wird, dass ein gesonderter **Ausweis von Umsatzsteuer eindeutig ausgeschlossen** werden kann.

Beispiel

Kaufpreis	200.000 €
Sicherheitsaufschlag	38.000 €
Zahlbetrag	238.000 €

 Beratungskonsequenzen

1. Aufgrund der von Ihnen gewählten Formulierung muss – **wie bei einem Non-EU-Geschäft/Drittlandsgeschäft** – ausgeschlossen werden können, dass die 19 % als offen ausgewiesene USt den Kunden zum VorSt-Abzug berechtigen. Verwenden Sie daher in der Abrechnung **auf keinen Fall das Wort »Umsatzsteuer«!**

2. Bei einem **Drittlandsgeschäft** empfiehlt es sich natürlich, die Sicherheit **separat abzurechnen,** um für den Kunden eine (unumkehrbare) **Belastung mit EUSt zu vermeiden.**

FAQ 21: Entspricht die Neuregelung den EU-Vorgaben?

Nein!

 Rechtsgrundlagen

EuGH, Urteil vom 6.9.2012, Mecsek-Gabona[284]

»Die Nachweispflichten sind daher nach nationalem Recht und der für ähnliche Geschäfte üblichen Praxis zu bestimmen. **Ein Mitgliedstaat kann vom Steuerpflichtigen jedoch nicht verlangen, den zwingenden Nachweis dafür zu erbringen, dass die Ware diesen Mitgliedstaat physisch verlassen hat.«**

---

284 Rs. C-273/11; vgl. Pressemitteilung Nr. 111/12 vom 6.9.2012 ➋ Kapitel 12.2.

Beratungskonsequenzen

Da das neue Recht faktisch aber ebendiesen Nachweis verlangt, erscheint es schon jetzt angreifbar!

FAQ 22: Darf ich darauf vertrauen, was mein Geschäftspartner (Kunde/Zulieferer) mir sagt?

Grundsätzlich ja!

Aus der Entscheidung Mecsek-Gabona (➲ FAQ 21) lässt sich nämlich auch der Lehrsatz ableiten:

Für die Beurteilung eines (Ausgangs- oder Eingangs-)Umsatzes kommt es immer auf den **Kenntnisstand der Beteiligten bei Ausführung des Umsatzes an**!

 Beratungskonsequenzen

- Auch das spricht gegen die Gelangensbestätigung, da diese denknotwendig erst zu nach Ausführung des Umsatzes erfolgen kann.
- Das Urteil weist im Übrigen noch einmal auf den bereits mit der Teleos-Rechtsprechung entwickelten allgemeinen Gutglaubensschutz hin. Dieser gilt sowohl für Ausgangs- als auch für Eingangsumsätze.
- Das Urteil bestätigt letztlich die Bedeutung der Abnehmerversicherung, da diese vom Kunden vor Ausführung des Umsatzes eingeholt wird (➲ FAQ 23).

FAQ 23: Ersetzt die Gelangensbestätigung die bisherige Abnehmerversicherung?

»Ja und nein!«

»Ja!« – denn eine Abnehmerversicherung (= Versicherung des Abholenden, die Ware in das EU-Ausland zu bringen, § 17a Abs. 2 Nr. 4 UStDV a. F.) **sieht die UStDV nicht mehr vor.**

»Nein!« – denn **auf freiwilliger Basis** sollte die »alte« Abnehmerversicherung (➲ Kapitel 24) sehr wohl auch weiter zum Einsatz kommen!

Der Grund: Nach der Rechtsprechung des EuGH kann ein EU-Geschäft im Zweifel auf jedem geeigneten Weg nachgewiesen werden (»**Eichhörnchenarbeit treiben!**« ➲ FAQ 16). Dabei ist im Abholfall auf die **Kenntnis des Lieferanten zur Zeit der Warenübergabe** abzustellen (➲ FAQ 22).

Beratungskonsequenzen

Im Abholfall sollte die Abnehmerversicherung zum **Nachweis des eigenen guten Glaubens** auch weiterhin eingeholt werden!

 Hinweis

Muster siehe ➲ Kapitel 24

FAQ 24:   Was folgt aus all dem für unser Unternehmen konkret?

Versuchen Sie, für möglichst alle EU-Umsätze

- die Gelangensbestätigung *und*
- Alternativnachweise

zu erhalten (➲ FAQ 16).

 Beratungskonsequenzen

Machen Sie die Einführung und Überwachung der neuen Vorgaben unbedingt zur **Chefsache!**

23.1   Anlagen

Für die sichere Umsetzung in das Tagesgeschäft: Praxisvorlagen

In diesem Anhang finden Sie

- Gelangensbestätigung (Einzelbestätigung/allgemein)
- Gelangensbestätigung (Einzelbestätigung/Kfz-Handel)
- Gelangensbestätigung (Sammelbestätigung)

Musterschreiben
Gelangensbestätigung (Einzelbestätigung/allgemein)

ESB Engineering Steel	DOstahl
34 ANY ROAD	Am Hellweg 13
NW 10 6 DX	44328 Dortmund
United Kingdom	
Fax:	

Dortmund, 22. April 2022

Certification of the entry of the object of an intra-community supply into another EU Member State (Entry Certificate)

Dear Sir or Madam,

this month [➲ hier alternativ: last month/in May this year ➲ die Angabe muss den entsprechenden Monat »treffen«] we supplied you with ... [➲ hier: Beschreibung des Liefergegenstandes].
For German VAT please confirm to us, that this ... [➲ hier: Beschreibung des Liefergegenstandes] has really come to your **premisise in London** (United Kingdom) [➲ hier Bestimmungsort und EU-Bestimmungsland einsetzen].

Yours sincerely,

....
Hartmut Kürger (managing direktor)

Reply Fax to: (+49.....................)

For German VAT we confirm to ESB Engineering Steel, that the above-mentioned steel has come to London (United Kingdom) [➲ hier: Bestimmungsort und EU-Bestimmungsland einsetzen] in ... [➲ month] 2022.

London, ... April 2022

_____
Sam Smith (managing director)

Musterschreiben
Gelangensbestätigung (Einzelbestätigung/Kfz-Handel)

GOOD CARS
34 ANY ROAD
NW 10 6 DX
United Kingdom
Fax: ....

Autohaus Dortmunder Hell-
weg
Am Hellweg 13
44328 Dortmund

Dortmund, 22. April 2022

Vehicle type: .... **chassis number:** ....

Dear Sir or Madam,

this month [hier alternativ: last month/in May/this year; die Angabe muss den
entsprechenden Monat »treffen«] we delivered the cited car.

For German VAT please confirm, that the car has really come to London (United Kingdom)
[➲ hier: Bestimmungsort und EU-Bestimmungsland einsetzen].

Yours sincerely,

....
Hartmut Kürger (managing director)

Reply Fax to (+49....................)

For German VAT we confirm to Autohaus Dortmunder Hellweg, that the cited car has
come to London (United Kingdom) [➲ hier: Bestimmungsort und EU-Bestimmungsland ein-
setzen] in ... [➲ month] 2022.

London, ... April 2022

_____

Sam Smith (managing director)

Musterschreiben
Gelangensbestätigung (Sammelbestätigung)

ESB Engineering Steel	DOstahl
34 ANY ROAD	Am Hellweg 13
NW 10 6 DX	44328 Dortmund
United Kingdom	
Fax:	

Dortmund, 22. April 2022

Certification of the entry of the object of an intra-community supply into another EU Member State (Entry Certificate)

Dear Sir or Madam,

in the **period January to March 2021** [➲ hier: Angabe der entsprechenden Monate, für die die Sammelbestätigung erstellt werden soll] we supplied you with **137.589 kg scrap** [➲ hier: zusammenfassende Beschreibung der Liefergegenstände], that originated form our German scrap yars, as detailed prt delivery in the **list-annex to this letter** [➲ hier: spezielle Auflistung oder Auszug aus dem Kundenkonto].

For German VAT please confirm to us, that this scrap has really come to your **premisises in London and Manchester (United Kingdom)** [➲ hier Bestimmungsort und EU-Bestimmungsland einsetzen].

Yours sincerely,

....
Hartmut Kürger (managing direktor)

Reply Fax to (+49.....................)

For German VAT we confirm to DOstahl, that the cited scrap has come to our premises in London and Manchester (United Kingdom) as specified in the annex to this letter in the **period January to March 2022** [➲ hier: Angabe der Monate, für die die Sammelbestätigung erstellt werden soll].

London, ... April 2022

_____

Sam Smith (managing director)

23a Die neue Gelangensvermutung

Änderungen zum 1.1.2020 durch die »Quick Fixes«/Sofortmaßnahme 3

Wegweiser durch dieses Buch im Hinblick auf die »Quick Fixes«

- Gesamtüberblick ➲ Kapitel 20
- 1. Sofortmaßnahme ➲ Kapitel 21b.2
  Ohne Aufzeichnung der USt-IdNr. des Kunden und korrekte ZM entfällt die Steuerbefreiung!
- 2. Sofortmaßnahme ➲ Kapitel 21b.3
  Endlich Rechtsicherheit im Abholfall!/Neuregelung des Reihengeschäfts
- **3. Sofortmaßnahme**
  Gelangensvermutung
- 4. Sofortmaßnahme ➲ Kapitel 33a
  Konsignationslager (Call-off Stock)
- 5. »Flankierende« deutsche Sofortmaßnahme ➲ Kapitel 39a
  Beteiligung an Steuerhinterziehung führt zur Versagung von Vorsteuerabzug und Steuerbefreiung

23a.1 EU-einheitliche Nachweisvermutung zum innergemeinschaftlichen Warentransport

23a.1.1 Sinn und Zweck

Den Mitgliedstaaten wird von der EU erstmals ein Rahmen für den Versendungs- oder Beförderungsnachweis der innergemeinschaftlichen Lieferung vorgegeben: **sind die Voraussetzungen erfüllt, gilt der Nachweis in allen EU-Mitgliedstaaten als erbracht!**

23a.1.2 Neuregelung ab 1.1.2020

23a.1.2.1 Vorgaben aus Europa

§ Rechtsgrundlagen
Änderung der EU-VO 282/2011[285]
Abschnitt 2a[286]
Steuerbefreiungen bei innergemeinschaftlichen Umsätzen
(Artikel 138 bis 142 der Richtlinie 2006/112/EG[287]**)**
Art. 45a [Vermutung der innergemeinschaftlichen Beförderung]

(Hinweis: Hervorhebungen durch **Fett**druck sind vom Autor.)

(1) Für die Zwecke der Anwendung der Befreiungen gemäß Artikel 138 der Richtlinie 2006/112/EG **wird vermutet**, dass Gegenstände von einem Mitgliedstaat an einen Bestimmungsort außerhalb seines Gebiets, jedoch innerhalb der Gemeinschaft versandt oder befördert wurden, wenn **einer der folgenden Fälle** eintritt:

a) Der **Verkäufer gibt an,** dass die Gegenstände von ihm oder auf seine Rechnung von einem Dritten versandt oder befördert wurden, und entweder ist der Verkäufer **im Besitz von mindestens zwei** einander nicht widersprechenden Nachweisen nach Absatz 3 Buchstabe a, die von zwei verschiedenen Parteien ausgestellt wurden, die voneinander, vom Verkäufer und vom Erwerber unabhängig sind, oder der Verkäufer ist im Besitz eines Schriftstücks nach Absatz 3 Buchstabe a und einem nicht widersprechenden Nachweis nach Absatz 3 Buchstabe b, mit dem der Versand oder die Beförderung bestätigt wird, welche von zwei verschiedenen Parteien ausgestellt wurden, die voneinander, vom Verkäufer und vom Erwerber unabhängig sind.

b) Der Verkäufer ist im Besitz folgender Unterlagen:

i) einer schriftlichen **Erklärung des Erwerbers**, aus der hervorgeht, dass die Gegenstände vom Erwerber oder auf Rechnung des Erwerbers von einem Dritten versandt oder befördert wurden, und in der der Bestimmungsmitgliedstaat der Gegenstände angegeben ist; in dieser schriftlichen Erklärung muss Folgendes angegeben sein: das Ausstellungsdatum; Name und Anschrift des Erwerbers; Menge und Art der Gegenstände; **Ankunftsdatum und**

---

285 EU-VO 282/2011 = MwStSystRL-DVO.

286 Abschn. 2a (Art 45a) eingefügt mit Wirkung vom 1.1.2020 durch DVO 2018/1912 vom 4.12.2018 (ABl. EU 2018 L 311, 10).

287 Richtlinie 2006 / 112 / EG = MwStSystRL.

-ort der Gegenstände; bei Lieferung von Fahrzeugen die Identifikationsnummer des Fahrzeugs; die Identifikation der Person, die die Gegenstände auf Rechnung des Erwerbers entgegennimmt; und

ii) mindestens zwei einander nicht widersprechender Nachweise nach Absatz 3 Buchstabe a, die von zwei voneinander unabhängigen Parteien – vom Verkäufer und vom Erwerber – ausgestellt wurden, oder eines Schriftstücks nach Absatz 3 Buchstabe a zusammen mit einem nicht widersprechenden Nachweis nach Absatz 3 Buchstabe b, mit dem der Versand oder die Beförderung bestätigt wird, welche von zwei verschiedenen Parteien ausgestellt wurden, die voneinander, vom Verkäufer und vom Erwerber unabhängig sind.

Der Erwerber der Gegenstände legt dem Verkäufer die schriftliche Erklärung gemäß Buchstabe b Ziffer i spätestens **am zehnten Tag des auf die Lieferung folgenden Monats** vor.

(2) Eine Steuerbehörde kann Vermutungen gemäß Absatz 1 **widerlegen**.

(3) Für die Zwecke von Absatz 1 wird Folgendes als **Nachweis des Versands oder der Beförderung** akzeptiert:

a) Unterlagen zum Versand oder zur Beförderung der Gegenstände wiebeispielsweise ein unterzeichneter CMR-Frachtbrief, ein Konnossement, eine Luftfracht-Rechnung oder eine Rechnung des Beförderers der Gegenstände;

b) die folgenden Dokumente:

i) eine Versicherungspolice für den Versand oder die Beförderung der Gegenstände oder Bankunterlagen, die die Bezahlung des Versands oder der Beförderung der Gegenstände belegen;

ii) von einer öffentlichen Stelle wie z. B. einem Notar ausgestellte offizielle Unterlagen, die die Ankunft der Gegenstände im Bestimmungsmitgliedstaat bestätigen;

iii) eine Quittung, ausgestellt von einem Lagerinhaber im Bestimmungsmitgliedstaat, durch die die Lagerung der Gegenstände in diesem Mitgliedstaat bestätigt wird.

 Checkliste

»Belegnachweis EU-Lieferungen ab 2020« gem. Art. 45a MwStSystRL-DVO

Fallgruppe 1 (Abs. 1 Buchst. b)

• Gelangensbestätigung (ähnlich der deutschen, aber erweitert um Angaben zur Person des tatsächlichen Empfängers)

Fallgruppe 2 (Abs. 3 Buchst. a)

- CMR-Frachtbrief
- Konnossement
- Luftfracht-Rechnung
- Rechnung des Beförderers
- andere Transportunterlagen

Fallgruppe 3 (Abs. 3 Buchst. b)

- Versicherungspolice für den Versand oder die Beförderung der Gegenstände
- Bankunterlagen, die die Bezahlung des Versands oder der Beförderung der Gegenstände belegen
- von einer öffentlichen Stelle wie z. B. einem Notar ausgestellte offizielle Unterlagen, die die Ankunft der Gegenstände im Bestimmungsmitgliedstaat bestätigen
- Quittung, ausgestellt von einem Lagerinhaber im Bestimmungsmitgliedstaat, durch die die Lagerung der Gegenstände in diesem Mitgliedstaat bestätigt wird

Nach den europäischen Vorgaben erforderlich sind je nach Fallgruppe in der Regel

- Nachweise
- von unterschiedlichen Ausstellern,
- die einander nicht widersprechen dürfen.

23a.1.2.2 Umsetzung durch das BMF

 Rechtsgrundlagen
Änderung der UStDV
(Hinweis: **Einfügungen** und ~~Streichungen~~ sind gekennzeichnet.)

§ 17a
Gelangens*vermutung* bei innergemeinschaftlichen Lieferungen in Beförderungs- und Versendungsfällen
(1) Für die Zwecke der Anwendung der Steuerbefreiung für innergemeinschaftliche Lieferungen (§ 4 Nummer 1 Buchstabe b) wird vermutet, dass der Gegenstand der Lieferung in das übrige Gemeinschaftsgebiet befördert oder versendet wurde, wenn eine der folgenden Voraussetzungen erfüllt ist:

1. Der liefernde Unternehmer gibt an, dass der Gegenstand der Lieferung von ihm oder von einem von ihm beauftragten Dritten in das übrige Gemeinschaftsgebiet befördert oder versendet wurde und ist im Besitz folgender einander nicht widersprechenden Belege, welche jeweils von unterschiedlichen Parteien ausgestellt wurden, die voneinander, vom liefernden Unternehmer und vom Abnehmer unabhängig sind:

   a) mindestens zwei Belege nach Absatz 2 Nummer 1 oder

   b) einem Beleg nach Absatz 2 Nummer 1 und einem Beleg nach Absatz 2 Nummer 2, mit dem die Beförderung oder der Versand in das übrige Gemeinschaftsgebiet bestätigt wird.

2. Der liefernde Unternehmer ist im Besitz folgender Belege:

   a) einer Gelangensbestätigung (§ 17b Absatz 3 Satz 1 Nummer 2), die derAbnehmer dem liefernden Unternehmer spätestens am zehnten Tag des auf die Lieferung folgenden Monats vorlegt und

   b) folgender einander nicht widersprechenden Belege, welche jeweils von unterschiedlichen Parteien ausgestellt wurden, die voneinander, vom liefernden Unternehmer und vom Abnehmer unabhängig sind:

   aa) mindestens zwei Belege nach Absatz 2 Nummer 1 oder

   bb) einem Beleg nach Absatz 2 Nummer 1 und einem Beleg nach Absatz 2 Nummer 2, mit dem die Beförderung oder der Versand in das übrige Gemeinschaftsgebiet bestätigt wird.

(2) Belege im Sinne des Absatzes 1 Nummer 1 und 2 sind:

1. Beförderungsbelege (§ 17b Absatz 3 Satz 1 Nummer 3) oder Versendungsbelege (§ 17b Absatz 3 Satz 1 Nummer 1 Buchstabe a);

2. folgende sonstige Belege:

   a) eine Versicherungspolice für die Beförderung oder den Versand des Gegenstands der Lieferung in das übrige Gemeinschaftsgebiet oder Bankunterlagen, die die Bezahlung der Beförderung oder des Versands des Gegenstands der Lieferung in das übrige Gemeinschaftsgebiet belegen;

   b) ein von einer öffentlicher Stelle (z. B. Notar) ausgestelltes offizielles Dokument, das die Ankunft des Gegenstands der Lieferung im Übrigen Gemeinschaftsgebiet bestätigt;

   c) eine Bestätigung eines Lagerinhabers im übrigen Gemeinschaftsgebiet, dass die Lagerung des Gegenstands der Lieferung dort erfolgt.

(3) Das Finanzamt kann eine nach Absatz 1 bestehende Vermutung widerlegen.

§ 17~~a~~b

Gelangens~~N~~*nachweis* **bei innergemeinschaftlichen Lieferungen in Beförderungs-
und Versendungsfällen«.**

(1) [1]**Besteht keine Vermutung nach § 17a Absatz 1, hat der Unternehmer bei innergemeinschaftlichen Lieferungen (§ 6a Absatz 1 des Gesetzes) im Geltungsbereich des Gesetzes durch Belege nachzuweisen, dass er oder der Abnehmer
den Gegenstand der Lieferung in das übrige Gemeinschaftsgebiet befördert o-
der versendet hat.** [2]**Die Voraussetzung muss sich … [Text des bisherigen § 17a
UStDV]**

23a.1.3 Kritik

Die neue Vermutungsregel scheint **wenig durchdacht**:

- Die Regel bringt **keine Erleichterung**; vielmehr werden die **Nachweisanfor-
derungen verschärft!** Während nach § 17a UStDV a. F./§ 17b UStDV n. F. in
der Regel ein (1) Nachweisdokument (… nämlich die Gelangensbestätigung
…) ausreicht, verlangt die neue Vermutungsregelung in Transportfällen mindestens zwei bzw. in Abholfällen sogar drei Nachweisdokumente und unterschiedliche Aussteller.

- Gleiches gilt für das **Erfordernis der doppelten Unabhängigkeit des
Dokumentenausstellers.** Offensichtlich besteht die Befürchtung, dass jede
Nähe zum anderen Belegaussteller oder Lieferbeteiligten die Glaubwürdig-
keit des Nachweises wegen eines mutmaßlichen Abhängigkeitsverhältnisses
entwertet. Diese Vorstellung ist § 17a UStDV a. F./§ 17b UStDV n. F. fremd. Der
Belegnachweis kann problemlos sogar durch eine Eigenbestätigung des am
Leistungsaustausch beteiligten Abnehmers – nämlich durch die Gelangens-
bestätigung – geführt werden.

- Letztlich läuft die neue Vermutungsregel ins Leere, wenn die Ware nicht im
Wege der Versendung (mittels beauftragtem Fremdfrachtführer), sondern
durch **Beförderung** (Eigentransport durch Exporteur oder Selbstabholung
durch Abnehmer) ins Bestimmungsland gelangt. in diesen Fällen ist es ausgeschlossen, dass auch Transportbelege vom Verkäufer und vom Erwerber
unabhängig ausgestellt sein können.

- **Welche öffentliche Stelle** soll die Ankunft der Ware im Bestimmungsland bestätigen?

- …

Beratungskonsequenzen

Hier ist in der Praxis noch vieles unklar! Verfahren Sie daher **am besten weiter wie bisher** und legen Sie damit **unverändert** großen Wert auf

- die Gelangensbestätigung (➲ Kapitel 23) und
- die Abnehmerversicherung (➲ Kapitel 24).

24 Die Abnehmerversicherung: bis zum 31.12.2013 »Pflicht«, jetzt nur noch »Kür«!

§ **Rechtsgrundlagen**

- UStAE: Abschn. 6a.3 Abs. 3 UStAE
- UStDV: § 17a Abs. 2 Nr. 2 UStDV a. F. [Fassung bis 31.12.2011]
- UStG: § 6a Abs. 3 UStG

24.1 Abgrenzung zur Gelangensbestätigung

Es ist zu unterscheiden:

- Die Abnehmerversicherung ist eine **Absichtserklärung**:
  Der Unterzeichnete sichert ein noch **zukünftiges Verhalten** zu.
- Die Gelangensbestätigung ist eine **Vollzugsmeldung**:
  Die Ware **ist bereits** im Bestimmungsland angekommen.

 Beratungskonsequenzen

1. Für **alle EU-Geschäfte** benötigen Sie vom Kunden die Gelangensbestätigung.
2. **In Abholfällen** verlangen Sie bitte **zusätzlich** auch weiterhin die Abnehmerversicherung. So können Sie Ihren guten Glauben nachweisen, wenn die Gelangensbestätigung ausbleibt oder sonstige Unregelmäßigkeiten eintreten. Hinweis auf das »Teleos-Urteil« des EuGH (➲ Kapitel 22a.2), das Urteil »Mecsek-Gabona« (➲ Kapitel 12.2.2 und Kapitel 7.3) und die Ausführungen zur Gelangensbestätigung (➲ Kapitel 23 FAQ 21 ff.).
3. Letztlich gelingt Ihnen auch nur so bei **Reihengeschäften ab dem 1.1.2020** der Nachweis der Zuordnung der Warenbewegung in Abholfällen (➲ Kapitel 21b.3).

24.2 Erklärung in deutscher Sprache

Ein besonderes Problem ergibt sich – will man den bisherigen Anforderungen der Finanzverwaltung gerecht werden – aus der Abnehmerversicherung nach § 17a Abs. 2 Nr. 4 UStDV a. F.: dieser soll **in deutscher Sprache** ausgestellt sein (Abschn. 6a.3 Abs. 9 Satz 2 UStAE a. F.).

> **Bitte beachten Sie!**
> Sicher eine Maßnahme, mit der **Umsatzsteuerbetrug unterbunden** werden soll – aber eine **kontraproduktive!** Der ausländische Abnehmer wird häufig überhaupt nicht in der Lage sein, die deutschen Dokumente zu übersetzen; er weiß damit nicht, was er unterschreibt[288].

24.3 Wer gibt die Versicherung konkret ab?

Die Abnehmerversicherung ist

* eine Erklärung in deutscher Sprache (s. o.)
* von demjenigen, der »vor Ihnen steht«!

> **➡ Beratungskonsequenzen**
> * Lassen Sie also bitte unbedingt den **tatsächlichen Abholer** und …
> * … **nicht** die Geschäftsleitung o. ä. des Kunden unterschreiben.
> * Denken Sie an die **Fotokopie eines Ausweispapiers**.

24.4 Angabe des Bestimmungsortes

§ 17a Abs. 2 Nr. 2 UStDV fordert u. a. vom Kunden die Angabe des »Bestimmungsortes«: aus handelsüblichen Belegen – und damit im Idealfall aus der Abnehmerversicherung – müssen

* der jeweilige EU-Mitgliedstaat, in den der Liefergegenstand befördert wird **und**
* der dort belegene Bestimmungsort (Stand, Gemeinde o. dgl.)

hervorgehen (Abschn. 6a.3 Abs. 3 Satz 1 UStAE a. F.)

---

288   So auch *Küffner,* a. a. O.

Bei Reihengeschäften ist es für den »mittleren« Unternehmer oft von besonderer Bedeutung, seine **Vertragspartner nicht offen legen** zu müssen. Anderenfalls – so wird befürchtet – würden Vorlieferant und Endabnehmer zukünftig ihre Geschäfte direkt miteinander abschließen.

Dies berücksichtigt das BMF nunmehr; es wird nicht beanstandet, dass der **Bestimmungsort nicht den Angaben des Abnehmers entspricht**, wenn es sich bei dem tatsächlichen Bestimmungsort um einen **Ort im übrigen Gemeinschaftsgebiet** handelt. **Zweifel** über das Gelangen des Gegenstands in das übrige Gemeinschaftsgebiet gehen jedoch zulasten des Steuerpflichtigen (Abschn. 6a.3 Abs. 4 UStAE a. F.).

24.5 Das konkrete Aussehen des Abnehmernachweises

Muster für das Tagesgeschäft und die Mandantenarbeit

Der Lieferant sollte ein **entsprechendes Papier** vorbereiten, sich dieses vom Kunden oder dessen Beauftragten vor Beginn der Beförderung unterschreiben lassen und es letztlich als Belegnachweis aufbewahren[289]. Damit bleibt die Frage, wie die die **Abnehmerversicherung konkret** auszusehen hat.

Bitte beachten Sie!
Zur Verwendung des Firmenstempels: Häufig wird zu ebendiesem Zweck ein Firmenstempel auf den LKWs mitgeführt – wenn nicht, ist die Bescheinigung selbstverständlich ohne Stempel zu erstellen.

---

289 O. V., Steuer-Erfahrungsaustausch Kraftfahrzeuggewerbe (jetzt: Auto · Steuern · Recht), 1/2003, 9.

Musterschreiben 1: Abnehmerversicherung (Allgemein)

An Firma _____

Unsere Bestellauftrags-Nummer _____
[... oder ein anderes Ordnungskriterium, mit dem MUSTERUNTERNEHMEN GMBH arbeitet], **hier: Abnehmernachweis gem. § 17a UStDV**

Sehr geehrte Damen und Herren,

am heutigen Tag haben wir Ihnen in Erfüllung des o. a. Auftrags folgende Ware übergeben:

1.000.000 kg Flüssigschwefel

Um Sie/Ihr Unternehmen/Ihren Auftraggeber umsatzsteuerlich wie vereinbart innergemeinschaftlich steuerfrei beliefern zu können, benötigen wir Ihre schriftliche Versicherung, dass Sie die Ware in den
EU-Mitgliedstaat _____
[Bestimmungsland ≠ Bundesrepublik Deutschland]
nach _____
[Endbestimmungsort = Stadt, Gemeinde o. dgl.]
befördern oder versenden werden.

Gleichzeitig benötigen wir die Versicherung, dass Sie die Ware
als unser Kunde oder dessen Mitarbeiter oder dessen Beauftragter
und nicht als Kunde unseres Kunden oder dessen Mitarbeiter oder dessen Beauftragter
abholen.

Bitte bestätigen Sie uns all dies durch Ihre Unterschrift auf diesem Schriftstück. Eine Kopie ist für Ihre Unterlagen bestimmt.

Mit freundlichen Grüßen

_____
(MUSTERUNTERNEHMEN GMBH)

Wir versichern, dass wir die heute von der MUSTERUNTERNEHMEN GMBH in Deutschland übergebene Ware sofort in den o. a. EU-Mitgliedstaat und zum ebenfalls o. a. Endbestimmungsort transportieren (befördern bzw. versenden) werden.

_____   _____
Ort, Datum   *[Firmenstempel]* Unterschrift

Musterschreiben 2: Abnehmerversicherung (Kfz-Handel)

An Firma _____

Unser Lieferschein Nr. _____ **vom** _____
hier: Abnehmernachweis i. S. v. § 17a UStDV

Sehr geehrte Damen und Herren,

mit oben genannter Rechnung haben Sie folgendes Fahrzeug von uns erworben:

Typ: _____
Fahrgestellnummer: _____

**Wir benötigen für unsere Unterlagen Ihre schriftliche Versicherung, dass Sie das Fahr-
zeug in den**
EU-Mitgliedstaat _____
[Bestimmungsland ≠ Bundesrepublik Deutschland]
nach _____
[Endbestimmungsort = Stadt, Gemeinde o. dgl.]
befördern bzw. versenden werden.

**Gleichzeitig benötigen wir die Versicherung, dass Sie das Fahrzeug
als unser Kunde oder dessen Mitarbeiter oder dessen Beauftragter
und nicht als Kunde unseres Kunden oder dessen Mitarbeiter oder dessen Beauftragter
abholen.**

Bitte bestätigen Sie uns all dies durch Ihre Unterschrift auf diesem Schriftstück. Eine Kopie ist für Ihre Unterlagen bestimmt.

Mit freundlichen Grüßen

Autohaus _____

Wir versichern, das oben genannte Fahrzeug in einen anderen EU-Mitgliedstaat (außerhalb der Bundesrepublik Deutschland) zu befördern bzw. zu versenden.

_____   _____
Ort, Datum   [Firmenstempel] Unterschrift

Bitte beachten Sie!
Zur Verwendung des Firmenstempels: s. o.

Hinweis

Zum Verständnis der **Klausel »Gleichzeitig benötigen wir die Versicherung, dass ...«** siehe ➲ Kapitel 21a.5.2, Grundfall 2.

Beratungskonsequenzen

Als Steuerberater sollten Sie die Klausel dem Mandanten erläutern – auch **um die Beratungskompetenz Ihres Büros zu demonstrieren**! Das gelingt Ihnen nach meinen Erfahrungen am besten an einem **Beispiel, das Sie – angelehnt an** ➲ Kapitel **21a.5.2 Grundfall 2 – aus einem der eigenen Geschäftsvorfälle des Mandanten bilden**!

25 Checkliste Buchnachweis, Belegnachweis und Meldung an das Finanzamt

 Rechtsgrundlagen

- UStG: § 3 Abs. 5a ff., § 4 Nr. 1, § 6a
- UStDV: § 17a ff.
- UStAE: Abschn. 6a.1 – 6a.8
- MwStSystRL: Art. 14 ff., 20 ff., 31, 32 ff., 40 ff., 131, 138 f., 140 f., 143 ff., 146 f.

25.1 Buchnachweis bei innergemeinschaftlichen Lieferungen (§ 17c UStDV)

Checkliste

- Voraussetzungen der Steuerbefreiung (§§ 4 Nr. 1 Buchst. b, 6a UStG u. V. m. § 17c Abs. 1 Satz 1 UStDV)
- USt-IdNr. des Abnehmers (§ 17c Abs. 1 Satz 1 UStDV)
- Name und Anschrift des Abnehmers (§ 17c Abs. 2 Nr. 1 UStDV)
- Name und Anschrift des Beauftragten bei einer Lieferung, die im Einzelhandel oder in einer für den Einzelhandel gebräuchlichen Art und Weise erfolgt (§ 17c Abs. 2 Nr. 2 UStDV)
- Gewerbezweig oder Beruf des Abnehmers (§ 17c Abs. 2 Nr. 3 UStDV)

- handelsübliche Bezeichnung und Menge des Gegenstands der Lieferung einschl. der Fahrzeug-IdNr. bei Fahrzeugen i. S. d. § 1b Abs. 2 UStG (§ 17c Abs. 2 Nr. 4 UStDV ➲ Kapitel 38.3)
- Tag der Lieferung (§ 17c Abs. 2 Nr. 5 UStDV)
- Entgelt, bei Besteuerung nach vereinnahmten Entgelt auch Tag der Vereinnahmung (§ 17c Abs. 2 Nr.6 UStDV)
- Art und Umfang einer Be- oder Verarbeitung vor der Beförderung oder Versendung in das übrige Gemeinschaftsgebiet (§ 17c Abs. 2 Nr. 7 UStDV)
- Beförderung oder Versendung in das übrige Gemeinschaftsgebiet (§ 17c Abs. 2 Nr. 8 UStDV ➲ Kapitel 23 u. 24)
- Bestimmungsort im übrigen Gemeinschaftsgebiet (§ 17c Abs. 2 Nr. 9 UStDV ➲ Kapitel 23 u. 24)
- Besonderheiten bei Verbringungen u. ä. (§ 17c Abs. 3 UStDV)
- Besonderheiten bei Fahrzeuglieferungen an Privatkunden u. ä. (§ 17c Abs. 4 UStDV)

! **Praxistipp**

Angaben müssen **eindeutig und leicht nachprüfbar** aus den Aufzeichnungen ersichtlich sein.

25.2 Buch- und Belegnachweis als Einheit

Häufig wird – auch von Vertretern der Finanzverwaltung – die These vertreten, dass der Buchnachweis nur erfüllt sei, wenn der Unternehmer die in ➲ Kapitel 25.1 geforderten Angaben im Rahmen seiner Buchhaltungspflichten aufgezeichnet hat.

Diese Auffassung ist **zu eng und rechtlich nicht zutreffend**[290].

Unter dem Buchnachweis ist allgemein der Nachweis durch Bücher oder andere Aufzeichnungen in Verbindung mit Belegen zu verstehen. Ergeben sich die buchmäßigen Nachweispflichten aus den Angaben in den Belegen, sind die gesetzlichen Anforderungen auch erfüllt. Es ist nicht erforderlich, die Aufzeichnungen im Rahmen der Buchführung (etwa auf verschiedenen Sachkonten) vorzuhalten[291].

---

290 *Winter* in Haufe Umsatzsteuer, Datenbank, Stand: Februar 2015 (Version 13.1), HI 1561347.
291 BFH, Urteil vom 25.10.1979, V B 5/79, BStBl. II 1980, 110.

25.3 EU-Geschäfte sofort richtig buchen, auch wenn die Nachweise erst später kommen!

 Rechtsgrundlagen

* BFH, Urteil v. 28.8.2014, V R 16/14, BStBl. II 2015, 46

Der BFH stellt in einem neueren Urteil noch einmal klar, welche Voraussetzungen seines Erachtens an den Beleg- und Buchnachweis zu stellen sind. Das Urteil ist primär zu Non-EU-Geschäften (Ausfuhren) ergangen, aber auch auf EU-Geschäfte (innergemeinschaftliche Lieferungen) anzuwenden (➲ Kapitel 27a.5.2).

25.4 Abnehmerversicherung oder Gelangensbestätigung oder alle beide?

❗ Hinweis

➲ Kapitel 23 FAQ 21 ff. und Kapitel 24.1

25.5 Umsetzung im Unternehmen

Es bleibt dabei: Eichhörnchenarbeit treiben!

In Zweifelsfällen verlangt die Finanzverwaltung vom Unternehmer stets eine Vielzahl von Nachweisen. Der FinVerw werden sich die Zweifel allerdings in der Regel erst Jahre später – im Rahmen einer BP – auftun; dann aber lassen sich die angeforderten Unterlagen meist nicht mehr vom Kunden beschaffen.

Um auf der sicheren Seite zu sein, werden Unternehmer um **von Anfang an gut dokumentierte** Geschäftsvorfälle nicht herumkommen.

Dabei gilt es, **jeden denkbaren Nachweis zu sammeln**. Unternehmer müssen hier **kreativ sein** und sollten »**Eichhörnchenarbeit treiben«**; da das Gesamtbild zählt, sollte jeder geeignete Nachweis gesammelt werden!

Beratungskonsequenzen

1. Aufgrund des hohen Risikos sollten – aus natürlich rein umsatzsteuerlicher Sicht – **Abholfälle in der Praxis vermieden** werden!

2. Für den Fall, dass Letzteres nicht möglich ist, sollte der Berater für den Mandanten auch weiterhin **mehrsprachige Formularsätze des »alten« Abnehmernachweises** vorbereiten.

3. Trotz Gelangensbestätigung (➲ Kapitel 23) wird ausdrücklich empfohlen, auch weiterhin daneben den bisherigen Abnehmernachweis (also d. h. den Nachweis, der in Abholfällen **bereits bei Übergabe der Ware** vom Abholenden unterschrieben werden muss ➲ Kapitel 24) zu führen (➲ Kapitel 23 FAQ 21 ff. und Kapitel 24.1).

4. Bei all dem gilt es daher zu beachten, dass es sich bei vielen Vorgaben »nur« **um Anweisungen der Finanzverwaltung** handelt, die sich insbesondere an der Rechtsprechung von EuGH und BFH messen lassen müssen werden. **Die Kenntnis der Rechtsprechung und auch der weiterhin anhängigen Revisionsverfahren bleibt damit ein Muss!**

25.6 Umsetzung beim Mandanten

Steuerberater sollten – soweit noch nicht geschehen – den Mandanten die neue Rechtslage zumindest in einem Mandantenschreiben nahe bringen.

 Beratungskonsequenzen

Die Erläuterungen im Mandantenschreiben dienen vorrangig dazu, dem Mandanten einen ersten Überblick über die Neuregelungen zu geben. **Sie ersetzen keinesfalls den Blick in die detaillierten Einzelregelungen und schon gar nicht die Einzelfallberatung.**

Gerade bei größeren Unternehmen mit komplizierten Sachverhaltsgestaltungen hat sich die **Arbeit mit Checklisten** bewährt: findet der Mitarbeiter »seinen« Fall in der Checkliste ...

* ... wieder, dann ist entsprechend der Checkliste vorzugehen;
* ... nicht wieder, dann ist der Fall – mit dem Vorgesetzten oder Steuerberater – abzuklären.

25.7 Umsatzsteuer-Voranmeldung 2021 und Umsatzsteuererklärung 2020/Eintragung in die Vordrucke

Hinweis
➲ Kapitel 67

25.8 Länderspezifische Abweichungen bei der Beurteilung des EU-Geschäfts

Hinweis
➲ Kapitel 31

25a Belegnachweis durch Eigenbelege nur im absoluten Ausnahmefall!

Rechtsgrundlagen
BFH, Urteile vom vom 31.1.2019 und vom 19.3.2015

Wenn Sie Ware steuerfrei in das EU-Ausland verkaufen wollen, müssen Sie der Finanzverwaltung nachweisen können, dass Sie die Voraussetzungen einer innergemeinschaftlichen Lieferung auch tatsächlich erfüllen. Diesen Nachweis müssen Sie zwingend schriftlich – durch Belege und Aufzeichnungen – führen. Es reicht **nicht** aus, dass Sie oder Ihr Geschäftspartner sich gegenüber der Finanzverwaltung zum Sachverhalt mündlich äußern.

25a.1 Glück gehabt!

Ein von uns betreuter »**Echtfall**« zeigt, wie man es nach der neuen Rechtsprechung nicht machen sollte, in der Praxis aber – zumindest in der Vergangenheit – **immer wieder gemacht** hat[292]:

---

292 *Weimann/Fuisting*, GStB 2015, 390.

Mandantenfall

Mandant M lieferte Kfz steuerfrei innergemeinschaftlich nach Österreich. Im Rahmen einer Betriebsprüfung konnte der Transport der Fahrzeuge nach Österreich nicht belegt werden; insbesondere lagen weder eine Abnehmerversicherung noch eine Gelangensbestätigung vor.

Da in Österreich Deutsch gesprochen wird und damit keine Sprachbarrieren bestanden, war der Prüfer damit einverstanden, dass der Kunde ihm die Transporte telefonisch bestätigt. Der Prüfer protokollierte das Telefonat.

Da M alle anderen Voraussetzungen belegmäßig nachweisen konnte und die innergemeinschaftlichen Erwerbe in Österreich ordnungsgemäß versteuert wurden, erkannte der Prüfer daraufhin die innergemeinschaftlichen Lieferungen an.

Auch wenn das Vorgehen des Prüfers zum Vorteil unseres Mandanten war – richtig war es nicht!

25a.2 Nachweis grundsätzlich nur durch Belege und Aufzeichnungen

Nach Auffassung des BFH darf der Unternehmer den ihm obliegenden sicheren Nachweis der materiellen Tatbestandsmerkmale einer innergemeinschaftlichen Lieferung auch jenseits der formellen Voraussetzungen gemäß § 6a Abs. 3 UStG i. V. m. §§ 17a ff. UStDV **nicht in anderer Weise als durch Belege und Aufzeichnungen** führen.

Dabei war der Sachverhalt des BFH-Urteils dem unseres Mandantenfalls sehr ähnlich[293]:

Sachverhalt

Ein deutscher Unternehmer D fakturierte innergemeinschaftliche Lieferungen nach Italien an die dortige Kundin I, eine juristische Person italienischen Rechts.

Das Finanzamt versagte den Lieferungen die Steuerbefreiung, da der Belegnachweis nicht erbracht werden konnte. Das FG teilte diese Rechtsauffassung.

Hiergegen wendet sich die Revision des D. Die Lieferungen seien steuerfrei. Die Unternehmereigenschaft der Abnehmerin I sei unstreitig. Im Bestimmungsland Italien habe I auch die Erwerbsbesteuerung durchgeführt.

---

293 BFH, Urteil vom 19.3.2015, V R 14/14, BFH/NV 2015, 1529.

Streitig sei lediglich der physische Transport der Ware von Deutschland nach Italien. Dieser könne zwar nicht belegt werden, allerdings habe der Geschäftsführer der I hierzu seine Zeugenaussage angeboten. Das FG habe zu Unrecht den hierfür anberaumten finanzbehördlichen Erörterungstermin ignoriert. Die objektive Beweislage könne nicht nur durch Belege nachgewiesen werden. Es bestehe ein Gleichrang aller Beweismittel. Das FG hätte den in der Verhandlung präsenten Zeugen vernehmen müssen.

Die Revision hatte keinen Erfolg. Der Nachweis hat ausschließlich durch Belege und Aufzeichnungen zu erfolgen und nicht durch Zeugenvernehmungen.

 Beratungskonsequenzen

Zwar wären auch eine Zeugenvernehmung oder andere mündliche Einlassungen nach EU-Recht grundsätzlich denkbar. Die Bundesrepublik Deutschland darf – wie alle Mitgliedstaaten – die Nachweisvoraussetzungen selbst regeln und hat dies in den §§ 17a ff. UStDV auch getan. Da dort aber Belege und Aufzeichnungen – also »Papier« oder entsprechende Dateien – gefordert werden, ist den mündlichen Einlassungen eine Absage erteilt worden.

25a.3   Enge Ausnahmen sind denkbar

Weder der Neutralitätsgrundsatz noch das Verhältnismäßigkeitsprinzip fordern die Steuerbefreiung der streitigen Umsätze:

- Der **Neutralitätsgrundsatz** gebietet nach der Collée-Entscheidung (➲ Kapitel 22a.2.1) die Steuerbefreiung auch dann, wenn der Steuerpflichtige zwar die formellen Anforderungen an den Nachweis der innergemeinschaftlichen Lieferung nicht oder nicht vollständig erfüllt, die Voraussetzungen einer innergemeinschaftlichen Lieferung indes unbestreitbar feststehen. Genau das ist vorliegend aber gerade nicht der Fall.

- Der **Verhältnismäßigkeitsgrundsatz** führt zu keinem anderen Ergebnis. Denn der Unternehmer ist grundsätzlich nicht berechtigt, den ihm obliegenden sicheren Nachweis der materiellen Anforderungen in anderer Weise als durch Belege und Aufzeichnungen zu führen. Ein Beweis durch Zeugen kommt als Ersatz für den gesetzlich vorgesehenen Buch- und Belegnachweis grundsätzlich nicht in Betracht, und zwar weder von Amts wegen (§ 76 Abs. 1 FGO) noch auf Antrag. Nur wenn der Formalbeweis ausnahmsweise nicht oder nicht zumutbar geführt werden kann, gebietet nach der Teleos-Entscheidung des EuGH(◔ Kapitel 22a.2.2) der Grundsatz der Verhältnismäßigkeit, den Nachweis auch in anderer Form zuzulassen. Im Streitfall sind keine Anhaltspunkte dafür ersichtlich, dass der Kläger an der Führung des Buch- und Belegnachweises gehindert gewesen oder dieser für ihn unzumutbar gewesen sein könnte.

 Beratungskonsequenzen

Letzteres ist eine ganz enge Ausnahme und wird daher nur **in den seltensten Fällen zum Rettungsanker** taugen!

25a.4 Grundsätzlich ist kein Nachweis durch Eigenbelege möglich!

Innergemeinschaftliche Lieferungen erfordern einen Formalbeweis!

Ein Beweis durch Zeugen kommt als Ersatz für den bei innergemeinschaftlichen Lieferungen gesetzlich vorgesehenen Buch- und Belegnachweis grundsätzlich nicht in Betracht. Deshalb ist es auch unerheblich, ob ein möglicher Zeuge seine Aussage vorab in schriftlicher Form niederlegt. Nur wenn der Formalbeweis ausnahmsweise nicht oder nicht zumutbar geführt werden kann, gebietet es der Verhältnismäßigkeitsgrundsatz, den Nachweis auch in anderer Form zuzulassen[294].

25a.4.1 Sachverhalt

Im Verfahren vor dem Finanzgericht (FG) war die Steuerbefreiung für innergemeinschaftliche Lieferungen im Hinblick auf insgesamt 20 Fahrzeuglieferungen streitig.

Das FG wies die Klage teilweise ab und begründete sein Urteil mit dem Fehlen geeigneter Belegnachweise.

Die Klägerin und Beschwerdeführerin (K) wendete sich an den BFH mit der Beschwerde gegen die Nichtzulassung der Revision und verwies u. a. auf von ihr alternativ beigebrachte schriftliche Zeugenaussagen.

---

294   BFH, Beschluss vom 31.1.2019, V B 99/16, BFH/NV 2019, 409.

25a.4.2 Entscheidung

Die Beschwerde ist nach Auffassung des BFH unbegründet.

Insbesondere hat die Frage, ob die Vernehmung eines Zeugen auch dann ausscheidet, wenn dem Gericht eine **entscheidungserhebliche schriftliche Erklärung des Zeugen** vorliegt, keine grundsätzliche Bedeutung, weil sie durch die Rechtsprechung bereits geklärt ist und keine neuen Gesichtspunkte erkennbar sind, die eine erneute Prüfung und Entscheidung der Rechtsfrage durch den BFH geboten erscheinen lassen.

Denn der Unternehmer hat die Voraussetzungen der Steuerbefreiung **beleg- und buchmäßig nachzuweisen.** Ein Beweis durch Zeugen kommt als Ersatz für den gesetzlich vorgesehenen Buch- und Belegnachweis grundsätzlich nicht in Betracht, und zwar weder von Amts wegen noch auf Antrag.

Darauf, ob ein möglicher Zeuge seine Aussage vorab in schriftlicher Form niederlegt, kann es unter keinem denkbaren Gesichtspunkt ankommen.

Nur wenn der Formalbeweis **ausnahmsweise nicht oder nicht zumutbar** geführt werden kann, gebietet es der Verhältnismäßigkeitsgrundsatz, den Nachweis auch in anderer Form zuzulassen. Im Streitfall hat das FG ausdrücklich festgestellt, dass die Klägerin an der Führung des Buch- und Belegnachweises nicht gehindert gewesen und dieser für sie auch nicht unzumutbar gewesen ist.

 Beratungskonsequenzen

In der Praxis soll der Warentransport häufig durch einen **CMR-Frachtbrief** nachgewiesen werden. Es ist unbedingt darauf zu achten, dass der Frachtbrief vollständig und richtig ausgefüllt ist[295]. Dazu muss der Brief

- vom Versender der Ware als Auftraggeber des Frachtführers im **Feld 22** und
- vom Empfänger der Ware zur Bestätigung des Erhalts im **Feld 24**

unterzeichnet sein.

Beauftragt der Warenempfänger die Spedition **(Abholfall)**, enthält der für den Lieferer vorgesehene Durchschlag (zweites Blatt/Farbe rosa) **häufig keine Eintragung in Feld 24**, weil der Durchschlag bereits bei Abholung durch den Spediteur beim Lieferer verblieben ist. Letzterer muss sich in diesem Fall nachträglich den Erhalt der Ware seinen Kunden (den Empfänger) bestätigen lassen.

---

295 *Weimann*, AStW 2020, www.astw.de, IdNr. 46408294.

25a.5 Anwendung auch auf Ausfuhrlieferungen

Urteil und Beschluss des BFH sind primär nur zur innergemeinschaftlichen Lieferung ergangen. Für die **Ausfuhrlieferung** dürfte Ähnliches gelten; auch hier fordern die §§ 8 ff. UStDV den Ausfuhrnachweis durch Belege.

26 Prüfungsansätze und -schwerpunkte der Finanzverwaltung im Jahr 2022

26.1 Prüffeld EU-Lieferungen

Im Focus der Finanzverwaltung stehen insoweit:

- die Einhaltung der neuen Vorgaben zur Umsatzsteuerbefreiung (➲ Kapitel 21b.2) und
- die **Bekämpfung des Umsatzsteuerbetrugs** (➲ Kapitel 12, 12a, 39, 39a)

26.2 »Blick über den Tellerand«: Weitere Prüffelder der Finanzverwaltung 2022

Die OFD Nordrhein-Westfalen hat – im Unterschied zur Finanzverwaltung aller
anderen Bundesländer – im Februar auch für das Jahr 2022 ihre Prüfungsschwerpunkte veröffentlicht.

Zentrales Prüffeld für alle Finanzämter soll danach die Begünstigung der nicht
entnommenen Gewinne bei Personenunternehmen (§ 34a EStG) sein.

Daneben wurden von den Festsetzungsfinanzämtern nachfolgende **dezentrale
Prüffelder** benannt und von der OFD NRW tabellarisch aufgelistet[296]:

---

296 Vgl. AStW 4/2022.

FA Nr.	FA Name	Steuerart, der das Prüffeld/der Risikobereich zuzuordnen ist	Stichwort Prüffeld
101	Dinslaken	ESt – Steuerermäßigungen § 35c EStG	§ 35c EStG – energetische Maßnahmen
101	Dinslaken	Sonstiges Prüffeld	Verwaltungsinternes Prüffeld
103	Düsseldorf-Altstadt	ESt – Gewinneinkünfte § 17 EStG	§ 17 EStG
103	Düsseldorf-Altstadt	ESt – Steuerermäßigungen § 35c EStG	§ 35c EStG – energetische Maßnahmen
105	Düsseldorf-Nord	ESt – Gewinneinkünfte § 17 EStG	§ 17 EStG
105	Düsseldorf-Nor	ESt – Gewinneinkünfte §§ 15/18 EStG	Teileinkünfteverfahren
106	Düsseldorf-Süd	ESt – Überschusseinkünfte § 21 EStG	Vermietung und Verpachtung im Erstjahr
106	Düsseldorf-Süd	ESt – Überschusseinkünfte § 21 EStG	§§ 7i und 10f EStG
111	Essen-NordOst	Sonstiges Prüffeld	Verwaltungsinternes Prüffeld
111	Essen-NordOst	ESt – Steuerermäßigungen § 35c EStG	§ 35c EStG – energetische Maßnahmen
113	Geldern	ESt – Steuerermäßigungen § 35c EStG	§ 35c EStG – energetische Maßnahmen
115	Kempen	ESt – Steuerermäßigungen § 35c EStG	§ 35c EStG – energetische Maßnahmen
115	Kempen	ESt – Gewinneinkünfte §§ 15/18 EStG	Prüfung der Einkunftserzielungsabsicht (Liebhaberei) bei § 15 und 18
116	Kleve	ESt – Steuerermäßigungen § 35c EStG	§ 35c EStG – energetische Maßnahmen
117	Krefeld	ESt – Überschusseinkünfte § 21 EStG	§§ 7i und 10f EStG
119	Moers	ESt – Überschusseinkünfte § 21 EStG	Sonder-Afa Mietwohnungsneubau § 7b EStG
120	Mülheim	ESt – Überschusseinkünfte § 19 EStG	Private PKW-Nutzung Arbeitnehmer im Veranlagungsverfahren
123	Oberhausen-Nord	ESt – Steuerermäßigungen § 35c EStG	§ 35c EStG – energetische Maßnahmen

FA Nr.	FA Name	Steuerart, der das Prüffeld/der Risikobereich zuzuordnen ist	Stichwort Prüffeld
126	Remscheid	ESt – Gewinneinkünfte § 17 EStG	§ 17 EStG
128	Solingen	ESt – Steuerermäßigungen § 35c EStG	§ 35c EStG – energetische Maßnahmen
130	Wesel	Sonstiges Prüffeld	Verwaltungsinternes Prüffeld
132	Wuppertal-Elberfeld	ESt – Steuerermäßigungen § 35c EStG	§ 35c EStG – energetische Maßnahmen
134	Duisburg-West	ESt – Gewinneinkünfte § 17 EStG	§ 17 EStG
134	Duisburg-West	ESt – Steuerermäßigungen § 35c EStG	§ 35c EStG – energetische Maßnahmen
134	Duisburg-West	Sonstiges Prüffeld	Verwaltungsinternes Prüffeld
135	Hilden	ESt – Überschusseinkünfte § 21 EStG	§§ 7i und 10f EStG
135	Hilden	ESt – Steuerermäßigungen § 35c EStG	§ 35c EStG – energetische Maßnahmen
201	Aachen-Stadt	ESt – Überschusseinkünfte § 21 EStG	§§ 7i und 10f EStG
201	Aachen-Stadt	Sonstiges Prüffeld	Steuerbegünstigung nach § 10f EStG im Erstjahr
201	Aachen-Stadt	ESt – Steuerermäßigungen § 35c EStG	§ 35c EStG – energetische Maßnahmen
201	Aachen-Stadt	ESt – Gewinneinkünfte § 17 EStG	Verlustabzugsbeschränkung gem. § 15a EStG
202	Aachen-Kreis	ESt – Überschusseinkünfte § 21 EStG	§ 7b EStG
202	Aachen-Kreis	ESt – Überschusseinkünfte § 21 EStG	§§ 7i, 7h, 10f EStG
202	Aachen-Kreis	ESt – Gewinneinkünfte § 15a EStG	§ 15a EStG
204	Bergisch Gladbach	ESt – Gewinneinkünfte § 17 EStG	§ 17 EStG
204	Bergisch Gladbach	Sonstiges Prüffeld	Verwaltungsinternes Prüffeld
204	Bergisch Gladbach	ESt – Überschusseinkünfte § 21 EStG	§§ 7i und 10f EStG
205	Bonn-Innenstadt	Sonstiges Prüffeld	Verwaltungsinternes Prüffeld

FA Nr.	FA Name	Steuerart, der das Prüf-feld/der Risikobereich zuzuordnen ist	Stichwort Prüffeld
205	Bonn-Innenstadt	ESt – Gewinneinkünfte § 17 EStG	§ 17 EStG
206	Bonn-Außenstadt	ESt – Gewinneinkünfte § 17 EStG	§ 17 EStG
206	Bonn-Außenstadt	ESt – Steuerermäßigungen § 35c EStG	§ 35c EStG – energetische Maßnahmen
207	Düren	Körperschaftsteuer	§ 8b KStG – Beteiligung an Kap.-Ges.
207	Düren	Sonstiges Prüffeld	Verwaltungsinternes Prüffeld
207	Düren	ESt – Überschusseinkünfte § 21 EStG	Sonderabschreibung § 7b EStG
207	Düren	ESt – Steuerermäßigungen § 35c EStG	§ 35c EStG – energetische Maßnahmen
208	Erkelenz	ESt – Gewinneinkünfte § 13 EStG	Erbauseinandersetzung § 13 EStG
208	Erkelenz	Sonstiges Prüffeld	Verwaltungsinternes Prüffeld
209	Euskirchen	ESt – Gewinneinkünfte § 17 EStG	§ 17 EStG
209	Euskirchen	Sonstiges Prüffeld	Verwaltungsinternes Prüffeld
209	Euskirchen	Umsatzsteuer	§ 15a UStG
210	Geilenkirchen	Sonstiges Prüffeld	Verwaltungsinternes Prüffeld
210	Geilenkirchen	ESt – Überschusseinkünfte § 21 EStG	§§ 7i und 10f EStG
210	Geilenkirchen	ESt – Gewinneinkünfte § 17 EStG	§ 17 EStG
211	Schleiden	Sonstiges Prüffeld	Verwaltungsinternes Prüffeld
211	Schleiden	ESt – Überschusseinkünfte § 21 EStG	§§ 7i und 10f EStG
212	Gummersbach	ESt – Steuerermäßigungen § 35c EStG	§ 35c EStG – energetische Maßnahmen
212	Gummersbach	Sonstiges Prüffeld	Verwaltungsinternes Prüffeld
212	Gummersbach	Sonstiges Prüffeld	Baudenkmäler - §§ 7i, 7h, 10f EStG
213	Jülich	ESt – Überschusseinkünfte § 21 EStG	Mietwohnungsneubau (§ 7b EStG)
213	Jülich	ESt – Steuerermäßigungen § 35c EStG	§ 35c EStG – energetische Maßnahmen

Liefergeschäfte/EU

FA Nr.	FA Name	Steuerart, der das Prüffeld/der Risikobereich zuzuordnen ist	Stichwort Prüffeld
214	Köln-Altstadt	ESt – Steuerermäßigungen § 35c EStG	§ 35c EStG – energetische Maßnahmen
214	Köln-Altstadt	Sonstiges Prüffeld	Verwaltungsinternes Prüffeld
216	Köln-Porz	ESt - Sonderausgaben	Kinderbetreuungskosten
217	Köln-Nord	ESt – Überschusseinkünfte § 21 EStG	Baudenkmäler
217	Köln-Nord	ESt – Gewinneinkünfte §§ 15/18 EStG	Prüfung der Einkunftserzielungsabsicht (Liebhaberei) bei §§ 15, 18 EStG
218	Köln-Ost	ESt – Überschusseinkünfte § 21 EStG	§§ 7i und 10f EStG
219	Köln-Süd	ESt – Gewinneinkünfte § 17 EStG	§ 17 EStG
219	Köln-Süd	Sonstiges Prüffeld	Verwaltungsinternes Prüffeld
220	Siegburg	ESt – Überschusseinkünfte § 21 EStG	Vermietung und Verpachtung im Erstjahr
220	Siegburg	Sonstiges Prüffeld	Vermögensübertragung zwischen nahe stehenden Personen
220	Siegburg	ESt – Gewinneinkünfte §§ 15/18 EStG	Liebhaberei §§ 15, 18 EStG
220	Siegburg	Sonstiges Prüffeld	Verwaltungsinternes Prüffeld
220	Siegburg	ESt – Steuerermäßigungen § 35c EStG	§ 35c EStG – energetische Maßnahmen
220	Siegburg	Sonstiges Prüffeld	Verwaltungsinternes Prüffeld
222	Sankt Augustin	ESt – Gewinneinkünfte § 17 EStG	§ 17 EStG
222	Sankt Augustin	Körperschaftsteuer	Verlustabzug bei Körperschaften gem. § 8c KStG
222	Sankt Augustin	ESt – Überschusseinkünfte § 21 EStG	Vermietung und Verpachtung im Erstjahr
222	Sankt Augustin	Sonstiges Prüffeld	Verwaltungsinternes Prüffeld
222	Sankt Augustin	ESt – Steuerermäßigungen § 35c EStG	§ 35c EStG – energetische Maßnahmen
223	Köln-West	ESt – Gewinneinkünfte § 17 EStG	§ 17 EStG
223	Köln-West	ESt – Überschusseinkünfte § 21 EStG	Vermietung und Verpachtung im Erstjahr
223	Köln-West	ESt - Sonderausgaben	§ 10f EStG

FA Nr.	FA Name	Steuerart, der das Prüffeld/der Risikobereich zuzuordnen ist	Stichwort Prüffeld
224	Brühl	ESt – Gewinneinkünfte § 17 EStG	§ 17 EStG
224	Brühl	ESt – Gewinneinkünfte §§ 15/18 EStG	Liebhaberei §§ 15, 18 EStG
224	Brühl	ESt – Steuerermäßigungen § 35c EStG	§ 35c EStG – energetische Maßnahmen
224	Brühl	ESt – Überschusseinkünfte § 21 EStG	§§ 7i und 10f EStG
230	Leverkusen	ESt – Steuerermäßigungen § 35c EStG	§ 35c EStG – energetische Maßnahmen
302	Altena	ESt – Überschusseinkünfte § 21 EStG	Einkunftserzielungsabsicht bei Überschusseinkünften V+V
303	Arnsberg	ESt – Steuerermäßigungen § 35c EStG	§ 35c EStG – energetische Maßnahmen
305	Bielefeld-Innenstadt	ESt – Überschusseinkünfte § 21 EStG	Vermietung und Verpachtung im Erstjahr
310	Bünde	ESt – Steuerermäßigungen § 35c EStG	§ 35c EStG – energetische Maßnahmen
310	Bünde	Sonstiges Prüffeld	Verwaltungsinternes Prüffeld
310	Bünde	Sonstiges Prüffeld	Verwaltungsinternes Prüffeld
312	Coesfeld	ESt – Steuerermäßigungen § 35c EStG	§ 35c EStG – energetische Maßnahmen
313	Detmold	ESt – Steuerermäßigungen § 35c EStG	§ 35c EStG – energetische Maßnahmen
313	Detmold	Sonstiges Prüffeld	§ 2a EStG
315	Dortmund-Hörde	ESt – Überschusseinkünfte § 21 EStG	Vermietung und Verpachtung im Erstjahr
319	Gelsenkirchen-Süd	ESt – Steuerermäßigungen § 35c EStG	§ 35c EStG – energetische Maßnahmen
321	Hagen	Sonstiges Prüffeld	Verwaltungsinternes Prüffeld
321	Hagen	Sonstiges Prüffeld	Verwaltungsinternes Prüffeld
321	Hagen	ESt – Steuerermäßigungen § 35c EStG	§ 35c EStG – energetische Maßnahmen
322	Hamm	ESt – Überschusseinkünfte § 21 EStG	§§ 7i und 10f EStG

Liefergeschäfte/EU

FA Nr.	FA Name	Steuerart, der das Prüffeld/der Risikobereich zuzuordnen ist	Stichwort Prüffeld
322	Hamm	ESt – Steuerermäßigungen § 35c EStG	§ 35c EStG – energetische Maßnahmen
323	Hattingen	ESt – Steuerermäßigungen § 35c EStG	§ 35c EStG – energetische Maßnahmen
324	Herford	ESt – Gewinneinkünfte §§ 15/18 EStG	Liebhaberei §§ 15, 18 EStG
324	Herford	ESt – Überschusseinkünfte § 21 EStG	Erhaltungsaufwendungen V+V
324	Herford	ESt – Steuerermäßigungen § 35c EStG	§ 35c EStG – energetische Maßnahmen
326	Höxter	ESt – Steuerermäßigungen § 35c EStG	§ 35c EStG – energetische Maßnahmen
326	Höxter	ESt – Gewinneinkünfte §§ 15/18 EStG	Liebhaberei §§ 15, 18 EStG
326	Höxter	Sonstiges Prüffeld	§ 4 Abs. 4a EStG bei Personengesellschaften
328	Iserlohn	ESt – Steuerermäßigungen § 35c EStG	§ 35c EStG – energetische Maßnahmen
330	Lippstadt	ESt – Steuerermäßigungen § 35c EStG	§ 35c EStG – energetische Maßnahmen
332	Lüdenscheid	ESt – Steuerermäßigungen § 35c EStG	§ 35c EStG – energetische Maßnahmen
332	Lüdenscheid	ESt – Gewinneinkünfte § 17 EStG	§ 17 EStG
333	Lüdinghausen	ESt – Überschusseinkünfte § 21 EStG	Hohe Erhaltungsaufwendungen bei Einkünften gem. § 21 EStG
334	Meschede	Sonstiges Prüffeld	Verwaltungsinternes Prüffeld
336	Münster-Außenstadt	ESt – Steuerermäßigungen § 35c EStG	§ 35c EStG – energetische Maßnahmen
337	Münster-Innenstadt	ESt – Steuerermäßigungen § 35c EStG	§ 35c EStG – energetische Maßnahmen
339	Paderborn	ESt – Überschusseinkünfte § 21 EStG	§ 7b EStG
340	Recklinghausen	ESt – Überschusseinkünfte § 21 EStG	§§ 7i und 10f EStG
342	Siegen	ESt – Überschusseinkünfte § 19 EStG	Erstmalig doppelte Haushaltsführung

FA Nr.	FA Name	Steuerart, der das Prüffeld/der Risikobereich zuzuordnen ist	Stichwort Prüffeld
342	Siegen	Sonstiges Prüffeld	Verwaltungsinternes Prüffeld
342	Siegen	ESt – Überschusseinkünfte § 21 EStG	Ferienwohnungen
342	Siegen	Sonstiges Prüffeld	Verwaltungsinternes Prüffeld
348	Witten	ESt – Steuerermäßigungen § 35c EStG	§ 35c EStG – energetische Maßnahmen
349	Bielefeld-Außenstadt	ESt – Steuerermäßigungen § 35c EStG	§ 35c EStG – energetische Maßnahmen
349	Bielefeld-Außenstadt	ESt – Außergewöhnliche Belastungen	§ 33b Abs. 6 EStG
350	Bochum-Süd	Sonstiges Prüffeld	Verschmelzung von jur. Personen
350	Bochum-Süd	Sonstiges Prüffeld	Verwaltungsinternes Prüffeld
350	Bochum-Süd	ESt – Überschusseinkünfte § 21 EStG	§§ 7i und 10f EStG
350	Bochum-Süd	ESt – Steuerermäßigungen § 35c EStG	§ 35c EStG – energetische Maßnahmen
351	Gütersloh	ESt – Steuerermäßigungen § 35c EStG	§ 35c EStG – energetische Maßnahmen

Anders als in den Vorjahren wurde die Liste **nicht auf der Homepage** der OFD NRW veröffentlicht.

Die OFD erwartet, dass auf Grund der Veröffentlichung zur gegenseitigen Arbeitserleichterung **bereits bei der Abgabe einer Steuererklärung** die zur Bearbeitung der Prüffelder notwendigen Unterlagen und Informationen eingereicht werden und somit einer gesonderten Anforderung durch die Finanzämter entbehrlich sein wird.

Änderungen wie z. B.

- die Aufnahme neuer oder
- den Wegfall einzelner bereits gelisteter

Prüffelder wird die OFD NRW voraussichtlich in der Jahresmitte bekanntgeben.

→ Beratungskonsequenzen

- Die enumerativ aufgezählten Prüffelder zeigen lediglich Schwerpunkte auf. Selbstverständlich sollen, werden und dürfen die Prüfer **auch andere Sachverhalte** aufgreifen!
- Zur beiderseitigen Arbeitserleichterung bittet die OFD NRW die Steuerpflichtigen, die von einem oder mehreren der Prüffelder betroffen sind, alle notwendigen Unterlagen und Angaben **direkt mit Abgabe der Steuererklärung** einzureichen.
- Unmittelbar gilt die Zusammenstellung der Prüfungsschwerpunkte nur für den Zuständigkeitsbereich der OFD NRW. Mittelbar liefert sie auch **Anhaltspunkte für die anderen Bundesländer**, worauf die Prüfer auch dort besonders achten.
- **Steuerberater** sollten in Frage kommende Mandatsfälle daraufhin überprüfen und die betroffenen Mandaten rechtzeitig entsprechend informieren und vorbereiten.

Die Finanzverwaltungen aller Bundesländer stehen vor der Herausforderung,

- mit ca. 40.000 Beamten
- Jahr für Jahr
- rund 28 Millionen Steuererklärungen

prüfen zu müssen.

Würde die Finanzverwaltung alle Erklärungen mit gleicher Intensität prüfen, wäre dies – vor allem im Hinblick auf das mit einer Prüfung zumindest unterschwellig **immer verfolgte Mehrergebnis** – höchst uneffektiv.

Checkliste

Die Finanzverwaltung muss sich also auf die wichtigen – sprich ein Mehrergebnis versprechenden – Fälle konzentrieren und geht bei **Erstellung des Prüfungsgeschäftsplans** wie folgt vor:

- Ausgangspunkt ist eine **Auffälligkeitsdatenbank der Rechenzentren**. Hier wird gelistet, ob ein Steuerpflichtiger pünktlich seine Steuererklärungen abgibt, seine Steuerschulden begleicht, bereits abgegebene Steuererklärungen wieder berichtigen muss, hohe Nachzahlungen zu leisten hat usw.
- Besonders wichtig ist dabei die Höhe der Einkünfte. Spitzenverdiener mit **Jahreseinkommen über 200.000 EUR** erhalten zu ca. 70 % von der Datenbank den »Stempel prüfungswürdig«.
- Wer dann letztendlich auch tatsächlich geprüft wird, entscheiden die **Finanzbeamten vor Ort** in den Ämtern.
- Auch ein – wieder im Hinblick auf das mögliche Mehrergebnis – K.-o.-Kriterium ist die Höhe des Jahreseinkommens. Bei **Jahreseinkommen unter 75.000 EUR** erfolgt mit einer Wahrscheinlichkeit von 98 % keine Betriebsprüfung.

26.3 Focus laufende BPs: Weitere neue Prüffelder

 Hinweis

Sobald es aus laufenden Betriebsprüfungen oder Umsatzsteuer-Sonderprüfungen Neues zu berichten gibt, was sich keinem der Einzelkapitel zuordnen lässt, finden Sie das unter ➲ www.umsatzsteuerpraxis.de > Aktualisierungen > zu Kapitel 26.

27 Steuerbefreiung, Zuordnung der Warenbewegung, Reihengeschäfte

! Hinweis

➲ Kapitel 21.4, 21a, 21b

27a Die Grundsatzrechtsprechung von EuGH und BFH zur steuerfreien Ausfuhr

§ Rechtsgrundlagen

* UStG: § 3 Abs. 5a ff., § 4 Nr. 1 Buchst. a, § 6, § 7
* UStDV: §§ 8 ff
* UStAE: Abschn. 6.1–6.12
* MwStSystRL: Art. 14 ff., 20 ff., 31, 32 ff., 40 ff., 131, 138 f., 140 f., 143 ff., 146 f.

27a.1 Begriffliche Klärung

Unter dem Drittlands(Waren-)geschäft – auch »Non-EU-Geschäft« – versteht die Praxis primär **Ausgangs**umsätze[297] **aus Deutschland in Drittländer** (➲ Kapitel 21.1.2).

Gesetzgeber (§ 4 Nr. 1 Buchst.- a, § 6, § 7 UStG) und dem folgend die Finanzverwaltung (§§ 8 ff. UStDV, Abschn. 6.1 ff. UStAE) verwenden hierfür die Begriffen »Ausfuhr« bzw. »Ausfuhrlieferung«.

---

297 Eingangsumsätze aus Drittländern nach Deutschland werden wohl einhellig als »Einfuhren« bezeichnet ➲ Kapitel 34.

Beratungskonsequenzen

Für die Prüfung einer Ausfuhr müssen Sie ausschließlich **auf den Warenweg abstellen**:

• Voraussetzung ist, dass der Transport in Deutschland (oder einem anderen EU-Mitgliedstaat) beginnt und in einem Drittland endet.

• Gelangt die Ware aus Deutschland in einen anderen EU-Mitgliedstaat, kommt ausschließlich die Steuerbefreiung der innergemeinschaftlichen Lieferung in Betracht. Die Steuerbefreiung einer Ausfuhrlieferung ist daher **nicht** zu prüfen – auch nicht bei einen Drittlandskunden (➲ Kapitel 21b.2.1)!

27a.2 Ausgangslage: Betrugsanfälligkeit der Ausfuhrlieferung

In den Jahren 2000 bis 2003 hat das Zollkriminalamt 2000 Urkunden mit Zollstempeln untersucht, von denen ca. **70 % gefälscht** waren: Stempelfälschungen kamen damit andauernd vor!

Aufgrund einschlägiger Anweisungen der Finanzverwaltung waren daher mit sofortiger Wirkung die auf den Ausfuhrbelegen vorgefundenen Dienststempelabdrucke **stichprobenartig auf Echtheit zu überprüfen.**

Eine **Vernichtung von Originalausfuhrbelegen mit Dienststempelabdrucken** nach digitaler Archivierung ist vor Ablauf der 10-jährigen Aufbewahrungsfrist (§ 147 Abs. 1, Abs. 3 Satz 1 AO) **nicht zulässig,** weil der Stempelfarbe aufgrund ihrer Pigmentierung eine besondere Beweisfunktion zukommt, mithin keine originalgetreue bildliche Wiedergabe und Überprüfung mit den eigens dafür vorgesehenen Prüfgeräten mehr möglich ist[298].

Die einzelnen Bundesländer haben sich dadurch zu – allerdings unterschiedlichen –Gegenmaßnahmen veranlasst gesehen. NRW z. B. hat eine **»Zentralstelle zur Umsatzsteuerbetrugsbekämpfung«** sowie entsprechende **»Schwerpunktermittlungsteams«** eingerichtet und innerhalb der Festsetzungsfinanzämter die Betrugsbekämpfung zentral übertragen.

---

298 GoBS, BMF-Schreiben vom 7.11.1995, IV A 8 – S 0316 – 52/95, BStBl. I 1995 I, 738, Abschn. VIII b Nr. 2c.

27a.3 Das Grundsatzurteil des EuGH zur Steuerbefreiung der Ausfuhrlieferungen

(Entscheidung »Netto Supermarkt«) und die Folgerechtsprechung des BFH

27a.3.1 Bisherige deutsche Rechtsauffassung

Voraussetzung für die Steuerbefreiung einer Lieferung als Ausfuhrlieferung war nach gefestigter deutscher Rechtsauffassung das Vorhandensein der von § 6 Abs. 4 UStG, §§ 8 ff. UStDV geforderten Belege. Dabei war der **Ausfuhrnachweis materiell-rechtlicher Bestandteil der Steuerbefreiung**. Eine Lieferung war m. a. W. steuerpflichtig, wenn der Ausfuhrnachweis nicht erbracht werden konnte. Ein gefälschter Ausfuhrnachweis genügte diesen Anforderungen nicht. Das galt auch dann, wenn die Fälschung für den leistenden Unternehmer als solche nicht zu erkennen war[299].

27a.3.2 Der Vorlagebeschluss des BFH

Der BFH hat dies mit Vorlagebeschluss vom 2.3.2006[300] in Frage gestellt. Der BFH hat daher den EuGH[301] prüfen lassen, ob bei grenzüberschreitenden Abhollieferungen im nichtkommerziellen Warenverkehr die Steuerfreiheit einer Ausfuhrlieferung versagt werden darf, wenn die Voraussetzungen für die Befreiung zwar tatsächlich nicht vorliegen, der liefernde Unternehmer aber die Fälschung des Ausfuhrnachweises, den der Abnehmer ihm vorlegt, **auch bei Beachtung der Sorgfalt eines ordentlichen Kaufmanns nicht hätte erkennen können**.

---

299 BFH, zuletzt bestätigt im Beschluss vom 6.5.2004, V B 101/03, UR 2004, 432; hierzu *Weimann*, UStB 2005, 32 [33].

300 V R 7/03, BStBl. II 2006, 672.

301 Az. des EuGH: Rs. C-271/06.

27a.3.3 Die Auffassung des Generalanwalts

Nach **Auffassung des Generalanwaltes** sind angesichts der Fallumstände des Vorlagefalls und des konkreten Beitrages, den der Steuerpflichtige zur Aufdeckung der streitigen Betrugshandlungen geleistet hat, die Voraussetzungen für die Steuerbefreiung aus Gründen

- des **Vertrauensschutzes** und
- der **Verhältnismäßigkeit der Mittel**

gegeben. Der Generalanwalt stützt seine Argumentation sowohl auf die von der **Europäischen Kommission im Verfahren abgegebene Stellungnahme** als auch auf die **EuGH-Rechtsprechung zum Vertrauensschutz** im innergemeinschaftlichen Warenverkehr[302] (➲ Kapitel 22a).

27a.3.4 Die Entscheidung des EuGH

Der EuGH ist dem Vortrag und der Argumentation des Generalanwalts vollinhaltlich gefolgt[303]:

 Rechtsgrundlagen

EuGH, Urteil vom 21.2.2008

»Art. 15 Nr. 2 der Sechsten Richtlinie 77/388/EWG des Rates vom 17. Mai 1977 zur Harmonisierung der Rechtsvorschriften der Mitgliedstaaten über die Umsatzsteuern – Gemeinsames Mehrwertsteuersystem: einheitliche steuerpflichtige Bemessungsgrundlage in der Fassung der Richtlinie 95/7/EG des Rates vom 10. April 1995 ist dahin auszulegen, dass er der von einem Mitgliedstaat vorgenommenen Mehrwertsteuerbefreiung einer Ausfuhrlieferung nach einem Ort außerhalb der Europäischen Gemeinschaft nicht entgegensteht, wenn zwar die Voraussetzungen für eine derartige Befreiung nicht vorliegen, der Steuerpflichtige dies aber auch bei Beachtung der Sorgfalt eines ordentlichen Kaufmanns infolge der Fälschung des vom Abnehmer vorgelegten Nachweises der Ausfuhr nicht erkennen konnte.«

---

302 Insbesondere EuGH-Urteil vom 27.9.2007, Rs. C-409/04, Teleos plc. u. a.

303 Rs. C-271/06, Netto Supermarkt GmbH & Co. KG,
    http://curia.europa.eu, UR 2008, 508.

Liefergeschäfte/Non-EU

27a.3.5 Die Nachfolgeentscheidung des BFH

Der BFH hat die Erkenntnisse des EuGH in seiner Nachfolgeentscheidung wie folgt übernommen:

 Rechtsgrundlagen

BFH, Urteil vom 30.7.2008, V R 7/03, UR 2009, 161

»(1) Aus den im Steuerrecht allgemein geltenden Grundsätzen der Verhältnismäßigkeit und des Vertrauensschutzes ergibt sich, dass die Steuerfreiheit einer Ausfuhrlieferung nicht versagt werden darf, wenn der liefernde Unternehmer die Fälschung des Ausfuhrnachweises, den der Abnehmer ihm vorlegt, auch bei Beachtung der Sorgfalt eines ordentlichen Kaufmanns nicht hat erkennen können (Änderung der Rechtsprechung; Nachfolgeentscheidung zum EuGH-Urteil vom 21.2.2008, Rs. C-271/06 Netto Supermarkt GmbH & Co. KG, BFH/NV Beilage 2008, 199).

(2) Ob die Voraussetzungen hierfür gegeben sind, ist im Erlassverfahren zu prüfen.«

 Beratungskonsequenzen

Mit *Martin*[304] – der Senatsvorsitzenden beim erkennenden V. Senats des BFH – ergibt sich hieraus für die Praxis:

1. In der Grundsatzentscheidung hat der EuGH darauf erkannt, dass das Gemeinschaftsrecht einem Billigkeitserlass nicht entgegensteht, wenn zwar die **Voraussetzungen für die Steuerbefreiung an sich nicht** vorliegen, der Steuerpflichtige dies aber auch bei Beachtung der **Sorgfalt eines ordentlichen Kaufmanns** infolge der Fälschung des vom Abnehmer vorgelegten Nachweises der Ausfuhr **nicht erkennen** konnte.

2. Das Ziel, der Steuerhinterziehung vorzubeugen, rechtfertigt zwar Regelungen der Mitgliedstaaten mit **hohen Anforderungen an die Verpflichtungen der Lieferer.** Dabei müssen aber die allgemeinen – (auch) gemeinschaftsrechtlichen – Rechtsgrundsätze der **Rechtssicherheit** und der **Verhältnismäßigkeit** sowie des **Vertrauensschutzes** beachtet werden. Hierbei ist auch zu berücksichtigen, dass die Lieferer letztlich »**Steuereinnehmer für Rechnung des Staats**« sind und im Interesse der Staatskasse handeln. Die Verteilung des Risikos zwischen Unternehmer und der Finanzverwaltung aufgrund eines von einem Dritten begangenen Betrugs muss mit dem Grundsatz der Verhältnismäßigkeit vereinbar sein.

---

304 *Martin,* BFH/PR 2009, 154.

3. Hat der Lieferer die Beleg- und Buchnachweise erbracht, deren Vorlage der Mitgliedstaat nach seinen entsprechenden Regelungen zum Nachweis der Voraussetzungen für die Ausfuhrlieferung verlangt, darf er auf die Rechtmäßigkeit seines Umsatzes vertrauen, wenn er **alle zumutbaren Maßnahmen getroffen** hat, um die Beteiligung an einer Steuerhinterziehung zu vermeiden. Ob er insoweit die Sorgfalt eines ordentlichen Kaufmanns beachtet hat, **haben die nationalen Gerichte zu prüfen.**

4. Die **Verfahrensmodalitäten,** die den Schutz der dem Bürger aus dem Gemeinschaftsrecht erwachsenden Rechte gewährleisten sollen, sind **Sache der innerstaatlichen Rechtsordnung eines jeden Mitgliedstaats.** Fehlt – wie bei der Ausfuhrlieferung im Gegensatz zur innergemeinschaftlichen Lieferung – eine materiellrechtliche Regelung zum Vertrauensschutz, sind Vertrauensschutzgesichtspunkte nach Maßgabe der allgemeinen abgabenrechtlichen Regelungen zu berücksichtigen. Die AO enthält zwar eine Reihe von Regelungen zum Verhältnis Steuerpflichtiger/FA (§§ 172 ff.). Darüber hinaus eröffnen die §§ 163, 227 AO verfahrensrechtlich die Möglichkeit, außergewöhnliche Umstände eines Einzelfalls zu berücksichtigen. Liegen die zuvor unter 3. beschriebenen Voraussetzungen vor, ist das **Verwaltungsermessen hinsichtlich der Gewährung einer Billigkeitsmaßnahme auf null reduziert.**

5. Beruft sich der Steuerpflichtige **bereits im Festsetzungsverfahren** auf Vertrauensschutz (§ 163 AO), ist es, wenn nicht besondere Umstände vorliegen, ermessensfehlerhaft, diese Entscheidung nicht mit der Steuerfestsetzung zu verbinden.

6. Womöglich stellt sich nunmehr wieder die **Grundsatzfrage nach einer ausdrücklichen** Vertrauensschutzregelung im UStG – wenn sich ein Unternehmer, der alle ihm obliegenden Sorgfaltspflichten ordentlich erfüllt hat, ohnehin schon auf den Gutglaubensschutz berufen kann!

27a.4   EuGH vom 6.9.2012: Wiederholung und Untermauerung des Vertrauensschutzes

Der EuGH hat sich im Urteil Mecsek-Gabona noch einmal der Problematik angenommen. Auch wenn das Urteil primär zum innergemeinschaftlichen Warenverkehr ergangen ist, lassen sich doch die tragenden Gedanken auf Ausfuhren entsprechend anwenden.

Ausführlich zur neuen Rechtsprechung ➔ Kapitel 7. An dieser Stelle nur die wichtigsten **Erkenntnisse im Kurzüberblick:**

1. Für die Steuerbefreiung ist der Kenntnisstand des Lieferanten **im Lieferzeit-punkt** maßgeblich.

2. Daraus folgt: **Spätere (bessere) Erkenntnis des Lieferanten ist unschädlich!**

3. Es ist den Mitgliedstaaten verwehrt, die Steuerbefreiung von dem Nachweis abhängig zu machen, dass die Ware den Mitgliedstaat physisch verlassen hat. **Damit stellt der EuGH ungefragt die neue Gelangensbestätigung in Frage** (➔ Kapitel 23 FAQ 21).

27a.5 Weitere interessante Einzelentscheidungen

27a.5.1 Nachweis der Person des Kunden

27a.5.1.1 Der Sachverhalt

Die Klägerin (Klin.), eine KG, betreibt ein Uhren- und Schmuckgeschäft. In den drei Streitjahren (1996, 1998 und 1999) erschien Herr K mehrmals im Ladenlokal und erwarb Armbanduhren für Herrn F, dessen Anschrift zunächst mit Abidjan, Elfenbeinküste, dann mit Cotonou, Benin angegeben wurde. F selbst hat den Laden der Klin. niemals betreten. **Eine Vollmacht des F hat sich der Geschäfts-führer der Klin. (B) nicht vorlegen lassen.** B hat für F Ausfuhrbescheinigungen ausgestellt, F hat die **Bescheinigungen bei der Ausfuhr aus dem Gemein-schaftsgebiet vom französischen Zoll am Flughafen Paris – Charles de Gaulle abstempeln lassen.** Auf den Ausfuhrbescheinigungen für die Streitjahre 1996 und 1998 ist angekreuzt worden, dass die Angaben zu Namen und Anschrift des Abnehmers mit den Eintragungen im vorgelegten Reisepass übereinstimmen. Anders die Ausfuhrbescheinigung für 1999; hier fehlt eine entsprechender Hinweis. Bei seiner nächsten Einreise in das Gemeinschaftsgebiet hat F die Uhren wieder eingeführt, die anschließend durch K auf diversen Uhrenbörsen veräußert wurden. Außerdem händigte er K die Ausfuhrbescheinigungen aus, die dieser wiederum an B als Geschäftsführer der Klin. weiterleitete. Die Klin. behandelte die Umsätze als steuerfreie Ausfuhrlieferung, da sich ihr der Sachverhalt wie folgt darstellte:

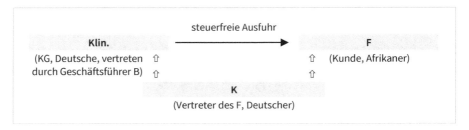

Dem folgte das FA nicht, weil es die Auffassung vertrat, dass die Klin. eine Abschrift oder Kopie des Identifikationsnachweises zu den Buchführungsunterlagen hätte nehmen müssen, um den Nachweis der Veräußerung an einen ausländischen Abnehmer zu führen.

27a.5.1.2   Die Entscheidung des FG Niedersachsen

Das FG[305] entschied:

Erwirbt ein im Drittlandsgebiet ansässiger Abnehmer durch einen inländischen Bevollmächtigten Waren zur Ausfuhr in das Drittlandsgebiet, so setzt der Buch- und Belegnachweis nicht voraus, dass sich der Unternehmer eine schriftliche Vollmacht des Abnehmers vorlegen lässt, wenn sich das Handeln des Bevollmächtigten in fremdem Namen aus anderen Umständen ableiten lässt.

Danach musste das Gericht differenzieren:

- Die Klage ist für die Veranlagungszeiträume 1996 und 1998 ist begründet.
- Die Klage ist für den Veranlagungszeitraum 1999 ist unbegründet.

Die Klin. zeigte sich nicht selbst für den Transport in das Drittland verantwortlich; den Transport übernahm vielmehr der Kunde. Voraussetzung der Steuerbefreiung ist in diesem **(klassischen) Abholfall**, dass der Kunde des deutschen Unternehmers ein Ausländer ist (§ 4 Nr. 1 Buchst. a, § 6 Abs. 1 Nr. 2, Abs. 2 UStG). Im Umkehrschluss erfolgen Abhollieferungen trotz tatsächlichen Verbringens der Ware in ein Drittland steuerpflichtig, wenn der Kunde ein anderer Deutscher ist. Der Unternehmer hat die – für ihn ja günstigen – Voraussetzungen der Steuerfreiheit gem. § 6 Abs. 4 UStG nachzuweisen. Gelingt ihm dieser Nachweis nicht, ist die Lieferung in aller Regel steuerpflichtig.

---

305   Niedersächsisches FG, Urteil vom 28.9.2006, 16 K 541/03, EFG 2008, 1240.

27a.5.1.2.1 Grundsatz: Bevollmächtigung prüfen!

Erscheint wie im Streitfall der ausländische Abnehmer nicht persönlich beim Unternehmer, sondern erklärt eine dritte Person mit inländischem Wohnsitz, die Ware als Bevollmächtigter des Abnehmers zu erwerben, so hat sich der Unternehmer – nach insoweit wohl unstrittiger – Auffassung des FG grundsätzlich davon zu **vergewissern, ob dieser Dritte tatsächlich für einen ausländischen Abnehmer aufgetreten ist,** etwa indem er sich eine dem Dritten erteilte **Vollmacht des ausländischen Abnehmers vorlegen** lässt. Denn anderenfalls fehlte es an dem gem. § 6 Abs. 4 UStG zu erbringenden Abnehmernachweis, weil der inländische Dritte auch vollmachtlos gehandelt haben oder vorgeben könnte, für eine in Wirklichkeit gar nicht existierende Person zu handeln.

27a.5.1.2.2 Ausnahme: Nachweis durch andere Unterlagen

In den Streitjahren 1996 und 1998 rechtfertigten – so das FG – die weiteren Umstände des Sachverhalts die Annahme der Klin., dass Herr K tatsächlich als Bevollmächtigter für Herrn F gehandelt habe. Nach erfolgter Ausfuhr der Uhren sind die **Ausfuhrbescheinigungen über Herrn K wieder an die Klin. zurückgelangt.** In den Ausfuhrbescheinigungen **bestätigen die Zollbehörden,** dass der in ebendiesen als Abnehmer angeführte F die Uhren in das Drittlandsgebiet verbracht hat und dass der in seinem Reisepass angegebene Wohnsitz mit der in den Ausfuhrpapieren genannten Anschrift übereinstimmt. Aufgrund dieser Bestätigungen sei die Klin. – so das FG – zu Recht davon ausgegangen, dass K die Uhren **an F als Abnehmer weitergeleitet** hat und dass F seinen Wohnsitz tatsächlich im Ausland hatte.

27a.5.1.2.3 Die zentrale Frage der Revision

Insbesondere diese letzte Schlussfolgerung wird das Revisionsverfahren zu klären haben: **Rechtfertigt der – durch die Ausfuhrbescheinigungen belegte – Umstand, dass F die Uhren (zunächst) in das Drittlandsgebiet verbracht hatte, auch den Schluss auf dessen Abnehmereigenschaft?** Dies scheint recht fraglich, da F die Uhren auch ausgeführt haben könnte, ohne Abnehmer der Klin. gewesen zu sein (so auch *Meyer*, Anmerkungen zum Besprechungsurteil, EFG 2008, 1240). Hierfür spricht z. B., dass F die Uhren wieder ins Inland verbracht und an K ausgehändigt hat, der sie dann veräußerte. Handelt daher ein Dritter im Namen eines (behaupteten) Abnehmers, wird der Lieferant durch Vorlage einer entsprechenden Vollmacht dessen Vertretungsbefugnis nachweisen müssen.

27a.5.1.2.4 Streitjahr 1999 wohl eindeutig: keine Steuerbefreiung!

Anders beurteilt das FG – insoweit wohl unstrittig – die Rechtslage im Streitjahr 1999. Hier fehlt in der Ausfuhrbescheinigung eine Angabe darüber, ob die Person, die bei der Klin. die Uhren erworben hat, mit der Person übereinstimmt, die die Uhren bei der französischen Zollbehörde ausgeführt hat. Insoweit ist der Abnehmernachweis nicht geführt und der Umsatz steuerpflichtig.

27a.5.1.3 Die Entscheidung des BFH

Der BFH[306] verwies die Sache an das FG zurück:

1. Die Anforderungen an den nach § 6 Abs. 4 UStG i. V. m. §§ 8 ff. UStDV beizubringenden Belegnachweis können nicht durch die Finanzverwaltung um weitere Voraussetzungen, wie z. B. das Erfordernis, die Bevollmächtigung eines für den Abnehmer handelnden Beauftragten belegmäßig nachzuweisen, verschärft werden.

2. Der vom Unternehmer beigebrachte Belegnachweis unterliegt der Nachprüfung durch die Finanzverwaltung. Im Rahmen dieser Prüfung ist nach den allgemeinen Beweisregeln und -grundsätzen zu entscheiden, ob eine vom Vertreter des Abnehmers behauptete Bevollmächtigung besteht. Dabei bestimmt sich die Person des Abnehmers einer Ausfuhrlieferung nach dem der Ausfuhrlieferung zugrunde liegenden Rechtsverhältnis.

Liegen – wie im Urteilsfall – die Voraussetzungen des § 6 Abs. 1 Satz 1 UStG vor und hat der Steuerpflichtige den Buch- und Belegnachweis erbracht, ist für die Steuerbefreiung der Lieferung zwar **grundsätzlich unerheblich, ob** nach der Beförderung in das Drittlandsgebiet aufgrund der **Rückbeförderung in das Gemeinschaftsgebiet** EUSt zu erheben war und ob die Voraussetzungen für eine Steuerfreiheit der Einfuhr nach § 12 der EUSt-Befreiungsverordnung vorlagen.

Im Streitfall bestanden nach dem festgestellten Sachverhalt **erhebliche Zweifel an der Richtigkeit der Nachweisangaben.** Sollte das FG im zweiten Rechtsgang feststellen, dass K und nicht F Abnehmer der Lieferungen war, ist nicht im Steuerfestsetzungs-, sondern **im Billigkeitsverfahren** zu entscheiden, ob eine Steuerfreiheit aufgrund unrichtiger Abnehmerangaben in Betracht kommt, weil der Unternehmer die Unrichtigkeit der Abnehmerangaben nicht erkennen konnte.

---

306 BFH, Urteil vom 23.4.2009, V R 84/07, BStBl. II 2010, 509.

➡ Beratungskonsequenzen

1. **Strenge Anforderungen an den Abnehmernachweis:** Handelt daher ein Dritter bei einer Ausfuhr im Namen eines (behaupteten) ausländischen Abnehmers, wird der Lieferant durch Vorlage einer entsprechenden Vollmacht die Vertretungsbefugnis des Dritten nachweisen müssen. Ausdrücklich hat der BFH dies für **Steuerbefreiung innergemeinschaftlicher Lieferungen** gefordert[307]: »Handelt jemand im fremden Namen, kommt es darauf an, ob er hierzu Vertretungsmacht hat ... Der Unternehmer muss daher die Identität des Abnehmers z. B. durch Vorlage des Kaufvertrages nachweisen. Handelt ein Dritter im Namen des Abnehmers, muss der Unternehmer auch die Vollmacht des Vertreters nachweisen, weil beim Handeln im fremden Namen die Wirksamkeit der Vertretung davon abhängt, ob der Vertreter Vertretungsmacht hat. ...«. Diese Rechtsgedanken werden sich **auf die Ausfuhr übertragen** lassen.

2. **Gutglaubensschutz:** Auch durch unrichtige oder gefälschte Vollmachten wird der Lieferant den erforderlichen Nachweis erbringen können, wenn er den Fehler auch bei Beachtung der Sorgfalt eines ordentlichen Kaufmanns nicht erkennen konnte (EuGH, Urteil vom 21.2.2008, Rs. C-271/06, Netto Supermarkt GmbH & Co. KG ➲ Kapitel 27a.3). Die Frage der Gutgläubigkeit stellt sich aber erst dann, wenn der Unternehmer seinen Nachweispflichten nachgekommen ist[308].

3. **Nachweisführung in Vertretungsfällen:** Der Nachweis sollte grundsätzlich durch eine von dem Vertretenen unterzeichnete **schriftliche Vollmacht** für den Vertreter geführt werden. Außerdem sollten **Ablichtungen der Identitätsnachweise** (Reisepässe o.dgl.) sowohl des Vertreters als auch des Vertretenen zu den Büchern genommen werden. Letztere ermöglichen dem FA nicht nur die Feststellung der Identität des Abnehmers, sondern erleichtern durch einen Vergleich der Unterschriften auch die Prüfung, ob die Vollmacht tatsächlich von dem Vertretenen erteilt worden ist. In diesem Zusammenhang ist darauf hinzuweisen, dass die Vorlage einer Vollmacht, die nicht erkennen lässt, von welcher Person sie unterzeichnet worden ist, zum Nachweis der Vertretungsmacht keineswegs ausreicht[309].

4. Die beleg- und buchmäßigen Nachweispflichten in §§ 8 und 13 UStDV sind gemeinschaftskonform. **Weitere Nachweise** als die, die dort festgeschrieben

---

307 BFH, Urteil vom 8.11.2007, V R 26/05, BFH/NV 2008, 1067, unter II.1.c, m. w. N.; hierzu ausführlich *Oelmaier,* DStR 2008, 1213.

308 BFH, Urteil vom 8.11.2007, V R 26/05, a. a. O., unter II.2.b.

309 FG Düsseldorf, Beschluss vom 25.6.2008, 1 V 839/08 A (U), n. v.

sind – wie nach Ansicht der Finanzverwaltung stets der Nachweis der Vollmacht, wenn die Ware nicht vom Abnehmer selbst abgeholt wird – **darf das FA grundsätzlich nicht verlangen** und allein schon bei deren Fehlen die Steuerbefreiung versagen.

5. Beleg- und Buchnachweis haben nur den Charakter eines Anscheinsbeweises. Liegen sie vor und bestehen keine konkreten Anhaltspunkte für deren Unrichtigkeit, darf die Steuerbefreiung beansprucht werden. Das FA darf andererseits deren Richtigkeit jedoch prüfen. Bestehen konkrete Anhaltspunkte für die Unrichtigkeit, obliegt es dem Unternehmer, deren Richtigkeit **mit ggf. allen zulässigen Beweismitteln** nachzuweisen.

6. **Umgekehrt gilt:** Ergibt sich bei einer Überprüf der Buch- und Belegangaben nach den allgemeinen Beweisregeln und -grundsätzen aber deren Unrichtigkeit, ist die Lieferung **trotz eines formal geführten Nachweises** vorbehaltlich besonderer Umstände **grundsätzlich steuerpflichtig**.

7. **Den Mandanten zur Vorsicht anhalten:** Der Steuerberater sollte den Mandanten zur konsequenten Einhaltung dieser »Spielregeln« einhalten. Dabei gelten die Grundsätze: Ein Nachweis zu viel ist besser als ein Nachweis zu wenig! Im Zweifel sollte der Mandant eher von einem Umsatz absehen!

8. **Nachholung des Nachweises möglich:** Fehler im Belegnachweis können »bis zum Schluss der mündlichen Verhandlung« – und damit regelmäßig rückwirkend – geheilt werden. Aus der rückwirkenden Heilung ergibt sich, dass in diesem Fall keine Sollzinsen nach § 233a AO entstehen[310].

9. **Eigenverantwortlichen Transport bevorzugen:** Letztlich bestätigt sich, dass die Steuerbefreiung der Ausfuhr ist am wenigsten gefährdet, wenn der Lieferant sich selbst für den Transport verantwortlich zeigt (§ 6 Abs. 1 Satz 1 Nr. 1 UStG). Dem Mandanten sollte daher empfohlen werden, möglichst diese Sachverhaltsgestaltung auch bei seinen ausländischen Kunden durchzusetzen; bei einem deutschen Kunden wäre dies von vorneherein zwingend[311].

10. **Fundstellen:** *Weimann*, PIStB 2008, 323. Vgl. auch die Urteilsanmerkungen von *Martin*, BFH/PR 2009, 385 (zu BFH v. 23.4.2009) und *Meyer*, EFG 2008, 1240 (zu FG Nds. v. 28.9.2006).

---

310 BFH, Urteil vom 30.3.2006, V R 47/03, UR 2006, 397.

311 Vgl. § 6 Abs. 1 Satz 1 Nr. 2 UStG.

27a.5.2 Buchnachweis: Sofort richtig buchen, auch wenn die Nachweise erst später kommen!

 Rechtsgrundlagen

BFH, Urteil vom 28.8.2014, V R 16/14, BStBl. II 2015, 46

Der BFH stellt in einem neueren Urteil noch einmal klar, welche Voraussetzungen seines Erachtens an den Beleg- und Buchnachweis zu stellen sind.

27a.5.2.1 Der Urteilssachverhalt

Der BFH hatte in etwa über folgenden Sachverhalt zu entscheiden[312]:

Sachverhalt

Der Kläger (K) lieferte Gegenstände in das Ausland und behandelte die Lieferungen als Ausfuhrlieferungen steuerfrei.

K verbuchte die Ausfuhrlieferungen auf einem separaten Konto unter Bezugnahme auf die jeweilige Rechnung.

Das Finanzamt ging davon aus, dass die Lieferungen steuerpflichtig seien, da K den Beleg- und Buchnachweis aufgrund ungenauer Angaben nicht erbracht habe, und versagte die Steuerfreiheit.

Ein Einspruch des K hatte keinen Erfolg.

Das FG Berlin-Brandenburg[313] gab der Klage statt, da K die Rechnungen nachträglich um Anlagen, die die notwendigen Angaben enthielten, ergänzt hatte.

Der BFH bestätigt die Entscheidung des FG. Verbucht der Unternehmer Ausfuhrlieferungen auf einem separaten Konto unter Bezugnahme auf die jeweilige Rechnung, kann dies ausreichen, um den Buchnachweis nach § 6 Abs. 4 UStG i. V. m. § 13 UStDV dem Grunde nach zu führen.

---

312 *Weimann/Kraatz,* PIStB 2015, 4.
313 FG Berlin-Brandenburg, Urteil vom 18.2.2014, 5 K 5235/12, EFG 2014, 1045.

27a.5.2.2   Beweislast des Unternehmers

Der Unternehmer hat die Voraussetzungen für die Steuerbefreiung der Ausfuhrlieferung nachzuweisen (§ 6 Abs. 4 Satz 1 UStG) gem. § 6 Abs. 4 Satz 2 UStG, §§ 8 ff. UStDV hat der Unternehmer den Nachweis zu führen durch

* **Belege** (Belegnachweis) und
* **Aufzeichnungen** (Buchnachweis).

Die Vorschriften beruhen auf der gem. Art. 131 MwStSystRL bestehenden Befugnis der Mitgliedstaaten, die Bedingungen für die Anwendung der Steuerbefreiungen für Ausfuhrlieferungen festzusetzen.

27a.5.2.3   Gegenüber den relativ weiten Zeitvorgaben für den Belegnachweis …

Der Unternehmer kann den Belegnachweis bis **zum Schluss der letzten mündlichen Verhandlung vor dem FG** erbringen.

27a.5.2.4   … sind die Zeitvorgaben für den Buchnachweis relativ eng

Der Buchnachweis muss grundsätzlich bis zu dem Zeitpunkt vorliegen, zu dem der Unternehmer die Voranmeldung für den Voranmeldungszeitraum der Ausfuhrlieferung abzugeben hat.

Der Unternehmer, der eine Ausfuhrlieferung als steuerfrei erklärt, muss sich durch seine buchmäßigen Aufzeichnungen zumindest dem Grunde nach vergewissern, ob er die Voraussetzungen der Steuerfreiheit als gegeben ansehen kann.

> **Wichtig!**
> Nach dem Zeitpunkt für die Abgabe der Umsatzsteuer-Voranmeldung kann der Unternehmer die buchmäßigen Aufzeichnungen **nicht mehr erstmals** erstellen, sondern nur noch berichtigen oder ergänzen. Derartige Korrekturen können dann bis zum Schluss der letzten mündlichen Verhandlung vor dem FG erfolgen.

Beratungskonsequenzen

Im Zweifel sollte der Unternehmer daher **besser »eine Ausfuhr zu viel als zu wenig« erklären.** Denn während man eine irrtümlich erklärte Ausfuhr in einer Folgeerklärung wieder berichtigen kann, ist es nicht möglich, eine vergessene Ausfuhr erstmals zu deklarieren.

27a.5.2.5 Separates Konto ausreichend

Um den Buchnachweis i. S. v. § 13 UStDV dem Grunde nach zu führen kann der Unternehmer die Ausfuhrlieferungen auf einem separaten Konto unter Bezugnahme auf die jeweilige Rechnung verbucht.

 Beratungskonsequenzen

Es kommt nicht darauf an, ob der Unternehmer zusätzlich ein Warenausgangsbuch i. S. v. § 144 AO führt oder weitergehend seine Buchführung im Allgemeinen ordnungsgemäß ist. Daher können Beleg- und Buchnachweis im finanzgerichtlichen Verfahren vervollständigt werden.

27a.5.2.6 Verschuldensunabhängigkeit

Bei Nachweismängeln kommt es nicht darauf an, ob der Unternehmer diese zu vertreten hat. Auch bei schuldhaftem Handeln können daher der Buchnachweis ergänzt oder eine Rechnung berichtigt werden.

Wichtig!
Natürlich wird dann immer zu prüfen sein, ob die Falscherklärung nicht zu einem Steuerdelikt geführt hat.

27a.5.2.7 Entsprechende Anwendung auf innergemeinschaftliche Lieferungen

Die vorstehenden Grundsätze sind auf innergemeinschaftliche Lieferungen entsprechend anzuwenden (➔ Kapitel 25.3).

Beratungskonsequenzen

Auch hier gilt also, dass Buchnachweis grundsätzlich bis zu dem Zeitpunkt vorliegen muss, zu dem der Unternehmer die Umsatzsteuer-Voranmeldung für den Voranmeldungszeitraum der Ausfuhrlieferung abzugeben hat.

27a.5.3 Kfz-Händler erhält Vertrauensschutz trotz gefälschtem Zollstempel

 Hinweis

➲ mybook.haufe.de > Vertiefende Informationen zu Kapitel 27a.5.3

27a.5.4 Keine analoge Anwendung des § 6a Abs. 4 UStG auf Ausfuhrlieferungen

 Hinweis

➲ mybook.haufe.de > Vertiefende Informationen zu Kapitel 27a.5.4

28 So funktioniert ATLAS-Ausfuhr

Das neue elektronische Verfahren im Praxisüberblick

 Rechtsgrundlagen

- UStG: § 3 Abs. 5a ff., § 4 Nr. 1 Buchst. a, § 6, § 7
- UStDV: §§ 8 ff.
- UStAE: Abschn. 6.1–6.12
- MwStSystRL: Art. 14 ff., 20 ff., 31, 32 ff., 40 ff., 131, 138 f., 140 f., 143 ff., 146 f.

28.1 Was ist ATLAS-Ausfuhr?

Die Europäische Union hat das Ziel, Warenexporte elektronisch zu überwachen. Diesem Ziel dient das EDV-Projekt **ECS** (**E**xport **C**ontrol **S**ystem)/**AES** (**A**utomated

Export System) unter Leitung der Europäischen Kommission und unter Mitwirkung der EU-Mitgliedstaaten.

Das zur **Umsetzung der entsprechenden EU-Vorgaben von Deutschland** eingeführte Verfahren heißt **ATLAS** (**A**utomatisiertes **T**arif- und **L**okales Zoll-**A**bwicklungs-**S**ystem) und wurde am 1.8.2006 eingeschränkt in Betrieb genommen[314].

 Merke!

ATLAS ist ein internes Informatikverfahren, das auf der Grundlage von Art. 4a Abs. 1 ZK-DVO entwickelt wurde.

Seit dem 1.7.2009 besteht **EU-einheitlich die Pflicht zur Teilnahme** an diesem elektronischen Ausfuhrverfahren, in Deutschland also zur Teilnahme am ATLAS-Verfahren.

Mit ATLAS werden **schriftliche Zollanmeldungen und Verwaltungsakte** (z. B. Einfuhrabgabenbescheide) **durch elektronische Nachrichten ersetzt.** Dadurch wird die Zollabfertigung und Zollsachbearbeitung automatisiert, vereinfacht und beschleunigt.

Sämtliche Dienststellen der deutschen Zollverwaltung sind mit den für ihre Aufgabenbereiche erforderlichen ATLAS-Fachverfahren ausgestattet.

Die Anmeldedaten werden **an zentraler Stelle archiviert** und unter Einhaltung der Datenschutzrichtlinien der

- Zentralstelle für Risikoanalyse (Zoll),
- dem Statistischen Bundesamt,
- dem Bundesamt für Wirtschaft und Ausfuhrkontrolle,
- der Bundesanstalt für Landwirtschaft und Ernährung,
- den Prüfungsdiensten, Zollfahndungsämtern und Landesfinanzverwaltungen

zur Verfügung gestellt[315].

---

314 BMF, Schreiben vom 1.6.2006, IV A 6 – S 7134 – 22/06, BStBl. I 2006, 395.
315 BMF, www.zoll.de >Fachthemen > Zölle > ATLAS.

Im Rahmen der **Teilnehmereingabe** werden Zollanmeldungen zur Überführung von Waren

- in den **zollrechtlich freien Verkehr,**
- in die **Aktive Veredelung,**
- in das **Umwandlungsverfahren,**
- in ein **Zolllagerverfahren,**
- in ein **Versandverfahren** oder
- in das **Ausfuhrverfahren**

vom Anmelder elektronisch erfasst, der Zollstelle elektronisch übermittelt und dort entsprechend bearbeitet[316].

Der Anmelder erhält die **Entscheidung der Zollstelle** und den Bescheid über Einfuhrabgaben bzw. die Festsetzung/Anerkennung von Bemessungsgrundlagen anschließend ebenfalls auf elektronischem Weg.

Der weitgehende **Verzicht auf die Vorlage von Unterlagen,** wie Rechnungen oder Präferenznachweise, im Zeitpunkt der Abfertigung führt zu einer zusätzlichen **Verfahrensbeschleunigung** und **Verschlankung des Verwaltungsverfahrens.** Neben der Reduzierung der Papiermenge ergeben sich weitere

---

316 BMF, www.zoll.de > Fachthemen > Zölle > ATLAS > Allgemeines.

Vorteile insbesondere durch den **Wegfall von Wegezeiten** zur bzw. von der Zollstelle. Die Zollanmeldung kann vom Anmelder zentral an alle ATLAS-Zollstellen – also auch an Grenzzollstellen – elektronisch übermittelt werden, wodurch ggf. ein **Versandverfahren zur Binnenzollstelle vermieden** werden kann. Eine weitere Möglichkeit ist die Abgabe einer vorzeitigen Zollanmeldung (d. h. vor Eintreffen der Ware), um die Zollabwicklung noch weiter zu beschleunigen und damit noch **schneller über die Ware zu verfügen**.

Die Inanspruchnahme dieser schnellen ATLAS-Zollabwicklung setzt allerdings bestimmte **Hard- und Softwareausstattungen** voraus, wobei zertifizierte Softwareanbieter bzw. Dienstleister unterschiedliche Zugangsmöglichkeiten anbieten. Je nach Anzahl der Abfertigungen reicht das Spektrum von einer kompletten Inhouse-Lösung (EDIFACT-Konvertierung, Datenübertragung mit X.400 bzw. FTAM, ATLAS-Software) bis hin zu einem Online-Zugang über ein Clearing-Center (Rechenzentrum). Zusätzlich kann, unabhängig von einer zollrechtlichen Vertretung i. S. d. Art. 5 VO (EWG) Nr. 2913/92, die Leistung eines dezentralen Kommunikationspartners (DezKP) bzw. Datenübermittlungsdienstleisters (DÜD) in Anspruch genommen werden. Die **Kosten sind abhängig von der Wahl der Variante,** der Anzahl der Lizenzen etc. Es ist daher notwendig, sich spezielle, auf die jeweiligen Bedürfnisse abgestellte Angebote bei den Softwareanbietern bzw. Dienstleistern einzuholen.

28.2 Detailinformationen zum ATLAS-Verfahren

 Hinweis

Weitere Informationen der Finanzverwaltung zum ATLAS-Verfahren erhalten Sie auf der Zoll-Homepage des BMF (www.zoll.de) oder auch telefonisch sowie per Telefax oder E-Mail:

- **Auskünfte zu Zollnummern**
  Telefon: 0351 44834-520 (werktags von 8:00 bis 17:00 Uhr)
  Telefax: 0351 44834-590
  E-Mail: info.gewerblich@zoll.de

- **Service Desk**
  Telefon: 0800 8007-5451 oder +49 69 20971-545
  Telefax: 49 22899 680-187584
  E-Mail: servicedesk@itzbund.de

28.3 Folgerungen für den umsatzsteuerlichen Ausfuhrnachweis

Die Steuerbefreiung der Ausfuhrlieferung erforderte (bislang) papierene Ausfuhrnachweise nach § 6 Abs. 4 UStG i. V. m. §§ 8 ff. UStDV. Letztere werden nunmehr in der Regel durch ein elektronisches Dokument ersetzt, dass dem Anmelder am Ende des Ausfuhrvorgangs von der Ausfuhrzollstelle übermittelt wird:

 Checkliste

- Zunächst muss der Unternehmer die Ware auf einem der dazu vorgesehenen elektronischen Verfahrenswege[317] bei der (Binnen-)«**Ausfuhrzollstelle« (AfZSt)** zur Ausfuhr anmelden.
- Die AfZSt überführt die Ware in das Ausfuhrverfahren, indem sie
  - das Ausfuhrbegleitdokument (ABD ➲ Kapitel 29) generiert, das die Ware begleitet. Dieses Dokument wird behandelt wie das Exemplar Nr. 3 des Einheitspapiers. Der Ausführer erhält das ABD als PDF und druckt sich diese aus. Aufgrund der elektronischen Übermittlung der Ausfuhrdaten tragen die Ausfuhrnachweise keine eigenhändige Unterschrift des Ausführers.

    Stattdessen wird dem Teilnehmer eine Beteiligtenidentifikationsnummer (BIN) zugeteilt, die im IT-Verfahren ATLAS die Unterschrift ersetzt;
  - gleichzeitig die MRN (s. u.) generiert und
  - die Daten vorab elektronisch an die vom Unternehmer angegebenen (Grenz-)Ausgangszollstellen (AgZSt) übermittelt.
- Über den **europäischen Systemverbund** kann die **AgZSt** anhand der für jeden Ausfuhrvorgang angelegten **Registriernummer** (**M**ovement **R**eference **N**umber – **MRN**) in jedem EU-Staat den Vorgang aufrufen und den körperlichen Warenausgang **überwachen**.
- Die **AgZSt übermittelt das Überwachungsergebnis** bzw. den Warenausgang elektronisch der AfZSt.
- Die AfZSt schließt den Ausfuhrvorgang dadurch ab, dass sie dem Anmelder den »**Ausgangsvermerk« in Form eines pdf-Dokuments** (➲ Kapitel 29) elektronisch übermittelt; darin sind die Daten der ursprünglichen Ausfuhranmeldung um die Feststellungen und Ergebnisse der AfZSt ergänzt.

---

317 Zu den Details *Nieskoven*, PIStB 2010, 95.

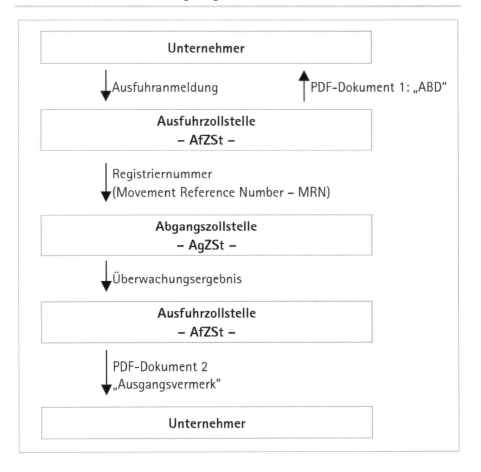

29 Das Non-EU-Warengeschäft

Checkliste Buchnachweis, Belegnachweis, Meldung an das Finanzamt und »Echtfall«

 **Rechtsgrundlagen**

- UStG: § 3 Abs. 5a ff., § 4 Nr. 1 Buchst. a, § 6, § 7
- UStDV: §§ 8 ff.
- UStAE: Abschn. 6.1–6.12
- MwStSystRL: Art. 14 ff., 20 ff., 31, 32 ff., 40 ff., 131, 138 f., 140 f., 143 ff., 146 f.

29.1 Buchnachweis bei Ausfuhrlieferungen und Lohnveredelungen

Bei Ausfuhrlieferungen und Lohnveredelungen an Gegenständen der Ausfuhr (§§ 6 u. 7 UStG) hat der Unternehmer die Steuerbefreiung gem. § 13 Abs. 1 Satz 2, Abs. 2 UStDV wie folgt buchmäßig nachzuweisen:

✅ **Checkliste 1: Buchnachweis im Regelfall**

Der Lieferant hat regelmäßig (= immer) Folgendes aufzuzeichnen:

- die Menge des Gegenstands der Lieferung oder die Art und den Umfang der Lohnveredelung sowie die handelsübliche Bezeichnung einschließlich der Fahrzeug-Identifikationsnummer bei »Fahrzeugen« i. S. d. § 1b Abs. 2 UStG. Vgl. auch Abschn. 6.10 Abs. 5 UStAE;
- den Namen und die Anschrift des Abnehmers oder Auftraggebers;
- den Tag der Lieferung oder der Lohnveredelung;
- das vereinbarte Entgelt oder bei der Besteuerung nach vereinnahmten Entgelten das vereinnahmte Entgelt und den Tag der Vereinnahmung;
- die Art und den Umfang einer Bearbeitung oder Verarbeitung vor der Ausfuhr (§ 6 Abs. 1 Satz 2, § 7 Abs. 1 Satz 2 UStG);
- den Tag der Ausfuhr;
- bei Ausfuhren im ATLAS-Verfahren (§ 9 Abs. 1 Satz 1 Nr. 1, § 10 Abs. 1 Satz 1 Nr. 1, § 10 Abs. 3) die Movement Reference Number – MRN.

Checkliste 2: Buchnachweis in Sonderfällen

In besonderen Fällen hat der Lieferant **zusätzlich** zu den Aufzeichnungen in Checkliste 1 auch Folgendes aufzuzeichnen:

- Wenn der **Lieferant** die Ware **selbst** in das Drittlandsgebiet transportiert hat oder den Transport beauftragt (»befördert oder versendet«) hat und der **Kunde** »kein ausländischer Abnehmer« – also **ein Deutscher** (§ 1 Abs. 2 Satz 2 UStG) – ist, sind zusätzlich

    - die Beförderung oder Versendung durch den Unternehmer selbst und
    - der Bestimmungsort

    aufzuzeichnen (§ 6 Abs. 1 Satz 1 Nr. 1 UStG i. V. m. § 13 Abs. 3 UStDV).

- Wenn der Lieferant oder der Kunde den Liefergegenstand in **Freihäfen etc.** (§ 1 Abs. 3 UStG, Abschn. 1.11 UStAE) transportieren (lassen), sind zur **Vermeidung eines unversteuerten Endverbrauchs**

    - die Beförderung oder Versendung
    - der Bestimmungsort
    - in den Fällen, in denen der Abnehmer ein Unternehmer ist, auch der Gewerbezweig oder Beruf des Abnehmers und der Erwerbszweck

    aufzuzeichnen (§ 6 Abs. 1 Satz 1 Nr. 3 UStG i. V. m. § 13 Abs. 4 UStDV). Vgl. auch Abschn. 6.10 Abs. 6 UStAE.

- Wenn **in Abholfällen** der **Unternehmens**kunde oder dessen Beauftragter die Ware **im persönlichen Reisegepäck ausführen,** sind zusätzlich

    - der Gewerbezweig oder der Beruf des Abnehmers
    - der Erwerbszweck

    aufzuzeichnen (§ 6 Abs. 1 Satz 1 Nr. 2 u. Nr. 3 UStG i. V. m. § 13 Abs. 5 UStDV). Vgl. auch Abschn. 6.10 Abs. 8 i. V. m. Abschn. 6.11 Abs. 11 UStAE.

- Wenn die Ware zur Ausrüstung oder Versorgung eines Beförderungsmittels bestimmt ist, sind in Abholfällen oder bei Lieferungen in Freihäfen etc. zusätzlich

    - der Gewerbezweig oder Beruf des Abnehmers sowie
    - der Verwendungszweck des Beförderungsmittels

    aufzuzeichnen (§ 6 Abs. 3 i. V. m. 1 Satz 1 Nr. 2 u. Nr. 3 UStG u. § 13 Abs. 6 UStDV). Vgl. auch Abschn. 6.10 Abs. 7 UStAE.

- Wenn bei einer **Lohnveredelung an Gegenständen der Ausfuhr** (§ 7 UStG) der **Lohnveredeler** den bearbeiteten oder verarbeiteten Gegenstand **selbst** in das Drittlandsgebiet transportiert hat oder den Transport beauftragt (»befördert oder versendet«) hat und der **Auftraggeber** »kein ausländischer Auftraggeber« – also **ein Deutscher** (§ 1 Abs. 2 Satz 2 UStG) – ist, sind zusätzlich
  - die Beförderung oder Versendung durch den Lohnveredeler selbst und
  - der Bestimmungsort

  aufzuzeichnen (§ 7 Abs. 1 Satz 1 Nr. 1 UStG i. V. m. § 13 Abs. 7 Satz 1 u. Abs. 3 UStDV).

- Wenn bei einer **Lohnveredelung an Gegenständen der Ausfuhr** (§ 7 UStG) der Lohnveredeler oder der Auftraggeber den bearbeiteten oder verarbeiteten Gegenstand in Freihäfen etc. (§ 1 Abs. 3 UStG, Abschn. 1.11 UStAE) transportieren (lassen), sind zur Vermeidung eines unversteuerten Endverbrauchs
  - die Beförderung oder Versendung
  - der Bestimmungsort
  - in den Fällen, in denen der Abnehmer ein Unternehmer ist, auch der Gewerbezweig oder Beruf des Abnehmers und den Erwerbszweck aufzuzeichnen (§ 7 Abs. 1 Satz 1 Nr. 3 Buchst. b UStG i. V. m. § 13 Abs. 7 Satz 2 und Abs. 4 UStDV).

🛇 Praxistipp

1. Alle Angaben müssen **eindeutig und leicht nachprüfbar** aus den Aufzeichnungen ersichtlich sein (§ 13 Abs. 1 Satz 2 UStDV). Hinweis auf Abschn. 6.10 Abs. 3 UStAE.

2. Die Finanzverwaltung erläutert ihre Sicht des Buchnachweises in **Abschn. 6.10 UStAE**. Den dortigen Anforderungen sollte der Unternehmer – schon zur Vermeidung von »Nebenkriegsschauplätzen« – möglichst genügen.

3. **Allerdings räumt auch die FinVerw ein:** Wird der Buchnachweis weder rechtzeitig geführt noch zulässigerweise ergänzt oder berichtigt, kann die Ausfuhrlieferung gleichwohl steuerfrei sein, wenn aufgrund der objektiven Beweislage feststeht, dass die Voraussetzungen des § 6 Abs. 1 bis Abs. 3a UStG vorliegen[318].

---

318 Abschn. 6.10 Abs. 3a UStAE; unter Hinweis auf BFH-Urteil vom 28. 5. 2009, V R 23/08, BStBl. II 2010, 517.

29.2 Buch- und Belegnachweis als Einheit

Häufig wird – auch von Vertretern der Finanzverwaltung – die These vertreten, dass der Buchnachweis nur erfüllt sei, wenn der Unternehmer die in Kapitel 29.1 geforderten Angaben im Rahmen seiner Buchhaltungspflichten aufgezeichnet habe. Diese Auffassung ist zu eng und rechtlich nicht zutreffend[319]. Unter dem Buchnachweis ist allgemein der Nachweis durch Bücher oder andere Aufzeichnungen in Verbindung mit Belegen zu verstehen. Ergeben sich die buchmäßigen Nachweispflichten aus den Angaben in den Belegen, sind die gesetzlichen Anforderungen auch erfüllt. Es ist nicht erforderlich, die Aufzeichnungen im Rahmen der Buchführung (etwa auf verschiedenen Sachkonten) vorzuhalten[320].

29.3 So machen Sie die Ware »versandfertig«

Bitte stellen Sie sicher, dass bei allen über ATLAS angemeldeten Warensendungen

- das dazugehörige **Ausfuhrbegleitdokument**[321] (ABD ➲ Kapitel 28.3 u. 29.4), welches bei der Anmeldung ausgedruckt werden muss, sowie
- sonstige Begleitdokumente (z. B. Pro-forma-Rechnungen)

beigefügt sind.

---

319 *Winter* in Haufe Umsatzsteuer, Datenbank, Stand: Dezember 2013 (Version 11.6), HI 1561347.

320 BFH, Urteil vom 25.10.1979, V B 5/79, BStBl. II 1980, 110.

321 Wenn Ausfuhren über andere EU-Mitgliedstaaten oder über inländische Ausgangszollstellen erfolgen, die (noch) nicht mit dem EDV-gestützten Ausfuhrsystem vernetzt sind, wird für das zollrechtliche Ausfuhrverfahren ein Ausfuhrbegleitdokument (ABD) verwendet, welches gemäß Art. 205 ZK-DVO als Exemplar Nr. 3 der Zollanmeldung im Rahmen der Überführung in das Ausfuhrverfahren gilt. Das ABD wird als Nachweis für Umsatzsteuerzwecke anerkannt, wenn die Ausfuhrbestätigung durch einen Vermerk (Dienststempelabdruck der Grenzzollstelle mit Datum) auf dem ABD angebracht ist (LfSt Bayern, Vfg. v. 21.12.2007, S 7500 – 9 St 35 N, Umsatzsteuer-Richtlinien 2008, Überblick, Haufe Umsatzsteuer, HI 1873005).

29.4 So sieht der Ausfuhrnachweis konkret aus

29.4.1 Ausgangsvermerk

Die (deutsche) Ausfuhrzollstelle – AfZSt – erledigt den Ausfuhrvorgang auf Basis der von der Abgangszollstelle – AgZSt – übermittelten »Ausgangsbestätigung« dadurch, dass sie dem Ausführer/Anmelder elektronisch den »**Ausgangsvermerk« als pdf-Dokument** übermittelt (➲ Kapitel 28.3).

Der »Ausgangsvermerk« beinhaltet die Daten der ursprünglichen Ausfuhranmeldung, ergänzt um die zusätzlichen Feststellungen und Ergebnisse der AfZSt. Der belegmäßige Nachweis der Ausfuhr wird daher zollrechtlich in allen Fällen (Beförderungs- und Versendungsfällen) durch den »Ausgangsvermerk« erbracht. Das durch die AfZSt an den Anmelder/Ausführer per EDIFACT-Nachricht übermittelte pdf-Dokument »Ausgangsvermerk« gilt als Beleg i. S. v. §§ 9 Abs. 1 und 10 Abs. 1 UStDV und ist als **Nachweis für Umsatzsteuerzwecke** anzuerkennen. Dies gilt unabhängig davon, ob der Gegenstand der Ausfuhr vom Unternehmer oder vom Abnehmer befördert oder versendet wird[322].

---

322   BMF, Schreiben vom 3.5.2010.

EUROPÄISCHE GEMEINSCHAFT			

A — 2 Versender/Ausführer — Nr. DE8999481
Zertifizierung KoSt Intern (Versand/FV-NV)
Hertzstr. 10
76187 Karlsruhe
DE

1 VERFAHREN
EX a

MRN 09DE588000001067E5

3 Vordrucke: 1 / 3 — 4 Ladelisten: 3

C Ausgangszollstelle

8 Empfänger — Nr.
Testfirma Empfänger
Teststraße Empfänger
1234-5678 Testort Empfänger
US

5 Positionen: 2 — 6 Packst. insgesamt: 22 400 — 7 Bezugsnummer: Muster

9 Verantwortlicher für den Zahlungsverkehr

10 Erstes Best. Land	11 Handels-Land	12 Angaben zum Wert	13 G. L. P.

15 Versendungs-/Ausfuhrland
DE — 15 a) — b) — 16 Vers./Ausf.L.Code: US — 17 Bestimm.L.Code: US — b)

14 Anmelder/Vertreter — Nr. DE8999481
[1] Zertifizierung KoSt Intern (Versand/FV-NV)
Hertzstr. 10
76187 Karlsruhe
DE

16 Ursprungsland — 17 Bestimmungsland: Vereinigte Staaten von Amerika

20 Lieferbedingung
FXW Testort

22 Währung u. in Rechn. gestellter Gesamtbetr.: EUR 56.453,45 — 23 Umrechnungskurs: 1 — 24 Art des Geschäfts: 1

28 Finanz- und Bankangaben

18 Kennzeichen und Staatszugehörigkeit des Beförderungsmittels beim Abgang — 19 Ctr.: 1

21 Kennzeichen und Staatszugehörigkeit des grenzüberschreitenden aktiven Beförderungsmittel
Flugzeug.AIR 101 — DE

25 Verkehrszweig an der Grenze: 40 — 26 Inländischer Ver- kehrszweig: 30 — 27 Ladeort

29 Ausgangszollstelle
DE007154 — 30 Warenort

A

31 Packstücke und Warenbezeichnung — Zeichen und Nummern · Container Nr. · Anzahl und Art

Siehe Liste der Positionen

32 Positions-Nr. — 33 Warennummer

34 Ursprl.and Code a) b) — 35 Rohmasse (kg): 7800 — 36 Präferenz

37 VERFAHREN — 38 Eigenmasse (kg) — 39 Kontingent

40 Summarische Anmeldung/Vorpapier

41 Besondere Maßeinheit — 42 Artikelpreis — 43 B.M. Code

44 Besondere Vermerke/ Vorgelegte Unterlagen/ Bescheinig. u. Genehmig.

Code B.V. — 45 Berichtigung

46 Statistischer Wert: 9.000

E PRÜFUNG DURCH DIE ZOLLSTELLE
Ergebnis:
Angebrachte Verschlüsse: Anzahl:
Zeichen:
Frist (letzter Tag):

K PRÜFUNG DURCH DIE AUSGANGSSTELLE
Ankunftsdatum:
Prüfung der Verschlüsse:
Bemerkungen:

Liste der Positionen			
Blatt	A	2	3	Datum: 20.08.2009

MRN 09DE588000001067E5

Empfänger (8)			Nr.	
Positions-Nr. (32)	Packstück Lfd. Nr. / Zeichen / Nr. (31.1)	Packstück Anzahl / Art (31.2)	Container Nr. (31.3)	Warenbezeichnung (31)
Verfahren (37)	Ausgangszollstelle Warennummer (33)	Ausgangsdatum Statistischer Wert (46)	Urspr.land Code (34)	Ar. ung/Vorpapier
Versendungs- / Ausfuhrland (15)	Besondere Maßeinheit (41)	Rohmasse (kg) (35)	Eigenmas (kg) (38)	Besonder rke / Vorgelegte Unterlagen / Bescheinigungen und ...nehm...gen
1	1/Paletten Nr. 1 - 10	20.000 CB, Bierkasten 20.08.2009	AB	Bi z, in Flasche
	DE007154 2/Paletten Nr. 11 - 20	1.000 CB, Bierkasten 20.08.2009		
	DE007154 3/Paletten Nr. 21 - 30	1.000 BV, Flasche, geschützt, bauchig 20.08.2009		
	DE007154			
1000	22030001	8.000	08	ohne
DE	12.123	5600	5000	Internationale Unterlagen: T:N380 R:A0123 Handelsrechnung
2	1/Paletten Nr. 31 - 32	400 CX, Dose, zylindrisch 20.08.2009	ABC2	Bier aus Malz, in Dosen
	DE007154			
1000	22030010	1.000	08	ohne
DE	2.000.000	2200	2000	Internationale Unterlagen: T:N380 R:A0123 Handelsrechnung

Liste der Abweichungen			
Blatt	A	3	3

Datum: 20.08.2009

keine Abweichungen

DE005880
Hauptzollamt Karlsruhe
Zollamt
Ottostrasse 22b

76227 Karlsruhe

20.08.2009 09:39 Uhr   MRN 09DE588000001067E5

29.4.2 Alternativ-Ausgangsvermerk

Das neue ATLAS-Verfahren ersetzt (eigentlich) die bisherigen (Papier-)Belege durch elektronische Belege – nämlich in der Regel durch den mittels EDIFACT-

Nachricht übermittelten »Ausgangsvermerk« oder den »Alternativ-Ausgangsvermerk«. In der Praxis kommt es aber – z. B. aufgrund technischer Mängel in der EDV der (ausländischen) Zollverwaltungen – immer wieder vor, dass den deutschen Unternehmern der erforderliche ATLAS-Ausgangsvermerk nicht erteilt werden kann.

> **Beispiel**
>
> Der deutsche Büromöbelhersteller B liefert Schreibtischstühle an ein russisches Möbelhaus. B meldet die Stühle bei der AfZSt Stuttgart zur Ausfuhr an. Die tatsächliche (körperliche) Ausfuhr erfolgt über die bulgarische Zollbehörde in Warna; von Letzterer erhält B einen herkömmlichen (papiernen) Ausfuhrbeleg.
>
> ➲ **Folge:**
>
> Den eigentlich zur Umsatzsteuerbefreiung erforderlichen Nachweis kann B damit nicht erbringen.

Der Ausfuhrzollstelle können bei Ausbleiben der Ausgangsbestätigung der EU-Grenzzollstelle – außer in begründeten Ausnahmefällen – **frühestens 70 Tage nach Überlassung** zur Ausfuhr sog. Alternativnachweise zur nachträglichen Erledigung des zollrechtlichen Ausfuhrvorgangs vorgelegt werden, worauf durch die Ausfuhrzollstelle ein »Alternativ-Ausgangsvermerk« erstellt werden kann. Da der »Alternativ-Ausgangsvermerk« als Alternativnachweis für Umsatzsteuerzwecke gilt, können von der Ausfuhrzollstelle als **Alternativnachweise insbesondere**

- Spediteursbescheinigungen (im Original ➲ Kapitel 29.4.3)
- Frachtbriefe (im Original oder beglaubigt ➲ Kapitel 29.4.4)
- Einfuhrverzollungsbelege aus dem Drittland (im Original oder beglaubigt)

anerkannt werden[323].

> **Bitte beachten Sie!**
> - **Zahlungsnachweise oder Rechnungen** können grundsätzlich **nicht** als Alternativnachweise anerkannt werden.
> - **Detailinformationen** finden Sie in der ATLAS-Verfahrensanweisung[324].

---

323   Siehe: www.zoll.de >Fachthemen > Zölle > ATLAS.

324   Generalzolldirektion, ATLAS ➲ mybook.haufe.de > Wichtiges aus anderen Behörden.

EUROPÄISCHE GEMEINSCHAFT		1 VERFAHREN		

A 2 Versender/Ausführer Nr. DE8999481
Zertifizierung KoSt Intern (Versand/FV-NV)
Hertzstr. 10
76187 Karlsruhe
DE

EU a   MRN 08DE588000001484E4

3 Vordrucke 4 Ladelisten
1 | 3

C Ausgangszollstelle

8 Empfänger Nr.
Testfirma Empfänger
Teststraße Empfänger
1234-5678 Testort Empfänger
CH

5 Positionen 6 Packst. insgesamt 7 Bezugsnummer
1 6 PV

9 Verantwortlicher für den Zahlungsverkehr

10 Erstes Best. Land 11 Handels- Land 12 Angaben zum Wert 13 G. L. P.

14 Anmelder/Vertreter Nr. DE8999481
[1] Zertifizierung KoSt Intern (Versand/FV-NV)
Hertzstr. 10
76187 Karlsruhe
DE

15 Versendungs-/Ausfuhrland DE 15 Vers./Ausf.L.Code a| b| 17 Bestimm.L.Code a| CH b|

16 Ursprungsland 17 Bestimmungsland Schweiz

20 Lieferbedingung
XXX frei Lager Karlsruhe

22 Währung u. in Rechn. gestellter Gesamtbetr. EUR 1.234.567.890.123,45 23 Umrechnungskurs 24 Art des 1 1 Geschäfts

28 Finanz- und Bankangaben

18 Kennzeichen und Staatszugehörigkeit des Beförderungsmittels beim Abgang 19 Ctr. 0

21 Kennzeichen und Staatszugehörigkeit des grenzüberschreitenden aktiven Beförderungsmittels
Flugzeug,AIR 101 DE

25 Verkehrszweig an der Grenze 40 26 Inländischer Verkehrszweig 30 27 Ladeort

28 Ausgangszollstelle
DE004055 **A**

30 Warenort

31 Packstücke und Warenbezeichnung Zeichen und Nummern · Container Nr. · Anzahl und Art

Siehe Liste der Positionen

32 Positions Nr. 33 Warennummer

34 Urspr.land Code a| b| 35 Rohmasse (kg) 200000 36 Präferenz

37 VERFAHREN 38 Eigenmasse (kg) 39 Kontingent

40 Summarische Anmeldung/Vorpapier

41 Besondere Maßeinheit 42 Artikelpreis 43 B.M. Code

44 Besondere Vermerke/Vorgelegte Unterlagen/Bescheinig. u. Genehmig.

Code B.V 45 Berichtigung

46 Statistischer Wert 8.023

C PRÜFUNG DURCH DIE ZOLLSTELLE
Ergebnis:
Angebrachte Verschlüsse: Anzahl:
Zeichen:
Frist (letzter Tag):

K PRÜFUNG DURCH DIE AUSGANGSSTELLE
Ankunftsdatum:
Prüfung der Verschlüsse:
Bemerkungen:

Liste der Positionen					MRN 08DE588000001484E4
Blatt	A	2	3	Datum: 02.12.2008	

Empfänger (8)				Nr.	
Positions-Nr. (32)	Packstück Lfd. Nr. / Zeichen / Nr. (31.1) Ausgangszollstelle	Packstück Anzahl / Art (31.2) Ausgangsdatum	Container Nr. (31.3)	Warenbezeichnung (31.4)	
Verfahren (37)	Warennummer (33)	Statistischer Wert (46)	Urspr.land Code (34)	Summarische Anmeldung/Vorpapier (40)	
Versendungs- / Ausfuhrland (15)	Besondere Maßeinheit (41)	Rohmasse (kg) (35)	Eigenmasse (kg) (38)	Besondere Vermerke / Vorgelegte Unterlagen / Bescheinigungen und Genehmigungen (44)	
5	1/hgk	6 CT, Karton 02.12.2008		Ware mit Code 10	
1000	84135040	1	02	ohne	
DE	1,000	4	4		

Liste der Abweichungen			
Blatt	A	3	3

Datum: 02.12.2008

keine Abweichungen

DE005880
Hauptzollamt Karlsruhe
Zollamt
Ottostrasse 22b

76227 Karlsruhe

02.12.2008 15:21 Uhr

MRN 08DE588000001484E4

29.4.3 Spediteurbescheinigung und Frachtbrief (Muster)

Liegt dem Unternehmer weder ein Ausgangsvermerk (➲ Kapitel 29.4.1) noch ein Alternativ-Ausgangsvermerk (➲ Kapitel 29.4.1) vor, kann er den Belegnachweis in Versendungsfällen entsprechend § 10 UStDV, in Beförderungsfällen entsprechend Abschn. 6.6 Abs. 6 UStAE[325] führen.

> **Bitte beachten Sie!**
> - **Nachweise in ausländischer Sprache**, insbesondere Einfuhrverzollungsbelege aus dem Drittlandsgebiet, können grundsätzlich nur in Verbindung mit einer amtlich anerkannten Übersetzung anerkannt werden[326].
> - **Zahlungsnachweise** oder **Rechnungen** können grundsätzlich nicht als Nachweise anerkannt werden[327].

Das BMF verweist damit – wie bisher – auf Spediteurbescheinigung und Frachtbrief.

29.4.3.1 Weiße Speditionsbescheinigung (Muster)

Das **Muster der Spediteurbescheinigung** ergibt sich auch weiterhin aus dem BMF-Schreiben vom 17.1.2000[328]:

---

325 Abschn. 6.6 Abs. 6 UStAE neu gefasst durch BMF-Schreiben vom 6.2.2012, IV D 3 – S 7134/12/10001, 2012/0111178, ➲ mybook.haufe.de > Wichtiges aus dem BMF. Vorgängervorschrift zu Abschn. 6.6 UStAE war bis zum 31.10.2010 Abschn. 132 Abs. 6 UStR 2008; dieser wird daher im BMF-Schreiben vom 3.5.2010 zitiert.

326 BMF, Schreiben vom 3.5.2010.

327 BMF, Schreiben vom 3.5.2010, a. a. O.

328 BMF, Schreiben vom 17.1.2000.

Name/Firma und Anschrift des Spediteurs oder Frachtführers
(Straße, Hausnummer, Postleitzahl, Ort)

(Ort)   (Datum)

Anlage 1 zum BMF-Schreiben vom 17. Januar 2000
– IV D 2 – S 7134 – 02/00 –

Bescheinigung für Umsatzsteuerzwecke
bei der Versendung/Beförderung durch einen Spediteur oder Frachtführer

☐ [1] in das Drittlandsgebiet (§ 10 Abs. 1 Nr. 2 UStDV, Abschnitt 133 Abs. 2 Satz 1 UStR)

☐ [1] in das übrige Gemeinschaftsgebiet (§ 17 a Abs. 4 Nr. 2 UStDV)

An
Firma/Herrn/Frau

_____
(Straße)

i
n _____
(PLZ, Sitz/Wohnort)

Ich bestätige hiermit, dass mir
am   _____

von Ihnen/von der Firma/von Herrn/von Frau [2]   _____

i
_____ n _____
(Straße)   (PLZ, Sitz/Wohnort)

die folgenden Gegenstände übergeben/übersandt [2] worden sind:

Packstücke			Menge und handelsübliche Bezeichnung der Gegenstände
Zahl	Verpackungsart	Zeichen und Nummern	

☐ [1] Ich habe die Gegenstände

am _____
(Tag der Versendung/Beförderung)

nach _____
(Ort im Ausland)

an _____
(Empfänger oder Verfügungsberechtigter)

versendet/befördert [2].

☐ [1)3)] Ich versichere, dass ich die Gegenstände
am _____
(Tag der Versendung/Beförderung)

nach _____
(Ort im Ausland)

an _____
(Empfänger oder Verfügungsberechtigter)

versenden/befördern [2] werde.

Der Auftrag ist mir von

_____

i
_____ n _____
(Straße)   (PLZ, Sitz/Wohnort)

erteilt worden. Ich versichere, dass ich die Angaben nach bestem Wissen und Gewissen auf Grund meiner Geschäftsunterlagen gemacht habe, die im Gemeinschaftsgebiet nachprüfbar sind.

1) Zutreffendes bitte ankreuzen
2) Nichtzutreffendes bitte streichen
3) Gilt nur, wenn der Spediteur oder Frachtführer vom **Abnehmer** beauftragt wird.

_____
(Unterschrift)

29.4.3.2 CMR-Frachtbrief (Muster)

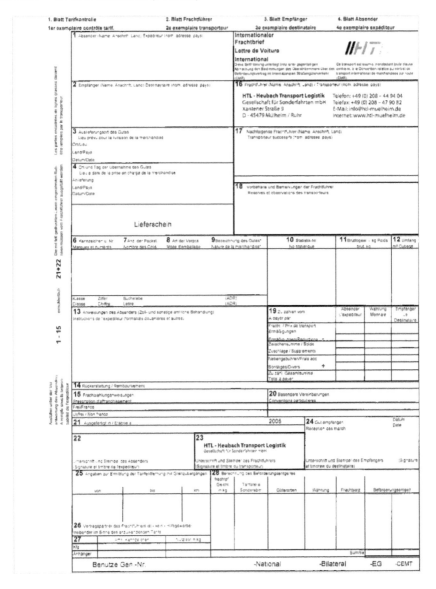

29.4.4 Auf Archivierung der EDIFACT-Nachrichten achten!

29.4.4.1 Nachrichtenaustausch mit Zoll

Die Unternehmen haben die mit der Zollverwaltung ausgetauschten EDIFACT-Nachrichten zu archivieren (§ 147 Abs. 6 und § 147 Abs. 1 Nr. 4 i. V. m. Abs. 3 AO)[329].

29.4.4.2 Nachrichtenaustausch mit Spediteur

Für den Ausfuhrnachweis durch elektronische Dokumente verlangte das BMF-Schreiben vom 17.9.2009 in Tz. 1 Abs. 4 unter Hinweis auf § 147 Abs. 6, Abs. 1 Nr. 4 i. V. m. Abs. 3 AO, dass – neben dem Dokument selbst – auch das elektronischen Logbuch (= **die Protokolle des elektronischen Nachrichtenaustauschs**) zu archivieren sei.

Dies führte bei **Ausfuhranmeldung durch einen Spediteur** zu der Frage, ob – und wenn ja, in welcher Form – die Logbuchdokumentation vom Spediteur (technisch beweissicher) an den Exporteur übertragen werden musste bzw. überhaupt werden konnte. Diese Diskussion hat das BMF im neuen Anwendungsschreiben nun dadurch beendet, dass in den modifizierten Ausführungen zu den Aufbewahrungspflichten der Hinweis auf das Logbuch gestrichen wurde.

> **Wichtig!**
> Mit *Nieskoven* ist davon auszugehen, dass nunmehr die elektronische Übermittlung der mit der Zollverwaltung ausgetauschten EDIFACT-Nachrichten vom Spediteur an den Exporteur ausreicht[330].

---

329 BMF, Schreiben vom 3.5.2010.
330 *Nieskoven,* PIStB 2010, 95; vgl. auch *Weimann,* UStB 2010, 293; ASR 9/2010, 7.

Beispiel

Ein »Echtfall« mit dem neuen »ATLAS-Ausfuhr«-Verfahren

```
EUROPÄISCHE GEMEINSCHAFT                    VERFAHREN (1)        MRN 12DE810355674848E5
  Versender/Ausführer (2)            Nr       EX  A   Bes. Umst. (S32)
  Aleksand                                                       Á12DE810355674848E5vÈ
  Kudakо                                    Vordrucke (3)  Anm. Sich. (S00)
  0000 Balash                                 1  | 2    S
  RU                                        A  Ausfuhrzollstelle       Ausstellungsdatum
                                            DE008103                 20.04.2012 10:17 Uhr
                                            Hauptzollamt Dortmund
                                            Zollamt Ost
                                            Giselherstr. 16

                                            44319 Dortmund
```

Ausfuhrbegleitdokument

```
  Empfänger (8)                      Nr     Positionen (5)  Packst. insgesamt (6)  Bezugsnummer (7)
  Aleksandr Nazarov                            1      |      1         CITROEN .64455 / VKGRGFZ025884
  Kudako                                     Beförderungskosten. Code für die Zahlungshinweise (S29)  Vers./Ausf.L.Code (15)  Bestimm.L.Code (17)
  0000 Balash                                                              ai DE              ai RU
  RU                                         Code für die zu durchfahrenden Länder (S13)
                                             DE, RU
  Anmelder/Vertreter (14)            Nr     Vertreter der Person: die summ. Antr. abgibt (14b)
  [3]
  Dortmund
  DE
```

```
  Kennzeichen des Beförderungsmittels beim Abgang (18)   Warenort (30)

  Verkehrszweig an
  9      der Grenze (25)   Rohmasse (kg) (35)
                           1255
  Ausgangszollstelle (29)  Nummer des Zollverschlusses (S28)   Anzahl  --
  FI542300                 --
```

```
Packstücke    Zeichen und Nummern - Container Nr. - Anzahl und Art
und Waren-
bezeich-
nung (31)



              Siehe Liste der Positionen
```

```
E  PRÜFUNG DURCH DIE ZOLLSTELLE              K  PRÜFUNG DURCH DIE AUSGANGSSTELLE
  Ergebnis                                     Ankunftsdatum
                                               Prüfung der Verschlüsse
  Frist (letzter Tag)                          Bemerkungen
```

29.5 Umsetzung im Unternehmen und beim Mandanten

Die Ausführungen zum EU-Geschäft (➲ Kapitel 25.4 und 25.5) sind entsprechend anzuwenden.

29.6 Umsatzsteuer-Voranmeldung 2022 und Umsatzsteuererklärung 2021

🛈 Hinweis

Eintragung in die Vordrucke ➲ Kapitel 67

29.7 Länderspezifische Abweichungen bei der Beurteilung des EU-Geschäfts

🛈 Hinweis

➲ Kapitel 31

29.8 Nachweis der Ausfuhr auch durch E-Belege möglich!

🛈 Hinweis

➲ Kapitel 29a

29a Nachweis der Ausfuhr auch durch E-Belege möglich!

E-Nachweis auch für Lohnveredelungen und Güterbeförderungen

Das elektronische Büro hält überall Einzug. Aus diesem Grunde haben § 14 Abs. 1 und 3 UStG bereits zum 1.7.2011 die elektronische Rechnungsstellung erheblich vereinfacht (➲ Kapitel 74). Auch die seit dem 1.1.2014 zum Nachweis einer innergemeinschaftlichen Lieferung erforderliche Gelangensbestätigung kann elektronisch geführt werden (➲ Kapitel 23). Dagegen war zum Nachweis der Steuerbefreiung von Umsätzen mit Drittlandsbezug und insbesondere von Ausfuhrlieferungen bislang ein »papierintensiver Belegaustausch« die Regel. Letzterer gehört nunmehr der Vergangenheit an.

Beratungskonsequenzen

Das BMF akzeptiert mit Schreiben vom 6.1.2014 auch hier einen elektronischen Belegaustausch[331].

29a.1   Sachlicher Geltungsbereich der Nachweiserleichterung

Die Neuregelung betrifft den Belegnachweis für

- Ausfuhrlieferungen (§ 4 Nr. 1 Buchst. a, § 6 UStG)
- Lohnveredelungen an Gegenständen der Ausfuhr (§ 4 Nr. 1 Buchst. a, § 7 UStG)
- Güterbeförderungen im Zusammenhang mit einer Ausfuhr (§ 4 Nr. 3 Buchst. a Doppelbuchst. aa UStG)
- Güterbeförderungen im Zusammenhang mit einer Einfuhr (§ 4 Nr. 3 Buchst. a Doppelbuchst. bb UStG)

29a.2   Amtliche Belege als Regelnachweis

Regelnachweis sind auch weiterhin

- über ATLAS-Ausfuhr – ebenfalls elektronische – generierte Ausgangsvermerke (➲ Kapitel 28)
- oder andere zollamtliche Belege (vgl. Abschn. 4.3.3 Abs. 4 Nr. 1, Abschn. 4.3.4 Abs. 4 Sätze 3 u. 4, Abschn. 7.2 Abs. 1 UStAE).

29a.3   Nichtamtliche Alternativnachweise

Für den Belegnachweis reichen oft auch »nichtamtliche Alternativen« – und zwar

- solche, die sowieso üblich – also aus anderen Gründen schon »in der Welt« – sind und lediglich für die Umsatzsteuer mitgenutzt werden (z. B. Frachtbrief, Spediteursbescheinigung), und
- solche, die speziell und ausschließlich zum Nachweis der Steuerbefreiung gefertigt werden (»Bescheinigung für Umsatzsteuerzwecke«).

---

[331]   Vgl. auch *Weimann*, GStB 2014, 53.

Im Einzelnen sind dies:

 Checkliste

Art des Nachweises/Umsatzes	Fundstellen UStDV und UStAE
Nachweise zur Steuerbefreiung einer Beförderung zur Einfuhr	
• Speditionsauftrag, Rechnungsdoppel und ähnliche »andere Belege«	§ 20 Abs. 2, Abs. 3 UStDV Abschn. 4.3.3 Abs. 4 Nr. 2 UStAE
• spezielle »Bescheinigung für Umsatzsteuerzwecke« bei Eisenbahnfracht	§ 20 Abs. 2, Abs. 3 UStDV Abschn. 4.3.3 Abs. 6 UStAE
Nachweise zur Steuerbefreiung einer Beförderung zur Ausfuhr	
• Speditionsauftrag, Rechnungsdoppel und ähnliche »andere Belege«	§ 20 Abs. 1, Abs. 3 UStDV Abschn. 4.3.4 Abs. 4 UStAE
• spezielle »Bescheinigung für Umsatz-steuerzwecke« bei Eisenbahnfracht	§ 20 Abs. 1, Abs. 3 UStDV Abschn. 4.3.4 Abs. 6 UStAE
• spezielle »Bescheinigung für Umsatzsteuerzwecke« bei Vor- und Nachläufen	§ 20 Abs. 1, Abs. 3 UStDV Abschn. 4.3.4 Abs. 7 UStAE
• Sonderfall EU-Durchfuhr	§ 20 Abs. 1, Abs. 3 UStDV Abschn. 4.3.4 Abs. 8 UStAE
Nachweise zur Steuerbefreiung einer Ausfuhr	
• des Kontrolltyps I	§ 9 Abs. 1 UStDV Abschn. 6.6 Abs. 7 Satz 2 Nr. 2 UStAE
• Versendung mit »anderer Ausfuhranmeldung«	§ 10 Abs. 1 UStDV Abschn. 6.7 Abs. 1a UStAE
• Versendung mit Spediteur, Frachtführer oder Verfrachter	§ 10 UStDV Abschn. 6.7 Abs. 2 UStAE
• vorherige Be- oder Verarbeitung	§ 11 Abs. 1 UStDV Abschn. 6.8 Abs. 3 neu UStAE
• Auslieferung von Druckerzeugnissen durch Vertreter	Abschn. 6.9 Abs. 9 UStAE
• Lohnveredelungen	§ 12 UStDV Abschn. 7.2 Abs. 1 UStAE

29a.4 Bisherige Formvorgaben an die Alternativnachweise

Die Alternativnachweise erforderten bislang zwingend

- die Schriftform und damit auch
- die Unterschrift des Austellers und
- den Austausch von Papierbelegen.

29a.5 Auch E-Belege sind zulässig!

Das BMF-Schreiben vom 6.1.2014 ergänzt alle in der Checkliste angeführten Vorschriften des UStAE wie folgt:

 Rechtsgrundlagen

BMF-Schreiben vom 6.1.2014

Der Beleg kann [Hinweis: ggf. Synonym oder Plural] auch auf elektronischem Weg übermittelt werden; bei einer elektronischen Übermittlung des Belegs ist eine Unterschrift nicht erforderlich, sofern erkennbar ist, dass die elektronische Übermittlung im Verfügungsbereich des Ausstellers begonnen hat. Abschnitt 6a.4 Abs. 3 Satz 2 und Abs. 6 ist entsprechend anzuwenden.

 Beratungskonsequenzen

Das BMF führt **keine neuen Nachweise** ein! Es behält die bisherigen Nachweise bei und lässt lediglich deren elektronische Übermittlung zu.

29a.5.1 Ein Betrugsfall ist ursächlich für die »nebulöse« Formulierung zum »Verfügungsbereich des Ausstellers«

Das BMF entschied sich für die ungewöhnliche Formulierung als Gegenmaßnahme zu einem aktuell in Rheinland-Pfalz aufgefallenen Betrugsversuch:

Sachverhalt

Unternehmer U machte Steuervergünstigungen unter Hinweis auf E-Mails geltend.

U hatte sich die E-Mails unter Verwendung eines fingierten E-Mail-Accounts selbst geschickt. Dem Betriebsprüfer fiel das bei einem eher zufälligen Abgleich des sog. »Headers« (vgl. Abschn. 6a.4 Abs. 3 Satz 2 UStAE) einiger E-Mails auf.

M. E. läuft die Formulierung leer:

- Einerseits hätte es keiner besonderen Absicherung gegen derartige Betrügereien bedurft, da die **allgemeinen Vorschriften (insbes. §§ 369 ff. AO) bereits genügend Schutz bieten**.
- Andererseits genießt der Empfänger auch eines elektronischen Belegs den üblichen **Gutglaubensschutz**. Sicher wird man von ihm nicht verlangen können, Eingangs-E-Mails komplizierten technischen Prüfungen zu unterziehen, zu denen die weitaus meisten User gar nicht in der Lage sind – und Letzteres erst recht nicht ohne konkreten Anlass.

Beratungskonsequenzen

Die meisten User interessieren sich nicht für den Header. Deshalb zeigen die meisten Mail-Clients nur einen Bruchteil der Header-Zeilen an (from, to, cc, subjekt, date)

Sollten Sie den **Header doch einmal überprüfen** wollen, verfahren Sie – wenn Sie mit Outlook arbeiten – bitte wie folgt:

1. Öffnen Sie die Eingangs-E-Mail.
2. Klicken Sie Datei > Informationen > Eigenschaften.
3. Den Header finden Sie unter »Internetkopfzeilen« am Ende des Menüs.

29a.5.2 Archivierung der E-Nachweise

Zur Archivierung wird auf Abschn. 6a.4 Abs. 6 UStAE und damit auf die Vorschriften zur Gelangensbestätigung verwiesen. Damit gilt grundsätzlich »das Übliche«; die FinVerw verweist zu den Anforderungen an die Lesbarkeit und die Archivierung auf

- die GoBS[332] (= Grundsätze ordnungsgemäßer DV-gestützter Buchführungssysteme) und
- die GDPdU[333] (= Grundsätze zum Datenzugriff und zur Prüfbarkeit digitaler Unterlagen).

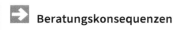 **Beratungskonsequenzen**

1. Auszudrucken ist die **(ganze) E-Mail** und nicht lediglich die – ggf. als PDF anhängende – Gelangensbestätigung!
2. Der Ausdruck genügt **(nur) umsatzsteuerlichen Zwecken**! Sind Sie buchführungspflichtig, **verstoßen Sie damit gegen die GoBS und GDPdU.**

29a.5.3 Zeitlicher Geltungsbereich der Nachweiserleichterung

Die Nachweiserleichterungen gelten für **nach dem 31.12.2013** ausgeführte Umsätze.

Beratungskonsequenzen

Wahlweise auch schon vorher angewandt werden – und zwar für **Umsätze nach dem 30.6.2011.**

29a.6 Fazit

Das BMF-Schreiben bringt eine **echte Erleichterung**: die schon bekannten Belegnachweise werden beibehalten und dürfen nunmehr auch elektronisch übermittelt werden. Die Hinweise zur Überprüfung von Eingangs-E-Mails sollten nicht überwertet werden. Anders als die Vorgaben zur **Archivierung**; diese sollten **strikt eingehalten** werden.

---

[332] BMF-Schreiben vom 7.11.1995, IV A 8 – S 0316 – 52/95, BStBl. I 1995, 738 [Hinweis: Schreiben weiter gültig lt. v. 9.4.2013, Nr. 62; zur zweifelhaften Bedeutung dieses Schreibens ➲ Kapitel 1.6].

[333] BMF-Schreiben vom 16.7.2001, IV D 2 – S 0316 – 136/01, BStBl. I 2001, 415 [Hinweis: Schreiben weiter gültig lt. v. 9.4.2013, Nr. 63; zur zweifelhaften Bedeutung dieses Schreibens ➲ Kapitel 1.6].

29b Belegnachweis durch Eigenbelege nur im absoluten Ausnahmefall!

§ Rechtsgrundlagen

BFH, Urteile vom 31.1.2019 und vom 19.3.2015 ➲ Kapitel 25a

Wenn Sie Ware steuerfrei in ein Drittland verkaufen wollen, müssen Sie der Finanzverwaltung nachweisen können, dass Sie die Voraussetzungen einer Ausfuhrlieferung auch tatsächlich erfüllen. Diesen Nachweis müssen Sie zwingend schriftlich – durch Belege und Aufzeichnungen – führen. Es reicht **nicht** aus, dass Sie oder Ihr Geschäftspartner sich gegenüber der Finanzverwaltung zum Sachverhalt mündlich äußern (➲ Kapitel 25a).

30 Neue Prüfungsschwerpunkte der Finanzverwaltung

30.1 Vorsicht vor Überweisung des Sicherheitseinbehalts auf ein Fremdkonto!

30.1.1 Die Praxisfälle

Im Drittlandsgeschäft werden vermehrt Fallgestaltungen wie diese auffällig[334]:

Beispiel

Ein deutsches Autohaus (D) verkauft einem russischen Kunden (R) ein Neufahrzeug zum Nettopreis von 20.000 €. R möchte die Ausfuhr selbst vornehmen und von D steuerfrei beliefert werden (Abholfall). D besteht auf vorheriger Zahlung des Nettobetrages und sowie der möglichen Umsatzsteuer darauf zur Sicherheit:

Zahlbetrag: 20.000 EUR + **19 % USt (3.800 EUR)** = 23.800 EUR

Nach erfolgter Ausfuhr übersendet R dem D den Ausfuhrnachweis (ATLAS-Datei) und begehrt nunmehr die Erstattung des Sicherheitseinbehalts,

---

334 *Weimann,* ASR 2012/11, 10; GStB 2013, 5.

Variante a: Erst mit dem Erstattungsbegehren erfährt D, dass der Sicherheitseinhalt auf ein von R erstmals benanntes Fremdkonto in Deutschland überwiesen werden soll.

Variante b: Die Überweisung auf das Fremdkonto wurde zwischen D und R bereits im Kaufvertrag vereinbart.

30.1.2 Das umsatzsteuerliches Risiko

Die Autohäuser stehen dann vor der Frage, ob dem Erstattungsbegehren bedenkenlos entsprochen werden kann oder ob sich ein Risiko ergibt – zu vergleichen mit der damaligen EU-Problematik der Bezahlung vom »richtigen« Kunden (➲ Kapitel 21b.3). Hier gilt es zu unterscheiden:

30.1.3 Der Lieferant erfährt von dem Fremdkonto erstmals nach bereits erfolgter Lieferung

Für die Frage der Steuerbefreiung einer innergemeinschaftlichen Lieferung oder – wie hier – einer Ausfuhrlieferung kommt es nach gefestigter Rechtsprechung von EuGH und BFH neben den Formalien insbesondere auf den **Kenntnisstand des Autohauses im Lieferzeitpunkt** an. Der EuGH hat dies aktuell noch einmal bestätigt[335].

In Variante a ...

... kann D den Sicherheitseinbehalt wohl bedenkenlos überweisen.

30.1.4 Der Lieferant wusste von Anfang an von dem Fremdkonto

Hier hatte D im Lieferzeitpunkt die volle Sachverhaltskenntnis und müsste die gebotene Sorgfalt anwenden, um einen Umsatzsteuerschaden zu vermeiden. Dazu empfiehlt sich folgendes Vorgehen:

---

[335] EuGH, Urteil vom 6.9.2012, Rs. C-273/11, Mecsek-Gabona Kft ➲ Kapitel 12.2 u. 22.3.

Checkliste

- Zunächst sollte D den R dazu zu bewegen versuchen, entgegen seiner ursprünglichen Absicht doch der Erstattung auf ein eigenes Konto zuzustimmen. Danach steht es dem R dann ja frei, das Geld seinerseits auf ein Fremdkonto zu überweisen.

- Sollte R an seinem Wunsch festhalten, muss D den R nach seiner Veranlassung fragen. Dabei kann D gegenüber R ruhig offen legen, dass er dies aus steuerlichen Gründen tun muss.

- Ist der Vortrag des K schlüssig, kann D mit ihm den Vertrag abschließen. Wichtig ist, dass D die Antwort des R in diesem Fall dokumentiert und die Dokumentation ggf. zur Anlage des Kaufvertrags macht oder zumindest von R gegenzeichnen lässt.

- Der Sicherheitseinbehalt kann dann wie in Variante a überwiesen werden, sobald der Ausfuhrnachweis vorliegt.

 Beratungskonsequenzen

Ist der Kundenvortrag nicht schlüssig, sollte der Verkäufer **zum Selbstschutz von einem Kaufvertrag Abstand nehmen**, denn das umsatzsteuerliche Risiko ist beträchtlich!

In Variante b ...

... beträgt das Risiko: 20.000 € : 1,19 x 0,19 = 3.193 €

30.1.5 Andere Fälle wohl unkritisch

Denkbar ist auch, dass K hinsichtlich der Überweisung folgende Wünsche äußert:

- Überweisung auf ein deutsches Konto des R
- Überweisung auf ein Auslandskonto des R

Hierauf wird sich D wohl – wie in Variante a – bedenkenlos einlassen können.

30.1.6 Abschließende Beratungskonsequenzen

Die hier vorgestellten möglichen Rechtsfolgen beruhen auf der **persönlichen Einschätzung des Autors**. Dass die Finanzverwaltung/der Betriebsprüfer diese teilt, ist zwar zu erwarten, letztlich aber doch ungewiss.

Aufgekommen ist die neue Problematik im Rahmen von Finanzamtsprüfungen zum EU-Geschäft nach »alter« Rechtslage (bis 31.12.2019)[336]. Im Drittlandsgeschäft (§§ 4 Nr. 1 Buchst. a, 6 UStG) stellten sich jedoch die gleichen Fragen; ein entsprechendes Vorgehen war daher auch hier anzuraten Inwieweit die Neuregelung durch die »Quick Fixes« zum 1.1.2020 auch hier durchschlägt, muss sich noch zeigen.

30.2 Focus laufende BPs: Weitere neue Prüffelder

 Hinweis

➲ Sobald es aus laufenden Betriebsprüfungen oder Umsatzsteuer-Sonderprüfungen Neues zu berichten gibt, was sich keinem der Einzelkapitel zuordnen lässt, finden Sie das unter ➲ www.umsatzsteuerpraxis.de > Aktualisierungen > zu Kapitel 30.

---

336 Vgl. Kapitel 26 der Vorauflage (17. Auflage 2019).

31 Länderspezifische Abweichungen

Zuordnung der Warenbewegung bis zum 31.12.2019

Der EU-Binnenmarkt schützt (noch) nicht vor abweichendem Recht einzelner Mitgliedstaaten!

Der EU-Binnenmarkt schützte bis zum 31.12.2019 nicht vor abweichendem Recht einzelner Mitgliedstaaten! War die Zuordnung der Beförderung oder Versendung zu einer der Lieferungen von einem an dem Reihengeschäft (➜ Kapitel 21a.2.3.4) beteiligten Unternehmer aufgrund des Rechts eines anderen Mitgliedstaates ausnahmsweise abweichend von den vorstehenden Grundsätzen vorgenommen worden, hat es die FinVerw nicht beanstandet, wenn der Unternehmer dieser Zuordnung folgte[337].

➡ **Beratungskonsequenzen**

Der **Grund für diese »Nichtbeanstandungsregelung«**: Die Zuordnungsentscheidung wurde in anderen Mitgliedstaaten teilweise nach anderen Kriterien getroffen.

Diese Problem sollte sich mit der Neuregelung zum 1.1.2020 (➜ Kapitel 21b) erledigt haben.

32 Innergemeinschaftliche Dreiecksgeschäfte

§ **Rechtsgrundlagen**

- UStG: § 25b
- UStAE: Abschn. 25b.1
- MwStSystRL: Art. 141, Art. 197

---

337 Abschn. 3.14 Abs. 11 UStAE. Hierzu ausführlich Kapitel 31 der Vorauflage (18. Auflage 2020).

32.0   Auf einen Blick – alle wichtigen Neuerungen vorab!

»Verunglücktes Dreiecksgeschäft«: Berichtigung der Rechnung rückwirkend möglich

32.0.1   FG Rheinland-Pfalz vom 28.11.2019

Bei einem innergemeinschaftlichen Dreiecksgeschäft wirkt die Berichtigung einer im Grundsatz berichtigungsfähigen Rechnung auf den Zeitpunkt der erstmaligen Rechnungsausstellung zurück[338].

32.0.1.1   Sachverhalt

Im Streitjahr 2013 erwarb die Klägerin (K) Ware von einem italienischen Unternehmen (IT) Ware. IT behandelte die Lieferungen der Ware als innergemeinschaftliche Lieferungen. Die Ware wurde durch K zum Teil an einen Unternehmenskunden mit Sitz in der Slowakei (SK) weiterveräußert. Alle drei beteiligten Unternehmen traten unter den ihnen vom jeweiligen Ansässigkeitsmitgliedstaat erteilten Umsatzsteuer-Identifikationsnummern auf.

Die Ware wurde durch einen von K beauftragten Spediteur unmittelbar von IT in Italien nach SK in die Slowakei transportiert.

K behandelte die Umsätze an SK in der Umsatzsteuerjahreserklärung 2013 sowie in den unterjährigen Zusammenfassenden Meldungen als Lieferungen des ersten Abnehmers im Rahmen von innergemeinschaftlichen Dreiecksgeschäften, für die der letzte Abnehmer die Steuer schuldet. Dies hatte zur Folge, dass insoweit durch K in Deutschland keine Umsatzsteuer entrichtet wurde.

Der Finanzverwaltung gelangte im Jahr 2015 bei einer Umsatzsteuer-Sonderprüfung zu der Rechtsauffassung, dass hinsichtlich der Warenlieferungen in die Slowakei die Voraussetzungen der Vereinfachungen für ein innergemeinschaftliches Dreiecksgeschäft mangels ordnungsgemäßer Rechnung von K an SK nicht vorlägen. In den Rechnungen sei zum Teil die Umsatzsteuer-Identifikationsnummer von SK als letztem Abnehmer nicht enthalten gewesen. Zudem sei nicht auf das Vorliegen eines innergemeinschaftlichen Dreiecksgeschäfts und den Übergang der Steuerschuld hingewiesen worden.

---

338   FG Rheinland-Pfalz, Urteil vom 28.11.2019, 6 K 1767, nrkr., Az. des BFH: XI R 38/19.

Die umsatzsteuerliche Beurteilung habe daher im Rahmen eines »normalen« Reihengeschäftes zu erfolgen. Dabei sei die Warenbewegung der Lieferung von IT an K zuzuordnen, weil K zwar den Transport der Ware beauftragt, nicht jedoch nachgewiesen habe, dass sie die Lieferung nicht als Abnehmer, sondern als Lieferer versendet habe. Demnach handele es sich bei der Lieferung von IT an K um die steuerbefreite innergemeinschaftliche Lieferung. K habe in der Slowakei – wo die Versendung der Waren geendet habe – damit innergemeinschaftliche Erwerbe zu versteuern.

Daneben habe K, die unter ihrer deutschen Umsatzsteuer-Identifikationsnummer aufgetreten sei, auch in Deutschland innergemeinschaftliche Erwerbe zu versteuern. Die für diese innergemeinschaftlichen Erwerbe in Deutschland entstandene Erwerbsteuer sei nicht als Vorsteuer abziehbar. Die Erwerbsteuer werde so lange geschuldet, bis K den Nachweis erbringe, dass der Erwerb in der Slowakei besteuert worden sei oder dort als besteuert gelte.

Das Finanzamt erließ einen entsprechenden Umsatzsteuerbescheid. Die durch die innergemeinschaftlichen Erwerbe ausgelöste Mehrsteuer führte zur Vollverzinsung.

Gegen die Steuerfestsetzung erhob K Einspruch. Die Rechnungen an SK seien zwischenzeitlich – nach der Umsatzsteuer-Sonderprüfung im Jahr 2015 – berichtigt worden, so dass nunmehr auch die formellen Voraussetzungen eines innergemeinschaftlichen Dreiecksgeschäfts vorlägen. Der Rechnungsberichtigung komme Rückwirkung zu, sodass auch die Vollverzinsung entfiele.

Das Finanzamt wies den Einspruch als unbegründet zurück. Hinsichtlich der Warenlieferungen in die Slowakei seien zwar berichtigte Rechnungen vorgelegt worden, die den formellen Anforderungen genügten. Demnach hätten aber erst im Jahr 2015 alle Voraussetzungen eines innergemeinschaftlichen Dreiecksgeschäft vorgelegen. Eine Rückwirkung – entsprechend der EuGH-Rechtsprechung zur Rückwirkung von Rechnungsberichtigungen beim Vorsteuerabzug – komme jedoch nicht in Betracht.

Gegen diese Einspruchsentscheidung wendet sich die Klage.

32.0.1.2 Entscheidung

Die Klage ist begründet. Bei Vorliegen einer nach den Grundsätzen der EuGH-Rechtsprechung berichtigungsfähigen Rechnung wirkt eine ordnungsgemäße

Rechnungsberichtigung auf den Zeitpunkt der erstmaligen Rechnungsausstellung zurück. Somit ist bei einem innergemeinschaftlichen Dreiecksgeschäft die **rückwirkende Heilung der Abrechnungsfehler möglich**.

32.0.1.1.1 Sinn und Zweck der vereinfachten Besteuerung innergemeinschaftlicher Dreiecksgeschäften

Für eine rückwirkende Heilung sprechen zunächst Sinn und Zweck des § 25b UStG als Vereinfachungsregelung. Mit der Regelung **sollen**

- eine steuerliche Registrierung des mittleren am Dreiecksgeschäft beteiligten Unternehmers (erster Abnehmer) im Bestimmungsland des gelieferten Gegenstandes sowie
- eine zweifache Besteuerung eines innergemeinschaftlichen Erwerbs durch den ersten Abnehmer sowohl im Bestimmungsland der Ware als auch nach § 3d Satz 2 UStG im Mitgliedstaat der verwendeten USt-ID.-Nr.

vermieden werden.

Zu ebendiesem – **vom Gesetzgeber eigentlich unerwünschten** – Ergebnis kommt aber die Rechtsauffassung der Finanzverwaltung.

32.0.1.1.2 Zwingende Anwendung von § 17 UStG für den Zeitpunkt der Nachweiserbringung

Gegen eine Rückwirkung der Rechnungsberichtigung auf den Zeitpunkt der erstmaligen Rechnungsausstellung im Streitfall spricht auch nicht der Umstand, dass in dem Fall, in dem der nachträgliche Nachweis der Besteuerung i. S. d. § 3d Satz 2 UStG erforderlich ist, zwingend die Anwendung von § 17 UStG für den Zeitpunkt der Nachweiserbringung vorgesehen ist.

Denn bei Vorliegen der Voraussetzungen eines innergemeinschaftlichen Dreiecksgeschäfts und der Verlagerung der Steuerschuld auf den letzten Abnehmer gilt aus Vereinfachungsgründen der innergemeinschaftliche Erwerb des Zwischenhändlers als besteuert. Damit ist **tatsächlich kein innergemeinschaftlicher Erwerb** zu besteuern:

- weder im Staat der Verwendung der USt-ID-Nr. nach § 3d Satz 2 UStG
- noch im Staat des Endes der Beförderung oder Versendung des Liefergegenstandes nach § 3d Satz 1 UStG.

Liefergeschäfte/Sonderfälle

Dies hat zur Folge, dass es eines Nachweises für die Erwerbsbesteuerung im Bestimmungsland für den Wegfall der Besteuerung nicht bedarf.

Zudem ist in den Fällen, in denen der nachträgliche Nachweis der Besteuerung erforderlich ist, die ex-nunc-Wirkung gerechtfertigt, weil die Steuerpflichtigen in diesen Fällen – anders als bei einem sog. verunglückten Dreiecksgeschäft wie im Streitfall – **meist selbstverschuldet die falsche Umsatzsteuer-Identifikationsnummer** verwenden.

32.0.1.2.3 Berichtigungsfähige Rechnungen (§ 31 Abs. 5 UStDV)

Die ursprünglichen Rechnungen der K an SK waren auch berichtigungsfähig. Damit der Rechnungsberichtigung eine Rückwirkung zukommt, muss das Ausgangsdokument über **bestimmte Mindestangaben** wie

- Angaben zum Rechnungsaussteller,
- zum Leistungsempfänger,
- zur Leistungsbeschreibung,
- zum Entgelt und
- zur gesondert ausgewiesenen Umsatzsteuer

verfügen.

Erforderlich ist weiter, dass die diesbezüglichen Angaben **nicht in so hohem Maße unbestimmt, unvollständig oder offensichtlich unzutreffend** sind, dass sie fehlenden Angaben gleichstehen – so die neue Rechtsprechungsänderung des BFH zur Rückwirkung der Rechnungsberichtigung für die Anerkennung des Vorsteuerabzugs).

All diese Voraussetzungen lagen im Streitfall vor.

32.0.1.2.4 Auch die Vorgaben der Mehrwertsteuer-Systemrichtlinie sind erfüllt

Im Streitfall liegen **keine Anhaltspunkte für eine vorsätzliche Beteiligung von K an einer Steuerhinterziehung**, die das Funktionieren des gemeinsamen Mehrwertsteuersystems gefährdet, vor.

Zudem wurde auch der sichere Nachweis erbracht, dass die **materiellen Anforderungen** der Mehrwertsteuer-Systemrichtlinie an ein innergemeinschaftliches

Dreiecksgeschäft erfüllt wurden. Es liegen demnach keine Gründe vor, die eine Versagung der Vereinfachung rechtfertigen.

 Beratungskonsequenzen

Das Urteil liefert dem Praktiker drei wichtige Erkenntnisse:

1. Soweit ein innergemeinschaftliches Dreiecksgeschäft in der Rechnung des ersten Abnehmers neben den Rechnungspflichtangaben zusätzliche besondere Angaben erfordert, lassen sich diese **im Wege einer Rechnungsberichtigung nachholen.**
2. Im Fall einer derartigen Rechnungsberichtigung **wirkt diese zurück.**
3. Folge der Rückwirkung ist, dass die Vollverzinsung (§ 233a AO) entfällt.

Das Gericht hat die **Revision wegen grundsätzlicher Bedeutung** zugelassen, weil die Frage, ob der Rechnungsberichtigung eine rückwirkende Heilung bei sog. verunglückten Dreiecksgeschäften zukommt, höchstrichterlich noch ungeklärt ist. Das Aktenzeichen des BFH lautet auf XI R 38/19.

32.0.2 FG Münster vom 22.4.2020

Formell fehlerhaft behandelte innergemeinschaftliche Dreiecksgeschäfte können durch Rechnungsberichtigung und entsprechende Änderung der Zusammenfassenden Meldung rückwirkend geheilt werden[339].

32.0.2.1 Sachverhalt

In den Streitjahren betrieb der Kläger (K) einen Großhandel mit Maschinen. Die Maschinen wurden von K bei europäischen Herstellern bestellt und von dort direkt an Kunden in verschiedenen Mitgliedstaaten, insbesondere Polen, geliefert.

Die Versendung erfolgte entweder durch K oder die Hersteller unter Verwendung der Mehrwertsteuer-Identifikationsnummer ihres Ansässigkeitsstaats, wobei K seinen Kunden nie bereits vor der Warenbewegung die Verfügungsmacht an den Maschinen übertrug. Auch die Endkunden verwendeten jeweils die Mehrwertsteuer-Identifikationsnummern ihres Ansässigkeitsstaats.

---

339 FG Münster, Gerichtsbescheid vom 22.4.2020, 15 K 1219/17 U, nrkr., Az. des BFH: XI R 14/20.

Die Lieferungen aus anderen Mitgliedstaaten behandelte K in seinen Umsatzsteuererklärungen für die Streitjahre auf der Eingangsseite als umsatzsteuerpflichtige innergemeinschaftliche Erwerbe und machte zugleich den Vorsteuerabzug geltend.

Die Weiterlieferungen in das übrigen Gemeinschaftsgebiet behandelte K als umsatzsteuerfreie innergemeinschaftliche Lieferungen und erteilte seinen Kunden eine entsprechende Rechnung.

Die Finanzverwaltung stimmte den Umsatzsteuererklärungen zunächst zu. Die Zusammenfassenden Meldungen des K enthielten zunächst – wie auch die Rechnungen an die Kunden – jeweils keine Hinweise auf innergemeinschaftliche Dreiecksgeschäfte.

Im Rahmen einer Betriebsprüfung kamen die Prüfer dann aber zu dem Ergebnis, dass innergemeinschaftliche Reihengeschäfte vorliegen würden. Mehrere Unternehmen hätten Umsatzgeschäfte über denselben Gegenstand geschlossen, bei denen der Liefergegenstand im Rahmen – nur – einer Beförderung oder Versendung unmittelbar vom Hersteller an den Endkunden gelangt sei. Die Beförderung oder Versendung könne aber jeweils nur einer Lieferung zugeordnet werden (sog. »**bewegte Lieferung**«), für die unter den weiteren Voraussetzungen die Steuerbefreiung für innergemeinschaftliche Lieferungen in Betracht komme. Dies sei jeweils die Lieferung der Hersteller an K.

In Bezug auf die Lieferungen des K an seine Kunden liege der Ort der Leistung gemäß jeweils im Abnehmerstaat, wo die Beförderung oder Versendung ende (sog. »**ruhende Lieferung**«). Hier hätte sich der K jeweils für umsatzsteuerliche Zwecke registrieren und seine Umsätze aus den Lieferungen an die Kunden erklären müssen. Der Kläger hätte zusätzlich im jeweiligen Abnehmerstaat einen innergemeinschaftlichen Erwerb versteuern müssen.

Von der umsatzsteuerlichen Vereinfachungsregel für innergemeinschaftliche Dreiecksgeschäfte habe nach den Feststellungen der Prüfer **keinen Gebrauch gemacht**. Denn für die Anwendung hätte der K die Unternehmereigenschaft des letzten Abnehmers prüfen müssen und in der Rechnung an den letzten Abnehmer auf das Dreiecksgeschäft und die übergegangene Steuerschuldnerschaft hinweisen müssen. Zudem hätte es eine entsprechende Deklaration in der Zusammenfassenden Meldung geben müssen. Diese Voraussetzungen habe K jedoch nicht erfüllt. Er habe in den Rechnungen die Steuerfreiheit einer innergemeinschaftlichen Lieferung vermerkt und auch dementsprechend in der Zusammenfassenden Meldung angegeben.

Da die Versteuerung der zweiten Lieferung im jeweiligen Zielstaat bisher unterblieben sei, gelte der steuerpflichtige innergemeinschaftliche Erwerb des K nach Auffassung der Prüfer solange in Deutschland als bewirkt, bis durch K nachgewiesen sei, dass der Erwerb im jeweiligen Zielstaat besteuert worden ist oder als besteuert gilt. Aus der Versteuerung des innergemeinschaftlichen Erwerbs stehe dem K **kein Recht auf Vorsteuerabzug** zu.

K erteilte daraufhin **berichtigte Rechnungen** und übermittelte die **berichtigten Zusammenfassenden Meldungen** an das Bundeszentralamt für Steuern (BZSt). Streitig ist, ob dadurch die zunächst formell fehlerhaft behandelten innergemeinschaftlichen Dreiecksgeschäfte mit Rückwirkung umsatzsteuerlich korrigiert werden konnten.

32.0.2.2 Entscheidung

Die Klage ist begründet. Die Besteuerungsvereinfachung für innergemeinschaftliche Dreiecksgeschäfte kommt mit Rückwirkung auf den Zeitpunkt der erstmaligen Erteilung der Rechnung zur Anwendung.

Zur Begründung weist das Finanzgericht darauf hin, dass eine Rechnungsberichtigung nach der **höchstrichterlichen Rechtsprechung** für Zwecke des Vorsteuerabzugs Rückwirkung entfaltet. Dabei hat der BFH auch ausdrücklich entschieden, dass eine Rechnung, die den Anforderungen von § 14a UStG nicht entspricht, mit Rückwirkung berichtigt werden kann.

Es sind keine Gründe zu erkennen, warum eine Rechnungsberichtigung für Zwecke des Vorsteuerabzugs Rückwirkung entfalten soll, eine Rechnungsberichtigung im Zusammenhang mit innergemeinschaftlichen Dreiecksgeschäften hingegen nicht. Vielmehr hat der EuGH auch im Zusammenhang mit innergemeinschaftlichen Dreiecksgeschäften klargestellt, dass nach dem **Grundsatz der steuerlichen Neutralität** die Nichterfüllung von formellen Anforderung nicht dazu führt, dass die Anwendung von Regelungen der Mehrwertsteuer-Systemrichtlinie in Frage gestellt wird, wenn die in der Regelung aufgeführten materiellen Voraussetzungen im Übrigen erfüllt sind.

K ist darüber hinaus auch seiner **besonderen Erklärungspflicht im Rahmen der Zusammenfassenden Meldungen** nachträglich nachgekommen.

Zur weiteren Begründung schließt sich das Gericht ausdrücklich der **Begründung des Finanzgerichts Rheinland-Pfalz** zu einem gleichgelagerten Sachverhalt an.

Beratungskonsequenzen

Das Gericht hat die **Revision wegen grundsätzlicher Bedeutung** zugelassen, u. a. weil zu der Frage bereits ein Revisionsverfahren beim BFH gegen das Urteil des Finanzgerichts Rheinland-Pfalz vom 28.11.2019 anhängig ist (➲ Kapitel 32.0.1). Das Aktenzeichen des BFH lautet auf XI R 14/20.

32.1 Allgemeines

§ 25b UStG sieht die vereinfachte Besteuerung von Reihengeschäften mit

- **drei beteiligten Unternehmern**
- **aus drei verschiedenen EU-Mitgliedstaaten**

vor und beruht gemeinschaftsrechtlich auf den Vorgaben der Art. 138 ff., 140 ff. MwStSystRL.

Bei einem innergemeinschaftlichen Dreiecksgeschäft würden – bei Anwendung der allgemeinen Regelungen für Reihengeschäfte (§ 3 Abs. 5a ff. ➲ Kapitel 21) – eigentlich folgende Umsätze ausgeführt:[340]

- Eine **innergemeinschaftliche Lieferung des ersten Unternehmers** in der Reihe (= erster Lieferer) in dem Mitgliedstaat, in dem die Beförderung oder Versendung des Gegenstandes beginnt.

- Ein **innergemeinschaftlicher Erwerb des mittleren Unternehmers** in der Reihe (= erster Abnehmer und zweiter Lieferer) in dem Mitgliedstaat, in dem die Beförderung oder Versendung des Gegenstandes endet.

- Ein – ggf. **zweiter, vgl. § 3d Satz 2 UStG – innergemeinschaftlicher Erwerb des mittleren Unternehmers** (= erster Abnehmer/zweiter Lieferer) in dem Mitgliedstaat, der dem mittleren Unternehmer die von ihm verwendete USt-IdNr. erteilt hat.

- Eine **(Inlands-)Lieferung des mittleren Unternehmers** (= erster Abnehmer/zweiter Lieferer) an den letzten Abnehmer in dem Mitgliedstaat, in dem die Beförderung oder Versendung des Gegenstandes endet.

---

340   Vgl. Abschn. 25b.1 Abs. 1 UStAE und die amtliche Gesetzesbegründung.

Beispiel

Der deutsche Automobilhersteller GAUDI (G) bestellt bei dem österreichischen Walzwerk ROST (R) Bleche. Aufgrund eigener Lieferschwierigkeiten bestellt R die Bleche bei FEUGOT (F) in Frankreich. F bringt die Bleche mit eigenem LKW zu D. Alle Beteiligten treten unter der USt-IdNr. ihrer Länder auf.

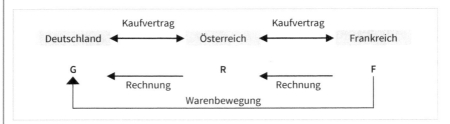

➲ **Hinweis:** Sachverhalt wie Kapitel 21a.5.2 Grundfall 2, jedoch mit nur 3 Beteiligten.

Ohne die Sonderregelung des § 25b UStG wäre der Beispielsfall wie folgt zu lösen:

- F tätigt **in Frankreich** eine steuerfreie innergemeinschaftliche Lieferung an R (§ 4 Nr. 1 Buchst. b i. V. m. § 6a UStG).
- R tätigt **in Deutschland** einen innergemeinschaftlichen Erwerb von F (§ 3d Satz 1 UStG).
- R tätigt **zusätzlich in Österreich** einen innergemeinschaftlichen Erwerb von F., da er die österreichische USt-IdNr. verwandt hat (§ 3d Satz 2 UStG).
- R tätigt **in Deutschland** eine »normale« (Inlands-)Lieferung an G. Die Lieferung ist steuerbar und steuerpflichtig. R hat gegenüber G damit eine Rechnung unter Ausweis deutscher Umsatzsteuer aufzumachen.

➲ **Ergebnis:**

R müsste sich – sähe § 25b UStG keine Ausnahmeregelung vor – aufgrund des innergemeinschaftlichen Erwerbs von F und der Lieferung an D **in Deutschland umsatzsteuerlich registrieren lassen**.

Die Vereinfachung des § 25b UStG besteht nun darin, dass die eigentlich erforderliche steuerliche Registrierung des mittleren Unternehmers (im Beispielsfall: R) im Bestimmungsland vermieden wird. Liegt ein innergemeinschaftliches Dreiecksgeschäft vor, wird die Steuerschuld für die (Inlands-)Lieferung unter den Voraussetzungen des § 25b Abs. 2 UStG von dem ersten Abnehmer auf den letzten Abnehmer übertragen. Im Fall der Übertragung der Steuerschuld gilt zugleich auch der innergemeinschaftliche Erwerb des ersten Abnehmers als besteuert (§ 25b Abs. 3 UStG).

Die Annahme, § 25b UStG regele das »innergemeinschaftliche Dreiecksgeschäft« abschließend, geht weit über die tatsächliche Bedeutung der Vorschrift hinaus. Tatsächlich regelt die Vorschrift nur **eng umgrenzte Fälle des innergemeinschaftlichen Dreiecksgeschäfts**.

Die **Orte der Lieferung im innergemeinschaftlichen Dreiecksgeschäft** bestimmen sich ausschließlich nach allgemeinen Vorschriften des § 3 Abs. 6 und Abs. 7 UStG.

32.2 Begriff des innergemeinschaftlichen Dreiecksgeschäfts (§ 25b Abs. 1 UStG)

32.2.1 Überblick

Ein innergemeinschaftliches Dreiecksgeschäft setzt voraus, dass

- **drei Unternehmer** (erster Lieferer, erster Abnehmer und letzter Abnehmer) Umsatzgeschäfte abschließen. Dies gilt entsprechend, wenn der letzte Abnehmer eine juristische Person ist, die nicht Unternehmer ist oder den Gegenstand nicht für ihr Unternehmen erwirbt und die in dem Mitgliedstaat für Zwecke der Umsatzsteuer erfasst ist, in dem sich der Gegenstand am Ende der Beförderung oder Versendung befindet (§ 25b Abs. 1 Satz 2 UStG);
- die Geschäfte über **denselben Gegenstand** abgeschlossen werden;
- der Gegenstand **unmittelbar** vom (Ort des) ersten Lieferer(s) an den letzten Abnehmer (§ 25b Abs. 1 Nr. 1 UStG) gelangt;
- die drei Unternehmer **in jeweils (drei) verschiedenen Mitgliedstaaten** für Zwecke der Umsatzsteuer erfasst sind, (§ 25b Abs. 1 Nr. 2 UStG), d. h. eine USt-IdNr. haben;
- der Gegenstand bei der Beförderung/Versendung aus dem Gebiet eines Mitgliedstaates in das Gebiet eines anderen Mitgliedstaates gelangt (§ 25b Abs. 1 Nr. 3 UStG);
- der Gegenstand **durch den ersten** Lieferer oder Abnehmer befördert oder versendet (§ 25b Abs. 1 Nr. 4 UStG) wird.

Beratungskonsequenzen

Kein innergemeinschaftliches Dreiecksgeschäft liegt damit vor, wenn der **letzte Abnehmer in der Reihe** (= also der, der die Ware schlussendlich haben möchte) die Ware **abholt**, befördert oder versendet!

Die Voraussetzungen des § 25b Abs. 1 UStG müssen **sämtlich (kumulativ) erfüllt** sein[341]; ist dies nicht der Fall, gelten auch im innergemeinschaftlichen Dreiecksgeschäft die allgemeinen Vorschriften.

32.2.2 Beteiligung von drei Unternehmern (§ 25b Abs. 1 Nr. 1 UStG)

 Hinweis

Das Erfordernis der Beteiligung von 3 Unternehmern wird durch ein besonderes **Wahlrecht** entschärft (➲ Kapitel 32.12)!

Der **erste Abnehmer** in dem Dreiecksgeschäft ist als mittlerer Unternehmer in der Reihe zugleich Abnehmer und Lieferer.

Letzte Abnehmer können auch Unternehmer sein, die nur steuerfreie – nicht zum Vorsteuerabzug berechtigte – Umsätze ausführen, sowie **Kleinunternehmer** und **pauschalierende Land- und Forstwirte**. Voraussetzung ist, dass sie umsatzsteuerlich in dem Mitgliedstaat erfasst sind, in dem die Beförderung oder Versendung des Gegenstandes endet.

Letzter Abnehmer kann ferner eine **juristische Person des öffentlichen oder privaten Rechts** sein, die nicht Unternehmer ist oder den Gegenstand nicht für ihr Unternehmen erwirbt, wenn sie in dem Mitgliedstaat, in dem die Warenbewegung endet, für Zwecke der Umsatzsteuer registriert ist; erforderlich ist die Erteilung einer USt-IdNr[342].

Ist der letzte Abnehmer dagegen eine »normale« Privatperson, liegen die Voraussetzungen des § 25b UStG nicht vor. Gleiches gilt, wenn an den Umsatzgeschäften mehr als drei Unternehmer beteiligt sind.

---

341 Vgl. Abschn. 25b.1 Abs. 1 UStAE).
342 § 25b Abs. 1 Satz 2 UStG; vgl. Abschn. 25b.1 Abs. 2 UStAE.

32.2.3 Erfassung in jeweils verschiedenen Mitgliedstaaten für Zwecke der Umsatzsteuer (§ 25b Abs. 1 Nr. 2 UStG)

Weitere Voraussetzung für das Vorliegen eines innergemeinschaftlichen Dreiecksgeschäfts ist, dass die beteiligten Unternehmer in jeweils verschiedenen Mitgliedstaaten **für Zwecke der Umsatzsteuer erfasst** sind[343].

Hierfür reicht die **tatsächliche Registrierung für Umsatzsteuerzwecke** (Erteilung einer USt-IdNr.) aus. Die Ansässigkeit in einem dieser Mitgliedstaaten ist nicht erforderlich.

Sind **mehrere der beteiligten Unternehmer** in demselben Mitgliedstaat registriert, liegt kein innergemeinschaftliches Dreiecksgeschäft vor.

Beispiel

Der in Frankfurt ansässige und umsatzsteuerlich registrierte Unternehmer D bestellt eine dort nicht vorrätige Ware bei dem in Belgien ansässigen Unternehmer B 1.

B 1 gibt die Bestellung weiter an den ebenfalls in Belgien ansässigen Großhändler B 2, der die Ware mit eigenem Lkw unmittelbar nach Frankfurt befördert und sie dort an D übergibt.

D und B 2 treten jeweils unter der USt-IdNr. ihres Landes auf; B 1 tritt nicht unter seiner belgischen USt-IdNr., sondern unter seiner niederländischen USt-IdNr. auf.

⮡ Folge:

Die Voraussetzung des § 25b Abs. 1 Nr. 2 UStG für das Vorliegen eines innergemeinschaftlichen Dreiecksgeschäfts ist erfüllt, da die drei beteiligten Unternehmer in jeweils verschiedenen Mitgliedstaaten (Deutschland, Belgien, Niederlande) umsatzsteuerlich registriert sind und mit USt-IdNrn. aus verschiedenen Mitgliedstaaten auftreten. Auf die Ansässigkeit von B 1 und B 2 in demselben Mitgliedstaat kommt es bei der Beurteilung nicht an.

---

343 § 25b Abs. 1 Satz 1 Nr. 2 UStG.

32.2.4 Tatsächliches Gelangen des Liefergegenstandes von einem Mitgliedstaat in einen anderen Mitgliedstaat (§ 25b Abs. 1 Satz 1 Nr. 3 UStG)

Weitere Voraussetzung ist das tatsächliche Gelangen des Gegenstandes der Lieferungen von einem Mitgliedstaat in einen anderen Mitgliedstaat (§ 25b Abs. 1 Satz 1 Nr. 3 UStG).

Diese Voraussetzung ist im Hinblick auf § 3 Abs. 8 UStG auch dann erfüllt, wenn der erste Lieferer den Gegenstand **zuvor in das Gemeinschaftsgebiet eingeführt** hat. Gelangt der Gegenstand allerdings aus dem Drittlandsgebiet unmittelbar in den Mitgliedstaat des letzten Abnehmers, liegt kein innergemeinschaftliches Dreiecksgeschäft vor[344]:

> **Beispiel**
>
> Der Maschinenbauer I in Italien bestellt im März 2022 einen Austauschmotor bei N in den Niederlanden. Dieser hat den Motor seinerseits nicht vorrätig und bestellt in bei D in Deutschland.
>
> a) D weist sein Auslieferungslager in der Ukraine an, den Motor »auf dem kürzesten Wege« mit eigenem LKW zu I zu bringen (= **Warenbewegung 1**); Lieferbedingung: »**unverzollt und unversteuert**«.
>
> b) D weist sein Auslieferungslager in der Ukraine an, den Motor »auf dem kürzesten Wege« mit eigenem LKW zu I zu bringen (= **Warenbewegung 1**); Lieferbedingung: »**verzollt und versteuert**«.
>
> c) D führt den Gegenstand zunächst nach Deutschland ein (Lieferbedingung: »**verzollt und versteuert**«) und verbringt ihn dann mit eigenem LKW zu I (= **Warenbewegung 2**).
>
> **Variante a/Warenbewegung 1:**
>
> D tätigt eine Beförderungslieferung/bewegte Lieferung an N, § 3 Abs. 6 Satz 1 u. Satz 5 UStG. Ort der Lieferung ist das Auslieferungslager in der Ukraine; die Lieferung ist damit nicht steuerbar. Eine Verlagerung des Lieferorts nach § 3 Abs. 8 UStG kommt nicht in Betracht, da D als Lieferer der Beförderungslieferung nicht zugleich Schuldner der italienischen EUSt ist. N tätigt damit in Italien eine ruhende Lieferung (§ 3 Abs. 7 Satz 2 Nr. 2 UStG) an I.

---

344   Vgl. Abschn. 25b.1 Abs. 4 Satz 2 UStAE.

Liefergeschäfte/Sonderfälle

➲ **Folge:** N muss sich in Italien umsatzsteuerlich registrieren lassen; die Vereinfachung des § 25b UStG findet keine Anwendung!

Variante b/Warenbewegung 1:

D tätigt eine Beförderungslieferung/bewegte Lieferung an N, § 3 Abs. 6 Satz 1 u. Satz 5 UStG. Ort der Lieferung wäre grundsätzlich das Auslieferungslager in der Ukraine; die Lieferung wäre damit nicht steuerbar. D ist als Lieferer der Beförderungslieferung zugleich Schuldner der italienischen EUSt; der Lieferort wird daher nach § 3 Abs. 8 UStG nach Italien verlagert. D tätigt damit in Italien eine Lieferung an N; N tätigt seinerseits in Italien eine ruhende Lieferung (§ 3 Abs. 7 Satz 2 Nr. 2 UStG) an I.

➲ **Folge:** D und N müssen sich in Italien umsatzsteuerlich registrieren lassen; die Vereinfachung des § 25b UStG findet keine Anwendung!

Variante c/Warenbewegung 2:

D tätigt eine Beförderungslieferung/bewegte Lieferung an N, § 3 Abs. 6 Satz 1 und Satz 5 UStG. Ort der Lieferung wäre grundsätzlich das Auslieferungslager in der

Ukraine; die Lieferung wäre damit nicht steuerbar. D ist als Lieferer der Beförderungslieferung zugleich Schuldner der deutschen EUSt; der Lieferort wird daher nach § 3 Abs. 8 UStG nach Deutschland verlagert. D tätigt damit in Deutschland eine Lieferung an N; die Lieferung ist als innergemeinschaftliche Lieferung steuerfrei, da die Ware nach Italien verbracht wird. N tätigt seinerseits in Italien einen innergemeinschaftlichen Erwerb von D und eine ruhende Lieferung (§ 3 Abs. 7 Satz 2 Nr. 2 UStG) an I. N müsste sich damit grundsätzlich in Italien umsatzsteuerlich registrieren lassen.

Aber: Die Voraussetzungen des § 25b Abs. 1 UStG sind erfüllt:

- Drei Unternehmer (erster Lieferer, erster Abnehmer und letzter Abnehmer) haben Umsatzgeschäfte abgeschlossen.
- Die Geschäfte betreffen denselben Gegenstand.
- Der Gegenstand ist unmittelbar vom (Ort des) ersten Lieferer(s) an den letzten Abnehmer (§ 25b Abs. 1 Nr. 1 UStG) gelangt.
- Die drei Unternehmer sind in jeweils (drei) verschiedenen Mitgliedstaaten für Zwecke der Umsatzsteuer erfasst, (§ 25b Abs. 1 Nr. 2 UStG), d. h. sie haben eine USt-IdNr.
- Der Gegenstand ist bei der Beförderung aus dem Gebiet eines Mitgliedstaates in das Gebiet eines anderen Mitgliedstaates gelangt (§ 25b Abs. 1 Nr. 3 UStG).
- Der Gegenstand wird durch den ersten Lieferer oder den ersten Abnehmer befördert (§ 25b Abs. 1 Nr. 4 UStG).

➲ **Folge:** Weder D noch N müssen sich in Italien umsatzsteuerlich registrieren lassen; die Vereinfachung des § 25b UStG kommt zur Anwendung!

Der Gegenstand kann durch Beauftragte des ersten Lieferers vor der Beförderung oder Versendung in das übrige Gemeinschaftsgebiet bearbeitet oder verarbeitet worden sein. Gegenstand der Lieferung ist in diesem Fall jeweils der bearbeitete oder verarbeitete Gegenstand[345].

Der Gegenstand der Lieferung kann auch an einen **vom letzten Abnehmer beauftragten Dritten**, z. B. einen Lohnveredelungsunternehmer oder einen Lagerhalter, befördert oder versendet werden[346].

---

345 Vgl. Abschn. 25b.1 Abs. 4 Satz 5 UStAE.
346 Vgl. Abschn. 25b.1 Abs. 4 Satz 6 UStAE.

Liefergeschäfte/Sonderfälle

32.2.5 Beförderung oder Versendung durch den ersten Lieferer oder den ersten Abnehmer (§ 25b Abs. 1 Satz 1 Nr. 4 UStG)

Ein innergemeinschaftliches Dreiecksgeschäft setzt weiterhin voraus, dass der Gegenstand durch den ersten Lieferer oder den ersten Abnehmer (= mittlerer Unternehmer) befördert oder versendet wird (§ 25b Abs. 1 Satz 1 Nr. 4 UStG).

Dies gilt für den ersten Abnehmer allerdings nur dann, wenn er in seiner Eigenschaft **als Abnehmer befördert oder versendet,** d. h. die Beförderung oder Versendung der **Lieferung an ihn (erste Lieferung) zugeordnet** wird. Wird die Beförderung oder Versendung dagegen der zweiten Lieferung zugeordnet, weil der mittlere Unternehmer in seiner Eigenschaft als Lieferer auftritt (§ 3 Abs. 6 Satz 6 Halbsatz 2 UStG), liegt kein innergemeinschaftliches Dreiecksgeschäft vor[347].

Wird der Gegenstand der Lieferungen **durch den letzten Abnehmer befördert oder versendet (Abholfall),** ist die Anwendung der Vereinfachungsregelung ausgeschlossen, weil ebenfalls kein innergemeinschaftliches Dreiecksgeschäft vorliegt[348] (➜ Kapitel 32.2.1).

 Beratungskonsequenzen

Das wird in anderen Mitgliedstaaten ggf. abweichend beurteilt[349]!

Beispiel

Der belgische Unternehmer B bestellt bei dem deutschen Unternehmer D eine Baumaschine. D hat die Maschine nicht vorrätig und gibt die Bestellung weiter an den spanischen Hersteller SP. Alle Beteiligten treten unter der USt-IdNr. ihres Landes auf.

a) SP befördert die Baumaschine mit eigenem Lkw nach Belgien und übergibt sie dort an B.

b) B lässt die Baumaschine durch einen von ihm beauftragten Spediteur bei SP in Spanien abholen und unmittelbar nach Belgien versenden.

---

347 Vgl. Abschn. 25b.1 Abs. 5 Sätze 2 f. UStAE.
348 Vgl. Abschn. 25b.1 Abs. 5 Satz 4 UStAE und ➜ Kapitel 31.
349 *Winter,* UR 1998, 209.

⮌ **Folge:**

a) Es liegt ein innergemeinschaftliches Dreiecksgeschäft i. S. d. § 25b Abs. 1 UStG vor, weil der erste Lieferer den Gegenstand der Lieferungen befördert. Die Beförderung ist der ersten Lieferung (SP an D) zuzuordnen. Ort der Lieferung ist nach § 3 Abs. 6 Satz 5 i. V. m. Satz 1 Spanien (Beginn der Beförderung). Die Lieferung ist als innergemeinschaftliche Lieferung in Spanien steuerfrei.

— Der Erwerb des Gegenstandes unterliegt bei D grundsätzlich der Besteuerung des innergemeinschaftlichen Erwerbs in Belgien, da die Beförderung dort endet (§ 3d Satz 1 UStG), und in Deutschland, da D seine deutsche USt-IdNr. verwendet (§ 3d Satz 2 UStG).

— Die zweite Lieferung (D an B) ist eine ruhende Lieferung. Lieferort ist nach § 3 Abs. 7 Satz 2 Nr. 2 UStG Belgien, da sie der Beförderungslieferung nachfolgt. Die Lieferung des D ist nach belgischem Recht zu beurteilen (⮌ Kapitel 32.4).

b) Es liegt kein innergemeinschaftliches Dreiecksgeschäft i. S. d. § 25b Abs. 1 UStG vor, weil der letzte Abnehmer den Gegenstand der Lieferungen versendet. Die Versendung ist der zweiten Lieferung (D an B) zuzuordnen. Ort der Lieferung ist nach § 3 Abs. 6 Satz 5 i. V. m. Satz 1 Spanien (Beginn der Versendung). Die Lieferung ist als innergemeinschaftliche Lieferung in Spanien steuerfrei.

— Der Erwerb des Gegenstandes unterliegt bei B grundsätzlich der Besteuerung des innergemeinschaftlichen Erwerbs in Belgien, da die Versendung dort endet (§ 3d Satz 1 UStG).

— Die erste Lieferung (SP an D) ist eine ruhende Lieferung. Lieferort ist nach § 3 Abs. 7 Satz 2 Nr. 1 UStG ebenfalls Spanien, da sie der Versendungslieferung vorangeht. Die Lieferung ist nach spanischem Recht zu beurteilen. D muss sich demnach in Spanien steuerlich registrieren lassen.

32.3 Übertragung der Steuerschuld auf den letzten Abnehmer (§ 25b Abs. 2 UStG)

Im Fall eines innergemeinschaftlichen Dreiecksgeschäfts i. S. d. § 25b Abs. 1 UStG wird die Steuer für die (Inlands-)Lieferung des ersten Abnehmers an den letzten Abnehmer von dem letzten Abnehmer geschuldet, wenn die in § 25b Abs. 2 Nr. 1 bis 4 UStG genannten Voraussetzungen **sämtlich (= kumulativ)** erfüllt sind. Durch die Übertragung der Steuerschuld wird der **letzte Abnehmer Steuerschuldner** für die vom ersten Abnehmer an ihn ausgeführte Lieferung (§ 13 Abs. 2 Nr. 5 UStG). Die Übertragung der Steuerschuld auf den letzten Abnehmer ist bei Vorliegen der Voraussetzungen **zwingend** vorgeschrieben[350]:

- Der Lieferung ist ein **innergemeinschaftlicher Erwerb** beim ersten Abnehmer **vorausgegangen** (§ 25b Abs. 2 Nr. 1 UStG).

- Der erste Abnehmer ist **nicht in dem Mitgliedstaat ansässig**, in dem die Beförderung oder Versendung endet (§ 25b Abs. 2 Nr. 2 UStG).

- Der **erste Abnehmer verwendet** gegenüber dem ersten Lieferer und dem letzten Abnehmer **dieselbe USt-IdNr.** Diese USt-IdNr. darf ihm nicht von einem der Mitgliedstaaten erteilt worden sein, in dem die Beförderung oder Versendung beginnt oder endet (§ 25b Abs. 2 Nr. 2 UStG).

- Der erste Abnehmer muss dem letzten Abnehmer eine **Rechnung** i. S. d. § 14 a Abs. 1a und Abs. 2 UStG erteilen, in der die Steuer nicht gesondert ausgewiesen ist (§ 25b Abs. 2 Nr. 3 UStG).

- Der **letzte Abnehmer** muss eine USt-IdNr. des Mitgliedstaates verwenden, in dem die Beförderung oder Versendung endet (§ 25b Abs. 2 Nr. 4 UStG).

32.4 Innergemeinschaftlicher Erwerb des ersten Abnehmers (§ 25b Abs. 3 UStG)

Wird die Steuerschuld wirksam auf den letzten Abnehmer übertragen, **gilt der innergemeinschaftliche Erwerb des ersten Abnehmers nach § 25b Abs. 3 UStG als besteuert.** Diese fiktive Besteuerung des innergemeinschaftlichen Erwerbs beim ersten Abnehmer gilt für die **beiden innergemeinschaftlichen Erwerbe des ersten Abnehmers**, d. h.

---

350 Vgl. Abschn. 25b.1 Abs. 6 UStAE.

- sowohl für den Erwerb in dem Mitgliedstaat, in dem die Beförderung oder Versendung endet[351],

- als auch für den Erwerb in dem Mitgliedstaat, unter dessen USt-IdNr. der erste Abnehmer auftritt[352].

Beispiel

Sachverhalt wie Beispiel in ➜ Kapitel 32.2.5 Alternative b. Der belgische Unternehmer B bestellt bei dem deutschen Unternehmer D eine Baumaschine. D hat die Maschine nicht vorrätig und gibt die Bestellung weiter an den spanischen Hersteller SP. SP befördert die Baumaschine mit eigenem Lkw nach Belgien und übergibt sie dort an B. Alle Beteiligten treten unter der USt-IdNr. ihres Landes auf. D erteilt dem B eine Rechnung i. S. d. § 14 a Abs. 1 a und Abs. 2 UStG.

➜ **Folge:**

Es liegt ein innergemeinschaftliches Dreiecksgeschäft i. S. d. § 25b Abs. 1 UStG vor.

Die Beförderung ist der ersten Lieferung (SP an D) zuzuordnen. Ort der Lieferung ist nach § 3 Abs. 6 Satz 5 i. V. m. Satz 1 UStG Spanien (Beginn der Beförderung). Die Lieferung ist als innergemeinschaftliche Lieferung in Spanien steuerfrei.

Der **Erwerb des Gegenstandes unterliegt bei D** grundsätzlich der Besteuerung des innergemeinschaftlichen Erwerbs **in Belgien**, da die Beförderung dort endet[353], **und in Deutschland**, da D seine deutsche USt-IdNr. verwendet[354].

Die **zweite Lieferung (D an B)** ist eine ruhende Lieferung. Lieferort ist nach § 3 Abs. 7 Satz 2 Nr. 2 UStG Belgien, da sie der Beförderungslieferung nachfolgt. D führt demnach eine steuerbare und steuerpflichtige Lieferung in Belgien aus.

Da die **Voraussetzungen des § 25b Abs. 2 UStG erfüllt** sind, wird die Steuerschuld für die belgische (Inlands-)Lieferung des D auf B übertragen:

---

351 Vgl. § 3d Satz 1 UStG.

352 Vgl. § 3d Satz 2 UStG; sowie Abschn. 25b.1 Abs. 7 UStAE.

353 § 3d Satz 1 UStG.

354 § 3d Satz 2 UStG.

Liefergeschäfte/Sonderfälle

- Der Lieferung ist ein innergemeinschaftlicher Erwerb durch D vorausgegangen;
- D ist nicht in Belgien ansässig;
- D tritt gegenüber dem ersten Lieferer und dem letzten Abnehmer mit seiner deutschen USt-IdNr. auf;
- D hat dem B eine Rechnung i. S. d. § 14 a Abs. 1a und Abs. 2 UStG erteilt;
- B verwendet als letzter Abnehmer eine USt-IdNr. (belgische) des Mitgliedstaates, in dem die Beförderung endet.

B wird Steuerschuldner für diese Lieferung des D und muss die Steuer im Rahmen seiner belgischen Steuererklärungspflichten anmelden. D hat im Hinblick auf seine in Belgien ausgeführte Lieferung keinen umsatzsteuerlichen Verpflichtungen in Belgien nachzukommen.

Mit der wirksamen Übertragung der Steuerschuld auf B gilt auch der innergemeinschaftliche **Erwerb des D in Belgien als besteuert**[355] mit der Folge, dass D auch hierfür keinen umsatzsteuerlichen Verpflichtungen in Belgien nachkommen muss.

Mit der fiktiven Erwerbsbesteuerung in Belgien **entfällt auch eine Besteuerung des innergemeinschaftlichen Erwerbs in Deutschland** über § 3d Satz 2 UStG, sofern D seiner Erklärungspflicht nach § 18 a Abs. 4 Satz 1 Nr. 3 UStG (für die Zusammenfassende Meldung) nachkommt.

Durch die Anwendung der Vereinfachungsregelung des § 25b UStG wird vermieden, dass sich D in Belgien aufgrund dieses innergemeinschaftlichen Dreiecksgeschäfts registrieren lassen und dort Umsatzsteuererklärungen abgeben muss.

D muss **in Deutschland die Erklärungspflichten** nach § 18b Satz 1 UStG für die Umsatzsteuer-Voranmeldung und die Umsatzsteuererklärung für das Kalenderjahr beachten.

---

355 § 25b Abs. 3 UStG.

32.5   Besonderheiten bei der Rechnungserteilung

32.5.1   Richtige Rechnung als materielle Voraussetzung für § 25b UStG

Nach § 25b Abs. 2 Nr. 3 UStG ist **materielle Voraussetzung** für die Übertragung einer Steuerschuld, dass der erste Abnehmer dem letzten Abnehmer eine Rechnung i. S. d. § 14a Abs. 7 UStG erteilt, in der die Steuer nicht gesondert ausgewiesen ist[356].

 Beratungskonsequenzen

Die Rechnungserteilung ist materielle Voraussetzung – d. h. bei einer insoweit **fehlerhaften Rechnung** kommt es nicht zur Übertragung der Steuerschuld (➔ Kapitel 32.5.4)!

Neben den Angaben nach § 14 Abs. 4 UStG (!)[357] sind in der Rechnung des ersten Abnehmers danach folgende Angaben erforderlich:

- ein Hinweis auf das Vorliegen eines innergemeinschaftlichen Dreiecksgeschäfts, z. B. »Innergemeinschaftliches Dreiecksgeschäft nach § 25b UStG« oder »Vereinfachungsregelung nach Art. 138f., 140 f. MwStSystRL«,
- ein Hinweis auf die Steuerschuld des letzten Abnehmers,
- die Angabe der USt-IdNr. des ersten Abnehmers,
- die Angabe der USt-IdNr. des letzten Abnehmers.

 Beratungskonsequenzen

1. Gemäß § 14a Abs. 7 UStG erfordert die Freistellung, dass der mittlere Unternehmer in seiner Rechnung an den letzten Abnehmer
   - auf das Vorliegen eines innergemeinschaftlichen Dreiecksgeschäfts
   - die Steuerschuld des Rechnungsempfängers
   hinweist.

---

356   Vgl. Abschn. 25b.1 Abs. 8 Satz 1 UStAE.
357   Vgl. Abschn. 25b.1 Abs. 8 Satz 2 UStAE.

2. Für Unternehmer ist es wohl unerlässlich, die entsprechenden Rechnungshinweise in den (wichtigsten) Amtssprachen der Mitgliedstaaten der EG zu kennen (➲ Kapitel 35.5.3).

3. Zusätzlich muss die Rechnung auch den allgemeinen Anforderungen (➲ Kapitel 71) genügen.

32.5.2 Hinweis auf das Vorliegen eines innergemeinschaftlichen Dreiecksgeschäfts und die Steuerschuld des letzten Abnehmers bei Ausgangsrechnungen

Der letzte Abnehmer soll durch die Hinweise in der Rechnung eindeutig und leicht erkennen können, dass er letzter Abnehmer in einem innergemeinschaftlichen Dreiecksgeschäft ist und die Steuerschuld auf ihn übertragen wird[358].

Der Hinweis auf das Vorliegen eines innergemeinschaftlichen Dreiecksgeschäfts ist an keine besondere Form gebunden und **kann in deutscher Sprache erfolgen**; möglich sind z. B. die Hinweise[359]

- »Innergemeinschaftliches Dreiecksgeschäft nach § 25b UStG; die Mehrwertsteuer tragen Sie.«

- »Vereinfachungsregelung nach Art. 141 MwStSystRL; die Mehrwertsteuer tragen Sie.«

➲ Beratungskonsequenzen

Bei der Lieferung eines deutschen Unternehmers im Rahmen eines innergemeinschaftlichen Dreiecksgeschäfts findet § 14a Abs. 7 UStG – also das deutsche Recht – keine unmittelbare Anwendung; vielmehr gelten die **entsprechenden Bestimmungen des EU-Bestimmungslandes**[360].

Zu Kontrollzwecken können die Mitgliedstaaten verlangen, dass Rechnungen, die sich auf Lieferungen von Gegenständen oder auf Dienstleistungen in ihrem Gebiet beziehen, sowie auf Rechnungen, die von Steuerpflichten mit Sitz in ihrem Gebiet empfangen werden, **in die Landessprache übersetzt** werden (Art. 231 MwStSystRL).

---

358 Vgl. Abschn. 25b.1 Abs. 8 Satz 3 UStAE.
359 Vgl. Abschn. 25b.1 Abs. 8 UStAE; ferner *Fritsch*, NWB 1997, 3403.
360 *Stadie* in R/D, § 14a Anm. 65.

Deshalb ist es deutschen Unternehmern eigentlich zu empfehlen, Rechnungshinweise **standardmäßig zweisprachig** aufzumachen: einmal in deutscher Sprache und zusätzlich in der Sprache des letzten Abnehmers (➲ Kapitel 32.5.3).

32.5.3 Hinweis auf das Vorliegen eines innergemeinschaftlichen Dreiecksgeschäfts und die Steuerschuld des letzten Abnehmers bei Eingangsrechnungen

Rechnungshinweise in den wichtigsten Amtssprachen

Der Rechnungshinweis kann vom Rechnungsaussteller in deutscher Sprache aufgenommen worden sein – muss es aber nicht (➲ Kapitel 32.5.2). Die Konsequenzen des § 25b UStG werden in Deutschland auch durch fremdsprachige Hinweise ausgelöst. In den wichtigsten Amtssprachen der EU lauten die Rechnungshinweise wie folgt[361]:

Land	Rechnungshinweise
Belgien:	»Driehoeksverkeer – medecontractant aangeduid als schuldenaar van de Autoliquidation belasting – Verlegging van heffing op grond van artikel 51 § 2, 2° WBTW/Opération triangulaire – cocontractant désigné comme redevable de la taxe – report de paiement sur la base de l'article 51 § 2, 2° CTVA«
Bulgarien:	»Основание за неначисляване на данък – чл. 141 2006/112/ЕО«
Dänemark:	»Trekantshandel indenfor EU, momspligtig e fakturamodtager«
Deutschland	➲ vgl. Kapitel 32.5.2
Estland:	»Kolmnurktehing vastavalt Direktiivi 112/2006/EÜ artiklile 197«
Finnland:	»Kolmikantakauppa, laskunsaaja on velvollinen suorittamaan arvonlisäveron«
Frankreich:	»Opération triangulaire intracommunautaire. La T.V.A. est due par le bénéficiaire«
Griechenland:	»ENDOKINOTIKI TRIGONIKI APOSTOLI, IPOHREOS TOU F.P.A. INE O PARALIPTIS TOU TIMOLOGIOU«
Großbritannien:	»VAT: EC Article 141 Simplification Invoice«
Irland:	»Triangulation, invoice recipient is liable for tax«
Italien:	»Triangolazione intracomunitaria, debitore d'imposta èl'intestatario della fattura«
Kroatien:	»Trostrani posao sukladno članku 10 Zakon o PDV-u, odnosno čl. 141 Direktive Vijeća 2006/112/EZ. Prijenos porezne obveze«

---

361 Vgl. Rechnungshinweise bei Dreiecksgeschäften liegen vor, Info-Dienst-Rundschreibe des DIHT vom 19.11.1996; *Winter,* UR 1998, 209.

Land	Rechnungshinweise
Lettland:	»Piegāde saskaņā ar PVN likuma 16.panta (4) daļu«
Litauen:	»PVM įstatymo 95 straipsnio 4 dalis«
Luxemburg:	»Destinataire redevable de la taxe due au titre de la livraison effectué e par l'assujetti non é tabli à l'inté rieur du pays, en appli- cation de l'article 26, § 1, a) de la LTVA«
Malta	»Triangulation: Intra-Community supply pursuant to Article 20 (2) (a) and Item 2 (2) of Part 3 of the Third Schedule to the Malta Value Added Tax Act 1998 – Reverse Charge«
Niederlande:	»Intracommunautaire A-B-C-levering, heffing omzetbelasting wordt verlegd naar ontvanger van de rekening«
Österreich:	»Übergang der Steuerschuld auf den Leistungsempfänger – Dreiecksgeschäft gem. Art. 25 UStG«
Polen:	»VAT: Faktura WE uproszczona na mocy Art. 135–138 ustawy o ptu, Podatek VAT będzie rozliczony przez ostatniego w kolejności podatnika podatku od wartości dodanej«
Portugal:	»Negócio triangular intracomunitário, o devedor fiscal é o destinatário da factura«
Rumänien:	»Masuri de simplificare pentru operatiuni triunghiulare pentru care se aplica mecanismul taxarii inverse – Art. 150 (4) Codul Fiscal«
Schweden:	»Gemenskapsintern trepartshandel, fakturamottagarenär skattskyldig«
Slowakai:	»Ide o trojstranný obchod podľa § 45 zákona č. 222/2004 Z.z. o DPH«
Slowenien:	»Obrnjena davčna obveznost«
Spanien:	»Operación triangular intracomunitaria; el destinatario de la factura es sujeto pasivo a efectos del IVA«
Tschechien:	»Dodání zboží formou třístranného obchodu dle § 17 zákona o DPH. Daňová povinnost přechází dle § 108 odst. 1 písm. e) zákona o DPH na příjemce plnění (reverse charge)«
Ungarn:	»Háromszögügylet, az adó fizetésére a vevő kötelezett az áfa törvény 141.§ alapján (Áfa törvény 91.§(2) és 141.§)«
Zypern:	»Τριγωνική συναλλαγή«

Eingangsrechnungen sind auf derartige Hinweise zu untersuchen. Der **letzte Abnehmer** wird in diesem Fall in seinem Land zum Steuerschuldner[362], d. h. der Eingangsumsatz erhöht seine Steuerschuld. Bei gleichzeitiger Vorsteuerabzugsberechtigung kann er in gleicher Höhe Vorsteuern gegen rechnen[363], sodass **per Saldo ein Nullsummeneffekt** eintritt.

---

362   Vgl. § 13 Abs. 2 Nr. 5, § 25b Abs. 2 UStG.
363   Vgl. § 25b Abs. 5 UStG.

Beratungskonsequenzen

Für den Vorsteueranspruch ist das Vorliegen einer **Eingangsrechnung nicht erforderlich** (Abschn.15.10 Abs. 1 UStAE ➲ Kapitel 75.5)!

Beispiel

A ist im Januar 2022 der letzte Abnehmer eines Dreiecksgeschäfts. A verwendet die Ware für Umsätze, die zum Vorsteuerabzug berechtigen, und überweist 100.000 € an seinen Lieferanten.

Unter den weiteren Voraussetzungen des § 25b UStG hat A in der UStVA 1/2022 wie folgt zu verfahren:

»Andere Steuerbeträge, ... die nach ... § 25b Abs. 2 UStG geschuldet   **19.000 €**
werden« **(Zeilen 65 des Vordrucks = Kz. 69)**

»Vorsteuerbeträge aus ... innergem. Dreiecksgeschäften«   **19.000 €**
(Zeilen 55 des Vordrucks = Kz. 66)

Die Steuern und die Vorsteuern aus dem Dreiecksgeschäft saldieren sich (= **Nullsummenspiel**!)

 Hinweis

Muster-Umsatzsteuer-Voranmeldungen ➲ Kapitel 32.8.3 u. Kapitel 67.

32.5.4 Die Folgen von Abrechnungsfehlern

Eine richtige Rechnung ist materielle Voraussetzung des § 25b UStG (➲ Kapitel 32.5.1). Genügt die Rechnung nicht sämtlichen Voraussetzungen des § 14a UStG, geht die Steuerschuld nicht auf den Abnehmer über, sodass der Zwischenhändler die **Umsatzsteuer gleich mehrfach schuldet** (➲ Kapitel 32.1)[364]:

- die Steuer sowohl auf den innergemeinschaftlichen Erwerb im Bestimmungsland (dies ist letztlich allerdings ein **Nullsummenspiel** ➲ Kapitel 75.5),
- die Steuer auf seine Lieferung an den Letztabnehmer im Bestimmungsland (dies löst die **Registrierungspflicht im Bestimmungsland** aus und führt zu einer Steuerschuld),

---

364   Korn in B/G, § 14a Rz. 21.

- die Steuer auf den Erwerb in dem Staat, der die von ihm verwendete USt-IdNr. erteilt hat, bis er die Versteuerung des Erwerbs in dem anderen Staat nachweist (vgl. § 3d Satz 2 UStG; dies ist allerdings wieder ein **Nullsummenspiel** ➲ Kapitel 75.5).

32.6 Bemessungsgrundlage (§ 25b Abs. 4 UStG)

Im Fall der Übertragung der Steuerschuld nach § 25b Abs. 2 UStG auf den letzten Abnehmer gilt für die Berechnung der geschuldeten Steuer abweichend von § 10 Abs. 1 UStG die Gegenleistung als Entgelt, d. h. als Nettobetrag **ohne** Umsatzsteuer.

Die Umsatzsteuer ist auf diesen Betrag aufzuschlagen[365].

> **Beispiel**
>
> Der deutsche Unternehmer D bezieht als letzter Abnehmer eines innergemeinschaftlichen Dreiecksgeschäfts im Januar 2022 Maschinenteile von BG in Bulgarien zum Preis von 41.000 BGN (= Bulgarische Lew).
>
> ➲ **Folge:**
>
> Zunächst muss D die **Fremdwährung gem. § 16 Abs. 6 UStG in € umrechnen**; bei der Umrechnung ergeben sich
>
> 20.959,20 €
>
> (Umrechungskurs im Januar 2022: 1 € = 1,9558 BGN → 1 BGN = 0,5112 €)[366]
>
> Hierauf ist die deutsche **USt aufzuschlagen**:
>
> 20.959,20 € × 19 % = **3.982,25 €**

32.7 Aufzeichnungspflichten (§ 25b Abs. 6 UStG)

Neben den allgemeinen Aufzeichnungspflichten nach § 22 UStG (!) sind bei innergemeinschaftlichen Dreiecksgeschäften vom ersten und vom letzten Abnehmer zusätzliche Aufzeichnungspflichten zu erfüllen, wenn sie eine inländische USt-IdNr. verwenden (§ 25b Abs. 6 Satz 1 UStG)[367].

---

365   Vgl. Abschn. 25b.1 Abs. 10 UStAE.
366   BMF, Schreiben vom 1.2.2022, III C 3 – S 7329/19/10001 :004, 2022/0106534, BStBl. I 2022, 171.
367   Vgl. Abschn. 25b.1 Abs. 11 Satz 1 UStAE.

Aus den Aufzeichnungen des ersten Abnehmers müssen

- das vereinbarte Entgelt,
- der Name und die Anschrift des letzten Abnehmers

zu ersehen sein (§ 25b Abs. 6 Satz 1 Nr. 1 UStG).

Aus den Aufzeichnungen des letzten Abnehmers müssen

- die Bemessungsgrundlage der an ihn ausgeführten Lieferungen i. S. d. § 25b Abs. 2 UStG,
- die auf die Bemessungsgrundlage entfallenden Steuerbeträge,
- der Name und die Anschrift des ersten Abnehmers

zu ersehen sein (§ 25b Abs. 6 Satz 1 Nr. 2 UStG).

Verwendet der erste Abnehmer eine USt-IdNr. eines anderen Mitgliedstaates, ist er von den ihm im Inland obliegenden allgemeinen Aufzeichnungspflichten nach § 22 UStG befreit, wenn die Beförderung oder Versendung im Inland endet (§ 25b Abs. 6 Satz 2 UStG)[368].

 Beratungskonsequenzen

Es ist zu beachten, dass die Aufzeichnungspflichten nach dem UStG nur dann für den jeweils Beteiligten maßgebend sind, **wenn der deutsche Fiskus die Besteuerungshoheit hat**; ansonsten sind die Vorschriften des jeweils anderen Mitgliedstaates maßgeblich!

32.8 Umsatzsteuer-Voranmeldungen

Der Unternehmer hat gem. § 18b UStG seine Umsatzsteuer-Voranmeldungen (und Jahressteuererklärungen) um besondere Angaben zu den innergemeinschaftlichen Dreiecksgeschäften zu ergänzen. Diese Erklärungspflichten gelten für den

- ersten Abnehmer (= mittlerer Unternehmer) und den
- letzten Abnehmer,

für den ersten Unternehmer der Reihe ergeben sich keine Besonderheiten.

---

368 Vgl. Abschn. 25b.1 Abs. 11 Satz 2 UStAE.

32.8.1 Umsatzsteuer-Voranmeldung 2022 des ersten Unternehmers

Für den ersten Unternehmer ergeben sich keine Besonderheiten.

 Beratungskonsequenzen

Der erste Unternehmer braucht daher auch nicht zu wissen, dass er sich als erster Leistender an einem innergemeinschaftlichen Dreiecksgeschäft beteiligt.

32.8.2 Umsatzsteuer-Voranmeldung 2022 des ersten Abnehmers (= mittleren Unternehmers)

Der erste Abnehmer hat eine Eintragung in Zeile 38 (Kennzahl 42) des Vordrucks zur Umsatzsteuer-Voranmeldung vorzunehmen. Einzutragen ist die Bemessungsgrundlage (§ 25b Abs. 4 UStG) seiner Lieferungen an den letzten Abnehmer. Zur (korrespondierenden) Zusammenfassenden Meldung ➲ Kapitel 32.9.1 sowie ausführlich Kapitel 63.

 Praxistipp

1. Nochmals: Der **innergemeinschaftliche Erwerb** des ersten Abnehmers gilt bereits als besteuert und **wird daher nicht erklärt!** (➲ Kapitel 32.4)
2. Auch wenn der nachfolgende Vordruck aus Darstellungsgründen handschriftlich ausgefüllt ist: natürlich hat eine Umsatzsteuer-Voranmeldung **eigentlich elektronisch** (»durch Datenfernübertragung«) zu erfolgen (§ 18 Abs. 1 UStG).

Beispiel

Unternehmer U ist in Deutschland ansässig und liefert im Januar 2022 im Rahmen eines innergemeinschaftlichen Dreiecksgeschäfts als mittlerer Unternehmer für 200.000 € Ware an A in Österreich.

➲ **Folge:**

In die Umsatzsteuer-Voranmeldung Januar 2022 hat U den Umsatz wie folgt aufzunehmen:

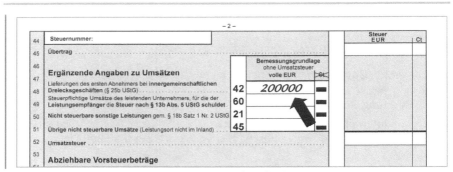

Formular: USt 1 A – Umsatzsteuer-Voranmeldung 2022 – (01.21), Seite 2

32.8.3 Umsatzsteuer-Voranmeldung 2022 des letzten Abnehmers

Der letzte Abnehmer hat

- die Steuer, die er nach § 25b Abs. 2 UStG für die Lieferung des ersten Abnehmers schuldet, in Zeile 63 (Kennzahl 69),
- einen Vorsteueranspruch in gleicher Höhe in Zeile 52/53 (Kennzahl 66)

einzutragen (➲ Kapitel 32.5.2).

 Praxistipp

1. Nochmals: Für den Vorsteueranspruch ist das Vorliegen einer **Eingangsrechnung nicht erforderlich!** (Abschn. 15.10 Abs. 1 UStAE ➲ Kapitel 75.5)
2. Auch wenn der nachfolgende Vordruck aus Darstellungsgründen handschriftlich ausgefüllt ist: natürlich hat eine Umsatzsteuer-Voranmeldung **eigentlich elektronisch** (»durch Datenfernübertragung«) zu erfolgen ➲ Kapitel 32.8.2

Beispiel

Unternehmer U ist in Deutschland ansässig und erhält im Januar 2022 als letzter Abnehmer im Rahmen eines innergemeinschaftlichen Dreiecksgeschäfts Ware für 200.000 €.

➲ **Folge:**

In die Umsatzsteuer-Voranmeldung Januar 2022 ist der Umsatz wie folgt aufzunehmen:

– 2 –

Zeile		Steuer EUR	Ct
44	Steuernummer:		
45	Übertrag		

Ergänzende Angaben zu Umsätzen

		Bemessungsgrundlage ohne Umsatzsteuer volle EUR	
47	Lieferungen des ersten Abnehmers bei innergemeinschaftlichen		
48	Dreiecksgeschäften (§ 25b UStG)	**42**	
49	Steuerpflichtige Umsätze des leistenden Unternehmers, für die der Leistungsempfänger die Steuer nach § 13b Abs. 5 UStG schuldet	**60**	
50	Nicht steuerbare sonstige Leistungen gem. § 18b Satz 1 Nr. 2 UStG	**21**	
51	Übrige nicht steuerbare Umsätze (Leistungsort nicht im Inland)	**45**	
52	Umsatzsteuer		

Abziehbare Vorsteuerbeträge

54/55	Vorsteuerbeträge aus Rechnungen von anderen Unternehmern (§ 15 Abs. 1 Satz 1 Nr. 1 UStG), aus Leistungen im Sinne des § 13a Abs. 1 Nr. 6 UStG (§ 15 Abs. 1 Satz 1 Nr. 5 UStG) und aus innergemeinschaftlichen Dreiecksgeschäften (§ 25b Abs. 5 UStG)........	**66**	*38 000 00*
56	Vorsteuerbeträge aus dem innergemeinschaftlichen Erwerb von Gegenständen (§ 15 Abs. 1 Satz 1 Nr. 3 UStG)	**61**	
57	Entstandene Einfuhrumsatzsteuer (§ 15 Abs. 1 Satz 1 Nr. 2 UStG)	**62**	
58	Vorsteuerbeträge aus Leistungen im Sinne des § 13b UStG (§ 15 Abs. 1 Satz 1 Nr. 4 UStG)	**67**	
59	Vorsteuerbeträge, die nach allgemeinen Durchschnittssätzen berechnet sind (§§ 23 und 23a UStG)	**63**	
60	Vorsteuerabzug für innergemeinschaftliche Lieferungen neuer Fahrzeuge außerhalb eines Unternehmens (§ 2a UStG) sowie von Kleinunternehmern im Sinne des § 19 Abs. 1 UStG (§ 15 Abs. 4a UStG)	**59**	
61	Berichtigung des Vorsteuerabzugs (§ 15a UStG)	**64**	
62	Verbleibender Betrag		*Nullsummenspiel!*

Andere Steuerbeträge

64	Steuer infolge des Wechsels der Besteuerungsform sowie Nachsteuer auf versteuerte Anzahlungen u.a. wegen Steuersatzänderung	**65**	
65	In Rechnungen unrichtig oder unberechtigt ausgewiesene Steuerbeträge (§ 14c UStG) sowie Steuerbeträge, die nach § 6a Abs. 4 Satz 2, § 17 Abs. 1 Satz 7, § 25b Abs. 2 UStG oder von einem Auslagerer oder Lagerhalter nach § 13a Abs. 1 Nr. 6 UStG geschuldet werden	**69**	*38 000 00*

Umsatzsteuer-Vorauszahlung/Überschuss

67	Abzug der festgesetzten Sondervorauszahlung für Dauerfristverlängerung (in der Regel nur in der letzten Voranmeldung des Besteuerungszeitraums auszufüllen)	**39**	
68	Verbleibende Umsatzsteuer-Vorauszahlung _____ (bitte in jedem Fall ausfüllen) Verbleibender Überschuss - bitte dem Betrag ein Minuszeichen voranstellen -	**83**	

Ergänzende Angaben zu Minderungen nach § 17 Abs. 1 Sätze 1 und 2 i.V.m. Abs. 2 Nr. 1 Satz 1 UStG

		Bemessungsgrundlage ohne Umsatzsteuer volle EUR	Steuer EUR	Ct
73	Minderung der Bemessungsgrundlage (in den Zeilen 20 bis 24 enthalten)	**50**		
74	Minderung der abziehbaren Vorsteuerbeträge (in der Zeile 55 aus Rechnungen von anderen Unternehmern (§ 15 Abs. 1 Satz 1 Nr. 1 UStG) sowie in den Zeilen 59 und 60 enthalten)		**37**	

II. Sonstige Angaben und Unterschrift

77	Ein Erstattungsbetrag wird auf das dem Finanzamt benannte Konto überwiesen, soweit der Betrag nicht mit Steuerschulden verrechnet wird.	
78	Verrechnung des Erstattungsbetrags erwünscht / Erstattungsbetrag ist abgetreten (falls ja, bitte eine „1" eintragen) .... Geben Sie bitte die Verrechnungswünsche auf einem gesonderten Blatt an oder auf dem beim Finanzamt erhältlichen Vordruck „Verrechnungsantrag".	**29**
79/80	Das SEPA-Lastschriftmandat wird ausnahmsweise (z.B. wegen Verrechnungswünschen) für diesen Voranmeldungszeitraum widerrufen (falls ja, bitte eine „1" eintragen) .... Ein ggf. verbleibender Restbetrag ist gesondert zu entrichten.	**26**
81/82	Über die Angaben in der Steueranmeldung hinaus sind weitere oder abweichende Angaben oder Sachverhalte zu berücksichtigen (falls ja, bitte eine „1" eintragen) .... Geben Sie bitte diese auf einem gesonderten Blatt an, welches mit der Überschrift „Ergänzende Angaben zur Steueranmeldung" zu kennzeichnen ist.	**23**

Datenschutzhinweis:
Die mit der Steueranmeldung angeforderten Daten werden auf Grund der §§ 149, 150 AO und der §§ 18, 18b UStG erhoben. Die Angabe der Telefonnummer und der E-Mail-Adresse ist freiwillig. Informationen über die Verarbeitung personenbezogener Daten in der Steuerverwaltung und über Ihre Rechte nach der Datenschutz-Grundverordnung sowie über Ihre Ansprechpartner in Datenschutzfragen entnehmen Sie bitte dem allgemeinen Informationsschreiben der Finanzverwaltung. Dieses Informationsschreiben finden Sie unter www.finanzamt.de (unter der Rubrik „Datenschutz") oder erhalten Sie bei Ihrem Finanzamt.

| 86 | Datum, Unterschrift | |

Formular: USt 1 A – Umsatzsteuer-Voranmeldung 2022 – (01.21), Seite 2

32.9 Zusammenfassende Meldung im Jahr 2022

Der Unternehmer hat gem. § 18 a UStG die Zusammenfassende Meldung um besondere Angaben zu den innergemeinschaftlichen Dreiecksgeschäften zu ergänzen[369].

32.9.1 Zusammenfassende Meldung des mittleren Unternehmers

Der mittlere Unternehmer (= erster Abnehmer) hat seine Lieferung an den letzten Abnehmer zu melden. Er tut dies, indem er die unter Angabe der USt-IdNr. des letzten Abnehmers die Bemessungsgrundlage die Bemessungsgrundlage benennt und durch Eintragung einer »1« in Spalte 3 kennzeichnet.

 Praxistipp

Auch wenn der nachfolgende Vordruck aus Darstellungsgründen handschriftlich ausgefüllt ist: natürlich hat eine Zusammenfassende Meldung **eigentlich elektronisch** (»durch Datenfernübertragung«) zu erfolgen (§ 18a Abs. 1 UStG)!

Beispiel

Wie der Beispielsfall in ➲ Kapitel 32.8.2. Der österreichische Abnehmer A bezieht Ware für 1.000 € und hat in Österreich die IdNr. AT12345678.

➲ **Folge:**

D hat den Umsatz für den Monat Januar/das 1. Quartal 2022[370] wie folgt zu melden:

---

369 Grundlegend zur Zusammenfassenden Meldung, *Weimann,* UStB 2007, 178 u. 202; UStB 2008, 121; UStB 2009, 76.

370 § 18a Abs. 1 UStG; vgl. auch ➲ Kapitel 63.

Liefergeschäfte/Sonderfälle

zur Zusammenfassenden Meldung für den Meldezeitraum

Umsatzsteuer-Identifikationsnummer

| 01 | | 02 |

Berichtigung

| 03 | ☐ |

Meldung der Warenlieferungen (§ 18a Abs. 4 Nr. 1 u. 2
UStG) vom Inland in das übrige Gemeinschaftsgebiet,
der sonstigen Leistungen (§ 18a Abs. 4 Satz 1 Nr. 3
UStG) und der Lieferungen i.S.d. § 25b Abs. 2 UStG
im Rahmen innergemeinschaftlicher Dreiecksgeschäfte
(§ 18a Abs. 4 Satz 1 Nr. 4 UStG)

Bitte beachten!

Sonstige Leistungen bzw.
Dreiecksgeschäfte sind in Spalte
3 extra zu kennzeichnen.

Bei unterschiedlichen Leistungen
an denselben Unternehmer ist
jeweils eine gesonderte Zeile zu

Zeile	1		2		3
	Länder-kenn-zeichen	USt-IdNr. des Erwerbers/Unternehmers in einem anderen Mitgliedstaat	Summe der Bemessungsgrundlagen volle EUR Ct		Sonstige Leistungen (falls JA, bitte 1 auswählen) - - - - - - - - - - - - - Dreiecksgeschäfte (falls JA, bitte 2 auswählen)
1	AT ▼	12345678	1000	—	2 ▼
2	AT ▼	12345678	300	—	1 ▼
3	AT ▼	12345678	5000		

Formular: ZM-Formular Vordruckmuster

32.9.2 Zusammenfassende Meldung des ersten und des letzten Unternehmers

Für den ersten Unternehmer sowie den letzten Abnehmer ergeben sich keine Besonderheiten:

- Der erste Unternehmer hat **im Ursprungsland** die innergemeinschaftliche Lieferung an den ersten Abnehmer zu melden.
- Der letzte Abnehmer hat **keine** Meldung vorzunehmen.

32.10 Buchungssätze

Buchhalterisch ergeben sich nur beim letzten Abnehmer Besonderheiten: er hat eine

- Umsatzsteuerverbindlichkeit und gleichzeitig einen
- Vorsteueranspruch

zu buchen.

> **Beispiel**
>
> Unternehmer U ist in Deutschland ansässig und erhält im Januar 2022 als letzter Abnehmer im Rahmen eines innergemeinschaftlichen Dreiecksgeschäfts Ware für 200.000 €.
>
> ⊃ **Folge:**
> 1. Buchungssatz: Ware   an   Geldkonto 200.000
> 2. Buchungssatz: Vorsteuer   an   Umsatzsteuer 38.000 (19 % von 200.000)
>
> | 1. Ware | 200.000,00 | 1. Geld | 200.000,00 |
> |--------------|-----------:|----------------|-----------:|
> | 2. Vorsteuer | 38.000,00 | 2. Umsatzsteuer | 38.000,00 |
>
> Für die Vorsteuer und die Umsatzsteuer aus innergemeinschaftlichen Dreiecksgeschäften sind **gesonderte Unterkonten** einzurichten.

32.11 Finanzierungsvorteil durch Dreiecksgeschäfte

Die Vorschrift des § 25b UStG war bereits Bestandteil der Neuregelung der Reihengeschäfte durch das Umsatzsteuer-Änderungsgesetz 1997[371]. In der deutschen Unternehmens- und Beratungspraxis begegnet die neue Vorschrift kurioserweise noch immer erheblichen Berührungsängsten, sodass sie eher selten angewandt wird. Dabei wird übersehen, dass sich bei Dreiecksgeschäften

---

[371] Umsatzsteuer-Änderungsgesetz 1997 vom 12.12.1996, BGBl. I 1996, 1851 = BStBl. I 1996, 1560.

neben der verfahrensrechtlichen Vereinfachung noch ein weiterer Vorteil einstellt. Die Übertragung der Steuerschuldnerschaft auf den letzten Abnehmer führt bei dem mittleren Unternehmer nämlich zu einem Wegfall des durch die Sollversteuerung verursachten **Vorfinanzierungseffekts** der Umsatzsteuer[372].

32.12 Erfordernis der Beteiligung von 3 Unternehmern

Wichtiges Wahlrecht in Abschn. 25b.1 UStAE

In den Anfangsjahren verneinte die deutsche Finanzverwaltung das Vorliegen eines innergemeinschaftlichen Dreiecksgeschäfts i. S. v. § 25b UStG ohne jede Ausnahme dann, wenn an einem Reihengeschäft mehr als drei Unternehmer beteiligt waren[373] (➔ Kapitel 32.2.1). Hieran hält die Verwaltung **schon seit den UStR 2005** nicht mehr fest und spricht nunmehr[374] auch dann von einem innergemeinschaftlichen Dreiecksgeschäft, wenn

- an einem Reihengeschäft **mehr als drei Unternehmer beteiligt** sind und
- die drei unmittelbar **nacheinander liefernden Unternehmer am Ende der Lieferkette** stehen.

Die meisten EU-Mitgliedstaaten teilten diese nunmehr aufgegebene »enge« Auffassung der deutschen Finanzverwaltung nicht. Der Binnenmarkt war insoweit alles andere als harmonisiert; mit der Neuregelung wurde ein **erfreulicher Schritt in Richtung einheitliche Interpretation von EU-Recht** getan[375]. Die deutsche Wirtschaft begrüßt die Regelung insbesondere deshalb, weil sie die bisherigen **Risiken des mittleren Unternehmers vermindert.**

Wenn in der Vergangenheit der Vorlieferant des mittleren Unternehmers ohne dessen Wissen die Ware von einem weiteren Vorlieferanten bezog, lagen nach deutscher Verwaltungsauffassung die Voraussetzungen des § 25b UStG nicht vor. Damit wurde der mittlere Unternehmer im Bestimmungsland steuer- und registrierungspflichtig – eine Konsequenz, die der Unternehmer durch die Wahl eines innergemeinschaftlichen Dreiecksgeschäftes gerade hatte vermeiden wollen.

---

372 Vgl. *Kleine-Rosenstein*, BBK 2001, 203 = Fach 30, 1135; *Weimann*, UStB 2001, 190.

373 So noch Abschn. 276b Abs. 2 Satz 2 UStR 2000.

374 Abschn. 25b.1 Abs. 2 Satz 2 UStAE.

375 Vgl. *Weimann*, steuer-journal 2/2005, 21; ders., UStB 2005, 68.

Die unerwarteten Pflichten wiederum führten beim mittleren Unternehmer in der Regel zu einem erhöhten Verwaltungsaufwand durch Umstellung der Buchführung, Einrichtung der EDV, Bestellung eines Steuerberaters etc., der eigentlich bereits bei der Kalkulation eines Auftrages hätte berücksichtigt werden müssen (➲ Kapitel 21.1.4). Dem mittleren Unternehmer blieb dann allenfalls der Weg, sich durch geschickte Gestaltung seines Einkaufsvertrages zivilrechtlich gegenüber seinem Vorlieferanten schadlos zu halten; den Fiskus freilich interessierten solche Überlegungen nicht.

Die Finanzverwaltung verdeutlicht die Neuregelung an einem Beispiel[376]:

Beispiel

Der in Deutschland ansässige Unternehmer D bestellt beim in Belgien ansässigen Unternehmer B dort nicht vorrätige Werkzeugteile. B gibt die Bestellung weiter an den in Luxemburg ansässigen Unternehmer L mit der Bitte, die Teile direkt zu D nach Deutschland auszuliefern. Weil auch L die Werkzeugteile nicht am Lager hat, bestellt er sie beim in Spanien ansässigen Unternehmer SP, der sie weisungsgemäß an D versendet. Alle Unternehmer treten jeweils unter der USt-IdNr. ihres Landes auf. L weist nach, dass er den Gegenstand als Lieferer i. S. v. § 3 Abs. 6 Satz 6 UStG versendet hat:

➲ Folge:

Zwischen SP, L, B und D liegt ein Reihengeschäft vor. Darüber hinaus ist ein innergemeinschaftliches Dreiecksgeschäft i. S. d. § 25b Abs. 1 UStG zwischen L, B und D anzunehmen, weil L als erster am Dreiecksgeschäft beteiligter Lieferer den Gegenstand der Lieferungen versendet. Die Versendung ist der ersten Lieferung im Dreiecksgeschäft (L an B) zuzuordnen, da L den Gegenstand als Lieferer i. S. v. § 3 Abs. 6 Satz 6 UStG versendet hat[377]. Ort der Lieferung ist nach § 3 Abs. 6 Satz 5 i. V. m. Satz 1 UStG Spanien (Beginn der Versendung). Die Lieferung des L an B ist

---

376   Abschn. 25b.1 Abs. 2 UStAE.

377   Abschn. 3.14 Abs. 7 ff. UStAE.

als innergemeinschaftliche Lieferung in Spanien steuerfrei. Der Erwerb des Gegenstandes unterliegt bei B grundsätzlich der Besteuerung des innergemeinschaftlichen Erwerbs in Deutschland, da die Beförderung dort endet (§ 3d Satz 1 UStG), und in Belgien, da B seine belgische USt-IdNr. verwendet (§ 3d Satz 2 UStG). Die zweite Lieferung im Dreiecksgeschäft (B an D) ist eine ruhende Lieferung. Lieferort ist nach § 3 Abs. 7 Satz 2 Nr. 2 UStG Deutschland, da sie der Beförderungslieferung nachfolgt. SP erbringt eine ruhende Lieferung in Spanien (§ 3 Abs. 7 Satz 2 Nr. 1 UStG), die nach spanischem Recht zu beurteilen ist.

Wie bereits ausgeführt interpretierten die meisten anderen EU-Mitgliedstaaten den Begriff des innergemeinschaftlichen Dreiecksgeschäfts in Art. 28c Teil E Abs. 3 der 6. EG-RL weiter als die deutsche Finanzverwaltung. Daher und aufgrund des Referentenentwurfs zu den ursprünglich beabsichtigten UStR 2004[378] erhoffte sich die Praxis, dass zukünftig auch dann aus einem Reihengeschäft ein innergemeinschaftliches Dreiecksgeschäft abgespalten werden kann, wenn **dem abgespaltenen Geschäft weitere Liefervorgänge folgen.** Insoweit wurde die **Praxis** durch die Neufassung der Umsatzsteuer-Richtlinien sicher **enttäuscht**, da Abschn. 276b Abs. 2 Satz 2 UStR 2005 (seit 1.10.2010: Abschn. 25b.1 Abs. 2 Satz 2 UStAE) bei Geschäften mit mehr als drei Beteiligten ausdrücklich fordert, dass die drei unmittelbar nacheinander liefernden Unternehmer **am Ende der Lieferkette** stehen.

> **Beispiel**
>
> Der in Deutschland ansässige Unternehmer D bestellt beim in Belgien ansässigen Unternehmer B dort nicht vorrätige Werkzeugteile. B gibt die Bestellung weiter an den in Luxemburg ansässigen Unternehmer L mit der Bitte, die Teile direkt zu D nach Deutschland auszuliefern. Weil auch L die Werkzeugteile nicht am Lager hat, bestellt er sie beim in Spanien ansässigen Unternehmer SP, der sie weisungsgemäß an D versendet. Alle Unternehmer treten jeweils unter der USt-IdNr. ihres Landes auf. SP befördert den Gegenstand mit eigenem LKW zum Endkunden D, § 3 Abs. 6 Satz 5 UStG.
>
>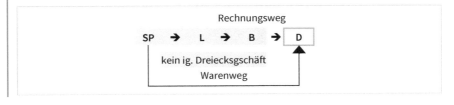

---

378 Vgl. *Weimann*, UVR 2003, 313.

Beratungskonsequenzen

Das Wahlrecht findet Anwendung, wenn Deutschland am Ende des Dreiecksgeschäfts steht, also das Bestimmungsland der Warenlieferung ist. Abschn. 25b.1 Abs. 2 Satz 2 UStAE begünstigt damit de facto nur ausländische Unternehmer, die sich ansonsten in Deutschland hätten registrieren lassen müssen.

33 (Konsignations-)Lager bis 31.12.2019

 Hinweis

➲ mybook.haufe.de > Vertiefende Informationen > Kapitel 33

33a (Konsignations-)Lager ab dem 1.1.2020

Änderungen zum 1.1.2020 durch die »Quick Fixes«/ Die Sofortmaßnahme 4

 Rechtsgrundlagen

- BMF, Schreiben vom 28.1.2020, III C 5 – S 7427-b/19/10001 :002, 2020/0077618, Angaben zu Konsignationslagern (§ 6b UStG) in der Zusammenfassenden Meldung (§ 18a UStG)
- BMF, Schreiben vom 10.12.2021, III C 3 – S 7146/20/10001 .005, 2021/1234313, Einführungsschreiben zur Konsignationslagerregelung nach § 6b UStG
- EU-Kommission, Erläuterungen vom 20.12.2019 zu den MwSt-Änderungen in der EU, welche die Konsignationslagerregelung, Reihengeschäfte und die Steuerbefreiung für innergemeinschaftliche Lieferungen von Gegenständen betreffen (»2020 Quick Fixes«)

 Vordrucke

- BZSt, Anleitung zur Meldung über ausgeführte Beförderungen oder Versendungen i.S.d. § 6b Abs. 1 Nr. 4 UStG (Konsignationslagerregelung; Stand: 1/2022)
- ➲ mybook.haufe.de > Wichtiges aus anderen Behörden

Wegweiser durch dieses Buch im Hinblick auf die »Quick Fixes«

- Gesamtüberblick ➲ Kapitel 20
- 1. Sofortmaßnahme ➲ Kapitel 21b.2
  Ohne Aufzeichnung der USt-IdNr. des Kunden und korrekte ZM entfällt die Steuerbefreiung!
- 2. Sofortmaßnahme ➲ Kapitel 21b.3
  Endlich Rechtsicherheit im Abholfall!/Neuregelung des Reihengeschäfts
- 3. Sofortmaßnahme ➲ Kapitel 23a
  Gelangensvermutung
- **4. Sofortmaßnahme**
  Konsignationslager (Call-off Stock)
- 5. »Flankierende« deutsche Sofortmaßnahme ➲ Kapitel 39a
  Beteiligung an Steuerhinterziehung führt zur Versagung von Vorsteuerabzug und Steuerbefreiung

33a.1 Typische Fallgestaltung

Ein typisches Lagergeschäft wäre das Folgende:

Beispiel

Grieche G bestellt beim Deutschen D eine Werkzeugmaschine. Für G ist es wichtig, dass die Maschine möglichst ohne Unterbrechungszeiten im Einsatz ist. G macht daher seine Bestellung von einem gleichzeitig von D in Griechenland einzurichtenden Lager abhängig, dem er bei Bedarf alle Verschleißteile entnehmen kann. Die Lagerhaltung soll auf die voraussichtliche Funktionsdauer der Maschine begrenzt sein. Die Ersatzteile sollen dem G erst bei tatsächlicher Entnahme aus dem Lager in Griechenland berechnet werden (wie das Bespiel in ➲ Kapitel 33.4)

33a.2 Beurteilung bis 31.12.2019

Lagerbeschickung und -entnahmen wirkten sich in der Vergangenheit wie folgt aus (➲ Kapitel 33.5):

Beurteilung bis 31.12.2019

innergemeinschaftliche Lieferung (... des Verbringens)	D ↓	
		Deutschland
innergemeinschaftliche Erwerb (... des Verbringens)	↑ D	Griechenland
	(registriert in Griechenland)	
Lieferung (in Griechenland	↓ G	

- Die Lagerbeschickung führt bei D in Deutschland zu einem (steuerfreien) Verbringen, § 3 Abs. 1a UStG (Abschn. 3.12 Abs. 3 Satz 7 UStAE).
- Die Lagerbeschickung führt bei D in Griechenland zu einem innergemeinschaftlichen Erwerb, vgl. § 1 a Abs. 2 UStG.
- D muss sich in Griechenland steuerlich registrieren lassen.
- D muss eventuelle Lagerentnahmen durch B in Griechenland versteuern und **der griechischen Umsatzsteuer unterwerfen!** Rechnungen des Lagerhalters müssen m. a. W. die Umsatzsteuer des Landes (hier: Griechenland) ausweisen, in dem sich das Lager befindet.
- Weil das zahlreichen Mitgliedstaaten zu kompliziert war, hatten diese bereits vor dem 1.1.2020 – **eigentlich unzulässige** – **Vereinfachungen** eingeführt.

33a.3 Neuregelung ab 1.1.2020

§ **Rechtsgrundlagen**

Neufassung des UStG zum 1.1.2020

(Hinweis: **Einfügungen** und ~~Streichungen~~ sind gekennzeichnet.)

§ **6b UStG**

Konsignationslagerregelung

(1) Für die Beförderung oder Versendung eines Gegenstandes aus dem Gebiet eines Mitgliedstaates in das Gebiet eines anderen Mitgliedstaates für Zwecke einer Lieferung des Gegenstandes nach dem Ende dieser Beförderung oder

Versendung an einen Erwerber gilt eine Besteuerung nach Maßgabe der nachfolgenden Vorschriften, wenn folgende Voraussetzungen erfüllt sind:

1. Der Unternehmer oder ein vom Unternehmer beauftragter Dritter befördert oder versendet einen Gegenstand des Unternehmens aus dem Gebiet eines Mitgliedstaates (Abgangsmitgliedstaat) in das Gebiet eines anderen Mitgliedstaates (Bestimmungsmitgliedstaat) zu dem Zweck, dass nach dem Ende dieser Beförderung oder Versendung die Lieferung (§ 3 Abs. 1) gemäß einer bestehenden Vereinbarung an einen Erwerber bewirkt werden soll, dessen vollständiger Name und dessen vollständige Anschrift dem Unternehmer zum Zeitpunkt des Beginns der Beförderung oder Versendung des Gegenstands bekannt ist und der Gegenstand im Bestimmungsland verbleibt. Der Unternehmer hat in dem Bestimmungsmitgliedstaat weder seinen Sitz noch seine Geschäftsleitung oder eine Betriebsstätte oder in Ermangelung eines Sitzes, einer Geschäftsleitung oder einer Betriebsstätte seinen Wohnsitz oder gewöhnlichen Aufenthalt.

2. Der Erwerber im Sinne der Nr. 1, an den die Lieferung bewirkt werden soll, hat gegenüber dem Unternehmer bis zum Beginn der Beförderung oder Versendung die ihm vom Bestimmungsmitgliedstaat erteilte Umsatzsteuer-Identifikationsnummer verwendet.

3. Der Unternehmer zeichnet die Beförderung oder Versendung des Gegenstandes im Sinne der Nr. 1 nach Maßgabe des § 22 Abs. 4f gesondert auf und kommt seiner Pflicht nach § 18a Abs. 1 in Verbindung mit Abs. 6 Nr. 3 und Abs. 7 Nr. 2a rechtzeitig, richtig und vollständig nach.

(2) Wenn die Voraussetzungen nach Abs. 1 erfüllt sind, gilt zum Zeitpunkt der Lieferung des Gegenstandes an den Erwerber, sofern diese Lieferung innerhalb der Frist nach Abs. 3 bewirkt wird, Folgendes:

1. Die Lieferung an den Erwerber wird einer im Abgangsmitgliedstaat steuerbaren und steuerfreien innergemeinschaftlichen Lieferung (§ 6a) gleichgestellt.

2. Die Lieferung an den Erwerber wird einem im Bestimmungsmitgliedstaat steuerbaren innergemeinschaftlichen Erwerb (§ 1a Abs. 1) gleichgestellt.

(3) Wird die Lieferung an den Erwerber nicht innerhalb von zwölf Monaten nach dem Ende der Beförderung oder Versendung des Gegenstandes im Sinne des Absatzes 1 Nr. 1 bewirkt und ist keine der Voraussetzungen des Absatzes 6 erfüllt, so gilt am Tag nach Ablauf des Zeitraums von zwölf Monaten die Beförderung oder Versendung des Gegenstandes als das einer innergemeinschaftlichen Lieferung gleichgestellte Verbringen (§ 6a Abs. 1 Satz 2 in Verbindung mit § 3 Abs. 1a).

(4) Abs. 3 ist nicht anzuwenden, wenn folgende Voraussetzungen vorliegen:

1. Die nach Abs. 1 Nr. 1 beabsichtigte Lieferung wird nicht bewirkt und der Gegenstand gelangt innerhalb von zwölf Monaten nach dem Ende der Beförderung oder Versendung aus dem Bestimmungsmitgliedstaat in den Abgangsmitgliedstaat zurück.

2. Der Unternehmer zeichnet das Zurückgelangen des Gegenstandes nach Maßgabe des § 22 Abs. 4f gesondert auf.

(5) Tritt innerhalb von zwölf Monaten nach dem Ende der Beförderung oder Versendung des Gegenstandes im Sinne des Absatzes 1 Nr. 1 und vor dem Zeitpunkt der Lieferung ein anderer Unternehmer an die Stelle des Erwerbers im Sinne des Absatzes 1 Nr. 1, gilt in dem Zeitpunkt, in dem der andere Unternehmer an die Stelle des Erwerbers tritt, Abs. 4 sinngemäß, wenn folgende Voraussetzungen vorliegen:

1. Der andere Unternehmer hat gegenüber dem Unternehmer die ihm vom Bestimmungsmitgliedstaat erteilte Umsatzsteuer-Identifikationsnummer. verwendet.

2. Der vollständige Name und die vollständige Anschrift des anderen Unternehmers sind dem Unternehmer bekannt.

3. Der Unternehmer zeichnet den Erwerberwechsel nach Maßgabe des § 22 Absatz 4f gesondert auf.

(6) Fällt eine der Voraussetzungen nach den Absätzen 1 und 5 innerhalb von zwölf Monaten nach dem Ende der Beförderung oder Versendung des Gegenstandes im Sinne des Absatzes 1 Nr. 1 und vor dem Zeitpunkt der Lieferung weg, so gilt am Tag des Wegfalls der Voraussetzung die Beförderung oder Versendung des Gegenstandes als das einer innergemeinschaftlichen Lieferung gleichgestellte Verbringen (§ 6a Abs. 1 Satz 2 in Verbindung mit § 3 Abs. 1a). Wird die Lieferung an einen anderen Erwerber als einen Erwerber nach Abs. 1 Nr. 1 oder Abs. 5 bewirkt, gelten die Voraussetzungen nach den Absätzen 1 und 5 an dem Tag vor der Lieferung als nicht mehr erfüllt. Satz 2 gilt sinngemäß, wenn der Gegenstand vor der Lieferung oder bei der Lieferung in einen anderen Mitgliedstaat als den Abgangsmitgliedstaat oder in das Drittlandsgebiet befördert oder versendet wird. Im Fall der Zerstörung, des Verlustes oder des Diebstahls des Gegenstandes nach dem Ende der Beförderung oder Versendung des Gegenstandes im Sinne des Absatzes 1 Nr. 1 und vor dem Zeitpunkt der Lieferung gelten die Voraussetzungen nach den Absätzen 1 und 5 an dem Tag, an dem die Zerstörung, der Verlust oder der Diebstahl festgestellt wird, als nicht mehr erfüllt.

§ 18a

Zusammenfassende Meldung

...

(6) Eine Warenlieferung im Sinne dieser Vorschrift ist:

1. ...

2. ...

3. eine Beförderung oder Versendung im Sinne des § 6b Abs. 1.

(7) [1]Die Zusammenfassende Meldung muss folgende Angaben enthalten:

...

2a. für Beförderungen oder Versendungen im Sinne des Absatzes 6 Nr. 3: die Umsatzsteuer-Identifikationsnummer des Erwerbers im Sinne des § 6b Abs. 1 Nr. 1 und 3 oder des § 6b Abs. 5;

...

§ 22

Aufzeichnungspflichten

...

(4f) Der Unternehmer, der nach Maßgabe des § 6b einen Gegenstand aus dem Gebiet eines Mitgliedstaates in das Gebiet eines anderen Mitgliedstaates befördert oder versendet, hat über diese Beförderung oder Versendung gesondert Aufzeichnungen zu führen. Diese Aufzeichnungen müssen folgende Angaben enthalten:

1. den vollständigen Namen und die vollständige Anschrift des Erwerbers im Sinne des § 6b Abs. 1 Nr. 1 oder des § 6b Abs. 5;

2. den Abgangsmitgliedstaat;

3. den Bestimmungsmitgliedstaat;

4. den Tag des Beginns der Beförderung oder Versendung im Abgangsmitgliedstaat;

5. die von dem Erwerber im Sinne § 6b Abs. 1 oder § 6b Abs. 5 verwendete Umsatzsteuer-Identifikationsnummer;

6. den vollständigen Namen und die vollständige Anschrift des Lagers, in das der Gegenstand im Rahmen der Beförderung oder Versendung in den Bestimmungsmitgliedstaat gelangt;

7. den Tag des Endes der Beförderung oder Versendung im Bestimmungsmitgliedstaat;

8. die Umsatzsteuer-Identifikationsnummer eines Dritten als Lagerhalter;

9. die Bemessungsgrundlage nach § 10 Abs. 4 Satz 1 Nr. 1, die handelsübliche Bezeichnung und Menge der im Rahmen der Beförderung oder Versendung in das Lager gelangten Gegenstände;

10. den Tag der Lieferung im Sinne des § 6b Abs. 2;

11. das Entgelt für die Lieferung nach Nr. 10 sowie die handelsübliche Bezeichnung und Menge der gelieferten Gegenstände;

12. die von dem Erwerber für die Lieferung nach Nr. 10 verwendete Umsatzsteuer-Identifikationsnummer;

13. das Entgelt sowie die handelsübliche Bezeichnung und Menge der Gegenstände im Fall des einer innergemeinschaftlichen Lieferung gleichgestellten Verbringens im Sinne des § 6b Abs. 3;

14. die Bemessungsgrundlage der nach § 6b Abs. 4 Nr. 1 in den Abgangsmitgliedstaat zurückgelangten Gegenstände und den Tag des Beginns dieser Beförderung oder Versendung.

(4g) Der Unternehmer, an den der Gegenstand nach Maßgabe des § 6b geliefert werden soll, hat über diese Lieferung gesondert Aufzeichnungen zu führen. Diese Aufzeichnungen müssen folgende Angaben enthalten:

1. die von dem Unternehmer im Sinne des § 6b Abs. 1 Nr. 1 verwendete Umsatzsteuer-Identifikationsnummer;

2. die handelsübliche Bezeichnung und Menge der für den Unternehmer als Erwerber im Sinne des § 6b Abs. 1 oder des § 6b Abs. 5 bestimmten Gegenstände;

3. den Tag des Endes der Beförderung oder Versendung der für den Unternehmer als Erwerber im Sinne des § 6b Abs. 1 oder des § 6b Abs. 5 bestimmten Gegenstände im Bestimmungsmitgliedstaat;

4. das Entgelt für die Lieferung an den Unternehmer sowie die handelsübliche Bezeichnung und Menge der gelieferten Gegenstände;

5. den Tag des innergemeinschaftlichen Erwerbs im Sinne des § 6b Abs. 2 Nr. 2;

6. die handelsübliche Bezeichnung und Menge der auf Veranlassung des Unternehmers im Sinne des § 6b Abs. 1 Nr. 1 aus dem Lager entnommenen Gegenstände;

7. die handelsübliche Bezeichnung der im Sinne des § 6b Abs. 6 Satz 4 zerstörten oder fehlenden Gegenstände und den Tag der Zerstörung, des Verlusts oder des Diebstahls der zuvor in das Lager gelangten Gegenstände oder den Tag, an dem die Zerstörung oder das Fehlen der Gegenstände festgestellt wurde.

Wenn der Inhaber des Lagers, in das der Gegenstand im Sinne des § 6b Abs. 1 Nr. 1 befördert oder versendet wird, nicht mit dem Erwerber im Sinne des § 6b Abs. 1 Nr. 1 oder des § 6b Abs. 5 identisch ist, ist der Unternehmer von den Aufzeichnungen nach Satz 1 Nr. 3, 6 und 7 entbunden.

33a.4 Beurteilung nach der Neuregelung

Die Neuregelung bewirkt, dass die Abverkäufe

- als einzige **Lieferung im Ursprungsland** und
- als innergemeinschaftlichen **Erwerb in dem Bestimmungsland** anzusehen,
- wenn die Ware dem Lager innerhalb von **12 Monaten** entnommen wird.

Beurteilung ab dem 1.1.2020

- Die Lagerbeschickung führt bei D in Deutschland zu einer steuerfreien innergemeinschaftlichen Lieferung.
- Die Lagerbeschickung führt bei G in Griechenland zu einem innergemeinschaftlichen Erwerb, vgl. § 1a Abs. 2 UStG.

➡ Beratungskonsequenzen

Durch die Neuregelung wird **vermieden, dass sich der Lieferer** in jedem Mitgliedstaat, in den er Gegenstände in ein Konsignationslager überführt, **registrieren lassen muss.**

Auswirkungen ergeben sich

- nicht nur für neu eingerichtete, sondern auch für **bereits bestehende Lager**, und
- nicht für Lager, die Sie beim Kunden führen, sondern auch für solche, die ein **Lieferant bei Ihnen** führt.

33a.5   Einführungsschreiben des BMF

Zwei Jahre nach Einführung der nunmehr EU-weit gültigen Konsignationslager-Regelung hat sich das BMF dazu in einem Einführungsschreiben positioniert[379].

Der Anwendungserlass wurde mit dem Schreiben um einen **neuen Abschn. 6b.1 UStAE** ergänzt.

Die Grundsätze des Schreibens sind auf alle Umsätze, die die Lieferung von Gegenständen in ein Lager im Sinne des § 6b UStG betreffen, anzuwenden, für die der Transport durch Beförderung oder Versendung am oder nach dem 1.1.2020 begonnen hat.

 Beratungskonsequenzen

Für alle vor dem 1.1.2020 im Abgangsmitgliedstaat begonnenen, aber nach dem 31.12.2019 im Bestimmungsmitgliedstaat endenden Lieferungen ist die Vereinfachungsregelung nicht anzuwenden. Insoweit gelten die bisherigen Regelungen weiter ➲ Kapitel 33.

33a.6   Abgabe einer Meldung an das BZSt

Unternehmer, die Beförderungen oder Versendungen i. S. d. § 6b Abs. 1 UStG (Konsignationslagerregelung) ausgeführt haben, sind verpflichtet, hierüber eine Meldung an das BZSt **nach folgendem Muster** abzugeben:

---

379   BMF, Schreiben vom 10.12.2021 ➲ mybook.haufe.de > Wichtiges aus dem BMF..

Umsatzsteuer-Identifikationsnummer (USt-IdNr.)

| 01 | D | E | 1 | 2 | 3 | 4 | 5 | 6 | 7 | 8 | 9 |

Bitte 9 Ziffern eintragen

Bundeszentralamt für Steuern
- Dienstsitz Saarlouis -

66738 Saarlouis

Meldung über Beförderungen oder
Versendungen im Sinne des § 6b Abs. 1
Nr. 4 UStG (Konsignationslagerregelung)

Ausfüllmuster

Meldezeitraum

Angaben zum Unternehmen
Name
Mustermann
Art des Unternehmens

02 **Februar** **2020**

Strasse | Hausnummer
Musterstr. | 1
Postleitzahl | Ort
11111 | Musterstadt
Telefon (Angabe freiwillig)

03 ☐ **Berichtigung**
(falls ja, bitte anklicken)

E-Mail-Adresse
max.mustermann@muster.d

Sachverhalt siehe Folgeseite!

☐ Ich versichere, die Angaben in dieser Meldung wahrheitsgemäß nach bestem Wissen und Gewissen gemacht zu haben.

Bei der Anfertigung dieser Meldung hat mitgewirkt:

Name

Funktion der/des Mitwirkenden (Steuerberater*in etc.)

Strasse | Hausnr.

Postleitzahl | Ort

Telefon

E-Mail-Adresse

Datenschutzhinweis:
Die mit der Meldung angeforderten Daten werden aufgrund der
§§ 149 ff. Abgabenordnung (AO) und § 18a UStG erhoben. Informationen
über die Verarbeitung personenbezogener Daten in der
Finanzverwaltung und über Ihre Rechte nach der Datenschutz-
Grundverordnung sowie über Ihre Ansprechpartner in
Datenschutzfragen entnehmen Sie bitte dem allgemeinen
Informationsschreiben der Finanzverwaltung. Dieses
Informationsschreiben finden Sie unter
https://www.bzst.de/Datenschutzinfo.

USt Meldung 01/2022   7

Formular: USt Meldung 01/2022

Formular: USt Meldung 01/2022

Weitere Einzelheiten ergeben sich aus der Ausfüllanleitung des BZSt (Stand: 1/2022 ➲ mybook.haufe.de > Wichtiges aus anderen Behörden.

33b EU-Lieferungen in ein deutsches Warenlager bei feststehenden Abnahmeverpflichtungen

BMF folgt der neueren BFH-Rechtsprechung

§ **Rechtsgrundlagen**

- BMF, Schreiben vom 10.10.2017, III C 3 – S 7103-a/15/10001, 2017/0854904, Grenzüberschreitende Warenlieferungen in ein inländisches sog. Konsignationslager; BFH-Urteile vom 20.10.2016, V R 31/15, und vom 16.11.2016, V R 1/16, BStBl. I 2017, 1442 (weiter gültig lt. BMF v. 18.3.2021, Anlage 1, Nr. 1398; zur zweifelhaften Bedeutung dieses Schreibens ➲ Kapitel 1.6).

- BMF, Schreiben vom 31.10.2018, III C 3 – S 7103-a/15/10001, 2018/0894236, Grenzüberschreitende Warenlieferungen in ein inländisches sog. Konsignationslager; BFH-Urteile vom 20.10.2016, V R 31/15, und vom 16.11.2016, V R 1/16, BStBl. I 2018, 1203 (weiter gültig lt. BMF v. 18.3.2021, Anlage 1, Nr. 1400; zur zweifelhaften Bedeutung dieses Schreibens ➲ Kapitel 1.6).

Das EU-Umsatzsteuerrecht beurteilt Lieferungen aus Auslieferungs- und Konsignationslagern nach den allgemeinen Lieferregeln. Sonderbestimmungen dazu gibt es (derzeit noch) nicht. Bei Anwendung der allgemeinen Regeln kamen die deutsche Rechtsprechung und Finanzverwaltung lange Zeit zum gleichen Ergebnis. Das änderte sich erst im Jahr 2015. Einzelne Finanzgerichte verließen den »Mainstream«[380] und wurden in ihrer Rechtsauffassung vom Bundesfinanzhof bestätigt[381]. Das BMF hat die neue Rechtsauffassung nunmehr übernommen[382] – die zeitweiligen Differenzen scheinen damit ausgeräumt!

---

380 Vgl. Vorauflage (15. Auflage), Kapitel 33a sowie *Weimann*, PIStB 2016, 262.

381 BFH, Urteile vom 20.10.2016, V R 31/15 und vom 16.11.2016, V R 1/16.

382 BMF, Schreiben vom 10.10.2017, a. a. O.; ➲ mybook.haufe.de > Wichtiges aus dem BMF.

33b.1 Typische Fallgestaltung

Die BFH-Urteile ergingen allesamt zu einer Fallgestaltung wie dieser:

Beispiel

Der griechische Feinkostproduzent G liefert seine Ware zur Verfügung seines deutschen Kunden (D) in ein Konsignationslager in Deutschland.

33b.2 Bisherige deutsche Rechtsauffassung

Für grenzüberschreitende Lagergeschäfte gibt es weder im UStG noch im Unionsrecht besondere Vorgaben. Zur Anwendung kommen daher die allgemeinen Vorschriften. Dabei sind zwei Grundfälle zu differenzieren:

- **Allgemeines Lager/Konsignationslager:** Bei diesem Typus handelt es sich um ein Lager, aus welchem **üblicherweise mehrere Abnehmer** beliefert werden, wobei die Entscheidung darüber, welche Ware an welchen Kunden geliefert/verkauft wird, noch nicht abschließend getroffen wurde.

- **Call-Off Stock:** Bei diesem Typus handelt es sich um ein Lager, welches **exklusiv für einen Kunden eingerichtet** wird. Der Kunde entnimmt die Ware entsprechend seinem Bedarf.

Die deutsche Finanzverwaltung differenziert die oben genannten Lagertypen nicht[383]. Wurde daher die Ware aus einem anderen EU-Mitgliedstaat nach Deutschland in das Lager verbracht, musste sich der Unternehmer **ausnahmslos immer** in Deutschland für umsatzsteuerliche Zwecke registrieren lassen, um den innergemeinschaftlichen Erwerb aufgrund des Verbringens erklären zu können. Die anschließende Entnahme aus dem Lager behandelte die Verwaltung als steuerbare und steuerpflichtige Inlandslieferung[384].

---

383 Vgl. Abschn. 3.12. Abs. 3 Satz 7 UStAE.
384 Vgl. PIStB 2016, 130.

Der Beispielsfall ...

... beurteilt sich aus deutscher Sicht – ausnahmslos immer, s. o. – wie folgt:

- Die Lagerbeschickung führt bei G in Griechenland nach dortigem Recht zu einem (steuerfreien) Verbringen.
- Die Lagerbeschickung führte bei G in Deutschland zu einem innergemeinschaftlichen Erwerb, vgl. § 1a Abs. 2 UStG.
- G musste sich in Deutschland steuerlich registrieren lassen.
- G musste eventuelle Lagerentnahmen durch D in Deutschland versteuern und **der deutschen Umsatzsteuer unterwerfen**! Rechnungen des Lagerhalters mussten m.a.W. immer die Umsatzsteuer des Landes (hier: Deutschland) ausweisen, in dem sich das Lager befindet.

33b.3 Neue Rechtsprechung des BFH zu Lieferungen aus der EU

Lieferungen in ein deutsches Warenlager

Der BFH differenziert nunmehr danach, ob bei einer Lageraufstockung zu **Beginn der Versendung** der Abnehmer

- bereits feststeht oder
- noch nicht feststeht.

Beratungskonsequenzen

Maßgebend ist der Transportbeginn – bildlich gesprochen also der Zeitpunkt, in dem die **Ware zum ersten Mal mit Zielrichtung auf den Kunden »angefasst«** wird.

33b.3.1 Lieferung an einen bereits feststehenden Abnehmer

Der BFH hat darauf erkannt, dass Lieferungen aus dem übrigen Gemeinschaftsgebiet an einen inländischen Abnehmer auch dann als Versendungslieferungen i. S. v. § 3 Abs. 6 Satz 1 UStG zu beurteilen sind, wenn der Liefergegenstand nach dem Beginn der Versendung **für kurze Zeit in einem Auslieferungslager zwischengelagert** wird.

Voraussetzung ist aber, dass der Abnehmer bereits **bei Beginn der Versendung** feststeht[385]. In diesem Fall[386]

- wird die Lieferung grundsätzlich bereits bei Beginn der Versendung im übrigen Gemeinschaftsgebiet ausgeführt und
- unterliegt beim inländischen Abnehmer ggf. der Erwerbsbesteuerung nach § 1a UStG.

33b.3.2 Lieferung an einen noch nicht feststehenden Abnehmer

Mit einem zweiten Urteil hat der BFH die vorgenannte Rechtsprechung bestätigt, wenngleich sich **im entschiedenen Fall der Ort der streitigen Lieferungen am Ort des Konsignationslagers** im Inland befand, weil bei Versendung der Waren aus dem übrigen Gemeinschaftsgebiet der inländische Abnehmer noch nicht feststand.

Die **Einlagerung der Ware** in das Konsignationslager stellt bei diesem Sachverhalt ein innergemeinschaftliches Verbringen durch den liefernden Unternehmer dar, in dessen Folge der Unternehmer im Inland einen innergemeinschaftlichen Erwerb nach § 1a Abs. 2 UStG bewirkt.

Daneben erbringt der Unternehmer eine im Inland steuerbare und steuerpflichtige Lieferung an den Abnehmer, sobald die **Ware dem Lager entnommen** wird.

---

385   Vgl. Vorauflage (15. Auflage), Kapitel 33a sowie Weimann, PIStB 2016, 262.
386   BFH, Urteil vom 20.10. 2016, V R 31/15, BStBl. I 2017, 1076.

Der im übrigen Gemeinschaftsgebiet ansässige liefernde Unternehmer muss sich in Deutschland umsatzsteuerlich registrieren lassen[387].

33b.4 Übernahme der neuen Rechtsauffassung durch die Finanzverwaltung

Das BMF folgt dem BFH und ändert dazu den UStAE an den entscheidenden Schnittstellen (Änderungen wie vom BMF sind durch **Fett**druck hervorgehoben[388]):

 Rechtsgrundlagen

Abschn. 1a.2 Abs. 6 UStAE n. F.

»[1]Eine nicht nur vorübergehende Verwendung liegt auch dann vor, wenn der Unternehmer den Gegenstand mit der konkreten Absicht in den Bestimmungsmitgliedstaat verbringt, ihn dort (unverändert) **an einen noch nicht feststehenden Abnehmer** weiterzuliefern. [2]In den vorgenannten Fällen ist es nicht erforderlich, dass der Unternehmensteil im Bestimmungsmitgliedstaat die abgabenrechtlichen Voraussetzungen einer Betriebsstätte (vgl. Abschnitt 3a.1 Abs. 3) erfüllt. [3]Verbringt der Unternehmer Gegenstände zum Zweck des Verkaufs außerhalb einer Betriebsstätte in den Bestimmungsmitgliedstaat und gelangen die nicht verkauften Waren unmittelbar anschließend wieder in den Ausgangsmitgliedstaat zurück, kann das innergemeinschaftliche Verbringen aus Vereinfachungsgründen auf die tatsächlich verkaufte Warenmenge beschränkt werden.

Beispiel:

[1]Der niederländische Blumenhändler N befördert im eigenen LKW Blumen nach Köln, um sie dort auf dem Wochenmarkt zu verkaufen. [2]Die nicht verkauften Blumen nimmt er am selben Tag wieder mit zurück in die Niederlande.

[3]N bewirkt in Bezug auf die verkauften Blumen einen innergemeinschaftlichen Erwerb nach § 1a Abs. 2 UStG in Deutschland. [4]Er hat den Verkauf der Blumen als Inlandslieferung zu versteuern. [5]Das Verbringen der nicht verkauften Blumen ins Inland muss nicht als innergemeinschaftlicher Erwerb im Sinne des § 1a Abs. 2 UStG, das Zurückverbringen der nicht verkauften Blumen nicht als innergemeinschaftliche Lieferung im Sinne des § 3 Abs. 1a in Verbindung mit § 6a Abs. 2 UStG behandelt werden.

---

387 BFH, Urteil vom 16.11.2016, V R 1/16, BStBl. I 2017, 1079.

388 Vgl. BMF, Schreiben vom 10.10.2017, a. a. O.; ➲ mybook.haufe.de > Wichtiges aus dem BMF.

[4]Steht der Abnehmer bei der im übrigen Gemeinschaftsgebiet beginnenden Beförderung oder Versendung bereits fest, liegt kein innergemeinschaftliches Verbringen, sondern eine Beförderungs- oder Versendungslieferung vor, die grundsätzlich mit Beginn der Beförderung oder Versendung im übrigen Gemeinschaftsgebiet als ausgeführt gilt (§ 3 Abs. 6 Satz 1 UStG). [5]Hiervon ist auszugehen, wenn der Abnehmer die Ware bei Beginn der Beförderung oder Versendung bereits verbindlich bestellt oder bezahlt hat (vgl. BFH-Urteil vom 16.11.2016, V R 1/16, BStBl. 2017 II S. XXX). [6]In diesem Fall steht es der Annahme einer Beförderungs- oder Versendungslieferung nicht entgegen, wenn

- die Ware von dem mit der Versendung Beauftragten zunächst in ein inländisches Lager des Lieferanten gebracht und erst nach Eingang der Zahlung durch eine Freigabeerklärung des Lieferanten an den Abnehmer (»shipment on hold«) herausgegeben wird (vgl. BFH-Urteil vom 30.7.2008, XI R 67/07, BStBl. 2009 II S. 552), oder

- [1]die Ware kurzzeitig (für einige Tage oder Wochen) in einem auf Initiative des Abnehmers eingerichteten Auslieferungs- oder Konsignationslager im Inland zwischengelagert wird und der Abnehmer vertraglich ein uneingeschränktes Zugriffsrecht auf die Ware hat (vgl. BFH-Urteil vom 20.10.2016, V R 31/15, BStBl. 2017 II S. XXX). [2]Es liegt dann nur eine kurze Unterbrechung, aber kein Abbruch der begonnenen Beförderung oder Versendung vor.

[7]Ein im Zeitpunkt des Beginns der Beförderung oder Versendung nur wahrscheinlicher Abnehmer ohne tatsächliche Abnahmeverpflichtung ist nicht einem zu diesem Zeitpunkt bereits feststehenden Abnehmer gleichzustellen (vgl. BFH-Urteil vom 20.10.2016, V R 31/15, BStBl. 2017 II S. XXX). [8]In derartigen Fällen stellt die Einlagerung von Ware aus dem übrigen Gemeinschaftsgebiet in ein inländisches Auslieferungs- oder Konsignationslager ein innergemeinschaftliches Verbringen durch den liefernden Unternehmer im Sinne des § 1a Abs. 2 UStG dar. [9]Die Lieferung an den Abnehmer findet in derartigen Fällen erst mit der Entnahme der Ware aus dem Lager statt und ist folglich im Inland steuerbar.«

 Rechtsgrundlagen

Abschn. 3.12 UStAE n. F.

…

(3) [1]Eine Versendungslieferung im Sinne des § 3 Abs. 6 Satz 1 UStG setzt voraus, dass der Gegenstand an den Abnehmer oder in dessen Auftrag an einen Dritten versendet wird, d. h. die Beförderung durch einen selbständigen Beauftragten

ausgeführt oder besorgt wird. [2]Die Versendung beginnt mit der Übergabe des Gegenstands an den Beauftragten. [3]Der Lieferer muss bei der Übergabe des Gegenstands an den Beauftragten alles Erforderliche getan haben, um den Gegenstand an den bereits feststehenden Abnehmer, der sich grundsätzlich aus den Versendungsunterlagen ergibt, gelangen zu lassen. [4]Von einem feststehenden Abnehmer ist auszugehen, wenn er zwar dem mit der Versendung Beauftragten im Zeitpunkt der Übergabe des Gegenstands nicht bekannt ist, aber mit hinreichender Sicherheit leicht und einwandfrei aus den unstreitigen Umständen, insbesondere aus Unterlagen abgeleitet werden kann (vgl. BFH-Urteil vom 30. 7. 2008, XI R 67/07, BStBl. 2009 II S. 552). [5]**Gleiches gilt, wenn der Abnehmer den Liefergegenstand bei Beginn der Versendung bereits verbindlich bestellt oder bezahlt hat (vgl. BFH-Urteil vom 16.11.2016, V R 1/16, BStBl. 2017 II S. 1079); eine nur wahrscheinliche Begründung einer Abnehmerstellung ohne tatsächliche Abnahmeverpflichtung reicht nicht aus (vgl. BFH-Urteil vom 20.10.2016, V R 31/15, BStBl. 2017 II S. 1076).** [6]**Dem Tatbestand, dass der Abnehmer feststeht,** steht nicht entgegen, dass der Gegenstand von dem mit der Versendung Beauftragten zunächst in ein inländisches Lager des Lieferanten gebracht und erst nach Eingang der Zahlung durch eine Freigabeerklärung des Lieferanten an den Abnehmer herausgegeben wird (vgl. BFH-Urteil vom 30.7.2008, XI R 67/07, a. a. O.). [7]Entscheidend ist, dass der Lieferant im Zeitpunkt der Übergabe des Gegenstands an den Beauftragten die Verfügungsmacht dem zu diesem Zeitpunkt feststehenden Abnehmer verschaffen will. [8]**Unter der Bedingung, dass der Abnehmer bereits bei Beginn der Versendung feststeht, kann eine Versendungslieferung auch dann vorliegen, wenn der Liefergegenstand nach dem Beginn der Versendung für kurze Zeit in einem Auslieferungs- oder Konsignationslager gelagert wird (vgl. BFH-Urteile vom 20.10.2016, V R 31/15, a. a. O., und vom 16.11.2016, V R 1/16, a. a. O.; vgl. auch Abschnitt 1a.2 Abs. 6 Sätze 4 bis 9).**

...

(7) [1]§ 3 Abs. 6 und 7 UStG regeln den Lieferort und damit zugleich auch den Zeitpunkt der Lieferung (vgl. BFH-Urteil vom 6.12.2007, V R 24/05, BStBl. 2009 II S. 490, Abschnitt 13.1 Abs. 2 und 6); **dies gilt hinsichtlich der Verschaffung der Verfügungsmacht auch in den Fällen einer Beförderungs- oder Versendungslieferung nach § 3 Abs. 6 Satz 1 UStG, in denen der Liefergegenstand nach dem Beginn der Beförderung oder Versendung für kurze Zeit in einem Auslieferungs- oder Konsignationslager gelagert wird.** [2]Die Anwendbarkeit ...

33b.5 Inkrafttreten

Die Grundsätze des neuen BMF-Schreibens sind **in allen offenen Fällen** anzuwenden.

Für vor dem 1.1.2020 ausgeführte

- Lieferungen und
- innergemeinschaftliche Erwerbe

lässt es die Finanzverwaltung auch für Zwecke des Vorsteuerabzugs des Leistungsempfängers unbeanstandet, wenn der leistende Unternehmer weiterhin nach Abschn. 1a.2 Abs. 6 und Abschn. 3.12 Abs. 3 UStAE in der bisherigen Fassung verfährt[389].

33b.6 Anwendungsbereich

Welche Lagergeschäfte des Mandanten sind betroffen – und welche nicht?

33b.6.1 Ausgangsumsätze

Die neue Rechtsauffassung gilt

- ausschließlich für Lieferungen aus der EU in ein deutsches Warenlager und
- **nicht** für Lieferungen aus Deutschland in ein EU-Warenlager

(➲ Kapitel 33a.7).

 Beratungskonsequenzen

Lagergeschäfte
- des deutschen Mandanten
- im EU-Ausland

führen damit unverändert weiter zu den altbekannten Problem (➲ Kapitel 33 und Kapitel 33a).

---

389 BMF, Schreiben vom 31.10.2018, a. a. O.

Liefergeschäfte/Sonderfälle

33b.6.2 Eingangsumsätze

Entnimmt der deutsche Mandant Ware aus Konsignationslagern ausländischer Lieferanten, ist Vorsicht geboten!

Die bisher zutreffende Bruttorechnung führt unter den Voraussetzungen des BFH-Urteils vom 20.10.2016 (➲ Kapitel 33a.3.1) zu einem überhöhten Steuerausweis und berechtigt damit nicht zum Vorsteuerabzug[390].

33b.7 Fazit

Die neue Rechtsprechung wirkt sich für den deutschen Unternehmer (Mandanten) **vor allem einkaufsseitig** aus, wenn nämlich Teile

- **(ausländischer) Zulieferer**
- **aus Lagern in Deutschland**

entnommen werden.

Entnimmt der Mandant Teile aus einem derartigen Lager, sind die entsprechenden (Alt-)Verträge **zeitnah** (➲ Kapitel 33a.5) **zu überprüfen und ggf. umzustellen.**

 Beratungskonsequenzen

Letzteres wird nicht einfach sein, da **dem ausländischen Zulieferer hierzu die neue deutsche Rechtslage erklärt** werden muss.

Das **überzeugende Argument** wird sicher sein, dass der Zulieferer zukünftig auf eine Registrierung in Deutschland verzichten kann und damit Kosten einspart.

33b.8 Ausblick

Das besondere Problem derartiger Fallgestaltungen liegt darin, dass entgegen der MwStSystRL und im Vorgriff auf eine Sonderregelung einige EG-Mitgliedstaaten die Besteuerung der Lagergeschäfte »vereinfachen«.

Die abweichenden Regelungen bestehen darin, dass diese Mitgliedstaaten bei der Aufstockung eines Lagers nicht von einem innergemeinschaftlichen Verbrin-

---

390   § 14c Abs. 1 UStG, Abschn. 15.2 Abs. 1 Satz 2 UStAE.

gen in das Lager ausgehen, sondern von einer innergemeinschaftlichen Lieferung im Zeitpunkt der Entnahme aus dem Lager an den dortigen Abnehmer (➲ Kapitel 33).

Hier soll es nach den Vorstellungen der EU baldmöglichst zu einer **Rechtsvereinheitlichung in allen Mitgliedstaaten** kommen. Die Vereinheitlichung wird **ab dem 1.1.2020 gelten** (➲ Kapitel 20.5.4).

34   Umsatzsteuerlager und Lieferungen vor Einfuhr

Warengeschäfte mit Ausländern vorteilhaft gestalten!

> **!** Hinweis
>
> ➲ mybook.haufe.de > Vertiefende Informationen > Kapitel 34

35   Ort der Lieferung in besonderen Fällen – »Versandhandel« bis 30.6.2021

> **!** Hinweis
>
> ➲ mybook.haufe.de > Vertiefende Informationen > Kapitel 35

35a   Ort der Lieferung beim Fernverkauf ab 1.7.2021

> **!** Hinweis
>
> ➲ mybook.haufe.de > Vertiefende Informationen > Kapitel 35a

35b Haftung für Umsatzsteuer beim Handel mit Waren im Internet vom 1.1.2019 bis 30.6.2021

Hinweis

➲ mybook.haufe.de > Vertiefende Informationen > Kapitel 35b

35c Haftung für Umsatzsteuer beim Handel mit Waren im Internet ab 1.7.2021

Hinweis

➲ mybook.haufe.de > Vertiefende Informationen > Kapitel 35c

35d Verwertung von Sicherungsgut

Rechtsgrundlagen

- UStAE: Abschn. 1.2
- BMF, Schreiben vom 30.4.2014, IV D 2 – S 7100/07/10037, 2014/0332437, Umsatzsteuerrechtliche Leistungsbeziehungen bei der Verwertung von Sicherungsgut im Insolvenzverfahren; BFH-Urteil vom 28.7.2011, V R 28/09, BStBl. I 2014, 816 (weiter gültig lt. BMF v. 18.3.2021, Anlage 1 Nr. 1375; zur zweifelhaften Bedeutung dieses Schreibens ➲ Kapitel 1.6).

35d.1 Fallgestaltungen bei der Verwertung von Sicherungsgut

Im Zusammenhang mit der Verwertung von Sicherungsgut hatte der BFH zunächst über Sachverhalte wie die folgenden zu entscheiden[391]:

---

391 *Weimann* in UNI, § 3 Anm. 22 ff.

Beispiel

Ein Unternehmer (nachfolgend kurz der Sicherungsgeber = SG) erwirbt einen neuen PKW, den er fremdfinanziert und daher einer Bank (nachfolgend kurz der Sicherungsnehmer = SN) zur Sicherheit übereignet. Als SG das Darlehen nicht mehr bedienen kann,

- verlangt SN die Herausgabe des PKW und veräußert ihn an den Kunden K **(Variante a)**
- veräußert SG das Fahrzeug im eigenen Namen, aber für Rechnung des SN **(Variante b)**

35d.1.1 Zivilrechtliche Grundlagen

Bei der Sicherungsübereignung verpflichtet sich SN, das sicherungsübereignete Eigentum nicht zu verwerten, solange SG seinen ihm obliegenden Verpflichtungen (im Beispiel aus dem Kreditvertrag) nachkommt. SG überträgt das Eigentum, da er den unmittelbaren Besitz der Sache behalten möchte, auf SN durch ein sog. **Besitzmittlungsverhältnis** (§ 930 BGB i. V. m. § 868 BGB). SN ist damit Eigentümer und mittelbarer Besitzer:

- Zahlt SG das Darlehen zurück, hat er gegen SN einen Anspruch auf Rückübereignung der Sache. Hierbei kann auch vertraglich der automatische Rückfall des Eigentums auf SG vereinbart werden (»auflösende Bedingung«, § 158 Abs. 2 BGB).

- Kommt SG seinen Darlehensverpflichtungen nicht nach, tritt der »Sicherungsfall« ein; SN ist dann zur Verwertung des sicherungsübereigneten Gegenstands berechtigt.

35d.1.2 Umsatzsteuerliche Folgen der Sicherungsübereignung

Die Sicherungsübereignung verschafft SN zivilrechtliches, aber kein wirtschaftliches Eigentum i. S. d. § 39 Abs. 2 Nr. 1 Satz 1 AO. Die Vereinbarung der Sicherungsübereignung führt damit mangels Verschaffung der Verfügungsmacht noch nicht zu einer Lieferung von SG an SN (Abschn. 3.1 Abs. 3 Satz 1 UStAE).

35d.1.2.1 Umsatzsteuerliche Folgen der Verwertung durch SN (Variante a)

In dem Zeitpunkt, in dem SN von seinem Verwertungsrecht Gebrauch macht, finden zwei Lieferungen statt (sog. **»Doppelumsatz«**):[392]

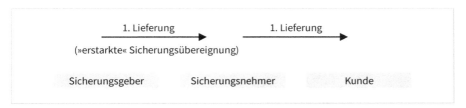

1. Lieferung von SG an SN (»ruhende« Lieferung i. S. d. § 3 Abs. 7 Satz 1 UStG)

2. Lieferung von SN an K (»bewegte« Lieferung i. S. d. § 3 Abs. 6 UStG).

Die beiden Lieferungen erfolgen im **Abstand einer juristischen Sekunde** voneinander.

Bei der 1. Lieferung gilt es zu beachten, dass gem. § 13b Abs. 1 Satz 1 Nr. 2, Abs. 2 UStG **Leistungsempfänger SN Schuldner der Umsatzsteuer** ist (vgl. Abschn. 1.2 Abs. 3 n. F., Abschn. 13.b Abs. 2 Satz 1 Nr. 4 UStAE). SG hat damit eine *Netto*rechnung zu erteilen.

SN unterliegt (auch als Bank) nicht dem Vorsteuerabzugsverbot des § 15 Abs. 2 Satz 1 Nr. 1 i. V. m. § 4 Nr. 8 Buchst. a UStG, weil die von SG empfangene Lieferung nicht für steuerfreie Kreditumsätze, sondern zur Erbringung der **steuerpflichtigen PKW-Lieferung** an K verwandt wird. SN erteilt K damit (bei unterstellter Steuerbarkeit) eine *Brutto*rechnung.

35d.1.2.2 Umsatzsteuerliche Folgen der Verwertung durch SG (Variante b)

Die Finanzverwaltung nahm in der Vergangenheit[393] auch dann einen Doppelumsatz an, wenn SG das Sicherungsgut vereinbarungsgemäß im eigenen Namen, jedoch auf Rechnung des SN veräußerte. Nach der Rechtsprechung des BFH ist jedoch bei Verwertung durch SG von einem **»Dreifachumsatz«** auszugehen; auch

---

392 BFH, Urteil vom 20.7.1978, V R 2/75, BStBl. II 1978, 684; BFH, Urteil vom 4.6.1987, V R 57/79, BStBl. II 1987, 741; BFH, Beschluss vom 19.7.2007, V B 222/06, BStBl. II 2008, 163; Abschn. 1.2 Abs. 1 Satz 2 UStAE.

393 Vgl. z. B. Abschn. 2 Abs. 1 Satz 4 UStR 2005.

die Finanzverwaltung teilt diese Auffassung nunmehr (vgl. Abschn. 1.2 Abs. 1a UStAE):

1. Lieferung von SG an SN:
Die Verwertung des Sicherungsguts (durch Veräußerung von SG an K) im eigenen Namen, jedoch für Rechnung des SN, führt dazu, dass die ursprüngliche Sicherungsübereignung zu einer Lieferung erstarkt. SN (die Bank) erhält endgültig auch die wirtschaftliche Verfügungsbefugnis über das Sicherungsgut, wenn er bei Eintritt des Sicherungsfalls über den SG die Verwertung des Sicherungsguts veranlasst. Die Lieferung erfolgt »ruhend« i. S. d. § 3 Abs. 7 Satz 1 UStG. Damit ist insoweit unerheblich, ob SN das Sicherungsgut selbst verwertet (vgl. Variante a) oder die Verwertung dem SG überlässt; insbesondere kommt es ebenfalls zum schon beschriebenen Übergang der Steuerschuld nach § 13b UStG.

2. Lieferung von SN an SG:
Des Weiteren kommt es nach § 3 Abs. 3 UStG zu einer Rücklieferung des SN (Kommittent) an den SG (Kommissionär). Auch diese Lieferung erfolgt »ruhend« i. S. d. § 3 Abs. 7 Satz 1 UStG. Die Lieferung ist unter den weiteren Voraussetzungen steuerbar und steuerpflichtig; SN erteilt SG damit eine Bruttorechnung.

3. Lieferung von SG (Kommissionär) an K:
Diese Lieferung ist die »bewegte« i. S. v. § 3 Abs. 6 UStG. Unter den weiteren Voraussetzungen steuerbar und steuerpflichtig; SN erteilt dem damit eine Bruttorechnung. Es kommt nicht gem. § 13b Abs. 1 Satz 1 Nr. 2, Abs. 2 UStG zu einem Übergang der Steuerschuld, da Abnehmer der 3. Lieferung nicht der SN selbst ist.

⇨ **Beratungskonsequenzen**

1. Die umsatzsteuerrechtliche Folge des sog. Dreifachumsatzes in Verwertungs-Fällen der vorliegenden Art wurde ursprünglich von den üblichen Sicherungsnehmern (Banken) akzeptiert. Inzwischen wird der »Dreifachumsatz« **als zu kompliziert angegriffen**. Eine gewisse umsatzsteuerrechtliche Überfrachtung solcher Vorgänge gesteht auch *Wagner* (… als einer der an damals der neuen Rechtsprechung maßgeblich beteiligten Bundesrichter …) ein[394]. Gleichwohl fehlt ein Ansatz zu einer »einfacheren«, allgemein zutreffenden Lösung. Das nach deutschem Zivilrecht vorgegebene Institut der Sicherungsübereignung setzt bereits den »Doppelumsatz« voraus. Ein Rückgriff auf die bloß pfandrechtliche Funktion der Sicherungsübereignung dürfte nicht mehr in Betracht kommen.

2. Dabei ist die **Interessenlage der Banken** ersichtlich[395]:

   — Zum einen wollen die Banken nicht selbst das Verwertungsgeschäft mit dem Sicherungsgut übernehmen (kein »Kerngeschäft«); daher wird die Verwertung dem SG überlassen. Dass Letzterer keinerlei Freiheiten hinsichtlich der Auskehr des erzielten Erlöses in Höhe der gesicherten Forderungen hat, liegt auf der Hand.

   — Andererseits wollen die Banken aber den Übergang der Steuerschuld vermeiden.

   Beides dürfte sich nicht miteinander kombinieren lassen.

35d.2 Bedeutung von Sicherungsabrede und Verwertungsreife

Der BFH hatte auch zu klären, ob die zur Annahme eines Doppel- bzw. Dreifachumsatzes bei einer Sicherungsübereignung erforderliche Verwertungsreife schon vor Kündigung des zu Grunde liegenden Darlehens gegeben sein kann:

Sachverhalt

Bank B – die Klägerin – ließ sich für ein Teppichhändler T gewährtes »Allzweck-Darlehen« dessen Warenlager übereignen. Nach der ursprünglichen Sicherungsvereinbarung konnte T die Waren im normalen Geschäftsgang verkaufen und **von den Erlösen neue Ware** einkaufen, die wiederum vom Raumsicherungsvertrag

---

394 *Wagner,* Anmerkungen zu BFH, Urteil vom 30.3.2006, V R 9/03, BFH/NV, Datenbank, HI 1520937.

395 *Wagner,* a. a. O.

erfasst waren. **Bei Vorliegen eines wichtigen (Kündigungs-)Grundes** für das Darlehen sollte B **nach vorheriger Androhung** das Sicherungsgut verwerten dürfen.

Im Streitjahr 1999 stimmte B einem **Ausverkauf zur Umstrukturierung mit der ausdrücklichen Maßgabe** zu, dass der **Erlös zur Rückführung des Darlehens verwendet** wird. Die Eröffnung des Insolvenzverfahrens wurde mangels Masse abgelehnt.

Das FA ging von einer Verwertung für Rechnung der B aus; das FG Saarland teilte diese Auffassung[396].

Der BFH hat zunächst noch einmal seine **bisherige Rechtsauffassung** bestätigt, dass SG mit der Übereignung beweglicher Gegenstände zu Sicherungszwecken unter Begründung eines Besitzmittlungsverhältnisses (§ 930 BGB) noch keine Lieferung an SN ausführt. Zur Lieferung wird der Übereignungsvorgang erst mit der Verwertung des Sicherungsguts, gleichgültig, ob SN das Sicherungsgut dadurch verwertet, dass er es selbst veräußert, oder dadurch, dass SG das Gut im Auftrag und für Rechnung des SN veräußert. **Neu ist die Erkenntnis,** dass – veräußert SG das Sicherungsgut an einen Dritten – ein **Dreifachumsatz** (Veräußerung für Rechnung des SN) **erst dann vorliegt, wenn aufgrund der konkreten Sicherungsabrede oder aufgrund einer hiervon abweichenden Vereinbarung die Verwertungsreife eingetreten ist**[397].

Im Urteilsfall ...

... führte die zwischen B und T **zunächst** vereinbarte Sicherungsabrede führte noch **nicht zur Verwertungsreife.** Denn nach der Sicherungsabrede war B erst nach Androhung mit Nachfristsetzung zur Verwertung befugt. Dementsprechend konnte die T zunächst grundsätzlich frei entscheiden, ob Verkaufserlöse an B abgeführt wurden oder neue Waren erworben und diese als Sicherungsgut einbracht wurden.

Dieses Wahlrecht bestand aufgrund der für den Ausverkauf zwischen T und B getroffenen Vereinbarungen nicht mehr. Nunmehr bestand B darauf, dass der Verkaufserlös aus dem genehmigten Sonder-Ausverkauf der Waren zur Rückführung der Darlehensschuld einzubezahlen war. Jedenfalls dadurch, dass T **auf der Grundlage dieser neuen »Anweisung«** den Ausverkauf entsprechend den Vorgaben der B durchführte, kam es zu einer **Änderung der zwischen den Parteien ursprünglich vereinbarten Sicherungsabrede; damit war die Verwertung für Rechnung der B geregelt.** Somit lag im Streitfall aufgrund des mit Zustimmung

---

396 FG Saarland, Urteil vom 14.2.2007, 1 K 1276/03, EFG 2007, 795, Entscheidung 386.

397 BFH, Urteil vom 23.7.2009, V R 27/07, BStBl. II 2010, 859.

der B durchgeführten Ausverkaufes die für die Annahme eines Dreifachumsatzes erforderliche Verwertungsreife im Zeitpunkt der Lieferungen durch T an die einzelnen Erwerber vor.

Die Lieferung an den Dritten muss **als Verwertungsgeschäft im Rahmen der Sicherungsübereignung einzuordnen** sein: bei einer

- Veräußerung im Rahmen der ordentlichen Geschäftstätigkeit des SG[398] oder
- zur Auswechslung des SG unter Fortführung des Sicherungseigentums[399] oder

liegt hingegen nur eine **einfache Lieferung** des Bankkunden an den Dritten, seinen Kunden, vor.

 Beratungskonsequenzen

1. Der Dreifachumsatz konnte nach der bisherigen Rechtsprechung schon aufgrund der bloßen Veräußerung des Sicherungsguts und Weiterleitung des Verkaufserlöses an die Bank gegeben sein. Die Entscheidung des **BFH sorgt nun für Klarheit: zu einem Doppel- und Dreifachumsatz kann es nur kommen, wenn die Verwertung aufgrund der Verwertungsreife für Rechnung der Bank erfolgt.**[400]

2. Ob Verwertungsreife eingetreten ist, hängt vom **Gesamtpaket der konkreten Sicherungsvereinbarung** ab:

   – Zunächst ist auf den zwischen den Parteien getroffenen konkreten (ausdrücklichen) Sicherungsvertrag abzustellen; dieser definiert, unter welchen Voraussetzungen die Verwertungsreife eintritt.

   – Danach ist zu prüfen, ob diese ursprünglich getroffene Abrede zwischenzeitlich durch konkludent, mündlich oder schriftlich getroffene Vereinbarungen abgeändert wurde und die Verwertungsreife damit abweichend von den in der Klausel festgelegten Bedingungen eintritt.

3. Das Abstellen auf die Verwertungsreife ermöglicht damit zwar theoretisch eine rechtssichere Abgrenzung zwischen einfachem Umsatz und Dreifachum-

---

398 Abschn. 1.2 Abs. 1a Satz 3 Halbsatz 1 u. Satz 8 Halbsatz 1 UStAE unter Hinweis auf das Besprechungsurteil.

399 Abschn. 1.2 Abs. 1a Satz 3 Halbsatz 2 UStAE unter Hinweis auf BFH, Urteil vom 9.3.1995, V R 102/89, BStBl. II 1995, 564.

400 *Weimann,* m. w. N., UStB 2011, 29; vgl. auch *Martin,* BFH/PR 2010, 14.

satz, befreit den Berater jedoch nicht von einer **intensiven Sachverhaltsaufklärung.** Auf die Zuleitung und Prüfung der schriftlichen Sicherungsvereinbarung darf sich der Berater nicht beschränken.

35d.3 Verwertung von Sicherungsgut im Insolvenzverfahren

Der BFH hat unter Aufgabe seiner bisherigen Rechtsprechung u. a. entschieden, dass eine steuerbare Leistung auch bei der freihändigen Verwertung nach § 166 Abs. 1 InsO von Sicherungsgut durch den Insolvenzverwalter vorliegt[401]. Das Urteil enthält auch generelle Ausführungen zu den umsatzsteuerrechtlichen Leistungsbeziehungen bei der Verwertung von Sicherungsgut im Insolvenzverfahren[402].

35d.4 Verwertung von sicherungsübereigneten Gegenständen

Anwendung der Differenzbesteuerung nach § 25a UStG

 Hinweis

➲ Kapitel 34.14

36 Sonderfragen des Anlagenbaus

 Hinweis

➲ mybook.haufe.de > Vertiefende Informationen > Kapitel 36

---

401 BFH, Urteil vom 28.7.2011, V R 28/09, BStBl. II 2014, 406.
402 Hierzu ausführlich BMF, Schreiben vom 30.4.2014, a. a. O.; dazu *Weimann / Fuisting,* StB 2015, 118.

37 Differenzbesteuerung

Besonderheiten des Gebrauchtwagenhandels

§ Rechtsgrundlagen

- UStG: § 25a
- UStAE: Abschn. 25a.1
- MwStSystRL: Art. 311–341
- OFD Frankfurt/Main, Vfg. v. 15.3.2016, S 7421 A - 5 - St 111, Verwertung sicherungsübereigneter Gegenstände unter Anwendung der Differenzbesteuerung nach § 25a UStG
- BMF, Schreiben vom 17.7.2019, III C 2 – S 7421/19/10003 :001, 2019/0549684, Identität des erworbenen und veräußerten Gegenstands; Anwendung des EuGH-Urteils vom 18.1.2017 (»Sjelle Autogenbrug«) – Rs. C-471/15 – und des BFH-Urteils vom 23.2.2017 – V R 37/15 (weiter gültig lt. BMF v. 18.3.2021, Anlage 1, Nr. 1803; zur zweifelhaften Bedeutung dieses Schreibens ➲ Kapitel 1.6).
- BMF, Schreiben vom 28.8.2020, III C 2 – S 7203/19/10001 :001, 2020/0827982, Behandlung von verdeckten Preisnachlässen im Zusammenhang mit sog. Streckengeschäften im Gebrauchtwagenhandel (weiter gültig lt. BMF v. 18.3.2021, Anlage 1, Nr. 1623; zur zweifelhaften Bedeutung dieses Schreibens ➲ Kapitel 1.6).

⚠ Hinweis

Dieses Kapitel **fokussiert den für die Praxis wichtigen Handel mit Gebrauchtfahrzeugen**.

Andere Sparten (insbes. der Handel mit Kunstgegenständen, Sammlungsstücken und Antiquitäten) werden allenfalls am Rande gestreift.

37.0 Auf einen Blick vorab: Der verdeckte Preisnachlass ist Geschichte!

Die Inzahlungnahme von Gebrauchtfahrzeugen wurde grundlegend neu geregelt. An die Stelle des gemeinen Werts tritt nunmehr der subjektive Wert. Einen verdeckten Preisnachlass kann es damit nicht mehr geben ➲ Kapitel 37.7.3

37.1 Sachlicher Anwendungsbereich: Gebrauchtgegenstände

37.1.1 Nur körperliche Gegenstände

§ 25a UStG enthält eine **Sonderregelung für die Besteuerung der Lieferungen** nach § 1 Abs. 1 Nr. 1 UStG von

- **beweglichen körperlichen Gegenständen**

   Beratungskonsequenzen
  ... also auch **Kfz!**

- einschließlich Kunstgegenständen, Sammlungsstücken und Antiquitäten,
- ausgenommen Edelsteine und Edelmetalle (§ 25a Abs. 1 Nr. 3 UStG)[403]
- sofern für diese Gegenstände **kein Recht zum Vorsteuerabzug** bestand.

Sie werden nachfolgend als »**Gebrauchtgegenstände**« bezeichnet, weil sie nach der Verkehrsauffassung bereits »gebraucht« sind.

37.1.2 Anwendung auch auf Ersatzteile aus Altfahrzeugen!

Der EuGH hat in einem Verfahren zum dänischen Umsatzsteuerrecht darauf erkannt, dass ein Verwerter aus von Privat angekauften Alt- und Schrottfahrzeugen ausgebaute Gebrauchtteile unter den weiteren Voraussetzungen des Art. 311 MwStSystRL – in Deutschland: § 25a UStG – differenzbesteuert verkaufen darf[404]. Der BFH teilt diese Rechtsauffassung[405].

37.1.2.1 Sachverhalt

Kläger (K) des Ausgangsverfahrens ist ein dänischer Autoverwerter, dessen Haupttätigkeit im Handel mit gebrauchten Autoteilen aus Altfahrzeugen besteht. Die Tätigkeit schließt ferner die Behandlung der Fahrzeuge unter Umwelt- und Abfallgesichtspunkten ein, was eine Voraussetzung für die Berechtigung zur

---

403 Zu den Begriffen »Edelsteine« und »Edelmetalle« Hinweis auf Abschn. 25a.1 Abs. 1 Sätze 4 ff. UStAE.

404 EuGH, Urteil vom 18.1.2017, Rs. C-471/15, Sjelle Autogenbrug, BFH/NV 2017, 558.

405 BFH, Urteil vom 23.2.2017, V R 37/15, BFH/NV 2017, 1285.

Entnahme von Ersatzteilen ist. Einen kleineren Teil des Gesamtumsatzes des Unternehmens macht schließlich der Verkauf von Metallschrott (Eisen) aus, der nach der Behandlung und der Entnahme der Autoteile zurückbleibt.

Im Ausgangsverfahren streitbefangen ist der Erwerb der Fahrzeuge von Privatpersonen. K ersuchte dazu die dänischen Steuerbehörden um eine verbindliche Auskunft darüber, ob die Sonderregelung für Gebrauchtgegenstände auf ihre im Wiederverkauf gebrauchter Autoteile bestehende Tätigkeit insoweit Anwendung findet.

Die Steuerbehörden verneinten dies und wurden darin in erster Instanz durch ein Finanzgericht bestätigt. Dagegen legte K beim vorlegenden Berufungsgericht Rechtsmittel ein. Das Gericht ersuchte den EuGH um Vorabentscheidung und wies den Sachverhalt ergänzend darauf hin, dass keine Angaben dazu verfügbar seien, wie sich die Einkaufspreise für die Fahrzeuge zusammensetzten und insbesondere wie der Wert der Autoteile, des Metallschrotts und der für die Behandlung der Fahrzeuge unter Umwelt- und Abfallgesichtspunkten vorgesehenen Verschrottungsprämie festgesetzt und in den Verkaufspreis einbezogen werde.

37.1.2.2 Entscheidung

Der EuGH hält die Differenzbesteuerung für anwendbar. Nach dem Wortlaut von Art. 311 Abs. 1 Nr. 1 der Richtlinie 2006/112 »Gebrauchtgegenstände«

- bewegliche körperliche Gegenstände, die
- in ihrem derzeitigen Zustand oder
- nach Instandsetzung
- erneut verwendbar sind.

Aus dieser Bestimmung folgt nicht, dass der dort verwendete Begriff »Gebrauchtgegenstände« bewegliche körperliche Gegenstände, die in ihrem derzeitigen Zustand oder nach Instandsetzung erneut verwendbar sind, ausschließt, wenn sie von einem anderen Gegenstand stammen, dessen Bestandteile sie waren. Dass ein gebrauchter Gegenstand, der Bestandteil eines anderen Gegenstands ist, von diesem getrennt wird, stellt nämlich die Einstufung des entnommenen Gegenstands als »Gebrauchtgegenstand« nicht in Frage, sofern er »in seinem derzeitigen Zustand oder nach Instandsetzung« erneut verwendbar ist.

37.1.2.2.1 Die Gegenstände haben ihre Funktion beibehalten

Für die Einordnung als »Gebrauchtgegenstand« ist demnach nur erforderlich, dass dem gebrauchten Gegenstand unverändert die Funktionen zukommen, die er im Neuzustand hatte, und dass er daher in seinem derzeitigen Zustand oder nach Instandsetzung erneut verwendbar ist.

Dies ist bei den streitbefangenen Autoteilen der Fall, weil ihnen, auch wenn sie vom Altfahrzeug getrennt werden, unverändert die Funktionen zukommen, die sie im Neuzustand hatten, und sie somit **zu denselben Zwecken erneut verwendbar** sind.

37.1.2.2.2 Die Gegenstände haben ihre Identität beibehalten

Das Vorbringen der dänischen Regierung, die Einordnung als »Gebrauchtgegenstand« setze eine Identität zwischen dem angekauften und dem verkauften Gegenstand voraus, was beim Ankauf eines vollständigen Kraftfahrzeugs und dem Wiederverkauf von Teilen, die aus diesem Fahrzeug entnommen wurden, nicht der Fall sei, ist nicht geeignet, eine solche Auslegung in Frage zu stellen. Denn ein Kraftfahrzeug besteht aus einzelnen Teilen, die zusammengefügt wurden und daher auch wieder voneinander getrennt und in ihrem derzeitigen Zustand oder nach Instandsetzung wiederverkauft werden können.

37.1.2.2.3 Vermeidung einer Doppelbesteuerung

Die Nichtanwendung dieser Regelung auf Ersatzteile, die aus von Privatpersonen angekauften Altfahrzeugen entnommen wurden, liefe dem Ziel der Sonderregelung der Differenzbesteuerung zuwider, das nach dem **51. Erwägungsgrund der MwStSystRL** u. a. darin besteht, auf dem Gebiet der Gebrauchtgegenstände Doppelbesteuerungen zwischen Steuerpflichtigen zu vermeiden.

Würden Lieferungen solcher Ersatzteile durch einen steuerpflichtigen Wiederverkäufer mit Mehrwertsteuer belegt, hätte dies nämlich eine Doppelbesteuerung zur Folge, weil

- zum einen im Verkaufspreis dieser Teile schon zwangsläufig die **beim Kauf des Fahrzeugs entrichtete Mehrwertsteuer** berücksichtig wurde, und
- zum anderen, weil dieser Betrag **weder** von dieser Person **noch** vom steuerpflichtigen Wiederverkäufer **abgezogen werden** konnte.

37.1.2.2.4 Ermittlung der Differenz

Die dänische und die griechische Regierung weisen auf Schwierigkeiten hin, die sich bei der Bestimmung der Steuerbemessungsgrundlage der Differenz (Handelsspanne) und insbesondere des Einkaufspreises der einzelnen Ersatzteile nach Art. 315 MwStSystRL ergeben könnten.

Etwaige praktische Schwierigkeiten im Zusammenhang mit der Anwendung der Differenzbesteuerung können es nach Auffassung des EuGH jedoch **nicht rechtfertigen**, bestimmte Gruppen steuerpflichtiger Wiederverkäufer von dieser Regelung auszunehmen, weil weder Art. 313 noch irgendeine andere Bestimmung der MwStSystRL die Möglichkeit eines solchen Ausschlusses vorsieht.

37.1.2.3 Hinweis des EuGH auf Aufzeichungspflichten und die Möglichkeit einer Gesamtdifferenz

Außerdem muss sich die Steuerbemessungsgrundlage, die nach der Differenzbesteuerungsregelung bestimmt wurde, aus **Aufzeichnungen** ergeben, die es ermöglichen, zu überprüfen, ob sämtliche Voraussetzungen für die Anwendung dieser Regelung erfüllt sind. Darüber hinaus ist daran zu erinnern, dass die Mitgliedstaaten zur Vereinfachung der Steuererhebung und nach Konsultation des Mehrwertsteuerausschusses für bestimmte Umsätze oder für bestimmte Gruppen von steuerpflichtigen Wiederverkäufern vorsehen können, dass die Steuerbemessungsgrundlage für Lieferungen von Gegenständen, die der Differenzbesteuerung unterliegen und auf die ein und derselbe Mehrwertsteuersatz angewandt wird, die **Gesamtdifferenz** i. S. v. Art. 318 MwStSystRL ist.

 Beratungskonsequenzen

Die zu einem dänischen Vorlageersuchen ergangene EuGH-Entscheidung dürfte sich **auch in Deutschland auswirken**. Denn nach deutscher Rechtsauffassung muss es sich bei dem weiterveräußerten Gegenstand und den **Nämlichen** handeln. Daher kam § 25a UStG bislang nicht in Betracht, wenn der Unternehmer einen erworbenen Gegenstand in seine Bestandteile zerlegt[406].

---

406   FG Münster, Urteil vom 27.4.1999, 15 K 7988/98 U; FG Berlin-Brandenburg, Urteil vom
      1.10.2015, 7 K 7183/13.

37.1.2.4 Anmerkung

Diese Auslegung steht im Übrigen auch mit dem im fünften Erwägungsgrund der **Richtlinie 2000/53/EG (EG-Richtlinie über Altfahrzeuge)** angeführten grundlegenden Prinzip im Einklang, das darin besteht, dass Autoabfälle, darunter die Bauteile und Werkstoffe von Altfahrzeugen, wiederverwendet und verwertet werden sollten.

37.1.2.5 BMF-Schreiben vom 17.7.2019

Das BMF folgt der neuen Rechtsprechung unter Fortschreibung von Abschn. 25a.1 Abs. 4 UStAE[407].

37.2 Persönlicher Anwendungsbereich: Wiederverkäufer

Der Anwendungsbereich der Differenzbesteuerung ist auf Wiederverkäufer beschränkt. Als Wiederverkäufer gelten Unternehmer, die

- **im Rahmen ihrer gewerblichen Tätigkeit**
- **üblicherweise**
- **Gebrauchtgegenstände erwerben** und
- sie danach – gegebenenfalls nach Instandsetzung – **im eigenen Namen wieder verkaufen**

(= **gewerbsmäßige Händler**), und die Veranstalter öffentlicher Versteigerungen, die Gebrauchtgegenstände im eigenen Namen und auf eigene oder fremde Rechnung versteigern[408].

 Beratungskonsequenzen

… also auch der **typische Gebrauchtwagenhändler!**

---

407 BMF, Schreiben vom 17.7.2019, III C 2 – S 7421/19/10003 :001, 2019/0549684
➲ mybook.haufe.de > Wichtiges aus dem BMF.
408 Vgl. BFH-Urteil vom 2. 3. 2006, V R 35/04, BStBl. II 2006, 675.

Liefergeschäfte/Sonderfälle

Der Wiederverkäufer muss solche Geschäfte üblicherweise tätigen[409]. Dabei kann der An- und Verkauf der Gebrauchtgegenstände auch auf einen **Teil- oder Nebenbereich des Unternehmens** beschränkt sein[410].

Beispiel

Ein **Kreditinstitut** veräußert bei Verwertungsreife von Privatpersonen sicherungsübereigneten Kfz.

➲ **Folge**

Der Verkauf der Gegenstände unterliegt der Differenzbesteuerung. Das Kreditinstitut ist insoweit als Wiederverkäufer anzusehen.

37.3 Ort des Eingangsumsatzes

Der Ort der Lieferung der Gegenstände an den Wiederverkäufer muss **im Inland oder im übrigen Gemeinschaftsgebiet** liegen (➲ Kapitel 21.1.2).

Wird ein Gegenstand im Drittlandsgebiet erworben und in das Inland eingeführt, unterliegt die spätere Lieferung des Gegenstands nur unter den Voraussetzungen des § 25a Abs. 2 UStG (Sonderregelung für Kunstgegenstände, Sammlungsstücke und Antiquitäten) der Differenzbesteuerung[411].

37.4 Erwerb des Liefergegenstands in »Wiederverkaufsabsicht«

Dem EuGH lag folgender Sachverhalt vor:

Sachverhalt

Unternehmer U machte Steuervergünstigungen unter Hinweis auf E-Mails geltend. Die Klägerin (Kl.) war ein Autoleasingunternehmen. Neben Neuwagen erwarb Kl. auch Gebrauchtwagen von Nichtunternehmern ohne Mehrwertsteuer. Diese Gebrauchtwagen verwendete sie zunächst als Leasingfahrzeuge; später veräußerte sie diese.

---

409 Abschn. 25a.1 Abs. 2 Satz 2 UStAE; vgl. auch Rz. 17 ff.
410 Abschn. 25a.1 Abs. 2 Satz 3 UStAE.
411 Abschn. 25a.1 Abs. 3 UStAE.

Rechtsgrundlagen

EuGH, Urteil vom 8.12.2005, Rs. C-280/04

Der EuGH hat erkannt[412],

»Art. 26a Teil A Buchst. e der 6. Richtlinie in der durch die Richtlinie 94/5 geänderten Fassung ist dahingehend auszulegen, dass als ‚steuerpflichtiger Wiederverkäufer' im Sinne dieser Vorschrift ein Unternehmen angesehen werden kann, das im Rahmen seiner normalen Tätigkeit Fahrzeuge wieder verkauft, die es für seine Leasingtätigkeit als Gebrauchtwagen erworben hatte, und für das der Wiederverkauf **im Augenblick der Anschaffung** des Gebrauchtgegenstandes nicht das Hauptziel, sondern nur sein **zweitrangiges und dem der Vermietung untergeordnetes Ziel** darstellt«.

Darauf aufbauend hat der **BFH** entschieden[413], dass die Veräußerung eines PKW, den ein Kioskbetreiber als Gebrauchtwagen ohne Vorsteuerabzugsberechtigung erworben und in seinem Unternehmen genutzt hat, bei richtlinienkonformer Auslegung nicht der Differenzbesteuerung nach § 25 a UStG unterliegt, sondern nach den allgemeinen Vorschriften des UStG zu versteuern ist. § 25 a Abs. 1 Nr. 1 UStG ist dahin zu verstehen, dass der Unternehmer bei der konkreten Lieferung, die der Differenzbesteuerung unterworfen werden soll, als Wiederverkäufer gehandelt haben muss. Dies ist nur dann der Fall, wenn der **Wiederverkauf des Gegenstandes bei seinem Erwerb zumindest nachrangig beabsichtigt war** und dieser **Wiederverkauf aufgrund seiner Häufigkeit zur normalen Tätigkeit des Unternehmers gehört.**

Das **BMF** übernimmt diese Rechtsauffassung mit Schreiben vom 11.10.2011[414] und schreibt Abschn. 25a.1 Abs. 4 Satz 3 UStAE entsprechend fort. Die Grundsätze dieses Schreibens sind **in allen offenen Fällen anzuwenden.** Für vor dem 1.1.2012 ausgeführte Umsätze wird es nicht beanstandet, wenn der Unternehmer Lieferungen von Gegenständen des Anlagevermögens unter Berufung auf Abschn. 25 a.1 Abs. 4 Satz 3 UStAE in der am 10.10.2011 geltenden Fassung der Differenzbesteuerung nach § 25 a UStG unterwirft.

---

412   Jyske Finans A/S, BFH/NV Beilage 2006, 131.
413   BFH, Urteil vom 29.6.2011, XI R 15/10, BStBl. II 2011, 839.
414   A. a. O.

37.5   Umsatzsteuerunbelasteter Eingangsumsatz

Die Differenzbesteuerung setzt nach § 25a Abs. 1 Nr. 2 UStG ferner voraus, dass für die Lieferung des Gegenstands an den Wiederverkäufer

- Umsatzsteuer im Gemeinschaftsgebiet nicht geschuldet oder
- nach § 19 Abs. 1 UStG (Besteuerung der Kleinunternehmer) nicht erhoben oder
- die Differenzbesteuerung im Gemeinschaftsgebiet vorgenommen

wurde.

 Checkliste

Der Wiederverkäufer kann die Regelung danach anwenden, wenn er den Gegenstand im Inland oder im übrigen Gemeinschaftsgebiet erworben hat von

- einer Privatperson oder einer juristischen Person des öffentlichen Rechts, die nicht Unternehmer ist,
- einem Unternehmer aus dessen nichtunternehmerischen Bereich,
- einem Unternehmer, der mit seiner Lieferung des Gegenstands unter eine Steuerbefreiung fällt, die zum Ausschluss vom Vorsteuerabzug führt; Beispiel: Erwerb des Kfz eines Humanmediziners[415],
- einem **Kleinunternehmer,** der nach dem Recht des für die Besteuerung zuständigen Mitgliedstaates von der Steuer befreit oder auf andere Weise von der Besteuerung ausgenommen ist, oder
- einem **anderen Wiederverkäufer,** der auf die Lieferung ebenfalls die Differenzbesteuerung angewendet hat. Die Differenzbesteuerung ist hiernach auch bei Verkäufen von Händler an Händler möglich[416]; Beispiel: Erwerb eines Gebrauchten von einem befreundeten Gebrauchtwagenhändler.

Der Erwerb eines Gegenstands von einem **Land- und Forstwirt,** der auf die Umsätze aus seinem land- und forstwirtschaftlichen Betrieb die Durchschnittssatzbesteuerung des § 24 UStG anwendet, erfüllt nicht die Voraussetzung des § 25a Abs. 1 Nr. 2 Buchst. a UStG[417].

---

415   Vgl. § 4 Nr. 14, § 15 Abs. 2 Satz 1 Nr. 1 UStG.
416   Vgl. Abschn. 25a.1 Abs. 5 Satz 2 UStAE.
417   Abschn. 25a.1 Abs. 5 Satz 3 UStAE.

Von der Differenzbesteuerung sind Gebrauchtgegenstände ausgenommen, die im übrigen Gemeinschaftsgebiet erworben worden sind, sofern der Lieferer dort die **Steuerbefreiung für innergemeinschaftliche Lieferungen** angewendet hat (§ 25a Abs. 7 Nr. 1 Buchst. a UStG)[418].

37.6   Besonderheiten für Kunstgegenstände, Sammlungsstücke oder Antiquitäten

 Hinweis

Zu den Besonderheiten (§ 25a Abs. 2, Abs. 8 Satz 2 UStG) vgl. Abschn. 25a.1 Abs. 6 u. Abs. 7 UStAE[419].

37.7   Bemessungsgrundlage

37.7.1   Allgemeines

Wird ein Gebrauchtgegenstand durch den Wiederverkäufer nach § 1 Abs. 1 Nr. 1 Satz 1 UStG geliefert, ist als Bemessungsgrundlage der Betrag anzusetzen, um den der Verkaufspreis den Einkaufspreis für den Gegenstand übersteigt (**»Marge«**); die in dem Unterschiedsbetrag enthaltene **Umsatzsteuer ist herauszurechnen**.

Nebenkosten, die nach dem Erwerb des Gegenstands angefallen, also nicht im Einkaufspreis enthalten sind, z. B. Reparaturkosten, mindern nicht die Bemessungsgrundlage[420].

---

418   Abschn. 25a.1 Abs. 5 Satz 4 UStAE.

419   Hinweis auch auf *Weimann* in: UNI, § 25a, 2.5.

420   Abschn. 25a.1 Abs. 8 Sätze 1 f. UStAE; zu Kunstgegenständen, Sammlungsstücken oder Antiquitäten vgl. Abschn. 25a.1 Abs. 8 Sätze 3 f. UStAE.

➡️ **Beratungskonsequenzen**

1. **Fallen Nebenleistungen an,** kommt es darauf an, ob sie bereits beim oder erst nach dem Erwerb anfallen[421]:

   — Reparaturen, durch die im Zeitpunkt des Erwerbs bereits vorhandene Schäden und Mängel beseitigt werden, mindern die Bemessungsgrundlage. Der Zusammenhang sollte dokumentiert werden, d. h. für spätere Finanzamtsprüfungen aus der Fahrzeugakte ersichtlich sein!

   — Fallen die Nebenleistungen erst nach dem Erwerb an (Beispiel: Ein Gebrauchtwagenhändler nimmt optische Arbeiten an dem Fahrzeug vor, nachdem er es einige Zeit ohne Erfolg angeboten und erkannt hat, dass es sich so nicht verkaufen lässt), hat dies auf den Einkaufspreis keinen Einfluss.

   Diese Kosten mindern die Bemessungsgrundlage nicht, wirken sich aber insofern auf die Bemessungsgrundlage aus, als bei Wiederverkauf ein höherer Preis erzielt werden kann, sodass sich die Differenz zwischen Einkaufs- und Verkaufspreis erhöht.

   — Fallen die Nebenleistungen schon beim Erwerb an (Beispiel: Kosten für Abmeldung und Überführung eines Gebrauchten), erhöhen diese den Einkaufspreis und verringern somit die Marge.

2. **Garantieleistungen** sind regelmäßig Nebenleistungen. Hier ist allerdings wie folgt zu unterscheiden:

   — Tritt der Wiederverkäufer selbst als Garantiegeber auf (übernimmt er also – zu einem erhöhten Verkaufspreis – eine bestimmte Garantieleistung), ist dies wie ein Fall der Nebenleistung nach dem Erwerb durch den Wiederverkäufer zu beurteilen; die Differenz zwischen Einkaufs- und Verkaufspreis erhöht sich.

   — Vermittelt er lediglich eine Reparaturkostenversicherung, die dem Käufer als Versicherungsnehmer einen unmittelbaren Anspruch gegen die Versicherung verschafft, bleibt der Verkaufspreis davon unberührt.

---

421 *Weimann* in UNI, § 25a, 2.6.1.

37.7.2 Unentgeltliche und verbilligte Abgaben

Lieferungen, für die die Mindestbemessungsgrundlage (§ 10 Abs. 5 UStG) anzusetzen ist, und Lieferungen i. S. d. § 3 Abs. 1b UStG werden nach dem Unterschied zwischen dem tatsächlichen Einkaufspreis und dem Einkaufspreis zuzüg-
lich der Nebenkosten für den Gegenstand zum Zeitpunkt des Umsatzes (§ 10
Abs. 4 Satz 1 Nr. 1 UStG) – abzüglich Umsatzsteuer – bemessen. Bei den vorbe-
zeichneten Lieferungen kommt eine Differenzbesteuerung **im Normalfall** allerdings im Hinblick auf § 3 Abs. 1b Satz 2 UStG **nicht** in Betracht, weil diese Vorschrift die Berechtigung zum vollen oder teilweisen Vorsteuerabzug voraussetzt[422].

37.7.3 Inzahlungnahme von Gebrauchten: Der verdeckte Preisnachlass ist Geschichte!

Das BMF hat die Inzahlungnahme von Gebrauchtfahrzeugen grundlegend neu
geregelt[423]. An die Stelle des gemeinen Werts tritt nunmehr der subjektive Wert.
Einen verdeckten Preisnachlass kann es damit nicht mehr geben. Für das Privatkundengeschäft kann das von Vorteil sein!

37.7.3.1 Inzahlungnahme von Gebrauchten führt zu Tausch mit Baraufgabe

Nimmt ein Kraftfahrzeughändler beim Verkauf eines Kraftfahrzeugs einen Gebrauchtwagen in Zahlung und leistet der Käufer in Höhe des Differenzbetrags
eine Zuzahlung, liegt ein **Tausch mit Baraufgabe** vor. Zum Entgelt des Händlers
gehört

- neben der Zuzahlung

- auch der Wert des in Zahlung genommenen gebrauchten Fahrzeugs.

---

422 Abschn. 25a.1 Abs. 9 UStAE.
423 BMF, Schreiben vom 28.8.2020, III C 2 – S 7203/19/10001 :001, 2020/0827982
     ↪ mybook.haufe.de > Wichtiges aus dem BMF.

37.7.3.2 Bisher maßgebend war der gemeine Wert des Gebrauchtwagens

Die Vereinfachungsregelung in Abschn. 10.5 Abs. 4 UStAE stellte bislang auf den gemeinen Wert des vom Händler in Zahlung genommenen Fahrzeugs ab. Der BFH hat dies zwar **grundsätzlich als Vereinfachung anerkannt**, jedoch gleichzeitig darauf hingewiesen, dass die Bemessungsgrundlage bei Tauschumsätzen (§ 3 Abs. 12 UStG) anhand des subjektiven Wertes und nicht des gemeinen Wertes festzustellen ist[424].

37.7.3.3 Nunmehr stellt auch die Finanzverwaltung ausschließlich auf den subjektiven Wert ab

Subjektiver Wert ist derjenige, den der Leistungsempfänger der Leistung beimisst, die er sich verschaffen will und deren Wert dem Betrag entspricht, den er zu diesem Zweck aufzuwenden bereit ist. Dieser Wert umfasst **alle Ausgaben einschließlich der Nebenleistungen**, die der Empfänger der jeweiligen Leistung aufwendet, um diese Leistung zu erhalten (vgl. Abschn. 10.5 Abs. 1 Satz 3 f. UStAE).

Bei der Inzahlungnahme eines Kfz ergibt sich nach dem neuen BMF-Schreiben der subjektive Wert aus dem individuell vereinbarten Verkaufspreis zwischen dem Kraftfahrzeughändler und dem Käufer abzüglich der vom Käufer zu leistenden Zuzahlung. Denn dies ist der Wert, den der Händler dem Gebrauchtwagen beimisst und den er bereit ist, hierfür aufzuwenden:

	Individuell vereinbarter Kaufpreis
./.	Zuzahlung
=	subjektiver Wert

424　BFH, Urteil vom 25.4.2018, XI R 21/16.

37.7.3.4 Steuerberechnung

Der subjektive Wert beinhaltet – wie auch die Zuzahlung – immer auch die gesetzliche Umsatzsteuer. Diese ermittelt sich daher wie folgt:

	subjektiver Wert
+	Zuzahlung
=	Bruttoleistung des Kunden
:	1,19
=	Bemessungsgrundlag
×	0,19
=	**gesetzliche Umsatzsteuer**

37.7.3.5 Damit entfällt die Berücksichtigung verdeckter Preisnachlässe

Zukünftig kann sich damit kein verdeckter Preisnachlass mehr ergeben[425]:

- Von Vorteil ist sicher, dass damit die schwierige und häufig streitbefangene Ermittlung des Nachlasses obsolet ist.
- Nachteilig – vor allem für das Privatkundengeschäft – ist, dass sich die Umsatzsteuerbelastung im Einzelfall erhöhen könnte. Dieses wiederum lässt sich aber vermeiden durch eine »moderate« Kaufpreisbestimmung (s. u.).

Beratungskonsequenzen

Die Auswirkungen der Neuregelungen werden am deutlichsten bei einem **Blick auf die geänderten bzw. aufgehobenen Vorschriften** des UStAE. Dies sind

- Abschn. 10.5 Abs. 4 Satz 3 ff.
- Abschn. 10.5 Abs. 5
- Abschn. 25.1 Abs. 10

Ersatzlos entfallen die bislang in den Vorschriften enthaltenen umfangreichen **Fallbeispiele und Einzelberechnungen**.

---

425 *Weimann*, ASR 4/2021, 4.

Liefergeschäfte/Sonderfälle

37.7.3.6 Steuerung der Gesamtbelastung des Privatkunden über die Höhe des Kaufpreises

Bei der Inzahlungnahme eines Gebrauchtwagens stehen zwei Faktoren **an sich unveränderbar fest**[426]:

- das in Zahlung zunehmende Fahrzeug und
- die Barzahlung vom Kfz-Händler zusätzlich erwartete »Netto«-Barzahlung.

Egal, wie hoch der Kfz-Händler den individuell vereinbarten Kaufpreis auch angesetzt – mehr erhält er vom Kunden nicht.

➡️ **Beratungskonsequenzen**

Setzt der Kfz-Händler den Kaufpreis moderat an, ergibt sich eine geringere Umsatzsteuerbelastung des Geschäfts – und zwar **ohne jeden finanziellen Nachteil für Händler oder Kunde**[427].

Beispiel

Ein Kfz-Händler liefert beim Neuwagenverkauf an einen Privatkunden dessen bisheriges Fahrzeug in Zahlung und erhält zusätzlich eine Baraufgabe i. H. v. 10.000 €:

	Netto-Kaufpreis	25.000 €	27.500 €	30.000 €
+	USt (19%)	4.750 €	5.225 €	5.700 €
=	Kaufpreis	29.750 €	32.725 €	35.700 €
./.	Baraufgabe	10.000 €	10.000 €	10.000 €
=	subjektiver Wert des in Zahlung genommenen Kfz	19.750 €	22.725 €	25.700 €

Damit ergeben sich jeweils folgende Umsatzsteuerbelastungen und dem Kfz-Händler anteilig verbleibende Baraufgaben:

	Baraufgabe insgesamt	10.000 €	10.000 €	10.000 €
./.	USt (19%)	4.750 €	5.225 €	5.700 €
=	Baraufgabe, die dem Händler letztlich verbleibt	5.250 €	4.775 €	4.300 €

---

426 *Weimann*, ASR 4/2021, 4.
427 *Weimann*, a. a. O.

37.7.3.7 Anwendungsregel und Nichtbeanstandung

Die Grundsätze des neuen BMF-Schreibens sind **in allen offenen Fällen** anzuwenden. Es wird hinsichtlich aller bis vor dem 1.1.2022 entstandener gesetzlicher Umsatzsteuer – auch für Zwecke des Vorsteuerabzugs – von der Finanzverwaltung nicht beanstandet werden, wenn die Unternehmer Tauschumsätze entsprechend der bisherigen Fassung der Abschn. 10.5 und 25a.1 Abs. 10 UStAE behandelt.

37.7.4 Grundsatz: Einzeldifferenz

Die Bemessungsgrundlage ist vorbehaltlich des Abschn. 25a.1 Abs. 12 UStAE (⬆ Kapitel 37.7.5) für **jeden Gegenstand einzeln** zu ermitteln (Einzeldifferenz).

Ein positiver Unterschiedsbetrag zwischen dem Verkaufspreis – oder dem an seine Stelle tretenden Wert – und dem Einkaufspreis eines Gegenstands kann für die Berechnung der zu entrichtenden Steuer **nicht mit einer negativen Einzeldifferenz** aus dem Umsatz eines anderen Gegenstands oder einer negativen Gesamtdifferenz (⬆ Kapitel 37.7.5) **verrechnet** werden. Bei einem negativen Unterschiedsbetrag beträgt die Bemessungsgrundlage 0 Euro; dieser Unterschiedsbetrag kann **auch in späteren Besteuerungszeiträumen nicht** berücksichtigt werden[428].

Wird ein Gegenstand nicht im Jahr der Anschaffung veräußert, entnommen oder zugewendet, ist der noch nicht berücksichtigte Einkaufspreis **im Jahr der tatsächlichen Veräußerung, Entnahme oder Zuwendung** in die Berechnung der Einzeldifferenz einzubeziehen.

  Beratungskonsequenzen

Eine **Saldierung mit positiven Differenzen** aus anderen Umsatzgeschäften ist mithin **unzulässig**.

---

428 Abschn. 25a.1 Abs. 11 UStAE.

37.7.5 Ausnahme: Gesamtdifferenz

Bei Gegenständen, deren Einkaufspreis den Betrag von 500 € nicht übersteigt, kann die Bemessungsgrundlage anstatt nach der Einzeldifferenz nach der Gesamtdifferenz ermittelt werden. Die Gesamtdifferenz ist der Betrag, um den den **jeweils bezogen auf den Besteuerungszeitraum**

- die **Summe der Verkaufspreise** und der Werte nach § 10 Abs. 4 Satz 1 Nr. 1 UStG
- die Summe der Einkaufspreise

übersteigt; die in dem Unterschiedsbetrag enthaltene Umsatzsteuer ist herauszurechnen.

Für die **Ermittlung der Verkaufs- und Einkaufspreise** sind die Abschn. 25a.1 Abs. 8–10 UStAE (⮞ Kapitel 37.7.1–7.3) entsprechend anzuwenden.

Kann ein Gegenstand **endgültig nicht mehr veräußert, entnommen oder zugewendet** werden (z. B. wegen **Diebstahl oder Untergang**), ist die Summe der Einkaufspreise entsprechend zu mindern.

Die Voraussetzungen für die Ermittlung der Bemessungsgrundlage nach der Gesamtdifferenz müssen **grundsätzlich für jeden einzelnen Gegenstand** erfüllt sein. Wendet der Wiederverkäufer für eine **Mehrheit von Gegenständen** oder für Sachgesamtheiten einen Gesamteinkaufspreis auf (z. B. beim Kauf von Sammlungen oder Nachlässen) und werden die Gegenstände üblicherweise später einzeln verkauft, kann wie folgt verfahren werden[429]:

- Beträgt der **Gesamteinkaufspreis bis zu 500 €**, kann aus Vereinfachungsgründen von der Ermittlung der auf die einzelnen Gegenstände entfallenden Einkaufspreise abgesehen werden.
- **Übersteigt der Gesamteinkaufspreis den Betrag von 500 €,** ist der auf die einzelnen Gegenstände entfallende Einkaufspreis grundsätzlich im Wege **sachgerechter Schätzung** zu ermitteln. Die Schätzung kann auf wertbestimmende Einzelgegenstände so lange beschränkt werden, bis der Gesamtbetrag für die restlichen Gegenstände 500 € oder weniger beträgt.

---

429   Abschn. 25a.1 Abs. 12 UStAE.

Beispiel

Der Antiquitätenhändler A kauft eine Wohnungseinrichtung für 3.000 €. Dabei ist er insbesondere an einer antiken Truhe (geschätzter anteiliger Einkaufspreis 1.500 €) und einem Weichholzschrank (Schätzpreis 800 €) interessiert. Die restlichen Einrichtungsgegenstände, zu denen ein Fernsehgerät (Schätzpreis 250 €) gehört, will er an einen Trödelhändler verkaufen.

⮩ **Folge:**

A muss beim **Weiterverkauf der Truhe und des Weichholzschranks** die Bemessungsgrundlage nach der Einzeldifferenz ermitteln.

Das **Fernsehgerät** hat er den Gegenständen zuzuordnen, für die die Bemessungsgrundlage nach der Gesamtdifferenz ermittelt wird. Das Gleiche gilt für die **restlichen Einrichtungsgegenstände.** Da ihr Anteil am Gesamtpreis 450 € beträgt, kann von einer Ermittlung der auf die einzelnen Gegenstände entfallenden Einkaufspreise abgesehen werden.

Die Gesamtdifferenz kann nur einheitlich für die gesamten innerhalb eines Besteuerungszeitraums (= Kalenderjahr, § 16 Abs. 1 Satz 2 UStG) ausgeführten Umsätze ermittelt werden, die sich auf Gegenstände mit Einkaufspreisen bis zu 500 € beziehen. Es ist nicht zulässig, die Gesamtdifferenz innerhalb dieser Preisgruppe auf bestimmte Arten von Gegenständen zu beschränken. Für Gegenstände, deren Einkaufspreis 500 € übersteigt, ist daneben die Ermittlung nach der Einzeldifferenz vorzunehmen.

Die positive Gesamtdifferenz eines Besteuerungszeitraums kann **nicht mit einer negativen Einzeldifferenz verrechnet** werden. Ist die **Gesamtdifferenz eines Besteuerungszeitraums negativ,** beträgt die **Bemessungsgrundlage 0 €;** der negative Betrag kann nicht in späteren Besteuerungszeiträumen berücksichtigt werden.

Bei der Berechnung der **Besteuerungsgrundlagen für die einzelnen Voranmeldungszeiträume** ist entsprechend zu verfahren. Allerdings können innerhalb desselben Besteuerungszeitraums negative mit positiven **Gesamtdifferenzen einzelner Voranmeldungszeiträume verrechnet** werden[430].

---

430 Abschn. 25a.1 Abs. 12 UStAE.

Ein **Wechsel von der Ermittlung nach der Einzeldifferenz zur Ermittlung nach der Gesamtdifferenz und umgekehrt** ist nur zu Beginn eines Kalenderjahres zulässig[431].

37.8 Steuersatz

Bei der Differenzbesteuerung ist die Steuer **stets mit dem allgemeinen Steuersatz** zu berechnen. Dies gilt auch für solche Gegenstände, für die bei der Besteuerung nach den allgemeinen Vorschriften der ermäßigte Steuersatz in Betracht käme (z. B. Kunstgegenstände und Sammlungsstücke)[432].

37.9 Steuerbefreiungen

Wird auf eine Lieferung in das übrige Gemeinschaftsgebiet die Differenzbesteuerung angewendet, ist die Steuerbefreiung für innergemeinschaftliche Lieferungen ausgeschlossen (➲ Kapitel 37.12). Die übrigen Steuerbefreiungen des § 4 UStG bleiben unberührt[433].

37.10 Verbot des offenen Steuerausweises

Das Verbot des gesonderten Ausweises der Steuer in einer Rechnung[434] gilt auch dann, wenn der Wiederverkäufer einen Gebrauchtgegenstand an einen anderen Unternehmer liefert, der eine gesondert ausgewiesene Steuer aus dem Erwerb dieses Gegenstands als Vorsteuer abziehen könnte[435].

Liegen die Voraussetzungen für die Differenzbesteuerung vor und weist ein Wiederverkäufer für die Lieferung eines Gebrauchtgegenstands die auf die Differenz entfallende Steuer dennoch gesondert aus, **schuldet er die gesondert ausgewiesene Steuer nach § 14c Abs. 2 UStG. Zusätzlich** zu dieser Steuer schuldet er für die Lieferung des Gegenstands die **Steuer nach § 25a UStG.**

---

431 Abschn. 25a.1 Abs. 14 UStAE.
432 Abschn. 25a.1 Abs. 15 Sätze 1 u. 2 UStAE.
433 Abschn. 25a.1 Abs. 15 Sätze 3 u. 4 UStAE.
434 § 14a Abs. 6 Satz 2 UStG.
435 Abschn. 25a.1 Abs. 16 UStAE.

37 Differenzbesteuerung

 Beratungskonsequenzen

1. Das anders lautende **Urteil des BFH vom 13.11.1996**[436] steht dem nicht entgegen, da dieses Fälle mit gesondertem USt-Ausweis bis VZ 1994 betrifft[437].

2. **Wird eine Rechnung mit gesondertem Steuerausweis erteilt, ist darin der Verzicht** auf die Steuerbefreiung im Einzelfall zu sehen. Ein solcher Verzicht ist nach § 25a Abs. 8 UStG möglich, jedoch bei Anwendung der Gesamtdifferenz (➜ Kapitel 37.7.5) ausgeschlossen[438].

37.11 Aufzeichnungspflichten

Der Wiederverkäufer, der Umsätze von Gebrauchtgegenständen nach § 25a UStG versteuert, hat

- für jeden Gegenstand getrennt
- den Verkaufspreis oder den Wert nach § 10 Abs. 4 Satz 1 Nr. 1 UStG
- den Einkaufspreis
- die Bemessungsgrundlage

aufzuzeichnen[439].

Aus Vereinfachungsgründen kann er in den Fällen, in denen lediglich ein Gesamteinkaufspreis für mehrere Gegenstände vorliegt, den Gesamteinkaufspreis aufzeichnen,

- wenn dieser den Betrag von 500 € insgesamt nicht übersteigt oder
- soweit er nach Abzug der Einkaufspreise einzelner Gegenstände den Betrag von 500 € nicht übersteigt.

Die besonderen Aufzeichnungspflichten gelten als erfüllt, wenn sich die aufzeichnungspflichtigen Angaben **aus den Buchführungsunterlagen entnehmen** lassen. Der Wiederverkäufer hat die Aufzeichnungen für die Differenzbesteuerung **getrennt von den übrigen Aufzeichnungen** zu führen.

---

436 XI R 69/95, BStBl. II 1997, 579.

437 Vgl. auch BMF, Schreiben vom 11.8.1997, Az IV 6 3 – S 7421–30/97, BStBl. I 1997, 806; *Fritsch,* UR 1997, 413.

438 *Leonard* in Bunjes/Geist, 9. Aufl. 2009, § 25a Rz. 13.

439 § 25a Abs. 6 Satz 2 UStG; Abschn. 25a.1 Abs. 17 UStAE.

§ 25a UStG **erfordert keine zeitnahen** Aufzeichnungen[440].

37.12 Besonderheiten im innergemeinschaftlichen Warenverkehr

Die Differenzbesteuerung kann **grundsätzlich auch auf Lieferungen vom Inland in das übrige Gemeinschaftsgebiet** angewendet werden. Sie ist in diesem Fall stets im Inland vorzunehmen; die Regelung des § 3c UStG und die Steuerbefreiung für innergemeinschaftliche Lieferungen i. S. v. § 4 Nr. 1 Buchst. b, § 6a UStG finden keine Anwendung[441]. Wird bei der Lieferung eines Gegenstands vom übrigen Gemeinschaftsgebiet in das Inland die Differenzbesteuerung im übrigen Gemeinschaftsgebiet angewendet, **entfällt eine Erwerbsbesteuerung** im Inland[442].

Die Differenzbesteuerung ist **ausgeschlossen, wenn der Wiederverkäufer ein neues Fahrzeug** i. S. v. § 1b Abs. 2, Abs. 3 UStG in das übrige Gemeinschaftsgebiet liefert. Die Lieferung ist im Inland unter den Voraussetzungen des § 4 Nr. 1 Buchst. b, § 6a UStG als innergemeinschaftliche Lieferung steuerfrei.

Der Erwerber des neuen Fahrzeugs hat im übrigen Gemeinschaftsgebiet einen innergemeinschaftlichen Erwerb zu besteuern[443].

37.13 Verzicht auf die Differenzbesteuerung (Musterschreiben)

Ein Verzicht auf die Anwendung der Differenzbesteuerung ist **bei jeder einzelnen Lieferung** eines Gebrauchtgegenstands möglich. Abschn. 9.1 Abs. 3 und Abs. 4 UStAE sind sinngemäß anzuwenden.

Im Fall der **Besteuerung nach der Gesamtdifferenz** ist ein Verzicht ausgeschlossen. Der Verzicht ist auch für solche Gegenstände möglich, für die der Wiederverkäufer nach § 25a Abs. 2 UStG die Anwendung der Differenzbesteuerung erklärt hat (Kunstgegenstände, Sammlungsstücke, Antiquitäten)[444]. Der Verzicht auf die

---

440 FG Berlin, EFG 2000, 522; vgl. auch *Leonard,* a. a. O., Rz. 14.
441 Abschn. 25a.1 Abs. 18 UStAE.
442 Abschn. 25a.1 Abs. 20 UStAE.
443 Abschn. 25a.1 Abs. 19 UStAE.
444 Abschn. 25a.1 Abs. 21 Sätze 4 f. UStAE.

Differenzbesteuerung nach § 25a Abs. 8 UStG hat zur **Folge**, dass auf die Lieferung die **allgemeinen Vorschriften des UStG anzuwenden** sind[445].

An eine besondere **Form oder Frist** ist der Verzicht nicht gebunden und ist daher – auch konkludent, also durch schlüssiges Verhalten – möglich, solange die Steuerfestsetzung noch nicht bestandskräftig ist, also noch nicht unanfechtbar geworden ist oder unter dem Vorbehalt der Nachprüfung steht. Auch bei Änderung oder Aufhebung der Steuerfestsetzung kann der Verzicht ausgeübt werden[446].

Wird der Umsatz als steuerpflichtig behandelt, wird also insbesondere dem Leistungsempfänger eine Rechnung mit gesondertem USt-Ausweis erteilt, gilt dies als Verzicht auf die Anwendung der Differenzbesteuerung i. S. d. § 25a Abs. 8 UStG. Aber **Vorsicht:** Wird die Steuer nur auf die Differenz ausgewiesen, nimmt der Fiskus keinen Verzicht i. S. d. Vorschrift an, sondern er wird einen Haftungsbescheid erlassen!

Auch die **Rücknahme des Verzichts** ist an keine Form oder Frist gebunden. Wurden allerdings Rechnungen/Gutschriften mit offenem USt-Ausweis erteilt, müssen diese berichtigt werden; der Wiederverkäufer muss die Originalrechnung zurückverlangen und eine neue Rechnung unter Beachtung der Differenzbesteuerungsvorschrift (also ohne USt-Ausweis!) ausstellen. Zur Rücknahme des Verzichts seitens des Wiederverkäufers bedarf es keiner Zustimmung des Erwerbers[447]. Bei Verzicht auf die Anwendung der Differenzbesteuerung kann der Wiederverkäufer den Vorsteuerabzug gem. § 25a Abs. 8 Satz 2 UStG frühestens für den Voranmeldungszeitraum geltend machen, in dem die Steuer für die Lieferung entsteht[448].

 Beratungskonsequenzen

Erwirbt der Wiederverkäufer 2 Gebrauchtgegenstände von einem anderen Wiederverkäufer 1, sollte er sich vertraglich zusichern lassen, dass der Vorlieferer nicht nachträglich auf die Anwendung der Differenzbesteuerung verzichtet und eine Rechnung mit offenem USt-Ausweis erstellt. Denn sonst hat Wiederverkäufer 2 die Differenzbesteuerung zu Unrecht angewandt. Er muss dann die USt auf die volle Bemessungsgrundlage entrichten, darf dann allerdings auch den Vorsteuerabzug geltend machen.

---

445   Abschn. 25a.1 Abs. 21 Satz 6 UStAE.

446   Abschn. 25a.1 Abs. 21 Satz 2 i. V. m. Abschn. 9.1 Abs. 3 u. Abs. 4 UStAE.

447   Abschn. 25a.1 Abs. 21 Satz 1 i. V. m. Abschn. 9.1 Abs. 4 UStAE.

448   *Weimann* in UNI, § 25a, 2.12.

                                           Liefergeschäfte/Sonderfälle

Musterschreiben

> Der Erwerber erwirbt den Gegenstand ... als Wiederverkäufer. Verzichtet er beim Wiederverkauf auf die Anwendung der Differenzbesteuerung gem. § 25a UStG, verpflichtet er sich, die Ausübung dieser Option dem Verkäufer mitzuteilen. Dieser ist dann berechtigt, ebenfalls auf die Anwendung der Differenzbesteuerung zu verzichten. In diesem Fall ist der Verkäufer verpflichtet, dem Erwerber eine berichtigte Rechnung mit USt-Ausweis zu erteilen. Die Vertragsparteien sind sich dann darüber einig, dass sich der Endpreis wie folgt ermittelt:
> .... EUR zzgl. 19 % USt = ... EUR.

37.14 Verwertung von sicherungsübereigneten Gegenständen

Anwendung der Differenzbesteuerung nach § 25a UStG

37.14.1 Allgemeines

Werden bewegliche Unternehmensgegenstände zur betrieblichen Finanzierung an ein Kreditinstitut sicherungsübereignet (z. B. Gebrauchtfahrzeuge) und tritt die Verwertungsreife für diese Gegenstände ein, liegt im Zeitpunkt der Verwertung umsatzsteuerrechtlich ein sog »Doppelumsatz« oder »Dreifachumsatz« vor (vgl. Abschn. 1.2 Abs. 1, 1 a und 4 UStAE). Sowohl der Sicherungsgeber als auch der Sicherungsnehmer können unter den Voraussetzungen des § 25a Abs. 1 UStG die Differenzbesteuerung anwenden (➲ Kapitel 35a.1.2).

37.14.2 Differenzbesteuerung (§ 25a UStG) im Rahmen eines »Doppelumsatzes«

37.14.2.1 Lieferung des Sicherungsgebers an den Sicherungsnehmer

Der als Sicherungsgeber auftretende Unternehmer kann die Differenzbesteuerung für die Lieferung an das Kreditinstitut nach § 25a Abs. 1 UStG anwenden, wenn er die zur Sicherung übereigneten Gegenstände von Privatpersonen, Kleinunternehmern oder differenzbesteuert erworben hat.

Der differenzbesteuerte Umsatz bemisst sich hierbei nach dem vom Kreditinstitut erzielten Veräußerungspreis abzüglich des Einkaufspreises des Gegenstands aus dem Ankauf. Verwertungskosten, die durch die Verwertung anfallen, sind bei der Bemessungsgrundlage nicht zu berücksichtigen, vgl. hierzu Tz. 4.

Die Umsatzsteuer ist aus dem ermittelten Differenzbetrag mit dem Regelsteuersatz herauszurechnen[449].

Erfolgt die Sicherungsverwertung außerhalb des Insolvenzverfahrens, schuldet das Kreditinstitut für die bis zum 30.9.2014 ausgeführten differenzbesteuerten Umsätze die Steuer nach § 13b Abs. 2 Nr. 2 UStG. Für nach dem 30.9.2014 erbrachte differenzbesteuerte Umsätze schuldet der Sicherungsgeber die Steuer nach § UStG § 13a UStG (vgl. § 13b Abs. 5 Satz 9 UStG)[450].

37.14.2.2 Lieferung des Sicherungsnehmers an den Erwerber

Das Kreditinstitut als Sicherungsnehmer ist seinerseits berechtigt, auf den Weiterverkauf der Gegenstände die Differenzbesteuerung anzuwenden[451].

Die Bemessungsgrundlage für diesen Umsatz beträgt jedoch 0,00 €, weil der tatsächliche Verkaufspreis und der hiervon abzuziehende Einkaufspreis (= Verkaufspreis der Lieferung von dem Sicherungsgeber an das Kreditinstitut) betragsmäßig identisch sind[452].

37.14.3 Rechnungserteilung

Wird die Differenzbesteuerung i. S. d. § 25a UStG angewandt, hat die Rechnung die **Angabe »Gebrauchtgegenstände/Sonderregelung«** zu enthalten. Die Umsatzsteuer darf in der Rechnung nicht gesondert ausweisen werden[453].

Ist § 13b UStG anzuwenden (vgl. Tz. 2.1), ist die Rechnung zusätzlich mit der **Angabe »Steuerschuldnerschaft des Leistungsempfängers«** zu versehen[454]. Weist der Wiederverkäufer dennoch die sich aus der Differenzbesteuerung ergebende Umsatzsteuer in seiner Rechnung gesondert aus, schuldet er den Steuerbetrag nach § 14c Abs. 2 UStG[455].

---

449 § 25a Abs. 3 Satz. 3 und Abs. 5 Satz 1 UStG.
450 OFD Frankfurt/Main, Vfg. v. 15.3.2016, a. a. O., Ziffer 2.1. Die bisherige Rundvfg. OFD Frankfurt/M. v. 15.10.2014 (BeckVerw 291273) wurde aufgehoben.
451 Vgl. § 25a Abs. 1 Nr. 1 und Nr. 2 Buchst. b UStG.
452 OFD Frankfurt/Main, Vfg. v. 15.3.2016, a. a. O., Ziffer 2.2,
453 § 14a Abs. 6 UStG.
454 § 14a Abs. 5 UStG.
455 OFD Frankfurt/Main, Vfg. v. 15.3.2016, Ziffer 3; vgl. auch Abschn. 25a.1 Abs. 1 UStAE.

37.14.4 Vorsteuerabzug

Soweit das Kreditinstitut als Sicherungsnehmer für die Lieferung der sicherungsübereigneten Gegenstände die Differenzbesteuerung nach § 25a.1 Abs. 2 UStG anwendet, kann er die ggf. nach § 13b Abs. 5 UStG geschuldete Umsatzsteuer **nicht** als Vorsteuer abziehen[456]. Darüber hinaus ist er nicht berechtigt, eine vom Sicherungsgeber nach § 14c Abs. 2 UStG geschuldete Umsatzsteuer als Vorsteuer abzuziehen[457].

Hinsichtlich der **Verwertungskosten** des Sicherungsnehmers ist ein Vorsteuerabzug dagegen nicht grundsätzlich ausgeschlossen.

37.14.5 Nachweisführung zur Anwendung des § 25a UStG

Es ist **Sache der Vertragsparteien**, Vereinbarungen über die zutreffende Anwendung der Differenzbesteuerung nach § 25a UStG – möglichst bereits im Zeitpunkt der Sicherungsübereignung – zu treffen[458].

38 Fahrzeuglieferungen

Sonderregeln für das EU-Geschäft mit Neufahrzeugen

§ Rechtsgrundlagen

- UStG: § 1b, § 2a, § 6a Abs. 1 Satz 1 Buchst. c, § 15 Abs. 4a, § 16 Abs. 5a, § 18 Abs. 10
- UStDV: § 17a ff.
- UStAE: Abschn. 1b.1
- MwStSystRL: Art. 2, Art. 9
- BMF-Schreiben vom 23.12.1992, IV A 3 – S 7143 – 2/92, Umsatzsteuerbefreiung für die innergemeinschaftliche Lieferung neuer Kraftfahrzeuge; hier: Nachweis der Beförderung oder Versendung in das übrige Gemeinschaftsgebiet, BStBl. I 1993, 46 (formell aufgehoben, materiell aber weiter gültig lt. BMF v. 18.3.2021; zur zweifelhaften Bedeutung dieses Schreibens ➲ Kapitel 1.6).

---

456 Vgl. auch Abschn. 25a.1. Abs. 7 Satz 6 UStAE.
457 OFD Frankfurt/Main, Vfg. v. 15.3.2016, Ziffer 4.
458 OFD Frankfurt/Main, Vfg. v. 15.3.2016, Ziffer 5.

Bitte beachten Sie!

Schon lange Pflicht, in der Praxis aber immer wieder übersehen: die Meldung nach der Fahrzeuglieferungs-Meldepflichtverordnung

Veräußert ein Kfz-Händler ein neues Fahrzeug in ein anderes EU-Land, ist der Verkauf auch dann umsatzsteuerfrei, wenn der Kunde keine USt-IdNr. hat (§ 6a Abs. 1 Nr. 2 Buchst. c UStG). Ein Pkw ist neu, wenn er nicht mehr als 6.000 km zurückgelegt hat oder seine erste Inbetriebnahme im Zeitpunkt der Lieferung nicht mehr als sechs Monate zurückliegt (§ 1 b Abs. 3 Nr. 1 UStG).

Der Kunde muss im Gegenzug im Bestimmungsland einen innergemeinschaftlichen Erwerb versteuern (im deutschen Recht nach § 1b UStG). Dies konnte die Finanzverwaltung des Bestimmungslandes bislang nicht kontrollieren, weil Fahrzeugverkäufe an Abnehmer ohne USt IdNr. nicht in die zusammenfassende Meldung (dazu nachfolgender ➜ Kapitel 63) eingehen.

Seit dem 1.7.2010 müssen daher Lieferungen neuer Fahrzeuge an Abnehmer ohne USt-IdNr. elektronisch an das BZSt gemeldet werden. Das BZSt übermittelt die Daten an die ausländische Finanzbehörde, die dann die Erwerbsbesteuerung überprüfen kann (➜ Kapitel 62.7).

38.1 Einführung

Grundsätzlich folgt die Besteuerung des Kfz-Handels den **allgemeinen Regeln** des Umsatzsteuerrechts. Dies gilt insbesondere für die Lieferung von

- Neufahrzeugen an andere Unternehmer
- Neufahrzeugen nichtunternehmerische Kunden im Inlandsgeschäft und Drittlandsgeschäft
- Kraftfahrzeugteilen.

Sonderregeln gelten aber für die Lieferung von

- gebrauchten Fahrzeugen unter den Voraussetzungen des § 25a UStG (Differenzbesteuerung ➜ Kapitel 37)
- **Neufahrzeugen an nichtunternehmerische Kunden im EU-Geschäft** (§ 4 Nr. 1 Buchst. b, § 6a Abs. 1 Satz 1 Buchst. c UStG)
- **Neufahrzeugen durch (nichtunternehmerische) »Fahrzeuglieferer«** (§ 2a UStG).

38.2 Überblick über die Sonderbestimmungen

Während für **EU-Umsätze (von Unternehmern) an Privatpersonen** – abgesehen von den Besonderheiten des Versandhandels (§ 3c UStG ➲ Kapitel 35) – grundsätzlich das sog. »Ursprungslandsprinzip«[459] gilt, sieht das EU-Umsatzsteuerrecht[460] für die Besteuerung der **Umsätze mit Neufahrzeugen ausschließlich das Bestimmungslandprinzip** vor[461].

Eine weitere Besonderheit ergibt sich daraus, dass das Umsatzsteuerrecht eigentlich nur die Tätigkeit von Unternehmern im Rahmen ihres Unternehmens besteuert[462], und damit Lieferungen und Leistungen von Nicht-Unternehmern oder von Unternehmern außerhalb ihres Unternehmens – die sog. »**Nicht-Umsätze**« – grundsätzlich unbesteuert bleiben. Auch dies soll bei der EU-Lieferung von Neufahrzeugen anders sein; das UStG kreiert hierfür die **spezielle Unternehmereigenschaft des – eigentlich nicht-unternehmerischen – »Fahrzeuglieferers«**[463].

Die Sonderregeln des UStG, insbesondere die der

* § 1b UStG (Innergemeinschaftlicher Erwerb neuer Fahrzeuge)

* § 2a UStG (Fahrzeuglieferer)

* § 4 Nr. 1 Buchst. b, § 6a Abs. 1 Satz 1 Buchst. c UStG (innergemeinschaftliche Lieferung neuer Fahrzeuge)

* § 15 Abs. 4a UStG (Vorsteuerabzug des Fahrzeuglieferers)

---

459 Nach dem Ursprunglandprinzip werden Erzeugnisse mit der Umsatzsteuer des Landes belastet, in dem sie produziert werden. Bei grenzüberschreitenden Leistungen ist das Ursprungslandprinzip nur unzureichend mit dem Ziel einer Verbrauchsbesteuerung zu vereinbaren (*Lippross*, Umsatzsteuer, 23. Aufl. 2013, 1.3.1.b).

460 Art. 2 Abs. 1 Buchst. b Ziffer ii, Abs. 2 MwStSystRL.

461 Nach dem Bestimmungslandprinzip werden Warenlieferungen beim Export von der Mehrwertsteuer entlastet und im Importland nach den dortigen Vorschriften mit Einfuhrumsatzsteuer (innerhalb der EU: Erwerbsteuer) belastet (*Lippross*, a. a. O., 1.3.1.a). Das Bestimmungslandprinzip entspricht dem Verbrauchsteuergedanken und gewährleistet Wettbewerbsneutralität, weil Importwaren derselben Mehrwertsteuerbelastung unterliegen wie Inlandswaren. Das Bestimmungslandprinzip hat sich in der EG bewährt und wird auch vom GATT (General Agreement on Tarifs and Trade = Allgemeines Zoll- und Handelsabkommen vom 30.10.1947) als das angemessene Prinzip für die Besteuerung des internationalen Handels angesehen.

462 Vgl. § 1 Abs. 1 Nr. 1 UStG.

463 § 2a UStG.

- § 16 Abs. 5a UStG (Fahrzeugeinzelbesteuerung)
- § 18 Abs. 10 UStG (Besteuerungsverfahren)

dienen also dazu, die Besteuerung der Lieferung von Neufahrzeugen im U-Geschäft **vom Ursprungslandprinzip auf das Bestimmungslandprinzip umzustellen** bzw. – bei den »Nichtumsätzen« – die Besteuerung erst einmal **einzuführen**.

38.3 Begriff des Fahrzeugs (§ 1b Abs. 2 UStG)

Fahrzeuge i. S. d. Sonderregeln sind – neben den Luft- oder Wasserfahrzeugen –

- zur Personen- oder Güterbeförderung bestimmte
- motorbetriebene Landfahrzeuge
- mit einem Hubraum von mehr als 48 ccm oder einer Leistung von mehr als 7,2 KW,

§ 1b Abs. 2 UStG; die **EG-rechtliche Grundlage** der Vorschrift ist Art. 2 Abs. 1 Buchst. b Ziffer ii, Abs. 2 Buchst. a Ziffer i MwStSystRL.

Die Fahrzeuge müssen **zur Personen- oder Güterbeförderung bestimmt** sein[464]. Damit kommt § 1b UStG nicht zur Anwendung auf

- Fahrzeuge als **Sammler- oder Museumsstücke**[465];
- **selbstfahrende Arbeitsmaschinen und land- und forstwirtschaftliche Zugmaschinen**, die nach ihrer Bauart oder ihren besonderen, mit dem Fahrzeug verbundenen Einrichtungen nicht zur Beförderung von Personen oder Gütern bestimmt und geeignet sind[466] (z. B. Bagger, Feuerlöschfahrzeuge, Kräne, Planierraupen, Mähdrescher, Schneepflüge).

Motorbetriebene Landfahrzeuge sind insbesondere Personenkraftwagen, Lastkraftwagen, Motorräder, Motorroller, Mopeds und motorbetriebene Wohnmobile und Caravans[467]. Die **straßenverkehrsrechtliche Zulassung** ist nicht erforderlich[468].

---

464 Abschn. 1b.1 Satz 2 UStAE.
465 *Bülow* in S/W/R, § 1b Rz. 12.
466 Abschn. 1b.1 Satz 5 UStAE.
467 Abschn. 1b.1 Satz 5 UStAE.
468 Abschn. 1b.1 Satz 4 UStAE.

Keine Landfahrzeuge sind Wohnwagen, Packwagen und andere **Anhänger ohne eigenen Motor**, die nur von Kraftfahrzeugen mitgeführt werden können[469].

Bei einem **Schrottfahrzeug** wird man allerdings nicht mehr von einem Fahrzeug i. S. v. § 1b Abs. 2 UStG sprechen können[470].

38.4 Begriff des Neufahrzeugs (§ 1b Abs. 3 UStG)

Ein Landfahrzeug gilt als neu, wenn es

- nicht mehr als 6.000 km zurückgelegt hat oder
- wenn seine erste Inbetriebnahme im Zeitpunkt des Erwerbs nicht mehr als sechs Monate zurückliegt,

§ 1b Abs. 3 Nr. 1 UStG; die **EG-rechtliche Grundlage** der Vorschrift ist Art. 2 Abs. 2 Buchst. b Ziffer i MwStSystRL.

 Beratungskonsequenzen

Damit bei einem EU-Geschäft an Privat die Sonderregel für   Neufahrzeuge **nicht** zur Anwendung kommt, muss das Fahrzeug also

- **mehr als 6.000 km** »auf dem Tacho« haben *und*
- älter ein halbes Jahr sein.

Zu den **Luft- oder Wasserfahrzeugen** vgl. § 1b Abs. 3 Nr. 2, Nr. 3 UStG.

Folge der **6.000-km–Grenze** ist, dass auch sehr alte Fahrzeuge (z. B. Sammler- oder Ausstellungsfahrzeuge) als neu i. S. dieser Vorschrift gelten können, wenn sie wenig in Betrieb waren[471]. Hier wird man allerdings beachten müssen, dass derartige Fahrzeuge wahrscheinlich als Ausstellungs- oder Museumsstücke nicht zur Personen- oder Güterbeförderung bestimmt sind[472].

Unklar ist der Begriff der **ersten Inbetriebnahme**. Definiert man diese als Zeit-punkt, zu dem das Fahrzeug vom ersten Erwerber zum ersten Mal bestimmungs-gemäß benutzt wurde, wird bei **zulassungspflichtigen Fahrzeugen** in der Regel

---

469 Abschn. 1b.1 Satz 5 UStAE.
470 *Bülow*, a. a. O., § 1b Rz. 21.
471 *Bülow*, a. a. O., § 1b Rz. 21.
472 Vgl. Abschn. 1b.1 Satz 2 UStAE und vorstehendes ➲ Kapitel 38.3.

der Tag der ersten Zulassung maßgeblich sein[473]. Ob dies auch auf die **Tageszulassung** durch Kfz-Händler zutrifft erscheint zweifelhaft, auch wenn § 18 Abs. 10 Nr. 1 UStG anordnet, dass die für die Zulassung oder Registrierung zuständigen Behörden den Finanzbehörden die erstmalige Zuteilung eines amtlichen Kennzeichens mitzuteilen haben[474].

Der **Tag der ersten Inbetriebnahme** kann (wohl eher theoretisch) auch vor dem Tag der ersten Zulassung liegen[475]. Nicht zu berücksichtigen sind dabei Zeiten oder zurückgelegte Strecken, die der **Erprobung des Fahrzeugs beim Hersteller** oder dem **Betrieb zum Zweck des Transports** (z. B. beim Be- und Entladen von PKW-Transportern) dienen[476].

Problematisch ist die Einbeziehung **nicht zulassungspflichtiger Fahrzeuge.** Hier ist die Kontrolle des steuerlichen Erwerbs kaum möglich. Es bleibt den Finanzbehörden nur die Möglichkeit, über Kontrollmitteilungen aus Lieferländern bzw. mittels Einzelauskunftsersuchen einschlägige Sachverhalte in Erfahrung zu bringen[477].

Maßgebend sind die oben genannten Kriterien für das Vorhandensein eines neuen Fahrzeugs der **Zeitpunkt des Erwerbs** und nicht auf den Zeitpunkt der Beförderung oder Versendung[478]: das Fahrzeug ist damit **nicht mehr neu, wenn es keine der beiden Voraussetzungen** erfüllt[479].

Für die Frage, ob ein Fahrzeug neu ist, ist derjenige **nachweispflichtig**, der sich darauf beruft. Das kann sowohl das Finanzamt sein, das den Erwerb besteuern möchte, als auch der Steuerpflichtige, der den Erwerb im Inland versteuern möchte, um in den Genuss des ggf. niedrigeren deutschen Steuersatzes zu kommen[480].

---

473 *Mößlang* in S/R, § 1b Rz. 7.

474 *Mößlang*, a. a. O.

475 Vgl. auch § 18 Abs. 10 Nr. 2 UStG; *Bülow*, a. a. O., § 1b Rz. 19; *Leonard* in B/G, 9. Aufl. 2009, § 1b Rz. 13; *Stadie*, a. a. O. Anm. 19; a. A. *Tehler* in Reiß/Kraeusel/Langer, UStG, § 1b Rz. 15.

476 *Leonard*, a. a. O.; *Mößlang*, a. a. O.

477 *Bülow*, a. a. O., § 1b Rz. 22.

478 *Leonard*, a. a. O., Rz. 14.

479 *Leonard*, a. a. O., Rz. 13.

480 *Leonard*, a. a. O., Rz. 14; *Stadie*, a. a. O. Anm. 19; a. A. *Tehler* in Reiß/Kraeusel/Langer, UStG, § 1b Rz. 15.

Bei einem **Schrottfahrzeug** wird man allerdings nicht mehr von einem Fahrzeug i. S. v. § 1b Abs. 2 UStG sprechen können[481].

38.5 Die einzelnen Fallgruppen im Neuwagengeschäft

38.5.1 Lieferung des deutschen Kfz-Händlers an Unternehmenskunden

Die Umsatzbesteuerung folgt den **allgemeinen Prinzipien**; es ergeben sich keine Besonderheiten (➲ Kapitel 38.1).

38.5.2 Lieferung des deutschen Kfz-Händlers an nichtunternehmerische Kunden im Inlandsgeschäft und Drittlandsgeschäft

Die Umsatzbesteuerung folgt den **allgemeinen Prinzipien**; es ergeben sich keine Besonderheiten (➲ Kapitel 38.1).

38.5.3 Lieferung des deutschen Kfz-Händlers an nichtunternehmerische Kunden im EU-Geschäft

 Rechtsgrundlagen

BMF-Schreiben vom 23.12.1992, IV A 3 – S 7143 – 2/92, Umsatzsteuerbefreiung für die innergemeinschaftliche Lieferung neuer Kraftfahrzeuge; hier: Nachweis der Beförderung oder Versendung in das übrige Gemeinschaftsgebiet, BStBl. I 1993, 46. Das Schreiben ist vor dem 27.3.2012 ergangen und formell aufgehoben, materiell aber weiter gültig lt. BMF v. 18.3.2021; zur zweifelhaften Bedeutung dieses Schreibens ➲ Kapitel 1.6).

➲ mybook.haufe.de > Wichtiges aus dem BMF

Bei der Lieferung eines Neufahrzeugs im EU-Geschäft kann gem. § 4 Nr. 1 Buchst. b, § 6a Abs. 1 Satz 1 Buchst. c UStG »**jeder andere Erwerber**« der Abnehmer sein, also auch ein

---

481 *Bülow,* a. a. O., § 1b Rz. 21; vgl. bereits vorstehendes Kapitel 38.3.

- Nichtunternehmer

  Beispiel: Ein niederländischer Arbeitnehmer kauft bei einem Autohaus in Kerken ein Neufahrzeug.

- Unternehmer, der das Fahrzeug nicht für sein Unternehmen erwirbt.

  Beispiel: Ein belgischer Schokoladenvertreter kauft bei einem Autohaus bei einer Werbereise durch Deutschland ein Neufahrzeug für seine Tochter.

In diesem Fall gelten für den **Buchnachweis** die besonderen Sollvorschriften des § 17c Abs. 4 UStDV. Der Unternehmer soll Folgendes aufzeichnen:

- Namen und Anschrift des Erwerbers;
- die handelsübliche Bezeichnung des gelieferten Fahrzeugs;
- den Tag der Lieferung;
- das vereinbarte Entgelt bzw. – bei Ist-Versteuerung nach § 20 – das vereinnahmte Entgelt und den Tag der Vereinnahmung;
- die Merkmale, die das Fahrzeug nach § 1b Abs. 2 und 3 als neu ausweisen (➲ Kapitel 38.4);
- die Beförderung oder Versendung in einen anderen Mitgliedstaat;
- den Bestimmungsort des Fahrzeugs in einem anderen Mitgliedstaat.

Daneben sind nach einer Anweisung des BMF zur Vermeidung von Missbräuchen weitere, ergänzende Nachweispflichten zu erfüllen:

- Eine innergemeinschaftliche Lieferung ist danach nur dann gegeben, wenn auch der Nachweis erbracht wird, dass das Fahrzeug **in einem anderen EU-Mitgliedstaat zum Straßenverkehr amtlich zugelassen** worden ist.
- Nur wenn dies nicht möglich ist, kann der Nachweis auch in einer anderen gleichermaßen eindeutigen und leicht nachprüfbaren Weise geführt werden, z. B. durch den **Nachweis der Erwerbsbesteuerung**.

38.5.4 Erwerb des deutschen Kfz-Händlers von einem (nichtunternehmerischen) »Fahrzeuglieferer«

Hier ergeben sich für den Kfz-Händler keine Besonderheiten:

- Die **Erwerbsbesteuerung** erfolgt im normalen Voranmeldungsverfahren.

- Ist der Unternehmer vorsteuerabzugsberechtigt, kann er in derselben Voranmeldung die Erwerbsteuer als **Vorsteuer** wieder in Abzug bringen.

Damit ergibt sich in der Regel ein **Nullsummenspiel**[482]!

38.5.5 Lieferungen und Erwerbe durch Nichtunternehmer

Besonderheiten gelten für **außerunternehmerische Vorgänge** (Geschäfte unter Privatleuten)[483].

> ➡ **Beratungskonsequenzen**
>
> Die erforderlichen Erklärungen sehen Sie (… als Steuerberater …) in ➲ Kapitel 67.3.

38.6 Berücksichtigung der Fahrzeuglieferungen und -erwerbe in den Vordrucken

UStVA 2022 – USt-Erklärung 2021 – ZM

> ❗ **Hinweis**
>
> ➲ Kapitel 67.2 und 67.3

38.7 Meldungen nach der Fahrzeuglieferungs-Meldepflichtverordnung

Schon lange Plicht, in der Praxis aber immer wieder übersehen

> ❗ **Hinweis**
>
> ➲ Kapitel 62.7, Kapitel 67.2 und 67.3

---

482 ➲ Kapitel 67.7.
483 Vgl. in UNI Weimann, § 1b und *Heß*, § 16, 2.4 sowie *Heizmann*, § 15, 2.8.

39 Vorsicht vor einer »Fahrt im Umsatzsteuerkarussell«

Gefahren des redlichen Unternehmers aus betrügerischen Einkäufen

§ Rechtsgrundlagen

- EU-Kommission, Vorschlag für eine Verordnung des Rates zur Änderung der Verordnung (EU) Nr. 904/2010 hinsichtlich des zertifizierten Steuerpflichtigen, BR-Drs. 659/17 vom 4.10.2017.
- EU-Kommission, Vorschlag für eine Richtlinie des Rates zur Änderung der Richtlinie 2006/112/EG in Bezug auf die Harmonisierung und Vereinfachung bestimmter Regelungen des Mehrwertsteuersystems und zur Einführung des endgültigen Systems der Besteuerung des Handels zwischen Mitgliedstaaten, BR-Drs. 660/17 vom 4.10.2017.
- EU-Kommission, Pressemitteilung vom 4.10.2017.
- EU-Kommission, Mitteilung vom 27.6.2012, com (2012) 722 final, Aktionsplan zur Verstärkung der Bekämpfung von Steuerbetrug und Steuerhinterziehung.

⊃ mybook.haufe.de > Wichtiges aus anderen Behörden

39.0 Auf einen Blick vorab – neue Maßnahmen zur Betrugsbekämpfung ab 1.1.2020!

Auch mit dem Ziel der Betrugsbekämpfung soll das Besteuerungsverfahren EU-weit umgestellt werden (⊃ Kapitel 20). Da für die Umstellung ein zeitlicher Vorlauf unabdingbar ist, greifen ab 2020 **europaweite Sofortmaßnahmen** (⊃ Kapitel 20.4). Diese ergänzt der deutsche Gesetzgeber durch Übernahme entsprechender Rechtsprechung in den Gesetzestext; die Beteiligung an einer Steuerhinterziehung führt ab sofort auch qua Gesetzes zur Versagung von Vorsteuerabzug und Steuerbefreiung (§ 25f UStG – neu – ⊃ Kapitel 39a).

39.1 Gefahren auch für den redlichen Unternehmer!

Karussellgeschäfte sind Betrugsgeschäfte: »Gauner« versuchen, sich ungerechtfertigte Vorsteuern zu erschleichen. Als redlicher Unternehmer (oder dessen Steuerberater) ist man geneigt, sich damit nicht zu beschäftigen – getreu dem

Motto: »Das betrifft uns doch nicht; wir lassen uns doch auf so etwas erst gar nicht ein!«

Weit gefehlt! Für den redlichen Unternehmer besteht die Gefahr, in derartige Geschäfte »eingelassen zu werden«. Häufig ist dann der eigene **Vorsteuerabzug dadurch in Gefahr, dass man ohne Wissen am Ende einer Betrugskette steht.**

39.2 Der durch die Betrügereien verursachte Steuerschaden

Neues Zahlenmaterial der EU-Kommission

Das Ausmaß der durch Umsatzsteuerbetrug verursachten Steuerschäden lässt sich nur schwer bestimmen. Dies nicht nur deshalb, weil die »Gauner« ihren »Erfolg« in keine Statistik einfließen lassen, sondern auch, weil viele Mitgliedstaaten die Zahlen entweder erst gar nicht erheben oder die von ihnen erhobene Zahlen dann nicht veröffentlichen wollen.

Im Zusammenhang mit ihren Vorschlägen zur Betrugsbekämpfung ab 2020 (ursprünglich angedacht war 2019 (➲ Kapitel 20) hat die **EU-Kommission im Oktober 2017 überraschend konkrete Zahlen** veröffentlicht[484]:

- Insgesamt gehen jedes Jahr mehr als **150 Milliarden €** (= 150.000.000.000 €) an Mehrwertsteuern verloren.

- Schätzungen zufolge verursacht allein der grenzüberschreitende Betrug jährliche Mehrwertsteuereinbußen von rund **50 Milliarden €**.

- Umgelegt entsprechen die 50 Milliarden € in etwa **100 € pro EU-Bürger**.

Weitgehend seriöse Schätzungen liegen dem Europäischen Rechnungshof ausweislich eines Sonderberichts offensichtlich nur zu **Deutschland (Steuerschaden 2005 etwa 17 Mrd. €)** und dem Vereinigten Königreich (Steuerschaden 2005/2006 etwa 18 Mrd. €) vor.

Weitere »eindrucksvolle« – und damit beängstigende – Zahlen:

- Die Einnahmeausfälle – so mutmaßt das Europäische Parlament – könnten das **Volumen des Jahresgesamthaushaltes der Gemeinschaft übersteigen**[485]!

---

484 EU-Kommission, Pressemitteilung vom 4.10.2017; ➲ mybook.haufe.de > Wichtiges aus anderen Behörden.
485 BR-Drs.1004/08 vom 19.12.2008; hierzu *Weimann*, UStB 2009, 52.

- **Allein in Deutschland** belief sich der Steuerschaden ausweislich eines Sonderberichts des Europäischen Rechnungshof in 2005 auf etwa **17 Mrd. €**.
- Der durchschnittliche **Umfang der Schattenwirtschaft** in den verschiedenen Mitgliedstaaten beträgt **ca. 20 %** (8–32 %)[486].

Die Mitgliedstaaten nehmen tatsächlich nur zwischen 40 % (Griechenland) und 90 % (Luxemburg) ihrer theoretisch möglichen Mehrwertsteuer ein[487]. Mit anderen Worten »**verschenkt**« **Griechenland 60 % der Mehrwertsteuereinnahmen**!

Einen wichtigen Anteil an den Steuerschäden haben die grenzüberschreitenden Warengeschäfte, nicht zuletzt durch den Karussellbetrug; diese Schäden einzudämmen ist eine – wenn nicht gar die vorrangigste – **Intention aller Neuregelungen bei den Warengeschäften (EU** ➲ Kapitel 20, 21c, 23a, 33a und 39a).

39.3 Der Aufbau dieser besonderen Spezies der Betrugsgeschäfte

Karussellgeschäfte sind Liefergeschäfte, bei denen in den Fiskus schädigender Absicht Rechnungen mit Umsatzsteuer ausgestellt werden, um dem Rechnungsempfänger den Vorsteuerabzug zu ermöglichen, ohne die ausgewiesene und geschuldete Steuer zu entrichten. Die Anfangs recht einfach »gestrickten« Betrugsgeschäfte wurden **in der Folgezeit »verfeinert«, um der Finanzverwaltung die Aufdeckung zu erschweren**. Mittlerweile verlaufen Karussellgeschäfte in der Regel **zumindest vierstufig**[488]:

- **Ausgangslieferant (Stufe 1):** Der **Ausgangslieferant** ist in einem anderen EU-Staat ansässig und beliefert seinen Abnehmer, den missing trader, steuerfrei innergemeinschaftlich.
- **missing trader (Stufe 2):** Der erste Empfänger der Ware versteuert im Bestimmungsland den innergemeinschaftlichen Erwerb (Nullsummenspiel!) und

---

486 EU-Kommission, Mitteilung vom 27.6.2012, Aktionsplan zur Verstärkung der Bekämpfung von Steuerbetrug und Steuerhinterziehung, com (2012) 722 final;
➲ mybook.haufe.de > Wichtiges aus anderen Behörden.

487 EU-Kommission, Mitteilung vom 27.6.2012, a. a. O.; ➲ mybook.haufe.de > Wichtiges aus anderen Behörden.

488 Vgl. statt vieler *Kemper,* UR 2005, 1; *Tiedtke,* UR 2004, 6; zur »Technik der Karussellgeschäfte« vgl. auch Hessisches FG, EFG 2003, 890.

verkauft die Ware umsatzsteuerpflichtig an einen vorab bestimmten Inländer. **Auf dieser Stufe entstehen die Steuerausfälle,** da von vorneherein weder die Absicht besteht, eine Marge zu erzielen noch die in Rechnung gestellte Umsatzsteuer zu begleichen; der auf der zweiten Stufe tätige Unternehmer wird daher als missing trader bezeichnet. Der missing trader veräußert die Ware unter dem Einstandspreis und wird so vermögenslos. Er »taucht ab«, sobald die Finanzverwaltung versucht, die fällige Umsatzsteuer beizutreiben, und wird durch einen noch nicht auffällig gewordenen neuen missing trader ersetzt. Das Finanzamt wird keine Möglichkeit zur Einsicht in die Bücher des missing trader haben; darum bleibt unbeantwortet, warum die Ware unter dem Einstandspreis veräußert wurde.

- **buffer (Stufe 3):** Abnehmer des missing traders ist der ebenfalls im Bestimmungsland ansässige buffer. Der buffer dient der **Verschleierung des Lieferweges** und verkauft die Ware an den nächsten Abnehmer des Karussells. Der buffer hat eine unauffällige Umsatzsteueranmeldung mit Vorsteuer aus dem Wareneinkauf und Umsatzsteuer aus dem Warenverkauf; es kommt zu einer Zahllast.

- **distributor (Stufe 4):** Auch der distributor (manchmal auch »exporter« genannt) ist als Abnehmer des buffers im Bestimmungsland ansässig. Der distributor veräußert die Ware steuerfrei innergemeinschaftlich zurück an den Ausgangslieferanten. Damit ist das **Karussell geschlossen**; die Ware kann über einen neuen missing trader wieder in Umlauf gebracht werden.

Beispiel

Der in Belgien ansässige Unternehmer B verkauft im Februar 2022 Rahmen innergemeinschaftlicher Lieferungen hochwertige Kfz an den in Deutschland angemeldeten Scheinunternehmer S. Vereinbarungsgemäß beträgt der Kaufpreis 1.700.000 €.

S verkauft die Kfz für 1.500.000 € zzgl. 19 % USt (285.000 €) an den deutschen Händler H1. Während H1 sich die Vorsteuern erstatten lässt, meldet S gegenüber dem Finanzamt die USt an, ohne diese auch bezahlen zu können, da er aus den insgesamt erhaltenen 1.785.000 € zunächst seine Lieferverbindlichkeiten gegenüber B i. H. v. 1.700.000 € begleicht und durch den Verkauf unter dem Einstandspreis vermögenslos wurde.

H1 verkauft die Kfz für 1.800.000 € zzgl. 19 % USt (342.000 €) an den ebenfalls deutschen Händler H2 und lässt sich die Vorsteuern aus dem Wareneinkauf von S i. H. v. 285.000 € vom Finanzamt erstatten.

H2 verkauft die Kfz für 1.900.000 € steuerfrei innergemeinschaftlich an B zurück und lässt sich die Vorsteuern aus dem Wareneinkauf von H1 i. H. v. 342.000 € vom Finanzamt erstatten.

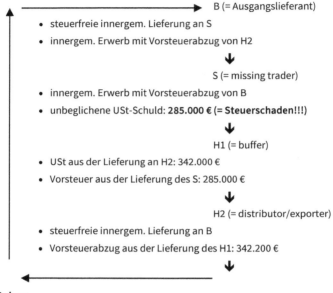

B (= Ausgangslieferant)

- steuerfreie innergem. Lieferung an S
- innergem. Erwerb mit Vorsteuerabzug von H2

↓

S (= missing trader)

- innergem. Erwerb mit Vorsteuerabzug von B
- unbeglichene USt-Schuld: **285.000 €** (= **Steuerschaden!!!**)

↓

H1 (= buffer)

- USt aus der Lieferung an H2: 342.000 €
- Vorsteuer aus der Lieferung des S: 285.000 €

↓

H2 (= distributor/exporter)

- steuerfreie innergem. Lieferung an B
- Vorsteuerabzug aus der Lieferung des H1: 342.200 €

↓

⮑ **Folge:**
Das Finanzamt wird die **Umsatzsteuer des missing traders niederschlagen** müssen; der **Steuerschaden beträgt mithin 285.500 €.**

39.4   EuGH und BFH zu den Voraussetzungen des Vertrauensschutzes

EuGH und BFH haben sich bereits intensiv mit Fragen des Umsatzsteuer-karusselle und des Gutglaubensschutzes auseinandersetzen. Die höchst interessanten Urteile haben insgesamt zwar insgesamt die Position des (gut-gläubigen) Unternehmers gestärkt; allerdings sind die insbesondere vom BFH definierten **Voraussetzungen an den Gutglaubensschutz sehr streng!**

Zur **aktuellen Rechtsprechung des EuGH**[489] sowie den dazu gehörenden Schlussanträgen des Generalanwalts vgl. ➲ Kapitel 7.1.

39.5 Folge des Karussellbetrugs

Verkürzte Meldefristen für die ZM – mit faktischen Auswirkungen auch auf die UStVA!

Eine Folge des Umsatzsteuerbetrugs war die **Neufassung des Art. 263 MwStSystRL;** danach ist »eine zusammenfassende Meldung ... für jeden Kalendermonat innerhalb einer Frist von höchstens einem Monat ... abzugeben, ...« ➲ Kapitel 48.

Faktisch führt dies auch zu einer Fristverkürzung bei der Umsatzsteuer-Voranmeldung ➲ Kapitel 62.

39a Beteiligung an Steuerhinterziehung führt zur Versagung von Vorsteuerabzug und Steuerbefreiung

Änderungen zum 1.1.2020 durch die »Quick Fixes«/flankierende Sofortmaßnahme 5

Wegweiser durch dieses Buch im Hinblick auf die »Quick Fixes«

- Gesamtüberblick ➲ Kapitel 20
- 1. Sofortmaßnahme ➲ Kapitel 21b.2
  Ohne Aufzeichnung der USt-IdNr. des Kunden und korrekte ZM entfällt die Steuerbefreiung!
- 2. Sofortmaßnahme ➲ Kapitel 21b.3
  Endlich Rechtssicherheit im Abholfall!/Neuregelung des Reihengeschäfts
- 3. Sofortmaßnahme ➲ Kapitel 23a
  Gelangensvermutung

---

489 EuGH, Urteil vom 15.11.2017, verbundene Rs. C-374/16 und 375/16, Rochus Geissel und Igor Butin.

- 4. Sofortmaßnahme ➲ Kapitel 33a
  (Konsignations-)Lager ab dem 1.1.2020
- 5. »Flankierende« deutsche Sofortmaßnahme
  Beteiligung an Steuerhinterziehung führt zur Versagung von Vorsteuerabzug und Steuerbefreiung

39a.1 »Flankierende« deutsche Sofortmaßnahme

Beteiligung an Steuerhinterziehung führt zur Versagung von Vorsteuerabzug und Steuerbefreiung

Ersatz für den Wegfall der Sonderregelung des § 25d UStG

  Rechtsgrundlagen

Neufassung des UStG zum 1.1.2020

(Hinweis: **Einfügungen** sind gekennzeichnet.)

§ 25f Versagung des Vorsteuerabzugs und der Steuerbefreiung bei Beteiligung an einer Steuerhinterziehung

(1) Sofern der Unternehmer wusste oder hätte wissen müssen, dass er sich mit der von ihm erbrachten Leistung oder seinem Leistungsbezug an einem Umsatz beteiligt, bei dem der Leistende oder ein anderer Beteiligter auf einer vorhergehenden oder nachfolgenden Umsatzstufe in eine begangene Hinterziehung von Umsatzsteuer oder Erlangung eines nicht gerechtfertigten Vorsteuerabzugs im Sinne des § 370 der Abgabenordnung oder in eine Schädigung des Umsatzsteueraufkommens im Sinne der §§ 26b, 26c einbezogen war, ist Folgendes zu versagen:

1. die Steuerbefreiung nach § 4 Nummer 1 Buchstabe b in Verbindung mit § 6a,
2. der Vorsteuerabzug nach § 15 Absatz 1 Satz 1 Nummer 1,
3. der Vorsteuerabzug nach § 15 Absatz 1 Satz 1 Nummer 3 sowie
4. der Vorsteuerabzug nach § 15 Absatz 1 Satz 1 Nummer 4.

(2) § 25b Absatz 3 und 5 ist in den Fällen des Absatzes 1 nicht anzuwenden.

§ 27 Allgemeine Übergangsvorschriften

(1)–(29) ...

(30) § 25f in der Fassung des Artikels 12 des Gesetzes vom 12. Dezember 2019 (BGBl. I S. 2451) ist erstmals auf Voranmeldungs- und Besteuerungszeiträume anzuwenden, die nach dem 31. Dezember 2019 enden.

39a.1.1 Inkrafttreten der Neuerung

Die neue Vorschrift

- tritt **am 1.1.2020 in Kraft** (Art. 39 Abs. 2 Gesetz zur weiteren steuerlichen Förderung der Elektromobilität und zur Änderung weiterer steuerlicher Vorschriften vom 12.12.2019, BStBl. I 2019, 2451) und

- ist erstmals auf Voranmeldungs- und Besteuerungszeiträume anzuwenden, die **nach dem 31.12.2019 enden** (§ 27 Abs. 30 UStG).

39a.1.2 Inhalt der Neuerung

In Anwendung der EuGH-Rechtsprechung wird geregelt, dass einem Unternehmer

- der wusste oder hätte wissen müssen,

- dass er sich mit seinem Leistungsbezug oder dem erbrachten Umsatz an einem Umsatz beteiligt,

- bei dem ein Beteiligter auf einer vorhergehenden oder nachfolgenden Umsatzstufe in eine begangene Umsatzsteuerhinterziehung oder Erlangung eines nicht gerechtfertigten Vorsteuerabzugs i. S. v. § 370 AO oder einer Schädigung des Umsatzsteueraufkommens i. S. d. §§ 26b und 26c UStG einbezogen war,

der Vorsteuerabzug bzw. die Steuerbefreiung für den entsprechenden Umsatz verwehrt werden kann.

Beratungskonsequenzen

Die Vorschrift dient der **Bekämpfung des Umsatzsteuerbetruges** insbesondere in Form von Ketten- oder Karussellgeschäften[490]:

1. Die Regelung sieht vor, dass der den Vorsteuerabzug beziehungsweise die Steuerbefreiung begehrende Unternehmer grundsätzlich zunächst in tatsächlicher Hinsicht die **Feststellungslast für das Vorliegen** der Begünstigung (Vorsteuerabzug/Steuerbefreiung) trägt.

2. Im Weiteren sind die objektiven Umstände, die für eine wissentliche Einbindung des Unternehmers sprechen, **seitens der Finanzverwaltung** darzulegen.

Die Regelung ist wesentlich besser zu handhaben, als die bisher in § 25d UStG bestehende Haftungsregelung, weil ein möglicher Steuerausfall dadurch vermieden werden kann, dass der Vorsteuerabzug beziehungsweise die Steuerbefreiung erst gar nicht gewährt werden und damit der **Zweck der Hinterziehung – nämlich eine Auszahlung durch das Finanzamt – nicht erreicht wird**[491].

Im Interesse einer einheitlichen und praxisgerechten Rechtsanwendung werden mit der Regelung die vorliegende **EuGH-Rechtsprechung in nationales Recht umgesetzt** und damit auch dem Bestimmtheitsgrundsatz und den Anforderungen der Praxis entsprochen.

Durch § 25f Abs. 2 UStG – neu – wird die Anwendung von Sondertatbeständen im Rahmen von **innergemeinschaftlichen Dreiecksgeschäften** in den entsprechenden Fällen ausgeschlossen.

39a.1.3 Praxisfolgen und Fallbeispiel

Damit erhält die diesbezügliche bisherige Rechtsprechung Einzug in das UStG:

Urteilsfall

Ein Kfz-Händler (K) in Deutschland erwarb 1996 unter anderem Fahrzeuge, die aus Italien reimportiert worden waren.

Das Finanzamt und diesem folgend das Finanzgericht versagten u. a. den Vorsteuerabzug aus Rechnungen der Firma W in N (Deutschland). Beide gingen

---

490 Gesetzesentwurf der Bundesregierung vom 23.9.2019, BT-Drs. 19/13436, zu Art. 9 Nr. 18; Hinweis auf ⮩ Kapitel 39.

491 Gesetzesentwurf der Bundesregierung vom 23.9.2019, a. a. O.

davon aus, dass die Adresse in N sei lediglich eine Scheinadresse sei, da der Rechnungsaussteller dort keine eigenen wirtschaftlichen Aktivitäten entfaltet hatte.

KW (der Inhaber von W) war vielmehr in Italien ansässig und hatte auch das bei einer Bank in Deutschland eingerichtete Geschäftskonto nicht genutzt. Unter der Anschrift in N war nur ein Büroservice der Firma D ansässig.

Der BFH bestätigte Finanzamt und Finanzgericht. Der Händler war nicht zum Vorsteuerabzug berechtigt, weil die Adresse in den Rechnungen nicht die Adresse des leistenden Unternehmers gewesen ist. Aufgrund der **Obliegenheit des Leistungsempfängers**, sich über die Richtigkeit der Angaben in der Rechnung zu vergewissern, hätte K den ihm bekannten Anhaltspunkten, die Anlass zu einer erhöhten Sorgfalt bei der Prüfung der Richtigkeit der Rechnungsdaten gegeben haben, nachgehen müssen[492].

 Beratungskonsequenzen

Der Umsatzsteuerbetrug kostet die Bundesrepublik Deutschland weiter jährlich rund 15 Milliarden Euro. Den Betrug zu bekämpfen bleibt damit ein vorrangiges Ziel der Finanzverwaltung. Daran gibt es wenig zu kritisieren. Kritisch zu sehen ist aber die Art und Weise, wie die Verwaltung die Problematik neuerdings angeht. Da sie der wahren Täter eher selten habhaft wird, geht die **Tendenz dahin, deren redliche Geschäftspartner ins Unrecht zu setzen** und Umsatzsteuereinbußen dadurch auszugleichen, dass Letzteren der Vorsteuerabzug versagt wird. Zu offensichtlich diesem Ziel hat die Finanzverwaltung ein Papier entwickelt, das sie ausgewählten Unternehmern zunächst »erläutert« und danach »aushändigt«; die Unternehmer sollen dies durch ihre Unterschrift bestätigen (**Merkblatt zur Umsatzsteuer/Beachtung des gemeinschaftsrechtlichen Missbrauchsverbots** ➲ Kapitel 12 und Kapitel 12a).

Informieren Sie **unbedingt** Ihren **Steuerberater**, wenn das Merkblatt – etwa während einer BP oder USoP – bei Ihnen zum Einsatz kommt!

---

492   BFH, Urteil vom 6.12.2007, V R 61/05, BStBl. II 2008, 605.

39a.2   Wegfall der Sonderregelung des § 25d UStG

 Rechtsgrundlagen

Neufassung des UStG zum 1.1.2020

(Hinweis: **Einfügungen** und ~~Streichungen~~ sind gekennzeichnet.)

§ 25d **(aufgehoben)** ~~Haftung für die schuldhaft nicht abgeführte Steuer~~

~~(1) ¹Der Unternehmer haftet für die Steuer aus einem vorangegangenen Umsatz, soweit diese in einer nach § 14 ausgestellten Rechnung ausgewiesen wurde, der Aussteller der Rechnung entsprechend seiner vorgefassten Absicht die ausgewiesene Steuer nicht entrichtet oder sich vorsätzlich außer Stande gesetzt hat, die ausgewiesene Steuer zu entrichten und der Unternehmer bei Abschluss des Vertrags über seinen Eingangsumsatz davon Kenntnis hatte oder nach der Sorgfalt eines ordentlichen Kaufmanns hätte haben müssen. ²Trifft dies auf mehrere Unternehmer zu, so haften diese als Gesamtschuldner.~~

~~(2) ¹Von der Kenntnis oder dem Kennenmüssen ist insbesondere auszugehen, wenn der Unternehmer für seinen Umsatz einen Preis in Rechnung stellt, der zum Zeitpunkt des Umsatzes unter dem marktüblichen Preis liegt. ²Dasselbe gilt, wenn der ihm in Rechnung gestellte Preis unter dem marktüblichen Preis oder unter dem Preis liegt, der seinem Lieferanten oder anderen Lieferanten, die am Erwerb der Ware beteiligt waren, in Rechnung gestellt wurde. ³Weist der Unternehmer nach, dass die Preisgestaltung betriebswirtschaftlich begründet ist, finden die Sätze 1 und 2 keine Anwendung.~~

~~(3) ¹Örtlich zuständig für den Erlass des Haftungsbescheides ist das Finanzamt, das für die Besteuerung des Unternehmers zuständig ist. ²Im Falle des Absatzes 1 Satz 2 ist jedes Finanzamt örtlich zuständig, bei dem der Vorsteueranspruch geltend gemacht wird.~~

~~(4) ¹Das zuständige Finanzamt hat zu prüfen, ob die Voraussetzungen für den Erlass des Haftungsbescheides vorliegen. ²Bis zum Abschluss dieser Prüfung kann die Erteilung der Zustimmung im Sinne von § 168 Satz 2 der Abgabenordnung versagt werden. ³Satz 2 gilt entsprechend für die Festsetzung nach § 167 Abs. 1 Satz 1 der Abgabenordnung, wenn sie zu einer Erstattung führt.~~

~~(5) Für den Erlass des Haftungsbescheides gelten die allgemeinen Grundsätze, mit Ausnahme des § 219 der Abgabenordnung.~~

39a.2.1 Inkrafttreten der Neuerung

Die Aufhebung **tritt am 1.1.2020 in Kraft** (Art. 39 Abs. 2 Gesetz zur weiteren steuerlichen Förderung der Elektromobilität und zur Änderung weiterer steuerlicher Vorschriften vom 12.12.2019, BStBl. I 2019, 2451).

39a.2.2 Inhalt der Neuerung

Der Haftungstatbestand des § 25d UStG wurde zum 1.1.2002 eingeführt und 2004 auf der Grundlage der Erfahrungen der Praxis modifiziert, um in Fällen von **betrügerischen Karussell- und Kettengeschäften** den entstandenen Umsatzsteuerausfall im Wege der gesamtschuldnerischen Haftung bei den wissentlich Beteiligten realisieren zu können[493].

Mit den Ländern durchgeführte **Evaluationen zur Wirksamkeit und Praxistauglichkeit** der Regelung haben gezeigt, dass

- diese ehr präventiven Charakter hat und
- bis auf wenige Einzelfälle nicht zur Anwendung gekommen ist.

Wesentlicher Grund hierfür ist, dass die vorgesehenen **subjektiven Tatbestandsmerkmale** der Haftungsnorm **nur schwer nachweisbar** seien.

Auch der **Bundesrechnungshof** ist im Rahmen einer Prüfung zu der Auffassung gelangt, dass die Vorschrift

- wenig praxistauglich ist und
- damit dem Anspruch der Vermeidung von Steuerausfällen in den betreffenden Fällen nicht gerecht wird.

Zudem liegt **zwischenzeitlich die EuGH-Rechtsprechung** vor, nach der die Mitgliedstaaten die Möglichkeit haben, bei wissentlicher Einbindung eines Unternehmers in eine betrugsbehaftete Rechnungskette diesem sämtliche steuerlichen Vorteile, insbesondere den Vorsteuerabzug oder geltend gemachte Steuerbefreiungen für innergemeinschaftliche Lieferungen, zu versagen.

In **Einzelfällen** wird von dieser Möglichkeit in der Praxis bereits Gebrauch gemacht.

---

493 Gesetzesentwurf der Bundesregierung vom 23.9.2019, BT-Drs. 19/13436, zu Art. 9 Nr. 17.

Zur Gewährleistung von **mehr Rechtsicherheit** für die Wirtschaft und die Verwaltung wird hierzu eine **neue gesetzliche Regelung** eingeführt (§ 25f UStG – neu – ➲ s. o. 39a.1). Zur Vermeidung von Überregulierung und unter Berücksichtigung der nur geringen Praxisrelevanz der bestehenden Vorschrift wurde diese daher aufgehoben.

40 Schnellübersicht

Was galt früher? Was gilt im Jahr 2022?
Was wird mittelfristig – vielleicht noch Ende der 2020er
Jahre – kommen?

40.1 Bestimmung des Dienstleistungsorts

- **Bis zum 31.12.2009** führten Dienstleistungen eines deutschen Unternehmers (Mandanten) an einen ausländischen Unternehmer nach §§ 3a, 3b UStG a. F. zu den **unterschiedlichsten Leistungsorten**[494]. Die Nachteile, die sich daraus sowohl für den leistenden Unternehmer als auch für den Leistungsempfänger (Kunden) ergaben, sollten im Einzelfall durch ein spezielles Wahlrecht[495] vermieden werden.

- **Seit dem 1.1.2010** ergibt sich Regelleistungsort für Dienstleistungen eines deutschen Unternehmers (Mandanten) an einen ausländischen Unternehmer aus dem **Bestimmungslandprinzip**[496].

40.2 Übergang der Steuerschuld/Reverse-Charge

Bis zum 31.12.2009 knüpften die EG-Mitgliedstaaten an Dienstleistungen eines ausländischen Unternehmers (... also auch eines deutschen Unternehmers/Mandanten aus der Sicht der Mitgliedstaaten...) an einen anderen Unternehmer die **unterschiedlichsten Rechtsfolgen**[497].

Seit dem 1.1.2010 sind **die Rechtsfolgen im Wesentlichen vereinheitlicht**[498].

---

494 Hinweis auf ➲ Kapitel 42.1–42.3.
495 Hinweis auf ➲ Kapitel 42.4.
496 Hinweis auf ➲ Kapitel 42.3.2.
497 Hinweis auf ➲ Kapitel 42.5.
498 Hinweis auf ➲ Kapitel 43.

40.3   Spezielle Meldepflichten im Rahmen von UStVA 2022 und ZM

Bleiben Dienstleistungen im Ursprungsland unbesteuert, ist die Besteuerung im Bestimmungsland sicherzustellen. Dies wird über besondere Meldepflichten erreicht.

 Beratungskonsequenzen

Das Kontrollbedürfnis entspricht dem beim innergemeinschaftlichen Warenverkehr; auch dort bleiben ja die innergemeinschaftlichen Lieferungen steuerfrei, da die Besteuerung über den innergemeinschaftlichen Erwerb im Bestimmungsland erfolgt.

⮑ **Folge:**
Das bekannte Kontrollverfahren wurde daher auch die neuen innergemeinschaftlichen Dienstleistungen übertragen.

40.4   Spezielles elektronisches Verfahren zur Rückerstattung der »EU-Vorsteuern«

Ab dem 1.1.2010 wurde das bisherige Verfahren zur Erstattung der Mehrwertsteuer, die Unternehmen in der EU in Mitgliedstaaten zu entrichten haben, in denen sie nicht niedergelassen sind, durch ein **neues, rein elektronisches Verfahren** ersetzt. Das neue Verfahren wird für eine **Beschleunigung der Erstattungen** sorgen[499].

Wurden Anträge auf Erstattung von Vorsteuern aus dem EU-Ausland in der Vergangenheit aufgrund des komplizierten Verfahrens (ausländische Vordrucke und Verfahrensbestimmungen) von

- den Unternehmern an Steuerberater oder spezielle »Vorsteuer-Vergütungsantragsteller«
- den Steuerberatern ebenfalls an darauf spezialisierte Antragsteller

abgegeben, werden die Anträge zukünftig entweder von den Unternehmen selbst oder aber von den Steuerbüros bearbeitet werden können.

---

499   Hinweis auf ⮑ Kapitel 41.6.5 und Kapitel 56.

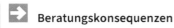 **Beratungskonsequenzen**

Ein Standardfrage: Gelten die Neuregelungen auch für **Erstattungen,** die mein Unternehmen/Mandant **aus Drittländern**[500] begehrt?

Klare Antwort: Nein! Hier wirken sich die Neuregelungen nicht aus; es bleibt »alles beim Alten«!

40.5 Ausblick: Was wird kommen?

Mittelfristig sollen Schwachstellen des jetzigen Umsatzsteuersystems durch ein endgültiges Mehrwertsteuersystem beseitigt werden (➲ Kapitel 20). Dabei liegt der Focus zunächst auf den Liefergeschäften.

In einem zweiten Gesetzgebungsschritt auf dem Weg zum endgültigen Mehrwertsteuersystem soll die Besteuerung auch für grenzüberschreitende Dienstleistungen gelten. Damit würde nicht der Erwerber, sondern der Lieferer die Mehrwertsteuer für alle in einem anderen Mitgliedstaat erworbenen Gegenstände und Dienstleistungen schulden), so dass alle – inländischen wie grenzüberschreitenden – Lieferungen von Gegenständen und Dienstleistungen innerhalb des Binnenmarktes gleich behandelt würden.

41 Das EU-Mehrwertsteuerpaket 2010 (Gesamtdarstellung)

 Hinweis

➲ mybook.haufe.de > Vertiefende Informationen > Kapitel 41

41a Umsatzsteuerfolgen des Brexit für sonstige Leistungen

 Hinweis

➲ Kapitel 19b

---

500 Vgl. § 1 Abs. 2 Satz 3 UStG, Abschn. 1.10UStAE, z. B. Schweiz, USA; Hinweis auf ➲ Kapitel 21.1.2.

42 »Eckpfeiler« der Umsatzbesteuerung von Dienstleistungen bis zum 31.12.2009

Insellösungen und Regelungsvielfalt erschweren die Rechtsanwendung!

 Hinweis

➲ mybook.haufe.de > Vertiefende Informationen > Kapitel 42

43 »Eckpfeiler« der Umsatzbesteuerung von Dienstleistungen seit 1.1.2010

Vereinfachung des Tagesgeschäfts durch europaweite Vereinheitlichungen!

43.1 Prüfschema

Die seit dem 1.1.2010 erforderliche Prüfungsabfolge zum Ort der sonstigen Leistung soll folgende Darstellung verdeutlichen:

| **Prüfungsstufe 1** |
| §§ 3b, 3e, ~~3f~~* UStG? (vgl. § 3a Abs. 1 Satz 1, Abs. 2 Satz 1 UStG) |
| Wenn Nein: |

| **Prüfungsstufe 2** |
| § 3a Abs. 3 UStG? (Hinweis auf § 3a Abs. 6 Satz 1 Nr. 1, Abs. 7 UStG) |
| Wenn Nein: |

| **Prüfungsstufe 3** |
| § 3a Abs. 4 UStG? (Hinweis auf § 3a Abs. 5, Abs. 6 Satz 1 Nr. 2 UStG) |
| **Wenn Nein:** |

Auffangtatbestand!	
§ 3a Abs. 1 UStG	§ 3 a Abs. 2 UStG
(»B2C-Umsätze« = Leistungen an einen Nicht-Stpfl., Art. 45 MwStSystRL)	(»B2B-Umsätze« = Leistungen an Stpfl., Art. 44 MwStSystRL)

Aktuell: Wegfall des § 3f UStG* zum 1.1.2020

Hinweis auf ➲ Kapitel 18.2

43.2 Die zum 1.1.2010 erforderlichen Rechtsänderungen im Schnellüberblick

 Hinweis

1. Nachfolgend angeführt sind die Vorschriften des UStG, deren Änderung durch die Umsetzung des Mehrwertsteuerpakets **zum 1.1.2010** erforderlich wurde. An den damaligen Änderungen lässt sich das neue Besteuerungsprinzip am besten verdeutlichen.

2. Hervorhebungen durch **Fett**druck sind vom Autor und kennzeichnen die Änderungen; alle anderen Textpassagen gelten über den 1.1.2010 hinaus unverändert fort.

3. Die **Änderungen für die Folgezeiträume** finden Sie in den ➲ Kapiteln 44 ff.

§ **Rechtsgrundlagen**

§ 3a UStG Ort der sonstigen Leistung

(1) ¹Eine sonstige Leistung wird vorbehaltlich der Absätze 2 bis 7 und der §§ 3b, **3e** und 3f an dem Ort ausgeführt, von dem aus der Unternehmer sein Unternehmen betreibt. ²Wird die sonstige Leistung von einer Betriebsstätte ausgeführt, gilt die Betriebsstätte als der Ort der sonstigen Leistung.

(2) ¹Eine sonstige Leistung, die an einen Unternehmer für dessen Unternehmen ausgeführt wird, wird vorbehaltlich der Absätze 3 bis 7 und der §§ 3b, 3e und 3f an dem Ort ausgeführt, von dem aus der Empfänger sein Unternehmen betreibt. ²Wird die sonstige Leistung an die Betriebsstätte eines Unternehmers ausgeführt, ist stattdessen der Ort der Betriebsstätte maßgebend. ³Die Sätze 1 und 2 gelten entsprechend bei einer sonstigen Leistung an eine nicht unternehmerisch tätige juristische Person, der eine Umsatzsteuer-Identifikationsnummer erteilt worden ist.

(3) Abweichend von den Absätzen 1 und 2 gilt:

1. Eine sonstige Leistung im Zusammenhang mit einem Grundstück wird dort ausgeführt, wo das Grundstück liegt. ²Als sonstige Leistungen im Zusammenhang mit einem Grundstück sind insbesondere anzusehen:

a) sonstige Leistungen der in § 4 Nr. 12 bezeichneten Art,

b) sonstige Leistungen im Zusammenhang mit der Veräußerung oder dem Erwerb von Grundstücken,

c) sonstige Leistungen, die der Erschließung von Grundstücken oder der Vorbereitung, Koordinierung oder Ausführung von Bauleistungen dienen.

2. ¹**Die kurzfristige Vermietung eines Beförderungsmittels wird an dem Ort ausgeführt, an dem dieses Beförderungsmittel dem Empfänger tatsächlich zur Verfügung gestellt wird.** ²**Als kurzfristig im Sinne des Satzes 1 gilt eine Vermietung über einen ununterbrochenen Zeitraum**

a) **von nicht mehr als 90 Tagen bei Wasserfahrzeugen,**

b) **von nicht mehr als 30 Tagen bei anderen Beförderungsmitteln.**

3. Die folgenden sonstigen Leistungen werden dort ausgeführt, wo sie vom Unternehmer tatsächlich erbracht werden:

a) kulturelle, künstlerische, wissenschaftliche, unterrichtende, sportliche, unterhaltende oder ähnliche Leistungen, **wie Leistungen im Zusammenhang mit Messen und Ausstellungen**, einschließlich der Leistungen der jeweiligen Veranstalter sowie die damit zusammenhängenden Tätigkeiten, die für die Ausübung der Leistungen unerlässlich sind,

b) **die Abgabe von Speisen und Getränken zum Verzehr an Ort und Stelle (Restaurationsleistung), wenn diese Abgabe nicht an Bord eines Schiffs, in einem Luftfahrzeug oder in einer Eisenbahn während einer Beförderung innerhalb des Gemeinschaftsgebiets erfolgt,**

c) Arbeiten an beweglichen körperlichen Gegenständen und die Begutachtung dieser Gegenstände **für einen Empfänger, der weder ein Unternehmer ist, für dessen Unternehmen die Leistung ausgeführt wird, noch eine nicht unternehmerisch tätige juristische Person, der eine Umsatzsteuer-Identifikationsnummer erteilt worden ist. [**➲ Wegfall der Sätze 2 und 3!]

4. Eine Vermittlungsleistung **an einen Empfänger, der weder ein Unternehmer ist, für dessen Unternehmen die Leistung bezogen wird, noch eine nicht unternehmerisch tätige juristische Person, der eine Umsatzsteuer-Identifikationsnummer erteilt worden ist,** wird an dem Ort erbracht, an dem der vermittelte Umsatz **als ausgeführt gilt. [**➲ Wegfall der Sätze 2 und 3!]

(4) ¹Ist der Empfänger einer der in Satz 2 bezeichneten sonstigen Leistungen **weder ein Unternehmer, für dessen Unternehmen die Leistung bezogen wird, noch eine nicht unternehmerisch tätige juristische Person, der eine Umsatz-**

steuer-Identifikationsnummer erteilt worden ist, und hat er seinen Wohnsitz oder Sitz im Drittlandsgebiet, wird die sonstige Leistung an seinem Wohnsitz oder Sitz ausgeführt. ²Sonstige Leistungen im Sinne des Satzes 1 sind:

1. die Einräumung, Übertragung und Wahrnehmung von Patenten, Urheberrechten, Markenrechten und ähnlichen Rechten;

2. die sonstigen Leistungen, die der Werbung oder der Öffentlichkeitsarbeit dienen, einschließlich der Leistungen der Werbungsmittler und der Werbeagenturen;

3. die sonstigen Leistungen aus der Tätigkeit als Rechtsanwalt, Patentanwalt, Steuerberater, Steuerbevollmächtigter, Wirtschaftsprüfer, vereidigter Buchprüfer, Sachverständiger, Ingenieur, Aufsichtsratsmitglied, Dolmetscher und Übersetzer sowie ähnliche Leistungen anderer Unternehmer, insbesondere die rechtliche, wirtschaftliche und technische Beratung;

4. die Datenverarbeitung;

5. die Überlassung von Informationen einschließlich gewerblicher Verfahren und Erfahrungen;

6.
   a) die sonstigen Leistungen der in § 4 Nr. 8 Buchst. a bis h und Nr. 10 bezeichneten Art sowie die Verwaltung von Krediten und Kreditsicherheiten,
   b) die sonstigen Leistungen im Geschäft mit Gold, Silber und Platin. ²Das gilt nicht für Münzen und Medaillen aus diesen Edelmetallen;

7. die Gestellung von Personal;

8. der Verzicht auf Ausübung eines der in Nummer 1 bezeichneten Rechte;

9. der Verzicht, ganz oder teilweise eine gewerbliche oder berufliche Tätigkeit auszuüben;
   [➲ **Wegfall der ehemaligen Nummer 10: »die Vermittlung der in diesem Absatz bezeichneten Leistungen«**]

10. die Vermietung beweglicher körperlicher Gegenstände, ausgenommen Beförderungsmittel;

11. die sonstigen Leistungen auf dem Gebiet der Telekommunikation;

12. die Rundfunk- und Fernsehdienstleistungen;

13. die auf elektronischem Weg erbrachten sonstigen Leistungen;

14. die Gewährung des Zugangs zu Erdgas- und Elektrizitätsnetzen und die Fernleitung, die Übertragung oder Verteilung über diese Netze sowie die Erbringung anderer damit unmittelbar zusammenhängender sonstiger Leistungen.

(5) Ist der Empfänger einer in Absatz 4 Satz 2 Nr. 13 bezeichneten sonstigen Leistung **weder ein Unternehmer, für dessen Unternehmen die Leistung bezogen**

wird, noch eine nicht unternehmerisch tätige juristische Person, der eine Umsatzsteuer-Identifikationsnummer erteilt worden ist, und hat er seinen Wohnsitz oder Sitz im Gemeinschaftsgebiet, wird die sonstige Leistung abweichend von Absatz 1 dort ausgeführt, wo er seinen Wohnsitz oder Sitz hat, wenn die sonstige Leistung von einem Unternehmer ausgeführt wird, der im Drittlandsgebiet ansässig ist oder dort eine Betriebsstätte hat, von der die Leistung ausgeführt wird. [➲ bislang Abs. 3a!]

(6) [1]Erbringt ein Unternehmer, der sein Unternehmen von einem im Drittlandsgebiet liegenden Ort aus betreibt,

1. eine in Absatz 3 Nr. 2 bezeichnete Leistung oder die langfristige Vermietung eines Beförderungsmittels,

2. eine in Absatz 4 Satz 2 Nr. 1 bis 10 bezeichnete Leistung an eine im Inland ansässige juristische Person des öffentlichen Rechts, soweit sie nicht Unternehmer ist und ihr keine Umsatzsteuer-Identifikationsnummer erteilt worden ist, oder

3. eine in Absatz 4 Satz 2 Nr. 11 und 12 bezeichnete Leistung,

ist diese Leistung abweichend von Absatz 1, Absatz 3 Nr. 2 oder Absatz 4 Satz 1 als im Inland ausgeführt zu behandeln, wenn sie dort genutzt oder ausgewertet wird. [2]Wird die Leistung von einer Betriebsstätte eines Unternehmers ausgeführt, gilt Satz 1 entsprechend, wenn die Betriebsstätte im Drittlandsgebiet liegt. [➲ bislang § 1 Abs. 1 UStDV, allerdings mit den durch die Neufassung des § 3a UStG erforderlich gewordenen redaktionellen Anpassungen!]

(7) [1]Vermietet ein Unternehmer, der sein Unternehmen vom Inland aus betreibt, kurzfristig ein Schienenfahrzeug, einen Kraftomnibus oder ein ausschließlich zur Beförderung von Gegenständen bestimmtes Straßenfahrzeug, ist diese Leistung abweichend von Absatz 3 Nr. 2 als im Drittlandsgebiet ausgeführt zu behandeln, wenn die Leistung an einen im Drittlandsgebiet ansässigen Unternehmer erbracht wird, das Fahrzeug für dessen Unternehmen bestimmt ist und im Drittlandsgebiet genutzt wird. [2]Wird die Vermietung des Fahrzeugs von einer Betriebsstätte eines Unternehmers ausgeführt, gilt Satz 1 entsprechend, wenn die Betriebsstätte im Inland liegt. [➲ bislang § 1 Abs. 2 UStDV!]

§ 3b UStG Ort der Beförderungsleistungen und der damit zusammenhängenden sonstigen Leistungen.

(1) [1]Eine Beförderung einer Person wird dort ausgeführt, wo die Beförderung bewirkt wird. [2]Erstreckt sich eine solche Beförderung nicht nur auf das Inland, fällt nur der Teil der Leistung unter dieses Gesetz, der auf das Inland entfällt. 3Die Sätze 1 und 2 gelten entsprechend für die Beförderung von Gegenständen, die keine innergemeinschaftliche Beförderung eines Gegenstands im Sinne des

Absatzes 3 ist, wenn der Empfänger weder ein Unternehmer, für dessen Unternehmen die Leistung bezogen wird, noch eine nicht unternehmerisch tätige juristische Person ist, der eine Umsatzsteuer-Identifikationsnummer erteilt worden ist. [4]Die Bundesregierung kann mit Zustimmung des Bundesrates durch Rechtsverordnung zur Vereinfachung des Besteuerungsverfahrens bestimmen, dass bei Beförderungen, die sich sowohl auf das Inland als auch auf das Ausland erstrecken (grenzüberschreitende Beförderungen),

1. kurze inländische Beförderungsstrecken als ausländische und kurze ausländische Beförderungsstrecken als inländische angesehen werden;

2. Beförderungen über kurze Beförderungsstrecken in den in § 1 Abs. 3 bezeichneten Gebieten nicht wie Umsätze im Inland behandelt werden.

(2) Das Beladen, Entladen, Umschlagen und ähnliche mit der Beförderung eines Gegenstands im Zusammenhang stehende Leistungen **an einen Empfänger, der weder ein Unternehmer ist, für dessen Unternehmen die Leistung bezogen wird, noch eine nicht unternehmerisch tätige juristische Person ist, der eine Umsatzsteuer-Identifikationsnummer erteilt worden ist**, werden dort ausgeführt, wo sie vom Unternehmer tatsächlich erbracht werden.

(3) Die Beförderung eines Gegenstands, die in dem Gebiet eines Mitgliedstaates beginnt und in dem Gebiet eines anderen Mitgliedstaates endet (innergemeinschaftliche Beförderung eines Gegenstands), **an einen Empfänger, der weder ein Unternehmer ist, für dessen Unternehmen die Leistung bezogen wird, noch eine nicht unternehmerisch tätige juristische Person, der eine Umsatzsteuer-Identifikationsnummer erteilt worden ist**, wird an dem Ort ausgeführt, an dem die Beförderung des Gegenstands beginnt. [➲ **Wegfall der Sätze 2 und 3!**]

[➲ **Wegfall der Absätze 4–6!**]

§ 3e Ort der Lieferun**gen und Restaurationsleistungen** während einer Beförderung an Bord eines Schiffs, in einem Luftfahrzeug oder in einer Eisenbahn.

(1) Wird ein Gegenstand an Bord eines Schiffs, in einem Luftfahrzeug oder in einer Eisenbahn während einer Beförderung innerhalb des Gemeinschaftsgebiets geliefert **oder dort eine sonstige Leistung ausgeführt, die in der Abgabe von Speisen und Getränken zum Verzehr an Ort und Stelle (Restaurationsleistung) besteht,** gilt der Abgangsort des jeweiligen Beförderungsmittels im Gemeinschaftsgebiet als Ort der Lieferung oder der sonstigen Leistung.

(2) [1]Als Beförderung innerhalb des Gemeinschaftsgebiets im Sinne des Absatzes 1 gilt die Beförderung oder der Teil der Beförderung zwischen dem Abgangsort und dem Ankunftsort des Beförderungsmittels im Gemeinschaftsgebiet ohne Zwischenaufenthalt außerhalb des Gemeinschaftsgebiets. [2]Abgangsort im Sinne

des Satzes 1 ist der erste Ort innerhalb des Gemeinschaftsgebiets, an dem Reisende in das Beförderungsmittel einsteigen können. ³Ankunftsort im Sinne des Satzes 1 ist der letzte Ort innerhalb des Gemeinschaftsgebiets, an dem Reisende das Beförderungsmittel verlassen können. ⁴Hin- und Rückfahrt gelten als gesonderte Beförderungen.

§ 13b Leistungsempfänger als Steuerschuldner

(1)–(3) [unverändert]

(4) ¹Ein im Ausland ansässiger Unternehmer **im Sinne des Absatzes 1 Satz 1 Nr. 1 und 5** ist ein Unternehmer, der weder im Inland noch auf der Insel Helgoland oder in einem der in § 1 Abs. 3 bezeichneten Gebiete einen Wohnsitz, seinen Sitz, seine Geschäftsleitung oder eine **Betriebsstätte** hat; **hat der Unternehmer im Inland eine Betriebsstätte und führt er einen Umsatz nach Absatz 1 Satz 1 Nr. 1 oder Nr. 5 aus, gilt er hinsichtlich dieses Umsatzes als im Ausland ansässig, wenn der Umsatz nicht von der Betriebsstätte ausgeführt wird.** ²Maßgebend ist der Zeitpunkt, in dem die Leistung ausgeführt wird. ³Ist es zweifelhaft, ob der Unternehmer diese Voraussetzungen erfüllt, schuldet der Leistungsempfänger die Steuer nur dann nicht, wenn ihm der Unternehmer durch eine Bescheinigung des nach den abgabenrechtlichen Vorschriften für die Besteuerung seiner Umsätze zuständigen Finanzamts nachweist, dass er kein Unternehmer im Sinne des Satzes 1 ist.

(5)–(6) [unverändert]

§ 14a UStG Zusätzliche Pflichten bei der Ausstellung von Rechnungen in besonderen Fällen

(1) Führt der Unternehmer eine sonstige Leistung im Sinne des § 3a **Abs. 2** im Inland aus **und schuldet für diese Leistung der Leistungsempfänger die Steuer nach § 13b Abs. 1 Satz 1 Nr. 1 und Abs. 2 Satz 1,** ist er zur Ausstellung einer Rechnung verpflichtet, in der auch die Umsatzsteuer-Identifikationsnummer des Unternehmers und die des Leistungsempfängers anzugeben ist.

(2)–(7) [wie bisher]

§ 18a Zusammenfassende Meldung

(1) ¹Der Unternehmer im Sinne des § 2 hat bis zum 10. Tag nach Ablauf jedes Kalendervierteljahres (Meldezeitraum), in dem er innergemeinschaftliche Warenlieferungen ausgeführt hat, dem Bundeszentralamt für Steuern eine Meldung nach amtlich vorgeschriebenem Datensatz durch Datenfernübertragung nach Maßgabe der Steuerdaten-Übermittlungsverordnung zu übermitteln (Zusammenfassende Meldung), in der er die Angaben nach Absatz 4 zu machen hat. ²Dies gilt

auch, wenn er **im übrigen Gemeinschaftsgebiet steuerpflichtige sonstige Leistungen ausgeführt hat, für die der in einem anderen Mitgliedstaat ansässige Leistungsempfänger die Steuer dort schuldet, oder** Lieferungen im Sinne des § 25b Abs. 2 ausgeführt hat. ... [Satz 3 – Satz 10 unverändert]

(2) + (3) [unverändert]

(4) ¹Die Zusammenfassende Meldung muss folgende Angaben enthalten:

1. ... [wie bisher!]

2. ... [wie bisher!]

3. für im übrigen Gemeinschaftsgebiet ausgeführte steuerpflichtige sonstige Leistungen, für die der in einem anderen Mitgliedstaat ansässige Leistungsempfänger die Steuer dort schuldet,

  a) die Umsatzsteuer-Identifikationsnummer jedes Leistungsempfängers, die ihm in einem anderen Mitgliedstaat erteilt worden ist und unter der die steuerpflichtigen sonstigen Leistungen an ihn erbracht wurden, und

  b) für jeden Leistungsempfänger die Summe der Bemessungsgrundlagen der an ihn erbrachten steuerpflichtigen sonstigen Leistungen;

4. ... [bisherige Nummer 3!]

(5) ¹Die Angaben nach Absatz 4 Nr. 1 **bis 3** sind für den Meldezeitraum zu machen, in dem die Rechnung für die innergemeinschaftliche Warenlieferung **oder die im übrigen Gemeinschaftsgebiet ausgeführte steuerpflichtige sonstige Leistung, für die der in einem anderen Mitgliedstaat ansässige Leistungsempfänger die Steuer dort schuldet,** ausgestellt wird, spätestens jedoch für den Meldezeitraum, in dem der auf die Ausführung der innergemeinschaftlichen Warenlieferung **oder der im übrigen Gemeinschaftsgebiet steuerpflichtigen sonstigen Leistung an in einem anderen Mitgliedstaat ansässigen Leistungsempfänger, für die der die Steuer dort schuldet,** folgende Monat endet. ²Die Angaben für Lieferungen im Sinne des § 25b Abs. 2 sind für den Meldezeitraum zu machen, in dem diese Lieferungen ausgeführt worden sind.

(6) ¹Hat das Finanzamt den Unternehmer von der Verpflichtung zur Abgabe der Voranmeldungen und Entrichtung der Vorauszahlungen befreit (§ 18 Abs. 2 Satz 3), kann er die Zusammenfassende Meldung abweichend von Absatz 1 bis zum 10. Tag nach Ablauf jedes Kalenderjahres abgeben, in dem er innergemeinschaftliche Warenlieferungen ausgeführt hat **oder im übrigen Gemeinschaftsgebiet steuerpflichtige sonstige Leistungen ausgeführt hat, für die der in einem anderen Mitgliedstaat ansässige Leistungsempfänger die Steuer dort schuldet,** wenn

1. die Summe seiner Lieferungen und sonstigen Leistungen im vorangegangenen Kalenderjahr 200.000 Euro nicht überstiegen hat und im laufenden Kalenderjahr voraussichtlich nicht übersteigen wird,

2. die Summe seiner innergemeinschaftlichen Warenlieferungen **oder im
übrigen Gemeinschaftsgebiet ausgeführten steuerpflichtigen sonstigen
Leistungen,** für die der in einem anderen Mitgliedstaat ansässige Leistungsempfänger die Steuer dort schuldet, im vorangegangenen Kalenderjahr
15.000 Euro nicht überstiegen hat und im laufenden Kalenderjahr voraussichtlich nicht übersteigen wird und

3. es sich bei den in Nummer 2 bezeichneten Warenlieferungen nicht um Lieferungen neuer Fahrzeuge an Abnehmer mit Umsatzsteuer-Identifikationsnummer handelt.

²Absatz 5 gilt entsprechend.

(7) [unverändert]

(8) ¹Auf die Zusammenfassenden Meldungen sind ergänzend die für Steuererklärungen geltenden Vorschriften der Abgabenordnung anzuwenden. ²§ 152 Abs. 2
der Abgabenordnung ist mit der Maßgabe anzuwenden, dass der Verspätungszuschlag 1 Prozent der Summe aller nach Absatz 4 Satz 1 Nr. 1 Buchst. b, Nr. 2
Buchst. b **und Nr. 3 Buchst. b** zu meldenden Bemessungsgrundlagen für innergemeinschaftliche Warenlieferungen im Sinne des Absatzes 2 **und im übrigen Gemeinschaftsgebiet ausgeführte steuerpflichtige sonstige Leistungen, für die
der in einem anderen Mitgliedstaat ansässige Leistungsempfänger die Steuer
dort schuldet,** nicht übersteigen und höchstens 2.500 Euro betragen darf.

§ 18b Gesonderte Erklärung innergemeinschaftlicher Lieferungen **und bestimmter sonstiger Leistungen** im Besteuerungsverfahren

¹Der Unternehmer im Sinne des § 2 hat für jeden Voranmeldungs- und Besteuerungszeitraum in den amtlich vorgeschriebenen Vordrucken (§ 18 Abs. 1 bis 4) die
Bemessungsgrundlagen **folgender Umsätze gesondert zu erklären:**

1. seiner innergemeinschaftlichen Lieferungen,

2. seiner im übrigen Gemeinschaftsgebiet ausgeführten steuerpflichtigen sonstigen Leistungen, für die der in einem anderen Mitgliedstaat ansässige Leistungsempfänger die Steuer dort schuldet, und

3. seiner Lieferungen im Sinne des § 25b Abs. 2.

²Die Angaben sind in dem Voranmeldungszeitraum zu machen, in dem die Rechnung für **einen in Satz 1 Nr. 1 oder Nr. 2 genannten Umsatz** ausgestellt wird, spätestens jedoch in dem Voranmeldungszeitraum, in dem der auf die Ausführung
dieses Umsatzes folgende Monat endet. ³Die Angaben für **Umsätze im Sinne des**

Satzes 1 Nr. 3 sind in dem Voranmeldungszeitraum zu machen, in dem diese Lieferungen ausgeführt worden sind. [4]§ 16 Abs. 6 und § 17 sind sinngemäß anzuwenden. [5]Erkennt der Unternehmer nachträglich vor Ablauf der Festsetzungsfrist, dass in einer von ihm abgegebenen Voranmeldung (§ 18 Abs. 1) die Angaben zu **Umsätzen im Sinne des Satzes 1** unrichtig oder unvollständig sind, ist er verpflichtet, die ursprüngliche Voranmeldung unverzüglich zu berichtigen. [6]Die Sätze 2 bis 5 gelten für die Steuererklärung (§ 18 Abs. 3 und 4) entsprechend.

§ 18g Abgabe des Antrags auf Vergütung von Vorsteuerbeträgen in einem anderen Mitgliedstaat

[1]Ein im Inland ansässiger Unternehmer, der Anträge auf Vergütung von Vorsteuerbeträgen entsprechend der Richtlinie 2008/9/EG des Rates vom 12.2.2008 zur Regelung der Erstattung der Mehrwertsteuer gemäß der Richtlinie 2006/112/EG an nicht im Mitgliedstaat der Erstattung, sondern in einem anderen Mitgliedstaat ansässige Steuerpflichtige (ABl. EU Nr. L 44, S. 23) in einem anderen Mitgliedstaat stellen kann, hat diesen Antrag nach amtlich vorgeschriebenem Datensatz durch Datenfernübertragung nach Maßgabe der Steuerdaten-Übermittlungsverordnung dem Bundeszentralamt für Steuern zu übermitteln. [2]In diesem hat er die Steuer für den Vergütungszeitraum selbst zu berechnen.

43.3 Die »Eckpfeiler« der Besteuerung seit dem 1.1.2010

43.3.1 Statt einen Auffangtatbestand nunmehr zwei Auffangtatbestände

Bis zum 31.12.2009 kennt das Recht neben den besonderen Ortbestimmungen **einen (1) Auffangtatbestand**, der immer dann zur Anwendung kommt, wenn keine der besonderen Vorschriften greift. Gem. § 3a Abs. 1 UStG a. F. ist der Leistungsort dann dort, wo der (leistende) Unternehmer sein Unternehmen betreibt, oder an der Betriebsstätte, von der die Leistung ausgeführt wird (**Ursprungslandprinzip**). Diese Regel wird vom deutschen Leistenden (… und natürlich seinem Steuerberater …) gerne angewandt, da der Umsatz in diesem Fall nach deutschem Recht zu beurteilen ist und die aufwendige Prüfung, ob und was im EU-Ausland zu veranlassen ist[501], entfällt. Ungern angewandt wird dagegen derzeit die Ortsregelung für die Katalogleistungen (§ 3a Abs. 4, Abs. 3 UStG a. F.), da

---

501   Hinweis auf Kapitel 42.5.

diese dem **Bestimmungslandprinzip** folgt und damit ebendiese aufwendige Prüfung erfordert.

Ab dem 1.1.2010 sind **nebeneinander zwei (2) Auffangtatbestände** anzuwenden:

* **Im B2C-Bereich** (vereinfacht ausgedrückt: bei Leistungen »an Privat«[502]) gilt unverändert das **Ursprungslandprinzip** (§ 3a Abs. 1 UStG 2010).
* **Für den B2B-Bereich** (vereinfacht ausgedrückt: bei Leistungen »an andere Unternehmer«[503]) wurde der Wortlaut von § 3a Abs. 3 Sätze 1 u. 2 UStG in den neuen Auffangtatbestand des § 3a Abs. 2 UStG 2010 übernommen. Insoweit gilt also das – bislang so ungern gesehene – **Bestimmungslandprinzip!** Für sich betrachtet wäre diese Nachricht eine schlechte für die Dienstleister, da bei Erbringung von Umsätzen an andere Unternehmer im EU-Ausland ebendort eine (de facto teure) Registrierung erforderlich würde. Letztere wird aber durch eine flankierende **Erweiterung des Reverse-Charge-Verfahrens** vermieden. Auf die leistenden Unternehmer kommen allerdings neue Erklärungspflichten zu; so wird zukünftig eine »Innergemeinschaftliche Dienstleistung« in der **Zusammenfassenden Meldung** zu deklarieren sein.

43.3.2 Auffangtatbestand des § 3a Abs. 2 UStG de facto Regelleistungsort für Leistungen an andere Unternehmer (sog. »B2B-Leistungen«)

Die meisten Sondervorschriften nehmen die Dienstleistungen an andere Unternehmer durch folgende Formulierung aus ihrem Regelungsbereich heraus:

»… Empfänger weder ein Unternehmer, für dessen Unternehmen die Leistung bezogen wird, noch eine nicht unternehmerisch tätige juristische Person, der eine Umsatzsteuer-Identifikationsnummer erteilt worden ist, …«

In diesem Fall greift dann der neue Auffangtatbestand des § 3a Abs. 2 UStG 2010!

 Beratungskonsequenzen

Damit definiert das Bestimmungslandprinzip im B2B-Bereich den Regelleistungsort!

---

502   Hinweis auf Kapitel 41.2.3.
503   Hinweis auf Kapitel 41.2.3.

43.3.3 Ausweitung des Reverse-Charge-Verfahrens

Für sich betrachtet wäre die Nachricht von der grundsätzlichen Verlagerung des Leistungsorts von B2B-Umsätzen ins Bestimmungsland eine schlechte für die Dienstleister, da bei Erbringung von Umsätzen an andere Unternehmer im EU-Ausland ebendort eine (de facto teure) Registrierung erforderlich würde. Letztere wird aber durch eine **flankierende Ausweitung** des Reverse-Charge-Verfahrens vermieden[504].

43.3.4 In Teilbereichen weiter »Insellösungen« und Regelungsvielfalt

Nach Art. 196 MwStSystRL greift die o. g. Reverse-Charge-Regelung beim **unternehmerischen Leistungsempfänger grundsätzlich, wenn dieser in diesem EU-Mitgliedstaat steuerlich erfasst ist**. Das Reverse Charge Verfahren greift jedoch in den anderen EU-Mitgliedstaaten nur zwingend bei solchen Dienstleistungen, die in Art. 44 der MwStSystRL genannt sind.

 Praxistipp

Das sind in der Praxis alle Fälle, auf die in Deutschland **§ 3a Abs. 2 UStG 2010** Anwendung findet!

Für alle übrigen Dienstleistungen, für die besondere Ortsvorschriften gelten, ist das Verfahren nicht zwingend vorgeschrieben. Dies gilt leider auch ab 2010. Allerdings bleibt es den Mitgliedstaaten freigestellt, auch in anderen Fällen das Reverse Charge Verfahren vorzusehen. Insoweit bleibt abzuwarten, ob die EU-Mitgliedstaaten, die die Reverse-Charge-Regelung bisher nicht für alle Dienstleistungen vorgesehen haben, dies nun zur Erleichterung der Wirtschaft ab 1.1.2010 einführen werden[505].

 Beratungskonsequenzen

Unternehmer werden daher vorerst auch zukünftig nicht umhinkommen, sich über die umsatzsteuerliche Behandlung im anderen Mitgliedstaat entsprechend zu informieren. Hier ist **auch weiterhin die bisherigen Prüfungen**[506] anzustellen.

---

504 ➜ Hinweis auf Kapitel 41.3 und Kapitel 78 f.
505 So auch *Röck*, Datenbank »StWK – Steuer- und Wirtschaftsrecht«, HI 1601871.
506 ➜ Hinweis auf Kapitel 42.5.

43.3.5 Besondere Erklärungspflichten in UStVA und ZM

Für die leistenden Unternehmer ergeben aus den neuen Ortbestimmungen zusätzliche Erklärungspflichten. Zukünftig ist eine »**Innergemeinschaftliche Dienstleistung**« in der **Zusammenfassenden Meldung** zu deklarieren[507]; die Überwachung der sonstigen Leistungen geht damit in das innergemeinschaftliche Kontrollverfahren ein.

Flankierend sind daher – wie bei den innergemeinschaftlichen Warengeschäften – **zusätzlichen Angaben in der UStVA**[508] zu machen.

44 »B2C-Leistungen«

§ 3a Abs. 1 UStG – Auffangtatbestand für Leistungen eines Unternehmers an Privat

 Rechtsgrundlagen

- UStG: § 3a Abs. 1
- UStD: keine Anwendung
- UStAE: Abschn. 3a.1
- MwStSystRL: Art. 43 ff.

44.0 Auf einen Blick – alle wichtigen Neuerungen vorab!

44.0.1 Individuelle Begleitung von Internetspielen

Die individuelle Betreuung einer Spieleleistung schließt die Annahme einer elektronischen Leistung aus. Die genaue umsatzsteuerliche Einordnung einer solchen Leistung kann dahingestellt bleiben, wenn alle in Betracht kommenden Einordnungen umsatzsteuerlich zu demselben Ergebnis führen. Ein deutschsprachiger Internetauftritt rechtfertigt die Annahme des Finanzamts, dass der

---

507 ➲ Hinweis auf Kapitel 41.4 und Kapitel 59.
508 ➲ Hinweis auf Kapitel 41.4 und Kapitel 58.

überwiegende Teil der Kunden in Deutschland ansässig ist und der Leistungsort damit mehrheitlich im Inland gelegen hat[509].

44.0.1.1 Sachverhalt

Der Kläger (K) erwarb im Rahmen eines Online-Spiels virtuelles Land von der amerikanischen Spielebetreiberin. K parzellierte und vermietete das virtuelle Land innerhalb des Online-Spiels gegen Zahlung einer virtuellen Währung an andere Nutzer. Angesammeltes Spielgeld wurde von K sodann über die spieleeigene Tauschbörse in US-Dollar getauscht, die er sich später in Euro auszahlen ließ. Hierfür hatte der K ein Gewerbe angemeldet und auch eine Umsatzsteuererklärung erstellt.

Das Finanzamt unterwarf diese »Vermietungseinnahmen« der Umsatzsteuer. Es ging davon aus, dass 70 % der Umsätze im Inland ausgeführt wurden.

Mit seiner hiergegen gerichteten Klage machte der K geltend, dass schon kein Leistungsaustausch vorliege. Er habe die Leistungen auch nicht gegenüber anderen Nutzern des Online-Spiels, sondern gegenüber der amerikanischen Betreiberin und damit an ein im Ausland ansässiges Unternehmen erbracht. Der Ort der Leistung liege daher in den USA, weshalb die Umsätze in Deutschland nicht steuerbar seien.

44.0.1.2 Entscheidung

Die Klage ist unbegründet. Ihrer Höhe nach sind die erzielten Einnahmen aus einer Tätigkeit in der virtuellen Welt unstreitig. Zu Recht ist das Finanzamt davon ausgegangen, dass der Ort der von K erbrachten Leistungen zum Teil in Deutschland liegt. Ebenfalls zu Recht hat es daher einen geschätzten Anteil der Einnahmen der Umsatzsteuer unterworfen.

44.0.1.2.1 Keine E-Leistungen

Das Gericht teilt allerdings bei der Bestimmung des Leistungsorts nicht den Ansatz des Finanzamts, es handele sich bei den von erbrachten Leistungen um »auf elektronischem Weg erbrachte sonstige Leistungen«. Denn der Begriff »auf elektronischem Weg erbrachte sonstige Leistungen« umfasst Dienstleistungen,

---

509   FG Köln, Urteil vom 13.8.2019, 8 K 1565/18.

- die über das Internet oder ein ähnliches elektronisches Netz erbracht werden,
- deren Erbringung aufgrund ihrer Art im Wesentlichen automatisiert und nur **mit minimaler menschlicher Beteiligung** erfolgt und
- die ohne Informationstechnologie nichtmöglich wären.

Hinsichtlich der »minimalen menschlichen Beteiligung« ist dabei maßgeblich, ob eine »menschliche Beteiligung« **den eigentlichen Leistungsvorgang** betrifft. Deshalb stellen weder die (ursprüngliche) Inbetriebnahme des elektronischen Systems noch dessen Wartung eine wesentliche »menschliche Beteiligung« dar.

Ausgehend hiervon liegen hier keine »auf elektronischem Weg erbrachten sonstigen Leistungen« vor, weil die »menschliche Beteiligung« den eigentlichen Leistungsvorgang ausmacht. Kennzeichnend für den Leistungsaustausch ist hier nämlich, dass K eine **Kreativleistung** erbringt, die darin besteht, dass er aus einem unbearbeitet gekauften virtuellen Land eine Parzelle erschafft, die sofort nutzbar, ggf. wegen eines darauf errichteten Hauses sofort bewohnbar und ggf. mit Einrichtungsgegenständen voll ausgestattet ist.

44.0.1.2.2 Genaue Einordnung der erbrachten Leistungen kann dahingestellt bleiben

Das Gericht konnte auf eine genaue Einordnung der von K erbrachten Leistungen verzichten:

- Handelte es sich nämlich – was in Betracht kommen könnte – um sonstige Leistungen in Form der **Einräumung, Übertragung und Wahrnehmung von Patenten, Urheberrechten, Markenrechten und ähnlichen Rechten**, ergäben sich keine Abweichungen gegenüber der Rechtsauffassung des Finanzamts. Denn es wäre derselbe Leistungskatalog der Ortsbestimmung des § 3a UStG betroffen.
- Handelte es sich um **allgemeine sonstige Leistungen**, stellte sich das Ergebnis des Finanzamts ebenfalls als zutreffend dar. Maßgeblich ist dann wiederum der Sitz des K für seine nichtunternehmerischen Kunden bzw. bei unternehmerischen Kunden deren Sitz. Da auch insoweit der Kreis der Kunden des K im Einzelnen nicht bekannt ist, müsste auch insoweit wiederum eine Schätzung nach den vom Beklagten angewandten Maßstäben erfolgen.

44.0.1.2.3 Schätzung der Höhe nach zutreffend

Ausgehend hiervon war der Kreis der Kunden des K, deren Wohnsitz oder Sitz nicht im Inland liegt, zu schätzen, weil dieser Kreis im Einzelnen unbekannt ist. Die Kriterien, die das Finanzamt insoweit angewandt hat, hält das Finanzgericht für sachlich zutreffend:

- Denn das Finanzamt ist zum einen davon ausgegangen, dass es sich bei den Kunden des K wegen des im Vordergrund stehenden Spielcharakters überwiegend um **Nichtunternehmer** gehandelt haben wird.

- Das Finanzamt hat zum andern angenommen, dass es sich bei diesen nichtunternehmerischen Kunden alleine schon aus sprachlichen Gründen – der sich in den Akten befindliche Internetauftritt des K ist in Deutsch gefasst – um **Inländer** gehandelt haben wird.

Deswegen ist es plausibel, dass der Leistungsort in den überwiegenden Fällen im Inland gelegen haben wird. Diesen Anteil mit 70 v.H. anzunehmen, hält das Finanzgericht für realistisch und macht sich deswegen die Schätzung des Finanzamts zu eigen.

 Beratungskonsequenzen

K hat die vom Finanzgericht zugelassene **Revision eingelegt.** Diese ist unter dem Aktenzeichen V R 38/19 beim BFH anhängig.

44.0.1.3 Anmerkung

Das Finanzgericht hat darüber hinaus darauf erkannt, dass K die Leistungen gegen Entgelt in Form von Geld erbracht hat und nicht – wie das Finanzamt meint – tauschähnliche Umsätze mit den anderen Nutzern getätigt hat. Ein tauschähnlicher Umsatz liegt vor, wenn das Entgelt für eine sonstige Leistung in einer Lieferung oder sonstigen Leistung besteht, nicht aber bei einer aus Geld bestehenden Gegenleistung. Das Spielgeld ist nach Auffassung des Finanzgerichts zwar kein Geld im Sinne eines gesetzlichen Zahlungsmittels, aber **wie Geld zu behandeln.** Das Finanzgericht folgt insoweit prinzipiell dem im Anschluss an das EuGH-Urteil »Hedqvist« ergangenen BMF-Schreiben vom 27.2.2018, wonach Bitcoins und andere virtuellen Währungen für Zwecke der Steuerbefreiung wie Geld behandelt werden können[510].

44.1 Grundlegende Verwaltungsanweisung: Abschn. 3a.1 UStAE

1. Für »B2C-Leistungen«[511] **gilt der bisherige Auffangtatbestand fort:** Dienstleistungen eines Unternehmers an Nichtunternehmer werden gem. § 3a Abs. 1 UStG 2010 im Grundsatz weiterhin am Ort des leistenden Unternehmers besteuert (= **Ursprungslandprinzip**).

2. Daher übernimmt Abschn. 3a.1 UStAE – wie schon das Einführungsschreiben zum Mehrwertsteuerpaket – **im Wesentlichen die Regelungen aus Abschn. 33 UStR 2008** als Vorgängervorschrift.

3. Allerdings sind **Anpassungen erforderlich,** soweit der B2B-Bereich[512] im neuen Auffangtatbestand (§ 3a Abs. 2 UStG 2010) geregelt wird. Die Aufzählung in Abschn. 3a.1 Abs. 4 UStAE lässt daher in Abweichung von Abschn. 33 Abs. 4 UStR 2008 die **Handelsvertreter** und **Rennserviceunternehmen** unerwähnt.

44.2 Rechtsanwälte, Steuerberater, Wirtschaftsprüfer

Steuerberater, Wirtschaftsprüfer und Rechtsanwälte sind – ungeachtet ihres eigentlichen Beratungsauftrags – für die Mandanten häufig auch der bevorzugte Ansprechpartner in allen anderen Lebensbereichen, die die Berücksichtigung besonderer rechtlicher »Spielregeln« erfordern. Das zeigt auch die Rechtsprechung von EuGH und BFH zur **Vermögensverwaltung** und **Testamentsvollstreckung**[513].

---

510 *Weimann*, AStW 6/2021, 400.
511 Nochmals: »B2C-Leistungen« = Leistungen eines Unternehmers an Privat, vgl. Kapitel 41.2.3 (➲ mybook.haufe.de < Vertiefende Informationen) und ➲ Kapitel 43.3.
512 Nochmals: »B2B-Leistungen« = Leistungen eines Unternehmers an einen anderen Unternehmer, vgl. Kapitel 41.2.3 (➲ mybook.haufe.de < Vertiefende Informationen) und Kapitel 43.3.
513 Abschn. 3a.1 Abs. 4 UStAE dritter Gedankenstrich; Hinweis auf ➲ Kapitel 51.4.

Dienstleistungen

45 »B2B-Leistungen«

§ 3a Abs. 2 UStG – Auffangtatbestand für Leistungen eines Unternehmers an andere Unternehmer

§ Rechtsgrundlagen

- UStG: § 3a Abs. 2
- UStAE: Abschn. 3a.1
- MwStSystRL: Art. 43 ff.

45.0 Auf einen Blick – alle wichtigen Neuerungen vorab!

45.0.1 Werkstattleistungen: Wann ist der Kunde ein ausländischer Unternehmer?

Werkstattleistungen an ausländische Unternehmenskunden können – wenn und soweit der Dienstleistungscharakter überwiegt – umsatzsteuerlich als sog. »Arbeiten an beweglichen körperlichen Gegenständen« ohne großen Belegaufwand netto abgerechnet werden. Doch wie müssen Sie den Nachweis führen, wenn der PKW oder LKW für einen ausländische Unternehmenskunden repariert wurde?[514]

Das deutsche Umsatzsteuergesetz selbst regelt nicht, wie der leistende Unternehmer nachzuweisen hat, dass sein Leistungsempfänger ein ausländischer Unternehmer ist, der die sonstige Leistung für den unternehmerischen Bereich bezieht.

Die Vorgaben dazu ergeben sich aber aus **Art. 55 MwStVO** und **Abschn. 3a.2 Abs. 9 ff. UStAE**.

45.0.1.1 Unternehmenskunde aus dem EU-Ausland

45.0.1.1.1 Pflicht des Kunden zur Verwendung der USt-IdNr.

Bezieht ein im Gemeinschaftsgebiet ansässiger Unternehmer eine Reparaturleistung für seinen unternehmerischen Bereich, **muss** er die ihm von dem EU-

---

514 *Weimann,* ASR 1/2022, 14.

Mitgliedstaat, von dem aus er sein Unternehmen betreibt, erteilte USt-IdNr. für diesen Umsatz gegenüber seinem Auftragnehmer verwenden:

 Rechtsgrundlagen

Art 55 Abs. 1 MwStVO

Für Umsätze nach Artikel 262 der Richtlinie 2006/112/EG müssen Steuerpflichtige, denen nach Artikel 214 jener Richtlinie eine individuelle Mehrwertsteuer-Identifikationsnummer zuzuteilen ist, und nichtsteuerpflichtige juristische Personen, die für Mehrwertsteuerzwecke erfasst sind, wenn sie als solche handeln, ihren Lieferern oder Dienstleistungserbringern ihre Mehrwertsteuer-Identifikationsnummer mitteilen, sowie diese ihnen bekannt ist.

Wird die Leistung tatsächlich **durch eine Betriebsstätte** des Kunden bezogen, ist die der Betriebsstätte erteilte USt-IdNr. zu verwenden (Abschn. 3a.2 Abs. 9 Satz 2 UStAE).

45.0.1.1.2 Schutz des Vertrauens der Werkstatt in die USt-IdNr. des Kunden

Verwendet der Kunde gegenüber der Werkstatt eine ihm von einem Mitgliedstaat erteilte USt-IdNr., **kann die Werkstatt regelmäßig davon ausgehen**, dass der Kunde Unternehmer ist und die Leistung für dessen unternehmerischen Bereich bezogen wird:

 Rechtsgrundlagen

Art 18 Abs. 1 MwStVO

Sofern dem Dienstleistungserbringer keine gegenteiligen Informationen vorliegen, kann er davon ausgehen, dass ein in der Gemeinschaft ansässiger Dienstleistungsempfänger den Status eines Steuerpflichtigen hat,

a) wenn der Dienstleistungsempfänger ihm seine individuelle Mehrwertsteuer-Identifikationsnummer mitgeteilt hat und er die Bestätigung der Gültigkeit dieser Nummer sowie die des zugehörigen Namens und der zugehörigen Anschrift gemäß Artikel 31 der Verordnung (EG) Nr. 904/2010 des Rates vom 7. Oktober 2010 über die Zusammenarbeit der Verwaltungsbehörden und die Betrugsbekämpfung auf dem Gebiet der Mehrwertsteuer erlangt hat.

b) ...

Dies gilt auch dann, wenn sich **nachträglich** herausstellt, dass die Leistung vom Leistungsempfänger tatsächlich für nicht unternehmerische Zwecke verwendet worden ist (Abschn. 3a.2 Abs. 9 Satz 4 UStAE).

 Beratungskonsequenzen

Voraussetzung ist, dass der leistende Unternehmer nach § 18e UStG von der Möglichkeit Gebrauch gemacht hat, sich die Gültigkeit einer USt-IdNr. eines anderen EU-Mitgliedstaates sowie den Namen und die Anschrift der Person, der diese Nummer erteilt wurde, durch das BZSt bestätigen zu lassen (➲ Kapitel 19a).

Beispiel:

Kfz-Händler D mit Sitz in Dortmund repartiert ein Fahrzeug für Unternehmer F mit Sitz in Frankreich. F verwendet gegenüber D seine französische USt-IdNr. Bei einer Betriebsprüfung stellt sich im Nachhinein heraus, dass F das Fahrzeug ausschließlich privat nutzt.

➲ **Folge:**

Der Leistungsort für die Reparatur des Fahrzeugs ist nach § 3a Abs. 2 UStG in Frankreich. Da F gegenüber D seine USt-IdNr. verwendet hat, gilt die Leistung als für das Unternehmen des F bezogen. Unbeachtlich ist, dass das Fahrzeug tatsächlich von F für nicht unternehmerische Zwecke verwendet wurde. F ist für die Leistung des D Steuerschuldner (§ 13b Abs. 1 und Abs. 5 Satz 1 UStG). F ist allerdings hinsichtlich der angemeldeten Steuer in Frankreich nicht zum Vorsteuerabzug berechtigt, da die Leistung nicht für unternehmerische Zwecke bestimmt ist.

45.0.1.1.3 USt-IdNr. muss dem Kunden erst noch zugeteilt werden

Hat der Kunde noch keine USt-IdNr. erhalten, eine solche Nummer aber bei der zuständigen Behörde des EU-Mitgliedstaats, von dem aus er sein Unternehmen betreibt oder eine Betriebsstätte unterhält, beantragt, **bleibt es dem leistenden Unternehmer überlassen,** auf welche Weise er den Nachweis der Unternehmereigenschaft und der unternehmerischen Verwendung führt (Artikel 18 Abs. 1 Buchstabe b der MwStVO).

Beratungskonsequenzen

Der Nachweis hat **nur vorläufigen Charakter**. Für den endgültigen Nachweis bedarf es der Vorlage der dem Leistungsempfänger erteilten USt-IdNr.; dieser Nachweis kann bis zur letzten mündlichen Verhandlung vor dem Finanzgericht geführt werden (Abschn. 3a.2 Abs. 9 Satz 8 UStAE)

45.0.1.1.4 »Verwendung« der USt-IdNr. durch den Kunden

Verwendet der Leistungsempfänger eine USt-IdNr., soll dies **grundsätzlich**

- vor Ausführung der Leistung erfolgen und
- in dem jeweiligen Auftragsdokument
- schriftlich festgehalten

werden (Abschn. 3a.2 Abs. 10 Satz 1 UStAE)

Der Begriff »Verwendung« einer USt-IdNr. setzt ein **positives Tun** des Leistungsempfängers, in der Regel bereits bei Vertragsabschluss, voraus:

- So kann z.B. auch **bei mündlichem Abschluss** eines Auftrags zur Erbringung einer sonstigen Leistung eine Erklärung über die Unternehmereigenschaft und den unternehmerischen Bezug durch Verwendung einer bestimmten USt-IdNr. abgegeben und dies vom Auftragnehmer aufgezeichnet werden.

- Es reicht ebenfalls aus, wenn **bei der erstmaligen Erfassung der Stammdaten** eines Leistungsempfängers zusammen mit der für diesen Zweck erfragten USt-IdNr. zur Festellung der Unternehmereigenschaft und des unternehmerischen Bezugs zusätzlich eine Erklärung des Leistungsempfängers aufgenommen wird, dass diese USt-IdNr. bei allen künftigen – unternehmerischen – Einzelaufträgen verwendet werden soll.

- Eine **im Briefkopf eingedruckte USt-IdNr.** oder eine in einer Gutschrift des Leistungsempfängers formularmäßig eingedruckte USt-IdNr. reicht allein nicht aus, um die Unternehmereigenschaft und den unternehmerischen Bezug der zu erbringenden Leistung zu dokumentieren.

- Ein positives Tun liegt auch dann vor, wenn der Leistungsempfänger (Erwerber bzw. Empfänger der Dienstleistung) die Erklärung über die Unternehmereigenschaft und den unternehmerischen Bezug **objektiv nachvollziehbar vorgenommen** hat und der Leistungsbezug vom Leistungsempfänger in zutreffender Weise erklärt worden ist, der leistende Unternehmer seinen Meldepflichten nach § 18a UStG nachgekommen ist und die Rechnung über die

Leistung einen Hinweis auf die USt-IdNr., die nach § 18a Abs. 7 UStG in der Zusammenfassenden Meldung angegeben wurde, enthält.

45.0.1.1.5 Nachträgliche Verwendung oder Änderung der Kunden-USt-IdNr.

Unschädlich ist es im Einzelfall, wenn der Leistungsempfänger eine USt-IdNr. erst nachträglich verwendet oder durch eine andere ersetzt (Abschn. 3a.2 Abs. 10 Satz 7 UStAE)

In diesem Fall muss die Besteuerung

- in dem einen EU-Mitgliedstaat rückgängig gemacht und
- in dem anderen EU-Mitgliedstaat nachgeholt und
- ggf. die übermittelte ZM berichtigt werden.

In einer **bereits erteilten Rechnung** sind die USt-IdNr. des Leistungsempfängers (vgl. § 14a Abs. 1 UStG) und ggf. ein gesonderter Steuerausweis (vgl. § 14 Abs. 4 Nr. 8 und § 14c Abs. 1 UStG) zu berichtigen.

Die nachträgliche Angabe oder Änderung einer USt-IdNr. als Nachweis der Unternehmereigenschaft und des unternehmerischen Bezugs ist der Umsatzsteuerfestsetzung nur zu Grunde zu legen, wenn die **Steuerfestsetzung in der Bundesrepublik Deutschland noch änderbar** ist (Abschn. 3a.2 Abs. 10 Satz 10 UStAE).

45.1.1.1 Unternehmenskunde aus dem Drittland

45.0.1.2.1 Bescheinigung einer Behörde des Sitzstaates

Ist der Leistungsempfänger im Drittlandsgebiet ansässig, kann der Nachweis der Unternehmereigenschaft durch eine **Bescheinigung einer Behörde des Sitzstaates** geführt werden, in der diese bescheinigt, dass der Leistungsempfänger dort als Unternehmer erfasst ist (Abschn. 3a. Abs. 11 UStAE).

Die Bescheinigung sollte inhaltlich der **Unternehmerbescheinigung** nach § 61a Abs. 4 UStDV entsprechen (Abschn. 18.14 Abs. 7 UStAE).

45.0.1.2.2 Sonstiger Nachweis

Kann der Leistungsempfänger den Nachweis nicht anhand einer Bescheinigung nach Satz 1 und 2 führen, **bleibt es dem leistenden Unternehmer überlassen,**

auf welche Weise er nachweist, dass der im Drittlandsgebiet ansässige Leistungsempfänger Unternehmer ist (vgl. Artikel 18 Abs. 3 der MwStVO).

 Beratungskonsequenzen

Seien Sie kreativ und treiben Sie »**Eichhörnchenarbeit**«! Denn nach der Rechtsprechung des EuGH kann ein EU-Geschäft im Zweifel auf jedem geeigneten Weg
nachgewiesen werden. Zu denken ist etwa an

- Fotographien des reparierten Fahrzeugs,
- Screenshot vom Kunden-Internetauftritt,
- Visitenkarten der Person, die bei Ihnen vor Ort war,
- ... (usw.)

 Beispiel:

»Tankwagen werden in den seltensten Fällen vom Privatleuten gefahren!«
Wenn jemand einen Tankwagen reparieren lässt, hilft Ihnen ein Foto des Fahrzeugs bei der Nachweisführung. Fertigen Sie das Foto mit dem Handy digital und
legen Sie dieses bei der Auftragsdokumentation ab.

45.0.2 Individuelle Begleitung von Internetspielen

Hinweis

➲ Kapitel 44.0.1

45.1 Grundlegende Verwaltungsanweisung: Abschn. 3a.2 UStAE

1. **Neuer Auffangtatbestand für »B2B-Leistungen«:** Dienstleistungen eines Unternehmers an andere Unternehmer für deren unternehmerischen Bereich
werden grundsätzlich am Ort des **Leistungsempfängers (= Bestimmungslandprinzip)** bewirkt.

2. **Wortgleichheit mit der bisherigen Regelung für Katalogleistungen:** Damit
wird die Regelung, die § 3a Abs. 3 Sätze 1 und 2 UStG a. F. bislang für Katalogleistungen vorsah, im B2B-Bereich zum Regeltatbestand.

Dienstleistungen

3. **Nichtunternehmerische juristische Personen:** Den Unternehmern gleichgestellt werden insoweit juristische Personen, soweit diese nicht unternehmerisch tätig sind und ihnen eine USt-IdNr. erteilt wurde (§ 3a Abs. 2 UStG n. F.).

> **Beispiel:**
>
> Eurocopter (Donauwörth) verkauft aus Deutschland heraus Hubschrauber an
> das griechische Militär. (Hinweis: Evtl. Steuerbefreiungen nach dem NATO-
> Truppenstatut oder ähnlichen Sonderbestimmungen sollen unberücksichtigt
> bleiben.)
>
> ➲ **Folge:**
>
> Aufgrund des hohen Lieferpreises der Fluggeräte wird Griechenland die von
> den EU-Mitgliedstaaten bestimmte Erwerbsschwelle überschreiten. Eurocop-
> ter liefert steuerfrei innergemeinschaftlich. Das griechische Militär muss sich
> in Griechenland steuerlich registrieren lassen (... bzw. wird dort bereits regis-
> triert sein ...) und wie ein Unternehmer einen innergemeinschaftlichen Er-
> werb versteuern; dafür erhält es eine USt-IdNr.
>
> Repariert Eurocopter einen der Hubschrauber (außerhalb einer Garantiever-
> pflichtung), kommt § 3a Abs. 2 Satz 3 UStG zur Anwendung.

4. **Wegfall des bisherigen Wahlrechts zur Leistungsortsverlagerung:** Soweit
das »alte« UStG für

   – Arbeiten an und Begutachtung von beweglichen körperlichen Gegenständen[515],

   – Vermittlungsleistungen[516],

   – innergemeinschaftliche Güterbeförderungen und damit zusammenhängenden sonstigen Leistungen[517]

   zur steuerlichen Vereinfachung (die Besteuerung des leistenden Unternehmers außerhalb seines Sitzstaates soll vermieden werden) die **Verlagerung
   des Besteuerungsrechts** in einen »anderen Mitgliedstaat« vorsieht, werden
   diese Regelungen nunmehr überflüssig und entfallen daher ersatzlos[518].

5. **»Unsicherheitsfaktor«:** Die deutsche Finanzverwaltung hat zu den neuen
Ortvorschriften in einem BMF-Schreiben vom 4.9.2009 umfassend Stellung

---

515 § 3a Abs. 2 Nr. 3 Buchstabe c UStG a. F.

516 § 3a Abs. 2 Nr. 4 UStG a. F.

517 § 3b a. F. UStG.

518 Vgl. Abschn. 3a.2 Abs. 16 UStAE; Hinweis auf ➲ Kapitel 42.4.

genommen, um dieses Schreiben bereits vor Inkrafttreten mit BMF-Schreiben vom 8.12.2009 teilweise neu zu fassen. **Auch das mag ein Zeichen für die damalige (... und auch noch derzeitige? ...) Rechtsunsicherheit sein.**

45.2 Neues Praxisproblem: Nachweis des unternehmerischen Leistungsbezugs

Das BMF weist in **Abschn. 3a.2 Abs. 9 UStAE** darauf hin, dass § 3a Abs. 2 UStG 2010 selbst ungeregelt lässt, wie der leistende Unternehmer den Nachweis eines unternehmerischen Leistungsbezugs seines Kunden erbringen muss, und arbeitet hierzu mit einer ...

 ... Vereinfachung

Verwendet der Leistungsempfänger gegenüber seinem Auftragnehmer eine ihm von einem Mitgliedstaat erteilte USt-IdNr., kann der Auftragnehmer im Grundsatz davon ausgehen, dass der Leistungsempfänger ein Unternehmer ist und die Leistung für den unternehmerischen Bereich bezogen wird[519].

Das gilt sogar dann, wenn sich nachträglich herausstellt, dass die Leistung vom Leistungsempfänger tatsächlich für nicht unternehmerische Zwecke verwendet worden ist.

 Beratungskonsequenzen

Der leistende Unternehmer hat hierzu aber eine ihm vorgelegte USt-IdNr., die von einem anderen EU-Mitgliedstaat erteilt wurde, im Hinblick auf die Gewährleistung einer zutreffenden Besteuerung zu prüfen. Erforderlich ist eine **qualifizierte Bestätigungsanfrage** i. S. v. Abschn. 245i Abs. 4 UStR 2008[520]!

 Praxistipp
Online-Prüfung für die USt-IdNr.

https://ec.europa.eu/taxation_customs/vies/vieshome.do?selectedLanguage=DE
Die EU-Kommission bietet im Internet einen Online-Dienst an. Auf der Webseite https://ec.europa.eu/taxation_customs/vies/?locale=de können USt-IdNr. auf

---

519 Abschn. 3a.2 Abs. 9 Satz 3 UStAE.
520 Abschn. 3a.2 Abs. 9 Satz 4 UStAE.

Dienstleistungen

ihre Gültigkeit hin überprüft und das Prüfergebnis ausgedruckt werden. Der Ausdruck mit Angabe einer Abfragenummer soll Unternehmern den Nachweis ermöglichen, dass sie sich zu einem bestimmten Zeitpunkt von der Gültigkeit einer vorgelegten USt-IdNr. vergewissert haben.

Ob hiermit, wie eine Pressemitteilung der Europäischen Kommission verheißt, der Gutglaubensschutz steuerehrlicher Unternehmer z. B. im Rahmen des § 6a Abs. 4 UStG wirklich rechtssicher gestärkt wird[521], bleibt abzuwarten. Nach der Vorschrift muss im Falle der Vorlage gefälschter Geschäftspapiere der ins übrige Gemeinschaftsgebiet liefernde (redliche) Unternehmer darlegen, dass er sich von der Seriosität seines Abnehmers überzeugt hat. Nur dann kann die Lieferung vom heimischen Fiskus als steuerfrei behandelt werden.

Allerdings besteht in vielen Fällen nicht die Möglichkeit, im Rahmen der Gültigkeitsprüfung auf der EU-Plattform gleichzeitig die Identitätsmerkmale (wie Name und Adresse) des jeweiligen Verwenders mit abzurufen. Nach Angabe der Europäischen Kommission lassen nicht alle Mitgliedstaaten diese nützliche Funktion im Rahmen des Online-Portals zu.

Besseren Gutglaubensschutz verspricht daher auch weiterhin das (qualifizierte) Bestätigungsverfahren des BZSt (§ 18e UStG ➲ Kapitel 19a)[522]!

45.3 Dokumentation der Verwendung der USt-IdNr.

45.3.1 Abschn. 3a.2 Abs. 10 UStAE

 Rechtsgrundlagen

Abschn. 3a.2 Abs. 10 UStAE

(10) Verwendet der Leistungsempfänger eine USt-IdNr., soll dies grundsätzlich vor Ausführung der Leistung erfolgen und in dem jeweiligen Auftragsdokument schriftlich festgehalten werden. Der Begriff »Verwendung« einer USt-IdNr. setzt ein positives Tun des Leistungsempfängers, in der Regel bereits bei Vertragsabschluss, voraus ...

---

521 O. V., Neue Online-Prüfung für Umsatzsteuer-Identifikationsnummer, NWB 2009, 2795 [Rubrik »Panorama«].

522 Steuerberater-Verband e. V. Köln, Wochenübersicht StBdirekt vom 12.7.2009, Mehr Rechtssicherheit im innergemeinschaftlichen Warenverkehr?, StBdirekt-Nr. 010332.

Hinweis

➲ **Vgl. Abschn. 42c Abs. 3, Abs. 4 UStR 2008** zur »alten« Leistungsortverlagerung bei innergemeinschaftlichen Güterbeförderungen u. A. sowie Abschn. 36 Abs. 6 Satz 3 zu den Arbeiten an und der Begutachtung von Mobilien und Abschn. 37 Abs. 1 Satz 2 UStR 2008 zur Vermittlung (➲ mybook.haufe.de > Gesetze, Verordnungen, Richtlinien).

 Beratungskonsequenzen

Die **bisherigen »Spielregeln«** zur Verlagerung des Leistungsorts durch geschickten Einsatz der USt-IdNr. (➲ Kapitel 42.4) sind **entsprechend anzuwenden**!

45.3.2 Mandantenempfehlung (... vor allem beim Handeln unter Kaufleuten)

Im deutschen Handelsrecht gilt unter Kaufleuten das **Schweigen als Zustimmung** und kann damit zum Abschluss eines Vertrags führen. So ist z. B. nach dem Erhalt eines kaufmännischen Bestätigungsschreibens, das ein Kaufmann nicht akzeptieren will, grundsätzlich ein Widerspruch notwendig. Auch in § 362 HGB fingiert das Gesetz das Schweigen als Annahme. Daher könnte mit Matheis unter Kaufleuten ein **einseitiges Schreiben** mit etwa folgender Formulierung verwendet werden[523]:

 Musterschreiben

Vereinbarungsgemäß verwendet Ihre Gesellschaft XXX die Ihnen erteilte USt-IdNr. EUXXX für den Bezug sämtlicher Leistungen, die ab dem 1.1.2010 von unserer Gesellschaft YYY an Ihre Gesellschaft ausgeführt werden. Bitte teilen Sie uns Gegenteiliges spätestens bis zum 31.3.2010 mit. Ihre Entscheidung, die USt-IdNr. zu verwenden, gilt bis zum Widerruf.

---

523 *Matheis,* Sicherstellung der Unternehmereigenschaft im Rahmen der Ortsbestimmung bei Dienstleistungen, URV 2010, 57.

45.4 Anwendung der B2B-Regel auch bei »Mischbezügen«

Rz. 14 des Einführungsschreibens zum Mehrwertsteuerpaket lautete ursprünglich[524]:

 Rechtsgrundlagen

BMF-Schreiben vom 4.9.2009

14 (8) [1]Voraussetzung für die Anwendung der Ortsbestimmung nach § 3a Abs. 2 Satz 1 UStG ist, dass die Leistung für den unternehmerischen Bereich des Leistungsempfängers ausgeführt worden ist. [2]Hierunter fallen auch Leistungen an einen Unternehmer, soweit diese Leistungen für die Erbringung von der Art nach nicht steuerbaren Umsätzen (z. B. Geschäftsveräußerungen im Ganzen) bestimmt sind.

Die abschließende Regelung einer derart komplexen Materie gelingt natürlich selten »im ersten Wurf« – auch nicht dem BMF! Offen blieb durch die ursprüngliche Formulierung die Rechtsfolge bei Bezügen, die **sowohl den unternehmerischen als auch den nicht unternehmerischen Bereich** betreffen (»Mischbezüge«). Daher wurde Rz. 14 wie folgt ergänzt[525]:

 Rechtsgrundlagen

BMF-Schreiben vom 8.12.2009

»... bestimmt sind.
[3]Wird eine der Art nach in § 3a Abs. 2 UStG erfasste sonstige Leistung sowohl für den unternehmerischen als auch für den nicht unternehmerischen Bereich des Leistungsempfängers erbracht, ist der Leistungsort einheitlich nach § 3a Abs. 2 Satz 1 UStG zu bestimmen.«

Vgl. nunmehr **Abschn. 3a.2 Abs. 8 UStAE**. Den Regelungsgehalt der neuen Anweisung zeigt folgendes Beispiel[526]:

---

524 BMF-Schreiben vom 4.9.2009 ➲ mybook.haufe.de >Wichtiges aus dem BMF.
525 BMF-Schreiben vom 8.12.2009 ➲ mybook.haufe.de >Wichtiges aus dem BMF.
526 *Weimann*, UStB 2010, 92.

> **Beispiel**
>
> Die grundsätzlich hoheitlich tätige Stadt Dortmund (D) betätigt sich auch unternehmerisch in Form von »Betrieben gewerblicher Art«. Von dem in Österreich ansässigen Datenverarbeitungsunternehmen A bezieht die D Beratungs- und Datenverarbeitungsleistungen, die sowohl den hoheitlichen als auch ihren unternehmerischen Bereich betreffen.
>
> Für D stellt sich die Frage, ob hinsichtlich der Leistungsbezüge anteilig (bezogen auf den unternehmerischen Verwertungsanteil) oder aber vollumfänglich von einer Ortsverlagerung nach Deutschland auszugehen ist und dementsprechend auch anteilig oder aber vollumfänglich die Steuerschuldnerschaft nach § 13b Abs. 1 Nr. 1 UStG übergeht.

Während zur »alten« Rechtslage – also bis zum 31.12.2009 – Abschn. 38 Abs. 1 Satz 3 Nr. 3 Satz 3 UStR 2008 derartige »Mischbezüge« als vollumfänglich für den unternehmerischen Bereich bezogen ansieht, musste D nach den Ausführungen der Rz. 19 zur neuen Rechtslage zunächst von einer Aufteilung ausgehen. Andererseits legte das Beispiel in Rz. 16 die Vermutung nahe, die D könne durch Leistungsbezug unter ihrer USt-IdNr. eine **vollumfängliche Besteuerungsverlagerung nach Deutschland** erzielen. In letzterem Sinne ist die Ergänzung der Rz. 14 zu verstehen.

Im Beispiel unterliegen die Beratungs- sowie Datenverarbeitungsleistungen mithin vollumfänglich der deutschen Umsatzbesteuerung und es kommt wie schon bisher – vgl. § 13b Abs. 2 Satz 3 UStG – vollumfänglich zu einer Übertragung der Steuerschuldnerschaft auf D.

➜ Beratungskonsequenzen

1. Die Klarstellung betrifft in gleicher Weise auch privatrechtliche Leistungsempfänger mit »Mischbezügen« – z. B. die »**gemischte Holding**« oder **Vereine mit ideellen und unternehmerischen Betätigungsbereichen**[527].
2. Trotz der Klarstellung dürfte es aber – was mit *Nieskoven*[528] eigentlich sinnwidrig ist – dabei bleiben, dass für die sich nur teilweise unternehmerisch betätigenden juristischen Personen hinsichtlich ihrer ausschließlich den nicht-unternehmerischen Bereich betreffenden Leistungsbezügen

---

527 *Weimann,* a. a. O. (UStB 2010, 92).
528 *Nieskoven,* GStB 2010, 59.

Dienstleistungen

- weder § 3a Abs. 2 Satz 1 UStG, da nicht für den unternehmerischen Bereich,
- noch § 3a Abs. 2 Satz 3 UStG, da kein vollumfänglich nicht unternehmerisch tätiger Leistungsempfänger

zur Anwendung kommen.

46 Grundstücksleistungen – § 3a Abs. 3 Nr. 1 UStG 2010

§ **Rechtsgrundlagen**

- UStG: § 3a Abs. 3 Nr. 1
- UStAE: Abschnitte 3a.3
- MwStSystRL: Art. 43 ff.

46.1 Grundlegende Verwaltungsanweisung: Abschn. 3a.3 UStAE

1. Grundstücksleistungen werden grundsätzlich unverändert **am Belegenheitsort** erbracht (§ 3a Abs. 3 Nr. 1 UStG 2010).

2. Daher hat Abschn. 3a.3 UStAE – unter Auswertung der damals aktuellen Rechtsprechung – zunächst **im Wesentlichen Abschn. 34 UStR 2008** unverändert übernommen.

3. Zwischenzeitlich wurde die Vorschrift an die neue EuGH-Rechtsprechung angepasst (➲ nachfolgendes Kapitel 46.2).

46.2 EuGH fordert einen »direkten Grundstückszusammenhang«

Der EuGH hat die Voraussetzungen für die Anwendung der Ortsregelung des Artikels 47 MwStSystRL für Dienstleistungen im Zusammenhang mit Grundstücken präzisiert[529]. Diese sind bei der Anwendung des § 3a Abs. 3 Nr. 1 UStG, dem Art. 47 MwStSystRL zugrunde liegt, zu berücksichtigen.

Danach müssen Dienstleistungen – sofern sie nicht bereits zu den **ausdrücklich aufgezählten Leistungen** gehören – zur Anwendbarkeit des Artikels 47 MwStSystRL einen **ausreichend direkten Zusammenhang** mit einem Grundstück aufweisen. Dazu sind nach Auffassung des BMF[530] zwei Voraussetzungen zu beachten:

- Die Dienstleistung muss mit einem **ausdrücklich bestimmten Grundstück** in Zusammenhang stehen.

- Zudem muss das **Grundstück selbst Gegenstand der Dienstleistung** sein. Dies ist u. a. dann der Fall, wenn ein ausdrücklich bestimmtes Grundstück als wesentlicher (= zentraler und unverzichtbarer) Bestandteil einer Dienstleistung anzusehen ist.

Der Umsatzsteuer-Anwendungserlass wurde den neuen Vorgaben entsprechend angepasst (vgl. Abschn. 3a. Abs. 3 u. Abs. 3a UStAE).

46.3 Neues Praxisproblem: Ortsgebundene Montagen

Zu praktischen Schwierigkeiten werden ortsgebundene Montagen führen[531]:

- **Bis zum 31.12.2009** kann in der Regel offenbleiben, ob es sich insoweit um Grundstücksleistungen oder Arbeiten an Mobilien handelt. Der Leistungsort ist sowohl bei Beurteilung nach § 3a Abs. 2 Nr. 1 UStG a. F. als auch nach § 3a Abs. 2 Nr. 3 Buchst. c UStG a. F. beim fertigen Werk.

- **Ab dem 1.1.2010** gilt dies nur für Grundstücksleistungen. Die Arbeiten an und das Begutachten von Mobilien beurteilen sich dagegen **im B2B-Bereich** ausnahmslos nach der Grundregel des § 3a Abs. 2 UStG 2010: Leistungsort ist der Sitzort oder Betriebsstättenort des Kunden (Empfängerortsprinzip/Bestimmungslandprinzip). **Im B2C-Bereich** dürfte die Abgrenzung auch weiterhin bedeutungslos bleiben.

---

529 EuGH, Urteil vom 27.6. 2013, Rs. C-155/12, RR Donnelley Global Turnkey Solutions Poland, HFR 2013, 859.

530 BMF, Schreiben vom 28.2.2014, IV D 3 – S 7117-a/10/10002, 2014/0197080, a. a. O.

531 Dieses Problem sieht auch *Monfort,* DStR 2008, 297; vgl. auch Kapitel 48.5.5.

Dienstleistungen

Beratungskonsequenzen

Bei Fällen größeren Steuervolumens sollte **im Zweifel eine verbindliche Auskunft erwogen werden!**

46.4 Keine Harmonisierung – Weiter Registrierungspflicht im EU-Ausland prüfen!

Das Reverse-Charge-Verfahren ist bei Grundstücksleistungen im B2B-Bereich in den anderen EU-Mitgliedstaaten zwar möglich, aber **nicht zwingend** anzuwenden[532]!

 Beratungskonsequenzen

Unternehmer werden daher vorerst auch zukünftig nicht umhinkommen, sich über die umsatzsteuerliche Behandlung im anderen Mitgliedstaat entsprechend zu informieren. Hier sind **auch weiterhin die bisherigen Prüfungen**[533] anzustellen.

46.5 Eigenständiger Grundstücksbegriff der MwStSystRL/6. EG-RL

Die Vermietung eines Gebäudes, das aus Fertigteilen errichtet wird, die so in das Erdreich eingelassen werden, dass sie weder leicht demontiert noch versetzt werden können, führt zur Vermietung i. S. d. Art. 135 Abs. 1 Buchst. l MwStSystRL/ Art. 13 Teil B Buchst. b der 6. EG-RL, auch wenn das Gebäude nach Beendigung des Mietvertrags entfernt und auf einem anderen Grundstück wieder verwendet werden soll. Die Frage der Vermietung ist davon unabhängig, ob der Vermieter dem Mieter das Grundstück und das Gebäude oder nur das Gebäude überlässt, das er auf dem Grundstück des Mieters errichtet hat[534].

---

532 Hinweis auf ➲ Kapitel 43.3.4.
533 Hinweis auf ➲ Kapitel 42.5.
534 EuGH, Urteil vom 16.1.2003, Rs. C-31500, Rudolf Maierhofer, UR 2003, 86.

Beratungskonsequenzen

Schon früher hatte der EuGH darauf erkannt, dass der Begriff der »Vermietung von Grundstücken« ein eigenständiger Begriff des Gemeinschaftsrechts sei[535] und die Vermietung von Gebäuden einschließe[536], die Vermietung von beweglichen Sachen aber ausschließe[537]. Der Grundstücksbegriff ist daher **vom Zivilrecht der Mitgliedstaaten unabhängig** und unter Berücksichtigung von

- **Wortlaut,**
- **Regelungszusammenhang** und
- **Zielen**

des Art. 135 Abs. 1 Buchst. l MwStSystRL/Art. 13 Teil B Buchst. b der 6. EG-RL zu finden[538].

46.6 Leistungsort von Notaren, Rechtsanwälten, Steuerberatern etc.

Zu den sonstigen Leistungen im Zusammenhang mit der Veräußerung oder dem Erwerb von Grundstücken (§ 3a Abs. 3 Nr. 1 Satz 2 Buchst. b UStG) gehören beispielsweise die sonstigen Leistungen der

- **Grundstücksmakler**
- **Grundstückssachverständigen**
- **Notare** bei der Beurkundung von Grundstückskaufverträgen und anderen Verträgen, die auf die Veränderung von Rechten an einem Grundstück gerichtet sind,

vgl. Abschn. 3a. Abs. 7 Satz 1 UStAE. Dies gilt auch dann, wenn die Veränderung des Rechts an dem Grundstück tatsächlich nicht erfolgt.

Bei **juristischen Dienstleistungen** ist gem. Abschn. 3a. Abs. 9 Nr. 9 i. V. m. Abs. 7 Satz 1 UStAE zu prüfen, ob diese im Zusammenhang mit Grundstücksübertragungen sowie mit der Begründung oder Übertragung von bestimmten Rechten an Grundstücken oder dinglichen Rechten an Grundstücken (unabhängig davon,

---

535 EuGH, Urteil vom 3.2.2000, Rs. C-12/98, Amengual Far, UR 2000, 123.

536 EuGH, Urteil vom 12.2.1998, Rs. C-346/95, Blasi, UR 1998, 189.

537 EuGH, Urteil vom 3.7.1997, Rs. C-60/96, UR 1997, 443.

538 Ausführlich zur EuGH-Rechtsprechung ➜ Kapitel 16.7 (= Fall-ABC), Stichwort »Grundstücksbegriff«.

ob diese Rechte einem körperlichen Gegenstand gleichgestellt sind), selbst wenn die zugrunde liegende Transaktion, die zur rechtlichen Veränderung an dem Grundstück führt, letztendlich nicht stattfindet. Zu den bestimmten Rechten an Grundstücken zählen z. B. das **Miet- und Pachtrecht**. Die Erbringung sonstiger Leistungen juristischer Art ist **nicht auf bestimmte Berufsgruppen** beschränkt. Erforderlich ist jedoch, dass die Dienstleistung mit einer zumindest beabsichtigten Veränderung des rechtlichen Status des Grundstücks zusammenhängt. Zu diesen sonstigen Leistungen zählen z. B.:

- das Aufsetzen eines Vertrags über den Verkauf oder den Kauf eines Grundstücks und das Verhandeln der Vertragsbedingungen sowie damit in Zusammenhang stehende Beratungsleistungen (z. B. Finanzierungsberatung, Erstellung einer Due Diligence), sofern diese als unselbstständige Nebenleistungen anzusehen sind;

- die sonstigen Leistungen der Notare bei der Beurkundung von Grundstückskaufverträgen und anderen Verträgen, die auf die Veränderung von Rechten an einem Grundstück gerichtet sind, unabhängig davon, ob sie zwingend einer notariellen Beurkundung bedürfen;

- die Beratung hinsichtlich einer Steuerklausel in einem Grundstücksübertragungsvertrag;

- das Aufsetzen und Verhandeln der Vertragsbedingungen eines sale-and-lease-back-Vertrags über ein Grundstück oder einen Grundstücksteil sowie damit in Zusammenhang stehende Beratungsleistungen (z. B. Finanzierungsberatung), sofern diese als unselbstständige Nebenleistungen anzusehen sind;

- das Aufsetzen und Verhandeln von Miet- und Pachtverträgen über ein bestimmtes Grundstück oder einen bestimmten Grundstücksteil;

- die rechtliche Prüfung bestehender Miet- oder Pachtverträge im Hinblick auf den Eigentümerwechsel im Rahmen einer Grundstücksübertragung.

Nicht im engen Zusammenhang mit einem Grundstück stehen bzw. das Grundstück stellt keinen zentralen und unverzichtbaren Teil dar bei sonstige Leistungen juristischer Art einschließlich Beratungsleistungen betreffend die Vertragsbedingungen eines Grundstücksübertragungsvertrags, die Durchsetzung eines solchen Vertrags oder den Nachweis, dass ein solcher Vertrag besteht, sofern diese Leistungen nicht speziell mit der Übertragung von Rechten an Grundstücken zusammenhängen. Zu diesen Leistungen gehören z. B.:

- die Rechts- und Steuerberatung in Grundstückssachen;

- die Erstellung von Mustermiet- oder -pachtverträgen ohne Bezug zu einem konkreten Grundstück;

- die Beratung zur Akquisitionsstruktur einer Transaktion (Asset Deal oder Share Deal);

- die Prüfung der rechtlichen Verhältnisse eines Grundstücks (Due Diligence);

- die Durchsetzung von Ansprüchen aus einer bereits vorgenommenen Übertragung von Rechten an Grundstücken;

vgl. Abschn. 3a.3 Abs. 10 Nr. 7 UStAE.

46.7 »Energieeinspar-Contracting« als Grundstücksleistung

Unter Contracting versteht man die Übertragung von Dienstleistungen, die eigentlich der Nutzer oder Eigentümer zur Versorgung eines Grundstücks zu erbringen hätte, auf einen Dritten. Dabei ist es das Ziel, den Kunden von Aufgaben wie Energie- oder Telekommunikationsversorgung zu entlasten. Im Rahmen einer Ausgliederung werden diese Versorgungsaufgaben auf einen Dienstleister (Contractor) übertragen. Dazu wird ein Vertrag, ein »contract«, geschlossen; hieraus leitet sich das Synonym »Contracting« ab[539].

Die wirtschaftliche Grundidee des Contractings besteht im Erkennen von Potenzialen zur Kosteneinsparung. Die Contractor erwerben, mieten oder errichten Versorgungsanlagen und betreiben diese; sie installieren z. B. Heizanlagen, übernehmen deren Betriebsführung, Instandhaltung und Wartung und liefern den Kunden letztlich die Wärme frei Haus. Für den Nutzer ergeben sich nicht nur Einsparungen bei der Herstellung eines Gebäudes, sondern auch niedrigere Kosten beim Verbrauch des über den Contractor gelieferten Gutes. Beim »Energieeinspar-Contracting« besteht das primäre Ziel darin, Einsparpotenziale über die Energiezentrale hinaus in Produktionsabläufen oder an anderer Stelle, z. B. im Gebäude, zu finden. In Abstimmung mit dem Kunden legt der Contractor die Maßnahmen, die zur Einsparung führen sollen, fest und finanziert sie vor. Die Rückzahlung dieser Leistungen soll aus den erzielten Energieeinsparungen erfolgen.

---

539 Vgl. *Damaschke,* Stbg 2004, 464; *Weimann,* UStB 2005, 98.

Dienstleistungen

Beispiel

Der Eigentümer E eines Bürogebäudes in Dortmund vereinbart mit Contractor C die Wärmeversorgung seiner Mieter. Zur Beförderung der Wärme ist eine Heizungsanlage erforderlich.

- **Variante 1:** C installiert die Anlage in dem (noch zu errichtenden oder bereits bestehenden) Gebäude des E.
- **Variante 2:** C erwirbt die bereits im Gebäude vorhandene Anlage von E.
- **Variante 3:** C mietet die bereits vorhandene Anlage von E.

Variante 1: Im Rahmen eines **tauschähnlichen Umsatzes** kommt es zum Leistungsaustausch zwischen C und E (§ 3 Abs. 12 Satz 2 UStG):

- die Leistung des C besteht in der Lieferung der Anlage;
- die Gegenleistung des E besteht in der Überlassung der Teilfläche und/oder Duldung des Einbaus sowie der Durchleitung von Energie.

E erbringt die Leistung **am Belegenheitsort** des Grundstücks in Dortmund (§ 3a Abs. 3 Nr. 1 UStG 2010); die Leistung ist damit umsatzsteuerbar. Sie ist auch steuerpflichtig; insbesondere liegt keine nach § 4 Nr. 12 UStG steuerfreie Vermietungsleistung vor. Die Leistung des E ist keine Vermietung oder Verpachtung von Grundstücken i. S. d. § 4 Nr. 12 Buchst. a UStG. Auch die Annahme einer Überlassung zur Nutzung »aufgrund eines auf Übertragung Eigentums« gerichteten Vertrages i. S. v. § 4 Nr. 12 Buchst. b UStG scheidet aus, da C allenfalls Eigentümer der Heizungsanlage wird. Denkbar wäre lediglich eine Bestellung, Übertragung oder Überlassung der Ausübung von dinglichen Rechten i. S. d. § 4 Nr. 12 Buchst. c UStG, wenn C durch Eintragung einer Reallast in Abteilung II des Grundbuches abgesichert wird. In diesem Fall tritt jedoch die Gebrauchsüberlassung in Form der Gestattung, eine Anlage zu errichten, gegenüber den **damit verbundenen Rechten, Energie zu liefern, in den Hintergrund**. Das eigentliche wirtschaftliche Interesse des Contractors besteht nicht darin, die Anlage zu liefern, sondern die Energie.

Variante 2: Verkauft E dem C die von ihm selbst errichtete Heizungsanlage, so führt dies regelmäßig zu einem steuerpflichtigen Umsatz. Eine Ausnahme von der Steuerpflicht besteht nur dann, wenn der Grundstückseigentümer den gelieferten Gegenstand ausschließlich zur Erzielung steuerfreier Umsätze i. S. d. § 4 Nr. 28 UStG verwendet hat. Dies ist bei einer umsatzsteuerfreien Vermietung oder Verpachtung des Gebäudes der Fall; dann unterliegt auch der Verkauf nicht der Umsatzsteuer.

Variante 3: Die Vermietung der Heizungsanlage durch E an C führt zu einem steuerpflichtigen Leistungsaustausch. Dies gilt ungeachtet der Frage, ob es sich bei der Anlage selbst um ein Grundstück i. S. d. § 4 Nr. 12 a) UStG oder um ein dingliches Recht i. S. v. Buchst. c) der Vorschrift handelt. Auch ist es nicht entscheidend, ob eine Betriebsvorrichtung i. S. v. § 4 Nr. 12 Satz 2 UStG gegeben ist. Denn das eigentliche **wirtschaftliche Interesse des Contractors** besteht nicht darin, eine Anlage zu mieten, sondern **Energie durchzuleiten**. Hieraus ergibt sich die Steuerpflicht der Leistung aus einem **Vertragsverhältnis »besonderer Art«**, welches nach dem wirtschaftlichen Gehalt keine Vermietung darstellt.

46.8 Sonderfall Messen und Ausstellungen

 Hinweis

Zu den Besonderheiten der Messen und Ausstellungen ➲ Kapitel 48.3.

46.9 Vermittlung von Beherbergungsleistungen an Unternehmer

 Hinweis

➲ Kapitel 49.4

47 Beförderungsmittel – kurz- und langfristige Vermietung

§ 3a Abs. 3 Nr. 2 UStG 2010

 Rechtsgrundlagen

* UStG: § 3a Abs. 3 Nr. 2
* UStAE: Abschn. 3a.5 u. 3a.14
* MwStSystRL: Art. 43 ff.

47.1 Grundlegende Verwaltungsanweisung: Abschn. 3a.5 UStAE

1. Der **Begriff »Vermietung von Beförderungsmitteln«** bleibt unverändert[540].
2. Daher übernimmt Abschn. 3a.5 UStAE textlich **im Wesentlichen unverändert** den bisherigen **Abschn. 33a UStR 2008.**
3. Zur **Abgrenzung kurzfristige Vermietung/langfristige Vermietung** vgl. Abschn. 3a.5 Abs. 2 UStAE.

47.2 Keine Harmonisierung – Weiter Registrierungspflicht im EU-Ausland prüfen!

Die Ortbestimmung des § 3a Abs. 3 Nr. 2 UStG gilt für die kurzfristige Vermietungsleistung von Beförderungsmitteln sowohl

- an **Nichtunternehmer** als auch
- an **Unternehmer** und diesen gleichgestellte juristische Personen,

vgl. Abschn. 3a.5 Abs. 1 UStAE.

Das Reverse-Charge-Verfahren ist bei kurzfristiger Vermietung von Beförderungsmitteln **im B2B-Bereich**[541] in den anderen EU-Mitgliedstaaten zwar möglich, aber **nicht zwingend** anzuwenden[542]!

 Beratungskonsequenzen

Unternehmer werden daher vorerst auch zukünftig nicht umhinkommen, sich über die umsatzsteuerliche Behandlung im anderen Mitgliedstaat entsprechend zu informieren. Hier sind **auch weiterhin die bisherigen Prüfungen**[543] anzustellen.

---

540   Vgl. § 3a Abs. 4 Nr. 11 UStG a. F.; Abschn. 3a.5 Abs. 3 UStAE.
541   Nochmals: »B2B-Leistungen« = Leistungen eines Unternehmers an einen anderen Unternehmer, vgl. Kapitel 41.2.3 (➲ mybook.haufe.de > Vertiefende Informationen) und Kapitel 43.3.
542   Hinweis auf Kapitel 43.3.4.
543   Hinweis auf Kapitel 42.5.

47.3 Fallstudie zur kurzfristigen Vermietung

Beispiel

Ein Kölner Mandant (M) vermietet kleinere Segelboote, mit denen Touristen (T) – vorwiegend im Mittelmeer – »shippern« können. Die Vermietung erfolgt in der Weise, dass die T den ihnen nachfolgenden Mietern die Schiffe immer dort übergeben, wo sie am Ende ihres Segeltörns angekommen sind:

- T1 segelt von Italien nach Spanien und übergibt das Boot dort an T2;
- T2 segelt von Spanien nach Portugal und übergibt das Boot dort an T3;
- T3 segelt von Portugal nach Griechenland und übergibt das Boot dort an T4;
- T4 segelt von Griechenland in die Türkei und übergibt das Boot dort an T5;
- T5 segelt von der Türkei nach Malta und übergibt das Boot dort an T6;
- …

➲ **Folgen bis 31.12.2009**

§ 3a Abs. 1 UStG a. F. galt auch für den Ort der sonstigen Leistung bei der Vermietung von Beförderungsmitteln[544]. Leistungsort war daher für alle Vermietungen der Sitzort des M in Deutschland.

➲ **Folgen ab 1.1.2010**

Leistungsort des M ist der jeweilige Übergabeort der Boote an die nachfolgenden T (vgl. Einführungsschreiben, Rz. 35). M wird sich daher in allen europäischen »Übergabeländern« registrieren müssen.

➡ Beratungskonsequenzen

1. Der Fall wird durch die Neuregelung komplizierter – dies wahrscheinlich in einer Weise, dass der Mandant auch der **Unterstützung durch Berater vor Ort** bedarf!

2. Die Problematik ist ähnlich wie bei den Restaurationsleistungen ➲ Kapitel 34.4.

---

544 Vgl. Abschn. 33a Abs. 1 UStR 2008.

Dienstleistungen

47.4 Langfristige Vermietung von Beförderungsmitteln

Hier kommen die Auffangtatbestände des § 3a

- Abs. 1 (B2C-Bereich)[545] und
- Abs. 2 (B2B-Bereich)[546] UStG 2010

zur Anwendung (Abschn. 3a.5 Abs. 5 UStAE).

Beispiel

Nach Abschn. 3a.5 Abs. 5 UStAE. Ein kanadischer Staatsbürger tritt eine private Europareise in München an und mietet ein Kraftfahrzeug bei einem Unternehmer mit Sitz in München für vier Monate. Das Fahrzeug soll sowohl im Inland als auch im Ausland genutzt werden.

➔ Folge:

Es handelt sich nicht um eine kurzfristige Vermietung. Der Leistungsort ist deshalb nach § 3a Abs. 1 UStG zu bestimmen. Die Vermietung des Kraftfahrzeugs durch einen im Inland ansässigen Unternehmer ist insgesamt im Inland steuerbar, auch wenn das vermietete Beförderungsmittel während der Vermietung im Ausland genutzt wird.

Insbesondere die Wirtschaft unseres Nachbarlandes **Österreich** begrüßt die Neuregelung im B2B-Bereich. Derzeit berechtigt ein **Kfz-Leasing österreichischer Unternehmer von deutschen Händlern in Deutschland** zur Vorsteuervergütung. Da das österreichische Umsatzsteuerrecht aber insoweit keine Vorsteuerentlastung vorsieht, besteuert Österreich die Kfz-Nutzung im Rahmen der Eigenverbrauchsbesteuerung. Nur durch diese Ausnahmeregelung war es bisher möglich, österreichische Unternehmen davon abzuhalten, Autos in Deutschland zu leasen und so immerhin jährlich ca. 400 Mio. € Steuereinnahmen für Österreich zu sichern, die ansonsten nach Deutschland hätten abwandern können. Österreich durfte die Ausnahmeregelung bis Ende 2009 beibehalten; ab Inkrafttreten des Mehrwertsteuerpakets 2010 würde die Regelung gegen die dann gültigen EU-Vorgaben verstoßen. Dann allerdings wird die MwSt – auch

---

545 Nochmals: »B2C-Leistungen« = Leistungen eines Unternehmers an Privat, vgl. Kapitel 41.2.3 (➔ mybook.haufe.de > Vertiefende Informationen) und Kapitel 43.3.

546 Nochmals: »B2B-Leistungen« = Leistungen eines Unternehmers an einen anderen Unternehmer, vgl. Kapitel 41.2.3 (➔ mybook.haufe.de > Vertiefende Informationen) und Kapitel 43.3.

beim Leasing über eine deutsche Bank – am Ort der Nutzung des Autos und damit in Österreich fällig sein.

 Beratungskonsequenzen

Leasingverträge deutscher Leasinggeber mit **ausländischen Unternehmenskunden** (Leasingnehmern) sind an die Neuregelung anzupassen:

* Leasingraten für **vor dem 1.1.2010 endende Leasingzeiträume:** Abrechnung brutto mit deutscher USt.
* Leasingraten für **nach dem 31.12.2009 endende Leasingzeiträume:** Abrechnung netto ohne deutsche USt.

Für **Privatkunden** bleibt »alles beim Alten«: Abrechnung brutto mit USt.

47.5   Drittlandsfälle

Zu den Besonderheiten vgl. § 3a Abs. 6 UStG (erläutert in Abschn. 3a.14 Abs. 1–3 UStAE) und § 3a Abs. 7 UStG (erläutert in Abschn. 3a.14 UStAE)

 Hinweis

➲ Kapitel 53

48   Leistungen am Tätigkeitsort – § 3a Abs. 3 Nr. 3 UStG

 Rechtsgrundlagen

* UStG: § 3a Abs. 3 Nr. 3
* UStAE: Abschn. 3a.4u. 3a.6.
* MwStSystRL: Art. 43 ff.

48.1 Grundlegende Verwaltungsanweisung zu § 3a Abs. 3 Nr. 3 Einleitungssatz UStG: Abschn. 3a.6 Abs. 1 UStAE

1. § 3a Abs. 3 Nr. 3 Einleitungssatz UStG wurde zum 1.1.2010 sprachlich (Gesetzeswortlaut bis 31.12.2009: »... dort ausgeführt, wo **der Unternehmer jeweils ausschließlich oder zum wesentlichen Teil tätig wird** ...«;

2. Gesetzeswortlaut ab 1.1.2010: »... dort ausgeführt, wo **sie vom Unternehmer tatsächlich erbracht werden** ...«) der neueren Rechtsprechung des EuGH angeglichen.

3. **Abschn. 36 Abs. 1 UStR 2008** war bereits entsprechend angepasst worden; daher übernimmt das Einführungsschreiben die Vorschrift **im Wesentlichen unverändert.**

> ⚠ **Praxistipp**
>
> In der Praxis hat es sich bewährt, Abschn. 3a.6 Abs. 1 Satz 2 wie folgt zu ergänzen: »... nach dem Ort, an dem die **vertraglich geschuldete** sonstige Leistung ...«; dann sind Beurteilungsfehler nahezu ausgeschlossen!

48.2 Kulturelle, künstlerische, wissenschaftliche und ähnliche Leistungen

§ 3a Abs. 3 Nr. 3 Buchst. a UStG

48.2.1 Rechtslage bis zum 31.12.2010

48.2.1.1 Überblick

Bis zum 31.12.2010 war § 3a Abs. 3 Nr. 3 Buchst. a UStG eine der wenigen Leistungen, auf die die **B2B-Regel des § 3a Abs. 2 UStG keine Anwendung** fand. Leistungsort war grundsätzlich der Ort, an dem der leistende Unternehmer die **Leistung tatsächlich erbracht hat.** Die Regelung galt **unabhängig davon, ob** der Leistungsempfänger ein Unternehmer oder ein Nichtunternehmer ist (Abschn. 3a.6 Abs. 2 UStAE a. F.).

48.2.1.2 Beratungskonsequenzen aus Abschn. 3a.6. Abs. 2–7 UStAE a. F.

1. Das Mehrwertsteuerpaket hatte auf diese Leistungen **keine Auswirkungen** (Einführungsschreiben Rz. 40).

2. Daher übernahm der UStAE (wie vorher das Einführungsschreiben vom 4.9.2009, Rz. 40–45[547]) textlich **im Wesentlichen unverändert** den bisherigen **Abschn. 33a UStR 2008.**

48.2.1.3 Bis zum 31.12.2010 keine Harmonisierung – Registrierungspflicht im EU-Ausland war damit stets zu prüfen!

Das Reverse-Charge-Verfahren ist bei den nämlichen Listungen im B2B-Bereich[548] in den anderen EU-Mitgliedstaaten zwar möglich, aber **nicht zwingend** anzuwenden[549].

  Beratungskonsequenzen

Unternehmer kamen daher auch nach dem 1.1.2010 – also nach Umsetzung des Mehrwertsteuerpakets – nicht umhin, sich über die umsatzsteuerliche Behandlung im anderen Mitgliedstaat entsprechend zu informieren. Hier waren **auch weiterhin die bisherigen Prüfungen**[550] anzustellen.

48.2.1.4 Fallstudie

Beispiel

Die »Söhne Mannheims« treten für einen österreichischen Veranstalter V in Amsterdam (NL) auf.

⮞ **Folgen bis zum 31.12.2010**

Bis zum 31.12.2010 war der Tätigkeitsort (= Auftrittsort Amsterdam) maßgebend. Mithin war zu prüfen, ob die Niederlande eine Reverse-Charge-Regelung hatten und – wenn ja – welche Rechtsfolgen sich daraus ergaben. Zur Beurteilung ab dem 1.1.2011 vgl. unten unter ⮞ Kapitel 48.2.2.3

---

547 BMF, Schreiben vom 4.9.2009 ⮞ mybook.haufe.de > Gesetze, Verordnungen, Richtlinien.
548 Nochmals: »B2B-Leistungen« = Leistungen eines Unternehmers an einen anderen Unternehmer, vgl. Kapitel 41.2.3 (⮞ mybook.haufe.de > Vertiefende Informationen) und Kapitel 43.3.
549 ⮞ Kapitel 43.3.4.
550 ⮞ Kapitel 42.5. (⮞ mybook.haufe.de > Vertiefende Informationen).

Dienstleistungen

48.2.2 Rechtslage ab dem 1.1.2011

48.2.2.1 Überblick

Das Jahressteuergesetz 2010[551] hat **m. W. v. 1.1.2011** in § 3a Abs. 3 Nr. 3 Buchst. a UStG die aufgrund des Mehrwertsteuerpakets erforderlichen weiteren Anpassungen vorgenommen. § 3a Abs. 3 Nr. 3 Buchst. a UStG beschränkt sich nunmehr auf **Leistungen an Nichtunternehmer.** Es handelt sich um die Umsetzung verbindlichen EU-Rechts.

Bei **Leistungen an Unternehmer** für deren unternehmerischen Bereich und diesen gleichgestellte nicht unternehmerisch tätige juristische Personen, denen eine USt-IdNr. erteilt worden ist, richtet sich der Leistungsort grundsätzlich nach **§ 3a Abs. 2 UStG** (Sitz oder Betriebsstätte des Leistungsempfängers).

48.2.2.2 Beratungskonsequenzen aus Abschn. 3a.6 Abs. 2–7 UStAE n. F.

1. **Persönlicher Anwendungsbereich:** Hier greift nunmehr das Mehrwertsteuerpaket; die Ortsbestimmung ist ab 1.1.2011 ausschließlich im B2C-Bereich[552] anzuwenden. Damit ist der B2B-Bereich[553] ungeregelt; es greift der Auffangtatbestand des § 3a Abs. 2 UStG.

2. **Sachlicher Anwendungsbereich:** Es ergeben sich keine Neuerungen; das Einführungsschreiben übernimmt daher insoweit im Wesentlichen unverändert den bisherigen Abschn. 3a.6 Abs. 2–7 UStAE (bzw. – bis 31.10.2010 – die bisherigen Abschn. 42a ff. UStR 2008).

---

551 Jahressteuergesetz 2010 – JStG 2010 –, BGBl. I 2010, 1768; BStBl. I 2010, 1394.
552 Nochmals: »B2C-Leistungen« = Leistungen eines Unternehmers an Privat, vgl. Kapitel 41.2.3 (➲ mybook.haufe.de > Vertiefende Informationen) und Kapitel 43.3.
553 Nochmals: »B2B-Leistungen« = Leistungen eines Unternehmers an einen anderen Unternehmer, vgl. Kapitel 41.2.3 (➲ mybook.haufe.de > Vertiefende Informationen) und Kapitel 43.3.

48.2.2.3   Fallstudie

Beispiel

Sachverhalt wie oben unter ⊃ Kapitel 48.1.2.4 (Zur Beurteilung bis zum 31.12.2010 siehe ebenda).

Die »Söhne Mannheims« treten für einen österreichischen Veranstalter V in Amsterdam (NL) auf.

⊃ **Folgen ab dem 1.1.2011:**

Seit dem 1.1.2011 ist Leistungsort gem. § 3a Abs. 2 UStG der Sitzort des V in Österreich. Die Band rechnet netto ab; die Steuerschuld geht auf V über.

Bitte beachten Sie!

Die Gesetzesänderung ist zu begrüßen! Für die Leistungserbringung im zwischenunternehmerischen Bereich **entfällt** fortan die in der Praxis oft zu Schwierigkeiten führende **Abgrenzung zwischen wissenschaftlichen Leistungen und Beratungsleistungen**[554].

48.2.3   Sonderfall Messen oder Event?

 Hinweis

Zu den Besonderheiten der Messen und Ausstellungen vgl. unten unter ⊃ Kapitel 48.3 : Grundstücksleistung

48.2.4   Sonderfall Seminare: Unterrichtung oder Beratung?

48.2.4.1   Rechtslage bis zum 31.12.2010

48.2.4.1.1   Bedeutung der Abgrenzung

Bei bis zum 31.12.2010 erbrachten Kongress- oder Seminarleistungen stellt sich immer die Frage, ob diese den Leistungsort

* als unterrichtende Leistungen i. S. d. § 3a Abs. 3 Nr. 3 Buchst. a UStG am Ort der Tätigkeit oder

---

554   Vgl. Abschn. 3a.6. Abs. 5 UStAE und unten unter ⊃ Kapitel 48.2.4.2.

- als Beratungsleistung gem. § 3a Abs. 4 Satz 2 Nr. 3 und Nr. 5 i. V. m. Abs. 2 UStG als B2B-Leistung[555] am Ort des Leistungsempfängers

haben.

Beispiel 1

Seminaranbieter D mit Sitz in Dortmund schreibt für Unternehmenskunden (K1 bis K ...) mit Sitz Ruhrgebiet (Sitzort der Kunden) ein Seminar in München **(Variante 1)** bzw. Genf **(Variante 2)** aus.

a) Handelt es sich bei dem Seminar um eine unterrichtende Leistung, liegt der Leistungsort in **Variante 1** am Tätigkeitsort München und damit in Deutschland, § 3a Abs. 3 Nr. 3 Buchst. a UStG. Die Leistung ist mithin **steuerbar** und grundsätzlich wohl auch steuerpflichtig[556].

b) Handelt es sich bei dem Seminar um eine **unterrichtende Leistung,** liegt der Leistungsort in **Variante 2** am Tätigkeitsort Genf und damit in der Schweiz, § 3a Abs. 3 Nr. 3 Buchst. a UStG 2010. Die Leistung ist aus deutscher und damit auch Sicht der anderen Mitgliedstaaten in Europa **nicht steuerbar**. Zu prüfen ist aber, ob die Leistung der Schweizerischen Umsatzsteuer unterliegt.

c) Handelt es sich bei dem Seminar um eine **beratende Leistung,** liegt der Leistungsort in **Varianten 1 und 2** am Sitzort der Kunden im Ruhrgebiet (§ 3a Abs. 2 UStG). Die Leistung ist mithin **steuerbar** und steuerpflichtig. Da die Umsatzsteuer keine Doppelbesteuerungsabkommen kennt, ist zu prüfen, ob die Leistung zusätzlich auch der Schweizerischen Umsatzsteuer unterliegt.

---

555 Nochmals: »B2B-Leistungen« = Leistungen eines Unternehmers an einen anderen Unternehmer, vgl. Kapitel 41.2.3 (⮕ mybook.haufe.de > Vertiefende Informationen) und Kapitel 43.3.

556 Aber: Hinweis auf die Steuerbefreiungen nach § 4 Nr. 21, Nr. 22 UStG.

Beispiel 2

Seminaranbieter D mit Sitz in Dortmund schreibt für Unternehmenskunden (K1 bis K ...) mit Sitz in der Schweiz (Sitzort der Kunden) ein Seminar in München **(Variante 1)** bzw. Genf **(Variante 2)** aus.

a) Handelt es sich bei dem Seminar um eine **unterrichtende Leistung,** liegt der Leistungsort in **Variante 1** am Tätigkeitsort München und damit in Deutschland, § 3a Abs. 3 Nr. 3 Buchst. a UStG. Die Leistung ist mithin **steuerbar** und grundsätzlich wohl auch steuerpflichtig[557].

b) Handelt es sich bei dem Seminar um eine **unterrichtende Leistung,** liegt der Leistungsort in **Variante 2** am Tätigkeitsort Genf und damit in der Schweiz, § 3a Abs. 3 Nr. 3 Buchst. a UStG. Die Leistung ist aus deutscher und damit auch damit auch aus Sicht der anderen Mitgliedstaaten in Europa **nicht steuerbar.** Zu prüfen ist aber, ob die Leistung der Schweizerischen Umsatzsteuer unterliegt.

c) Handelt es sich bei dem Seminar um eine **beratende Leistung,** liegt der Leistungsort in **Varianten 1 und 2** am Sitzort der Kunden in der Schweiz (§ 3a Abs. 2 UStG). Die Leistung ist aus deutscher und damit auch aus damit auch Sicht der anderen Mitgliedstaaten in Europa **nicht steuerbar.** Zu prüfen ist aber, ob die Leistung der Schweizerischen Umsatzsteuer unterliegt.

---

557 Aber: Hinweis auf die Steuerbefreiungen nach § 4 Nr. 21, Nr. 22 UStG.

Dienstleistungen

48.2.4.1.2 Die Anweisungen des UStAE (bis 31.12.2010; der UStR 2008) für Gutachten und Literaturstimmen

Die Frage, ob es sich bei Kongress- oder Seminarleistungen um wissenschaftliche und/oder unterrichtende Leistungen gem. § 3a Abs. 3 Nr. 3 Buchst. a UStG oder um beratende Leistungen i. S. v. § 3a Abs. 4 Satz 2 Nr. 3 und Nr. 5 i. V. m. Abs. 2 UStG handelt, entscheidet sich nach der Verwaltungsauffassung danach, ob das **Beratungs- oder Informationselement** gegenüber anderen Leistungselementen für den Leistungsempfänger derart **in den Vordergrund tritt**, dass es dem Leistungsbild das Gepräge gibt.

Letzteres ist dann zu bejahen, wenn die Beratung oder Information auf **konkrete** wirtschaftliche, technische oder rechtliche **Fragen einzelner Teilnehmer** zielt[558]. Ob das der Fall ist, beurteilt sich regelmäßig nach dem **zugrunde liegenden Vertrag**; ein Seminarvertrag hat in der Regel keine Beratungsleistungen zum Gegenstand[559].

Bei Seminaren und ähnlichen Veranstaltungen liegt auch dann eine unterrichtende und keine beratende Tätigkeit vor, wenn zu einem erheblichen Teil **Fragen der Teilnehmer zu konkreten Sachverhalten** beantwortet werden[560]. In der Regel ist davon auszugehen, dass diese Leistungselemente bei derartigen Veranstaltungen nicht überwiegen[561].

Im Falle der Beratungsleistung bedarf es keiner Abgrenzung zwischen § 3a Abs. 4 Satz 2 Nr. 3 und Nr. 5 UStG, da die Rechtsfolgen gleich sind[562].

48.2.4.1.3 Schlussfolgerung für Seminarveranstaltungen

Meines Erachtens gilt es danach zu unterscheiden in

- offene Seminare und
- Inhouse-Schulungen.

---

558 Vgl. Abschn. 36 Abs. 4 UStR 2008 = Einführungsschreiben Rz. 43 mit Beispielen sowie *Bülow* in Vogel/Schwarz, UStG, § 3a Rz. 81; *Martin* in Sölch/Ringleb, UStG, § 3a Rz. 33, 38.

559 *Stadie* in Rau/Dürrwächter, UStG, § 3a Anm. 92.

560 *Stadie*, a. a. O., Anm. 92; wohl a. A. *Pflüger* in Hartmann/Metzenmacher, UStG, § 3a Anm. 100.

561 *Langer* in Reiß/Kraeusel/Langer, UStG.

562 *Stadie*, a. a. O., Anm. 247.

1. Offene Seminare

Offene Seminare sind Schulungen, die nicht auf die Beratung konkreter Auftraggeber gerichtet sind und daher von grds. jedem Interessenten besucht werden können, der bereit ist, die Teilnehmergebühr zu entrichten.

Soweit Seminaranbieter offene Seminare anbietet, erbringt sie ihre Leistung nach § 3a Abs. 3 Nr. 3 Buchst. a UStG am **Tätigkeitsort**[563]:

- Liegt der Tätigkeitsort in **Deutschland**, ist die Seminarrechnung mit derzeit 19 % USt zu fakturieren.

- Liegt der Tätigkeitsort im **europäischen Ausland**, ist die Seminarrechnung mit der dort zzt. der Leistung geltenden Umsatzsteuer zu fakturieren.

- Liegt Tätigkeitsort im **außereuropäischen Ausland**, ist die Leistung aus deutscher und damit aus europäischer Sicht nicht steuerbar. Zu prüfen ist aber immer, ob die Leistung im Bestimmungsland der Umsatzsteuer unterliegt.

Maßgebend war bislang nach der Rechtsprechung des BFH, wo die entscheidenden Bedingungen zum vertraglich geschuldeten Erfolg gesetzt werden[564]. Nunmehr entscheidet sich die Frage nach dem Leistungsort mit dem EuGH danach, wo die sonstige Leistung **tatsächlich bewirkt** wird. Der Ort, an dem der Erfolg eintritt oder die sonstige Leistung sich auswirkt, ist ohne Bedeutung[565]. Mithin werden die Leistungen am Ort der Unterrichtung erbracht und sind in Deutschland nur steuerbar, soweit diese in Deutschland erfolgt.

2. Inhouse-Schulungen

Inhouse-Schulungen dienen dem Auftraggeber als Entscheidungshilfe für die Lösung konkreter Fragen[566]. Derartige Leistungen werden gem. § 3a Abs. 4 Satz 2 Nr. 3 i. V. m. § 3a Abs. 2 UStG am **Empfängerort** (= Sitzort des Leistungsempfängers) erbracht, d. h. dort, wo dieser seinen Sitz oder die Betriebsstätte hat.

---

563 Vgl. Abschn. 36 Abs. 4 Beispiel 1 UStR 2008.
564 So noch Abschn. 36 Abs. 1 UStR 2005.
565 Abschn. 36 Abs. 1 UStR 2008 m. w. N.
566 Abschn. 36 Abs. 4 Beispiel 2 UStR 2008.

Daher gilt es zu unterscheiden:

- Hat der Auftraggeber seinen Sitz/seine Betriebsstätte **in Deutschland,** ist die Leistung der Seminaranbieter in Deutschland steuerbar, und zwar unabhängig vom Ort der Unterrichtung.

- Hat der Auftraggeber seinen Sitz/seine Betriebsstätte **außerhalb Deutschlands,** ist die Leistung der Seminaranbieter nicht steuerbar, und zwar ebenfalls unabhängig vom Ort der Unterrichtung.

Beratungskonsequenzen

1. Die vorstehende Beurteilung beruht auf meiner **persönlichen Einschätzung.**
2. Letzte Sicherheit konnte nur eine **verbindliche Auskunft** geben. Seminaranbietern war bis zum 31.12.2010 dringend anzuraten, diese im Bedarfsfall über den steuerlichen Berater einzuholen!

48.2.4.2 Rechtslage ab dem 1.1.2011

Es gelten die Ausführungen oben unter ➲ Kapitel 48.2.2 Die Gesetzesänderung ist zu begrüßen! Für die Leistungserbringung im zwischenunternehmerischen Bereich **entfällt** fortan grundsätzlich die in der Praxis oft zu Schwierigkeiten führende **Abgrenzung zwischen wissenschaftlichen Leistungen und Beratungsleistungen**[567] – zumindest im **Inhousebereich** (➲ Kapitel 50).

Beratungskonsequenzen

Besonderheiten ergeben sich für den Verkauf von **Eintrittsberechtigungen zu der Allgemeinheit offen stehenden Seminarveranstaltungen**. Vgl. hierzu ➲ Kapitel 50.

---

567 Vgl. Abschn. 3a.6. Abs. 5 UStAE und oben unter ➲ Kapitel 48.2.2.3.

48.3 Messen und Ausstellungen (§ 3a Abs. 3 Nr. 1 u. Nr. 3 Buchst. a UStG – Sonderfall)

Grundstücksleistung oder Event?

48.3.1 Rechtslage bis zum 31.12.2010

48.3.1.1 Beratungskonsequenzen aus Abschn. 3a.4 Abs. 1–3, Abs. 6 UStAE a. F.

➡ **Beratungskonsequenzen**

1. Der Gesetzgeber zieht die Konsequenzen aus der **Rechtsprechung des EuGH**[568] und ordnet Messe- und Veranstaltungsleistungen den »**Eventleistungen**« zu (§ 3a Abs. 3 Nr. 3 Buchst. a UStG).
   Bitte beachten Sie: In der Praxis ändert sich dadurch wohl nichts, da die entsprechenden Konsequenzen bislang – freilich untergesetzlich – bereits durch Abschn. 34a Abs. 2 Satz 2 UStR 2008 gezogen wurden.
2. Daher übernahm der UStAE (wie vorher das Einführungsschreiben vom 4.9.2009, Rz. 51–56[569]) textlich **im Wesentlichen unverändert** den bisherigen **Abschn. 34a UStR 2008**.

48.3.1.2 Bis zum 31.12.2010 keine Harmonisierung/Registrierungspflicht im EU-Ausland war damit stets zu prüfen!

Das Reverse Charge Verfahren war bei den nämlichen Leistungen im B2B-Bereich[570] in den anderen EU-Mitgliedstaaten zwar möglich, aber **nicht zwingend** anzuwenden[571]!

---

568 EuGH, Urteil vom 9.3.2006, Rs. C-114/05, *Gillian Beach*, UR 2006, 350.
569 ➲ mybook.haufe.de > Wichtiges aus dem BMF.
570 Nochmals: »B2B-Leistungen« = Leistungen eines Unternehmers an einen anderen Unternehmer, vgl. Kapitel 41.2.3 (➲ mybook.haufe.de > Vertiefende Informationen) und Kapitel 43.3.
571 ➲ Kapitel 43.3.4.

Beratungskonsequenzen

Unternehmer kamen daher auch nach dem 1.1.2010 – also nach Umsetzung des Mehrwertsteuerpakets – nicht umhin, sich über die umsatzsteuerliche Behandlung im anderen Mitgliedstaat entsprechend zu informieren. Hier waren **auch weiterhin die bisherigen Prüfungen**[572] anzustellen.

48.3.2 Rechtslage seit dem 1.1.2011

Grundsätzlich gelten die vorstehenden Ausführungen zu den kulturellen, künstlerischen, wissenschaftlichen u. ä. Leistungen entsprechend[573]. Besonderheiten ergeben sich hier daraus, dass die **Veranstalter gegenüber den Ausstellern Leistungspakete erbringen**, innerhalb derer es theoretisch zu differenzieren gilt – was aber in der Praxis nicht möglich ist. Noch Abschn. 3a.4 Abs. 1 u. Abs. 2 UStAE führt in der Fassung ab 1.11.2010 hierzu aus:

 Rechtsgrundlagen

Abschn. 3a.4 Abs. 1 u. Abs. 2 UStAE in der Fassung ab 1.11.2010

(1) Bei der Überlassung von Standflächen auf Messen und Ausstellungen durch die Veranstalter an die Aussteller handelt es sich um sonstige Leistungen im Zusammenhang mit einem Grundstück. Diese Leistungen werden im Rahmen eines Vertrages besonderer Art (vgl. Abschn. 4.12.6 Abs. 2 Nr. 1) dort ausgeführt, wo die Standflächen liegen (§ 3a Abs. 3 Nr. 1 UStG). ...

(2) In der Regel erbringen die Veranstalter neben der Überlassung von Standflächen usw. eine Reihe weiterer Leistungen an die Aussteller. Es kann sich insbesondere um folgende sonstige Leistungen der Veranstalter handeln:

1. Technische Versorgung der überlassenen Stände. Hierzu gehören z. B.

a) Herstellung der Anschlüsse für Strom, Gas, Wasser, Wärme, Druckluft, Telefon, Telex, Internetzugang und Lautsprecheranlagen,

b) die Abgabe von Energie, z. B. Strom, Gas, Wasser und Druckluft, wenn diese Leistungen umsatzsteuerrechtlich Nebenleistungen zur Hauptleistung der Überlassung der Standflächen darstellen;

2. Planung, Gestaltung, ...

---

572 ⊃ Kapitel 42.5 (⊃ mybook.haufe.de > Vertiefende Informationen).
573 Siehe oben, ⊃ Kapitel 48.2.2.

Beispiel

Die Messe Frankfurt GmbH erbringt für einen italienischen Aussteller im Rahmen eines »Rundum-Sorglos-Pakets« anlässlich der Frankfurter Buchmesse eine Vielzahl von Leistungen.

➲ **Folge:**

Bis zum 31.12.2010 ist der Leistungsort aller Leistungen auf jeden Fall Frankfurt. Das genaue Zusammenspiel von § 3a Abs. 3 Nr. 1 und. Nr. 3 Buchst. a UStG kann ungeklärt bleiben. Leistungsort ist auf jeden Fall Frankfurt; der Veranstalter rechnet gegenüber dem Aussteller brutto ab.

Ab dem 1.1.2011 sollte immer zu differenzieren sein:

* die Grundstücksleistung sollte weiterhin brutto abgerechnet werden; der Aussteller hätte insoweit in das Vergütungsverfahren gemusst;
* die Eventleistung sollte als B2B-Leistung netto abgerechnet werden.

Um diese praxisferne Lösung zu vermeiden, haben die Interessenverbände[574] der Veranstalter auf Basis einer gutachterlichen Stellungnahme der KPMG eine **Eingabe beim BMF unternommen – mit Erfolg!** Das BMF hat mit Schreiben vom 4.2.2011 Abschn. 3a.4 Abs. 2 UStAE wie folgt neu gefasst:

  Rechtsgrundlagen

BMF-Schreiben vom 4.2.2011 Abschn. 3a.4 Abs. 2 UStAE[575]

(Hinweis: Hervorhebungen durch **Fett**druck sind vom Autor.)

»... [bis einschließlich Satz 2 Nr. 13: wie bisher]

14. Besuchermarketing;

15. Vorbereitung und Durchführung von Foren und Sonderschauen, von Pressekonferenzen, von Eröffnungsveranstaltungen und Ausstellerabenden.

³Handelt es sich um eine einheitliche Leistung – sog. **Veranstaltungsleistung** – (vgl. Abschnitt 3.10 und EuGH-Urteil vom 9.3.2006, C-114/05, EuGHE I, 2427), bestimmt sich der **Ort dieser sonstigen Leistung nach § 3a Abs. 2** UStG, wenn der Leistungsempfänger ein Unternehmer oder eine einem Unternehmer gleichgestellte juristische Person ist (siehe Abschnitt 3a.2 Abs. 1). ⁴Ist in derartigen Fällen der Leistungsempfänger ein Nichtunternehmer (siehe Abschnitt 3a.1 Abs. 1),

---

574 Vgl. z. B. DIHT, Neuregelung zum Ort der sonstigen Leistung durch das Mehrwertsteuer-Paket – Eingabe an das Bundesministerium der Finanzen vom 18.11.2010, UR 2010, 937.

575 ➲ mybook.haufe.de > Wichtiges aus dem BMF.

richtet sich der Leistungsort nach § 3a Abs. 3 Nr. 3 Buchstabe a UStG. ...[5]Eine Veranstaltungsleistung im Sinne von Satz 3 kann dann angenommen werden, wenn neben der Überlassung von Standflächen zumindest noch drei weitere Leistungen der in Satz 2 genannten Leistungen vertraglich vereinbart worden sind und auch tatsächlich erbracht werden. [6]Werden nachträglich die Erbringung einer weiteren Leistung oder mehrerer weiterer Leistungen zwischen Auftragnehmer und Auftraggeber vereinbart, gilt dies als Vertragsergänzung und wird in die Beurteilung für das Vorliegen einer Veranstaltungsleistung einbezogen.«

 Beratungskonsequenzen

Paketleistungen der Veranstalter werden damit nunmehr – zum Glück für die Praxis – zum **Regelfall!**

48.3.3 Abgrenzung: Messebauer als »normale« Unternehmer

48.3.3.1 Auffassung der FinVerw bis zum 19.1.2012

In Abgrenzung zum Veranstalter erbringt der Messebauer **unverändert** in der Regel eine **grundstücksbezogene sonstige Leistung**[576]. Abschn. 3a.4 UStAE in der Fassung des BMF-Schreibens vom 4.2.2011 führt dazu aus:

§ **Rechtsgrundlagen**

BMF-Schreiben vom 4.2.2011 Abschn. 3a.4 Abs. 2 UStAE[577]

(Hinweis: Hervorhebungen durch **Fett**druck sind vom Autor.)

»(2) [1]In der Regel erbringen Unternehmer neben der Überlassung von Standflächen usw. eine Reihe weiterer Leistungen an die Aussteller. [2]Es kann sich dabei insbesondere um folgende sonstige Leistungen handeln:

...

2.[1]Planung, Gestaltung sowie Aufbau, Umbau und Abbau von Ständen. [2]Unter die »Planung« fallen insbesondere Architektenleistungen, z. B. Anfertigung des Entwurfs für einen Stand. [3]Zur »Gestaltung« zählt z. B. die Leistung eines Gartengestalters oder eines Beleuchtungsfachmannes; ...

---

576 ⊃ Kapitel 46.

577 ⊃ mybook.haufe.de > Wichtiges aus dem BMF.

(3) Werden die in Absatz 2 Satz 2 bezeichneten sonstigen Leistungen nicht im Rahmen einer einheitlichen Leistung im Sinne des Absatzes 2 Satz 5, sondern als selbstständige Leistungen einzeln erbracht, gilt Folgendes:

1. [1]Die in Absatz 2 Satz 2 Nr. 1 bis 6 bezeichneten Leistungen **fallen unter § 3a Abs. 3 Nr. 1 UStG.** [2]Wegen der sonstigen Leistungen, die die Planung und den Aufbau eines Messestandes betreffen, vgl. insbesondere BFH-Urteil vom 24. 11. 1994, V R 39/92, BStBl. II 1995,151. …«

Bislang ergab sich der Belegenheitsort für Messebauer aus Abschn. 3a.4 Abs. 6 UStAE (bis 31.10.2010: Abschn. 34 Abs. 8 UStR 2008 bzw. BMF, Schreiben vom 4.9.2009 und vom 14.4.2011).

➡ **Beratungskonsequenzen**

1. Da grundsätzlich die in Kapitel 46 vorgestellten Regeln galten[578], war bei
   – Arbeiten deutsche Messebauer
   – auf EU-ausländischen Messegeländen
   immer die dortige Registrierungspflicht zu prüfen

2. Abschließend der Hinweis, dass der Messebauer, wenn er das Material für den Messstand selbst zur Verfügung stellt, eine **(ortsgebundene) Werklieferung** tätigt.

48.3.3.2   Übernahme der neuen EuGH-Rechtsprechung

Nunmehr hat sich die FinVerw der neuen Rechtsprechung des EuGH angeschlossen[579].

48.3.4   Sonderfall ausländische Durchführungsgesellschaft

Das Jahressteuergesetz 2007 (JStG 2007)[580] hat umsatzsteuerlich insbesondere die wenig praktikable Rechtsänderung rückgängig gemacht, die ausländische Messeaussteller und -dienstleister nach Ablösung des »alten« Abzugsverfahrens zum 1.1.2002 durch § 13b UStG hinzunehmen hatten und die eine Neufassung des Abschn. 34a Abs. 5 UStR 2000 durch die UStR 2005 erforderten. Nach dem

---

578   ➲ Kapitel 46.3.
579   BMF, Schreiben vom 19.1.2012 ➲ mybook.haufe.de> Wichtiges aus dem BMF.
580   BStBl. I 2007, 28.

dann neuen Abschn. 34a Abs. 4 UStR 2005 führten Messen und Ausstellungen bis zum 31.12.2006 zu steuerbaren Leistungen ausländischer Durchführungsgesellschaften, die der Leistungsempfänger gem. §§ 13b, 18 Abs. 4a UStG zu versteuern hat. Ein **Fall aus der Zeit vor der Neuregelung** soll die Problematik verdeutlichen:

Beispiel

Japanische Unternehmer haben eine ebenfalls in Japan ansässige Durchführungsgesellschaft mit der Organisation ihrer Ausstellungen auf der EXPO 2000 in Hannover beauftragt. Die Durchführungsgesellschaft verhandelte im eigenen Namen mit dem Veranstalter, der EXPO GmbH in Hannover.

J 1	J 2	J 3	J 4	J 5	J n	
⇕	⇕	⇕	⇕	⇕	⇕	(2. Leistungsaustausch)

japanische Durchführungsgesellschaft (DG)

⇕ (1.Leistungsaustausch)

EXPO GmbH, Hannover

➲ **Folge:**

Bei der umsatzsteuerlichen Beurteilung gilt es **2 Leistungsaustauschbeziehungen** zu unterscheiden:

- Eine erste Leistungsaustauschbeziehung besteht zwischen der EXPO-GmbH und DG. Die Leistung ist als Grundstücksleistung in Deutschland steuerbar und steuerpflichtig; die EXPO GmbH hat DG eine Rechnung mit deutscher Umsatzsteuer zu erteilen.

- Daneben bestehen Leistungsaustauschbeziehungen zwischen DG und ihren Auftraggebern. Die Leistungen sind als Grundstücksleistungen ebenfalls in Deutschland steuerbar und steuerpflichtig.

Regelung bis zum 31.12.2001: Abschn. 34 a Abs. 5 und 6 UStR 2000 führte in der Vergangenheit über das »alte« Abzugsverfahren und die Nullregelung dazu, dass diese Umsätze de facto für keinen der Beteiligten in Deutschland umsatzsteuerliche Pflichten auslöste. DG erhielt die von der EXPO GmbH in Rechnung gestellte Vorsteuer auf Antrag vergütet.

Regelung vom 1.1.2002 bis zum 31.12.2006: Nach Abschn. 34a Abs. 4 UStR 2005 hatten die japanischen Auftraggeber als Leistungsempfänger die Besteuerung im Rahmen der neuen Steuerschuldnerschaft zu übernehmen. Sie waren dazu verpflichtet, die für derartige Umsätze geschuldete Steuer gegenüber dem zuständigen Finanzamt im Rahmen von Umsatzsteuer-Voranmeldungen bzw. Steuererklärungen für das Kalenderjahr anzumelden und zu entrichten (§ 18 Abs. 4a UStG, Abschn. 34a Abs. 4 Satz 2 UStR 2005). DG erhält auch hier die von der EXPO GmbH in Rechnung gestellte Vorsteuer auf Antrag vergütet.

Neuregelung ab 1.1.2007: Nach § 13b Abs. 3 Nr. 4, Nr. 5 UStG in Fassung des JStG 2007 kommt es bei der Einräumung der Eintrittsberechtigung für Messen oder Kongresse im Inland oder bei einer sonstigen Leistung einer Durchführungsgesellschaft an im Ausland ansässige Unternehmer, soweit diese Leistung im Zusammenhang mit der Veranstaltung von Messen und Ausstellungen im Inland steht, nicht mehr zu einer Verlagerung der Steuerschuld auf den Leistungsempfänger[581].

Beratungskonsequenzen

Der Aufwand, den ausländische Messeaussteller bei strikter der Regelung bis zum 31.12.2006 betreiben mussten, widersprach nicht nur dem politischen Ziel »Messeland Deutschland«. Er stand auch in keinem vernünftigen Verhältnis zum fiskalischen Mehrergebnis, da die Erklärungen zu § 13b UStG durch den gleichzeitigen Vorsteuerabzug in der Regel zum »Nullsummenspiel« wurden.

Aus diesem Grunde maßen die Prüfer der Finanzverwaltung dieser Problematik schon bis zum 31.12.2006 kaum Bedeutung bei; das JStG 2007 gleicht das UStG insoweit an die »gelebte Realität« an.

Das BMF erläutert die Neuregelung im Schreiben vom 20.12.2006 und vom 20.4.2007[582].

Vgl. hierzu nunmehr **Abschn. 3a.4 Abs. 4 UStAE**, der dem bisherigen Abschn. 34 Abs. 4 UStR 2008 bzw. den Regeln des BMF-Schreibens vom 4.9.2009[583] bis auf redaktionelle Anpassungen entspricht.

---

581 Abschn. 34a Abs. 4 f., Abschn. 182a Abs. 26 f. UStR 2008.
582 BMF, Schreiben vom 20.12.2006, IV A 6 – S 7279 – 60/06, Steuerschuldnerschaft bei Messen, Ausstellungen und Kongressen (§ 13b Abs. 3 Nr. 4 und 5 UStG), BStBl. I 2006, 796; BMF, Schreiben vom 20.4.2007, IV A 6 – S 7279/0 – DOK 2007/0173890, Steuerschuldnerschaft des Leistungsempfängers bei Messen, Ausstellungen und Kongressen, UR 2007, 551.
583 ➲ mybook.haufe.de > Wichtiges aus dem BMF.

48.4 Restaurationsleistungen (§ 3a Abs. 3 Nr. 3 Buchst. b UStG)

48.4.1 Einführungsschreiben des BMF

 Rechtsgrundlagen

BMF, Schreiben vom 4.9.2009, IV B 9 – S 7117/08/10001, 2009/0580334, Rz. 46 und Rz. 47

48.4.2 Beratungskonsequenzen aus Abschn. 3a.6 Abs. 8, Abs. 9 UStAE

Die Abgrenzung zwischen

- Restauration (= sonstige Leistung) einerseits und
- der bloßen Lieferung von Lebensmitteln andererseits

erfolgt nach den für die Anwendung der Steuerermäßigung bekannten Kriterien. Der UStAE verweist (wie vorher das Einführungsschreiben vom 4.9.2009[584], Rz. 47 ausdrücklich auf die hierzu ergangene Anweisung[585].

 Beratungskonsequenzen

Der Praxis bleiben damit auch hier die »lieb gewonnenen« Abgrenzungsprobleme erhalten!

48.4.3 Keine Harmonisierung – Weiter Registrierungspflicht im EU-Ausland prüfen!

Das Reverse-Charge-Verfahren ist auf Restaurationsleistungen im B2B-Bereich[586] in den anderen EU-Mitgliedstaaten zwar möglich, aber **nicht zwingend** anzuwenden[587].

---

584 ➲ mybook.haufe.de > Wichtiges aus dem BMF.

585 BMF-Schreiben vom 16.10.2008 ➲ mybook.haufe.de > Wichtiges aus dem BMF.

586 Nochmals: »B2B-Leistungen« = Leistungen eines Unternehmers an einen anderen Unternehmer, vgl. Kapitel 41.2.3 (➲ mybook.haufe.de > Vertiefende Informationen) und Kapitel 43.3.

587 ➲ Kapitel 43.3.4.

Beratungskonsequenzen

Unternehmer werden daher vorerst auch zukünftig nicht umhinkommen, sich über die umsatzsteuerliche Behandlung im anderen Mitgliedstaat entsprechend zu informieren. Hier sind **auch weiterhin die bisherigen Prüfungen**[588] anzustellen.

48.4.4 Fallstudie zur Restauration

Beispiel

Ein Kölner Restaurationsbetrieb (R) begleitet ein deutsches Orchester auf seinen Touren in der ganzen Welt und sorgt dafür, dass die Orchestermitglieder angemessen bewirtet werden. Das Orchester tritt weltweit auf.

➲ **Folgen bis 31.12.2009**

Der Leistungsort des R bestimmte sich nach § 3a Abs. 1 UStG a. F. und war daher insgesamt Deutschland.

➲ **Folgen ab 1.1.2010**

Leistungsort des R ist nunmehr der Ort der jeweiligen »Essensausgabe«. R wird sich daher in allen europäischen Mitgliedstaaten registrieren müssen, in den das Orchester gastiert.

 Beratungskonsequenzen

1. Der Fall wird durch die Neuregelung komplizierter – dies wahrscheinlich in einer Weise, dass R auch der **Unterstützung durch Berater vor Ort** bedarf!

2. Die Problematik ist ähnlich wie bei der kurzfristigen Vermietung des Segelbootes[589].

---

588 ➲ Kapitel 42.5 (➲ mybook.haufe.de > Vertiefende Informationen).
589 ➲ Kapitel 47.3.

48.4.5 Hotelfrühstück keine Nebenleistung zu Übernachtungsumsätzen

 Beratungskonsequenzen

Nichtanwendungserlass

Das **BFH-Urteil vom 15.1.2009** ist bezüglich der Aussage, dass die Verpflegungsleistung eine Nebenleistung zur Übernachtungsleistung ist, nicht über den Einzelfall hinaus anzuwenden[590].

48.5 Arbeiten an Mobilien und deren Begutachtung (§ 3a Abs. 3 Nr. 3 Buchst. c UStG)

48.5.1 Beratungskonsequenzen aus Abschn. 3a.6 Abs. 10–12 UStAE

 Beratungskonsequenzen

1. **Persönlicher Anwendungsbereich:** Hier greift das Mehrwertsteuerpaket; die Ortbestimmung ist ausschließlich im B2C-Bereich[591] anzuwenden. Damit ist der B2B-Bereich[592] ungeregelt; es greift der Auffangtatbestand des § 3a Abs. 2 UStG.

2. **Sachlicher Anwendungsbereich:** Insoweit ergeben sich keine Neuerungen; der UStAE übernimmt daher (wie vorher das Einführungsschreiben vom 4.9.2009, Rz. 48–50 ➲ mybook.haufe.de) textlich im Wesentlichen unverändert den bisherigen Abschn. 36 Abs. 7 u. Abs. 8 UStR 2008.

---

590 BMF vom 4.5.2010 ➲ Kapitel 46.8.

591 Nochmals: »B2C-Leistungen« = Leistungen eines Unternehmers an Privat, vgl. Kapitel 41.2.3 (➲ mybook.haufe.de > Vertiefende Informationen) und Kapitel 43.3.

592 Nochmals: »B2B-Leistungen« = Leistungen eines Unternehmers an einen anderen Unternehmer, vgl. Kapitel 41.2.3 (➲ mybook.haufe.de > Vertiefende Informationen) und Kapitel 43.3.

48.5.2 Bisher erforderlicher Einsatz der USt-IdNr. entfällt!

Durch die Beschränkung des persönlichen Anwendungsbereichs auf B2C-Leistungen entfällt der bislang im B2B-Bereich zur optimalen Gestaltung erforderliche Einsatz der USt-IdNr[593].

48.5.3 Fallstudien: Vereinfachung des EU-Geschäfts ab 1.1.2010

Durch die Neuregelung des Dienstleistungsorts zum 1.1.2010 wurde **vieles anders – und grundsätzlich besser**! Das gilt zumindest für die Leistungsarten, bei denen Leistungen an Unternehmenskunden der neuen »B2B-Vorschrift« (§ 3a Abs. 2 UStG n. F.) unterliegen, und hier insbesondere für Arbeiten an beweglichen körperlichen Gegenständen und die Begutachtung dieser Gegenstände. Während § 3a Abs. 2 Nr. 3 Buchst. c UStG a. F. zur Vermeidung von Steuernachteilen immer das Ausüben des – in der Praxis häufig missverstandenen und streitbefangenen – Wahlrechts (Einsatz der USt-IdNr.) erforderte, regelt § 3a Abs. 2 UStG n. F. derlei Fallgestaltungen nunmehr von vorneherein recht unkompliziert[594]:

Beispiel 1

Ein Fahrzeug des Fuhrunternehmers F mit Sitz in Dortmund bleibt in Wien mit einem Motorschaden liegen. F beauftragt die Werkstatt W mit der Reparatur (= Werkleistung ≠ Werklieferung).

Variante 1: Beauftragung einer deutschen Werkstatt

---

593 ➲ Kapitel 42.4. (➲ mybook.haufe.de > Vertiefende Informationen).
594 *Weimann*, UStB 2010, 192.

Eigentlich hätten

- die W als leistende Unternehmerin die Reparatur in Österreich versteuern[595] oder

- F als Leistungsempfänger das dortige Abzugsverfahren (Reverse-Charge-Regelung) anwenden

müssen. Da dies weder i. S. d. W noch i. S. d. F war, hätte Kunde F den Reparaturauftrag unter Verwendung seiner deutschen USt-IdNr. erteilen und so den Leistungsort der W nach Deutschland verlagern können. In diesem Fall hätte W dem F deutsche USt in Rechnung gestellt und F diese als Vorsteuer geltend machen können.

Variante 2: Beauftragung einer österreichischen Werkstatt

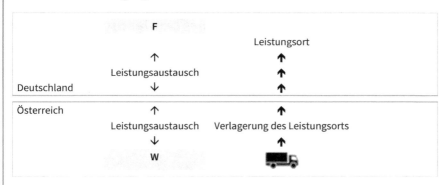

Wieder war es dem F zu empfehlen, den Reparaturauftrag unter Verwendung seiner deutschen USt-IdNr. erteilen, um so den Leistungsort der W nach Deutschland zu verlagern. W hätte dann als Ausländerin eine sonstige Leistung in Deutschland erbracht und gegenüber F netto abrechnen müssen; die Steuerschuld wäre gem. § 13b UStG auf F übergegangen.

➲ **Folgen ab 1.1.2010**

Leistungsort ist – **unabhängig vom Tätigkeitsort der W** – auf jeden Fall der **Sitzort des F (Dortmund)**. Handelt es sich bei W um eine

- deutsche Reparaturwerkstatt **(Variante 1)**, erhält F eine »**Brutto-Eingangsrechnung**« und zieht unter den weiteren Voraussetzungen des § 15 UStG die Vorsteuern;

---

595 Vgl. § 3a Abs. 2 Nr. 3 Buchst. c UStG a. F.

- österreichische Reparaturwerkstatt (**Variante 2**), erhält F eine »**Netto-Eingangsrechnung**« und versteuert den Leistungseingang nach § 13b UStG – und zwar in der entsprechenden UStVA durch Eintragungen in die Kennziffern für das neue innergemeinschaftliche Kontrollverfahren (Kz. 46 + Kz. 47 – natürlich mit **Vorsteuerabzug** durch Eintragung in **Kz. 67!** Zur UStVA 2017 ➜ **Kapitel** 58).

 Beratungskonsequenzen

Nach Feststellung der Steuerbarkeit der nämlichen Reparaturen ist immer deren **Steuerpflicht zu prüfen** (Hinweis auf § 4 Nr. 1 Buchst. a i. V. m. § 7 UStG) – das gilt auch nach dem 1.1.2010 unverändert weiter!

48.5.4 Fallstudien: Vereinfachung des Drittlandsgeschäfts

48.5.4.1 Zeit vom 1.1. bis zum 31.12.2010: Regelung durch Verwaltungsanweisung

Im Hinblick auf **Drittlandsgeschäfte** musste das BMF – ähnlich wie bei den Mischbezügen[596] – nachbessern. So lautete Rz. 21 des Einführungsschreibens zum Ort der sonstigen Leistungen ursprünglich wie folgt:

 Rechtsgrundlagen

BMF, Schreiben vom 4.9.2009[597]

(15) Wird eine Güterbeförderungsleistung tatsächlich ausschließlich im Drittlandsgebiet erbracht und ist der Leistungsort für diese Leistung unter Anwendung von § 3a Abs. 2 UStG im Inland, wird es nicht beanstandet, wenn der Leistungsempfänger den Umsatz nicht der Umsatzbesteuerung in Deutschland unterwirft.

Für Arbeiten an Mobilien in Drittländern ergab sich damit – wie ja auch bei Güterbeförderungen[598] – die **Gefahr einer Doppelbesteuerung!** Um diese auszuschalten, hat das BMF Rz. 21 wie folgt ergänzt:

---

596 ➜ Kapitel 45.4.
597 ➜ mybook.haufe.de > Wichtiges aus dem BMF.
598 ➜ Kapitel 54.5; vgl. auch *Weimann*, UStB 2010, 60.

§ Rechtsgrundlagen

BMF, Schreiben vom 8.12.2009[599]

(15) Werden Güterbeförderungsleistungen, **im Zusammenhang mit einer Güterbeförderung stehende Leistungen wie Beladen, Entladen, Umschlagen** (vgl. **§ 3b Abs. 2 UStG), Arbeiten an beweglichen körperlichen Gegenständen oder Reisevorleistungen im Sinne des § 25 Abs. 1 Satz 5 UStG** tatsächlich ausschließlich im Drittlandsgebiet – **mit Ausnahme der in § 1 Abs. 3 UStG genannten Gebiete** – erbracht und ist der Leistungsort für diese Leistungen unter Anwendung von § 3a Abs. 2 UStG im Inland, wird es nicht beanstandet, wenn

– **der leistende Unternehmer für den Fall, dass er für den jeweiligen Umsatz Steuerschuldner nach § 13a Abs. 1 Nr. 1 UStG ist, oder**

– der Leistungsempfänger **für den Fall, dass er für den jeweiligen Umsatz Steuerschuldner nach § 13b Abs. 1 Satz 1 Nr. 1 und Abs. 2 Satz 1 UStG ist,**

diesen Umsatz nicht der Umsatzbesteuerung in Deutschland unterwirft.

Die **Vorteile der Neufassung des BMF-Schreibens** verdeutlichen folgende Beispielfälle[600]:

Beispiel 2

D ist Maschinenbauer mit Sitz in Dortmund und lässt von U in Kiew (Ukraine) Bauteile veredeln. Die Bauteile werden zu diesem Zweck von Dortmund nach Kiew gebracht und nach der Veredelung nach Dortmund zurücktransportiert.

⮑ Folgen bis 31.12.2009

Leistungsort des U war Kiew (§ 3a Abs. 2 Nr. 3 Buchst. c UStG a. F.); die Leistung des U war damit nicht umsatzsteuerbar.

⮑ Folgen ab 1.1.2010

Leistungsort des U ist nunmehr Dortmund (§ 3a Abs. 2 UStG n. F.) Neben der ggf. in der Ukraine vorgesehenen Umsatzbesteuerung steht damit seit dem 1.1.2010 auch eine Umsatzbesteuerung in Deutschland. Hinzu kommt, dass die Einfuhr der veredelten Komponenten gemäß § 1 Abs. 1 Nr. 4 i. V. m. § 11 Abs. 2 UStG der EUSt unterliegt. Derselbe Vorgang löst mithin in Deutschland zwei Besteuerungstatbestände aus!

---

599 ⮑ mybook.haufe.de > Wichtiges aus dem BMF.

600 *Weimann*, UStB 2010, 192. Die Beispielsfälle 2–4 beruhen auf der Idee von *Nieskoven,* GStB 2010, 59.

Allerdings kann die nach § 3a Abs. 2 UStG n. F. in Deutschland erbrachte Veredelungsleistung des U ggf. gemäß § 4 Nr. 3 Buchst. a Doppelbuchst. bb UStG umsatzsteuerfrei bleiben und damit die ansonsten aus dem Leistungsbezug folgende Übertragung der Steuerschuldner auf D (§ 13b Abs. 1 Nr. 1 UStG) unterbleiben. Voraussetzung dafür ist jedoch, dass die für die Veredelung vereinbarte Vergütung **in die Bemessungsgrundlage der EUSt einbezogen und dies buch- und belegmäßig nachgewiesen** wird (§ 4 Nr. 3 Buchst. a Satz 2 UStG i. V. m. §§ 20, 21 UStDV).

Nach der Neufassung der Rz. 21 kann nunmehr eine Umsatzbesteuerung im Inland unterbleiben. Zur Nichtbesteuerung bedarf es in diesen Fällen daher **keines besonderen Buch- und Belegnachweises** – was natürlich nicht davon entbindet, dass der Sachverhalt »an sich« nachzuweisen ist.

Für den deutschen Mandanten freilich weniger wichtig, aber dennoch zu erwähnen: Im Fall der Steuerbefreiung nach § 4 Nr. 3 Buchst. a Doppelbuchst. bb hätte U diesen (steuerfreien) Umsatz bislang in Deutschland – ggf. unter Beauftragung eines »Fiskalvertreters (§§ 22a ff. UStG) – erklären müssen. Mit *Nieskoven* ist davon auszugehen, dass das BMF mit der Neufassung des Einführungsschreibens nicht nur auf die materiellen Umsatzbesteuerungsfolgen, sondern auch auf deren Erklärung (hier: durch U) verzichtet.

Beispiel 3

Wie Beispiel 2. D ist Zulieferer der Kraftfahrzeugindustrie und lässt in Russland erworbene Bauteile von U veredeln. Die veredelten Teile veräußert D an deutsche und ausländische Abnehmer, die die Ware bei U abholen und selbst die ggf. nachfolgende Verzollung und EUSt-Besteuerung vornehmen.

Gemäß § 3a Abs. 2 UStG n. F. gilt die Veredelungsleistung des U als in Dortmund erbracht; damit geht gemäß § 13b Abs. 1 Nr. 1 UStG die Steuerschuld grundsätzlich auf D über. Soweit veredelte Teile im Zuge der Weiterveräußerung anschließend in Deutschland eingeführt und einfuhrumsatzbesteuert werden, kommt zwar dem Grunde nach § 4 Nr. 3 Buchst. a Doppelbuchst. bb UStG in Betracht. Da jedoch weder U noch D die EUSt-Besteuerung in Deutschland vornehmen, kann ihnen der bislang zur Steuerbefreiung notwendige Nachweis der Einbeziehung in die EUSt-liche Bemessungsgrundlage kaum gelingen. Bislang hätte die Veredelung damit in Deutschland besteuert werden müssen; dies vermeidet Rz. 21 n. F.

Den Besteuerungsverzicht knüpft das BMF nicht an die Vorsteuerabzugsberechtigung des Leistungsempfängers! Dies ist eine »echte« Erleichterung, da bei nicht zum Vorsteuerabzug berechtigten Leistungsempfängern bislang –

neben der Einfuhrumsatzsteuer – zusätzlich auch die »normale« Umsatzsteuer anfallen konnte:

Beispiel 4

D ist Radiologe mit Praxis in Dortmund und lässt ein Diagnosegerät von dem in der Schweiz ansässigen Dienstleister CH warten. Das Gerät wird zu diesem Zweck in die Schweiz und nach erfolgter Wartung zurück nach Dortmund transportiert. Die gemäß § 3a Abs. 2 UStG n. F. in Dortmund erbrachte Bearbeitungsleistung des CH unterliegt nunmehr in Deutschland nicht mehr – zusätzlich zur Einfuhrumsatzsteuer nach § 1 Abs. 1 Nr. 4 i. V. m. § 11 Abs. 2 UStG – der »normalen« Umsatzsteuer. Eines Nachweises i. S. v. §§ 20, 21 UStDV bedarf es hierfür nun nicht mehr.

Letztlich vereinfacht die Neuregelung des Dienstleistungsorts zum 1.1.2020 auch **Lohnveredelungen deutscher Dienstleister für Drittlandskunden**.

Beispiel 5

Der in Zürich ansässige Unternehmer CH hat den in Dortmund ansässigen Dienstleister D mit der Oberflächenveredelung von Bauteilen beauftragt. Die Bauteile werden aus der Schweiz nach Dortmund verbracht und gehen nach erfolgter Veredelung wieder zurück in die Schweiz.

➲ **Folgen bis 31.12.2009**

Die Veredelung des D galt bislang als in Dortmund erbracht (§ 3a Abs. 2 Nr. 3 Buchst. c UStG a. F.), konnte aber unter den Voraussetzungen des § 7 UStG i. V. m. §§ 12, 13 UStDV (Beleg- und Buchnachweis) umsatzsteuerfrei bleiben.

➲ **Folgen ab 1.1.2010**

Gem. § 3a Abs. 2 UStG n. F. ist Leistungsort der Empfängersitzort Zürich. Ein besonderer Beleg- und Buchnachweis entfällt.

➡ **Beratungskonsequenzen**

Der **Anwendungsbereich des § 7 UStG reduziert sich** damit weitestgehend auf

- Veredelungen für deutsche Unternehmer i. S. v. § 7 Abs. 1 Nr. 1 UStG und
- Veredelungen für Nichtunternehmern i. S. v. § 3a Abs. 3 Nr. 3 Buchst. c UStG.

48.5.4.2   Ab 1.1.2011: Regelung durch § 3 Abs. 8 UStG

Die Ausdehnung des Besteuerungsverzichts durch das BMF-Schreiben vom 8.12.2009[601] war aus Mandantensicht natürlich zu begrüßen. Allerdings ist es Aufgabe des Gesetzgebers, eine solche Verzichtsregelung auch rechtlich abzusichern, zumal Art. 59a MwStSystRL hierzu ausdrücklich ermächtigt[602]. Diesem Auftrag hat der Gesetzgeber nunmehr mit dem neuen § 3 Abs. 8 UStG entsprochen[603]. Das BMF äußert sich hierzu – mit eigenen Fallbeispielen – im neuen Abschn. 3a.14 Abs. 5 UStAE[604].

48.5.5   Neues Praxisproblem ab 1.1.2010: Ortsgebundene Montagen

Zu praktischen Schwierigkeiten werden ortsgebundene Montagen führen[605]:

- **Bis zum 31.12.2009** kann in der Regel offen bleiben, ob es sich insoweit um Grundstücksleistungen oder Arbeiten an Mobilien handelt. Der Leistungsort ist sowohl bei Beurteilung nach § 3a Abs. 2 Nr. 1 UStG a. F. als auch nach § 3a Abs. 2 Nr. 3 Buchst. c UStG a. F. beim fertigen Werk.

- **Ab dem 1.1.2010** gilt dies nur für Grundstücksleistungen. Die Arbeiten an und das Begutachten von Mobilien beurteilen sich dagegen **im B2B-Bereich** ausnahmslos nach der Grundregel des § 3a Abs. 2 UStG: Leistungsort ist der Sitzort oder Betriebsstättenort des Kunden (Empfängerortsprinzip/Bestimmungslandprinzip). **Im B2C-Bereich** dürfte die Abgrenzung auch weiterhin bedeutungslos bleiben.

   Beratungskonsequenzen

Bei Fällen größeren Steuervolumens sollte **im Zweifel eine verbindliche Auskunft erwogen werden!**

---

601   ⮏ mybook.haufe.de > Wichtiges aus dem BMF.
602   So auch *Nieskoven*, GStB 2010, 59.
603   ⮏ Kapitel 53.2.
604   Vgl. BMF-Schreiben vom 4.2.2011 ⮏ mybook.haufe.de > Wichtiges aus dem BMF.
605   Dieses Problem sieht auch *Monfort*, DStR 2008, 297; vgl. auch ⮏ Kapitel 46.2.

49 Vermittlungsleistungen – § 3a Abs. 3 Nr. 4 UStG

§ Rechtsgrundlagen

- UStG: § 3a Abs. 3 Nr. 3
- UStAE: Abschn. 3a.7
- MwStSystRL: Art. 43 ff.

49.1 Grundlegende Verwaltungsanweisung: Abschn. 3a.7 UStAE

1. **Persönlicher Anwendungsbereich:** Hier greift das Mehrwertsteuerpaket; die Ortbestimmung ist ausschließlich im B2C-Bereich[606] anzuwenden. Damit ist der B2B-Bereich[607] ungeregelt; es greift der Auffangtatbestand des § 3a Abs. 2 UStG 2010.

2. **Sachlicher Anwendungsbereich:** Insoweit ergeben sich keine Neuerungen. Abschn. 3a.7 UStAE übernimmt daher (wie vorher das Einführungsschreiben vom 4.9.2009, Rz. 57 u. 58[608]) textlich im Wesentlichen unverändert den bisherigen Abschn. 36 Abs. 7 u. Abs. 8 UStR 2008.

49.2 Bisher erforderlicher Einsatz der USt-IdNr. entfällt!

Durch die Beschränkung des persönlichen Anwendungsbereichs auf B2C-Leistungen entfällt der bislang im B2B-Bereich zur optimalen Gestaltung erforderliche Einsatz der USt-IdNr.[609].

---

606 Nochmals: »B2C-Leistungen« = Leistungen eines Unternehmers an Privat, vgl. Kapitel 41.2.3 (➲ mybook.haufe.de > Vertiefende Informationen) und Kapitel 43.3.

607 Nochmals: »B2B-Leistungen« = Leistungen eines Unternehmers an einen anderen Unternehmer, vgl. Kapitel 41.2.3 (➲ mybook.haufe.de > Vertiefende Informationen) und Kapitel 43.3.

608 ➲ mybook.haufe.de > Wichtiges aus dem BMF.

609 ➲ Kapitel 42.4 (➲ mybook.haufe.de > Vertiefende Informationen).

49.3 Fallstudien

Beispiele zu Vermittlungen

Ein deutscher Agent (A) vermittelt eine Lieferung des deutschen Lieferanten (D) aus Dortmund an den italienischen Kunden (I) in Rom

- im Auftrag des D und erhält von diesem eine Provision **(Variante 1)**;
- im Auftrag des I und erhält von diesem eine Provision **(Variante 2)**.

➲ **Folgen bis 31.12.2009**

Leistungsort ist bei der Vermittlung einer innergemeinschaftlichen Lieferung nach der »**Lipjes-Rechtsprechung**« des EuGH[610] im Grundsatz **immer** das **Bestimmungsland** – hier also Italien. Diese Rechtsfolge gilt unabhängig vom Auftraggeber, also **unabhängig von dem, der die Provision bezahlt**.

Zur Vermeidung dieser in Variante 1 für A und D nachteilige Rechtsfolge sollte D den Agenturauftrag unter Verwendung seiner deutschen USt-IdNr. erteilen und so den Leistungsort der A nach Deutschland verlagern.

➲ **Folgen ab 1.1.2010**

Leistungsort des A ist der Sitzort des jeweiligen Auftragsgebers, also in

- **Variante 1** der Sitzort des D (Dortmund). D erhält von A eine »**Brutto-Eingangsrechnung**« und zieht unter den weiteren Voraussetzungen des § 15 UStG die Vorsteuern;
- **Variante 2** der Sitzort des I (Rom). I erhält von A eine »**Netto-Eingangsrechnung**« und versteuert den Leistungseingang in Italien nach den dortigen »Gegenstücken« zum deutschen § 13b UStG (Reverse-Charge).

---

610 ➲ mybook.haufe.de > Vertiefende Informationen > Kapitel 49.6, Abschnitt 4.1.

Beratungskonsequenzen

Nach Feststellung der Steuerbarkeit der nämlichen Vermittlungen ist immer deren **Steuerpflicht** zu prüfen (Hinweis auf § 4 Nr. 5 UStG) – **das gilt auch nach dem 1.1.2010 unverändert weiter!**

49.4 Vermittlung von Beherbergungsleistungen an Unternehmer

Mit BMF-Schreiben vom 14.6.2010 (a. a. O.) wurde u. a. Rz. 32 des BMF-Schreibens vom 4.9.2009 (a. a. O.) neu gefasst; die **kurzfristige Vermietung** von Zimmern in Hotels, Gaststätten oder Pensionen, von Fremdenzimmern, Ferienwohnungen, Ferienhäusern und vergleichbaren Einrichtungen soll damit **zukünftig nicht mehr als Grundstücksleistung** gelten.

Nach der ebenfalls neu gefassten Rz. 57 bestimmt sich der Leistungsort einer Vermittlungsleistung bei Leistungen an Nichtunternehmer nach § 3a Abs. 3 Nr. 4 UStG. Hierunter fällt auch die **Vermittlung der o. a. kurzfristigen Vermietungen an Nichtunternehmer**; bei der Vermittlung an **Unternehmer** oder gleichgestellte juristische Personen gilt **§ 3a Abs. 2 UStG** (B2B-Vorschrift).

Bei der **Vermittlung von (langfristigen) Grundstücksvermietungen** gilt (auch weiterhin) § 3a Abs. 3 Nr. 1 UStG als Spezialvorschrift.

49.5 Vermittlung von Eintrittsberechtigungen

 Hinweis

➲ Kapitel 50.3

49.6 Darstellung der Rechtslage bis zum 31.12.2009

Im Rahmen von Betriebsprüfungen und der Steuerberatung wird noch lange neben der neuen Rechtslage auch die Beurteilung von Sachverhalten nach »altem« Recht von Bedeutung sein ➲ mybook.haufe.de > Vertiefende Informationen > Kapitel 49.6.

50 Einräumung von Eintrittsberechtigungen – § 3a Abs. 3 Nr. 5 UStG

§ Rechtsgrundlagen

- UStG: § 3a Abs. 3 Nr. 5
- UStAE: Abschn. 3a.6 Abs. 13.
- MwStSystRL: Art. 43 ff.

50.1 Überblick

Das Jahressteuergesetz 2010[611] hat **m. W. v. 1.1.2011** in § 3a Abs. 3 Nr. 3 Buchst. a UStG die aufgrund des Mehrwertsteuerpakets erforderlichen weiteren Anpassungen vorgenommen. § 3a Abs. 3 Nr. 3 Buchst. a UStG beschränkt sich nunmehr auf **Leistungen an Nichtunternehmer.**

 Hinweis

➔ Kapitel 48.2.2, 48.2.3, 48.2.4 und 48.3.

Bei **Leistungen an Unternehmer** für deren unternehmerischen Bereich und diesen gleichgestellte nicht unternehmerisch tätige juristische Personen, denen eine USt-IdNr. erteilt worden ist, richtet sich der Leistungsort grundsätzlich nach **§ 3a Abs. 2 UStG** (Sitz oder Betriebsstätte des Leistungsempfängers).

Von der Neuregelung ausgenommen – und damit **wie vor dem 1.1.2011 am Veranstaltungsort besteuert** – werden soll die Einräumung der Eintrittsberechtigungen zu den nämlichen Veranstaltungen.

---

611 Jahressteuergesetz 2010 – JStG 2010 –, BGBl. I 2010, 1768; BStBl. I 2010, 1394.

50.2   Anwendungsbereich

50.2.1 Persönlicher Anwendungsbereich

Anzuwenden ist die neue Vorschrift auf **Leistungen im B2B-Bereich**[612] – also auf Leistungen, deren Leistungsort sich eigentlich gem. § 3a Abs. 2 UStG nach dem Empfängerortsprinzip richten würde.

50.2.2 Sachlicher Anwendungsbereich

Anzuwenden ist die neue Vorschrift auf die Einräumung von Eintrittsberechtigungen zu Veranstaltungen i. S. v. § 3a Abs. 3 Nr. 3 Buchst. a UStG.

 Hinweis

➲ Kapitel 48.2 und 48.3

50.3   Die Anweisungen in Abschn. 3a.6 Abs. 13 UStAE

§ 3a Abs. 3 Nr. 5 UStG gilt nur für **Leistungen an einen Unternehmer** für dessen unternehmerischen Bereich oder an eine einem Unternehmer gleichgestellte juristische Person[613].

Werden die in der Vorschrift genannten sonstigen **Leistungen an Nichtunternehmer**[614] erbracht, richtet sich der Leistungsort nach § 3a Abs. 3 Nr. 3 Buchst. a UStG.

 Praxistipp

Beim Verkauf von Eintrittskarten im eigenen Namen und auf eigene Rechnung **durch einen anderen Unternehmer als den Veranstalter** richtet sich der Leistungsort dagegen nach § 3a Abs. 1 UStG[615].

---

612 Nochmals: »B2B-Leistungen« = Leistungen eines Unternehmers an einen anderen Unternehmer, vgl. Kapitel 41.2.3 (➲ mybook.haufe.de > Vertiefende Informationen) und Kapitel 43.3.

613 Vgl. Abschnitt 3a.2 Abs. 1 UStAE.

614 Vgl. Abschnitt 3a.1 Abs. 1 UStAE.

615 Vgl. Abschn. 3a.6 Abs. 13 Satz 2 UStAE; BFH, Urteil vom 3. 6. 2009, XI R 34/08, BStBl. II 2010, 857.

Zu den Eintrittsberechtigungen gehören nach Abschn. 3a.6 Abs. 13 Satz 23 UStAE insbesondere:

- das Recht auf Zugang zu Darbietungen, Theateraufführungen, Zirkusvorstellungen, Freizeitparks, Konzerten, Ausstellungen sowie zu anderen ähnlichen kulturellen Veranstaltungen, auch wenn das Entgelt in Form eines Abonnements oder eines Jahresbeitrags entrichtet wird;

- das Recht auf Zugang zu Sportveranstaltungen wie Spiele und Wettkämpfe gegen Entgelt, auch wenn das Entgelt in Form einer Zahlung für einen bestimmten Zeitraum oder eine festgelegte Anzahl von Veranstaltungen in einem Betrag erfolgt;

- das Recht auf Zugang zu der Allgemeinheit offen stehenden Veranstaltungen auf dem Gebiet des Unterrichts und der Wissenschaft, wie beispielsweise Konferenzen und Seminare. Dies gilt unabhängig davon, ob der Unternehmer selbst oder ein Arbeitnehmer an der Veranstaltung teilnimmt und das Entgelt vom Unternehmer (Arbeitgeber) entrichtet wird.

Beispiel 1

Der Seminarveranstalter S mit Sitz in Salzburg (Österreich) veranstaltet ein Seminar zum aktuellen Umsatzsteuerrecht in der Europäischen Union in Berlin; das Seminar wird europaweit beworben. Teilnahmebeschränkungen gibt es nicht. An dem Seminar nehmen Unternehmer mit Sitz in Österreich, Belgien, Deutschland und Frankreich teil.

➲ **Folge**

Der Ort der Leistung ist nach § 3a Abs. 3 Nr. 5 UStG am Veranstaltungsort in Deutschland.

Beispiel 2

Die international tätige Wirtschaftsprüfungsgesellschaft W mit Sitz in Berlin beauftragt den Seminarveranstalter S mit Sitz in Salzburg (Österreich) mit der Durchführung eines Inhouse-Seminars zum aktuellen Umsatzsteuerrecht in der Europäischen Union in Salzburg. An dem Seminar können nur Mitarbeiter der W teilnehmen. Das Seminar wird im Januar 2015 durchgeführt. Es nehmen 20 Angestellte des W teil.

⊃ Folge

Da das Seminar **nicht für die Öffentlichkeit allgemein zugänglich** ist[616], fällt der Umsatz nicht unter die Eintrittsberechtigungen nach § 3a Abs. 3 Nr. 5 UStG. Der Leistungsort ist nach § 3a Abs. 2 Satz 1 UStG am Sitzort der W in Berlin.

Zu den mit den in § 3a Abs. 3 Nr. 5 UStG genannten Veranstaltungen zusammenhängenden sonstigen Leistungen gehören auch die Nutzung von **Garderoben** und von **sanitären Einrichtungen** gegen gesondertes Entgelt.

Nicht unter § 3a Abs. 3 Nr. 5 UStG fällt die **Berechtigung zur Nutzung von Räumlichkeiten**, wie beispielsweise Turnhallen oder anderen Räumen, gegen Entgelt.

Auch die **Vermittlung von Eintrittsberechtigungen** fällt nicht unter § 3a Abs. 3 Nr. 5 UStG; der Leistungsort dieser Umsätze richtet sich bei Leistungen an einen Unternehmer für dessen unternehmerischen Bereich oder an eine einem Unternehmer gleichgestellte juristische Person (siehe Abschn. 3a.2 Abs. 1) nach § 3a Abs. 2 UStG, bei Leistungen an einen Nichtunternehmer (siehe Abschn. 3a.1 Abs. 1) nach § 3a Abs. 3 Nr. 4 UStG.

50.4   Keine Harmonisierung – Weiter Registrierungspflicht im EU-Ausland prüfen!

Das Reverse Charge Verfahren ist bei Verkauf der nämlichen Eintrittsberechtigungen im B2B-Bereich in den anderen EU-Mitgliedstaaten zwar möglich, aber **nicht zwingend** anzuwenden[617]!

 Beratungskonsequenzen

Unternehmer werden daher vorerst auch zukünftig nicht umhinkommen, sich über die umsatzsteuerliche Behandlung im anderen Mitgliedstaat entsprechend zu informieren. Hier sind **auch weiterhin die bisherigen Prüfungen**[618] anzustellen.

---

616   ⊃ Kapitel 48.2.4.
617   ⊃ Kapitel 43.3.4.
618   ⊃ Kapitel 42.5, (⊃ mybook.haufe.de > Vertiefende Informationen).

51 Katalogleistungen – § 3a Abs. 4 UStG

 Rechtsgrundlagen

- UStG: § 3a Abs. 4
- UStAE: Abschn. 3a.8–3a.13
- MwStSystRL: Art. 43 ff.

51.0 Auf einen Blick – alle wichtigen Neuerungen vorab!

51.0.1 Individuelle Begleitung von Internetspielen

 Hinweis

➔ Kapitel 44.0.1

51.1 Grundlegende Verwaltungsanweisung: Abschn. 3a.8–3a.13 UStAE

1. **Persönlicher Anwendungsbereich:** Hier **greift das Mehrwertsteuerpaket**; die Ortbestimmung ist ausschließlich im B2C-Bereich[619] anzuwenden.

2. **Damit ist der B2B-Bereich**[620] **ungeregelt;** es greift der Auffangtatbestand des § 3a Abs. 2 UStG 2010. Dieser ist **wortgleich mit der bisherigen Regelung** für Katalogleistungen[621]. Damit wird die Regelung, die § 3a Abs. 3 Sätze 1 und 2 UStG a. F. bislang für Katalogleistungen vorsah, im B2B-Bereich zum Regeltatbestand. Auch hier ergeben sich – soweit ersichtlich – materiell keinerlei Änderungen im Vergleich zu § 3a Abs. 4, Abs. 3 UStG a. F.

3. **Sachlicher Anwendungsbereich:** Insoweit ergeben sich **keine Neuerungen**. Abschn. 3a.8 ff. UStAE übernehmen daher – wie schon das Einführungsschreiben vom 4.9.2009 – textlich im Wesentlichen unverändert die bisherigen Abschn. 39–39d UStR 2008.

---

619 Nochmals: »B2C-Leistungen« = Leistungen eines Unternehmers an Privat, vgl. Kapitel 41.2.3 (➔ mybook.haufe.de > Vertiefende Informationen) und Kapitel 43.3.

620 Nochmals: »B2B-Leistungen« = Leistungen eines Unternehmers an einen anderen Unternehmer, vgl. Kapitel 41.2.3 (➔ mybook.haufe.de > Vertiefende Informationen) und Kapitel 43.3.

621 Hinweis auf Kapitel 45.2.

51.2 Praktische Bedeutung der Vorschrift

Nachdem der B2B-Bereich auf § 3a Abs. 2 UStG ausgelagert wurde, stellt sich allerdings bei einigen Katalogleistungen schon die Frage, ob es realistisch ist, dass ein »Privatmann« diese Leistungen bezieht?

Hinzu kommt, dass der »Private« seinen Wohnsitz oder Sitz **außerhalb des Gemeinschaftsgebiets** haben muss[622].

Meines Erachtens läuft die Vorschrift leer!

51.3 Besonderheiten der Franchiseverträge

Neben den weltweit prominentesten Franchiseunternehmen, wie beispielsweise McDonalds, OBI, Hertz oder Subway, fassen auch immer wieder neue Franchiseunternehmen auf dem deutschen sowie globalisierten Markt Fuß (z. B. back WERK, Australien Homemade, soccerworld etc.). Kein anderes Handelssystem verzeichnet derzeit einen vergleichbaren Aufschwung – denn die Vorteile liegen auf der Hand: die gebündelte Marktmacht führt zu günstigen Einkaufskonditionen, der bereits eingeführte Markenname erleichtert bei Neueröffnungen den Zugang zum regionalen Markt, flächendeckende Werbemaßnahmen lassen alle angeschlossenen Unternehmen profitieren und ... und ... und ... Umsatzsteuerlich betritt der Praktiker bei der **Beurteilung von Franchiseverträgen weitestgehend »Neuland«;** Rechtsprechung und Verwaltungsanweisung streifen die Problematik allenfalls »am Rande«[623].

Wesen und Gegenstand des Franchising: Franchiseverträge sind ursprünglich aus den USA stammende Verträge zwischen mindestens zwei selbstständigen Unternehmen. Ein Franchisevertrag liegt vor, wenn

- ein Unternehmer (Franchisegeber)
- einem anderen Unternehmer (Franchisenehmer)
- für dessen Betriebsführung bestimmtes Erfahrungswissen (Know-how)
- zur Nutzung und unter der Auflage der Wahrung der entsprechenden Betriebs- und Geschäftsgeheimnisse

---

622   Abschn. 3a.8 Nr. 1 UStAE; vgl. auch BMF-Schreiben vom 4.9.2009, Rz. 59 Nr. 1
        ➲ mybook.haufe.de > Wichtiges aus dem BMF.
623   Vgl. OFD Magdeburg, Vfg. vom 2.5.2006, S 7200 – 179 – St. 244, UR 2007, 470.

- zur Vermarktung
- gegen Entgelt

überlässt. Der Franchisevertrag ist ein als **Dauerschuldverhältnis** ausgestalteter, **einheitlicher**, verkehrstypischer Vertrag, welcher am stärksten mit Elementen der **Rechtspacht** ausgestattet ist und darüber hinaus Elemente des **Kaufs**, der **Miete** sowie der **Geschäftsbesorgung** enthält. Der Franchisenehmer kann sich – abhängig von den jeweiligen Vertragsvereinbarungen – insbesondere der Firmierung, der Symbole, der Warenmuster, der Gebrauchsmuster, der Vermarktungsstrategien und der Patente des Franchisegebers bedienen.

Franchisenehmer als umsatzsteuerlicher Eigenhändler: Gegenstand des Franchisevertrags ist in der Regel die Überlassung eines Einzel- oder Großhandelskonzepts (**Vertriebskonzept**), in dessen Rahmen der Franchisegeber eine Reihe von verschiedenen Einzelleistungen gebündelt an den Franchisenehmer erbringt. Der Franchisenehmer ist dabei unter der überlassenen Marke bzw. dem Logo des Franchisegebers tätig, handelt jedoch als Eigenhändler **im eigenen Namen und auf eigene Rechnung**. Der Franchisenehmer erwirbt das Konzept vom Franchisegeber gegen Entgelt und behält dafür das Entgelt für den Absatz der Waren bzw. der Dienstleistungen vom Kunden am jeweiligen Standort. Demnach gilt es, **zwei Leistungsbeziehungen** zu unterscheiden:

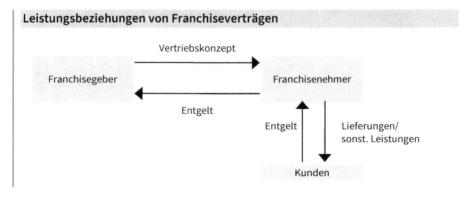

Leistungsbeziehungen von Franchiseverträgen

Leistungsarten des Franchisegebers: Der Franchisegeber erbringt an den Franchisenehmer regelmäßig wohl zwei voneinander zu unterscheidende **Hauptleistungen**:

- die Überlassung von geschützten Rechten (Firmenlogo, geschützte Patente, Branding etc.)
- die Überlassung von Informationen und Know-how (ungeschützte Rechte).

Die Annahme einer Vielzahl von Einzelleistungen, die danach zu einer getrennten umsatzsteuerlichen Würdigung jeder einzeln erbrachten Leistung führen würde, scheidet – wie *Müller* zutreffend ausführt[624] – aus. Der Franchisevertrag sieht vielmehr die Überlassung des durch den Franchisegeber entwickelten Einzel- oder Großhandelskonzepts (Vertriebskonzepts) und der damit im Zusammenhang stehenden Rechte und des Know-hows an den Franchisenehmer vor. Dem Franchisenehmer kommt es indes auch nicht auf die Erbringung unterschiedlicher Einzelleistungen an, die er frei bestimmen kann und über die jeweils getrennt abgerechnet wird. Der **Franchisenehmer verfolgt vielmehr den Erhalt eines weitgehend vorab entwickelten Einzel- oder Großhandelskonzepts sowie der Rechte und des Wissens,** womit er mit seinem Unternehmen erfolgreich am Markt bestehen kann. Weitere übliche Leistungen des Franchisegebers (Marketings- und Werbeleistungen, Beratungs- und Organisationsleistungen, Unterstützung bei Präsentationen und Netzwerkaktivitäten, Schulungen etc.) werden – soweit sie nicht bereits den Hauptleistungen zuzurechnen sind – als **Nebenleistungen** deren umsatzsteuerliche Schicksal teilen[625].

Bestimmung des Leistungsorts: Hier ist die vorstehende Abgrenzung der beiden Hauptleistungen ohne Bedeutung. Beide Leistungen sind Katalogleistungen i. S. d. § 3a Abs. 4 UStG (geschützte Rechte: Nr. 1; ungeschützte Rechte: Nr. 5). Die Leistungsortsbestimmung hat damit nach § 3a Abs. 3 UStG a. F./§ 3a Abs. 2 UStG 2010 zu erfolgen (Empfängerortsprinzip). Der Ort der Franchiseleistung(en) liegt danach dort, wo der Franchisenehmer sein Unternehmen betreibt.

Steuersatz: Hinsichtlich der Einräumung und Übertragung geschützter Rechtspositionen ist die Anwendung der Steuerermäßigung des § 12 Abs. 2 Nr. 7 Buchst. c UStG zu prüfen.

---

624 *Müller*, UR 2008, 365.
625 Vgl. Abschn. 3.10 UStAE (bis 31.10.2010: Abschn. 29 UStR 2008).

Einordnung der Leistungen des Franchisenehmers: Der Franchisenehmer tritt gegenüber seinen Kunden als Eigenhändler auf (s. o.); für die Beurteilung der Ausgangsumsätze ergeben sich keine Besonderheiten.

▶ Beratungskonsequenzen

1. **Verbindliche Auskunft einholen:** Die o. a. Einschätzungen ergeben sich ausschließlich aus dem – allerdings sehr gelungenen – Fachbeitrag. Es ist nicht abzuschätzen, ob und inwieweit die Finanzverwaltung die Rechtsansichten teilt. Aufgrund der u. U. gravierenden Auswirkungen von Fehleinschätzungen (Franchiseverträge regeln Dauersachverhalte!) ist es zu empfehlen, sich vor Abschluss eines Franchisevertrags durch eine verbindliche Auskunft der Finanzverwaltung (§ 89 AO) abzusichern. Da derartige Verträge langfristig geplant sind, sollte insoweit der Zeitfaktor (Bearbeitungsdauer des Finanzamts) wohl keine Rolle spielen.

2. **Ertragsteuerliche Auswirkungen prüfen:** Neben den umsatzsteuerlichen müssen natürlich auch die ertragsteuerlichen Auswirkungen eines Franchisevertrags (z. B. Quellensteuern, Doppelbesteuerungen) sowie die Folgen im Hinblick auf die Verrechnungspreise vorab analysiert werden, um auch hier Risiken – insbesondere hinsichtlich internationaler Auswirkungen und Verpflichtungen – auszuschließen.

3. **Anregung eines BMF-Schreibens:** Aufgrund des derzeit temporeichen Wachstums sowie der Verbreitung von Franchise-Konzepten und der dennoch bestehenden Unsicherheit zu der umsatzsteuerrechtlichen Behandlung von Franchise-Verträgen ist es mit *Müller*[626] sicher wünschenswert, wenn sich die Finanzverwaltung der Problematik in einem BMF-Schreiben annehmen würde.

4. **Einfluss der EuGH-Rechtsprechung:** Die Rechtsprechung streift die Problematik des Franchising allenfalls »am Rande« (s. o.) – und doch zeigt sich gerade hier der im Laufe der Zeit zunehmende Einfluss der EuGH-Rechtsprechung. Noch Anfang der 1990er Jahre hat der BFH[627] nämlich den Vorsteuerabzug eines »erfolglosen (Franchise-)Unternehmers« abgelehnt – unter Anwendung von Rechtsgrundsätzen, die wenig später der EuGH verworfen hat[628].

---

626 *Müller*, a. a. O.
627 Urteil vom 6.5.1993, V R 45/88, BStBl. II 1993, 564.
628 EuGH, Urteil vom 29.2.1996, Rs. C-110/94, Intercommunale voor zeewaterontzilting – INZO, UR 1996, 116.

Dienstleistungen

51.4 Steuerberater, Wirtschaftsprüfer, Rechtsanwälte

Die »bunte Vielfalt« der Leistungsortsbestimmung

Steuerberater, Wirtschaftsprüfer und Rechtsanwälte sind – ungeachtet ihres eigentlichen Beratungsauftrags – für die Mandanten häufig auch der bevorzugte Ansprechpartner in allen anderen Lebensbereichen, die die Berücksichtigung besonderer rechtlicher »Spielregeln« erfordern und in denen es daher von Vorteil ist, wenn man mit diesen umzugehen weiß. Bei der Bestimmung des umsatzsteuerlichen Leistungsorts stellt sich dann immer wieder die Frage, ob die nämliche Leistung

- vom Katalog des § 3a Abs. 4 Nr. 3 UStG a. F./§ 3a Abs. 4 Satz 2 Nr. 3 UStG 2010 erfasst wird oder einer der dort genannten Tätigkeiten zumindest ähnlich ist und daher ihren Ort gem. § 3a Abs. 3 UStG a. F./§ 3a Abs. 4 Satz 1 UStG 2010 unter Umständen am **Sitz des Leistungsempfängers** hat oder

- als solche eigener Art gem. § 3a Abs. 1 UStG a. F./2010 immer am **Sitz des leistenden Unternehmers** (Steuerberaters, Wirtschaftsprüfers oder Rechtsanwalts) erfolgt.

Die hohe praktische Relevanz dieser Frage zeigt sich am Sachverhalt, den der BFH aktuell zu beurteilen hatte:

Sachverhalt

Ein Steuerberater (S) wurde als gerichtlich bestellter Testamentsvollstrecker und Nachlasspfleger in Fällen tätig, in denen die **Erben im Drittlandsgebiet ansässig** waren. Bei Nachlasspflegschaft hat das Nachlassgericht dem S dabei auch die Ermittlung der Erben übertragen.

Nach **Auffassung des S** waren die von ihm erbrachten Leistungen solche i. S. d. § 3a Abs. 4 Nr. 3 UStG, die an nichtunternehmerische Drittlandskunden erbracht wurden, ihren Leistungsort daher gem. § 3a Abs. 3 Satz 3 UStG im Drittland hatten und damit nicht steuerbar sind. S wollte die Leistungen gegenüber seinen Mandanten damit netto fakturieren.

Das FA und diesem folgend das FG Baden-Württemberg[629] vertraten dagegen die Auffassung, die Leistungen seien als solche eigener Art gem. § 3a Abs. 1 UStG am Sitzort des S in Deutschland erfolgt und damit steuerbar und steuerpflichtig.

---

629 FG Baden-Württemberg, Urteil vom 20.10.2004, 13 K 16/01, EFG 2006, 1372.

Im Vorfeld der Entscheidung hatte S bereits ein **Vertragsverletzungsverfahren der EU-Kommission** gegen die Bundesrepublik Deutschland veranlasst. Der EuGH wies die Klage der EU-Kommission jedoch ab[630] und bestätigte damit die (deutsche) Rechtsauffassung von FA und FG.

Der BFH hat darauf erkannt, dass ein Steuerberater, der als Testamentsvollstrecker oder Nachlasspfleger tätig wird, diese Leistungen auch dann im Inland ausführt, wenn die Erben im Drittlandsgebiet wohnen[631]. Der BFH wendet insoweit die Rechtsprechung des EuGH an, der im bereits zitierten aktuellen Urteil seinerseits auf ältere Rechtsprechung aufbauen konnte[632]. Danach ist bei Beurteilung der Frage, ob sich eine Tätigkeit in den Katalog des § 3a Abs. 4 Nr. 3 UStG a. F./§ 3a Abs. 4 Satz 2 Nr. 3 UStG 2010 einordnen lässt, allein maßgeblich, ob es sich um eine Tätigkeit handle, durch welche die **in der Vorschrift bezeichnete Tätigkeit** – hier die Tätigkeit als Rechtsanwalt oder Steuerberater – **in ihrem Kernbereich charakterisiert** werde. Letzteres ist bei den hier zu beurteilenden Leistungen nicht der Fall[633]:

- **Die Testamentsvollstreckung** ist keine hauptsächlich oder gewöhnlich von Steuerberatern oder Rechtsanwälten erbrachte Leistung. Wegen der besonderen Rechtskenntnisse der Berufsangehörigen und des Umstands, dass Rechtskenntnisse bei der Abwicklung eines jeden Erbfalls unabdingbar sind, werden zwar oftmals Berufsangehörige zu Testamentsvollstreckern benannt. Der Testamentsvollstrecker **vertritt jedoch nicht den Erblasser**, sondern beschränkt sich darauf, dessen letzten Willen zu vollstrecken. Der Testamentsvollstrecker vollzieht damit einen **festgelegten Willen**, während der Rechtsanwalt **gestalterisch die Mandanteninteressen** wahrnimmt. Die Leistung des Testamentsvollstreckers hat damit einen eigenen Charakter, der sie von den hauptsächlichen Leistungen der Berufsangehörigen unterscheidet: die Testamentsvollstreckung entspricht überwiegend einer **wirtschaftlichen Tätigkeit**, die Leistung eines Rechtsanwalts oder Steuerberaters dient vor allem der **Rechtspflege**.

---

630 EuGH, Urteil vom 6.12.2007, Rs. C-401/06, Kommission/Deutschland, EU-UStB 2008, 4.

631 BFH, Urteil vom 3.4.2008, V R 62/05, BFH/NV 2008, 1406.

632 EuGH, Urteil vom 6.12.2007, Rs. C-401/06, Kommission/Deutschland, EU-UStB 2008, 4; Urteil vom 16.9.1997, Rs. C 145/96, Bernd von Hoffmann, UR 1998, 17.

633 Zum Urteil des BFH vom 3.4.2008 (V R 62/05) vgl. auch die Urteilsanmerkungen von *Fritsch*, UStB 2008, 222; *Martin*, BFH-PR 2008, 363; Scherer, steuer-journal 15/08, 7; *Tausch*, UVR 2008, 291. Zum Urteil des EuGH vom 6.12.2007 vgl. Huschens, EU-UStB 2008, 4.

- **Die Nachlasspflege** hat als Hauptaufgabe die **Sicherung und Erhaltung des Nachlasses** und damit eine **besondere Art der Vermögensverwaltung**. Letztere aber gehört weder zum Kernbereich der Tätigkeiten eines Rechtanwalts noch der Tätigkeiten eines Steuerberaters. Auch aus § 57 Abs. 3 Nr. 3 StBerG ergibt sich insoweit keine andere Beurteilung. Die Vorschrift erklärt in Abgrenzung zu den nicht vereinbaren Tätigkeiten eine wirtschaftsberatende oder treuhänderische Tätigkeit mit dem Steuerberaterberuf als zwar ausdrücklich vereinbar, gibt aber damit zugleich konkludent zu erkennen, dass diese Tätigkeiten nicht berufstypisch sind.

- **Die Erbenermittlung** durch den Nachlasspfleger teilt nach dem Grundsatz der Einheitlichkeit[634] als **unselbstständige Nebenleistung** das Schicksal der Hauptleistung »Nachlasspflege«.

- **»Ähnliche Leistungen«** ließen sich im Urteilsfall letztlich ebenfalls ausschließen. Die Annahme einer »ähnlichen Leistung« erfordert die Ähnlichkeit zu einer der in § 3a Abs. 4 Nr. 3 UStG a. F./§ 3a Abs. 4 Satz 2 Nr. 3 UStG 2010 ausdrücklich aufgeführten Tätigkeiten. Diese besteht nur dann, wenn beide Tätigkeiten dem gleichen Zweck dienen. Keine der in der Vorschrift bezeichneten Tätigkeiten hat die Testamentsvollstreckung oder die Nachlasspflege zum Gegenstand.

→ **Beratungskonsequenzen**

1. Ähnliche Leistungen sind zum einen Leistungen, deren **Schwergewicht in der Beratung** liegt[635]. Zugelassen sind Beratungen jedweder Art; es besteht keine Beschränkung auf rechtliche, wirtschaftliche oder technische Beratung.

2. Es ist **keine spezielle berufliche Qualifikation** des Beraters erforderlich; auch die **unerlaubte Rechtsberatung** fällt unter die Vorschrift. Alternativ kann man hierin auch die schlichte Überlassung von Informationen sehen[636]. Die Abgrenzung wäre aber allenfalls von theoretischem Interesse, da beide »Hausnummern« identische Rechtsfolgen haben. Beratungsleistung ist daher auch die Empfehlung von Kapitalanlagen und die Personalberatung.

3. Ohne Bedeutung ist, ob die Beratung **objektiv einen Nutzen** bringt oder bringen kann; auch die Erstellung von Horoskopen oder die Empfehlungen von Hellsehern sind Beratungen.

---

634 Vgl. Abschn. 29 UStR 2008.

635 Vgl. Art. 56 Abs. 1 Buchst. c MwStSystRL.

636 § 3a Abs. 4 Nr. 5 UStG a. F./§ 3a Abs. 4 Satz 2 Nr. 5 UStG 2010.

4. Zur **Abgrenzung wissenschaftlicher Arbeiten und Unterrichtungen** von der Beratung vgl. Abschn. 3a.6 Abs. 5 UStAE (Hinweis auch auf 36 Abs. 4 UStR 2008).

5. »Ähnliche Leistungen« können **auch dann vorliegen, wenn sie keine Beratungsleistungen** darstellen (Hinweis auf den Gesetzeswortlaut: »... insbesondere ... Beratung«). Die Annahme einer »ähnlichen Leistung« erfordert die Ähnlichkeit zu einer der in § 3a Abs. 4 Nr. 3 UStG a. F./§ 3a Abs. 4 Satz 2 Nr. 3 UStG 2010 ausdrücklich aufgeführten Tätigkeiten; diese besteht, wenn beide Tätigkeiten dem gleichen Zweck dienen (s. o.). Die Tätigkeit eines Rechtsbeistands ist der eines Rechtsanwalts ähnlich. Die Tätigkeit des Mitglieds eines Verwaltungsbeirats einer GmbH oder anderer Personenvereinigungen ist der Tätigkeit eines Aufsichtsratsmitglieds ähnlich. Die Anpassung von Software ist eine ingenieursähnliche Leistung. Auch die Stellung von Anträgen gilt als ähnliche Leistung (Art. 8 DVO/EG-RL zur Beantragung der Erstattung von Vorsteuer-Vergütungen).

6. **Keine Ähnlichkeit** in diesem Sinne besteht bei den Leistungen der Ärzte, der Schiedsrichter, der Treuhänder, der Vermögensverwalter und – so das Besprechungsurteil – der Nachlasspfleger und Testamentsvollstrecker[637].

7. Die als unselbstständige Nebenleistung zu beurteilende Erbenermittlung durch den Nachlasspfleger ist abzugrenzen von der **Erbenermittlung durch einen selbstständigen Erbenermittler**. Dessen Tätigkeit besteht in der Hauptsache in der »Überlassung von Informationen« i. S. d. § 3a Abs. 4 Nr. 5 UStG a. F./§ 3a Abs. 4 Satz 2 Nr. 5 UStG 2010.

51.5 Telekommunikations-, Rundfunk- und Fernseh- sowie auf elektronischem Weg erbrachte Dienstleistungen

Umfassende Neuregelung zum 1.1.2015!

 Hinweis

- Leistungsort für »E-Leistungen« ab 1.1.2015 ➲ Kapitel 51a
- »MOSS« (Mini-One-Stop-Shop
  = vereinfachtes Besteuerungsverfahren für E-Leistungen ab 1.1.2015) ➲ Kapitel 58a

---

637 Abschn. 3a.1 Abs. 4 u. Abschn. 3a.9 Nr. 1 UStAE (bis 31.10.2010: BMF-Schreiben vom 4.9.2009, Rz. 69) ➲ mybook.haufe.de.

Dienstleistungen

51a Besteuerung der »E-Leistungen« ab 2015/2019

Telekommunikations-, Rundfunk- und Fernseh- sowie auf elektronischem Weg erbrachte Dienstleistungen: Leistungsort für »E-Leistungen« unter Berücksichtigung der Erleichterungen ab dem 1.1.2019 aufgrund der Umsetzung des Digitalpakets

§ Rechtsgrundlagen

- UStG: § 3a Abs. 5, § 18 Abs. 4c u. 4e, § 18h UStG
- UStAE: (insbes.) Abschn. 3a.2 Abs. 5a, Abschn. 3a.5 Abs. 8 u. 8a, Abschn. 3a.8 Nr. 2a, Abschn. 3a.9a, Abschn. 3a.10 Abs. 2, Abschn. 3a.11 Abs. 2a, Abschn. 3a.12 Abs. 3 Nr. 8–8b, Abschn. 3a.16 Abs. 8 ff., Abschn. 18.7a, Abschn. 18.7b, Abschn. 18h.1, Abschn. 22.3a
- MwStSystRL: Art. 58
- BMF, Schreiben vom 11.12.2014, IV D 3 – S 7340/14/10002, 2014/1099363, Leistungsort bei Telekommunikationsdienstleistungen, Rundfunk- und Fernsehdienstleistungen, auf elektronischem Weg erbrachte Dienstleistungen an Nichtunternehmer (§ 3a Abs. 5 UStG) sowie besonderes Besteuerungsverfahren nach § 18 Abs. 4c, 4e und § 18h UStG ab 1.1.2015, BStBl. I 2014, 1631 (weiter gültig lt. BMF v. 18.3.2021, Anlage 1, Nr. 1743; zur zweifelhaften Bedeutung dieses Schreibens ➲ Kapitel 1.6).
- BMF, Schreiben vom 14.12.2018, III C 3 – S 7117-j/18/10002, 2018/1031145, Umsetzung des Digitalpakets zum 1.1.2019, BStBl. I 2018, 1429 (weiter gültig lt. BMF v. 18.3.2021, Anlage 1, Nr. 1441; zur zweifelhaften Bedeutung dieses Schreibens ➲ Kapitel 1.6).

51a.1 Der Einstieg: 8 FAQs, die Sie mit der Problematik vertraut machen

FAQ 1: Was ist das Ziel der Neuregelung?

Ziel der Neuregelung zum 1.1.2015 ist die weitere Umsetzung des **Bestimmungslandprinzips**, d. h. eine Besteuerung am (EU-)Verbrauchsort. Nach Auffassung der EU-Mitgliedstaaten lässt sich damit einhergehende **Gefahr von Steueraus-**

fällen bei bestimmten grenzüberschreitenden Dienstleistungen durch eine »**Ein-orts-Registrierung**« eindämmen; gleichzeitig sollen so **Verfahrensabläufe vereinfacht** werden. Bereits seit dem 1.7.2003 gilt daher über §§ 3a Abs. 5, 18 Abs. 4c UStG eine Sonderregelung für Drittlands-Unternehmer, die elektronische Dienstleistungen (i. e. S.) erbringen; diese wird ab dem 1.1.2015 auf EU-Unternehmen ausgeweitet.

FAQ 2:   Welche Umsatzarten sind betroffen?

Die Neuregelung gilt gem. § 3a Abs. 5 Satz 2 n. F. UStG für

- sonstige Leistungen auf dem Gebiet der **Telekommunikation.** Zu den genauen Leistungsinhalten vgl. Abschn. 3a.10 UStAE;
- **Rundfunk- und Fernseh**dienstleistungen. Zu den genauen Leistungsinhalten vgl. Abschn. 3a.11 UStAE;
- **auf elektronischem Weg** erbrachten sonstigen Leistungen. Zu den genauen Leistungsinhalten vgl. Abschn. 3a.12 UStAE.

FAQ 3:   Welche Kundenkreise sind betroffen?

Die Neuregelung gilt gem. § 3a Abs. 5 Satz 1 n. F. UStG ausschließlich für Umsätze, auf die die B2B-Regel des § 3a Abs. 2 UStG keine Anwendung findet, d. h. für Umsätze an »**Privatkunden**«.

FAQ 4:   Welche Unternehmer sind betroffen?

Die Neuregelung gilt gem. § 3a Abs. 5, Abs. 6 n. F. UStG ausschließlich für **in einem EU-Mitgliedstaat ansässige Unternehmer.**

FAQ 5:   Was galt bisher?

Für die o. g. Umsatzarten galt bislang das **Ursprungslandprinzip.** Entsprechende Umsätze eines deutschen Unternehmers an EU-Privatkunden wurden damit in Deutschland besteuert. Entsprechend musste in der Rechnung **deutsche Umsatzsteuer ausgewiesen** werden.

FAQ 6:   Was gilt nun?

Seit dem 1.1.2015 gilt bislang das **Bestimmungslandprinzip.** Entsprechende Umsätze eines deutschen Unternehmers an EU-Privatkunden werden damit nunmehr **im Land des Kunden** besteuert. Entsprechend muss in der Rechnung **die dortige (ausländische) Umsatzsteuer ausgewiesen** und abgerechnet werden.

FAQ 7:   Welche Rolle spielt dabei der MOSS?

Der MOSS soll als elektronisches Verfahren die Umsetzung der vorgenannten Ziele ohne großen Mehraufwand gewährleisten. Deutsche Unternehmen können hierzu seit Oktober 2014 die Teilnahme an der Sonderregelung beim BZSt beantragen. Steuererklärungen sind dann ab 2015 bis zum 20. Tag nach Ende des jeweiligen Besteuerungszeitraums elektronisch zentral zu übermitteln. Gleiches gilt für die **Entrichtung der Umsatzsteuer**; auch diese erfolgt **zentral über ein Konto des BZSt.** Ausgenommen sind Umsätze in anderen EU-Mitgliedstaaten, in denen die deutschen Unternehmer über eine umsatzsteuerliche Betriebsstätte verfügen. Weitere Einzelheiten unter **www.bzst.de.**

FAQ 8:   Wie ist gegenüber dem Kunden abzurechnen?

Hier liegt das Praxisproblem! In der Rechnung muss der deutsche Unternehmer die **(ausländische) Umsatzsteuer des Bestimmungslandes ausweisen** und abrechnen. Dazu muss er den Wohnsitz oder den gewöhnlichen Aufenthalt seines Privatkunden kennen. Nach Auffassung der EU-Kommission muss diese dem Unternehmer obliegende Pflicht angemessen und realistisch sein – insbesondere bei Umsätzen von geringem Wert. Eine **Verifizierung der Kundenangaben** zur Rechnungsanschrift anhand der Kreditkarte oder »anderer Mittel der geografischen Ortung« entspricht nach Auffassung der EU-Kommission »der gängigen Geschäftspraxis« und dürfte damit ausreichen.

51a.2   Leistungsort vom 1.1.2015 bis zum 31.12.2018

Durch Gesetze wie das »Fünfte Gesetz zur Änderung des Steuerbeamten-Ausbildungsgesetzes und zur Änderung von Steuergesetzen« vom 23.7.2002 oder das »Gesetz zur Neuorganisation der Bundesfinanzverwaltung und zur Schaffung eines Refinanzierungsgesetzes« vom 22.9.2005 ist man es bereits gewohnt, dass für Gesetzesnamen ähnliches wie für die Produktwerbung gilt: »Es steht nicht auch das immer drauf, was drin ist!«. So auch das neue »Gesetz zur Anpassung des nationalen Steuerrechts an den Beitritt Kroatiens zur EU und zur Änderung weiterer steuerlicher Vorschriften« – nachfolgend kurz: »KroatienAnpassG« –

vom 25.7.2014[638]. Das Gesetz ist ein Mantelgesetz, das vieles regelt, was endlich einmal geregelt werden musste. Wichtige Änderungen betreffen das Umsatzsteuerrecht und hier insbesondere die Besteuerung elektronischer Dienstleistungen[639].

51a.2.1 Regelungszweck

Nach Auffassung der EU-Mitgliedstaaten lässt sich bei der Umsatzbesteuerung bestimmter grenzüberschreitender Dienstleistungen durch eine »Einorts-Registrierung« der **Steuerbetrug eindämmen;** gleichzeitig werden **Verwaltungsabläufe vereinfacht.**

Bereits seit dem 1.7.2003 gilt daher über §§ 3a Abs. 5, 18 Abs. 4c UStG eine Sonderregelung für Drittlands-Unternehmer, die elektronische Dienstleistungen (i. e. S.) erbringen; diese wird ab dem 1.1.2015 auf EU-Unternehmen ausgeweitet.

Für deutsche Unternehmen – und auch die deutsche FinVerw – ergibt sich daraus die Herausforderung, Verfahrensabläufe und IT-Systeme rechtzeitig auf die ab dem 1.1.2015 geltenden Anforderungen umzustellen.

51a.2.2 Besteuerung bis zum 31.12.2014

51a.2.2.1 EU-Dienstleister an EU-Privatkunden (§ 3a Abs. 1, Abs. 4 Satz 2 Nr. 11, Nr. 12, Nr. 13 UStG – alt –)

Der Besteuerungsort bei

- Telekommunikationsdienstleistungen,
- Rundfunk- und Fernsehdienstleistungen
- auf elektronischem Weg erbrachten Dienstleistungen
- **an** in der EU ansässige Privatabnehmer
- **durch** in einem EU-Mitgliedstaat ansässigen Unternehmer

---

638 BGBl. I 2014, 266.
639 *Weimann/Kraatz,* PIStB 2014, 298.

ist derzeit am **Sitz des leistenden Unternehmers** (§ 3a Abs. 1 UStG); die Unternehmer erklären diese Umsätze in ihrer Umsatzsteuererklärung im Sitzstaat.

 Beratungskonsequenzen

In der Praxis ist die derzeitige Regelung sehr einfach zu handhaben, da die nämlichen Leistungen zu »**normalen**« **Inlandsumsätzen** führen.

51a.2.2.2 Drittlands-Dienstleister an EU-Privatkunden
(§ 3a Abs. 4 Satz 2 Nr. 13, Abs. 5 i. V. m. § 18 Abs. 4c UStG alt)

Der Leistungsort bei

- auf elektronischem Weg erbrachten Leistungen
- **an** in der EU ansässige Privatabnehmer
- **durch** einen im Drittlandsgebiet ansässigen Unternehmer

liegt am Wohnsitz des Empfängers.

Der im Drittlandsgebiet ansässige Unternehmer **kann** sich jedoch **nur in einem EU-Mitgliedstaat erfassen** lassen und dort alle derartigen in der EU ausgeführten Umsätze erklären und die Steuer entrichten.

 Hinweis

Für die Durchführung des entsprechenden Verfahrens ist in Deutschland nach § 18 Abs. 4c UStG das BZSt zuständig (siehe www.bzst.de/steuern).

51a.2.3 Besteuerung ab dem 1.1.2015 im Überblick

51a.2.3.1 Anlass der Gesetzesänderungen

Die Gesetzänderungen dienen der Umsetzung zwingender EU-Vorgaben

51a.2.3.2 Inhalt der Neuregelung

Art. 8 Nr. 3 KroatienAnpassG hat § 18h UStG eingefügt, Art. 9 Nr. 2 KroatienAnpassG hat § 3a UStG wie folgt neu gefasst:

Rechtsgrundlagen

§ 3a UStG

Ort der sonstigen Leistung

(Hinweis: Hervorhebungen durch **Fett**druck sind vom Autor.)

(4) ... ²Sonstige Leistungen im Sinne des Satzes 1 sind:

...

11. die sonstigen Leistungen auf dem Gebiet der Telekommunikation [**aufgehoben**];

12. die Rundfunk- und Fernsehdienstleistungen [**aufgehoben**];

13. die auf elektronischem Weg erbrachten sonstigen Leistungen [**aufgehoben**];

...

(5) ¹Ist der Empfänger einer der in Satz 2 bezeichneten sonstigen Leistungen

1. **kein Unternehmer, für dessen Unternehmen die Leistung bezogen wird,**

2. **keine ausschließlich nicht unternehmerisch tätige juristische Person, der eine Umsatzsteuer-Identifikationsnummer erteilt worden ist,**

3. **keine juristische Person, die sowohl unternehmerisch als auch nicht unternehmerisch tätig ist, bei der die Leistung nicht ausschließlich für den privaten Bedarf des Personals oder eines Gesellschafters bestimmt ist,**

wird die sonstige Leistung an dem Ort ausgeführt, an dem der Leistungsempfänger seinen Wohnsitz, seinen gewöhnlichen Aufenthaltsort oder seinen Sitz hat. ²Sonstige Leistungen im Sinne des Satzes 1 sind:

1. **die sonstigen Leistungen auf dem Gebiet der Telekommunikation;**

2. **die Rundfunk- und Fernsehdienstleistungen;**

3. **die auf elektronischem Weg erbrachten sonstigen Leistungen.**

(6) ¹Erbringt ein Unternehmer, der sein Unternehmen von einem im Drittlandsgebiet liegenden Ort aus betreibt,

1. eine in Absatz 3 Nr. 2 bezeichnete Leistung oder die langfristige Vermietung eines Beförderungsmittels,

2. eine in Absatz 4 Satz 2 Nr. 1 bis 10 bezeichnete sonstige Leistung an eine im Inland ansässige juristische Person des öffentlichen Rechts oder

3. **eine in Absatz 5 Satz 1 Nummer 1 und 2** [bis 31.12.2014: Absatz 4 Satz 2 Nr. 11 und 12] bezeichnete Leistung,

ist diese Leistung abweichend von **Absatz 1, Absatz 3 Nummer 2, Absatz 4 Satz 1 oder Absatz 5** [bis 31.12.2014: Absatz 1, Absatz 3 Nr. 2 oder Absatz 4 Satz 1] als im Inland ausgeführt zu behandeln, wenn sie dort genutzt oder ausgewertet wird.
2...

(8) ¹Erbringt ein Unternehmer eine Güterbeförderungsleistung, ein Beladen, Entladen, Umschlagen oder ähnliche mit der Beförderung eines Gegenstandes im Zusammenhang stehende Leistungen im Sinne des § 3b Absatz 2, eine Arbeit an beweglichen körperlichen Gegenständen oder eine Begutachtung dieser Gegenstände, eine Reisevorleistung im Sinne des § 25 Absatz 1 Satz 5 oder eine Veranstaltungsleistung im Zusammenhang mit Messen und Ausstellungen, ist diese Leistung abweichend von Absatz 2 als im Drittlandsgebiet ausgeführt zu behandeln, wenn die Leistung dort genutzt oder ausgewertet wird. ²**Satz 1 gilt nicht, wenn die dort genannten Leistungen in einem der in § 1 Absatz 3 genannten Gebiete tatsächlich ausgeführt werden** [bis 31.12.2014: ²Erbringt ein Unternehmer eine sonstige Leistung auf dem Gebiet der Telekommunikation, ist diese Leistung abweichend von Absatz 1 als im Drittlandsgebiet ausgeführt zu behandeln, wenn die Leistung dort genutzt oder ausgewertet wird. ³Die Sätze 1 und 2 gelten nicht, wenn die dort genannten Leistungen in einem der in § 1 Absatz 3 genannten Gebiete tatsächlich ausgeführt werden.]

 Rechtsgrundlagen

§ 18h UStG

Verfahren bei der Abgabe der Umsatzsteuererklärung für einen anderen Mitgliedstaat

➲ Kapitel 58a

51a.2.4 Neuer Leistungsort für elektronische Leistungen (i. w. S.) an Privat

§ 3a Abs. 5, Abs. 6 Satz 1, Abs. 8 UStG

51a.2.4.1 Weitere Umsetzung des Bestimmungslandprinzips

Gem. § 3a Abs. 5 UStG gilt ab dem **ab dem 1.1.2015** als **Leistungsort** bei

- **Telekommunikationsleistungen**
- **Rundfunk- und Fernsehleistungen und**
- **auf elektronischem Weg erbrachten Leistungen**
- an **Nichtunternehmer**

der **Ort, an dem der Leistungsempfänger** seinen Sitz, seinen Wohnsitz oder seinen gewöhnlichen Aufenthaltsort hat.

Hinweis

Die Telekommunikationsleistungen, Rundfunk- und Fernsehleistungen und auf elektronischem Weg erbrachten Leistungen werden in der Summe in diesem Kapitel als »elektronische Leistungen i. w. S.« oder »E-Leistungen i. w. S.« bezeichnet.

Damit soll eine systematisch zutreffende **Besteuerung am tatsächlichen Verbrauchsort** erreicht werden[640].

 Beratungskonsequenzen

Der Leistungsort bestimmt sich somit gem. § 3a UStG neu **unabhängig von dem Ort, an dem der leistende Unternehmer ansässig ist.** Künftig ist es für den Leistungsort daher unerheblich, ob der Leistende im Gemeinschaftsgebiet oder im Drittlandsgebiet ansässig ist.

 Hinweis

Die Gesetzesänderungen sind damit **wie erwartet erfolgt**[641].

51a.2.4.2 Organisation und Auftragskalkulation

Die neuen Vorschriften führen dazu, dass bei Erbringung der nämlichen Dienstleistungen **umsatzsteuerliche Pflichten im EU-Ausland ggf. neu begründet** werden können. Dies führt zu einem **erhöhten Verwaltungsaufwand** durch

- Umstellung der Buchführung
- Einrichtung der EDV
- Bestellung eines (zusätzlichen) Steuerberaters
- Bestellung eines Fiskalvertreters
- ...

der bereits bei der **Kalkulation eines Auftrags** und damit von den (in der Regel mit steuerlichen Fragen weniger befassten) Verkaufsabteilungen berücksichtigt werden muss!

---

640 BT-Drs. 18/1995 vom 2.7.2014, zu Nr. 3 / § 18h UStG – neu – Allgemein.

641 Vgl. *Weimann/Tybussek*, GStB 2013, 103.

Dienstleistungen

51a.2.5 Auswirkungen auf das Besteuerungsverfahren für Drittlandunternehmer

Für nicht im Gemeinschaftsgebiet ansässige Unternehmer, die derartige Leistungen an Nichtunternehmer mit Sitz, Wohnsitz oder gewöhnlichem Aufenthalt im Unionsgebiet erbringen, wird die **bisherige Sonderregelung**[642], nach der sich diese Unternehmer nur in einem EU-Mitgliedstaat erfassen lassen müssen, wenn sie in der EU sonstige Leistungen auf elektronischem Weg erbringen, **auf Telekommunikationsleistungen und Rundfunk- und Fernsehleistungen ausgedehnt.**

 Beratungskonsequenzen

Für auf elektronischem Weg erbrachte Leistungen i. e. S. an Nichtunternehmer bleibt hier »alles beim alten«! Die Neuregelung wird sich insoweit – also im Drittlandsbereich – nur auf die Erbringer von Telekommunikationsleistungen und Rundfunk- und Fernsehleistungen auswirken.

51a.2.6 Inkrafttreten

Gem. Art. 28 Abs. 5 KroatienAnpassG die Gesetzesänderung am 1.1.2015 in Kraft getreten.

51a.3 Leistungsort seit dem 1.1.2019

Entlastung von Kleinstunternehmen durch das MwSt-Digitalpaket

51a.3.1 Regelung im UStG

§ 3a Abs. 5 Sätze 3–5 UStG wurden angefügt durch Gesetz zur Vermeidung von Umsatzsteuerausfällen beim Handel mit Waren im Internet und zur Änderung

---

642 Vgl. Art. 359 bis 369 MwStSystRL in der ab 1.1.2015 geltenden Fassung von Art. 5 Nr. 11 bis 14 der Richtlinie 2008/8/EG.

weiterer steuerlicher Vorschriften vom 11.12.2018[643] und sind ab dem 1.1.2019 anzuwenden[644]:

 Rechtsgrundlagen

§ 3a UStG

Ort der sonstigen Leistung

(Hinweis: Hervorhebungen durch **Fett**druck sind vom Autor.)

(1) ... (4) ...

(5) ... [3]Satz 1 ist nicht anzuwenden, wenn der leistende Unternehmer seinen Sitz, seine Geschäftsleitung, eine Betriebsstätte oder in Ermangelung eines Sitzes, einer Geschäftsleitung oder einer Betriebsstätte seinen Wohnsitz oder gewöhnlichen Aufenthalt **in nur einem Mitgliedstaat** hat und der Gesamtbetrag der Entgelte der in Satz 2 bezeichneten sonstigen Leistungen an in Satz 1 bezeichnete Empfänger mit Wohnsitz, gewöhnlichem Aufenthalt oder Sitz in anderen Mitgliedstaaten [ab 1.7.2021: sowie der innergemeinschaftlichen Fernverkäufe nach § 3c Absatz 1 Satz 2 und 3] **insgesamt 10 000 Euro** im vorangegangenen Kalenderjahr nicht überschritten hat und im laufenden Kalenderjahr nicht überschreitet. [4]Der leistende Unternehmer kann dem Finanzamt erklären, dass er auf die Anwendung des Satzes 3 verzichtet. [5]Die Erklärung bindet den Unternehmer mindestens für zwei Kalenderjahre.

(6)–(8) ...

Die neue Vorschrift wird flankiert von zusätzlichen Änderungen in **§ 14 Abs. 7 UStG** und **§ 18 Abs. 4c und Abs. 4d UStG.**

51a.3.2 Umsetzung der Vorgaben aus Europa

Die Änderungen der §§ 3a Abs. 5, 14 Abs. 7, 18 Abs. 4c Satz 1 und Abs. 4d UStG setzen den zum 1.1.2019 in Kraft tretenden Teil des sog. MwSt-Digitalpakets[645] um.

---

643 BGBl. I 2018, 2338.

644 Vgl. § 27 Abs. 23 UStG.

645 Art. 1 der Richtlinie (EU) 2017/2455 des Rates vom 5.12.2017 zur Änderung der Richtlinie 2006/112/EG und der Richtlinie 2009/132/EG in Bezug auf bestimmte mehrwertsteuerliche Pflichten für die Erbringung von Dienstleistungen und für Fernverkäufe von Gegenständen (ABl. L 348 vom 29.12.2017, S. 7), mit dem die Art. 58, 219a und 358a Nr. 1 der Richtlinie 2006/112/EG neu gefasst wurden).

Bei der Umsetzung des MwSt-Digitalpakets zum 1.1.2019 ist auch die unmittelbar geltende Durchführungsverordnung[646], mit der Art. 24b der Durchführungsverordnung [EU] Nr. 282/2011 neu gefasst wurde, zu beachten[647].

51a.3.3 Für größere IT-Dienstleister bleibt alles unverändert

Entlastet werden **ausschließlich Kleinstunternehmen**; für alle anderen gelten seit dem 1.1.2015 unverändert die Ausführungen ➲ oben in Kapitel 51a.2.

51a.3.4 Ein erster Überblick über die Neuregelung

Die Änderung von § 3a Absatz 5 UStG führt dazu, dass bei Telekommunikationsdienstleistungen, bei Rundfunk- und Fernsehdienstleistungen und bei auf elektronischem Weg erbrachten sonstigen Leistungen, die

- von einem Unternehmer, der über eine Ansässigkeit in nur einem Mitgliedstaat verfügt,
- an Nichtunternehmer erbracht werden, die in anderen Mitgliedstaaten ansässig sind,

der Leistungsort an dem **Ort liegt, der sich nach § 3a Abs. 1 UStG bestimmt** (➲ B2C-Leistung, Kapitel 44), wenn

- der Gesamtbetrag der Entgelte der bezeichneten sonstigen Leistungen
- insgesamt 10.000 € im vorangegangenen Kalenderjahr nicht überschritten hat und
- im laufenden Kalenderjahr 10.000 € nicht überschreitet.

Der leistende Unternehmer kann auf die **Anwendung dieser Umsatzschwelle verzichten** mit der Folge, dass sich der Leistungsort der bezeichneten Leistungen (weiterhin) stets an dem Ort befindet, an dem der Leistungsempfänger seinen Wohnsitz, seinen gewöhnlichen Aufenthaltsort oder seinen Sitz hat. Die Verzichtserklärung bindet den Unternehmer mindestens für zwei Kalenderjahre.

---

646 Durchführungsverordnung [EU] 2017/2459 des Rates vom 5.12.2017 zur Änderung der Durchführungsverordnung [EU] Nr. 282/2011 zur Festlegung von Durchführungsvorschriften zur Richtlinie 2006/112/EG über das gemeinsame Mehrwertsteuersystem [Abl. EU 2017 Nr. L 348, S. 32].
647 BMF, Schreiben vom 14.12.2018, a. a. O.

Beratungskonsequenzen

Die Änderung von Art. 58 MwStSystRL hat das Ziel, dass **Kleinstunternehmen** mit Sitz in nur einem EU-Mitgliedstaat, die solche Dienstleistungen an Nichtunternehmer in anderen Mitgliedstaaten erbringen, von der Erfüllung mehrwertsteuerlicher Pflichten in anderen Mitgliedstaaten **entlastet** werden. Daher wurde ein **unionsweit geltender Schwellenwert in Höhe von 10.000 Euro** eingeführt, bis zu dem diese Dienstleistungen nun wieder der Mehrwertsteuer im Mitgliedstaat der Ansässigkeit des leistenden Unternehmers unterliegen[648].

51a.3.5 Änderungen im UStAE

Zu den Änderungen vgl. das Einführungsschreiben des BMF[649].

51a.4 Vereinfachtes Besteuerungsverfahren für E-Leistungen ab 1.1.2015

Zur Vereinfachung des Verfahrens wurde der »MOSS« (Mini-One-Stop-Shop) installiert ➲ Kapitel 58a.

52 Besonderheiten bei der Einschaltung von Erfüllungsgehilfen

 Rechtsgrundlagen

- UStAE: Abschn. 3a.15
- MwStSystRL: Art. 43 ff.
- BMF, Schreiben vom 4.9.2009, IV B 9 – S 7117/08/10001 (2009/0580334), Ort der sonstigen Leistung nach §§ 3a, 3b und 3e UStG, BStBl. I 2009, 1005 (formell aufgehoben, materiell aber weiter gültig lt. BMF vom 18.3.2021; zur zweifelhaften Bedeutung dieses Schreibens ➲ Kapitel 1.6).

---

648 Gesetzesentwurf der Bundesregierung, BR-Drs. 371/18 vom 10.8.2018, Begründung zu Art. 9 Nr. 3.
649 BMF, Schreiben vom 14.12.2018, a. a. O.

Dienstleistungen

52.1 Grundlegende Verwaltungsanweisung: Abschn. 3a.15 UStAE

Hier bleibt das **Mehrwertsteuerpaket ohne Auswirkung**. Abschn. 3a.15 UStAE übernimmt daher – wie schon das Einführungsschreiben vom 4.9.2009 mit redaktionellen Änderungen den bisherigen Abschn. 41 UStR 2008. Dessen Grundlage ist das nachfolgend vorgestellte EuGH-Urteil.

52.2 EuGH zur Ortsbestimmung bei Leistungsketten

Das Urteil erging zum »**alten**« – also bis zum 31.12.2009 gültigen – **Recht**: Für Katalogleistungen i. S. d. § 3a Abs. 4 UStG ergibt sich der Leistungsort im Regelfall aus § 3a Abs. 3 UStG. Letzterer beruht auf Art. 56 MwStSystRL und ordnet wie dieser das Empfängerortsprinzip an.

Lange Zeit war fraglich, wer maßgebender Empfänger bei einer Leistungskette sein soll: der direkte Vertragspartner oder Letztempfänger in der Kette. Der EuGH hat nunmehr darauf erkannt, dass bei der Ortsbestimmung **immer auf den direkten Vertragspartner des jeweils leistenden Unternehmers abzustellen** ist[650].

Dem Urteil des EuGH liegt ein Zivilrechtsstreit zwischen einem Auftraggeber in Luxemburg und einem Auftragnehmer in Belgien zugrunde:

Sachverhalt

Das luxemburgische Ministerium für Wirtschaft (Nichtunternehmer) beauftragte eine luxemburgische Werbeagentur, die ihrerseits eine belgische Werbeagentur beauftragte. Die belgische Agentur wies in der Rechnung an die luxemburgische

---

650 EuGH, Urteil vom 5.6.2003, Rs. C-438/01, Design Concept SA/Flanders Expo SA, UVR 2003, 304.

Agentur belgische Umsatzsteuer aus. Für die Ortsbestimmung sei der Letztempfänger maßgebend; da dieser Nichtunternehmer sei, läge der Leistungsort in Belgien[651].

Die luxemburgische Agentur wollte die Umsatzsteuer nicht bezahlen, da der Leistungsort in Luxemburg (= Sitz des unternehmerischen Leistungsempfängers, vgl. für Deutschland § 3a Abs. 3 Satz 1 UStG a. F., jetzt § 3a Abs. 2 UStG 2010) läge.

Der EuGH entschied i. S. d. luxemburgischen Agentur.

Wird eine Werbeleistung vom ersten Leistenden über mehrere selbstständige Umsatzverhältnisse an den Endabnehmer durchgereicht, richtet sich die Bestimmung des Leistungsorts für jedes der Leistungsverhältnisse in der Leistungskette nach Art. 9 Abs. 2 Buchst. e der 6. EG-RL. Ein **Durchgriff auf die Qualität des Endabnehmers** (Steuerpflichtiger oder Nichtsteuerpflichtiger) im Rahmen der vorangegangenen Leistungsbeziehungen **scheidet damit aus.** Insbesondere der Praktiker im Unternehmen wird diese Entscheidung begrüßen. Denn eine – ohne Anhaltspunkt in der jeweiligen Norm – vertretene Auslegung der Leistungsortsregelung nach Endverbrauchsprinzipien verträgt sich nicht mit der einfachen (Sofort-)Bestimmbarkeit des Leistungsortes für die Umsatzsteuer. Denn, wie sollte im Sachverhalt die belgische Werbeagentur wissen, dass ihre Auftraggeberin und Leistungsempfängerin (die luxemburgische Agentur) weiterleistet und das deren Abnehmer (das Ministerium) nicht steuerpflichtig ist? Letzteres jedenfalls dann, wenn keine Art von »Reihengeschäften« gegeben ist, bei denen der erste Leistende direkt auf den letzten Abnehmer trifft. Der EuGH bezeichnet im Streitfall das Durchreichen der Werbeleistung über zwei völlig selbstständige Umsätze als **indirekte Dienstleistung.** Die belgische Agentur leistete **im eigenen Namen und für eigene Rechnung** an die luxemburgische Agentur; diese wiederum leistete denselben Gegenstand entsprechend an das Ministerium[652].

 Quintessenz

Dieselbe Vorschrift zur Bestimmung des Leistungsorts führt nicht zwingend zum selben Leistungsort!

---

651 Vgl. für Deutschland Abschn. 38 Abs. 1 Satz 3 Nr. 3 UStR 2008.
652 *Wagner,* UVR 2003, 304 (306); *Weimann,* UStB 2004, 64 (65).

Dienstleistungen

53 Sonderfälle des Orts der sonstigen Leistung – § 3a Abs. 6–8 UStG

§ Rechtsgrundlagen

- UStG: § 3a Abs. 6–8
- UStAE: Abschn. 3a.14
- MwStSystRL: Art. 43 ff.

53.1 Grundlegende Verwaltungsanweisung: Abschn. 3a.14 Abs. 1–4 UStAE

1. § 3a Abs. 6, Abs. 7 UStG 2010 sind die **Nachfolgebestimmungen zu § 1 UStDV**.
2. Abschn. 3a.14 Abs. 1–4 UStAE setzt – wie schon das Einführungsschreiben vom 4.9.2009 – auf **Abschn. 42 UStR 2008** auf und **aktualisiert und erweitert** die Bestimmungen.

53.2 Grundlage für den bisher von der FinVerw verfügten Besteuerungsverzicht

Das BMF hatte zu bestimmten Drittlandsfällen einen Besteuerungsverzicht ausgesprochen[653]. So sehr dies aus Mandantensicht auch begrüßen ist: es ist Aufgabe des Gesetzgebers, eine solche Verzichtsregelung rechtlich abzusichern, zumal Art. 59a MwStSystRL hierzu ausdrücklich ermächtigt[654]. Diesem Auftrag hat der Gesetzgeber nunmehr mit dem neuen § 3 Abs. 8 UStG entsprochen. Das BMF äußert sich hierzu – mit eigenen Fallbeispielen – im neuen Abschn. 3a.14 Abs. 5 UStAE[655].

---

653 BMF-Schreiben vom 8.12.2009 ➲ mybook.haufe.de > Wichtiges aus dem BMF;
   ➲ Kapitel 48.5.4, Kapitel 54.4.

654 So auch *Nieskoven,* GStB 2010, 59.

655 Vgl. BMF-Schreiben vom 4.2.2011 ➲ mybook.haufe.de > Wichtiges aus dem BMF.

54 Ort der Beförderungsleistungen

Damit zusammenhängende sonstige Leistungen nach § 3b UStG

 **Rechtsgrundlagen**

- UStG: § 3b
- UStDV: §§ 2–7
- UStAE: Abschn. 3b.1–3b.4
- MwStSystRL: Art. 43 ff.

54.1 Grundlegende Verwaltungsanweisung: Abschn. 3b.1 ff. UStAE

1. **Persönlicher Anwendungsbereich:** Hier **greift das Mehrwertsteuerpaket**; die Ortbestimmung ist ausschließlich im B2C-Bereich[656] anzuwenden. Damit ist der B2B-Bereich[657] ungeregelt; es greift der Auffangtatbestand des § 3a Abs. 2 UStG 2010.

2. **Sachlicher Anwendungsbereich:** Es ergeben sich keine Neuerungen. Abschn. 3b.1 ff. UStAE übernehmen daher insoweit – wie schon das Einführungsschreiben vom 4.9.2009 – im Wesentlichen unverändert die bisherigen Abschn. 42a ff. UStR 2008.

54.2 Der Einsatz der USt-IdNr. wirkt sich seit 2010 nicht mehr aus!

Durch die Beschränkung des persönlichen Anwendungsbereichs auf B2C-Leistungen entfällt der bislang im B2B-Bereich zur optimalen Gestaltung erforderliche Einsatz der USt-IdNr[658].

---

656 Nochmals: »B2C-Leistungen« = Leistungen eines Unternehmers an Privat, vgl. Kapitel 41.2.3 (➲ mybook.haufe.de > Vertiefende Informationen) und Kapitel 43.3.

657 Nochmals: »B2B-Leistungen« = Leistungen eines Unternehmers an einen anderen Unternehmer, vgl. Kapitel 41.2.3 (➲ mybook.haufe.de > Vertiefende Informationen) und Kapitel 43.3.

658 Hinweis auf Kapitel 42.4 (➲ mybook.haufe.de > Vertiefende Informationen)

54.3 Fallstudien

Beispiele zu Güterbeförderungen ...

... aus der Sicht des Auftraggebers (= Mandant)

Der deutsche Lieferant D mit Sitz in Dortmund beauftragt einen Frachtführer (F) zum Transport von Ware

- von Dortmund nach Köln (innerdeutsche Güterbeförderung);
- von Dortmund nach Wien (innergemeinschaftliche Güterbeförderung);
- von Rom nach Dortmund (innergemeinschaftliche Güterbeförderung);
- von Dortmund nach Kiew (... im Zusammenhang mit einer Ausfuhr);
- von Basel nach Dortmund (... im Zusammenhang mit einer Einfuhr).

F ist

- ein deutscher Frachtführer **(Variante 1)**;
- ein österreichischer Frachtführer **(Variante 2)**;
- ein türkischer Frachtführer **(Variante 3)**.

⮊ Folgen bis 31.12.2009

Die Ortsbestimmung war nach § 3b UStG a. F. im Wesentlichen abhängig von der Beförderungsstrecke. Zur Vermeidung nachteiliger Rechtsfolgen empfahl es sich, den Beförderungsauftrag unter Verwendung der deutschen USt-IdNr. des Auftraggebers zu erteilen und so den Leistungsort des Beförderungsunternehmers nach Deutschland verlagern.

⮊ Folgen ab 1.1.2010

Leistungsort ist – **unabhängig von der jeweiligen Beförderungsstrecke** – auf jeden Fall der **Sitzort des D (Dortmund)**. Handelt es sich bei F um einen

- deutschen Frachtführer **(Variante 1)**, erhält D eine »**Brutto-Eingangsrechnung**« und zieht unter den weiteren Voraussetzungen des § 15 UStG die Vorsteuern;
- österreichischen Frachtführer **(Variante 2)**, erhält D eine »**Netto-Eingangsrechnung**« und versteuert den Leistungseingang nach § 13b UStG – und zwar in der entsprechenden UStVA durch Eintragungen in die Kennziffern für das neue innergemeinschaftliche Kontrollverfahren (Kz. 46 + Kz. 47 – natürlich mit **Vorsteuerabzug** durch Eintragung in **Kz. 67**! Zur UStVA 2017 ⮊ Kapitel 58.3);
- türkischen Frachtführer **(Variante 3)**, erhält D ebenfalls eine »**Netto-Eingangsrechnung**« und versteuert den Leistungseingang nach § 13b UStG – und

zwar in der entsprechenden UStVA durch Eintragungen in die »alten« Kennziffern (Kz. 52 + Kz. 53 – wieder mit **Vorsteuerabzug** durch Eintragung in **Kz. 67!** Zur UStVA 2017 Hinweis auf ➲ Kapitel 58.3).

 Beratungskonsequenzen

Nach Feststellung der Steuerbarkeit der nämlichen Beförderungen ist immer deren **Steuerpflicht** zu prüfen (Hinweis auf § 4 Nr. 3 UStG) – **das gilt auch nach dem 1.1.2010 unverändert weiter!**

Beispiele zu Güterbeförderungen ...

... aus der Sicht des Transportunternehmers (= Mandant)

Der deutsche Frachtführer D mit Sitz in Dortmund transportiert im Auftrag von Kunde K Ware
- von Dortmund nach Köln (innerdeutsche Güterbeförderung);
- von Dortmund nach Wien (innergemeinschaftliche Güterbeförderung);
- von Rom nach Dortmund (innergemeinschaftliche Güterbeförderung);
- von Dortmund nach Kiew (... im Zusammenhang mit einer Ausfuhr);
- von Basel nach Dortmund (... im Zusammenhang mit einer Einfuhr).

K ist
- ein deutscher Auftraggeber **(Variante 1)**;
- ein österreichischer Auftraggeber **(Variante 2)**;
- ein türkischer Auftraggeber **(Variante 3)**.

➲ Folgen bis 31.12.2009

Die Ortsbestimmung war nach § 3b UStG a. F. im Wesentlichen abhängig von der Beförderungsstrecke. Zur Vermeidung nachteiliger Rechtsfolgen empfahl es sich, den Beförderungsauftrag unter Verwendung der deutschen USt-IdNr. des Auftraggebers zu erteilen und so den Leistungsort des D nach Deutschland verlagern. Es lag an D, dem Kunden ein entsprechendes Vorgehen zu empfehlen.

➲ Folgen ab 1.1.2010

Leistungsort ist – **unabhängig von der jeweiligen Beförderungsstrecke** – auf jeden Fall der **Sitzort der Kunden K**. Handelt es sich bei K um einen
- deutschen Auftraggeber **(Variante 1),** erteilt D eine »normale« **Bruttorechnung** für einen innerdeutschen Umsatz;

- österreichischen Auftraggeber (**Variante 2**), erteilt D eine »normale« **Netto-rechnung** (= B2B-Leistung, die in das neue **innergemeinschaftliche Kontrollverfahren** eingeht);

- türkischen Auftraggeber (**Variante 3**), erteilt D eine »normale« **Nettorechnung** (= B2B-Leistung, die **nicht** in das innergemeinschaftliche Kontrollverfahren eingeht = nichtsteuerbarer Umsatz, Kz. 45 der UStVA. Zur UStVA 2017 ➲ Kapitel 58).

➡ Beratungskonsequenzen

Nach Feststellung der Steuerbarkeit der nämlichen Beförderungen ist immer deren **Steuerpflicht** zu prüfen (Hinweis auf § 4 Nr. 3 UStG) – **das gilt auch nach dem 1.1.2010 unverändert weiter!**

54.4 Güterbeförderungen ab 1.1.2010: die neuen »Drittlandsfälle«

54.4.1 Zeit vom 1.1. bis zum 31.12.2010: Regelung durch Verwaltungsanweisung

Güterbeförderungsleistungen zwischen Unternehmern fallen ab dm 1.1.2010 aus dem Anwendungsbereich des § 3b UStG heraus; anzuwenden ist nunmehr der neue Auffangtatbestand des § 3a Abs. 2 UStG, die sog. »**B2B-Regel**«. Demzufolge können ab 1.1.2010 auch **reine Drittlandsbeförderungen** zu einer **Ortsansiedelung beim deutschen Leistungsempfänger** führen. Insoweit sieht die Finanzverwaltung aber Erleichterungen vor:

Beispiel 1

Das in München ansässige Maschinenbauunternehmen D beauftragt die Schweizer Spedition CH, eine Maschine von Bern nach Zürich zu transportieren.

Bis zum 31.12.2009 kam es hier nicht zu einer Besteuerung in Deutschland, da § 3b Abs. 1 UStG a. F. auf den Ort der tatsächlichen Beförderung (ausschließlich Schweiz) abstellte.

Seit dem 1.1.2010 ist für derlei Güterbeförderungen das »Empfängersitzortprinzip« des § 3a Abs. 2 UStG einschlägig – mit der Folge, dass die Leistung vollumfänglich in Deutschland zu besteuern ist. Da ein Leistungsbezug von einem im Ausland ansässigen Unternehmer i. S. v. § 13b Abs. 4 UStG vorliegt, kommt es zudem zur Übertragung der Steuerschuld auf D.

Bitte beachten Sie!

Die zwingende Besteuerung derartiger Beförderungen würde die Drittlandsaktivitäten deutscher Unternehmer – **die ja letztlich zu den finanzpolitisch höchst erwünschten Devisen führen – unnötig erschweren/behindern.** Auch ist eine zusätzliche Besteuerung der Beförderung im Drittland nicht ausgeschlossen – ja sogar recht wahrscheinlich; es besteht mithin die **Gefahr einer Doppelbesteuerung!** Aus diesem Grunde kann D kann auf die Besteuerung der Leistung verzichten[659]. **Den Besteuerungsverzicht knüpft das BMF nicht an die uneingeschränkte Vorsteuerabzugsberechtigung des Leistungsempfängers!**

Beispiel 2

Sachverhalt wie Bsp. 1. Der »innerschweizerische« Gütertransport erfolgt jedoch durch den deutschen Frachtführer F.

Auch in diesen Fällen siedelt § 3a Abs. 2 UStG den Leistungsort am Sitz des Leistungsempfängers D in Deutschland an. Die Güterbeförderung ist mithin in Deutschland steuerbar und steuerpflichtig.

Als deutscher Unternehmer schuldet F die Umsatzsteuer für den Transport selbst (§ 13a UStG).

Ursprünglich beschränkte die Finanzverwaltung die Möglichkeit des Besteuerungsverzichts auf § 13b-Fälle[660]. Danach wurde der Verzicht jedoch auch auf die Fälle i. S. d. § 13a UStG ausgedehnt[661].

Bitte beachten Sie!

Die Verzichtsregelung beschränkt sich auf Drittlandsbeförderungen, da es nach den Vorgaben von Art. 44 MwStSystRL **bei innergemeinschaftlichen Sachverhalten nicht** zu einer Doppelbesteuerung kommen kann!

Bei **Ausfuhrbeförderungsleistungen** führt die Neuregelung ebenfalls zu einem Systemwechsel:

---

659 BMF-Schreiben vom 4.9.2009; noch vor Inkrafttreten neu gefasst durch BMF-Schreiben vom 8.12.2009 ➲ mybook.haufe.de >Wichtiges aus dem BMF.
660 BMF-Schreiben vom 4.9.2009 ➲ mybook.haufe.de > Wichtiges aus dem BMF.
661 BMF-Schreiben vom 8.12.2009 ➲ mybook.haufe.de > Wichtiges aus dem BMF.

Beispiel 3

Der deutsche Maschinenbauunternehmer D beauftragt den deutschen Frachtführer DF mit der Beförderung einer Maschine von Köln zu seinem russischen Käufer RUS in Moskau.

Bis zum 31.12.2009 galt hier der »Streckenteilungsgrundsatz« des § 3b Abs. 1 Satz 2 UStG a. F. Der deutschen Umsatzbesteuerung unterlag danach nur der inländische Streckenanteil, während der ausländische Streckenanteil in Deutschland nicht steuerbar war. Der anteilig auf die inländische Strecke entfallende Vergütungsanteil blieb jedoch gemäß § 4 Nr. 3 Buchst. a Doppelbuchst. aa UStG umsatzsteuerfrei.

Seit dem 1.1.2010 kommt bei Güterbeförderungen zwischen Unternehmern auch im Ausfuhrbereich das »Empfängerortprinzip« zur Anwendung. Nach dem Systemwechsel liegt daher für die Gesamtstrecke/Gesamtvergütung der Besteuerungsort in Deutschland. Allerdings kommt nunmehr auch für die Gesamtstrecke die **Steuerbefreiung gem. § 4 Nr. 3 Buchst. a Doppelbuchst. aa UStG** in Betracht.

Hierbei sieht der Besprechungsbeitrag aufgrund der veränderten Regelungstechnik ein neues Problem – das der **Definition des Begriffs der Ausfuhr:**

Beispiel 4

Sachverhalt wie Bsp. 3. Die von D produzierte Maschine befindet sich jedoch bereits im Auslieferungslager des D in Warschau, sodass sich die Güterbeförderung des DF auf die Strecke Warschau-Moskau beschränkt.

Bis zum 31.12.2009 ergab sich mangels inländischen Streckenanteils keine Besteuerungshoheit in Deutschland.

Ab dem 1.1.2010 führt das generelle Empfängerortprinzip auch hier zu einer vollumfänglichen Steuerbarkeit in Deutschland. Wie in Bsp. 3 ist die Steuerbefreiung gemäß § 4 Nr. 3 Buchst. a Doppelbuchst. aa UStG zu prüfen. Diese setzt jedoch eine »Ausfuhr« voraus, die nach bisherigem Territorialverständnis – so die Auffassung des Besprechungsbeitrags – eine Warenbewegung aus dem Inland (Deutschland) in das Drittland impliziert (A. 46 Abs. 1 Satz 3 UStR 2008). Die Finanzverwaltung nimmt jedoch eine steuerbegünstigte Aus- oder Einfuhrbeförderung i. S. v. § 4 Nr. 3a UStG auch dann an, wenn deutsches Territorium bei der zu beurteilenden Beförderungsstrecke nicht berührt wird[662]. Auch für die Beförderungsstrecke Warschau-Moskau kommt demnach die Steuerbefreiung des § 4

---

662   BMF-Schreiben vom 4.9.2009, Rz. 22 ➲ mybook.haufe.de > Wichtiges aus dem BMF.

Nr. 3a UStG in Betracht – es genügt mithin die **grenzüberschreitende Beförderung aus einem EU-Staat in das Drittland** (bzw. für die Einfuhr-Beförderungsbefreiung i. S. v. § 4 Nr. 3 Buchst. a Doppelbuchst. bb UStG eine **umgekehrte Beförderungsbewegung**).

Bitte beachten Sie!

In Abweichung von Besprechungsbeitrag dient Rz. 22 des BMF-Schreibens m. E. ausschließlich der Klarstellung eines Ergebnisses, zu dem der Rechtsanwender bei telologischer Interpretation der Steuerbefreiung ohnehin gelangt wäre (deklaratorische Wirkung).

 Beratungskonsequenzen

Die deutsche Finanzverwaltung hat zu den neuen Ortvorschriften umfassend Stellung genommen[663]. Dieses Schreiben wurde bereits vor Inkrafttreten neu gefasst[664]. **Auch das mag letztlich ein Zeichen von Rechtsunsicherheit sein!**

54.4.2 Ab 1.1.2011: Regelung durch § 3 Abs. 8 UStG

Die Ausdehnung des Besteuerungsverzichts durch das BMF-Schreiben vom 8.12.2009[665] war aus Mandantensicht natürlich begrüßen. Allerdings ist es Aufgabe des Gesetzgebers, eine solche Verzichtsregelung auch rechtlich abzusichern, zumal Art. 59a MwStSystRL hierzu ausdrücklich ermächtigt[666]. Diesem Auftrag hat der Gesetzgeber nunmehr mit dem neuen § 3 Abs. 8 UStG entsprochen. Das BMF äußert sich hierzu im neuen Abschn. 3a.14 Abs. 5 UStAE[667].

 Hinweis

➲ Kapitel 53.2

---

663 BMF-Schreiben vom 4.9.2009 ➲ mybook.haufe.de > Wichtiges aus dem BMF.
664 BMF-Schreiben vom 8.12.2009 ➲ mybook.haufe.de > Wichtiges aus dem BMF.
665 ➲ mybook.haufe.de > Wichtiges aus dem BMF.
666 So auch *Nieskoven,* GStB 2010, 59.
667 Vgl. BMF-Schreiben vom 4.2.2011 ➲ mybook.haufe.de > Wichtiges aus dem BMF.

54.5 Darstellung der Rechtslage bis zum 31.12.2009

Im Rahmen von Betriebsprüfungen sowie Klage und Strafverfahren wird noch lange neben der neuen Rechtslage auch die Beurteilung von Sachverhalten nach »altem« Recht von Bedeutung sein.

 Hinweis

mybook.haufe.de > Vertiefende Informationen > Kapitel 54.5

55 Restaurationsleistungen während Transfers – § 3e UStG

 Rechtsgrundlagen

- UStG: § 3e
- UStAE: Abschn. 3e.1
- MwStSystRL: Art. 43 ff.
- BMF, Schreiben vom 4.9.2009, IV B 9 – S 7117/08/10001 (2009/0580334), Ort der sonstigen Leistung nach §§ 3a, 3b und 3e UStG, BStBl. I 2009, 1005 (formell aufgehoben, materiell aber weiter gültig lt. BMF v. 18.3.2021; zur zweifelhaften Bedeutung dieses Schreibens ➲ Kapitel 1.6).
- BMF, Schreiben vom 4.2.2011, IV D 3 – S 7117/10/10006 (2011/0101498), Änderung des Ortes der sonstigen Leistung (§ 3a UStG) durch das Jahressteuergesetz 2010 – Anpassung der Abschnitte 3a.1, 3a.2, 3a.4, 3a.6, 3a.8, 3a.12, 3a.13 und 3a.14 UStAE, BStBl. I 2011, 162 (weiter gültig lt. BMF v. 18.3.2021, Anlage 1, Nr. 1428; zur zweifelhaften Bedeutung dieses Schreibens ➲ Kapitel 1.6).

55.1 Grundlegende Verwaltungsanweisung: Abschn. 3e.1 UStAE

Die Vorschrift gilt sowohl im B2C-Bereich[668] als auch im B2B-Bereich[669] (Abschn. 3a.2 Abs. 19 UStAE (bis 31.10.2010: BMF-Schreiben vom 4.9.2009, Rz. 23).

55.2 Keine Harmonisierung – Weiter Registrierungspflicht im EU-Ausland prüfen!

Das Reverse-Charge-Verfahren ist auf Restaurationsleistungen im B2B-Bereich[670] in den anderen EU-Mitgliedstaaten zwar möglich, aber **nicht zwingend** anzuwenden[671]!

 Beratungskonsequenzen

Unternehmer müssen sich daher vorerst auch weiterhin entsprechend über die umsatzsteuerliche Behandlung im anderen Mitgliedstaat informieren. Hier sind **auch weiterhin die bisherigen Prüfungen**[672] anzustellen.

56 Besteuerungsverfahren bei sonstigen Leistungen

 Rechtsgrundlagen

- UStG: §§ 13b, 16 ff.
- UStDV: §§ 46 ff.
- UStAE: Abschn. 3a.16
- MwStSystRL: Titel XI

---

668 Nochmals: »B2C-Leistungen« = Leistungen eines Unternehmers an Privat, vgl. Kapitel 41.2.3 (➲ mybook.haufe.de > Vertiefende Informationen) und Kapitel 43.3.

669 Nochmals: »B2B-Leistungen« = Leistungen eines Unternehmers an einen anderen Unternehmer, vgl. Kapitel 41.2.3 (➲ mybook.haufe.de > Vertiefende Informationen) und Kapitel 43.3.

670 Nochmals: »B2B-Leistungen« = Leistungen eines Unternehmers an einen anderen Unternehmer, vgl. Kapitel 41.2.3 (➲ mybook.haufe.de > Vertiefende Informationen) und Kapitel 43.3.

671 ➲ Kapitel 43.3.4.

672 ➲ Kapitel 42.5. (➲ mybook.haufe.de > Vertiefende Informationen).

Abschn. 3.16 UStAE erläutert die Besonderheiten des Besteuerungsverfahrens bei sonstigen Leistungen. Hinzuweisen ist auf

- die besonderen Eintragungen in der **Umsatzsteuer-Voranmeldung** ➲ Kapitel 58
- das vereinfachte Besteuerungsverfahren für E-Leistungen (»**MOSS**« = **mini-one-stop-shop) bis zum 30.6.2021** ➲ Kapitel 58a
- das vereinfachte Besteuerungsverfahren für am Ort des Verbrauchs ausgeführte Dienstleistungen an Nichtunternehmer mit Sitz oder Wohnsitz im Gemeinschaftsgebiet (»**OSS**« = **one-stop-shop) ab 1.7.2021** ➲ Kapitel 58b
- die besonderen Eintragungen der innergemeinschaftlichen Dienstleistungen in der **Zusammenfassenden Meldung** ➲ Kapitel 59

57 Anwendungszeitpunkt der Ortsregelungen

 Hinweis

mybook.haufe.de > Vertiefende Informationen > Kapitel 57

58 Die besonderen Meldepflichten für sonstige Leistungen in der Umsatzsteuer-Voranmeldung 2022

58.1 Überblick

 Hinweise

- Zum besonderen Besteuerungsverfahren bei sonstigen Leistungen vgl. ➲ Kapitel 56
- Allgemein zur Umsatzsteuer-Voranmeldung 2022 vgl. ➲ Kapitel 64a

Vordrucke

- Umsatzsteuer-Voranmeldung 2022 (USt 1 A) – Hauptvordruck
- Anleitung zur Umsatzsteuer-Voranmeldung 2022
- Antrag auf Dauerfristverlängerung/Anmeldung der Sondervorauszahlung 2022 (§§ 46–48 UStDV) mit Anleitung

58.2   Rechtsgrundlagen, Inkrafttreten und Regelungsziele der Neuerungen

Alle für die Erklärungspflichten bei den sonstigen Leistungen sind **zum 1.7.2010 umfassend neu geregelt** worden. Die relevanten Neuerungen ergeben sich aus dem Gesetz zur Umsetzung steuerlicher EU-Vorgaben sowie zur Änderung steuerlicher Vorschriften (nachfolgend kurz: EU-UmsG) vom Gesetz vom 8.4.2010[673] und sind – wie bereits ausgeführt – am 1.7.2010 in Kraft getreten[674].

Erreicht werden soll durch die Änderungen die **Bekämpfung des USt-Betrugs**

- durch intensivere staatliche Kontrollen[675] sowie
- durch **Ausweitung der Anwendungsfälle des § 13b UStG.**

 Beratungskonsequenzen

In den Fällen des § 13b UStG verlagert sich die Steuerschuld bei Umsätzen zwischen Unternehmern auf den Leistungsempfänger, der die Schuld mit seinem – allenfalls gleich hohen – Vorsteueranspruch verrechnen kann. Der Vorteil: es kommt **nie zu einer Vorsteuererstattung** und damit zu **keinem Ausfallrisiko für den Staat!**

Beispiel

Aus einem Netto-Eingangsumsatz von 100 €, der im April 2021 zum Regelsteuersatz erfolgt und dem § 13b UStG unterliegt, hat der Leistungsempfänger

- bei Berechtigung zum vollen Vorsteuerabzug nichts zu versteuern (»**Nullsummenspiel**«),
- bei Berechtigung zum hälftigen Vorsteuerabzug eine **Zahllast** i. H. v. 9,50 €.

---

673   BGBl. I 2010, 386.
674   *Weimann,* UStB 2010, 222.
675   *Weimann,* UStB 2009, 111.

58.3 Ausgangsumsätze des Mandanten

Klarstellungen des Gesetzgebers in § 18b Satz 1 Nr. 2 UStG (zu Kz. 21)

Seit Januar 2010 wurde die Umsatzsteuer-Voranmeldung um die Kennziffer 21 ergänzt:

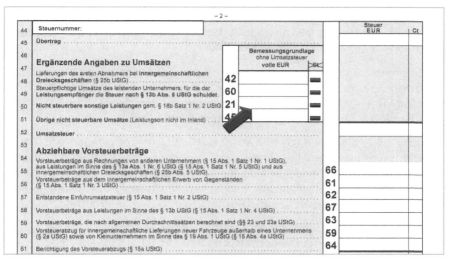

Formular: USt 1 A – Umsatzsteuer-Voranmeldung 2022 – (01.21), Seite 2

Die Ergänzung hat den ausschließlichen Zweck der **Kontrolle von »innergemein-schaftlichen B2B-Leistungen«**. Genau dies gab aber der bisherige Wortlaut des § 18b Satz 1 Nr. 2 UStG nicht her. Die Vorschrift lautete:

 Rechtsgrundlagen

»Der Unternehmer ... hat ... die Bemessungsgrundlagen folgender Umsätze gesondert zu erklären: ... 2. seiner im übrigen Gemeinschaftsgebiet ausgeführten sonstigen Leistungen, für die der in einem anderen Mitgliedstaat ansässige Leistungsempfänger die Steuer dort schuldet, und ...«

Nach dem Gesetzeswortlaut hatten die Eintragungen damit **unabhängig von der Anwendung der B2B-Regel** (§ 3a Abs. 2 UStG) zu erfolgen!

Beispiele

Der Mandant ist

- ein deutscher Güterbeförderer, der im April 2010 für einen österreichischen Unternehmenskunden Lagerware von Wien nach Graz transportiert ➜ Leistungsort des Mandanten ist gem. § 3b Abs. 1 UStG Umkehrschluss, **§ 3a Abs. 2 UStG** Österreich; das österreichische Reverse Charge-Verfahren findet Anwendung;
- ein deutscher Architekt, der im März 2010 an einem Bauvorhaben eines österreichischen Bauträgers in Wagram a. d. Donau mitwirkt ➜ Leistungsort des Mandanten ist gem. **§ 3a Abs. 3 Nr. 1 UStG** Österreich; das österreichische Reverse Charge-Verfahren findet Anwendung.

Die Beschränkung der nämlichen Eintragungen auf die neuen B2B-Leistungen ergab sich bis zum 30.6.2010 lediglich aus den Anleitungen zur UStVA 2010 und zur ZM sowie aus dem Gesetzeszweck und **nicht aus dem Gesetzeswortlaut!** Daher führt die Anleitung zur UStVA 2010 klarstellend aus[676]:

»… Einzutragen sind die **nach § 3a Abs. 2 UStG 2010** im übrigen Gemeinschaftsgebiet ausgeführten sonstigen Leistungen, für die die Steuer in einem anderen Mitgliedstaat von einem dort ansässigen Leistungsempfänger geschuldet wird. Über die in Zeile 41 einzutragenden sonstigen Leistungen sind Zusammenfassende Meldungen an das BZSt auf elektronischem Weg zu übermitteln. …«

Ab 1.7.2010 stellt der Gesetzgeber klar, dass die neue Kennziffer 21 der UStVA **ausschließlich für innergemeinschaftliche B2B-Umsätze** gilt:

»Der Unternehmer hat die Bemessungsgrundlagen folgender Umsätze gesondert zu erklären: … 2. seiner im übrigen Gemeinschaftsgebiet ausgeführten sonstigen Leistungen **im Sinnes des § 3a Absatz 2**, für die der in einem anderen Mitgliedstaat ansässige Leistungsempfänger die Steuer dort schuldet, und …«

 Beratungskonsequenzen

Die Finanzverwaltung gleicht die Eintragungen in Kz. 21 mit der ZM ab. Ein vorheriger Abgleich des Zahlenwerks durch den Steuerberater – oder den Mandanten – beugt **Beanstandungen der Finanzverwaltung vor und hilft insbesondere Umsatzsteuer-Sonderprüfungen zu vermeiden.** Etwaige Fehler sollten durch gleichzeitige **Abgabe berichtigter Umsatzsteuer-Voranmeldungen** bereinigt werden.

---

676 *Weimann,* UStB 2010, 52, Gp. II.1.a.

58.4 Eingangsumsätze des Mandanten (zu Kz. 46/47/67)

Klarstellungen des Gesetzgebers in § 13b UStG

Ebenfalls seit Januar 2010 wurden zur Erklärung der § 13b-Umsätze die neuen Kennziffern 46 und 47 in den Vordruck eingefügt:

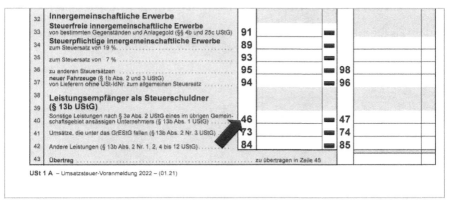

Formular: USt 1 A – Umsatzsteuer-Voranmeldung 2022 – (01.21)

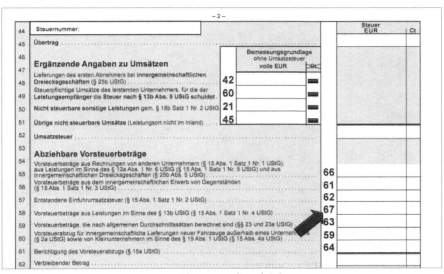

Formular: USt 1 A – Umsatzsteuer-Voranmeldung 2022 – (01.21), Seite 2

Beratungskonsequenzen

Ausschließlicher Zweck auch dieser Kennziffern ist die **Kontrolle der** »**innerge-meinschaftlichen B2B-Leistungen**«. Per Saldo führen die Eintragungen daher zu einem **Nullsummenspiel**.

58.5 Andere nicht steuerbare Ausgangsumsätze (Kz. 45)

Andere als die in Kz. 21 einzutragenden nicht steuerbaren Ausgangsumsätze sind – wie bisher – der Finanzverwaltung über Kz. 45 zu melden:

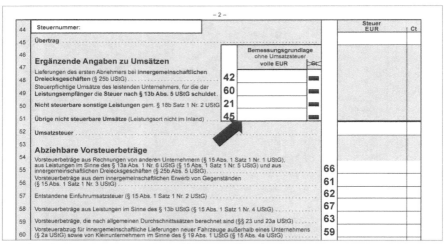

Formular: USt 1 A – Umsatzsteuer-Voranmeldung 2022 – (01.21), Seite 2

Beispiele

Der Mandant ist

- ein deutscher Güterbeförderer, der für einen türkischen Unternehmenskunden im April 2022 Lagerware von Ankara nach Antalya transportiert ➔ Leistungsort des Mandanten ist gem. § 3b Abs. 1 UStG Umkehrschluss, **§ 3a Abs. 2 UStG** Türkei;

- ein deutscher Architekt, der im August 2022 an einem Bauvorhaben eines österreichischen Bauträgers in Wagram a. d. Donau mitwirkt ➔ Leistungsort des Mandanten ist gem. **§ 3a Abs. 3 Nr. 1 UStG** Österreich; das österreichische RV-Verfahren findet Anwendung.

Dienstleistungen

58.6 Richtiger Voranmeldungszeitraum für die innergemeinschaftlichen B2B-Umsätze

Hier stellt der Gesetzgeber klar, dass sowohl die Ausgangs- als auch die Eingangsumsätze ausnahmslos für den Voranmeldungszeitraum der Ausführung zu deklarieren sind:

* **Ausgangsumsätze** (§ 18b Satz 3 UStG n. F.)
  »Die Angaben ... sind in dem **Voranmeldungszeitraum zu machen, in dem diese Umsätze ausgeführt** worden sind.«
* **Eingangsumsätze** (§ 13b Abs. 1 UStG n. F.)
  »... entsteht die Steuer mit Ablauf des **Voranmeldungszeitraums, in dem die Leistungen ausgeführt** worden sind.«

 Hinweis

Zum **korrespondierenden (automatischen) Vorsteueranspruch** bei den Eingangsumsätzen ➲ Kapitel 75.5.

58.7 Faktische Verkürzung der Abgabefrist

Nach den »Buchstaben des Gesetzes« gelten also für die UStVA unveränderte Abgabefristen, d. h. die Dauerfristverlängerung ist theoretisch weiterhin auch möglich!

 Hinweis

Faktisch ergibt sich jedoch durch die Abgabefristen eine Fristenverkürung für die ZM ➲ Kapitel 59.

58a Bis 30.6.2021: »MOSS« (*Mini-One-Stop-Shop*)

Vereinfachtes Besteuerungsverfahren für E-Leistungen

 Hinweis

➲ mybook.haufe.de > Vertiefende Informationen > Kapitel 58a

58b Ab 1.7.2021: »OSS« (*One-Stop-Shop*)

Vereinfachtes Besteuerungsverfahren – u. a. für am Ort des Verbrauchs ausgeführte Dienstleistungen an Nichtunternehmer mit Sitz oder Wohnsitz im Gemeinschaftsgebiet

Das Verfahren Mini-One-Stop-Shop wurde zum 1.7.2021 durch das

Verfahren One-Stop-Shop, EU-Regelung

abgelöst.

Der Anwendungsbereich der Sonderregelung wurde deutlich erweitert und umfasst nunmehr

- alle in anderen Mitgliedstaaten erbrachten Dienstleistungen, deren Leistungsort sich nach dem Ort des Verbrauchs richtet,
- die innergemeinschaftlichen Fernverkäufe sowie
- bestimmte im Inland erbrachte Umsätze durch elektronische Schnittstellen.

 Hinweis

Hierzu ausführlich ➲ Kapitel 62a

59 Zusammenfassende Meldung im Jahr 2022

 Rechtsgrundlagen

- UStG: § 18a
- UStAE: Abschn. 18a.1–18a.5.
- MwStSystRL: Art. 262 ff.

BMF, Schreiben vom 15.6.2010, IV D 3 – S 7427/08/10003-03, 2010/0457796, Zusammenfassende Meldung (§ 18a UStG), BStBl. I 2010, 569 (formell aufgehoben, materiell aber weiter gültig lt. BMF-Schreiben vom 18.3.2021, Anlage 2, Ziffer 115; zur zweifelhaften Bedeutung dieses Schreibens ➲ Kapitel 1.6).

BZSt, Anleitung zur Zusammenfassenden Meldung (USt ZM 1/2021)

59.1 Überblick

 Hinweise

- Zum besonderen Besteuerungsverfahren bei sonstigen Leistungen vgl. ➲ Kapitel 56
- Allgemein zur Zusammenfassenden Meldung im Jahr 2022 vgl. ➲ Kapitel 63

 Vordrucke

- BZSt, Anleitung zur Zusammenfassenden Meldung (USt ZM 1/2021)
- Zusammenfassende Meldung – Vordruck

59.2 Fallstudie

Die innergemeinschaftlichen sonstigen Leistungen sind in Spalte 3 mit der Ziffer »1«, die innergemeinschaftlichen Dreiecksgeschäfte sind in Spalte 3 mit der Ziffer »2« zu kennzeichnen. Bei den innergemeinschaftlichen Warenlieferungen entfällt eine gesonderte Kennzeichnung. Das BZSt[677] erläutert die Neuerungen mit folgendem Beispielsfall:

Beispiel

Meldung von innergemeinschaftlichen Warenlieferungen, innergemeinschaftlichen sonstigen Leistungen und innergemeinschaftlichen Dreiecksgeschäften in einer ZM.

Der deutsche Unternehmer D führt im Monat September 2020 zwei innergemeinschaftliche Warenlieferungen im Wert von jeweils 20.000 Euro an den Unternehmer F (FR123456789) in Frankreich aus. Die Rechnungen tragen jeweils das Datum der Lieferung. Außerdem bewirkt D an F im gleichen Meldezeitraum eine innergemeinschaftliche sonstige Leistung in Höhe von 15.000 Euro. Darüber hinaus bewirkt D an NL (NL777777777B11) im gleichen Meldezeitraum drei Lieferungen im Rahmen von innergemeinschaftlichen Dreiecksgeschäfte zu je 30.000 Euro. D trägt in die ZM drei Zeilen mit jeweils den folgenden Mindestangaben ein:

---

677 BZSt, Anleitung zur Zusammenfassenden Meldung (USt ZM 1/2021, IV.9 Beispiel 3
➲ mybook.haufe.de > Wichtiges aus anderen Behörden.

- Länderkennzeichen
- USt-IdNr.
- Summe (EUR)

In der Meldezeile der innergemeinschaftlichen Warenlieferungen macht D keine weiteren Eintragungen.

In der Meldezeile der innergemeinschaftlichen sonstigen Leistungen trägt D zusätzlich in der Spalte 3 eine »1« ein.

In der Meldezeile der Lieferungen im Rahmen von innergemeinschaftlichen Dreiecksgeschäften trägt D zusätzlich in Spalte 3 eine »2« ein.

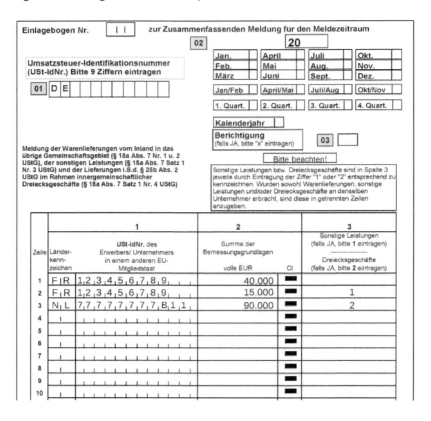

59.3 Erklärungsfristen seit 1.7.2010

59.3.1 Regelungszweck

Die Neuregelung dient der Bekämpfung des **Betrugs durch Umsatzsteuerkarusselle**.

Zur Erinnerung: Der geschätzte Steuerschaden aus Karussellgeschäften

- beträgt allein in Deutschland ca. **17 Mrd.**;
- **übersteigt im Volumen den Gesamthaushalt der EU;**
- macht ca. **10 % des gesamten MwSt-Aufkommens** (UK: 13,5 %) aus[678].

Die Betrüger nutzen den Zeitvorsprung, den das bisherige Kontrollsystem hergibt, gezielt aus. Aus diesem Grunde schreibt Art. 263 MwStSystRL **engmaschigere Kontrollen** der EU-Warengeschäfte vor[679].

59.3.2 Verspätete Umsetzung der EU-Vorgaben in Deutschland

Eigentlich hätte Deutschland die Vorgaben des Art. 263 MwStSystRL bereits **zum 1.1.2010** umsetzen müssen.

Schwierigkeiten der **Entscheidungsfindung** beim Umgang mit der Dauerfristverlängerung und die Angst der damals amtierenden Bundesregierung vor einer unpopulären Entscheidung vor den **Bundestagswahlen** (Ende September 2009) standen einer zeitgerechten Umsetzung entgegen.

59.3.3 Regelungsgehalt

59.3.3.1 Meldezeitraum für EU-Lieferungen und Lieferungen i. S. d. § 25b Abs. 2 UStG (§ 18a Abs. 1 UStG n. F.)

Ab 1.7.2010 gilt ein monatlicher Meldezeitraum.

Die ZM muss bis zum **25. Tag des Folgemonats** an das BZSt übermittelt werden.

---

678 Vgl. Handelsblatt Nr. 158 vom 19.8.2009, 5 ➲ Kapitel 39; Hinzuweisen ist auch auf die Zahlen der EU-Kommission aus Oktober 2017 (➲ Kapitel 20.2)
679 Vgl. *Weimann,* UStB 2009, 111.

Beispiel

Für Juli 2010 muss die ZM spätestens am 25.8.2010 abgegeben werden.

 Beratungskonsequenzen

Fällt das **Ende der Frist** auf einen

- Sonntag,
- gesetzlichen Feiertag oder
- Sonnabend,

endet die Frist mit dem **Ablauf des nächstfolgenden Werktags**, § 108 Abs. 3 AO.

Bitte beachten Sie!

Bisher musste die Übermittlung bis zum 10. Tag nach Ablauf des Kalendervierteljahres erfolgen. Hatte das Finanzamt dem Unternehmer für die UStVA eine Dauerfristverlängerung (§§ 46 ff. UStDV) gewährt, galt diese bisher auch für die Abgabe der ZM (§ 18a Abs. 1 Satz 7 UStG a. F.; sog. »Gleichklang« von UStVA und ZM). Diese Regelung wurde nun gestrichen!

Eine **Härteregelung** gilt für Unternehmer mit einem nämlichen EU-Umsatz unter 100.000 € pro Quartal (1.7.2010–31.12.2011) bzw. unter 50.000 € pro Quartal (ab 2012).

59.3.3.2 Meldezeitraum für sonstige EU-Leistungen (§ 18a Abs. 2 UStG n. F.)

Grundsätzlich unverändert bleibt es hier beim vierteljährlichen Meldezeitraum.

Neu ist aber, dass die ZM – wie bei EU-Lieferungen (Gp. II.3.1) – **bis zum 25. Tag** nach Ablauf eines jeden Kalendervierteljahres abzugeben ist.

 Beratungskonsequenzen

Fällt das **Ende der Frist** auf einen

- Sonntag,
- gesetzlichen Feiertag oder
- Sonnabend,

endet die Frist mit dem **Ablauf des nächstfolgenden Werktags** (s. o.)

Bei nach § 18a Abs. 1 UStG n. F. bestehender Pflicht zur monatlichen Abgabe der ZM für EU-Lieferungen sind die Angaben zu den sonstigen EU-Leistungen in der **ZM für den letzten Monat des Quartals** zu machen (§ 18a Abs. 2 Satz 2 UStG n. F.).

Bitte beachten Sie!

Zur Vereinfachung können Sie die Angaben zu den sonstigen EU-Leistungen aber **auch in der monatlichen ZM** machen. Soweit der Unternehmer diese Option in Anspruch nimmt, hat er dies dem BZSt anzuzeigen (§ 18a Abs. 3 UStG n. F.).

59.3.3.3 Nunmehr verschiedene Abgabefristen für UStVA und ZM – Faktische Verkürzung der Frist für die UStVA

Beispiel

Erklärungs-/Meldezeitraum Juli 2010

- Die **UStVA Juli 2010** war bis zum 10.8.2010 bzw. bei Dauerfristverlängerung (§§ 46 ff. UStDV = Regelfall) bis zum 10.9.2010 einzureichen.
- Die **ZM Juli 2010** musste demgegenüber auf jeden Fall bis zum 25.8.2010 übermittelt werden.

Daraus ergibt sich als **Praxisproblem**: Die ZM ist Ausfluss der Buchhaltung und kann folglich erst nach endgültiger Bearbeitung der Mandantendaten erstellt werden. Hierfür war bei Inanspruchnahme der Dauerfristverlängerung (§§ 46 ff. UStDV) **bisher ein Zeitrahmen von rund 40 Tagen** vorgesehen, da bis zum 10. des übernächsten Monats die UStVA eingereicht werden muss. Diese **Frist wird nun faktisch um ca. 15 Tage** verkürzt, da es praktisch nicht möglich ist, die ZM und die UStVA getrennt zu bearbeiten.

Aber noch einmal: Nach den »Buchstaben des Gesetzes« gelten für die **UStVA** unveränderte Abgabefristen, d. h. die **Dauerfristverlängerung ist hier theoretisch weiterhin auch möglich**!

59.3.3.4 Pflicht des Steuerberaters: Information des Mandanten

Die neuen Meldefristen der ZM erfordern **Anpassungen der internen Abläufe** der betroffenen Unternehmen und deren Berater. Soweit noch nicht geschehen, müssen die Mandanten zeitnah über die Neuerungen informiert werden.

Beratungskonsequenzen

Als StB schulden Sie dem Mandanten eine **individuelle, konkrete, auf die speziellen Probleme bezogene** Belehrung. Allgemeine Ausführungen in Mandantenrundschreiben können solche konkreten Hinweise ebenso wenig ersetzen, wie nach Art eines steuerrechtlichen Lehrbuchs abgefasste Merkblätter. Hierzu ausführlich ➲ Kapitel 1.7

59.3.3.5 Sanktionsmöglichkeit

Ein Verstoß gegen die Meldepflicht kann mit einer **Geldbuße in Höhe von 5.000 €** geahndet werden (§ 26a Abs. 1 Nr. 5 UStG n. F.).

 Beratungskonsequenzen

Die Änderung erfolgte **an sich rein redaktionell**. Da aber der BRH rügt, dass die Finanzverwaltung in der Regel von Geldbußen absieht, ist damit zu rechnen, dass zukünftig vermehrt Geldbußen festgesetzt werden.

59.3.3.6 Einführungsschreiben des BMF

Zur Neufassung des § 18a UStG nimmt das BMF in einem Einführungsschreiben Stellung[680].

Das Einführungsschreiben schien die Umsatzsteuer-Richtlinien 2011 – oder den alternativ angedachten Anwendungserlass – vorzubereiten; nicht anders war es zu erklären, dass größtenteils lediglich aus Abschn. 245a UStR 2008 ff. Bekanntes wiederholt wurde[681]. Wie vermutet geschah es – vgl. Abschn. 18a.1 ff. UStAE!

 Beratungskonsequenzen

Wichtig sind insbesondere die Ausführungen des BMF zur neuen Abgabefrist (Rz. 5 ff., nunmehr Abschn. 18a.2 UStAE) sowie zum Anwendungszeitpunkt (Rz. 18 ff.).

---

680 Vgl. BMF, Schreiben vom 15.6.2010, a. a. O. ➲ mybook.haufe.de > Wichtiges aus dem BMF.
681 *Weimann,* UStB 2010, 222.

60 Dienstleistungskommission

 Rechtsgrundlagen
- UStG: § 3 Abs. 11
- UStAE: Abschn. 3.15
- MwStSystRL: Art. 28

60.1 Allgemeines

Art. 5 Nr. 3 Buchst. a StÄndG 2003 vom 15.12.2003[682] hat § 3 Abs. 11 UStG mit Wirkung vom 1. 1.2004[683] von der **bisherigen Besorgungsleistung** auf die **nunmehrige Dienstleistungskommission** fortgeschrieben.

Die FinVerw hat zu der Neuregelung zunächst in einem umfangreichen Einführungsschreiben Stellung bezogen[684]. Das Einführungsschreiben wurde zwischenzeitlich aufgehoben[685]; da es bereits mit den **UStR 2005** in ebendiese als deren neuer Abschn. 32 übernommen wurde.

Die **UStR 2008** haben diese Vorschrift weitestgehend unverändert übernommen, allerdings **neue Rechtsprechung und zusätzliche Fallbeispiele** ergänzt[686]. Letzterem (gemeint ist Abschn. 32 UStR 2008) wiederum folgt der Abschn. 3.15 UStAE und passt diesen lediglich redaktionell an.

60.2 Regelung bis 31.12.2003: Besorgungsleistung

§ 3 Abs. 11 UStG in der bis zum 31.12.2003 geltenden Fassung regelt, dass im Falle der Besorgung einer sonstigen Leistung durch einen Unternehmer für Rechnung eines anderen Unternehmers die für die besorgte Leistung geltenden Vorschriften auf die Besorgungsleistung entsprechend anzuwenden sind[687].

---

682 BGBl. I 2003, 2645; BStBl. I 2003, 710.
683 Art. 25 Abs. 4 StÄndG 2003.
684 BMF, Schreiben vom 6.2.2004, IV B 7 – S 7100 – 253/03, BStBl. I 2004, 446.
685 BMF-Schreiben vom 29.3.2007, IV C 6 – O 1000/07/0018 – DOK 2007/0145039, BStBl. I 2007, 369.
686 Im Richtlinientext durch Fettdruck hervorgehoben.
687 § 3 Abs. 11 a. F. UStG lautete wie folgt: »Besorgt ein Unternehmer für Rechnung eines anderen im eigenen Namen eine sonstige Leistung, so sind die für die besorgte Leistung geltenden Vorschriften auf die Besorgungsleistung entsprechend anzuwenden.«.

Der Umfang der Regelung war auf die Fälle beschränkt, in denen ein von einem Auftraggeber bei der Beschaffung einer sonstigen Leistung eingeschalteter Unternehmer (Auftragnehmer) für Rechnung des Auftraggebers im eigenen Namen eine sonstige Leistung durch einen Dritten erbringen lässt (sog. **»Leistungseinkauf«**)[688].

Die Sachverhalte des sog. **»Leistungsverkaufs«**, in denen ein von einem Auftraggeber bei der Erbringung einer sonstigen Leistung eingeschalteter Unternehmer (Auftragnehmer) für Rechnung des Auftraggebers im eigenen Namen eine sonstige Leistung an einen Dritten erbringt[689], wurden bisher nach den allgemeinen umsatzsteuerrechtlichen Grundsätzen beurteilt: der Unternehmer (Auftragnehmer) erbringt gegenüber dem Auftraggeber eine Geschäftsbesorgungsleistung und gegenüber dem Dritten eine sonstige Leistung (die besorgte Leistung).

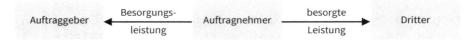

Das führte dazu, dass insbesondere bei der Vermietung von Ferienwohnungen über eine Vermietungsgesellschaft **oftmals der Vorsteuerabzug versagt** wurde[690].

Beispiel

A hat – ebenso wie zahlreiche weitere Investoren – in einer Ferienanlage ein Ferienhaus mit Umsatzsteuerausweis erworben. Die Vermietung der Ferienhäuser erfolgt durch eine von den Eigentümern gegründete GbR im eigenen Namen, aber für Rechnung des jeweiligen Eigentümers. Die GbR erhält für ihre Leistungen von den Eigentümern ein kostendeckendes Entgelt, das sie von den für Rechnung des Eigentümers vereinnahmten Mieten abzieht.

---

688 Vgl. Abschn. 32 Abs. 1 Satz 5 UStR 2000.
689 Vgl. Abschn. 32 Abs. 1 Satz 6 UStR 2000.
690 *Christoffel,* Das Steuerreformpaket 2004, Sonderdruck, Nordkirchen 2004; *Serafini,* Neue Rechtsprechungsgrundsätze bei der Besteuerung von Ferienwohnungen, GStB 2002, 185; vgl. auch *Weimann,* UStB 2004, 217.

⊃ Folge:

Nach bisheriger Auffassung der Finanzverwaltung hat die GbR eine nach § 4 Nr. 12 Buchst. a Satz 2 UStG umsatzsteuerpflichtige Vermietungsleistung an den Mieter erbracht und daneben eine ebenfalls steuerpflichtige Dienstleistung an A. **Dieser selbst erbringt jedoch keine eigenen Leistungen** – weder an die GbR noch an die Mieter. Da A die bezogenen **Eingangsleistungen nicht zur Ausführung von Umsätzen** verwendet hat, war ihm wegen fehlender Unternehmereigenschaft der Vorsteuerabzug aus seinem Gebäudeerwerb sowie aus den Dienstleistungen der GbR untersagt.

60.3 Regelung seit 1.1.2004: Dienstleistungskommission

§ 3 Abs. 11 UStG in der ab dem 1.1.2004 geltenden Fassung regelt für die Fälle, in denen ein Unternehmer (Auftragnehmer) in die Erbringung einer sonstigen Leistung eingeschaltet wird und dabei im eigenen Namen und für fremde Rechnung handelt, dass diese Leistung als an ihn und von ihm erbracht gilt. Die sog. **Leistungseinkaufs- und Leistungsverkaufskommission werden nunmehr gleich behandelt,** also unabhängig davon, ob das Erbringen oder das Beschaffen einer sonstigen Leistung in Auftrag gegeben wird. Die Vorschrift fingiert dabei eine Leistungskette. Sie behandelt den Auftragnehmer im Rahmen der Dienstleistungskommission als Leistungsempfänger und zugleich Leistenden[691].

Bezüglich des sog. **Leistungseinkaufs** führt dies zu keiner Änderung in der Leistungskette:

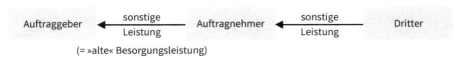

(= »alte« Besorgungsleistung)

Im Fall des sog. **Leistungsverkaufs** führt die Fiktion dagegen in der Leistungsbeziehung zwischen Auftraggeber und Auftragnehmer zu einer Umkehr der Leistungsrichtung im Vergleich zum bisherigen Recht:

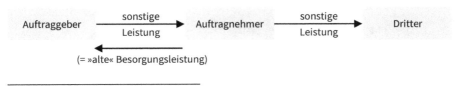

(= »alte« Besorgungsleistung)

---

691   Vgl. Abschnitt 32 Abs. 1 Sätze 2 ff. UStAE.

Die beiden Leistungen, d. h. die an den Auftragnehmer erbrachte und die von ihm ausgeführte Leistung, werden **bezüglich ihres Leistungsinhalts gleich behandelt**.

Die Leistungen werden zum selben Zeitpunkt erbracht[692].

> **Für das Beispiel ...**
>
> ... in Kapitel 60.2 führt die Einführung der Dienstleistungskommission und der fingierten Leistungskette nunmehr zum Vorsteuerabzug des A.

Im Übrigen ist **jede der beiden Leistungen unter Berücksichtigung der Leistungsbeziehung gesondert** für sich nach den allgemeinen Regeln des Umsatzsteuergesetzes zu beurteilen. Dies gilt z. B. in den Fällen der Option zu Steuerpflicht[693].

Personenbezogene Merkmale der an der Leistungskette Beteiligten sind weiterhin für jede Leistung innerhalb einer Dienstleistungskommission gesondert in die umsatzsteuerrechtliche Beurteilung einzubeziehen.

Dies kann z. B. für die Anwendung von **Steuerbefreiungsvorschriften** von Bedeutung sein[694] oder für die **Bestimmung des Orts der sonstigen Leistung**, wenn er davon abhängig ist, ob die Leistung an einen Unternehmer oder einen Nichtunternehmer erbracht wird.

Die Steuer kann nach § 13 UStG für die jeweilige Leistung **zu unterschiedlichen Zeitpunkten entstehen** (z. B. wenn der Auftraggeber der Leistung die Steuer nach vereinbarten und der Auftragnehmer die Steuer nach vereinnahmten Entgelten berechnet). Außerdem ist z. B. zu berücksichtigen, ob die an der Leistungskette Beteiligten Nichtunternehmer, Kleinunternehmer (§ 19 UStG), Land- und Forstwirte, die für ihren Betrieb die Durchschnittssatzbesteuerung nach § 24 UStG anwenden, sind[695].

---

692 Vgl. Abschnitt 32 Abs. 2 Sätze 1 f. UStAE.
693 Vgl. Abschnitt 32 Abs. 2 Sätze 3 f. UStAE.
694 Vgl. z. B. § 4 Nr. 19 Buchst. a UStG.
695 Vgl. Abschnitt 32 Abs. 3 UStAE.

Beispiel

Der Bauunternehmer G besorgt für den Bauherrn B die sonstige Leistung des Handwerkers C, für dessen Umsätze die Umsatzsteuer gemäß § 19 Abs. 1 UStG nicht erhoben wird.

➲ **Folge:**

Das personenbezogene Merkmal – Kleinunternehmer – des C ist nicht auf den Bauunternehmer G übertragbar. Die Leistung des G an B unterliegt dem allgemeinen Steuersatz.

Die zivilrechtlich vom Auftragnehmer an den Auftraggeber erbrachte **Besorgungsleistung bleibt umsatzsteuerrechtlich** ebenso wie beim Kommissionsgeschäft nach § 3 Abs. 3 UStG **unberücksichtigt**. Der Auftragnehmer erbringt im Rahmen einer Dienstleistungskommission nicht noch eine (andere) Leistung (Vermittlungsleistung). Der Auftragnehmer darf **für die vereinbarte Geschäftsbesorgung keine Rechnung** erstellen. Eine solche Rechnung, in der die Umsatzsteuer offen ausgewiesen ist, führt zu einer Steuer nach § 14c Abs. 2 UStG. Soweit der Auftragnehmer im eigenen Namen für fremde Rechnung auftritt, findet § 25 UStG keine Anwendung[696].

60.4 Anwendungsfälle

 Hinweis

Mit ausführlichen Beispielen verdeutlicht die Finanzverwaltung die Auswirkungen des § 3 Abs. 11 UStG.

➲ mybook.haufe.de > Gesetze, Verordnungen, Richtlinien > UStAE > Abschn. 3.15.

60a   Leistungen über öffentliche Netze

Übernahme der bisherigen Branchenlösung in das UStG

 Hinweis

➲ mybook.haufe.de >Vertiefende Informationen > Kapitel 60a

---

696   Vgl. Abschnitt 32 Abs. 4 UStAE.

Erklärungs- und Aufbewahrungspflichten

61 Überblick: Wer will was wann wissen?

61.1 Erklärungen an das Finanzamt zur eigentlichen Umsatzsteuererhebung

Das Verfahren zur eigentlichen Umsatzsteuerfestsetzung und -erhebung durch das Finanzamt hat einen **zweistufigen Aufbau:**

- **Im Laufe eines Jahres** hat der Unternehmer Vorauszahlungen zu leisten oder Erstattungen zu beantragen. Hierfür müssen dem **Finanzamt** – in der Regel monatlich – **Umsatzsteuer-Voranmeldungen** (UStVA) eingereicht werden. Mit diesen UStVA muss der Unternehmer **selbst** die **Rechtsgrundlagen für seine Vorauszahlungen** schaffen (➲ Kapitel 62).

- **Nach Ablauf des Kalenderjahres** ist für das Finanzamt eine **Umsatzsteuer (-jahres-)erklärung** zu erstellen, mit der die **Jahressteuerschuld** – oder der Jahreserstattungsanspruch – ermittelt wird. Mit der Jahreserklärung schafft der Unternehmer – wie bei der UStVA – ebenfalls selbst die Rechtsgrundlagen, hier allerdings für die Jahressteuerfestsetzung (➲ Kapitel 64 und Kapitel 64a).

61.2 Zusätzliche Erklärungen zur Kontrolle und Statistik

Neben dem eigenen Finanzamt wollen auch das Bundeszentralamt für Steuern (BZSt) und das Statistische Bundesamt (StatBA) regelmäßig informiert werden:

- Zur Überwachung der Besteuerung zunächst des innergemeinschaftlichen Warenverkehrs und seit dem 1.1.2010 des **innergemeinschaftlichen Waren- und Dienstleistungsverkehrs** haben die EU-Mitgliedstaaten ein umfängliches und relativ gut funktionierendes Kontrollsystem installiert, das sog. Mehrwertsteuer-Informations-Austausch-System – MIAS. Wesentliche Grundlage dieses Systems ist die **Zusammenfassende Meldung** (ZM), die ein meldepflichtiger Unternehmer vierteljährlich bzw. **monatlich/vierteljährlich** dem BZSt zu übermitteln hat (➲ Kapitel 63).

- Die bei entsprechender Erklärungspflicht grundsätzlich **monatliche Meldung zur Intrahandelsstatistik** des StatBA dient ausschließlich dem Zweck, den Warenverkehr zwischen der Bundesrepublik Deutschland und den anderen EG-Mitgliedstaaten statistisch zu erfassen; dazu werden alle innergemeinschaftlichen Ein- und Verkäufe des Unternehmers abgefragt (➲ Kapitel 65).

61.3 Aufzeichnungs- und Aufbewahrungspflichten

Die Aufzeichnungsvorschriften begründen für die Zwecke der Umsatzbesteuerung mit Vorsteuerabzug **besondere Aufzeichnungspflichten** *neben* **den allgemeinen Buchführungs- und Aufzeichnungspflichten** nach §§ 140 ff. AO (➲ Kapitel 66.1).

Aus der Verpflichtung des Unternehmers, zur Feststellung der Steuer und der Grundlagen ihrer Berechnung Aufzeichnungen zu machen, folgt, dass er die vorgesehenen Angaben **schriftlich und räumlich zusammenhängend niederlegt** (= aufbewahrt). Dabei ist er nicht an eine bestimmte Form gebunden (➲ Kapitel 66.2).

62 Umsatzsteuer-Voranmeldung 2022

Was das Finanzamt in der Regel monatlich wissen möchte

 Rechtsgrundlagen

- UStG: § 18
- UStDV: §§ 46 ff.
- UStAE: Abschn. 18.1 ff.
- MwStSystRL: Art. 206 ff., Art. 250 ff.
- BMF, Schreiben vom 11.10.2020, III C 3 – S 7344/19/10001 :003, 2021/1078309, Muster der Vordrucke im Umsatzsteuer-Voranmeldungs- und Vorauszahlungsverfahren für das Kalenderjahr 2022, BStBl. I 2021, 2107.
- BMF, Schreiben vom 23.12.2021, III C 3 – S 7344/19/10001 :003, 2021/1317450, Muster der Vordrucke im Umsatzsteuer-Voranmeldungs- und Vorauszahlungsverfahren für das Kalenderjahr 2022, BStBl. I 2022, 62.
- Umsatzsteuer-Voranmeldung 2022 (Vordruck »USt 1 A«)

- Anleitung zur Umsatzsteuer-Voranmeldung 2022 (Vordruck »USt 1 E«)
- Antrag auf Dauerfristverlängerung/Anmeldung der Sondervorauszahlung 2022 (§§ 46–48 UStDV) mit Anleitung (Vordruck »USt 1 H«)

62.1 Grundsätzliches zur UStVA 2022

Hinweis

➲ mybook.haufe.de > Vertiefende Informationen > Kapitel 62.1

62.2 Vordrucke für die UStVA 2022

 Vordrucke

- Umsatzsteuer-Voranmeldung 2022 (Vordruck »USt 1 A«)
- Anleitung zur Umsatzsteuer-Voranmeldung 2022 (Vordruck »USt 1 E«)
- Antrag auf Dauerfristverlängerung/Anmeldung der Sondervorauszahlung 2022 (§§ 46–48 UStDV) mit Anleitung (Vordruck »USt 1 H«)

62.3 Was es für 2022 Neues zu beachten gilt!

62.3.1 Überwachung der Umsatzsteuertermine 2022

Zur Überwachung der Umsatzsteuertermine im Jahr 2022 bzw. zu deren Überwachung durch die Mitarbeiter wird die folgende Checkliste hilfreich sein:

Checkliste

Terminübersicht Umsatzsteuer-Voranmeldungen 2022

	Fälligkeitstag	UStVA abgegeben? (✓)	Schonfrist* bis	Steuer bezahlt? (✓)	Eigene Anmerkungen
Januar	10.01.2022		13.01.2022		
Februar	10.02.2022***		14.02.2022**		
März	10.03.2022		14.03.2022**		
April	11.04.2022**		14.04.2022		
Mai	10.05.2022		13.05.2022		
Juni	10.06.2022		13.06.2022		
Juli	11.07.2022**		14.07.2022		
August	10.08.2022		15.08.2022****		
September	12.09.2022**		15.09.2022		
Oktober	10.10.2022		13.10.2022		
November	10.11.2022		14.11.2022**		
Dezember	12.12.2022**		15.12.2022		

* = Ein **Säumniszuschlag,** der wegen Nichtzahlung bei Fälligkeit entstanden ist, wird bei **Verspätungen bis zu 3 Tagen** nicht erhoben (§ 240 Abs. 3 Satz 1 AO). Die 3 Tage werden allgemein als Frist angesehen (sog. »**Schonfrist**«), auf die § 108 Abs. 3 AO anzuwenden ist (s. u.). Die Schonfrist gilt nicht für Bar- und Scheckzahlungen (§ 240 Abs. 3 Satz 2 i. V. m. § 224 Abs. 2 Nr. 1 AO). Bei Scheckzahlungen ist zu beachten, dass diese erst 3 Tage nach Eingang des Schecks als geleistet gelten. Ist die Umsatzsteuer-Vorauszahlung z. B. am 10.06.2022 fällig, muss der Scheck spätestens am 7.6.2022 beim Finanzamt eingehen.

** = Fällt das **Ende einer Frist** auf einen Sonntag, einen gesetzlichen Feiertag oder einen Sonnabend, so endet die Frist mit dem Ablauf des nächstfolgenden Werktags, § 108 Abs. 3 AO.

*** = Im Fall der **Dauerfristverlängerung** ist im Februar 2022 mit der Anmeldung für Dezember 2021 das insoweit Erforderliche (Anrechnung der Sondervorauszahlung 2021 und Anmeldung der Sondervorauszahlung 2022) zu veranlassen. **Achtung:** Auf Grund der **weiter andauernden Corona-Pandemie** sind für 2022 allerdings **Erleichterungen angedacht!**

**** = Mariä Himmelfahrt = gesetzlicher Feiertag in Bayern und im Saarland. Die Schonfrist verlängert sich dort bis zum 16.08.2022.

62.3.2 Änderungen in den Vordrucken für 2022 im Vergleich zu den Vordrucken für 2021

62.3.2.1 Land- und forstwirtschaftliche Betriebe: Neue Umsatzgrenze 600.000 Euro

Mit Art. 11 Nrn. 6 und 7 des Jahressteuergesetzes 2020 vom 21.12.2020 (BGBl. 2020 I, 3096) hat der Gesetzgeber in § 24 Abs. 1 UStG eine Umsatzgrenze i. H. v. 600.000 Euro eingefügt.

Diese ist erstmals auf Umsätze anzuwenden, die nach dem 31.12.2021 bewirkt werden (§ 27 Abs. 32 UStG). Sofern nach § 24 Abs. 1 Satz 1 UStG der Gesamtumsatz (§ 19 Abs. 3 UStG) im vorangegangenen Kalenderjahr mehr als 600.000 Euro betragen hat, sind die Umsätze ab dem Besteuerungszeitraum 2022 zwingend nach der Regelbesteuerung zu versteuern.

Eine entsprechende Erläuterung wurde in das Vordruckmuster USt 1 E (Zeilen 23 und 24) aufgenommen.

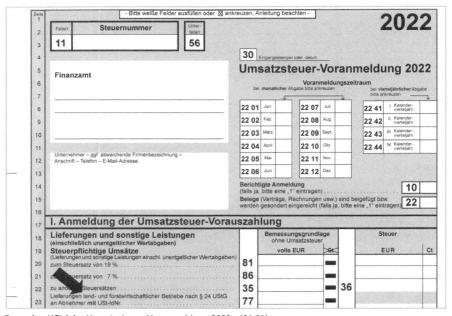

Formular: USt 1 A – Umsatzsteuer-Voranmeldung 2022 – (01.21)

62.3.2.2 Land- und forstwirtschaftliche Betriebe: Neue Durchschnittssätze

Mit Art. 1 Nr. 5 i. V. m. Art. 3 des Gesetzes zur Umsetzung unionsrechtlicher Vorgaben im Umsatzsteuerrecht vom 21.12.2021 hat der Gesetzgeber mit Wirkung zum 1.1.2022 in § 24 Abs. 1 Satz 1 Nr. 3 und Satz 3 UStG jeweils die Angabe »10,7 Prozent« durch die Angabe »9,5 Prozent« ersetzt. Der neue Wert ist von land- und forstwirtschaftlichen Betrieben in den Zeilen 24 (Kennzahlen 76 und 80) des Vordruckmusters USt 1 A zu berücksichtigen.

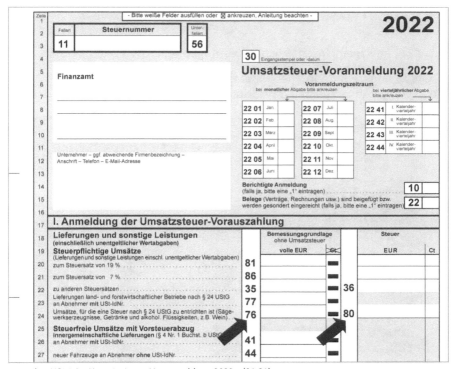

Formular: USt 1 A – Umsatzsteuer-Voranmeldung 2022 – (01.21)

Das Vordruckmuster USt 1 E wurde entsprechend wie folgt angepasst:

»Bei den in Zeile 24 bezeichneten Umsätzen, für die eine Steuer zu entrichten ist, sind die anzuwendenden Durchschnittssätze um die Sätze für pauschalierte Vorsteuerbeträge zu vermindern. Für nach dem 31.12.2021 ausgeführte Umsätze ergibt sich eine Steuer von 9,5 % der Bemessungsgrundlage.«

Wissenswertes zur Abrundung – Gesetzeshintergrund

Art. 296 Abs. 1 MwStSystRL gibt den Mitgliedstaaten die Möglichkeit, auf landwirtschaftliche Erzeuger, bei denen insbesondere die Anwendung der normalen Mehrwertsteuerregelung auf Schwierigkeiten stoßen würde, als Ausgleich für die Belastung durch die Mehrwertsteuer, die auf die von den Pauschallandwirten bezogenen Gegenstände und Dienstleistungen gezahlt wird, eine Pauschalregelung anzuwenden. Hiervon hat der Gesetzgeber nach der Gesetzesbegründung (Referentenentwurf zu Art. 1 Nr. 1) mit § 24 UStG Gebrauch gemacht. Hierzu ausführlich ➲ Kapitel 64a.4.1.2

62.3.2.3 Innergemeinschaftliche Lieferungen

In Zeile 26 sind steuerfreie innergemeinschaftliche Lieferungen i. S. d. § 6a Abs. 1 und 2 UStG an Abnehmer mit USt-IdNr. einzutragen (§ 4 Nr. 1 Buchst. b UStG).

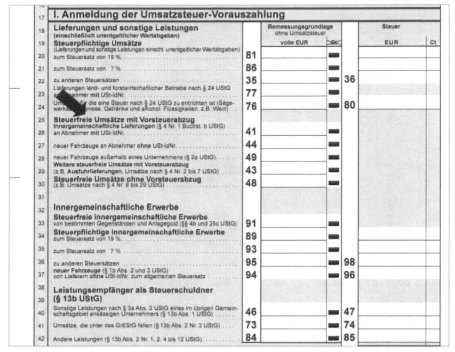

Formular: USt 1 A – Umsatzsteuer-Voranmeldung 2022 – (01.21)

Die steuerfreien innergemeinschaftlichen Lieferungen sind

- in dem Voranmeldungszeitraum zu erklären, in dem die Rechnung ausgestellt wird,
- spätestens jedoch in dem Voranmeldungszeitraum, in dem der Monat endet, der auf die Lieferung folgt,

(§ 18b UStG).

Über die in Zeile 26 einzutragenden Lieferungen sind **Zusammenfassende Meldungen an das BZSt** auf elektronischem Weg zu übermitteln. Innergemeinschaftliche Lieferungen, die der Unternehmer nicht richtig, vollständig oder fristgerecht in der Zusammenfassenden Meldung angibt, sind steuerpflichtig (vgl. Abschn. 4.1.2 Abs. 2 und 3 UStAE) und ausschließlich in den Zeilen 20 bis 22 bzw. 64 einzutragen.

 Beratungskonsequenzen

In diesem Bereich wird die Finanzverwaltung stärker als bislang auf **Plausibilitätsprüfungen** zurückgreifen. Umsatzsteuer-Voranmeldung und Zusammenfassende Meldung müssen also – auch zur Vermeidung von Prüfungshandlungen – im Vorfeld unbedingt miteinander abgestimmt werden (Hinweis auf ➲ Kapitel 63.4)!

62.3.2.4 Weitere Änderungen

Die anderen Änderungen in den Vordrucken für 2022 gegenüber denen für 2021 dienen der zeitlichen Anpassung oder sind redaktioneller oder drucktechnischer Art[697].

 Beratungskonsequenzen

Materiell gibt es also nichts Neues, das wir bei Erstellung einer Umsatzsteuer-Voranmeldung für 2022 zu beachten hätten!

Für die Praxis heißt das: Der Ausfüllende (Unternehmer/Steuerberater/Mitarbeiter) kann sich **an den Vorjahresanmeldungen orientieren**.

---

697   BMF, Schreiben vom 11.10.2021 und vom 23.12.2021, jeweils a. a. O. und Ziffer 3.

62.4 Die »segensreichen« Kennziffern 22 und 23

Prüfungen der FinVerw durch freiwillige Zusatzangaben vermeiden oder aber auch gezielt anregen

62.4.1 Ergänzende Angaben zur Steuererklärung« (Kz. 23)

§ 150 Abs. 7 und § 155 Abs. 4 AO wurden mit Wirkung vom 1.1.2017 neu gefasst[698]. Danach müssen Steuererklärungen, die nach amtlich vorgeschriebenem Vordruck abgegeben oder nach amtlich vorgeschriebenem Datensatz durch Datenfernübertragung übermittelt werden und die nach § 155 Abs. 4 Satz 1 AO zu einer ausschließlich automationsgestützten Steuerfestsetzung führen können, es dem Steuerpflichtigen ermöglichen, in einem dafür vorgesehenen Abschnitt oder Datenfeld der Steuererklärung **Angaben** zu machen, die **nach seiner Auffassung Anlass für eine Bearbeitung durch Amtsträger** sind.

Wenn über die Angaben in der Umsatzsteuer-Voranmeldung bzw. Anmeldung der Sondervorauszahlung hinaus weitere oder abweichende Angaben oder Sachverhalte berücksichtigt werden sollen, hat der Unternehmer

- im Vordruckmuster USt 1 A (**Umsatzsteuer-Voranmeldung 2022**) in Zeile 82 (Kz. 23) bzw.

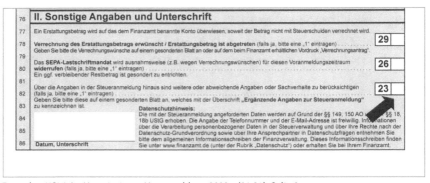

Formular: USt 1 A – Umsatzsteuer-Voranmeldung 2022 – (01.21), Seite 2

---

698 Art. 1 Nr. 24 Buchst. e, Nr. 27 und Art. 2 Nr. 6 i. V. m. Art. 23 Abs. 1 »Gesetz zur Modernisierung des Besteuerungsverfahrens« vom 18.7.2016, BGBl. I 2016, 1679.

- im Vordruckmuster USt 1 H **(Antrag auf Dauerfristverlängerung 2022)** in Zeile 34 (Kz. 23)

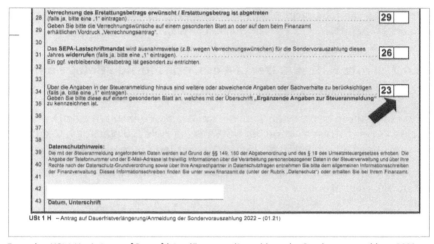

Formular: USt 1 H – Antrag auf Dauerfristverlängerung/Anmeldung der Sondervorauszahlung 2022 – (01.21)

eine »1« einzutragen[699].

Gleiches gilt, wenn bei den in der Steueranmeldung erfassten Angaben **bewusst eine von der Verwaltungsauffassung abweichende Rechtsauffassung** zugrunde gelegt wurde (➜ Kapitel 62.4.2).

Der Unternehmer kann im Vordruckmuster USt 1 A in Zeile 75 (Kz 23) auch eine »1« eintragen, wenn er einen **Antrag auf Dauerfristverlängerung zurücknehmen** möchte.

Die ergänzenden Angaben sind in jedem Fall in einer vom Unternehmer zu erstellenden **gesonderten Anlage** zu machen, welche mit der Überschrift »Ergänzende Angaben zur Steueranmeldung« zu kennzeichnen ist.

---

699   BMF, Schreiben vom 18.10.2016, III C 3 – S 7344/16/10002, 2016/0959181, Ziff. 2, BStBl. I 2016, 1149.

Beratungskonsequenzen

Wenn Sie der Steueranmeldung lediglich ergänzende Aufstellungen oder Belege beifügen wollen, ist nicht hier, sondern in Zeile 15 eine Eintragung vorzunehmen[700] (➲ Kapitel 62.4.2; vgl. aber Kapitel 62.4.3).

62.4.2 Trotz E-UStVA: Dem FA ggf. erläuternde Belege per Post schicken! (Kz. 22)

Schon seit Jahren ist besonders auf die Kennzahl 22 der UStVA hinzuweisen. Dort ist eine »1« einzutragen, wenn der UStVA Belege wie z. B. Verträge, Rechnungen, Erläuterungen usw. beigefügt sind bzw. gesondert eingereicht werden.

Der Grund: So kann das Finanzamt sofort erkennen, dass bei der Bearbeitung der UStVA – insbesondere bei Vorsteuererstattungen – noch Belege zu beachten sind:

> **Beispiel**
>
> Unternehmer Fleißig (F) aus Dortmund erwirbt im Februar 2022 ein neues Unternehmensfahrzeug; es kommt anders als sonst zu einem Vorsteuerüberhang.
>
> Damit das Finanzamt diesen sofort nachvollziehen kann und ohne Prüfung den Auszahlungsbetrag freigibt, sollte F
>
> - in Kennzahl 22 eine »1« eintragen;
>   **Hinweis:** Es wird immer eine »1« eingetragen – unabhängig davon, wie viele Belege dem Finanzamt geschickt werden!
> - und dem Finanzamt den Vorgang in einem kurzen Begleitschreiben unter Vorlage einer Rechnungskopie erläutern.

---

700 BMF, Schreiben vom 23.12.2022, Anleitung zur Umsatzsteuer-Voranmeldung 2022, Zeilen 78 bis 82, a. a. O.

Erklärungs- und Aufbewahrungspflichten

Formular: USt 1 A – Umsatzsteuer-Voranmeldung 2022 – (01.21)

 Musterschreiben

An das Finanzamt

…

Dortmund, den 8.14.2022

Umsatzsteuer-Voranmeldung Februar 2022/elektronisch erstellt am heutigen Tage
Steuernummer …
hier: Ergänzende Belege (Kennziffer 22)

Sehr geehrte Damen und Herren,

zum Nachweis und zur Erläuterung der unter Kennziffer 66 geltend gemachten Vorsteuerbeträge finden Sie in der Anlage die Rechnung zur Anschaffung eines neuen Unternehmensfahrzeugs.

Mit freundlichen Grüßen

…

Anlage: Rechnung des Autohauses Schiebmichan vom 5.2.2022

62.4.3 Kz. 22 oder Kz. 23 oder beide?

»Wenn Sie der Steueranmeldung lediglich ergänzende Aufstellungen oder Belege beifügen wollen, ist nicht hier, sondern in Zeile 15 eine Eintragung vorzunehmen.« (⮥ s. o Kapitel 62.4.1)

Damit suggeriert das BMF dass sich die Funktionsbereiche beider Kennziffern sauber voneinander abgrenzen lassen.

Gerade das ist in der Praxis aber nicht der Fall. Was nützen eine Aufstellung oder ein Beleg ohne die Erläuterung der Konsequenzen, die sich daraus ergeben sollen?

 Beratungskonsequenzen

1. In der Praxis sollten in der Regel die Kennziffern 22 und 23 immer gemeinsam durch Eintragung einer »1« aktiviert werden.

2. So lassen sich **im Vorfeld Rückfragen** (… und damit verzögerte Erstattungen …) **und Prüfungsmaßnahmen** des Finanzamts **vermeiden**. Das Finanzamt kann sofort erkennen, dass bei der Bearbeitung der Anmeldung – insbesondere in Erstattungsfällen – ergänzende (Papier-)Belege zu beachten sind.

3. Das Vorgehen ist zur **Erläuterung aller außergewöhnlichen Geschäftsvorfälle** zu empfehlen, wie z. B.:

   – Vorsteuerüberhänge durch den Erwerb von Anlagevermögen
   – Durchführung von Baumaßnahmen
   – erstmalige steuerfreie Umsätze
   – Vorsteueraufteilungen
   – Vorsteuerbeträge aus geplanten Unternehmenserweiterungen
   – …

4. Immer sollten **Ablichtungen der Originalbelege mitgeschickt** werden. In unserem Beispielsfall (⮥ Kapitel 62.4.2) ist es dem F zu empfehlen, die Rechnung aus der Anschaffung des Kfz mitzuschicken.

5. Dass die **eigentliche UStVA selbstverständlich elektronisch** abgegeben wird, ist ohne Bedeutung.

62.5 Zusammenhang zwischen UStVA 2022 und ZM

 Hinweis

➲ Kapitel 62.3.2.3 (s. o.) und Kapitel 63.4

62.6 Weiteres Wissenswertes zur Abrundung

62.6.1 Dem Finanzamt nichts verschweigen!

Immer wieder empfehlen »Experten«, zu eigenen Gunsten von der Auffassung des Finanzamts abweichende Rechtsauffassungen anzuwenden und auf die Abweichungen nicht ausdrücklich hinzuweisen – ein fataler Fehler!

Nach ständiger Rechtsprechung des BGH sind Steuerbürger und -berater nämlich auch bei einer abweichenden (vertretbaren) Rechtsauffassung dazu verpflichtet, alle steuerlich erheblichen Tatsachen – auch ungefragt – richtig und vollständig vorzutragen und es dem Finanzamt dadurch zu ermöglichen, die Steuer unter abweichender rechtlicher Beurteilung zutreffend festzusetzen[701].

Durch diese Rechtsprechung entsteht eine Offenbarungspflicht auch für Sachverhaltselemente, deren **rechtliche Relevanz objektiv zweifelhaft** ist; ansonsten sind die Angaben i. S. v. § 370 Abs. 1 Nr. 1 AO »unvollständig«.

Der **vorsichtige Steuerberater** sollte daher bei auch nur möglicherweise strittigen Rechtsfragen gegenüber der Finanzverwaltung sowohl in tatsächlicher wie auch in rechtlicher Hinsicht möglichst viel vortragen, um sich abzusichern und sich so der Gefahr strafrechtlicher Konsequenzen zu entziehen.

Voraussetzung für die Rechtsanwendung ist in jedem Fall eine umfassende, breit angelegte Kenntnis nicht nur der **aktuellen Rechtsprechung**, sondern auch der **finanzbehördlichen Richtlinien** und deren Umsetzung in den vorgelegten Erklärungen, gleichermaßen die Berücksichtigung der **momentanen Veranlagungspraxis** der Finanzverwaltung.

Jede Abweichung hiervon birgt bereits die **Gefahr strafrechtlicher Vorwürfe**. Dies gilt zumindest für Berufsangehörige; der Steuerpflichtige selbst wird sich mit dem Hinweis auf die an den Steuerberater vorgenommene Delegation steu-

---

701 Ausführlich hierzu *Weyand*, INF 2000. 726.

erlicher Obliegenheiten vor dem Vorwurf der Steuerhinterziehung schützen können. Die besondere umsatzsteuerliche Relevanz der neuen Rechtsprechung mag
nicht nur die Tatsache verdeutlichen, dass dem Urteilsfall materiell-rechtlich
eine Umsatzsteuerproblematik zugrunde lag. Häufig lässt sich aus übergeordne-
tem Recht – insbesondere der MwStSystRL – für den Steuerbürger eine günstigere Rechtsposition ableiten als z. B. aus dem UStG.

> **Beispiel**
>
> Hingewiesen werden soll an dieser Stelle nur auf die damaligen Beschränkungen
> des Vorsteuerabzugs aus Reisekosten (➲ Kapitel 75.6). Vermehrt wurde in der Li-
> teratur die Empfehlung ausgesprochen, direkt die damals gültige 6. EG-RL anzu-
> wenden und auf die Abweichungen zu § 15 UStG nicht ausdrücklich hinzuweisen;
> angesichts der Rechtsprechung – noch einmal – ein fataler Fehler!

 Beratungskonsequenzen

Das Verschweigen steuerlich erheblicher Tatsachen führt zur Steuerhinterziehung! Man muss also dem Finanzamt **ungefragt alles sagen**, wovon man ausgehen muss, dass das Finanzamt es wissen will.

Zieht das Finanzamt dann daraus Schlussfolgerungen, die man nicht hinnehmen
will, muss man **Einspruch** einlegen (➲ Kapitel 83).

Die FinVerw sieht für die ergänzenden Erläuterungen in den Vordrucken die **neue
Kennzahl 23** (s. o., ➲ Kapitel 62.4.1) vor.

62.6.2 Zuordnung zum Unternehmensvermögen

Nach ständiger Rechtsprechung des EuGH und der Folgerechtsprechung des
BFH ist über den Vorsteuerabzug sowohl dem Grunde als auch der Höhe nach
bei Leistungsbezug abschließend zu entscheiden:

- Bei Prüfung der **Abzugsfähigkeit (§ 15 Abs. 1 UStG)** kommt es entscheidend
  darauf an, ob der Unternehmer im Zeitpunkt des Leistungsbezugs die Absicht
  hat, die bezogenen Leistungen für das Unternehmen zu verwenden.

- Bei Prüfung der **Abziehbarkeit (§ 15 Abs. 2 ff. UStG)** kommt es entscheidend
  darauf an, ob der Unternehmer im Zeitpunkt des Leistungsbezugs die Absicht
  hat, die Eingangsumsätze für solche Ausgangsumsätze zu verwenden, die
  den Vorsteuerabzug nicht ausschließen.

Maßgeblich ist die **Verwendungsabsicht** des Unternehmers, die allerdings **durch objektive Anhaltspunkte zu belegen** ist[702].

62.6.2.1 Abzugsfähigkeit: BFH klärt den letztmöglichen Zeitpunkt der Zuordnungsentscheidung

In der Vergangenheit versagten die Finanzgerichte den Vorsteuerabzug des Mandanten immer wieder mit dem Hinweis, dass die Zuordnung zum Unternehmensvermögen »nicht rechtzeitig« erfolgt sei. Diese Praxis hat der BFH im Grundsatz immer wieder bestätigt, dabei zunächst aber immer offen gelassen, was unter »rechtzeitig« zu verstehen ist. Diese Frage ist nunmehr geklärt[703]:

 Rechtsgrundlagen
BFH, Urteil vom 7.7.2011

1. ...
2. Die sofort bei Leistungsbezug zu treffende Zuordnungsentscheidung ist »zeitnah«, d. h. bis spätestens im Rahmen der Jahressteuererklärung zu dokumentieren.
3. Keine »zeitnahe« Dokumentation der Zuordnungsentscheidung liegt vor, wenn die Zuordnungsentscheidung dem Finanzamt erst nach Ablauf der gesetzlichen Abgabefrist von Steuererklärungen (31. Mai des Folgejahres) mitgeteilt wird.

Das Urteil betrifft ein gemischt genutztes Grundstück. Vor der Neuregelung zum 1.1.2011 (§ 15 Abs. 1b, § 15a Abs. 6a UStG) konnte der Unternehmer auch den privat genutzten Teil dem Unternehmen zuordnen und den Vorsteuerabzug erhalten (»Seeling-Gestaltung« ➲ Kapitel 76). Aus dem Grundsatz des Sofortabzugs der Vorsteuer folgte, dass die Zuordnungsentscheidung schon bei Anschaffung oder Herstellung des Gegenstands zu treffen war (s. o.).

Wegen des (verfahrens- und materiell-rechtlich) vorläufigen Charakters der UStVA im Verhältnis zur Jahressteuerfestsetzung und weil nicht alle Unternehmer Voranmeldungen abgeben müssen, ist nach Auffassung des BFH die **allge-**

---

702 EuGH, Urteil vom 8.6.2000, Rs. C-396/98, Schlossstraße, BStBl. II 2003, 446 = UR 2000, 336; BFH, Urteil vom 22.2.2001, V R 77/96, BStBl. II 2003, 426.
703 V R 42/09, DStR 2011,1949.

meine Abgabefrist für die USt-*Jahres*erklärung die Grenze für eine (noch) **zeitnahe Dokumentation**. Denn auch nach dem im Urteilsfall gültigen Art. 22 Abs. 6 Buchst. a der 6. EG-RL (ab 1.1.2007: Art. 250 ff. MwStSystRL) mussten in der »Erklärung« des Steuerpflichtigen alle Angaben enthalten sein, »die für etwaige Berichtigungen von Bedeutung sind«. Darunter fällt auch die Dokumentation der bei Anschaffung oder Herstellung getroffenen Zuordnungsentscheidung, die Voraussetzung für den Vorsteuerabzug und ggf. für dessen Berichtigung ist. **Bis zum 31.7. des Folgejahres** muss daher für das FA erkennbar sein, dass z. B. das Gebäude dem Unternehmen (ganz) zugeordnet wird[704].

Eine zeitnahe Dokumentation der Zuordnungsentscheidung liegt damit nur dann vor, wenn diese bis zum **Ablauf der gesetzlichen Abgabefrist** für Steuererklärungen erfolgt. **Fristverlängerungen** für die Abgabe der Umsatzsteuer-Jahreserklärung verlängern nicht die »Dokumentationsfrist«. Auch wenn für die Umsatzsteuer-Jahreserklärung eine Fristverlängerung über den 31. Juli des Folgejahres hinaus gewährt wurde, muss die Dokumentation der Zuordnungsentscheidung bis spätestens zum 31. Juli des Folgejahres erfolgen[705].

 Beratungskonsequenzen

In der Praxis sollte der Berater weiterhin um eine **zeitnahe erkennbare Unternehmenszuordnung** bemüht sein – und zwar möglichst mit der nächst erreichbaren UStVA. Verlässt man sich insoweit auf die Jahreserklärung, läuft man Gefahr, dass diese unter Ausnutzens der Fristverlängerung erst nach dem 31. Juli des Folgejahres erstellt wird – und damit zu spät!

62.6.2.2 Abzugsfähigkeit in »Seeling-Fällen«: Auch weiterhin auf eine eindeutige Zuordnungsentscheidung achten!

Stimmt bei gemischt genutzten Grundstücken die spätere tatsächliche Verwendung nicht mit der ursprünglich beabsichtigten Verwendung überein, erfolgt eine Vorsteuerberichtigung nach § 15a UStG (… es sei denn, die Bagatellgrenzen des § 44 UStDV sind nicht überschritten). **Ausschließlicher Zweck des § 15a UStG** ist es, die Regelungen des § 15 Abs. 2 bis 4 UStG über die **Abziehbarkeit** der Vorsteuer aus Gründen der Steuergerechtigkeit zu ergänzen. Mit der Vorschrift lassen sich damit keine Probleme der **Abzugsfähigkeit** lösen. Damit erfordert

---

704 *Martin,* Anmerkungen zum Besprechungsurteil, BFH/NV, Online-Datenbank, HI 2761208.
705 *Küffner/Zugmaier,* Anmerkungen zum Besprechungsurteil, DStR 2011, 1949, 1954.

auch die Anwendung des neuen § 15a Abs. 6a UStG zur Rechtswahrung des Mandanten eine zuvor eindeutige Zuordnungsentscheidung[706]. Zum **Muster für ein separates Begleitschreiben** vgl. ➔ Kapitel 76.7.3.

62.6.2.3 Immobilienprojekte: Voraussetzungen für den Vorsteuerabzug »finanzamtsgerecht« dokumentieren!

Der Vorsteuerabzug ist grundsätzlich nur dann möglich, wenn die Eingangsleistungen nicht für steuerfreie Umsätze verwendet werden (s. o.). Weil aber gerade typische Grundstücksumsätze wie Vermietungen und Veräußerungen zunächst einmal (ohne Option, § 9 UStG) steuerfrei erfolgen, können Unternehmer zu Beginn der Investitionsphase nicht ohne Weiteres den Vorsteuerabzug geltend machen. Die Finanzverwaltung prüft hier »mit einem strengen Prüfungsmaßstab[707] die mögliche Absicht einer steuerpflichtigen Nutzung (Hinweis auf die o. a. Rechtsprechungsnachweise). Bloße Behauptungen reichen hierzu nicht aus[708]. Vielmehr sind **objektive Anhaltspunkte** wie z. B.

- Mietverträge
- Zeitungsinserate
- Beauftragung eines Maklers
- Schriftwechsel mit Interessenten
- Vertriebskonzepte
- Kalkulationsunterlagen

erforderlich, die »**regelmäßig einzelfallbezogen zu betrachten**« sind[709].

> **Bitte beachten Sie!**
> Damit besteht keine Garantie dafür, dass bestimmte Nachweise dem jeweils zuständigen Finanzamt tatsächlich dann auch immer genügen.

---

706 So nunmehr auch BMF, Schreiben vom 22.6.2011, IV D 2 – S 7303-b/10/10001:001,
      2011/0467333, BStBl. I 2011, 597.
707 Abschn. 15.12 Abs. 2 Satz 4 UStAE.
708 Abschn. 15.12 Abs. 2 Satz 3 UStAE.
709 Abschn. 15.12 Abs. 2 Satz 1 UStAE.

Verwendet der Mandant eine Immobilie **direkt nach Fertigstellung** sofort zu steuerpflichtigen Umsätzen (beispielsweise eine Lagerhalle für eigenbetriebliche Zwecke), ist der Nachweis einer für den Vorsteuerabzug unschädlichen Verwendungsabsicht zum Zeitpunkt des erstmaligen Leistungsbezugs meist unproblematisch.

 Beratungskonsequenzen

Unabhängig davon muss aber auch in diesen Fällen das Finanzamt **bereits in der Planungs- und Bauphase** davon überzeugt werden, dass steuerpflichtige Ausgangsleistungen beabsichtigt sind. Ansonsten wird das Finanzamt über den Vorsteuerabzug nicht rechtzeitig bzw. nicht wie gewünscht entscheiden, was die **Liquiditätssituation verschlechtert**.

Bereits bei **Abgabe der ersten Voranmeldung**, in der Eingangsleistungen für Grundstücksprojekte geltend gemacht werden, sollten die von der Finanzverwaltung geforderten »objektiven Anhaltspunkte« wie Mietverträge, Zeitungsinserate, Beauftragung eines Maklers, Schriftwechsel mit Interessenten, Vertriebskonzepte oder Kalkulationsunterlagen[710] beim Finanzamt eingereicht werden. Sollten die genannten Dokumente keine sicheren Schlüsse über die künftige Nutzung zulassen, könnten ggf. auch bauliche bzw. behördliche Unterlagen nützlich sein, aus denen sich die beabsichtigte Nutzung ergibt, z. B. Protokolle über Planungsgespräche oder Vorverträge mit Interessenten[711].

 Beratungskonsequenzen

1. Mit *Lehr*[712] ist zu empfehlen, der entsprechenden UStVA eine ausführliche **Dokumentationsmappe** über die beabsichtigte künftige Verwendung der Immobilie beizufügen.

2. Weisen Sie auf die Mappe in **Kz. 22 der (elektronischen) UStVA** hin (➜ Kapitel 62.4.1).

Der **Mehraufwand lohnt sich.** Hat nämlich die Finanzverwaltung Ansatzpunkte für eine Prüfung/Sonderprüfung gefunden, lässt sie den Vorsteuerabzug zunächst meist nicht zu. Zudem bleibt der Anspruch auf Vorsteuerabzug selbst

---

710 Vgl. Abschn. 15.12 Abs. 2 Satz 1 UStAE.
711 Vgl. *Lehr*, Praxishandbuch Umsatzsteuer, CD-ROM, HI 1465082.
712 *Lehr*, a. a. O.

dann bestehen, wenn es später nicht zu den beabsichtigten Verwendungsumsätzen kommt[713].

In die Erstellung der Dokumentationsmappe sollte der Berater einen **bestimmten Mitarbeiter und/oder den Mandanten selbst einbinden** und deren **Arbeit systematisieren.**

 Checkliste
Dokumentation der Verwendungsabsicht

Möglichst viele der folgenden Unterlagen sollten vorhanden sein. Ist das im Mandantenfall so?	Ja ($\checkmark$)	Nein – noch nicht, wird aber zu besorgen versucht! ($\checkmark$)	Nein – kann nicht besorgt werden oder passt nicht zum Mandantenfall! ($\checkmark$)
Mietverträge (bereits abgeschlossen)			
Mietverträge (Vorverträge)			
Mietverträge (Maklerauftrag)			
Zeitungsinserate			
Mietinteressenten (Schriftwechsel)			
Mietinteressenten (Besichtigungsprotokolle)			
Kalkulationsunterlagen etc. (z. B. für die Bank)			
Vermarktungskonzepte (bei größeren Einheiten wie Ärztehäusern, Shopping-Centern oder Gewerbeparks)			
Protokolle über Planungsgespräche (z. B. mit dem Architekten)			
Protokolle über Beratungsgespräche (z. B. Aktenvermerke vonSteuer- oder Unternehmensberatern)			
Dokumentationsmappe für Finanzamt angelegt			[Sollte **immer** angelegt werden!]

---

713 BFH, Urteil vom 17.5.2001, V R 38/00, BStBl. II 2003, 434.

62.6.3 Rechtzeitige Abgabe der UStVA sicherstellen!

Härtere Zeiten drohen Unternehmern, die ihre regelmäßigen Steueranmeldungen, etwa bei der Umsatzsteuer oder Lohnsteuer, nicht rechtzeitig abgeben. Nach einer recht neuen Verwaltungsrichtlinie (namentlich AStBV, hier Nr. 132 Abs. 1 – Anweisungen für das Straf- und Bußgeldverfahren 2012) für die Finanzämter sollen künftig solche **verspäteten Erklärungen sogleich an die Strafsachenstelle zugeleitet** werden. Damit droht für viele Steuerpflichtige eine erhebliche Eskalation des Steuerverfahrens. »Es bleibt zu hoffen, dass die Finanzverwaltung weiterhin in kleinen Fällen mit Augenmaß vorgeht«, appelliert Rechtsanwalt und Steuerberater Markus Deutsch, Leiter der Öffentlichkeitsarbeit des Deutschen Steuerberaterverbandes e. V. (DStV)[714].

Zwar stellte auch bisher eine verzögerte Abgabe einer Steuererklärung nach allgemeiner Meinung eine »Steuerhinterziehung auf Zeit« dar. Dies gilt unverändert aber nur, wenn der Steuerpflichtige vorsätzlich die Zahlung durch Abgabe der Steuererklärung nach Ablauf der Frist verzögert. In vielen Fällen beruht aber die Verspätung auf anderen Gründen, wie Krankheit, fehlenden Unterlagen oder schlichtweg Vergessen.

In diesem Sinne verzichtete eine frühere Version der genannten Anweisung (AStBV 2009) ausdrücklich auf die automatische Einschaltung der Straf- und Bußgeldstelle, sofern Steueranmeldungen im Finanzamt nicht rechtzeitig eingingen.

62.6.4 Zur Besteuerung von »Sach-Anzahlungen«

Im Rahmen eines Tauschs oder tauschähnlichen Umsatzes können auch die **Anzahlungen in Lieferungen oder sonstigen Leistungen** bestehen. Nach dem Ergebnis der Erörterungen mit den obersten Finanzbehörden der Länder ist dabei eine Lieferung oder sonstige Leistung bereits in dem Zeitpunkt als Entgelt oder Teilentgelt i. S. d. § 13 Abs. 1 Nr. 1 Buchst. a Satz 4 UStG anzusehen, **wenn dem Leistungsempfänger ihr wirtschaftlicher Wert zufließt.** Für eine Vereinnah-

---

714 Deutscher Steuerberaterverband e. V. (DStV), Pressemitteilung vom 9.1.2012 (PM 2/12), StBdirekt-Nr. 012598.

Erklärungs- und Aufbewahrungspflichten

mung i. S. d. Vorschrift durch den Leistungsempfänger ist es daher in diesen Fällen nicht erforderlich, dass die Leistung selbst bereits als ausgeführt gilt und die Steuer hierfür nach § 13 Abs. 1 Nr. 1 Buchst. a Satz 1 UStG entstanden ist[715].

Die Problematik verdeutlicht *Kräeusel*[716] an einem Beispiel.

Beispiel

Unternehmer U überlässt Gemeinde G für die Dauer von 5 Jahren ein mit einem Werbeaufdruck versehenes Kfz (= Fahrzeugüberlassung). G verpflichtet sich, das Fahrzeug für die Dauer der Nutzungsüberlassung im öffentlichen Raum zu bewegen (= Werbeleistung). Teilleistungen werden nicht vereinbart.

Zu prüfen ist, ob

- sich die im Rahmen eines tauschähnlichen Umsatzes erbrachten **Leistungen und Gegenleistungen stets ausgeglichen** gegenüberstehen und

- daher **mit Ablauf eines jeden Voranmeldungszeitraums eine Anzahlungsbesteuerung** nach § 13 Abs. 1 Nr. 1 Buchst. a Satz 4 UStG für die Fahrzeugüberlassung auslösen.

Dabei ist zu beachten, dass die Gegenleistung für die Fahrzeugüberlassung – also die Werbeleistung – erst mit Ablauf des gesamten Nutzungszeitraums als ausgeführt gilt[717]. Daraus könnte sich ergeben, dass die Werbeleistung bei G noch nicht (vollständig) abgeflossen ist und somit bei R auch noch nicht zugeflossen sein kann (»Ohne Abfluss kein Zufluss!«).

Die Umsatzsteuer entsteht grundsätzlich mit Ablauf des Voranmeldungszeitraums, in dem die Leistungen oder Teilleistungen ausgeführt worden sind[718]. Wird das Entgelt oder ein Teil des Entgelts vereinnahmt, bevor die Leistung oder Teilleistung ausgeführt worden ist, entsteht die USt abweichend hiervon mit Ablauf des Voranmeldungszeitraums, in dem das Entgelt oder Teilentgelt vereinnahmt worden ist[719].

---

715   BMF, Schreiben vom 15.4.2011, IV D 2 – S 7270/10/10001, 2011/0304805); Abschnitt 13.5 Abs. 2 UStAE wurde mit diesem Schreiben entsprechend geändert.
716   UVR 2011, 135.
717   Vgl. Abschn. 13.1 Abs. 3 UStAE.
718   § 13 Abs. 1 Nr. 1 Buchst. a Sätze 1 u. 2 UStG.
719   § 13 Abs. 1 Nr. 1 Buchst. a Satz 4 UStG.

Beratungskonsequenzen

Dabei kann auch die Anzahlung selbst in einer Lieferung oder sonstigen Leistung bestehen!

Die genannten Tatbestände der Steuerentstehung – **nämlich Sätze 1 u. 2 einerseits und Satz 4 andererseits** – haben unterschiedliche Besteuerungsansätze:

- § 13 Abs. 1 Nr. 1 Buchst. a Sätze 1 u. 2 UStG machen die Besteuerung an der **Ausführung** der Leistung fest;
- § 13 Abs. 1 Nr. 1 Buchst. a Satz 4 UStG stellt auf die **Vereinnahmung** des Entgelts ab.

Abschn. 3.1 Abs. 3 Satz 1 UStAE knüpft an § 13 Abs. 1 Nr. 1 Buchst. a Satz 1 UStG an und regelt, dass sonstige Leistungen grundsätzlich im Zeitpunkt ihrer Vollendung ausgeführt werden. Die im vorliegenden Fall erbrachten Leistungen »Fahrzeugüberlassung« und »Werbeleistung« werden demnach mit Ablauf des Vertragszeitraums ausgeführt.

 Beratungskonsequenzen

Wenngleich die Steuer für diese Leistungen nach § 13 Abs. 1 Nr. 1 Buchst. a Satz 1 UStG insgesamt nicht vor Ende des Vertragszeitraums entsteht, schließt dies nicht aus, dass die Leistenden **sukzessiv die wirtschaftlichen Vorteile** »anteilige Werbeleistung« bzw. »anteilige Fahrzeugüberlassung« vereinnahmen. Diese wiederum lösen für die jeweils spiegelbildlich erbrachte Leistung eine Anzahlungsbesteuerung nach § 13 Abs. 1 Nr. 1 Buchst. a Satz 4 UStG aus.

62.7   Die Meldung nach der FzgLiefgMeldV

Schon lange Pflicht, in der Praxis aber immer wieder übersehen. Insbesondere Kfz-Händler, die

- neue Fahrzeuge
- in einen anderen EU-Mitgliedstaat
- an einen Käufer ohne USt-IdNr.

liefern, haben **seit dem 1.7.2010** eine besondere Meldepflicht[720].

---

720 Fahrzeuglieferungs-Meldepflichtverordnung – FzgLiefgMeldV, BGBl. I 2009, 630.

62.7.1 Das bisherige Problem

Veräußert ein Kfz-Händler ein neues Fahrzeug (➲ Kapitel 38.4) in ein anderes EU-Land, ist der Verkauf auch dann umsatzsteuerfrei, wenn der Kunde keine USt-IdNr. hat (§ 6a Abs. 1 Nr. 2 Buchst. c UStG ➲ Kapitel 38.5.3) hat.

Der Kunde muss im Gegenzug im Bestimmungsland einen innergemeinschaftlichen Erwerb versteuern (im deutschen Recht nach § 1b UStG). Dies konnte die Finanzverwaltung des Bestimmungslandes bislang nicht kontrollieren, weil Fahrzeugverkäufe an Abnehmer ohne USt-IdNr. nicht in die Zusammenfassende Meldung (➲ Kapitel 63) eingehen.

62.7.2 Die Lösung: Elektronische Meldung ans BZSt

Seit dem 1.7.2010 ist das BZSt daher über derartige Geschäfte in einer **Art »Zusammenfassende Meldung«** gesondert zu informieren. Die Meldung soll sicherstellen, dass der Kunde im Gegenzug im Bestimmungsland einen innergemeinschaftlichen Erwerb versteuert. Dazu übermittelt das BZSt die Daten an die ausländische Finanzbehörde, die dann die Erwerbsbesteuerung überprüfen kann.

62.7.3 Einzelmeldungen erforderlich – Checkliste

Jedes Fahrzeug ist **gesondert** zu melden[721]. Meldezeitraum ist das **Kalendervierteljahr**. Die Meldung erfolgt für den **Meldezeitraum**, in dem das Fahrzeug geliefert worden ist und ist bis zum 10. Tag nach Ablauf des Meldezeitraums abzugeben. Wird für die UStVA eine **Dauerfristverlängerung** gewährt, gilt diese auch für die neue Meldepflicht. Die Meldung muss **folgende Angaben** enthalten[722]:

---

721   § 1 Abs. 1 Satz 2 FzgLiefgMeldV.
722   § 1 Abs. 1 Satz 3 FzgLiefgMeldV.

Checkliste

Pflichtangaben nach der FzgLiefgMeldV

- Name, Anschrift, Steuernummer und USt-IdNr. des Lieferers
- Name und Anschrift des Erwerbers
- Datum der Rechnung
- Bestimmungsmitgliedstaat
- Entgelt (Kaufpreis)
- Art des Fahrzeugs (Land-, Wasser- oder Luftfahrzeug)
- Fahrzeughersteller und Fahrzeugtyp (Typschlüsselnummer)
- Datum der ersten Inbetriebnahme, wenn vor Rechnungsdatum
- Kilometerstand
- Kraftfahrzeug-Identifizierungs-Nummer

62.7.4 Sanktionen bei Verstoß gegen die Meldepflicht

Ein Verstoß gegen die Meldepflicht kann mit einer **Geldbuße in Höhe von 5.000 €** geahndet werden (§ 26a UStG).

62.7.5 Details zur Meldung

 Hinweis

- Muster einer Meldung an das BZSt
- Zusammenstellung von zu der Meldung oft gestellten Fragen und den dazu-gehörigen Antworten (»FAQs«).

➲ mybook.haufe.de > Vertiefende Informationen > Kapitel 62.7.5

Weitere Informationen erhalten Sie auf der **Homepage des BZSt**[723].

---

723 https://www.bzst.de/DE/Unternehmen/Umsatzsteuer/ZusammenfassendeMeldung/
zusammenfassendemeldung_node.html.

62.7.6 Auswirkungen auf die UStVA 2022

Zeilen 27 u. 28 des Vordrucks, Kz. 44 u. 49

Sind Fahrzeuglieferungen aufgrund der FzgLiefgMeldV zu melden, sind die nämlichen Bemessungsgrundlagen auch in der UStVA anzugeben.

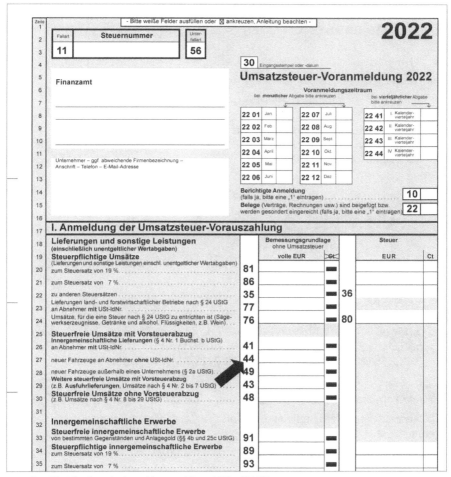

Formular: USt 1 A – Umsatzsteuer-Voranmeldung 2022 – (01.21)

62.8   Fallsammlung internationale Umsätze

 Hinweis

Eintragung in die Vordrucke zur UStVA 2022 ➲ Kapitel 67

62.9   »MOSS« und »OSS« als vereinfachte Besteuerungsverfahren

 Hinweis

Hinzuweisen ist auf zwei Verfahrensvereinfachungen:

* »**MOSS**« (*Mini-One-Stop-Shop*) für E-Leistungen bis zum 30.6.2021 ➲ Kapitel 58a
* »**OSS**« (*One-Stop-Shop*) für am Ort des Verbrauchs ausgeführte Dienstleistungen an Nichtunternehmer mit Sitz oder Wohnsitz im Gemeinschaftsgebiet **ab 1.7.2021** ➲ Kapitel 58b

Ab 1.7.2021: One-Stop-Shop (»OSS«), EU-Regelung

 Rechtsgrundlagen

* **UStG:** § 18j
* **MwStSystRL:** Art. 369a ff. i. V. m. »Mehrwertsteuer-Digitalpaket« (VO (EU) 2017/2454 vom 5.12.2017, ABl. 2017 L 348, 1; RL (EU) 2017/2455 vom 5.12.2017, ABl. 2017 L 348, 7; RL (EU) 2019/1995 vom 21.11.2019, ABl. 2017 L 310, 1; DVO (EU) 2019/2026 vom 21.11.2019, ABl. 2019 L 313, 14)

 Vordrucke

EU, Kontaktdaten der Mitgliedstaaten und weitere Informationen zur Sonderregelung

➲ mybook.haufe.de > Wichtiges aus anderen Behörden

Die nachfolgenden Ausführungen bauen auf den Erläuterungen des BZSt[724] auf und ergänzen, erläutern oder kürzen diese, soweit dies erforderlich oder geboten erscheint.

62a.1 Hintergrund

Das Verfahren Mini-One-Stop-Shop (➲ Kapitel 58a) wurde zum 1.7.2021 durch das Verfahren One-Stop-Shop, EU-Regelung abgelöst. Der **Anwendungsbereich der Sonderregelung wurde deutlich erweitert** und umfasst

- alle in anderen Mitgliedstaaten erbrachten Dienstleistungen, deren Leistungsort sich nach dem Ort des Verbrauchs richtet,
- die innergemeinschaftlichen Fernverkäufe sowie
- bestimmte im Inland erbrachte Umsätze durch elektronische Schnittstellen.

Der **Ort der Leistung** richtet sich bei

- den in den Anwendungsbereich der Sonderregelung fallenden sonstigen Leistungen grundsätzlich nach dem Wohnsitz oder gewöhnlichen Aufenthaltsort des Leistungsempfängers bzw.
- den innergemeinschaftlichen Fernverkäufen nach dem Ort, an dem sich der Gegenstand bei Beendigung der Beförderung oder Versendung an den Erwerber befindet

(Bestimmungslandprinzip). Damit erfolgt die Umsatzbesteuerung dieser Leistungen grundsätzlich am **Verbrauchsort.** Eine Ausnahmeregelung für Unternehmer mit kleinen und mittleren Umsätzen (➲ Kapitel 62a.8)

Als Folge hiervon müssen sich Unternehmer, für die die Ausnahmeregelung für Unternehmer mit kleinen und mittleren Umsätzen nicht gilt oder die auf die Ausnahmeregelung verzichtet haben,

- entweder in den Mitgliedstaaten, in denen sie die genannten Leistungen ausführen, umsatzsteuerlich erfassen lassen und dort ihren Melde- und Erklärungspflichten nachkommen oder
- die Vereinfachungsmöglichkeit durch die Sonderregelung One-Stop-Shop, EU-Regelung in Anspruch nehmen.

---

[724] Homepage des BZSt (www.bzst.de), Abfrage am 31.3.2022

Beratungskonsequenzen

Der OSS ermöglicht es dem Unternehmer, im EU-Ausland geschuldete Umsatzsteuer zentral zu erklären und abzuführen. Die Meldepflichten erfüllt er über den OSS. Dieser steht über die Homepage des BZSt zur Verfügung.

Damit entfällt die – teure (s. o.) – Pflicht, sich jeweils in den einzelnen EU-Staaten umsatzsteuerlich zu registrieren.

Alternativ besteht weiterhin die Möglichkeit, sich im jeweiligen EU-Bestimmungsland umsatzsteuerlich zu registrieren und entsprechend Umsatzsteuererklärungen abzugeben. Wegen der damit verbundenen Kosten wird das aber nur selten Sinn machen.

62a.2   Inkrafttreten

Die Regelungen zum One-Stop-Shop, EU-Regelung sind am 1.7.2021 in Kraft getreten. Umsätze, die in den Anwendungsbereich der Sonderregelung fallen und nach dem 30.6.2021 erbracht werden, können von registrierten Unternehmern im Rahmen der Sonderregelung erstmals für den Besteuerungszeitraum 3. Quartal 2021 erklärt werden. Vorab-Registrierungen für die Sonderregelung waren bereits seit dem 1.4.2021 möglich.

Die Sonderregelung One-Stop-Shop, EU-Regelung löst das Vorgängerverfahren Mini-One-Stop-Shop ab und bietet einen deutlich erweiterten Anwendungsbereich (siehe Ausführungen ➲ Kapitel 62a.3 «Adressatenkreis»). Das Vorgängerverfahren Mini-One-Stop-Shop kann von registrierten Unternehmer für Umsätze genutzt werden, die bis zum 30.6.2021 erbracht wurden.

 Beratungskonsequenzen

Eine erneute Registrierung dieser Unternehmer für die Sonderregelung One-Stop-Shop, EU-Regelung ist nicht erforderlich (➲ Kapitel 62a.5).

62a.3   Adressatenkreis

Das Verfahren richtet sich an **Unternehmer, die im Inland ansässig sind** und gegen Entgelt

- Dienstleistungen an Privatpersonen in Mitgliedstaaten der Europäischen Union erbringen, in denen sie nicht ansässig sind oder

- innergemeinschaftliche Fernverkäufe von Gegenständen tätigen oder
- eine elektronische Schnittstelle zur Verfügung stellen, durch deren Nutzung sie die Lieferung von Gegenständen innerhalb eines Mitgliedstaats durch einen nicht in der Gemeinschaft ansässigen Steuerpflichtigen unterstützen und deshalb behandelt werden als ob sie die Gegenstände selbst geliefert hätten.

Darüber hinaus richtet sich das Verfahren an **Unternehmer, die nicht in der EU ansässig sind** und im Inland über eine Einrichtung wie z. B. ein Warenlager verfügen, von der aus Waren an Privatpersonen in anderen EU-Mitgliedstaaten geliefert werden.

Zu den Begriffen »innergemeinschaftliche Fernverkäufe« und »elektronische Schnittstelle« finden Sie erste Erläuterungen in ➔ Kapitel 62a.11, FAQ 1 und FAQ 2; ausführlich zu Fernverkäufen Kapitel 35a.

Für Unternehmer mit kleinen und mittleren Umsätzen können die Erläuterungen in ➔ Kapitel 62a.8 von Interesse sein.

62a.4   Vorteile der Sonderregelung

Der One-Stop-Shop ermöglicht es Unternehmern, ihre unter die Sonderregelung fallenden Umsätze

- in einer besonderen Steuererklärung zu erklären,
- diese Steuererklärung zentral über das BZSt auf elektronischem Weg zu übermitteln und
- die sich ergebende Steuer insgesamt zu entrichten.

> ➔ **Beratungskonsequenzen**
>
> Damit entfällt die – teure (s. o.) – Pflicht, sich jeweils in den einzelnen EU-Staaten umsatzsteuerlich zu registrieren ➔ Kapitel 62a.1

62a.5   Registrierung und Abmeldung

Unternehmer, die **bereits für das Vorgängerverfahren Mini-One-Stop-Shop registriert** sind, nehmen automatisch an der Sonderregelung One-Stop-Shop, EU-Regelung teil.

Andere Unternehmer müssen, um an der Sonderregelung teilzunehmen, ihre Teilnahme auf elektronischem Weg unter Angabe ihrer USt-IdNr. beim BZSt beantragen.

Bei umsatzsteuerlichen **Organschaften** muss die Teilnahme an der Sonderregelung durch den Organträger unter dessen USt-IdNr. beantragt werden.

 Beratungskonsequenzen

Die Teilnahme gilt **einheitlich für alle Mitgliedstaaten** der EU.

Registrierungsbeginn ist grundsätzlich der erste Tag des Kalendervierteljahres, das auf die Antragstellung folgt.

Für die Sonderregelung registrierte Unternehmer können im BZStOnline-Portal

- ihre Registrierungsdaten ändern,
- ihre Steuererklärungen übermitteln sowie
- sich vom Verfahren abmelden.

Ein **Widerruf der Teilnahme** ist grundsätzlich unter Einhaltung einer Widerrufsfrist von 15 Tagen zum Beginn eines neuen Besteuerungszeitraums (Kalendervierteljahr) mit Wirkung ab diesem Zeitraum möglich.

62a.6 Elektronische Datenübermittlung

Alle Formulare im Verfahren One-Stop-Shop sind aufgrund gesetzlicher Vorgaben an das BZSt auf elektronischem Weg zu übermitteln.

62a.7 Pflichten

Mit der Teilnahme an der Sonderregelung sind verschiedene Pflichten verbunden. Einige grundlegende Pflichten sind nachstehend erläutert.

62a.7.1 Fristgerechte Abgabe der Steuererklärung

Die Steuererklärung ist bis zum Ende des Monats, der auf den Ablauf des Besteuerungszeitraums (Kalendervierteljahr) folgt, elektronisch dem BZSt zu übermitteln. Die Steuererklärung ist somit zu übermitteln für das

- I. Kalendervierteljahr bis zum 30. April,

- II. Kalendervierteljahr bis zum 31. Juli,
- III. Kalendervierteljahr bis zum 31. Oktober,
- IV. Kalendervierteljahr bis zum 31. Januar des Folgejahres.

Auch wenn keine Umsätze im betreffenden Kalendervierteljahr ausgeführt wurden, ist eine Steuererklärung (**sogenannte Nullmeldung**) zu den angegebenen Terminen abzugeben.

62a.7.2 Fristgerechte Zahlung der angemeldeten Steuern

Die im Verfahren One-Stop-Shop erklärten Steuerbeträge müssen so rechtzeitig überwiesen werden, dass die Zahlung bis zum Ende des Monats, der auf den Ablauf des Besteuerungszeitraums (Kalendervierteljahr) folgt, bei der zuständigen Bundeskasse eingegangen ist.

Ein Lastschrifteinzug ist nicht möglich. Die Bankverbindung der Bundeskasse finden Sie nachfolgend in ➲ Kapitel 62a.9

62a.7.3 Änderung der Registrierungsdaten

Der registrierte Unternehmer muss Änderungen seiner Registrierungsdaten spätestens am zehnten Tag des Monats, der auf die Änderung der Verhältnisse folgt, dem BZSt auf elektronischem Weg mitteilen. Änderungen des Firmennamens und der Anschrift sind jedoch ausschließlich dem zuständigen Finanzamt zu melden.

Im Falle einer Änderung der Daten müssen sämtliche Registrierungsdaten nach dem aktuellen Stand angegeben werden.

Registrierungsdaten können innerhalb von drei Jahren nach Wirksamwerden der Abmeldung von der Sonderregelung geändert werden.

Für die Änderung der Registrierungsdaten steht unter der Rubrik »Formulare« ein Änderungsformular im BZStOnline-Portal zur Verfügung.

62a.7.4 Abmeldung von der Sonderregelung

Der registrierte Unternehmer muss sich in den folgenden Fällen spätestens am zehnten Tag des auf den Eintritt der Änderung folgenden Monats von der Teilnahme an der Sonderregelung abmelden:

- Einstellung der Leistungserbringung
- Wegfall der Teilnahmevoraussetzungen in allen EU-Mitgliedstaaten
- Registrierung in einem anderen EU-Mitgliedstaat wegen Wegfalls der Teilnahmevoraussetzungen in Deutschland (z.B. nach Verlegung des Sitzes oder nach Schließen einer Betriebsstätte im Inland)

Für die Abmeldung von der Sonderregelung steht unter der Rubrik »Formulare« ein Abmeldeformular im BZStOnline-Portal zur Verfügung.

62a.7.5   Aufzeichnungspflichten

Über die im Rahmen der Sonderregelung getätigten Umsätze sind Aufzeichnungen zu führen, die es ermöglichen Steuererklärung und Zahlungen auf Richtigkeit zu prüfen.

Die Aufzeichnungen müssen

- dem BZSt,
- dem zuständigen Finanzamt bzw.
- den zentral zuständigen Behörden der übrigen EU-Mitgliedstaaten

auf Anforderung auf elektronischem Weg zur Verfügung gestellt werden.

Die **Aufbewahrungsfrist** für die Aufzeichnungen beträgt zehn Jahre.

62a.8   Ausnahmeregelung für Unternehmer mit kleinen und mittleren Umsätzen

Für die in den Anwendungsbereich der Sonderregelung One-Stop-Shop, EU-Regelung fallenden Umsätze gilt der Grundsatz, dass sich der Ort der Leistung bei

- Telekommunikations-, Rundfunk- und Fernsehdienstleistungen oder auf elektronischem Weg erbrachten Dienstleistungen nach dem Wohnsitz des (privaten) Leistungsempfängers bzw.
- innergemeinschaftlichen Fernverkäufen nach dem Ort, an dem sich der Gegenstand bei Beendigung der Beförderung oder Versendung an den Erwerber befindet,

richtet (Bestimmungslandprinzip ➲ Kapitel 62a.1). Zu diesem **Grundsatz des Bestimmungslandprinzips** gibt es eine Ausnahmeregelung für Unternehmer mit kleinen und mittleren Umsätzen.

62a.8.1 Inhalt und Auswirkungen der Ausnahmeregelung

Die dem Grunde nach in den Anwendungsbereich der Sonderregelung One-Stop-Shop, EU-Regelung fallenden Umsätzen **gelten als im Inland erbrachte Umsätze,** wenn folgende Voraussetzungen erfüllt sind:

1. Der leistende Unternehmer ist in nur einem Mitgliedstaat der EU ansässig.
2. Bei den erzielten Umsätzen handelt es sich um
   - Telekommunikations-, Rundfunk- und Fernsehdienstleistungen oder auf elektronischem Weg erbrachte Dienstleistungen oder
   - innergemeinschaftliche Fernverkäufe.
3. Der Gesamtbetrag – ohne Mehrwertsteuer - der unter 2. genannten Umsätze, die dem Grunde nach unter die Sonderregelung fallen und durch Verkäufe an private Leistungsempfänger in anderen EU-Mitgliedstaaten erzielt werden, überschreitet im laufenden Kalenderjahr nicht 10.000 EUR und hat dies auch im vorangegangenen Kalenderjahr nicht getan.

Für die Beurteilung des Leistungsorts im Jahr 2021 sind auch die vorgenannten sonstigen Leistungen und innergemeinschaftlichen Fernverkäufe einzubeziehen, die im Kalenderjahr 2020 und im ersten Halbjahr 2021 ausgeführt wurden.

Gelten Umsätze als im Inland erbrachte Umsätze, sind sie – sofern sich aus den nachstehenden Absätzen nichts anderes ergibt – **mit dem im Inland geltenden Steuersatz** in Rechnung zu stellen und beim zuständigen Finanzamt zu erklären. **Sobald in einem Kalenderjahr der Schwellenwert von 10.000 EUR überschritten wird,** richtet sich der Leistungsort bei den oben genannten Dienstleistungen nach dem Wohnsitz des (privaten) Leistungsempfängers bzw. bei innergemeinschaftlichen Fernverkäufen nach dem Ort, an dem sich der Gegenstand bei Beendigung der Beförderung oder Versendung an den Erwerber befindet (Bestimmungslandprinzip).

62a.8.2 Verzicht auf die Anwendung der Ausnahmeregelung

Unternehmer, die die oben genannten Voraussetzungen erfüllen, können gleichwohl gegenüber ihrem Finanzamt erklären, dass sie auf die Anwendung der Ausnahmeregelung verzichten.

Die Erklärung bindet den Unternehmer für mindestens zwei Kalenderjahre. Unternehmer, die auf die Anwendung der Ausnahmeregelung verzichten und an der Sonderregelung teilnehmen möchten, müssen eine Registrierungsanzeige auf elektronischem Weg an das BZSt übermitteln. Hierbei ist zu beachten, dass die Registrierung grundsätzlich erst zum Beginn des auf die Registrierungsanzeige folgenden Kalenderquartals wirksam wird.

Folge des Verzichts auf die Anwendung der Ausnahmeregelung ist, dass sich der Ort der Leistung bei Telekommunikations-, Rundfunk- und Fernsehdienstleistungen oder auf elektronischem Weg erbrachten Dienstleistungen nach dem Wohnsitz des (privaten) Leistungsempfängers bzw. bei innergemeinschaftlichen Fernverkäufen nach dem Ort, an dem sich der Gegenstand bei Beendigung der Beförderung oder Versendung an den Erwerber befindet, richtet (Bestimmungslandprinzip).

62a.9 Bankverbindung

Die im Verfahren One-Stop-Shop erklärten Steuerbeträge müssen auf das folgende Konto überwiesen werden. Ein Lastschrifteinzug ist nicht möglich.

* **Zahlungsempfänger:** Bundeskasse Trier Sonderkonto EU/UST
* **Bankname:** Deutsche Bundesbank Filiale Saarbrücken
* **BIC Code:** MARKDEF1590
* **IBAN:** DE81 5900 0000 0059 0010 20

Als Verwendungszweck ist bei der **erstmaligen** Zahlung die Referenznummer anzugeben. Diese hat das Format DE/USt-IdNr./Besteuerungszeitraum in der Form QN.YYYY.

> **Beispiel**
>
> … für eine Referenznummer: DE/DE999999999/Q3.2021

Nach der erstmaligen Zahlung wird jedem Unternehmer ein **Kassenzeichen** mitgeteilt, das bei allen weiteren Zahlungen im Verfahren One-Stop-Shop, EU-Regelung als Verwendungszweck anzugeben ist.

Bei Zahlungen, die außerhalb des SEPA-Raumes kommen, ist zu berücksichtigen, dass die Kosten des Zahlungsverkehrs zu Lasten des Unternehmers gehen (Gebührenregelung 'our').

62a.10 Vorsteuern

Der Unternehmer kann Vorsteuern, die ihm für Vorleistungen in EU-Mitgliedstaaten in Rechnung gestellt werden, in denen er **ausschließlich** unter die Sonderregelung fallende Umsätze erbracht hat, nur im Vorsteuer-Vergütungsverfahren geltend machen.

Voraussetzung ist, dass die Vorsteuerbeträge in Zusammenhang mit diesen Umsätzen stehen. Die Vorsteuervergütung ist in dem Mitgliedstaat geltend zu machen, in dem die Vorsteuerbeträge angefallen sind (➲ Kapitel 77).

Erbringt der Unternehmer **noch andere Umsätze in diesem EU-Mitgliedstaat** und muss er sich deshalb ohnehin dort für Umsatzsteuerzwecke erfassen lassen, hat er die Vorsteuerbeträge dagegen dort insgesamt im allgemeinen Besteuerungsverfahren geltend zu machen.

62a.11 »FAQ« – Die häufigsten Fragen und Antworten

FAQ 1:   Was sind innergemeinschaftliche Fernverkäufe?

Innergemeinschaftliche Fernverkäufe von Gegenständen sind nach Art. 14 Abs. 4 MwStSystRL Lieferungen von Gegenständen, die durch den Lieferer oder für dessen Rechnung von einem anderen Mitgliedstaat als dem der Beendigung der Versendung oder Beförderung an den Erwerber aus versandt oder befördert werden, einschließlich jene, an deren Beförderung oder Versendung die Lieferer indirekt beteiligt ist, sofern folgende Bedingungen erfüllt sind:

a) Die Lieferung der Gegenstände erfolgt an einen Steuerpflichtigen oder eine nichtsteuerpflichtige juristische Person, deren innergemeinschaftliche Erwerbe von Gegenständen gemäß Art. 3 Abs. 1 MwStSystRL nicht der Mehrwertsteuer unterliegen, oder an eine andere nichtsteuerpflichtige Person;

b) Die gelieferten Gegenstände sind weder neue Fahrzeuge noch Gegenstände, die mit oder ohne probeweise Inbetriebnahme durch den Lieferer oder für dessen Rechnung montiert oder installiert geliefert werden.

Die nationalen Regelungen zu innergemeinschaftlichen Fernverkäufen finden Sie in § 3c Abs. 1 Satz 2 und 3 und Abs. 5 UStG ➲ Kapitel 35a.

FAQ 2: Was ist eine elektronische Schnittstelle?

Nach Art. 14a Abs. 2 MwStSystRL werden Steuerpflichtige, die die Lieferung von Gegenständen innerhalb der Gemeinschaft durch einen nicht in der Gemeinschaft ansässigen Steuerpflichtigen an eine nicht steuerpflichtige Person durch die Nutzung einer elektronischen Schnittstelle unterstützen, so behandelt, als ob sie diese Gegenstände selbst erhalten und geliefert hätten.

Als elektronische Schnittstelle sind

- ein elektronischer Marktplatz,
- eine Plattform,
- ein Portal oder
- Ähnliches

anzusehen. Der Begriff »unterstützen« bezeichnet nach Art. 5b der Durchführungsverordnung (EU) Nr. 282/2011 die Nutzung einer elektronischen Schnittstelle, um es einem Erwerber und einem Lieferer, der über eine elektronische Schnittstelle Gegenstände zum Verkauf anbietet, zu ermöglichen, in Kontakt zu treten, woraus eine Lieferung von Gegenständen über die elektronische Schnittstelle an diesen Erwerber resultiert.

Ein Steuerpflichtiger unterstützt die Lieferung von Gegenständen jedoch dann nicht, wenn alle folgenden Voraussetzungen erfüllt sind:

a) Er legt weder unmittelbar noch mittelbar irgendeine der Bedingungen für die Lieferung der Gegenstände fest;

b) er ist weder unmittelbar noch mittelbar an der Autorisierung der Abrechnung mit dem Erwerber bezüglich der getätigten Zahlung beteiligt;

c) er ist weder unmittelbar noch mittelbar an der Bestellung oder Lieferung der Gegenstände beteiligt.

Die nationalen Regelungen zur elektronischen Schnittstelle finden Sie in § 3 Abs. 3a Satz 1 und 3 UStG in der ab 1. Juli 2021 geltenden Fassung ➲ Kapitel 35c.

FAQ 3   Wo finde ich weitergehende Informationen zur Anwendung der Sonderregelung?

Weitergehende Informationen zur Anwendung der Sonderregelung finden Sie in Abschn. 3.1, 3a.1, 3c.1 und 18j.1 UStAE. Detaillierte Informationen zur Sonderregelung One-Stop-Shop, EU-Regelung und anderen Sonderregelungen hat die Europäische Union auf ihrer Internetseite veröffentlicht (https://ec.europa.eu).

FAQ 4:   Kann ein registrierter Unternehmer von diesem Verfahren ausgeschlossen werden?

Unternehmer, die ihren Verpflichtungen aus der Teilnahme an diesem Verfahren wiederholt nicht oder nicht rechtzeitig nachkommen, werden vom BZSt von diesem Verfahren ausgeschlossen.

➡ **Beratungskonsequenzen**

Ein Ausschluss ist teuer! Für den Unternehmer entsteht in diesem Fall die Pflicht, sich jeweils in den einzelnen EU-Staaten umsatzsteuerlich registrieren lassen ➲ Kapitel 62a.1

FAQ 5:   Wie kann der an der Sonderregelung teilnehmende Unternehmer überprüfen, ob es sich beim Leistungsempfänger um einen in der EU ansässigen Unternehmer oder um einen Nichtunternehmer handelt?

Ein in der EU ansässiger Unternehmer wird seine Unternehmereigenschaft gegenüber dem deutschen Leistungserbringer durch die Angabe seiner USt-IdNr. nachweisen.

Nach deutschem Umsatzsteuerrecht kann nur Unternehmern im Sinne von § 2 UStG, die bei einem deutschen Finanzamt umsatzsteuerlich registriert sind, auf Antrag eine USt-IdNr. erteilt werden (§ 27a UStG). Die Vergabe einer USt-IdNr. an Nichtunternehmer (z. B. Privatpersonen) ist ausgeschlossen.

Der am besonderen Besteuerungsverfahren One-Stop-Shop teilnehmende Unternehmer hat zur Feststellung des steuerlichen Status seines Leistungsempfängers die Möglichkeit, die durch die Finanzbehörden der EU-Mitgliedstaaten erteilten ausländischen USt-IdNrn. auf ihre Gültigkeit zu überprüfen. Außerdem besteht die Möglichkeit, im Rahmen einer so genannten qualifizierten Bestätigungsanfrage die mit einer USt-IdNr. verbundenen Informationen, wie Firmenname einschließlich Rechtsform, Firmenort, Postleitzahl und Straße, zu überprüfen (➲ Kapitel 19a).

Die Prüfung der Gültigkeit von USt-IdNrn kann auch auf der Homepage der Europäischen Kommission (https://ec.europa.eu) durchgeführt werden. Qualifizierte Bestätigungsanfragen sind dort allerdings nicht möglich.

FAQ 6: Welcher Steuersatz ist anzuwenden?

Die im Rahmen der Sonderregelung erbrachten Leistungen unterliegen dem Umsatzsteuersatz, der in dem Mitgliedstaat gilt, in dem der Umsatz zu versteuern ist. Dies ist bei den am Ort des Verbrauchs ausgeführten Dienstleistungen in der Regel der Mitgliedstaat, in dem der Leistungsempfänger (= Nichtunternehmer) ansässig ist bzw. bei innergemeinschaftlichen Fernverkäufen der Mitgliedstaat, an dem sich der Gegenstand bei Beendigung der Beförderung oder Versendung an den Erwerber befindet.

FAQ 7: Welches sind die Umsatzsteuersätze der EU-Mitgliedstaaten?

Die Umsatzsteuersätze der EU-Mitgliedstaaten finden Sie auf der Internetseite der Europäischen Kommission ➲ Kapitel 69.3

FAQ 8: Sind auch Umsätze an in Deutschland ansässige Leistungsempfänger in der Steuererklärung anzugeben?

Leistungen an Privatpersonen mit Wohnsitz oder gewöhnlichen Aufenthaltsort in Deutschland sind nur dann in der Steuererklärung anzugeben, wenn die Leistungen im Rahmen der Sonderregelung erbracht wurden, z.B. Inlandsumsätze über elektronische Schnittstellen. Ansonsten sind die Inlandsumsätze – wie bisher – beim zuständigen Finanzamt im allgemeinen Besteuerungsverfahren zu erklären.

FAQ 9: Was beinhaltet die Steuererklärung?

In der Steuererklärung sind folgende Angaben zu machen:

- Identifizierungsinformationen zur Steuererklärung (Angabe von USt-IdNr. und Besteuerungszeitraum),
- Angaben zu den unter die Sonderregelung fallenden Umsätzen, und zwar

- Dienstleistungen, die vom registrierten Unternehmer erbracht wurden,
- Warenlieferungen, die vom Inland ausgeführt wurden,
- Dienstleistungen, die von Betriebsstätten des registrierten Unternehmers erbracht wurden,
- Warenlieferungen, die von Betriebsstätten oder Einrichtungen zur Lieferung von Waren vom Ausland ausgeführt wurden und
- Berichtigungen vorausgegangener Besteuerungszeiträume.

Die Angaben zu den Umsätzen sind getrennt für jeden EU-Mitgliedstaat, in dem die unter die Sonderregelung fallenden Leistungen an Nichtunternehmer erbracht wurden, zu machen. Sie sind nach anwendbaren Steuersätzen aufzuschlüsseln.

Die Beträge sind in Euro anzugeben. Bei der Umrechnung von Werten in fremder Währung ist einheitlich der von der Europäischen Zentralbank festgestellte Umrechnungskurs des letzten Tages des Besteuerungszeitraums anzuwenden. Falls für diesen Tag kein Umrechnungskurs festgelegt wurde, ist der des nächsten Tages anzuwenden.

Für die Abgabe der Steuererklärung steht unter der Rubrik »Formulare« ein Steuererklärungsformular im BZStOnline-Portal zur Verfügung.

FAQ 10: Wo finde ich die allgemeinen Euro-Umrechnungskurse der Europäischen Zentralbank?

Die Euro Umrechnungskurse der Europäischen Zentralbank (EZB) finden Sie unter https://www.ecb.europa.eu

FAQ 11: Was ist hinsichtlich der Steuererklärung im Falle einer Abmeldung von der Sonderregelung zu beachten?

Auch nach der Abmeldung von der Sonderregelung muss für Besteuerungszeiträume, in denen eine Registrierung besteht, eine Steuererklärung übermittelt werden. Fällige oder anfallende Steuerbeträge müssen weiterhin gezahlt werden.

FAQ 12:   Was ist hinsichtlich Korrekturen/Berichtigungen der Steuererklärung zu beachten?

Falls eine bereits übermittelte Steuererklärung berichtigt werden muss, ist die Korrektur **in einer nachfolgenden Steuererklärung** vorzunehmen. Das Steuererklärungsformular enthält einen besonderen Abschnitt für Korrekturen, die dort nach Besteuerungszeiträumen und EU-Mitgliedstaaten aufzuschlüsseln sind.

Hat der Unternehmer die Teilnahme an der Sonderregelung beendet und die Steuererklärung für den letzten Besteuerungszeitraum, für den er für die Sonderregelung registriert war, bereits abgegeben, müssen notwendige Korrekturen unmittelbar in den betroffenen EU-Mitgliedstaaten erklärt werden.

FAQ 13:   Was ist hinsichtlich Guthaben aufgrund von Korrekturen zu beachten?

Guthaben, die sich durch Korrekturen ergeben, werden innerhalb der Steuererklärung zunächst mit dem erklärten Steuerbetrag für den betreffenden Mitgliedstaat verrechnet. Nach Verrechnung verbleibende Guthaben müssen von den betreffenden Mitgliedstaaten an den Unternehmer erstattet werden.

Beispiel

Der Unternehmer erklärt für den Besteuerungszeitraum 4. Quartal 2021 Steuern in Höhe von 100 Euro für den Mitgliedstaat X und in Höhe von 20 Euro für den Mitgliedstaat Y. In der gleichen Steuererklärung erklärt der Unternehmer für das 3. Quartal 2021 einen Korrekturbetrag von –30 Euro für den Mitgliedstaat X und von –80 Euro für den Mitgliedstaat Y.

⮑**Folge:**

Aufgrund der Berichtigung entsteht in Bezug auf den Mitgliedstaat X ein Steuerbetrag von 100 Euro minus 30 Euro = 70 Euro.

In Bezug auf den Mitgliedstaat Y entsteht ein Erstattungsanspruch von 20 Euro minus 80 Euro = -60 Euro.

Der Unternehmer hat in diesem vereinfachten Beispielfall aufgrund der Steuererklärung eine Zahlungsverpflichtung in Höhe von 70 Euro und einen Erstattungsanspruch gegenüber dem Mitgliedstaat Y in Höhe von 60 Euro.

FAQ 14: Wo finde ich Kontaktdaten der Mitgliedstaaten?

Die EU hat auf ihrer Internetseite Kontaktdaten der Mitgliedstaaten und weitere Informationen zur Sonderregelung veröffentlicht[725].

63 Zusammenfassende Meldung im Jahr 2022
Was das BZSt monatlich/vierteljährlich wissen möchte

Aktuell: Änderungen seit dem 1.1.2020 durch die »Quick Fixes«

- Bedeutung für die Steuerbefreiung der innergemeinschaftlichen Lieferung ➔ Kapitel 21b
- Angaben zu Konsignationslagern (§ 6b UStG) in der ZM ➔ Kapitel 33a

§ Rechtsgrundlagen

- UStG: § 18a
- UStAE: Abschn. 18a. 1 ff.
- MwStSystRL: Art. 262 ff.
- BMF, Schreiben vom 15.6.2010, IV D 3 – S 7427/08/10003-03 (2010/0457796), Zusammenfassende Meldung (§ 18a UStG), BStBl. I 2010, 569 (formell aufgehoben, materiell aber weiter gültig lt. BMF, Schreiben vom 18.3.2021, IV A 2 – O 2000/20/10001 :001, 2021/0219490, Anlage 2 Ziffer 115, BStBl I 2021, 390; zur zweifelhaften Bedeutung dieses Schreibens ➔ Kapitel 1.6).
- BMF, Schreiben vom 23.11.2011, IV D 3 - S 7420/0 :003, 2011/0939674, Bundeseinheitlich Vordrucke; Aufforderung zur Abgabe einer berichtigten Umsatzsteuer-Voranmeldung/-erklärung nach § 18b UStG (Vordruckmuster USt 1 ZS), BStBl. I 2011, 1159 (formell aufgehoben, materiell aber weiter gültig lt. BMF, Schreiben vom 18.3.2021, IV A 2 – O 2000/20/10001 :001, 2021/0219490, Anlage 2 Ziffer 111, BStBl I 2021, 390; zur zweifelhaften Bedeutung dieses Schreibens ➔ Kapitel 1.6).

---

725 ➔ mybook.haufe.de > Wichtiges aus anderen Behörden.

- BMF, Schreiben vom 9.10.2020, III C 3 – S 7140/19/10002 :007, 2020/1027480, Gesetz zur weiteren steuerlichen Förderung der Elektromobilität und zur Änderung weiterer steuerlicher Vorschriften; Eeinführungsschreiben zu den geänderten Anforderungen bei innergemeinschaftlichen Lieferungen, BStBl. II 2020, 1038; weiter gültig lt. BMF, Schreiben vom 18.3.2021, IV A 2 – O 2000/20/10001 :001, 2021/0219490, Anlage 1 Ziffer 1475; zur zweifelhaften Bedeutung dieses Schreibens ➲ Kapitel 1.6).

📄 Vordrucke

- BZSt, Anleitung zur Zusammenfassenden Meldung (USt ZM 1/2021)
- BZSt, Merkblatt Elektronische Berichtigung der Zusammenfassenden Meldung
- Zusammenfassende Meldung – Vordruck für 2020 ff.

63.0 Auf einen Blick vorab – Auswirkungen der ZM auf die Steuerbefreiung innergemeinschaftlicher Lieferungen

⚠ Hinweis

Hinweis auf BMF, Schreiben vom 9.10.2020 (a. a. O.) und ➲ Kapitel 21b

63.1 Vordrucke

📄 Vordrucke

- BZSt, Anleitung zur Zusammenfassenden Meldung (USt ZM 1/2021)
- BZSt, Merkblatt Elektronische Berichtigung der Zusammenfassenden Meldung
- BZSt, Anleitung zur Zusammenfassenden Meldung (USt ZM 1/2020)

➡ Beratungskonsequenzen

Die Vordrucke kommen damit seit dem Jahr 2010 **im Wesentlichen unverändert** zum Einsatz.

Für die Praxis heißt das: Der Ausfüllende (Unternehmer/Steuerberater/Mitarbeiter) kann sich **an den Zusammenfassenden Meldungen für 2021 orientieren**.

63.2   »FAQ« – Die häufigsten Fragen und Antworten

Die nachfolgenden Ausführungen bauen auf FAQ des BZSt[726] auf und ergänzen, erläutern oder kürzen diese, soweit dies erforderlich oder geboten erscheint.

FAQ 1:   Wer muss eine ZM an das BZSt übermitteln?

Sofern entsprechende Lieferungen oder sonstige Leistungen erbracht wurden (siehe Frage »Was ist zu melden?«), sind die folgenden Unternehmen zur Abgabe einer ZM verpflichtet:

- Unternehmer im Sinne des § 2 Abs. 1 UStG
- Unternehmer im Sinne des § 2 Abs. 2 Nr. 2 UStG (Organgesellschaft)
- Pauschalierende Land- und Forstwirte

Kleinunternehmer i. S. d. § 19 Abs. 1 UStG müssen **keine** ZM übermitteln.

FAQ 2:   Was ist zu melden?

In der ZM sind für

- innergemeinschaftliche Warenlieferungen, das heißt Lieferungen oder Versendungen in einen anderen EU-Mitgliedsstaat – § 18a Abs. 6 UStG,
- innergemeinschaftliche sonstige Leistungen, das bedeutet eine steuerbare sonstige Leistung die für ein Unternehmen in einem anderen EU-Mitgliedsstaat erbracht wurde und für die der Leistungsempfänger die Steuer schuldet – § 3a Abs. 2 UStG,
- innergemeinschaftliche Dreiecksgeschäfte gemäß § 25b Abs. 2 UStG

die

- USt-IdNr. des Erwerbers oder Leistungsempfängers,
- die Bemessungsgrundlage und
- die Art des Umsatzes

anzugeben.

---

726   Homepage des BZSt (www.bzst.de), Abfrage am 12.3.2022.

Im Rahmen der **Konsignationslagerregelung** sind bei Beförderungen und Versendungen in einen anderen EU-Mitgliedsstaat (§ 6b Abs. 1 UStG) ebenfalls die USt-IdNr. des vorgesehenen Erwerbers anzugeben.

Rückbeförderungen und Rückversendungen sind unter Angabe der USt-IdNr. des vorgesehenen Erwerbers und des jeweiligen Tatbestandes zu melden.

Im Falle des **Erwerberwechsels** ist zusätzlich zur USt-IdNr. des vorgesehenen Erwerbers und des Tatbestandes auch die USt-IdNr. des ursprünglich vorgesehenen Erwerbers anzugeben.

FAQ 3: **Muss ich auch eine ZM abgeben, wenn ich keine Lieferungen oder sonstigen Leistungen an Empfänger in einem anderen EU-Mitgliedsstaat erbracht habe oder keine Beförderungen oder Versendungen i. S. d. § 6b Abs. 1 UStG (Konsignationslagerregelung) aufgeführt habe?**

Wurden keine der in der Frage »Was ist zu melden?« genannten Umsatzarten getätigt, ist **keine** ZM zu übermitteln.

FAQ 4: **Muss ich auch den Bezug von Waren melden?**

Warenbezüge (Erwerbe) aus anderen EU-Mitgliedstaaten sind **nicht** zu melden.

FAQ 5: **Wann ist zu melden? Welche Fristen gibt es?**

Die ZM ist bis zum 25. Tag nach Ablauf des Meldezeitraumes an das BZSt elektronisch zu übermitteln (§ 18a Abs. 1 Satz 1 UStG).

 Beratungskonsequenzen

Die Regelungen über die **Dauerfristverlängerung** (§ 18 Abs. 6 UStG i. V. m. §§ 46 ff. UStDV) gelten **nicht** für die ZM (Abschn. 18a.2 Abs. 1 Satz 2 UStAE).

FAQ 6: **Für welchen Meldezeitraum muss ich die ZM abgeben?**

In Abhängigkeit von den jeweiligen Voraussetzungen kommen als Meldezeitraum für die Übermittlung der ZM

- das Kalendervierteljahr
- der Kalendermonat oder

- in Ausnahmefällen das Kalenderjahr in Betracht.

Weitere Informationen erhalten Sie in den nachfolgenden Fragen.

FAQ 7:   Wann ist die ZM für den Meldezeitraum Kalendervierteljahr abzugeben?

Beträgt die Summe der Bemessungsgrundlagen für innergemeinschaftliche Warenlieferungen und innergemeinschaftliche Dreiecksgeschäfte gemäß § 25b Abs. 2 UStG

- weder für das laufende Kalendervierteljahr
- noch für eines der vier vorangegangenen Kalendervierteljahre
- **jeweils** mehr als 50.000 Euro,

kann die ZM bis zum 25. Tag nach Ablauf des Kalendervierteljahres elektronisch übermittelt werden (§ 18a Abs. 1 Satz 2 UStG).

Zur **Prüfung der 50.000-Euro-Grenze** ➲ Kapitel 63.4 (s. u.)

FAQ 8:   Wann muss ich eine ZM für den Meldezeitraum Kalendermonat abgeben?

Die ZM ist für den Kalendermonat abzugeben, wenn die Summe der Bemessungsgrundlagen für innergemeinschaftliche Warenlieferungen und innergemeinschaftliche Dreiecksgeschäfte gemäß § 25b Abs. 2 UStG

- weder für das laufende Kalendervierteljahr
- noch für eines der vier vorangegangenen Kalendervierteljahre
- **jeweils** mehr als 50.000 Euro,

➡ **Beratungskonsequenzen**

Der **Wechsel** zur monatlichen Abgabe erfolgt **automatisch**!
Das Unternehmen hat auf seine Abgabepflichten **selbst zu achten**!
Es erfolgt **keine Mitteilung des BZSt** über die Änderung des Meldezeitraums.

Zur **Prüfung der 50.000-Euro-Grenze** ➲ Kapitel 63.4 (s. u.)

FAQ 9: **Wann muss ich die ZM abgeben, wenn der Betrag von 50.000 € im laufenden Kalendervierteljahr überschritten wurde?**

Sofern die Summe der Bemessungsgrundlagen für die vorgenannten Umsätze im laufenden Kalendervierteljahr den Betrag von 50.000 € überschritten hat, ist die ZM bis zum 25. Tag nach Ablauf des Kalendermonats, in dem dieser Betrag überschritten wurde, für diesen Kalendermonat und die bereits abgelaufenen Kalendermonate dieses Kalendervierteljahres elektronisch zu übermitteln (§ 18a Abs. 1 Satz 3 UStG).

> **Beispiel**
>
> Der Unternehmer M hat bislang die ZM für den Meldezeitraum Kalendervierteljahr abgegeben. Im Mai beträgt die Summe der Bemessungsgrundlagen 57.000 €.
>
> M muss nun bis zum 25. Juni eine ZM für die Monate April und Mai abgeben. Die ZM für Juni und alle folgenden Monate ist dann bis zum 25. Tag nach Ablauf des jeweiligen Kalendermonats zu übermitteln.

Zur **Prüfung der 50.000-Euro-Grenze** ausführlich ➲ Kapitel 63.4 (s. u.)

FAQ 10: **Welcher Meldezeitraum gilt für innergemeinschaftliche sonstige Leistungen?**

Innergemeinschaftliche sonstige Leistungen sind grundsätzlich bis zum **25. Tag nach Ablauf des Kalendervierteljahres** elektronisch zu übermitteln (§ 18a Abs. 2 Satz 1 UStG).

Sofern das Unternehmen bereits für Lieferungen zur monatlichen Abgabe der ZM verpflichtet ist, sind die Angaben zu den innergemeinschaftliche sonstige Leistungen **im jeweils letzten Monat des Kalendervierteljahres** zu machen (§ 18a Abs. 2 Satz 2 UStG).

FAQ 11: **Kann ich die ausgeführten innergemeinschaftlichen sonstigen Leistungen auch in die von mir für den Kalendermonat abzugebende ZM für Lieferungen aufnehmen?**

Ja! Die im gleichen Zeitraum ausgeführten innergemeinschaftlichen sonstigen Leistungen können auch in die Monats-ZM aufgenommen werden (§ 18a Abs. 3 UStG).

FAQ 12: In welchen Ausnahmefällen kann die ZM für das Kalenderjahr abgegeben werden?

Die Abgabe einer Jahres-ZM ist nur dann zulässig, wenn Sie

- zum einen bei Ihrem Finanzamt von der Verpflichtung zur Abgabe der Umsatzsteuer-Voranmeldungen und Entrichtung der Umsatzsteuer-Vorauszahlungen befreit sind und
- zum anderen die folgenden Voraussetzungen erfüllen (§ 18a Abs. 9 UStG):
  - Die Summe der Lieferungen und sonstigen Leistungen hat im vorangegangenen Kalenderjahr 200.000 € nicht überstiegen und wird im laufenden Kalenderjahr voraussichtlich nicht übersteigen,
  - die Summe der innergemeinschaftlichen Warenlieferungen oder innergemeinschaftlichen sonstigen Leistungen hat im vorangegangenen Kalenderjahr 15.000 € nicht überstiegen und wird im laufenden Kalenderjahr voraussichtlich nicht übersteigen und
  - es handelt sich bei den innergemeinschaftlichen Warenlieferungen nicht um Lieferungen neuer Fahrzeuge an Abnehmer mit USt-IdNr.

FAQ 13: Ich gebe die ZM vierteljährlich ab. Muss ich eine Jahresmeldung zusätzlich abgeben?

Nein! Anders als beim Finanzamt und den dort abzugebenden Umsatzsteuer-Voranmeldungen ist bei der ZM **keine** Jahreserklärung einzureichen.

FAQ 14: Ich bin Kleinunternehmer und habe eine Aufforderung zur Abgabe der ZM erhalten. Warum?

Bitte überprüfen Sie Ihre Umsatzsteuererklärung.

Haben Sie Umsätze erklärt, für die eine ZM abzugeben ist? Dann berichtigen Sie bitte Ihre Umsatzsteuererklärung.

Anderenfalls nehmen Sie bitte mit Ihrem zuständigen Finanzamt Kontakt auf.

FAQ 15: Ich bin Kleinunternehmer und besitze eine USt-IdNr. Bin ich allein aufgrund des Besitzes einer USt-IdNr. verpflichtet, eine ZM abzugeben?

Nein!

FAQ 16: Wie kann ich eine ZM abgegeben?

Die ZM ist grundsätzlich auf elektronischen Weg nach amtlich vorgeschriebenem Datensatz durch Datenfernübertragung zu übermitteln. Derzeit stehen **zwei Portale** zur elektronischen Übermittlung der ZM zur Verfügung:

- ELSTER-Dienstleistungsportal der Finanzverwaltung – für alle Unternehmer geeignet (Ausnahme: Massenmelder)
- BZSt-Online-Portal (zwingend für Massenmelder)

Aus technischen Gründen ist es derzeit nicht möglich, dass Unternehmer, die die **Konsignationslagerregelung** nach § 6b UStG in Anspruch nehmen, die hierfür erforderlichen Angaben (§ 18a Abs. 1 Satz 1 i. V. m. Abs. 6 Nr. 3 und Abs. 7 Satz 1 Nr. 2a UStG) im Rahmen des bestehenden Verfahrens zur Abgabe der ZM nach § 18a UStG vornehmen können.

Zur Erfüllung der bestehenden Meldepflichten und damit auch zur Erfüllung der Voraussetzungen nach § 6b Abs. 1 Nr. 4 UStG steht für die Übergangszeit ein **Vordruck auf dem Formularserver** der Bundesfinanzverwaltung zur Verfügung.

Für die Übermittlung stehen Ihnen eine Online- und Offlineversion des Formulars zur Verfügung.

Bei Nutzung des Online-Formulars haben Sie die Möglichkeit, das Formular nach dem Ausfüllen elektronisch an das BZSt zu übermitteln. Sie erhalten direkt eine Übermittlungsbestätigung am Bildschirm angezeigt.

Sofern Sie das Offline-Formular nutzen, ist dieses nach dem Ausfüllen per DE-Mail an das BZSt DE-Mail-Postfach (konsignationslager@bzst.de-mail.de) zu übersenden. Sie erhalten eine Bestätigung in Ihr DE-Mail-Postfach.

FAQ 17: Gibt es eine Ausnahme zur elektronischen Übermittlung der ZM?

Zur Vermeidung von **unbilligen Härten** kann Ihr Finanzamt auf Antrag eine Ausnahme von der elektronischen Übermittlung gestatten. Soweit Ihr Finanzamt nach § 18 Abs. 1 Satz 2 UStG auf eine elektronische Übermittlung der Umsatzsteuer-Voranmeldung verzichtet hat, gilt dies auch für die ZM.

FAQ 18: Wie überwacht das BZSt den fristgerechten Eingang der ZM?

Die Abgabepflicht für eine ZM korrespondiert mit den Angaben in den Umsatzsteuer-Voranmeldungen oder der -Jahreserklärung.

Dies bedeutet konkret, dass die Erklärung innergemeinschaftlicher Lieferungen, innergemeinschaftlicher sonstiger Leistungen oder innergemeinschaftlicher Dreiecksgeschäfte in der Umsatzsteuervoranmeldung oder in der Umsatzsteuererklärung automatisiert zu einer Abgabepflicht für die ZM führt.

FAQ 19: Kann ich eine Verlängerung der Abgabefrist beantragen?

Hat ein Unternehmen keine Möglichkeit, die ZM in der dafür vorgesehenen Frist abzugeben, besteht die Möglichkeit

* vor Ablauf der Abgabefrist und
* unter Angabe von Gründen

beim BZSt eine Verlängerung der Frist zu beantragen.

Nutzen Sie hierfür bitte das Kontaktformular.

FAQ 20: Wann werden Zwangsgelder festgesetzt?

Ist ein Unternehmen der Pflicht zur Abgabe der ZM trotz der vorhergehenden Erinnerung und Androhung eines Zwangsgeldes nicht nachgekommen, so kann vom BZSt ein Zwangsgeld festgesetzt werden, um den Unternehmen zur Einhaltung seiner Mitwirkungspflicht zu zwingen.

 Beratungskonsequenzen

Die Zahlung des Zwangsgeldes führt **nicht** zu einer Erledigung der Abgabepflicht!

Die ZM wird auch nach Zahlung eines ersten Zwangsgeldes vom BZSt **weiterhin eingefordert** und es können noch **weitere Zwangsgelder** festgesetzt werden.

Erst durch Abgabe der ZM oder nach erfolgter Berichtigung der abgegebenen Umsatzsteuer-Voranmeldungen oder Umsatzsteuererklärung und anschließender Mitteilung des zuständigen Finanzamtes, die den Wegfall der Meldepflicht dem BZSt bestätigt, ist der Vorgang abgeschlossen.

FAQ 21: Was geschieht bei ungültigen ausländischen USt-IdNrn.?

Nach Abgabe der ZM werden die ausländischen USt-IdNrn. in die Datenbank des BZSt übernommen und auf Gültigkeit und Schlüssigkeit (Plausibilität) überprüft.

Sind die USt-IdNrn. ungültig, erhält das Unternehmen eine **automatisierte schriftliche Aufforderung zur Berichtigung**.

Darüber hinaus werden die plausiblen, ausländischen USt-IdNrn. mit dem Datenbestand in den anderen Mitgliedstaaten abgeglichen. In diesem Verfahrensschritt wird geprüft, ob die USt-IdNr. einem Unternehmen tatsächlich zugeteilt wurde und ob sie im angegebenen Zeitraum auch gültig war. Ist dies nicht der Fall, erhält das deutsche Unternehmen auch in diesen Fällen eine automatisierte Aufforderung zur Berichtigung.

 Beratungskonsequenzen

Zur Bestätigung von ausländischen USt-IdNrn. durch das BZSt ➲ Kapitel 19a

FAQ 22: Muss ich ungültige USt-IdNrn. beim BZSt berichtigen?

Das Unternehmen ist verpflichtet, unrichtige oder unvollständige Angaben in seiner ZM auf elektronischem Weg innerhalb eines Monats zu berichtigen (§ 18a Abs. 10 UStG).

FAQ 23: Wo finde ich Beispiele für die Berichtigung einer ZM?

Ausführliche Beispiele finden Sie im Themenbereich »Berichtigung« sowie in der ZM-Ausfüllanleitung und dem Merkblatt zur Berichtigung einer ZM. Hinweis auch auf Kapitel 63.5 (s. u.)

FAQ 24: Wo finde ich ausführlichere Informationen?

Ausführlichere Informationen finden Sie in

- ZM-Ausfüllanleitung ➲ Kapitel 63.3 (s. u.)
- Ausfüllanleitung für Meldungen im Rahmen der Konsignationslagerregelung
- Abschn. 18a.1 bis 18a.5 UStAE

63.3 Grundsätzliches zur Zusammenfassenden Meldung

Das BZSt hat die Anleitung zur zusammenfassenden Meldung zuletzt im Januar 2021 vollständig überarbeitet[727].

Darin werden Insbesondere folgende Themenbereiche praxisgerecht aufbereitet und anhand zahlreicher Fallbeispiele erläutert:

- Elektronische Abgabe und Abgabe auf Papier ➲ Anleitung USt ZM 1/2021, Abschnitt I.1
- Wer muss eine ZM abgeben? ➲ Anleitung USt ZM 1/2021, Abschnitt I.2
- Zusammenhang zwischen UStVA und ZM ➲ nachfolgendes Kapitel 63.6
- Was ist zu melden? ➲ Anleitung USt ZM 1/2021, Abschnitt II
- Wann ist zu melden? ➲ Anleitung USt ZM 1/2021, Abschnitt III
- So werden die Vordrucke ausgefüllt ➲ Anleitung USt ZM 1/2021, Abschnitt IV
- Nachträgliche Änderung der umsatzsteuerlichen Bemessungsgrundlage ➲ Anleitung USt ZM 1/2021, Abschnitt IV.10
- Berichtigungen➲ Anleitung USt ZM 1/2021, Abschnitt IV.12
- Folgen einer unterlassenen oder verspäteten Berichtigung der ZM ➲ Anleitung USt ZM 1/2021, Abschnitt IV.13
- Aufbau der USDt-IdNrn. in den EU-Mitgliedstaaten ➲ Anleitung USt ZM 1/2021, Abschnitt IV.14
- Ausfüllmuster ➲ Anleitung USt ZM 1/2021, Anlagen auf S. 13 f.

63.4 Erstmaliges Überschreiten der 50.000-Euro-Grenze

63.4.1 Frage des Mandanten

Echtfall

»Unser Unternehmen lieferte bislang nur gelegentlich an EU-Unternehmenskunden.

Die Bemessungsgrundlage lag dabei im Quartal immer unter 50.000 €; wir haben daher vierteljährlich eine Zusammenfassende Meldung erstellt.

---

727 BZSt, Anleitung zur Zusammenfassenden Meldung (USt ZM 1/2021), Abschnitt 1.1,
➲ mybook.haufe.de > Wichtiges von anderen Behörden.

Im Dezember 2021 liegen wir erstmals über 50.000 €.
Was müssen wir jetzt tun?«

63.4.2 Beraterantwort

Das Mandantenunternehmen (M) muss ab dem vierten Quartal 2021 die ZM monatlich erstellen. Das gilt auch für das Kalenderjahr 2022.

Im ersten Quartal 2023 kann M dann – wenn gewünscht und auch die weiteren Voraussetzungen dafür vorliegen – wie bisher auf eine vierteljährliche ZM zurückwechseln.

  Rechtsgrundlagen

§ 18a UStG

(1) [1]Der Unternehmer im Sinne des § 2 hat bis zum 25. Tag nach Ablauf jedes Kalendermonats (Meldezeitraum), in dem er innergemeinschaftliche Warenlieferungen oder Lieferungen im Sinne des § 25b Absatz 2 ausgeführt hat, dem Bundeszentralamt für Steuern eine Meldung (Zusammenfassende Meldung) nach amtlich vorgeschriebenem Datensatz durch Datenfernübertragung zu übermitteln, in der er die Angaben nach Absatz 7 Satz 1 Nummer 1, 2, 2a und 4 zu machen hat. [2]Soweit die Summe der Bemessungsgrundlagen für innergemeinschaftliche Warenlieferungen und für Lieferungen im Sinne des § 25b Absatz 2 weder für das laufende Kalendervierteljahr noch für eines der vier vorangegangenen Kalendervierteljahre jeweils mehr als 50 000 Euro beträgt, kann die Zusammenfassende Meldung bis zum 25. Tag nach Ablauf des Kalendervierteljahres übermittelt werden. [3]Übersteigt die Summe der Bemessungsgrundlage für innergemeinschaftliche Warenlieferungen und für Lieferungen im Sinne des § 25b Absatz 2 im Laufe eines Kalendervierteljahres 50 000 Euro, hat der Unternehmer bis zum 25. Tag nach Ablauf des Kalendermonats, in dem dieser Betrag überschritten wird, eine Zusammenfassende Meldung für diesen Kalendermonat und die bereits abgelaufenen Kalendermonate dieses Kalendervierteljahres zu übermitteln. …

(2) …

Checkliste: ZM vierteljährlich oder monatlich?

- Die ZM ist bis zum 25. Tag nach Ablauf jedes Kalendermonats an das BZSt zu übermitteln, wenn die Summe der Bemessungsgrundlagen für innergemeinschaftliche Warenlieferungen (§ 18a Abs. 6 UStG) und Lieferungen im Sinne des § 25b Abs. 2 UStG im Rahmen von innergemeinschaftlichen Dreiecksgeschäften
  - für das laufende Kalendervierteljahr oder
  - für eines der vier vorangegangenen Kalendervierteljahre
  - **jeweils** mehr als 50.000 € beträgt (Abschn. 18a.2 Abs. 1 Satz 1 UStAE).

- Die Regelungen über die **Dauerfristverlängerung** nach § 18 Abs. 6 UStG und §§ 46 bis 48 UStDV gelten **nicht** für die ZM (Abschn. 18a.2 Abs. 1 Satz 2 UStAE).

- Übersteigt **im Laufe eines Kalendervierteljahres** die Summe der Bemessungsgrundlagen für innergemeinschaftliche Warenlieferungen (§ 18a Abs. 6 UStG) und Lieferungen im Sinne des § 25b Abs. 2 UStG im Rahmen von innergemeinschaftlichen Dreiecksgeschäften 50.000 €, ist die ZM bis zum 25. Tag nach Ablauf des Kalendermonats, in dem dieser Betrag überschritten wird, zu übermitteln (Abschn. 18a.2 Abs. 2 Satz 1 UStAE).

- Wird die Betragsgrenze von 50.000 € **im zweiten Kalendermonat** eines Kalendervierteljahres überschritten, kann der Unternehmer eine ZM für die bereits abgelaufenen Kalendermonate dieses Kalendervierteljahres übermitteln, in der die Angaben für diese beiden Kalendermonate zusammengefasst werden, oder jeweils eine ZM für jeden der abgelaufenen Kalendermonate dieses Kalendervierteljahres (Abschn. 18a.2 Abs. 2 Satz 2 UStAE).

- Überschreitet der Unternehmer die Betragsgrenze **im dritten Kalendermonat** eines Kalendervierteljahres, wird es nicht beanstandet, wenn er statt einer ZM für dieses Kalendervierteljahr jeweils gesondert eine ZM für jeden der drei Kalendermonate dieses Kalendervierteljahres übermittelt (Abschn. 18a.2 Abs. 2 Satz 3 UStAE).

Beispiel

[Nach Abschn. 18a.2 Abs. 2 UStAE, fortgeschrieben auf das Mandantenunternehmen im Echtfall]

M liefert im Oktober 2021 Ware für 20.000 € und im November 2021 für 35.000 € an EU-Unternehmer in Belgien. Ferner liefert D im Dezember 2021 Ware für 50.000 € an einen französischen Unternehmen. Die Rechnungsstellung erfolgte jeweils zeitgleich mit der Ausführung der Lieferungen.

➲ Folge

M ist verpflichtet, die Umsätze Oktober – Dezember 2021 bis zum 25.1.2021 dem BZSt zu melden. **Wahlweise** kann M

- für die Monate Oktober, November und Dezember 2021 jeweils eine gesonderte ZM
- für die Monate Oktober – Dezember 2021 eine gemeinsame (kumulierte) ZM

übermitteln.

63.4.3 Was tun, wenn die 50.000-Euro-Grenze in der Folgezeit wieder unterschritten wird?

Im ersten Quartal 2023 kann M – falls gewünscht und die weiteren Voraussetzungen dafür vorliegen – rein rechtlich wie bisher auf eine vierteljährliche ZM zurückwechseln.

> **Beratungskonsequenzen**
>
> Davon allerdings ist eigentlich abzuraten: einmal an Monatsmeldungen gewöhnt, sollte dieser Turn auch beibehalten werden.
>
> Letztlich wird ein jedes Unternehmen diese Frage aber **mit dem Steuerberater klären** müssen.

63.5 Berichtigung einer ZM

Nach Eingang der ZM beim BZSt erfolgt ein Abgleich der gemeldeten innergemeinschaftlichen Umsatzarten mit den Angaben in den Umsatzsteuer-Voranmeldungen und -Jahreserklärungen. Darüber hinaus werden die gemeldeten ausländischen USt-IdNrn. auf Plausibilität und Gültigkeit überprüft.

Erklärungs- und Aufbewahrungspflichten

Bei unplausiblen Daten oder Abweichungen zwischen den Angaben in den Umsatzsteuer-Erklärungen und den ZM erhalten die Unternehmen automatisierte Benachrichtigungsschreiben, damit eine Berichtigung erfolgt.

Die nachfolgenden Ausführungen bauen auf den Erläuterungen des BZSt[728] auf und ergänzen, erläutern oder kürzen diese, soweit dies erforderlich oder geboten erscheint.

Ergänzend hinzuweisen ist auf das **spezielle Merkblatt des BZSt**[729].

63.5.1 Fristen

Die Frist zur Berichtigung der ZM beträgt **einen Monat nach Kenntnis** der fehlerhaften ZM (§ 18a Abs. 10 UStG).

63.5.2 Folgen bei Nichtberichtigung

Sofern das Unternehmen der Pflicht zur Berichtigung nicht nachkommt, kann die **Steuerbefreiung** der Lieferung oder sonstigen Leistung von dem zuständigen Finanzamt **versagt** werden (➲ Kapitel 21.b).

Des Weiteren kann die Nichtberichtigung der ZM als **Ordnungswidrigkeit** mit einer Geldbuße von bis zu 5.000 Euro geahndet werden (§ 26a Abs. 1 Nr. 5 UStG).

63.5.3 Berichtigungs-Form

Die Berichtigung der ZM hat, wie die Abgabe der ZM, auf elektronischem Weg zu erfolgen. In den Portalen (ELSTER oder BOP) zur Verfügung gestellten Formularen ist hierfür ein entsprechendes Feld zu bestätigen. Die Berichtigung kann weder schriftlich noch telefonisch erfolgen.

---

728 Homepage des BZSt (www.bzst.de), Abfrage am 12.3.2022.

729 BZSt, Merkblatt Elektronische Berichtigung der Zusammenfassenden Meldung
    ➲ mybook.haufe.de > Wichtiges von anderen Behörden.

Für jeden zu berichtigenden Meldezeitraum ist eine gesonderte berichtigte ZM elektronisch zu übermitteln. Korrekt gemeldete Angaben sind in der berichtigten ZM nicht zu wiederholen.

63.5.4 Was und wie ist zu berichtigen?

63.5.4.1 Unvollständige ZM

Sofern in der Ursprungs-ZM ein Umsatz nicht gemeldet wurde, ist dieser in der Berichtigungs-ZM einzutragen.

Beispiel

Unternehmer M führt an den spanischen Unternehmer P mit USt-IdNr. ES111111112 im 3. Kalendermonat eine innergemeinschaftliche Warenlieferung in Höhe von 5.000 € aus. Bei Abgabe der ZM für den 3. Kalendermonat übersieht er diesen Umsatz.

➲ **Folge**

Unternehmer M hat nun eine korrigierte ZM für den 3. Kalendermonat abzugeben. In dieser erklärt er nur die fehlende innergemeinschaftliche Lieferung an P:

	Umsatzsteuer-Identifikationsnummer (USt-IdNr.)	Summe	Art der Leistung
1.	ES111111112	5000	Innergemeinschaftliche Lieferung

63.5.4.2 Unrichtiger Meldezeitraum

Sofern ein Umsatz in einem nicht korrekten Meldezeitraum erklärt wurde, ist die ZM für diesen Meldezeitraum zu berichtigen.

Beispiel

Unternehmer M führt an den spanischen Unternehmer P mit USt-IdNr. ES111111112 im 3. Kalendermonat eine innergemeinschaftliche Warenlieferung in Höhe von 13.000 € aus. Er trägt diese Lieferung irrtümlich in der ZM für den 2. Kalendermonat ein.

➲ Folge

Für den 2. Kalendermonat hat M eine berichtigte ZM abzugeben. In dieser trägt er den gemeldeten Umsatz mit der Summe der Bemessungsgrundlage »0« ein. Des Weiteren ist eine ZM für den 3. Kalendermonat abzugeben.

Berichtigungs-ZM für den 2. Kalendermonat

	Umsatzsteuer-Identifikationsnummer (USt-IdNr.)	Summe	Art der Leistung
1.	ES111111112	0	Innergemeinschaftliche Lieferung

ZM für den 3. Kalendermonat

	Umsatzsteuer-Identifikationsnummer (USt-IdNr.)	Summe	Art der Leistung
1.	ES111111112	13000	Innergemeinschaftliche Lieferung

63.5.4.3 Unrichtige ausländische USt-IdNr.

Sofern ein Umsatz mit einer nicht korrekten ausländischen USt-IdNr. gemeldet wurde, ist die ZM zu berichtigen. Hierfür ist zum einen die ursprüngliche Meldezeile zu stornieren und zum anderen korrekt einzutragen.

Beispiel

Unternehmer M führt an den spanischen Unternehmer P mit USt-IdNr. ES111111112 im 3. Kalendermonat eine innergemeinschaftliche Warenlieferung in Höhe von 21.000 € aus. In der ZM für den 3. Kalendermonat trägt er die USt-IdNr. ES111111113 ein.

➲ Folge

Für den 3. Kalendermonat hat M eine berichtigte ZM abzugeben. In dieser trägt er

1. für die Stornierung den gemeldeten Umsatz mit der nicht korrekten USt-IdNr. ES111111113 mit der Summe der Bemessungsgrundlage »0« und

2. den getätigten Umsatz mit der korrekten USt-IdNr. ES111111112 mit der korrekten Summe der Bemessungsgrundlage ein.

Umsatzsteuer-Identifikationsnummer (USt-IdNr.)	Summe	Art der Leistung
1. ES111111113	0	Innergemeinschaftliche Lieferung
2. ES111111112	21000	Innergemeinschaftliche Lieferung

63.5.4.4 Unrichtige Summe der Bemessungsgrundlage

Ein gemeldeter Umsatz mit einer nicht korrekten Summe der Bemessungsgrundlage ist zu berichtigen. Hierfür ist eine berichtigte ZM mit den korrekten Angaben abzugeben.

Beispiel

Unternehmer M führt an den spanischen Unternehmer P mit USt-IdNr. ES111111112 im 3. Kalendermonat innergemeinschaftliche Warenlieferungen in Höhe von 20.000 € aus. In der ZM für den 3. Kalendermonat trägt er irrtümlich 30.000 € ein.

⮑ Folge

Für den 3. Kalendermonat hat M eine berichtigte ZM abzugeben. In dieser trägt er eine Meldezeile mit der korrekten Summe der Bemessungsgrundlage (20.000 €) ein.

Umsatzsteuer-Identifikationsnummer (USt-IdNr.)	Summe	Art der Leistung
1. ES111111112	20000	Innergemeinschaftliche Lieferung

63.5.4.5 Unrichtige Art des Umsatzes

Wurde in einer Meldezeile die Art des Umsatzes nicht korrekt erklärt, ist die ZM zu berichtigen. Hierfür ist zum einen die ursprüngliche Meldezeile zu stornieren und zum anderen korrekt einzutragen.

Beispiel

Unternehmer M führt an den spanischen Unternehmer P mit USt-IdNr. ES111111112 im 3. Kalendermonat eine innergemeinschaftliche Warenlieferung in Höhe von 20.000 € aus. In der ZM für den 3. Kalendermonat wählt er irrtümlich in der 3. Spalte sonstige Leistung aus.

➲ **Folge**

Für den 3. Kalendermonat hat M eine berichtigte ZM abzugeben. In dieser trägt er

1. für die Stornierung den gemeldeten Umsatz unter Angabe der Summe der Bemessungsgrundlage »0« ein und wählt in der 3. Spalte sonstige Leistung aus

2. den getätigten Umsatz mit der korrekten Summe der Bemessungsgrundlage mit der Auswahl innergemeinschaftliche Lieferung in der 3. Spalte ein.

	Umsatzsteuer-Identifikationsnummer (USt-IdNr.)	Summe	Art der Leistung
1.	ES111111112	0	Sonstige Leistung
2.	ES111111112	20000	Innergemeinschaftliche Lieferung

63.5.5 Rabatte, Stornierungen

Die nachträgliche Änderung der Bemessungsgrundlage, zum Beispiel durch gewährte Rabatte/Skonti oder Ausbuchung aufgrund von Uneinbringlichkeit, stellt **keine Berichtigung der ZM** dar.

Der geänderte Umsatz ist **in dem Monat zu erklären, in dem die Änderung eingetreten ist**.

Beispiel

Unternehmer M führt an den spanischen Unternehmer P mit USt-IdNr. ES111111112 im 3. Kalendermonat eine innergemeinschaftliche Warenlieferung in Höhe von 100.000 € aus und erklärt dies korrekt für den 3. Kalendermonat.

Im 4. Kalendermonat führt er ebenfalls eine innergemeinschaftliche Warenlieferung an P in Höhe von 80.000 € aus und gewährt ihm für die erste Lieferung einen Preisnachlass von 5.000 €.

➲ **Folge**

In der ZM für den 4. Kalendermonat erklärt M eine saldierte innergemeinschaftliche Warenlieferung an P in Höhe von (80.000 € - 5.000 € =) 75.000 €.

	Umsatzsteuer-Identifikationsnummer (USt-IdNr.)	Summe	Art der Leistung
1.	ES111111112	75000	Innergemeinschaftliche Lieferung

63.6 Zusammenhang zwischen UStVA/Umsatzsteuererklärung und ZM

63.6.1 Grundsätzliches

➲ Anleitung USt ZM 1/2021[730], Abschnitt I.3

63.6.2 Berichtigung von USt-Voranmeldungen und -Jahreserklärungen nach Datenabgleich des BZSt

Das BMF hat den Vordruck »USt 1 ZS – Aufforderung zur Abgabe einer berichtigten Umsatzsteuer-Voranmeldung/-erklärung nach § 18b UStG« neu bekannt gegeben[731].

---

730 BZSt, Anleitung zur Zusammenfassenden Meldung (USt ZM 1/2021), Abschnitt 1.1,
➲ mybook.haufe.de > Wichtiges von anderen Behörden.

731 BMF, Schreiben vom 5.11.2019 (Neubekanntgabe von Vordruckmustern nach Anpassung auf Grund der Datenschutz-Grundverordnung) ➲ mybook.haufe.de > Wichtiges aus dem BMF.

Finanzamt		Auskunft erteilt	Zimmer
Steuernummer / Geschäftszeichen		Telefon	Durchwahl
(Bitte bei allen Rückfragen angeben)			

Name des Unternehmers (wenn das Schreiben an den Empfangsbevollmächtigten gerichtet ist)

Zutreffendes ist ☒ angekreuzt.

☐ Umsatzsteuer-Voranmeldung   für ____ Jahr

☐ Umsatzsteuererklärung   für ____ Jahr

☐ I. Kalendervierteljahr
☐ II. Kalendervierteljahr
☐ III. Kalendervierteljahr
☐ IV. Kalendervierteljahr

☐ Januar
☐ Februar
☐ März
☐ April
☐ Mai
☐ Juni

☐ Juli
☐ August
☐ September
☐ Oktober
☐ November
☐ Dezember

Sehr geehrte _____

das Bundeszentralamt für Steuern hat mich darüber unterrichtet, dass Sie auf Grund der Aufforderung zur Abgabe einer Zusammenfassenden Meldung mitgeteilt haben, keine innergemeinschaftlichen Lieferungen, keine steuerpflichtigen sonstigen Leistungen im Sinne von § 3a Abs. 2 Umsatzsteuergesetz (UStG), für die der Leistungsempfänger in einem anderen EU-Mitgliedstaat die Steuer dort schuldet, bzw. keine Umsätze im Rahmen eines innergemeinschaftlichen Dreiecksgeschäfts nach § 25b Abs. 2 UStG ausgeführt zu haben. Demgegenüber haben Sie derartige Umsätze in der o.a. Umsatzsteuer-Voranmeldung/Umsatzsteuererklärung erklärt.

Auf Grund Ihrer Erklärung gegenüber dem Bundeszentralamt für Steuern bitte ich Sie, bis zum _____ eine berichtigte Umsatzsteuer-Voranmeldung/Umsatzsteuererklärung für den o.a. Zeitraum abzugeben.

Auf die Verpflichtung, die ursprüngliche Umsatzsteuer-Voranmeldung/Umsatzsteuererklärung unverzüglich zu berichtigen, wenn nachträglich erkannt wird, dass hierin unrichtige Angaben zu den o.g. Umsätzen enthalten sind (§ 18b Satz 5 UStG), weise ich hin. Sollten Sie dieser Verpflichtung nicht nachkommen, gehe ich davon aus, dass Sie die Steuerbefreiung für innergemeinschaftliche Lieferungen nach § 6a UStG zu Unrecht in Anspruch genommen haben bzw. bei den steuerpflichtigen sonstigen Leistungen die Voraussetzungen für die Anwendung des § 3a Abs. 2 UStG nicht vorgelegen haben und es sich um im Inland zu versteuernde Leistungen handelt.

Mit freundlichen Grüßen

USt 1 ZS - Aufforderung zur Abgabe einer berichtigten Umsatzsteuer-Voranmeldung/-erklärung nach § 18b UStG - (01.19)

Formular: USt 1 ZS – Aufforderung zur Abgabe einer berichtigten Umsatzsteuer-Voranmeldung/-erklärung nach § 18b UStG – (01.19)

Der Vordruck kommt zur Anwendung, wenn ein Finanzamt vom BZSt darüber unterrichtet wird, dass ein Unternehmer auf Grund der Aufforderung zur Abgabe einer Zusammenfassenden Meldung mitgeteilt hat,

- keine innergemeinschaftlichen Lieferungen,
- keine steuerpflichtigen sonstigen Leistungen i. S. v. § 3a Abs. 2 Umsatzsteuergesetz (UStG), für die der Leistungsempfänger in einem anderen EU-Mitgliedstaat die Steuer dort schuldet, und
- keine Umsätze im Rahmen eines innergemeinschaftlichen Dreiecksgeschäfts nach § 25b Abs. 2 UStG

ausgeführt zu haben, derartige Umsätze aber in der Umsatzsteuer-Voranmeldung oder in der Umsatzsteuererklärung deklariert hat. In diesen Fällen sind die fehlerhaften Erklärungen **unverzüglich zu berichtigen** (§ 18b Satz 5 und Satz 6 UStG).

 Beratungskonsequenzen

Erfolgt keine Berichtigung, geht die Finanzverwaltung regelmäßig davon aus, dass der Unternehmer die Steuerbefreiung für innergemeinschaftliche Lieferungen nach § 6a UStG zu Unrecht in Anspruch genommen haben bzw. bei den steuerpflichtigen sonstigen Leistungen die Voraussetzungen für die Anwendung des § 3a Abs. 2 UStG nicht vorgelegen haben und es sich um **im Inland zu versteuernde Leistungen** handelt. Mehrsteuern und Zinsbelastungen drohen – ein derartiges **Anschreiben sollte der ernst genommen werden**!

64 Umsatzsteuer(-Jahres)erklärung 2021

Was das Finanzamt jährlich wissen möchte

 Rechtsgrundlagen

- UStG: § 18
- UStDV: §§ 46 ff.
- UStAE: Abschn. 18.1 ff.
- MwStSystRL: Art. 206 ff., Art. 250 ff.
- BMF, Schreiben vom 22.12.2020, III C 3 – S 7344/19/10002 :002, 2020/1349210, Muster der Umsatzsteuererklärung 2021, BStBl. I 2021, 74(weiter gültig lt. BMF v .18.3.2021, Nr. 1750; zur zweifelhaften Bedeutung dieses Schreibens ⮞ Kapitel 1.6).
- USt 2 A 2021 (Hauptvordruck)
- Anlage FV 2021 (ergänzende Angaben des Fiskalvertreters)
- Anlage UN 2021 (ergänzende Angaben für im Ausland ansässige Unternehmer)
- USt 2 E (Anleitung zur Umsatzsteuererklärung 2020)

64.1 Grundsätzliches zur Umsatzsteuererklärung 2021

 Hinweis

⮞ mybook.haufe.de > Vertiefende Informationen > Kapitel 64.1

64.2 Vordrucke für die Umsatzsteuererklärung 2021

 Vordrucke

- Umsatzsteuererklärung 2021 (Hauptvordruck »USt 2 A«)
- Anlage FW zur Umsatzsteuererklärung 2021 (ergänzende Angaben des Fiskalvertreters)
- Anlage UN zur Umsatzsteuererklärung 2021 (ergänzende Angaben für im Ausland ansässige Unternehmer »UN 511«)
- Anleitung zur Umsatzsteuererklärung 2021 (Vordruck »USt 2 E«)

64.3 Elektronische Datenübermittlung

Für die UStVA besteht bereits seit dem 1.1.2009 die Pflicht zur elektronischen Übermittlung. Aufgrund der Neufassung des § 18 Abs. 3 UStG durch das JStG 2010[732] wurde auch die **elektronische Übermittlung der USt-Jahreserklärung verpflichtend** eingeführt – und zwar gem. § 27 Abs. 17 UStG für Besteuerungszeiträume, die nach dem 31.12.2010 enden. Eine elektronische Umsatzsteuer-Jahreserklärung war somit erstmals für das Jahr 2011 abzugeben.

 Hinweis

Zur Vertiefung: Abschn. 18.1 UStAE und www.elster.de.

64.4 Was es für die Umsatzsteuererklärung 2021 Neues zu beachten gilt!

64.4.1 Abgabefrist

Für die Umsatzsteuererklärung 2021 gelten die **neuen Abgabefristen des § 149 AO**[733]:

- Abgabefrist ohne Berater: **Montag, 1.8.2022**[734]
- Abgabefrist mit Berater: **Dienstag, 28.2.2023**

 Beratungskonsequenzen

Ob der Corona-Pandemie wurden die Abgabefristen für die Steuererklärung 2020 verlängert. Für die Steuererklärung 2021 ist bei Drucklegung **keine generelle Fristverlängerung** zu erwarten.

732 Jahressteuergesetz 2010 – JStG 2010, BGBl. I 2010, 1768.

733 § 149 AO i. d. F. des Gesetz zur Modernisierung des Besteuerungsverfahrens – StModernG – vom 18.7.2016, BGBl. I 2016, 1679.

734 Eigentliches Ende der Abgabefrist: 31.7.2021. Dies ist ein Samstag. Fällt das **Ende einer Frist** auf einen Sonntag, einen gesetzlichen Feiertag oder einen Sonnabend, so endet die Frist mit dem Ablauf des nächstfolgenden Werktags, § 108 Abs. 3 AO.

64.4.2 Änderungen in den Vordrucken für 2021 im Vergleich zu den Vordrucken für 2020

64.4.2.1 Steuerschuld für Telekommunikationsleistungen

Durch Art. 12 Nr. 4 i. V. m. Art. 50 Abs. 4 des Jahressteuergesetzes 2020 vom 21.12.2020 (JStG 2020) wird mit Wirkung zum 1.1.2021 die Steuerschuldnerschaft des Leistungsempfängers um sonstige Leistungen auf dem Gebiet der Telekommunikation (§ 13b Abs. 2 Nr. 12 UStG) erweitert.

Derartige Umsätze sind im Vordruckmuster USt 2 A ab 1.1.2021 vom leistenden Unternehmer in der Zeile 105 (Kennzahl – Kz – 209) und vom Leistungsempfänger nebst Steuer in der Zeile 101 (Kz 877/878) gesondert anzugeben (BMF, Schreiben vom 22.12.2020, a. a. O., Ziffer 2).

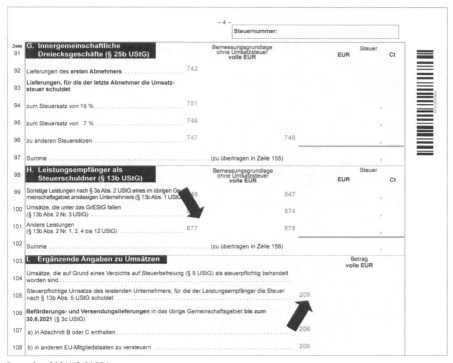

Formular: 2021USt2A504

64.4.2.2 Telekommunikationsleistungen u. Ä. sowie innergemeinschaftliche Fernverkäufe ab 1.7.2021

Durch Art. 14 Nr. 4 i. V. m. Art. 50 Abs. 6 JStG 2020 wird mit Wirkung zum 1.7.2021 die Bestimmung des Orts der Lieferung nach § 3c UStG geändert. Dabei wird insbesondere

- die besondere Regelung zur Bestimmung des Orts von sonstigen Leistungen auf dem Gebiet der Telekommunikation, von Rundfunk- und Fernsehdienstleistungen und von auf elektronischem Weg erbrachten sonstigen Leistungen nach § 3a Abs. 5 Sätze 3 bis 5 UStG
- auf innergemeinschaftliche Fernverkäufe nach § 3c Absatz 1 UStG

erweitert (§ 3c Abs. 4 UStG).

Der Leistungsort der vorgenannten sonstigen Leistungen bzw. der Lieferungsort der innergemeinschaftlichen Fernverkäufe, die von einem Unternehmer, der über eine Ansässigkeit in nur einem Mitgliedstaat verfügt, an Nichtunternehmer erbracht werden, die in anderen Mitgliedstaaten ansässig sind, liegt an dem Ort, der sich nach § 3a Abs. 1 UStG bzw. § 3 Abs. 6 Satz 1 UStG bestimmt. Dies ist der/die

- Ort, von dem aus der Unternehmer sein Unternehmen betreibt oder
- Betriebsstätte, von der die sonstige Leistung ausgeführt wird, bzw.
- Ort, von dem die Beförderung oder Versendung an den Abnehmer oder in dessen Auftrag an einen Dritten beginnt, wenn der Gesamtbetrag der Entgelte der bezeichneten sonstigen Leistungen sowie der innergemeinschaftlichen Fernverkäufe **insgesamt 10.000 €**
  - im vorangegangenen Kalenderjahr nicht überschritten hat und
  - im laufenden Kalenderjahr nicht überschreitet.

Der leistende Unternehmer **kann auf die Anwendung dieser Umsatzschwelle verzichten**, mit der Folge, dass sich der Leistungsort der bezeichneten Leistungen (weiterhin) stets an dem Ort befindet, an dem der Leistungsempfänger seinen Wohnsitz, seinen gewöhnlichen Aufenthaltsort oder seinen Sitz hat, bzw. sich der Lieferungsort der innergemeinschaftlichen Fernverkäufe (weiterhin) stets an dem Ort befindet, an dem sich der Gegenstand bei Beendigung der Beförderung oder Versendung an den Erwerber befindet.

Die Entgelte der an im übrigen Gemeinschaftsgebiet ansässige Nichtunternehmer erbrachten Telekommunikations-, Rundfunk- und Fernsehdienstleistungen sowie auf elektronischem Weg erbrachten sonstigen Leistungen bzw. innergemeinschaftlichen Fernverkäufe durch einen Unternehmer, der über eine Ansässigkeit in nur einem Mitgliedstaat verfügt, sind ab 1.7.2021 **bis zum Gesamtbetrag von 10.000 €** im Vordruckmuster USt 2 A

- in Zeile 111 (Kz 213) einzutragen und
- zusätzlich in Abschnitt B oder C zu erklären.

Im Falle des **Verzichts auf das Recht der Besteuerung dieser Umsätze im Inland** nach § 3a Abs. 5 Satz 4 UStG bzw. § 3c Abs. 4 Satz 2 UStG sind diese Umsätze

- in anderen EU-Mitgliedstaaten zu versteuern und
- bis zum Gesamtbetrag von 10.000 € in Zeile 112 (Kz 214) zu erfassen.

Ein in dem Kalenderjahr, für das die Umsatzsteuererklärung übermittelt wird, den Betrag von **10.000 € ggf. überschreitender Betrag** ist ab dem Umsatz, der zur Überschreitung geführt hat, jeweils in Zeile 115 (Kz 205) einzutragen.

Wurde der Gesamtbetrag von 10.000 € **im vorangegangenen Kalenderjahr überschritten**, sind die Umsätze nicht in den Zeilen 111 und 112, sondern insgesamt in Zeile 115 zu erklären.

Auf Grund der Änderung der Bestimmung des Orts der Lieferung nach § 3c UStG sind im Vordruckmuster USt 2 A in den Zeilen 106 bis 108 (Kz 206 und Kz 208) nur **noch bis zum 30.6.2021 erbrachte Beförderungs- und Versendungslieferungen** in das übrige Gemeinschaftsgebiet einzutragen.

Im Ausland ansässige Unternehmer, die bis 30.6.2021 Beförderungs- und Versendungslieferungen bzw. ab 1.7.2021 innergemeinschaftliche Fernverkäufe aus dem übrigen Gemeinschaftsgebiet nach § 3c UStG erbringen, haben diese Umsätze

- in Abschnitt C des Vordruckmuster USt 2 A zu erklären und
- zusätzlich in der Anlage UN in Zeile 25 (Kz 898)

einzutragen[735].

---

735 BMF, Schreiben vom 22.12.2020, a. a. O., Ziffer 3.

– 4 –

Steuernummer:

Zeile	G. Innergemeinschaftliche Dreiecksgeschäfte (§ 25b UStG)	Bemessungsgrundlage ohne Umsatzsteuer volle EUR		Steuer EUR	Ct
91					
92	Lieferungen des ersten Abnehmers	742			
93	Lieferungen, für die der letzte Abnehmer die Umsatzsteuer schuldet				
94	zum Steuersatz von 19 %	751			,
95	zum Steuersatz von 7 %	746			,
96	zu anderen Steuersätzen	747	748		,
97	Summe		(zu übertragen in Zeile 155)		

Zeile	H. Leistungsempfänger als Steuerschuldner (§ 13b UStG)	Bemessungsgrundlage ohne Umsatzsteuer volle EUR		Steuer EUR	Ct
98					
99	Sonstige Leistungen nach § 3a Abs. 2 UStG eines im übrigen Gemeinschaftsgebiet ansässigen Unternehmers (§ 13b Abs. 1 UStG)	846	847		,
100	Umsätze, die unter das GrEStG fallen (§ 13b Abs. 2 Nr. 3 UStG)	873	874		,
101	Andere Leistungen (§ 13b Abs. 2 Nr. 1, 2, 4 bis 12 UStG)	877	878		,
102	Summe		(zu übertragen in Zeile 156)		

Zeile	I. Ergänzende Angaben zu Umsätzen	Betrag volle EUR
103		
104	Umsätze, die auf Grund eines Verzichts auf Steuerbefreiung (§ 9 UStG) als steuerpflichtig behandelt worden sind	
105	Steuerpflichtige Umsätze des leistenden Unternehmers, für die der Leistungsempfänger die Steuer nach § 13b Abs. 5 UStG schuldet	209
106	Beförderungs- und Versendungslieferungen in das übrige Gemeinschaftsgebiet bis zum 30.6.2021 (§ 3c UStG)	
107	a) in Abschnitt B oder C enthalten	208
108	b) in anderen EU-Mitgliedstaaten zu versteuern	206
109 110	Telekommunikations-, Rundfunk- und Fernsehdienstleistungen sowie auf elektronischem Weg erbrachte sonstige Leistungen an im übrigen Gemeinschaftsgebiet ansässige Nichtunternehmer sowie ab dem 1.7.2021 innergemeinschaftliche Fernverkäufe in das übrige Gemeinschaftsgebiet unter der Voraussetzung des § 3a Abs. 5 Sätze 3 und 4 UStG und § 3c Abs. 4 Sätze 1 und 2 UStG	
111	a) in Abschnitt B oder C enthalten	213
112	b) in anderen EU-Mitgliedstaaten zu versteuern	214
113	Nicht steuerbare Geschäftsveräußerung im Ganzen gem. § 1 Abs. 1a UStG	211
114	Nicht steuerbare sonstige Leistungen gem. § 18b Satz 1 Nr. 2 UStG	721
115	Übrige nicht steuerbare Umsätze (Leistungsort im Inland)	205
116	In den Zeilen 108, 112, 114 und 115 enthaltene Umsätze, die nach § 15 Abs. 2 und 3 UStG den Vorsteuerabzug ausschließen	204
117	Auf den inländischen Streckenanteil entfallende Umsätze grenzüberschreitender Personenbeförderungen im Luftverkehr (§ 26 Abs. 3 UStG)	212
118	Minderung der Bemessungsgrundlage nach § 17 Abs. 1 Satz 1 i.V.m. Abs. 2 Nr. 1 Satz 1 UStG (in Abschnitt B oder C enthalten)	650
119		
120		

Formular: 2021USt2A504

Beratungskonsequenzen

Das BMF hat zwei tabellarische Übersichten erstellt, welche die unterschiedlichen Eintragungsmöglichkeiten fallbezogen verdeutlichen (vgl. Anleitung zur Umsatzsteuererklärung 2021, zu Zeilen 109–112).

64.4.2.3 Telekommunikationsleistungen u. Ä. bis 1.7.2021

Durch Art. 14 Nr. 11 Buchst. d u. e i. V. m. Art. 50 Abs. 6 JStG 2020 wird mit Wirkung zum 1.7.2021 das besondere Besteuerungsverfahren nach § 18 Abs. 4c und 4d UStG auf vor dem 1.7.2021 erbrachte Umsätze beschränkt. Sonstige Leistungen auf dem Gebiet der Telekommunikation, Rundfunk- und Fernsehdienstleistungen und die auf elektronischem Weg erbrachten sonstigen Leistungen eines im Drittlandsgebiet ansässigen Unternehmers an Nichtunternehmer im Inland sind für den Fall der Teilnahme an dem besonderen Verfahren nach § 18 Abs. 4c und 4d UStG nur noch bis zum 30.6.2021 in der Anlage UN in den Zeilen 27–29 einzutragen.

Durch Art. 13 Nr. 2 u. 3 i. V. m. Art. 50 Abs. 5 JStG 2020 wird mit Wirkung zum 1.4.2021 (hinsichtlich der Registrierung zum Verfahren) bzw. zum 1.7.2021 (hinsichtlich der Anwendung des Verfahrens) anstelle des besonderen Besteuerungsverfahrens nach § 18 Abs. 4c und 4d UStG das besondere Besteuerungsverfahren nach § 18i UStG eingeführt. Umsätze, die ab 1.7.2021 im besonderen Besteuerungsverfahren nach § 18i UStG erklärt werden, sind nicht in der Anlage UN in den Zeilen 27–29 einzutragen[736].

64.4.2.4 Minderung der Bemessungsgrundlage

Hat sich die Bemessungsgrundlage für einen steuerpflichtigen Umsatz geändert, hat der Unternehmer den dafür geschuldeten Steuerbetrag nach § 17 Abs. 1 Satz 1 UStG zu berichtigen. Die Änderungen sind bei den Bemessungsgrundlagen der jeweiligen Umsätze einzutragen. Erfolgt die Änderung nach § 17 Abs. 1 Satz 1 i. V. m. Abs. 2 Nr. 1 Satz 1 UStG, weil das vereinbarte Entgelt für einen steuerpflichtigen Umsatz uneinbringlich geworden ist, ist die Minderung der Bemessungsgrundlage zusätzlich im Vordruckmuster USt 2 A in Zeile 118 (Kz 650) einzutragen[737].

---

736 BMF, Schreiben vom 22.12.2020, a. a. O., Ziffer 4.
737 BMF, Schreiben vom 22.12.2020, a. a. O., Ziffer 5.

H. Leistungsempfänger als Steuerschuldner (§ 13b UStG)		Bemessungsgrundlage ohne Umsatzsteuer volle EUR	Steuer EUR	Ct
98				
99	Sonstige Leistungen nach § 3a Abs. 2 UStG eines im übrigen Gemeinschaftsgebiet ansässigen Unternehmers (§ 13b Abs. 1 UStG) 846	847		,
100	Umsätze, die unter das GrEStG fallen (§ 13b Abs. 2 Nr. 3 UStG) 873	874		,
101	Andere Leistungen (§ 13b Abs. 2 Nr. 1, 2, 4 bis 12 UStG) 877	878		,
102	Summe . . . . (zu übertragen in Zeile 156)			,

I. Ergänzende Angaben zu Umsätzen		Betrag volle EUR
103		
104	Umsätze, die auf Grund eines Verzichts auf Steuerbefreiung (§ 9 UStG) als steuerpflichtig behandelt worden sind.	
105	Steuerpflichtige Umsätze des leistenden Unternehmers, für die der Leistungsempfänger die Steuer nach § 13b Abs. 5 UStG schuldet	209
106	Beförderungs- und Versendungslieferungen in das übrige Gemeinschaftsgebiet bis zum 30.6.2021 (§ 3c UStG)	
107	a) in Abschnitt B oder C enthalten.	208
108	b) in anderen EU-Mitgliedstaaten zu versteuern	206
109	Telekommunikations-, Rundfunk- und Fernsehdienstleistungen sowie auf elektronischem Weg erbrachte sonstige Leistungen an im übrigen Gemeinschaftsgebiet ansässige Nichtunternehmer sowie ab dem 1.7.2021 innergemeinschaftliche Fernverkäufe in das übrige Gemeinschaftsgebiet unter der Voraussetzung des § 3a Abs. 5 Sätze 3 und 4 UStG und § 3c Abs. 4 Sätze 1 und 2 UStG	
110		
111	a) in Abschnitt B oder C enthalten.	213
112	b) in anderen EU-Mitgliedstaaten zu versteuern	214
113	Nicht steuerbare Geschäftsveräußerung im Ganzen gem. § 1 Abs. 1a UStG	211
114	Nicht steuerbare sonstige Leistungen gem. § 18b Satz 1 Nr. 2 UStG	721
115	Übrige nicht steuerbare Umsätze (Leistungsort nicht im Inland).	205
116	In den Zeilen 108, 112, 114 und 115 enthaltene Umsätze, die nach § 15 Abs. 2 und 3 UStG den Vorsteuerabzug ausschließen	204
117	Auf den inländischen Streckenanteil entfallende Umsätze grenzüberschreitender Personenbeförderungen im Luftverkehr (§ 26 Abs. 3 UStG)	212
118	Minderung der Bemessungsgrundlage nach § 17 Abs. 1 Satz 1 i.V.m. Abs. 2 Nr. 1 Satz 1 UStG (in Abschnitt B oder C enthalten).	650
119		
120		

Formular: 2021USt2A504

 Beratungskonsequenzen

Das BMF erläutert die erforderlichen Eintragungen in der Anleitung zur Umsatzsteuererklärung 2021 (zu Zeile 118).

64.4.2.5 Änderung der Bemessungsgrundlage für den Vorsteuerabzug

Hat sich die Bemessungsgrundlage für den Vorsteuerabzug bei dem Unternehmer, **an den** dieser Umsatz ausgeführt wurde, geändert, ist der Vorsteuerabzug nach § 17 Abs. 1 Satz 2 UStG zu berichtigen. Erfolgt die Änderung nach § 17 Abs. 1

Satz 2 i. V. m. Abs. 2 Nr. 1 Satz 1 UStG, weil das vereinbarte Entgelt für einen steuerpflichtigen Umsatz uneinbringlich geworden ist, ist die Minderung der abziehbaren Vorsteuerbeträge zusätzlich im Vordruckmuster USt 2 A in Zeile 132 (Kz 637) einzutragen[738].

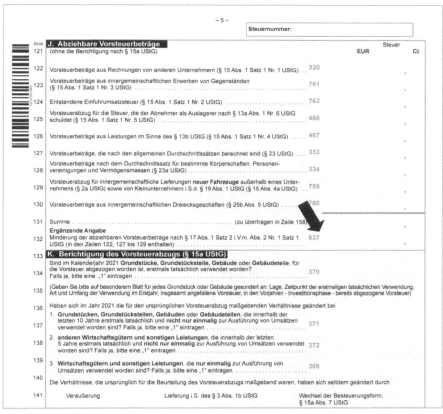

Formular: 2021USt2A505

 Beratungskonsequenzen

Das BMF erläutert die erforderlichen Eintragungen in der Anleitung zur Umsatzsteuererklärung 2021 (zu Zeile 132).

---

738 BMF, Schreiben vom 22.12.2020, a. a. O., Ziffer 6.

64.4.2.6 Weitere Änderungen

Alle anderen Änderungen in den Vordrucken für 2021 gegenüber denen für 2020 dienen der zeitlichen Anpassung oder sind redaktioneller oder drucktechnischer Art[739].

 Beratungskonsequenzen

Materiell gibt es also nichts weiteres Neues, das wir bei Erstellung einer Umsatzsteuererklärung für 2021 zu beachten hätten!

Für die Praxis heißt das: Der Ausfüllende (Unternehmer/Steuerberater/Mitarbeiter) kann sich **an der Vorjahreserklärung 2020 orientieren.**

64.5 Wissenswertes zur Abrundung

64.5.1 Ergänzende Angaben zur Steuererklärung« (Kz. 123)

§ 150 Abs. 7 und § 155 Abs. 4 AO wurden mit Wirkung vom 1.1 2017 neu gefasst[740]. Danach müssen Steuererklärungen, die nach amtlich vorgeschriebenem Vordruck abgegeben oder nach amtlich vorgeschriebenem Datensatz durch Datenfernübertragung übermittelt werden und die nach § 155 Abs. 4 Satz 1 AO zu einer ausschließlich automationsgestützten Steuerfestsetzung führen können, es dem Steuerpflichtigen ermöglichen, in einem dafür vorgesehenen Abschnitt oder Datenfeld der Steuererklärung Angaben zu machen, die nach seiner Auffassung Anlass für eine Bearbeitung durch Amtsträger sind. Wenn über die Angaben in der Umsatzsteuererklärung hinaus weitere oder abweichende Angaben oder Sachverhalte berücksichtigt werden sollen, hat der Unternehmer im Vordruckmuster USt 2 A ab dem Besteuerungszeitraum 2017 in Zeile 22 (Kennzahl 123) eine »1« einzutragen. Gleiches gilt, wenn bei den in der Steuererklärung erfassten Angaben bewusst eine von der Verwaltungsauffassung abweichende Rechtsauffassung zugrunde gelegt wurde. Diese Angaben sind in einer vom Unternehmer zu erstellenden gesonderten Anlage zu machen, welche mit der Überschrift »Ergänzende Angaben zur Steuererklärung« zu kennzeichnen ist[741]:

---

739 BMF, Schreiben vom 14.12.2019 Ziffer 5, a. a. O.

740 Art. 1 Nr. 24 Buchst. e, Nr. 27 u. Art. 2 Nr. 6 i. V. m. Art. 23 Abs. 1 Gesetz zur Modernisierung des Besteuerungsverfahrens vom 18.7.2016, BGBl. I 2016, 1679.

741 BMF, Schreiben vom 4.10.2016, a. a. O., Ziff. 2.

Formular: 2021USt2A501

Zu den Einzelheiten vgl. die Ausführungen zu den korrespondierenden Änderungen im Umsatzsteuer-Voranmeldungsverfahren ➔ Kapitel 62.4.1.

64.5.2 Anlage UR wurde erstmals mit der Umsatzsteuererklätung 2018 in den Hauptvordruck integriert

Die bisherige Anlage UR wurde erstmals mit der Umsatzsteuererklärung 2018 in das Vordruckmuster USt 2 A integriert[742]; die bislang in der Anlage UR erforderlichen Eintragungen sind nunmehr in den **Abschnitten D–I des Vordrucks USt 2 A** vorzunehmen:

---

742 Vgl. Vorauflage (17. Auflage 2019), Kapitel 64.4.2.1.

– 3 –

Steuernummer:

Zeile		Bemessungsgrundlage ohne Umsatzsteuer volle EUR
61	**D. Steuerfreie Lieferungen, sonstige Leistungen und unentgeltliche Wertabgaben**	
62	**Steuerfreie Umsätze mit Vorsteuerabzug**	
63	a) Innergemeinschaftliche Lieferungen (§ 4 Nr. 1 Buchst. b UStG) an Abnehmer mit USt-IdNr.	741
64	neuer Fahrzeuge an Abnehmer ohne USt-IdNr.	744
65	neuer Fahrzeuge außerhalb eines Unternehmens (§ 2a UStG)	749
66	b) Weitere steuerfreie Umsätze mit Vorsteuerabzug (z. B. nach § 4 Nr. 1 Buchst. a, 2 bis 7 UStG)	
67	Ausfuhrlieferungen und Lohnveredelungen an Gegenständen der Ausfuhr (§ 4 Nr. 1 Buchst. a UStG)	
68	Umsätze nach § UStG	
69	Umsätze im Sinne des Offshore-Steuerabkommens, des Zusatzabkommens zum NATO-Truppenstatut und des Ergänzungsabkommens zum Protokoll über die NATO-Hauptquartiere	
70	Reiseleistungen nach § 25 Abs. 2 UStG	
71	Summe der Zeilen 67 bis 70	237
72	**Steuerfreie Umsätze ohne Vorsteuerabzug**	
73	a) nicht zum Gesamtumsatz (§ 19 Abs. 3 UStG) gehörend nach § 4 Nr. 12 UStG (Vermietung und Verpachtung von Grundstücken usw.)	286
74	nach § 4 Nr. UStG	287
75	Summe der Zeilen 73 und 74	
76	b) zum Gesamtumsatz (§ 19 Abs. 3 UStG) gehörend	
	nach § UStG	240

Zeile		Bemessungsgrundlage ohne Umsatzsteuer volle EUR	Steuer EUR	Ct
78	**E. Innergemeinschaftliche Erwerbe**			
79 / 80	Steuerfreie innergemeinschaftliche Erwerbe von bestimmten Gegenständen und Anlagegold nach §§ 4b und 25c UStG	791		
81	Steuerpflichtige innergemeinschaftliche Erwerbe (§ 1a UStG)			
82	zum Steuersatz von 19 %	781		
83	zum Steuersatz von 7 %	793		
84	zu anderen Steuersätzen	798	799	
85	neuer Fahrzeuge (§ 1b Abs. 2 und 3 UStG) von Lieferern ohne USt-IdNr. zum allgemeinen Steuersatz	794	796	
87	Summe .... (zu übertragen in Zeile 153)			

Zeile		Bemessungsgrundlage ohne Umsatzsteuer volle EUR	Steuer EUR	Ct
88	**F. Steuerschuldner bei Auslagerung (§ 13a Abs. 1 Nr. 6 UStG)**			
89	Lieferungen, die der Auslagerung vorangegangen sind (§ 4 Nr. 4a Satz 1 Buchst. a Satz 2 UStG)	852	853	
90	Summe .... (zu übertragen in Zeile 154)			

Formular: 2021USt2A503

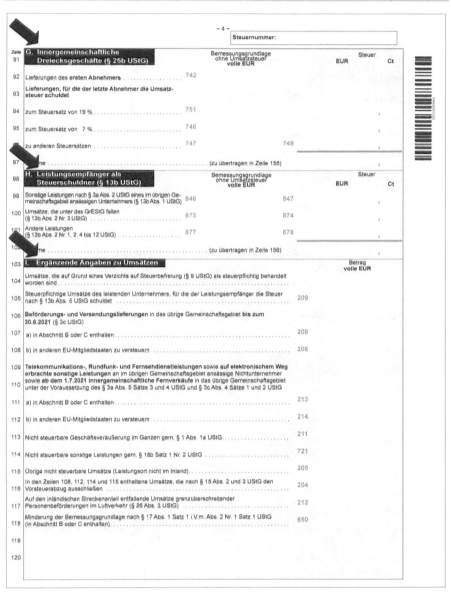

– 4 –

Steuernummer:

Zeile		Bemessungsgrundlage ohne Umsatzsteuer volle EUR	Steuer EUR	Ct
91	**G. Innergemeinschaftliche Dreiecksgeschäfte (§ 25b UStG)**			
92	Lieferungen des ersten Abnehmers 742			
93	Lieferungen, für die der letzte Abnehmer die Umsatzsteuer schuldet			
94	zum Steuersatz von 19 % 751			
95	zum Steuersatz von 7 % 746			
96	zu anderen Steuersätzen 747	748		,
97	me .... (zu übertragen in Zeile 155)			,

Zeile		Bemessungsgrundlage ohne Umsatzsteuer volle EUR	Steuer EUR	Ct
98	**H. Leistungsempfänger als Steuerschuldner (§ 13b UStG)**			
99	Sonstige Leistungen nach § 3a Abs. 2 UStG eines im übrigen Gemeinschaftsgebiet ansässigen Unternehmers (§ 13b Abs. 1 UStG) 846	847		,
100	Umsätze, die unter das GrEStG fallen (§ 13b Abs. 2 Nr. 3 UStG) 873	874		,
101	Andere Leistungen (§ 13b Abs. 2 Nr. 1, 2, 4 bis 12 UStG) 877	878		,
102	me .... (zu übertragen in Zeile 156)			,

Zeile		Betrag volle EUR
103	**I. Ergänzende Angaben zu Umsätzen**	
104	Umsätze, die auf Grund eines Verzichts auf Steuerbefreiung (§ 9 UStG) als steuerpflichtig behandelt worden sind	
105	Steuerpflichtige Umsätze des leistenden Unternehmers, für die der Leistungsempfänger die Steuer nach § 13b Abs. 5 UStG schuldet	209
106	Beförderungs- und Versendungslieferungen in das übrige Gemeinschaftsgebiet bis zum 30.6.2021 (§ 3c UStG)	
107	a) in Abschnitt B oder C enthalten................................	208
108	b) in anderen EU-Mitgliedstaaten zu versteuern	206
109	Telekommunikations-, Rundfunk- und Fernsehdienstleistungen sowie auf elektronischem Weg erbrachte sonstige Leistungen an im übrigen Gemeinschaftsgebiet ansässige Nichtunternehmer	
110	sowie ab dem 1.7.2021 innergemeinschaftliche Fernverkäufe in das übrige Gemeinschaftsgebiet unter der Voraussetzung des § 3a Abs. 5 Sätze 3 und 4 UStG und § 3c Abs. 4 Sätze 1 und 2 UStG	
111	a) in Abschnitt B oder C enthalten................................	213
112	b) in anderen EU-Mitgliedstaaten zu versteuern	214
113	Nicht steuerbare Geschäftsveräußerung im Ganzen gem. § 1 Abs. 1a UStG	211
114	Nicht steuerbare sonstige Leistungen gem. § 18b Satz 1 Nr. 2 UStG	721
115	Übrige nicht steuerbare Umsätze (Leistungsort nicht im Inland)................	205
116	In den Zeilen 108, 112, 114 und 115 enthaltene Umsätze, die nach § 15 Abs. 2 und 3 UStG den Vorsteuerabzug ausschließen	204
117	Auf den inländischen Streckenanteil entfallende Umsätze grenzüberschreitender Personenbeförderungen im Luftverkehr (§ 26 Abs. 3 UStG)	212
118	Minderung der Bemessungsgrundlage nach § 17 Abs. 1 Satz 1 i.V.m. Abs. 2 Nr. 1 Satz 1 UStG (in Abschnitt B oder C enthalten)................	650
119		
120		

Formular: 2021USt2A504

64.5.3 Zusammenhang zwischen Umsatzsteuererklärung 2021 und ZM

 Hinweis

➲ Kapitel 63.4

64.5.4 Weiteres Wissenswertes

 Hinweis

➲ Kapitel 62.5

64a Umsatzsteuer(-Jahres)erklärung 2022

Was das Finanzamt jährlich wissen möchte

§ Rechtsgrundlagen

- UStG: § 18
- UStDV: §§ 46 ff.
- UStAE: Abschn. 18.1 ff.
- MwStSystRL: Art. 206 ff., Art. 250 ff.
- BMF, Schreiben vom 11.10.2021, III C 3 – S 7344/19/10002 :003, 2021/1078448, BStBl. I 2021, 2116
- BMF, Schreiben vom 23.12.2021, III C 3 – S 7344/19/10002 :003, 2021/1317372, astw.iww.de, BStBl. I 2022, 67

Vordrucke

- USt 2 A 2022 (Hauptvordruck)
- Anlage UN 2022 (ergänzende Angaben für im Ausland ansässige Unternehmer)
- Anlage FV 2022(ergänzende Angaben des Fikalvertreters)
- USt 2 E 2022 (Anleitung zur Umsatzsteuererklärung 2021)

Erklärungs- und Aufbewahrungspflichten

64a.1 Grundsätzliches zur Umsatzsteuererklärung 2022

 Hinweis

➲ Kapitel 64

64a.2 Vordrucke für die Umsatzsteuererklärung 2022

 Vordrucke

- Umsatzsteuererklärung 2022 (Hauptvordruck »USt 2 A«)
- Anlage UN zur Umsatzsteuererklärung 2022 (ergänzende Angaben für im Ausland ansässige Unternehmer »UN 511«)
- Anlage FW zur Umsatzsteuererklärung 2022 (ergänzende Angaben des Fiskalvertreters)
- Anleitung zur Umsatzsteuererklärung 2022 (Vordruck »USt 2 E«)

64a.3 Bekanntgabe der Umsatzsteuererklärung vor Jahresbeginn

Das BMF hat mit Schreiben vom 4.10.2016[743] die Muster der Umsatzsteuererklärung 2017 **erstmalig vor Beginn des betreffenden Kalenderjahrs** veröffentlicht.

Auch in den kommenden Jahren werden die Muster der Umsatzsteuererklärung stets vor dem jeweiligen Jahresbeginn bekannt gegeben[744]. Im Oktober/Dezember 2021 wurde daher das **Muster für 2022** veröffentlicht[745].

Damit wird es den **Unternehmern, die ihr Unternehmen im laufenden Jahr einstellen** und danach zur Abgabe der Umsatzsteuererklärung innerhalb von einem Monat verpflichtet sind, ermöglicht, bereits den für das entsprechende Kalenderjahr gültigen Vordruck zu verwenden.

Da **auch die Formulare und Datensätze zur elektronischen Übermittlung** der Umsatzsteuererklärung künftig bereits zum Jahresbeginn bereitgestellt werden,

---

743 ➲ mybook.haufe.de > Wichtiges aus dem BMF.
744 BMF, Pressemitteilung vom 5.10.2016.
745 BMF, Schreiben vom 11.10.2021 und vom 23.12.2021.

können die Unternehmer, die ihr Unternehmen im laufenden Jahr einstellen, ihrer grundsätzlichen Verpflichtung zur elektronischen Übermittlung der Umsatzsteuererklärung nachkommen.

 Beratungskonsequenzen

Die damalige Ausnahmeregelung nach Abschn 18.1 Abs. 2 Satz 2 UStAE a. F. ist daher ab 1.1.2017 entfallen[746].

64a.4 Was es für 2022 Neues zu beachten gilt!

64a.4.1 Land- und forstwirtschaftliche Betriebe

Neue Umsatzgrenze 600.000 Euro für land- und forstwirtschaftliche Betriebe – Zeilen 47 bis 53

Mit Art. 11 Nrn. 6 und 7 des Jahressteuergesetzes 2020[747] hat der Gesetzgeber in § 24 Abs. 1 UStG eine Umsatzgrenze i. H. v. 600.000 Euro eingefügt.

Diese ist erstmals auf Umsätze anzuwenden, die nach dem 31.12.2021 bewirkt werden (§ 27 Abs. 32 UStG). Sofern nach § 24 Abs. 1 Satz 1 UStG der Gesamtumsatz (§ 19 Abs. 3 UStG) im vorangegangenen Kalenderjahr mehr als 600.000 Euro betragen hat, sind die Umsätze ab dem Besteuerungszeitraum 2022 zwingend nach der Regelbesteuerung zu versteuern.

Eine entsprechende Erläuterung wurde in das **Vordruckmuster USt 2 E** (Zeilen 47 bis 53) aufgenommen.

---

746 BMF, Schreiben vom 4.10.2016, III C 3 – S 7344/16/10003, 2016/0897106, Muster der Umsatzsteuererklärung 2017, BStBl. I 2016, 1059. Die entfallende Anweisung lautete: »Eine unbillige Härte liegt hierbei neben den Fällen des Absatzes 1 Satz 4 immer dann vor, wenn der Unternehmer seine gewerbliche oder berufliche Tätigkeit im Kalenderjahr eingestellt hat (§ 16 Abs. 3 UStG) oder das Finanzamt einen kürzeren Besteuerungszeitraum als das Kalenderjahr bestimmt hat, weil der Eingang der Steuer gefährdet erscheint oder der Unternehmer damit einverstanden ist (§ 16 Abs. 4 UStG).«

747 Jahressteuergesetz 2020 vom 21.12.2020, BGBl. 2020 I, 3096.

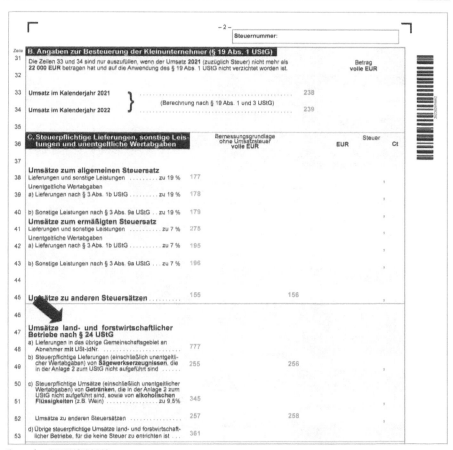

Formular: 2022USt2A502

Neue Durchschnittssätze – Zeilen 49 und 51

Mit Art. 1 Nr. 5 i. V. m. Art. 3 des Gesetzes zur Umsetzung unionsrechtlicher Vorgaben im Umsatzsteuerrecht vom 21.12.2021 hat der Gesetzgeber mit Wirkung zum 1.1.2022 in § 24 Abs. 1 Satz 1 Nr. 3 und Satz 3 UStG jeweils die Angabe »10,7 Prozent« durch die Angabe »9,5 Prozent« ersetzt.

Der neue Wert ist von land- und forstwirtschaftlichen Betrieben in den Zeilen 49 (Kennzahlen 255/256) und 51 (Kennzahl 345) des Vordruckmusters USt 2 A zu berücksichtigen:

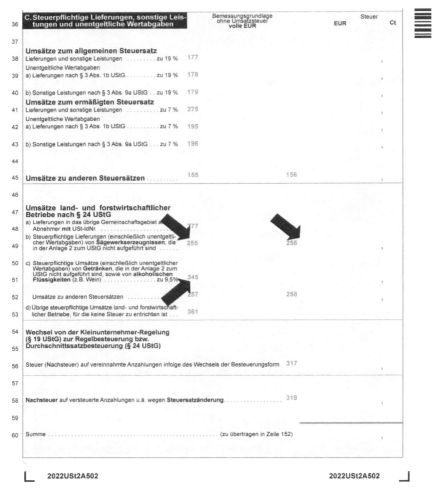

Formular: 2022USt2A502

Wissenswertes zur Abrundung ➲ Gesetzeshintergrund

Art. 296 Abs. 1 MwStSystRL gibt den Mitgliedstaaten die Möglichkeit, auf landwirtschaftliche Erzeuger, bei denen insbesondere die Anwendung der normalen Mehrwertsteuerregelung auf Schwierigkeiten stoßen würde, als Ausgleich für die Belastung durch die Mehrwertsteuer, die auf die von den Pauschallandwirten bezogenen Gegenstände und Dienstleistungen gezahlt wird, eine Pauschalregelung anzuwenden. Hiervon hat der Gesetzgeber nach der Gesetzesbegründung (Referentenentwurf zu Art. 1 Nr. 1) mit § 24 UStG Gebrauch gemacht.

Nach Art. 297 Satz 1 MwStSystRL legen die Mitgliedstaaten die Durchschnittssätze fest. Nach Art. 298 Satz 1 MwStSystRL werden die Pauschalausgleich-Prozentsätze anhand der allein für die Pauschallandwirte geltenden makroökonomischen Daten der letzten drei Jahre bestimmt.

Durch die Änderung wird der Durchschnittssatz (Pauschalausgleich-Prozentsatz) für Land- und Forstwirte jährlich automatisch auf den jeweils aktuellen Wert angepasst. Hierzu sind die Vorsteuern aller pauschalierenden Landwirte zu den Umsätzen aller pauschalierenden Landwirte jeweils eines Dreijahreszeitraums ins Verhältnis zu setzen.

Die Vorsteuerbelastung der Pauschallandwirte wird dabei anhand

- der Landwirtschaftlichen Gesamtrechnung für Deutschland (LGR) und
- der Umsatzsteuerstatistik (Voranmeldungen)

ermittelt. Diese beiden Statistiken enthalten die makroökonomischen Daten i.S.d. Art. 298 MwStSystRL. In die Berechnung fließen die letzten drei Jahre ein, für die sowohl die LGR als auch die Umsatzsteuerstatistiken vorliegen (gewogener Durchschnitt).

Das Bundesministerium der Finanzen hat den ermittelten Durchschnittssatz spätestens bis zum 30. September des Jahres, in dem dieser ermittelt worden ist, im Bundesgesetzblatt zu veröffentlichen. Die Veröffentlichung ist rein deklaratorisch. Der ermittelte Durchschnittssatz gilt sodann ab dem 1. Januar des Folgejahres.

Die Gesetzesänderung folgt der Empfehlung des Bundesrechnungshofs. Der Bundesrechnungshof hatte die Berechnungsmethode für die Ermittlung des Durchschnittssatzes für Land- und Forstwirte kritisiert. Er befürwortet eine gesetzliche Regelung, die die Berechnungsgrundlagen für die Vorsteuerbelastung, die Berechnungsmethode, die jährliche Überprüfung und ggf. Anpassung des Durchschnittssatzes festlegt. Der Gesetzgeber hat sich dem Bundesrechnungshof angeschlossen und der Bundesregierung aufgegeben, die Höhe des Durchschnittssatzes jährlich anhand der maßgeblichen aktuellen statistischen Daten zu überprüfen (Monitoring).

64a.4.2 Innergemeinschaftliche Lieferungen – Zeile 63

In Zeile 63 sind steuerfreie innergemeinschaftliche Lieferungen im Sinne des § 6a Abs. 1 und 2 UStG an Abnehmer mit USt-IdNr. einzutragen (§ 4 Nr. 1 Buchst. b UStG). Das gilt - ausgenommen bei innergemeinschaftlichen Lieferungen neuer Fahrzeuge -nicht für Kleinunternehmer, die § 19 Abs. 1 UStG anwenden.

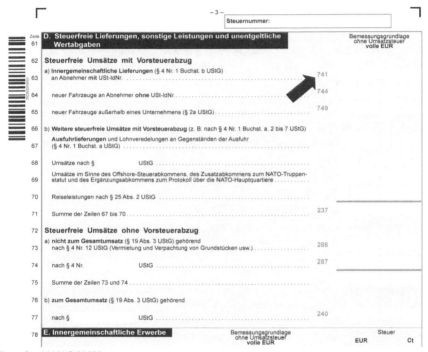

Formular: 2022USt2A503

Über die in Zeile 63 einzutragenden Lieferungen sind **Zusammenfassende Meldungen an das BZSt** auf elektronischem Weg zu übermitteln. Innergemeinschaftliche Lieferungen, die der Unternehmer nicht richtig, vollständig oder fristgerecht in der Zusammenfassenden Meldung angibt, sind **steuerpflichtig** (vgl. Abschn. 4.1.2 Abs. 2 und 3 UStAE) und ausschließlich in Abschnitt C (Zeilen 38, 41, 45 bzw. 56) einzutragen.

Beratungskonsequenzen

In diesem Bereich wird die Finanzverwaltung stärker als bislang auf **Plausibilitätsprüfungen** zurückgreifen. Umsatzsteuererklärung und die Zusammenfassenden Meldungen des Kalenderjahres müssen also – auch zur Vermeidung von Prüfungshandlungen – im Vorfeld unbedingt miteinander abgestimmt werden!

64a.4.3 Weitere Änderungen

Alle anderen Änderungen in den Vordrucken für 2022 gegenüber denen für 2021 dienen der zeitlichen Anpassung oder sind redaktioneller oder drucktechnischer Art[748].

 Beratungskonsequenzen

Materiell gibt es also nichts weiteres Neues, das Sie bei Erstellung einer Umsatzsteuererklärung für 2022 zu beachten hätten!

Für die Praxis heißt das: Sie können sich **an der Vorjahreserklärung 2021 orientieren**.

64a.5 Zusammenhang zwischen Umsatzsteuererklärung 2022 und ZM

 Hinweis

⮞ Kapitel 63.4

---

748 BMF, vom 11.10.2021, a. a. O., Ziffer 3 sowie BMF, Schreiben vom 23.12.2021, a. a. O., Ziffer 3.

65   Intrastat-Meldung im Jahr 2022

Was das Statistische Bundesamt wissen möchte

 Vordrucke

- Statistisches Bundesamt, Leitfaden zur Intrahandelsstatistik[749] 2022
- Statistisches Bundesamt, Intrahandelsstatistik: Neuerungen 2020
- Statistisches Bundesamt, Intrahandel Online-Hilfe, Stand: 12.4.2021, Ziffer 2.1

➲ mybook.haufe.de > Wichtiges aus anderen Behörden

65.1   Praxisrelevanz

Die Intrastat-Meldung ist die Meldung zur Intrahandelsstatistik des Statistischen Bundesamts (StatBA) in Wiesbaden. Die Meldung dient ausschließlich dem Zweck, den Warenverkehr zwischen der Bundesrepublik Deutschland und den anderen EG-Mitgliedstaaten statistisch zu erfassen; dazu werden **alle innergemeinschaftlichen Ein- und Verkäufe** des Unternehmers abgefragt.

65.2   Praxiswissen

65.2.1   Wer muss was melden?

Die Intrahandelsstatistik betrifft ausschließlich »**Warenbewegungen von EU nach EU**« (also von einem europäischen Mitgliedstaat in einen anderen europäischen Mitgliedstaat, sog. »**Intrahandel**«), und damit

- **persönlich** nur die am Intrahandel beteiligten Unternehmer
- **sachlich** nur diese Warenbewegungen, die umsatzsteuerlich in der Regel den innergemeinschaftlichen Lieferungen und innergemeinschaftlichen Erwerben entsprechen.

---

749   Der Titel »Leitfaden ...« trat ab dem Jahr 2015 an die Stelle der bisherigen Bezeichnungen »Merkblatt zur Intrahandelsstatistik« bzw. »Anleitung zum Ausfüllen der Intrastat-Vordrucke«. Der aktuelle Leitfaden wurde veröffentlicht als 24. Auflage 2022.

⮕ Beratungskonsequenzen

Vereinfacht gilt[750]:

- Im **Versendungsfall** ist in der Regel derjenige auskunftspflichtig, der eine innergemeinschaftliche Lieferung i. S. d. Umsatzsteuergesetzes (UStG) ausführt.
- Entsprechend ist im **Eingangsfall** grundsätzlich derjenige auskunftspflichtig, der einen innergemeinschaftlichen Erwerb i. S. d. UStG tätigt.

Die Meldungen erfolgen für **Versendungen** und für **Eingänge getrennt.**

Es steht dem Auskunftspflichtigen frei, sich bei den Meldungen **durch einen Dritten vertreten** zu lassen. Voraussetzung ist, dass der Vertreter in der EU ansässig ist.

65.2.2 Ab wann ist zu melden?

Pro Jahr betragen die **Aufgriffsgrenzen**, ab der für den Unternehmer eine Meldepflicht entsteht, **unverändert**

- für **Einkäufe 800.000 €** und
- für **Verkäufe 500.000 €.**

Die Aufgriffsgrenzen müssen Sie **fortlaufend – also auch unterjährig – prüfen**; die Meldepflicht beginnt mit dem Monat, in dem die Schwelle überschritten wurde, d. h. für diesen Monat ist die erste statistische Meldung für die jeweilige Verkehrsrichtung abzugeben[751].

Die Intrastat kennt **keine Bagatellgrenze** für Produkte von geringem Wert[752].

---

750 IHK Südlicher Oberrhein, Intrastat – statistische Erfassung des Warenverkehrs, Nr. 3302064, www.suedlicher-oberrhein.ihk.de, abgerufen am 10.3.2019.
751 StatBA, Leitfaden 2022, Kapitel 1.3.2.
752 IHK Südlicher Oberrhein, a. a. O.

Erklärungs- und Aufbewahrungspflichten

Beratungskonsequenzen

1. Wenn Sie glauben, dass Sie auf Grund Ihrer Beteiligung an innereuropäischen Warengeschäften zur Abgabe von Intrastat-Meldungen verpflichtet sind, sollten Sie **als Unternehmer auf jeden Fall Ihren Steuerberater informieren** und sich mit diesem abstimmen.

2. Zur ersten Orientierung und Einarbeitung genügt in der Regel der »**Leitfaden zur Intrahandelsstatistik 2022**«[753].

3. Bei Praxisproblemen haben sich dann – sowohl für Unternehmer als auch deren Berater die **AHKs als kompetente Ansprechpartner bewährt** (➲ Kapitel 84). Diese bieten in der Regel auch Schulungen zur Intrastat an.

65.2.3 Informationsfluss StatBA – FinVerw

Da das StatBA von der Finanzverwaltung aus Ihren Umsatzsteuer-Voranmeldungen über Ihre innergemeinschaftlichen Geschäfte informiert wird, sollten Sie die **korrespondierenden Erklärungen auf jeden Fall miteinander abgleichen**.

Eine direkte **Rückinformation vom StatBA** an die Finanzverwaltung ist (derzeit) aber **nicht** vorgesehen (➲ vgl. Kapitel 65a).

 Beratungskonsequenzen

Allerdings kommt es – z. B. auch auf Grund eher technischer Probleme – zu regelmäßigen Abstimmungen zwischen der Finanzverwaltung und dem StatBA. Die Finanzverwaltung wird dann stets »bemüht« sein, die **Erkenntnisse aus dem Gedanken- oder Erfahrungsaustausch für eigene Ermittlungen auszuwerten!**

65.3 Was für 2022 Neues zu beachten ist

65.3.1 Innergemeinschaftliche Fernverkäufe und One-Stop-Shop

Mit Wirkung zum 1.7.2021 ist § 3c UStG als sog. »innergemeinschaftlicher Fernverkauf« reformiert worden. Diese Fernverkäufe erfassen Lieferungen innerhalb

---

753 ➲ mybook.haufe.de > Wichtiges aus anderen Behörden.

der Europäischen Union an Abnehmer, die keine innergemeinschaftlichen Erwerbe versteuern müssen (»Nicht-Unternehmer« gemäß § 3a Abs. 5 Satz 1 sowie § 1a Abs. 3 Nr. 1 UStG ➲ Kapitel 35a).

Im Rahmen der bisherigen Versandhandelsregelung musste der leistende Unternehmer unter den Bedingungen des § 3c UStG sich grundsätzlich in dem jeweiligen Bestimmungsmitgliedstaat umsatzsteuerrechtlich registrieren lassen. Das ab dem 1.7.2021 eingeführte One-Stop-Shop-Verfahren (OSS) ermöglicht es, die unter die Sonderregelung fallenden Fernverkäufe über ein nationales elektronisches Portal (in Deutschland das Bundeszentralamt für Steuern) abzuwickeln, ohne sich im jeweiligen Bestimmungsland registrieren zu müssen.

Ab Bezugsmonat Januar 2022 entfällt die Auskunftspflicht zur deutschen Intrahandelsstatistik für **im EU-Ausland ansässige Unternehmer** für Lieferungen nach Deutschland (Eingänge), welche über das OSS-Verfahren abgewickelt werden.

Die Versendungen von **in Deutschland umsatzsteuerrechtlich registrierten Unternehmern** ins EU-Ausland an »Nicht-Unternehmer« sind weiterhin auskunftspflichtig, unabhängig davon, ob die Unternehmer diese Fernverkäufe über das OSS-Verfahren abwickeln.

65.3.2 3.2 Sammelwarennummern

Informationen zu den Änderungen des Genehmigungsverfahrens für Zusammenstellungen von Waren (Sammelwarennummer) finden Sie in Kapitel 7.2 des Leitfadens zur Intrahandelsstatistik 2022[754].

65.3.3 Brexit

Das Vereinigte Königreich (Großbritannien) hat mit Ablauf des 31.1.2020 die Europäische Union verlassen (»Brexit«) und ist demzufolge von dem Folgetag an aus EU-Sicht als Drittland zu bezeichnen. Mit Blick auf die Intrahandelsstatistik sind in der Übergangsphase bis einschließlich Berichtsmonat Dezember 2020 (Abgabetermin: bis zum 15.1.2021) weiterhin alle Warenbewegungen mit dem Vereinigten Königreich dem Statistischen Bundesamt zu melden.

---

754 ➲ mybook.haufe.de > Wichtiges von anderen Behörden.

Für das Berichtsjahr 2021 gilt[755]:

- Für **Warenverkehre nach bzw. aus Großbritannien** (d. h. Vereinigtes König-reich **ohne Nordirland**) müssen Zollanmeldungen mit dem Länderkürzel »GB« abgegeben werden. Da das Statistische Bundesamt diese Zolldaten zur Erstellung der Außenhandelsstatistik erhält, dürfen als Konsequenz keine weiteren (zweiten) Anmeldungen für diese Warenbewegungen im Rahmen der Intrahandelsstatistik erfolgen.

- **Nordirland** wird in diesem Zusammenhang so behandelt, als wäre dieser Teil weiterhin der EU angehörig. D. h. es müssen keine Zollanmeldungen erstellt werden. Um jedoch Informationen zur Außenhandelsstatistik zu erhalten, müssen Warenverkehre mit Nordirland weiter im Rahmen der Intrahandels-statistik unter Verwendung des Länderkürzels »XI« angemeldet werden.

 Beratungskonsequenzen

Bitte verfolgen Sie die aktuelle Berichterstattung in den Medien und informieren Sie sich in dem Internet-Auftritt des Zolls (www.zoll.de) sowie auf den Seiten des Statistischen Bundesamtes ➲ s. u., Kapitel 65.4.

65.3.4 Neue Angaben von USt-IdNr. und Ursprungsland

Im Vorgriff auf die **ab Bezugszeitraum Januar 2022** verpflichtende Angabe

- der Umsatzsteuer-Identifikationsnummer (USt-IdNr.) des EU-Handelspart-ners und

- des Ursprungslandes der Ware in der Verkehrsrichtung Versendung

können die beiden Merkmale bereits in der Online-Formularmaske, dem IDES-Programm, sowie den Datei-Formaten INSTAT/XML und DatML/RAW gemeldet werden.

Diese **Angaben sind freiwillig**, d. h. die betreffenden Felder müssen nicht ausge-füllt werden und können frei bleiben. Eine freiwillige Übermittlung der neuen Merkmale dient allerdings dem Ziel, im Statistischen Bundesamt Erfahrungen mit deren Erhebung zu sammeln und eine reibungslose Einführung zu gewähr-leisten.

---

755 StatBA, Leitfaden 2022, Vorbemerkung.

Erklärungs- und Aufbewahrungspflichten

Über die Einführung der beiden Angaben als Pflichtmerkmale wird das StatBA zu gegebener Zeit informieren.

Falls eine Ware in einem sogenannten **innergemeinschaftlichen Dreiecksge-schäft** von einem deutschen Unternehmen in einen anderen EU-Mitgliedstaat versandt wird, könnte die Umsatzsteuer-Identifikationsnummer des Warenemp-fängers in dem Bestimmungsland dem Anmelder möglicherweise nicht bekannt sein, da die Lieferung mit einem Handelspartner in einem anderen (dritten) Mit-gliedstaat abgerechnet wird. In diesem Fall sollte das Länderkürzel des Ziellan-des in Verbindung mit einer fiktiven Ziffernfolge von zwölfmal der Zahl »9« ange-geben werden (z. B.: »FR999999999999«).

65.3.5 Seit 1.1.2020: Angaben zu Konsignationslagern (§ 6b UStG)

Aufgrund einer Änderung des Mehrwertsteuerrechts ist ein ausländisches Unter-nehmen, das in Deutschland ein Konsignationslager (oder Auslieferungslager) unterhält, nicht mehr in jedem Fall verpflichtet, sich im Inland umsatzsteuer-rechtlich registrieren zu lassen (➲ Kapitel 33a).

Dadurch erhält der deutsche Endkunde von seinem im Ausland umsatzsteuer-rechtlich registrierten Partner für die übernommene Lagerware eine mehrwert-steuerfreie Rechnung als sog. innergemein-schaftliche Lieferung, die das deut-sche Unternehmen als steuerpflichtigen innergemeinschaftlichen Erwerb in der Umsatzsteuer-Voranmeldung anzugeben hat.

 Beratungskonsequenzen

Dies führt dazu, dass **das deutsche Unternehmen den Eingang der Ware nach Deutschland zur Intrahandelsstatistik anmelden muss**, sofern das Unterneh-men für den Eingang grundsätzlich auskunftspflichtig ist.

Als **Bezugszeitraum** ist in diesen Fällen der **Zeitpunkt der grenzüberschreiten-den Lieferung der Ware** in das deutsche Lager und nicht der Zeitpunkt der Rech-nungsstellung anzugeben[756].

---

756 StatBA, Intrahandelsstatistik: Neuerungen 2020, a. a. O. und Leitfaden 2022, a. a. O., Ziffer 9.1 Beispielsachverhalt k.

65.3.6   Be- und Verarbeitungen

Wenn

- eine Be- oder Verarbeitung in Deutschland stattfindet und
- die Fertigware im Anschluss nicht wieder zum Auftraggeber in die EU zurück-geschickt wird,
- sondern im Inland oder ins Ausland verkauft wird,

ist der **Eigentümer (der Auftraggeber der Lohnveredelung)** nach Kenntnis des Statistischen Bundesamtes aus umsatzsteuerrechtlicher Sicht verpflichtet, sich in Deutschland steuerlich registrieren zu lassen. Mit dieser Registrierung vollzieht er vor der Be-/Verarbeitung ein sog. unternehmensinternes Verbringen der Rohware von seiner ausländischen auf seine deutsche USt-IdNr. Der nachgelagerte Verkauf der Fertigware z. B. an einen ausländischen EU-Kunden ist aus deutscher Sicht eine steuerfreie innergemeinschaftliche Lieferung.

Diese umsatzsteuerrechtliche Handhabung hat **zwei wesentliche Auswirkungen auf die Intrahandelsstatistik**[757]:

- Durch die umsatzsteuerrechtliche Registrierung wird das ausländische Unternehmen zu einer (deutschen) statistischen Einheit. Wenn die statistischen Werte der ins Inland verbrachten Rohwaren bzw. die ins Ausland verkauften Fertigwaren dazu führen, dass die Warenverkehre des jeweiligen Unternehmens insgesamt die Anmeldeschwelle überschreiten, ist das ausländische Unternehmen (vom Monat des Überschreitens an) für diese Warenbewegungen auskunftspflichtig zur Intrahandelsstatistik in Deutschland. Das inländische Unternehmen, das die Be-/Verarbeitung durchführt, ist damit nicht (zusätzlich) verpflichtet, Anmeldungen zur Intrahandelsstatistik abzugeben.
- Obwohl umsatzsteuerrechtliche Buchungen getätigt werden, die auf Käufe bzw. Verkäufe hindeuten, sind bei der Anmeldung zur Intrahandelsstatistik diese grenzüberschreitenden Lieferungen als Sendungen zur bzw. nach der Be-/Verarbeitung unter den Geschäftsarten »42« bzw. »52« anzugeben.

Diese Erläuterung gilt entsprechend für eine **passive Lohnveredelung**, wenn ein deutsches Unternehmen

- als Auftraggeber im Ausland Waren bearbeiten lässt und

---

757   StatBA, Intrahandel Online-Hilfe, a. a. O. und Leitfaden 2022, a. a. O., Ziffer 9.5.

- die Fertigwaren im Anschluss unmittelbar im Ausland weiterverkauft.

Die Versendung der Ware aus Deutschland ist dann unter Angabe der Geschäftsart »42« zu erklären.

65.3.7 Nullmeldungen

Sollten in einem Monat keine innergemeinschaftlichen Warenverkehre stattgefunden haben, kann für Online-Formularmeldungen eine Fehlanzeige für die jeweilige Verkehrsrichtung über das Meldeportal IDEV erstellt werden[758].

65.3.8 Intrastat und ZM

Das statistische Bundesamt denkt darüber nach, die Zusammenfassende Meldung (➲ Kapitel 63) und die Intrastat-Meldung zusammenzulegen. Dabei stellt sich die Frage, ob die Zusammenlegung insgesamt eine administrative Verbesserung für die Unternehmen darstellen würde oder nicht[759].

65.3.9 Weitere Neuerungen 2022

 Hinweis

Weitere Informationen zu den Änderungen in der Außenhandelsstatistik in 2022 können über folgende Internet-Adresse abgerufen werden:

https://www.destatis.de/DE/Themen/Wirtschaft/Aussenhandel/aenderungen-2022.html.

65.4 Homepages des StatBA

 Hinweis

https://www.destatis.de
https://www-idev.destatis.de > Hilfeseite zur Anmeldung der Intrahandelsstatistik

---

758 StatBA, Leitfaden 2022, Vorbemerkung.
759 IHK Südlicher Oberrhein, ebd.

65a Kontrollmöglichkeiten und Routinen der FinVerw

Innergemeinschaftlichen Waren- und Dienstleistungsverkehr

Die Datenbanken, in die Umsätze eingehen:

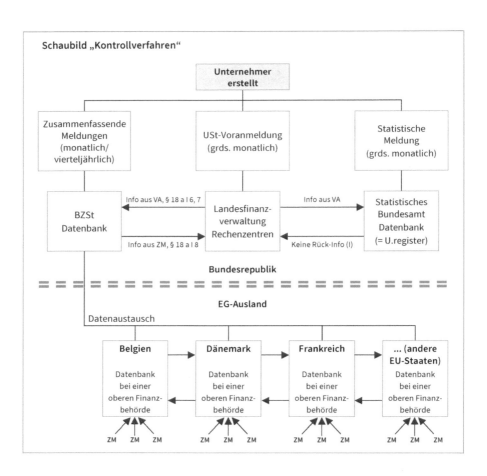

66 Aufzeichnungs- und Aufbewahrungspflichten

Wie die Angaben in den Erklärungen dem Finanzamt nachzuweisen sind

 Rechtsgrundlagen

- UStG: § 22
- UStDV: §§ 63 ff.
- UStAE: Abschn. 22.1 ff.)
- MwStSystRL: Art. 241 ff.

➲ mybook.haufe.de > Gesetze, Verordnungen, Richtlinien

Aktuell: Änderungen ab 1.1.2020 durch die »Quick Fixes«

Besondere Aufzeichnung- und Aufbewahrungspflichten bei Konsignationslagern (§ 22 Abs. 4f u. Abs. 4g UStG) ➲ Kapitel 33a

---

66.1 Allgemeines

Die Aufzeichnungsvorschriften begründen für die Zwecke der Umsatzbesteuerung mit Vorsteuerabzug besondere Aufzeichnungspflichten **neben den allgemeinen Buchführungs- und Aufzeichnungspflichten** nach §§ 140 ff. AO.

Die vollständige, richtige und zeitgerechte Aufzeichnung von Angaben dient nicht nur der **Vorsorge für eine steuerliche Überprüfung** durch das Finanzamt, sondern ermöglicht dem Unternehmer auch, seine Pflicht zur Selbstberechnung der Umsatzsteuer zu erfüllen und ordnungsgemäße Umsatzsteuer-Voranmeldungen (➲ Kapitel 62) bzw. Umsatzsteuerjahreserklärungen (➲ Kapitel 64 und Kapitel 64a) abzugeben.

Kommt der Unternehmer seinen Aufzeichnungspflichten nicht oder nicht im erforderlichen Umfang nach, eröffnet dies dem Finanzamt unter Umständen die Möglichkeit zur **Schätzung der Besteuerungsgrundlagen** bei der Festsetzung der Steuer.

66.2 Die einzelnen Aufzeichnungspflichten

Der Unternehmer ist verpflichtet, zur Feststellung der Steuer und der Grundlagen ihrer Berechnung Aufzeichnungen zu machen. Die wichtigsten sind:

- **§ 22 Abs. 2 Nr. 1 Sätze 1 u. 2 UStG:** Aus den Aufzeichnungen müssen zunächst die **vereinbarten Entgelte** für die vom Unternehmer ausgeführten Lieferungen und sonstigen Leistungen zu ersehen sein. Dabei ist ersichtlich zu machen, wie sich die Entgelte auf die steuerpflichtigen Umsätze, getrennt nach Steuersätzen, und auf die steuerfreien Umsätze verteilen.

- **§ 22 Abs. 2 Nr. 1 Satz 3 UStG:** § 22 Abs. 2 Sätze 1 u. 2 gelten entsprechend für die Bemessungsgrundlagen nach § 10 Abs. 4 UStG, wenn **Lieferungen im i. S. d. § 3 Abs. 1b UStG** (➲ Kapitel 18.2) oder **sonstige Leistungen i. S. d. § 3 Abs. 9a UStG** (➲ Kapitel 18.3) ausgeführt werden.

- **§ 22 Abs. 2 Nr. 1 Satz 4 UStG:** Aus den Aufzeichnungen muss außerdem hervorgehen, welche Umsätze der Unternehmer **nach § 9 UStG als steuerpflichtig** behandelt.

- **§ 22 Abs. 2 Nr. 1 Satz 5 UStG:** Bei der Berechnung der **Steuer nach vereinnahmten Entgelten** (§ 20 UStG) treten an die Stelle der vereinbarten Entgelte die vereinnahmten Entgelte.

- **§ 22 Abs. 2 Nr. 3 UStG:** Aus den Aufzeichnungen müssen die **Bemessungsgrundlage für Lieferungen i. S. d. § 3 Abs. 1b UStG** (➲ Kapitel 18.2) und **für sonstige Leistungen i. S. d. § 3 Abs. 9a Nr. 1 UStG** (➲ Kapitel 18.3) zu ersehen sein. Dabei ist ersichtlich zu machen, wie sich die Entgelte auf die steuerpflichtigen Umsätze, getrennt nach Steuersätzen, und auf die steuerfreien Umsätze verteilen.

Bitte beachten Sie!

Bei der Lektüre des § 22 UStG werden Sie **weitere (ganz spezielle) Aufzeichnungspflichten** entdecken, deren Darstellung allerdings den hier vorgegebenen Rahmen sprengen würde.

66.3 Grundsätzlich kein Belegnachweis durch Eigenbelege

 Hinweis

➲ Kapitel 25a

66.4 Aufbewahrung von Aufzeichnungen

Aus der Verpflichtung des Unternehmers, zur Feststellung der Steuer und der Grundlagen ihrer Berechnung Aufzeichnungen zu machen, folgt, dass er die vorgesehenen Angaben schriftlich und räumlich zusammenhängend niederlegt. Dabei ist er nicht an eine bestimmte Form gebunden.

Die Aufzeichnungen sind grundsätzlich im Geltungsbereich des Umsatzsteuergesetzes zu führen (§ 146 Abs. 2 Satz 1 AO). Sie sind dort mit den zugehörigen Belegen für die Dauer der Aufbewahrungsfrist (§ 147 Abs. 3 AO) geordnet aufzubewahren. Das Finanzamt kann jederzeit verlangen, dass der Unternehmer diese Unterlagen vorlegt.

Die **Aufbewahrungsfrist** für Bücher und Aufzeichnungen, die Bilanzen und andere Unterlagen und Buchungsbelege beträgt **zehn Jahre**. Die empfangenen Handels- oder Geschäftsbriefe, Wiedergaben der abgesandten Handels- oder Geschäftsbriefe sowie sonstige Unterlagen, soweit sie für die Besteuerung von Bedeutung sind, müssen **sechs Jahre** aufbewahrt werden, sofern nicht in Steuergesetzen kürzere Aufbewahrungsfristen bestimmt sind (§ 147 AO).

Beginn der Aufbewahrungsfrist ist der Schluss des Kalenderjahres, in dem die letzte Eintragung gemacht worden ist oder die Geschäftspapiere oder sonstigen Unterlagen entstanden sind. **Ende der Aufbewahrungspflicht** ist der Ablauf der zehn- bzw. sechsjährigen Frist. Das gilt jedoch nicht, soweit die Aufzeichnungen noch Bedeutung für solche Umsatzsteuerfestsetzungen haben, bei denen die Festsetzungsfrist noch nicht abgelaufen ist (§ 147 Abs. 3 Satz 2 i. V. m. §§ 169 ff. AO).

 Beratungskonsequenzen

1. Die Vernichtung von Unterlagen kann insbesondere dann nicht vorgenommen werden, wenn die allgemeine Festsetzungsfrist (§ 169 Abs. 2 Nr. 2 AO: 4 Jahre) z. B. wegen **Ablaufhemmung** nach § 171 AO nicht abgelaufen ist, weil die Steuer **gemäß § 165 AO vorläufig festgesetzt** worden ist oder weil vor Ablauf der allgemeinen Frist mit einer **Außenprüfung begonnen** worden ist. Dies betrifft die Aufzeichnungen, die im Zusammenhang mit den betroffenen Steuererfestsetzungen von Bedeutung sind. Das dürfte im Regelfall für das **gesamte Aufzeichnungswerk des Besteuerungszeitraums** gelten, soweit nicht die Aussonderung von komplexen Teilgebieten möglich ist, die umsatzsteuerrechtlich ohne Bedeutung sind.

2. **Als Nicht-Steuerberater** sollten Sie daher vor Aussonderung der umsatzsteuerrechtlichen Aufzeichnungen eine Überprüfung Ihrer Umsatzsteuerfestsetzungen vornehmen bzw. von einem Steuerberater – ggf. im Wege einer Einzelberatung – vornehmen lassen!

3. **Als Steuerberater** sollten Sie dem Mandanten diesbezüglich ein **genaues To-do** vorgeben!

Nach Ablauf der Fristen braucht der Unternehmer seine Unterlagen auch dann nicht mehr aufzubewahren, wenn innerhalb der Aufbewahrungsfristen eine Außenprüfung nicht stattgefunden hat.

 Beratungskonsequenzen

1. Die Aufzeichnungen und die zugehörigen Belege können unter bestimmten Voraussetzungen als Wiedergaben auf einem **Bildträger** (z. B. auf Mikrofilm) oder auf **anderen Datenträgern** (z. B. Magnetband, Magnetplatte oder Diskette) aufbewahrt werden[760].

2. Auch hierzu sollten Sie vorab einen **Steuerberater aufsuchen!**

 Hinweis

Zur **Aufbewahrung von E-Belegen** (E-Mail-Rechnungen etc.) ➲ Kapitel 74a

66.5 Folgen der Verletzung von Aufzeichnungspflichten

Grundsätzlich sind die **Aufzeichnungspflichten nach § 22 keine materiell-rechtlichen Voraussetzungen** für das Entstehen der Umsatzsteuer, für den Anspruch auf Vorsteuerabzug oder für die Inanspruchnahme einer Steuerbefreiung. Daher kann das Fehlen oder die Mangelhaftigkeit von Aufzeichnungen nach § 22 auch nicht unmittelbar zur Versagung steuerlicher Ermäßigungen oder Vergünstigungen führen. Für grenzüberschreitende Geschäfte ist dies derzeit allerdings noch nicht abschließend geklärt (➲ Kapitel 22 ff.).

Kommt der Unternehmer seinen Aufzeichnungspflichten nicht oder nicht im erforderlichen Umfang nach, eröffnet dies dem Finanzamt unter Umständen die Möglichkeit zur **Schätzung der Besteuerungsgrundlagen** bei der Festsetzung der Steuer (➲ Kapitel 84).

---

760 Vgl. § 147 Abs. 2 AO.

Die Erfüllung der Aufzeichnungspflichten kann vom Finanzamt auch durch **Zwangsmittel** erzwungen werden. Nach § 328 AO kann gegen den Unternehmer nach vorheriger Androhung und Fristsetzung im Einzelfall ein Zwangsgeld festgesetzt werden. Dies scheint in der Regel aber nicht geboten zu sein. Einerseits bringt die nachträgliche Erstellung der Aufzeichnungen alle Unsicherheiten mit sich, die durch das Erfordernis der zeitnahen Aufzeichnung vermieden werden sollen. Andererseits kann sich die Finanzbehörde eines einfacheren Mittels bei der Nichterfüllung von Aufzeichnungspflichten – nämlich der schon erwähnten Schätzung! – bedienen.

 Beratungskonsequenzen

Spätestens dann, wenn das Finanzamt Zwangsmaßnahmen gegen Sie einsetzt oder die Besteuerungsgrundlagen schätzt, sollten Sie einen **Steuerberater aufsuchen!**

66.6 Aufzeichnungspflichten der Kleinunternehmer

Kleinunternehmer haben anstelle der nach § 22 Abs. 2–4 UStG vorgeschriebenen Angaben Folgendes aufzuzeichnen (§ 65 UStDV, Abschn. 22.5 Abs. 3 UStAE):

- die **Werte der erhaltenen Gegenleistungen** für die von ihnen ausgeführten Lieferungen und sonstigen Leistungen,

- die **sonstigen Leistungen i. S. v. § 3 Abs. 9a Satz 1 Nr. 2 UStG** (unentgeltliche Erbringung einer »anderen« sonstigen Leistung für außerunternehmerische Zwecke ➲ Kapitel 18.3).

Die **Aufzeichnungspflichten nach § 22 Abs. 2 Nr. 4, 7, 8 und 9 UStG** bleiben unberührt.

67 Fallsammlung internationale Umsätze

Eintragung in die Vordrucke:
UStVA 2022, USt-Erklärung 2021 und ZM im Jahr 2022

 Hinweis

Zu

- der **Neuregelung ab 1.1.2020 durch die »Quick Fixes« für Konsignationslager** vgl. auch ➲ Kapitel 33a
- der **Neuregelung der innergemeinschaftliche Fernverkäufe ab 1.7.2021** vgl. auch ➲ Kapitel 35a
- den Besonderheiten der **innergemeinschaftlichen Dreiecksgeschäfte** vgl. auch➲ Kapitel 32.8 u. 32.9
- der **Neuregelung der Telekommunikationsleistungen u. Ä. ab 1.7.2021** vgl. auch ➲ Kapitel 51a
- den Besonderheiten der **innergemeinschaftlichen Dienstleistunge**n vgl. auch ➲ Kapitel 58
- den Besonderheiten des **Reverse Charge** (Übergang der Steuerschuld auf den Leistungsempfänger) vgl. auch ➲ Kapitel 78.6

67.1 Innergemeinschaftliche Lieferung/Regelfall

Hinweis

Umsatzsteuerliche Basics in ➲ Kapitel 20 ff.

67.1.1 UStVA 2022

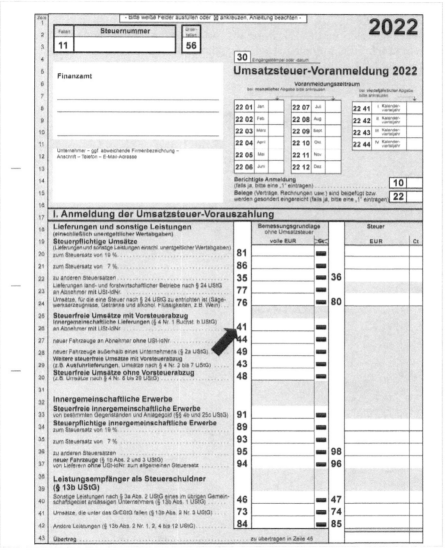

Formular: Formular: USt 1 A – Umsatzsteuer-Voranmeldung 2022 – (01.21)

67.1.2 USt-Erklärung 2021

Hinweis

Bis einschließlich der USt-Erklärung 2017 erfolgten die nachfolgenden Eintragungen in Abschnitt E der Anlage UR (➔ vgl. dazu die Vorauflage = 19. Auflage 2021, Kapitel 67.1.2.1).

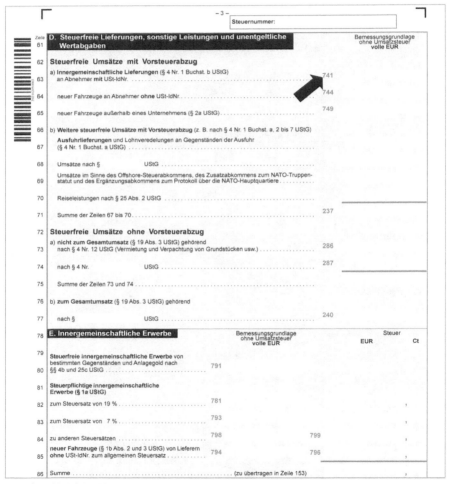

Formular: 2021USt2A503

67.1.3 Zusammenfassende Meldung im Jahr 2022

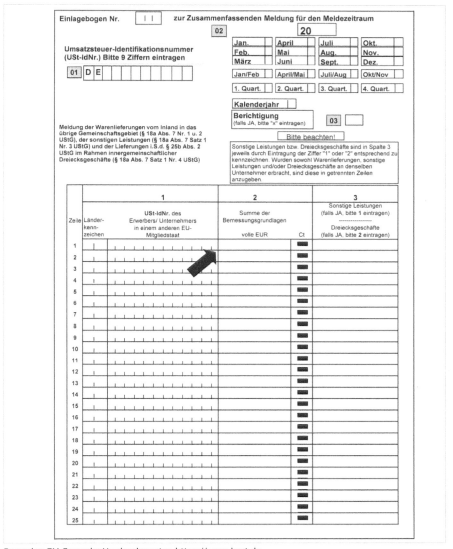

Formular: ZM-Formular Vordruckmuster, https://www.bzst.de

67.2 Innergemeinschaftliche Lieferung/Sonderfall

Lieferung von Nufahrzeugen durch einen deutschen Händler an EU-»Privatkunden« (= Nichtunternehmer)

Hinweis

Umsatzsteuerliche Basics in ➲ Kapitel 38.5.3

67.2.1 UStVA 2022

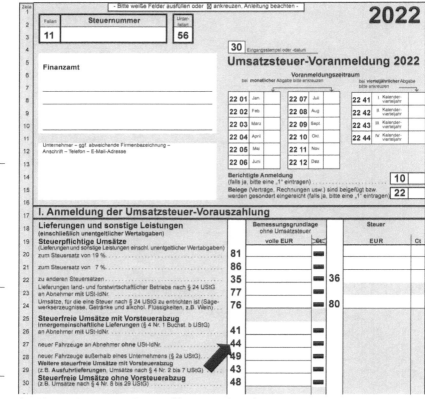

Formular: USt 1 A – Umsatzsteuer-Voranmeldung 2022 – (01.21)

67.2.2 USt-Erklärung 2021

 Hinweis

Bis einschließlich der USt-Erklärung 2017 erfolgten die nachfolgenden Eintragungen in Abschnitt E der Anlage UR (➲ vgl. dazu die Vorauflage = 19. Auflage 2021, Kapitel 67.2.2.1).

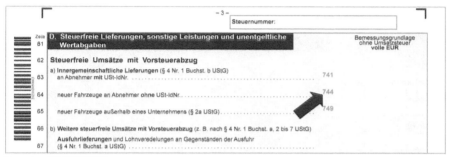

Formular: 2021USt2A503

67.2.3 Zusammenfassende Meldung im Jahr 2022

Keine Eintragung, dafür aber Meldung nach der Fahrzeuglieferungs-Meldepflichtverordnung ➲ Kapitel 67.2.4

67.2.4 Meldungen nach der FzgLiefgMeldV

 Hinweis

➲ Kapitel 62.7

67.3 Innergemeinschaftliche Lieferung/Sonderfall

Lieferung von Neufahrzeugen *durch* »Privatleute« (= Nichtunternehmer) an EU-Käufer

 Hinweis

Umsatzsteuerliche Basics in ➲ Kapitel 38.5.5

67.3.1 UStVA 2022

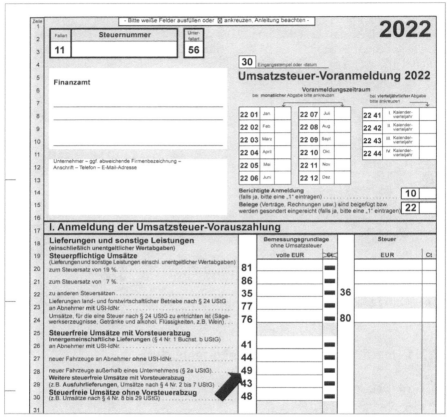

Formular: USt 1 A – Umsatzsteuer-Voranmeldung 2022 – (01.21)

67.3.2 USt-Erklärung 2021

 Hinweis

Bis einschließlich der USt-Erklärung 2017 erfolgten die nachfolgenden Eintragungen in Abschnitt E der Anlage UR (➜ vgl. dazu die Vorauflage = 19. Auflage 2021, Kapitel 67.3.2.1).

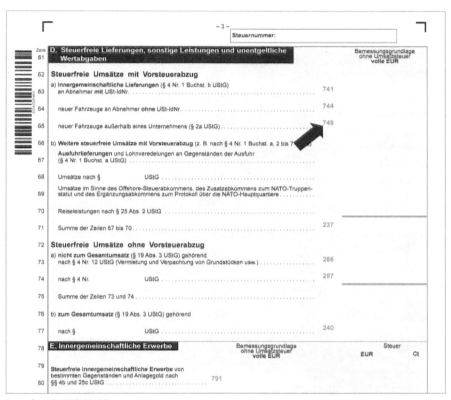

Formular: 2021USt2A503

67.3.3 Zusammenfassende Meldung im Jahr 2022

Keine Eintragung, dafür aber Meldung nach der Fahrzeuglieferungs-Meldepflichtverordnung ➲ Kapitel 67.3.4

67.3.4 Meldungen nach der FzgLiefgMeldV

 Hinweis

➲ Kapitel 62.7

67.4   Ausfuhrlieferung

 Hinweis

Umsatzsteuerliche Basics in ➲ Kapitel 27 ff.

67.4.1 UStVA 2022

Formular: USt 1 A – Umsatzsteuer-Voranmeldung 2022 – (01.21)

Erklärungs- und Aufbewahrungspflichten

67.4.2 USt-Erklärung 2021

 Hinweis

Bis einschließlich der USt-Erklärung 2017 erfolgten die nachfolgenden Eintragungen in Abschnitt E der Anlage UR (➲ vgl. dazu die Vorauflage = 19. Auflage 2021, Kapitel 67.4.2.1).

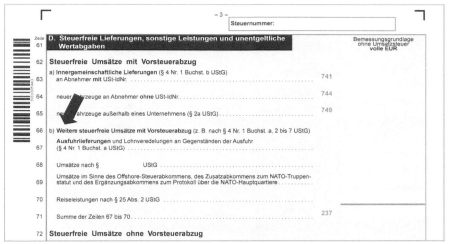

Formular: 2021USt2A503

67.4.3 Zusammenfassende Meldung im Jahr 2022

Keine Eintragung!

67.5 Aufstockung eines Konsignationslagers im EU-Ausland

 Hinweis

- Umsatzsteuerliche Basics in ➲ Kapitel 33
- **Bis 31.12.2019** ➲ Kapitel 67.5 der Vorauflage (18. Auflage 2020)
- **Ab 1.1.2020** ➲ Kapitel 33a, Neuregelung durch die Quick Fixes

67.6 Aufstockung eines Konsignationslagers in einem Drittland

 Hinweis

Umsatzsteuerliche Basics in ➲ Kapitel 33

67.6.1 UStVA 2022

Keine Eintragung!

 Beratungskonsequenzen

Das Aufstocken eines Lagers im Drittland ist ein rein unternehmensinterner Vorgang: die Ware verbleibt im Unternehmen und wird lediglich an eine andere Stelle verbracht. Es kommt daher nicht zu einer Ausfuhr!

67.6.2 USt-Erklärung 2021

Keine Eintragung!

67.6.3 Zusammenfassende Meldung im Jahr 2022

Keine Eintragung!

67.7 Lieferung aus einem Konsignationslager im EU-Ausland

 Hinweis

* Umsatzsteuerliche Basics in ➲ Kapitel 33
* **Bis 31.12.2019** ➲ Kapitel 67.5 in der 18. Auflage 2020
* **Ab 1.1.2020** ➲ Kapitel 33a, (Konsignations-)Lager ab dem 1.1.2020/Neuregelung durch die Quick Fixes

67.8 Lieferungen in einem anderen Land/aus einem Konsignationslager im Drittland

 Hinweis

Umsatzsteuerliche Basics in ➲ Kapitel 33

67.8.1 UStVA 2022

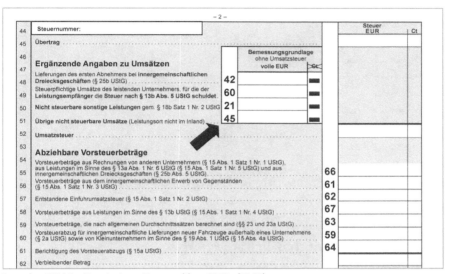

Formular: USt 1 A – Umsatzsteuer-Voranmeldung 2022 – (01.21)

67.8.2 USt-Erklärung 2022

 Hinweis

Bis einschließlich der USt-Erklärung 2017 erfolgten die nachfolgenden Eintragungen in Abschnitt E der Anlage UR (➲ vgl. dazu die Vorauflage = 19. Auflage 2021, Kapitel 67.8.2.1).

103	**I. Ergänzende Angaben zu Umsätzen**		Betrag volle EUR
104	Umsätze, die auf Grund eines Verzichts auf Steuerbefreiung (§ 9 UStG) als steuerpflichtig behandelt worden sind		
105	Steuerpflichtige Umsätze des leistenden Unternehmers, für die der Leistungsempfänger die Steuer nach § 13b Abs. 5 UStG schuldet	209	
106	Beförderungs- und Versendungslieferungen in das übrige Gemeinschaftsgebiet bis zum 30.6.2021 (§ 3c UStG)		
107	a) in Abschnitt B oder C enthalten	208	
108	b) in anderen EU-Mitgliedstaaten zu versteuern	206	
109 110	Telekommunikations-, Rundfunk- und Fernsehdienstleistungen sowie auf elektronischem Weg erbrachte sonstige Leistungen an im übrigen Gemeinschaftsgebiet ansässige Nichtunternehmer sowie ab dem 1.7.2021 innergemeinschaftliche Fernverkäufe in das übrige Gemeinschaftsgebiet unter der Voraussetzung des § 3a Abs. 5 Sätze 3 und 4 UStG und § 3c Abs. 4 Sätze 1 und 2 UStG		
111	a) in Abschnitt B oder C enthalten	213	
112	b) in anderen EU-Mitgliedstaaten zu versteuern	214	
113	Nicht steuerbare Geschäftsveräußerung im Ganzen gem. § 1 Abs. 1a UStG	211	
114	Nicht steuerbare sonstige Leistungen gem. § 18b Satz 1 Nr. 2 UStG	721	
115	Übrige nicht steuerbare Umsätze (Leistungsort nicht im Inland)	205	
116	In den Zeilen 108, 112, 114 und 115 enthaltene Umsätze, die nach § 15 Abs. 2 und 3 UStG den Vorsteuerabzug ausschließen	204	
117	Auf den inländischen Streckenanteil entfallende Umsätze grenzüberschreitender Personenbeförderungen im Luftverkehr (§ 26 Abs. 3 UStG)	212	
118	Minderung der Bemessungsgrundlage nach § 17 Abs. 1 Satz 1 i.V.m. Abs. 2 Nr. 1 Satz 1 UStG (in Abschnitt B oder C enthalten)	650	

Formular: 2021USt2A504

67.8.3 Zusammenfassende Meldung im Jahr 2022

Keine Eintragung!

67.9 Innergemeinschaftlicher Erwerb – Regelfall des § 3d Satz 1 UStG

 Hinweis

Umsatzsteuerliche Basics in ⮞ Kapitel 19 und Kapitel 75.5.1

67.9.1 UStVA 2022

67.9.1.1 Erwerbsteuer

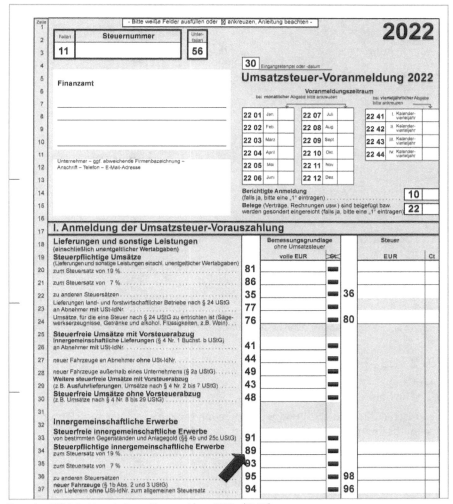

Formular: USt 1 A – Umsatzsteuer-Voranmeldung 2022 – (01.21)

67.9.1.2 Korrespondierende Vorsteuer

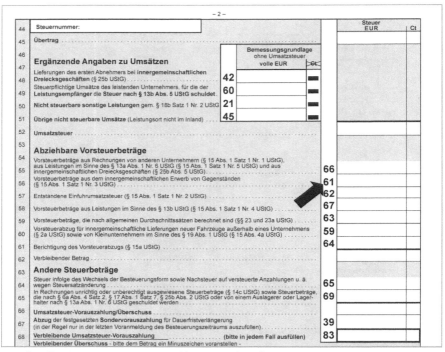

Formular: USt 1 A – Umsatzsteuer-Voranmeldung 2022 – (01.21)

67.9.2 USt-Erklärung 2021

 Hinweis

Bis einschließlich der USt-Erklärung 2017 erfolgten die nachfolgenden Eintragungen in Abschnitt E der Anlage UR (➜ vgl. dazu die Vorauflage = 19. Auflage 2021, Kapitel 67.9.2.1).

67.9.2.1 Berechnung der Erwerbsteuer in Abschnitt E

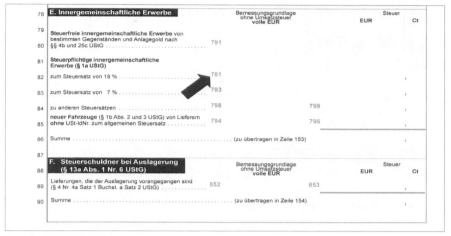

Formular: 2021USt2A503

67.9.2.2 Übernahme der Erwerbsteuer in die Steuerberechnung

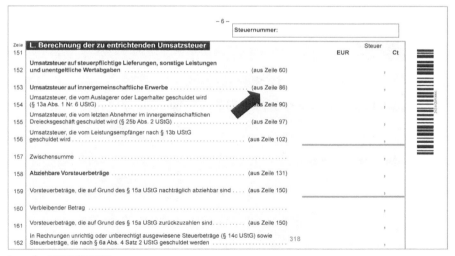

Formular: 2021USt2A506

67.9.2.3 Korrespondierende Vorsteuer

Formular: 2021USt2A505

67.9.3 Zusammenfassende Meldung im Jahr 2022

Keine Eintragung!

67.10 Innergemeinschaftlicher Erwerb – Ausnahmefall des § 3d Satz 2 UStG

 Hinweis

Umsatzsteuerliche Basics in ➲ Kapitel 19 und Kapitel 75.5.2

67.10.1 UStVA 2022

67.10.1.1 Erwerbsteuer

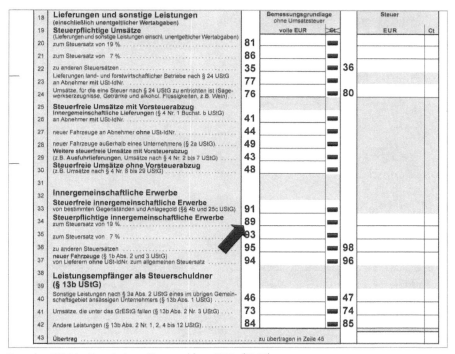

Formular: USt 1 A – Umsatzsteuer-Voranmeldung 2022 – (01.21)

67.10.1.2 Korrespondierende Vorsteuer

Kein Vorsteuerabzug möglich!

67.10.2 USt-Erklärung 2021

 Hinweis

Bis einschließlich der USt-Erklärung 2017 erfolgten die nachfolgenden Eintragungen in Abschnitt E der Anlage UR (➔ vgl. dazu die Vorauflage = 19. Auflage 2021, Kapitel 67.10.2.1).

67.10.2.1 Berechnung der Erwerbsteuer in Abschnitt E

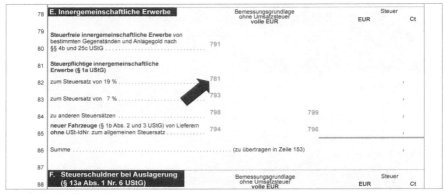

Formular: 2021USt2A503

67.10.2.2 Übernahme der Erwerbsteuer in die Steuerberechnung

Formular: 2021USt2A506

67.10.2.2.1 Korrespondierende Vorsteuer

Kein Vorsteuerabzug möglich!

67.10.3 Zusammenfassende Meldung im Jahr 2022

Keine Eintragung!

67.11 Innergemeinschaftlicher Erwerb – Sonderfall

Fahrzeugankauf des deutschen Kfz-Händlers von einem (nichtunternehmerischen) »Fahrzeuglieferer«

 Hinweis

Umsatzsteuerliche Bascis in ➲ Kapitel 38.5.4

67.11.1 UStVA 2022

67.11.1.1 Erwerbsteuer

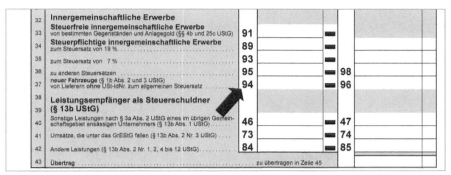

Formular: USt 1 A – Umsatzsteuer-Voranmeldung 2022 – (01.21)

67.11.1.2 Korrespondierende Vorsteuer

Formular: USt 1 A – Umsatzsteuer-Voranmeldung 2022 – (01.21)

Hinweis

Keine Eintragung der Vorsteuerbeträge in Kz. 59!

Letztere erfasst lediglich den Vorsteuerabzug der Fahrzeuglieferer (also eigentlich von »Privatiers«, § 2a UStG) und Kleinunternehmer.

67.11.2 USt-Erklärung 2021

 Hinweis

Bis einschließlich der USt-Erklärung 2017 erfolgten die nachfolgenden Eintragungen in Abschnitt E der Anlage UR (➲ vgl. dazu die Vorauflage = 19. Auflage 2021, Kapitel 67.11.2.1).

67.11.2.1 Berechnung der Erwerbsteuer in Abschnitt E

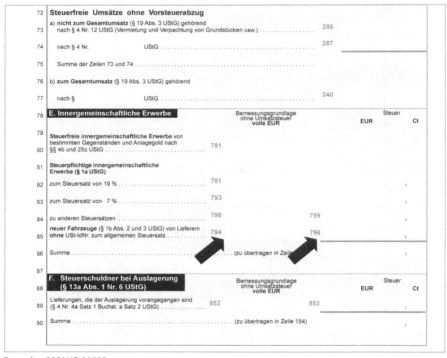

Formular: 2021USt2A503

Erklärungs- und Aufbewahrungspflichten

67.11.2.2 Übernahme der Erwerbsteuer in die Steuerberechnung

Formular: 2021USt2A506

67.11.2.3 Korrespondierende Vorsteuer

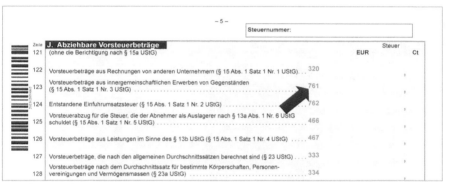

Formular: 2021USt2A505

> ## Hinweis
>
> **Keine Eintragung der Vorsteuerbeträge in Kz. 759!**
>
> Letztere erfasst lediglich den Vorsteuerabzug von Fahrzeuglieferern (also eigentlich von »Privatiers«, § 2a UStG) und Kleinunternehmern.

67.11.3 Zusammenfassende Meldung im Jahr 2022

Keine Eintragung!

67.12 Übergang der Steuerschuld

 Hinweis

Umsatzsteuerliche Basics in ➲ Kapitel 78 und Kapitel 78a

67.12.1 UStVA 2022

67.12.1.1 Übergegangene Steuerschuld

		Bemessungsgrundlage ohne Umsatzsteuer		Steuer	
I. Anmeldung der Umsatzsteuer-Vorauszahlung					
Lieferungen und sonstige Leistungen (einschließlich unentgeltlicher Wertabgaben)		volle EUR	Ct	EUR	Ct
Steuerpflichtige Umsätze (Lieferungen und sonstige Leistungen einschl. unentgeltlicher Wertabgaben)					
zum Steuersatz von 19 %.	81				
zum Steuersatz von 7 %.	86				
zu anderen Steuersätzen	35			36	
Lieferungen land- und forstwirtschaftlicher Betriebe nach § 24 UStG an Abnehmer mit USt-IdNr.	77				
Umsätze, für die eine Steuer nach § 24 UStG zu entrichten ist (Sägewerkserzeugnisse, Getränke und alkohol. Flüssigkeiten, z.B. Wein).	76			80	
Steuerfreie Umsätze mit Vorsteuerabzug Innergemeinschaftliche Lieferungen (§ 4 Nr. 1 Buchst. b UStG)					
an Abnehmer mit USt-IdNr.	41				
neuer Fahrzeuge an Abnehmer ohne USt-IdNr.	44				
neuer Fahrzeuge außerhalb eines Unternehmens (§ 2a UStG).	49				
Weitere steuerfreie Umsätze mit Vorsteuerabzug (z.B. Ausfuhrlieferungen, Umsätze nach § 4 Nr. 2 bis 7 UStG)	43				
Steuerfreie Umsätze ohne Vorsteuerabzug (z.B. Umsätze nach § 4 Nr. 8 bis 29 UStG).	48				
Innergemeinschaftliche Erwerbe					
Steuerfreie innergemeinschaftliche Erwerbe von bestimmten Gegenständen und Anlagegold (§§ 4b und 25c UStG)	91				
Steuerpflichtige innergemeinschaftliche Erwerbe zum Steuersatz von 19 %.	89				
zum Steuersatz von 7 %.	93				
zu anderen Steuersätzen	95			98	
neuer Fahrzeuge (§ 1b Abs. 2 und 3 UStG) von Lieferern ohne USt-IdNr. zum allgemeinen Steuersatz	94			96	
Leistungsempfänger als Steuerschuldner (§ 13b UStG)					
Sonstige Leistungen nach § 3a Abs. 2 UStG eines im übrigen Gemeinschaftsgebiet ansässigen Unternehmers (§ 13b Abs. 1 UStG)	46			47	
Umsätze, die unter das GrEStG fallen (§ 13b Abs. 2 Nr. 3 UStG)	73			74	
Andere Leistungen (§ 13b Abs. 2 Nr. 1, 2, 4 bis 12 UStG)	84			85	
Übertrag		zu übertragen in Zeile 46			

USt 1 A – Umsatzsteuer-Voranmeldung 2022 – (01.21)

Formular: Formular: USt 1 A – Umsatzsteuer-Voranmeldung 2022 – (01.21)

67.12.1.2 Korrespondierende Vorsteuer

Formular: Formular: USt 1 A – Umsatzsteuer-Voranmeldung 2022 – (01.21)

67.12.2 USt-Erklärung 2021

 Hinweis

Bis einschließlich der USt-Erklärung 2017 erfolgten die nachfolgenden Eintragungen in Abschnitt E der Anlage UR (➜ vgl. dazu die Vorauflage = 19. Auflage 2021, Kapitel 67.12.2.1).

67.12.2.1 Berechnung der übergegangenen Steuerschuld in Abschnitt H

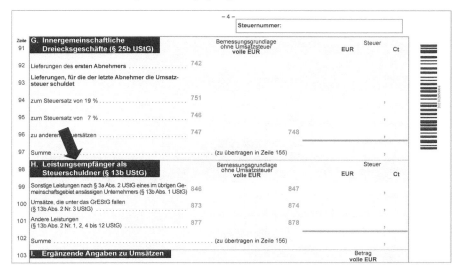

Formular: 2021USt2A504

67.12.2.2 Übernahme der Steuerschuld in die Steuerberechnung

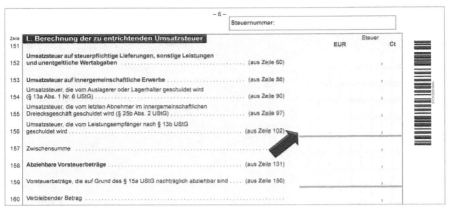

Formular: 2021USt2A506

67.12.2.3 Korrespondierende Vorsteuer

Formular: 2021USt2A505

67.12.3 Zusammenfassende Meldung im Jahr 2022

Keine Eintragung!

67.13 Innergemeinschaftliche Dreiecksgeschäfte

! **Hinweis**

⮀ Kapitel 32.8.2, Kapitel 32.8.3 und Kapitel 32.9

67.14 Dienstleistungen

! **Hinweis**

⮀ Kapitel 58 f.

Bemessungsgrundlagen – Steuersatz

68 Bemessungsgrundlage

Die Ausgangswerte der Umsatzsteuerberechnung

 **Rechtsgrundlagen**

- UStG: §§ 10 f.
- UStDV: § 25
- UStAE: Abschn. 10.1 ff.
- MwStSystRL: Art. 72 ff. (= Titel VII)
- BayLfSt, Verfügungen vom 22.5.2017 und 19.11.2021, S 2334.2.1 - 122/2 St36, Lohn- und umsatzsteuerliche Behandlung der vom Arbeitgeber an Arbeitnehmer zur Privatnutzung überlassenen (Elektro-)Fahrräder sowie deren Übereignung (kumulierte Fassung)

68.0 Auf einen Blick – alle wichtigen Neuerungen vorab!

68.0.1 Umsatzsteuer auf E-Bikes vom Arbeitgeber

Bereits mit der Verfügung vom 22.5.2017 hatte sich das BayLfSt umfassend zur lohn- und umsatzsteuerlichen Behandlung der vom Arbeitgeber an Arbeitnehmer zur Privatnutzung überlassenen (Elektro-)Fahrräder sowie deren Übereignung positioniert. Unter dem 19.11.2021 wurden die Ausführungen zu den Umsatzsteuerfolgen umfassend überarbeitet[761].

68.0.1.1 Überlassung eines Dienst-(Elektro-)Fahrrads

68.0.1.1.1 Überlassung resultiert aus Arbeitsvertrag

 **Rechtsgrundlagen**

Tz. 2.1.2 der Verfügung

---

761 BayLfSt, Verfügungen vom 22.5.2017 und 19.11.2021 ➲ mybook.haufe.de > Wichtiges aus anderen Behörden.

Das FG des Saarlandes hatte dem EuGH zur Vorabentscheidung die Frage vorgelegt, wie Art. 56 Abs. 2 MwStSystRL vor dem Hintergrund der Überlassung von Firmenfahrzeugen auszulegen sei[762].

Der **EuGH**[763] stufte die Kfz-Überlassung an Arbeitnehmer abweichend von den u. g. umsatzsteuerlichen Grundsätzen als unentgeltliche Überlassung des Unternehmers an sein Personal ein. Nachdem der EuGH über die Vorlage entschieden hatte, nahm das **FG des Saarlandes** das Verfahren unter dem Geschäftszeichen 1 K 1034/21 wieder auf und entschied anhand der vom EuGH dargelegten Rechtsgrundsätze. Die bisherige Rechtsprechung des BFH hält das FG aufgrund der EuGH-Rechtsprechung für nicht mehr haltbar. Gegen den Gerichtsbescheid des FG vom 29.7.2021 wurde **Revision eingelegt**.[764]

Bis zur Entscheidung durch den BFH und bis zur Bekanntgabe einer evtl. anders lautenden Verwaltungsauffassung durch das BMF ist jedoch an der bisherigen Auffassung der entgeltlichen Überlassung bei Kfz ebenso wie bei Fahrrädern weiterhin festzuhalten[765]. Aufgrund des anhängigen BFH-Verfahrens können vergleichbare **Einspruchsverfahren nach § 363 Abs. 2 Satz 2 Halbsatz 1 AO ruhen**.

§ 3 Nr. 37 EStG sowie die Halbierung bzw. Viertelung der Bemessungsgrundlage finden für umsatzsteuerliche Zwecke keine Anwendung. Das bedeutet Folgendes:

68.0.1.1.1.1 Überlassung erfolgt zusätzlich zum ohnehin geschuldeten Arbeitslohn

 Rechtsgrundlagen

Tz. 2.1.2.1 der Verfügung

Die entgeltliche Überlassung eines betrieblichen (Elektro-)Fahrrads, das verkehrsrechtlich nicht als Kfz einzuordnen ist, eines Unternehmers (Arbeitgeber) an sein Personal zu privaten Zwecken stellt eine **entgeltliche sonstige Leistung** i. S. d. § 1 Abs. 1 Nr. 1 Satz 1 UStG dar.

---

762 FG des Saarlandes, Beschluss vom 18.3.2019, 1 K 1208/16.
763 EuGH, Urteil vom 20.1.2021, Rs. C-288/19, QM.
764 Az. des BFH: V R 25/21.
765 Vgl. BMF, Schreiben vom 5.6.2014, IV D 2 - S 7300/07/10002 :001, 2014/0492152, BStBl. I 2014, 896, Tz. II.

Die Überlassung ist als Vergütung für geleistete Dienste des Arbeitnehmers und damit als **entgeltlich** anzusehen, wenn sie im Arbeitsvertrag geregelt ist oder auf mündlichen Abreden oder sonstigen Umständen des Arbeitsverhältnisses beruht. Von Entgeltlichkeit ist stets auszugehen, wenn das Fahrrad dem Arbeitnehmer für eine gewisse Dauer und nicht nur gelegentlich zur Privatnutzung überlassen wird (**tauschähnlicher Umsatz** nach § 3 Abs. 12 Satz 2 UStG, Abschn. 15.23 Abs. 8 ff. UStAE).

 Beratungskonsequenzen

Dies bedeutet, dass aus umsatzsteuerlicher Sicht von einer entgeltlichen Überlassung auszugehen ist, wenn dem Arbeitnehmer ein Fahrrad zur Privatnutzung überlassen wird, und zwar **unabhängig davon, ob sich der Arbeitnehmer finanziell beteiligt oder nicht (Zuzahlung).**

Als **Bemessungsgrundlage** ist gemäß § 10 Abs. 2 S. 2 i. V. m. Abs. 1 Satz 1 UStG der Wert der nicht durch den Barlohn abgegoltenen Arbeitsleistung heranzuziehen.

Zuzahlungen des Arbeitnehmers mindern die Bemessungsgrundlage nicht (BMF-Schreiben vom 30.12.1997, BStBl. I 1998, 110).

Aus Vereinfachungsgründen wird es jedoch nicht beanstandet, wenn bei einer Überlassung zusätzlich zum ohnehin geschuldeten Arbeitslohn als monatlicher Durchschnittswert der privaten Nutzung **1 % der unverbindlichen Preisempfehlung** inklusive Umsatzsteuer im Zeitpunkt der Inbetriebnahme angenommen wird.

 Beratungskonsequenzen

Die lohnsteuerlichen Werte sind als **Bruttowerte anzusehen**, aus denen die Umsatzsteuer herauszurechnen ist.

Beispiel

Ein Arbeitnehmer erhält im Jahr 2020 von seinem Arbeitgeber zusätzlich zum ohnehin geschuldeten Arbeitslohn ein Elektro-Fahrrad (UVP 3.200 EUR zzgl. USt 608 EUR), das verkehrsrechtlich nicht als Kfz gilt, welches er auch privat nutzen darf.

Lösung:

Lohnsteuer: Die Überlassung ist nach § 3 Nr. 37 EStG steuerfrei.

Umsatzsteuer:

- Es liegt ein tauschähnlicher Umsatz vor.
- Bemessungsgrundlage: 1 % × 3.800 EUR
  (3.200 EUR + 608 EUR = 3.808 EUR, Abrundung auf volle hundert EUR) = 38 EUR
  38 EUR : 1,19 = 31,93 EUR
- Umsatzsteuer 31,93 EUR × 0,19 = 6,07 EUR

68.0.1.1.1.2 Überlassung erfolgt aufgrund einer Gehaltsumwandlung

 Rechtsgrundlagen

Tz. 2.1.2.2 der Verfügung

Beim Fall der Gehaltsumwandung (Verzicht auf einen Teil des Arbeitslohns und stattdessen Fahrradüberlassung) handelt es sich hingegen **nicht** um einen tauschähnlichen Umsatz, da die Gegenleistung gerade nicht in der anteiligen Arbeitsleistung des Arbeitnehmers, sondern in einer **Entgeltzahlung** (Gehaltsumwandlung) besteht. Die Bemessungsgrundlage für die Überlassung des Fahrrads ist somit nach § 10 Abs. 1 UStG zu bestimmen.

 Beratungskonsequenzen

Die Bemessungsgrundlage nach § 10 Abs. 1 UStG ist alles, was der Unternehmer (Arbeitgeber) vom Leistungsempfänger (Arbeitnehmer) für die Leistung (Überlassung des Fahrrads) erhält und bestimmt sich in diesem Fall nach der **Höhe der Barlohnherabsetzung**.

Die **Mindestbemessungsgrundlage** nach § 10 Abs. 5 Satz 1 Nr. 2 i. V. m. Abs. 4 Nr. 2 UStG ist grundsätzlich noch zu beachten. Diese ist anzuwenden, sofern sie den tatsächlich gezahlten Betrag übersteigt. Die Mindestbemessungsgrundlage bestimmt sich nach den **entstandenen Ausgaben, soweit sie zum vollen oder**

teilweisen Vorsteuerabzug berechtigt haben, § 10 Abs. 4 Nr. 2 UStG. Zu den entstandenen Ausgaben zählen auch evtl. Anschaffungskosten, die grds. auf den § 15a UStG-Zeitraum zu verteilen sind. Die Verteilung der Anschaffungskosten gilt auch in Leasingfällen, sofern das Fahrrad dem Arbeitgeber zuzurechnen ist, vgl. A 3.5 Abs. 5 und Abs. 6 UStAE. Alternativ zu den entstandenen Aufwendungen kann die Mindestbemessungsgrundlage **auch mit der 1%-Methode** ermittelt werden.

Beispiel

Ein Arbeitnehmer erhält im Jahr 2020 von seinem Arbeitgeber ein Elektro-Fahrrad (UVP 3.200 EUR zzgl. USt 608 EUR), das verkehrsrechtlich nicht als Kfz gilt, welches er auch privat nutzen darf. Der Arbeitnehmer verzichtet hierzu monatlich auf 50 EUR seines Gehalts.

Lösung:

Lohnsteuer: Geldwerter Vorteil i. H. v. 1 % × 900 EUR (¼ × 3.808 EUR = 952 EUR, Abrundung auf volle hundert EUR) = 9 EUR

Umsatzsteuer:

- Es liegt eine entgeltliche sonstige Leistung vor, § 3 Abs. 9 UStG
- Bemessungsgrundlage nach § 10 Abs. 1 UStG:
  Gehaltsverzicht = 50 EUR × 100/119 = 42,02 EUR
- Prüfung der Mindestbemessungsgrundlage nach § 10 Abs. 5 Satz 1 Nr. 2 i. V. m. Abs. 4 Nr. 2 UStG:
  - entweder:
    Entstandene Ausgaben, soweit sie zum Vorsteuerabzug berechtigt haben; Anschaffungskosten auf den § 15a UStG-Zeitraum verteilt:
    3.200 EUR / 5 Jahre (§ 15a UStG-Zeitraum) / 12 Monate = 53,33 EUR
  - oder:
    aus Vereinfachungsgründen 1%-Regelung:
    1 % × 3.800 EUR × 100/119 = 31,93 EUR
  - kein Ansatz der Mindestbemessungsgrundlage, da Bemessungsgrundlage nach § 10 Abs. 1 UStG i. H. d. Gehaltsverzichts mit 42,02 EUR höher als der niedrigste Wert der Mindestbemessungsgrundlage; d. h. Ansatz der Bemessungsgrundlage nach § 10 Abs. 1 UStG
- Umsatzsteuer § 12 Abs. 1 UStG: 19 % von 42,02 EUR = 7,98 EUR
- Da die Nutzungsüberlassung des Arbeitgebers an seinen Arbeitnehmer eine unternehmerische Tätigkeit darstellt, erhält der Arbeitgeber aus den Anschaffungskosten des Fahrrads einen Vorsteuerabzug, soweit die restlichen Voraussetzungen des § 15 UStG erfüllt sind.

Abwandlung

Der Arbeitgeber hat das Fahrrad nicht angeschafft, sondern geleast. Es entstehen ihm monatliche Gesamtkosten für das Fahrrad (Leasingkosten) i. H. v. 60 EUR zzgl. USt.

Lösung:

Lohnsteuer: vgl. o.g. Beispiel, ohne Änderung

Umsatzsteuer:

- Es liegt eine entgeltliche sonstige Leistung vor, § 3 Abs. 9 UStG
- Bemessungsgrundlage nach § 10 Abs. 1 UStG:
  Gehaltsverzicht = 50 EUR × 100/119 = 42,02 EUR
- Prüfung Mindestbemessungsgrundlage nach § 10 Abs. 5 Satz 1 Nr. 2 i. V. m. Abs. 4 Nr. 2 UStG:
  - entweder: Entstandene Ausgaben, soweit sie zum Vorsteuerabzug berechtigt haben: 60 EUR
  - oder: aus Vereinfachungsgründen 1 %-Regelung:
    1 % × 3.800 EUR × 100/119 = 31,93 EUR
  - kein Ansatz der Mindestbemessungsgrundlage, da Bemessungsgrundlage nach § 10 Abs. 1 UStG i. H. d. Gehaltsverzichts mit 42,02 EUR höher als der niedrigste Wert der Mindestbemessungsgrundlage; d. h. Ansatz der Bemessungsgrundlage nach § 10 Abs. 1 UStG
- Umsatzsteuer § 12 Abs. 1 UStG: 19 % von 42,02 EUR = 7,98 EUR
- ~~Umsatzsteuer § 12 Abs. 1 UStG: 19 % von 60 EUR = 11,40 EUR~~
- Da die Nutzungsüberlassung des Arbeitgebers an seinen Arbeitnehmer eine unternehmerische Tätigkeit darstellt, erhält der Arbeitgeber aus den hierfür bezogenen Leasing-Leistungen einen Vorsteuerabzug, soweit die restlichen Voraussetzungen des § 15 UStG erfüllt sind.

68.0.1.1.2 Überlassung resultiert aus einer vom Arbeitsvertrag unabhängigen Sonderrechtsbeziehung

 Rechtsgrundlagen

Tz. 2.2.2 der Verfügung

Bei der Nutzungsüberlassung an den Arbeitnehmer auf Grund Sonderrechtsbeziehung handelt es sich um eine **sonstige Leistung des Arbeitgebers**, § 3 Abs. 9 UStG.

Beratungskonsequenzen

Least der Arbeitgeber ein Fahrrad und überlässt es dem Arbeitnehmer auch zur privaten Nutzung, liegt eine vom Arbeitsvertrag unabhängige Sonderrechtsbeziehung vor, wenn

- die Fahrradüberlassung nicht im Rahmen einer Gehaltsumwandlung oder eines arbeitsvertraglichen Vergütungsbestandteils erfolgt und
- der Arbeitnehmer sämtliche Kosten und Risiken aus der Überlassung trägt,

(BayLfSt, a. a. O., Tz. 2.2).

Wird ein Beförderungsmittel **langfristig (= länger als 30 Tage)** an einen Nichtunternehmer überlassen, ist die Versteuerung dort vorzunehmen, wo der Empfänger (= Arbeitnehmer) seinen Wohnsitz hat, § 3a Abs. 3 Nr. 2 Satz 3 UStG. Ist dieser in Deutschland, unterliegt die Überlassung der deutschen Umsatzsteuer.

Die **Bemessungsgrundlage** bestimmt sich nach dem für die Nutzungsüberlassung vereinbarten Entgelt abzüglich der gesetzlich geschuldeten Umsatzsteuer, § 10 Abs. 1 UStG.

Bei der Ermittlung der Bemessungsgrundlage ist die **Mindestbemessungsgrundlage** nach § 10 Abs. 5 Satz 1 Nr. 2 UStG zu beachten. Diese ist anzuwenden, sofern sie den tatsächlich gezahlten Betrag übersteigt. Die Mindestbemessungsgrundlage bestimmt sich nach den entstandenen Ausgaben, soweit sie zum vollen oder teilweisen Vorsteuerabzug berechtigt haben, § 10 Abs. 4 Nr. 2 UStG.

Da die Nutzungsüberlassung des Arbeitgebers an seinen Arbeitnehmer eine unternehmerische Tätigkeit darstellt, erhält der Arbeitgeber aus den hierfür bezogenen Leasing-Leistungen einen Vorsteuerabzug, soweit die restlichen Voraussetzungen des § 15 UStG erfüllt sind.

68.0.1.2 Kauf des (Elektro-)Fahrrads nach Leasingende

 Rechtsgrundlagen

Tz. 3.4 der Verfügung

Der Verkauf eines Fahrrads von einem Dritten an den Arbeitnehmer des Leasingnehmers bzw. vom Arbeitgeber an den Arbeitnehmer), der auf Grund des Dienstverhältnisses gegen besonders berechnetes Entgelt erfolgt, stellt eine **Lieferung** nach **§ 3 Abs. 1 UStG** desjenigen, der das Fahrrad an den Arbeitnehmer verkauft (d. h. des Dritten oder des Arbeitgebers) dar:

* Erfolgt der **Verkauf vom Arbeitgeber an den Arbeitnehmer**, ist jedoch bei der Ermittlung der Bemessungsgrundlage die Mindestbemessungsgrundlage nach § 10 Abs. 5 Satz 1 Nr. 2 UStG zu beachten. Diese ist anzuwenden, sofern sie den tatsächlich vom Arbeitnehmer gezahlten Betrag übersteigt. Die Mindestbemessungsgrundlage bestimmt sich nach § 10 Abs. 4 Nr. 1 UStG nach dem Einkaufspreis (= Wiederbeschaffungskosten des Arbeitgebers für den gleichen oder einen gleichartigen Gegenstand) zum Zeitpunkt des Verkaufs abzüglich der Umsatzsteuer. Dabei ist jedoch höchstens das marktübliche Entgelt anzusetzen, § 10 Abs. 5 Satz 2 UStG.

* Beruht die Verbilligung jedoch auf einem **Belegschaftsrabatt** (z. B. Lieferung an Werksangehörige eines Fahrradherstellers), liegen die Voraussetzungen für die Anwendung der Mindestbemessungsgrundlage regelmäßig nicht vor. Die Bemessungsgrundlage ergibt sich in diesem Fall aus dem tatsächlich aufgewendeten Betrag abzüglich der Umsatzsteuer, vgl. Abschn. 1.8 Abs. 6 Satz 4 UStAE.

Die **Bemessungsgrundlage** ist grundsätzlich nach dem vom Arbeitnehmer zu leistenden Entgelt zu bestimmen, § 10 Abs. 1 UStG.

68.0.1.3 Stromtanken von Elektrofahrrädern

 Rechtsgrundlagen

Tz. 4.2 der Verfügung

Die vom Arbeitgeber erbrachte Stromlieferung ist als Vergütung für geleistete Dienste und damit als entgeltlich anzusehen, wenn sie im Arbeitsvertrag geregelt ist oder auf mündlichen Abreden oder sonstigen Umständen des Arbeitsverhältnisses beruht (**tauschähnlicher Umsatz**, § 3 Abs. 12 Satz 2 UStG). Als Bemessungsgrundlage ist gemäß § 10 Abs. 2 Satz 2 i. V. m. Abs. 1 Satz 1 UStG der Wert der nicht durch den Barlohn abgegoltenen Arbeitsleistung heranzuziehen.

Wird dem Arbeitnehmer für die anteilige Arbeitsleistung sowohl ein betriebliches Fahrrad zur privaten Nutzung überlassen, als auch das elektrische Aufladen dieses Fahrrads gewährt, gilt Folgendes:

* Erfolgt die Fahrradüberlassung **zusätzlich zum ohnehin geschuldeten Lohn** und werden die Stromkosten hierfür vom Arbeitgeber getragen, ist die

Stromlieferung durch die unter Tz. 2.1.2 dargestellte umsatzsteuerliche Behandlung bereits abgegolten.

- Liegt eine **Gehaltsumwandlung** vor, sind die tatsächlichen Vereinbarungen maßgeblich:
  - Gehaltsverzicht für Stromtanken: Strom-Bemessungsgrundlage i. H. d. des Gehaltsverzichts
  - Gehaltsverzicht nur für Fahrrad: Strom-Bemessungsgrundlage vgl. erster Absatz dieser Tz.

Handelt es sich um ein **privates Fahrrad** des Arbeitnehmers, gelten die im 1. Absatz dieser Tz. ausgeführten Grundsätze.

68.0.2 Verbilligter Strom und verbilligtes Gas an Arbeitnehmer

Das Landesamt für Steuern Niedersachsen[766] und das Bayerische Landesamt[767] für Steuern positionieren sich im Hinblick auf die Bemessungsgrundlage für die verbilligte Lieferung von Strom und Gas an Arbeitnehmer.

Erhalten Arbeitnehmer von Energieversorgern für Energielieferungen aufgrund von Betriebsvereinbarungen eine Vergünstigung für den Bezug von Strom und/oder Gas, liegen die Voraussetzungen für die **Anwendung der Mindestbemessungsgrundlage** gemäß § 10 Abs. 5 Satz 1 Nr. 2 UStG vor.

Abschn. 1.8 Absatz 6 Satz 4 UStAE gilt nicht für die verbilligte Leistung von Strom und Gas der Energieversorger an ihre Arbeitnehmer.

 Beratungskonsequenzen

Abschn. 1.8 Abs. 6 Satz 4 UStAE lautet:

*»Beruht die Verbilligung auf einem Belegschaftsrabatt, z. B. bei der Lieferung von sog. Jahreswagen an Werksangehörige in der Automobilindustrie, liegen die Voraussetzungen für die Anwendung der Vorschrift des § 10 Abs. 5 Nr. 2 UStG regelmäßig nicht vor; **Bemessungsgrundlage ist dann der tatsächlich aufgewendete Betrag abzüglich Umsatzsteuer.**«*

Diese Vergünstigung findet ausdrücklich keine Anwendung!

---

766   LfSt Niedersachsen, Verfügung vom 7.7.2020, S 7208 - 25 - St 182.
767   BayLfSt, Verfügung vom 16.11.2020, S 7100.2.1-118/10 St33.

Für die verbilligte Lieferung von Strom und Gas ist als Bemessungsgrundlage mindestens der nach § 10 Abs. 4 S. 1 Nr. 1 UStG ermittelte Wert anzusetzen. Dieser entspricht dem

- Wiederbeschaffungspreis im Zeitpunkt der Entnahme
- auf der Handelsstufe des Unternehmers.

In die Bemessungsgrundlage sind auch

- die Verbrauchsteuern (z. B. Stromsteuer, Energiesteuer) und
- die Konzessionsabgabe

einzubeziehen.

68.0.3 Mieterstromzuschlag nach § 21 Abs. 3 EEG

Der Mieterstromzuschlag ist umsatzsteuerlich ein echter Zuschuss[768].

Echte Zuschüsse liegen vor, wenn der Zahlungsempfänger die Zahlungen lediglich erhält, um **ganz allgemein in die Lage versetzt** zu werden, überhaupt

- tätig zu werden oder
- seine nach dem Gesellschaftszweck obliegenden Aufgaben erfüllen zu können.

So sind Zahlungen echte Zuschüsse, die

- vorrangig dem leistenden Zahlungsempfänger zu seiner Förderung **aus strukturpolitischen, volkswirtschaftlichen oder allgemeinpolitischen Gründen** dienen und
- nicht der Gegenwert für eine Leistung des Zahlungsempfängers an den Geldgeber sind.

Wird dem Anlagenbetreiber durch den Netzbetreiber unter den Voraussetzungen der §§ 21 Abs. 3, 23b und 100 Abs. 7 EEG (Fassung 31.12.2020) ein Mieterstromzuschlag gezahlt, handelt es sich um einen echten, nicht steuerbaren Zuschuss. Denn Ziel des Mieterstromzuschlags ist es, die **Direktvermarktung von erneuerbaren Energien zu fördern**.

---

768 FinMin Schleswig-Holstein, Kurzinformation vom 26.2.2021, VI 3510-S 7124-009.

68.1   Begriff und Funktion der Bemessungsgrundlagen

Unter Bemessungsgrundlage versteht man den **in Geld ausgedrückten Wert, auf den der Umsatzsteuersatz zur Berechnung der Umsatzsteuerschuld angewandt** wird.

§§ 10 f. UStG sehen – in Abhängigkeit von den einzelnen Umsatzarten – einen ganzen Strauß unterschiedlicher Bemessungsgrundlagen vor. Zur Lösung unserer Praxisfälle sind allerdings nur die folgenden von Bedeutung:

68.1.1   Besteuerung der eigentlichen Umsätze

Primär betreibt der Unternehmer das Unternehmen natürlich, um Leistungen zu erbringen und zu verkaufen, also um Umsätze zu machen; diese werden nach dem Entgelt bemessen. Entgelt ist **alles, was der Leistungsempfänger aufwendet**, um die Leistung zu erhalten, jedoch **abzüglich der Umsatzsteuer** (§ 10 Abs. 1 UStG).

> **Beispiele**
>
> Student S ist als Nachhilfelehrer tätig und soll im Jahr 20219 wie folgt bezahlt werden:
>
> 1. Im Normalfall erhält S pro Nachhilfestunde 24 €
>   ⮕ **Folge:**
>   In den 24 € ist die Umsatzsteuer enthalten, d. h. die Steuer ist zur Ermittlung des Entgelts herauszurechnen. Das Entgelt beträgt mithin 24 € : 119 x 100 = 20,16 €. Die Umsatzsteuer beträgt dementsprechend 24 € – 20,16 € = 3,84 €.
>
> 2. Für weitere Anfahrten, die S in der Regel mit dem Fahrrad bewältigt, erhält er zusätzlich eine Pauschale i. H. v. 6 €
>   ⮕ **Folge:** Auch die Pauschale ist in die Entgeltsermittlung einzubeziehen. Das Entgelt beträgt mithin 30 € : 119 x 100 = 25,21 €. Die Umsatzsteuer dementsprechend 30 € – 25,21 € = 4,79 €.

Beratungskonsequenzen

1. In der Regel werden Preisvereinbarungen netto zzgl. Umsatzsteuer getroffen. Bei der Abrechnung werden dann die Einzelpositionen aufaddiert und die Summe um die Umsatzsteuer erhöht. Rein tatsächlich wird die Umsatzsteuer damit in der Regel »**von unten nach oben**« ermittelt.

2. Umsatzsteuerrechtlich ist dieses Vorgehen unzutreffend (… wenngleich es im Regelfall zum gleichen Ergebnis führt): die Umsatzsteuer ist herauszurechnen und damit »**von oben nach unten**« zu ermitteln.

Kommt es später zu **Entgeltsminderungen** – etwa weil der Unternehmer aufgrund einer Schlechtleistungen auf einen Teil des Entgelts verzichtet –, sind die Minderungen bei Eintritt gegenzurechnen[769].

68.1.2 Besteuerung der unentgeltlichen Wertabgaben

Besondere Bemessungsgrundlagen sind für die unentgeltlichen Wertabgaben (➲ Kapitel 18) vorgesehen:

- Bei unentgeltlichen Lieferungen bemisst sich der Umsatz grundsätzlich nach dem im Wertabgabezeitpunkt **aktuellen Einkaufspreis (Wiederbeschaffungspreis)** zzgl. Nebenkosten[770].

- Bei unentgeltlichen Nutzungsüberlassungen (Verwendungen von Unternehmensgegenständen) bilden die bei Ausführung dieser Leistungen entstandenen Kosten die Bemessungsgrundlage, soweit diese zum vollen oder teilweisen Vorsteuerabzug berechtigt haben (**vorsteuerentlastete Kosten**)[771].

- Bei unentgeltlicher Erbringung einer anderen sonstigen Leistung für außerunternehmerische Zwecke bilden die bei Ausführung dieser Leistungen entstandenen **Kosten** die Bemessungsgrundlage; ob und inwieweit diese zum Vorsteuerabzug berechtigt haben, ist hier ohne Bedeutung[772].

---

769 § 17 UStG, Abschn. 17.1 f. UStAE.
770 § 10 Abs. 4 Satz 1 Nr. 1 UStG, Abschn. 10.6 Abs. 1 UStAE.
771 § 10 Abs. 4 Satz 1 Nr. 2 UStG, Abschn. 10.6 Abs. 3 UStAE.
772 § 10 Abs. 4 Satz 1 Nr. 3 UStG, 10.6 Abs. 3 UStAE.

68.2 »Durchreichung« von Kosten an den Kunden

Vertragsvereinbarungen sehen häufig neben der Bezahlung der eigentlichen Leistung (Anwaltshonorar, Kaufpreis etc.) auch die Weiterbelastung der durch die Leistungserbringung verursachten Kosten vor:

> **Beispiel**
>
> Rechtsanwalt RA und Mandant M treffen im April 2022 folgende Honorarvereinbarung:
>
> 1. Für die Beratung erhält RA ein Honorar in Höhe von 4.000 €.
> 2. Die Auslagenpauschale beträgt 3 v. H. des Honorars nach Ziffer 1.
> 3. M übernimmt die durch die Beratung verursachten Fahrt-, Übernachtungs- und Verpflegungskosten des RA.
> 4. Soweit RA durch die Beratung weitere unmittelbare Kosten entstehen, wird M auch diese übernehmen.
>
> RA entstehen aufgrund der Beratung Taxikosten (145 € inkl. 7 % USt). Weiter verauslagt RA einen Gerichtskostenvorschuss i. H. v. 500 €.

Bei Abrechnung der Leistung stellt sich die Frage, auf welche Weise die Weiterbelastung der »Nebenkosten« einzubeziehen ist und das umsatzsteuerliche Entgelt erhöht.

Grundsätzlich wird der Umsatz **nach dem Entgelt bemessen**; dabei ist Entgelt alles, was der Leistungsempfänger aufwendet, um die Leistung zu erhalten[773].

Das gilt auch, soweit der Unternehmer vom Leistungsempfänger eine **Kostenerstattung** erhält. In diesem Fall ist zu beachten, dass der zivilrechtliche Anspruch des Leistenden sich auf die tatsächlich entstandenen Kosten beschränkt und daher ein eventueller **Vorsteuererstattungsanspruch gegenzurechnen** ist.

Durchlaufende Posten gehören nicht zum Entgelt, weil sie im Namen und für Rechnung anderer vereinnahmt und verausgabt werden[774]:

- Der leistende Unternehmer darf **keinen eigenen Rechtsanspruch** auf die vereinnahmten Beträge haben; er muss vielmehr bei der Vereinnahmung für eine andere empfangsberechtigte Person tätig werden.

---

773 § 10 Abs. 1 Sätze 1 und 2 UStG.
774 § 10 Abs. 1 Satz 5 UStG.

- Der leistende Unternehmer darf **nicht selbst** zur Zahlung der verausgabten Beträge **verpflichtet** sein; er muss vielmehr bei der Verausgabung für einen anderen Zahlungsverpflichteten tätig werden.

Ein **schuldrechtliches Verhältnis zwischen dritten Parteien** muss m. a. W. durch die Mitwirkung des leistenden Unternehmers ausgeglichen werden. Gleichgültig ist, ob durchlaufende Posten zunächst vereinnahmt und dann verausgabt werden oder umgekehrt[775].

Im Beispiel ...

... müsste RA wie folgt abrechnen:

Honorar	4.000 €
Auslagenpauschale (3 v. H. von 4.000 €)	120,00 €
Taxi (145 € : 1,07)	135,52 €
Zwischensumme	4.255,52 €
USt (19 %)	808,55 €
zzgl. verauslagter Gerichtskostenvorschuss	500,00 €
zu zahlen	5.564,07 €

 Hinweis

Zum aktuellen Problem der **Belegbuchführung bei Kostenweiterbelastung** ➲ Kapitel 75.10

68a Einzweck- und Mehrweck-Gutscheine

Umsetzung der EU-Vorgaben zum 1.1.2019

§ **Rechtsgrundlagen**

- UStG: §§ 13 Abs. 13–15, 10 Abs. 1 Satz 6
- MwStSystRL: Art. 30a, 30b, 73a

---

775 Vgl. Abschn. 10.4 UStAE; zur Gesamtproblematik vgl. auch Schneider in Völkel/Karg/Schneider, ABC-Führer Umsatzsteuer, Stichwort »Durchlaufende Posten«.

68a.1   Regelung im UStG seit dem 1.1.2019

§ 3 Abs. 13-15 und § 10 Abs. 1 Satz 6 UStG wurden angefügt durch Gesetz zur Vermeidung von Umsatzsteuerausfällen beim Handel mit Waren im Internet und zur Änderung weiterer steuerlicher Vorschriften vom 11.12.2018 (BGBl. I 2018, 2338) und sind ab dem 1.1.2019 anzuwenden (vgl. § 27 Abs. 23 UStG):

   Rechtsgrundlagen

§ 3 UStG

Lieferung, sonstige Leistung

(Hinweis: Hervorhebungen durch **Fett**druck sind vom Autor.)

(1) ... (12)

(13) [1]Ein **Gutschein** (Einzweck- oder Mehrzweck- Gutschein) ist ein Instrument, bei dem

1. die Verpflichtung besteht, es als vollständige oder teilweise Gegenleistung für eine Lieferung oder sonstige Leistung anzunehmen und

2. der Liefergegenstand oder die sonstige Leistung oder die Identität des leistenden Unternehmers

entweder auf dem Instrument selbst oder in damit zusammenhängenden Unterlagen,

einschließlich der Bedingungen für die Nutzung dieses Instruments, angegeben sind.

[2]Instrumente, die lediglich zu einem Preisnachlass berechtigen, sind keine Gutscheine im Sinne des Satzes 1.

(14) [1]Ein Gutschein im Sinne des Absatzes 13, bei dem der Ort der Lieferung oder der sonstigen Leistung, auf die sich der Gutschein bezieht, und die für diese Umsätze geschuldete Steuer zum Zeitpunkt der Ausstellung des Gutscheins feststehen, ist ein **Einzweck-Gutschein**. [2]Überträgt ein Unternehmer einen Einzweck-Gutschein im eigenen Namen, **gilt die Übertragung des Gutscheins als die Lieferung des Gegenstands oder die Erbringung der sonstigen Leistung,** auf die sich der Gutschein bezieht. [3]Überträgt ein Unternehmer einen Einzweck-Gutschein im Namen eines anderen Unternehmers, gilt diese Übertragung als Lieferung des Gegenstands oder Erbringung der sonstigen Leistung, auf die sich der Gutschein bezieht, durch den Unternehmer, in dessen Namen die Übertragung des Gutscheins erfolgt. [4]Wird die im Einzweck-Gutschein bezeichnete Leistung von einem anderen Unternehmer erbracht als dem, der den Gutschein im eigenen Namen ausgestellt hat, wird der leistende Unternehmer so behandelt, als habe er die im

Gutschein bezeichnete Leistung an den Aussteller erbracht. ⁵Die **tatsächliche Lieferung oder die tatsächliche Erbringung der sonstigen Leistung,** für die ein Einzweck-Gutschein als Gegenleistung angenommen wird, gilt in den Fällen der Sätze 2 bis 4 nicht als unabhängiger Umsatz.

(15) ¹Ein Gutschein im Sinne des Absatzes 13, bei dem es sich nicht um einen Einzweck-Gutschein handelt, ist ein **Mehrzweck-Gutschein.** ²Die **tatsächliche Lieferung oder die tatsächliche Erbringung der sonstigen Leistung,** für die der leistende Unternehmer einen Mehrzweck-Gutschein als vollständige oder teilweise Gegenleistung annimmt, unterliegt der Umsatzsteuer nach § 1 Absatz 1, wohingegen jede **vorangegangene Übertragung dieses Mehrzweck-Gutscheins** nicht der Umsatzsteuer unterliegt.

 Rechtsgrundlagen

§ 10 UStG

Bemessungsgrundlage für Lieferungen, sonstige Leistungen und innergemeinschaftliche Erwerbe

(Hinweis: Hervorhebungen durch **Fett**druck sind vom Autor.)

(1) ... ⁶Liegen bei der **Entgegennahme eines Mehrzweck-Gutscheins** (§ 3 Absatz 15) keine Angaben über die Höhe der für den Gutschein erhaltenen Gegenleistung nach Satz 2 vor, so wird das Entgelt nach dem Gutscheinwert selbst oder nach dem in den damit zusammenhängenden Unterlagen angegebenen Geldwert bemessen, abzüglich der Umsatzsteuer, die danach auf die gelieferten Gegenstände oder die erbrachten Dienstleistungen entfällt.

(2) ... (6)

68a.2 Ein erster Überblick

68a.2.1 Umsetzung der Vorgaben aus Europa

Die Änderung soll eine **einheitliche steuerliche Behandlung von im EU-Binnenmarkt** gehandelten Gutscheinen gewährleisten[776].

---

776 Gesetzesentwurf der Bundesregierung, BR-Drs. 371/18 vom 10.8.2018, Begründung zu Art. 9 Nr. 2 Buchst. b.

Sie dient der Umsetzung von Art. 30a, 30b und 73a MwStSystRL in der Fassung der sog. **Gutschein-Richtlinie**[777] in nationales Recht. Die Umsetzung musste bis zum 31.12.2018 erfolgen.

68a.2.2   Bisherige deutsche Rechtsauffassung

Bei Gutscheinen wurde bisher im Umsatzsteuerrecht zwischen

- Wertgutscheinen und
- Waren- oder Sachgutscheinen unterschieden.

Während Wertgutscheine über einen bestimmten Nennbetrag bei dem ausstellenden Händler gegen eine beliebige Ware oder Dienstleistung eingetauscht werden können, beziehen sich Waren- oder Sachgutscheine auf eine konkret bezeichnete Ware oder Dienstleistung[778].

Die **Ausgabe eines Wertgutscheins** wurde bislang lediglich als Tausch von Zahlungsmitteln behandelt und stellte selbst keine Leistung im umsatzsteuerlichen Sinne dar. Die Umsatzsteuer entstand erst im Fall der Einlösung des Wertgutscheins und damit bei Ausführung des konkreten Umsatzes.

Bei **Waren- oder Sachgutscheinen** ist der Bezug zu der im Gutschein bezeichneten Leistung bereits bei Ausgabe des Gutscheins gegeben. Daher stellte der bei Erwerb eines Warengutscheins gezahlte Betrag eine Anzahlung auf die bezeichnete Leistung dar, die der Anzahlungsbesteuerung nach § 13 Abs. 1 Nr. 1 Buchst. a Satz 4 UStG unterlag.

68a.2.3   Neuregelung seit dem 1.1.2019

68a.2.3.1   Verwendung an Zahlungs statt erforderlich (§ 3 Abs. 13 UStG)

Nach § 3 Abs. 13 UStG handelt es sich dann um einen Gutschein, wenn der Inhaber berechtigt ist, diesen **an Zahlungs statt** zur Einlösung gegen Gegenstände oder Dienstleistungen zu verwenden.

---

777   Richtlinie (EU) 2016/1065.
778   Gesetzesentwurf der Bundesregierung, ebd.

Beratungskonsequenzen

Die Regelung gilt ausdrücklich **nicht** für Instrumente, die den Erwerber zu einem Preisnachlass berechtigen, ihm aber nicht das Recht verleihen, solche Gegenstände oder Dienstleistungen zu erhalten[779].

68a.2.3.2 Regelung des Zeitpunkts der Steuerentstehung (§ 13 UStG)

§ 3 Abs. 14 und Abs. 15 UStG grenzen Einzweck- und Mehrzweck-Gutscheine voneinander ab und bestimmen den Zeitpunkt der Steuerentstehung.

68a.2.3.3 Einzweck-Gutschein (§ 3 Abs. 14 UStG)

Ein Einzweck-Gutschein ist danach ein Gutschein, bei dem bereits **bei dessen Ausstellung alle Informationen** vorliegen, die benötigt werden, um die umsatzsteuerliche Behandlung der zugrundeliegenden Umsätze mit Sicherheit zu bestimmen.

 Beratungskonsequenzen

Die Besteuerung soll demzufolge **bereits im Zeitpunkt der Ausgabe bzw. Übertragung** des Gutscheins erfolgen.

68a.2.3.4 Mehrzweck-Gutschein (§ 3 Abs. 15 UStG)

Alle anderen Gutscheine, bei denen **im Zeitpunkt der Ausstellung** *nicht* **alle Informationen** für die zuverlässige Bestimmung der Umsatzsteuer vorliegen, sind Mehrzweck-Gutscheine. Bei dieser Art von Gutscheinen unterliegt erst die tatsächliche Lieferung bzw. die tatsächliche Ausführung der sonstigen Leistung der Umsatzsteuer.

 Beratungskonsequenzen

Die Besteuerung wird also erst bei Einlösung des Gutscheins, nicht schon bei dessen Ausgabe durchgeführt.

---

779 Gesetzesentwurf der Bundesregierung, ebd.

68a.2.3.5 Bemessungsgrundlage (§ 10 Abs. 1 Satz 6 UStG)

Der neue Art. 73a MwStSystRL regelt die Bemessungsgrundlage bei Umsätzen, die gegen die **Einlösung eines Mehrzweck-Gutscheins** erbracht werden.

Art. 73a Halbsatz 1 MwStSystRL stellt klar, dass die Bemessungsgrundlage bei diesen Umsätzen dem Betrag entspricht, den der Käufer des Gutscheins für den Gutschein gezahlt hat.

Nur in den Fällen, in denen keine Informationen über diesen Betrag vorliegen, wird auf den auf dem Gutschein selbst oder in den damit zusammenhängenden Unterlagen angegebenen Geldwert abgestellt (Art. 73a Halbsatz 2 MwStSystRL).

> **➡ Beratungskonsequenzen**
>
> Zur Umsetzung der unionsrechtlichen Vorgaben war die Aufnahme der entsprechenden Formulierung einer **Ersatz-Bemessungsgrundlage** in § 10 Abs. 1 Satz 6 UStG notwendig.

68a.3 Weitere Details, Praxisfälle und Entwicklung

> **❗ Hinweis**
>
> ➲ mybook.haufe.de > Vertiefende Informationen > Kapitel 68a.3

69 Steuersatz – Wie sich die Umsatzsteuer berechnet

> **§ Rechtsgrundlagen**
>
> - UStG: § 12
> - UStDV: §§ 30 f.
> - UStAE: Abschn. 12.1 ff.
> - MwStSystRL: Art. 93–130 (= Titel VIII, Steuersätze), Art. 370
> - BMF-SchreibenSchreiben vom 4.2.2021, III C 2 -S 7221/19/10004 :001, 2021/ 0107398

Hinweis

Handelskammer Hamburg, Umsatzsteuersätze in der EU und in Drittstaaten
➲ mybook.haufe.de > Wichtiges aus anderen Behörden

69.0 Auf einen Blick – alle wichtigen Neuerungen vorab!

69.0.1 Ermäßigter Umsatzsteuersatz für Techno- und House-Konzerte

Eintrittserlöse für Techno- und House-Konzerte sind als Erlöse aus »Konzerten vergleichbare(n) Darbietungen ausübender Künstler« steuersatzermäßigt, wenn die Musikaufführungen aus der Sicht eines »Durchschnittsbesuchers« den eigentlichen Zweck der Veranstaltung darstellen[780].

69.0.1.1 Sachverhalt

Bei den jeweils in mehreren Räumen eines stillgelegten Gebäudeareals veranstalteten Konzerten boten sowohl regional tätige als auch international renommierte DJs Musik unterschiedlicher Stilrichtungen (u. a. Techno, House) dar.

Im Rahmen der Veranstaltungen wurden auch (gesondert berechnete) Getränke verkauft; der daraus erzielte Erlös überstieg die Umsätze aus dem Verkauf von Eintrittskarten erheblich.

Das Finanzgericht lehnte die Anwendung des ermäßigten Umsatzsteuersatzes für die Umsätze aus den Eintrittskarten ab, da nicht die Musikaufführungen im Vordergrund der Veranstaltung stünden, sondern der Party- oder Tanzcharakter überwiege.

69.0.1.2 Entscheidung

Die Revision vor dem BFH hatte Erfolg, da die Würdigung der Indizien für die Abgrenzung von einem Konzert zu einer (nicht begünstigten) Tanzveranstaltung nicht rechtsfehlerfrei erfolgt war.

---

780 BFH, Urteil vom 10.06.2020, V R 16/17.

Denn insbesondere die **Regelmäßigkeit einer Veranstaltung ist kein geeignetes Kriterium** für diese Abgrenzungsentscheidung; auch das Wertverhältnis der Umsätze von Eintrittskarten und Getränken kann keine ausschlaggebende Rolle spielen.

Schließlich hatte das Finanzgericht auch nicht dargelegt, weshalb es seiner Auffassung nach ungewiss bleibe, ob die Auftritte der jeweiligen DJs das **ausschlaggebende Motiv für den »Durchschnittsbesucher«** bilden, obwohl es diese Auftritte durchaus für geeignet hielt, Besucher anzuziehen, die 2,5 bis 3 Stunden dauernden Auftritte zwischen 1 und 4 Uhr stattfanden und mit dem Ende des Auftritts auch das Veranstaltungsende nahe war.

 Beratungskonsequenzen

Im **zweiten Rechtsgang** wird das FG im Rahmen einer Gesamtwürdigung neu darüber zu befinden haben, ob die Auftritte der DJs den eigentlichen Zweck der Veranstaltung bilden und ihr somit das Gepräge geben[781].

69.0.2 Verkauf von Munition unterliegt dem vollen Umsatzsteuersatz

Verkauft ein gemeinnütziger Jagdverein Munition zur Verwendung auf der vereinseigenen Schießanlage, kann hierfür nicht der ermäßigte Umsatzsteuersatz in Anspruch genommen werden[782].

69.0.2.1 Sachverhalt

Der Kläger (K) ist ein als gemeinnützig anerkannter Jagdverein. Er unterhält einen Schießstand für die Ausbildung angehender Jungjäger und für das Schießtraining der Vereinsmitglieder. Darüber hinaus wird der Schießstand auch von Personen, die nicht Vereinsmitglieder sind, genutzt, z. B. von einer gewerblichen Jagdschule. Der Kläger verkaufte an die Nutzer des Schießstands Munition, die zur Reduzierung von Schallemissionen und Bodenkontaminationen speziell präpariert war.

---

781   *Weimann*, AStW 1/2021, 42.
782   FG Münster, Urteil vom 17.9.2020, 5 K 2437/18 U.

Die Erlöse aus dem Munitionsverkauf ordnete K seinem Zweckbetrieb zu und unterwarf sie deshalb dem ermäßigten Umsatzsteuersatz.

Das Finanzamt besteuerte die Umsätze dagegen zum Regelsteuersatz, weil K mit dem Munitionsverkauf in Wettbewerb zu gewerblichen Händlern trete und es sich deshalb nicht um einen Zweckbetrieb handele.

69.0.2.2 Entscheidung

Das Finanzgericht hat die Klage abgewiesen. Der Munitionsverkauf sei zunächst im Rahmen eines **wirtschaftlichen Geschäftsbetriebs** des K erfolgt, da es sich um eine unternehmerische Tätigkeit handele, die durch den Betrieb der Schießanlage nicht bedingt sei, denn die Nutzer hätten auch eigene Munition verwenden können. Aus diesem Grund seien der Betrieb des Schießstands und der Verkauf der Munition auch nicht als einheitliche Leistung anzusehen.

Es handele sich **nicht um einen Zweckbetrieb**. Der Munitionsverkauf diene nicht in seiner Gesamtrichtung dazu, die steuerbegünstigten Zwecke des K zu verwirklichen. Vielmehr solle er den Betrieb des Schießstands erleichtern und den Schützen den Aufwand, zunächst einen Waffenhändler aufsuchen zu müssen, ersparen.

Auch der Höhe nach seien die Munitionsumsätze, die 40-50 % der Gesamtumsätze des Klägers und jährlich mehr als 50.000 € netto ausmachten, **nicht als unbedeutend** anzusehen. K könne seine Satzungszwecke auch ohne Verkauf von Munition erreichen. Dies gelte unabhängig davon, dass er Spezialmunition verwende, denn diese hätte auch durch einen örtlichen Waffenhändler an die Nutzer des Schießstands verkauft werden können.

Schließlich stehe K **in unmittelbarem Wettbewerb** zu anderen Munitionshändlern, deren Umsätze dem Regelsteuersatz unterliegen.

 Beratungskonsequenzen

Der Senat hat die **Revision zum BFH** zugelassen[783].

---

783 *Weimann*, AStW 1/2021, 40.

69.0.3   Aufsteller von Geldspielautomaten sind keine Schausteller

Der ermäßigte Umsatzsteuersatz für Schausteller gilt nicht für Umsätze aus dem Betrieb von Geldspielautomaten[784].

69.0.3.1   Sachverhalt

Der Rechtsvorgänger der Klägerin (K) erzielte Umsätze aus Geldspielautomaten. Das Finanzamt setzte hierfür Umsatzsteuer fest. Hiergegen wandte K ein, dass die Besteuerung zu einer Ungleichbehandlung mit den Betreibern von Spielbanken führe. Hilfsweise machte sie die Anwendung des ermäßigten Steuersatzes für Schausteller geltend, denn die Aufstellung von Geldspielautomaten sei mit «Lustbarkeiten auf Jahrmärkten oder Volksfesten» vergleichbar.

69.0.3.2   Entscheidung

Die Klage hatte keinen Erfolg.

69.0.3.2.1   Umsatzsteuerpflicht europarechtskonform

Nach Auffassung des Finanzgerichts ist zunächst darauf hinzuweisen, dass nach der Rechtsprechung des Bundesfinanzhofs und des Europäischen Gerichtshofs geklärt sei, dass die Umsatzsteuerpflicht von Geldspielautomatenumsätzen mit unionsrechtlichen Vorgaben im Einklang stehe.

69.0.3.2.2   Regelsteuersatz anzuwenden

Die Umsätze seien ferner dem Regelsteuersatz zu unterwerfen, da der ermäßigte Steuersatz für Schausteller nicht greife. Die Vergünstigung gelte **nur für Schausteller, die ein Reisegewerbe betreiben**.

---

784   FG Münster, Urteil vom 24.9.2020, 5 K 344/17 U.

Dagegen seien

- ortsgebundene und
- zeitlich unbeschränkt tätige

Unternehmen nicht als volksfestähnliche Veranstaltungen anzusehen. Die Unterscheidung rechtfertige sich dadurch, dass reisende Schausteller einen erhöhten Aufwand durch Beförderung, Abbau und Aufbau sowie einen höheren Verschleiß der Anlagen zu tragen hätten.

K habe nicht vorgetragen, dass ihr Rechtsvorgänger die Geldspielgeräte auf Jahrmärkten, Volksfesten, Schützenfesten oder ähnlichen Veranstaltungen aufgestellt habe. Die nach der Spielverordnung (SpielV) zulässigen Aufstellorte für Geldspielautomaten (z. B. Spielhallen oder Gaststätten) seien nicht mit derartigen Veranstaltungen vergleichbar. Es handele sich vielmehr um ortsfeste Anlagen, die darauf ausgerichtet seien, dass die Geldspielgeräte keinem ständigen Austausch unterliegen.

Die Versagung des ermäßigten Umsatzsteuersatzes für Aufsteller für Geldspielautomaten verstoße auch nicht gegen das unionsrechtlich verankerte Neutralitätsgebot. Da § 1 Abs. 2 SpielV das Aufstellen von Geldspielgeräten unter anderem auf Volksfesten und Schützenfesten untersage, liege keine Ungleichbehandlung der K mit Aufstellern auf derartigen Veranstaltungen vor.

69.0.4 Umsätze eines Zauberkünstlers unterfallen dem ermäßigten Umsatzsteuersatz

Umsätze in Form von Darbietungen auf dem Gebiet der Zauberei und der Ballonmodellage unterliegen nicht dem Regelsteuersatz von (im Streitjahr) 19 %, sondern dem ermäßigten Steuersatz von (im Streitjahr) 7 %[785].

69.0.4.1 Sachverhalt

Der Kläger (K) war in den Streitjahren 2017 und 2018 als selbständiger Zauberkünstler tätig. Seine Dienstleistungen stellte er für betriebliche und private Feierlichkeiten zur Verfügung. Neben der klassischen Bühnenzauberei bot er die sog. »Close-up«-Zauberei, die klassische »Manipulation« sowie das Fertigen von

---

785 FG Münster, Urteil vom 26.11.2020, 5 K 2414/19 U.

Ballonskulpturen an. Außerdem trat K jährlich als Nikolaus auf und veröffentlichte mehrere Bücher.

In seinen Umsatzsteuererklärungen erklärte K im Hinblick auf die Tätigkeiten als Zauberer und seine Auftritte als Nikolaus ermäßigt besteuerte und hinsichtlich seiner übrigen Tätigkeiten regelbesteuerte Umsätze.

Das Finanzamt war demgegenüber der Auffassung, dass die Umsätze des K aus seinen Tätigkeiten als Zauberkünstler und Nikolaus dem Regelsteuersatz unterliegen würden, da es sich nicht um theaterähnliche Leistungen handele, und erließ entsprechende Umsatzsteuerbescheide.

Nach erfolglosem Einspruchsverfahren erhob K Klage beim Finanzgericht.

69.0.4.2 Entscheidung

Das Finanzgericht hat der Klage im Hinblick auf die Umsätze des Klägers als Zauberkünstler stattgegeben. Die Leistungen des Klägers in Gestalt von **Darbietungen auf dem Gebiet der Zauberei und der Ballonmodellage** unterfielen dem ermäßigten Steuersatz.

Der Steuersatz ermäßigt sich für die Eintrittsberechtigung für Theater, Konzerte und Museen sowie die den Theatervorführungen und Konzerten vergleichbaren Darbietungen ausübender Künstler.

Bei der Auslegung der Begriffe »Theater« und »den Theatervorführungen und Konzerten vergleichbare Darbietungen« seien speziell diejenigen Leistungen einheitlich zu behandeln, die **aufgrund ihrer Gleichartigkeit in einem Wettbewerb** stünden.

Bei K handele es sich um einen **ausübenden Künstler**, der mit seiner Tätigkeit als Zauberer und auf dem Gebiet der Ballonmodellage eine einer Theatervorführung vergleichbare Darbietung erbringe, denn er habe eigenschöpferische Leistungen in einem theaterähnlichen Rahmen erbracht.

 Beratungskonsequenzen

Für die Vorführungen als Nikolaus bleibt es nach Auffassung des Finanzgerichts bei der Anwendung des umsatzsteuerlichen Regelsteuersatzes[786].

---

786   Weimann, AStW 3/2021, 183.

69.0.5 Umsätze eines Fotostudios unterliegen dem Regelsteuersatz

Ein Fotostudio kann den ermäßigten Umsatzsteuersatz für die Einräumung und Übertragung von Urheberrechten nicht in Anspruch nehmen[787].

69.0.5.1 Sachverhalt

Die Klägerin (K) betreibt mehrere Fotostudios. Die von ihr erstellten Fotografien händigt sie ihren Kunden, zu denen sowohl Privatpersonen als auch Unternehmen gehören, im Regelfall in ausgedruckter Form aus. Nach den allgemeinen Geschäftsbedingungen der K gehen mit Bezahlung des Preises auch die Nutzungsrechte an den überlassenen Fotos auf die Kunden über.

K wandte auf die Umsätze aus Businessfotografien (z. B. für Firmenhomepages, Imagebroschüren oder Produktfotografien) sowie auf Bewerbungsfotos mit kommerzieller Verwendungsabsicht (z. B. für Onlinebewerbungen oder berufliche Netzwerke) den ermäßigten Umsatzsteuersatz von 7 % an. Hinsichtlich der Verwendungsabsicht hatte sie für den Streitzeitraum eine Kundenbefragung durchgeführt. Ihre übrigen Umsätze (z. B. Pass-, Baby-, Hochzeits-, und Aktfotos) unterwarf sie dem Regelsteuersatz.

Das Finanzamt folgte dem nicht und wandte den Regelsteuersatz von 19 % für sämtliche Umsätze an.

Zur Begründung ihrer Klage führte K an, dass sie gegenüber ihrem Kunden ein Leistungsbündel erbringe, das aus der Erstellung und Aushändigung der Fotografien sowie der Übertragung der Verwertungsrechte bestehe. Bei einer beabsichtigten kommerziellen Verwendung präge die Übertragung der urheberrechtlich geschützten Rechte die Gesamtleistung.

69.0.5.2 Entscheidung

Die Klage hatte keinen Erfolg. K erbrachte in den Fällender streitgegenständlichen Umsätze gegenüber ihren Kunden jeweils eine einheitliche Leistung, deren

---

787   FG Münster, Urteil vom 25.2.2021, 5 K 268/20 U, AO.

Schwerpunkt nicht in der (ermäßigt zu besteuernden) Übertragung der Nutzungsrechte an den erstellten Fotos liegt[788].

69.0.5.2.1 Leistungen im Sinne des Urheberrechtsgesetzes

Die Fotografien und die insoweit der K zustehenden Nutzungsrechte, welche sie jeweils bei Bezahlung des Preises auf der Grundlage der AGB an ihre Kunden übertragen hat, fallen unter das Urheberrechtsgesetz.

69.0.5.2.2 Grundsatz der Einheitlichkeit der Leistung

K erbringt gegenüber ihren Kunden jeweils eine einheitliche Leistung. Die Tätigkeit der K umfasst insbesondere, je nach Auftrag des Kunden im Einzelnen variierend,

- die Verwendung der in den betriebenen Fotostudios vorhandenen besonderen Einrichtungen (z. B. Foto-Hintergründe und Beleuchtungsanlagen),
- den Einsatz speziell ausgebildeten Personals (Fotografen),
- die Nutzung von Bildbearbeitungssoftware sowie
- den Ausdruck der (ausgewählten) Fotos und/oder
- die Überlassung einer oder mehrerer entsprechender Bilddateien.

Alle diese einzelnen Elemente greifen ineinander und betreffen aus Sicht eines Durchschnittskunden den einheitlichen Prozess zur Erstellung und zur Verfügungstellung der beauftragten Fotografie(n). Die einzelnen Elemente bilden **nach außen hin eine zusammenhängende Leistung,** die bei der K **grundsätzlich einheitlich nachgefragt** wird. Eine Aufspaltung dieses Prozesses in seine einzelnen Bestandteile wäre wirklichkeitsfremd.

K vereinbart mit ihren Kunden auch nur ein **einheitliches Entgelt** für die Gesamtheit der Einzelleistungen. Auf ihrer Homepage bietet sie ihre Leistungen auch als Paket an.

69.0.5.2.3 Tätigkeitsschwerpunkt

Der Schwerpunkt der Tätigkeit der K liegt nach Auffassung des Gerichts in der **Erstellung der jeweils beauftragten Fotografie(n),** und zwar unabhängig von

---

788 *Weimann*, AStW 6/2021, 404.

einer privaten oder kommerziellen Verwendungsabsicht des jeweiligen Kunden. Die K betreibt Fotostudios, die speziell auf die Erstellung von Fotos ausgerichtet sind, und die ausweislich der Vielzahl an auf der Homepage der Firmengruppe, der die K mit ihren Fotostudios angehört, angebotenen Arten an Fotoshootings eine große Bandbreitemöglicher Kundenwünsche abdecken. K beschäftigt zu diesem Zweck festangestellte Fotografen. Die Preise für die Kunden orientieren sich insbesondere an der Art des ausgewählten Fotoshootings und des damit verbundenen (zeitlichen) Aufwandes sowie der Anzahl der dem Kunden ausgehändigten Fotos. Den Kunden wird das jeweils einzelne fertige und ggf. unter mehreren Fotos ausgewählte Werk entweder als Ausdruck, ggf. wiederum unter Berücksichtigung besonderer Ausgestaltungswünsche, und/oder als Datei ausgehändigt.

Der **Übertragung der Nutzungsrechte** kommt im Vergleich zur Erstellung und Aushändigung der Fotos aus Sicht des Gerichts demgegenüber eine **untergeordnete Bedeutung** zu. Die Nutzungsrechte an den erstellten und dem Kunden ausgedruckt oder digital ausgehändigten Fotos gehen wegen der entsprechenden Regelung in den AGB der K gleichsam automatisch und mit Wirkung ab Bezahlung des für das Fotoshooting bzw. des für zusätzlich ausgehändigte Fotos oder Foto-Dateien geforderten Preises über. Für die Übertragung der Nutzungsrechte fordert K kein gesondertes Entgelt. Wenn das Fehlen einer gesonderten Entgeltsvereinbarung nach der BFH-Rechtsprechung ein Indiz für die Unselbständigkeit einer Leistung sein kann, dann spricht dieser Umstand auch dagegen, dass es sich bei der entsprechenden (unselbständigen) Leistung um ein überwiegend prägendes Element einer einheitlichen Leistung handelt. Gleiches gilt für den Umstand, dass sich das für die Leistung der Klägerin geforderte Entgelt nicht vermindert, wenn der Kunde auf die Übertragung der Nutzungsrechte verzichten würde.

Das im Hinblick auf die streitgegenständlichen Umsätze dokumentierte Kundeninteresse an der Übertragung der Nutzungsrechte steht der vorangegangenen Würdigung nicht entgegen. Denn dieses Interesse lässt die Leistungserbringung durch K selbst unberührt. Weder in der Art und Weise der Leistungserbringung, bei dem Preis noch hinsichtlich der weiteren vertraglichen Vereinbarungen schlägt sich das dokumentierte Interesse nieder. K hat vielmehr erst selbst mittels der Befragung erfahren, ob der jeweilige Kunde die Nutzungsrechte benötigt oder nicht. Insoweit unterscheidet sich die Dokumentation der K auch von der im Restaurationsbereich üblichen Dokumentation. Denn dabei wird die unterschiedliche Art der Leistungserbringung dokumentiert, nicht das bloße Kundeninteresse. Es wird dokumentiert, ob die Leistung vor Ort unter zusätzlicher Erbringung von Restaurationsleistungen erbracht wird oder ob die Speisen außer Haus verzehrt werden.

69.0.5.2.4 Nicht vergleichbar mit Bildjournalisten

Soweit K zur Begründung darauf hinweist, dass nach Auffassung der Finanzverwaltung im Umsatzsteuer-Anwendungserlass insbesondere die Leistungen von Bildjournalisten (Bildberichterstatter) dem ermäßigten Steuersatz unterliegen, sieht das Gericht aufgrund der vorgenannten Umstände insoweit bereits zwischen der Tätigkeit der K, dem Betrieb von Fotostudios, und der typischen Tätigkeit eines Bildjournalisten keine ausreichende Vergleichbarkeit, die allein wegen der Übertragung von Nutzungsrechten an Fotos, die kommerziellen Zwecken des Kunden dienen, eine ermäßigte Besteuerung der gesamten damit verbundenen Leistung der K rechtfertigen würde. Unabhängig davon ist das Finanzgericht zudem an der im Umsatzsteuer-Anwendungserlass niedergelegten Rechtsauffassung der Finanzverwaltung nicht gebunden.

69.0.6 Aufteilungsgebot für Leistungen, die nicht unmittelbar der Vermietung dienen

Gem. § 12 Abs. 2 Satz 2 Nr. 11 UStG greift die Steuerermäßigung für Beherbergungsbetriebe nur für Leistungen, die unmittelbar der Vermietung dienen. Andere Leistungen wie Frühstückservice, Getränkeversorgung aus der Minibar, Nutzung von Pay-TV usw. erfahren keine Ermäßigung (Aufteilungsgebot). Nach der EuGH-Entscheidung Stadion Amsterdam ist strittig, ob und inwieweit das Aufteilungsgebot der MwStSystRL entspricht[789].

Das FG Sachsen hat mit Urteil vom 23.9.2020 (2 K 352/20) entschieden, dass die **Bereitstellung von Frühstück und die Überlassung von Stellplätzen**, die Hotelgästen zusätzlich zur Übernachtung angeboten werden, nicht dem ermäßigten Steuersatz nach § 12 Abs. 2 Nr. 11 UStG unterliegen.

Nach Auffassung des FG gehören die Parkplatzüberlassungen ohne gesonderten Preis und die Frühstückleistungen mit zusätzlichem Entgelt zu den Leistungen,

---

789 FinMin Mecklenburg-Vorpommern, Erlass vom 22.4.2021, S 7245-00000-2012/003.

die i. S. v. § 12 Abs. 2 Nr. 11 Satz 2 UStG **nicht unmittelbar der Vermietung die-nen** und deshalb von der Steuerermäßigung ausgenommen seien.

Dies gelte nach der Rechtsprechung des BFH auch, soweit die Frühstücksleistun-gen **Nebenleistungen** zu den ermäßigt zu besteuernden Übernachtungsleistun-gen seien. Insoweit normiere § 12 Abs. 2 Nr. 11 Satz 2 UStG ein Aufteilungsgebot.

Aus Sicht des FG führt das Urteil des **EuGH vom 18.1.2018** (Rs. C-463/16, Stadion Amsterdam) nicht zu einem anderen Ergebnis. Das Aufteilungsgebot sei vom EuGH nicht grundsätzlich als unzulässig angesehen worden. Das Aufteilungsge-bot in § 12 Abs. 2 Nr. 11 Satz 2 UStG entspreche den europarechtlichen Vorga-ben.

> ### Beratungskonsequenzen
>
> 1. Das FG hat die **Revision** zugelassen, da eine Entscheidung des BFH zum Auf-teilungsgebot des § 12 Abs. 2 Nr. 11 Satz 2 UStG nach Ergehen der Stadion Amsterdam-Entscheidung noch nicht vorliege. Die Klägerin hat Revision ein-gelegt. Das Verfahren wird beim BFH unter dem Az. XI R 34/20 geführt.
> 2. Auch das **FG Hessen** (Urteil vom 16.9.2020, 1 K 772/19) und das **FG Rheinland-Pfalz** (Urteil vom 24.9.2020, 6 K 2273/17) haben jeweils entschieden, dass die Umsätze aus Frühstücksleistungen nach § 12 Abs. 2 Nr. 11 Satz 2 UStG nicht dem ermäßigten Steuersatz unterliegen. Revisionsverfahren gegen diese Ur-teile werden beim BFH unter den Az. XI R 7/21 und XI R 35/20 geführt.
> 3. Auf diese Verfahren gestützte Rechtsbehelfsverfahren **ruhen** nach § 363 Abs. 2 Satz 2 AO kraft Gesetzes.
> 4. **Aussetzung der Vollziehung** ist **nicht** zu gewähren (Beschluss des FG Nürn-berg vom 18.12.2020, 2 V 1159/20, Beschwerde eingelegt, Az. des BFH: XI B 2/21 (AdV)).

69.0.7 Verkauf von Oldtimern nach vorheriger Einfuhr

Bei der Beratung von Autohäusern stellt sich immer wieder die Frage, ob der Ver-kauf von importierten Oldtimern als Sammlungsstück nach § 12 Abs. 2 i. V. m. Anlage 2 Nr. 54 UStG umsatzsteuerermäßigt – also zu 7 % – erfolgen kann. Daran schließt sich die Frage an, ob und unter welchen Voraussetzungen alternativ die Differenzbesteuerung (§ 25a UStG) zur Anwendung kommt[790].

---

790 *Weimann*, AStW 11/2021, 807.

69.0.7.1 Echtfall

Der Mandant importiert Oldtimer aus den USA und verkauft diese weiter an deutsche Privatkunden.

Im Rahmen einer Betriebsprüfung hat das Finanzamt in der Prüfungsfeststellung mitgeteilt, dass es keinen ermäßigten Steuersatz für den Weiterverkauf von Oldtimern gibt.

Der Mandant hat in der Vergangenheit 7 % Umsatzsteuer aus dem Verkauf der Oldtimer abgeführt, da u. E. der ermäßigte Steuersatz anzuwenden ist, wenn ein entsprechendes Zollgutachten vorliegt.

Der Mandant versichert, dass von ihm eingeholte Dekra-Gutachten diesen Voraussetzungen entsprechen.

69.0.7.2 Fragen an den Steuerberater

Daraus ergeben sich folgende Standardfragen:

1. Findet auf die Fahrzeugverkäufe der ermäßigte Umsatzsteuersatz Anwendung?
2. Für den Fall, dass der ermäßigte Umsatzsteuersatz nicht angewandt werden kann: kann der Mandant nach Anwendung der Regelbesteuerung noch zur Differenzbesteuerung wechseln?«

69.0.7.3 Die richtigen Antworten des Steuerberaters

zu 1.: Auf die Fahrzeugverkäufe ist der allgemeine Steuersatz anzuwenden. Insoweit hat die Betriebsprüfung leider Recht!

zu 2.: Unter den weiteren Voraussetzungen des § 25a Abs. 2 UStG i. V. m. Abschn. 25a.1 Abs. 21, Abschn. 9.1 Abs. 3 u. 4 UStAE wäre ein Wechsel zur Differenzbesteuerung grundsätzlich möglich gewesen. Dieser hätte jedoch spätestens bei Abgabe der ersten Umsatzsteuer-Voranmeldung im Kalenderjahr erklärt werden müssen.

69.0.7.4 Umsatzsteuerlich zwei separate Vorgänge

Bei der Veräußerung von aus Drittländern importierten Fahrzeugen sind umsatzsteuerlich 2 Vorgänge zu unterscheiden:

- die zunächst erfolgende Einfuhr und
- die danach erfolgende und separat zu beurteilende Weiterlieferung an den (End-) Kunden.

69.0.7.5 Wann gelten Oldtimer Umsatzsteuerrecht als Sammlungsstücke?

Für die Umsatzsteuerermäßigung verweist § 12 Abs. 2 Nr. 12 UStG auf Nummer 54 der Anlage 2. Diese wiederum verweist auf den Zolltarif, Position 9705 00 00[791]:

»Zu Position 9705 gehören Sammlerkraft- und -luftfahrzeuge von geschichtlichem oder völkerkundlichem Wert, die:

a) *sich in ihrem Originalzustand befinden, d. h. an denen keine wesentlichen Änderungen an Fahrgestell, Karosserie, Lenkung, Bremsen, Getriebe, Aufhängesystem, Motor oder Kotflügel usw. vorgenommen wurden. Instandsetzung und Wiederaufbau ist zulässig, defekte oder verschlissene Teile, Zubehör und Einheiten können ersetzt worden sein, sofern sich das Kraft- oder Luftfahrzeug in historisch einwandfreiem Zustand befindet. Modernisierte oder umgebaute Kraft- und Luftfahrzeuge sind ausgeschlossen;*

b) *im Fall von Kraftfahrzeugen mindestens 30, im Fall von Luftfahrzeugen mindestens 50 Jahre alt sind;*

c) *einem nicht mehr hergestellten Modell oder Typ entsprechen.*

Die erforderlichen Eigenschaften für die Aufnahme in eine Sammlung, wie verhältnismäßig selten, normalerweise nicht ihrem ursprünglichen Zweck entsprechend verwendet, Gegenstand eines Spezialhandels außerhalb des üblichen Handels mit ähnlichen Gebrauchsgegenständen und von hohem Wert, werden für Kraft- und Luftfahrzeuge, die die zuvor genannten drei Kriterien erfüllen, als gegeben angesehen.

---

791 ABl. EU vom 30.10.2020, L 361, 690 f.

Zu dieser Position gehören auch folgende Sammlerstücke:

- *Kraft- und Luftfahrzeuge, die unabhängig von ihrem Herstellungsdatum nachweislich bei einem geschichtlichen Ereignis im Einsatz waren,*
- *Rennkraftfahrzeuge und Rennluftfahrzeuge, die nachweislich ausschließlich für den Motorsport entworfen, gebaut und verwendet worden sind und bei angesehenen nationalen und internationalen Ereignissen bedeutende sportliche Erfolge errungen haben.*

Teile und Zubehör für Kraft- und Luftfahrzeuge werden in diese Position eingereiht, sofern es sich um Originalteile oder Originalzubehör handelt, ihr Alter (bei Kraftfahrzeugen) mindestens 30 bzw. (bei Luftfahrzeugen) mindestens 50 Jahre beträgt und sie nicht mehr hergestellt werden.

Nachbildungen und Nachbauten sind ausgeschlossen, es sei denn, sie erfüllen selbst die drei oben genannten Kriterien«.

 Beratungskonsequenzen

Die in den Buchstaben a) – c) genannten Kriterien müssen **kumulativ** – also insgesamt – erfüllt sein.

69.0.7.6 Steuerermäßigung für die Einfuhr eines Sammlungsstücks

Erfüllt ein Kraftfahrzeug die Voraussetzungen als Sammlungsstück, ermäßigt sich die Einfuhrumsatzsteuer auf sieben Prozent (§ 12 Abs. 2 Nr. Nr. 12 UStG).

69.0.7.7 Keine Steuerermäßigung für die Lieferung eines Sammlungsstücks

Anders als bei Kunstgegenständen ist die Umsatzsteuerermäßigung für Sammlungsgegenstände ausschließlich auf die Einfuhr von Gegenständen beschränkt (vgl. § 12 Abs. 2 Nr. 13 UStG). Lieferungen im Inland und innergemeinschaftliche Erwerbe unterliegen damit dem allgemeinen Umsatzsteuersatz.

69.0.7.8 Freiwillige Anwendung der Differenzbesteuerung auf die Lieferung möglich

Der Wiederverkäufer von als Sammlungsstücken eingeführtem Oldtimern kann gem. § 25a Abs. 2 UStG zur Differenzbesteuerung optieren. Dabei sind die folgenden »**Spielregeln**« zu beachten:

- Die entsprechende Erklärung des Wiederverkäufers an das Finanzamt hinsichtlich des Verzichts auf die Anwendung der Regelbesteuerung **bis spätestens zur Abgabe der ersten Voranmeldung im laufenden Kalenderjahr.**
- Die Erklärung bindet den Wiederverkäufer für mindestens zwei Kalenderjahre.
- Eine besondere Form für diese Erklärung ist vom Gesetz nicht vorgeschrieben.
- Ein Widerruf der Erklärung ist nicht vorgesehen.
- Nicht ausdrücklich geregelt ist der Fall, dass der Wiederverkäufer keine Voranmeldungen, sondern lediglich eine Jahreserklärung abgeben muss. Die nämliche Erklärung sollte dann bis zur Abgabe der Jahressteuererklärung möglich sein.

> **→** Beratungskonsequenzen

1. Die Anwendung der Differenzbesteuerung ist nur bei einer **rechtzeitig abgegebenen Optionserklärung** möglich.
2. Daran dürften eine **rückwirkende Anwendung** und die erstmalige Ausübung im Rahmen einer Betriebsprüfung regelmäßig scheitern.
3. Der Mandant muss die Entscheidung bereits zu Beginn eines Kalenderjahres treffen. Dazu bedarf es eines **rechtzeitigen Hinweises seines Steuerberaters.**

69.0.8 Steuersatz für das Legen eines Hauswasseranschlusses

Der BFH hat entschieden, dass das Legen eines Hauswasseranschlusses auch dann als »Lieferung von Wasser« umsatzsteuerermäßigt erfolgt, wenn diese Leistung nicht von dem Wasserversorgungsunternehmen erbracht wird, das das Wasser liefert[792]. Das BMF hat sich dazu bereits positioniert. Das Bayerische Landesamt für Steuern ergänzt die Ausführungen des BMF um Praxisfälle[793].

Aus der Praxis wurden nach Ergehen des BMF-Schreibens Fragen an die bayerischen Finanzämter herangetragen. Klarstellend ist bezogen auf die landesrechtliche Situation in Bayern Folgendes anzumerken:

---

792 BFH, Urteil vom 7.2.2018, XI R 17/17.
793 BayfSt, Verfügung vom 17.5.2021, S 7221.1.1-1/49 St33.

69.0.8.1 Erstellung und Unterhalt des Hausanschlusses durch den Wasserversorger (Kommunalregie)

Der Wasserversorger wendet auf den **Ausgangsumsatz** gegenüber seinem Leistungsempfänger den **ermäßigten Steuersatz** an.

Sofern der Wasserversorger im Innenverhältnis ein Bauunternehmen mit den Bauarbeiten beauftragt (**Eingangsumsatz** des Wasserversorgers), so hat das Bauunternehmen gegenüber dem Wasserversorger den **vollen Steuersatz** anzuwenden.

69.0.8.2 Erstellung des Hausanschlusses in Anliegerregie (Beauftragung des Bauunternehmens durch den Grundstückseigentümer)

Das Bauunternehmen wendet den **ermäßigten Steuersatz** an.

69.0.8.3 Die Kommunalregie bezieht sich nur auf den Bereich des öffentlichen Straßengrunds; der restliche Bereich wird in Anliegerregie erbracht

Sowohl der Wasserversorger als auch das Bauunternehmen wenden den **ermäßigten Steuersatz** an.

69.0.8.4 »Beauftragung« des Bauunternehmens durch den Wasserversorger und Abrechnung zwischen Bauunternehmen und Grundstückseigentümer

Das Bauunternehmen wendet den **ermäßigten Steuersatz** an.

69.0.8.5 Erstellung des öffentlichen Wasserversorgungsnetzes durch ein Bauunternehmen im Auftrag des Wasserversorgers

Das Bauunternehmen wendet den **vollen Steuersatz** an.

Gehört zum Auftragsumfang auch die Herstellung der Hausanschlüsse im öffentlichen Straßengrund, so liegt eine **Nebenleistung** vor, die ebenfalls mit dem **vollen Steuersatz** abzurechnen ist.

Beratungskonsequenzen

Es liegt insoweit eine bayerische Besonderheit vor, als Art. 9 Abs. 1 KAG eine individuelle Abrechnung der Hausanschlusskosten im öffentlichen Straßengrund bei einer Kommunalregie nicht zulässt. Diese Teile der Hausanschlüsse müssen vom Wasserversorger mit hergestellt werden und dürfen nur über Beiträge und Gebühren refinanziert werden.

69.0.8.6 Mehrspartenanschlüsse

69.0.8.6.1 Begriff / Sachverhalt

Typischerweise wird in Neubauten ein Mehrspartenanschluss gesetzt, d. h., dass lediglich eine Bohrung im Haus vorgenommen wird, in welche dann verschiedene Versorgungsleitungen gelegt werden.

69.0.8.6.2 Umsatzsteuerfolgen

Gemeinsame Kosten (Tiefbauarbeiten) für einen Mehrspartenanschluss sind nicht nach Steuersätzen aufzuteilen. Vielmehr handelt es sich um eine **einheitliche Leistung**, die dem **Regelsteuersatz** unterliegt.

Nach ständiger Rechtsprechung des BFH und des EuGHs kann sich eine einheitliche Leistung ergeben, wenn zwei oder mehrere Handlungen oder Einzelleistungen des Unternehmers für den Kunden so eng miteinander verbunden sind, dass sie objektiv einen einzigen untrennbaren wirtschaftlichen Vorgang bilden, dessen Aufspaltung wirklichkeitsfremd wäre[794].

Entscheidend ist die **Sicht des Durchschnittsverbrauchers** (vgl. Abschn. 3.10 Abs. 1 Satz 3 UStAE). Danach ist die entscheidende Leistung der Einbau des Mehrspartenanschlusses und somit der Zugang zu sämtlichen Versorgungsleistungen. Eine Aufspaltung der **einheitlichen komplexen Leistung** »Verlegung eines Mehrspartenanschlusses« wäre aus der Sicht des Durchschnittsverbrauchers wirklichkeitsfremd. Dem Verbraucher geht es gerade um die Verbindung der Leistungselemente, sodass auch der Umstand, dass die einzelnen Bestandteile im Wirtschaftsleben auch durchaus getrennt erbracht werden, keine Aufspaltung des Vorgangs rechtfertigt (vgl. Abschn. 3.10 Abs. 3 Satz 3 UStAE).

---

794 Vgl. z. B. BFH, Urteil vom 13.6.2018, XI R 2/16, BStBl II 2018, 678; EuGH, Urteil vom 2.7.2020, Rs. C-231/19.

Da das Legen des Hauswasseranschlusses nicht den (alleinigen) Hauptbestandteil der einheitlichen Gesamtleistung bildet, sondern die nicht begünstigten Leistungsbestandteile überwiegen (Anschluss für Strom, Telekommunikation und Gas), unterliegt die Gesamtleistung »Verlegung des Mehrspartenanschlusses« als einheitliche komplexe Leistung dem **allgemeinen Steuersatz**.

69.0.8.7 Nichtbeanstandungsregelung bezüglich Tz. 1

Aufgrund **bislang anderslautender Äußerungen** der Bayerischen Finanzverwaltung wird es nicht beanstandet, wenn das Bauunternehmen in einer vor dem 31.5.2021 ergangenen Abrechnung gegenüber dem Wasserversorger mit dem ermäßigten Steuersatz abgerechnet hat.

69.1 Allgemeines

Das Umsatzsteuergesetz sieht zwei Steuersätze vor:

- in § 12 Abs. 1 UStG den **allgemeinen Steuersatz** oder **Regelsteuersatz** i. H. v. derzeit 19 % (gültig ab dem 1.1.2007),
- in § 12 Abs. 2 UStG einen **ermäßigten Steuersatz** in Höhe von derzeit 7 %.

69.2 Ermäßigter Steuersatz

69.2.1 Überblick

Der ermäßigte Steuersatz von derzeit 7 % findet gemäß § 12 Abs. 2 UStG i. V. m. der Anlage 2 UStG Anwendung z. B. auf die

- Lieferung der meisten Lebensmittel und bestimmter Nutztiere,
- Lieferung von Büchern und Zeitschriften,
- Lieferung von Kunstwerken und Sammlungsstücken,
- Lieferung bestimmter medizinischer Hilfsmittel (keine Medikamente!),
- Umsätze der Viehzucht und -haltung,
- Erbringung diverser künstlerischer Leistungen (sofern diese nicht bereits steuerbefreit sind),
- Überlassung von Filmen zur Auswertung und Vorführung,

- Einräumung, Übertragung und Wahrnehmung von urheberrechtlichen Rechten (z. B. durch Schriftsteller, Journalisten und Bildberichterstatter),
- Leistungen gemeinnütziger, mildtätiger und kirchlicher Körperschaften
- Umsätze im Betrieb von Schwimm- und Heilbädern,
- Personenbeförderung innerhalb einer Gemeinde oder unter 50 km
- Vermietung von Wohn- und Schlafräumen zur kurzfristigen Beherbergung von Fremden sowie die kurzfristige Vermietung von Campingflächen[795].

Anlage 2 zu § 12 Abs. 2 Nr. 1 und 2 UStG stellt eine Besonderheit dar. Die Anlage listet sämtliche Gegenstände auf, deren Lieferung zum ermäßigten Steuersatz erfolgt. Ist unklar, ob ein Gegenstand unter die Warenbezeichnungen der Liste fällt, ist der Zolltarif heranzuziehen. Dieser ist nach Kapiteln, Positionen und Unterpositionen unterteilt, auf die in der Liste verwiesen wird. Zur Klärung von Abgrenzungsfragen sollte eine sog. **»Unverbindliche Zolltarifauskunft für Umsatzsteuerzwecke«** beantragt werden (Abschn. 12.1 Abs. 1 Sätze 4 ff. UStAE).

 Beratungskonsequenzen

Die Auskunft der Zollbehörden wird von den **Finanzämtern – mangels eigener Fachkompetenz im Bereich der Tarifierung** – grundsätzlich anerkannt werden·

Zu den Besonderheiten der **Kombinationsartikel** vgl. Abschn. 12.1 Abs. 1 Satz 2 Nr. 1 UStAE.

69.2.2 E-Books, E-Papers etc. – Endlich greift die Steuerermäßigung!

69.2.2.1 Gesetzesänderung

 Rechtsgrundlagen
Neufassung des UStG

(Hinweis: **Einfügungen** und ~~Streichungen~~ sind gekennzeichnet.)

§ 12 Steuersätze
(1) …

---

795   Hinweis auf ➲ Kapitel 70 in der 18. Auflage 2020.

(2) Die Steuer ermäßigt sich auf 7 Prozent für die folgenden Umsätze:
1.–13. ...

14. die Überlassung der in Nummer 49 Buchstabe a bis e und Nummer 50 der Anlage 2 bezeichneten Erzeugnisse in elektronischer Form, unabhängig davon, ob das Erzeugnis auch auf einem physischen Träger angeboten wird, mit Ausnahme der Veröffentlichungen, die vollständig oder im Wesentlichen aus Videoinhalten oder hörbarer Musik bestehen. Ebenfalls ausgenommen sind Erzeugnisse, für die Beschränkungen als jugendgefährdende Trägermedien oder Hinweispflichten nach § 15 Absatz 1 bis 3 und 6 des Jugendschutzgesetzes in der jeweils geltenden Fassung bestehen, sowie Veröffentlichungen, die vollständig oder im Wesentlichen Werbezwecken, einschließlich Reisewerbung, dienen. Begünstigt ist auch die Bereitstellung eines Zugangs zu Datenbanken, die eine Vielzahl von elektronischen Büchern, Zeitungen oder Zeitschriften oder Teile von diesen enthalten.

69.2.2.2 Inkrafttreten der Neuerung

§ 12 Abs. 2 Nr. 14 UStG n. F. gilt **ab dem 18.12.2019**[796].

69.2.2.3 Inhalt der Neuerung

§ 12 Abs. 2 Nr. 1 und 2 UStG in Verbindung mit den Nummern 49 und 50 der Anlage 2 zu § 12 Abs. 2 Nr. 1 und 2 UStG sieht **bisher** die Anwendung des ermäßigten Umsatzsteuersatzes für bestimmte Erzeugnisse des grafischen Gewerbes sowie Hörbücher vor. In Übereinstimmung mit den bislang geltenden verbindlichen Vorgaben der MwStSystRL gilt die Steuerermäßigung **ausschließlich für Umsätze mit körperlichen Erzeugnissen**. Umsätze mit elektronischen Veröffentlichungen unterliegen hingegen stets dem allgemeinen Steuersatz.

Durch die Richtlinie (EU) 2018/1713 des Rates vom 6.11.2018[797] wurde die **MwStSystRL geändert**. Die Änderung räumt den Mitgliedstaaten die Möglichkeit ein, auf Umsätze mit Büchern, Zeitungen, Zeitschriften und anderen Erzeugnissen **unabhängig von der äußeren Form** der Publikation einen ermäßigten Steuersatz anzuwenden. Ziel ist die Gleichbehandlung körperlicher und elektronischer Erzeugnisse.

---

796 Art. 39 Abs. 1 Gesetz zur weiteren steuerlichen Förderung der Elektromobilität und zur Änderung weiterer steuerlicher Vorschriften vom 12.12.2019, BStBl. I 2019, 2451.
797 ABl. L 286 vom 14.11.2018, 20.

Hiervon ausgenommen sind Veröffentlichungen, die vollständig oder im Wesentlichen

- Werbezwecken dienen oder
- aus Videoinhalten oder hörbarer Musik bestehen.

 Beratungskonsequenzen

Begünstigt werden können danach Veröffentlichungen in elektronischer Form, wenn sie **funktional** herkömmlichen Büchern, Zeitungen, Zeitschriften oder sonstigen in Nr. 49 Buchst. a bis e und Nr. 50 der Anlage 2 zu § 12 Abs. 2 Nr. 1, 2, 12, 13 und 14 UStG bezeichneten Erzeugnissen **entsprechen**[798]. Hierzu zählen insbesondere Veröffentlichungen

- ohne entsprechende Variante auf einem physischen Träger, wie z. B. reine Online-Publikationen,
- in der Form von Websites, Apps oder anderen Anwendungen, mit oder ohne Downloadmöglichkeiten, auch als Einzelabruf aus einer Datenbank,
- mit fortlaufender Ergänzung neuer Einzelbeiträge und unter Einschluss des Zugangs zu Einzelbeiträgen aus solchen Veröffentlichungen oder
- in periodischer wie nichtperiodischer Erscheinungsform.

Begünstigt werden auch Tonaufzeichnungen der Lesung eines Buches (sog. **Hörbücher** nach Nummer 50 der Anlage 2 zu § 12 Abs. 2 Nr. 1, 2, 12, 13 und 14 UStG), wenn sie auf elektronischem Wege überlassen werden. Bislang ist die Begünstigung auf die Abgabe in Form eines Speichermediums beschränkt.

Die Steuerermäßigung gilt

- sowohl für die **dauerhafte** als
- auch für die **zeitlich befristete**

Überlassung entsprechender Erzeugnisse.

 Beratungskonsequenzen

Nicht begünstigt werden dürfen elektronische Leistungen, die **über die Funktion herkömmlicher Bücher, Zeitungen, Zeitschriften** oder sonstiger in Nr. 49 Buchst. a bis e und Nr. 50 der Anlage 2 zu § 12 Abs. 2 Nr. 1, 2, 12, 13 und 14 UStG bezeichneten Gegenstände **deutlich hinausgehen**. Hierbei handelt es sich um

---

798 Gesetzesentwurf der Bundesregierung vom 23.9.2019, BT-Drs. 19/13436, zu Art. 8 Nr. 7.

elektronisch erbrachte Dienstleistungen, die nach den zwingend zu beachtenden Vorgaben des Unionsrechts nicht ermäßigt besteuert werden dürfen. Nicht begünstigt ist damit der Zugang zu

- Suchmaschinen, auch wenn sie Auszüge aus den gefundenen Dokumenten anzeigen,
- Nachrichtenseiten, bei denen nur auf Presseagenturen u. Ä. verlinkt wird, ohne eigene redaktionelle Inhalte,
- sonstige Sammlungen unredigierter Texte,
- Internetforen und Social-Media-Plattformen, bei denen die Inhalte im Wesentlichen durch die Nutzer generiert werden, sowie
- Kartenmaterial bspw. für Navigationsgeräte.

Von der Begünstigung ebenfalls nicht erfasst werden Publikationen, die – im Gegensatz zur Beständigkeit herkömmlicher papiergebundener Publikationen – **von einer permanenten Aktualisierung und Veränderung geprägt** sind, wie beispielsweise die laufende Darstellung der Entwicklung von Börsenkursen, der Verkehrslage, von Wetterdaten oder Spielergebnissen im Sport u. Ä.

Wie bei körperlichen Erzeugnissen werden

- elektronische Publikationen, für die Beschränkungen als jugendgefährdende Trägermedien bzw. Hinweispflichten nach § 15 Abs. 1 bis 3 und 6 des **Jugendschutzgesetzes** in der jeweils geltenden Fassung bestehen, und
- Veröffentlichungen, die überwiegend **Werbezwecken** (einschließlich Reisewerbung) dienen,

von der Begünstigung ausgenommen.

Ausgenommen sind ebenfalls Veröffentlichungen, die vollständig oder im Wesentlichen aus

- **Videoinhalten** oder
- **hörbarer Musik**

bestehen, da sie ihrem Wesen nach und funktional nicht mehr einem Buch oder einer Zeitschrift entsprechen.

69.2.3 Hotelübernachtungen und andere Beherbergungen

 Hinweis

Hinweis auf ➲ Kapitel 70 in der 18. Auflage 2020

69.2.4 Wegfall der Steuerermäßigung für den Münz- und Briefmarkenhandel zum 1.1.2014

 Hinweis

Hinweis auf ➲ Kapitel 69.2 in der 18. Auflage 2020

69.2.5 Ermäßigter Steuersatz/FinVerw: Ausmalbücher für Erwachsene

Nach den E-Bundles (➲ s. o., Kapitel 69.2.2) steht der Buchhandel nun vor einem neuen Umsatzsteuerproblem. Die Finanzverwaltung hat bei einem der Marktführer sowohl Ausmalbücher für Erwachsene als auch Sticker-, Puzzle- und Sudoku-Bücher dem allgemeinen Umsatzsteuersatz unterworfen.

69.2.5.1 Derzeit uneinheitliches Vorgehen der Verlage und Buchhändler

Aus einer Produktbeschreibung:

»Auf dem Weg aus dem Stress in die Entspannung greifen immer mehr Erwachsene zu Malbüchern und Bunt-, Blei- und Filzstiften. Sie malen sich die Anspannung von der Seele. Statt in Yoga, eine Massage oder Meditation investieren sie ihre Freizeit in fantasievolle Muster und exotische Vögel, die nach dem Ausmalen gern mit dem Smartphone fotografiert und dann stolz in sozialen Netzwerken wie Instagram gezeigt werden. ...«

Bei den Kunden sollen die Ausmalbücher also für Entspannung sorgen – bei den Verlagen und Händlern tun die Bücher gerade genau das Gegenteil! Wie das Deutsche Börsenblatt berichtet, sorgt das Thema derzeit »für Unruhe« – was nicht zuletzt daran liegen dürfte, dass sich die Bücher derzeit sehr gut verkaufen lassen und immer mehr Titel auf den Markt kommen. Die Verlage handhaben die Besteuerung der Produkte offensichtlich unterschiedlich:

- während die einen die Titel den Kindermalbüchern (Steuersatz: 7 %) zuordnen,
- betrachten andere die Bücher als Sammlung von Illustrationen (ebenfalls 7 %)
- und wieder andere besteuern mit 19 %.

69.2.5.2 Wann ist ein Buch ein Buch?

Ein umsatzsteuerermäßigtes Buch zeichnet sich vor allem dadurch aus, dass es einen **Text zum Lesen** beinhaltet[799]. Die Einordnung richtet sich nach dem so genannten Zollkodex, der in der Praxis leider nicht immer leicht anzuwenden ist. In kritischen Fällen muss der wissenschaftliche Dienst des Zolls um eine eindeutige Einschätzung gebeten werden – dort können Verlage eine unverbindliche Zolltarifauskunft einholen und viele tun das im Zweifelsfall auch.

Bei den Ausmalbüchern allerdings war das offenbar anders: Denn erst durch die Betriebsprüfung in einem großen Handelsunternehmen sind jetzt in der Branche überhaupt Zweifel an der Anwendung des reduzierten Mehrwertsteuersatzes aufgekommen[800].

69.2.5.3 Differenzierung bei Büchern unumgänglich

Nach Auffassung des Börsenvereins[801] ist wie folgt zu unterscheiden:

- **Sudoku-Bücher:** Hierzu erging das Urteil des FG Hamburg[802], das ganz klar besagt, dass hier jedenfalls dann 19 % Mehrwertsteuer anzusetzen sind, wenn die Veröffentlichung insgesamt keinen qualifizierenden Text hat. Daran kann die Branche erst einmal schwer rütteln. Die streitgegenständliche Veröffentlichung bestand außer einer kurzen Einleitung und den Lösungsseiten bloß aus Sudoku-Rätseln.
- **Sticker-Bücher und Kindermalbücher:** Stickerbücher, die nicht nur reine Stickerheftchen sind, sollen unter die 7 % fallen, ebenso wie Malbücher für Kinder. Hierzu gibt es laut Zollauskunft auch bereits positiv beschiedene Anfragen – beziehungsweise: für Malbücher für Kinder ist das bereits im Zollkodex so festgeschrieben.

---

799 FG Hamburg, Urteil vom 9.12.2013, 4 K 2013/12.
800 Börsenverein des deutschen Buchhandels, 7 oder 19 Prozent? Die Crux mit den Ausmalbüchern – Mehrwertsteuer: Interview mit Steuerexperte Erwin Herzing, astw.iww.de.
801 A. a. O.
802 A. a. O.

- **Erwachsenenmalbücher:** Ausmalbücher für Erwachsene dagegen sind ein Sonderfall, weil sie erst vor wenigen Jahren aufgekommen sind. Manche sind genauso gut als Malbuch für Kinder geeignet, da ist die Einordnung mit 7% unproblematisch. Steuerrechtliche Unschärfen gibt es dann, wenn die Titel eindeutig als Ausmalbücher für Erwachsene beworben bzw. konzipiert werden. Denn als der Zollkodex erarbeitet wurde, hat niemand daran gedacht, dass es solche Produkte einmal geben könnte. Deshalb finden sie dort auch keine Erwähnung.

69.2.5.4   Blick ins Ausland: Großbritannien

Das Problem ist kein rein deutsches. In Großbritannien, wo noch während der EU-Mitgliedschaft die Idee der Erwachsenenmalbücher ihren Ursprung hatte, wurden die Verlage Ende Mai 2016. zu ihrem Entsetzen informiert, dass für die Bücher nun der obere Steuersatz von 20 % gelten soll, wie das für andere »unvollständige Bücher« bereits der Fall ist[803].

➡ Beratungskonsequenzen

1. Der Börsenverein[804] empfiehlt den Unternehmen, auf Erwachsenenmalbücher **weiter den ermäßigten Umsatzsteuersatz anzuwenden.**
2. Gleichzeitig bemüht sich der Verein, die betroffenen **Mitgliedsfirmen zum Austausch an einen Tisch** zu holen.
3. Zur **Kontaktaufnahme** gibt der Verein folgende E-Mail-Anschriften bekannt:
   - laier@boev.de
   - sprang@boev.de

69.2.6   Ermäßigter Steuersatz/FinVerw: Hochzeits- und Portraitfotografie sowie Fotobücher

Für fotografische Leistungen findet grundsätzlich der Regelsteuersatz nach § 12 Abs. 1 UStG Anwendung. Nach § 12 Abs. 2 Nr. 7 Buchst. c UStG unterliegen jedoch die Einräumung, Übertragung und Wahrnehmung von Rechten, die sich aus dem Urheberrechtsgesetz (UrhG) ergeben, dem ermäßigten Steuersatz von 7 %. Voraussetzung für die Steuerbegünstigung ist nach Abschn. 12.7 UStAE, dass der

---

803   DER SPIEGEL, Wann ist ein Buch ein Buch?, Ausgabe 22/2016, 127.
804   A. a. O.

wesentliche Inhalt der Leistung in der Einräumung, Übertragung und Wahrnehmung von Rechten nach dem UrhG besteht. Ob dies der Fall ist, bestimmt sich nach dem entsprechend der vertraglichen Vereinbarung erzielten wirtschaftlichen Ergebnis.

Übergibt der Fotograf seinem Auftraggeber **nur die bestellten Positive** – z. B. Passbilder, Familien- und Gruppenaufnahmen – liegt keine Rechtsübertragung, sondern eine nicht begünstigte Lieferung vor[805]. Das gilt auch für Bilddateien[806].

Einem privaten Endverbraucher, der Hochzeits- oder Portraitaufnahmen bei einem Fotografen in Auftrag gibt, geht es in erster Linie darum, die Fotos oder die Bilddateien zu erhalten. Die zwangsläufig verbundene Übertragung der urheberrechtlichen Nutzungsrechte ist Bestandteil einer **einheitlichen wirtschaftlichen Gesamtleistung,** deren Schwerpunkt nicht in der Übertragung von urheberrechtlichen Schutzrechten, sondern in der Überlassung der Fotografien – auch digital – besteht. An dieser Beurteilung kann weder die Leistungsbezeichnung in der Rechnung, z. B. »Übertragung von Nutzungsrechten«, noch der Hinweis des Fotografen, er sei nicht handwerklich, sondern künstlerisch tätig, etwas ändern[807].

Der Regelsteuersatz kommt auch dann zur Anwendung, wenn der **Fotograf in seiner Rechnung**

- das Aufnahmehonorar und
- den Preis für den Verkauf der Bilder oder Bilddateien

gesondert ausweist. Grundsätzlich ist jede Leistung selbstständig zu beurteilen. Allerdings darf ein einheitlicher wirtschaftlicher Vorgang umsatzsteuerrechtlich nicht in mehrere Leistungen aufgeteilt werden (Abschn. 3.10 Abs. 3 Satz 1 UStAE). Aus Sicht der Auftraggeber steht die Überlassung der Bilder im Vordergrund, sodass diese Leistung das Wesen dieses Umsatzes darstellt.

Auf die **Erstellung eines Fotobuchs** – z. B. durch den Fotografen – kann der ermäßigte Steuersatz nach § 12 Abs. 2 Nr. 1 UStG i. V. m. Nr. 49 der Anlage 2 zum UStG nicht angewendet werden. Im Vordergrund steht die sonstige Leistung der Erstellung/Zusammenstellung eines Fotobuchs und nicht die anschließende Lieferung.

---

805 Vgl. Abschn. 12.7 Abs. 18 Satz 4 UStAE.

806 OFD Niedersachsen, Vfg. v. 25.4.2016 – S 7240 - 56 - St 187 VD, MwStR 2016, 967.

807 OFD Niedersachsen, a. a. O.

Hat der Fotograf seinem Auftraggeber statt des Regelsteuersatzes den ermäßigten Steuersatz in Rechnung gestellt, schuldet der Unternehmer **trotz des zu niedrigen Steuerausweises die gesetzlich vorgeschriebene Steuer.** Der Unternehmer hat in diesem Fall die Steuer unter Zugrundelegung des maßgeblichen Steuersatzes aus dem Gesamtrechnungsbetrag herauszurechnen[808].

Anders sind die Fälle zu beurteilen, in denen lediglich ein **vom Kunden selbst entworfenes Fotobuch** gedruckt und ausgeliefert wird. Der Inhalt des Fotobuchs wird vom Kunden unter Zuhilfenahme eines vom leistenden Unternehmer zur Verfügung gestellten Computerprogramms bzw. über einen Internetbrowser mit entsprechender Webanwendung individuell gestaltet.

In der Vergangenheit konnten Fotobücher als Buch zolltariflich in die Position 4901 eingereiht werden und somit dem ermäßigten Steuersatz unterliegen[809]. Nach der Durchführungsverordnung (EU) 2015/2254 der Kommission vom 2.12.2015 sind Fotobücher zolltariflich in die Position 4911 91 00 einzureihen. Eine Einreihung als Buch in die nach der Anlage 2 zu § 12 Abs. 2 Nr. 1 und 2 UStG begünstigte Position 4901 kommt nicht in Betracht, weil die Ware **nicht zum Lesen bestimmt** ist. Die Durchführungsverordnung ist am 25.12.2015 in Kraft getreten[810].

Die Lieferungen, Einfuhren und innergemeinschaftlichen Erwerbe von Fotobüchern unterliegen daher unabhängig von der Abmessung und Bindung, und davon, ob der Gegenstand nicht, teilweise oder vollständig im Vollfarbdruck hergestellt wurde, dem **allgemeinen Steuersatz.**

 Beratungskonsequenzen

Die Finanzverwaltung lässt es unbeanstandet, wenn der Unternehmer **vor dem 1.1.2017 ausgeführte Lieferungen und innergemeinschaftlichen Erwerbe** dem ermäßigten Steuersatz unterwirft[811].

---

808 OFD Niedersachsen, a. a. O.
809 § 12 Abs. 2 Nr. 1 UStG i. V. m. lfd. Nr. 49 der Anlage 2 zum UStG
810 OFD Niedersachsen, a. a. O.
811 BMF, Schreiben vom 20.4.2016, BStBl. I 2016, 483.

69.3   Umsatzsteuersätze in den Mitgliedstaaten der EU

Auf ihrer offiziellen Website[812] veröffentlicht die Europäische Union die Mehrwertsteuersätze der einzelnen EU-Länder. Die Aktualisierung erfolgt zweimal jährlich, jeweils im Januar und im Juli. Die aktuelle Übersicht[813] ist allerdings weiter noch auf dem **Stand Januar 2021:**

Mehrwertsteuersätze in den einzelnen EU-Ländern (Stand Januar 2021)					
Mitgliedsland	Ländercode	Normalsatz	Ermäßigter Satz	Stark ermäßigter Satz	Zwischensatz
Österreich	AT	20	10/13	–	13
Belgien	BE	21	6/12	–	12
Bulgarien	BG	20	9	–	–
Zypern	CY	19	5/9	–	–
Tschechische Republik	CZ	21	10/15	–	–
Deutschland	DE	19	7	–	–
Dänemark	DK	25	-	–	–
Estland	EE	20	9	–	–
Griechenland	EL	24	6/13	–	–
Spanien	ES	21	10	4	–
Finnland	FI	24	10/14	–	–
Frankreich	FR	20	5,5/10	2,1	–
Kroatien	HR	25	5/13	–	–
Ungarn	HU	27	5/18	–	–
Irland	IE	23	9/13,5	4,8	13,5
Italien	IT	22	5/10	4	–
Litauen	LT	21	5/9	–	–
Luxemburg	LU	17	8	3	14
Lettland	LV	21	12/5	–	–
Malta	MT	18	5/7	–	–
Niederlande	NL	21	9	–	–

---

812   https://europa.eu.
813   Abgerufen am 24.3.2022.

Mehrwertsteuersätze in den einzelnen EU-Ländern (Stand Januar 2021)					
Mitgliedsland	Ländercode	Normalsatz	Ermäßigter Satz	Stark ermäßigter Satz	Zwischen-satz
Polen	PL	23	5/8	–	–
Portugal	PT	23	6/13	–	13
Rumänien	RO	19	5/9	–	–
Schweden	SE	25	6/12	–	–
Slowenien	SI	22	9,5	–	–
Slowakei	SK	20	10	–	–

Die EU erläutert die tabellarische Übersicht auf ihrer Website wie folgt:

- **Normalsatz:** Jedes Land hat einen Normalsatz, der für die meisten Umsätze gilt. Dieser darf 15 % nicht unterschreiten.

- **Ermäßigter Satz:** Auf den Verkauf bestimmter Güter und die Erbringung bestimmter Dienstleistungen können ein oder zwei ermäßigte Sätze (auf der Grundlage der Liste in Anhang III der Mehrwertsteuerrichtlinie) angewandt werden. Auf elektronischem Weg erbrachte Dienstleistungen sind hiervon überwiegend ausgenommen. Die hier genannten ermäßigten Steuersätze dürfen 5 % nicht unterschreiten.

- **Sondersteuersätze:** Einige EU-Länder dürfen bestimmte Umsätze mit Sonder-Mehrwertsteuersätzen belegen, nämlich diejenigen Länder, die diese Sondersätze am 1.1.1991 angewandt haben.

  Die Sondersätze waren ursprünglich als Übergangsregelung für eine reibungslosere Umstellung auf die Mehrwertsteuervorschriften der EU beim Inkrafttreten des EU-Binnenmarkts am 1.1.1993 gedacht und sollten schrittweise auslaufen.

  Es gibt drei Arten von Sondersätzen:

  – Stark ermäßigter Satz

  – Nullsatz

  – Zwischensatz

- **Stark ermäßigter Satz:** Stark ermäßigte Mehrwertsteuersätze von weniger als 5 % werden in bestimmten EU-Ländern auf Umsätze einer begrenzten Reihe von Waren und Dienstleistungen angewandt.

- **Nullsatz:** Einige EU-Länder wenden auf bestimmte Umsätze einen Nullsatz an. Bei Anwendung eines Nullsatzes muss der Verbraucher keine Mehrwertsteuer abführen, Sie können jedoch Mehrwertsteuer, die Sie bei unmittelbar mit dem betreffenden Umsatz verbundenen Einkäufen selbst entrichtet haben, in Abzug bringen.

- **Zwischensatz (auch »vorläufiger Satz« oder »Parksatz«):** Einige EU-Länder wenden Zwischensätze auf bestimmte Umsätze von in Anhang III der Mehrwertsteuerrichtlinie nicht enthaltenen Waren und Dienstleistungen an. Die betreffenden Länder können auf diese Umsätze anstelle des Normalsatzes weiterhin ermäßigte Sätze anwenden, sofern diese mindestens 12 % betragen.

Beratungskonsequenzen

1. Die Angaben in der EU-Tabelle sind **unverbindlich**. Die EU empfiehlt ausdrücklich, die jeweils aktuellen Steuersätze bei der zuständigen Steuerbehörde zu erfragen.

2. Detailliertere Informationen zu den Mehrwertsteuersätzen finden Sie auf den Internetseiten der **Generaldirektion Steuern und Zollunion (TAXUD)**.

69.4 Umsatzsteuersätze in den wichtigsten Drittstaaten

Staat*	ermäßigter Satz in %	Normalsatz in %
Bosnien und Herzegowina	–	17
Island	11	24
Israel	7,5	17
Japan	–	10
Mazedonien	5	18
Montenegro	7	21
Norwegen	11,11 / 12 / 15	25
Russische Föderation	10	20
Schweiz	2,5 / 3,7	7,7
Serbien	10	20
Türkei	1 / 8	18
United Kingdom	5	20
Ukraine	7	20

Staat*	ermäßigter Satz in %	Normalsatz in %
Kanada:		
a) Goods an ServicesTax (GST)	–	5
b) Harmonized Sales Tax (HST) Provinzen (Einzelhandelsumsatzsteuer)	–	13–15
c) Quebec Sales Tax (QST)	–	9,975
* Quelle: HK Hamburg, Info-Blatt 78907, www.hk24.de, abgerufen am 24.3.2022		

Ergänzende Erläuterung zu Kanada:

- 5 % Goods and Services Tax (GST) in den Provinzen: Alberta, British Columbia, Manitoba, Northwest Territories, Nunavut, Saskatchewan und Yukon.
- 13 % HST in der Provinz Ontario. 15 % HST in der Provinz Prince Edward Island. 15 % HST in den Provinzen Newfoundland and Labrador, Nova Scotia, New Brunswick.
- 9,975 % QST in der Provinz Quebec.

70 Umsatzsteuersenkung zum 1.7.2020/Umsatzsteuerrückführung zum 1.1.2021

 Hinweis zu diesem Kapitel

⊃ Kapitel 70 der Vorauflage (19. Auflage 2021)

Rechnungsstellung – Vorsteuerabzug – Übergang der Steuerschuld

71 Rechnungen

Erfahrungen, Praxistipps und Prüffelder der Umsatzsteuer-Sonderprüfungen

§ **Rechtsgrundlagen**

- UStG: §§ 14 ff.
- UStDV: §§ 31 ff.
- UStAE: Abschn. 14.1 ff.
- MwStSystRL: Art. 217–249 (Titel XI Kap. 3 u. 4)

71.0 Auf einen Blick – alle wichtigen Neuerungen vorab!

Kaum ein anderes Umsatzsteuerthema ist wichtiger und zugleich komplexer als die Rechnungsstellung und dazu korrespondierend der Vorsteuerabzug (➲ Kapitel 75). Beide Themen sind daher »Dauerbrenner« schon seit vielen Jahren, bei denen schon gefestigtes Wissen immer wieder mit neuen Vorschriften und Erkenntnissen in Einklang zu bringen ist. Den Praktiker dabei zu unterstützen ist Ziel dieses Vorspanns, der ausschließlich die Neuerungen im Bereich der Rechnungsstellung fokussiert.

71.0.1 Umweltbonus und Innovationsprämie erfordern besondere Rechnungsstellung bei E-Fahrzeugen

Die Förderung von E-Autos ist abhängig von einer besonderen Rechnungsstellung. Die Autohäuser müssen sowohl den Anforderungen des Umsatzsteuergesetzes als auch denen des Umweltbonus zu genügen.

71.0.1.1 Fördersätze

Mit der Innovationsprämie wurde der **Bundesanteil an der Förderung verdoppelt** (Richtlinie zur Förderung des Absatzes von elektrisch betriebenen Fahrzeugen – FörderRL – vom 21.10.2020). Davon profitieren folgende Elektrofahrzeuge:

- **Neuwagen,** die nach dem 3.6.2020 zugelassen wurden und

- **Gebrauchtwagen,** die erstmalig nach dem 4.11.2019 oder später zugelassen wurden und deren Zweitzulassung nach dem 3.6.2020 erfolgt ist.

Mit der neuen Richtlinie wird **beim Leasing** die Höhe der Förderung abhängig von der Leasingdauer gestaffelt. Leasingverträge mit einer Laufzeit ab 23 Monaten erhalten weiterhin die volle Förderung. Bei kürzeren Vertragslaufzeiten wird die Förderung entsprechend angepasst.

71.0.1.2 Rechnungsstellung durch das Autohaus bei Neufahrzeugen

71.0.1.2.1 Allgemeines

Zur **Sicherung des Eigenbetrags der Automobilindustrie** wird der Bundesanteil am Umweltbonus nur gezahlt, wenn der Netto-Kaufpreis (exklusive Mehrwertsteuer) des Basismodells für den Endkunden um mindestens den Herstelleranteil am Umweltbonus gemindert wird (Nr. 4 vierter Spiegelstrich FörderRL).

Vergleichsmaßstab ist insoweit der dem BAFA vorliegende Netto-Listenpreis des Basismodells zur Zeit der Markteinführung in Deutschland, der sog. **BAFA Listenpreis.** Die Meldung des BAFA-Listenpreises erfolgt vor Aufnahme auf die Liste der förderfähigen Elektrofahrzeuge durch den Automobilhersteller.

Etwaige Sonderausstattung sind nicht Bestandteil des Basismodells.

Vom BAFA-Listenpreis wird der entsprechende Fördersatz abgezogen. Daraus ergibt sich der **Schwellenwert,** der für die Prüfung des Eigenanteils des Automobilherstellers am Umweltbonus maßgeblich ist. Wenn der Nettokaufpreis des Basismodells unter Berücksichtigung aller vom Automobilhersteller bzw. Händler gewährten Nachlässe und Rabatte den Schwellenwert unterschreitet, dann ist der Eigenanteil des Automobilherstellers am Umweltbonus nachgewiesen.

71.0.1.2.2 Zusätzliche Rechnungspflichtangaben

Über die §§ 14, 14a UStG hinaus müssen

- Rechnung und
- Leasingvertrag

gem. Nr. 5.1 FörderRL folgende Inhalte ausweisen:

 Checkliste: ... Rechnungspflichtangaben nach Nr. 5.1 FörderRL

Alle Beträge verstehen sich **exklusive Umsatzsteuer**!

- Eindeutiger Bezug auf das förderfähige Basis-Fahrzeugmodell auf der Liste des BAFA
- Deutlich und nachvollziehbar ausgewiesener Eigenbetrag des Automobilherstellers am Umweltbonus, der mindestens dem in Nr. 4 FörderRL festgelegten Betrag entspricht, sodass die Antragstellerin/der Antragsteller den Eigenanteil selbstständig prüfen kann
- Netto-Kaufpreis für das Basis-Fahrzeugmodell für die Kundin/den Kunden
- Sonderausstattungen im Vergleich zum Basis-Fahrzeugmodell auf der BAFA-Liste (werden gesondert ausgewiesen)
- Der Erwerb eines Fahrzeugs mit AVAS erfordert den ausdrücklichen Hinweis darauf, dass das Fahrzeug vor der Übergabe an die Antragstellerin / den Antragsteller mit einem solchen System ausgestattet wurde oder wird
- Bei Leasinggeschäften ist die Vorlage des Kalkulationsblatts der Leasingrate/internen Kalkulation verpflichtend

 Beratungskonsequenzen

Achten Sie unbedingt die **zutreffende Modellbezeichnung des Basismodells und den Grundlistenpreis** entsprechend der Liste der förderfähigen Fahrzeuge aufgeführt ist, damit dem BAFA die Zuordnung gelingt! Dies vor allem im Hinblick auf den Ausschluss späterer Rechnungskorrekturen (➲ nachfolgendes Kapitel 71.0.1.2.3).

71.0.1.2.3 Keine Rechnungskorrekturen

Bitte achten Sie darauf, dass das BAFA mit **Antragstellung ab 1.6.2021** keine Rechnungskorrekturen zulässt. Ein Antrag kann nur dann bewilligt werden, wenn aus der mit dem Antrag eingereichten Rechnung das Basismodell und der Herstelleranteil am Umweltbonus eindeutig hervorgehen (s. o.).

71.0.1.3 Abrechnungsbeispiele und Vertiefung

Weitere Einzelheiten und Abrechnungsbeispiele finden Sie in den einschlägigen Branchen-Informationsdiensten[814].

71.0.2 Die neuen GoBD

Mit Schreiben vom 11.07.2019 hat das BMF die GoBD[815] nach grundlegender Überarbeitung zunächst neu gefasst und bekanntgegeben. Damit folgte das BMF nicht zuletzt entsprechenden Anregungen aus der Wirtschaft, die eine Anpassung des Vorgängerschreibens aus dem Jahr 2014 an den technischen Fortschritt für unabdingbar hält.

Ende August erfolgte für alle Beteiligten unerwartet seitens des BMF ein »Rückzieher«: die bisherigen GoBD aus dem Jahr 2014 sollten vorerst unverändert weitergelten. Mit BMF-Schreiben vom 28.11.2019 wurden die noch einmal geänderten GoBD nunmehr offiziell neu gefasst[816].

Die Überarbeitung der GoBD setzt vor allem Anregungen aus der Wirtschaft um, die eine Anpassung des Vorgängerschreibens (BMF vom 14.11.2014) an den technischen Fortschritt wünschte. **Aus Unternehmersicht ist die Neufassung daher zu begrüßen** ➜ Kapitel 74a.01.

---

814 ASR 12/2021, 17; AStW 1/2022, 54.

815 GoBD = »Grundsätze zur ordnungsmäßigen Führung und Aufbewahrung von Büchern, Aufzeichnungen und Unterlagen in elektronischer Form sowie zum Datenzugriff«.

816 BMF, Schreiben vom 28.11.2019, IV A 4 – S 0316/19/10003 :001, 2019/0962810, mybook.haufe.de > Wichtiges aus dem BMF.

71.0.3 Leistungsbeschreibung – wie genau muss diese sein?

Viel Neues zum Niedrigpreissegment

71.0.3.1 Gattungsbezeichnung bei Textilien ist keine ordnungsgemäße Leistungsbeschreibung

Auch bei Textilien im Niedrigpreissegment führt die bloße Gattungsbezeichnung (z. B. »T-Shirts« oder »Jacken«) zu keiner ordnungsgemäßen Leistungsbeschreibung. Der Leistungsempfänger ist in diesem Fall nicht zum Vorsteuerabzug berechtigt.[817]

71.0.3.1.1 Sachverhalt

Der Kläger (K) betreibt einen Großhandel mit Textilien. Das Finanzamt kürzte im Rahmen einer Umsatzsteuersonderprüfung den von K geltend gemachten Vorsteuerabzug aus diversen Rechnungen aufgrund mangelhafter Warenbezeichnungen. Hierbei handelt es sich um Rechnungen, bei denen die Waren lediglich mit Stichworten wie »Blusen«, »Jacken«, »Pullover«, »T-Shirts«, »Tops« oder »Röcke« bezeichnet werden. Hiergegen wandte K ein, dass im Textilgroßhandel insbesondere im Niedrigpreissektor detailliertere Bezeichnungen nicht handelsüblich seien.

71.0.3.1.2 Entscheidung

Dem ist das FG nicht gefolgt und hat die Klage abgewiesen. Die Rechnungen enthielten keine hinreichenden Leistungsbeschreibungen und berechtigten daher nicht zum Vorsteuerabzug. Eine Rechnung müsse Angaben tatsächlicher Art enthalten, welche die **Identifizierung der Leistung** ermöglichen, um eine mehrfache Abrechnung der Leistung auszuschließen. Daher müsse der Leistungsgegenstand eine

- **eindeutige** und
- **leicht nachprüfbare**

Feststellung der Leistung ermöglichen.

---

817   FG Münster, Urteil vom 14.03.2019, 5 K 3770/17 U; vgl. auch *Weimann*, AStW 2019, 725.

Dies erfordere insbesondere eine **handelsübliche Bezeichnung der Leistung,** was bei lediglich abstrakten Warenbezeichnungen wie in den streitbefangenen Rechnungen nicht der Fall sei. Eine eindeutige und leicht nachprüfbare Identifizierung der einzelnen Leistungen lasse sich anhand dieser Bezeichnungen nicht vornehmen.

Die Waren hätten vielmehr **weitergehend umschrieben** werden müssen, etwa nach

- Hersteller,
- Modelltyp,
- Schnittform,
- Material,
- Muster,
- Farbe,
- Größe oder
- unter Bezugnahme auf eine Artikel- oder Chargennummer.

Die **Angabe zumindest gewisser solcher Merkmale** sei auch im Niedrigpreissektor zumutbar, denn auch der Weiterverkauf an Endverbraucher in einem Ladenlokal erfordere eine Sortierung nach Modelltypen und Größen. **Andere Unterlagen zur Identifizierung der Leistungen** habe K nicht vorgelegt.

 Beratungskonsequenzen

Das FG hat die **Revision zum BFH zugelassen.**

71.0.3.2 Rechnung muss auch im Niedrigpreissegment immer eindeutige Identifizierung der Leistung ermöglichen

Auch beim massenhaften Handel von Kleidungsstücken und von Modeschmuck im Niedrigpreissegment kann ein Vorsteuerabzug nur vorgenommen werden, wenn die Rechnung eine eindeutige und leicht nachprüfbare Feststellung der Leistung ermöglicht, über die abgerechnet wird.[818]

---

818 Hessisches Finanzgericht, Urteil vom 12.10.2017, 1 K 547/14 und Urteil vom 12.10.2017, 1 K 2402/14.

71.0.3.2.1 Sachverhalt

Im **Klageverfahren 1 K 547/14** war die Klägerin im Streitjahr im Textilhandel unternehmerisch tätig. Sie vertrieb Damenoberbekleidung (insbesondere T-Shirts und Blusen) im Niedrigpreissegment. Die Kleidungsstücke wurden jeweils in großen Mengen in verschiedenen Standardgrößen und in mehreren Farben von Großhändlern eingekauft. Die Einkaufspreise je Artikel bewegten sich jeweils im unteren einstelligen Eurobereich. Das Finanzamt versagte bei einigen Rechnungen zu Lasten der Klägerin den Vorsteuerabzug, weil sich die Bezeichnungen der gelieferten Gegenstände in den Rechnungen auf die pauschale Bezeichnung einer Warenklasse und die Angabe einer erheblichen Stückzahl im mindestens dreistelligen Bereich beschränke. Eine Konkretisierung der Leistungsbeschreibungen fehle.

Auch im **Klageverfahren 1 K 2402/14**, in dem die Klägerin im Bereich des Handels mit Modeschmuck und Accessoires im Niedrigpreissegment tätig war, lehnte das Finanzamt den Vorsteuerabzug ab, weil Rechnungen auch hier nur unzureichende Angaben wie »div. Modeschmuck« (Armband, Ohrring, Kette etc.), den Netto-Einzelpreis sowie die Anzahl der gelieferten Artikel enthielten.

71.0.3.2.2 Entscheidung

Der klägerische Einwand, dass die jeweiligen Leistungsbeschreibungen in den Rechnungen angesichts der BFH-Rechtsprechung und mit Blick auf die **Besonderheiten im Massengeschäft mit Billigartikeln** die Anforderungen an eine handelsübliche Bezeichnung der Art der gelieferten Gegenstände erfüllten und dass die Handelsüblichkeit letztendlich **von der Umsatzstruktur bzw. vom Marktumfeld** abhänge, verfing im Klageverfahren nicht. Gleiches gilt für den Hinweis, dass die Übertragung der Anforderungen bei Leistungsbeschreibungen für sonstige Leistungen auf die – hier vorliegenden – Abrechnungen von Lieferungen bei verschiedenen Warengruppen zur Unmöglichkeit des Vorsteuerabzugs führe und gegen die EuGH-Rechtsprechung verstoße.

Das FG entschied vielmehr, dass die streitigen Rechnungen mangels

- hinreichender Leistungsbeschreibung und
- fehlender Identifikationsmöglichkeit

den gesetzlichen Anforderungen zum Vorsteuerabzug aus Rechnungen nicht genügten.

Innerhalb einer Branche sei hinsichtlich der Frage, welche Bezeichnung einer Leistung noch handelsüblich sei, nicht nach verschiedenen Verkehrskreisen – nämlich dem Handel mit Textilien im mittleren und oberen Preissegment einerseits und dem Handel mit Waren im Niedrigpreissegment andererseits – zu differenzieren. Die in den Rechnungen des Verfahrens 1 K 547/14 enthaltene bloße Angabe einer Gattung (z. B. Shirts, T-Shirts, Blusen, Kleider, Blusen, Jacken) stelle keine handelsübliche Bezeichnung dar. Die – hier fehlende – **erforderliche weitergehende Umschreibung der Ware** könne beispielsweise über die Herstellerangaben bzw. die Angabe einer etwaigen Eigenmarke oder über Modelltyp, Farbe und Größe sowie unter Bezugnahme auf eine Artikel- oder Chargennummer erfolgen. Auch die Benennung von Größe, Farbe, Material, gegebenenfalls Sommer-oder Winterware komme in Betracht.

Das Fehlen jeglicher weiterer Umschreibung der Artikel lasse vorliegend

- keine **eindeutige** und
- **mit begrenztem Aufwand nachprüfbare**

Feststellung der Lieferungen, über die mit den Rechnungen abgerechnet worden sei, zu. Dabei bestehe angesichts der hohen Anzahl der in den Rechnungen aufgeführten Artikel auch die **Gefahr einer willentlichen oder unwillkürlichen mehrfachen Abrechnung** der Leistung in einer anderen Rechnung. All dies gelte auch für den Handel mit Modeschmuck, Uhren und Accessoires. Auch insoweit stelle die bloße Angabe einer Gattung (z. B. Armbänder, Ketten, Halsketten) keine handelsübliche Bezeichnung dar.

 Beratungskonsequenzen

Das FG hat die Revision wegen grundsätzlicher Bedeutung zugelassen. Gegen das Urteil im Verfahren 1 K 2402/14 wurde **Revision** eingelegt, die beim BFH unter dem **Aktenzeichen XI R 2/18** anhängig ist.

71.0.4 Eingangsrechnungen: Postfachangaben gefährden den Vorsteuerabzug nicht

Ein erster Lichtblick auch beim Vertrauensschutz

 Rechtsgrundlagen

EuGH vom 15.11.2017/BFH vom 13. und 21.6.2018

Der EuGH hat darauf erkannt, dass das Recht zum Vorsteuerabzug unabhängig davon besteht, dass in der Eingangsrechnung die Anschrift angegeben ist, unter der der Rechnungsaussteller seine wirtschaftliche Tätigkeit ausübt[819]. Gleichzeitig hält der Generalanwalt den Schutz des Vertrauens in das Vorliegen der Voraussetzungen des Rechts auf Vorsteuerabzug in Deutschland für nur unzureichend[820]. Mit Urteilen vom 13.6.2018 sowie vom 21.6.2018 sind beide Umsatzsteuersenate des BFH der Rechtsprechung des EuGH grundsätzlich gefolgt[821].

71.0.4.1 Anschrift des leistenden Unternehmers als Rechnungspflichtangabe

Eine Rechnung muss u. a. »den vollständigen Namen und die vollständige Anschrift des leistenden Unternehmers« enthalten (§ 14 Abs. 4 Satz 1 Nr. 1 UStG). Dazu führt Abschn. 14.5 Abs. 2 UStAE aus:

 Rechtsgrundlagen

Abschn. 14.5 Abs. 2 UStAE

»Verfügt der Leistungsempfänger über ein Postfach oder über eine Großkundenadresse, ist es ausreichend, wenn diese Daten anstelle der Anschrift angegeben werden.«

---

819 EuGH, Urteil vom 15.11.2017, verbundene Rs. C-374/16 und 375/16, Rochus Geissel und Igor Butin; ➲ mybook.haufe.de > Wichtiges aus anderen Behörden; ➲ Kapitel 71.0.1.

820 Schlussanträge des Generalanwalts vom 5.7.2017; ➲ mybook.haufe.de > Wichtiges aus anderen Behörden; ➲ Kapitel 7.1.

821 BFH, Urteil vom 13.6.2018, XI R 20/14, BStBl. II 2018, 800; BFH, Urteil vom 21.6.2018, V R 25/15, BStBl. II 2018, 809.

Die Finanzverwaltung gibt damit eine **über viele Jahre gefestigte Rechtsauffassung** wieder; ernsthafte Gegenstimmen fanden sich bis dato weder in der Rechtsprechung noch in der Literatur.

71.0.4.2 Unerwartete Bedenken des BFH ab 2015

Umso größer der Überraschungseffekt, den der BFH erzielte:

 Rechtsgrundlagen

BFH, Urteil vom 22.7.2015, Rz. 25[822]

(Hinweis: Hervorhebungen durch **Fett**druck sind vom Autor.)

»Das Merkmal ›vollständige Anschrift‹ in § 14 Abs. 4 Nr. 1 UStG erfüllt nur die Angabe der zutreffenden **Anschrift des leistenden Unternehmers, unter der er seine wirtschaftlichen Aktivitäten entfaltet.** Denn sowohl Sinn und Zweck der Regelung in § 15 Abs. 1, § 14 Abs. 4 Nr. 1 UStG als auch das Prinzip des Sofortabzugs der Vorsteuer gebieten es, dass der Finanzverwaltung anhand der Rechnung eine eindeutige und leichte Nachprüfbarkeit des Tatbestandsmerkmals der Leistung eines anderen Unternehmers ermöglicht wird. Deshalb ist der Abzug der in der Rechnung einer GmbH ausgewiesenen Umsatzsteuer nur möglich, wenn der in der Rechnung angegebene Sitz der GmbH bei Ausführung der Leistung und bei Rechnungstellung tatsächlich bestanden hat. Der den Vorsteuerabzug begehrende Leistungsempfänger trägt hierfür die Feststellungslast, denn es besteht eine Obliegenheit des Leistungsempfängers, sich über die Richtigkeit der Angaben in der Rechnung zu vergewissern (ständige Rechtsprechung, z. B. BFH-Urteile vom ...). Die Angabe einer Anschrift, an der im Zeitpunkt der Rechnungstellung keinerlei geschäftliche Aktivitäten stattfinden, reicht als zutreffende Anschrift nicht aus (BFH-Urteile vom ...; **anderer Ansicht für die Verwendung eines Postfaches durch den Leistungsempfänger Abschn. 14.5 Abs. 2 Satz 3 des Umsatzsteuer-Anwendungserlasses**). Soweit der Senat ... geäußert hat, ein ›Briefkastensitz‹ mit nur postalischer Erreichbarkeit könne ausreichen, hält er hieran nicht mehr fest.«

Der BFH hat sich damit bewusst gegen

* die Rechtsauffassung der Finanzverwaltung und
* auch seine eigene Rechtsprechung

gestellt.

---

822 BFH, Urteil vom 22.7.2015, V R 24/14, Rz. 25, BFH/NV 2015, 1538.

71.0.4.3 EuGH-Vorlagen

Die Finanzgerichte vermochte die Rechtssprechungsänderung nicht zu überzeugen, so dass sich der BFH zu Vorabentscheidungsersuchen an den EuGH veranlasst sah[823]. Vereinfacht ausgedrückt wollte der BFH wissen,

- ob der Begriff der Anschrift dahin zu verstehen ist, dass der Steuerpflichtige (= leistender Unternehmer) an diesem Ort seine wirtschaftliche Tätigkeit ausübt, oder
- ob es ausreicht, dass er dort lediglich zu erreichen ist.

71.0.4.4 Antwort des EuGH

Der EuGH hat darauf erkannt, dass es für den Vorsteuerabzug des Rechnungsempfängers **nicht** erforderlich ist, dass in der Rechnung eine Anschrift angegeben ist, unter der der Rechnungsaussteller seine wirtschaftliche Tätigkeit ausübt[824].

71.0.4.4.1 Prinzipien zur Auslegung von Art. 226 Nr. 5 MwStSystRL

Nach Art. 226 Nr. 5 MwStSystRL sind in einer Rechnung der vollständige Name und die vollständige Anschrift des Steuerpflichtigen und des Erwerbers oder Dienstleistungsempfängers anzugeben. Nach der Rechtsprechung des EuGH sind bei der Auslegung dieser Vorschrift

- nicht nur der Wortlaut,
- sondern auch der Zusammenhang und
- die Ziele

zu berücksichtigen[825].

---

823   BFH, Beschlüsse vom 6.4.2016, V R 25/15, BFH/NV 2016, 1401 und XI R 20/14, BFH/NV 2016, 1405.
824   EuGH, Urteil vom 15.11.2017, a. a. O.
825   EuGH, Besprechungsurteil, a. a. O., Rz. 30 f.

71.0.4.4.2 Wortlaut der Vorschrift

Die verschiedenen Sprachfassungen der Vorschrift weichen voneinander ab. Das Fehlen oder Vorhandensein des **Adjektivs** »**vollständig**« in der Formulierung dieses Erfordernisses gibt daher keinen Aufschluss darüber, ob die in der Rechnung angegebene Anschrift dem Ort entsprechen muss, an dem der Rechnungsaussteller seine wirtschaftliche Tätigkeit ausübt[826].

Der **Begriff** »**Anschrift**« wird allgemein weit verstanden. Der EuGH verweist insoweit auf Nr. 36 der Schlussanträge des Generalanwalts (a. a. O.); danach umfasst die gewöhnliche Bedeutung dieses Begriffs jede Art von Anschrift, einschließlich einer Briefkastenanschrift, sofern die Person unter dieser Anschrift erreichbar ist[827].

Darüber hinaus müssen Rechnungen für Mehrwertsteuerzwecke nur die in diesem Art. 226 genannten Angaben enthalten. Daraus folgt, dass die mit diesen Angaben verbundenen Verpflichtungen in dem Sinne **eng auszulegen** sind, dass die Mitgliedstaaten **keine strengeren Verpflichtungen** vorsehen dürfen als diejenigen, die sich aus der Mehrwertsteuerrichtlinie ergeben[828].

 Beratungskonsequenzen

Die Mitgliedstaaten können daher die Ausübung des Rechts auf Vorsteuerabzug **nicht nach eigenem Gutdünken** von der Erfüllung zusätzlicher Voraussetzungen betreffend den Inhalt der Rechnungen abhängig machen, die in den Bestimmungen der Mehrwertsteuerrichtlinie nicht ausdrücklich vorgesehen sind.

71.0.4.4.3 Kontext der Vorschrift

Das Recht auf Vorsteuerabzug kann grundsätzlich nicht eingeschränkt werden. Der EuGH hat insoweit entschieden, dass der Besitz einer Rechnung, die die in Art. 226 MwStSystRL vorgesehenen Angaben enthält, eine formelle Bedingung für das Recht auf Vorsteuerabzug darstellt. Sind die materiellen Anforderungen

---

826 EuGH, Besprechungsurteil, a. a. O., Rz. 33 f.
827 EuGH, Besprechungsurteil, a. a. O., Rz. 35.
828 EuGH, Besprechungsurteil, a. a. O., Rz. 36 ff.

erfüllt, ist der Vorsteuerabzug zu gewähren, selbst wenn der Steuerpflichtige bestimmten formellen Bedingungen nicht genügt hat[829].

 Beratungskonsequenzen

Daraus folgt, dass Modalitäten, die die Angabe der Anschrift des Rechnungsausstellers betreffen, für den Vorsteuerabzug nicht maßgeblich sein können.

71.0.4.4.4 Teleologische Auslegung der Vorschrift

Die Angaben, die eine Rechnung enthalten muss, sollen es den Steuerverwaltungen ermöglichen, die Entrichtung der geschuldeten Steuer und gegebenenfalls das Bestehen des Vorsteuerabzugsrechts zu kontrollieren.

Dazu führt der **Generalanwalt in seinen Schlussanträgen** aus:

 Rechtsgrundlagen

Schlussanträge des Generalanwalts vom 5.7.2017, Rz. 40 ff.

(Hinweis: Hervorhebungen durch **Fett**druck sind vom Autor.)

»40. Die Verpflichtung nach Art. 226 Nr. 5 der Mehrwertsteuerrichtlinie zur Nennung der Anschrift des Ausstellers in der Rechnung ist im Licht dieser zweifachen Funktion der Rechnung zu verstehen. Die Angabe der Anschrift des Ausstellers in der Rechnung dient – zusammen mit seinem Namen und seiner Mehrwertsteuer-Identifikationsnummer – dem Zweck, eine Verbindung zwischen einer bestimmten wirtschaftlichen Transaktion und einem konkreten Wirtschaftsteilnehmer herzustellen. Es gestattet also die **Identifizierung des Rechnungsausstellers**.

41. Diese Identifizierung ist für die Steuerverwaltung wesentlich, um die notwendigen Prüfungen durchzuführen, ob der Mehrwertsteuerbetrag erklärt und entrichtet ist. Die Identifizierung erlaubt wiederum auch dem Steuerpflichtigen, zu klären, ob der Aussteller steuerpflichtig im Sinne der Mehrwertsteuervorschriften ist.

42. Vor diesem Hintergrund kann ich nicht die von der österreichischen und der deutschen Regierung geäußerte Ansicht teilen, dass tatsächliche wirtschaftliche Aktivitäten oder eine reale Präsenz des Geschäfts des Unternehmers an der in der

---

829 EuGH, Besprechungsurteil, a. a. O., Rz. 39 f. unter Hinweis auf EuGH, Urteil vom 15.9.2016, Rs. C-518/14, Senatex, Rz. 37 ff.

Rechnung angegebenen Anschrift notwendig seien, damit der Rechnungsteller zutreffend identifiziert werden könne und um ihn zu erreichen. Allerdings muss die Rechnung nach Art. 226 der Mehrwertsteuerrichtlinie außerdem einige weitere Angaben enthalten, die diesem Zweck dienen. Unter diesen ist die Mehrwertsteuer-Identifikationsnummer desjenigen, der die Gegenstände geliefert oder die Dienstleistung erbracht hat, von besonderer Bedeutung. Diese Nummer kann von den Behörden leicht überprüft werden. Zudem kann sie auch von jedem anderen überprüft werden, auch online.

43. Es sollte bedacht werden, dass Unternehmen, um eine Mehrwertsteuer-Identifikationsnummer zu erhalten, ein **Registrierungsverfahren durchlaufen** müssen, bei dem sie an Ort und Stelle ein Mehrwertsteuer-Registrierungsformular mit entsprechenden Belegen und Unterlagen einreichen müssen. **Die Mitgliedstaaten haben nach den Mehrwertsteuervorschriften bestimmte Daten zu speichern.** Demgemäß haben die Mitgliedstaaten eine Vielfalt von Informationen in Bezug auf alle Wirtschaftteilnehmer zu sammeln, denen eine Mehrwertsteuer-Identifikationsnummer erteilt wurde. **Sie sind eindeutig nicht – ausschließlich oder besonders – auf die Anschrift in einer Rechnung angewiesen, um den Aussteller zu identifizieren und zu bestimmen, wo und wie er erreicht werden kann.**«

Der EuGH folgt den Ausführungen des Generalanwalts vollinhaltlich[830].

 Beratungskonsequenzen

EuGH und Generalanwalt werden hier erstaunlich deutlich:

Weil die Finanzverwaltung selbst über alle Daten verfügt, muss sie diese auch **selbst auswerten** und darf den Unternehmer insoweit nicht in die Pflicht nehmen!

71.0.4.4.5 Auslegung im Licht der heutigen Gegebenheiten

Interessant ist insoweit auch ein Gedanke in den Schlussanträgen des Generalanwalts[831], der beim EuGH ein wenig zu kurz kommt:

---

830 EuGH, Besprechungsurteil, a. a. O., Rz. 41 ff.

831 A. a. O., Rz. 44 ff.

Rechtsgrundlagen

Schlussanträge des Generalanwalts vom 5.7.2017, Rz. 44 ff.

(Hinweis: Hervorhebungen durch **Fett**druck sind vom Autor.)

»44. Viertens überzeugt, wie das vorlegende Gericht ausgeführt hat, angesichts der heutzutage bestehenden unterschiedlichen Arten, wie Geschäfte organisiert und wirtschaftliche Tätigkeiten ausgeübt werden, das Erfordernis der Ausübung einer wirtschaftlichen Tätigkeit (oder alternativ des Vorhandenseins von Geschäftsräumen) an der in der Rechnung angegebenen Anschrift nicht. Dies gilt insbesondere im Hinblick auf die **jüngsten Entwicklungen in der Wirtschaft, wie sie sich etwa aus dem elektronischen Handel, der gemeinsamen Nutzung von Büroräumen und der Telearbeit ergeben.**

45. Angesichts dieser Entwicklungen ist es bisweilen schwierig, eine wirtschaftliche Tätigkeit einem bestimmten Ort zuzuordnen. Wie Herr Butin in seinen Schriftsätzen anführt, kann heutzutage ein An- und Verkaufsgeschäft auf einer Internetplattform einzig **mit einem Computer und einem Internetanschluss von nahezu überall auf der Welt aus** betrieben werden.«

71.0.4.5 Anschrift des Leistungsempfängers

Auch beim Rechnungsadressaten (= Leistungsempfänger) können die unterschiedlichsten Gründe für die Verwendung eines Postfachs sprechen. Die Ausführungen des EuGH dürften hierauf **entsprechend anwendbar** sein.

71.0.4.6 Schutz des Vertrauens in das Vorliegen der Voraussetzungen des Rechts auf Vorsteuerabzug

Der Generalanwalt hält den Schutz des Vertrauens in das Vorliegen der Voraussetzungen des Rechts auf Vorsteuerabzug in Deutschland für nur unzureichend (Schlussanträge des Generalanwalts vom 5.7.2017 ➲ Kapitel 7).

71.0.5 EuGH: Die Berichtigung einer Rechnung wirkt zurück!

 Rechtsgrundlagen

EuGH, Urteil vom 15.9.2016

Wirklich Gutes zu berichten gibt es vom EuGH: Rechnungen können mit Rückwirkung auf den Vorsteuerabzug berichtigt werden. Ausdrücklich wendet sich der EuGH gegen die deutsche Finanzamtspraxis, in derartigen Fällen Zinsen nach § 233a AO festzusetzen[832]. Hierzu **ausführlich** ➲ Kapitel 73.

71.1 Einführung

Mit der Einführung des Mehrwertsteuersystems zum 1.1.1968 in Form einer Allphasen-Netto-Umsatzsteuer mit Vorsteuerabzug hat die Rechnung eine über den bloßen Buchungsbeleg hinausgehende zentrale umsatzsteuerrechtliche Bedeutung erlangt[833]. Der leistende Unternehmer erklärt durch den Ausweis der Umsatzsteuer konkludent, dass er diese bereits an sein Finanzamt abgeführt hat oder noch abführen wird[834]. Er verschafft so dem Leistungsempfänger gegenüber dem Finanzamt die Möglichkeit, die in der Eingangsrechnung ausgewiesene Umsatzsteuer als Vorsteuer abzuziehen und die eigene Steuerschuld zu mindern. Die Rechnung wird damit zum **Transportmittel für den Vorsteuerabzug**[835].

Die somit überaus große Bedeutung der Rechnung für das Funktionieren des Umsatzsteuersystems einerseits und die häufig nur schwierige Korrektur von Abrechnungsfehlern andererseits haben zur Folge, dass Unternehmer und steuerlicher Berater hier mehr als in anderen (umsatz-)steuerlichen Bereichen auf die gesicherte und aktuelle Rechtskenntnis angewiesen sind. Gleichzeitig ist der steuerliche Berater aufgerufen, seinen Mandanten bei der Umsetzung der Gesetzesvorgaben in das Tagesgeschäft zu unterstützen.

---

832 EuGH, Urteil vom 15.9.2016, Rs. C-518/14.

833 Im deutschen Zivilrecht spielt die Rechnung keine Rolle. Weder im BGB noch im HGB ist eine Definition der Rechnung zu finden. § 44 Abs. 1 Nr. 4, § 38 HGB bestimmen lediglich, dass ein Unternehmer (Ausgangs- und Eingangs-)Rechnungen aufzubewahren hat, da die Rechnungen Belege für die Buchführung sind, vgl. *Eichmann/Wendland/Ossola-Haring,* Umsatzsteuer von A–Z.

834 *Schlosser-Zeuner* in Bunjes/Geist, UStG, § 14 Rz. 8 (… bis einschließlich 9. Auflage 2009, danach Bearbeiterwechsel).

835 *Birkenfeld,* UR 1990, 39.

71.2 Vereinheitlichung der Rechnungsstellung in der EU

Die Vorschriften über die umsatzsteuerliche Rechnungsstellung waren bis zum 31.12.2003 innerhalb der EG nur ansatzweise harmonisiert; entsprechend unterschiedlich waren die Anforderungen der einzelnen Mitgliedstaaten[836].

Umsatzsteuerliche Rechnungsstellung – Nationale Anforderungen der Mitgliedstaaten –	Deutschland	Belgien	Dänemark	Finnland	Frankreich	Griechenland	Großbritannien	Irland	Italien	Luxemburg	Niederlande	Österreich	Portugal	Schweden	Spanien
Ausdrückliche Bezeichnung als »Rechnung«						x			x	x			x		
Ausstellungsdatum	x	x	x		x	x	x	x	x	x	x		x		x
Ausstellungsort															x
Nummer im Verkaufsjournal		x	x		x	x				x		x			x
Verwendung der offiziellen Landessprache													x		
Name und Adresse des Leistenden	x	x	x	x	x	x	x	x	x	x	x	x	x	x	x
USt-ID-Nummer des Leistenden		x	x	x	x	x	x	x	x	x		x	x	x	x
Nummer im Handelsregister	x								x		x		x		
Steuernummer des Leistenden						x							x		
Name und Adresse des Leistungsempfängers	x	x	x	x	x	x	x	x	x	x	x	x	x	x	x
USt-ID-Nummer des Leistungsempfängers		x	x	x		x	x					x	x	x	x
Entgelt (ohne Umsatzsteuer)			x			x				x	x		x		
Datum oder Zeitraum der Leistung	x	x		x	x		x	x		x	x	x	x	x	x
Beschreibung der Leistung	x	x		x	x					x	x	x	x	x	x
Ort der Leistung						x								x	
Menge der gelieferten Gegenstände						x		x	x	x	x		x		
Bemessungsgrundlage für die Umsatzsteuer	x	x	x	x	x	x	x	x	x	x	x	x	x	x	x
Anwendbarer Steuersatz		x		x	x	x	x	x	x	x			x	x	x
Gesamtbetrag der Rechnung (einschließlich USt)					x	x	x	x	x		x		x	x	
Betrag der USt	x	x	x	x	x	x	x	x	x	x	x	x	x	x	x
Betrag oder Prozentsatz von gewährten Rabatten	x	x		x	x	x	x		x				x	x	x
Preis pro Einheit	x				x				x	x	x				
Angabe des Werts zusätzlich erbrachter Leistungen						x			x						

---

836 Die nachfolgende Übersicht basiert auf dem Beitrag von *von Wallis,* UStB 2000, 84.

Rechnungsstellung – Vorsteuerabzug – Übergang der Steuerschuld

Umsatzsteuerliche Rechnungsstellung – Nationale Anforderungen der Mitgliedstaaten –	Deutschland	Belgien	Dänemark	Finnland	Frankreich	Griechenland	Großbritannien	Irland	Italien	Luxemburg	Niederlande	Österreich	Portugal	Schweden	Spanien
Grund für ggf. anzuwendende Befreiung	x		x		x			x	x				x		
Hinweis auf weitere erteilte Rechnung (z. B. Zweitschrift)							x			x					
Jede Landeswährung zulässig	x		x	x	x				x	x	x	x	x		x
Landeswährung des Leistenden zwingend		x	x						x	x					
Landeswährung des Leistenden zulässig	x	–	–	x	x	x	–	–	x	x	x	x	x	x	x
Landeswährung des Leistungsempfängers zwingend															
Landeswährung des Leistungsempfängers zulässig	x		x	x	x				x	x	x	x	x	x	x

Dies war grenzüberschreitenden unternehmerischen Betätigungen wenig dienlich. Auch wurden die Vorgaben der 6. EG-RL dem technischen Fortschritt nicht mehr gerecht; insbesondere war die elektronische Rechnungsstellung nicht vorgesehen. Aus diesem Grund hat der Rat der Europäischen Union am 20.12.2001 eine Richtlinie zur Änderung der 6. EG-RL verabschiedet mit dem Ziel, die Rechnungsstellung zu vereinfachen und modernisieren sowie insbesondere die obligatorischen Rechnungsangaben zu harmonisieren (sog. **Rechnungsrichtlinie**)[837].

Danach »müssen ... Rechnungen für Mehrwertsteuerzwecke nur die folgenden Angaben enthalten« (sog. »**Pflichtangaben**« oder »**obligatorische Angaben**«):

---

837 Richtlinie 2001/115/EG des Rates vom 20.12.2001 zur Änderung der Richtlinie 77/388/EWG mit dem Ziel der Vereinfachung, Modernisierung und Harmonisierung der mehrwertsteuerlichen Anforderungen an die Rechnungsstellung, Amtsblatt EG Nr. L15/24 vom 17.1.2002.

Pflichtangaben einer Rechnung nach der Rechnungsrichtlinie (vgl. Art. 226 ff. MwStSystRL)

- Ausstellungsdatum.
- Einmalige Rechnungsnummer.
- USt-IdNr. des leistenden Unternehmers,
- USt-IdNr. des Kunden in den Fällen der innergemeinschaftlichen Lieferungen und Steuerschuldnerschaft des Leistungsempfängers. Den Mitgliedstaaten steht es aber frei, die Angabe der USt-IdNr. auch für andere Umsätze zu verlangen.
- Vollständiger Name und die vollständige Anschrift des leistenden Unternehmers und seines Kunden.
- Beschreibung der gelieferten Gegenstände oder erbrachten Dienstleistungen.
- Menge der gelieferten Gegenstände oder der erbrachten Dienstleistungen.
- Datum der Lieferung der Gegenstände oder der Erbringung der Dienstleistung, wenn dieses Datum feststeht und nicht mit dem Ausstellungsdatum der Rechnung identisch ist.
- Ggf. Datum der Leistung einer Anzahlung, wenn dieses Datum feststeht und nicht mit dem Ausstellungsdatum der Rechnung identisch ist.
- Bemessungsgrundlage (Entgelt) für jeden Steuersatz.
- Preis je Einheit ohne Steuer.
- Ggf. jede Preisminderung oder Rückerstattung, sofern sie nicht im Preis je Einheit enthalten ist.
- Anzuwendender Steuersatz oder Angabe der Steuerbefreiung.
- Sofern möglich: zu zahlender Steuerbetrag.
- Bei Inanspruchnahme einer Steuerbefreiung oder in den Fällen der Steuerschuldnerschaft des Leistungsempfängers alternativ
  – der Verweis auf die entsprechende Bestimmung in der 6. EG-RL;
  – die Angabe der entsprechenden nationalen Rechtsgrundlage;
  – ein Hinweis, dass für die Leistung eine Steuerbefreiung gilt, bzw. ein Hinweis auf die Steuerschuldnerschaft des Leistungsempfängers.
- Bei der Steuerschuldnerschaft eines Fiskalvertreters: die USt-IdNr. des Fiskalvertreters sowie dessen vollständiger Name und Anschrift.

Abweichend vom ursprünglichen Richtlinienentwurf[838] werden in der Rechnung keine Angaben zum Leistungsort und zum zu zahlenden Gesamtbetrag (Entgelt zzgl. Steuerbetrag) gefordert. Besondere Rechnungsangaben sind für

---

838   Vgl. hierzu *Vellen,* UR 2001, 185; *Weimann,* UVR 2001, 282 und UStB 2001, 222.

Differenzgeschäfte[839], Reisebüros[840], Lieferungen neuer Fahrzeuge[841] und innergemeinschaftlichen Dreiecksgeschäfte[842] vorgesehen.

 Beratungskonsequenzen

Fehlt eine obligatorische Rechnungsangabe, **entfällt das Recht auf Vorsteuerabzug!**

Die Mitgliedstaaten dürfen – abgesehen von einigen wenigen fakultativen Rechnungserfordernissen – von den Unternehmern **für umsatzsteuerliche Zwecke keine weiteren Rechnungsangaben** fordern. Erfüllt eine Rechnung die in der Liste genannten Anforderungen, reicht sie mit anderen Worten aus, um den Vorsteuerabzug zu erlangen. Den Mitgliedstaaten steht es aber weiter frei, **in anderen Rechtsvorschriften** (etwa in anderen Steuergesetzen oder im Zivilrecht) weitere Rechnungsanforderungen festzulegen; diese werden dann aber für die Umsatzsteuer bedeutungslos sein.

 Beratungskonsequenzen

Aus Sicht der Unternehmer sollen die Angaben in der Liste zwar obligatorisch, jedoch nicht abschließend sein.

Die Unternehmer sollen also einer Rechnung **weitere (freiwillige) Angaben** hinzufügen können, wenn sie es wünschen oder wenn der Kunde zusätzliche Informationen benötigt.

Die Rechnungsrichtlinie war von allen Mitgliedstaaten spätestens zum 1.1.2004 in nationales Recht umzusetzen; die Bundesrepublik Deutschland hat dieser Verpflichtung mit dem **Steueränderungsgesetz 2003** entsprochen[843].

Für neue Beitrittsstaaten – etwa sind auch für die Rechnungsstellung Übergangsvorschriften möglich. So war dies z. B. für die zum 1.5.2004 im Rahmen der sog. **EU-Osterweiterung** neu beigetretenen Länder geregelt.

---

839   Art. 236 Nr. 14 MwStSystRL.
840   Art. 236 Nr. 13 MwStSystRL.
841   Art. 236 Nr. 12 MwStSystRL.
842   Art. 236 Nr. 11 MwStSystRL.
843   Gesetz vom 15.12.2003, BGBl. I 2003, 2645; BStBl. I 2003. 710.

Beratungskonsequenzen

Hinzuweisen ist in diesem Zusammenhang – wegen des häufig niedrigen Bildungsstandes in den Beitrittsländern – auf 231 MwStSystRL (**Kannbestimmung: Übersetzung von Rechnungen**).

71.3 Übersicht: Pflichtangaben einer Rechnung

Die Bundesrepublik Deutschland hat die Vorgaben aus der Rechnungsrichtlinie mit dem Steueränderungsgesetz 2003 vom 15.12.2003[844] in das deutsche UStG transferiert. Bis zum 31.12.2003 war die Ausstellung von Rechnungen ausschließlich in § 14 UStG a. F. geregelt; an dessen Stelle trat seit dem 1.1.2004 ein ganzer **Strauß neuer Vorschriften:**

- § 14 UStG (Ausstellung von Rechnungen);
- § 14a UStG (Zusätzliche Pflichten bei der Ausstellung von Rechnungen in besonderen Fällen);
- § 14b UStG (Aufbewahrung von Rechnungen);
- § 14c UStG (Unrichtiger oder unberechtigter Steuerausweis).

	Pflichtangaben bis 31.12.2003 nach § 14 Abs. ... UStG	Pflichtangaben ab 1.1.2004 nach § 14 Abs. 4 Satz 1 ... UStG
Briefkopf	... 1 Satz 1 Nr. 1: Name und Anschrift des leistenden Unternehmers	... Nr. 1: vollständiger Name und vollständige Anschrift des leistenden Unternehmers
Adressierung	... 1 Satz 1 Nr. 2: Name und Anschrift des Leistungsempfängers	... Nr. 1: vollständiger Name und vollständige Anschrift des Leistungsempfänger
StNr./Id-Nr.	... 1a: StNr. des leistenden Unternehmers	... Nr. 2: StNr. oder ID-Nr. des leistenden Unternehmers
Datierung	Keine Pflichtangabe!	... Nr. 3: Ausstellungsdatum der Rechnung

---

844 Gesetz vom 15.12.2003, BGBl. I 2003, 2645, BStBl. I 2003, 710.

	Pflichtangaben bis 31.12.2003 nach § 14 Abs. ... UStG	Pflichtangaben ab 1.1.2004 nach § 14 Abs. 4 Satz 1 ... UStG
Nummerierung	Keine Pflichtangabe!	... Nr. 4: Einmalig vergebene Rechnungsnummer
Leistungsbe-schreibung	... 1 Satz 1 Nr. 3: Menge und handelsübliche Bezeichnung des Gegenstandes der Lieferung oder Art und Umfang der sonstigen Leistung	... Nr. 5: Menge und Art (handelsübliche Bezeichnung) der gelieferten Gegenstände oder Umfang und Art der sonstigen Leistung
Leistungszeit-punkt	... 1 Satz 1 Nr. 4, Satz 4: Zeitpunkt der Lieferung oder der sonstigen Leistung, ggf. der Vereinnahmung	... Nr. 6: Zeitpunkt der Lieferung oder der sonstigen Leistung, ggf. der Vereinnahmung
Entgelt	... 1 Satz 1 Nr. 5: Entgelt für die Lieferung oder sonstige Leistung	... Nr. 7: Nach Steuersätzen und -befreiungen aufgeschlüsseltes Entgelt sowie im Voraus vereinbarte Minderungen*
Steuersatz	Keine Pflichtangabe!	... Nr. 8: Anzuwendender Steuersatz
Steuerbetrag	... 1 Satz 1 Nr. 6: Auf das Entgelt entfallender Steuerbetrag, der gesondert auszuweisen ist	... Nr. 8: Auf das Entgelt entfallender Steuerbetrag
Hinweis auf Steuerbefrei-ung	... 1 Satz 1 Nr. 6: Hinweis auf die Steuerbefreiung	... Nr. 8: Hinweis darauf, dass eine Steuerbefreiung gilt

 Beratungskonsequenzen

Für die Praxis war es damals wichtig zu erkennen, dass zum 1.1.2004

- nicht etwa die gesamte Rechnungsstellung,
- sondern nur Teilbereichen neu geregelt wurden.

In weiten Teilen haben die damals neuen Vorschriften lediglich Bekanntes aufgenommen und dieses allenfalls in neue Worte gefasst[845].

---

845 Freilich zeigen Anfragen an mein Büro, dass auch so mancher Praktiker die aus § 14 a. F. UStG übernommenen »alten« Regelungsgehalte bei der Beschäftigung mit den neuen Vorschriften erstmals liest!

71.4 Musterrechnung

➲ = Hinweise auf die Kapitel der textlichen Ausführungen

Rüdiger Weimann

Diplom-Finanzwirt
(➲ leistender Unternehmer, siehe 71.5.2)

Musterstr. 4, 44300 Dortmund
Postfach 120444, 44204 Dortmund
(➲ Anschrift leistender Unternehmer, siehe 29.5.2)

Telefon (fest): 0049-231-2009250
Telefon (mobil): 0160-8411925
Telefax: 0049-231-2009255
E-Mail: weimann.umsatzsteuer@t-online.de
Internet: www.umsatzsteuerwissen.de
(➲ gewillkürte Angaben, siehe 71.5.10)

Haufe-Lexware GmbH & Co. KG
Fraunhoferstr. 5
82152 Planegg   (➲ Leistungsempfänger, siehe 71.5.2)

Dortmund, den   255.3.2022
(➲ Ausstellungsdatum, siehe 71.5.4)

Seminarrechnung
(Nr. i. S. v. § 14 Abs. 4 Satz 1 Nr. 4 UStG: HL 01/22) (➲ Rechnungsnummer, siehe 71.5.5)

Sehr geehrte Damen und Herren,

für das

Seminar »Praxisupdate Umsatzsteuer 2022« (Leistungsbeschreibung, ➲ siehe 71.5.6)

am 2. d. M.   in Frankfurt
(Leistungszeitpunkt, ➲ siehe 71.5.7)

erlaube ich mir zu berechnen:

Honorar:		100,00 €
Reisekosten: Taxi (46,70 €: 1.07 =)		43,64 €
Zwischensumme:	(Entgelt, ➲ siehe 71.5.8)	143,64 €
Umsatzsteuer (19 %) (Steuersatz, ➲ siehe 71.5.9)	(Steuerbetrag, ➲ siehe 71.5.9)	27,29 €
	Honorar	**170,93 €**

Ich danke für das mir entgegengebrachte Vertrauen und bitte um Überweisung des Honorars auf das ausgewiesene Geschäftskonto.

Mit freundlichen Grüßen

Rüdiger Weimann

– Rüdiger Weimann –   (➲ Unterschrift, siehe 71.5.11)

Stadtsparkasse Dortmund – Kto.-Nr. 112 XXX XXX – BLZ 440 501 99)
IBAN DEXX XXXX XXXX XXXX XXXX XX – SWIFT-BIC: DORTDExxxxx (➲ gewillkürte Angabe, siehe 71.5.10)
Steuernummer: 317/XXXX/XXXX (➲ StNr./IdNr., siehe 71.5.3)

71.5 Die einzelnen Rechnungsangaben

71.5.1 Allgemeines

Die **Pflichtangaben** einer Rechnung ergeben sich aus §§ 14 Abs. 4, 14a UStG sowie aus §§ 33, 34 UStDV[846].

Die **Gesamtheit aller Dokumente**, die die nach § 14 Abs. 4 und § 14a UStG geforderten Angaben insgesamt enthalten, bildet die Rechnung. In einem Dokument fehlende Angaben müssen in anderen Dokumenten enthalten sein.

Eines dieser Dokumente muss folgenden **Mindestinhalt** haben[847]:

- **Entgelt,**
- **Steuerbetrag** und
- **Bezeichnung aller anderen Dokumente**, aus denen sich die nach § 14 Abs. 4 und § 14a UStG erforderlichen Angaben insgesamt ergeben.

Alle Dokumente müssen **vom Rechnungsaussteller erstellt** werden. Im Fall der Gutschrift muss deshalb der Gutschriftaussteller alle Dokumente erstellen. Ist ein Dritter mit der Rechnungserstellung beauftragt[848], ist auch derjenige, der den Dritten mit der Rechnungserstellung beauftragt hat, zur Erstellung der fehlenden Dokumente berechtigt.

Hinsichtlich der **Leistungsbeschreibung** ist es zulässig, auf den vom leistenden Unternehmer erstellten Lieferschein Bezug zu nehmen[849].

71.5.2 Name und Anschrift des leistenden Unternehmers und des Leistungsempfängers (§ 14 Abs. 4 Satz 1 Nr. 1 UStG)

Aktuell

Zur weiterhin zulässigen **Angabe eines Postfachs** ausführlich ➲ Kapitel 71.0.4

---

846   Vgl. Abschn. 14.5 Abs. 1 Satz 3 UStAE.
847   Vgl. § 31 Abs. 1 UStDV.
848   § 14 Abs. 2 Satz 5 UStG.
849   Vgl. Abschn. 14.5 Abs. 1 Satz 1 UStAE ➲ Kapitel 71.5.6.

Gemäß § 14 Abs. 4 Satz 1 Nr. 1 UStG sind in der Rechnung der Name und die Anschrift des leistenden Unternehmers und des Leistungsempfängers jeweils **vollständig** anzugeben. Dabei ist es gemäß § 31 Abs. 2 UStDV wie bisher ausreichend, wenn sich aufgrund der in die Rechnung aufgenommenen Bezeichnungen der Name und die Anschrift sowohl des leistenden Unternehmers als auch des Leistungsempfängers **eindeutig feststellen** lassen. Verfügt der Leistungsempfänger über ein **Postfach** oder über eine **Großkundenadresse**, ist es ausreichend, wenn diese Daten anstelle der Anschrift angegeben werden[850].

Im Fall der umsatzsteuerlichen **Organschaft** kann der Name und die Anschrift der Organgesellschaft angegeben werden, wenn der leistende Unternehmer oder der Leistungsempfänger unter dem Namen und der Anschrift der Organgesellschaft die Leistung erbracht bzw. bezogen hat[851].

Bei Unternehmern, die über mehrere **Zweigniederlassungen**, **Betriebsstätten** oder **Betriebsteile** verfügen, gilt jede betriebliche Anschrift als vollständige Anschrift[852].

 Beratungskonsequenzen

Der EuGH hat darauf erkannt, dass ein Unternehmer, der zusammen mit seiner Ehefrau ein Wohnhaus errichtet, den vollen Vorsteuerabzug aus den Herstellungskosten für das von ihm genutzte Arbeitszimmer vornehmen kann, **auch wenn die Rechnungen für die Bauleistungen nicht auf ihn, sondern auf die Ehegatten lauten**[853]. Das EuGH-Urteil erging zu einem Vorlagebeschluss des BFH[854], der seinerseits im Revisionsverfahren gegen ein Urteil des FG Köln[855] erging. Aus Art. 22 Abs. 3 Buchst. b) der 6. EG-RL folge lediglich, dass die Rechnung für die Zwecke der Ausübung des Rechts auf den Vorsteuerabzug getrennt den Preis ohne Steuer und den auf die einzelnen Steuersätze entfallenden Steuerbetrag ausweisen müsse. Zwar könnten die Mitgliedstaaten gemäß Art. 22 Abs. 3 Buchst. c) i. V. m. Abs. 8 der 6. EG-RL weitere Pflichten festlegen, um Steuerhinterziehungen zu verhindern. Im vorliegenden Fall bestehe aber keinerlei Gefahr, dass es zu Steuerhinterziehungen oder Missbräuchen komme, denn bei dieser

---

850 Abschn. 14.5 Abs. 2 UStAE; vgl. auch BMF, Schreiben vom 29.1.2004, a. a. O., Rz. 34.
851 Abschn. 14.5 Abs. 3 Satz 1 UStAE; vgl. auch BMF, Schreiben vom 29.1.2004, a. a. O., Rz. 35.
852 Abschn. 14.5 Abs. 3 Satz 2 UStAE; vgl. auch BMF, Schreiben vom 29.1.2004, a. a. O., Rz. 35.
853 EuGH, Urteil vom 21.4.2005, Rs. C-25/03, Hans U. Hundt-Eßwein, UR 2005, 324.
854 BFH, Beschluss vom 29.8.2002, V R 40/01, BFH/NV 2003, 432.
855 FG Köln, Urteil vom 22.3.2001, 10 K 2567/96, EFG 2001, 939; BFH/NV-CD-ROM, HI 571 383.

sehr spezifischen Art von Gemeinschaft, nämlich einer bloßen Miteigentümergemeinschaft zwischen Ehegatten, die selbst nicht steuerpflichtig ist, und in der nur einer der Ehegatten wirtschaftlich tätig ist, sei es ausgeschlossen, dass die Rechnungen für denselben Vorsteuerbetrag ein weiteres Mal verwendet würden. Allerdings ist darauf hinzuweisen, dass das EuGH-Urteil **zur »alten« Rechtslage vor dem 1.1.2004** erging; Name und Anschrift des Leistungsempfängers gehörten nach Art. 22 Abs. 3 Buchst. b der 6. EG-RL a. F. nicht zu den Pflichtangaben einer Rechnung[856]. Der EuGH bemüht bei seiner Argumentation aber das – natürlich weiterhin unverändert gültige – **Verhältnismäßigkeitsprinzip**; das lässt darauf hoffen, dass die neue Rechtsprechung insoweit auch auf die neue Rechtslage anzuwenden ist.

➲ Das Urteil und die daraus folgenden Gedankenansätze sollten für den Berater immer eine Art »**Rettungsanker**« (z. B. im Rahmen einer BP) darstellen für den Fall, dass etwas »schief gelaufen« ist. **Die Mandanten – aber auch die eigenen Mitarbeiter – sollten vom Berater immer zu möglichst genauen Angaben angehalten werden!**

Hat der Leistungsempfänger einen **Dritten mit dem Empfang der Rechnung beauftragt** und wird die Rechnung unter Nennung nur des Namens des Leistungsempfängers **mit »c/o« an den Dritten adressiert**, sind in der Rechnung u. a. der vollständige Name und die vollständige Anschrift des Leistungsempfängers anzugeben[857]. Der vollständige Name und die vollständige Anschrift sind der **bürgerliche Name** und die **vollständige und richtige Anschrift**. Gemäß § 31 Abs. 2 UStDV ist den Anforderungen des § 14 Abs. 4 Satz 1 Nr. 1 UStG genügt, wenn sich aufgrund der in die Rechnungen aufgenommenen Bezeichnungen der Name und die Anschrift des Leistungsempfängers eindeutig feststellen lassen. Die Verwendung von Abkürzungen ist unter den Voraussetzungen des § 31 Abs. 3 UStDV möglich. **Die Ergänzung des Namens des Leistungsempfängers um die Angabe seiner Steuernummer oder seiner Umsatzsteuer-Identifikationsnummer genügt diesen Voraussetzungen nicht.**

Auch in einer Rechnung, die unter Nennung nur des Namens des Leistungsempfängers mit »c/o« an einen Dritten adressiert ist, muss entsprechend § 14 Abs. 4 Satz 1 Nr. 1 UStG und den Vereinfachungen des § 31 Abs. 2 und 3 UStDV die **Identität des Leistungsempfängers leicht und eindeutig feststellbar** sein. Ist Letz-

---

856 *Vellen*, UStB 2005, 163.
857 BMF, Schreiben vom 28.3.2006, IV A 5 – S 7280 a – 14/06, BStBl. I 2006, 345.

teres nicht der Fall, löst der gegenüber einem anderen als dem Leistungsempfänger gesondert ausgewiesene Steuerbetrag eine **zusätzliche (!) Steuerschuld nach § 14c Abs. 2 UStG** aus; die Steuer wird dann **2 Mal geschuldet**!

Die **Anschrift des Dritten** gilt in diesen Fällen **nicht** als betriebliche Anschrift des Leistungsempfängers, wenn dieser unter der Anschrift des Dritten nicht **gleichzeitig über eine Zweigniederlassung, eine Betriebsstätte oder einen Betriebsteil verfügt**. Dies gilt auch dann, wenn der beauftragte Dritte mit der Bearbeitung des gesamten Rechnungswesens des Leistungsempfängers beauftragt ist.

 Beratungskonsequenzen

1. Nach einem vom BMF an DIHK und Bundessteuerberaterkammer gerichteten Schreiben[858] wird dieser Anforderung genügt, wenn sich aufgrund der in der Rechnung aufgenommenen Bezeichnung der Name und die Anschrift des Leistungsempfängers eindeutig feststellen lässt (§ 31 Abs. 2 UStDV). Dabei können auch Abkürzungen, Buchstaben, Zahlen oder Symbole verwendet werden, wenn ihre Bedeutung in der Rechnung oder in anderen Unterlagen eindeutig festgelegt ist (§ 31 Abs. 3 UStDV). Das ist nicht neu!

2. Neu ist allerdings meines Wissens, dass das BMF die Grenze ausdrücklich formuliert: nicht ausreichend sind Angaben, die **umfangreiche Ermittlungstätigkeiten der Finanzbehörden zur Identifizierung des Leistungsempfängers** erforderlich machen.

71.5.3 Steuernummer oder Umsatzsteuer-Identifikationsnummer des leistenden Unternehmers (§ 14 Abs. 4 Satz 1 Nr. 2 UStG)

Gemäß § 14 Abs. 4 Satz 1 Nr. 2 UStG muss der leistende Unternehmer in der Rechnung entweder die ihm vom inländischen Finanzamt erteilte Steuernummer[859] oder die vom BZSt erteilte Umsatzsteuer-Identifikationsnummer[860] angeben. Wurde dem leistenden Unternehmer keine USt-IdNr. erteilt, ist zwingend die StNr. anzugeben.

---

858 BMF-Schreiben vom 11.10.2006, IV A 5 – S 7280a – 50/06. n. v.

859 Nachfolgend kurz »StNr.«.

860 Nachfolgend kurz »USt-IdNr.«.

Wenn das Finanzamt eine **gesonderte StNr. für Zwecke der Umsatzbesteuerung** erteilt hat (z. B. bei von der Zuständigkeit nach dem Betriebssitz abweichender Zuständigkeit nach § 21 AO), ist diese anzugeben.

Erteilt das Finanzamt dem leistenden Unternehmer eine **neue StNr.** (z. B. bei Verlagerung des Unternehmenssitzes), ist nur noch diese zu verwenden.

Es ist nicht erforderlich, dass der Unternehmer die vom Finanzamt erteilte StNr. um **zusätzliche Angaben** (z. B. Name oder Anschrift des Finanzamts, Finanzamtsnummer oder Länderschlüssel) ergänzt.

Im Fall der **Gutschrift** (➲ Kapitel 71.6) ist die StNr. bzw. die USt-IdNr. des leistenden Unternehmers und nicht die des die Gutschrift erteilenden Unternehmers anzugeben. Zu diesem Zweck hat der leistende Unternehmer (Gutschriftempfänger) dem Aussteller der Gutschrift seine StNr. oder USt-IdNr. mitzuteilen. Dies gilt auch für einen **ausländischen Unternehmer,** dem von einem inländischen Finanzamt eine StNr. oder vom BZSt eine USt-IdNr. erteilt wurde[861].

Leistet ein Unternehmer im eigenen Namen **(Eigengeschäft)** und vermittelt er einen Umsatz in fremden Namen und für fremde Rechnung **(vermittelter Umsatz),** gilt für die Angabe der StNr. oder der USt-IdNr. Folgendes[862]:

- Für das Eigengeschäft gibt der leistende Unternehmer seine StNr. oder USt-IdNr. an.

- Rechnet der Unternehmer über einen vermittelten Umsatz ab (z. B. Tankstellenbetreiber, Reisebüro), hat er die StNr. oder USt-IdNr. des leistenden Unternehmers (z. B. Mineralölgesellschaft, Reiseunternehmen) anzugeben.

- Werden das Eigengeschäft und der vermittelte Umsatz in einer Rechnung aufgeführt[863], kann aus Vereinfachungsgründen der jeweilige Umsatz durch Kennziffern oder durch Symbole der jeweiligen StNr. oder USt-IdNr. zugeordnet werden. Diese sind in der Rechnung oder in anderen Dokumenten (§ 31 UStDV) zu erläutern.

861   Abschn. 14.5 Abs. 5 Sätze 6 ff. UStAE; vgl. auch BMF, Schreiben vom 29.1.2004, a. a. O., Rz. 36.
862   Abschn. 14.5 Abs. 15 UStAE; vgl. auch BMF, Schreiben vom 29.1.2004, a. a. O., Rz. 37.
863   Abschn. 14.10 Abs. 3 UStAE.

Im Fall der umsatzsteuerlichen **Organschaft** muss die Organgesellschaft die ihr oder dem Organträger erteilte USt-IdNr. oder die StNr. des Organträgers angeben[864].

Die Angabe der StNr. oder der USt-IdNr. ist vorbehaltlich der §§ 33 und 34 UStDV auch erforderlich[865], wenn:

* beim leistenden Unternehmer die Umsatzsteuer gemäß § 19 Abs. 1 UStG **(Kleinunternehmer)** nicht erhoben wird,

* ausschließlich über **steuerfreie Umsätze** abgerechnet wird,

* der Leistungsempfänger gemäß **§ 13b Abs. 1 Satz 1 Nr. 2 bis 4 UStG** i. d. F. des Haushaltsbegleitgesetzes 2004 Steuerschuldner ist[866].

Bei **Verträgen über Dauerleistungen** war es bislang unschädlich, wenn **vor dem 1.1.2004 geschlossene Verträge** keine StNr. oder USt-IdNr. des leistenden Unternehmers enthielten. Es war nicht erforderlich, diese Verträge um die StNr. oder die USt-IdNr. zu ergänzen[867]. Ein zum 1.1.2007 in Folge der Steuererhöhung geänderter Vertrag muss für Zwecke des Vorsteuerabzugs des Leistungsempfängers nach § 15 Abs. 1 Satz 1 Nr. 1 UStG nunmehr alle nach § 14 Abs. 4 UStG erforderlichen Pflichtangaben enthalten. Wichtig ist, dass damit die bisherigen Ausnahmeregelungen zur StNr./USt-IdNr. sowie zur Rechnungsnummer bei vor dem 1.1.2004 geschlossenen Verträgen nicht mehr zur Anwendung kommen[868].

Ein **nach dem 31.12.2003 geschlossener Vertrag** erfüllt die Anforderung des § 14 Abs. 4 Satz 1 Nr. 2 UStG, wenn er die StNr. oder IdNr. des leistenden Unternehmers enthält. Ist in dem Vertrag die StNr. angegeben und erteilt das Finanzamt dem leistenden Unternehmer eine neue StNr. (z. B. bei Verlagerung des Unternehmenssitzes), ist der Vertragspartner in geeigneter Weise darüber zu informieren. Die leichte Nachprüfbarkeit dieser Angabe muss beim Leistungsempfänger gewährleistet sein. Es ist nicht erforderlich, dass auf den **Zahlungsbelegen** die StNr. oder die USt-IdNr. des leistenden Unternehmers angegeben ist[869].

---

864   Abschn. 14.5 Abs. 6 UStAE; vgl. auch BMF, Schreiben vom 29.1.2004, a. a. O., Rz. 38.

865   Abschn. 14.5 Abs. 8 UStAE; vgl. auch BMF, Schreiben vom 29.1.2004, a. a. O., Rz. 39.

866   Vgl. auch § 14a Abs. 5 UStG.

867   Vgl. damals gültigen Abschn. 185 Abs. 8 UStR 2005.

868   Hierzu ausführlich ➜Kapitel 71.10; vgl. auch ➜ Kapitel 71.5.5 zur Rechnungsnummer.

869   Abschn. 14.5 Abs. 9 UStAE (bis 31.10.2010: Abschn. 185 Abs. 9 UStR 2008); vgl. auch BMF, Schreiben vom 29.1.2004, a. a. O., Rz. 40.

Beratungskonsequenzen

Beim Fehlen von StNr. und USt-IdNr. ist der leistende Unternehmer/Gutschrift-empfänger schon im Hinblick auf den Vorsteuerabzug (➲ Kapitel 75.2) zur Angabe der StNr. oder IdNr. aufzufordern – und zwar sinnvollerweise **vor jedweder Zahlungsleistung.**

Zum Umfang des **zivilrechtlichen Zurückbehaltungsrecht** ➲ Kapitel 75.16

 Musterschreiben: Aufforderung zur Rechnungskorrektur

➲ Kapitel 75.2.3

Im Hinblick auf die seit 2002 immer wieder geführte Diskussion, ob durch die gesetzliche Verpflichtung zur Angabe der StNr. oder USt-IdNr. in der Rechnung das **Steuergeheimnis (§ 30 AO)** eingeschränkt oder verletzt wird, ist anzumerken, dass diese Befürchtungen – letztlich geschürt von einer m. E. eher populistisch ausgerichteten Berichterstattung, die gerne wurde das Bild vom »plaudernden Finanzbeamten« verbreitet[870] – unberechtigt sind. Insbesondere besteht keine Missbrauchsgefahr, da allein die Kenntnis der StNr./USt-IdNr. nicht zur Legitimation gegenüber den Finanzbehörden genügt. Bei Zweifeln an der Identität oder Berechtigung eines Auskunftssuchenden müssen sich die Finanzbehörden hierüber in geeigneter Weise vergewissern[871].

71.5.4 Ausstellungsdatum (§ 14 Abs. 4 Satz 1 Nr. 3 UStG)

Bislang war die Datierung einer Rechnung keine Pflicht (... wenn auch sicher die Regel!). Seit dem 1.1.2004 ist das Ausstellungsdatum in die Rechnung aufzunehmen.

71.5.5 Rechnungsnummer (§ 14 Abs. 4 Satz 1 Nr. 4 UStG)

Durch die fortlaufende Nummer (Rechnungsnummer) soll sichergestellt werden, dass die vom Unternehmer erstellte Rechnung einmalig ist. Bei der Erstellung der Rechnungsnummer ist es zulässig, eine oder mehrere **Zahlen- oder Buchstabenreihen** zu verwenden. Auch eine Kombination von Ziffern mit Buchstaben ist möglich. Es ist auch zulässig, im Rahmen eines weltweiten Abrechnungssystems

---

870 Vgl. z. B. Wirtz, Finanzamt-Skandal/Ausgespähte Unternehmer, Impulse 10/2002, 124.
871 Vgl. auch OFD Düsseldorf, Vfg. vom 18.3.2002, S 0130 A – St 321, AO-StB 2002, 185.

verschiedener, in unterschiedlichen Ländern angesiedelter Konzerngesellschaften nur einen fortlaufenden Nummernkreis zu verwenden[872].

Bei der Erstellung der Rechnungsnummer bleibt es dem Rechnungsaussteller überlassen, wie viele und welche **separaten Nummernkreise** geschaffen werden, in denen eine Rechnungsnummer jeweils einmalig vergeben wird. Dabei sind Nummernkreise für zeitlich, geografisch oder organisatorisch abgegrenzte Bereiche zulässig, z. B. für Zeiträume (Monate, Wochen, Tage), verschiedene Filialen, Betriebsstätten einschließlich Organgesellschaften oder Bestandsobjekte. Es muss jedoch gewährleistet sein (z. B. durch Vergabe einer bestimmten Klassifizierung für einen Nummernkreis), dass die jeweilige Rechnung leicht und eindeutig dem jeweiligen Nummernkreis zugeordnet werden kann und die Rechnungsnummer einmalig ist[873].

Rechnungsnummern begegnen in der Praxis u. a. deswegen immer wieder Bedenken, weil vermutet wird, dass diese zwingend **Rückschlüsse auf die Umsatzsituation** des Rechnungsausstellers zulässt[874]. Durch die fortlaufende Nummer (Rechnungsnummer) soll – wie bereits ausgeführt – lediglich sichergestellt werden, dass die vom Unternehmer erstellte Rechnung einmalig ist. Daraus folgt:

- Sämtliche Rechnungen müssen mit einem Ordnungssystem durchnummeriert sein.
- Innerhalb eines Unternehmens kann es verschiedene und unterschiedliche Rechnungen und Systeme geben; sie müssen insgesamt nur logisch voneinander getrennt geführt werden[875].

 Beratungskonsequenzen

Vergabe einer »unverräterischen« Rechnungsnummer

So bietet sich für einen Unternehmer, der seinen Kunden nicht offenbaren möchte, wie viele Rechnungen er insgesamt schreibt, ein System an, in dem pro Kunde die Rechnungen durchnummeriert werden[876].

Damit werden **Abhängigkeiten von einem Großkunden** zumindest im Einsatz nicht von vorneherein deutlich gemacht.

---

872 Abschn. 14.5 Abs. 10 UStAE; vgl. auch BMF-Schreiben vom 29.1.2004, a. a. O., Rz. 41.
873 Abschn. 14.5 Abs. 11 UStAE; vgl. auch BMF-Schreiben vom 29.1.2004, a. a. O., Rz. 42.
874 Vgl. *Weimann,* UStB 2004, 363 (367).
875 Vgl. *Weimann,* a. a. O.
876 *Schneider/Hoffmann,* Stbg. 2004, 273.

Bei **Verträgen über Dauerleistungen** war es bislang unschädlich, wenn **vor dem 1.1.2004 geschlossene Verträge** keine Rechnungsnummer enthielten. Es war nicht erforderlich, diese Verträge um die StNr. oder die USt-IdNr. zu ergänzen[877]. Ein zum 1.1.2007 in Folge der Steuererhöhung geänderter Vertrag muss für Zwecke des Vorsteuerabzugs des Leistungsempfängers nach § 15 Abs. 1 Satz 1 Nr. 1 UStG nunmehr alle nach § 14 Abs. 4 UStG erforderlichen Pflichtangaben enthalten. Wichtig ist, dass damit die bisherigen Ausnahmeregelungen zur StNr./USt-IdNr. sowie zur Rechnungsnummer bei vor dem 1.1.2004 geschlossenen Verträgen nicht mehr zur Anwendung kommen[878].

Bei **ab dem 1.1.2004 geschlossenen Verträgen** über Dauerleistungen ist es ausreichend, wenn diese Verträge eine einmalige Nummer enthalten (z. B. Wohnungs- oder Objektnummer, Mieternummer). Es ist nicht erforderlich, dass Zahlungsbelege eine gesonderte fortlaufende Nummer erhalten[879].

Beispiel

Der Abonnement-Vertrag der Haufe-Zeitschrift BFH/NV ist ein Vertrag über eine Dauerleistung. Der Vertrag (und nicht die als »Rechnung« bezeichneten periodischen Zahlungsaufforderungen) muss eine Rechnungsnummer enthalten, wenn er ab dem 1.1.2004 geschlossen wurde; dabei kann als Rechnungsnummer die einmalig fortlaufend vergebene Abonnement-Nummer verwendet werden. Vor dem 1.1.2004 geschlossene Verträge müssen keine Rechnungsnummer enthalten[880].

Im Fall der **Gutschrift** (➲ Kapitel 71.6) ist die fortlaufende Nummer durch den Gutschriftaussteller zu vergeben[881].

Kleinbetragsrechnungen[882] und **Fahrausweise**[883] müssen keine fortlaufende Nummer enthalten[884].

---

877 Vgl. damals gültigen Abschn. 185 Abs. 11 UStR 2005.

878 Hierzu ausführlich ➲ Kapitel 71.10; vgl. auch ➲ Kapitel 71.5.3 zur StNr./USt-IdNr.

879 Abschn. 14.5 Abs. 12 UStAE; vgl. auch BMF-Schreiben vom 29.1.2004, a. a. O., Rz. 43.

880 O. V., Neue Rechnungsangaben/Zweifelsfragen geklärt?, ASR 9/2004, 5.

881 Abschn. 14.5 Abs. 13 UStAE; vgl. auch BMF-Schreiben vom 29.1.2004, a. a. O., Rz. 44.

882 § 33 UStDV.

883 § 34 UStDV.

884 Abschn. 14.5 Abs. 14 UStAE; vgl. auch BMF-Schreiben vom 29.1.2004, a. a. O., Rz. 45.

71.5.6 Leistungsbeschreibung (§ 14 Abs. 4 Satz 1 Nr. 5 UStG)

Aktuell

Zu den Anforderungen an eine **Leistungsbeschreibung im Niedrigpreissegment** ausführlich ➔ Kapitel 71.03

Die Leistungsbeschreibung ist Grundlage für die Aufzeichnungspflicht des Leistenden[885]. Der Leistungsempfänger kann damit für Zwecke des Vorsteuerabzugs den Bezug »für sein Unternehmen«[886] und eine steuerpflichtige Lieferung oder Leistung nachweisen. Im Übrigen dient die Vorschrift den Interessen der Finanzverwaltung. Diese kann anhand der Leistungsbeschreibung die Umsätze des Leistungsempfängers überprüfen und Anhaltspunkte dafür bekommen, ob er die empfangene Leistung für sein Unternehmen verwendet hat. Deshalb muss die Beschreibung **genau** sein. Nach der Rechtsprechung des BFH genügen Angaben tatsächlicher Art, aus denen sich ergibt, dass der Rechnungsaussteller bestimmte Lieferungen und Leistungen an den Rechnungsempfänger ausgeführt und dafür Vorsteuer gesondert ausgewiesen hat. Die Identifizierung des Leistungsgegenstandes muss anhand der Angaben im Abrechnungspapier möglich sein; dabei ist es zulässig, auf den vom leistenden Unternehmer erstellten **Lieferschein Bezug zu nehmen**[887].

 Checkliste

Rechnungshinweis »Leistungsbeschreibung«

Im Einzelnen gilt:

- Als **Mengenangaben** kommen alle inländischen und internationalen üblichen Maße und Gewichte in Betracht (m, kg, l usw.).
- **Handelsübliche Bezeichnungen** sind außer der eigentlichen Bezeichnung des gelieferten Gegenstandes (Auto, Waschmittel) auch allgemein bekannte Markenzeichen (Renault Laguna, Persil megaperls) und eindeutige Sammelbezeichnungen (Obst, Spielwaren).
- **Sammelbezeichnungen**, die den gelieferten Gegenstand nicht erkennen lassen (Einrichtungsgegenstände, Fachbücher, Elektrogeräte), sind ungeeignet; sie sind – unter den weiteren Voraussetzungen – allenfalls dann zulässig,

---

885 § 22 UStG.
886 Vgl. § 15 Abs. 1 Satz 1 Nr. 1 Satz 1 UStG.
887 Abschn. 14.5 Abs. 1 UStAE.

wenn sie die Bestimmung des anzuwendenden Steuersatzes eindeutig ermöglichen (z. B. Baubeschläge, Kurzwaren, Schnittblumen, Spirituosen, Ta-
bakwaren, Waschmittel)[888].

- **Sachgesamtheiten** (Warenlager, Büroinventar) sind aufzugliedern.
- Bezeichnungen allgemeiner Art, die **Gruppen verschiedenartiger Gegenstände** umfassen, reichen nicht aus (z. B. »Geschenkartikel«)[889].
- Auch **sonstige Leistungen** müssen in der Rechnung aussagekräftig und zutreffend beschrieben werden; vgl. z. B. zur fehlerhaften Bezeichnung des Be-
  förderungsweges das Fall-ABC »Güterbeförderungsleistungen«
  ➔ mybook.haufe.de > Vertiefende Informationen > Kapitel 54
- Gem. § 31 Abs. 3 UStDV können **Abkürzungen, Buchstaben, Zahlen oder
  Symbole** verwandt werden, wenn ihre Bedeutung in der Rechnung oder in anderen Unterlagen eindeutig festgelegt ist. Die erforderlichen anderen Unterlagen müssen sowohl beim Aussteller als auch beim Empfänger der Rechnung
  vorhanden sein.

Gerade dann, wenn bei Vertragsschluss auch die letzten Details der zu erbringenden Leistungen peinlichst genau geregelt wurden, hapert es in der Praxis häufig
an Leistungsbeschreibung in der Rechnung: die Parteien gehen dann nämlich
davon aus, dass in diesem Fall ja schon alles »aktenkundig« ist, der Zahlungsanspruch entstanden ist und eine minimalistische Rechnung genügt[890].

Beispiel

Produktionsunternehmen P vereinbart mit dem Maschinenbauunternehmen M
die Wartung und Erweiterung einer Produktionsstraße. Im Vorfeld einigen sich P
und M genauestens über den Zeitpunkt und die Dauer der Arbeiten, die vorzuneh-
menden Erweiterungen und den Umfang der Wartung. Alle Arbeiten werden von
M termingerecht zur Zufriedenheit des P erbracht, sodass der Zahlungsanspruch
des M unumstritten besteht. Die Leistungsbeschreibung in der Rechnung lautet
daher einfach auf »**Für Arbeiten an Produktionsstraße berechnen wir** ...
1.000.000 € zzgl. USt (19 %) 190.000 €«.

Eine derartige Leistungsbeschreibung wäre zu ungenau und würde von der Finanzverwaltung wohl nicht anerkannt. Für den Leistungsempfänger hätte dies

---

888 Vgl. Abschn. 14.5 Abs. 15 Satz 3 UStAE.
889 Vgl. Abschn. 14.5 Abs. 15 Satz 4 UStAE.
890 Vgl. auch *Weimann*, UStB 2005, 358.

die Konsequenz des (vorübergehenden) Vorsteuerausschlusses. Zwar könnte die Leistungsbeschreibung

- durch den Rechnungsaussteller,
- nicht jedoch den Rechnungsempfänger

nachgeholt werden – allerdings trüge Letzterer in diesem Fall das **Zinsrisiko des § 233a AO!**

Abschließend ist darauf hinzuweisen, dass die Finanzverwaltung eine detaillierte Leistungsbeschreibung – zu Recht – als **probates Mittel gegen Karussellgeschäfte** (⮞ Kapitel 39) erkannt hat. Wie der EuGH in seinem »Arbeitszimmer-Urteil« unlängst verdeutlicht hat, ist ein Zweck der obligatorischen Rechnungsangaben, dem Umsatzsteuerbetrug Einhalt zu bieten[891]. Genaue Leistungsbeschreibungen würden die Finanzverwaltung insbesondere in ihrem Kampf gegen Karussellgeschäfte unterstützen. Die Aufdeckung derartiger Machenschaften wird der Finanzverwaltung durch ungenaue Leistungsbeschreibungen erschwert. Bei der Auslegung des Begriffs der »**handelsübliche Bezeichnung**« i. S. v. § 14 Abs. 4 Satz 1 Nr. 5 UStG wird daher zu Recht gefordert, dass **alle vom Hersteller gewählten Produktspezifizierungen für sämtliche Handelsstufen** – bis zum eigentlichen Letztverbraucher – zwingend in die Rechnungen bzw. die diese ergänzende Unterlagen aufzunehmen sind[892].

Beispiel

Aus den Verkaufsrechnungen der in Deutschland führenden Hersteller ist ersichtlich, dass die handelsübliche Bezeichnung von Handys den Gerätetyp, die Artikelnummer und die IMEI-Nr. (IMEI = International Mobile Equipment Identity) umfasst. Die Angabe dieser 3 Daten auf den Ausgangsrechnungen entspricht der ständigen Praxis; bei allen an Distributoren ausgelieferten Waren sind die genannten Merkmale auf der Rechnung aufgeführt.

Daneben ist es auch üblich, dass die IMEI-Nummern separat auflistet werden und die Rechnung auf die Auflistung Bezug nimmt; diese ergänzende Unterlage ist damit fester Bestandteil des Abrechnungswesens.

Über die Rechnungs- bzw. die Lieferscheinnummer können alle zu einer Lieferung gehörenden IMEI-Nummern ermittelt werden. ⮞ Kapitel 39.4.3

---

891 EuGH, Urteil vom 21.4.2005, Rs. C-25/03, Hans U. Hundt-Eßwein, Anm. 75 ff., UR 2005, 324, 332 mit Anmerkung *Widmann*.

892 *Birkenfeld,* Umsatzsteuer-Handbuch, § 163 Rz. 78; *Leitmeier/Zühlke,* StBP 2005, 170; *Weimann,* UStB 2006, 25.

Beratungskonsequenzen

1. Fehlt in einer Eingangsrechnung die Leistungsbeschreibung, ist der Vorsteuerabzug des Leistungsempfängers ernsthaft gefährdet; zudem besteht das Risiko von Nachzahlungszinsen. Deshalb sind die Mandanten anzuhalten, alle Eingangsrechnungen u. a. sofort auf eine aussagekräftige Leistungsbeschreibung hin zu kontrollieren und bei deren Fehlen eine berichtigte Rechnung einzufordern, bis zu deren Eingang allenfalls der Nettorechnungsbetrag bezahlt werden sollte (➲ Kapitel 75.2.3 und Kapitel 75.15). **Ferner ist der Mandant darauf hinzuweisen, dass er als Rechnungsempfänger die erforderlichen Angaben keinesfalls selbst anbringen darf** (➲ Kapitel 75.2.4).

2. Bei der Leistungsbeschreibung selbst ist es zulässig, auf den vom leistenden Unternehmer erstellten Lieferschein Bezug zu nehmen. Sinnvoll ist auch der Verweis auf Schriftwechsel aus der Zeit der Vertragsanbahnung (»Wir verweisen insoweit auf unser Angebot vom ...«). Hier ist der Mandant darauf hinzuweisen, dass eine **inhaltliche (textliche) Verbindung** der Rechnung mit den anderen Geschäftspapieren bestehen muss; es ist **nicht** möglich, die erforderliche Verbindung als Rechnungsempfänger etwa **mechanisch durch einen Klammervorgang** herzustellen.

3. Es ist davon auszugehen, dass die Finanzverwaltung die Überlegungen zum Einsatz der Leistungsbeschreibung zur Bekämpfung des Umsatzsteuerbetruges aufnehmen wird. Eine Gesetzesänderung oder dgl. ist dafür nicht erforderlich; die o. a. Forderungen ergeben sich bereits aus der Auslegung des Begriffs »handelsübliche Bezeichnung« in § 14 Abs. 4 Satz 1 Nr. 5 UStG. Sollte sich dieser Gedanke durchsetzen, wäre es für die Finanzverwaltung insbesondere bei Einsatz der neuen Prüfsoftware »WIN IDEA« wohl ein Leichtes, Warenbewegungen genauestens zu verfolgen.

71.5.7 Zeitpunkt der Leistung und der Vereinnahmung des Entgelts (§ 14 Abs. 4 Satz 1 Nr. 6 UStG)

Gemäß § 14 Abs. 4 Satz 1 Nr. 6 UStG ist in der Rechnung der Zeitpunkt der Lieferung oder sonstigen Leistung anzugeben. Das gilt auch bei der Vereinnahmung des Entgelts oder eines Teils des Entgelts für eine noch nicht ausgeführte Leistung, sofern der Zeitpunkt der Vereinnahmung jeweils feststeht und nicht mit dem Rechnungsdatum identisch ist. In den Fällen, in denen der Zeitpunkt nicht feststeht, etwa bei einer Rechnung über Voraus- oder Anzahlungen, ist eine Angabe entbehrlich. Allerdings ist auf der Rechnung kenntlich zu machen, dass über eine noch nicht erbrachte Leistung abgerechnet wird. Gemäß § 31 Abs. 4

UStDV kann als Zeitpunkt der Lieferung oder sonstigen Leistung dabei der Kalendermonat angegeben werden, in dem die Leistung ausgeführt wird[893].

71.5.7.1 Abrechnung bereits ausgeführter Leistungen

Gemäß § 14 Abs. 4 Satz 1 Nr. 6 UStG ist in der Rechnung der Zeitpunkt der Lieferung oder sonstigen Leistung anzugeben. Die neue Vorschrift ist insoweit identisch mit § 14 Abs. 1 Satz 1 Nr. 4 UStG a. F. Letzterer fand jedoch in der Praxis kaum Beachtung, da der Vorsteuerabzug auch bei Fehlen der Angabe des Leistungszeitpunkts ungefährdet war, wenn die Rechnung die Leistung anderweitig hinreichend konkretisierte. Auch so mancher Praktiker nimmt daher den aus § 14 a. F. UStG übernommenen »alten« Regelungsgehalt bei der Beschäftigung mit den neuen Rechnungsvorschriften erstmals zur Kenntnis (➲ Kapitel 71.3).

Da sich hinsichtlich des Erfordernisses der Angabe des Leistungszeitpunkts aus den neuen Vorschriften **keine Änderung ergeben** hat, ist diese Rechnungsangabe **seit dem 1.1.2004** für den Vorsteuerabzug des Rechnungsempfängers obligatorisch. Auch das BMF-Schreibens vom 19.12.2003[894] gewährt keine Übergangsregelung, weil Rechnungen auch während der Übergangsphase (1.1.2004 bis 30.6.2004) zumindest die von § 14 a. F. UStG geforderten Rechnungsangaben beinhalten müssen. Häufig fehlt es bei Unternehmern und Steuerberatern an dem entsprechenden Problembewusstsein, was sicherlich auch darauf zurückzuführen ist, dass das BMF-Schreiben dahingehend fehlinterpretiert wurde, dass bis zum 30.6.2004 allgemein keine Änderungen zum Erhalt des Vorsteuerabzugs eingetreten sind[895].

Im Regelfall (z. B. bei einer Rechnung über eine bereits ausgeführte Lieferung oder sonstige Leistung) ist die Angabe des Leistungszeitpunkts für den Erhalt des Vorsteuerabzugs zwingend erforderlich[896]. Das gilt auch dann, wenn der Tag der Leistung mit dem Rechnungsdatum übereinstimmt.

---

893 Abschn. 14.5 Abs. 16 UStAE; vgl. BMF-Schreiben vom 29.1.2004, a. a. O., Rz. 46.
894 ➲ mybook.haufe.de > Wichtiges aus dem BMF.
895 *Seifert,* INF 2004, 698.
896 BMF, Schreiben vom 26.9.2005, vor Nr. 1.

Musterformulierung: Rechnungshinweis »Leistungszeitpunkt«

1. Der Rechnungshinweis könnte wie folgt aussehen: »Für die Lieferung am 25.5.2022 der nachstehend aufgeführten Waren berechnen wir ...«
2. Da es aber nur wichtig ist, dass sich der Rechnungsaussteller überhaupt zum Leistungszeitpunkt äußert, genügt grds. auch ein – allerdings explizit erforderlicher – Hinweis wie »Rechnungsdatum = Lieferdatum«[897].

71.5.7.1.1 Angabe des Zeitpunkts der Lieferung in einem Lieferschein

Der Zeitpunkt der Leistung kann sich aus **anderen Dokumenten** (z. B. Lieferschein) ergeben, die jedoch in dem Dokument, in dem Entgelt und Steuerbetrag enthalten sind, zu bezeichnen sind[898].

Nicht ausreichen dürfte es, hierzu lediglich das Ausstellungsdatum des Lieferscheins anzugeben. Vielmehr müssen

*   die Rechnung einen eindeutigen **Hinweis auf den konkreten Lieferschein** enthalten und
*   im Lieferschein selbst das Lieferdatum, das nicht zwingend mit dem Ausstellungsdatum des Lieferscheins übereinstimmt, gesondert vermerkt sein.

 Musterformulierung: Rechnungshinweis »Lieferschein«

Für die Lieferung der nachstehend aufgeführten Waren (Lieferscheinnummer 0123456 vom 25.5.2022) berechnen wir ...

Sofern das Leistungsdatum dem Lieferscheindatum entspricht, kann an Stelle der gesonderten Angabe des Leistungsdatums ein Hinweis in die Rechnung aufgenommen werden, dass das **Lieferscheindatum dem Leistungsdatum** entspricht[899].

Bei der Angabe des Zeitpunkts der Leistung reicht es aus, wenn der **Kalendermonat** angegeben wird, in dem die Leistung ausgeführt wurde[900].

---

897   BMF, Schreiben vom 13.12.2004, IV A 5 – S 7280a – 91/04, INF 2005, 171 = HI 1308018.
898   § 31 Abs. 1 UStDV.
899   BMF, Schreiben vom 26.9.2005, Nr. 1.
900   § 31 Abs. 4 UStDV.

71.5.7.1.2 Angabe des Zeitpunkts der Lieferung in den Fällen, in denen der Ort der Lieferung nach § 3 Abs. 6 UStG bestimmt wird

In den Fällen, in denen der Gegenstand der Lieferung durch den Lieferer, den Abnehmer oder einen vom Lieferer oder vom Abnehmer beauftragten Dritten befördert oder versendet wird, gilt die Lieferung nach § 3 Abs. 6 Satz 1 UStG dort als ausgeführt, wo die Beförderung oder Versendung an den Abnehmer oder in dessen Auftrag an einen Dritten beginnt. Soweit es sich um eine Lieferung handelt, für die der Ort der Lieferung nach § 3 Abs. 6 UStG bestimmt wird, ist in der Rechnung als Tag der Lieferung der **Tag des Beginns der Beförderung oder Versendung** des Gegenstands der Lieferung anzugeben. Dieser Tag ist auch maßgeblich für die Entstehung der Steuer nach § 13 Abs. 1 Nr. 1 Buchst. a Satz 1 UStG[901]. Gemäß § 31 Abs. 4 UStDV kann als Zeitpunkt der Lieferung der **Kalendermonat** angegeben werden, in dem die Lieferung ausgeführt wurde.

71.5.7.1.3 Angabe des Zeitpunkts der Lieferung in anderen Fällen

In allen Fällen, in denen sich der Ort der Lieferung nicht nach § 3 Abs. 6 UStG bestimmt, ist als Tag der Lieferung in der Rechnung der **Tag der Verschaffung der Verfügungsmacht** anzugeben[902]. Gemäß § 31 Abs. 4 UStDV kann als Zeitpunkt der Lieferung der **Kalendermonat** angegeben werden, in dem die Lieferung ausgeführt wurde.

71.5.7.1.4 Angabe des Zeitpunkts der sonstigen Leistung

Nach § 14 Abs. 4 Satz 1 Nr. 6 UStG ist in der Rechnung der Zeitpunkt der sonstigen Leistung anzugeben. Dies ist bei sonstigen Leistungen der Zeitpunkt, zu dem die sonstige Leistung ausgeführt ist. Sonstige Leistungen sind grundsätzlich im **Zeitpunkt ihrer Vollendung** ausgeführt. Bei zeitlich begrenzten Dauerleistungen ist die Leistung mit Beendigung des entsprechenden Rechtsverhältnisses ausgeführt, es sei denn, die Beteiligten hatten Teilleistungen vereinbart[903].

Gemäß § 31 Abs. 4 UStDV kann als Zeitpunkt der sonstigen Leistung der Kalendermonat angegeben werden, in dem die sonstige Leistung ausgeführt wurde.

---

901 BMF, Schreiben vom 26.9.2005, Nr. 2.
902 Zum Begriff der Verschaffung der Verfügungsmacht vgl. Abschn. 3.1 Abs. 2 UStAE; BMF, Schreiben vom 26.9.2005, Nr. 3.
903 Vgl. Abschn. 13.1 Abs. 3 UStAE.

71.5.7.1.5 Besonderheiten der Dauerleistungen

Ist in einem Vertrag – z. B. Miet- oder Pachtvertrag, Wartungsvertrag oder Pauschalvertrag mit einem Steuerberater – der Zeitraum, über den sich die jeweilige Leistung oder Teilleistung erstreckt, nicht angegeben (**Dauerleistungen**), reicht es aus, wenn sich dieser Zeitraum aus den einzelnen Zahlungsbelegen, z. B. aus den Überweisungsaufträgen oder den Kontoauszügen, ergibt. Soweit periodisch wiederkehrende Zahlungen im Rahmen eines Dauerschuldverhältnisses in der Höhe und zum Zeitpunkt der vertraglichen Fälligkeiten erfolgen und keine ausdrückliche Zahlungsbestimmung vorliegt, ergibt sich der Zeitpunkt der Leistung aus Vereinfachungsgründen durch die Zuordnung der Zahlung zu der Periode, in der sie geleistet wird[904].

 Beratungskonsequenzen

Alle Dokumente müssen vom Rechnungsaussteller erstellt werden (➲ Kapitel 71.5.1). Bei Dauerleistungen wird es allerdings nicht beanstandet, wenn der **Zahlungsbeleg vom Leistungsempfänger** ausgestellt wird[905].

71.5.7.1.6 Kleinbetragsrechnungen und Fahrausweise

Für Kleinbetragsrechnungen und Fahrausweise sehen §§ 33 Satz 1 Nr. 2, 34 Satz 1 Nr. 2 UStDV lediglich die Angabe des Ausstellungsdatums vor; die Angabe des Leistungszeitpunkt ist entbehrlich. Gleiches gilt bei Rechnungen über Leistungsbezüge, bei denen der **Leistungsempfänger zum Steuerschuldner** wird[906], da hier der Leistungsempfänger (wohl) auch ohne Eingangsrechnung zum Vorsteuerabzug berechtigt ist[907].

71.5.7.2 Abrechnung noch nicht ausgeführter Lieferungen oder sonstiger Leistungen (Voraus- oder Anzahlungsrechnungen)

Im **Fall des § 14 Abs. 5 Satz 1** UStG ist der Tag der Vereinnahmung des Entgelts oder eines Teils des Entgelts anzugeben, sofern dieser Zeitpunkt feststeht und nicht mit dem Ausstellungsdatum der Rechnung identisch ist.

---

904 Abschn. 14.5 Abs. 17 UStAE.
905 Abschn. 14.5 Abs. 17 Satz 3 UStAE; vgl. auch BMF-Schreiben vom 29.1.2004, a. a. O., Rz. 47.
906 § 13b UStG.
907 Vgl. *Weimann*, UStB 2004, 251, 253.

Wird über eine **noch nicht ausgeführte Lieferung oder sonstige Leistung** abgerechnet, handelt es sich um eine Rechnung über eine Anzahlung, in der die Angabe des **Zeitpunkts der Vereinnahmung** des Entgelts oder Teilentgelts entsprechend § 14 Abs. 4 Satz 1 Nr. 6 UStG nur dann erforderlich ist, wenn der Zeitpunkt der Vereinnahmung feststeht und nicht mit dem Ausstellungsdatum der Rechnung übereinstimmt. In diesem Fall reicht es aus, den **Kalendermonat** der Vereinnahmung anzugeben[908].

 Beratungskonsequenzen

Rechnungen über Vorauszahlungen oder Anzahlungen, die **am Tag des Rechnungsdatums vereinnahmt** werden, müssen somit nicht noch einmal separat den Tag der Zahlung enthalten.

In Fällen, in denen der Zeitpunkt der Vereinnahmung des Entgelts nicht feststeht, ist eine Angabe demnach entbehrlich. Allerdings ist auf der Rechnung **kenntlich zu machen, dass über eine noch nicht erbrachte Leistung abgerechnet wird**.

 Musterformulierungen: Rechnungshinweis »Vorausrechnung«

- »Für das Bauvorhaben in Dortmund, Gewerbegebiet Oesterstr., wird a conto berechnet ...«
- »A-Conto-Rechnung für das Bauvorhaben in Dortmund, Gewerbegebiet Oesterstr. ...«

71.5.8 Entgelt (§ 14 Abs. 4 Satz 1 Nr. 7 UStG)

71.5.8.1 Allgemeines

Nach **bisheriger Verwaltungsauffassung** genügte eine Eingangsrechnung den formalen Voraussetzungen für den Vorsteuerabzug, wenn **neben dem Rechnungsbetrag (Bruttobetrag) der in diesem enthaltene Steuerbetrag vermerkt** war[909].

---

908 BMF, Schreiben vom 26.9.2005, Nr. 5.
909 Vgl. Abschn. 202 Abs. 4 Satz 2 UStR 2000 und BMF-Schreiben vom 5.6.2001, IV B 7 – S 7280 – 18/01, BStBl. II 2001, 360.

Der BFH teilte diese – für den Steuerbürger günstige und in der Praxis seit 1968 bewährte – Rechtsauffassung unter Hinweis auf das Gemeinschaftsrecht nicht und betrachtete den zusätzlichen Ausweis des Nettoentgelts in der Rechnung als zwingende Voraussetzung für den Vorsteuerabzug[910].

An diese Rechtsprechung knüpft bereits die seit dem 1.1.2002 gültige Neufassung des § 14 Abs. 1 Satz 2 Nr. 6 a. F. UStG[911] und nunmehr auch § 14 Abs. 4 Satz 1 Nr. 7 n. F. UStG an. In der Rechnung sind die jeweiligen Entgelte aufgeschlüsselt nach Steuersätzen und einzelnen Steuerbefreiungen getrennt anzugeben[912].

71.5.8.2 Im Voraus vereinbarte Entgeltminderungen

Bitte beachten Sie!

Noch Abschn. 185 Abs. 18 Satz 4 UStR 2005 verweist – obwohl zeitlich erst später ergangen – ausdrücklich auf das »alte« BMF-Schreiben! Das Gedankengut wird von Abschn. 14.5 Abs. 19 Sätze 4 ff. fortgeführt.

Gemäß § 14 Abs. 4 Satz 1 Nr. 7 UStG muss in der Rechnung auch jede im Voraus vereinbarte Minderung des Entgelts, soweit sie nicht bereits im Entgelt enthalten ist, angegeben werden. Gemäß § 14 Abs. 1 Satz 2 UStG sind Rechnungen in Papierform oder vorbehaltlich der Zustimmung des Empfängers auf elektronischem Weg zu übermitteln. Da Vereinbarungen über Entgeltminderungen auch Bestandteil der Rechnung sind, gelten die sich aus § 14 Abs. 1 Satz 2 UStG ergebenden **Formerfordernisse** auch für diese. Gemäß § 31 Abs. 1 UStDV kann eine Rechnung aus mehreren Dokumenten bestehen, aus denen sich die nach § 14 Abs. 4 UStG erforderlichen Angaben insgesamt ergeben. Sofern die Entgeltminderungsvereinbarung in dem Dokument, in dem Entgelt und Steuerbetrag angegeben sind, nicht enthalten ist, muss diese als gesondertes Dokument schriftlich

---

910 Urteil vom 27.7.2000, V R 55/99, UR 2001, 29. Der BFH stützt die Urteilsbegründung im Wesentlichen auf Art. 22 Abs. 3 Buchst. b der 6. EG-RL. Nach dem Einleitungssatz der Vorschrift muss eine Rechnung »getrennt den Preis ohne Steuer und den auf die einzelnen Steuersätze entfallenden Steuerbetrag sowie gegebenenfalls die Steuerbefreiung ausweisen«. Abschn. 202 Abs. 4 Satz 2 UStR 2000 sei nicht richtlinienkonform und daher von der Rechtsprechung nicht zu beachten. Wie der BFH zutreffend feststellt, sind in der Vorschrift durch den Richtliniengeber ›die Mindestanforderungen‹ an die Angaben festgelegt worden, die ›zwingend‹ in der Rechnung oder dem an ihre Stelle tretenden Dokument enthalten sein müssen.«.

911 Ausführlich hierzu *Weimann*, UVR 2002, 105.

912 Abschn. 14.5 Abs. 18 UStAE; vgl. auch BMF-Schreiben vom 29.1.2004, a. a. O., Rz. 48.

---

beim leistenden Unternehmer **und** beim Leistungsempfänger oder dem jeweils beauftragten Dritten (§ 14 Abs. 2 Satz 4 UStG) vorliegen. Allerdings sind in dem Dokument, in dem das Entgelt und der darauf entfallende Steuerbetrag zusammengefasst angegeben sind, die **anderen Dokumente zu bezeichnen,** aus denen sich die übrigen Angaben ergeben. Die Angaben müssen leicht und eindeutig nachprüfbar sein. Das gilt sowohl im Fall des Steuerausweises in einer Rechnung als **auch im Fall des Hinweises auf eine Steuerbefreiung**[913].

71.5.8.2.1 Rabatt- oder Bonusvereinbarungen

Gemäß § 14 Abs. 4 Satz 1 Nr. 7 UStG ist in der Rechnung jede im Voraus vereinbarte Minderung des Entgelts anzugeben, sofern diese nicht bereits im Entgelt berücksichtigt ist. In Anwendung der vorgenannten Vorschriften ist es deshalb ausreichend, wenn in dem Dokument, das zusammengefasst die Angabe des Entgelts und des darauf entfallenden Steuerbetrags enthält, auf die entsprechende Konditionsvereinbarung hingewiesen wird. Für eine leichte Nachprüfbarkeit ist allerdings eine hinreichend genaue Bezeichnung erforderlich.

📄 **Musterformulierungen: Rechnungshinweis »Rabatt- oder Bonus«**

Um den Erfordernissen des § 31 Abs. 1 UStDV zu genügen, können die diese entsprechenden Vereinbarungen enthaltenden Dokumente z. B. durch Hinweise wie

- »Ich danke für das mir entgegengebrachte Vertrauen und bitte um Überweisung des Kaufpreises auf das ausgewiesene Geschäftskonto. Auf die mit Ihnen am 20. April d. J. in Abhängigkeit vom Jahresbezug getroffene Bonifikationsvereinbarung wird hingewiesen.«
- »Es ergeben sich Entgeltminderungen aufgrund von Rabatt- oder Bonusvereinbarungen.«
- »Entgeltminderungen ergeben sich aus unseren aktuellen Rahmen- und Konditionsvereinbarungen.«
- »Es bestehen Rabatt- oder Bonusvereinbarungen.«

bezeichnet werden.

Dies gilt allerdings nur, wenn die Angaben **leicht und eindeutig nachprüfbar** sind (§ 31 Abs. 1 Satz 3 UStDV). Eine leichte und eindeutige Nachprüfbarkeit ist gegeben, wenn die Dokumente über die Entgeltminderungsvereinbarung in

---

913 Abschn. 14.5 Abs. 19 UStAE; vgl. auch BMF-Schreiben vom 29.1.2004, a. a. O., Rz. 49.

Schriftform vorhanden sind und auf Nachfrage ohne Zeitverzögerung bezogen auf die jeweilige Rechnung vorgelegt werden können[914].

Ändert sich eine vor Ausführung der Leistung getroffene Vereinbarung **nach** diesem Zeitpunkt, ist es nicht erforderlich, die Rechnung zu berichtigen.

Die Verpflichtung zur Angabe der im Voraus vereinbarten Minderungen des Entgelts bezieht sich nur auf solche Vereinbarungen, die der Leistungsempfänger gegenüber dem leistenden Unternehmer unmittelbar geltend machen kann. Vereinbarungen des leistenden Unternehmers **mit Dritten**, die nicht Leistungsempfänger sind, müssen in der Rechnung nicht bezeichnet werden. Im Übrigen gilt § 17 Abs. 1 Satz 2 UStG unverändert fort.

71.5.8.2.2 Skonto

Bei Skontovereinbarungen genügt eine Angabe wie z. B. »2 % Skonto bei Zahlung bis ...« den Anforderungen des § 14 Abs. 4 Nr. 7 UStG. Das Skonto muss **nicht betragsmäßig** (weder mit dem Bruttobetrag noch mit dem Nettobetrag zzgl. USt) ausgewiesen werden[915].

71.5.8.2.3 Änderung der Bemessungsgrundlage

Die Berichtigung des Steuerbetrags nach § 17 Abs. 1 UStG ist durch den leistenden Unternehmer für den Zeitpunkt vorzunehmen, in dem sich die Minderung der Bemessungsgrundlage durch Inanspruchnahme des Skonto oder die Gewährung des Bonus oder des Rabattes verwirklicht. Das gilt für die Berichtigung des Vorsteuerabzugs durch den Leistungsempfänger entsprechend.

Ein **Belegaustausch** ist bei Inanspruchnahme des Skonto oder der Gewährung des Rabattes oder des Bonus nicht erforderlich. Entsprechend Abschn.17.1 Abs. 3 Satz 4 UStAE (bis 31.10.2010: Abschn. 223 Abs. 3 Satz 4 UStR 2008) ist ein Belegaustausch nur für die in § 17 Abs. 4 UStG bezeichneten Fälle vorgeschrieben[916].

---

914   BMF, Schreiben vom 3.8.2004, a. a. O.
915   BMF, Schreiben vom 3.8.2004, a. a. O.
916   BMF, Schreiben vom 3.8.2004, a. a. O.

71.5.9 Steuersatz oder Hinweis auf eine Steuerbefreiung (§ 14 Abs. 4 Satz 1 Nr. 8 UStG)

In der Rechnung sind der Steuersatz sowie der auf das Entgelt entfallende Steuerbetrag anzugeben; im Fall der Steuerbefreiung ist ein Hinweis auf die Steuerbefreiung anzubringen.

Der **Hinweis auf das Bestehen einer Steuerbefreiung** wurde bereits durch das StÄndG 2001 zum 1.1.2002 eingeführt[917]. Hier stellte sich anfangs die Frage, ob damit die Angabe der »genauen Hausnummer« der Befreiung[918] erforderlich wird. Dies ist nach Auffassung des BMF nicht der Fall; eine Rechnung muss damit keinen Hinweis auf die entsprechende Vorschrift des UStG oder der 6. EG-RL enthalten. Allerdings soll in der Rechnung ein Hinweis auf den **Grund der Steuerbefreiung** enthalten sein. Dabei reicht regelmäßig eine Angabe **in umgangssprachlicher Form** aus (z. B. »Ausfuhr«, »innergemeinschaftliche Lieferung«, »steuerfreie Vermietung«, »Krankentransport«, usw.)[919]. Diese für die Praxis günstige Auffassung des BMF ist zu begrüßen, da der Hinweis lediglich gewährleisten soll, dass **in den Fällen des § 13b UStG der Leistungsempfänger Kenntnis über die Steuerbefreiung** erlangt[920].

 Musterformulierung: Rechnungshinweis »Steuerbefreiung«

Damit genügt der Rechnungshinweis:

»Die Leistung ist als Krankentransport umsatzsteuerfrei, § 4 UStG.«

Bei **Verträgen über Dauerleistungen** ist es unschädlich, wenn vor dem 1.1.2004 geschlossene Verträge keinen Hinweis auf eine anzuwendende Steuerbefreiung enthalten[921].

---

917 § 14 Abs. 1 Satz 1 Nr. 6 UStG i. F. d. StÄndG 2001 vom 20.12.2001, BGBl. I 2001, 3794.
918 D. h. § 4 mit genauer Ziffernangabe.
919 Vgl. Abschn. 14.5 Abs. 20 UStAE; vgl. auch BMF, Schreiben vom 29.1.2004, a. a. O., Rz. 50.
920 So bereits *Weimann,* Umsatzsteuer in der Praxis, 1. Auflage 2003, Kap. 13.3.
921 Hinweis auf den damaligen Abschn. 185 Abs. 20 UStR 2005.

71.5.10 Angabe »Gutschrift« (§ 14 Abs. 4 Satz 1 Nr. 10 UStG)

Für einen in der Praxis großen »Aufreger« sorgte zum 30.6.2013/1.1.2014 die Einführung einer neuen Pflichtangabe bei Erteilung einer Gutschrift (➜ Kapitel 71.6)[922]:

 Rechtsgrundlagen

§ 14 Abs. 4 Satz 1 Nr. 10 UStG

(Hinweis: Hervorhebungen durch **Fett**druck sind vom Autor.)

(4) ¹Eine Rechnung muss folgende Angaben enthalten:

…

10. in den Fällen der Ausstellung einer Rechnung durch den Leistungsempfänger oder durch einen von ihm beauftragten Dritten gemäß Abs. 2 Satz 2 die **Angabe »Gutschrift«**

²In den Fällen …

Hierdurch stand insbesondere zu befürchten, dass die Stornierung oder Korrektur einer Ursprungsrechnung (= **kaufmännische Gutschrift** = umsatzsteuerliche Rechnungsberichtigung ≠ umsatzsteuerliche Gutschrift ➜ Kapitel 71.6)[923] Steuer- und Zinsrisiken auslösen könnte. Diese Furcht ist nunmehr genommen; wird in einem solchen Dokument der Begriff »Gutschrift« verwendet, obwohl keine Gutschrift im umsatzsteuerrechtlichen Sinne nach § 14 Abs. 2 Satz 2 UStG vorliegt, ist dies weiterhin umsatzsteuerrechtlich unbeachtlich[924].

 Beratungskonsequenzen

Die Bezeichnung als »Gutschrift« führt damit allein nicht zur Anwendung des § 14c UStG.

---

922 Art. 10 Nr. 7 und Nr. 8, Gesetz zur Umsetzung der Amtshilferichtlinie sowie zur Änderung steuerlicher Vorschriften – Amtshilferichtlinie-Umsetzungsgesetz – AmtshilfeRLUmsG – vom 26.6.2013, BGBl. I 2013, 1809, BStBl. I 2013, 802;
Eigentlich ist die Neuerung bereits am 30.6.2013 in Kraft getreten. Das BMF hat das Einführungsschreiben aber erst gut 4 Monate nach dem Inkrafttreten des Gesetzes veröffentlicht und damit sehr spät Stellung bezogen. Konsequenterweise wird es nicht beanstandet, wenn die neuen Vorschriften in Rechnungen, die bis zum 31.12.2013 ausgestellt werden, unberücksichtigt bleiben (BMF, Schreiben vom 25.10.2013, Abschnitt IV).

923 Vgl. auch *Weimann*, GStB 2013, 265.

924 BMF, a. a. O., Abschnitt I.2.

Auch hinsichtlich der **Sprachvorgaben** zeigt sich das BMF einsichtig. Statt des deutschen Wortes »Gutschrift« ist die Verwendung auch von Formulierungen zulässig, die in **anderen Amtssprachen der EU** für den Begriff »Gutschrift« in Art. 226 Nr. 10a MwStSystRL der jeweiligen Sprachfassung verwendet werden (z. B. »**Self-billing**«).

> ⚠️ **Praxistipp**
>
> Das BMF hat zum Begriff der Gutschrift und den anderen neuen Rechnungsangaben eine **tabellarische Übersicht** erstellt, welche die Begriffe in den anderen Amtssprachen der EU auflistet (➲ Kapitel 71.17).

> ➡️ **Beratungskonsequenzen**
>
> 1. Die **Verwendung anderer als der aufgelisteten Begriffe** entspricht nicht § 14 Abs. 4 Satz 1 Nr. 10 UStG.
> 2. Gleichwohl ist der **Vorsteuerabzug** des Leistungsempfängers **nicht allein wegen begrifflicher Unschärfen zu versagen**, wenn die gewählte Bezeichnung hinreichend eindeutig ist (z. B. Eigenfaktura), die Gutschrift im Übrigen ordnungsgemäß erteilt wurde und keine Zweifel an ihrer inhaltlichen Richtigkeit bestehen[925].

Wird in einem (1) Dokument

- sowohl über empfangene Leistungen (Gutschrift)
- als auch über ausgeführte Leistungen (Rechnung)

zusammen abgerechnet, muss das Dokument die Rechnungsangabe »Gutschrift« enthalten. Zudem muss aus dem Dokument zweifelsfrei hervorgehen, über welche Leistung als Leistungsempfänger bzw. leistender Unternehmer abgerechnet wird.

> ➡️ **Beratungskonsequenzen**
>
> In dem Dokument sind **Saldierung und Verrechnung** der gegenseitigen Leistungen **unzulässig**!

---

925   BMF, a. a. O., Abschnitt I.2.

71.5.11 Möglichkeit weiterer Rechnungsangaben

Aus Sicht der Unternehmer sollen die Angaben in der Liste zwar obligatorisch, jedoch nicht abschließend sein. Die Unternehmer sollen also einer Rechnung weitere **(gewillkürte) Rechnungsangaben** hinzufügen können, wenn sie es wünschen oder wenn der Kunde zusätzliche Informationen benötigt.

71.5.12 Keine Unterschrift erforderlich

Gem. Art. 229 MwStSystRL fordern die Mitgliedstaaten **keine Unterschrift der Rechnungen.** Selbstverständlich steht es jedem Unternehmer aber frei, die Rechnungen zu unterschreiben bzw. von einem (leitenden) Angestellten unterschreiben zu lassen.

71.6 Rechnungsangaben bei Sonderregelungen

§ 14a Abs. 6 UStG wurde seit dem 30.6.2013/1.1.2014[926]zur Umsetzung des Art. 226 Nr. 13 und 14 MwStSystRL wie folgt konkretisiert:

 Rechtsgrundlagen

§ 14a Abs. 6 Satz 1 UStG

(Hinweis: Hervorhebungen durch **Fett**druck sind vom Autor.)

[1]In den Fällen der Besteuerung von Reiseleistungen nach § 25 hat die Rechnung die Angabe »Sonderregelung für Reisebüros« und in den Fällen der Differenzbesteuerung nach § 25a die **Angabe »Gebrauchtgegenstände/Sonderregelung«, »Kunstgegenstände/Sonderregelung« oder »Sammlungsstücke und Antiquitäten/Sonderregelung«** zu enthalten.

---

926 Art. 10 Nr. 7 und Nr. 8, Gesetz zur Umsetzung der Amtshilferichtlinie sowie zur Änderung steuerlicher Vorschriften – Amtshilferichtlinie-Umsetzungsgesetz – AmtshilfeRLUmsG – vom 26.6.2013, BGBl. I 2013, 1809, BStBl. I 2013, 802;
Eigentlich ist die Neuerung bereits am 30.6.2013 in Kraft getreten. Das BMF hat das Einführungsschreiben aber erst gut 4 Monate nach dem Inkrafttreten des Gesetzes veröffentlicht und damit sehr spät Stellung bezogen. Konsequenterweise wird es nicht beanstandet, wenn die neuen Vorschriften in Rechnungen, die bis zum 31.12.2013 ausgestellt werden, unberücksichtigt bleiben (BMF, Schreiben vom 25.10.2013, Abschnitt IV).

Der Rechnungsaussteller kann anstelle der deutschen Begriffe auch Formulierungen verwenden, die in **anderen Amtssprachen** für die Rechnungsangaben nach Art. 226 Nr. 13 und 14 MwStSystRL der jeweiligen Sprachfassung verwendet werden.

 Praxistipp

Siehe **tabellarische Übersicht des BMF** (➲ Kapitel 71.17).

Ein gesonderter Steuerausweis ist in den Fällen des § 25 Abs. 3 und § 25a Abs. 3 und 4 UStG unzulässig[927] und ein Vorsteuerabzug aus diesen Rechnungen ausgeschlossen[928].

71.7 Für die Rechnungserteilung maßgebliches Recht

Grundsätzlich richtet sich das maßgeblich anzuwendende Recht für die Rechnungsstellung nach den Vorschriften des Mitgliedstaates, in dem der Umsatz ausgeführt wird[929]. Von diesem Grundsatz werden mit der Einfügung des § 14 Abs. 7 UStG und der Neufassung des § 14a Abs. 1 UStG zum 30.6.2013/1.1.2014 **zwei Sonderfälle des § 13b-UStG** ausgenommen, in denen u. a. keine Abrechnung per Gutschrift vereinbart worden ist (➲ Kapitel 78a.6).

71.8 Zeitpunkt der Rechnungsausstellung

Nach § 14 Abs. 2 UStG ist seit dem 30.6.2013/1.1.2014[930] eine Rechnung **grundsätzlich innerhalb von sechs Monaten** nach Ausführung der Leistung auszustellen, sofern eine Verpflichtung zur Rechnungsausstellung besteht. In den folgenden Fällen gilt nunmehr eine kürzere Frist[931]:

---

927 § 14a Abs. 6 Satz 2 UStG.
928 BMF, a. a. O., Abschnitt I.5.
929 § 14 Abs. 2 Satz 1 UStG, der auf Art. 219a Nr. 1 MwStSystRL beruht.
930 Art. 10 Nr. 7 und Nr. 8, Gesetz zur Umsetzung der Amtshilferichtlinie sowie zur Änderung steuerlicher Vorschriften – Amtshilferichtlinie-Umsetzungsgesetz – AmtshilfeRLUmsG – vom 26.6.2013, BGBl. I 2013, 1809, BStBl. I 2013, 802.
931 Umsetzung des Art. 222 MwStSystRL.

Rechtsgrundlagen

§ 14a Abs. 6 Satz 2 sowie Abs. 3 Sätze 1 u. 2 UStG

(Hinweis: Hervorhebungen durch **Fett**druck sind vom Autor.)

(1) ... [2]Führt der Unternehmer eine **sonstige Leistung** im Sinne des § 3a Absatz 2 in einem anderen Mitgliedstaat aus, so ist die Rechnung **bis zum fünfzehnten Tag** des Monats, der auf den Monat folgt, in dem der Umsatz ausgeführt worden ist, auszustellen. ...

(2) ...

(3) [1]Führt der Unternehmer eine innergemeinschaftliche Lieferung aus, ist er zur Ausstellung einer Rechnung bis zum fünfzehnten Tag des Monats, der auf den Monat folgt, in dem der Umsatz ausgeführt worden ist, verpflichtet. [2]In der Rechnung sind auch die Umsatzsteuer-Identifikationsnummer des Unternehmers und die des Leistungsempfängers anzugeben.

Bitte beachten Sie!

Die Regelung gilt also nur für

- **innergemeinschaftliche Lieferungen** (§§ 4 Nr. 1 Buchst. b, 6a UStG)

- sonstige Leistungen i. S. d. § 3a Abs. 2 UStG (»**B2B-Leistungen**«) in einem anderen Mitgliedstaat

 Beratungskonsequenzen

Die neue Fristvorgabe dient dem Funktionieren des innergemeinschaftlichen Kontrollsystems. Eine Nichteinhaltung dieser Frist stellt keine aber Ordnungswidrigkeit nach § 26a UStG dar[932]. Zum zivilrechtlichen Anspruch auf Erteilung einer ordnungsgemäßen Rechnung vgl. Abschn. 14.1 Abs. 5 UStAE.

Erbringt der Kunde **erst im Nachhinein** die vom leistenden Unternehmer angeforderten Nachweise – etwa die Gelangensbestätigung –, belegen diese Nachweise dennoch die Umstände im Lieferzeitpunkt, wirken m. a. W. auf diesen zurück. Für die Fristberechnung kommt es damit

- ausschließlich auf die Lieferung und

- **nicht** auf den Eingang des Nachweises beim Lieferanten an.

---

932   BMF, a. a. O., Abschnitt I.3.

Beispiel

Autohaus A verkauft dem italienischen Unternehmenskunden I im Mai 2017 einen gebrauchten LKW. Die Voraussetzungen für eine steuerfreie innergemeinschaftliche Lieferung (igL) liegen grundsätzlich vor – logischerweise mit Ausnahme der Gelangensbestätigung. A fakturiert das Fahrzeug daher zunächst unter Ausweis eines Sicherheitszuschlags i. H. v. 19 %, den I nach Eingang der Gelangensbestätigung erstattet bekommen soll. I holt das Fahrzeug 31.5.2017 bei A ab, bringt es wie vereinbart nach Italien. Darüber vergisst I die Gelangensbestätigung, zumal ihm eine solche aus dem italienischen Recht nicht bekannt ist. A erinnert den I am 14.6.2017; die Bestätigung geht am 23.6.2017 bei A ein.

➲ **Folge:**

Bereits bei Übergabe des Fahrzeugs – also am 31.5.2017 – tätigt A gegenüber I die igL. Damit muss A die Rechnung eigentlich bis zum 18.6.2017 ausstellen (§ 14a Abs. 3 UStG). Da dies ein Sonntag ist, verschiebt sich das Fristende auf den 19.6.2017 (§ 108 Abs. 3 Abgabenordnung). Die am 23.6.2017 eingehende Gelangensbestätigung belegt die bereits am 31.5.2017 getätigte igL.

Bitte beachten Sie!

Erst wenn Sie endgültig davon ausgehen müssen, dass Sie vom Kunden keine Gelangensbestätigung erhalten werden, sollten Sie den Umsatz »normal« mit 19 % besteuern. Dazu ist dann die Umsatzsteuer-Voranmeldung zu berichtigen, mit der Sie den Umsatz dem Finanzamt ursprünglich gemeldet haben.

71.9 Sprachvorgaben sind unzulässig!

Immer wieder monieren Betriebsprüfer Ausgangs- oder Eingangsrechnungen, die ganz oder teilweise in ausländischer Sprache verfasst sind. Dies zu Unrecht ➲ Kapitel 71a.1.

71.10 Abrechnung in Form der Gutschrift (§ 14 Abs. 2 Satz 3 UStG)

 Hinweis

Gutschrifterteilung ab 1.1.2014

Zur **Rechnungsangabe »Gutschrift«** ab 1.1.2014[933], vgl. ➲ Kapitel 71.5.10

Das UStG unterscheidet **zweierlei Abrechnungsformen:**

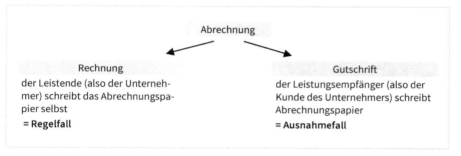

Abrechnung

Rechnung
der Leistende (also der Unternehmer) schreibt das Abrechnungspapier selbst
= **Regelfall**

Gutschrift
der Leistungsempfänger (also der Kunde des Unternehmers) schreibt Abrechnungspapier
= **Ausnahmefall**

Eine Gutschrift ist eine Rechnung, die vom Leistungsempfänger ausgestellt wird[934]. Folgende Neuerungen sind seit dem 1.1.2004 für die Ausstellung einer Gutschrift zu beachten:

- Eine Gutschrift kann auch durch **juristische Personen, die nicht Unternehmer sind,** ausgestellt werden.

- Der Leistungsempfänger kann mit der Ausstellung einer Gutschrift auch einen **Dritten beauftragen,** der im Namen und für Rechnung des Leistungsempfängers abrechnet (§ 14 Abs. 2 Satz 4 UStG).

- Die am Leistungsaustausch Beteiligten können **frei vereinbaren,** ob der leistende Unternehmer oder der in § 14 Abs. 2 Satz 2 UStG bezeichnete Leistungsempfänger abrechnet – die Vereinbarung hierüber muss vor der Abrechnung getroffen worden sein.

---

933 Art. 10 Nr. 7 und Nr. 8, Gesetz zur Umsetzung der Amtshilferichtlinie sowie zur Änderung steuerlicher Vorschriften – Amtshilferichtlinie-Umsetzungsgesetz – AmtshilfeRLUmsG – vom 26.6.2013, BGBl. I 2013, 1809, BStBl. I 2013, 802.
934 Abschn. 14.3 Abs. 1 UStAE; vgl. auch BMF, Schreiben vom 29.1.2004, a. a. O., Rz. 5.

- Eine Gutschrift kann auch ausgestellt werden, wenn über **steuerfreie Umsätze** abgerechnet wird oder wenn beim leistenden Unternehmer nach **§ 19 Abs. 1 UStG** die Steuer nicht erhoben wird. Dies kann dazu führen, dass der Empfänger der Gutschrift unrichtig oder unberechtigt ausgewiesene Steuer nach § 14c UStG schuldet.

Keine Gutschrift im vorgenannten Sinne ist die im allgemeinen Sprachgebrauch ebenso bezeichnete **Korrektur einer zuvor ergangenen Rechnung**[935] ➲ Kapitel 73.14.

 Praxistipp

In der Praxis wird die Gutschrift häufig mit den Fällen verwechselt, in denen der Kunde wegen Schlechterfüllung vom leistenden Unternehmer einen Preisnachlass erhält.

Beispiel

Druckerei D erwirbt von Maschinenfabrik M im Januar 2021 eine Maschine zum Preis von 1.000.000 € zzgl. 190.000 € USt. Nachdem die Maschine bereits im März 2021 voll bezahlt wurde, stellt sich im Juli 2021 ein nicht zu beseitigender Mangel heraus, zu dessen Ausgleich sich D und M im August 2021 auf einen Preisnachlass i. H. v. 15 % einigen. M schreibt dem D daraufhin 150.000 € zzgl. 28.500 € USt gut.

Diese »**umgangssprachliche Gutschrift**« ist keine Gutschrift im umsatzsteuerlichen Sinne. Umsatzsteuerlich unterscheidet sich die Gutschrift[936] von einer Rechnung dadurch, dass nicht der Leistende, sondern der Leistungsempfänger über die Leistung abrechnet.

In der Vergangenheit beurteilte sich die Abgrenzung zwischen Gutschrift und Rechnung danach, wen von den beiden am Leistungsaustausch Beteiligten nach zivilrechtlichen Grundsätzen die **Abrechnungslast** traf[937]. Diese war anhand des schuldrechtlichen Verhältnisses oder einer den tatsächlichen Gegebenheiten und ihrer schuldrechtlichen Einordnung entsprechenden vertraglichen Ver-

---

935 Vgl. *Weimann,* UStB 2003, 121.
936 § 14 Abs. 2 Satz 3 UStG.
937 Zur Abgrenzung der Rechnung von der Gutschrift ausführlich *Stadie* in R/D, § 14 Anm. 181 ff. sowie Lang in Weimann/Lang, Umsatzsteuer – national und international (UNI), 3. Auflage 2011, § 14 Anmerkung 2.3.

pflichtung zu bestimmen. Die wahlweise Abrechnung durch Rechnung oder Gutschrift war zulässig, wenn keine anderweitige gesetzliche Regelung zur Abrechnungsverpflichtung bestand und jeder der beiden Vertragspartner auf der Grundlage seiner eigenen Geschäftsunterlagen abrechnen konnte[938]. Auch wenn das BMF sagt, die am Leistungsaustausch Beteiligten können sich nunmehr frei vereinbaren, hat sich de facto damit an der bisherigen Rechtslage nichts geändert.

Beispiele

1. Ein Autor (= leistender Unternehmer) erstellt für einen Verlag (= Leistungsempfänger) ein Buchmanuskript und soll dafür mit 20 v. H. am Verlagsumsatz beteiligt werden. Da der Autor die Abrechnungsgrundlage »Verlagsumsatz« nicht ermitteln und damit rein faktisch keine Rechnung schreiben kann, wird der Verlag im Wege der Gutschrift abrechnen.

2. Der Automobilhersteller GAUDI (= Leistungsempfänger) entnimmt für seine Produktion Teile aus den Lagern seiner Zulieferer (= leistende Unternehmer). Da die Zulieferer die Abrechnungsgrundlage »entnommene Teile« nur schwer ermitteln können, wird GAUDI im Wege der Gutschrift abrechnen.

Für den Fall der Abrechnung im Wege der Gutschrift ist der **Geschäftspartner zu Angabe seiner Steuernummer aufzufordern.**

Die **Vereinbarung zur Abrechnung mit Gutschrift** ist an keine besondere Form gebunden. Sie kann sich aus Verträgen oder sonstigen Geschäftsunterlagen ergeben. Sie kann auch mündlich getroffen werden[939].

Voraussetzung für die **Wirksamkeit einer Gutschrift** ist, dass die Gutschrift dem leistenden Unternehmer übermittelt worden ist und dieser dem ihm zugeleiteten Dokument nicht widerspricht[940]. Die Gutschrift ist übermittelt, wenn sie dem leistenden Unternehmer so zugänglich gemacht worden ist, dass er von ihrem Inhalt Kenntnis nehmen kann[941].

Der leistende Unternehmer kann **der Gutschrift widersprechen.** Der Widerspruch wirkt, auch für den Vorsteuerabzug des Leistungsempfängers, erst in dem

---

938 Vgl. Abschn. 14.3 UStAE.
939 Abschn. 14.3 Abs. 2 UStAE; vgl. auch BMF, Schreiben vom 29.1.2004, a. a. O., Rz. 6.
940 § 14 Abs. 2 Satz 4 UStG; Abschn. 14.3 Abs. 3 UStAE; vgl. auch BMF, Schreiben vom 29.1.2004,
     a. a. O., Rz. 7.
941 Vgl. BFH-Urteil vom 15.9.1994, BStBl. II 1995, 275.

Besteuerungszeitraum, in dem er erklärt wird. Mit dem Widerspruch verliert die Gutschrift die Wirkung als Rechnung[942]. Die Wirksamkeit des Widerspruchs setzt den Zugang beim Gutschriftaussteller voraus[943].

71.11 Rechnung per Telefax

Die Übermittlung von Rechnungen ist auch per Telefax zulässig ➲ Kapitel 74.

71.12 Elektronische Rechnungen

§ 14 Abs. 1 und Abs. 3 UStG lässt die Übermittlung von Rechnungen auch auf elektronischem Weg zu ➲ Kapitel 74 und Kapitel 74a.

71.13 Gestaltung von Endrechnungen (§ 14 Abs. 5 UStG)

71.13.1 Allgemeines

Die Bundesregierung begründet den neuen § 14 Abs. 5 UStG wie folgt[944]: *»§ 14 Abs. 5 setzt Art. 22 Abs. 3 Buchst. a zweiter Unterabsatz der 6. EG-Richtlinie um und entspricht der bisherigen Regelung in § 14 Abs. 1 Satz 4 und 5 UStG (alt).«*

Die Unterscheidung zwischen § 14 Abs. 2 und Abs. 3 a. F. UStG hatte insoweit keine Bedeutung mehr, als nur die (... bei korrekter Anwendung des UStG tatsächlich ...) **geschuldete Umsatzsteuer** als Vorsteuer nach § 15 Abs. 1 Nr. 1 UStG abziehbar war ➲ Kapitel 75.1. Eine unrichtig oder zu Unrecht in Rechnung gestellte Umsatzsteuer konnte berichtigt werden, wenn der Vorsteuerabzug beim Leistungsempfänger rückgängig gemacht wurde.

Das Urteil des BFH vom 11.4.2002[945] verdeutlicht die Wirkungsweise der neuen Rechtsprechung zum »richtigen« Vorsteuerabzug[946] aus »unrichtigen« Rechnungen und zur Berichtigungsmöglichkeit der unrichtig/unberechtigt ausgewiesenen Umsatzsteuer[947]. Der Grundsatz der Neutralität der Umsatzsteuer begründet

---

942   Abschn. 14.3 Abs. 4 UStAE; vgl. auch BMF, Schreiben vom 29.1.2004, a. a. O., Rz. 8.

943   Vgl. BFH-Urteil vom 19.5.1993, BStBl. II 1993, 779.

944   BR-Drs. 630/03 vom 5.9.2003, BT-Drs. 15/1562 vom 23.9.2003.

945   BFH, Urteil vom 11.4.2002, V R 26/01, BFH/NV 2002, 1006 = Entscheidung 786.

946   BFH, Urteil vom 2.4.1998, V R 34/97, BStBl. II 1998, 695.

947   BFH, Urteil vom 22.3.2001, V R 11/98, BFH/NV 2001, 1088 = Entscheidung = Entscheidung 899.

beim Rechnungsempfänger **keinen Anspruch** auf Abzug der unrichtig ausgewiesenen Steuer als Vorsteuer. Das Besteuerungsgleichgewicht wird vielmehr durch die Möglichkeit zur Berichtigung **aller** nach § 14 Abs. 2 und Abs. 3 a. F. UStG unzutreffend ausgewiesenen Steuerbeträge erreicht. Bis zur nunmehrigen – ab dem 1.1.2004 gültigen – gesetzlichen Anpassung[948] an das EG-Recht wurde die Berichtigungsmöglichkeit von der Rechtsprechung in allen in Betracht kommenden Möglichkeiten geprüft.

Anderslautenden Entscheidungen der Finanzverwaltung war bis dahin im Einspruchs- oder Klagewege zu begegnen[949].

Aufgrund der neuen Rechtslage ist insbesondere darauf zu achten, dass die Umsatzsteuer aus bereits erteilten **Abschlagsrechnungen** nicht ein zweites Mal in der **Endrechnung** ausgewiesen wird. In Letzterer sind sowohl die vereinnahmten Teilentgelte als auch die darauf entfallenden Steuerbeträge abzusetzen.

 Musterrechnung

Errichtung eines Anbaus, Abnahme 25.5.2022:

	Abschlagszahlungen (EUR)	Preis (EUR)	Entgelt (EUR)	Umsatzsteuer (EUR)
·		595.000	500.000	95.000
– 1. Zahlung	100.000	100.000	84.034	15.966
– 2. Zahlung	100.000	100.000	84.034	15.966
verbleibende Restzahlung		**395.000**	**331.932**	**63.068**

71.13.2 Endrechnungen nach Anzahlungsversteuerung: Vorsicht vor teuren Abrechnungsfehlern!

Bei der Erstellung von Endrechnungen wird häufig übersehen, dass

- die vor Ausführung der Lieferung oder sonstigen Leistungen vereinnahmten Teilentgelte sowie

---

948 Vgl. neuer § 14c UStG.
949 Vgl. *o. V.*, StWK Gruppe 1, S. 1228 = Heft 14/2002; *Wagner*, LSW Gruppe 3, S. 700 = Heft 7/2002; *Weimann*, UStB 2002, 306.

* die auf die Teilentgelte entfallenden Steuerbeträge

abzusetzen sind, wenn über die Abschläge Rechnungen im umsatzsteuerlichen Sinne ausgestellt wurden[950]. Fallgestaltungen wie die folgende sind an der Tagesordnung:

Beispiel

Bauunternehmer D aus Dortmund hat im Frühjahr/Sommer 2022 für Auftraggeber A (kein Bauleister i. S. v. § 13b Abs. 5 Satz 2 UStG) ein Bürogebäude zum Festpreis von 1.000.000 € zzgl. USt errichtet. Nach Fertigstellung des Rohbaus am 15.4.2022 war A zu einer Abschlagszahlung von 500.000 € zzgl. 95.000 € USt verpflichtet. D hat dem A unter dem 6.5.2022 eine ordnungsgemäße Abschlagsrechnung mit Umsatzsteuerausweis erteilt; A hat den Abschlag bei Fälligkeit 25.5.2022 geleistet. Nach Abnahme des Objekts am 8.7.2022 erstellt D unter dem 12.8.2022 folgende Schlussrechnung:

Nettoentgelt	1.000.000 €
+ USt (19 %)	190.000 €
Bruttoentgelt	1.190.000 €
abzüglich bereits vereinnahmter Abschläge **(Rechnung vom 6.5.2022, vereinnahmt am 25.5.2022)**	– 595.000 €
verbleiben zu zahlen	595.000 €

Bei einer Umsatzsteuer-Sonderprüfung im Mai 2024 stellt das Finanzamt fest, dass die **Schlussrechnung den auf den Abschlag entfallenden Steuerbetrag nicht nach § 14 Abs. 5 Satz 2 UStG offen absetzt**.

➲ **Folge:**

Nach Auffassung des Betriebsprüfers schuldet D den »doppelt« ausgewiesenen Umsatzsteuerbetrag i. H. v. 95.000 € nach § 14c Abs. 1 UStG zusätzlich. Die nachträgliche Steuerfestsetzung verbindet der Prüfer gemäß § 233a AO mit einer Zinsfestsetzung. Zu Recht?

---

950 § 14 Abs. 5 Satz 2 UStG.

Rechnungsstellung – Vorsteuerabzug – Übergang der Steuerschuld

Zu Recht! Gemäß § 14 Abs. 5 Satz 2 UStG hätte D in der Schlussrechnung das in der Abschlagszahlung enthaltene Nettoentgelt sowie die zugehörige Umsatzsteuer jeweils absetzen und die Restbeträge angeben müssen[951]. Wegen Verstoßes gegen § 14 Abs. 5 Satz 2 UStG schuldet B den in der Anzahlung enthaltenen Umsatzsteuerbetrag i. H. v. 95.000 € zusätzlich nach § 14c Abs. 1 UStG. Eine **Berichtigung** dieses unrichtigen Steuerausweises ist **nicht rückwirkend**, sondern gemäß § 14c Abs. 1 Satz 2 UStG **erst im Zeitpunkt der Rechnungsberichtigung** möglich, sodass die aufgrund der Außenprüfung erhöhte Umsatzsteuerfestsetzung 2010 in diesem Fall auch eine **Zinsfestsetzung gemäß § 233a AO auslöst**.

Nach Nr. 70.2.3 des AEAO zu § 233a AO **verzichtete die Finanzverwaltung lange** jedoch auf die Nachzahlungszinsen, da sie deren Erhebung wegen nicht möglicher rückwirkender Berichtigung als sachlich unbillig ansah – dies zumindest dann, wenn der Unternehmer nach Aufdeckung seines Fehlers sogleich eine berichtigte Endrechnung erteilte.

Der **BFH** teilte diese Auffassung nicht. Die rückwirkende Berichtigung eines unzutreffenden Umsatzsteuerausweises widerspreche im Hinblick auf das Zitat des § 17 UStG in § 14 Abs. 2 Satz 2 a. F./§ 14c Abs. 1 Satz 2 UStG dem Regelungszweck. Für eine sachliche Unbilligkeit der Verzinsung derartiger Steuernachforderungen gebe es daher keinen Anhaltspunkt; die **gegenteilige Billigkeitsregelung** im AEAO zu § 233a AO stelle eine **gesetzwidrige Verwaltungspraxis** dar[952].

Die Finanzverwaltung folgt dem BFH und hat die **Billigkeitsregelung zwischenzeitlich aufgehoben**. Ausweislich einer Übergangsregelung bleibt die frühere Weisungslage bei **bis zum 22.12.2009** erteilten (fehlerhaften) Endrechnungen jedenfalls anwendbar, wenn der Unternehmer nach Aufdeckung seines Fehlers sogleich eine berichtigte Endrechnung erteilt hat[953].

---

951 Vgl. Abschn. 14.8 Abs. 7 UStAE.
952 BFH, Urteil vom 19.3.2009, V R 48/07, BStBl. II 2010, 92.
953 BMF, Schreiben vom 22.12.2009, IV A 3 – S 0062/08/10007-07, 2009/0849356, BStBl. I 2010, 9.

Beratungskonsequenzen

1. **Verstoß gegen eindeutige Gesetzesvorgaben:** Nach bisheriger Verwaltungs-auffassung sollte die Umsatzsteuer aus Billigkeitsgründen erlassen werden, »wenn in einer Endrechnung die vor der Leistung vereinnahmten Teilentgelte und die auf sie entfallenden USt-Beträge nicht abgesetzt oder angegeben wurden«. Der Unternehmer schuldete dann zwar die Umsatzsteuer aus dem in der Endrechnung zu Unrecht doppelt ausgewiesenen Steuerbetrag nach § 14 Abs. 2 UStG. Bei Berichtigung der Rechnung seien aber Nachzahlungszin-sen, die auf diese Steuer nach § 14 Abs. 2 UStG entfielen, aus sachlichen Bil-ligkeitsgründen zu erlassen, »wenn der Unternehmer nach Aufdeckung seines Fehlers sogleich eine berichtigte Endrechnung erteilt«.

2. **Das widersprach der eindeutigen gesetzlichen Regelung** im damaligen § 14 Abs. 2 Satz 2 UStG (nunmehr § 14c Abs. 1 Satz 2 UStG) i. V. m. § 17 Abs. 1 UStG, wonach zu Unrecht ausgewiesene USt **bis zum Zeitpunkt der Rechnungsbe-richtigung geschuldet** wird.

3. Die Festsetzung von Nachzahlungszinsen gem. § 233a AO ist grundsätzlich rechtmäßig, wenn der Steuerschuldner **Liquiditätsvorteile gehabt** hat, weil er von der Zahlung der geschuldeten Steuer – wegen unzutreffender Steuer-festsetzung – vorerst »freigestellt« war.
Für die nach § 14 Abs. 2 UStG (nunmehr § 14c Abs. 1 UStG) bis zur Rechnungs-berichtigung geschuldete Steuer gilt nichts anderes; für eine sachliche Unbil-ligkeit der Verzinsung gibt es mithin keinen Anhaltspunkt[954].

4. **Keine Gleichheit im Unrecht:** Ermessenslenkende Verwaltungsvorschriften wie die hier zur Diskussion stehende können auch unter dem Gesichtspunkt der **Selbstbindung der Verwaltung** und damit der Beachtung des Gleichbe-handlungsgrundsatzes (Art. 3 Abs. 1 GG) bei der gerichtlichen Überprüfung von Ermessensentscheidungen **nur dann von Bedeutung sein, wenn sie nicht gesetzwidrig sind**; gerade das war aber hier der Fall.

5. **Mandantenempfehlung:** Die Mandanten sollten sich bei Erstellung einer End-rechnung möglichst eng an eines der Beispiele in Abschn. 14.8 Abs. 7, Abs. 8 UStAE anlehnen.

6. Bitte beachten Sie auch die **neue EuGH-Rechtsprechung** zur Besteuerung von Anzahlungen!

---

954 Vgl. auch *Nieskoven*, GStB 2010, 150. sowie *Martin*, BFH/PR 2009, 320.

Rechnungsstellung – Vorsteuerabzug – Übergang der Steuerschuld

71.13.3 Nebenkostenabrechnung bei gewerblichen Mietern

Wurde bei der Vermietung von Gewerbeimmobilien zur Steuerpflicht optiert, erfasst die Option auch die Abrechnung von Müllabfuhr, Strom, Wasser und anderen Leistungen des Vermieters, die als Nebenleistung das Schicksal der Vermietungsleistung teilen. Auf diese Leistungen hat der Mieter in der Regel unterjährige Abschläge zu leisten, die nach Beendigung des Abrechnungszeitraums mit der tatsächlichen Schuld verrechnet werden. Wird dabei eine Endrechnung erteilt, sind in dieser die unterjährig vereinnahmten Teilentgelte und die auf diese entfallenden Steuerbeträge abzusetzen, wenn über die Teilentgelte Rechnungen mit gesondertem Steuerausweis erteilt wurden[955].

Bei Erstellung einer Endrechnung ist – wie bereits ausgeführt – insbesondere darauf zu achten, dass die Umsatzsteuer aus bereits erteilten Abschlagsrechnungen nicht ein zweites Mal ausgewiesen wird. In der Endrechnung sind daher sowohl die vereinnahmten Teilentgelte als auch die darauf entfallenden Steuerbeträge abzusetzen. Abschn. 14.8 Abs. 7 u. 8 UStAE geben Beispiele zur Gestaltung von Endrechnungen.

 Beratungskonsequenzen

Der Praxis ist zu empfehlen, sich bei einer konkreten Abrechnung **möglichst eng an eines dieser Beispiele anzulehnen**; so könnte eine nach Abschn. 14.8 Abs. 7 Bsp. 4 UStAE erstellte Endrechnung wie folgt aussehen[956].

---

955 § 14 Abs. 5 Satz 2 UStG.

956 Vgl. *Weimann,* UStB 2005, 218. Ausführlich zur Erstellung von Endrechnungen *Sprenger/Seitz,* Rechnungen und Vorsteuerabzug/Das neue Recht, Kap. 5, 1. Auflage München 2004; vgl. auch *Thomsen,* Schnelleinstieg Einnahme-Überschuss-Rechnung für Freiberufler und Selbstständige, 3. Auflage München 2007.

Muster Endabrechnung				
Kostenkonto Umlageart	Gebäudeeinheit umzulegende Kosten in €	Umlage gesamt Umlage anteilig in €	Anteilige Kosten in €	Begriff in Abschn. 14.8 Abs. 7 Bsp. 4 UStAE
Wassergeld (gem. BetrKV) Verbrauch	002 (Familie Mustermann) 852,00	420,000 193,000	391,52	
Heizung, Warmwasser gesonderte Abrechnung	002 (Familie Mustermann) 1.554,32	1.554,32 537,16	537,16	
Müllabfuhr (gem. BetrKV) Personenetage	002 (Familie Mustermann) 480,00	3.148,00 787,00	120,00	
Schornstein (gem. BetrKV) Miteigentumsanteil	002 (Familie Mustermann) 168,32	100,00 25,00	42,08	
Summe Netto			1.090,76	(Entgelt)
Umsatzsteuer (19 %)			207,25	(Umsatzsteuer)
Gesamtbetrag brutto			1.298,01	(Preis)
abzüglich Vorauszahlungen (netto)		960,00		(Entgelt)
abzüglich Umsatzsteuer auf Vorauszahlungen		182,40		(Umsatzsteuer)
		1.142,40		
			1.142,40	
noch zu zahlender Betrag			155,61	(verbleibende Restzahlung)

71.14 »Durchreichung« von Kosten an den Kunden

71.14.1 Grundlagen

 Hinweis

➲ Kapitel 68.2, 52.5 und 75.10

71.14.2 Vorsicht bei der Abrechnung von durchlaufenden Posten

Bericht aus einer Betriebsprüfung beim Mandanten

Bei Betriebs- und Sonderprüfungen ist immer wieder die umsatzsteuerliche Behandlung von Portokosten streitig. Klarheit schafft eine wenig bekannte Verfügung der OFD Karlsruhe[957].

71.14.2.1 Der Mandantenfall

Unsere Mandanten haben in folgenden Sachverhalt verwirklicht, der so oder ähnlich immer wieder vorkommt:

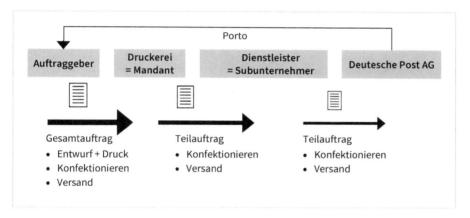

Mandant M betreibt eine Druckerei. Auftraggeber A bittet den Mandanten, einen Werbeträger zu erstellen, zu konfektionieren (= versandfertig zu machen) und an einen von ihm vorgegebenen Adressatenkreis zu versenden. **Als Versender soll A auf dem Adressaufkleber benannt werden.**

M druckt den Werbeträger und beauftragt seinerseits Dienstleister D mit Konfektionierung und Versand.

D konfektioniert und erteilt der Deutschen Post AG den Versandauftrag.

---

957   Vfg. vom 5.4.2011, S 7200 - Karte 12; dazu ausführlich *Weimann/Fuisting,* GStB 2016, 453.

In den Rechnungen weisen D gegenüber M und M gegenüber A das Porto als durchlaufende Posten aus, berechnen dieses also de facto umsatzsteuerfrei weiter.

Bei M findet eine Betriebsprüfung statt. Der Prüfer ist der Ansicht, das Porto sei dem Entgelt zuzuschlagen und auf 19% »hochzuschleusen«.

Zu Recht?

71.14.2.2 Die Rechtsauffassung der OFD Karlsruhe

Die OFD Karlsruhe nimmt Stellung zur Frage, unter welchen Voraussetzungen Portokosten als durchlaufende Posten behandelt werden können.

71.14.2.2.1 Allgemeines

Bei Werbeagenturen, Lettershops usw., die die Versendung von Briefen, Prospekten u. Ä. für ihre Kunden übernehmen, stellt sich die Frage,

- ob weiterberechnete Portokosten als durchlaufende Posten i. S. des § 10 Abs. 1 Satz 5 UStG behandelt werden können, oder
- ob sie als Teil des Entgelts für die Leistung der Agentur anzusehen sind.

Eine Behandlung als durchlaufender Posten ist nur möglich, **wenn der Kunde mit der Deutschen Post AG in Rechtsbeziehungen tritt**. Nach den allgemeinen Geschäftsbedingungen der Deutschen Post Brief National (AGB Brief National) und Brief International (AGB Brief International) bestehen Rechtsbeziehungen zwischen der Deutschen Post AG und dem auf dem Brief genannten Absender.

 Beratungskonsequenzen

Versenden z. B. Agenturen Briefe für einen Auftraggeber und ist der **Auftraggeber auf dem Brief als Absender** genannt, handelt es sich bei den Portokosten um durchlaufende Posten, sofern die Agentur die Portokosten (Briefmarken) verauslagt hat.

Auch in den Fällen, in denen sich z. B. eine Agentur bei der Post AG als Großkunde anmeldet und ihre Briefe dort einliefert, erfolgt die Zahlung des Benutzungsentgelts im Namen und für Rechnung des Auftraggebers, sofern dieser bei der Einlieferung als Absender angegeben wird. Die Briefe erhalten dann den **Vermerk »Gebühr bezahlt«**. Bei der Einlieferung wird das Entgelt meist unbar entrichtet.

Sollte z. B. ein von der Agentur hingegebener Scheck nicht eingelöst werden können, bleibt Schuldner des Entgelts der als Absender genannte Auftraggeber, da nur zwischen ihm und der Deutschen Post AG Rechtsbeziehungen bestehen. Bei den verauslagten Portogebühren handelt es sich daher um einen durchlaufenden Posten.

Eine **Agentur kann auch ihren eigenen Freistempler** für gewerbsmäßige Versendung von Kundenpost verwenden. Entgegen den Ausführungen in den AGB Brief National und AGB Brief International wird hierfür keine besondere Genehmigung erteilt. Ein durchlaufende Posten ist anzunehmen, wenn die Agentur

- bei Verwendung ihres Freistemplers in den Stempel das »Klischee« des Kunden einsetzt oder
- auf andere Weise den Kunden als eigentlichen Absender kenntlich macht (z. B. Absenderaufkleber oder entsprechender Aufdruck auf dem Umschlag).

Die in den o. g. AGB niedergelegten Grundsätze gelten entsprechend für den Frachtdienst (Pakete).

 Beratungskonsequenzen

Legt die Agentur in derartigen Fällen in ihren Rechnungen die Vereinnahmung und Verauslagung in fremdem Namen und für fremde Rechnung **nicht offen** und berechnet für diese Beträge Umsatzsteuer, handelt es sich mangels Offenlegung nicht um einen durchlaufenden Posten. Ein zu hoher Steuerausweis nach § 14 c Abs. 1 UStG liegt nicht vor. Der Kunde kann auch hinsichtlich der Portokosten unter den Voraussetzungen des § 15 UStG den Vorsteuerabzug geltend machen. Erhalten Agenturen von der Deutschen Post AG Rabatte, liegt ein durchlaufender Posten nur vor, wenn die tatsächlich entrichteten Portokosten dem Kunden weiter berechnet werden. Werden dagegen dem Kunden die üblicherweise zu zahlenden Portokosten in Rechnung gestellt, liegt kein durchlaufender Posten vor, da betraglich mehr weiter berechnet wird, als gegenüber der Deutschen Post AG geschuldet wird.

Bei **Paketsendungen** durch Versandhandelsunternehmen kommen Rechtsbeziehungen nur zwischen dem Absender (Versandhandelsunternehmen) und der Deutschen Post AG zustande. Selbst eine »unfreie« Versendung oder eine Versendung »per Nachnahme« führt nicht zu Rechtsbeziehungen zwischen dem Empfänger des Paketes und der Deutschen Post AG. Die vom Versandhandelsunternehmen an den Kunden weiter berechneten Portokosten stellen somit keinen durchlaufenden Posten dar.

Zur umsatzsteuerrechtlichen Behandlung der Entgelte für **postvorbereitende Leistungen durch einen sog. Konsolidierer** (§ 51 Abs. 1 Satz 2 Nr. 5 PostG) vgl. BMF-Schreiben vom 13.12.2006, BStBl. 2007 I S. 119. Die obersten Finanzbehörden des Bundes und der Länder haben entschieden, dass der Konsolidierer im Rahmen der zwischen ihm und der Deutschen Post AG abgeschlossenen Standardverträge auf der Grundlage der AGB Brief National gegenüber der Deutschen Post AG im fremden Namen auftritt und die Beförderungsleistungen der Deutschen Post AG nur gegenüber den Absendern der Briefsendungen erbracht werden können. Wird der Konsolidierer dagegen auf der Grundlage der AGB Teilleistungen BZA gewerbsmäßige Konsolidierung Brief oder der AGB BZE gewerbsmäßige Konsolidierung Brief tätig, handelt er insoweit gegenüber der Deutschen Post AG in eigenem Namen. Ein durchlaufender Posten liegt in diesen Fällen nicht vor. Schließen die vertraglichen Abreden zwischen der Deutschen Post AG und dem Postkonsolidierer die AGB Teilleistungen BZA gewerbsmäßige Konsolidierung Brief oder der AGB BZE gewerbsmäßige Konsolidierung Brief mit ein, sind diese besonderen AGB vorrangig.

71.14.2.2.2 Rechtslage ab 1.7.2010

Unter die Steuerbefreiung nach § 4 Nr. 11 b UStG fallen seit 1.7.2010 nur noch bestimmte Post-**Universal**dienstleistungen. Leistungen, die aufgrund **individuell ausgehandelter Vereinbarungen** erbracht werden, fallen nicht unter diese Steuerbefreiung, unabhängig von der Art der Sendung[958].

 Beratungskonsequenzen

Handelt es sich nach den o. g. Grundsätzen bei den von einer Agentur weiterberechneten Portokosten um einen durchlaufenden Posten, gilt dies auch für die auf das Porto entfallende Umsatzsteuer. Die Agentur muss die Portokosten in ihrer Rechnung als durchlaufenden Posten darstellen und darf die auf das Porto entfallende Umsatzsteuer nicht gesondert ausweisen. Weist die Agentur unberechtigt die auf das Porto entfallende Umsatzsteuer gesondert aus, schuldet sie diese nach § 14 c Abs. 2 UStG, da sie insoweit keine Leistung erbringt.

Der Absender kann unter den Voraussetzungen des § 15 UStG den Vorsteuerabzug aus den Portokosten vornehmen. Hierfür ist u. a. erforderlich, dass er im **Besitz einer ordnungsgemäßen Rechnung** ist. Diese Voraussetzung ist auch dann

---

958 BMF-Schreiben vom 21.10.2010, BStBl. 2010 I S. 1192; Abschn. 4.11 b.1 UStAE.

erfüllt, wenn der Absender nicht im Anschriftenfeld der vom Postdienstleistungsanbieter erteilten Rechnung genannt ist, sich sein Name und seine Anschrift aber aus dem übrigen Inhalt der Rechnung ergeben und in der Rechnung auch alle anderen Angaben des § 14 Abs. 4 UStG enthalten sind.

Legt die Agentur in ihren Rechnungen die Vereinnahmung und Verauslagung in fremdem Namen und für fremde Rechnung nicht offen und berechnet sie für diese Beträge Umsatzsteuer, handelt es sich **mangels Offenlegung** nicht um einen durchlaufenden Posten. Die Agentur kann die Vorsteuer aus den Portokosten nicht geltend machen, weil ihr Kunde (Absender) Empfänger der Leistungen des Postdienstleistungsanbieters bleibt. Nur wenn aufgrund einer individueller Vereinbarung der Agentur (Einlieferer) mit dem Postdienstleistungsanbieter die Agentur – und nicht der Absender der Sendung - Vertragspartner des Postdienstleistungsanbieters wird, ist er der Empfänger der Leistungen des Postdienstleistungsanbieters. In diesem Fall kann die Agentur unter den allgemeinen

Voraussetzungen des § 15 UStG den Vorsteuerabzug aus den Portokosten vornehmen.

71.14.2.3 Folgen für den Mandantenfall

Da die Briefsendungen **Auftraggeber A als Absender** ausweisen, **tritt dieser in eine direkte Rechtsbeziehung zur Deutschen Post AG.** Die von D im Auftrag von M für A verauslagten Portokosten sind damit durchlaufende Posten.

Abrechnung von A an M

Bei der Abrechnung gilt es zu unterscheiden:

- Die **Eigenleistungen der EM** sind »normale« Leistungen und unterliegen damit der Umsatzsteuer.
- Die **Portokosten** sind durchlaufende Posten. Dabei ist es egal, wer diese tatsächlich bezahlt. Bezahlt A, tut A dies als **Erfüllungsgehilfe des M** und im Namen und für Rechnung des Absenders, also des A.

Abrechnung von M an A

Für die Abrechnung von M an A gelten die vorstehenden Ausführungen entsprechend:

- Die **Eigenleistungen des M** sind »normale« Leistungen und unterliegen damit der Umsatzsteuer.
- Die **Portokosten** sind durchlaufende Posten.

Ergebnis

Die Portokosten sind **durchlaufende Posten**.

Die **Beanstandungen** der Betriebsprüfung sind **unberechtigt**.

71.15 Kleinbetragsrechnungen: die »250-Euro-Grenze«

 Rechtsgrundlagen

BMF, Schreiben vom 15.11.2017, III C 2 – S 7285/07/10002, 2017/0919230, § 33 UStDV – Rechnung über Kleinbeträge, BStBl. I 2017, 1518

§ 33 Satz 1 UStDV gilt **seit dem 1.1.2017** für Rechnungen, deren Gesamtbetrag 250 € (vormals: 150 €) nicht übersteigt (Art. 9, 16 Satz 2 MittelstandsentlastungsG).

Der Gesetzgeber begründet die Änderung mit dem Abbau bürokratischer Hemmnisse bei der Erteilung von Rechnungen über Kleinbeträge. Durch Preissteigerungen im Laufe der letzten Jahre haben sich **Güter und Dienstleistungen verteuert**, ohne dass die Grenze des § 33 UStDV angehoben wurde. Die Regelung wird dadurch dem mit ihr verfolgten Vereinfachungseffekt in vielen Bereichen nicht mehr gerecht; so wird z. B. beim Betanken von Kleintransportern aufgrund der gestiegenen Kraftstoffpreise die Grenze in der Regel bereits bei einer Tankfüllung überschritten. Gewollt ist ein **Vereinfachungseffekt vor allem bei der Abrechnung von kleinen, in kurzer Zeitfolge vorkommenden Barumsätzen**, insbesondere im Handel mit Lebensmitteln, Papierwaren, Zeitungen, Zeitschriften, aber auch bei Leistungen, die durch Automaten abgerechnet werden, und vor allem bei Verkäufen von Treib- und Schmierstoffen an Tankstellen. Hier wäre die Erteilung von Rechnungen mit allen erforderlichen Pflichtangaben besonders zeitraubend und kostspielig und in der Praxis häufig auch nicht durchführbar.

Eine **Anhebung der Grenze für Kleinbetragsrechnungen über 250 € hinaus** verbietet sich nach Auffassung des Gesetzgebers aufgrund der Bemühungen zur Bekämpfung des Umsatzsteuerbetrugs, die insbesondere die Prüfung der materiell-rechtlichen Voraussetzungen für den Vorsteuerabzug im Vorsteuer-Vergütungsverfahren nach § 18 Abs. 9 UStG erfordern.

 Beratungskonsequenzen

1. Die **Bemühungen des Gesetzgebers gehen in die richtige Richtung!** Sicher ist die Grenze für Vereinfachungen dort zu ziehen, wo die Bekämpfung des Betrugs dies erforderlich macht. Allerdings wird sich der Gesetzgeber wohl entgegenhalten lassen müssen, dass das zur Begründung immer wieder angeführte Beispiel des Betankens **eher wirklichkeitsfremd** ist. So haben LKW-Tanks in der Regel ein Fassungsvolumen von ca. 800–1.000 Litern und auch Kleinlaster liegen häufig jenseits der 120-Liter-Grenze. Ein von mir hierzu befragter Busunternehmer erklärte, dass keiner seiner Tankrechnungen im Jahr 2015 unter 700 € lag; mit Kleinbetragsrechnungen wird hier niemand ernsthaft arbeiten wollen.

2. Die 250-€-Grenze bezieht sich auf den Gesamtrechnungsbetrag, d. h. Entgelt und Steuerbetrag dürfen zusammen 250 € nicht übersteigen. Die Finanzverwaltung hält sich zur Vermeidung von Vorsteuerbetrug zu Recht **strikt an die jeweilige Betragsgrenze!**

Beispiel zu Beratungskonsequenz Punkt 2

Der Mandant sollte ausdrücklich darauf hingewiesen werden, dass z. B. normale Tankquittungen nur den Anforderungen an eine Kleinbetragsrechnung genügen. **Tankvorgänge** sind daher – auch wenn das formalistisch anmutet – spätestens bei einem Betrag von 249,99 € abzubrechen und danach fortzusetzen; alternativ kann der Mandant auf das Ausstellen einer ordnungsgemäßen Rechnung bestehen.

71.16 Anlage

II. Tabelle zu den in anderen Amtssprachen verwendeten Begriffen für Rechnungsangaben[959]

Teil 1	»Gutschrift«	»Steuerschuldnerschaft des Leistungsempfängers«
Bulgarisch	самофактуриране	обратно начисляване
Dänisch	selvfakturering	omvendt betalingspligt
Englisch	Self-billing	Reverse charge
Estnisch	endale arve koostamine	pöördmaksustamine
Finnisch	itselaskutus	käännetty verovelvollisuus
Französisch	Autofacturation	Autoliquidation
Griechisch	Αυτοτιμολόγηση	Αντίστροφη επιβάρυνση
Italienisch	autofatturazione	inversione contabile
Lettisch	pašaprēķins	nodokļa apgrieztā maksāšana
Litauisch	Sąskaitų faktūrų išsirašymas	Atvirkštinis apmokestinimas
Maltesisch	Awtofatturazzjoni	Inverżjoni tal-ħlas
Niederländisch	factuur uitgereikt door afnemer	Btw verlegd
Polnisch	samofakturowanie	odwrotne obciążenie
Portugiesisch	Autofacturação	Autoliquidação
Rumänisch	autofacturare	taxare inversă
Schwedisch	självfakturering	omvänd betalningsskyldighet
Slowakisch	vyhotovenie faktúry odberateľom	prenesenie daňovej povinnosti
Slowenisch	Self-billing	Reverse Charge
Spanisch	facturación por el destinatario	inversión del sujeto pasivo
Tschechisch	vystaveno zákazníkem	daň odvede zákazník
Ungarisch	önszámlázás	fordított adózás

---

959   Quelle: BMF, Schreiben vom 25.10.2013, Abschnitt II.

Teil 2	»Sonderregelung für Reisebüros«	»Gebrauchtgegenstände/ Sonderregelung«
Bulgarisch	Режим на облагане на маржа – туристически агенти	Режим на облагане на маржа – стокн втора употреба
Dänisch	fortjenstmargenordning – rejsebureauer	fortjenstmargenordning – brugte genstande
Englisch	Margin scheme – Travel agents	Margin scheme – Secondhand goods
Estnisch	kasuminormi maksustamise kord – reisibürood	kasuminormi maksustamise kord – kasutatud kaubad
Finnisch	voittomarginaalijärjestelmä – matkatoimistot	voittomarginaalijärjestelmä – käytetyt tavarat
Französisch	Régime particulier – agences de voyage	Régime particulier – Biens d'occasion
Griechisch	Καθεστώς περιθωρίου - Ταξιδιωτικά πρακτορεία	Καθεστώς περιθωρίου - Μεταχειρισμένα αγαθά
Italienisch	regime del margine – agenzie di viaggio	regime del margine – beni di occasione
Lettisch	peļņas daļas režīms ceļojumu aģentūrām	peļņas daļas režīms lietotām precēm
Litauisch	Maržos apmokestinimo schema. Kelionių agentūros	Maržos apmokestinimo schema. Naudotos prekės
Maltesisch	Skema ta' marġni – Aġenti tal-ivvjaġġar	Skema ta' marġini – Merkanzija użata
Niederländisch	Bijzondere regeling reisbureaus	Bijzondere regeling – gebruikte goederen
Polnisch	procedura marży dla biur podróży	procedura marży – towary używane
Portugiesisch	Regime da margem de lucro – Agências de viagens	Regime da margem de lucro – Bens em segunda mão
Rumänisch	regimul marjei – agenţii de turism	regimul marjei – bunuri second-hand
Schwedisch	vinstmarginalbeskattning för resebyråer	vinstmarginalbeskattning för begagnade varor
Slowakisch	úprava zdaňovania prirážky – cestovné kancelárie	úprava zdaňovania prirážky – použitý tovar
Slowenisch	Margin scheme – Travel agents	Margin scheme – Secondhand goods
Spanisch	Régimen especial – Agencias de viajes	Régimen especial – Bienes de ocasión
Tschechisch	zvláštní režim – cestovní kanceláře	zvláštní režim – použité zboží
Ungarisch	Különbözet szerinti szabályozás – utazási irodák	Különbözet szerinti szabályozás – használt cikkek

Teil 3	»Kunst-gegenstände/ Sonderregelung«	»Sammlungsstücke und Antiquitäten/ Sonderregelung«
Bulgarisch	Режим на облагане на маржа – произведения на изкуството	Режим на облагане на маржа – колекционерски предметн н антикварни предмети
Dänisch	fortjenstmargenordning – kunstgenstande	fortjenstmargenordning – samlerobjekter og antik
Englisch	Margin scheme – Works of art	Margin scheme – Collector's items and antiques
Estnisch	kasuminormi maksustamise kord – kunstiteosed	kasuminormi maksustamise kord – kollektsiooni- ja antiikesemed
Finnisch	voittomarginaalijärjestelmä – taide-esineet	voittomarginaalijärjestelmä – keräily-ja antiikkiesineet
Französisch	Régime particulier – Objets d'art	Régime particulier – Objets de collection et d'antiquité
Griechisch	Καθεστώς περιθωρίου – Έργα τέχνης	Καθεστώς περιθωρίου - Αντικείμενα σνλλεκτικής και αρχαιολογικής αξίας
Italienisch	regime del margine – oggetti d'arte	regime del margine – oggetti da collezione e di antiquariato
Lettisch	peļņas daļas režīms mākslas darbiem	peļņas daļas režīms kolekciju priekšmetiem un senlietām
Litauisch	Maržos apmokestinimo schema. Meno kūriniai	Maržos apmokestinimo schema. Kolekcionavimo objektai ir antikvariniai daiktai
Maltesisch	Skema ta' marġini – xogħlijiet tal-arti	Skema ta' marġini – oġġetti tal-kollezzjoni u antikitajiet
Niederländisch	Bijzondere regeling – kunstvoorwerpen	Bijzondere regeling – voorwerpen voor verzamelingen of antiquiteiten
Polnisch	procedura marży – dzieła sztuki	procedura marży – przedmioty kolekcjonerskie i antyki
Portugiesisch	Regime da margem de lucro – Objectos de arte	Regime da margem de lucro – Objectos de colecção e antiguidades
Rumänisch	regimul marjei – obiecte de artă	regimul marjei – obiecte de colecţie şi antichităţi
Schwedisch	vinstmarginalbeskattning för konstverk	vinstmarginalbeskattning för samlarföremål och antikviteter

Teil 3	»Kunst-gegenstände/ Sonderregelung«	»Sammlungsstücke und Antiquitäten/ Sonderregelung«
Slowakisch	úprava zdaňovania prirážky – umelecké diela	úprava zdaňovania prirážky – zberateľské predmety a starožitnosti
Slowenisch	Margin scheme – works of art	Margin scheme – collector's items and antiques
Spanisch	Régimen especial – Objetos de arte	Régimen especial – Objetos de arte
Tschechisch	zvláštní režim – umělecká díla	zvláštní režim – sběratelské předměty a starožitnosti
Ungarisch	Különbözet szerinti szabályozás – műalkotások	Különbözet szerinti szabályozás – gyűjteménydarabok és régiségek

71a Rechnungsstellung in das und aus dem Ausland

»Globalisierung« – d. h. grenzüberschreitende Lieferungen und Dienstleistungen auch für kleinere und mittlere Unternehmer. Die Abrechnung der Umsätze wirft bei den Mandanten immer wieder Fragen auf, die von allgemeinem Interesse sein dürften.

71a.1 Abrechnung von EU-Geschäften

Mandantenfrage

Ein Betriebsprüfer moniert Ausgangs- und Eingangsrechnungen, die ganz oder teilweise in ausländischer Sprache verfasst sind. Zu Recht?

Beraterantwort

Nein, der Betriebsprüfer moniert das zu Unrecht! Der EuGH hat klargestellt, dass Sprachvorgaben unzulässig sind!

71a.1.1 Die rechtlichen Vorgaben

Die Antwort auf die Leserfrage ergibt sich aus der Zusammenschau sowohl der einschlägigen europäischen als auch der deutschen Rechtsvorgaben:

Rechtsgrundlagen

Art. 248a MwStSystRL
[Recht auf Übersetzung von Rechnungen in die Amtssprache eines Mitgliedstaates]

¹Die Mitgliedstaaten können zu Kontrollzwecken und bei Rechnungen, die sich auf Lieferungen von Gegenständen oder Dienstleistungen in ihrem Gebiet beziehen oder die in ihrem Gebiet ansässige Steuerpflichtige erhalten haben, von bestimmten Steuerpflichtigen oder in bestimmten Fällen Übersetzungen in ihre Amtssprachen verlangen. ²Die Mitgliedstaaten dürfen allerdings nicht eine allgemeine Verpflichtung zur Übersetzung von Rechnungen auferlegen.

 Rechtsgrundlagen

§ 87 AO Amtssprache

(1) Die Amtssprache ist deutsch.

(2) ¹Werden bei einer Finanzbehörde in einer fremden Sprache Anträge gestellt oder Eingaben, Belege, Urkunden oder sonstige Dokumente vorgelegt, kann die Finanzbehörde verlangen, dass unverzüglich eine Übersetzung vorgelegt wird. ²In begründeten Fällen kann die Vorlage einer beglaubigten oder von einem öffentlich bestellten oder beeidigten Dolmetscher oder Übersetzer angefertigten Übersetzung verlangt werden. ³ ...

 Rechtsgrundlagen

AEAO zu § 87

1. Bei Eingaben in fremder Sprache soll die Finanzbehörde zunächst prüfen, ob eine zur Bearbeitung ausreichende Übersetzung durch eigene Bedienstete oder im Wege der Amtshilfe ohne Schwierigkeiten beschafft werden kann. Übersetzungen sind nur im Rahmen des Notwendigen, nicht aus Prinzip anzufordern. Die Finanzbehörde kann auch Schriftstücke in fremder Sprache entgegennehmen und in einer fremden Sprache verhandeln, wenn der Amtsträger über entsprechende Sprachkenntnisse verfügt. Anträge, die ein Verwaltungsverfahren auslösen, und fristwahrende Eingaben sollen in ihren wesentlichen Teilen in deutscher Sprache aktenkundig gemacht werden. Verwaltungsakte sind grundsätzlich in deutscher Sprache bekannt zu geben.

2. ...

71a.1.2 Und was sagt der EuGH?

Der EuGH hatte belgisches Zivilrecht zu beurteilen. Danach ist jedes Unternehmen mit Sitz im niederländischen Sprachgebiet des Königreichs verpflichtet, Rechnungen mit grenzüberschreitendem Charakter ausschließlich in der Amtssprache der föderalen Einheit und damit auf Niederländisch zu verfassen. Sonst kann das zuständige Zivilgericht die Rechnung von Amts wegen für nichtig erklären.

Der EuGH sieht darin einen Verstoß gegen Artikel. 35 Vertrag über die Arbeitsweise der Europäischen Union – AEUV –. Die Vertragsparteien müssen die Möglichkeit haben, grenzüberschreitende Rechnungen in einer anderen, ihnen geläufigen Sprache abzufassen, die gleichermaßen verbindlich ist wie die vorgeschriebene Sprache[960].

71a.1.3 Folgen für das Tagesgeschäft

Ausgangsrechnungen in das EU-Ausland darf Ihr Autohaus als deutsches Unternehmen immer in deutscher Sprache schreiben.

Im Gegenzug müssen Sie **Eingangsrechnungen** auch in einer anderen Sprache – vorzugsweise Englisch – akzeptieren.

Bei all dem herrscht **Vertragsfreiheit**! Es steht Ihrem Autohaus daher frei, sich mit dem Geschäftspartner auf eine andere Sprache zu einigen.

Die deutsche Finanzverwaltung darf vom Unternehmer **in der Regel keine Übersetzungen** verlangen (Art. 248a MwStSystRL). Dies gilt insbesondere für Dokumente in englischer oder französischer Sprache (so ausdrücklich zur Gelangensbestätigung Abschn. 6a.4 Abs. 5 Satz 7 UStAE). Ansonsten muss die Finanzverwaltung zunächst prüfen, ob eine zur Bearbeitung ausreichende Übersetzung durch eigene Bedienstete oder im Wege der Amtshilfe ohne Schwierigkeiten beschafft werden kann (AEAO zu § 87, Ziffer 1). Letzteres sollte bei den meisten EU-Amtssprachen der Fall sein.

---

960 EuGH, Urteil vom 21.6.2016, Rs. C-15/15, Abruf-Nr. 188097, New Valmar/Global Pharmacies Partner Health.

Beratungskonsequenzen

1. Von Vorteil sind damit (Rechnungs-)Dokumente in **deutscher, englischer oder französischer Sprache**. Darauf sollten Sie sich im Zweifel mit Ihren Geschäftspartnern einigen. Die Finanzverwaltung wird in diesem Fall keine Übersetzung von Ihnen verlangen können.

2. Sollte die Finanzverwaltung Übersetzungen aus anderen Sprachfassungen für erforderlich halten, muss die Verwaltung sich um diese **zunächst selbst bemühen**.

3. Sollte Ihr Autohaus dazu von der Finanzverwaltung aufgefordert werden, kann die Übersetzung – soweit keine Beglaubigung erforderlich ist – auch durch **mehrsprachige Mitarbeiter oder Geschäftspartner des Autohauses** erfolgen. Sie müssen also nicht zwingend einen (teuren) Fremddienstleister beauftragen.

71a.2 Abrechnung von Leistungen in einem Drittland

Mandantenfrage

Wie müssen wir in einer Rechnung an ein US-amerikanisches Unternehmen (Leistungsort USA) auf die Erhebung von 0 % MwSt hinweisen?

Beraterantwort

Wenn eine Leistung den Ort im Drittland hat, ist die Leistung nicht umsatzsteuerbar, d. h. die Leistung unterliegt nicht der deutschen Umsatzsteuer. Darauf müssen in der Rechnung **nicht** hinweisen.

71a.2.1 Rechnungspflichtangabe »Hinweis auf Steuerbefreiung«

Eine Rechnung muss im Fall der Steuerbefreiung den Hinweis darauf enthalten, dass für die Lieferung oder sonstige Leistung eine Steuerbefreiung gilt (§ 14 Abs. 4 Satz 1 Nr. 8 UStG).

Umsatzsteuerfrei ist eine Leistung aber nur dann, wenn

- vorab zwar die Steuerbarkeit bestätigt wurde, weil u. a. der **Leistungsort in Deutschland (Inland)** liegt,

- aber die Umsatzsteuerpflicht auf Grund einer besonderen Steuerbefreiung verneint wird.

 Checkliste

... Prüfung der Ausgangsseite eines Umsatzes

- Steuerbarkeit (Grundtatbestand, § 1 Abs. 1 Nr. 1 Satz 1 UStG)
  - Unternehmer (§ 2 Abs. 1 Satz 1, Abs. 2, Abs. 3 UStG)
  - im Rahmen seines Unternehmens (§ 2 Abs. 1 Satz 2, Abs. 2 Nr. 2 UStG)
  - gegen Entgelt (= im Leistungsaustausch, § 10 UStG)
  - **im Inland (§ 1 Abs. 2 UStG)**
- Steuerpflicht (§§ 4, 4 b ff. UStG)
- Bemessungsgrundlage (§ 10 UStG)
- Steuersatz (§ 12 UStG)
  - Prüfung der Voraussetzungen für die Anwendung eines speziellen Steuersatzes (§§ 12 Abs. 2, 24 UStG)
  - falls kein spezieller Steuersatz anzuwenden ist:
    Anwendung des allgemeinen Steuersatzes (§ 12 Abs. 1 UStG)

Beispiele für Steuerbefreiungen

Bei Handelsgeschäften ergibt ich eine Umsatzsteuerbefreiung insbesondere bei

- Warenbewegungen aus Deutschland in ein Drittland (Ausfuhrlieferungen, § 4 Nr. 1 Buchstabe a i. V. m. § 6 UStG)
- Warenbewegungen aus Deutschland in ein anderes EU-Land (Innergemeinschaftliche Lieferungen, § 4 Nr. 1 Buchst. b i. V. m. § 6a UStG)
- Leistungen an NATO-Truppen, Auslandsvertretungen oder deren Angehörige (§ 4 Nr. 7 Satz 1 Buchstaben b und c UStG)

 Beratungskonsequenzen

Die Rechnungspflichtangabe soll – vereinfacht ausgedrückt – sicherstellen, dass dem Rechnungsempfänger deutlich vor Augen geführt wird, dass er nicht zum Vorsteuerabzug berechtigt ist. Die Angabe dient damit der Sicherung des Steueraufkommens und von Sanktionen bei Verfehlungen.

71a.2.2 Aus deutscher/europäischer Sicht keine Besonderheiten bei Leistungsort im Drittland

Das deutsche und auch das europäische Umsatzsteuerrecht besteuern keine Leistungen, deren Leistungsort außerhalb Deutschlands/Europas liegt.

Daher gibt es dafür auch – wie im Mandantenfall– **keine besonderen Pflichtangaben**.

➡ Beratungskonsequenzen

Der Umsatzsteuersatz beträgt daher nicht 0%, sondern es fällt keine Umsatzsteuer an.

Der Mandant muss

- eine **Nettorechnung**
- **ohne jedweden Hinweis** auf die Umsatzsteuer

erstellen.

Gleichzeitig müssen Sie den Mandanten dazu veranlassen, durch **geeignete Dokumentationen** den Nachweis sicherzustellen, dass der nämliche Umsatz seinen Leistungsort im Drittland hat.

72 Übersendung von Rechnungskopien und -zweitschriften

Die praxisfreundliche Regelung in Abschn. 14c.1 UStAE

§ Rechtsgrundlagen

- UStG: §§ 14 ff.
- UStDV: §§ 31 ff.
- UStAE: Abschn. 14c.1 Abs. 4
- MwStSystRL: Art. 217 ff.
- BMF, Schreiben vom 2.7.2012, IV D 2 – S 7287-a/09/10004:003, 2012/0449475, Vereinfachung der elektronischen Rechnungsstellung zum 1.7.2011 durch das Steuervereinfachungsgesetz 2011, BStBl. I 2012, 726 (weiter gültig lt. BMF v.

18.3.2021, Anlage 1, Nr. 1709; zur zweifelhaften Bedeutung dieses Schreibens ➲ Kapitel 1.6).

72.1 Regelungszusammenhang mit E-Rechnung

Mit dem BMF-Schreiben vom 2.7.2012 zur neuen E-Rechnung (➲ Kapitel 74) und der durch das Schreiben erfolgten Neufassung von Abschn. 14c.1 Abs. 4 UStAE hat die Verwaltung auch die auf den ersten Blick sicherlich weniger spektakuläre, aber deshalb nicht weniger interessante Frage nach dem Vorgehen bei mehrfachem Rechnungsversand praxisfreundlich beantwortet.

 Beratungskonsequenzen

Damit ist erstmalig geregelt, wie genau zu verfahren ist, wenn der Kunde eine Rechnungskopie anfordert.

72.2 Die bisherigen Problembereiche

Aus der Praxis und insbesondere von der Bundessteuerberaterkammer[961] wurden dazu an das BMF Fallgestaltungen herangetragen, die aufzeigen sollten, dass die – grundsätzlich von den Unternehmen/Mandanten ja gewünschte – Umstellung auf ein elektronisches Abrechnungswesen in manchen Fallkonstellationen die Gefahr von Doppelrechnungen »heraufbeschwören« könnte. Dazu brachte die Kammer folgende Fallgestaltungen zur Diskussion:

Die Problemfälle

- Im Zusammenhang mit der Umstellung auf ein elektronisches Abrechnungswesen werden **vorab (die neuen) E-Rechnungen** und **danach (herkömmliche) Papierrechnungen** versandt.
- Rechnungen werden in einem Web-Portal **zum Download bereitgestellt**; ein Kunde lädt sich dieselbe Rechnung mehrfach herunter.
- Eine Rechnung wird **doppelt gemailt**, weil der Kunde diese ein zweites Mal anfordert.
- Die Rechnung wird als **strukturierter Datensatz** für die Buchhaltung des Kunden und **zusätzlich per E-Mail** mit PDF-Anhang übermittelt.

---

961 BStBK, Schreiben vom 24.2.2012, www.bstbk.de.

- Die Rechnung wird via **E-Post-Brief** übermittelt. Da der Kunde über keinen elektronischen Briefkasten verfügt, wird das Dokument von der Post ausgedruckt und dem Kunden »analog« zugestellt.

Die Gemeinsamkeiten: In allen Beispielsfällen wird **dieselbe Rechnung zumindest 2 Mal** versandt!

72.3 Das bisherige Risiko ...

Bei Versand eines Rechnungsdoppels bestand bislang immer das Risiko, dass die Finanzverwaltung das Umsatzsteueraufkommen wegen des mehrfachen Steuerausweises als gefährdet betrachtete[962] und die Umsatzsteuer daher auch doppelt erhob, nämlich

- ein erstes Mal die »normale« – also aus dem eigentlichen Umsatz entstandene – Steuer (= **zutreffende Umsatzsteuer**) und
- ein zweites Mal nach § 14c Abs. 1 UStG die Steuer aus eben dem Rechnungsdoppel (= **Umsatzsteuerrisiko**)

72.4 ... hat das BMF beseitigt!

Zur Rechtssicherheit der Unternehmen hat das BMF auf Anregung der Bundessteuerberaterkammer die Problematik des § 14c UStG in das Einführungsschreiben zur E-Rechnung aufgenommen – sicher auch um zu erreichen, dass die Finanzämter und insbesondere die Sonder- und Betriebsprüfer gerade in der Anfangsphase mit dem nötigen Augenmaß an diese Problematik herangehen. Abschn. 14c.1 Abs. 4 UStAE wurde daher wie folgt gefasst:

 Rechtsgrundlagen

Abschn. 14c.1 Abs. 4 UStAE

(Hinweis: Hervorhebungen durch **Fett**druck sind vom Autor und kennzeichnen die Neuerungen.)

»(4) [1]§ 14c Abs. 1 UStG gilt auch, wenn der Steuerbetrag von einem zu hohen Entgelt berechnet wurde (bei verdecktem Preisnachlass vgl. Abschnitt 10.5 Abs. 4). [2]**Sind** für ein und dieselbe Leistung mehrere Rechnungen ausgestellt worden, **ohne dass sie als Duplikat oder Kopie gekennzeichnet wurden, schuldet der leistende Unternehmer den hierin gesondert ausgewiesenen Steuerbetrag** (vgl. BFH-Urteil vom 27. 4. 1994, XI R 54/93, BStBl. II S. 718). [3]**Dies gilt nicht, wenn**

---

962 Vgl. Abschn. 14.1. Abs. 4 UStAE in bisheriger Fassung.

inhaltlich identische (s. § 14 Abs. 4 UStG) Mehrstücke derselben Rechnung übersandt werden. [4]Besteht eine Rechnung aus mehreren Dokumenten, sind diese Regelungen für die Dokumente in ihrer Gesamtheit anzuwenden.«

72.5 Ein mehrfacher Rechnungsversand ist damit unschädlich!

Wird eine Rechnung ohne inhaltliche Änderungen mehrfach versandt, ist das damit für den Rechnungsaussteller unschädlich:

- **Nach einer E-Rechnung** kann also dem Kunden – z. B. nach dessen Widerspruch (➲ Kapitel 74.8) – ohne Weiteres eine **Papierrechnung** übersandt werden.

- Einem Kunden, dem das Original abhanden gekommen ist, kann eine **Zweitschrift übersandt** werden, ohne dass diese besonders als solche gekennzeichnet ist.

 Beratungskonsequenzen

Selbstverständlich ist es aber auch weiter zulässig, Zweitschriften wie bisher mit **Zusätzen wie »Kopie« oder »Duplikat«** zu verwenden.

72.6 Der Umsatzsteuerbetrug bleibt die Grenze!

Das ist kein »Freibrief« zum Umsatzsteuerbetrug. Die Grenze wird sicher dann erreicht sein, wenn Rechnungsaussteller und Rechnungsempfänger in Betrugsabsicht handeln.

Beispiel

Ein Unternehmer schickt einem befreundeten Unternehmer eine Rechnungskopie – wohl wissend, dass der Freund aufgrund eines »kurzzeitigen Liquiditätsengpasses« die Vorsteuern zwei Mal ziehen möchte.

 Beratungskonsequenzen

1. Um beim Versand von Rechnungsdoppeln eine Steuerschuld nach § 14c Abs. 1 UStG auszuschließen, müssen die versandten Abrechnungspapiere wirklich **inhaltsgleich** sein.

2. Dabei kann sich das Erfordernis der Inhaltsgleichheit **nur auf die Rechnungs-pflichtangaben** nach § 14 Abs. 4 UStG (➜ Kapitel 71.3 bis Kapitel 71.5) beziehen; diese müssen **insgesamt unverändert** bleiben.

3. In der Praxis müssen insbesondere technische Gründe, die zur Änderung von Pflichtangaben führen könnten, ausgeschlossen werden. Insbesondere muss bei der Duplikaterzeugung ggf. eine **Datumsautomatik deaktiviert** werden.

73 Berichtigung fehlerhafter Ausgangsrechnungen

Im Tagesgeschäft kommt es immer wieder vor, dass der Unternehmer seine Rechnungen gegenüber dem Kunden berichtigen muss. Umsatzsteuerlich führt dies zu **besonderen Risiken,** die es zu erkennen und zu vermeiden gilt. Der Debitorenbuchhalter sollte dazu einen **festen»Fahrplan«** an der Hand haben und von diesem möglichst nicht abweichen.

73.0 Auf einen Blick – alle wichtigen Neuerungen vorab!

Kaum ein anderes Umsatzsteuerthema ist wichtiger und zugleich komplexer als die Rechnungsstellung und dazu korrespondierend der Vorsteuerabzug (➜ Kapitel 75). Beide Themen sind daher »Dauerbrenner« schon seit vielen Jahren, bei denen schon gefestigtes Wissen immer wieder mit neuen Vorschriften und Erkenntnissen in Einklang zu bringen ist. Den Praktiker dabei zu unterstützen ist Ziel dieses Vorspanns, der ausschließlich die Neuerungen im Bereich der Rechnungsstellung fokussiert.

73.0.1 Die rückwirkende Rechnungsberichtigung ist möglich – und die Vollverzinsung entfällt!

EuGH vom 15.9.2016, BFH vom 20.10.2016

Der EuGH hat darauf erkannt, dass Rechnungen mit Rückwirkung auf den Vorsteuerabzug berichtigt werden können. Ausdrücklich wendet sich der EuGH gegen die deutsche Finanzamtspraxis, in derartigen Fällen regelmäßig Zinsen nach § 233a AO festzusetzen[963].

---

963 EuGH, Urteil vom 15.9.2016, Rs. C-518/14, Senatex.

73.0.1.1   Bisherige deutsche Rechtsauffassung

Nach (nunmehr aufzugebender) Rechtsauffassung der deutschen Finanzverwaltung kann eine Rechnung in Bezug auf eine zwingende Angabe, z. B. die Umsatzsteuer-Identifikationsnummer,

- nicht rückwirkend (»ex tunc«) und
- damit nur für die Zukunft (»ex nunc«)

berichtigt werden.

Das Recht auf Vorsteuerabzug kann damit nur für das Jahr ausgeübt werden, in dem die ursprüngliche Rechnung berichtigt wurde, und nicht bereits für das Jahr, in dem die Rechnung ausgestellt wurde.

73.0.1.2   Zur Erinnerung: Die deutschen »Strafzinsen«

Ob eine Rechnung auch rückwirkend berichtigt werden kann, wird in Deutschland seit Jahren kontrovers diskutiert. Bedeutung hat die Frage für den Vorsteuerabzug. Liegen die umsatzsteuerrechtlichen Voraussetzungen einer ordnungsgemäßen Rechnung nicht vor, ist der Vorsteuerabzug zu versagen. Damit verbunden sind dann in der Regel **Nachzahlungszinsen (§ 233a AO)**. Betroffen ist damit insbesondere der »Betriebsprüfungsklassiker«:

> **Beispiel**
>
> Im Rahmen einer Betriebsprüfung für die Jahre 2016–2018 stellt der Prüfer im April 2021 formelle Mängel an Eingangsrechnungen fest. Betroffen ist u. a. eine Rechnung, die der Unternehmer im März 2016 erhalten hat. Der Prüfer fordert daher den Unternehmer auf, für Zwecke des Vorsteuerabzugs ordnungsgemäße Rechnungen vorzulegen. Dieser Aufforderung entspricht der Unternehmer noch sofort, also noch im April 2021.
>
> Nach der bisherigen deutschen Rechtsauffassung kann der Unternehmer die Vorsteuerbeträge erst bei Vorliegen ordnungsgemäßer Rechnungen und damit für April 2021 geltend machen. Entsprechend entfällt der Vorsteueranspruch für die Zeit 3/2015 bis 4/2021 – mit der Folge einer Vollverzinsung nach § 233a AO.
>
>

Die Frage nach der möglichen Rückwirkung einer Rechnungsberichtigung wurde in der Vergangenheit schon mehrfach dem EuGH vorgelegt, aber nie eindeutig beantwortet.

Das FG Hannover sah sich deshalb zu einer erneuten Vorlage veranlasst[964].

73.0.1.3 Entscheidung des EuGH

Der EuGH wendet sich gegen die deutsche Rechtsauffassung:

73.0.1.3.1 Neutralität der Umsatzsteuer verbietet jede Belastung – auch eine solche durch Zinsen

Das in den Art. 167 ff. MwStSystRL geregelte Recht auf Vorsteuerabzug

- ist integraler Bestandteil des Mechanismus der Mehrwertsteuer,
- kann grundsätzlich nicht eingeschränkt werden und
- kann für die gesamte Steuerbelastung der vorausgehenden Umsatzstufen sofort ausgeübt werden[965].

Durch die Regelung über den Vorsteuerabzug soll der Unternehmer **vollständig** von der im Rahmen aller seiner wirtschaftlichen Tätigkeiten geschuldeten oder entrichteten Mehrwertsteuer entlastet werden.

Eine nationale Regelung wie die im Ausgangsverfahren fragliche, nach der **Nach-zahlungszinsen** auf die vor einer Berichtigung der ursprünglich ausgestellten Rechnung als geschuldet angesehenen Mehrwertsteuerbeträge zu entrichten sind, belegt diese wirtschaftlichen Tätigkeiten jedoch mit einer aus der Mehr-wertsteuer resultierenden steuerlichen Belastung, obwohl das gemeinsame Mehrwertsteuersystem die Neutralität dieser Steuer garantiert.

73.0.1.3.2 Die materiellen Voraussetzungen sind entscheidend

Das Grundprinzip der Mehrwertsteuerneutralität verlangt, dass der Vorsteuerab-zug gewährt wird,

---

964 FG Hannover, EuGH-Vorlage vom 3.7.2014, 5 K 40/14.

965 Rdnr. 37 des Besprechungsurteils unter Hinweis auf EuGH, Urteil vom 13.2.2014, Maks Pen, Rs. C-18/13, Rdnr. 24, m. w. N.

- wenn die materiellen Anforderungen erfüllt sind,
- selbst wenn bestimmte formelle Bedingungen nicht genügt wird[966].

 Beratungskonsequenzen

In Rdnr. 29 u. 38 des Besprechungsurteils weist der EuGH aber darauf hin, dass der Besitz einer Rechnung, die die in Art. 226 MwStSystRL vorgesehenen Angaben enthält, eine formelle und keine materielle Bedingung für das Recht auf Vorsteuerabzug darstellt.

73.0.1.3.3 Vorsteuerabzug im nächstmöglichen Erklärungszeitraum

Der EuGH hat in einer früheren Entscheidung[967] entschieden, dass das Vorsteuerabzugsrecht für den Erklärungszeitraum auszuüben ist, in dem die Lieferung der Gegenstände oder die Dienstleistung bewirkt wurde und in dem der Steuerpflichtige die Rechnung besitzt. Die Rechtssache, in der dieses Urteil ergangen ist, betraf jedoch ein Unternehmen, das zum Zeitpunkt der Ausübung des Vorsteuerabzugsrechts **über keine Rechnung verfügte**, sodass der Gerichtshof nicht über die zeitlichen Wirkungen der Berichtigung einer ursprünglich ausgestellten Rechnung entschieden hat.

Im Urteilsfall dagegen hatte Senatex zu dem Zeitpunkt, zu dem sie ihr Recht auf Vorsteuerabzug ausübte, über Rechnungen verfügt und die Mehrwertsteuer gezahlt[968].

73.0.1.3.4 Deutsche Finanzverwaltung gibt Differenzierungen zu!

Die deutsche Regierung in der mündlichen Verhandlung selbst eingeräumt, dass unter bestimmten Umständen die spätere Berichtigung einer Rechnung, beispielsweise um einen Fehler bei der darin angegebenen Umsatzsteuer-Identifikationsnummer zu korrigieren, der Ausübung des Vorsteuerabzugsrechts im Jahr der Rechnungsausstellung nicht entgegenstehe. Sie hat hingegen keine

---

966 Rdnr. 38 des Besprechungsurteils unter Hinweis auf EuGH, Urteil vom 21.10.2010, Nidera Handelscompagnie, Rs. C-385/09, Rdnr. 42 m. w. N. und Urteil vom 1.3.2012, Kopalnia Odkrywkowa Polski Trawertyn P. Granatowicz, M. Wąsiewicz, Rs. C-280/10, Rdnr. 43.

967 Urteil vom 29.4.2004, Terra BaubedarfHandel, Rs. C-152/02, Rdnr. 38.

968 Rdnr. 39 des Besprechungsurteils.

überzeugenden Gründe für eine Differenzierung zwischen solchen Umständen und denen des Ausgangsverfahrens genannt[969].

73.0.1.3.5 Vollverzinsung als unangemessene Sanktion

Die Mitgliedstaaten sind befugt, Sanktionen für den Fall der Nichterfüllung der formellen Bedingungen für die Ausübung des Vorsteuerabzugsrechts vorzusehen. Nach Art. 273 MwStSystRL dürfen sie Maßnahmen erlassen, um eine genaue Erhebung der Steuer sicherzustellen und um Steuerhinterziehung zu vermeiden, sofern diese Maßnahmen nicht über das zur Erreichung dieser Ziele Erforderliche hinausgehen und die Neutralität der Mehrwertsteuer nicht in Frage stellen[970].

In der mündlichen Verhandlung hat die deutsche Regierung vorgebracht, es sei als Sanktion einzustufen, dass das Recht auf Vorsteuerabzug erst im Jahr der Rechnungsberichtigung ausgeübt werden dürfe. Um die Nichtbefolgung formeller Anforderungen zu ahnden, kommen jedoch andere Sanktionen als die Versagung des Vorsteuerabzugsrechts für das Jahr der Rechnungsausstellung in Betracht, etwa die Auferlegung einer Geldbuße oder einer finanziellen Sanktion, die in angemessenem **Verhältnis zur Schwere des Verstoßes** steht[971].

Darüber hinaus tritt nach der im Ausgangsverfahren in Rede stehenden Regelung die mit der Anwendung von Nachzahlungszinsen verbundene spätere Ausübung des Vorsteuerabzugsrechts in jedem Fall ein, **ohne Berücksichtigung der Umstände, die eine Berichtigung der ursprünglich ausgestellten Rechnung erforderlich machen**; dies geht über das hinaus, was zur Erreichung der in Rn. 41 des vorliegenden Urteils genannten Ziele erforderlich ist.

73.0.1.4 Wann ist eine Rechnung eine Rechnung?

So sehr das Urteil auch zu begrüßen ist – die Frage nach den Mindestvoraussetzungen, die ein Dokument erfüllen muss, um als Rechnung zu gelten, lässt der EuGH leider unbeantwortet.

---

969 Rdnr. 40 des Besprechungsurteils.

970 Rdnr. 41 des Besprechungsurteils unter Hinweis auf EuGH, Urteil vom 9.7.2015, Salomie und Oltean, Rs. C-183/14, Rdnr. 62.

971 Rdnr. 42 des Besprechungsurteils unter Hinweis auf EuGH, Urteil vom 9.7.2015, Salomie und Oltean, Rs. C-183/14, Rdnr. 63.

Hinweis

Auf die Pflichtangaben (§ 14 Abs. 4 UStG) kann insoweit nicht abgestellt werden – wie das Besprechungsurteil zeigt.

73.0.1.5 Bestätigung durch den BFH

Der BFH hat sich die Rechtsauffassung zu Eigen gemacht[972].

 Beratungskonsequenzen

Der Quellennachweis verweist auf BFH/NV – vgl. Fußnote 3 – und **nicht** auf das BStBl. II. Das Urteil wurde noch nicht veröffentlicht, weil die FinVerw es auch nach nunmehr über 3 Jahren noch immer nicht anwendet.

Der Unternehmer und/oder sein Steuerberater sollten also **selbst überwachen** und sicherstellen, dass in den nämlichen Fällen die Vollverzinsung nicht zur Anwendung kommt!

Fazit

Aus Unternehmersicht ist das Urteil nur zu begrüßen: da der EuGH auf Rückwirkung von Rechnungsberichtigungen erkannt hat, hat die leidige Vollverzinsung ausgedient.

Spannend bleibt aber die weiter offene Frage nach den Mindestvoraussetzungen einer Rechnung.

73.0.2 Rückwirkung einer Rechnungsberichtigung kann auch zum Nachteil gereichen

 Rechtsgrundlagen

BFH, Urteil vom 22.1.2020, XI R 10/17, BStBl. II 2020, 601

Die Rückwirkung einer Rechnungsberichtigung beim Vorsteuerabzug gilt unabhängig davon, ob sie zum Vorteil oder Nachteil des Leistungsempfängers wirkt. Weiterhin kann danach auch der Stornierung und Neuausstellung einer sie ersetzenden Rechnung eine Rückwirkung zukommen. Eine Rechnung ist danach auch

---

972 BFH, Urteil vom 20.10.2016, V R 26/15, BStBl. II 2020, 593.

dann »unzutreffend« i. S. d. § 31 Abs. 5 Satz 1 Buchst. b UStDV, wenn sie im Einvernehmen aller Beteiligten vollständig rückabgewickelt und die gezahlte Umsatzsteuer zurückgezahlt wurde.

73.0.2.1 Sachverhalt

Die Beteiligten streiten darüber, ob die Klägerin und Revisionsbeklagte (K) den Vorsteuerabzug aus Rechnungen über Leistungen gegenüber ihrer Organgesellschaft in Anspruch nehmen kann.

K war im Streitjahr Organträgerin einer GmbH. Diese ließ als Generalunternehmerin einen Bioenergiepark errichten. Dabei war die GmbH nach dem Generalunternehmervertrag unter darin näher bezeichneten Voraussetzungen berechtigt, Subunternehmer einzuschalten.

Die GmbH beauftragte A damit, Leistungen zur starkstromtechnischen Erschließung des Parks zu erbringen. Geschuldet waren Planung, Lieferung und Montage der Eigenbedarfsversorgung sowie der Energieabführung. Außerdem beauftragte die GmbH B damit, die Netzwerkverkabelung vorzunehmen sowie Leistungen zum Überspannungsschutz der Trafostationen und der Module zu erbringen.

A und B rechneten gegenüber der GmbH mit Bruttorechnungen ab und entrichteten die Umsatzsteuer an die für sie zuständigen Finanzämter; die K zog dementsprechend die Vorsteuer.

Das Finanzamt vertrat die Auffassung, dass es sich bei den Leistungen der A und der B um Bauleistungen handele, auf die § 13b UStG anzuwenden sei, so dass der K ein Vorsteuerabzug aus den Rechnungen der Subunternehmer der GmbH nicht zustehe.

A und B berichtigten daraufhin die Rechnungen. Beide erteilten Nettorechnungen unter Hinweis auf § 13b UStG und verpflichteten sich, der GmbH die vom Finanzamt zurückzuzahlende Umsatzsteuer zu erstatten.

Das Finanzamt setzte in Höhe der nicht entstandenen Vorsteuern eine Umsatzsteuer-Nachforderung fest und verzinste diese nach § 233a AO.

73.0.2.2   Entscheidung

Der BFH bestätigt die Rechtsauffassung des Finanzamts. Das Gericht betont, dass die Rückwirkung einer Rechnungsberichtigung beim Vorsteuerabzug **unabhängig davon gilt, ob sie zum Vorteil oder Nachteil des Leistungsempfängers** wirkt.

Berichtigungen zum Nachteil führen dann zwangsläufig zur **Vollverzinsung nach § 233a AO.**

 Beratungskonsequenzen

Der BFH führt mit dem Urteil seine neue Rechtsprechung zur Rechnungsberichtigung fort (s. o. ➲ Kapitel 73.01). Das BMF nimmt hierzu aktuell ausführlich Stellung (s. u. ➲ Kapitel 73.03).

73.0.3.   Rückwirkung der Rechnungsberichtigung auf den Zeitpunkt der ursprünglichen Ausstellung und Vorsteuerabzug ohne Besitz einer ordnungsmäßigen Rechnung

 Rechtsgrundlagen

BMF vom 18.9.2020, III C 2 – S 7286-a/19/10001 :001, 2020/0920350, BStBl. I 2020, 976

Das BMF nimmt zu der neuen Rechtsprechung Stellung (➲ Kapitel 73.01 und Kapitel 73.02).

73.0.3.1   Die neue Rechtsprechung im Überblick

Das BMF wertet die gesamte neuere Rechtsprechung von EuGH und BFH zur Problematik der rückwirkenden Rechnungsberichtigung aus:

- Mit **Urteil vom 15.9.2016, Rechtssache C-516/14, Barlis 06**, hat der EuGH entschieden, dass das Recht auf Vorsteuerabzug nicht allein deshalb verweigert werden kann, weil die Rechnung, die der Steuerpflichtige besitzt, nicht alle formellen Voraussetzungen erfüllt, obwohl die Finanzbehörde über alle notwendigen Informationen verfügt, um zu prüfen, ob die materiellen Voraussetzungen für die Ausübung dieses Rechts vorliegen.

- Ebenfalls mit **Urteil vom 15.9.2016, Rechtssache C-518/14, Senatex**, hat der EuGH entschieden, dass der Berichtigung einer Rechnung in Bezug auf eine zwingende Angabe Rückwirkung zukommen kann, so dass das Recht auf Vorsteuerabzug in Bezug auf die berichtigte Rechnung für das Jahr ausgeübt werden kann, in dem diese Rechnung ursprünglich ausgestellt wurde. Der BFH setzte dieses EuGH-Urteil mit Urteil vom 20.10.2016, V R 26/15, um. Dabei hat der BFH unter Aufgabe seiner bisherigen Rechtsprechung entschieden, dass eine Rechnungsberichtigung nach § 31 Abs. 5 UStDV beim Rechnungsempfänger hinsichtlich seines Rechts auf Ausübung des Vorsteuerabzugs auf den Zeitpunkt der erstmaligen Rechnungserteilung zurückwirken kann. Dies setzt nach dem BFH-Urteil allerdings voraus, dass das zu beurteilende Dokument bestimmte Mindestangaben enthält.

- Dem **Urteil des EuGH vom 12. 4.2018, Rechtssache C-8/17, Biosafe**, lässt sich entnehmen, dass im Fall eines in der ursprünglichen Rechnung zu niedrig ausgewiesenen Steuerbetrags erst nach einer entsprechenden Rechnungsberichtigung die materiellen und formellen Voraussetzungen des Rechts auf Vorsteuerabzug vorliegen.

- Ferner urteilte der **EuGH am 21.11.2018 in der Rechtssache C-664/16, Vadan**, dass ein Steuerpflichtiger, der nicht in der Lage ist, durch Vorlage von Rechnungen oder anderen Unterlagen den Betrag der von ihm gezahlten Vorsteuer nachzuweisen, nicht allein auf der Grundlage einer Schätzung in einem gerichtlich angeordneten Sachverständigengutachten ein Recht auf Vorsteuerabzug geltend machen kann.

- Weiterhin führte der **BFH im Urteil vom 15.10.2019, V R 14/18,** aus, dass auch unter Berücksichtigung der vorgenannten jüngeren Rechtsprechung des EuGHs an den sich aus dem Urteil vom 29.4.2004, Rechtssache C-152/02, Terra Baubedarf-Handel, ergebenden Erfordernissen festzuhalten ist. Die Ausübung des Rechts auf Vorsteuerabzug setzt demzufolge neben dem Vorliegen der materiellen Voraussetzungen auch weiterhin den Besitz einer Rechnung voraus. Insbesondere kann die Berechtigung zum Vorsteuerabzug nicht durch bloßen Zeugenbeweis nachgewiesen werden oder eine Rechnung als formelle Anforderung für den Vorsteuerabzug komplett entfallen. Vielmehr ist der Fall der fehlenden Rechnung von dem Fall der Berichtigung einer zuvor fehlerhaft erteilten Rechnung abzugrenzen.

- Zudem hat der **BFH im Urteil vom 22.1.2020, XI R 10/17,** entschieden, dass die Rückwirkung einer Rechnungsberichtigung beim Vorsteuerabzug unabhängig davon gilt, ob sie zum Vorteil oder Nachteil des Leistungsempfängers wirkt. Weiterhin kann danach auch der Stornierung und Neuausstellung einer sie ersetzenden Rechnung eine Rückwirkung zukommen. Eine Rechnung ist danach auch dann »unzutreffend« i. S. d. § 31 Abs. 5 Satz 1 Buchst. b UStDV, wenn sie im Einvernehmen aller Beteiligten vollständig rückabgewickelt und die gezahlte Umsatzsteuer zurückgezahlt wurde.

- Schließlich hat der **BFH im Urteil vom 12.3.2020, V R 48/17**, entschieden, dass ein Abrechnungsdokument keine Rechnung ist und deshalb auch nicht mit der Folge einer Ausübungsvoraussetzung für den Vorsteuerabzug rückwirkend berichtigt werden kann, wenn es wegen ganz allgemein gehaltener Angaben nicht möglich ist, die abgerechnete Leistung eindeutig und leicht nachprüfbar festzustellen.

73.0.3.2 Ordnungsmäßige Rechnung als Voraussetzung für den Vorsteuerabzug

73.0.3.2.1 Unionsrechtliche Regelungen

Unionsrechtlich wird zwischen der Entstehung und der Ausübung des Rechts auf Vorsteuerabzug unterschieden:

- Das Recht auf **Vorsteuerabzug entsteht** nach Art. 167 MwStSystRL, wenn der Anspruch auf die abziehbare Steuer entsteht. Materielle Voraussetzung für die Entstehung des Vorsteuerabzugsrechts nach Art. 168 Buchst. a MwStSystRL ist, dass der Leistungsempfänger Steuerpflichtiger (Unternehmer) i. S. d. Mehrwertsteuer-Systemrichtlinie ist, die von ihm bezogenen Gegenstände oder Dienstleistungen in der nachfolgenden Umsatzstufe für Zwecke seiner besteuerten Umsätze verwendet werden und sie auf einer vorausgehenden Umsatzstufe von einem anderen Steuerpflichtigen (Unternehmer) geliefert oder erbracht wurden.

- Formelle Voraussetzung, um das Recht auf **Vorsteuerabzug ausüben** zu können, ist nach Art. 178 Buchst. a MwStSystRL, dass der Steuerpflichtige (Unternehmer) eine nach Art. 219 ff. MwStSystRL ausgestellte Rechnung besitzt.

Der **Besitz einer Rechnung**, die eine Steuerbelastung offen ausweist, ist dabei jedoch nicht lediglich eine formelle Voraussetzung. Sie ist zugleich **materielle**

Voraussetzung[973], weil die Angabe der Steuerbelastung essenziell für den Gleichlauf der Steuerbelastung des Leistenden mit dem Vorsteuerabzug des Leistungsempfängers ist[974].

Das Erfordernis des Besitzes einer Rechnung besteht auch nach den o. g. Urteilen des EuGHs fort[975]. Aus der jüngeren Rechtsprechung des EuGHs folgt insbesondere nicht, dass ein Vorsteuerabzug gänzlich ohne Rechnung geltend gemacht werden kann (vgl. BFH-Urteile vom 15.10.2019, V R 14/18, Rn. 31 ff. und 12.3.2020, V R 48/17, Rn. 37 und 38).

73.0.3.2.2   Nationale Umsetzung

Nach § 15 Abs. 1 Satz 1 Nr. 1 Satz 1 UStG kann der Unternehmer die gesetzlich geschuldete Steuer für Lieferungen oder sonstige Leistungen, die von anderen Unternehmern für sein Unternehmen ausgeführt worden sind, als Vorsteuer abziehen. Der Besitz einer Rechnung nach §§ 14, 14a UStG ist nach § 15 Abs. 1 Satz 1 Nr. 1 Satz 2 UStG **Voraussetzung für die Ausübung** des Vorsteuerabzugsrechts.

Der Vorsteuerabzug nach § 15 Abs. 1 Satz 1 Nr. 1 Satz 1 und 2 UStG ist für den Besteuerungszeitraum vorzunehmen, in dem erstmalig diese Voraussetzungen erfüllt sind[976].

73.0.3.3   Ausnahme von dem Erfordernis des Besitzes einer ordnungsmäßigen Rechnung (objektiver Nachweis einzelner materieller Voraussetzungen für den Vorsteuerabzug)

Auch nach Ergehen der EuGH-Rechtsprechung in der Rechtssache C-516/14, Barlis 06 (Rn. 46), der Rechtssache C-8/17, Biosafe (Rn. 32) und der Rechtssache C-664/16, Vadan (Rn. 43) ist das Recht auf Vorsteuerabzug **im Regelfall durch eine**

---

973   BFH-Urteil vom 20.10.2016, V R 26/15, Rn. 17.

974   Vgl. Schlussanträge der Generalanwältin vom 30.11.2017, Rechtssache C-8/17, Biosafe, Rn. 61.

975   Rechtssache C-8/17, Biosafe, Rn. 32 und Rechtssache C-664/16, Vadan, Rn. 40.

976   BFH-Urteil vom 1.7.2004, V R 33/01, BStBl. II, 861; Abschnitt 15.2 Abs. 2 Satz 7 UStAE.

ordnungsmäßige Rechnung nachzuweisen. Deren Funktion ist die Kontrolle sowohl des Leistenden als auch des Leistungsempfängers durch die Finanzverwaltung[977].

Ein Vorsteuerabzug **gänzlich ohne Rechnung ist nicht möglich** (s. o., ➲ Kapitel 73.0.3.2.1). Das Recht auf Vorsteuerabzug kann jedoch ausnahmsweise auch geltend gemacht werden, wenn der Unternehmer eine Rechnung besitzt, die nicht alle formellen Voraussetzungen erfüllt und die auch nicht berichtigt wurde. Der Vorsteuerabzug ist unter Anwendung eines strengen Maßstabes auch zu gewähren, wenn die Finanzverwaltung über sämtliche Angaben verfügt, um die materiellen Voraussetzungen zu überprüfen.

Der Unternehmer kann **durch objektive Nachweise** belegen, dass ihm andere Unternehmer auf einer vorausgehenden Umsatzstufe tatsächlich Gegenstände oder Dienstleistungen geliefert bzw. erbracht haben, die seinen der Mehrwertsteuer unterliegenden Umsätzen dienten und für die er die Umsatzsteuer tatsächlich entrichtet hat[978].

Der Nachweis der Steuerbelastung des Unternehmers auf der vorausgegangenen Umsatzstufe (tatsächliche Entrichtung der Steuer) kann **nur über eine Rechnung oder deren Kopie**[979] mit offen ausgewiesener Umsatzsteuer erfolgen. Ohne diesen Ausweis verbleiben Zweifel, ob und in welcher Höhe die Steuer in dem Zahlbetrag enthalten ist und damit, ob die materiellen Voraussetzungen für den Vorsteuerabzug vorliegen.

Die anderen materiellen Voraussetzungen kann der Unternehmer **auch durch andere Beweismittel** nachweisen. Entscheidend ist, dass sie eine

- leichte und
- zweifelsfreie

Feststellung der Voraussetzungen durch die Finanzbehörden ermöglichen, anderenfalls ist die Kontrollfunktion nicht erfüllt. Ist etwa auch unter Berücksichtigung der zusätzlichen Informationen unklar, über welche Leistung abgerechnet worden ist, verfügt das Finanzamt nicht über alle notwendigen Informationen

---

977 Rechtssache C-516/14, Barlis 06, Rn. 27 unter Bezugnahme auf den Schlussantrag der Generalanwältin vom 18.2.2016 sowie EuGHUrteil vom 15.11.2017, Rechtssachen C-374/16 und C-375/16, Geissel und Butin, Rn. 41.

978 Vgl. Rechtssache C-664/16, Vadan, Rn. 44.

979 Vgl. Abschnitt 15.11. Abs. 1 UStAE.

um zu prüfen, inwieweit der als Vorsteuer geltend gemachte Betrag gesetzlich geschuldet war[980]. Es besteht keine Pflicht der Finanzbehörden, fehlende Informationen von Amts wegen zu ermitteln. Zweifel und Unklarheiten wirken zu Lasten des Unternehmers[981].

73.0.3.4 Rechnungsberichtigung oder Stornierung und Neuerteilung

Gelingt dem Unternehmer kein objektiver Nachweis (s. o., ➲ Kapitel 73.0.3.3), kann er auch eine nach § 31 Abs. 5 UStDV berichtigte Rechnung vorlegen.

Eine Berichtigung kann auch dadurch erfolgen, dass der Rechnungsaussteller die ursprüngliche Rechnung **storniert und eine Neuausstellung** der Rechnung vornimmt[982]. Der

- Fall einer fehlenden Rechnung (dann kein Vorsteuerabzug möglich) ist von dem
- Fall einer fehlerhaft erteilten Rechnung

abzugrenzen[983]. Auf eine Rechnungsberichtigung kann für Zwecke des Vorsteuerabzugs jedenfalls alleine aus Vereinfachungsgesichtspunkten nicht verzichtet werden. Die Rechnung kann bis zum Schluss der letzten mündlichen Verhandlung vor dem Finanzgericht berichtigt und vorgelegt werden.

Eine Rechnungsberichtigung erfordert eine **spezifische und eindeutige Bezugnahme** auf die ursprüngliche Rechnung[984]. Diese kann durch den Hinweis auf eine Berichtigung, Änderung oder Ergänzung der bisherigen Rechnung erfolgen. Eine Rechnung ist auch dann »unzutreffend« i. S. d. § 31 Abs. 5 Satz 1 Buchst. b UStDV, wenn sie im Einvernehmen aller Beteiligten vollständig rückabgewickelt und die gezahlte Umsatzsteuer zurückgezahlt wurde[985].

---

980 Vgl. BFH-Urteil vom 12.3.2020, V R 48/17, Rn. 39.
981 Vgl. Abschnitt 15.11. Abs. 3 Satz 1 UStAE.
982 BFH-Urteil vom 22.1.2020, XI R 10/17, Rn. 18 und EuGH-Urteil vom 15.7.2010, Rechtssache C-368/09, Pannon Gep Centrum.
983 BFH-Urteil vom 15.10.2019, V R 14/18, Rn. 33.
984 § 31 Abs. 5 Satz 2 UStDV und Abschnitt 14.11 UStAE, so auch BFH-Urteil vom 22.1.2020, XI R 10/17.
985 Vgl. BFH-Urteil vom 22.1.2020, XI R 10/17.

Ein Dokument ist dann eine rückwirkend berichtigungsfähige Rechnung, wenn es Angaben zum Rechnungsaussteller, zum Leistungsempfänger, zur Leistungsbeschreibung, zum Entgelt und zur gesondert ausgewiesenen Umsatzsteuer enthält[986]. Hierfür reicht es aus, dass die Rechnung diesbezügliche Angaben enthält und die Angaben **nicht in so hohem Maße unbestimmt, unvollständig oder offensichtlich unzutreffend sind, dass sie fehlenden Angaben gleichstehen.**

Sind diese Anforderungen erfüllt, entfaltet die Rechnungsberichtigung immer Rückwirkung.

Kleinbetragsrechnungen nach § 33 UStDV müssen nur berichtigt werden, soweit diese Vorschrift die in Rede stehenden Angaben erfordert. Auf eine rückwirkende Korrektur von Voranmeldungen innerhalb eines Besteuerungszeitraumes kann verzichtet werden. Die Rückwirkung einer Rechnungsberichtigung beim Vorsteuerabzug gilt unabhängig davon, ob die Berichtigung zum Vorteil oder zum Nachteil des Leistungsempfängers wirkt[987].

Im Einzelnen gilt Folgendes:

73.0.3.4.1 Leistender Unternehmer

Aussteller einer Rechnung i. S. d. §§ 14, 14a UStG kann

- der leistende Unternehmer,
- der Leistungsempfänger (Gutschrift) oder
- ein Dritter in deren Namen und für deren Rechnung

sein. Unabhängig von der Person des Rechnungsausstellers ist es zwingend erforderlich, dass aus der Rechnung hervorgeht, wer die Leistung erbracht hat.

Eine Rechnung ist für Zwecke des Vorsteuerabzugs **berichtigungsbedürftig,** wenn und soweit sie hinsichtlich des leistenden Unternehmers Fehler enthält, die dessen eindeutige Identifizierung auch unter Berücksichtigung des § 31 Abs. 2 UStDV nicht zulassen.

Sie ist **mit Rückwirkung berichtigungsfähig,** wenn die vorliegenden Angaben zwar ungenau, aber grundsätzlich zutreffend sind und nicht fehlenden Angaben gleichstehen.

---

986 Vgl. BFH-Urteil vom 20.10.2016, V R 26/15.
987 Vgl. BFH-Urteil vom 22.1.2020, XI R 10/17.

Beratungskonsequenzen

Es ist ausreichend und die Rechnung deshalb nicht berichtigungsbedürftig, wenn der leistende Unternehmer durch die Gesamtheit der vorliegenden Angaben in der Rechnung eindeutig identifizierbar und eine **Verwechslungsgefahr mit anderen Unternehmern ausgeschlossen** ist. Dieses gilt zum Beispiel für fehlende oder falsche Rechtsformzusätze nur dann, wenn jeglicher Zweifel an der Identität des Leistenden ausgeschlossen ist.

Bei Fehlern und Unklarheiten, die über die Regelungen in Abschn. 15.2a Abs. 2 und Abs. 6 UStAE hinausgehen, sind die Voraussetzungen für eine rückwirkend berichtigungsfähige Mindestangabe nicht erfüllt. Die Angabe eines Unternehmers, der nicht der tatsächlich leistende Unternehmer ist, ist eine offensichtlich unzutreffende Angabe, die nicht rückwirkend berichtigt werden kann.

73.0.3.4.2 Leistungsempfänger

Die Ausführungen unter ⮂ Kapitel 73.0.3.4.1 gelten sinngemäß auch für den Leistungsempfänger. Wurden Name und Anschrift des Leistungsempfängers nur ungenau bezeichnet, kann zum Beispiel eine unzutreffende Bezeichnung der Rechtsform mit Rückwirkung für die Vergangenheit berichtigt werden.

 Beratungskonsequenzen

Es ist ausreichend, wenn der Leistungsempfänger durch die **Gesamtheit der vorliegenden Angaben** in der Rechnung **identifizierbar** ist[988].

Bei Fehlern und Unklarheiten, die über die Regelungen in Abschn. 15.2a Abs. 3 und Abs. 6 UStAE hinausgehen, sind die Voraussetzungen für eine rückwirkend berichtigungsfähige Mindestangabe nicht erfüllt. Die Angabe eines Unternehmers, der nicht der tatsächliche Leistungsempfänger ist, ist eine offensichtlich unzutreffende Angabe, die nicht rückwirkend berichtigt werden kann.

---

988   Vgl. BFH-Urteil vom 20. Oktober 2016, V R 54/14, BFH/NV 2017, S. 488.

73.0.3.4.3 Leistungsbeschreibung

Die Leistungsbeschreibung muss, um rückwirkend berichtigungsfähig zu sein, jedenfalls **so konkret sein, dass die erbrachte Leistung und ein Bezug zum Unternehmen des Leistungsempfängers erkennbar sind**[989]. Eine unrichtige Leistungsbezeichnung, für die der leistende Unternehmer die gesondert ausgewiesene Steuer nach § 14c Abs. 2 UStG schuldet[990], ist nicht mit Rückwirkung berichtigungsfähig. Dagegen kann eine nur ungenaue Angabe der Leistungsbezeichnung[991] die Voraussetzungen für eine rückwirkend berichtigungsfähige Mindestangabe erfüllen.

Eine bloße Angabe wie z. B. »Beratung« in der Rechnung eines Rechtsanwalts oder »Bauarbeiten« in der Rechnung eines Bauunternehmens, die nicht weiter individualisiert ist, erfüllt zwar nicht die Voraussetzungen nach § 14 Abs. 4 Satz 1 Nr. 5 UStG, eine entsprechende Rechnung ist unter den übrigen Voraussetzungen aber mit Rückwirkung berichtigungsfähig[992].

Dagegen reicht eine allgemein gehaltene Angabe wie z. B. »Produktverkäufe«, die es nicht ermöglicht, die abgerechnete Leistung eindeutig und leicht nachprüfbar festzustellen, nicht aus[993]. Abschn. 15.2a Abs. 6 UStAE und Abschn. 15.11 Abs. 3 Satz 6 UStAE bleiben unberührt.

73.0.3.4.4 Entgelt

Die Voraussetzung für eine rückwirkend berichtigungsfähige Mindestangabe ist bereits erfüllt, wenn durch die Angabe des Bruttorechnungsbetrags und des gesondert ausgewiesenen Umsatzsteuerbetrags das Entgelt als Bemessungsgrundlage **ohne weiteres errechnet werden kann.**

73.0.3.4.5 Gesondert ausgewiesene Umsatzsteuer

Ein gesondert ausgewiesener Umsatzsteuerbetrag kann nicht dadurch ersetzt werden, dass **neben dem Entgelt ein Bruttorechnungsbetrag** angegeben wird.

---

989 Vgl. Abschnitt 15.2a Abs. 4 UStAE.
990 Vgl. Abschnitt 14c.2 Abs. 2 Nr. 3 UStAE.
991 Vgl. Abschnitt 15.2a Abs. 5 Satz 3 Nr. 2 UStAE.
992 Vgl. BFH-Urteil vom 20.10.2016, V R 26/15.
993 Vgl. BFH-Urteil vom 12.3.2020, V R 48/17, Rn. 24.

Wird fälschlicherweise von einem Wechsel der Steuerschuldnerschaft nach § 13b Abs. 2 und 5 UStG ausgegangen und deswegen in der Rechnung ein Hinweis nach § 14a Abs. 5 UStG erteilt, sind derartige Rechnungen gleichwohl unter den übrigen Voraussetzungen **mit Rückwirkung berichtigungsfähig.**

Weist der Rechnungsaussteller in einer Rechnung die Umsatzsteuer nicht oder zu niedrig aus, kann die Rechnung nach § 31 Abs. 5 UStDV berichtigt werden. Dabei sind die folgenden Fälle zu unterscheiden:

1. Bisher kein Steuerausweis

Ein bisher in einem Dokument fälschlicherweise nicht ausgewiesener Steuerbetrag (z. B. weil die Voraussetzungen einer Geschäftsveräußerung im Ganzen oder einer Steuerbefreiung nicht vorliegen) **kann nicht mit Rückwirkung berichtigt werden.** Der erstmalige Steuerausweis in einer berichtigten Rechnung ist insoweit mit dem erstmaligen Erstellen einer Rechnung gleichzusetzen und entfaltet daher keine Rückwirkung[994].

Die gleichen Grundsätze gelten, wenn sich **nachträglich** herausstellt, dass zwischen bestimmten Personen **keine Organschaft** i. S. d. § 2 Abs. 2 Nr. 2 UStG vorlag und über die vermeintlichen Innenumsätze Belege ausgetauscht worden sind. Diese Belege sind Rechnungen i. S. d. § 14 Abs. 1 UStG, wenn sie einen Steuerausweis enthalten, weil mit ihnen tatsächlich über Leistungen abgerechnet worden ist. Sind diese Rechnungen nach den §§ 14, 14a UStG ausgestellt, berechtigen sie zum Vorsteuerabzug. Belege ohne gesonderten Steuerausweis hingegen sind keine Rechnungen und daher einer Berichtigung mit Rückwirkung nicht zugänglich.

2. Bisher zu niedriger Steuerausweis

Ein unzutreffend in einer Rechnung zu niedrig ausgewiesener Steuerbetrag **kann nicht mit Rückwirkung berichtigt werden.** Der erstmalige zutreffende Steuerausweis in einer berichtigten Rechnung ist vielmehr insoweit mit dem erstmaligen Erstellen einer Rechnung gleichzusetzen. Das Recht zum Vorsteuerabzug in Höhe des Mehrbetrags kann somit erst in dem Besteuerungszeitraum ausgeübt

---

994 Vgl. EuGH-Urteile vom 29.4.2004, Rechtssache C-152/02, Terra Baubedarf-Handel, und Rechtssache C-8/17, Biosafe, sowie BFH-Urteil vom 1.7.2004, V R 33/01, BStBl. II, 861.

werden, in dem der Leistungsempfänger im Besitz der Rechnung ist, die den Steuerbetrag in zutreffender Höhe ausweist[995].

 Beratungskonsequenzen

Der Vorsteuerabzug des ursprünglich zu niedrigen Steuerbetrags bleibt bestehen!

73.0.3.5   Zeitpunkt des Vorsteuerabzugs

Zum Zeitpunkt des Vorsteuerabzugs gilt nach den Grundsätzen dieses Schreibens Folgendes:

73.0.3.5.1   Bei objektivem Nachweis (keine ordnungsmäßige Rechnung)

Der Vorsteuerabzug nach den unter Ziffer 3 genannten Voraussetzungen ist in dem Zeitpunkt zu gewähren, in dem die Leistung bezogen wurde **und** eine Rechnung mit offen ausgewiesener Umsatzsteuer vorlag.

73.0.3.5.2   Bei einer berichtigten Rechnung mit Rückwirkung

Wird eine Rechnung nach § 31 Abs. 5 UStDV mit Rückwirkung berichtigt, ist das Recht auf Vorsteuerabzug grundsätzlich für den Besteuerungszeitraum auszuüben, in dem die Leistung bezogen wurde und die ursprüngliche Rechnung vorlag.

Abweichend hiervon kann bei einem zu niedrigen Steuerausweis in der ursprünglichen Rechnung das Recht auf Vorsteuerabzug in einer bestimmten Höhe erst dann ausgeübt werden, wenn der Leistungsempfänger im Besitz einer Rechnung ist, die einen Steuerbetrag in dieser Höhe ausweist.

73.0.3.5.3   Bei Storno und Neuerteilung einer Rechnung

Die Stornierung einer Rechnung und ihre Neuerteilung kann Rückwirkung entfalten. Dann gelten die Ausführungen unter ➲ Kapitel 73.0.3.5.2. Ansonsten kann das Recht auf Vorsteuerabzug erst für den Besteuerungszeitraum der Neuerteilung ausgeübt werden. Der Unternehmer ist dann nachweispflichtig dafür, dass

---

995   Vgl. Rechtssache C-8/17, Biosafe.

aus der ursprünglichen Rechnung kein Vorsteuerabzug geltend bzw. ein solcher aufgrund des Stornos rückgängig gemacht worden ist.

73.0.3.5.4 Bei Rechnungen i. S. v. § 14c UStG

Die Berichtigung einer nach § 14c Abs. 1 UStG geschuldeten Umsatzsteuer entfaltet keine Rückwirkung, sondern unterliegt den Vorgaben des Abschnitts 17.1 Abs. 10 UStAE.

73.0.3.6 Kein rückwirkendes Ereignis i. S. d. § 175 Abs. 1 Satz 1 Nr. 2 AO

Bei der Korrektur eines Steuerbescheids zur nachträglichen Berücksichtigung einer nach den vorgenannten Grundsätzen rückwirkend berichtigten Rechnung nach § 31 Abs. 5 UStDV ist die Änderungsvorschrift des § 175 Abs. 1 Satz 1 Nr. 2 AO nicht anwendbar. Denn die Berichtigung einer Rechnung mit Rückwirkung ist kein Ereignis, das steuerliche Wirkung für die Vergangenheit entfaltet (rückwirkendes Ereignis). Die Änderung eines Steuerbescheids nach § 175 Abs. 1 Satz 1 Nr. 2 AO ist nur zulässig, **wenn das rückwirkende Ereignis nachträglich, d. h. nach Entstehen des Steueranspruchs eingetreten ist.** Das Recht auf Vorsteuerabzug entsteht jedoch gleichzeitig mit dem Steueranspruch nach Art. 167 MwStSystRL. Lediglich dessen Ausübung setzt nach § 15 Abs. 1 Satz 1 Satz 2 UStG voraus[996], dass der Leistungsempfänger eine Rechnung besitzt[997]. Da der materielle Anspruch auf Vorsteuerabzug unabhängig vom Vorliegen einer Rechnung entsteht, hat die Erteilung einer berichtigten Rechnung keine Auswirkung auf die Entstehung des Steueranspruchs.

73.0.3.7 Änderung des UStAE

Das BMF-Schreiben passt in Abschn. II. den UStAE entsprechend an.

73.0.3.8 Anwendungsfragen

Die Grundsätze dieses Schreibens sind in allen offenen Fällen anzuwenden.

Es wird nicht beanstandet, wenn bei bis zum 31.12.2020 übermittelten Rechnungsberichtigungen nach § 31 Abs. 5 UStDV, die nach dem BFH-Urteil vom

---

996   Vgl. Art. 178 MwStSystRL.
997   Vgl. Rechtssache Senatex, C-518/14, Rn. 28 f.

20.10.2016, V R 26/15, Rückwirkung besitzen, der Vorsteuerabzug gleichwohl erst in dem Besteuerungszeitraum geltend gemacht wird, in dem die berichtigte Rechnung ausgestellt wird. Eine Berufung hierauf scheidet aus, wenn der Vorsteuerabzug bereits aus der ursprünglichen Rechnung gewährt wurde.

➡ Beratungskonsequenzen

1. Der BFH hat am 20.10.2016[998] unter anderem darauf erkannt, dass die rückwirkende Berichtigung eine **berichtigungsfähige Rechnung** voraussetzt.

2. Dazu muss das zu berichtigende Dokument folgende **Mindestangaben** enthalten:
   - leistender Unternehmer
   - Leistungsempfänger
   - Leistungsbeschreibung
   - Entgelt
   - Steuerbetrag

3. Das Fehlen der anderen Rechnungspflichtangaben steht einer Rückwirkung **nicht** entgegen.

4. Das BMF-Schreiben **folgt** der Rechtsauffassung des BFH.

5. Abschließend geklärt ist nunmehr auch, dass eine Rechnungsberichtigung **kein rückwirkendes Ereignis** i.S.v. § 175 Abs. 1 Satz 1 Nr. 2 AO ist, dass eine steuerliche Wirkung für die Vergangenheit entfaltet.

6. (Auf den **Zinslauf des § 233a AO** hat eine Rechnungsberichtigung daher **keine Auswirkung**.

73.1 Die Praxisfälle

Anlass zur Rechnungsberichtigung geben Fallgestaltungen wie die folgenden:

Beispiele

1. Kunde K ist als selbstständiger Konditormeister umsatzsteuerlich ein Unternehmer und zum Vorsteuerabzug berechtigt. K legt daher besonderen Wert auf die richtige Rechnungsadressierung und bemängelt, dass in der Rechnung des Autohauses A sein Name oder seine Anschrift falsch geschrieben wurden.

---

998 A. a. O., Rz. 19.

2. Wie Beispiel 1. K hat eines seiner Unternehmensfahrzeuge von A reparieren lassen und bemängelt nunmehr, dass die Rechnung des A die konkret ausgeführten Reparaturarbeiten nicht beschreibt.

3. Stammkunde K des Autohauses A wechselt seine Fahrzeuge im 2-Jahres-Turnus und entscheidet sich immer für eine Vollausstattung – mit einem Panoramadach! Letzteres wurde bei einer Neubestellung übersehen. Das Fahrzeug wurde zwar »unterschriftsgemäß« geliefert. K will sich daran aber nicht festhalten lassen und ist der Auffassung, dass der Verkäufer des A das Fehlen des Panoramadachs hätte bemerken müssen. Um den K nicht zu verärgern einigt man sich darauf, im 500 € »gutzuschreiben«.

4. Käufer K ist als Einzelunternehmer seit Jahren Unternehmenskunde von Autohaus A. Seit neuestem ist K auch – was im Autohaus nicht bekannt war – als Gesellschafter an der Y-GmbH beteiligt. K kauft wie so schon oft ein Fahrzeug bei A und erhält wie immer eine auf ihn als Einzelunternehmer lautende Rechnung. Daraufhin wendet sich K an A und teilt mit, dass er das Fahrzeug für die Y-GmbH gekauft hat; er bittet daher um eine auf die Gesellschaft lautende Rechnung.

5. Vater V ist seit vielen Jahren Privatkunde von Autohaus A. Schon immer wurde V von seinem autobegeisterten Sohn S beim Fahrzeugkauf begleitet. So auch jetzt – nur, dass S gerade 18 Jahre alt geworden ist und dieses Mal selbst ein Auto kaufen will. Eigentlich begleitet V den S nur, um seine Kontakte zu nutzen und für den Sohn einen günstigen Preis »herauszuschlagen«. Wie auch in den Vorjahren erhält V die Rechnung über den Autokauf. Durch einen Anruf stellt V das Missverständnis klar und bittet darum, das Geschäft gegenüber S abzurechnen.

6. Im »Familienvermögen« der Eheleute befinden sich 2 Fahrzeuge: das eine nutzt der Ehemann (EM) für sein Einzelunternehmen, das andere seine Frau (EF) für das »Familien-Management«. Autohaus A repariert das Privatfahrzeug; EM bittet aber darum, dass die Rechnung »aus steuerlichen Gründen« eine Reparatur des Unternehmensfahrzeugs ausweist.

7. Autohaus A repariert das Fahrzeug des Privatkunden P. Da dieser mit der Rechnung »nichts anfangen kann«, bittet er um eine Rechnung, die auf seinen unternehmerisch tätigen Schwiegervater S lautet und die Reparatur eines der Unternehmensfahrzeuge des S ausweist.

Beratungskonsequenzen

Auch Beispiel 3 führt umsatzsteuerlich zu einer Rechnungsberichtigung, die in der Praxis – allerdings fälschlicherweise – als »Gutschrift« bezeichnet wird ➲ Kapitel 71.10.

73.2 Abgrenzung: Fehler noch vor Rechnungsversand entdeckt

Von einer »Rechnung« spricht man erst dann, wenn diese als Papier oder Datensatz die Einflusssphäre des Autohauses verlassen hat. Wird der Fehler rechtzeitig entdeckt und der Versand gestoppt, gilt das »Übliche«!

Sie können dann daher die »richtige« Rechnung versenden, ohne auf Besonderheiten Rücksicht nehmen zu müssen.

 Beratungskonsequenzen

Zum Nachweis des noch nicht erfolgten Versands sollten Sie dann alle von der EDV erzeugten Rechnungsausfertigungen in die Belegbuchhaltung übernehmen!

73.3 Die Fallgruppen des Gesetzes

Bei der Berichtigung von Rechnungen gilt es, **drei Fallgruppen** zu unterscheiden:

- die Berichtigung von Rechnungen im **Regelfall** (§ 14 Abs. 6 Nr. 5 UStG i. V. m. § 31 Abs. 5 UStDV),

- die Berichtigung von Rechnungen bei einem unrichtigen Steuerausweis (§ 14c Abs. 1 UStG)

- die Berichtigung von Rechnungen bei einem unberechtigten Steuerausweis (§ 14c Abs. 2 UStG).

Besonderheiten gelten für die **Berichtigung elektronischer Rechnungen** (➲ Kapitel 74.4).

73.4   Fallgruppe 1: Berichtigung von Rechnungen im Regelfall

Im Regelfall kann eine Rechnung berichtigt werden, wenn sie

- **nicht alle Angaben**[999] nach § 14 Abs. 4, § 14a UStG enthält (➲ Kapitel 73.1 Beispiel 2) oder
- wenn **einzelne Angaben**[1000] in der Rechnung **unzutreffend** sind (➲ Kapitel 73.1 Beispiele 1 und 3).

Dabei »müssen nur die fehlenden oder unzutreffenden Angaben durch ein Dokument, das spezifisch und eindeutig auf die Rechnung bezogen ist, übermittelt werden. Es gelten die gleichen Anforderungen an Form und Inhalt« wie für die Ursprungsrechnung (§ 14 Abs. 6 Nr. 5 UStG, § 31 Abs. 5 UStDV, Abschn. 14.11 UStDV).

73.4.1   Nur partielle Rechnungsberichtigung möglich, aber nicht zu empfehlen!

Obwohl danach »nur die fehlenden oder unzutreffenden Angaben ergänzt oder berichtigt werden« müssen, empfiehlt sich in der Praxis ein anderes Vorgehen, nämlich die Erstellung einer komplett neuen Rechnung.

73.4.2   Der Nachteil einer nur partiellen Rechnungsberichtigung

Das vom Gesetzgeber und der Finanzverwaltung erlaubte Vorgehen erfordert von Ihnen/Ihrem Mandanten – abweichend von der sonstigen Routine – für jeden Berichtigungsfall einen **individuellen Rechnungstext** und eröffnet so eine **neue Fehlerquelle**; im Übrigen ist das Vorgehen **zeitaufwendig**.

73.4.3   Die Praxislösung

Stattdessen sollten Sie wie folgt vorgehen bzw. Ihren Mandanten folgendes Vorgehen empfehlen:

---

999   Gemeint sind die sog. »Pflichtangaben« ➲ Kapitel 71.3 bis Kapitel 71.5.
1000 Gemeint sind auch hier die sog. »Pflichtangaben« ➲ Kapitel 71.3 bis Kapitel 71.5.

Checkliste

- Lassen Sie zunächst die zu berichtigende (fehlerhafte oder unvollständige) Rechnung außer Acht; tun Sie also zunächst so, als wenn es diese »noch gar nicht gäbe«.
- Verwendungen Sie Ihren ganz »normalen« Rechnungsvordruck.
- Schreiben Sie darauf eine neue Rechnung – und zwar vollständig und mit allen nach §§ 14, 14a UStG erforderlichen Pflichtangaben.
- Ergänzen Sie die neue Rechnung um die nachstehende Klausel.

 Musterklausel: Rechnungsberichtigung im Regelfall

Die Ihnen nunmehr vorliegende Rechnung ersetzt die Rechnung mit der Nummer ... [*vollständige Nummer der Ursprungsrechnung*] vom ... [*Datum der Ursprungsrechnung*].

Es ist *nicht* erforderlich, dass Sie uns das Original der Ursprungsrechnung wieder zurückschicken (BFH, zuletzt Urteil vom 19.9.1996, V R 41/94, BStBl. II 1999, 249).

Im Hinblick auf Ihren eventuellen Vorsteuerabzug (§ 15 UStG) weisen wir Sie vorsorglich darauf hin, dass Sie ausschließlich diese Rechnungsausfertigung zum Vorsteuerabzug verwenden dürfen.

73.4.3.1 Bezugnahme auf die Ursprungsrechnung

Die Berichtigung muss durch ein Dokument erfolgen, das **spezifisch und eindeutig auf die Rechnung bezogen** ist[1001]; dies stellt der 1. Satz der Musterklausel sicher.

 Beratungskonsequenzen

Die Berichtigungsrechnung kann **unter der »alten« Rechnungsnummer** ergehen; die Vergabe einer neuen Rechnungsnummer ist möglich, aber nicht erforderlich[1002]!

73.4.3.2 Verbleib der Ursprungsrechnung

Häufig wird angenommen, dass zur wirksamen Rechnungsberichtigung das Original der Ursprungsrechnung angefordert werden muss. Der BFH hat betont,

---

1001 § 33 Abs. 5 Satz 2 UStDV.
1002 Abschn. 14.11 Abs. 1 Satz 4 UStAE.

dass dies nicht der Fall ist; das Gericht will **unnötigen unternehmerischen Verwaltungsaufwand** vermeiden. Denn auch wenn der Leistende die Erstrechnung nicht zurückerhält, wird die Aufgabe der Finanzverwaltung zu prüfen, ob der Leistungsempfänger die ihm obliegende Vorsteuerberichtigung durchgeführt hat[1003], nicht unzumutbar erschwert. Die Finanzverwaltung kann entsprechende Kontrollmitteilungen erlassen. Diese wären auch dann nicht entbehrlich, wenn die Wirksamkeit der Rechnungsberichtigung von einer Rückgabe der Originalrechnung abhinge. Selbst wenn der Leistungsempfänger die ursprüngliche Rechnung zurückgibt, ist nicht sichergestellt, dass er den Vorsteuerabzug in dem Besteuerungszeitraum, in den die Berichtigung fällt, berichtigt. Dies gilt insbesondere dann, wenn für den Besteuerungszeitraum, in dem die Vorsteuerbeträge abgesetzt wurden, bereits ein endgültiger Steuerbescheid vorliegt und der Leistungsempfänger deshalb nicht mehr damit rechnet, den Vorsteuerabzug belegen zu müssen. Auch das Risiko des FA, die Ansprüche aus einer Vorsteuerberichtigung beim Leistungsempfänger wegen dessen Zahlungsunfähigkeit nicht durchsetzen zu können, mindert sich durch eine Rückgabe der Erstrechnung nicht[1004].

73.4.3.3 Hinweis zum Vorsteuerabzug

Dieser Hinweis ist vielleicht überflüssig, dient aber letztlich nur der eigenen Sicherheit des Rechnungsausstellers. Die neuere Rechtsprechung von EuGH und BFH betont insbesondere im Zusammenhang mit der Steuerbefreiung von Ausfuhrlieferungen (➲ Kapitel 27 ff.) und innergemeinschaftlicher Lieferungen (➲ Kapitel 22 ff.) sowie dem Vorsteuerabzug aus Karussellgeschäften (➲ Kapitel 39) und fehlerhaften Rechnungen[1005] für die Anwendung günstiger Umsatzsteuervorschriften das Erfordernis des **aktiven Mitwirkens an der Vermeidung von Steuerausfällen**. Es ist nicht absehbar, ob dieser Gedanke auch bei der Rechnungsberichtigung eine Rolle spielen wird – daher gilt: **lieber ein Satz zu viel als ein Satz zu wenig!**

1003 § 85 AO 1977.

1004 BFH, Urteil vom 25.2.1993, V R 112/91, BStBl. II 1993, 643; wohl zuletzt bestätigt durch BFH, Urteil vom 19.9.1996, V R 41/94, BStBl. II 1999, 249.

1005 BFH, Urteil vom 6.12.2007, V R 61/05, UR 2008, 436.

73.4.4 Alternativ: Arbeit mit einer separaten Stornorechnung

Alternativ kann der Unternehmer auch

- in einem ersten Schritt die zu berichtigende Rechnung stornieren und dann
- in einem zweiten Schritt eine neue Rechnung erstellen.

 Beratungskonsequenzen

Manche EDV-Buchhaltungen – z. B. SAP – sehen diese Vorgehensweise als die einzige vor. Häufig ist es dann technisch zwingend erforderlich, eine neue Rechnungsnummer zu vergeben – obwohl dies umsatzsteuerrechtlich nicht erforderlich wäre (s. o.).

73.5 Fallgruppe 2: Berichtigung von Rechnungen mit »unrichtigem« Steuerausweis

Das Umsatzsteuergesetz stellt ausdrücklich klar, dass auch Rechnungen mit unrichtigem – in der Regel zu hohem – Steuerausweis (➲ Kapitel 73.1, Fallbeispiel 3) wie beschrieben zu berichtigen sind[1006].

73.6 Fallgruppe 3: Berichtigung von Rechnungen mit »unberechtigtem« Steuerausweis

Von den beschriebenen Fällen abzugrenzen sind sog. »Gefälligkeitsrechnungen« u. Ä., deren Berichtigung aufgrund der damit einhergehenden Gefährdung des Steueraufkommens streng formales Vorgehen des Autohauses erfordert (➲ Kapitel 73.1 Beispiele 4–7).

Der Gesetzgeber reagiert rigoros und ordnet in § 14c Abs. 2 UStG an:

 Rechtsgrundlagen

§ 14c Abs. 2 UStG

»[1]Wer in einer Rechnung einen Steuerbetrag gesondert ausweist, obwohl er zum gesonderten Ausweis der Steuer nicht berechtigt ist, schuldet den ausgewiese-

---

1006 Vgl. § 14c Abs. 1 UStG, Abschn. 14c.1 Abs. 5 UStAE.

nen Betrag. [2]Das Gleiche gilt, wenn jemand wie ein leistender Unternehmer abrechnet und einen Steuerbetrag gesondert ausweist, obwohl er nicht Unternehmer ist oder eine Lieferung oder sonstige Leistung nicht ausführt. [3]Der nach den Sätzen 1 und 2 geschuldete Steuerbetrag kann berichtigt werden, soweit die Gefährdung des Steueraufkommens beseitigt worden ist. ...«

73.6.1 Doppelte Umsatzsteuerschuld!

Der Gesetzgeber betrachtet also das **Umsatzsteueraufkommen wegen des mehrfachen Steuerausweises als gefährdet** und erhebt die Umsatzsteuer daher gleich doppelt, nämlich

- ein erstes Mal die »normale« – also aus dem eigentlichen Umsatz entstandene – Steuer (**zutreffende Umsatzsteuer**) und
- ein zweites Mal nach § 14c Abs. 2 UStG die Steuer aus eben der fehlerhaften Rechnung (**Mehrsteuer** = das eigentliche **Umsatzsteuerrisiko** des Autohauses)

73.6.2 Zusätzliche Zinsschuld!

Daneben besteht die Gefahr, dass die Mehrsteuer zusätzlich nach § 233a AO verzinst wird (sog. »Vollverzinsung«), und zwar mit 0,5 % pro Monat. Diese Gefahr besteht immer dann, wenn der Empfänger der fehlerhaften Rechnung diese zum Vorsteuerabzug verwandt hat.

In den Beispielen 4–7 ...

... (⮕ Kapitel 73.1) steht eine Vollverzinsung – noch einmal: zusätzlich zur Mehrsteuer (!) – zu erwarten, denn die falsche Rechnung wurde gerade ausgestellt, um den nicht vorgesehenen Vorsteuerabzug zu erreichen!

73.6.3 »Guter Glaube« des Rechnungsausstellers ist ohne Bedeutung!

Auf den guten Glauben des Rechnungsausstellers kommt es nicht an (Abschn. 14c.2 Abs. 3 Satz 4 UStAE). Die doppelte Umsatzsteuerschuld entsteht also unabhängig davon, ob das Autohaus

- in gutem Glauben (➲ Kapitel 73.1 Beispiele 4 und 5) oder
- vorsätzlich/fahrlässig (➲ Kapitel 73.1 Beispiele 6 und 7)

gehandelt hat. Denn die Regelungen des Umsatzsteuerrechts sollen nicht dazu dienen, Strafen für Steuerpflichtige festzulegen. Es bleibt den Mitgliedstaaten aber unbenommen, Maßnahmen nach den einschlägigen Steuerstrafvorschriften zu ergreifen[1007].

 Beratungskonsequenzen

1. In den Beispielen 6 und 7 (➲ Kapitel 73.1) drohen dem Autohaus also zusätzlich zur Steuerschuld und zur Zinsschuld auch **strafrechtliche Konsequenzen!**
2. »Wer betrügen will, muss clever sein!«: Gerade bei Werkstattleistungen fallen derartige Abrechnungsfehler bei einem Abgleich des Betriebsprüfers schon dadurch auf, dass die meisten **Ersatzteile ja typbezogen** abgerechnet werden

73.6.4 Die Fehlerbeseitigung erfordert zunächst ein Kundenanschreiben

Zunächst muss der Rechnungsaussteller die fehlerhafte Rechnung für ungültig erklären[1008].

1007 EuGH, Urteil vom 19.9.2000, Rs. C-454/98, Schmeink & Cofreth/Manfred Strobel, BFH/NV Beilage 2001, 33; Folgeentscheidung des BFH, Urteil vom 22.2.2001, V R 5/99, BStBl. II 2004, 143.
1008 Abschn. 14c.2 Abs. 3 Satz 1 UStAE.

Musterschreiben: ... des Rechnungsausstellers an Rechnungsempfänger

Unsere Rechnung ... [Rechnungsnummer] vom ... [Rechnungsdatum]
hier: Storno

Sehr geehrte Damen und Herren,

mit Rechnung ... *[Nummer]* vom ... *[Datum]* haben wir Ihnen gegenüber ... [etwa: die Lieferung eines Neufahrzeugs/die Wartung Ihres Fahrzeugs] abgerechnet (§ 14 Abs. 1 UStG).
Hiermit zeigen wir Ihnen an, dass die Rechnung von uns irrtümlich erstellt wurde und damit ungültig ist, da die Ihnen gegenüber abgerechnete Leistung nicht erbracht wurde.
Es ist nicht erforderlich, dass Sie uns das Original der Bezugsrechnung wieder zurückschicken, zumal diese durch dieses Schreiben seine Wirkung verliert (BFH, zuletzt Urteil vom 19.9.1996, V R 41/94, BStBl. II 1999, 249).
Wir weisen Sie darauf hin, dass Sie daher aus dem Vorgang keine Vorsteuern ziehen durften bzw. dürfen (§ 15 UStG)
Selbstverständlich erstatten wir Ihnen alle Zahlungen auf diese Rechnung, sobald Ihrerseits aufgrund der Rechnung evtl. in Anspruch genommene Vorsteuerbeträge an das Finanzamt zurückgezahlt wurden.

Mit freundlichen Grüßen

 Beratungskonsequenzen

Für dieses Musterschreiben ist ohne Bedeutung, ob der Kunde als Unternehmenskunde geführt wird oder nicht! Denn letztlich kann der Rechnungsaussteller – hier: das Autohaus – ja nicht wissen, was der Kunde so alles »treibt«!

73.6.5 Das weitere Vorgehen ist streng formell geregelt!

Um den Abrechnungsfehler weitgehend unbeschadet korrigieren zu können, müssen Sie/Ihr Mandant wie folgt vorgehen:

Checkliste

Korrektur unberechtigter Steuerausweis

- Zunächst muss das Autohaus als Rechnungsaussteller den unberechtigten Steuerausweis **gegenüber dem Kunden/dem Rechnungsempfänger für ungültig erklären**[1009], siehe Musterschreiben ➲ Kapitel 73.6.4).

- Dann muss das Autohaus die Berichtigung des geschuldeten Steuerbetrages bei seinem eigenen **Finanzamt schriftlich zu beantragen.** Dem Antrag sind ausreichende Angaben über die Identität des Rechnungsempfängers beizufügen[1010].

- Die **Gefährdung des Steueraufkommens** muss **beseitigt** sein; dass ist der Fall, wenn der Vorsteuerabzug beim Rechnungsempfänger nicht durchgeführt oder die geltend gemachte Vorsteuer an dass sein Finanzamt zurückgezahlt worden ist (§ 14a Abs. 2 Sätze 3 und 4 UStG). Die hierzu erforderliche Auskunft hat das Finanzamt des Autohauses vom Finanzamt des Rechnungsempfängers einzuholen und zu ermitteln, in welcher Höhe und wann ein unberechtigt in Anspruch genommener Vorsteuerabzug durch den Rechnungsempfänger zurückgezahlt wurde[1011].

- Nach Einholung dieser Auskunft teilt das Finanzamt des Schuldners des unberechtigt ausgewiesenen Betrags diesem mit, **für welchen Besteuerungszeitraum und in welcher Höhe** die Berichtigung des geschuldeten Steuerbetrags vorgenommen werden kann.

- Die Berichtigung des geschuldeten Steuerbetrags ist in entsprechender Anwendung des § 17 Abs. 1 UStG für den **Besteuerungszeitraum vorzunehmen, in dem die Gefährdung des Steueraufkommens beseitigt** worden ist.

- Wurde beim Empfänger der Rechnung **kein Vorsteuerabzug vorgenommen,** ist der wegen unberechtigten Steuerausweises geschuldete Betrag beim Aussteller der Rechnung für den Zeitraum zu berichtigen, in dem die Steuer gemäß § 13 Abs. 1 Nr. 4 UStG entstanden ist[1012].

1009 Abschn. 14c.2 Abs. 3 Satz 1 UStAE.

1010 § 14c Abs. 2 Satz 5 UStG, Abschn. 14c.2 Abs. 5 Sätze 1 u. 2 UStAE.

1011 Abschn. 14c.2 Abs. 5 Satz 3 UStAE.

1012 § 14c Absatz 2 Satz 5 UStG, Abschn. 14c.2 Abs. 5 Sätze 4 ff. UStAE.

Beratungskonsequenzen

1. Bei unberechtigtem Steuerausweis schuldet der Rechnungsaussteller die ausgewiesene Steuer bis zur Korrektur nach § 14c Abs. 2 UStG. Nach der Korrektur wird das Finanzamt die gezahlte Umsatzsteuer erstatten – allerdings **ohne nach § 233a AO Guthabenzinsen festzusetzen**, da der Rückzahlungsanspruch ja erst mit Vornahme der Korrekturhandlungen entsteht. Auf Seiten des Rechnungsempfängers ist der Vorsteuerabzug rückgängig zu machen – allerdings **verzinst nach § 233a AO!**

2. Die Berichtigung des geschuldeten Steuerbetrags ist für den Besteuerungszeitraum vorzunehmen, in dem die Gefährdung des Steueraufkommens beseitigt worden ist – d. h. der ggf. vorgenommene **Vorsteuerabzug zurückgezahlt** wurde.

3. Wurde nachweislich **kein Vorsteuerabzug** vorgenommen (wahrscheinlich Beispiele 4 und 5 in ➲ Kapitel 73.1), kann der Rechnungsaussteller die Berichtigung in dem Voranmeldungszeitraum vornehmen, in dem die Rechnung ausgegeben wurde[1013]. In diesem Fall entstehen auch **keine Zinsen.** Auch mit strafrechtlichen Konsequenzen wäre in diesen Beispielen – anders als in den Beispielen 5 und 6 in ➲ Kapitel 73.1 – nicht zu rechnen.

4. Die zur Rechnungsberichtigung unabdingbare Auskunft hat das Finanzamt des Rechnungsausstellers nach dessen Antrag einzuholen. Bis zu einer positiven Auskunft sollten **Zahlungen an den Rechnungsempfänger »eingefroren«** werden.

5. Fälle des unberechtigten Steuerausweises liegen auch dann vor, wenn die Umsatzsteuer für eine **Geschäftsveräußerung im Ganzen** ausgewiesen oder der **Verzicht auf eine Steuerbefreiung rückgängig gemacht** wurde[1014].

73.7 Berichtigung von E-Rechnungen

 Hinweis

➲ Kapitel 74

1013 Vgl. § 13 Abs. 1 Nr. 4 UStG.

1014 § 14c Abs. 1 Satz 3, Abs. 2 Sätze 3 – 5 UStG, Abschn. 14c.2 Abs. 11 UStAE.

73.8 Fazit

Für die Rechnungsberichtigung sollten **in Absprache mit dem Steuerberater feste Verfahrensabläufe** entwickelt werden.

Des Weiteren sollte sichergestellt werden, dass die **Debitorenbuchhalter nur nach dem vereinbarten Muster** verfahren.

Dazu sollten die **Buchhalter entsprechend angewiesen** und **Musterklauseln in die EDV eingestellt** werden.

74 Elektronische Rechnungen

Viel Neues zu Telefax, E-Mail und Co. – Checklisten für die Buchhaltungen

§ **Rechtsgrundlagen**

- UStG: § 14 Abs. 1 und Abs. 3
- UStAE: Abschn. 14.4, 14b.1, 14c.1, 27b.1
- MwStSystRL: Art. 217 ff.
- BMF, Veröffentlichung vom 19.4.2011, Frage-Antwort-Katalog zur Vereinfachung der elektronischen Rechnungsstellung zum 1.7.2011durch Art. 5 des StVereinfG 2011, www.bundesfinanzministerium.de.
- BMF, Schreiben vom 2.7.2012, IV D 2 – S 7287-a/09/10004:003, 2012/0449475, Vereinfachung der elektronischen Rechnungsstellung zum 1.7.2011 durch das Steuervereinfachungsgesetz 2011, BStBl. I 2012, 726 (weiter gültig lt. BMF v. 11.3.2021, Anlage 1, Nr. 1709; zur zweifelhaften Bedeutung dieses Schreibens ➲ Kapitel 1.6).

74.0 Auf einen Blick – alle wichtigen Neuerungen vorab!

74.0.1 Archivierung von E-Rechnungen unter Beauftragung eines (Fremd-)Dienstleisters

In der Praxis stellt sich immer wieder die Frage, ob die Speicherung elektronischer Rechnungsdaten auch auf einen damit beauftragten (Fremd-)Dienstleister übertragen werden kann.

Die Antwort lautet: ja! Die Archivierungspflichten muss der Unternehmer nicht höchstpersönlich erfüllen und darf dazu auch die Leistungen eines (Fremd-) Dienstleisters einkaufen.

 Beratungskonsequenzen

Da der Unternehmer sich auch nach Beauftragung eines Dienstleisters gegenüber der Finanzverwaltung für dessen Tun – und vor allem dessen Fehler – verantworten müssen, ist es unabdingbar, dass er

- den Archivierungsauftrag **genau fixiert** und

- die Archivierungsarbeiten regelmäßig überwacht.

Dabei sollten sich der Unternehmer von seinem Steuerberater unterstützen lassen.

74.0.2 Wechsel des Archivierungssystems

 Hinweis

↪ Kapitel 74a.0.1

Noch vor ein paar Jahren rechneten die Unternehmen ausschließlich »klassisch« ab; die Rechnung wurde per Hand, auf der Schreibmaschine oder – falls schon vorhanden – auf dem Computer geschrieben und dann dem Kunden übergeben oder auf dem Postweg übersandt. Die Zeiten haben sich gewandelt. In zunehmendem Umfang greifen Unternehmer und Nichtunternehmer zur Informationsbeschaffung und Abwicklung ihrer Korrespondenz auch auf das Internet und andere moderne Kommunikationsmittel zurück. So hat der elektronische Brief (insbesondere die E-Mail und das Telefax) den konventionellen Schriftverkehr längst an Bedeutung übertroffen. Beinahe zwangsläufig resultiert daraus der Anspruch, beim Austausch elektronischer Dokumente die gleiche Rechtssicherheit wie bei handschriftlich unterzeichneten Papierdokumenten zu erreichen. Letzteres ist Aufgabe der digitalen Signatur, die seit dem 1.1.2002 auch zur Erstellung einer elektronischen Rechnung eingesetzt werden konnte. Die Anforderungen an eine Rechnungssignatur waren technisch extrem hoch (»qualifizierte digitale Signatur«), ihnen zu genügen war für die Unternehmen entsprechend kompliziert und kostenintensiv. **Aus diesem Grunde konnte sich die elektronische Rechnung in der Praxis zunächst nicht durchsetzen.**

Das sollte sofort anders werden! Durch Art. 5 Steuervereinfachungsgesetz 2011[1015] hat der Gesetzgeber rückwirkend zum 1.7.2011 die umsatzsteuerrechtlichen Anforderungen an elektronische Rechnungen deutlich reduziert. § 14 Abs. 1 UStG n. F. lautet nunmehr:

 Rechtsgrundlagen

§ 14 Abs. 1 UStG n. F.

(Hinweis: Hervorhebungen durch **Fett**druck sind vom Autor.)

(1) Rechnung ist jedes Dokument, mit dem über eine Lieferung oder sonstige Leistung abgerechnet wird, gleichgültig, wie dieses Dokument im Geschäftsverkehr bezeichnet wird. Die **Echtheit der Herkunft** der Rechnung, die **Unversehrtheit ihres Inhalts** und ihre **Lesbarkeit** müssen gewährleistet werden. Echtheit der Herkunft bedeutet die Sicherheit der Identität des Rechnungsausstellers. Unversehrtheit des Inhalts bedeutet, dass die nach diesem Gesetz erforderlichen Angaben nicht geändert wurden. **Jeder Unternehmer legt fest**, in welcher Weise die Echtheit der Herkunft, die Unversehrtheit des Inhalts und die Lesbarkeit der Rechnung gewährleistet werden. Dies kann durch **jegliche innerbetriebliche Kontrollverfahren** erreicht werden, die einen **verlässlichen Prüfpfad zwischen Rechnung und Leistung schaffen** können. Rechnungen sind auf Papier oder vorbehaltlich der Zustimmung des Empfängers elektronisch zu übermitteln. Eine elektronische Rechnung ist eine Rechnung, die in einem elektronischen Format ausgestellt und empfangen wird.

 Hinweis

1. Bereits im Vorfeld des Gesetzesbeschlusses wurde eine Vielzahl von Fragen zur konkreten Ausgestaltung der Regelung an das BMF herangetragen. Das BMF hat diese am 19.4.2011 in einem **Frage-Antwort-Katalog (FAQ)** im Internet veröffentlicht
➲ mybook.haufe.de > Wichtiges vom BMF.

2. Erst 1 Jahr nach dem Inkrafttreten der rückwirkenden Gesetzesänderung bzw. 8 Monate nach dem Gesetzesbeschluss hat sich die Finanzverwaltung am 2.7.2012 in einem **BMF-Schreiben** verbindlich geäußert
➲ mybook.haufe.de > Wichtiges vom BMF.

3. Zur Vertiefung: Die Darstellung in diesem Kapitel beschränkt sich auf die Grundzüge. Zu **Detailfragen** wird auf *Weimann*, E-Rechnungen. Rechtssicher

---

1015 Steuervereinfachungsgesetz 2011 vom 1.11.2011, BGBl. I 2011, 2131.

übermitteln, berichtigen, kontieren und archivieren, Haufe Verlag, 2. Aufl. 2020 verwiesen.

74.1   Im Grundsatz sind alle Rechnungen »gleich«

Die bisher wichtige Unterscheidung von Papierrechnungen und elektronischen Rechnungen ist ab dem 1.7.2011 grundsätzlich nicht mehr erforderlich, da **beide Rechnungsformen umsatzsteuerlich gleich** zu behandeln sind.

> **Wichtig!**
> Insbesondere erhöhen sich dadurch die Anforderungen an Papierrechnungen nicht (BMF, Frage-Antwort-Katalog).

Die Gleichsetzung gilt mit zwei Ausnahmen: Die Unterscheidung der Rechnungsformen auch weiterhin Bedeutung für die Archivierung (➲ Kapitel 74.6) und das Widerspruchsrecht des Rechnungsempfängers (➲ Kapitel 74.8).

74.2   Innerbetriebliches Kontrollverfahren

Nach § 14 Abs. 1 Satz 6 UStG n. F. ist durch ein beliebiges innerbetriebliches Kontrollverfahren, das einen verlässlichen Prüfpfad zwischen Rechnung und Leistung schafft, sicherzustellen, dass die Echtheit der Herkunft und die Unversehrtheit des Inhalts sowie die Lesbarkeit der Rechnung gewährleistet sind.

Nach Ansicht des BMF (Frage-Antwort-Katalog) ist ein innerbetriebliches Kontrollverfahren ein Verfahren, das der Unternehmer zum **Abgleich der Rechnung mit seiner Zahlungsverpflichtung** einsetzt. Der Unternehmer wird schon im eigenen Interesse insbesondere überprüfen, ob

- die Rechnung in der Substanz korrekt ist, d. h. ob die in Rechnung gestellte Leistung tatsächlich in dargestellter Qualität und Quantität erbracht wurde,
- der Rechnungsaussteller also tatsächlich den behaupteten Zahlungsanspruch hat,
- die vom Rechnungsaussteller angegebene Kontoverbindung korrekt ist
- und Ähnliches.

Ergänzend führt das BMF aus:

- Es müssen **keine neuen speziellen Verfahrensweisen** innerhalb des Unternehmens geschaffen werden.

- Bereits ein **entsprechend eingerichtetes Rechnungswesen** kann als geeignetes Kontrollverfahren dienen, das die Zuordnung der Rechnung zur empfangenen Leistung ermöglicht.

- Der Begriff des innerbetrieblichen Kontrollverfahrens bedeutet dabei **nicht**, dass es sich um ein »**technisches**« **oder EDV-gestütztes Verfahren** handeln muss.

- Auch in kleineren Unternehmen, die über **kein kaufmännisches Rechnungswesen** verfügen, können »innerbetriebliche Kontrollverfahren« zur Überprüfung eingehender Rechnungen angewandt werden.

- In der einfachsten Form kann dies z. B. durch einen **manuellen Abgleich** der Rechnung mit vorhandenen geschäftlichen Unterlagen (z. B. Bestellung, Auftrag, Kaufvertrag, Lieferschein, Überweisungs- oder Zahlungsbeleg) geschehen.

- Die Verwendung eines innerbetrieblichen Kontrollverfahrens zur Überprüfung von Papier- und elektronischen Rechnungen führt zu **keinen neuen Aufzeichnungs- oder Aufbewahrungsverpflichtungen**.

- Auch erhöhen sich dadurch die umsatzsteuerlichen Anforderungen an eine Papierrechnung **nicht**.

> **Bitte beachten Sie!**
> Eine elektronische Rechnung erfordert danach zukünftig **keine besonderen Prüfungshandlungen** vom Rechnungsempfänger. **Eigentlich muss genau gemacht werden, was bislang** (auch bei Papierrechnungen) **gemacht werden musste**, um die vom Rechnungsaussteller geltend gemachten Ansprüche auf ihre Richtigkeit hin zu überprüfen. Konkret bedeutet dies, dass direkt nach Eingang einer elektronischen Rechnung durch Abgleich mit der Bestellung, dem Auftrag oder Vertrag und ggf. dem Lieferschein zu überprüfen ist, ob die Rechnung inhaltlich ordnungsgemäß ist, also die Rechnungsangaben und der leistende Unternehmer zutreffend sind.

74.3 Dokumentation der Prüfungshandlungen

Nach § 14 Abs. 1 Satz 6 UStG n. F. muss das innerbetriebliche Kontrollverfahren einen **verlässlichen Prüfpfad** zwischen Rechnung und Leistung schaffen. Nach Auffassung des BMF ergibt sich daraus **eigentlich keine besondere Dokumentationspflicht**.

Allerdings ist der Unternehmer nach wie vor verpflichtet, die Voraussetzungen des Vorsteuerabzugs nachzuweisen. Unproblematisch sind hier sicher formell und materiell fehlerlose Eingangsrechnungen; hier **wird die FinVerw keine besondere Dokumentation einfordern** (➲ siehe nachfolgender Kapitel 74.5).

Stellt sich aber – denklogisch immer im Nachhinein, etwa im Rahmen einer Betriebsprüfung – deren Fehlerhaftigkeit heraus, muss der Unternehmer zur Wahrung aller Rechte seine **Gutgläubigkeit nachweisen:** er muss alles das getan habe, was von einem sorgfältigen Kaufmann erwartet werden kann. Hierzu wiederum ist dem Unternehmer aus m. E. zu empfehlen, die vorgenommenen Prüfungshandlungen auch zu dokumentieren.

🔲 Praxistipp

Für die Dokumentation selbst bieten sich unterschiedliche Vorgehensweisen an:

- **Anlage einer besonderen EDV-Datei »Rechnungsprüfung«** mit Prüfungsvermerken wie

  - Datum der Rechnungsprüfung
  - prüfender Mitarbeiter
  - Rechnungsnummer
  - Rechnungsdatum
  - Beanstandungen
  - …

- **Handschriftlicher Prüfungsvermerk** – evtl. auf einem Ausdruck der elektronisch empfangenen und zuvor gespeicherten Rechnung. Gerade kleinere Unternehmen werden diesen Weg häufig gehen und den Prüfungsvermerk zusammen mit dem Kontierungsvermerk anbringen. Hierzu ist anzumerken, dass dieses Vorgehen natürlich im Hinblick auf das erstrebte »elektronische Büro« kontraproduktiv ist.

- **Generalanweisungen:** Da die FinVerw keine besondere Dokumentation einfordert (s. o.), sind wohl auch entsprechende Generalanweisungen an die Mitarbeiter der Kreditorenbuchhaltung denkbar. Diese sagen dann für den Einzelfall zwar nichts darüber aus, ob eine bestimmte Rechnung auch tatsächlich vom zuständigen Mitarbeiter geprüft wurde, zeigen aber, dass der Unternehmer grundsätzlich darum bemüht ist.

Bitte beachten Sie!

Die Finanzverwaltung fordert bislang, dass die Kontierung direkt auf dem Buchungsbeleg angebracht wird[1016]. Bei elektronischen Rechnungen ist dies technisch im Allgemeinen nicht machbar, weil der Originalzustand erhalten bleiben muss. Allerdings besteht die Möglichkeit, an die Rechnung einen Datensatz anzuhängen, der die für die Buchung notwendigen Informationen enthält. Der Datensatz muss mit der Rechnung so verbunden werden, dass er von dieser nicht mehr getrennt werden kann[1017].

74.4 Besondere Erleichterung für qualifiziert digital signierte Eingangsrechnungen und solche im EDI-Verfahren

Unbeschadet anderer nach § 14 Abs. 1 UStG n. F. zulässiger Verfahren gelten bei einer elektronischen Rechnung die Echtheit der Herkunft und die Unversehrtheit des Inhalts qua Gesetzes als gewährleistet bei qualifizierter elektronischer Signatur bzw. bei elektronischem Datenaustausch, § 14 Abs. 3 UStG n. F.

Bitte beachten Sie!

Damit »leben« die bis zu 30.6.2011 gültigen (strengen) Anforderungen weiter. Werden diese freiwillig angewandt, entfällt das Erfordernis eines innerbetrieblichen Kontrollverfahrens mit verlässlichem Prüfpfad. In der Praxis wird diese Ausnahme freilich keine große Rolle spielen, da die eingangs beschriebenen Nachteile der strengen Verfahren natürlich bleiben.

1016 So z. B. OFD München, Vfg. vom 3.6.2004, S 0316 – 32 St 324, SIS 04 39 09; a. A. LG Münster, Urteil vom 24.9.2009, 12 O 471/07, Stbg 2011, 187.
1017 Vgl. *Lehr,* Praxishandbuch Umsatzsteuer, HI 27193323.

74.5 Fließender Übergang zur Prüfung des Vorsteuerabzugs

Das innerbetriebliche Kontrollverfahren dient nicht dazu, die materiellen Voraussetzungen des Vorsteuerabzugs nach § 15 UStG zu überprüfen. Ebenso wenig soll die inhaltliche Ordnungsmäßigkeit der Rechnung hinsichtlich der nach § 14 Abs. 4, § 14a UStG erforderlichen Angaben gewährleistet werden. Mit dem innerbetrieblichen Kontrollverfahren soll lediglich die korrekte Übermittlung der Rechnungen sichergestellt werden.

Zur Erinnerung: Die Abzugsfähigkeit der Vorsteuer davon abhängig, dass die Eingangsrechnung

- alle Pflichtangaben enthält[1018] und
- diese grundsätzlich richtig sind[1019],

ohne dass

- die Steuernummer oder
- die USt-IdNr. des Leistenden oder
- die Rechnungsnummer

auf ihre Richtigkeit hin zu überprüfen sind. Letztere

- müssen auf Rechnung nur dem Grunde nach angegeben und
- dürfen nicht erkennbar falsch sein[1020].

Wichtig!
Nach Auffassung des BMF rechtfertigt eine **inhaltlich richtige Rechnung** (gemeint sind: richtige Leistung, richtiger Leistender, richtiges Entgelt, richtiger Zahlungsempfänger) die Annahme, dass bei der Übermittlung keine die Echtheit der Herkunft oder die Unversehrtheit des Inhalts beeinträchtigenden Fehler vorgekommen sind. **Bei inhaltlich richtiger Rechnung ist damit davon auszugehen, dass die Rechnung nicht gefälscht oder verfälscht oder auf andere Weise verändert wurde und der erbrachten Leistung entspricht.** Die Anforderungen an das innerbetriebliche Kontrollverfahren haben sich an dieser Zielrichtung zu orientieren.

1018 Vgl. §§ 14, 14a UStG.
1019 Abschn. 15.2 Abs. 2 Satz 1 Nr. 4 UStAE.
1020 Abschn. 15.2 Abs. 3 Sätze 3 f. UStAE.

Bitte beachten Sie!

In der Praxis werden sich die Durchführung des Kontrollverfahrens und die Prüfung der Voraussetzungen des Vorsteuerabzugs in weiten Teilen überschneiden. **Ist der Nachweis erbracht, dass die Voraussetzungen des Vorsteuerabzugs nach § 15 UStG gegeben sind, kommt der Frage der Durchführung des innerbetrieblichen Kontrollverfahrens nach Auffassung des BMF in dem konkreten Einzelfall keine eigenständige Bedeutung mehr zu und kann insbesondere nicht mehr zur Versagung des Vorsteuerabzugs führen.**

74.6 Aufbewahrung (Archivierung) von Rechnungen

Bezüglich der Form und Dauer der Aufbewahrung von Rechnungen haben sich **keine materiell-rechtlichen Änderungen** ergeben. So sind Papier- und elektronische Rechnung sind nach § 14b UStG **10 Jahre aufzubewahren.** Während des gesamten Aufbewahrungszeitraums müssen die Echtheit der Herkunft, die Unversehrtheit des Inhalts und die Lesbarkeit der Rechnung gewährleistet werden (§ 14b Abs. 1 Satz 2 UStG n. F.).

Bei der elektronischen Aufbewahrung von Rechnungen hat die Speicherung der Inhalts- und Formatierungsdaten auf einem **Datenträger** zu erfolgen, **der Änderungen nicht mehr zulässt.** Eine Speicherung z. B. auf einer nur einmal beschreibbaren Daten-DVD oder Daten-CD ist bereits ausreichend.

Elektronische Rechnungen i. S. d. § 14 Abs. 1 Satz 8 UStG n. F. sind **zwingend elektronisch aufzubewahren.** Eine ausschließliche Aufbewahrung in Papierform (als Ausdruck) ist für steuerliche Zwecke nicht zulässig, da hierdurch das Recht der Finanzbehörde auf Datenzugriff konterkariert würde[1021].

 Praxistipp

- Erhalten Sie eine Rechnung als PDF-Anhang zu einer E-Mail, dürfen Sie nicht nur die PDF, sondern müssen Sie auch **die E-Mail als solche** elektronisch aufbewahren.

- Wollen Sie vermeiden, dass ein Betriebsprüfer in das E-Mail-Programm selbst »hineinprüft« und damit den gesamten E-Mail-Verkehr sehen kann, müssen Sie die Daten **zeitnah trennen und gesondert archivieren.**

1021 § 147 Abs. 6 AO.

Bei **Papierrechnungen** hat der Unternehmer hingegen die Wahl, ob er diese in Papierform oder als Wiedergabe auf einem Bildträger oder auf anderen Datenträgern aufbewahrt; § 147 Abs. 2 AO ist zu beachten. Beim Einscannen von Papierrechnungen sind die Ausführungen unter Abschn. VII Buchst. b) Nr. 1 der »Grundsätze ordnungsmäßiger DV-gestützter Buchführungssysteme (GoBS)« zu beachten.

Verletzt der Unternehmer seine Aufbewahrungspflichten nach § 14b UStG, kann dies als eine Ordnungswidrigkeit i. S. d. § 26a Abs. 1 Nr. 2 UStG geahndet werden. Der Anspruch auf Vorsteuerabzug nach § 15 Abs. 1 Satz 1 Nr. 1 UStG bleibt hiervon zwar unberührt, der Unternehmer trägt nach allgemeinen Grundsätzen jedoch die objektive Feststellungslast für alle Tatsachen, die den Anspruch begründen. Sind Unterlagen für den Vorsteuerabzug unvollständig oder nicht vorhanden, kann das Finanzamt die abziehbare Vorsteuer unter bestimmten Voraussetzungen schätzen oder aus Billigkeitsgründen ganz oder teilweise anerkennen, sofern im Übrigen die Voraussetzungen für den Vorsteuerabzug vorliegen[1022].

74.7 Zustimmung des Rechnungsempfängers erforderlich

 Rechtsgrundlagen

§ 14 Abs. 1 UStG n. F.

(1) … Rechnungen sind auf Papier oder vorbehaltlich der Zustimmung des Empfängers elektronisch zu übermitteln. …

Auch nach der Gesetzesänderung kann der Rechnungsaussteller den Rechnungsempfänger also nicht zwingen, eine elektronische Rechnung anzuerkennen. Der Empfänger hat vielmehr **auch weiterhin einen Anspruch auf eine Papierrechnung**; er hat lediglich das Recht, eine elektronische Abrechnung zu akzeptieren.

Die Zustimmung ist – wie die bürgerlich-rechtliche Zustimmung der § 182 ff. BGB – eine **Einverständniserklärung**, bezieht sich anders als diese allerdings nicht auf ein Rechtsgeschäft, sondern auf einen tatsächlichen Vorgang. Sie ist **formfrei**, bedarf also nicht selbst etwa der Übermittlung auf elektronischem Wege. So kann z. B. in einer **Rahmenvereinbarung** zwischen zwei Geschäftspartnern im

---

1022 Vgl. Abschn. 15.11 Abs. 5 ff UStAE.

Vorhinein – also wie bei einer »Einwilligung« i. S. d. § 183 BGB – mündlich, schriftlich auf Papier oder auf elektronischem Weg festgelegt werden, sämtliche Rechnungen über ein- oder beiderseitigen Leistungsaustausch elektronisch zu übermitteln.

Die Zustimmung kann auch – wie bei einer »Genehmigung« i. S. d. § 184 BGB – im Nachhinein **konkludent** erteilt werden, z. B. indem ein Geschäftspartner die elektronischen Rechnungen des anderen ohne Widerspruch hinnimmt.

Bitte beachten Sie!

Nicht ausreichen dürfte jedoch, dass der Rechnungsadressat **bei der Auftragserteilung** im Briefkopf oder bei den Kontaktdaten **seine E-Mail-Adresse angeführt** hat; dass gilt m. E. auch dann, wenn der Auftrag via E-Mail erteilt wurde. Auch die Rücknahme einer Zustimmung ist zulässig – allerdings nur ex nunc (für die Zukunft), indem z. B. eine Rahmenvereinbarung geändert wird[1023].

Wichtig!

Eine **wesentliche Erleichterung** ergibt sich **für Fax-Rechnungen**. Die Übermittlung einer Rechnung von Standard-Fax zu Standard-Fax oder von Computer-Telefax/Fax-Server an Standard-Telefax gilt zukünftig als Papierrechnung. Bislang musste auch der Rechnungsaussteller – wenn er das Fax nicht ausnahmsweise qualifiziert digital signiert hat – ein Standard-Faxgerät verwenden[1024]. Da der Rechnungsempfänger dies nicht sicher kontrollieren konnte, wurde Fax-Rechnungen häufig widersprochen. Jetzt können (… und müssen …) Faxrechnungen ohne besondere Prüfung akzeptiert werden, wenn sie auf einem Standard-Faxgerät eingegangen sind.

74.8 Widerspruch des Rechnungsempfängers

Für den Rechnungsempfänger bergen elektronische Rechnungen nach wie vor gewisse Risiken und führen zwangsläufig zu erhöhtem Prüfungsaufwand. Um sich Letzteren zu ersparen, erkennen insbesondere kleinere Unternehmen elektronische Rechnungen auch weiterhin nicht. Der Rechnungsempfänger sollte in diesem Fall den Rechnungsaussteller wie folgt anschreiben:

1023 Vgl. zum »alten« Recht Abschn. 14.4 Abs. 1 UStAE.
1024 Vgl. ASR 1/2011, 5.

Musterschreiben: Widerspruch gegen E-Rechnungen

Sehr geehrte Damen und Herren,

haben Sie Dank für Ihre Warensendung.

[Formulierungsvorschlag bei Eingangsrechnung via Telefax]
Die uns hierzu von Ihnen per Telefax übersandte Abrechnung vermögen wir allerdings nicht als Rechnung anzuerkennen, da wir selbst nicht mit einem Standardfaxgerät arbeiten.

[Formulierungsvorschlag bei Eingangsrechnung via E-Mail]
Die uns hierzu von Ihnen via E-Mail übersandte Abrechnung vermögen wir aufgrund des damit verbundenen Prüfungsaufwands und der Risiken und Unsicherheiten allerdings nicht als Rechnung anzuerkennen.

Unter Hinweis auf § 14 Abs. 1 Satz 7 Alternative 2 UStG bitten wir daher um Übersendung einer Papierrechnung auf dem Postweg. Sollten wir diese nicht zeitnah von Ihnen erhalten, werden wir Ihre Forderung bei Fälligkeit netto begleichen.

Mit freundlichen Grüßen

Wichtig!
Zivilrechtlich hat der Rechnungsempfänger ein Zurückbehaltungsrecht lediglich hinsichtlich der Umsatzsteuer. Nur Letztere ist risikobehaftet; die Rechnung ist daher **bei Fälligkeit netto zu begleichen**.

Bitte beachten Sie!
Bei guter Geschäftsbeziehung sollte ggf. vom Einfordern einer Papierrechnung abgesehen werden – insbesondere dann, wenn man davon ausgehen darf, dass der Rechnungsaussteller das »elektronische Procedere« beherrscht und der Vorsteueranspruch damit ungefährdet ist. Da in diesem Fall keine steuerlichen Gründe für das Einfordern sprechen, könnte das Vorgehen des Rechnungsempfängers als Misstrauen ausgelegt werden.

74.9 Nach Widerspruch: (berichtigte) Rechnung des Ausstellers

In der Vergangenheit musste der Rechnungsaussteller wie bei der Berichtigung einer »normalen« Rechnung vorgehen. Er musste hierzu zunächst die widersprochene Rechnung außer Acht lassen und eine vollständig neue Rechnung schreiben; dabei konnte der übliche Rechnungsvordruck – der ansonsten für Erstrechnungen verwendet wird – zum Einsatz kommen. Danach war der **Standardrechnungstext etwa um folgende Klausel** zu ergänzen:

 Musterschreiben: Papierrechnung nach Widerspruch

> Bitte beachten Sie!
> Diese (papierene) Rechnungsausfertigung tritt an die Stelle der mit Telefax/E-Mail vom … *[Sendedatum]* unter der Nummer … *[ursprüngliche Rechnungsnummer]* übersandten Rechnungsausfertigung, da Sie Letzterer mit   E-Mail vom … *[Sendedatum]* (siehe Anlage) nicht zuzustimmen vermochten, § 14 Abs. 1 Satz 8 UStG.
>
> Es ist *nicht* erforderlich, dass Sie uns etwa den Ausdruck der Telefaxrechnung auf dem Postweg zuschicken (BFH, zuletzt Urteil vom 19.9.1996, V R 41/94, BFH/NV 1997, 145), zumal dieser aufgrund Ihres Widerspruchs seine rechtliche Wirkung verloren hat (§ 14 Abs. 1 Satz 8 UStG).
>
> Im Hinblick auf § 15 UStG dürfen wir Sie aber bitten, ausschließlich die Ihnen nunmehr vorliegende Rechnungsausfertigung zum Vorsteuerabzug zu verwenden.

Beratungskonsequenzen

1. Eine solche Ergänzung ist nach aktuellem Recht sicher **weiter möglich, aber nicht mehr erforderlich**.
2. Nunmehr können die **neuen Erleichterungen zum Versand einer Rechnungskopie** angewandt werden (➲ Kapitel 72).

74.10 Wissenswertes zur Abrundung

Für die **Gutschrift** gelten die obigen Ausführungen entsprechend. Für die Praxis bleibt überdies zu beachten, dass das Steuervereinfachungsgesetz 2011 aufgrund der Vereinfachung der elektronischen Rechnungsstellung im Gegenzug zur Sicherstellung einer effektiven Umsatzsteuerkontrolle § 27b Abs. 2 UStG ergänzt hat. Mit der Änderung wird geregelt, dass im Rahmen einer **Umsatzsteuer-**

Nachschau auch elektronisch gespeicherte Aufzeichnungen, Bücher, Geschäftspapiere, andere Urkunden und elektronische Rechnungen i. S. d. § 14 Abs. 1
Satz 8 UStG auf Verlangen durch den die Umsatzsteuer-Nachschau durchführen-
den Amtsträger eingesehen werden können. Soweit dies für die Feststellung der
der Umsatzsteuer-Nachschau unterliegenden Sachverhalte erforderlich ist, hat
der die Umsatzsteuer-Nachschau durchführende Amtsträger das Recht, hierfür
die eingesetzten Datenverarbeitungssysteme zu nutzen.

74.11 Anwendungszeitraum

Die neuen Vorschriften sind auf alle Rechnungen über Umsätze anzuwenden, die
nach dem 30.6.2011 ausgeführt werden[1025].

> **Bitte beachten Sie!**
> Die Vereinfachungen gelten somit nicht ganz allgemein für alle Rechnungen, die
> nach dem 30.6.2011 ausgestellt werden. Für Rechnungen über einen Umsatz vor
> dem 1.7.2011 gilt – vorbehaltlich etwaiger Erleichterungen durch die Finanzverwal-
> tung – noch das bisherige Recht. Das gilt wohl auch für Anzahlungsrechnungen, die
> vor dem 1.7.2011 geschrieben wurden und Umsätze nach dem 30.6.2011 betreffen.

Wird eine elektronische Rechnung über einen Umsatz, der vor dem 1.7.2011 ausgeführt und abgerechnet worden ist[1026], **nach dem 30. 6.2011 berichtigt**, wird es
die Finanzverwaltung nicht beanstanden, wenn für die Berichtigung der Rechnung die ab dem 1.7.2011 geltende gesetzliche Regelung des § 14 UStG zugrunde
gelegt wird.

74.12 Checklisten

Zur sicheren Abwicklung des Tagesgeschäfts im Autohaus zeigen die nachfolgenden Checklisten auf, welche Konsequenzen sich aus den Neuregelungen für
die Debitoren- und die Kreditorenbuchhaltung ergeben.

1025 § 27 Abs. 18 UStG.
1026 Vgl. § 27 Abs. 18 UStG.

Checkliste für die Debitorenbuchhaltung

- Die Neuregelung der elektronischen Rechnungsstellung ist **technologie-neutral** ausgestaltet. Das bedeutet, dass kein bestimmtes technisches Übermittlungsverfahren vorgeschrieben ist. Der Rechnungsaussteller ist vielmehr **frei in seiner Entscheidung, in welcher Weise** er Rechnungen übermittelt. Elektronische Rechnungen können daher in allen denkbaren und damit ganz unterschiedlichen Formen den Empfänger erreichen:

  - als bloße E-Mail
  - als E-Mail mit Word- oder sonstigem Textanhang
  - als E-Mail mit PDF-Anhang
  - im EDI-Verfahren (➲ Kapitel 74.4)
  - als Computer-Fax oder über einen Faxserver
    Noch einmal zur Klarstellung: Eine Rechnung, die als Standardfax versandt wird, gilt als Papierrechnung (➲ Kapitel 74.8). Damit sind hinsichtlich dieser Versendungsform zukünftig keine Besonderheiten zu beachten.
  - per Web-Download
  - via DE-Mail
  - via E-Post
  - ...

- Eine **(qualifizierte elektronische) Signatur** ist nicht mehr vorgeschrieben, gleichwohl aber möglich (➲ Kapitel 74.4).
- Das **innerbetriebliche Kontrollverfahren** (➲ Kapitel 74.2) muss insbesondere gewährleisten, dass es zu keiner Steuerschuld nach § 14c UStG (unrichtiger oder unberechtigter Steuerausweis) kommt.
- Die Ausgangsrechnung – d. h. ggf. der an den Kunden versandte Datensatz – ist zu **archivieren** (➲ Kapitel 74.6).
- **Widerspricht** der Rechnungsempfänger einer elektronischen Rechnung (➲ Kapitel 74.8), ist eine Papierrechnung zu übersenden (➲ Kapitel 74.9).
- **Anzuwenden** sind die neuen Vorschriften rückwirkend ab 1.7.2011 – auch auf Rechnungsberichtigungen (➲ Kapitel 74.11).

Checkliste für die Kreditorenbuchhaltung

- Ein **innerbetriebliches Kontrollverfahren** muss gewährleisten, dass die Eingangsrechnung mit der behaupteten Zahlungsverpflichtung abgeglichen wird (➲ Kapitel 74.2).

- Die Prüfungshandlungen sollten **dokumentiert** werden (➲ Kapitel 74.3).

- Bei inhaltlich richtiger Rechnung ist davon auszugehen, dass die Rechnung nicht gefälscht oder verfälscht oder auf andere Weise verändert wurde und der erbrachten Leistung entspricht. In der Praxis werden sich hier die Durchführung des (neuen) Kontrollverfahrens und die Prüfung der Voraussetzungen des Vorsteuerabzugs in weiten Teilen überschneiden (➲ Kapitel 74.5).

- Nach wie vor sind die **Voraussetzungen des Vorsteuerabzugs** zu prüfen (➲ Kapitel 74.5). Ist der Nachweis erbracht, dass diese gegeben sind, kommt der Frage der Durchführung des innerbetrieblichen **Kontrollverfahrens keine eigenständige Bedeutung mehr zu** und kann insbesondere nicht mehr zur Versagung des Vorsteuerabzugs führen.

- Einer elektronischen Rechnung kann **widersprochen** werden (➲ Kapitel 74.8). In diesem Fall ist darauf zu achten, dass der **Nettobetrag fristgerecht** bezahlt wird.

- Eine Rechnung, die als **Standardfax** eingeht, gilt als Papierrechnung (➲ Kapitel 74.8), ist also zukünftig **keine** elektronische Rechnung – und berechtigt damit **nicht** zum Widerspruch!

- Die Eingangsrechnung – d. h. ggf. der vom leistenden Unternehmer übersandte Datensatz – ist zu **archivieren** (➲ Kapitel 74.6).

- **Anzuwenden** sind die neuen Vorschriften rückwirkend ab 1.7.2011 – auch auf Rechnungsberichtigungen (➲ Kapitel 74.11).

74.13 Anlagen: Die bisherigen technischen Anforderungen ...

Anhang 1: Die bisherigen technischen Anforderungen an E-Mail-Rechnungen im Überblick

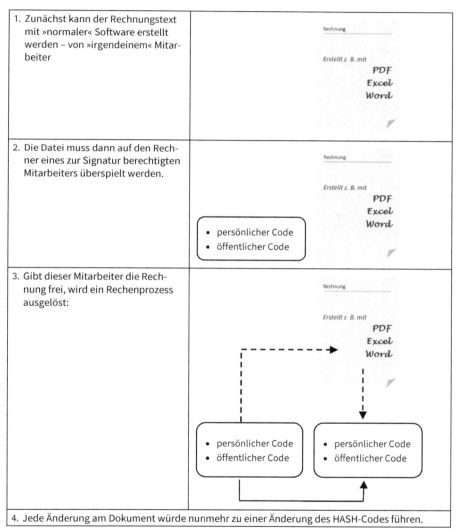

1. Zunächst kann der Rechnungstext mit »normaler« Software erstellt werden – von »irgendeinem« Mitarbeiter	
2. Die Datei muss dann auf den Rechner eines zur Signatur berechtigten Mitarbeiters überspielt werden.	
3. Gibt dieser Mitarbeiter die Rechnung frei, wird ein Rechenprozess ausgelöst:	
4. Jede Änderung am Dokument würde nunmehr zu einer Änderung des HASH-Codes führen.	

Anhang 2: Die bisherigen technischen Anforderungen an Telefax-Rechnungen im Überblick

§ Rechtsgrundlagen

OFD Chemnitz, Vfg. vom 21.8.2006, S 7287a – 1/1 – St 23, DStR 2007, 304

(Hinweis: Hervorhebungen durch **Fett**druck sind vom Autor.)

»Bei einer an ein Computer-Telefax übermittelten Rechnung handelt es sich um eine auf elektronischem Weg übermittelte Rechnung, bei der eine **qualifizierte elektronische Signatur erforderlich** ist (vgl. Abschn. 184a Abs. 5 Satz 2 Nr. 2 Satz 6 UStR). Bei dieser Übertragungsform wird jedoch nicht die eigentliche signierte Datei übermittelt, sondern lediglich eine Bilddatei ausgedruckt. Die Prüfung der elektronischen Signatur ist daher nur möglich, wenn die Rechnung über eine **erkennbare** Signatur (z. B. mit 2-D-Barcode) verfügt. Außerdem muss der Ausdruck auf einem Drucker mit entsprechender Auflösung (minimal 300 dpi) erfolgen.

Zur Prüfung ist die ausgedruckte Rechnung zu scannen (Auflösung: minimal 300 dpi, bei mehrseitigen Rechnungen ist eine Seite ausreichend). Die (im 2-D-Barcode enthaltene) Signatur des eingescannten Dokuments kann dann mittels einer **geeigneten Prüfsoftware** (z. B. digiSeal-Reader) überprüft werden.«

Bitte beachten Sie!

Die empfohlene Prüfsoftware »digiSeal-Reader« kann **kostenlos geladen** werden unter www.secrypt.de/produkte/digiseal-reader/.

In der Praxis werden allerdings qualifiziert digital signierte Telefaxe eher die Ausnahme sein. Wie so eine Eingangsrechnung aussieht, zeigt folgender »Echtfall«.

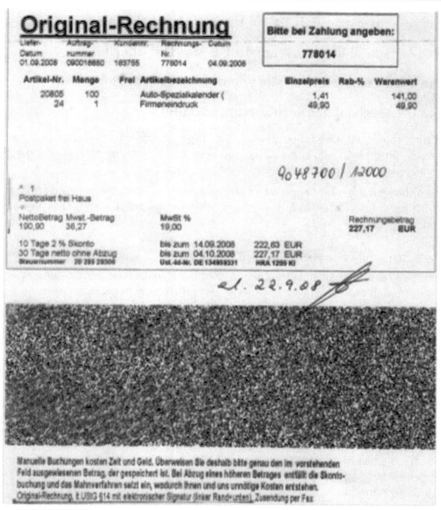

Original-Rechnung

Bitte bei Zahlung angeben:

778014

Liefer-Datum	Auftrag-nummer	Kundennr.	Rechnungs-Nr.	Datum
01.09.2008	090016850	163755	778014	04.09.2008

Artikel-Nr.	Menge	Frei	Artikelbezeichnung	Einzelpreis	Rab-%	Warenwert
20805	100		Auto-Spezialkalender (	1,41		141,00
24	1		Firmeneindruck	49,90		49,90

9048700 / 12000

Postpaket frei Haus

NettoBetrag	Mwst.-Betrag	MwSt %		Rechnungsbetrag	
190,90	36,27	19,00		227,17	EUR

10 Tage 2 % Skonto — bis zum 14.09.2008 — 222,63 EUR
30 Tage netto ohne Abzug — bis zum 04.10.2008 — 227,17 EUR
Steuernummer 20 285 28508 — Ust.-Id-Nr. DE 134959331 — HRA 1288 KI

el. 22.9.08

Manuelle Buchungen kosten Zeit und Geld. Überweisen Sie deshalb bitte genau den im vorstehenden Feld ausgewiesenen Betrag, der gespeichert ist. Bei Abzug eines höheren Betrages entfällt die Skontobuchung und das Mahnverfahren setzt ein, wodurch Ihnen und uns unnötige Kosten entstehen. Original-Rechnung, lt.USIG §14 mit elektronischer Signatur (linker Rand-urteil). Zusendung per Fax

Qualifizierte digitale Fax-Signatur – erstellt mit digiSeal Reader

74a Umgang mit E-Rechnungen nach den GoBD 2019

Speichern der Transport-E-Mails ist überflüssig!

74a.0 Auf einen Blick – alle wichtigen Neuerungen vorab!

74a.0.1 Wechsel des Archivierungssystems

In der Praxis stellt sich immer wieder die Frage, ob der Unternehmer innerhalb der 10-Jährigen Aufbewahrungsfrist von einem GoBD-konformen E-Rechnungs-Archivierungssystem in ein anderes wechseln darf.

Die Antwort lautet: Ja! Gegen einen Wechsel des Mandanten von einem anderen GoBD-konformen Archivierungssystem bestehen grundsätzlich **keine Bedenken**.

 Beratungskonsequenzen

Als Berater sollten Sie dem Mandanten aber ausschließlich ein Archivierungssystem empfehlen, mit dem Sie selbst und auch Ihre Mitarbeiter vertraut sind.

74a.0.2 Die GoBD 2019

Mit Schreiben vom 11.07.2019 hat das BMF die GoBD[1027] nach grundlegender Überarbeitung zunächst neu gefasst und bekanntgegeben. Damit folgte das BMF nicht zuletzt entsprechenden Anregungen aus der Wirtschaft, die eine Anpassung des Vorgängerschreibens aus dem Jahr 2014 an den technischen Fortschritt für unabdingbar hält.

Ende August erfolgte für alle Beteiligten unerwartet seitens des BMF ein »Rückzieher«: die bisherigen GoBD aus dem Jahr 2014 sollten vorerst unverändert weitergelten. Mit BMF-Schreiben vom 28.11.2019 wurden die noch einmal geänderten GoBD nunmehr offiziell neu gefasst[1028].

1027 GoBD = »Grundsätze zur ordnungsmäßigen Führung und Aufbewahrung von Büchern, Aufzeichnungen und Unterlagen in elektronischer Form sowie zum Datenzugriff«.
1028 BMF, Schreiben vom 28.11.2019, IV A 4 – S 0316/19/10003 :001, 2019/0962810,
⮑ mybook.haufe.de > Wichtiges aus dem BMF.

Die Überarbeitung der GoBD setzt vor allem Anregungen aus der Wirtschaft um, die eine Anpassung des Vorgängerschreibens (BMF vom 14.11.2014) an den technischen Fortschritt wünschte. **Aus Unternehmersicht ist die Neufassung daher zu begrüßen**[1029].

74a.0.2.1 »Bildliches Erfassen« statt »Scannen«

»Bildliches Erfassen« tritt an die Stelle des bisherigen »Scannen« und ermöglicht den **Einsatz mobiler Geräte** und darf auch im Ausland erfolgen. Erforderlich hierzu ist allerdings auch weiterhin eine Verfahrensdokumentation.

74a.0.2.2 Konvertierung von Originaldateien in Inhouse-Formate erfordert kein Aufbewahren der Ursprungsdaten

Wurden bislang Originaldateien in eigene Formate umgewandelt, mussten beide Versionen aufbewahrt werden und die konvertierte Version als solche gekennzeichnet werden. Das ist ab sofort nicht mehr erforderlich, wenn die konvertierten Daten maschinell ausgewertet werden können. Hierzu erforderlich ist aber eine **entsprechende Verfahrensdokumentation**.

74a.0.2.3 Aufbewahrung der strukturierten Daten statt bildhafter Dokumente

Werden z. B. über eine Banking- oder Zahlungsdienstschnittstelle strukturierte Daten (Kontoeinzelumsätze) abgerufen, reicht die Aufbewahrung dieser strukturierten Daten aus.

Inhaltsgleiche bildhafte Dokumente, z. B. PDF-Kontoauszüge oder E-Mails mit Umsatzübersichten, müssen nicht mehr aufbewahrt werden. Voraussetzung ist jedoch, dass sich die strukturierten Daten **mindestens genauso gut auswerten** lassen wie das bildhafte Belegdokument.

Bei der Aufbewahrung von Hybrid-Formaten wie ZUGFeRD kommt es auf die **tatsächliche Verarbeitung** an. Bei Weiterverarbeitung der XML-Datei hat diese Belegfunktion und unterliegt der Aufbewahrungspflicht. In diesem Fall reicht es

---

[1029] *Weimann*, AStW 2020.

aber aus, die XML-Datei aufzubewahren. Werden jedoch die nachgelagerten Prozesse durch das bildhafte Dokument (PDF) belegt, müssen für Zwecke der maschinellen Auswertbarkeit beide Formate (PDF + XML) vorgehalten werden.

74a.0.2.4 Einzelaufzeichnung und zeitnahes Buchen von Bargeschäften

Die GoBD betonen noch einmal die gesetzlichen Erfordernisse zur Einzelaufzeichnung barer Geschäftsvorfälle und zum zeitnahen Buchen.

Gleichzeitig wird klargestellt, dass bare und unbare Geschäftsvorfälle **kurzzeitig gemeinsam in einem Grundbuch** festgehalten werden können. Dies erleichtert insbesondere die Buchungsarbeit von Betrieben mit gemischten Zahlungsarten (wie z. B. Restaurants, Hotels).

74a.0.2.5 Erleichterungen nach Systemumstellungen u. Ä.

Vor Beginn einer Außenprüfung reicht es nach einem Systemwechsel oder einer Datenauslagerung aus, dass nach **Ablauf des fünften Kalenderjahres**, das auf die Umstellung folgt, dem Prüfer lediglich ein Z3-Zugriff (= Datenträgerbereitstellung) ermöglicht wird.

74a.0.2.6 Stornierung von Buchungen

Ursprungsbuchung und Stornobuchung müssen **eindeutig aufeinander verweisen**.

 Beratungskonsequenzen

Das neue BMF-Schreiben ist auf Besteuerungszeiträume anzuwenden, die **nach dem 31.12.2019 beginnen**.

Es wird aber nicht beanstandet, wenn der Steuerpflichtige die Grundsätze dieses Schreibens bereits auf Besteuerungszeiträume anwendet, die **vor dem 1.1. 2020 enden**.

Diese Anwendungsregelung ist eine an sich **logische Konsequenz** daraus, dass die GoBD

- keine materielle Rechtsänderung bewirken,
- sondern lediglich klarstellen, wie den **unverändert fortbestehenden** Buchführungs- und Aufbewahrungspflichten Genüge geleistet werden kann.

74a.1 Nebeneinander von Papier- und E-Vorgängen

Vor noch nicht allzu langer Zeit war für den Mandanten die Ablage seiner Ausgangs- und Eingangspost recht einfach. Alles Wichtige gab es auf Papier. Die »Kunst«, dieses abzulegen, bestand im Wesentlichen darin, ein Ordnungsprinzip einzuführen und die papiernen Unterlagen diesem dann auch konsequent und zeitnah zuzuführen. Das Transportmittel für die Belege – der Briefumschlag – konnte in der Regel vernichtet werden. War das Ordnungsprinzip einmal aufgebaut, konnte der Unternehmer die Ablage getrost delegieren. Elektronische Post diente dabei lediglich dem zusätzlichen Informationsaustausch – ohne steuerliche Wirkung.

Im Zeitalter des papierlosen Büros ist das natürlich ganz anders! Nur einige wenige Bereiche sind – weil z. B. das Standesrecht dieses gebietet – auch weiterhin dem Papier vorbehalten; die große Masse der Korrespondenz erfolgt elektronisch. **In der Regel finden sich in einer Buchhaltung beide Belegformen**[1030]:

> **Beispiel**
>
> Mandant M ist selbstständiger Rechtsanwalt (Strafverteidiger).
>
> Während M seine Honorarnoten (Ausgangsrechnungen) weiterhin auf Papier schreibt, erhält er die Eingangsrechnungen über Büromaterial u. dgl. überwiegend in der Regel in der Form, dass die Rechnung als PDF-Datei einer E-Mail angehängt ist.
>
> Ebenfalls per E-Mail erfolgen große Teile der Behörden-, Gerichts- und Mandantenkorrespondenz. Auch die Gutachten von Ärzten und Sachverständigen erreichen den M in der Regel per E-Mail.

74a.2 Allgemeines zur Archivierung von Rechnungen

Bezüglich der Form und Dauer der Aufbewahrung von Rechnungen haben sich in jüngster Zeit **keine Neuerungen** ergeben.

So sind Papier- und elektronische Rechnung gem. § 14b UStG **10 Jahre aufzubewahren.** Während des gesamten Aufbewahrungszeitraums müssen die Echtheit der Herkunft, die Unversehrtheit des Inhalts und die Lesbarkeit der Rechnung gewährleistet werden (§ 14b Abs. 1 Satz 2 UStG).

1030 Vgl. *Weimann,* E-Rechnungen, 2. Auflage 2020; vgl. auch *Weimann/Grobbel,* StB 2014, 324.

Beratungskonsequenzen

1. Die **10-Jahres-Frist beginnt** mit dem Schluss des Kalenderjahres, in dem die Rechnung ausgestellt worden ist (§ 14b Abs. 1 Satz 3 Halbsatz 1 UStG).
2. Damit dürfen in 2022 Eingangs- und Ausgangsrechnungen des Mandanten aus dem **Jahr 2011 und früher** »in den Reißwolf«.
3. Trotz Ablaufs der regulären Frist dürfen die unter 2. angeführten Rechnungen nicht vernichtet werden, wenn insoweit
   - eine Außenprüfung läuft,
   - ein Einspruch- oder Klageverfahren anhängig ist,
   - die Steuerfestsetzung vorläufig ist.

Bei der **elektronischen Aufbewahrung** von Rechnungen hat die Speicherung der Inhalts- und Formatierungsdaten auf einem **Datenträger** zu erfolgen, **der Änderungen nicht mehr zulässt.**

 Beratungskonsequenzen

Eine Speicherung z. B. auf einer nur **einmal beschreibbaren Daten-DVD oder Daten-CD** ist bereits ausreichend.

Verletzt der Mandant seine Aufbewahrungspflichten nach § 14b UStG, kann dies als eine Ordnungswidrigkeit i. S. d. § 26a Abs. 1 Nr. 2 UStG geahndet werden.

Der **Anspruch auf Vorsteuerabzug** nach § 15 Abs. 1 Satz 1 Nr. 1 UStG bleibt hiervon zwar unberührt, der Unternehmer trägt nach allgemeinen Grundsätzen jedoch die objektive Feststellungslast für alle Tatsachen, die den Anspruch begründen. Sind Unterlagen für den Vorsteuerabzug unvollständig oder nicht vorhanden, kann das Finanzamt die abziehbare Vorsteuer unter bestimmten Voraussetzungen schätzen oder aus Billigkeitsgründen ganz oder teilweise anerkennen, sofern im Übrigen die Voraussetzungen für den Vorsteuerabzug vorliegen (vgl. Abschn. 15.11 Abs. 5 ff UStAE)[1031].

1031 *Weimann,* E-Rechnungen, 2. Aufl. 2020, Kapitel 9.1.

74a.3 Besonderheiten der Archivierung von Papierrechnungen

Bei **Papierrechnungen** hat der Unternehmer die Wahl, ob er diese in Papierform oder als Wiedergabe auf einem Bildträger oder auf anderen Datenträgern aufbewahrt; § 147 Abs. 2 AO ist zu beachten.

Beim **Einscannen** sind die Ausführungen unter Abschn. VII Buchst. b) Nr. 1 GoBS zu beachten[1032].

74a.4 Besonderheiten der Archivierung von E-Rechnungen

Elektronische Rechnungen i. S. d. § 14 Abs. 1 Satz 8 UStG n. F. sind **zwingend elektronisch aufzubewahren**[1033].

Eine **ausschließliche Aufbewahrung in Papierform** (als Ausdruck) ist für steuerliche Zwecke nicht zulässig, da hierdurch das Recht der Finanzbehörde auf Datenzugriff konterkariert würde (§ 147 Abs. 6 AO).

 Beratungskonsequenzen

Natürlich bleibt es Ihrem Mandanten unbenommen, **zusätzlich** – z. B. weil er zur eigenen Orientierung alles Wichtige auch vollständig auf Papier haben möchte – Ausdrucke zu fertigen und abzulegen.

Sie müssen den Mandanten dann nur darauf hinweisen, dass der **Ausdruck die elektronische Ausbewahrung nicht ersetzt!**

Zur prüfungssicheren Ablage der Rechnungsvorgänge sollten Sie dem Mandanten die Einhaltung folgender **7 Grundregeln** nahelegen[1034]:

1032 »Grundsätze ordnungsmäßiger DV-gestützter Buchführungssysteme« (kurz: »GoBS«): BMF, Schreiben vom 7.11.1995, IV A 8 – S 0316 – 52/95, BStBl. I 1995, 738; weiter gültig gem. BMF-Schreiben vom 29.3.2007, IV C 6 – O 1000/07/0018 – DOK 2007/0145039, Positivliste Nr. 59, BStBl. I 2007, 369.
1033 *Weimann*, E-Rechnungen, a. a. O., Kapitel 9.1.
1034 *Weimann*, ASR 2/2014, 13 und *Weimann/Grobbel*, a. a. O.

74a.4.1 Die relevanten Vorgänge erkennen

Gemeinsam mit dem Mandanten müssen Sie zunächst die elektronischen Vorgänge von steuerlicher Bedeutung erkennen – und zwar alle und nicht nur die Rechnungen!

Insbesondere sind dies

- **Ausgangs- und Eingangsrechnungen,**
- **Ausfuhrnachweise** und
- **Gelangensbestätigungen**[1035].

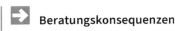 Beratungskonsequenzen

Diese Aufzählung ist nicht abschließend, da zusätzlich immer auch die **anderen Steuerarten** und **unternehmensspezifische Besonderheiten zu beachten** sind. Klären Sie daher mit Ihrem Mandanten, welche weiteren Vorgänge betroffen sind.

74a.4.2 Die relevanten Vorgänge separieren

Im Interesse des Mandanten – zum Beispiel zum Schutz von Betriebsgeheimnissen – muss vermieden werden, dass ein Betriebsprüfer in das E-Mail-Programm selbst »hineinprüft« und damit den gesamten E-Mail-Verkehr des Mandantenunternehmens sehen kann.

Aus diesem Grunde müssen die steuerrelevanten Daten (➲ s. o. Kapitel 4.1)

- **zeitnah**
- von den anderen (steuerlich irrelevanten) Daten **getrennt**

werden.

Im Beispiel ...

... muss M natürlich aus Gründen des Mandantenschutzes sicherstellen, dass die Behörden, Gerichts- und Mandantenkorrespondenz sowie die Gutachten von Ärzten und Sachverständigen den Finanzbehörden nicht bekannt werden.

1035 Dazu ausführlich *Weimann*, Gelangensbestätigung, 1. Aufl. 2014, Kapitel 2.5.3.

74a.4.3 Originaldaten archivieren

Der Betriebsprüfer will die steuerrelevanten Datensätze so sehen, wie diese das Mandantenunternehmen verlassen (Ausgangspost) oder erreicht (Eingangspost) haben.

74a.4.3.1 Bislang galt die strenge Auffassung der Finanzverwaltung

Die E-Mail selbst war danach kein bloßer »Briefumschlag«. Erhielt oder versendete der Mandant ein steuerrelevantes Dokument als PDF-Anhang zu einer E-Mail, durfte er nicht nur die PDF, sondern musste zusätzlich auch die **E-Mail als solche** elektronisch aufbewahren.

74a.4.3.2 Damit bestand eine Unsicherheit

Bezüglich der vorstehend (➋ s. o) ausgesprochenen Empfehlungen bestand eine gewisse Unsicherheit[1036].

Wie sich aus einem Schreiben des BMF an die Landesfinanzminister ergab, »*sprachen sich die Vertreter der obersten Finanzbehörden der Länder dafür aus, in dem geplanten BMF-Schreiben zur elektronischen Rechnungsstellung die Ausführungen zur Aufbewahrung elektronischer Rechnungen zu streichen. Sofern hierzu wieder Ausführungen aufgenommen würden, müsste das BMF-Schreiben erneut mit den Referatsleitern Bp der Länder abgestimmt werden. Ich schlage vor diesem Hintergrund vor, entgegen der Bitte der Verbände keine weiteren Aussagen zur Aufbewahrung elektronischer Rechnungen aufzunehmen. Für umsatzsteuerliche Zwecke sind die Folgen bei Verletzung der Aufbewahrungspflichten in Abschnitt 14b.1 Abs. 10 UStAE dargestellt. Zu den Aufbewahrungsgrundsätzen nach GoBS und GDPdU und den Fragen zur Aufbewahrung elektronischer Rechnungen ist eine gesonderte Erörterung mit den Referatsleitern Bp der Länder vorgesehen.*«

1036 *Weimann*, E-Rechnungen/Rechtssicher übermitteln, berichtigen, kontieren und archivieren, 1. Aufl. 2013, Kapitel 9.2.

Beratungskonsequenzen

Es war zu erwarten, dass die in Aussicht gestellte gesonderte Erörterung durch die GoBD 2014 (➲ siehe nachfolgendes Kapitel 4.3.3) erfolgte. Bis diese rechtskräftig waren, mussten E-Rechnungen – noch einmal –

- **zeitnah** und
- auf einem **nur einmal beschreibbaren Speichermedium**

abgelegt werden.

Die **GoBD 2019/2020** haben die Rechtsauffassung **übernommen bzw. unverändert beibehalten.**

74a.4.3.3 Erstmals mit den GoBD 2014 erleichterte das BMF die Archivierung!

Das BMF hatte mit Schreiben vom 14.11.2014[1037] – endlich! – die damals neuen »GoBD – Grundsätze zur ordnungsgemäßen Führung und Aufbewahrung von Büchern, Aufzeichnungen und Unterlagen in elektronischer Form sowie zum Datenzugriff« bekanntgegeben. Das Erfreuliche: Die Rz. 118 ff. und insbesondere die Rz. 121 lauten zu der hier interessierenden Frage der Archivierung von »Transport-E-Mails« wie erhofft[1038]:

 Rechtsgrundlagen

BMF, Schreiben vom 14.11.2014

9. Aufbewahrung

118

Die nach außersteuerlichen und steuerlichen Vorschriften aufzeichnungspflichtigen und nach § 147 Abs. 1 AO aufbewahrungspflichtigen Unterlagen können nach § 147 Abs. 2 AO bis auf wenige Ausnahmen auch als Wiedergabe auf einem Bildträger oder auf anderen Datenträgern aufbewahrt werden, wenn dies den GoB entspricht und sichergestellt ist, dass die Wiedergabe oder die Daten

1. mit den empfangenen Handels- oder Geschäftsbriefen und den Buchungsbelegen bildlich und mit den anderen Unterlagen inhaltlich übereinstimmen, wenn sie lesbar gemacht werden,

---

1037 BMF, Schreiben vom 14.11.2014, IV A 4 – S 0316/13/10003, 2014/0353090, BStBl. I 2014, 1450.
1038 *Weimann/Grobbel,* a. a. O.

2. während der Dauer der Aufbewahrungsfrist jederzeit verfügbar sind, unverzüglich lesbar gemacht und maschinell ausgewertet werden können.

119

Sind aufzeichnungs- und aufbewahrungspflichtige Daten, Datensätze, elektronische Dokumente und elektronische Unterlagen im Unternehmen entstanden oder dort eingegangen, sind sie auch in dieser Form aufzubewahren und dürfen vor Ablauf der Aufbewahrungsfrist nicht gelöscht werden. Sie dürfen daher nicht mehr ausschließlich in ausgedruckter Form aufbewahrt werden und müssen für die Dauer der Aufbewahrungsfrist unveränderbar erhalten bleiben (z. B. per E-Mail eingegangene Rechnung im PDF-Format oder eingescannte Papierbelege). Dies gilt unabhängig davon, ob die Aufbewahrung im Produktivsystem oder durch Auslagerung in ein anderes DV-System erfolgt. Unter Zumutbarkeitsgesichtspunkten ist es nicht zu beanstanden, wenn der Steuerpflichtige elektronisch erstellte und in Papierform abgesandte Handels- und Geschäftsbriefe nur in Papierform aufbewahrt.

120

Beispiel 9 zu Rz. 119:

Ein Steuerpflichtiger erstellt seine Ausgangsrechnungen mit einem Textverarbeitungsprogramm. Nach dem Ausdruck der jeweiligen Rechnung wird die hierfür verwendete Maske (Dokumentenvorlage) mit den Inhalten der nächsten Rechnung überschrieben. Werden die abgesandten Handels- und Geschäftsbriefe jedoch tatsächlich in elektronischer Form aufbewahrt (z. B. im File-System oder einem DMS-System), so ist die Zumutbarkeit gegeben. Das Verfahren muss dokumentiert werden. Werden Handels- oder Geschäftsbriefe mit Hilfe eines Fakturierungssystems oder ähnlicher Anwendungen erzeugt, bleiben die elektronischen Daten aufbewahrungspflichtig.

121

Bei den Daten und Dokumenten ist – wie bei den Informationen in Papierbelegen – auf deren Inhalt und auf deren Funktion abzustellen, nicht auf deren Bezeichnung. So sind beispielsweise E-Mails mit der Funktion eines Handels- oder Geschäftsbriefs oder eines Buchungsbelegs in elektronischer Form aufbewahrungspflichtig. **Dient eine E-Mail nur als »Transportmittel«, z. B. für eine angehängte elektronische Rechnung, und enthält darüber hinaus keine weitergehenden aufbewahrungspflichtigen Informationen, so ist diese nicht aufbewahrungspflichtig (wie der bisherige Papierbriefumschlag).**

Beratungskonsequenzen

Damit **entfällt** das lästige **Archivieren von Transport-E-Mails.**
Die **GoBD 2019** haben die Rechtsauffassung **übernommen bzw. unverändert beibehalten.**

74a.4.4 Gängige Dateiformate verwenden

Für den Betriebsprüfer müssen die Daten lesbar sein.

Sonderprogramme sind dem Prüfer ggf. zur Verfügung zu stellen und bei einem **Programmwechsel** von Ihrem Mandanten ebenfalls aufzubewahren.

Bei der Archivierung sollte der Mandant daher mit **gängigen Programmen** arbeiten.

 Beratungskonsequenzen

Primär zu empfehlen ist das PDF-Format.

74a.4.5 »Unkaputtbarer« Datenträger

Es reicht **nicht** aus, dass der Mandant die Daten lediglich auf einer – immer wieder neu zu beschreibenden – Festplatte ablegt.

Die Speicherung der Inhalts- und Formatierungsdaten hat vielmehr auf einem Datenträger zu erfolgen, der **im Nachhinein keine Änderungen** zulässt.

 Beratungskonsequenzen

1. Im Idealfall wird dazu auf der Festplatte ein **revisionssicherer Schutzbereich** eingerichtet.
2. Insbesondere für kleinere Unternehmen dürfte aber auch die Speicherung auf einer nur einmal beschreibbaren **Daten-DVD** oder **Daten-CD** ausreichen.

74a.4.6 Datenverluste vermeiden

Da technische Probleme niemals auszuschließen sind, sollten

- die Daten **mindestens auf zwei verschiedenen Datenträgermedien** (zwei Festplatten oder Daten-DVDs bzw. -CDs) gesichert werden,
- die ihrerseits an verschiedenen Orten aufbewahrt werden.

74a.4.7 Vorsicht vor Cloudlösungen

Cloudlösungen folgen ganz unterschiedlichen Standards und sollten vorab (mit dem Steuerberater) genau auf das Erfüllen der vorstehenden Anforderungen hin geprüft werden. Von einer ausschließlichen Speicherung auf Cloud sollte man absehen; allenfalls für die Zweit- oder Drittsicherung wird man eine Cloud wohl einsetzen können.

74a.5 Zur Informationspflicht des Steuerberaters

Der Steuerberater ist im Rahmen des ihm erteilten Auftrags verpflichtet, den Mandanten umfassend zu beraten und **auch ungefragt** über alle steuerlichen Einzelheiten und deren Folgen zu unterrichten[1039]. Er hat seinen Mandanten möglichst vor Schaden zu schützen. Hierzu hat er den relativ sichersten Weg zum angestrebten steuerlichen Ziel aufzuzeigen und die für den Erfolg notwendigen Schritte vorzuschlagen. Die mandatsbezogen erheblichen Gesetzes- und Rechtskenntnisse muss der Steuerberater besitzen oder sich ungesäumt verschaffen. Neue oder geänderte Rechtsnormen hat er in diesem Rahmen zu ermitteln. Wird **in der Presse über Vorschläge zur Änderung des Steuerrechts** berichtet, die im Falle ihrer Verwirklichung von dem Mandanten des Beraters erstrebte Ziele vereiteln oder beeinträchtigen können, kann der Steuerberater gehalten sein, sich aus allgemein zugänglichen Quellen über den näheren Inhalt und den Verfahrensstand solcher Überlegungen zu unterrichten, um den Mandanten optimal zu beraten.

1039 Weimann, Umsatzsteuer in der Praxis, 13. Aufl. 2015, Kap. 1.7.

Der **Steuerberater schuldet** dem Mandanten eine **individuelle Belehrung**[1040]. Das OLG Düsseldorf[1041] hat darauf erkannt, dass der Steuerberater dem Mandanten eine konkrete, auf die speziellen Probleme des Mandanten bezogene Belehrung schuldet. Allgemeine Ausführungen in **Mandantenrundschreiben** können solche konkreten Hinweise ebenso wenig ersetzen, wie nach Art eines steuerrechtlichen Lehrbuchs abgefasste **Merkblätter.**

Im konkreten Fall machte der Mandant geltend, der Steuerberater habe ihn nicht auf die steuerliche Notwendigkeit der Führung eines Fahrtenbuches hingewiesen. Der Steuerberater hielt dem entgegen, der **geschäftserfahrene Mandant** sei zum einen gar nicht belehrungsbedürftig gewesen, da dieses Thema ohnehin »in aller Munde« gewesen sei. Darüber hinaus habe er seine Belehrungspflichten durch Übersendung von Mandantenrundschreiben und Merkblättern erfüllt. Nach Ansicht des OLG Düsseldorf sei auch von einem geschäftserfahrenen Mandanten **nicht zu erwarten, dass dieser in der Lage und auch bereit sei, derlei allgemein theoretische Ausführungen auf ihre Erheblichkeit auf seine eigenen Angelegenheiten zu überprüfen.** Vielmehr sei davon auszugehen, dass sich der Mandant gerade nicht selbst um seine Probleme kümmern wolle und deshalb den Steuerberater beauftragt habe.

 Beratungskonsequenzen

1. So aufwendig und inhaltlich hochwertig Mandantenrundbriefe auch sein mögen: **primär** wird jeder Mandant diese Informationen als Marketingmaßnahme betrachten, die das Know-how der Kanzlei demonstrieren und **Kundenbindung** erzeugen soll. Die **vertragsmäßig geschuldeten Beratungs- und Informationspflichten** können durch derartige Informationen jedoch nicht ersetzt werden[1042]!

2. Sie müssen daher in Frage kommende Mandanten **individuell in einem Anschreiben oder Beratungsgespräch** auf die Archivvierungsproblematik hinweisen. Entscheiden Sie sich für ein Anschreiben, können Sie die anhängende Checkliste verwenden (➲ s. u.)

1040 Steuerberater-Verband e.V. Köln, Wochenübersicht StBdirekt vom 1.3.2009.

1041 OLG Düsseldorf, Urteil vom 29.1.2008, I – 23 U 64/07, MDR 2008, 802.

1042 Steuerberater-Verband e.V. Köln, a. a. O.

74a.6 Checkliste für die Mandantenarbeit

Es empfiehlt sich, die Checkliste[1043] an den Mandanten auszugeben, entweder nach einem dahingehenden Beratungsgespräch oder als Anlage zu einem Anschreiben (siehe vorstehendes Kapitel 74a.5):

 Checkliste: Archivierung von E-Rechnungen

- **Die relevanten Vorgänge erkennen:** Erkennen Sie für Ihr Unternehmen die elektronischen Vorgänge von steuerlicher Bedeutung. Insbesondere sind dies Ausgangs- und Eingangsrechnungen, Ausfuhrnachweise und Gelangensbestätigungen. Diese Aufzählung ist nicht abschließend, da zusätzlich immer auch die anderen Steuerarten und unternehmensspezifische Besonderheiten zu beachten sind. Klären Sie daher mit uns, welche weiteren Vorgänge bei Ihnen betroffen sind.

- **Die relevanten Vorgänge separieren:** Wollen Sie vermeiden, dass ein Betriebsprüfer in das E-Mail-Programm selbst »hineinprüft« und damit Ihren gesamten E-Mail-Verkehr sehen kann, müssen Sie die Daten zeitnah von den anderen trennen.

- **Originaldaten archivieren:** Der Betriebsprüfer will die Datensätze so sehen, wie diese Ihr Unternehmen verlassen (Ausgangspost) oder erreicht (Eingangspost) haben. **Eine »Transport-E-Mail« gilt dabei auch nach den neuen GoBD 2019/2020 bloßer »Briefumschlag«.** Erhalten oder versenden Sie ein steuerrelevantes Dokument als PDF-Anhang zu einer E-Mail, dürfen Sie nicht nur die PDF, sondern müssen Sie auch die E-Mail als solche elektronisch aufbewahren.

- **Gängige Dateiformate verwenden:** Für den Betriebsprüfer müssen die Daten lesbar sein. Sonderprogramme sind dem Prüfer ggf. zur Verfügung zu stellen und bei einem Programmwechsel von Ihnen ebenfalls aufzubewahren. Bei der Archivierung sollten Sie daher mit gängigen Programmen arbeiten. Primär zu empfehlen ist das PDF-Format.

- **»Unkaputtbarer« Datenträger:** Es reicht nicht aus, dass Sie die Daten lediglich auf Ihrer – immer wieder neu zu beschreibenden – Festplatte ablegen. Die Speicherung der Inhalts- und Formatierungsdaten hat vielmehr auf einem Datenträger zu erfolgen, der im Nachhinein keine Änderungen zulässt. Im Idealfall wird dazu auf der Festplatte ein revisionssicherer Schutzbereich einge-

---

1043 Vgl. auch *Weimann*, ASR 2/2014, 13.

richtet. Insbesondere für kleinere Unternehmen dürfte aber auch die Speicherung auf einer nur einmal beschreibbaren Daten-DVD oder Daten-CD ausreichen.

- **Datenverluste vermeiden:** Da technische Probleme niemals auszuschließen sind, sollten die Daten mindestens auf zwei verschiedenen Datenträgermedien (zwei Festplatten oder Daten-DVDs bzw. -CDs) gesichert werden, die ihrerseits an verschiedenen Orten aufbewahrt werden.
- **Vorsicht vor Cloudlösungen:** Cloudlösungen folgen ganz unterschiedlichen Standards und sollten vorab (mit Ihrem Steuerberater) genau auf das Erfüllen der vorstehenden Anforderungen hin geprüft werden. Von einer ausschließlichen Speicherung auf Cloud sollte man absehen; für die Zweit- oder Drittsicherung wird man eine Cloud wohl einsetzen können.

75 Vorsteuerabzug

Den Vorsteuerabzug sichern und zugleich unnötige Prüfungen vermeiden!

§ Rechtsgrundlagen

- UStG: § 15 f.
- UStDV: § 35 ff.
- UStAE: Abschn. 15.1 ff.
- MwStSystRL: Art. 167 ff. (Titel X)
- BMF, Schreiben vom 29.1.2004, IV B 7 – S 7280 – 19/04, Umsetzung der Richtlinie 2001/115/EG (Rechnungsrichtlinie) und der Rechtsprechung des EuGH und des BFH zu zum unrichtigen und unberechtigten Steuerausweis durch das Zweites Gesetz zur Änderung steuerlicher Vorschriften (Steueränderungsgesetz 2003 – StÄndG 2003), BStBl. I 2004,258 (formell aufgehoben, aber materiell weiter gültig lt. BMF v. 18.3.2021; zur zweifelhaften Bedeutung dieses Schreibens ➲ Kapitel 1.6).
- BMF, Schreiben vom 2.1.2014, IV D 2 – S 7300/12/10002 :001, 2013/1156482, Zuordnung von Leistungen zum Unternehmen nach § 15 Abs. 1 UStG unter Berücksichtigung der BFH-Urteile vom 7. Juli 2011, V R 41/09, V R 42/09 und V R 21/10 sowie vom 19. Juli 2011, XI R 29/10, XI R 21/10 und XI R 29/09, BStBl. I 2014, 119 (weiter gültig lt. BMF v. 18.3.2021, Anlage 1, Nr. 1721; zur zweifelhaften Bedeutung dieses Schreibens ➲ Kapitel 1.6).

75.0 Auf einen Blick – alle wichtigen Neuerungen vorab!

Kaum ein anderes Umsatzsteuerthema ist wichtiger und zugleich komplexer als die Rechnungsstellung (➲ Kapitel 71) und dazu korrespondierend der Vorsteuerabzug. Beide Themen sind daher »Dauerbrenner« schon seit vielen Jahren, bei denen schon gefestigtes Wissen immer wieder mit neuen Vorschriften und Erkenntnissen in Einklang zu bringen ist. Den Praktiker dabei zu unterstützen ist Ziel dieses Vorspanns, der ausschließlich die Neuerungen im Bereich des Vorsteuerabzugs fokussiert.

75.0.1 Vorsteuern aus Aufwendungen für Trikotsponsoring

Ein Unternehmer, der Sportbekleidung mit Werbeaufdrucken für sein Unternehmen anschafft und Sportvereinen unentgeltlich zur Verfügung stellt, kann die Vorsteuerbeträge aus den Anschaffungskosten steuermindernd geltend machen.[1044]

75.0.1.1 Sachverhalt

Der Kläger (K) betreibt eine Fahrschule. Er hat in den Streitjahren Sportbekleidung mit dem Werbeaufdruck »Fahrschule X« erworben und die Trikots verschiedenen Vereinen in der Region rund um seine Fahrschule unentgeltlich zur Verfügung gestellt. Es handelte sich vor allem um Jugendmannschaften in unterschiedlichen Sportarten und eine Altherrenmannschaft.

Nach einer Außenprüfung versagte das Finanzamt den Vorsteuerabzug aus der Anschaffung der Sportkleidung. Diese Zuwendung erfolge grundsätzlich in der Erwartung, dass die Sportbekleidung bei den sportlichen Veranstaltungen des Vereins auch genutzt werde und durch den Werbeaufdruck in der Öffentlichkeit auf die Firma bzw. ihre Produkte und Dienstleistungen aufmerksam gemacht werde. Im Streitfall sei jedoch zu berücksichtigen, dass die Spiele der fraglichen Mannschaften vor allem solche betroffen hätten, die kaum Publikum anziehen würden. Es sei deshalb davon auszugehen, dass die Aufdrucke keine nennenswerte Werbewirkung erzielen würden. Das Überlassen der Sportbekleidung sei deshalb dem ideellen Bereich zuzuordnen, die Vorsteuer also nicht abziehbar.

1044 Niedersächsisches Finanzgericht, Urteil vom 3.1.2022, 11 K 200/20.

Gegen diese Entscheidung wendet sich die Klage. K habe die entsprechenden Aufwendungen getätigt, um durch die Förderung der Organisation das eigene unternehmerische Ansehen/Image zu sichern und zu erhöhen und für die Dienstleistung seiner Fahrschule zu werben. Neben der Werbung habe K insbesondere auch als Zielgruppe die jungen Sportler im Alter von 15-20 Jahren im Auge gehabt, die regelmäßig in Kürze ihre Fahrschulausbildung absolvieren würden, um den ab dem 16. bzw. 17. Lebensjahr möglichen Führerschein zu erwerben. Diese Erwartung habe sich auch erfüllt.

Das Sponsoring sei im Übrigen immer aufgrund mündlicher Abreden durchgeführt worden. Auf die jeweilige Anfrage durch einen Vereinsvertreter, ob K bereit sei, für eine Mannschaft neue Sportbekleidung mit Werbeaufdruck für die Fahrschule zur Verfügung zu stellen, habe K bei positiver Entscheidung ein Sporthaus beauftragt die Sportbekleidung zu liefern, nachdem der Verein im Sporthaus die individuellen Kleidergrößen der Spieler mitgeteilt habe. Es liege auf der Hand, dass die Spieler dann auch diese Sportbekleidung mit Werbeaufdruck getragen hätten. Dass die Überlassung der Sportbekleidung nicht nur zur Förderung der sportlichen Zwecke, sondern auch mit dem Ziel der Werbung für die Fahrschule erfolgt sei, sei aufgrund des Werbeaufdrucks ersichtlich. Die Sportbekleidung werde deshalb nicht unentgeltlich überlassen. Der Vorsteuerabzug sei zu berücksichtigen.

75.0.1.2 Entscheidung

Die Klage ist begründet. Zutreffend weist das beklagte Finanzamt allerdings zunächst darauf hin, dass ein Vorsteuerabzug für K nur dann in Betracht kommt, wenn die Überlassung der Sportbekleidung mit dem Werbeaufdruck des K **dem wirtschaftlichen Geschäftsbetrieb der Leistungsempfänger zuzurechnen** ist.

Der K hat im vorliegenden Fall die Sportbekleidung (im Wesentlichen Trikots mit Werbeaufdruck »Fahrschule X«) diversen Jugend- und Altherrenmannschaften ... unentgeltlich zur Verfügung gestellt. Hierbei handelt es sich – dies ist zwischen den Beteiligten unstreitig – um **gemeinnützige Organisationen (Vereine)**.

Auch gemeinnützige Vereine können grundsätzlich als Unternehmer tätig werden. Hierbei ist jedoch die **ideelle Tätigkeit**, also die Tätigkeit im eigentlichen Gemeinnützigkeitsbereich, der nichtunternehmerischen Sphäre zuzuordnen. Dies hat zur Folge, dass Ausgangsleistungen im ideellen Bereich nicht steuerbar sind, insoweit aber Eingangsleistungen für den ideellen Bereich auch nicht zum Vorsteuerabzug berechtigen.

Dagegen sind die Vermögensverwaltung, der Zweckbetrieb und die (gewerbliche) wirtschaftliche Geschäftstätigkeit eines Vereins dem **unternehmerischen Bereich** zuzuordnen, mit der Folge, dass die Ausgangsleistungen steuerpflichtig sind und hinsichtlich der Eingangsleistungen ein Vorsteuerabzug zu gewähren ist.

Dabei kommt es allerdings – entgegen der Auffassung des K – nicht darauf an, dass die Aufwendungen ertragsteuerlich gegebenenfalls als Betriebsausgaben abzugsfähig sind. Für den Betriebsausgabenabzug kommt es allein auf eine betriebliche Veranlassung an (§ 4 Abs. 4 EStG). Demgemäß gehören zu den Aufwendungen von Sponsoren zur Förderung von Vereinen auch solche Aufwendungen, die etwa darin liegen, dass der Unternehmer wirtschaftliche Vorteile aufgrund der Sicherung oder Erhöhung seines Ansehens erzielen kann.

Anders ist dies jedoch, wenn es umsatzsteuerlich um den Vorsteuerabzug geht. Hier kommt es nicht nur auf eventuelle Vorteile im Sinne des § 4 Abs. 4 EStG auf Seiten des leistenden Unternehmers an. Vielmehr ist darüber hinaus nach § 15 Abs. 1 Satz 1 Nr. 1 UStG erforderlich, dass die Leistungen von einem anderen Unternehmer für sein Unternehmen ausgeführt worden sind. Das bedeutet, dass ein Vorsteuerabzug nur dann in Betracht kommt, wenn durch die Überlassung der Sportbekleidung mit Werbeaufdruck der **wirtschaftliche Geschäftsbetrieb der fraglichen Vereine** angesprochen wurde.

Im Streitfall ist das Gericht aber überzeugt, dass diese Voraussetzung erfüllt ist, denn die betreffenden Vereine haben durch den **Gebrauch der Sportbekleidung sonstige Leistungen gegen Entgelt** erbracht.

Die sonstige Leistung besteht in der Benutzung der mit dem entsprechenden werbewirksamen Firmenaufdruck versehenen Gegenstände, durch die die Öffentlichkeit auf das betreffende Unternehmen und dessen Produkte aufmerksam gemacht wird. Der Verein erbringt damit eine Dienstleistung in Form einer Werbeleistung, für die er als Gegenleistung die betreffenden Gegenstände erhält.

Schriftliche Vereinbarungen über die Überlassung der Trikots und deren Nutzung liegen zwar nicht vor. Es gibt es aber im Streitfall keine Anhaltspunkte dafür, dass die jeweiligen Vereinsvorstände über die Überlassung der Sportbekleidung mit dem Werbeaufdruck des Klägers nicht einverstanden war. Werden die Trikots bei sportlichen Veranstaltungen von den Spielern getragen – wovon in aller Regel auszugehen ist – **nimmt der Verein konkludent das Angebot der Nutzung**

gegen Ausführung einer Werbeleistung an. Einer darüberhinausgehenden ausdrücklichen Verpflichtungserklärung des Vereins, die Spieler die Trikots bei bestimmten Veranstaltungen tragen zu lassen, bedarf es für die Annahme eines unmittelbaren Zusammenhangs zwischen der Werbeleistung und dem erhaltenen Entgelt (Trikots) nicht.

Unerheblich ist nach Auffassung des Gerichts außerdem, dass die Jugendmannschaften in aller Regel nicht vor Publikum spielen; bei deren Spielen vielmehr erfahrungsgemäß ausschließlich Betreuer und ggfs. einige Eltern mit anwesend sind. Darauf kommt es jedoch nicht an, denn K hat zutreffend herausgestellt, dass die Jugendlichen zumeist im Alter von 15 bis 20 Jahren sind und demgemäß gerade die Zielgruppe darstellen, die er mit seiner Fahrschule ansprechen möchte. Erfahrungsgemäß nehmen junge Leute heutzutage zumeist die Möglichkeit zum Erwerb einer Fahrerlaubnis (möglich ab dem 16./17.Lebensjahr) in Anspruch.

Die Vereine haben deshalb eine Gegenleistung für die Überlassung der Sportbekleidung erbracht. Ob die Vereine eine Versteuerung dieser Leistungen vorgenommen haben, ist für die hier maßgebliche Frage des Vorsteuerabzugs des leistenden Unternehmers unerheblich und nicht Gegenstand dieses Rechtsstreits.

 Beratungskonsequenzen

Ob die Vereine eine Versteuerung dieser Leistungen vorgenommen haben, war für die Frage des Vorsteuerabzugs des leistenden Unternehmers unerheblich und nicht Gegenstand dieses Rechtsstreits. Das Gericht positioniert sich als nicht zu den **Umsatzsteuerfolgen der Ausgangsumsätze des gesponsorten Vereine.** Die Entscheidungsträger der Vereine und ihre Berater müssen aber auch diese fest im Blick haben![1045]

75.0.2 Beteiligung an Steuerhinterziehung führt zur Versagung von Vorsteuerabzug und Steuerbefreiung (§ 25f UStG)

In Anwendung der EuGH-Rechtsprechung wird **seit dem 1.1.2020** geregelt, dass einem Unternehmer

---

1045 *Weimann*, AStW 2022, iww.de/astw, ID 48085448.

- der wusste oder
- **der hätte wissen müssen (!),**
- dass er sich mit seinem Leistungsbezug oder dem erbrachten Umsatz an einem Umsatz beteiligt,
- bei dem ein Beteiligter auf einer vorhergehenden oder nachfolgenden Umsatzstufe in eine begangene Umsatzsteuerhinterziehung oder Erlangung eines nicht gerechtfertigten Vorsteuerabzugs i. S. v. § 370 AO oder einer Schädigung des Umsatzsteueraufkommens i. S. d. §§ 26b und 26c UStG einbezogen war,

der Vorsteuerabzug bzw. die Steuerbefreiung für den entsprechenden Umsatz verwehrt werden kann.

Die neue Vorschrift steht in Zusammenhang mit der **Bekämpfung des Umsatzsteuerbetrugs** – mit einem geschätzten Volumen von immerhin 50.000.000.000 €[1046] – durch Karussellgeschäfte. Zu den Einzelheiten vgl. ➜ Kapitel 39a

75.0.3 EuGH: Vorsteuerabzug auch ohne Eingangsrechnung

 Rechtsgrundlagen

EuGH, Urteil vom 21.11.2018, Rs. C-664/16, Vădan

Die strikte Anwendung des formellen Erfordernisses, für den Vorsteuerabzug Rechnungen vorzulegen, verstößt gegen die Grundsätze der Neutralität und der Verhältnismäßigkeit. Dem Unternehmer würde dadurch auf unverhältnismäßige Weise die steuerliche Neutralität seiner Umsätze verwehrt. Gleichwohl muss ein Unternehmer, der einen Vorsteuerabzug vornehmen möchte, nachweisen, dass er die Voraussetzungen hierfür erfüllt.

Sachverhalt

DieselkraftDer Kläger (K) ist ein Rumäne, der in den Streitjahren mit Immobilien handelte. K unterwarf die Geschäfte – bewusst oder unbewusst – zunächst nicht der rumänischen Umsatzsteuer. Als die Finanzverwaltung dies nachholte, begehrte K den Vorsteuerabzug auf Eingangsumsätze. Dazu konnte K allerdings

---

1046 Hinweis auf ➜ Kapitel 20.2.

keine oder allenfalls unleserliche Eingangsrechnungen vorlegen. Dem vorlegenden Gericht stellte sich u. a. die Frage, ob an die Stelle der Eingangsrechnungen auch ein gerichtlich angeordnetes Sachverständigengutachten treten kann.

Entscheidung

Nach Auffassung des EuGH kann ein Unternehmer, der nicht in der Lage ist, durch Vorlage von Rechnungen oder anderen Unterlagen den Betrag der von ihm gezahlten Vorsteuer nachzuweisen, nicht allein auf der Grundlage einer Schätzung in einem vom nationalen Gericht angeordneten Sachverständigengutachten ein Recht auf Vorsteuerabzug geltend machen. Im Ergebnis versagte der EuGH dem K damit den Vorsteuerabzug. Das war zu erwarten und ist an sich wenig spektakulär! Ganz anders die Hinleitung zur Entscheidung, in der der EuGH sich zur Bedeutung der Eingangsrechnung positioniert:

Zu den formellen Voraussetzungen des Vorsteuerabzugsrechts ergibt sich der Mehrwertsteuer-Systemrichtlinie, dass es nur ausgeübt werden kann, wenn der Steuerpflichtige eine **ordnungsgemäß ausgestellte Rechnung** besitzt.

Das Grundprinzip der Mehrwertsteuerneutralität verlangt aber, dass der Vorsteuerabzug gewährt wird, wenn die **materiellen Voraussetzungen** erfüllt sind, selbst wenn der Steuerpflichtige bestimmten formellen Voraussetzungen nicht genügt hat.

Daraus folgt, dass die Steuerverwaltung das Recht auf Vorsteuerabzug nicht allein deshalb verweigern kann, weil eine Rechnung nicht in der Mehrwertsteuer-Systemrichtlinie aufgestellten Voraussetzungen erfüllt, wenn **die Verwaltung über sämtliche Daten verfügt**, um zu prüfen, ob die für dieses Recht geltenden materiellen Voraussetzungen erfüllt sind

Daher verstößt die strikte Anwendung des formellen Erfordernisses, Rechnungen vorzulegen, gegen die **Grundsätze der Neutralität und der Verhältnismäßigkeit**, da dadurch dem Steuerpflichtigen auf unverhältnismäßige Weise die steuerliche Neutralität seiner Umsätze verwehrt würde.

Gleichwohl muss ein Steuerpflichtiger, der einen Vorsteuerabzug vornehmen möchte, nachweisen, dass er die Voraussetzungen hierfür erfüllt. Der Steuerpflichtige muss also **durch objektive Nachweise belegen**, dass ihm andere Steuerpflichtige auf einer vorausgehenden Umsatzstufe tatsächlich Gegenstände oder Dienstleistungen geliefert bzw. erbracht haben, die seinen der Mehrwertsteuer unterliegenden Umsätzen dienten und für die er die Mehrwertsteuer tatsächlich entrichtet hat.

Beratungskonsequenzen

»Daher verstößt die strikte Anwendung des formellen Erfordernisses, Rechnungen vorzulegen, gegen die Grundsätze der Neutralität und der Verhältnismäßigkeit, da dadurch dem Steuerpflichtigen auf unverhältnismäßige Weise die steuerliche Neutralität seiner Umsätze verwehrt würde.« Diese Feststellung des EuGH in Randziffer 42 des Besprechungsurteils ist das eigentlich Sensationelle! Soweit erkennbar stellt der EuGH in dieser Deutlichkeit damit erstmalig klar, das Unternehmer für den Vorsteuerabzug **nicht zwingend im Besitz einer Eingangsrechnung sein müssen!**

75.0.4 Generalanwalt hält deutschen Vertrauensschutz für unzureichend!

Der Generalanwalt hält den Schutz des Vertrauens in das Vorliegen der Voraussetzungen des Rechts auf Vorsteuerabzug in Deutschland für nur unzureichend (Schlussanträge des Generalanwalts vom 5.7.2017 ➲ Kapitel 7).

75.0.5 Keine überzogenen Prüfungspflichten des Rechnungsempfängers

 Rechtsgrundlagen

EuGH, Urteil vom 22.10.2015, Rs. C-277/14, PPUH Stehcemp

Der EuGH hat noch einmal darauf erkannt, dass der Rechnungsempfänger nicht dazu verpflichtet ist, den Rechnungsaussteller ohne konkreten Anlass umfassend zu überprüfen. Das ist vielmehr Aufgabe der Finanzverwaltung. Letztere trägt auch – entgegen BFH – die Feststellungslast für Unregelmäßigkeiten[1047].

Sachverhalt

Die Klägerin (PPUH Stehcemp; im Folgenden: K kaufte von Verkäuferin V Dieselkraftstoff. K verwandte den Kraftstoff im Rahmen ihrer wirtschaftlichen Tätigkeit und zog aus den Eingangsrechnungen die Vorsteuern.

Nach einer Steuerprüfung versagte die polnische Finanzverwaltung der K das Recht zum Vorsteuerabzug, weil die Rechnungen über die Kraftstoffeinkäufe von

---

1047 EuGH, Urteil vom 22.10.2015, Rs. C-277/14, PPUH Stehcemp.

V als einem nicht existenten Wirtschaftsteilnehmer ausgestellt worden seien. V sei nach den in einer polnischen Sonderverordnung festgelegten Kriterien als nicht existenter Wirtschaftsteilnehmer anzusehen, der keine Lieferungen von Gegenständen vornehmen könne.

Die Feststellung, dass V nicht existent sei, war auf eine Reihe von Gesichtspunkten gestützt – insbesondere darauf, dass V nicht für mehrwertsteuerliche Zwecke registriert sei, keine Steuererklärung abgebe und keine Steuern entrichte. Außerdem veröffentliche die V ihre Jahresabschlüsse nicht und verfüge nicht über eine Konzession zum Verkauf von Flüssigkraftstoffen. Das im Handelsregister als Gesellschaftssitz angegebene Gebäude sei in einem heruntergekommenen Zustand, der jegliche wirtschaftliche Tätigkeit unmöglich mache. Schließlich seien alle Versuche, mit V oder mit der als ihr Geschäftsführer im Handelsregister eingetragenen Person Kontakt aufzunehmen, erfolglos gewesen.

Gegen die Entscheidung der Finanzverwaltung wandte sich die K im Klagewege. Diese Klage wurde erstinstanzlich mit der Begründung abgewiesen, dass V eine Wirtschaftsteilnehmerin sei, die zum Zeitpunkt der im Ausgangsverfahren in Rede stehenden Umsätze nicht existent gewesen sei, und dass K keine angemessene Sorgfalt angewandt habe, da sie nicht überprüft habe, ob die Umsätze der V in Zusammenhang mit der Begehung einer Straftat stünden.

Gegen diese Entscheidung legte K Kassationsbeschwerde zum polnischen Obersten Verwaltungsgerichtshof ein. K macht geltend, dass es zum Grundsatz der Neutralität der Mehrwertsteuer im Widerspruch stehe, einem gutgläubigen Steuerpflichtigen das Recht auf Vorsteuerabzug zu versagen. Sie habe nämlich von V Unterlagen über deren Eintragung erhalten, die belegten, dass diese Gesellschaft ein ihre Tätigkeiten legal ausübender Wirtschaftsteilnehmer sei, nämlich einen Auszug aus dem Handelsregister, die Zuteilung einer Steueridentifikationsnummer und eine Bescheinigung über die Zuteilung einer statistischen Identifikationsnummer.

Der polnische Oberste Verwaltungsgerichtshof ersuchte nunmehr den EuGH, sich zur Bedeutung des guten Glaubens für den Vorsteuerabzug zu positionieren.

Entscheidung

Der EuGH stellt klar, dass der Vorsteuerabzug nicht versagt werden darf, wenn

* die materiellen Voraussetzungen des Vorsteuerabzugs erfüllt sind (Art. 167 ff. MwStSystRL) und
* eine formell richtige Rechnung vorliegt (Art. 226 MwStSystRL).

Einschränkend gilt dies nur unter der Voraussetzung, dass der Leistungsempfänger

- keine Veranlassung hatte, im Hinblick auf die unternehmerische Tätigkeit des angeblich Leistenden weitere eigene Nachforschungen anzustellen und
- hinsichtlich des Vorliegens einer »Scheinfirma« nicht bösgläubig war[1048].

Es ist **Sache der Steuerverwaltung**, die Steuerhinterziehungen oder Unregelmäßigkeiten seitens des Ausstellers der Rechnung festgestellt hat, aufgrund objektiver Anhaltspunkte und **ohne vom Rechnungsempfänger ihm nicht obliegende Überprüfungen** zu fordern, darzulegen, dass der Rechnungsempfänger wusste oder hätte wissen müssen, dass der zur Begründung des Rechts auf Vorsteuerabzug geltend gemachte Umsatz in eine Mehrwertsteuerhinterziehung einbezogen war, was vom vorlegenden Gericht zu prüfen ist.

Welche Maßnahmen im konkreten Fall vernünftigerweise von einem Steuerpflichtigen, der sein Recht auf Vorsteuerabzug ausüben möchte, verlangt werden können, um sicherzustellen, dass seine Umsätze nicht in einen von einem Wirtschaftsteilnehmer auf einer vorhergehenden Umsatzstufe begangenen Betrug einbezogen sind, hängt wesentlich von den jeweiligen **Umständen des Einzelfalls** ab[1049].

Zwar kann dieser Steuerpflichtige bei Vorliegen von Anhaltspunkten für Unregelmäßigkeiten oder Steuerhinterziehung dazu verpflichtet sein, über einen anderen Wirtschaftsteilnehmer, von dem er Gegenstände oder Dienstleistungen zu erwerben beabsichtigt, Auskünfte einzuholen, um sich von dessen Zuverlässigkeit zu überzeugen. Die Steuerverwaltung kann jedoch von diesem Steuerpflichtigen **nicht generell verlangen**, zum einen zu prüfen, ob der Aussteller der Rechnung über die Gegenstände und Dienstleistungen, für die dieses Recht geltend gemacht wird, über die fraglichen Gegenstände verfügte und sie liefern konnte und seinen Verpflichtungen hinsichtlich der Erklärung und Abführung der Mehrwertsteuer nachgekommen ist, um sich zu vergewissern, dass auf der Ebene der Wirtschaftsteilnehmer einer vorhergehenden Umsatzstufe keine Unregelmäßigkeiten und Steuerhinterziehung vorliegen, oder zum anderen entsprechende Unterlagen vorzulegen[1050].

1048 Rn. 33 ff. des Besprechungsurteils.
1049 Rn. 50 f. des Besprechungsurteils.
1050 Rn. 52 des Besprechungsurteils.

Beratungskonsequenzen

Der Rechnungsempfänger darf also von der Finanzverwaltung **nicht mittelbar zu Nachprüfungen bei seinem Vertragspartner verpflichtet** werden, die ihm grundsätzlich nicht obliegen[1051].

Es ist nämlich grundsätzlich **Sache der Steuerbehörden**, bei den Steuerpflichtigen die erforderlichen Kontrollen durchzuführen, um Unregelmäßigkeiten und Mehrwertsteuerhinterziehung aufzudecken und gegen den Steuerpflichtigen, der diese Unregelmäßigkeiten oder Steuerhinterziehung begangen hat, Sanktionen zu verhängen.

Die Steuerbehörde **würde ihre eigenen Kontrollaufgaben auf die Steuerpflichtigen übertragen**, wenn sie oben genannte Maßnahmen aufgrund der Gefahr der Verweigerung des Vorsteuerabzugsrechts den Steuerpflichtigen auferlegt[1052].

Anmerkung:

Im Besprechungsurteil sagt der EuGH eigentlich nichts Neues. Er bestätigt lediglich seine neuere Rechtsprechung zu den Pflichten des Rechnungsempfängers und festigt diese damit. Sei´s drum! Der BFH sieht sich auf Grund des Urteils zu seinen aktuellen Vorlagebeschlüsse (➔ Kapitel 71.3) veranlasst – und das ist gut so!

75.1 Kein Abzug zu hoch ausgewiesener Vorsteuer

Überprüfung der Eingangsrechnung auf die Richtigkeit (§ 15 Abs. 1 Nr. 1 Satz 1 UStG)

75.1.1 Das Problem

Bis zum 31.12.2003 lautete § 15 Abs. 1 UStG: »Der Unternehmer kann die folgenden Vorsteuerbeträge abziehen: ... 1. die in Rechnungen i. S. d. § 14 gesondert ausgewiesene Steuer für Lieferungen und sonstige Leistungen, die von anderen Unternehmern für sein Unternehmen ausgeführt worden sind ...« Damit konnten

---

1051 *Weimann*, AStW November 2016.

1052 Vgl. auch EuGH-Urteil vom 21.6.2012, Rs. C-80/11 u. C-142/11, C-80/11, C-142/1, Mahagében und Dávid, Rn. 62 ff.

nach alter Rechtauffassung auch überhöhte Vorsteuerbeträge zum Abzug gebracht werden, wenn sie denn von einem Unternehmer für einen Eingangsumsatz berechnet wurden:

Beispiel

Unternehmer U erhielt im Jahre 1995 eine Eingangsrechnung, die wie folgt lautete:

... erlauben wir uns, Ihnen in Rechnung zu stellen:

Honorar	100.000 DM
zzgl. 15 % USt	17.000 DM
zu zahlen	117.000 DM

U hätte die Rechnung bedenkenlos begleichen können, da er in diesem Fall auch den zu hoch ausgewiesenen Vorsteuerbetrag vom Finanzamt erstattet bekommen hätte.

Die Steuerschuld des Rechnungsausstellers hätte ebenfalls 17.000 DM betragen, sich allerdings recht kompliziert wie folgt ermittelt:

reguläre USt–Schuld nach § 13 UStG bei Zahlung von 117.000 DM

117.000 DM : 1.15 x 0,15 =	15.260 DM

zu hoch ausgewiesener Betrag nach § 14 Abs. 2 a. F. UStG*:

17.000 DM – 15.260 DM =	1.740 DM
	17.000 DM

* Seit 1.1.2004: § 14c Abs. 1 UStG.

Nach der Rechtsprechung des BFH[1053] setzte der Vorsteuerabzug nach § 15 Abs. 1 Nr. 1 Satz 1 UStG bei EG-Richtlinien-konformer Auslegung voraus, dass die in Rechnung gestellte Steuer für den berechneten Umsatz geschuldet wird. Ein Vorsteuerabzug war damit nicht zulässig, soweit der Leistende die Steuer nach § 14 Abs. 2 und 3 UStG schuldet. Diesen Gedanken bringt der Wortlaut des § 15 Abs. 1 UStG in der seit dem 1.1.2004 geltenden Fassung auf: *»Der Unternehmer kann die folgenden Vorsteuerbeträge abziehen: ... 1. die gesetzlich geschuldete Steuer für Lieferungen und sonstige Leistungen, die von anderen Unternehmern für sein Unternehmen ausgeführt worden sind.«* Die Rechtsprechung des BFH hat letztlich

---

1053 BFH, Urteil vom 2.4.1998, V R 43/97, BStBl. II 1998, 695.

auch Auswirkungen auf die **Gestaltung von Endrechnungen** (§ 14 Abs. 5 UStG
➲ Kapitel 71.13

 Beratungskonsequenzen

1. In Rechnung gestellte Umsatzsteuer muss damit **stets** daraufhin überprüft
   werden, ob der Eingangsumsatz diese auch tatsächlich auslöst ➲ Kapitel 75.2.2
2. »Offiziöse« Fundstelle dieses Gedankens: **Abschn. 15.2 Abs. 1 UStAE.**

75.1.2 Fallgruppen

Aufgrund der BFH-Rechtsprechung und der neuen Gesetzesfassung trifft den Unternehmer die Nachprüfungspflicht, ob die für einen Eingangsumsatz in Rechnung gestellte Umsatzsteuer

- für einen steuerbaren und
- steuerpflichtigen Umsatz entstanden ist und
- der Steuersatz 7 % oder 19 % beträgt oder bei abrechnenden Landwirten
  evtl. ein Durchschnittssteuersatz in Betracht kommt und
- der Steuerbetrag richtig errechnet worden ist und
- die sonstigen Anforderungen an eine ordnungsgemäße Rechnungsstellung
  erfüllt sind.

Ein Vorsteuerabzug ist damit insbesondere dann unzulässig, wenn der die Rechnung ausstellende Unternehmer die Steuer nach § 14c UStG (**unrichtiger oder
unberechtigter Steuerausweis**) schuldet[1054]. Weiter ist in Fällen

- der Insolvenz,
- des Binnenmarkthandels,
- der Geschäftsveräußerung im Ganzen,
- der Kleinunternehmerregelung,
- formaler Rechnungsfehler

1054 Vgl. BMF, Schreiben vom 29.1.2004, a. a. O., Rz. 87.

besondere Vorsicht geboten[1055]. Gerade an einem **Insolvenz-Fall** lassen sich die Auswirkungen des neuen Urteils verdeutlichen:

Beispiel

Für den Unternehmer U entwickelt des Softwarehaus S eine auf das Unternehmen des U zugeschnittene Spezialsoftware. U rechnet seine Leistung mit 10.000 € zzgl. 1.900 € Umsatzsteuer ab. Noch im Jahr der Leistung geht C in die Insolvenz; das Verfahren wird mangels Masse abgelehnt.

➔ **Folge:**

Sollte das Finanzamt – etwa im Rahmen einer Betriebsprüfung bei U – auf dem Standpunkt stehen, dass auf die Leistung des C unter Beachtung des § 12 Abs. 2 Nr. 7 Buchst. c UStG der ermäßigte Steuersatz von 7 % anzuwenden wäre, stünde dem U nur ein Vorsteueranspruch i. H. v. 778,51 € (11.900 €: 1,07 x 0.07) zu.

U trägt damit das Abrechnungsrisiko! Zwar hätte er grundsätzlich einen Anspruch auf Rechnungsberichtigung. Dieser degeneriert jedoch mit zunehmendem Zeitablauf und verliert an Bedeutung, wenn das leistende Unternehmen nicht mehr existiert.

Grundsätzlich streitet die Finanzverwaltung in Fällen wie dem vorliegenden darüber, den Regelsteuersatz zur Anwendung bringen zu wollen. Wenn allerdings der Leistende seinen steuerlichen Pflichten nicht nachkommen kann, bietet sich nunmehr die Möglichkeit, über eine Vorsteuerbegrenzung den Schaden auf Seiten des Staates zumindest zu minimieren. Auf jeden Fall trifft den Leistungsempfänger das Risiko eines unrechtmäßigen Steuerausweises. Gerade in den hoch komplizierten Fällen der Leistungsortbestimmung nach § 3a UStG oder der Frage nach dem richtigen Steuersatz offenbart sich die ganze Tragweite der neuen Rechtsauffassung.

 Beratungskonsequenzen

Rechtsprechung wie auch Finanzverwaltung erwarten vom Leistungsempfänger stets, dass er im Besitz der ganzen »**Umsatzsteuer-Wahrheit**« ist[1056].

1055 *Nieskens*, UStB 2000, 143; *Weimann*, UVR 2001, 282.
1056 *Nieskens*, a. a. O.

75.1.3 Zivilrechtliche Absicherung des Leistungsempfängers

In Rechnung gestellte Umsatzsteuer muss stets daraufhin überprüft werden, ob der Eingangsumsatz diese auch tatsächlich auslöst. Auf zu hoch ausgewiesene Umsatzsteuer wird die Finanzverwaltung in der Regel erst anlässlich einer Außenprüfung aufmerksam werden. In einem solchen Fall müssten die Erteilung einer berichtigten Rechnung und die Erstattung der zu viel gezahlten Umsatzsteuer vom Vertragspartner verlangt werden[1057]. Allerdings trägt der den Vorsteuerabzug begehrende Unternehmer das Risiko des Gelingens. Probleme wird es insbesondere dann geben, wenn der Vertragspartner nicht mehr existiert oder illiquid ist.

Vertragspartner sollten m. E. im gegenseitigen Interesse den Fall des unzutreffenden Steuerausweises durch eine **Standardklausel** vertraglich regeln. So haben beide Seiten zumindest zivilrechtliche Sicherheit und vermeiden Unstimmigkeiten.

Der Leistungsempfänger wird häufig nicht klären können, ob sein **Vertragspartner Kleinunternehmer** i. S. d. § 19 Abs. 1 UStG ist oder gem. § 19 Abs. 2 zur Umsatzsteuerpflicht optiert hat. Zur Sicherheit des Leistungsempfängers reicht es insbesondere nicht aus, dass der leistende Unternehmer ihm seine Steuernummer nennt, denn diese garantiert keinesfalls seine Umsatzsteuerpflicht. Ich schlage zunächst wieder die Aufnahme einer **Standardklausel** in den Vertrag vor. Des Weiteren sollte der Leistende dem Leistungsempfänger im Zweifel die aus dem Verfahren zur Steuerschuldnerschaft des Leistungsempfängers bekannte **Bescheinigung der Finanzverwaltung**[1058] beibringen[1059].

75.1.4 Überprüfung der Person des leistenden Unternehmers

Nicht weniger bedeutsam ist aber auch die Frage, auf welchem **verfahrensrechtlichen Wege** sich der Leistungsempfänger (nachfolgend kurz als »LE« bezeichnet) die beweiskräftige Gewissheit über die steuerliche Behandlung seiner Eingangsumsätze beim leistenden Unternehmer (nachfolgend kurz als »L« bezeichnet) verschaffen kann.

1057 Vgl. Abschn. 192 Abs. 7 Satz 1 UStR 2005.

1058 Vgl. Abschn. 13b.1 UStAE; so bereits zum »alten« Abzugsverfahren Abschn. 233 Abs. 5 UStR 2000.

1059 *Weimann,* UVR 2001, 282.

Grundsätzlich sollte bereits bei Vertragsschluss Gewissheit herrschen. Daher sollte LE im Zweifel immer darauf bestehen, dass L sein Finanzamt im Vertrag von der Wahrung des Steuergeheimnisses in Bezug auf die Beurteilung des in dem Vertrag vereinbarten Umsatzgeschäftes befreit (§ 30 Abs. 4 Nr. 3 AO). LE hat dann die Möglichkeit, vom Finanzamt des L die zur Beurteilung des Eingangsumsatzes notwendigen Informationen zu erhalten.

Stehen die Unternehmereigenschaft des L oder seine Berechtigung zum Vorsteuerausweis in Frage, sollte L dem LE vor Vertragsschluss die aus dem Abzugsverfahren bekannte Bescheinigung der Finanzverwaltung zur Mehrwertsteuerpflicht beibringen.

Fehlt die empfohlene vertragliche Vereinbarung und entbindet L sein Finanzamt auch nicht nachträglich von der Wahrung des Steuergeheimnisses, sollte LE das Finanzamt des L um Auskunft bitten und es auffordern, die nach § 30 Abs. 4 Nr. 3 AO erforderliche Zustimmung einzuholen. Ein derartiges Auskunftsersuchen wird spätestens dann sowohl gegenüber dem Finanzamt als auch gegenüber L erfolgreich sein, wenn LE auf die Möglichkeit einer Feststellungsklage nach § 41 FGO hinweist. Das Kostenrisiko einer solchen Klage dürfte bei LE und seinem Finanzamt liegen. Besondere Aufklärungsmöglichkeiten sehen das außergerichtliche und finanzgerichtliche Rechtsbehelfsverfahren vor[1060].

75.1.5 Beratungskonsequenzen aus der neuen Rechtslage

In Rechnung gestellte Umsatzsteuer muss damit stets daraufhin überprüft werden, ob der Eingangsumsatz diese auch tatsächlich auslöst (➲ Kapitel 75.1.1); Rechtsprechung und Verwaltung erwarten vom Leistungsempfänger stets, dass er im Besitz der ganzen »**Umsatzsteuer-Wahrheit**« ist (➲ Kapitel 75.1.2). Damit ist insbesondere in Fällen des Binnenmarkthandels Vorsicht geboten; häufig lässt sich hier der Lieferort aufgrund fehlender Sachverhaltskenntnis nur schwer bestimmen. Unternehmer und Beraterschaft haben auf die neue Rechtslage in unterschiedlichster Weise reagiert:

- **Neuorganisation des Wareneinkaufs:** Deutsche Unternehmer sind – die entsprechende Marktmacht vorausgesetzt – vermehrt dazu übergegangen, ausländischen Zulieferern die Einrichtung eines Konsignationslagers (➲ Kapitel 33) in Deutschland zwingend vorzuschreiben. Eingangsumsätze brauchen

---

1060 Vgl. *Lohse,* UR 2000, 320; *Weimann,* UVR 2001, 282.

dann nicht aufwendig auf ihren Lieferort hin untersucht werden; dieser ist bei den Lagerentnahmen immer in Deutschland.

- **Neuorganisation der Kreditorenbuchhaltung:** Unternehmen, die über keine außergewöhnlich große Marktmacht verfügen, aber die Problematik erkannt haben, haben i. d. R. die Kreditorenbuchhaltung aufgestockt um »Umsatzsteuer-Wahrheits-Prüfer«.

- **Unternehmen ohne Problembewusstsein:** Leider werden die aufgezeigten Gefahren häufig verkannt; zu verbreitet ist das Klischee von der Umsatzsteuer als »erfolgsneutralem durchlaufenden Posten«. Aus diesem Grunde werden umsatzsteuerliche Überlegungen bei der unternehmerischen Entscheidungsfindung vernachlässigt[1061] – i. d. R. bis zur nächsten Betriebsprüfung, die Umsatzsteuer aufgreift und mit (grundsätzlich vermeidbarer) Nachzahlungen ein neues Problembewusstsein schafft.

> ⮕ **Beratungskonsequenzen**
>
> Berater sollten – auch um dem Vorwurf von Beratungsfehlern bzw. -unterlassungen und daraus resultierenden Haftungsverfahren zu entgehen – ihren Mandanten gezielt oder zumindest durch ein Mandantenrundschreiben diese Problematik **in regelmäßigen Abständen immer wieder verdeutlichen!**

75.2 Überprüfung der Eingangsrechnung auf Vollständigkeit

§ 15 Abs. 1 Satz 1 Nr. 1 Satz 2 UStG

75.2.1 Das Gesetzgebungsverfahren

§ 15 Abs. 1 Satz 1 Nr. 1 Satz 2 n. F. UStG wurde im Steueränderungsgesetz 2003[1062] **in der bekannten Fassung verabschiedet:** »Die Ausübung des Vorsteuerabzugs setzt voraus, dass der Unternehmer eine nach den §§ 14, 14a ausgestellte Rechnung besitzt.«

1061 ... und dass, obwohl der Anteil der Umsatzsteuer an den Brutto-Einnahmen und -Ausgaben eines Unternehmens im Regelfall rund 16 % (Brutto = 100 % : 1,19 x 0.19 = 15,966 %) beträgt!
1062 BStBl. I 2003, 710.

Eigentliche Absicht der Bundesregierung war es aber, die Vorschrift wie folgt zu fassen[1063]:

»Die Ausübung des Vorsteuerabzugs setzt voraus, dass der Unternehmer eine nach den §§ 14, 14a ausgestellte Rechnung besitzt und die Rechnungsangaben vollständig und richtig sind«, und zwar mit folgender **Begründung**[1064]:

»Die Vorschrift regelt den Vorsteuerabzug. Wie bisher wird an die gesetzlich geschuldete Steuer für Lieferungen und sonstige Leistungen, die von anderen Unternehmern für sein Unternehmen ausgeführt worden sind, angeknüpft (§ 15 Abs. 1 Satz 1 Nr. 1 Satz 1 UStG). Voraussetzung für den Vorsteuerabzug ist zusätzlich, dass der Unternehmer im Besitz einer nach § 14 UStG ausgestellten Rechnung ist.

Das bedeutet, dass eine Rechnung nur dann zum Vorsteuerabzug berechtigt, wenn sie alle Pflichtangaben nach § 14 Abs. 4 UStG und ggf. darüber hinaus die zusätzlichen Angaben nach § 14a UStG enthält. **Fehlt eine der in § 14 Abs. 4 UStG und ggf. darüber hinaus die in § 14a UStG bezeichneten Angaben oder ist eine der Angaben unrichtig, ist der Vorsteuerabzug zu versagen.** Der Vorsteuerabzug kann somit erst mit dem Zugang einer vollständigen oder berichtigten Rechnung geltend gemacht werden. Die Vorschrift setzt Art. 18 Abs. 1 Buchst. a der 6. EG-RL[1065] um. Satz 3 ist aus § 15 Abs. 1 Satz 1 Nr. 1 Satz 2 UStG (alt) unverändert übernommen worden.«

 Beratungskonsequenzen

Der Unternehmer hätte damit das volle Risiko für die »Wahrheit der Eingangsrechnung« getragen: bei einer falschen Pflichtangabe der Rechnung wäre ihm der Vorsteuerabzug versagt worden!

Das besondere – zzt. fast unlösbare – Problem bestand darin, dass der Leistungsempfänger damit nach diesem Gesetzesentwurf u. a. davon abhängig war, dass ihm der Rechnungsaussteller die richtige Steuernummer nennt, er aber selbst keine oder nur wenige Möglichkeiten hätte, diese zu überprüfen[1066]. Aus eigener Erfahrung darf ich anmerken, dass alle Leute, die in 2003 Rechnungen von mir erhalten haben, mit dieser Regelung in 2004 ein Problem hätten. Ich habe von zwei verschiedenen Finanzämtern drei verschiedene Steuernummern erhalten,

---

1063 Vgl. BR-Drs. 630/03 vom 5.9.2003.
1064 BR-Drs. 630/03 vom 5.9.2003, BT-Drs. 15/1562 vom 23.9.2003.
1065 Seit 1.1.2007: Art. 178 Buchst. a MwStSystRL.
1066 Vgl. Vorauflage (1. Auflage 2003), Kapitel 14.3.

die ich bei Rechnungserteilung – wie ich erst jetzt festgestellt habe – »munter durcheinander gekegelt« habe.

Der **Bundesrat** hat hierzu wie folgt Stellung genommen[1067]:

»Die durch Art. 4 Nr. 18 Buchst. a Doppelbuchst. aa vorgenommene Änderung der Voraussetzungen für den Vorsteuerabzug nach § 15 Abs. I Satz I Nr. 1 UStG führt künftig auch bei Fehlern bezüglich der Rechnungsnummer (§ 14 Abs. 4 Nr. 4 UStG) zum Vorsteuerausschluss. Dies kann im Einzelfall unverhältnismäßig sein, weil die Rechnungsnummer vom Rechnungsempfänger nicht auf ihre Richtigkeit überprüft werden kann. Die Bundesregierung wird daher gebeten, geeignete Vorkehrungen ggf. im Verwaltungswege zu ergreifen, um diesem Umstand Rechnung zu tragen. Begründung: Der durch Art. 4 Nr. 14 neugefasste § 14 Abs. 4 Nr. 4 UStG entspricht Art. 22 Abs. 3 Buchst. b der 6. EG-RL und legt daher zutreffend die Angabe einer laufenden Nummer auf der Rechnung fest. Der EU-rechtlichen Vorgabe (Art. 18 Abs. 1 Buchst. a der 6. EG-RL) entspricht auch der durch Art. 4 Nr. 18 Buchst. a Doppelbuchst. aa geänderte § 15 Abs. 1 Satz 1 Nr. 1 UStG mit der Folge eines Vorsteuerausschlusses bei unzutreffender Rechnungsnummer. Der Rechnungsempfänger kann jedoch regelmäßig nicht erkennen, ob die angegebene fortlaufende Nummer falsch oder richtig ist. Das Risiko des Vorsteuerausschlusses bei Fehlern bezüglich der Rechnungsnummer kann daher unverhältnismäßig sein. Daher muss zumindest auf untergesetzlichem Weg ein angemessener Risikoausgleich hergestellt werden.«

Die Bundesregierung sagte zu, die vom Bundesrat vorgetragenen Probleme zu prüfen und diese in zeitlicher Nähe zur Verkündung des StÄndG 2003 in einem mit den obersten Finanzbehörden der Länder abgestimmten BMF-Schreiben aufzugreifen[1068]. Letzteres hat zur Umformulierung des § 15 Abs. 1 Satz 1 Nr. 1 Satz 2 UStG sowie zu den Rz. 87 ff. des BMF-Schreibens vom 29.1.2004[1069] geführt.

1067 BT-Drucks. 15/1798 vom 22.10.2003 zu Nr. 28 zu Art. 4 Nr. 18 Buchst. a Doppelbuchst. aa (§ 15 Abs. 1 Satz 1 Nr. 1 UStG).

1068 BT-Drucks. 15/1798 vom 22.10.2003 zu Nr. 28 (Art. 4 Nr. 18 Änderungsgesetz, § 15 Abs. 1 UStG); Schreiben des BMF vom 29.1.2004, IV B 7 – S 7280 – 19/04, Rz. 87 ff.

1069 A. a. O.; eingegangen in Abschn. 15.2 Abs. 1–4 UStAE.

75.2.2 Die Abzugsfähigkeit von Vorsteuern nach der Neuregelung

Gemäß § 15 Abs. 1 Satz 1 Nr. 1 UStG ist nur die gesetzlich geschuldete Steuer für Lieferungen und sonstige Leistungen, die von einem anderen Unternehmer für das Unternehmen des Leistungsempfängers ausgeführt worden sind, als Vorsteuer abziehbar. Ein Vorsteuerabzug ist damit nicht zulässig, soweit der die Rechnung ausstellende Unternehmer die Steuer nach § 14c UStG schuldet.

 Beratungskonsequenzen

Insoweit wiederholt Abschn. 15.2 Abs. 1 UStAE das Verbot des Abzugs zu hoch ausgewiesener Umsatzsteuer ➲ Kapitel 75.1.

Voraussetzung für den Vorsteuerabzug ist, dass der Leistungsempfänger im Besitz einer nach den §§ 14 und 14a UStG ausgestellten Rechnung ist und dass die Rechnung **alle in den §§ 14 und 14a UStG geforderten Angaben (= Pflichtangaben[1070])** enthält[1071], d. h. die Angaben in der Rechnung

- **vollständig** und
- **richtig**

sind.

Im Fall der **Berichtigung einer Rechnung** nach § 31 Abs. 5 UStDV[1072] ist ein Vorsteuerabzug erst in dem Zeitpunkt zulässig, in dem alle nach den §§ 14 und 14a UStG erforderlichen Angaben an den Leistungsempfänger übermittelt wurden[1073].

Der Leistungsempfänger hat also die in der Rechnung enthaltenen Angaben auf ihre Vollständigkeit und Richtigkeit zu überprüfen. Dabei ist allerdings der **Grundsatz der Verhältnismäßigkeit** zu wahren[1074].

1070 Vgl. BMF, Schreiben vom 29.1.2004, a. a. O., Rz. 32.
1071 Vgl. BMF, Schreiben vom 29.1.2004, a. a. O., Rz. 87.
1072 Abschn. 14.11 UStAE; vgl. auch BMF, Schreiben vom 29.1.2004, a. a. O., Rz. 52-54.
1073 Abschn. 15.2 Abs. 5 UStAE; vgl. auch BMF, Schreiben vom 29.1.2004, a. a. O., Rz. 87 und 91.
1074 Abschn. 15.2 Abs. 3 Sätze 1 u. 2 UStAE; vgl. auch BMF, Schreiben vom 29.1.2004, a. a. O., Rz. 88.

Die **Überprüfung der Richtigkeit der StNr. oder der inländischen USt-IdNr. und der Rechnungsnummer** ist dem Rechnungsempfänger regelmäßig **nicht möglich**. Ist eine dieser Angaben unrichtig und konnte der Unternehmer dies nicht erkennen, bleibt der Vorsteuerabzug erhalten, wenn im Übrigen die Voraussetzungen für den Vorsteuerabzug gegeben sind[1075].

Unberührt davon bleibt, dass der Unternehmer gem. § 15 Abs. 1 Satz 1 Nr. 1 UStG nur die gesetzlich geschuldete Steuer für Lieferungen und sonstige Leistungen eines anderen Unternehmers für sein Unternehmen als Vorsteuer abziehen kann. Deshalb ist z. B. der Vorsteuerabzug zu versagen, wenn die **Identität des leistenden Unternehmers** mit den Rechnungsangaben nicht übereinstimmt oder über eine **nicht ausgeführte Lieferung oder sonstige Leistung** abgerechnet wird[1076].

Hinsichtlich der übrigen nach den §§ 14, 14a UStG erforderlichen Angaben hat der Rechnungsempfänger dagegen die inhaltliche Richtigkeit der Angaben zu überprüfen. Dazu gehört insbesondere, ob es sich bei der ausgewiesenen Steuer um gesetzlich geschuldete Steuer für eine Lieferung oder sonstige Leistung handelt. Bei unrichtigen Angaben entfällt der Vorsteuerabzug. Zu den unrichtigen Angaben, die eine Versagung des Vorsteuerabzuges zur Folge haben, zählen in einer Rechnung enthaltene **Rechenfehler** oder die **unrichtige Angabe des Entgelts**, des **Steuersatzes** oder des **Steuerbetrages**[1077].

 Beratungskonsequenzen

Im **Fall des § 14c Abs. 1 UStG (unrichtiger Steuerausweis** ➜ Kapitel 73.4) kann der Vorsteuerabzug jedoch unter den übrigen Voraussetzungen in Höhe der für die bezogene Leistung geschuldeten Steuer vorgenommen werden[1078].

Ungenauigkeiten führen unter den übrigen Voraussetzungen nicht zu einer Versagung des Vorsteuerabzuges, wenn z. B. bei **Schreibfehlern im Namen oder der Anschrift** des leistenden Unternehmers oder des Leistungsempfängers oder in der Leistungsbeschreibung ungeachtet dessen eine **eindeutige und unzweifelhafte Identifizierung** der am Leistungsaustausch Beteiligten, der Leistung und

---

1075 Abschn. 15.2 Abs. 3 Sätze 3 u. 4 UStAE; vgl. auch BMF, Schreiben vom 29.1.2004, a. a. O., Rz. 89.
1076 Abschn. 15.2 Abs. 3 Sätze 5 u. 6 UStAE; vgl. auch BMF, Schreiben vom 29.1.2004, a. a. O., Rz. 89.
1077 Abschn. 15.2 Abs. 3 Sätze 7–10 UStAE; vgl. auch BMF, Schreiben vom 29.1.2004, a. a. O., Rz. 90); vgl. auch ➜ Kapitel 75.2.1.
1078 Abschn. 15.2 Abs. 3 Satz 3 UStAE.

des Leistungszeitpunkts möglich ist und die Ungenauigkeiten nicht sinnentstellend sind[1079].

 Checkliste

Abzugsfähigkeit von Vorsteuern

Nunmehr ist die Abzugsfähigkeit der Vorsteuer davon abhängig, dass die Eingangsrechnung

- alle Pflichtangaben enthält[1080] und
- diese grundsätzlich richtig sind[1081],

ohne dass

- die Steuernummer oder
- die USt-IdNr. des Leistenden oder
- die Rechnungsnummer

auf ihre Richtigkeit hin zu überprüfen sind. Letztere

- müssen auf Rechnung nur dem Grunde nach angegeben
- und dürfen nicht erkennbar falsch

sein[1082].

75.2.3 Die Praxisfolgen

Die Prüfung, ob eine ordnungsgemäße Rechnung vorliegt, ist für die Praxis bedeutsam, da eine rückwirkende Heilung von Mängeln ausscheidet ➲ Kapitel 75.9. Zwar kann eine Rechnung mit Wirkung für die Zukunft berichtigt und so der Vorsteuerabzug im Zeitpunkt des Vorliegens einer ordnungsgemäßen Rechnung eröffnet werden. Die rückwirkende Versagung des Vorsteuerabzugs auf den ursprünglichen Zeitpunkt löst jedoch eine **Zinspflicht gem. § 233a AO** aus[1083]. Insbesondere bei einem Handelsunternehmen kann die Mehrbelastung durch die Nachzahlungszinsen wegen der Höhe des Wareneinkaufs ganz erheblich sein. Zudem setzt eine Mängelbeseitigung der Rechnungsstellung voraus, dass

---

1079 Abschn. 15.2 Abs. 4 UStAE; vgl. auch BMF, Schreiben vom 29.1.2004, a. a. O., Rz. 92.
1080 Vgl. §§ 14, 14a UStG n. F.
1081 Abschn. 15.2 Abs. 2 Satz 1 Nr. 4 UStAE; vgl. auch BMF, Schreiben vom 29.1.2004, a. a. O., Rz. 89 und 90.
1082 Abschn. 15.2 Abs. 3 Sätze 3 f. UStAE; vgl. auch BMF, Schreiben vom 29.1.2004, a. a. O., Rz. 89.
1083 Ausführlich hierzu *Weimann*, UStB 2004, 363.

der ursprünglich **leistende Unternehmer (überhaupt) noch am Markt tätig ist**[1084]. Kann eine fehlerhaft ausgestellte Rechnung durch den leistungserbringenden Unternehmer nicht mehr berichtigt werden (Insolvenz, Verkauf, Betriebsaufgabe etc.), geht der Vorsteuerabzug endgültig verloren. Insoweit entsteht für das betroffene Unternehmen eine Zusatzbelastung in Höhe der nicht abziehbaren **Vorsteuerbeträge zzgl. der Nachzahlungszinsen**!

Der Leistungsempfänger hat somit de facto die in der Rechnung enthaltenen Angaben auf ihre Vollständigkeit und Richtigkeit zu überprüfen. Entsprechendes dürfte auch für einen **Steuerberater gelten, der die Finanzbuchhaltung übernommen hat**. Denn dieser hat die Frage nach der buchmäßigen Erfassung des Vorsteuerabzugs anhand der jeweils vorliegenden Rechnung zu entscheiden. Wird eine Eingangsrechnung mit Vorsteuerabzug verbucht, obwohl die formellen Voraussetzungen hierfür nicht vorliegen, und geht ein unrichtiger Vorsteuerabzug in eine Umsatzsteuer-Voranmeldung ein, kann dies zu **steuerstrafrechtlichen Konsequenzen** führen. Zudem stellen sich **Haftungsrisiken** ein, denn der Mandant wird nichts unversucht lassen, um den Berater für den eingetretenen Schaden haftbar zu machen[1085].

Der Steuerberater sollte den jeweiligen **Mandanten informieren**, welche Pflichtangaben eine zum Vorsteuerabzug berechtigende Rechnung beinhalten muss[1086]. Zudem sollte sichergestellt werden, dass der Vorsteuerabzug erst dann buchmäßig erfasst wird, wenn eine Rechnung die erforderlichen Formvorschriften erfüllt. Letztlich sollte der Berater dem Mandanten ein Musterschreiben an die Hand geben, um den Aussteller von Eingangsrechnungen bei Bedarf um deren Vervollständigung zu bitten[1087]:

1084 *Seifert,* INF 2004, 698.
1085 *Seiler,* steuer-journal.de 2004 Heft 11, 21.
1086 *Seiler,* a. a. O.
1087 *Weimann,* UStB 2005, 32; ähnlich o. V., ASR 9/2004, 5.

Musterschreiben: Aufforderung zur Rechnungskorrektur

Ihre Rechnung (Nr. ....) vom ....

Sehr geehrte Damen und Herren,

wir bestätigen den Eingang der o. a. Rechnung, die wir grundsätzlich auch gerne begleichen wollen. Voraussetzung für unseren Vorsteuerabzug ist allerdings, dass die Rechnung nach den §§ 14, 14a UStG ausgestellt wurde (vgl. Abschn. 192 Abs. 3 Umsatzsteuer-Richtlinien 2008). Leider entspricht Ihre Rechnung den neuen gesetzlichen Angaben nicht, weil

☐ unsere Firmenbezeichnung nicht richtig oder unvollständig ist; die korrekte Adressierung lautet:
....;

☐ Ihre Firmenbezeichnung u. E. nicht richtig oder unvollständig ist; die korrekte Bezeichnung lautet u. E.:
....;

☐ das Ausstellungsdatum fehlt;

☐ die Rechnungsnummer fehlt;

☐ die Angabe der Liefermenge oder der Umfang der sonstigen Leistung fehlt;

☐ die Angabe der handelsüblichen Bezeichnung des Liefergegenstands oder der Art der sonstigen Leistung fehlt;

☐ der Leistungszeitpunkt nicht angegeben wurde;

☐ das Nettoentgelt nicht ausgewiesen wurde;

☐ das Nettoentgelt nicht nach Steuersätzen/einzelnen Steuerbefreiungen aufgeschlüsselt wurde;

☐ ein Hinweis auf unsere Vereinbarung zur Entgeltsminderung (Bonus, Skonto u. dgl.) fehlt;

☐ der Steuersatz nicht angegeben wurde;

☐ der Steuerbetrag nicht angegeben wurde;

☐ der Hinweis auf die Steuerbefreiung fehlt;

☐ die Angabe der Umsatzsteuer-Identifikationsnummern fehlt (§ 14a Abs. 1, Abs. 3 UStG);

☐ **die Angabe der in § 1b Abs. 2 und 3 UStG bezeichneten Merkmale fehlt (§ 14a Abs. 4 UStG);**

☐ der Hinweis auf unsere Steuerschuldnerschaft fehlt (§ 14a Abs. 5 UStG);

☐ **der Hinweis auf die Anwendung der Sonderregel des § 25 UStG fehlt (§ 14a Abs. 6 UStG);**

☐ der Hinweis auf unsere Steuerschuldnerschaft fehlt (§ 14a Abs. 5 UStG);

☐ **der Hinweis auf die Anwendung der Sonderregel des § 25 UStG fehlt (§ 14a Abs. 6 UStG);**

☐ **der Hinweis auf die Anwendung der Sonderregel des § 25a UStG fehlt (§ 14a Abs. 6 UStG);**

☐ **der Hinweis auf das Vorliegen eines innergemeinschaftlichen Dreiecksgeschäfts des § 25b UStG und die Steuerschuldnerschaft des letzten Abnehmers fehlt (§ 14a Abs. 7 UStG);**

☐ wir selbst nicht mit einem Standardfaxgerät arbeiten und die uns von Ihnen per Telefax übersandte Abrechnung nicht als Rechnung anerkennen können. Unter Hinweis auf § 14 Abs. 1 Satz 7 Alternative 2 UStG bitten wir Sie daher um Übersendung einer Papierrechnung auf dem Postweg.

☐ die uns hierzu von Ihnen via E-Mail übersandte Abrechnung vermögen wir aufgrund des damit verbundenen Prüfungsaufwands und der Risiken und Unsicherheiten allerdings nicht als Rechnung anzuerkennen. Unter Hinweis auf § 14 Abs. 1 Satz 7 Alternative 2 UStG bitten wir Sie daher um Übersendung einer Papierrechnung auf dem Postweg.
Sie erhalten daher die bisherige Rechnung in der Anlage zurück mit der Bitte, die Beanstandungen zu korrigieren und uns eine berichtigte Rechnung zu übersenden.

☐ Bereits jetzt weisen wir Sie darauf hin, dass wir Ihre Rechnung bei Fälligkeit lediglich netto begleichen werden, wenn uns bis zu diesem Zeitpunkt keine allen gesetzlichen Anforderungen entsprechende Rechnungsausfertigung vorliegt.

Mit freundlichen Grüßen

➡ **Beratungskonsequenzen**

Zur Aufnahme der **fett gedruckten Anfragepunkte** sollte der Steuerberater den Mandanten nur gezielt veranlassen!

75.2.4 Keine Rechnungsnachträge durch den Rechnungsempfänger!

Seitens der Wirtschaft führte das damals neue Rechnungserfordernis der Angabe der Steuernummer[1088] seit dem 1.7.2002 zu erheblichen Verunsicherungen – nicht zuletzt geschürt durch die populistische Darstellung mancher »Fachzeitschriften«, die das Bild vom »plaudernden Finanzbeamten« aufbauten und das Steuergeheimnis als gefährdet darstellten[1089]. Da nach der amtlichen Gesetzesbegründung[1090] und dem Einführungsschreiben des BMF[1091] die Nennung der Steuernummer im Gegensatz zu den in § 14 Abs. 1 a. F. UStG genannten Angaben keine Voraussetzung für die Berechtigung zum Vorsteuerabzug nach § 15 Abs. 1 Nr. 1 UStG war, rief die Beraterschaft ihre Mandanten häufig dazu auf, die Neuregelung zu boykottieren[1092] – eine Empfehlung, die sich im Hinblick auf jüngere Verwaltungsanweisungen als für den Rechnungsempfänger trügerisch erwies. So sollten nach Auffassung des BZSt die für die Durchführung des UStG zuständigen Landesfinanzverwaltungen insbesondere im Rahmen von Umsatzsteuer-Sonderprüfungen auf die Einhaltung des § 14 Abs. 1a a. F. UStG achten; wenn die Angabe der Steuernummer fehlte, mussten die Rechnungsempfänger m. a. W. mit Sonderprüfungen rechnen[1093]. Die OFD Koblenz ging auch in der Vergangenheit so weit, bei fehlender Steuernummer vorläufig den Vorsteuerabzug zu versagen[1094]. Seit dem 1.1.2004 führt das Fehlen von Steuer- oder Id-Nr. unstrittig immer zur Versagung des Vorsteuerabzugs[1095]. Leistungsempfänger stehen daher auch weiterhin vor der Frage, wie mit Eingangsrechnungen ohne Steuernummer zu verfahren ist und ob sie diese ggf. selbst ergänzen dürfen.

1088 Vgl. § 14 Abs. 1a a. F. UStG.

1089 Vgl. z. B. *Wirtz*, Finanzamt-Skandal/Ausgespähte Unternehmer, Impulse 10/2002, 124.

1090 BT-Drucks. 14/7471.

1091 BMF, Schreiben vom 28.6.2002, IV B 7 – S 7280 – 151/02, BStBl. I 2002, 660.

1092 Vgl. *Heinrichshofen,* UStB 2003, 44.

1093 Vgl. BT-Drucks. 14/8559, 10 f., NWB 2002, 1421.

1094 OFD Koblenz vom 8.10.2002, S 7280 A – St 44 5, UR 2003, 97.

1095 Abschn. 192 Abs. 2 Satz 1 Nr. 4, Abs. 3 UStR 2008; vgl. auch BMF, Schreiben vom 19.12.2003;
➔ mybook.haufe.de > Wichtiges aus dem BMF.

Beispiel

Bauunternehmer U erhält von seinen Subunternehmern ertragsteuerliche Freistellungsbescheinigungen, aus denen sich auch die Steuernummer ergibt[1096]. Darf U die Steuernummern selbst auf eine insoweit fehlerhafte Eingangsrechnung übertragen?

Die Frage ist eindeutig zu verneinen! Mit der Einführung des Mehrwertsteuersystems zum 1.1.1968 in Form einer Allphasen-Netto-Umsatzsteuer mit Vorsteuerabzug hat die Rechnung eine über den bloßen Buchungsbeleg hinausgehende zentrale umsatzsteuerrechtliche Bedeutung erlangt. Der leistende Unternehmer erklärt durch den Ausweis der Umsatzsteuer konkludent, dass er diese bereits an sein Finanzamt abgeführt hat oder noch abführen wird. Er verschafft so dem Leistungsempfänger gegenüber dem Finanzamt die Möglichkeit, die in der Eingangsrechnung ausgewiesene Umsatzsteuer als Vorsteuer abzuziehen und die eigene Steuerschuld zu mindern[1097]. Die Rechnung wird damit zum Transportmittel für den Vorsteuerabzug[1098]. Fehlt in der Rechnung eine der gem. §§ 14, 14a UStG vorgeschriebenen Angaben, so kann der Aussteller die fehlenden Angaben jederzeit ergänzen. Der Empfänger kann alternativ eine ordnungsgemäße Rechnung fordern und sollte die Rechnung bis dahin unbezahlt lassen; der zivilrechtliche Anspruch auf Rechnungserteilung bleibt durch die Neufassung des § 14 Abs. 1 UStG unberührt[1099]. Dabei ist ausdrücklich darauf hinzuweisen, dass der Leistungsempfänger gegen den leistenden Unternehmer aufgrund der ansonsten drohenden (faktischen) Sanktionen durch die Finanzverwaltung einen zivilrechtlichen Anspruch auf Angabe der Steuernummer hat, und zwar aus **positiver Vertragsverletzung (pVV)**. Von sich aus darf der Empfänger dagegen die fehlenden Bestandteile nicht einfügen[1100]. Die **Ermächtigung des Ausstellers an den Empfänger**, fehlende Angaben einzusetzen, ist eine Ergänzung durch den Aussteller[1101].

1096 Vgl. § 48 Abs. 3 Nr. 1 EStG.
1097 *Schlosser/Zeuner* in B/G, UStG, § 14 Rz. 8.
1098 *Birkenfeld,* UR 1990, 39.
1099 Vgl. § 14 Abs. 1 Satz 1 a. F. UStG und BR-Drs. 630/03 vom 5.9.2003, BT-Drs. 15/1562 vom
 23.9.2003 zum Rechnungsbegriff des § 14 Abs. 1 n. F. UStG.
1100 BFH, BStBl. II 1980, 228 u. 540.
1101 *Schlosser/Zeuner,* a. a. O.; vgl. § 31 Abs. 1a. F. UStDV.

75.2.5 Resümee und Beratungskonsequenzen (Checkliste)

Zusammenfassend lässt sich feststellen: Fehlen Rechnungsangaben, ist der Vorsteuerabzug des Leistungsempfängers ernsthaft gefährdet[1102]. Deshalb sind

- alle Eingangsrechnungen sofort auf ihre Vollständigkeit hin zu kontrollieren;
- bei Fehlen von Rechnungsangaben berichtigte Rechnung einzufordern, bis zu deren Eingang allenfalls der Nettorechnungsbetrag bezahlt werden sollte;
- das Controlling zu optimieren: Häufig wird die (Kreditoren-)Buchhaltung mit der Überprüfung rein tatsächlich überfordert sein. Die fehlende Sachverhaltskenntnis ist durch geeignete Controllingmaßnahmen sicherzustellen;
- die Mandanten entsprechend zu informieren.

→ Beratungskonsequenzen

1. Das Wissen um die notwendige Überprüfung von Eingangsrechnungen ist in der Praxis noch weitgehend unbekannt. Steuerberater sollten deshalb – wiederum auch im Hinblick auf ihre Informationspflicht – ihre Mandanten gezielt oder im Rahmen eines **Mandanten-Rundschreibens** entsprechend aufklären (➲ Kapitel 75.1).

2. Die Meinung fehlende, aber im Grundsatz bekannte **Rechnungsangaben nachtragen zu dürfen, ist ein verbreiteter Irrtum;** auch hierüber sollte die Mandantschaft aufgeklärt werden (➲ Kapitel 75.2.4).

3. Ggf. ist der leistende Unternehmer/Gutschriftempfänger zur Aushändigung einer **ordnungsgemäßen Rechnung aufzufordern** – und zwar sinnvollerweise **vor der vollständigen Bezahlung!**

4. Als »**geldwerter Vorteil« für den Mandanten** kann das Musterschreiben beigefügt werden(➲ Kapitel 75.2.3).

5. Dem **Mandanten** sollte in diesem Zusammenhang auch immer wieder der **strenge Formalismus der neuen Vorschriften verdeutlicht** werden: Formalien müssen genauestens eingehalten werden! Auch wiederholt sollte daher z. B. hingewiesen werden, dass normale **Tankquittungen** nur die **Anforderungen an Kleinbetragsrechnungen** i. S. v. § 33 UStDV genügen, sodass der Tankvorgang entweder spätestens bei einem Betrag von 149,99 € abzubrechen ist oder bei Überschreiten des Betrags auf das Ausstellen einer ordnungsgemäßen Rechnung bestanden werden muss[1103] (➲ Kapitel 71.13).

1102 Vgl. § 15 Abs. 1 Satz 1 UStG n. F.

1103 Vgl. auch *Heinrichshofen*, UStB 2005, 365; *Weimann*, UStB 2006, 53.

75.2.6 Aktuell: Vorsteuerabzug auch bei (vereinzelten) unzutreffenden Rechnungsangaben?

 Hinweis

➲ Kapitel 73.0.1 bis Kapitel 73.0.3, zur Frage der Rückwirkung einer Rechnungs-berichtigung

75.3 Prüfungsschema des BFH zum Vorsteuerabzug

Anmerkungen zum Urteil des BFH vom 25.11.2004, V R 38/03

Das Besprechungsurteil bringt an sich nichts »Revolutionäres«. Es fügt vielmehr einzelne Bausteine der mittlerweile gefestigten Rechtsprechung von EuGH und BFH zu den Voraussetzungen von Abzugsfähigkeit und Abziehbarkeit von Vor-steuern mustergültig zu einem Ganzen zusammen und gibt dem Praktiker damit – soweit ersichtlich erstmalig – folgendes »**höchstrichterliches Prüfungs-schema**« an die Hand[1104]:

75.3.1 Zeitpunkt des Leistungsbezugs

Nach ständiger Rechtsprechung des EuGH[1105] und der Folgerechtsprechung des BFH[1106] ist über den Vorsteuerabzug sowohl dem Grunde als auch der Höhe nach **bei Leistungsbezug abschließend zu entscheiden**[1107]:

- Bei Prüfung der **Abzugsfähigkeit (§ 15 Abs. 1 UStG)** kommt es entscheidend darauf an, ob der Unternehmer im Zeitpunkt des Leistungsbezugs die Absicht hat, die bezogenen Leistungen für das Unternehmen zu verwenden.

- Bei Prüfung der **Abziehbarkeit (§ 15 Abs. 2 und Abs. 3 UStG)** kommt es ent-scheidend darauf an, ob der Unternehmer im Zeitpunkt des Leistungsbezugs

---

1104 Vgl. *Weimann,* UVR 2005, 221; ders., steuer-journal 8/2005, 14.

1105 Zum Beispiel Urteil vom 29.2.1996, Rs. C-110/94, Intercommunale voor zeewaterontzilting – INZO, UVR 1996, 148; Urteil vom 8.6.2000, Rs. C 396/98, Grundstücksgemeinschaft Schloß-strasse, UVR 2000, 308).

1106 Zum Beispiel Urteil vom 22.2.2001, V R 77/96, UVR 2002, 194 (LS), BFH/NV 2001, 994.

1107 Besprechungsurteil, Abschn. II.1; vgl. auch Abschn. 15.12 Abs. 1 UStAE.

die Absicht hat, die Eingangsumsätze für solche Ausgangsumsätze zu verwenden, die den Vorsteuerabzug nicht ausschließen.

Zur möglichen **Bedeutung der Umsatzsteuer-Voranmeldung** in diesem Zusammenhang ➲ Kapitel 75.4

75.3.2 Verwendungsabsicht

Bei jedem Leistungsbezug muss der Unternehmer über die beabsichtigte Verwendung der bezogenen Leistung **sofort entscheiden.** Für die Frage der Abziehbarkeit ist damit regelmäßig auf die erste Lieferung oder die erste unentgeltliche Wertabgabe abzustellen, in die die bezogene Leistung Eingang findet[1108].

75.3.3 Verwendungsabsicht objektiv belegen

Die Verwendungsabsicht muss objektiv belegt werden[1109]; **bloße Behauptungen reichen nicht aus**[1110].

Beispiel

Eine Gesellschaft errichtet eine Lagerhalle, die sie ihren Gesellschaftern ohne besonders berechnetes Entgelt überlässt.

Im Rahmen einer Umsatzsteuer-Sonderprüfung behaupten die Gesellschafter, dass ein Entgelt mündlich vereinbart und lediglich »aus betriebswirtschaftlichen Gründen« tatsächlich noch nicht geflossen sei.

Der Vorsteuerabzug aus der Anschaffung/Herstellung der Halle ist der Gesellschaft zu versagen, da die lediglich behauptete Verwendungsabsicht nicht objektiv belegt werden kann[1111].

 Beratungskonsequenzen

Zu prüfen ist allerdings, ob die Gesellschafter aus den Eingangsrechnungen an die Gesellschaft vielleicht selbst zu Vorsteuerabzug berechtigt sind ➲ Kapitel 81.

1108 Vgl. Abschn. 15.12 Abs. 1 Sätze 7 f. UStAE.
1109 Besprechungsurteil, Abschn. II.2.
1110 Vgl. Abschn. 15.12 Abs. 2 Satz 3 UStAE.
1111 BFH, Urteil vom 28.11.2002, V R 18/01, BStBl. II 2003, 443.

Daher sind **konkrete Nachweise** erforderlich, die einem **strengen Prüfungsmaß-stab** unterliegen; Unklarheiten gehen zulasten des Unternehmers[1112].

 Beratungskonsequenzen

Derartige objektive Anhaltspunkte können sich zum Beispiel aus Mietverträgen, Zeitungsinseraten, Beauftragung eines Maklers, Schriftwechsel mit Interessenten, Vertriebskonzepten, Kalkulationsunterlagen ergeben. Dabei ist das **Gesamtbild der Verhältnisse** maßgebend.

75.3.4 Änderungen der Verwendungsabsicht

Änderungen in der Verwendungsabsicht wirken sich nur auf nachfolgende Leistungsbezüge und den sich daraus ergebenden Vorsteuerabzug aus und wirken nicht zurück[1113]. Eine Änderung der Verwendungsabsicht ist aber regelmäßig nur dann anzunehmen, wenn die geänderte Absicht tatsächlich umgesetzt wird. Denn nur dann kann davon ausgegangen werden, dass die alte Absicht vollständig aufgegeben oder durch die neue überlagert wurde[1114].

 Beratungskonsequenzen

Wie das Beispiel in ⊃ Kapitel 75.3.3. Die Gesellschaft schließt nachträglich mit den Gesellschaftern einen Mietvertrag und optiert zur Steuerpflicht (§ 9 UStG). Leistungsbezüge auf die Halle berechtigen nunmehr (ab Vertragsschluss) zum Vorsteuerabzug, ohne dass sich die Beurteilung der Anschaffungs- bzw. Herstellungskosten ändert; insbesondere kommt für Letztere keine Berichtigung des Vorsteuerabzugs (§ 15a UStG) in Betracht.

75.4 Gelangt die Umsatzsteuer-Voranmeldung zu ungeahnter Wichtigkeit für den Vorsteuerabzug?

Eine Voraussetzung für den Vorsteuerabzug eines Unternehmers ist es, dass eine Leistung »**für sein Unternehmen**« ausgeführt wurde (§ 15 Abs. 1 Satz 1 Nr. 1 UStG).

1112 Vgl. 15.12 Abs. 1 Satz 10, Abs. 2 UStAE.

1113 Besprechungsurteil, Abschn. II.2.d.

1114 Vgl. Abschn. 15.12 Abs. 1 Sätze 15 ff. UStAE.

Maßgeblich sind dabei die Voraussetzungen im **Zeitpunkt des Leistungsbezugs**[1115]. Dabei gilt es, 3 Fallgruppen zu unterscheiden[1116]:

75.4.1 Wirtschaftsgüter, deren Zuordnung zum Unternehmensbereich unzweifelhaft ist

Eingangsleistungen, die der Unternehmer **der Art nach nur für seine wirtschaftliche Tätigkeit** verwenden kann, werden notwendigerweise für das Unternehmen erworben – auch ohne ausdrückliche Zuordnungsentscheidung des Unternehmers[1117].

Beispiel

Erwerb einer Hebebühne durch den Betreiber einer Kfz-Werkstatt.

➲ Folge:

Der Eingangsumsatz führt zum Erwerb notwendigen Unternehmensvermögens, da die Hebebühne objektiv erkennbar der unternehmerischen Tätigkeit des Kfz-Betriebs zuzuordnen ist.

Einer ausdrücklichen Zuordnungsentscheidung bedarf es nicht.

75.4.2 Wirtschaftsgüter, deren Zuordnung zum Privatbereich unzweifelhaft ist

Eingangsleistungen, die **objektiv keinen Bezug zu der wirtschaftlichen Tätigkeit** des Unternehmers haben, werden zwingend außerunternehmerisch erworben. Der Unternehmer handelt insoweit als Endverbraucher; entgegenstehende Einlassungen des Unternehmers sind ohne Bedeutung.

Beispiel

Erwerb einer Kinderzimmereinrichtung durch den Betreiber einer Kfz-Werkstatt.

1115 Vgl. z. B. EuGH, Urteil vom 8.6.2000, Rs. C-400/98, Brigitte Breitsohl, BStBl. II 2003, 452; Nachfolgeentscheidung des BFH, Urteil vom 8.3.2001, V R 24/98, BStBl. II 2003, 430; EuGH, Urteil vom 2.6.2005, Rs. C-378/02, Waterschap Zeeuws Vlaanderen, UR 2005, 437; vgl. auch Abschn. 15.2 Abs. 17 UStAE.

1116 Vgl. *Weimann*, UStB 2007, 206.

1117 Vgl. BFH, Urteil vom 11.12.2003, V R 48/02, UR 2004, 203.

> ○ **Folge:**
> Der Eingangsumsatz führt zum Erwerb notwendigen Privatvermögens, da die Einrichtung objektiv erkennbar der Privatsphäre des den Betriebsinhabers zuzuordnen ist. Eine entgegenstehende Zuordnungsentscheidung wäre wirkungslos.

75.4.3 Wirtschaftsgüter, die theoretisch sowohl dem Unternehmens- als auch dem Privatbereich zugeordnet werden könnten

Eingangsleistungen, die teilweise einen **Bezug zu einer wirtschaftlichen Tätigkeit des Unternehmers haben können,** kann der Unternehmer – ganz oder teilweise – dem Unternehmensvermögen zuordnen[1118].

Das Zuordnungswahlrecht ermöglicht es dem Unternehmer aber auch, den Gegenstand in vollem Unternehmen im Privatvermögen zu belassen und dadurch vollständig dem Mehrwertsteuersystem zu entziehen[1119]; der nicht zugeordnete Teil gehört dann nicht zum Unternehmen.

> **Beispiel**
> Der Regelfall betrifft – neben dem gemischt genutzten Kfz oder PC – Gebäude, die sowohl unternehmerisch als auch zu eigenen Wohnzwecken genutzt werden (siehe Sachverhalt des Besprechungsurteils).

In derartigen Fallgestaltungen erfordert die **positive Zuordnung** eines Gegenstandes zum Unternehmen eine **durch objektive Beweisanzeichen gestützte Zuordnungsentscheidung** des Unternehmers. Dabei sind die

- Geltendmachung des Vorsteueranspruchs regelmäßig ein wichtiges Indiz *für,*
- Unterlassung des Vorsteueranspruchs ein Indiz *gegen*

die Zuordnung. Ebenso kann zu berücksichtigen sein, ob der **Ankauf unter dem Firmennamen** des Unternehmers erfolgte, ob der Gegenstand **betrieblich oder privat versichert** wurde und wie ein Wirtschaftsgut **ertragsteuerlich behandelt** wurde.

1118 Grundlegend hierzu EuGH, Urteil vom 4.10.1995, Rs. C-291/92, Armbrecht, BStBl. II 1996, 392.

1119 EuGH, Urteil vom 8.3.2001, Rs. C-415/98, Laslo Baksci, UVR 2001, 262; Nachfolgeentscheidung des BFH, Urteil vom 31.1.2002, V R 61/96, BStBl. II 2003, 813.

Gibt es keine Beweisanzeichen für eine Zuordnung zum Unternehmen, kann diese nicht unterstellt werden[1120].

Zu dieser Problematik lag dem BFH folgender Sachverhalt zur Entscheidung vor:

Sachverhalt

Die Klägerin (nachfolgend kurz: »die Kl.«) errichtete als Alleineigentümerin eines Grundstücks auf diesem im Kalenderjahr 2000 ein Einfamilienhaus mit Büroräumen. Die Wohnräume wurden am 14.11.2000 bezogen, die Büroräume ab dem 1.7.2001 an das Architekturbüro des Ehemannes vermietet.

Für das Kalenderjahr 2000 gab Kl. zunächst keine Umsatzsteuererklärung ab. Im Kalenderjahr 2003 gab sie dann eine Umsatzsteuererklärung für 2001 ab, in der sie die Mieteinnahmen für die Büroräume und eine Garage als steuerpflichtige Umsätze behandelte. Hierbei machte sie Vorsteuern aus den Betriebskosten (nicht aus den HK!) geltend.

Am 8.4.2004 reichte Kl. unter Hinweis auf das Urteil des EuGH vom 8.5.2003 (Rs.C-269/00, Wolfgang Seeling, BStBl. II 2004, 378) für die Jahre 2000 und 2002 erstmalige und für das Jahr 2001 eine geänderte Umsatzsteuererklärung ein. Dabei beantragte sie neben den Vorsteuern aus den (laufenden) Betriebskosten auch die gesamten Vorsteuern aus den Herstellungskosten des Gebäudes; Letzteres insbesondere für das Jahr 2000. Andererseits besteuerte sie wegen der Nutzung des Einfamilienhauses zu eigenen Wohnzwecken die entsprechenden Wertabgaben.

Das Finanzamt versagte den nachträglichen Vorsteuerabzug.

Die Erkenntnis des BFH[1121]:

1. Ist ein Gegenstand sowohl für unternehmerische Zwecke als auch für nichtunternehmerische Zwecke vorgesehen (sog. gemischte Nutzung), hat der Unternehmer nach der Rechtsprechung des EuGH und BFH ein Zuordnungswahlrecht.

2. Die Zuordnung eines Gegenstandes zum Unternehmen erfordert eine durch Beweisanzeichen gestützte Zuordnungsentscheidung des Unternehmers bei Anschaffung oder Herstellung des Gegenstandes.

3. Gibt der Unternehmer die Umsatzsteuererklärung, aus der die Zuordnung des Gebäudeteils zum Unternehmen erkennbar wird, erst mit einer erheblichen Verspätung ab, dann müssen gewichtige sonstige Umstände vorliegen,

---

1120 BFH, Urteil vom 28.2.2002, V R 25/96, BStBl. II 2003, 816.
1121 BFH, Urteil vom 17.12.2008, XI R 64/06 (Az. bis zum 21.1.20008: V R 58/06), BFH/NV 2009, 798.

die gleichwohl den Schluss auf die Tatsache rechtfertigen, der Steuerpflichtige habe den neu errichteten Gebäudeteil bereits zum Zeitpunkt der jeweiligen Leistungsbezüge seinem Unternehmen zugeordnet.

4. Die Entscheidung über die Zuordnung des Gebäudes zum Unternehmensvermögen kann nicht nachträglich mit Rückwirkung auf den Zeitpunkt des Leistungsbezugs getroffen werden.

BFH und vorab das FG Baden-Württemberg[1122] postulieren, dass die Zuordnung einer Bauleistung zum Unternehmensvermögen **nur sofort** in dem Besteuerungszeitraum erfolgen kann, in dem der Vorsteueranspruch entstanden ist. Dies gelte selbst dann, wenn eine Steuerfestsetzung noch nicht erfolgt oder noch abänderbar sei[1123]. Wohl wichtiges Indiz gegen die Zuordnung eines Gegenstands zum Unternehmen sei die Unterlassung des Vorsteuerabzugs (s. o.). Die Kl. habe erstmals im Jahr 2004 den Vorsteuerabzug für die Herstellungskosten geltend gemacht. Der Unternehmer müsse sich aber in dem Besteuerungszeitraum für den Vorsteuerabzug entscheiden, in dem die Steuer für die nämlichen Eingangsumsätze und zeitgleich auch der Vorsteuerabzugsanspruch entstehen. Das bedeute im Urteilsfall, dass die Kl. die ihr für die im Jahr 2000 bezogenen Bauleistungen berechnete Umsatzsteuer als Vorsteuer nur sofort, d. h. noch im Kalenderjahr 2000, hätte abziehen können. Da dies nicht gesehen sei, sei die Zuordnungsentscheidung nicht rechtzeitig erfolgt und damit ein Vorsteuerabzug nicht möglich[1124].

 Hinweis

➲ Kapitel 62.4.3

1122 FG Baden-Württemberg, Urteil vom 28.9.2006, 14 K 396/04, DStRE 2007, 576, EFG 2007, 719.

1123 FG Baden-Württemberg, Urteil vom 28.9.2006, 14 K 396/04, DStRE 2007, 576, EFG 2007, 719.

1124 Zum EuGH-Urteil vom 2.6.2005 (Waterschap Zeeuws Vlaanderen, Bedeutung des Zeitpunkts des Leistungsbezugs); vgl. auch *Weimann,* UVR 2005, 324.

75.5 Fälle der zeitgleichen (quasi »automatischen«) Entstehung des Vorsteueranspruchs!

Beschränkung der Kreditorenprüfung auf »das Wesentliche«

75.5.1 Der Regelfall

Bekanntermaßen wurden zum 1.1.2004 die Anforderungen, denen eine Eingangsrechnung genügen muss, um zum Vorsteuerabzug zu berechtigen, erheblich verschärft ➲ Kapitel 75.1 u. 75.2. Der Leistungsempfänger muss im Besitz einer **nach den §§ 14, 14a UStG ausgestellten Rechnung** sein, in der die Pflichtangaben vollständig und richtig sind[1125]. Dabei wird in der Praxis übersehen, dass dies nur für den Vorsteuerabzug nach § 15 Abs. 1 Satz 1 Nr. 1 UStG gilt. Die Anforderungen beschränken sich m. a. W. auf **Fälle, in denen die Vorsteuer in einer Eingangsrechnung ausgewiesen wird;** nur hier wird die Rechnung zum »**Transportmittel des Vorsteuerabzugs**«. Keine Anwendung finden diese Gedanken insbesondere auf Fälle des innergemeinschaftlichen Erwerbs (§ 15 Abs. 1 Satz 1 Nr. 3 UStG) oder der Steuerschuld des Leistungsempfängers (§ 15 Abs. 1 Satz 1 Nr. 4 UStG).

Beispiel zum innergemeinschaftlichen Erwerb

Unternehmer I in Rom liefert am 16.1.2022 an Unternehmer D in Dortmund steuerfrei innergemeinschaftlich Ware. Die Rechnung erstellt I am 23.5.2022; diese geht D am 27.5.2022 zu. D hat monatliche Umsatzsteuer-Voranmeldungen abzugeben.

➲ **Folge:**

Die Steuer entsteht gem. § 13 Abs. 1 Nr. 6 UStG

- mit Ablauf des Monats, in dem die Rechnung ausgestellt worden ist (= Mai 2022),
- spätestens jedoch mit Ablauf des der Ausführung der Leistung folgenden Kalendermonats (= Februar 2022).

1125 Vgl. Abschn. 15.2 Abs. 2 ff. UStAE.

D hat den Eingangsumsatz in seiner Umsatzsteuer-Voranmeldung für Februar 2022 anzumelden. Bei Berechtigung des D zum Vorsteuerabzug entsteht dieser zeitgleich[1126].

Beispiel zur Steuerschuld des Leistungsempfängers

Der in Belgien ansässige Unternehmer B führt am 18.2.2022 in Dortmund eine Werklieferung (Errichtung und Aufbau eines Messestandes) an seinen deutschen Abnehmer D aus. Die Rechnung über diesen inländischen steuerpflichtigen Umsatz, für den D als Leistungsempfänger die Steuer schuldet, erstellt B am 20.4.2022. Sie geht D am 25.4.2022 zu. D hat monatliche Umsatzsteuer-Voranmeldungen abzugeben.

⮑ **Folge:**

Die Steuer entsteht entsteht gem. § 13 Abs. 2 Nr. 1 UStG

- mit Ablauf des Monats, in dem die Rechnung ausgestellt worden ist (= April 2022)
- spätestens jedoch mit Ablauf des der Ausführung der Leistung folgenden Kalendermonats (= März 2022).

D hat den Eingangsumsatz in seiner Umsatzsteuer-Voranmeldung für März 2022 anzumelden. Bei Berechtigung des D zum Vorsteuerabzug entsteht dieser zeitgleich[1127].

Lange Zeit war für derartige Fallgestaltungen der **Zeitpunkt der Entstehung des Vorsteuerabzugs** unklar. Es wäre durchaus denkbar gewesen, dass zunächst ausschließlich die Steuerschuld und erst bei Rechnungseingang der Vorsteueranspruch entsteht. Der BFH hatte diese Frage dem EuGH zur Entscheidung vorgelegt, der – zugunsten des Steuerpflichtigen – auf die **gleichzeitige Entstehung von Steuerschuld und Vorsteueranspruch** erkannt hat[1128].

In der gleichen Umsatzsteuer-Voranmeldung, in der der innergemeinschaftliche Erwerb oder der Leistungsbezug nach § 13b UStG versteuert werden, ist unter den weiteren Voraussetzungen des § 15 UStG auch die Vorsteuer zu ziehen; das **Vorliegen einer Eingangsrechnung ist daher nicht erforderlich!** Da der Vorsteuerabzug auch ohne jedwede Eingangsrechnung möglich ist, ist es natürlich auch

---

1126 Vgl. auch *Weimann,* UStB 2007, 49 [50], Abschn. 8.d.

1127 Vgl. auch *Weimann,* a. a. O., Abschn. 8.f.

1128 EuGH, Urteil vom 1.4.2004, Rs. C-90/02, Gerhard Bockemühl, UR 2004, 367; vgl. auch Abschn. 182a Abs. 42 UStR 2008.

überflüssig zu prüfen, ob – wenn eine Rechnung vorliegt – diese dann den Voraussetzungen der §§ 14, 14a UStG genügt!

➡ Beratungskonsequenzen

1. **Aktuell: Die deutsche Finanzverwaltung** hat die Rechtsauffassung **übernommen** ➲ vgl. Abschn. 15.10 UStAE!

2. Bestätigt wurde die Rechtsauffassung in der Folgezeit **noch einmal durch den EuGH**[1129].

3. **In der Praxis halten sich die Mitarbeiter der Beratungsbüros** immer wieder vollkommen unnötig mit der Frage auf, ob in den beschriebenen Fällen die Eingangsrechnungen wohl den Voraussetzungen zum Vorsteuerabzug genügen. So wird gerade mit Vorlieferanten aus den EU-Beitrittsstaaten immer wieder darüber debattiert, ob und wie Rechnungsnummern vergeben werden müssen und wie die Leistungsbeschreibung auszusehen hat. Der Berater sollte die Mitarbeiter darauf hinweisen, dass dies überflüssig ist; **Rechnungen**[1130] **über**

   - innergemeinschaftliche Erwerbe (Abschn. 15.10 Abs. 2, Abs. 3 UStAE)

   - Leistungsbezüge, die dem § 13b UStG unterliegen (Abschn. 15.10 Abs. 4 i. V. m. Abschn. 13b.1 Abs. 42–46 UStAE)

   - Lieferungen des ersten Abnehmers an den letzten Abnehmer im Rahmen innergemeinschaftlicher Dreiecksgeschäfte (15.10 Abs. 5 i. V. m. Abschn. 25b.1 Abs. 6 UStAE)

   können ohne jedwede Prüfung »durchgewunken« werden (Abschn. 15.10 Abs. 2, Abs. 3 UStAE)!

4. **Auch die Kreditorenbuchhalter der Mandanten** verschwenden hier wertvolle Arbeitszeit; ein **Mandantenrundschreiben** sollte dies klarstellen!

5. **Auswirkungen haben die o. a. Erkenntnisse auch auf elektronische Eingangsrechnungen:** soweit diese für Ihren Mandanten zu einem innergemeinschaftlichen Erwerb oder zu einem Übergang der Steuerschuld auf ihn geführt haben, **entfällt die Prüfung der Frage nach dem Vorliegen einer qualifizierten digitalen Signatur i. S. v. § 14 Abs. 3 UStG.**

1129 EuGH, Urteil vom 8.5.2008, Rs. C-95/07 und C-96/07, Ecotrade SpA, UR 2008, 512; vgl. hierzu Weimann, PIStB 2008, 257.

1130 *Weimann,* UStB 2007, 235.

75.5.2 Keine Vorsteuerautomatik in den Erwerbsfällen des § 3d Satz 2 UStG!

75.5.2.1 Rechtsentwicklung

Bekanntermaßen wurden zum 1.1.2004 die Anforderungen, denen eine Eingangsrechnung genügen muss, um zum Vorsteuerabzug zu berechtigen, erheblich verschärft. Der Leistungsempfänger muss im Besitz einer **nach den §§ 14, 14a UStG ausgestellten Rechnung** sein, in der die Pflichtangaben vollständig und richtig sind (➲ Kapitel 75.1 und Kapitel 75.2). Dabei wird in der Praxis häufig übersehen, dass dies nur für den Vorsteuerabzug nach § 15 Abs. 1 Satz 1 Nr. 1 UStG gilt. Die Anforderungen beschränken sich m. a. W. auf **Fälle, in denen die Vorsteuer in einer Eingangsrechnung ausgewiesen wird**; nur hier wird die Rechnung zum »**Transportmittel des Vorsteuerabzugs**«. Keine Anwendung finden diese Gedanken insbesondere auf **Fälle des innergemeinschaftlichen Erwerbs**[1131] oder der **Steuerschuld des Leistungsempfängers**[1132]. Auch **innerstaatliches Verfahrensrecht** darf materiell zu keinem anderen Ergebnis führen[1133]. Die deutsche Finanzverwaltung hat ihre ursprünglich ablehnende Haltung nunmehr aufgegeben und die Rechtsauffassung des EuGH nunmehr übernommen (➲ Kapitel 75.5.1).

Soweit ersichtlich erstmals hatte der EuGH über den Vorsteueranspruchs für den Fall des innergemeinschaftlichen Erwerbs nach Art. 41 MwStSystRL (in Deutschland: § 3d UStG) zu entscheiden:

Beispiel

Eine deutsche Baumarktkette (D) bereitet die Neueröffnung einer ersten Filiale Ungarn vor. Dazu bestellt D u. a. bei einem italienischen Lieferanten (I) Rasenmäher und lässt diese direkt zum neuen Markt nach Budapest bringen. Da die D im Lieferzeitpunkt in Ungarn umsatzsteuerlich noch nicht registriert ist, bestellt sie die Ware bei I unter Verwendung ihrer deutschen USt-IdNr. I fakturiert daraufhin eine steuerfreie innergemeinschaftliche Lieferung.

1131 § 15 Abs. 1 Satz 1 Nr. 3 UStG.

1132 § 15 Abs. 1 Satz 1 Nr. 4 UStG.

1133 Zu unterschiedlichen Verjährungsfristen von Umsatzsteuerschuld und Vorsteueranspruch vgl. EuGH, Urteil vom 8.5.2008, Rs. C-95/07 und C-96/07, Ecotrade SpA, UR 2008, 512.

⊃ Folge:

I hat die Lieferung auf jeden Fall zutreffend behandelt; die Steuerbefreiung der innergemeinschaftlichen Lieferung kommt in Italien u. a. deswegen zur Anwendung, weil die Besteuerung des innergemeinschaftlichen Erwerbs durch den Abnehmer in einem anderen Mitgliedstaat sichergestellt ist (nach deutschem Recht § 6a Abs. 1 Satz 1 Nr. 3 UStG).

In welchem EU-Mitgliedstaat aber hat D den Erwerb zu versteuern:

- In Ungarn, weil dort die Warenbewegung endete (§ 3d Satz 1 UStG)?
- Oder in Deutschland, weil D die deutsche USt-IdNr. eingesetzt hat?
- Oder gibt es eine dritte Lösung?

Letzteres ist der Fall. Sind der Mitgliedstaat, der die USt-IdNr. erteilt hat, und der Mitgliedstaat, in dessen Gebiet die Beförderung oder Versendung des Liefergegenstandes endet, nicht identisch, greift die Sonderregelung des § 3d Satz 2 Alternative 1 UStG. Danach gilt der Erwerb so lange in dem Gebiet des Mitgliedstaates, der die USt-IdNr. erteilt hat, als bewirkt, bis der Erwerber nachweist, dass der Erwerb in dem Mitgliedstaat besteuert worden ist, in dem die Beförderung oder Versendung geendet hat. Damit wird neben dem in § 3d Satz 1 UStG festgelegten Ort des innergemeinschaftlichen Erwerbs ein **weiterer Erwerbsort fingiert, der eine auflösend bedingte Besteuerung zur Folge hat**.

Bitte beachten Sie!

§ 3d Satz 1 und Satz 2 UStG stehen damit **kumulativ nebeneinander**:

- **Immer** ist ein innergemeinschaftlicher Erwerb nach § 3d Satz 1 UStG in dem Land zu besteuern, in dem die Warenbewegung geendet hat.
- **Zusätzlich** hat nach § 3d Satz 2 UStG eine Besteuerung in dem Land zu erfolgen, dessen USt-IdNr. fälschlicherweise zum Einsatz kam.

Aufgrund der zitierten Rechtsprechung des EuGH zum betrags- und zeitidentischen Vorsteuerabzug und der gleichlautenden Verwaltungsmeinung unterstellte die Praxis auch hier einen Nullsummeneffekt und maß diesen Sachverhaltsgestaltungen wenig Bedeutung bei. Das wird sich aufgrund der **neuen Erkenntnisse des EuGH** wohl schlagartig ändern: »Art. 17 Abs. 2 und 3 sowie Art. 28b Teil A Abs. 2 der 6. EG-Richtlinie 77/388/EWG in der Fassung der Richtlinie 92/111/EWG des Rates vom 14.12.1992 sind dahin auszulegen, dass der Erwerber in dem in Art. 28b Teil A Abs. 2 UnterAbs. 1 der 6. EG-Richtlinie genannten

Fall nicht zum sofortigen Abzug der auf einen innergemeinschaftlichen Erwerb entrichteten Mehrwertsteuer als Vorsteuer berechtigt ist«[1134].

Grundsätzlich wird bei zum Vorsteuerabzug berechtigten Unternehmern eine Umsatzsteuerbelastung des innergemeinschaftlichen Erwerbs durch einen korrespondierenden – quasi »automatischen« – Vorsteuerabzug auch weiterhin vermieden (s. o.). Nach Auffassung des EuGH gilt das aber nicht in den Fällen eines »zusätzlichen Erwerbs« nach Art. 41 MwStSystRL (entspricht dem deutschen § 3d Satz 2 UStG). In diesem Fall kann die Entlastung nur dadurch erfolgen, dass der Erwerber die Besteuerung des **innergemeinschaftlichen Erwerbs im Bestimmungsland nach Art. 40 MwStSystRL (deutscher § 3d Satz 1 UStG) nachweist.**

Die Anwendung der Sonderregelung des Art. 41 MwStSystRL wäre nämlich schon im Ansatz gefährdet, wenn dem Unternehmer ein Vorsteuerabzug nach den allgemeinen Grundsätzen zustünde; damit **entfiele für ihn jeder Anreiz**, die Besteuerung des innergemeinschaftlichen Erwerbs im Bestimmungsland nachzuweisen.

Wirtschaftlich betrachtet führt die zusätzliche Erwerbssteuer nach § 3d Satz 2 UStG zu einer **Strafsteuer**, wenn es dem die Lieferung empfangenden Unternehmer nicht gelingt, die Erwerbsbesteuerung im Bestimmungsland nachzuweisen. Dies gilt sowohl in den Fällen, in denen zwei Unternehmer über den Liefergegenstand Umsatzgeschäfte abschließen (§ 3d Satz 2 Alternative 1 UStG) als auch bei innergemeinschaftlichen Lieferungen in Form von Dreiecksgeschäften (§ 3d Satz 2 Alternative 2 UStG).

Die vom EuGH bestätigte niederländische Rechtslage **weicht also von der deutschen Rechtslage** ab. Nach (deutschem) UStG ist die Steuer für den fiktiven Erwerb (sofort) als Vorsteuer abziehbar (§ 15 Abs. 1 Nr. 3 UStG). Führt der Erwerber den o. g. Nachweis, sind Umsatz- und Vorsteuerbetrag entsprechend zu berichtigen (§ 17 Abs. 1 i. V. m. Abs. 2 Nr. 4 UStG). Der deutsche **Gesetzgeber** dürfte nach der Entscheidung (eigentlich) gezwungen sein, den bisher nach § 15 Abs. 1 Nr. 3 UStG gewährten Vorsteuerabzug in Fälle des § 3d Satz 2 UStG künftig zu verwehren.

1134 EuGH, Urteil vom 22.4.2010, Rs. C-536/08 und C-539/08, a. a. O.

75.5.2.2 Seit 30.6.2013: Ausdrücklicher Ausschluss des Vorsteuerabzugs

Zum 30.6.2013 hat der deutsche Gesetzgeber auch insoweit reagiert und die neue Rechtsprechung übernommen[1135]. Bei der Fülle der Informationen, die es für den Steuerberater tagtäglich zu verarbeiten gilt, ist es auch immer wichtig zu wissen, was man nicht wissen oder zumindest nicht vertiefen muss. Das ist bei den nachfolgend vorzustellenden Gesetzesänderungen sicher der Fall[1136]. Das AmtshilfeRLUmsG wirkt insoweit nur deklaratorisch, wie auch das BMF im Einführungsschreiben klarstellt[1137].

Die Anwendung der Sonderregelung des Art. 41 MwStSystRL (= deutscher § 3d Satz 1 UStG) wäre schon im Ansatz gefährdet, wenn dem Unternehmer ein Vorsteuerabzug auch in den Fällen des § 3d Satz 2 UStG nach den allgemeinen Grundsätzen zustünde; damit **entfiele für ihn jeder Anreiz**, die Besteuerung des innergemeinschaftlichen Erwerbs im Bestimmungsland nachzuweisen ➲ ausführlich Kapitel 75.5.2.1

Wirtschaftlich betrachtet führt die zusätzliche Erwerbssteuer nach § 3d Satz 2 UStG damit zu einer **Art »Strafsteuer«**, wenn es dem die Lieferung empfangenden Unternehmer nicht gelingt, die Erwerbsbesteuerung im Bestimmungsland nachzuweisen. Dies gilt sowohl in den Fällen, in denen zwei Unternehmer über den Liefergegenstand Umsatzgeschäfte abschließen (§ 3d Satz 2 Alternative 1 UStG) als auch bei innergemeinschaftlichen Lieferungen in Form von Dreiecksgeschäften (§ 3d Satz 2 Alternative 2 UStG)

 Beratungskonsequenzen

1. Auch der Vorsteuerabzug nach § 15 Abs. 1 Satz 1 Nr. 3 UStG ist durch Art. 10 Nr. 9 Buchstabe a Doppelbuchstabe bb AmtshilfeRLUmsG damit lediglich deklaratorisch angepasst worden[1138]. Insoweit ergibt sich **materiell rechtlich für den Vorsteuerabzug nichts Neues.**

1135 Art. 10 Nr. 9, Gesetz zur Umsetzung der Amtshilferichtlinie sowie zur Änderung steuerlicher Vorschriften – Amtshilferichtlinie-Umsetzungsgesetz – AmtshilfeRLUmsG – vom 26.6.2013, BGBl. I 2013, 1809, BStBl. I 2013, 802.

1136 *Weimann*, GStB 2014, 10.

1137 BMF, Schreiben vom 15.11.2013, IV D 2 – S 7300/12/10003, 2013/10477569; formell aufgehoben, materiell aber weiter gültig lt. BMF-Schreiben vom 18.3.2021, zur zweifelhaften Bedeutung dieses Schreibens ➲ Kapitel 1.6.

1138 BMF, a. a. O., I.2.

2. Derartige Fallgestaltungen sind in der Praxis alles andere als selten. Da nach bisheriger Rechtsauffassung ein Nullsummenspiel angenommen und der Verwendung der richtigen USt-IdNr. seitens des Erwerbers keinerlei Bedeutung beigemessen wurde, ist von einer hohen Fehlerhäufigkeit auszugehen. In Frage kommende **Mandanten müssen hierüber aufgeklärt werden**.

3. Dem **Lieferanten** drohen aus der Verwendung der falschen USt-IdNr. durch seinen Kunden **keinerlei Nachteile**.

4. Die Besteuerung durch den anderen Mitgliedstaat nach § 3d S. 2 UStG ist **auflösend bedingt**. Sie ist wieder rückgängig zu machen, wenn der Erwerber den Nachweis erbringt, dass der Erwerb in dem Mitgliedstaat besteuert worden ist, in dem die Beförderung oder Versendung geendet hat. Die Rechtsgrundlage hierzu bildet im deutschen Recht § 17 Abs. 2 Nr. 4 UStG.

5. Wie der **Nachweis der Besteuerung des Erwerbs im Bestimmungsland** zu erbringen ist, wird im Einzelnen auch in den EG-rechtlichen Vorschriften nicht geregelt ➲ nachfolgendes Kapitel 75.5.3

6. Neu geregelt sind **nur die Fälle des § 3d Satz 2 UStG**. Beim »normalen« innergemeinschaftlichen Erwerb nach § 3d Satz 1 UStG und in den Fällen des § 13b UStG bleibt es bei den an dieser Stelle bereits dargestellten Rechtsfolgen.

75.5.3 »Falscher« igE: Nachweis der Besteuerung in den Fällen des § 3d Satz 2 UStG

75.5.3.1 Nur auflösende bedingte Besteuerung

Die Besteuerung nach § 3d Satz 2 UStG erfolgt nicht endgültig. Sie ist wieder rückgängig zu machen, wenn der Erwerber den Nachweis erbringt, dass der Erwerb in dem Mitgliedstaat besteuert worden ist, in dem die Beförderung oder Versendung geendet hat. Die Rechtsgrundlage hierzu bildet im deutschen Recht § 17 Abs. 2 Nr. 4 UStG.

75.5.3.2 Nachweis der Besteuerung im Bestimmungsland

Wie der erforderliche Nachweis zu erbringen ist, regeln weder die EG-rechtlichen Vorschriften noch das deutsche Umsatzsteuerrecht:

- **Die Steuererklärung allein reicht nicht aus:** Da bei innergemeinschaftlichen Erwerben nach Art. 28a Abs. 4 Buchst. c Spiegelstrich 2 der 6. EG-RL (vgl. hierzu § 18 Abs. 4a UStG für inländische Erwerbe) in den Steuererklärungen

(Voranmeldungen) nur der Gesamtbetrag des innergemeinschaftlichen Erwerbs anzugeben ist, kann jedenfalls allein durch die Vorlage der entsprechenden Steuererklärung (Voranmeldung) mit dem entsprechenden Zahlungsbeleg dieser Nachweis nicht erbracht werden.

- **Eine detaillierte Einzelaufstellung ist erforderlich:** Um die Besteuerung eines einzelnen Erwerbs nachzuweisen, muss daher zusätzlich eine Aufstellung der innergemeinschaftlichen Erwerbe des betreffenden Besteuerungszeitraums vorgelegt werden, aus der sich ergibt, dass in dem erklärten Gesamtbetrag derjenige Erwerb, dessen Doppelbelastung rückgängig gemacht werden soll, enthalten ist. Da der Nachweis in dieser Form an die Grenze des Zumutbaren stößt und außerdem steuerbegründende Tatsachen grundsätzlich von den Finanzbehörden nachzuweisen sind, bleibt zu hoffen, dass insoweit Vereinfachungs- oder Billigkeitsregelungen getroffen werden.

> **Bitte beachten Sie!**
>
> Mit *Lang* gilt es allerdings zu bedenken, dass grds. der Stpfl. nachweispflichtig ist[1139]. Auf diesen Aspekt weist der EuGH in der Facet-Entscheidung vom 22.4.2010 ausdrücklich hin – und verweist insoweit auf sein Grundsatzurteil vom 27.9.2007 »Twoh« (➲ Kapitel 22a.2.3). Der Fiskus kann daher nicht zur Nachweisführung zugunsten des Steuerpflichtigen instrumentalisiert werden.

- **Eine entsprechende Bescheinigung des Bestimmungslandes** wäre ein ebenfalls denkbarer Ansatz.

- **Zahlungsnachweis:** *Lang*[1140] gibt letztlich zu bedenken, ob zu einem solchen Nachweis auch der Nachweis der Zahlung gehört, sofern sich wegen eines eingeschränkten Vorsteuerabzugs im Mitgliedstaat nach § 3d Satz 1 UStG eine Zahllast aus dem Vorgang ergibt.

- **Dreiecksgeschäfte:** In den Fällen des innergemeinschaftlichen Dreiecksgeschäfts nach § 25b UStG (➲ Kapitel 32) muss der Steuerpflichtige die dort genannten Voraussetzungen nachweisen können und seinen Erklärungspflichten nach § 18a Abs. 7 Satz 1 Nr. 4 UStG nachkommen.

1139 *Lang,* SIS Steuerberater-Brief 2011/08, 1.
1140 A. a. O.

Beratungskonsequenzen

Festzuhalten bleibt, dass die Einzelheiten der Nachweisführung i. S. v. § 3d Satz 2 UStG derzeit noch nicht abschließend geklärt sind.

75.5.3.3 Zeitpunkt der Korrektur

Das deutsche Umsatzsteuerrecht beinhaltet die Korrekturregelung in § 17 Abs. 2 Nr. 4 UStG. In sinngemäßer Anwendung des § 17 Abs. 1 Satz 7 UStG kann eine Berichtigung jedoch **erst in dem Besteuerungszeitraum** erfolgen, in dem der **Steuerpflichtige den Nachweis** nach § 3d Satz 2 UStG über die Besteuerung im nach § 3d Satz 1 UStG zutreffenden Mitgliedstaat **erbringt**[1141]. Da der für eine Korrektur erforderliche Nachweis regelmäßig erst mit Zeitverzögerung erbracht werden kann, befürchtet *Lang*[1142] für den Unternehmer zu Recht vorübergehende finanzielle Mehrbelastungen und Liquiditätsprobleme.

75.5.3.4 Verzinsung nach § 233a AO

Im Einzelfall kann die Anwendung dieser Rechtsprechung zur Verzinsung von Steuernachzahlungen führen. Wären beispielsweise bisher sowohl die Erwerbssteuer nach § 3d Satz 2 UStG in Deutschland erklärt als auch ein entsprechender Vorsteuerabzug nach § 15 Abs. 1 Satz 1 Nr. 3 UStG vorgenommen worden, würde bei Anwendung der aktuellen Rechtsprechung der Vorsteuerabzug rückwirkend entfallen, da insoweit keine Berechtigung bestanden hätte, während die Erwerbssteuer erst nach Erbringen des Nachweises i. S. d. § 3d Satz 2 UStG nach § 17 Abs. 2 Nr. 4 UStG i. V. m. § 17 Abs. 1 Satz 7 UStG berichtigt werden könnte. Es entstünde eine Nachzahlung i. H. d. Erwerbssteuer, die der Verzinsung unterläge[1143].

75.5.3.5 Mögliche strafrechtliche Konsequenzen

Ein weiterer Aspekt dieser Rechtsprechung besteht in den möglichen straf- oder bußgeldrechtlichen Konsequenzen für den Fall, dass ein innergemeinschaftlicher Erwerb nicht erklärt oder Vorsteuern unrechtmäßig beansprucht werden.

1141 Vgl. BFH, Urteil vom 1.9.2010, V R 39/08, Randnr. 21, a. a. O.

1142 A. a. O.

1143 Vgl. auch BFH, Urteil vom 1.9.2010, a. a. O.

Beratungskonsequenzen

Nach *Wagner*[1144] geht die Entscheidung des EuGH **über** eine **mögliche Wortausle-gung** des deutschen § 15 Abs. 1 Satz 1 Nr. 3 UStG **hinaus** und lässt sich deshalb nicht auf das deutsche Rechts übertragen. Der BFH teilt diese die Bedenken (der-zeit?) offensichtlich nicht. Der Regelungszusammenhang mit der Sonderregelung der vorläufigen doppelten Steuerschuld in § 3d Satz 2 UStG gebietet nach Auffas-sung des BFH – ebenso wie im Unionsrecht der Zusammenhang mit der Regelung in Art. 28b Teil A Abs. 2 der Richtlinie 77/388/EWG – eine einschränkende Ausle-gung des § 15 Abs. 1 Nr. 3 UStG[1145].

75.6   Vorsteuerabzug aus Reisekosten

 Hinweis

➲ mybook.haufe.de > Vertiefende Informationen > Kapitel 75

75.7   Vorsteuerabzug aus Bewirtungs- und Umzugskosten: Neuregelung ab 19.12.2006

 Hinweis

➲ mybook.haufe.de > Vertiefende Informationen > Kapitel 75

75.8   Vorsteuerabzug bei unentgeltlichen Leistungen: Neuregelung ab 19.12.2006

 Hinweis

➲ mybook.haufe.de > Vertiefende Informationen > Kapitel 75

1144 *Wagner,* UVR 2010, 220.
1145 BFH, Urteil vom 1.9.2010, V R 39/08, a. a. O., Rz. 25 ff.

75.9 Beschränkungen des Vorsteuerabzugs: Art. 176 MwStSystRL gibt enge Grenzen vor!

 Hinweis

➲ mybook.haufe.de > Vertiefende Informationen > Kapitel 75

75.10 Bei Weiterbelastung von Kosten Originalbelege anfordern?

Vertragsvereinbarungen sehen häufig neben der Bezahlung der eigentlichen Leistung (Vortragshonorar, Kaufpreis etc.) auch die Weiterbelastung der durch eine Leistungserbringung verursachten Kosten vor. Bei Abrechnung der Leistung stellt sich zunächst die Frage, auf welche Weise die **Weiterbelastung der »Nebenkosten«** einzubeziehen ist und das umsatzsteuerliche **Entgelt erhöht** ➲ Kapitel 68.2 u. Kapitel 68.5. Dabei ist dann immer auch zu klären, bei wem die der Kostenweiterbelastung zugrunde liegenden **Originalbelege verbleiben** müssen: beim Belastenden (d. h. dem Rechnungsaussteller) oder beim Belasteten (d. h. dem Rechnungsempfänger)?

Beispiel

Der freiberufliche Referent R und der Seminarveranstalter S treffen im Januar 2022 folgende Honorarvereinbarung:

- Für den Vortrag erhält R ein Honorar i. H. v. 1.000 €.
- Daneben übernimmt S alle durch eine Veranstaltung verursachten Fahrt-, Übernachtungs- und Verpflegungskosten des R.
- Soweit dem R durch ein Seminar unmittelbar weitere Kosten entstehen, wird S auch diese übernehmen.

Durch die Veranstaltung entstehen dem R im Mai 2022 Taxikosten i. H. v. 128 €. Daneben musste R vor Ort einen Copyshop mit der Vervielfältigung aktueller Hand-outs beauftragen. Den Auftrag erteilte R »im Namen und für Rechnung« des S. Der Copyshop erstellte daraufhin eine auf S lautende Rechnungen i. H. v. 360 € zzgl. 68,40 € USt, bestand aber gleichzeitig darauf, dass R diese bereits bei Übergabe der Vervielfältigungen begleicht.

R muss die Veranstaltung gegenüber S zutreffend wie folgt abrechnen[1146]:

Honorar	1.000,00 €
Taxi (128 € : 1,07)	119,63 €
Zwischensumme	1.119,63 €
USt (19 v. H. von 1.119,63 €)	212,73 €
zzgl. verauslagter Kopierkosten (360 € + 68,40 € USt)	428,40 €
zu zahlen:	**1.760,76 €**

Bei wem haben die Originalbelege zu den weiterbelasteten Taxi- und Kopierkosten zu verbleiben: bei Rechnungsaussteller R oder beim Rechnungsempfänger S?

Die Frage nach dem **Verbleib der Originalbelege** ist im Hinblick auf die Aufbewahrung von Rechnungen[1147] einerseits und den Vorsteuerabzug[1148] andererseits zu beantworten, und zwar sowohl unter Berücksichtigung der **Interessen des Belastenden** (nachfolgend auch als »Rechnungsaussteller« bezeichnet) als auch der **Interessen des Belasteten** (nachfolgend auch als »Rechnungsempfänger« bezeichnet); grundsätzlich werden beide Seiten vorbringen, dass die Originale Bestandteil ihrer jeweiligen Belegbuchführung bleiben müssen. Zur Beantwortung der Frage gilt es, zunächst die **weiterbelasteten Kosten der Art nach** zu unterscheiden:

- **Fallgruppe 1:** Im Beispiel haben die Taxiunternehmer die von ihnen abgerechneten Beförderungsleistungen gegenüber ihrem Vertragspartner R erbracht. Die Bezahlung der Taxifahrer **befreit den R von seiner eigenen Schuld;** die Leistungen der Taxiunternehmer führen damit zu **Eingangsumsätzen des R.** Soweit S diese Kosten übernimmt, erhöht die Erstattung das Entgelt des R. Dabei ist zu beachten, dass der zivilrechtliche Anspruch des R sich auf die tatsächlich entstandenen Kosten beschränkt und daher ein eventueller Vorsteuererstattungsanspruch vor der Weiterbelastung »herauszurechnen« ist.

- **Fallgruppe 2:** Gegenüber dem Copyshop dagegen ist R »im Namen und für Rechnung« des S aufgetreten und hat damit zwischen beiden einen Umsatz vermittelt. Die Leistung des Copyshops führt zu einem **Eingangsumsatz des**

1146 Vgl. *Weimann*, UStB 2004, 65.
1147 § 14b UStG.
1148 § 15 UStG.

S. Mit der Bezahlung der Kopien begleicht R eine **Schuld des S** und hat gegenüber dem S einen entsprechenden Erstattungsanspruch, der sich als durchlaufender Posten entgeltsneutral verhält[1149] ➜ Kapitel 68.2.

In der Regel werden Kostenweiterbelastungen der **Fallgruppe 1** zuzuordnen sein. Der Rechnungsempfänger benötigt dann für den Vorsteuerabzug lediglich das Rechnungspapier, das der Belastende (selbst) ausstellt. Originale der Eingangsrechnungen des Belastenden sind nicht erforderlich, da diese sich nicht unmittelbar auf Eingangsumsätze des Rechnungsempfängers beziehen. Der Belastende wird die Weitergabe der Rechnungsoriginale im Hinblick auf die ihm seit dem 1.1.2004 gemäß § 14b Abs. 1 Satz 1 UStG grundsätzlich obliegende Pflicht zur Aufbewahrung von Eingangsrechnungen (»*Der Unternehmer hat ... alle Rechnungen, die er erhalten ... hat, zehn Jahre aufzubewahren.*«) und seinen eigenen Vorsteuerabzug letztlich sogar ablehnen müssen.

 Praxistipp

Der Rechnungsempfänger wird in diesen Fällen vom Belastenden allenfalls verlangen können, dass dieser die Kosten durch **Ablichtungen seiner Eingangsrechnungen** nachweist. Bei guter Geschäftsbeziehung ist jedoch auch von der Einforderung der Ablichtungen eher abraten, da es – wie ausgeführt – keine steuerlichen Gründe dafür gibt und das Einfordern vom Rechnungsaussteller **als Misstrauen ausgelegt** werden könnte.

Nur selten dagegen werden die Kostenbelastungen der **Fallgruppe 2** zuzuordnen sein. Der Rechnungssausteller müsste hierzu – wie bereits ausgeführt – Leistungen »im Namen und für Rechnung« des Rechnungsempfängers einkaufen, m. a. W. vom Belasteten zivilrechtlich bevollmächtigt sein. Nur in diesen Fällen benötigt der Rechnungsempfänger die Originale der Eingangsrechnungen des Rechnungsausstellers, da diese sich dann unmittelbar auf Eingangsumsätze des Rechnungsempfängers beziehen. Der Rechnungsaussteller dagegen benötigt die weiterzugebenden Originale nicht, da er aus durchlaufenden Posten keinen Vorsteuerabzug hat und ihm daher umsatzsteuerlich auch keine Aufbewahrungspflichten obliegen; er sollte allerdings zum Nachweis des durchlaufenden Postens eine Rechnungskopie zurückbehalten[1150].

1149 § 10 Abs. 1 Satz 5 UStG.

1150 *Weimann*, UStB 2005, 185. Zur Aufbewahrung von Eingangsrechnungen umfassend *Lang* in UNI, § 14b Kap. 2.1; *Radeisen* in S/W/R, 14b Rz. 8 ff.

Rechnungsstellung – Vorsteuerabzug – Übergang der Steuerschuld

Beratungskonsequenzen

1. Die geschilderten Fallgestaltungen bereiten in der Praxis große Schwierigkeiten; insbesondere **Unternehmen, die mit vielen Freiberuflern zusammenarbeiten** z. B. »offene« Seminaranbieter, aber auch Verlage und Forschungsinstitute, stehen immer wieder vor der Frage, ob und wann von diesen Originalbelege anzufordern sind.

2. Steuerberatern ist es daher zu empfehlen, die komplizierte Rechtslage den Mandanten durch ein **Rundschreiben** zu erläutern; sie genügen so einerseits der ihnen obliegenden Informationspflicht (?) und gewinnen andererseits u. U. neue Beratungsaufträge, die z. B. in der Erstellung einer Checkliste für das Handling im Einzelfall bestehen könnte.

3. Abschließend ist darauf hinzuweisen, dass die Abrechnung von Nebenkosten durch **angestellte Mitarbeiter** (z. B. Reisekosten) **anderen Prinzipien** folgt.

75.11 Entstehung und Ausübung des Rechts zum Vorsteuerabzug

Hinweis

➔ Kapitel 73.0.1 bis Kapitel 73.0.3, zur Frage der Rückwirkung einer Rechnungsberichtigung

75.12 Kein Vorsteuerabzug aus »verlorenen Anzahlungen«!

Hinweis

➔ mybook.haufe.de > Vertiefende Informationen > Kapitel 75

75.13 Häusliches Arbeitszimmer: EuGH bejaht Vorsteuerabzug!

Hinweis

➔ mybook.haufe.de > Vertiefende Informationen > Kapitel 75

75.14 Vorsteuerguthaben: Verpflichtung zur Rückzahlung bei Abtretung

> **!** **Hinweis**
>
> ➲ mybook.haufe.de > Vertiefende Informationen > Kapitel 75

75.15 Kreditoren: Rechtsanspruch auf eine fehlerfreie Eingangsrechnung

Rechnungen sind – diese Metapher prägte meines Wissens *Birkenfeld* bereits Anfang der 1990er Jahre – das »Transportmittel für den Vorsteuerabzug«; sie sind nach – m. E. allerdings unzutreffender – Auffassung des BGH sogar selbst eine Steuergutschrift[1151]. Rechnungen sind damit für das Funktionieren des Mehrwertsteuersystems von überragender Bedeutung; Gleiches gilt für die Fragen, welche Rechtsfolgen (Ab-)Rechnungsfehler auslösen und wie diese ggf. zu korrigieren sind. Hierauf haben Sie an dieser Stelle bereits folgende Antworten gefunden:

- Der Rechnungsaussteller (Debitor) hat die **Möglichkeit zur Rechnungsberichtigung**[1152]. Besonderheiten gelten für den unberechtigten Steuerausweis[1153].

- Der Rechnungsempfänger (Kreditor) hat ein Zurückbehaltungsrecht, soweit Abrechnungsfehler für ihn (umsatzsteuerlich) von Nachteil sind, und damit ein **Zurückbehaltungsrecht in Höhe des Steuerbetrages**[1154].

Der Rechnungsempfänger hat ferner einen Rechtsanspruch auf die Beseitigung eines Fehlers oder eines Mangels an der Rechnung, wenn er nach § 14 Abs. 2 UStG (überhaupt) einen Rechtsanspruch auf Erteilung einer Rechnung hat.

Anspruch auf Erteilung einer Rechnung: Nach § 14 Abs. 2 UStG steht dem umsatzsteuerrechtlichen Leistungsempfänger ein Anspruch auf Erteilung einer

---

1151 BGH, Urteil vom 14.1.1980, II ZR 76/79, UR 1980, 247.

1152 Vgl. § 14 Abs. 6 Nr. 5 UStG, § 33 Abs. 5 UStDV, Abschn. 14.11 UStAE (bis 31.10.2010: Abschn. 188a UStR 2008); *Weimann*, UStB 2008, 351.

1153 § 14c Abs. 2 UStG; *Weimann*, UStB 2006, 179.

1154 Vgl. *Weimann*, UStB 2007, 331.

Rechnung mit gesondert ausgewiesener Steuer zu, sofern er eine juristische Person oder ein Unternehmer ist, der die Leistung für sein Unternehmen bezogen hat. Hierbei handelt es sich um einen **zivilrechtlichen Anspruch**, der gem. § 13 GVG vor den ordentlichen Gerichten geltend zu machen ist[1155]. Für Fragen des Zivilrechts wirkt der Anspruch des Leistungsempfängers auf Rechnungserteilung gem. § 14 Abs. 2 UStG bei Bestehen eines Vertrages – also in den weitaus meisten Fällen – nur **deklaratorisch**. Die sich aus § 14 UStG ergebende Verpflichtung des Leistenden ergibt sich zivilrechtlich i. d. R. bereits aus dem **Grundsatz von Treu und Glauben**[1156] als zivilrechtliche Nebenpflicht des Vertragsverhältnisses; ansonsten müsste der Vertragspartner einen ungerechtfertigten Nachteil durch die fehlende Vorsteuerabzugsmöglichkeit hinnehmen. Der Anspruch setzt voraus, dass der leistende Unternehmer zur Rechnungsausstellung mit gesondertem Steuerausweis berechtigt ist und ihn zivilrechtlich die **Abrechnungslast** trifft[1157].

Der BGH **beschränkt allerdings die Durchsetzung** des Anspruchs auf Rechnungserteilung. So hat das Gericht bereits mehrfach darauf erkannt, dass bei ernstlichen **Zweifeln an der Umsatzsteuerbarkeit oder -pflicht** einer Leistung dem leistenden Unternehmer die Ausstellung einer Rechnung mit gesondert ausgewiesener USt nicht zuzumuten ist; auch dies sei eine Folge des § 14c UStG, aus dem sich für den leistenden Unternehmer die bekannten Gefahren ergäben[1158]. Einen Anspruch auf Ausstellung einer Rechnung mit gesondert ausgewiesener USt kann es danach nur geben, wenn die **objektive Steuerpflicht** der erbrachten Leistung feststeht. In diesen strittigen Fällen ist es vor Beschreiten des Rechtswegs erforderlich, dass der Vorgang **bestandskräftig der USt unterworfen** worden ist[1159].

Zur Durchsetzung des zivilrechtlichen Anspruchs genügt auch nicht der bloße Hinweis des Leistungsempfängers auf die lediglich abstrakte umsatzsteuerliche Pflicht des leistenden Unternehmers zur Rechnungserstellung; es müssen vielmehr **eigene konkrete schutzwürdige Interessen** an der Rechnungserstellung nachgewiesen werden. Wird eine Leistung steuerfrei ausgeführt oder ist der Leistungsempfänger eine insoweit nicht unternehmerisch tätige juristische Person, entsteht dem Leistungsempfänger aus dem Fehlen der Rechnung keinerlei

---

1155 Abschn. 14.1 Abs. 5 UStAE (bis 31.10.2010: Abschn. 183 Abs. 5 Sätze 1 f. UStR 2008).

1156 § 242 BGB.

1157 Vgl. BFH, Urteil vom 4.3.1982, V R 107/79, BStBl. II 1982, 309.

1158 BGH, Urteil vom 24.2.1988, VIII ZR 64/87, UR 1988, 183; BGH, Urteil vom 10.11.1988, VII ZR 137/87, UR 1989, 121; BGH, Urteil vom 2.11.2001, V ZR 224/00, UR 2002, 91.

1159 Vgl. Abschn. 14.1 Abs. 5 Satz 5 UStAE (bis 31.10.2010: Abschn. 183 Abs. 5 Satz 5 UStR 2008).

Nachteil; in diesen Fällen wird eine zivilrechtliche Durchsetzung des Rechnungsanspruchs scheitern.

Anspruch auf Rechnungsberichtigung: Hat der Leistungsempfänger nach § 14 Abs. 2 UStG einen Rechtsanspruch auf eine Rechnung, dann hat er für den Fall eines Fehlers oder Mangels der Rechnung auch einen Anspruch auf dessen Beseitigung (s. o.). Der Anspruch ist **nach dem UStG zeitlich unbefristet**; er verjährt damit in Ermangelung anderer rechtlicher Vorschriften **gem. § 195 BGB nach 3 Jahren**. Damit **kann** der leistende Unternehmer nach Ablauf der Verjährungsfrist die Korrektur einer nicht ordnungsgemäßen Rechnung ablehnen; er ist allerdings auch weiterhin dazu **berechtigt**, nach Ablauf der Verjährungsfrist Änderungen an der Rechnung vorzunehmen. Soweit allerdings erstmalig ein Steuerbetrag in einer Rechnung ausgewiesen wurde und die **Festsetzungsverjährung** für die Steuerfestsetzung des Leistungszeitraums bereits eingetreten ist, handelt es sich bei dem Steuerausweis des leistenden Unternehmers um einen unrichtigen Steuerausweis nach § 14c Abs. 1 UStG.

 Beratungskonsequenzen

1. **Gefahr der neuen kurzen Verjährung:** Die seit dem 1.1.2002 kurze 3-jährige Verjährung – bis zum 31.12.2001 waren dies noch 30 Jahre! – wird in der Praxis insbesondere in Fällen problematisch sein, in denen eine Rechnung zwar ausgestellt, diese aber im Rahmen in einer Betriebsprüfung als nicht ordnungsgemäß verworfen wird. Da die Prüfungszeiträume in der Regel mehr als 3 Jahre zurückreichen, besteht nach Ablauf der Verjährungsfrist kein Anspruch gegenüber dem Rechnungsaussteller auf Erteilung einer ordnungsgemäßen Rechnung, sodass dem Leistungsempfänger der Vorsteuerabzug verwehrt bleibt. Ein Grund mehr, dem Mandanten die sofortige Überprüfung von Eingangsrechnungen nahe zu legen!

2. **Bußgeldrisiko des leistenden Unternehmers:** Unabhängig von der zivilrechtlichen Verpflichtung zur Rechnungserstellung und der nur eingeschränkten Durchsetzbarkeit des Rechnungsanspruchs durch den Leistungsempfänger besteht für den leistenden Unternehmer bei Abrechnungsfehlern nach § 26a UStG immer auch ein Bußgeldrisiko.

75.16 Zivilrechtliches Zurückbehaltungsrecht

Umsatzsteuerlich fehlerhafter Eingangsrechnung

Die Abzugsfähigkeit der Vorsteuer ist seit dem 1.1.2004 bekanntermaßen davon abhängig, dass der Leistungsempfänger im Besitz einer nach den §§ 14, 14a ausgestellten Rechnung ist, in der die Angaben vollständig und richtig sind[1160]. Der Rechnungsempfänger damit zu prüfen, ob

- die Eingangsrechnung vollständig ist, d. h. alle Pflichtangaben enthält[1161] und
- die Pflichtangaben richtig sind[1162],
- ohne dass die Steuernummer oder die USt-IdNr. des Leistenden und die Rechnungsnummer auf ihre Richtigkeit hin zu überprüfen sind; diese müssen auf der Rechnung nur dem Grunde nach angegeben sein und dürfen nicht erkennbar falsch sein[1163].

Bei fehlenden oder ansonsten unrichtigen Pflichtangaben entfällt das Recht zum Vorsteuerabzug[1164]. Führt die Überprüfung der Eingangsrechnung zu dem Ergebnis, dass Pflichtangaben fehlen oder unrichtig sind, ist daher zu prüfen, ob der Leistungsempfänger eine zutreffende Rechnung einfordern kann und welche Rechtsposition er bis zu deren Eingang hat.

Zivilrechtlicher Anspruch auf Erteilung einer Rechnung: Nach § 14 Abs. 2 UStG steht dem umsatzsteuerrechtlichen Leistungsempfänger ein Anspruch auf Erteilung einer Rechnung mit gesondert ausgewiesener Steuer zu, sofern er eine juristische Person oder ein Unternehmer ist, der die Leistung für sein Unternehmen bezogen hat. Hierbei handelt es sich um einen **zivilrechtlichen Anspruch**, der gem. § 13 GVG vor den ordentlichen Gerichten geltend zu machen ist[1165]. Für Fragen des Zivilrechts wirkt der Anspruch des Leistungsempfängers auf Rechnungserteilung gem. § 14 Abs. 2 UStG bei Bestehen eines Vertrages (also in den meisten Fällen) nur **deklaratorisch**. Die sich aus § 14 UStG ergebende Verpflichtung des Leistenden ergibt sich zivilrechtlich i. d. R. bereits aus dem **Grundsatz**

1160 Abschn. 15.2 Abs. 2 Satz 1 Nr. 4 UStAE.
1161 Abschn. 15.2 Abs. 3 Satz 1 UStAE.
1162 Abschn. 15.2 Abs. 3 Satz 7 UStAE.
1163 Abschn. 15.2 Abs. 3 Sätze 3 u. 4 UStAE.
1164 Abschn. 15.2 Abs. 3 Satz 1, Satz 9 UStAE.
1165 Abschn. 14.1 Abs. 5 Sätze 1 u. 2 UStAE.

von **Treu und Glauben**[1166] als zivilrechtliche Nebenpflicht des Vertragsverhältnisses; ansonsten müsste der Vertragspartner einen ungerechtfertigten Nachteil durch die fehlende Vorsteuerabzugsmöglichkeit hinnehmen. Der Anspruch setzt voraus, dass der leistende Unternehmer zur Rechnungsausstellung mit gesondertem Steuerausweis berechtigt ist und ihn zivilrechtlich die **Abrechnungslast** trifft[1167]. Die **Verjährung** richtet sich nach § 195 BGB; weiterhin gelten die allgemeinen Vorschriften des BGB über die Verjährung[1168].

Umfang des Zurückbehaltungsrechts gem. § 273 BGB: Bis zur Erteilung einer ordnungsgemäßen Rechnung hat der Leistungsempfänger[1169] ein Zurückbehaltungsrecht. Strittig ist der Umfang des Zurückbehaltungsrechts. Teilweise wird vertreten, der Leistungsempfänger könne die gesamte Gegenleistung verweigern, und nicht nur den Anteil, der auf die Umsatzsteuer entfällt. Dem ist nur für den **Tausch,** den **tauschähnlichen Umsatz** und die **Hingabe an zahlungsstatt** zu folgen, soweit die Gegenleistung nicht teilbar ist. Ansonsten verstößt die Verweigerung der gesamten Gegenleistung ihrerseits gegen den **Grundsatz von Treu und Glauben**, sodass bei einer teilbaren, insbesondere in Geld bestehenden Gegenleistung **nur der auf die Umsatzsteuer entfallende Betrag** zurückbehalten werden darf.

Unzutreffend ist auch das Vorbringen der Gegenauffassung, das bloße Einbehalten der Umsatzsteuer durch den Leistungsempfänger bewirke beim leistenden Unternehmer eine **Entgeltsminderung nach § 17 UStG.** Maßgebend bleibt das vereinbarte Entgelt[1170]. Wäre diese Auffassung richtig, träte bei Zurückbehaltung der gesamten Gegenleistung eine Entgeltsminderung in voller Höhe ein mit der Folge, dass der Anspruch auf Erteilung einer Rechnung entfiele.

Als Begründung für die Zurückbehaltung des gesamten Rechnungsbetrags wird auch immer wieder die Rechtsprechung des **AG Waiblingen** angeführt[1171]. Nach dem Beschluss hat der vorsteuerabzugsberechtigte Rechnungsempfänger bei fehlender Angabe der Steuernummer »ein« Zurückbehaltungsrecht, sodass die Forderung nicht fällig wird. Daraus wird in der Praxis oft geschlossen, dass die

---

1166 § 242 BGB.
1167 BFH, Urteil vom 4.3.1982, BStBl. II 1982, 309.
1168 Abschn. 14.1 Abs. 5 Sätze 3 u. 4 UStAE.
1169 § 273 Abs. 1 BGB.
1170 § 13 Abs. 1 Nr. 1 Buchst. a i. V. m. § 16 Abs. 1 Satz 1 UStG.
1171 AG Waiblingen, Beschluss vom 10.11.2003, 14 C 1737/03, NJW 6/2003, XII.

gesamte Forderung zurückbehalten werden kann. Der dem AG Waiblingen vorliegender Sachverhalt gibt diesen Schluss aber nicht her. Im Urteilsfall hatte der Leistungsempfänger die Hauptforderung bereits bezahlt; lediglich der Umsatzsteuerbetrag war noch offen. Die Entscheidung differenziert daher nicht zwischen Hauptforderung und Umsatzsteuerforderung. Ein Argument für ein unbeschränktes Zurückbehaltungsrecht ergibt sich aus der Entscheidung daher nicht; sie bestätigt lediglich die Zurückbehaltung des Umsatzsteueranteils.

Nicht zu folgen ist auch der Rechtsprechung der **AG Essen**, das über § 320 BGB ein Zurückbehaltungsrecht in Höhe von 50 % des Rechnungsbetrags einräumt[1172]. § 320 BGB ist unanwendbar, weil nur die Hauptleistungen gegenseitig (»synallagmatisch«) verknüpft sind, die Verpflichtung zur Ausstellung einer Rechnung aber eben nur eine Nebenpflicht bildet (s. o.).

➡️ **Beratungskonsequenzen**

1. **Die Nichterfüllung der zivilrechtlichen Verpflichtung** zur Rechnungsausstellung begründet ein Zurückbehaltungsrecht in Höhe des Steuerbetrages.

2. **Die Nichterfüllung der öffentlich-rechtlichen Verpflichtung** zur Ausstellung einer ordnungsgemäßen Rechnung kann (daneben) gem. § 26a Abs. 1 Nr. 1 UStG mit einem Bußgeld geahndet werden.

3. **Der Leistungsempfänger** hat das Zurückbehaltungsrecht natürlich nur, wenn und soweit er die **Gegenleistung noch nicht erbracht** hat; ansonsten kann nichts mehr zurückbehalten werden! Eingangsrechnungen sind daher möglichst frühzeitig und damit bereits bei Erhalt und vor Bezahlung auf ihre umsatzsteuerliche Vollständigkeit und Richtigkeit hin zu überprüfen.

4. **Häufig wird die (Kreditoren-)Buchhaltung** mit der Überprüfung rein tatsächlich überfordert sein; die fehlende Sachverhaltskenntnis ist dann ggf. durch geeignete **Controllingmaßnahmen** sicherzustellen. Steuerberater sollten Ihre Mandanten darauf im Hinblick auf die Informationspflicht in zeitlichen Abständen immer wieder (nicht nur bei der Neuübertragung des Mandats; ggf. im Rahmen eines **Mandantenrundschreibens** zum Jahresanfang) entsprechend aufklären[1173].

1172 AG Essen, DB 1986, 1116.
1173 *Weimann*, UStB 2007, 331; vgl. auch *Heeseler*, BB 2006, 1137.

76 Gemischt genutzte Grundstücke: Abschaffung der »Seeling-Gestaltungen«

Seit dem 1.1.2011 sind eindeutige Zuordnungsentscheidungen zu treffen!

 Hinweis

➔ mybook.haufe.de > Vertiefende Informationen > Kapitel 76

77 Vorsteuervergütung an deutsche Unternehmer

Vorsteuern aus dem EU-Ausland (§ 18g UStG 2010) und aus Drittländern

Rechtsgrundlagen

- UStG: § 18g UStG
- UStAE: Abschn. 18g.1
- MwStSystRL: Art. 170
- EG-RL 2008/9/EG: Art. 7, 15, 18
- BMF, Schreiben vom 5.11.2019, III C 3 – S 7532/18/10001, 2019/0915402, Neubekanntgabe von Vordruckmustern nach Anpassung auf Grund der Datenschutz-Grundverordnung, BStBl. I 2019, 1041 (weiter gültig lt. BMF v. 18.3.2021, Anlage 1, Nr. 1838; zur zweifelhaften Bedeutung dieses Schreibens ➔ Kapitel 1.6).
- BMF, Schreiben vom 15.3.2021, III C 3 – S 7359/19/10005 :001, 2021/0300443, Vorsteuer-Vergütungsverfahren (§ 18 Abs. 9 UStG, §§ 59 bis 61a UStDV); Gegenseitigkeit (§ 18 Abs. 9 Satz 5 UStG), BStBl. I 2021, 381 (weiter gültig lt. BMF v. 18.3.2021, Anlage 1, Nr. 1768; zur zweifelhaften Bedeutung dieses Schreibens ➔ Kapitel 1.6).

Vordrucke

- BZSt, Präferenzliste der EU-Staaten / Voraussetzungen für das Vorsteuer-Vergütungsverfahren in anderen EU-Staaten
- BZSt, Kontaktdaten der zuständigen nationalen Finanzbehörden (Übersicht)
- BZSt, Hinweise zur elektronischen Übermittlung von Belegen
- BZSt, Checkliste Registrierungsprozess BOP
- BZSt, Importfunktionalität von Anlagen zum Antrag auf Umsatzsteuer-Vergütung inländischer Unternehmen im Ausland / Anleitung zur Erstellung von csv-Dateien
- BZSt, Hinzufügen von Belegdateien im Antrag »Umsatzsteuer-Vergütung inländischer Unternehmer im Ausland«

➲ mybook.haufe.de > Wichtiges aus anderen Behörden

77.1 Allgemeines

Entstehen einem deutschen Unternehmer, der grundsätzlich zum Vorsteuerabzug berechtigt ist, vorsteuerbelastete Aufwendungen, so macht er die Vorsteuern **grundsätzlich im Rahmen der Umsatzsteuer-Voranmeldung** monatlich oder vierteljährlich geltend.

Unternehmer, die keine Voranmeldungen abzugeben haben, machen ihre Ansprüche aus zu erstattenden Vorsteuerbeträgen **im Rahmen der Jahreserklärung** geltend.

Beides setzt die **Teilnahme am allgemeinen (deutschen) Besteuerungsverfahren** voraus, wobei der Unternehmer unter einer bestimmten Steuernummer für Zwecke der Umsatzsteuer bei einem Finanzamt geführt wird.

Anders ist es, wenn einem deutschen Unternehmer **im Ausland betrieblich bedingte Kosten** entstehen, die Umsatzsteuer enthalten, er jedoch im betreffenden Land umsatzsteuerlich nicht geführt wird. Die Ansprüche kann der Unternehmer nur gegen den betreffenden Staat geltend machen, nicht jedoch in seiner Umsatzsteuer-Voranmeldung oder Steuererklärung bei seinem deutschen Finanzamt.

Gemäß § 15 Abs. 1 Nr. 1 UStG kann der Unternehmer nur Vorsteuerbeträge aus Rechnungen gemäß § 14 UStG abziehen. Rechnungen gemäß § 14 UStG werden für Umsätze nach § 1 Abs. 1 Nr. 1 und 3 UStG ausgestellt. Umsätze gemäß § 1 Abs. 1 Nr. 1 und 3 UStG sind solche, die u. A im Inland ausgeführt sein müssen.

Daraus folgt – etwas umständlich –, dass für Vorsteuerbeträge aus Rechnungen von im Ausland erbrachten Umsätze der Vorsteuerabzug im Inland nicht gegeben ist; auch innerhalb der EG gibt es derzeit **keinen grenzüberschreitenden Vorsteuerabzug.**

Um den betroffenen Unternehmern für diese Fälle die **Registrierung im Ausland zu ersparen,** haben viele Staaten – und insbesondere alle EU-Staaten – ein Vorsteuer-Vergütungsverfahren eingerichtet, im Rahmen dessen der Unternehmer seine Vorsteueransprüche geltend machen kann.

77.2 EU-Mitgliedstaaten vs. Drittländer

Das Vorsteuer-Vergütungsverfahren ermöglicht es deutschen Unternehmern, sich die im Ausland gezahlte Vorsteuer erstatten zu lassen (➲ Kapitel 77.1). Dabei gilt es zu unterscheiden:

- Die Vergütung der in anderen **EU-Mitgliedstaaten** gezahlten Vorsteuer beantragen inländische Unternehmer elektronisch über das BZStOnline-Portal (BOP).
- Wurde Vorsteuer in **Nicht-EU-Mitgliedstaaten** (»Drittländer«) gezahlt, muss die Vergütung direkt in diesen Staaten beantragt werden.

> **➔ Beratungskonsequenzen**
>
> Ist der Unternehmer bereits in einem anderen EU-Mitgliedstaat für Zwecke der Umsatzsteuer registriert, so macht er seine Vorsteueransprüche gegen dieses Land natürlich im »normalen« Besteuerungsverfahren geltend.

77.3 Vorsteuer-Vergütung durch anderen EU-Mitgliedstaaten

Die nachfolgenden Ausführungen bauen auf die Erläuterungen des BZSt[1174] auf und ergänzen, erläutern oder kürzen diese, soweit dies aus Praktikersicht erforderlich oder geboten zu sein scheint.

1174 Homepage des BZSt (www.bzst.de), Abfrage am 27.3.2022.

77.3.1 Folgen des Brexit

77.3.1.1 Grundsatz

Die Mitgliedschaft Großbritanniens in der Europäischen Union ist mit Ablauf des 31.1.2020 beendet worden. Anträge, die Vergütungszeiträume des Jahres 2020 betreffen, waren bis zum 31.3.2021 nach den Vorschriften der Richtlinie 2008/9/EG des Rates vom 12.2.2008[1175] zu stellen.

77.3.1.2 Ausnahme für den Warenverkehr mit Nordirland

Für den Warenkehr mit Nordirland gelten gemäß dem »Abkommen über den Austritt des Vereinigten Königreichs Großbritannien und Nordirland aus der Europäischen Union und der Europäischen Atomgemeinschaft« und dem Protokoll zu Irland/Nordirland über den 31. März 2021 hinaus Sonderregelungen.

Die Vorschriften der Richtlinie 2008/9/EG des Rates vom 12.2.2008[1176] finden auf die Vergütung von Vorsteuern, die auf **Warenbezüge** inländischer Unternehmer in Nordirland entfallen, weiterhin Anwendung.

Für die Vergütung von Vorsteuern, die auf den Bezug von **Dienstleistungen** in Nordirland entfallen, gelten die Regelungen für die Vergütung an Unternehmer aus Drittstaaten. Bitte wenden Sie sich diesbezüglich an die zuständige Behörde des Vereinigten Königreichs Großbritannien und Nordirland.

77.3.2 Vergütung durch andere EU-Mitgliedstaaten

77.3.2.1 Formelle Voraussetzungen

Inländische Unternehmer, die vorsteuerabzugsberechtigt sind, erhalten die in einem anderen EU-Mitgliedstaat gezahlte Umsatzsteuer auf Antrag erstattet. Dies ist unter anderem an die folgenden formellen Voraussetzungen gebunden:

- Der Antrag auf Vorsteuervergütung ist **elektronisch über das BZStOnline-Portal (BOP)** beim Bundeszentralamt für Steuern (BZSt) einzureichen. Papieranträge sind nicht zulässig.

1175 EG-RL 2008/9/EG ➲ mybook.haufe.de > Gesetze, Verordnungen, Richtlinien.
1176 EG-RL 2008/9/EG ➲ mybook.haufe.de > Gesetze, Verordnungen, Richtlinien.

- Der Vergütungsantrag ist binnen neun Monaten nach Ablauf des Kalenderjahres, in dem der Vergütungsanspruch entstanden ist, zu stellen, also bis zum **30. September des Folgejahrs**.

  Für die Einhaltung dieser Frist genügt der rechtzeitige Eingang des Vergütungsantrages beim BZSt.

- Die beantragte Vergütung muss

  mindestens 400 Euro

  oder einen entsprechend in Landeswährung umgerechneten Wert betragen. Bei einem Vergütungszeitraum, welcher das Kalenderjahr oder der letzte Zeitraum des Kalenderjahres ist, muss die beantragte Vergütung mindestens 50 Euro betragen.

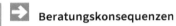 **Beratungskonsequenzen**

Weitere Anforderungen der einzelnen Mitgliedstaaten ergeben sich ggf. aus der Präferenzliste der EU-Staaten[1177].

77.3.2.2 Prüfung durch das BZSt

Bevor das BZSt den Antrag an den Mitgliedstaat der Erstattung weiterleitet, prüft es,

- ob der Antragsteller im beantragten Vergütungszeitraum zum Vorsteuerabzug berechtigt ist und
- ob die im Antrag angegebene Steuernummer/Umsatzsteuer-Identifikationsnummer dem Antragsteller zugeordnet werden kann.

Das BZSt entscheidet über die Weiterleitung des Antrags an den Mitgliedstaat der Erstattung **innerhalb von 15 Tagen**.

Lehnt das BZSt nach Prüfung des Antrags die Weiterleitung ab, erhalten Sie einen **Bescheid** an die im Antrag angegebene Anschrift. Zusätzlich wird Ihnen der Bescheid in Ihrem BOP-Postfach zum Datenabruf zur Verfügung gestellt.

1177 ➲ mybook.haufe.de > Wichtiges aus anderen Behörden.

Rechnungsstellung – Vorsteuerabzug – Übergang der Steuerschuld

77.3.2.3 Keine Weiterleitung des Antrags

Der Antrag wird **nicht** an den Mitgliedstaat der Erstattung weitergeleitet, wenn beispielsweise der Antragsteller im beantragten Vergütungszeitraum

- für Zwecke der Mehrwertsteuer nicht als Steuerpflichtiger anzusehen ist,
- die Steuerbefreiung für Kleinunternehmen in Anspruch genommen hat (§ 19 UStG),
- ausschließlich der landwirtschaftlichen Pauschalbesteuerung gemäß § 24 UStG unterlegen hat oder
- ausschließlich umsatzsteuerfreie Lieferungen/Dienstleistungen erbracht hat.

77.3.2.4 Eingangsbestätigung des EU-Mitgliedstaats

Nachdem der Antrag weitergeleitet wurde, bestätigt der Mitgliedstaat der Erstattung den Eingang.

> **➡ Beratungskonsequenzen**
>
> Sollten Sie nach vier Wochen noch keine Eingangsbestätigung erhalten haben, wenden Sie sich bitte an die zuständige Behörde im Mitgliedstaat der Erstattung[1178].

77.3.2.5 Prüfung des Antrags durch den EU-Mitgliedstaat

Der Mitgliedstaat der Erstattung prüft, ob alle weiteren Voraussetzungen zur Vergütung der Vorsteuer erfüllt sind. Nach Abschluss der Bearbeitung erhält der Antragsteller bzw. sein Bevollmächtigter einen **Bescheid vom Mitgliedstaat der Erstattung**.

77.3.2.6 Umsatzsteuerliche Organschaften

Erkundigen Sie sich bitte vorher im jeweiligen Mitgliedstaat der Erstattung, ob und inwiefern umsatzsteuerliche Organgesellschaften berechtigt sind, einen Antrag zu stellen.

1178 Kontaktdaten der zuständigen nationalen Finanzbehörden ➲ mybook.haufe.de > Wichtiges aus anderen Behörden.

Beratungskonsequenzen

Die zuständige Behörde entnehmen Sie den **Kontaktdaten der zuständigen nationalen Finanzbehörden**[1179].

77.3.3 Elektronische Antragstellung

77.3.3.1 Allgemeines

Für die Nutzung des BZStOnline-Portals (BOP) ist ein **Zertifikat erforderlich.**

Inländische Unternehmer und deren Bevollmächtigte können ein **bereits vorhandenes ELSTER-Zertifikat** nutzen und sich mit diesen Zugangsdaten im BOP einloggen.

Wenn **noch kein Zertifikat vorhanden** ist, wird inländischen Unternehmern und inländischen Bevollmächtigten empfohlen, das Zertifikat durch die Registrierung in »Mein ELSTER« zu erwerben. Für Bevollmächtigte, die keinen Sitz im Inland haben, steht die Registrierung im BOP zur Verfügung.

Im BOP-Formular ist ein Antrag auf **1.000 Anlagepositionen** beschränkt. Bei Anträgen, welche mehr Anlagepositionen enthalten, haben Sie zwei Möglichkeiten:

- Prüfen Sie anhand der Präferenzliste, ob eine **Teilung des Antrags** in mehrere Vergütungsanträge durch Teilung des Vergütungszeitraums möglich ist. Für weitere Fragen nehmen Sie Kontakt zum Mitgliedstaat der Erstattung auf[1180].

- Sie können zudem die **Massendatenschnittstelle (ELMA5)** des BZSt zur Übermittlung eines Antrags mit mehr als 1.000 Anlagepositionen nutzen. Für die Nutzung der Massendatenschnittstelle ist eine Registrierung im BOP erforderlich. Informationen dazu erhalten Sie unter »Vorsteuervergütung – Elektronische Datenübermittlung« im Abschnitt »Massendatenschnittstelle (ELMA5)«.

77.3.3.2 Antrag

Loggen Sie sich mit Ihrem ELSTER- oder BOP-Zertifikat im BOP ein.

1179 ➲ mybook.haufe.de > Wichtiges aus anderen Behörden.
1180 Kontaktdaten der zuständigen nationalen Finanzbehörden ➲ mybook.haufe.de > Wichtiges aus anderen Behörden.

Wählen Sie im BOP den »Antrag auf Umsatzsteuervergütung inländischer Unternehmer im Ausland«. Für weitere Informationen zum Ausfüllen können Sie die Hilfefunktion im BOP benutzen.

Nach der erfolgreichen Übermittlung des Antrags erhalten Sie eine Eingangsbestätigung und ein Übermittlungsprotokoll an Ihr BOP-Postfach. Diese sollten Sie zusätzlich speichern, da sie nach 90 Tagen automatisch aus dem Postfach gelöscht werden.

77.3.3.3 Erfassen der Rechnungsdokumente als Anlagen zum Antrag

Es stehen Ihnen zwei Varianten zur Verfügung, die Anlagen zum Antrag zu erfassen:

- Sie erfassen **jede Rechnung/Beleg einzeln** im Vergütungsantrag oder
- Sie erfassen **alle Rechnungen vorab in einer csv-Datei** und importieren diese dann in den Antrag. Die csv-Datei können Sie selber erstellen[1181] oder Sie nutzen die im Antrag unter Punkt 3 »Import von Daten« bereitgestellte Excel-Vorlage.

Praxistipp

Bevor Sie die ausgefüllte Excel-Vorlage in eine csv-Datei umwandeln, speichern Sie sich diese ab, um eventuell spätere Korrekturen einfacher vornehmen zu können.

77.3.3.4 Upload von Belegen

Dem Antrag können Belege als pdf-, als jpg- oder als tif-Datei beigefügt werden.

Sie können den Beleg-Upload nur nutzen, wenn Sie sich mit einer Zertifikatsdatei im BOP anmelden. Hierfür müssen Sie bei der Registrierung die Login-Option »Zertifikatsdatei« wählen.

Der Beleg-Upload steht Ihnen automatisch zur Verfügung.

Die Datei mit den beigefügten Belegen darf nicht größer als 5 MB sein. Es wird empfohlen, die beizufügenden Belege in schwarz/weiß mit einer Auflösung von 200 dpi einzuscannen. Sollte Ihr Antrag wegen zu großer Datenmengen nicht mit

---

1181 BOP-Hilfe »Erstellen csv-Datei« ➲ mybook.haufe.de > Wichtiges aus anderen Behörden.

allen erforderlichen Belegen übermittelt werden können, klären Sie bitte mit dem Mitgliedstaat der Erstattung, in welcher Form die Belege eingereicht werden sollen.

peichern Sie die Belege möglichst lokal in einem separaten Verzeichnis. Benennen Sie die Belege anhand der Reihenfolge ihrer Zuordnung im Vergütungsantrag. Hierdurch wird eine spätere Zuordnung der Belege vereinfacht.

Sie laden die Belege direkt vor der Versendung des Antrags im Menüpunkt »Versenden Ihrer Daten« hoch, nachdem Sie Ihren Antrag geprüft haben.

Nach Versand des Antrags mit Belegen erhalten Sie eine Nachricht in Ihr BOP-Postfach. Diese enthält die Namen der hochgeladenen Belege sowie den Namen der zip-Datei.

 Beratungskonsequenzen

Eine **detaillierte Anleitung** steht Ihnen ebenfalls in der BOP-Hilfe unter: »Hinweise zur elektronischen Übermittlung von Belegen« zur Verfügung[1182].

77.3.4 »FAQ« – Die häufigsten Fragen und Antworten

FAQ 1: **Kann ich Anträge/Rechnungen auch in Papierform beim BZSt mit der Bitte um Weiterleitung an den Erstattungsstaat einreichen?**

Nein. Die Anträge auf Vergütung der Vorsteuer innerhalb der EU sind ausschließlich elektronisch über das BZStOnline-Portal (BOP) einzureichen. Vergütungsanträge in Papierform sind nicht zulässig und werden abgelehnt.

FAQ 2: **Wie kann ich mich über Besonderheiten bei der Antragstellung in einzelnen Mitgliedstaaten informieren?**

Bitte informieren Sie sich beim jeweiligen Mitgliedstaat der Erstattung.

 Beratungskonsequenzen

Die zuständige Behörde entnehmen Sie den **Kontaktdaten der zuständigen nationalen Finanzbehörden**[1183].

1182 ➲ mybook.haufe.de > Wichtiges aus anderen Behörden.
1183 ➲ mybook.haufe.de > Wichtiges aus anderen Behörden.

FAQ 3:   Können Anträge inländischer Antragsteller beim BZSt zurückgenommen werden?

Nein, das ist nicht möglich. Sie können Ihren Antrag nur gegenüber dem Mitgliedstaat der Erstattung zurücknehmen.

 Beratungskonsequenzen

Die zuständige Behörde entnehmen Sie den **Kontaktdaten der zuständigen nationalen Finanzbehörden**[1184].

FAQ 4:   Ich nehme am Mini-One-Stop-Shop (MOSS)-Verfahren teil. Wie kann ich mich im Antragsformular im Abschnitt »4 – Erklärungen des Unternehmers« zutreffend erklären?

Kreuzen Sie im Antragsformular unter »Erklärung des Unternehmers« das erste Kästchen an (»[...]keine Lieferungen und sonstigen Leistungen ausgeführt hat, welche im Mitgliedstaat der Erstattung als bewirkt gelten (Artikel 3 Buchstabe b der Richtlinie 2008/9/EG«).

FAQ 5:   Gibt es bei der Vertretung eines inländischen Unternehmens die Möglichkeit, sich als ausländischer Vertreter beim BZStOnline-Portal (BOP) anzumelden?

Ja, Sie haben die Möglichkeit, sich als Bevollmächtigter (Dritter) für das BOP anzumelden.

Dafür ist im ersten Schritt eine Anmeldung mit dem BOP-Anmeldeformular erforderlich. Die Zugangsdaten werden dann mittels Briefpost und E-Mail versandt. Weitere Schritte finden Sie unter »Anmelden und Registrieren im BZStOnline-Portal (BOP)«.

[1184]   ➲ mybook.haufe.de > Wichtiges aus anderen Behörden.

FAQ 6: **Können Rechnungen im Vergütungsantrag bis zu einem Gesamtbetrag von 250 Euro getrennt nach Steuersatz und Kostenart zusammengefasst und aufgerechnet werden?**

Nein. Im elektronischen Vorsteuer-Vergütungsverfahren muss jeder Beleg einzeln aufgeführt werden. Das Zusammenfassen von Kleinbetragsrechnungen ist nicht gestattet.

FAQ 7: **Was ist ein ELMA5-Kommunikationsserver?**

Der ELMA5-Kommunikationsserver ist die Schnittstelle des BZSt zur elektronischen Datenübermittlung. Sowohl beim Versand von Anträgen mit Belegen aus BOP als auch bei der Nutzung der Massendatenschnittstelle werden an diesen Server Daten übertragen.

77.4 Vergütung durch Nicht-EU-Mitgliedstaaten (»Drittstaaten«)

77.4.1 Grundsätzliches

Einen Antrag auf Vergütung der Vorsteuer in einem Drittland müssen Sie **direkt bei der ausländischen Erstattungsbehörde** stellen.

Bitte informieren Sie sich direkt bei der Finanzverwaltung des jeweiligen Erstattungsstaates.

 Beratungskonsequenzen

Das BZSt kann Sie insoweit **nicht** unterstützen!

Die Anträge auf Erstattung ausländischer Umsatzsteuern sind, mit allen erforderlichen Unterlagen, bei der ausländischen Behörde in dem Land zu stellen, in dem die Umsatzsteuer entrichtet wurde.

Den **Nachweis der Eintragung als Unternehmer (USt 1 TN)**, der Ihnen vom Betriebsstätten-Finanzamt ausgestellt wird, finden Sie als Muster im BMF-Schreiben vom 5.11.2019[1185].

1185 ➲ mybook.haufe.de > Wichtiges aus dem BMF.

Rechnungsstellung – Vorsteuerabzug – Übergang der Steuerschuld

Jede ausländische Behörde stellt dafür ein **eigenes Antragsformular** zur Verfügung. Die Antragsformulare werden zwischen den einzelnen Behörden nicht ausgetauscht.

 Checkliste

Es empfiehlt sich, wie folgt vorzugehen:

- Kontaktieren Sie die zuständigen Behörde, um die **Originalvordrucke** des jeweiligen Staates zu erhalten. Die Anschriften sind über das BZSt oder z. B. die Auslandshandelskammern (➲ Kapitel 84) zu erfragen.
- Erfragen Sie sofort die **Abgabefristen** und den **Vergütungszeitraum**.
- Lassen Sie sich von Ihrem eigenen (deutschen) Finanzamt eine **Bescheinigung nach dem Vordruck USt 1 TN**[1186] erstellen.
- Senden Sie den ausgefüllten Antrag zusammen mit der Bescheinigung USt 1 TN und den **Originalrechnungen** an die zuständige Erstattungsbehörde im Nicht-EU-Mitgliedstaat.

77.4.2 Gegenseitigkeit

Gemäß § 18 Abs. 9 Satz 6 UStG wird Vorsteuer nur vergütet, wenn der ausländische Unternehmer aus einem anderen EU-Mitgliedstaat stammt oder aus einem anderen Drittstaat kommt, bei dem **Gegenseitigkeit mit Deutschland** besteht.

Die Staaten, mit denen aktuell Gegenseitigkeit und keine Gegenseitigkeit besteht, listet das BMF auf. Aktuell sind dies nach dem BMF-Schreiben vom 15.3.2021[1187]:

1186 BMF-Schreiben vom 5.11.2019 ➲ mybook.haufe.de > Wichtiges aus dem BMF.
1187 BMF, Schreiben vom 15.3.2021 ➲ mybook.haufe.de > Wichtiges aus dem BMF.

Anlage 1

**Verzeichnis
der Drittstaaten, bei denen die Voraussetzungen des § 18 Abs. 9 Satz 5 UStG vorliegen
(Gegenseitigkeit gegeben)**

Andorra	Korea, Dem. Volksrepublik
Antigua und Barbuda (bis 28. Januar 2007)	Korea, Republik (seit 1. Januar 1999)
Australien	Kuwait
Bahamas	Libanon
Bahrain	Liberia (bis 30. Juni 2001)
Bermudas	Libyen
Bosnien und Herzegowina (seit 1. Januar 2006)	Liechtenstein
Britische Jungferninseln	Macao
Brunei Darussalam	Malediven
Cayman-Insel	Marshallinseln
China (Taiwan) (seit 1. Juli 2010)	Mazedonien (seit 1. April 2000)
Eswatini (Swasiland) (bis 31. März 2012)	Neuseeland (seit 1. April 2014)
Gibraltar	Norwegen
Grenada	Oman
Grönland	Pakistan (seit 1. Juli 2008)
Guernsey	Salomonen
Hongkong (VR China)	San Marino
Irak	Saudi-Arabien
Iran (bis 21. September 2008)	Schweiz
Island	Serbien (seit 1. Juli 2013)
Israel (seit 14. Juli 1998)	St. Vincent und die Grenadinen
Jamaika	Vatikan
Japan	Vereinigte Arabische Emirate
Jersey	Vereinigtes Königreich (seit 1. Januar 2021)
Kanada	Vereinigte Staaten von Amerika (USA)
Katar	

Anlage 2

Verzeichnis
der Drittstaaten, bei denen die Voraussetzungen des § 18 Abs. 9 Satz 5 UStG nicht vorliegen
(Gegenseitigkeit nicht gegeben)

Ägypten	Indien	Pakistan (bis 30. Juni 2008)
Albanien	Indonesien	Panama
Algerien	Iran (seit 22. September 2008)	Paraguay
Angola	Israel (bis 13. Juli 1998)	Peru
Antigua und Barbuda (seit 29. Januar 2007)	Jemen	Philippinen
Argentinien	Jordanien	Puerto Rico
Armenien	Kasachstan	Russland
Aserbaidschan	Kenia	Sambia
Äthiopien	Kolumbien	Senegal
Bangladesch	Kongo, Demokratische Republik	Serbien (bis 30. Juni 2013)
Barbados	Korea, Republik (bis 31. Dezember 1998)	Seychellen
Belize (seit 1. Juli 2006)	Kosovo (seit 1. Januar 2001)	Sierra Leone
Bolivien	Kuba	Simbabwe
Bosnien und Herzegowina (bis 31. Dezember 2005)	Laos (seit 1. Januar 2010)	Singapur
Botsuana	Lesotho	Sint Maarten (seit 10. Oktober 2010)
Brasilien	Liberia (seit 1. Juli 2001)	Somalia
Chile	Madagaskar	Sri Lanka
China (Volksrepublik)	Malawi	St. Kitts und Nevis (seit 1. November 2010)
China (Taiwan) (bis 30. Juni 2010)	Malaysia	Südafrika
Costa Rica	Marokko	Sudan
Côte d'Ivoire (Elfenbeinküste)	Mauretanien (seit 1. Januar 1995)	Syrien
Curaçao (seit 10. Oktober 2010)	Mauritius	Tansania
Dominikanische Republik	Mazedonien (bis 31. März 2000)	Thailand
Ecuador	Mexiko	Togo
El Salvador	Moldawien	Trinidad und Tobago
Eritrea	Mongolei	Tunesien
Eswatini (Swasiland) (seit 1. April 2012)	Montenegro	Türkei
Färöer-Inseln	Mosambik	Turkmenistan
Fidschi	Myanmar	Ukraine
Französisch Polynesien (Tahiti)	Namibia	Uruguay
Gambia (seit 1. Januar 2013)	Nepal	Usbekistan
Georgien	Neuseeland (bis 31. März 2014)	Venezuela
Ghana	Nicaragua	Vietnam
Guatemala	Niederländische Antillen (1. Mai 1999 bis 9. Oktober 2010)	Weißrussland
Haiti	Niger	Westsamoa
Honduras	Nigeria	

Beratungskonsequenzen

1. Für den deutschen Unternehmer ist das Wissen um die Gegenseitigkeit von zweifacher Bedeutung:
   - Kunden aus Drittstaaten mit Gegenseitigkeit werden – sollte die von einem deutschen Unternehmer erbrachte Leistung in Deutschland der Umsatzsteuer unterliegen – bei den **Preisverhandlungen** ob der Vergütungsmöglichkeit zur Zahlung eines höheren Nettopreises bereit sein.
   - Beim **Leistungsbezug aus Drittstaaten mit Gegenseitigkeit** hat der deutsche Unternehmer seinerseits einen Vergütungsanspruch gegen den ausländischen Fiskus.
2. Im Unternehmen sollten grundsätzlich alle ausländischen Vorsteuerbeträge einer zentralen Stelle (z. B. der Steuerabteilung) gemeldet werden.

78   Der Leistungsempfänger als Steuerschuldner – die Basics

Wenn der Kunde die Umsatzsteuer abführen muss/ Die wesentlichen Grundzüge des Reverse Charge

§ **Rechtsgrundlagen**

- UStG: § 13b, § 14a Abs. 5, § 14b Abs. 1 Satz 4 Nr. 3, § 15 Abs. 1 Satz 1 Nr. 4, Abs. 4b, § 22, § 27
- UStDV: § 30a, § 33 Satz 3
- UStAE: Abschn. 13b.1–13b.18
- MwStSystRL: Art. 193 ff.

78.1 Entstehung der Steuer

78.1.1 Innergemeinschaftliche B2B-Leistungen (§ 13b Abs. 1 UStG)

Das **Funktionieren des innergemeinschaftlichen Kontrollsystems** erfordert, dass sowohl die betroffenen Ausgangs- als auch die Eingangsumsätze ausnahmslos für den Voranmeldungszeitraum der Ausführung deklariert werden:

- **Ausgangsumsätze** (§ 18b Satz 3 UStG)

  »Die Angaben … sind in dem Voranmeldungszeitraum zu machen, in dem diese Umsätze ausgeführt worden sind.«

- **Eingangsumsätze** (§ 13b Abs. 1 UStG)

  »… entsteht die Steuer mit Ablauf des Voranmeldungszeitraums, in dem die Leistungen ausgeführt worden sind.«

Beispiel 1

Der in Österreich ansässige Rechtsanwalt R berät am 16.3.2022 seinen deutschen – unternehmerisch tätigen – Mandanten D in einer Vertragsangelegenheit. Die Rechnung über diesen inländischen steuerpflichtigen Umsatz, für den D als Leistungsempfänger die Steuer schuldet, erstellt R – aus welchen Gründen auch immer – erst am 15.6.2022. Sie geht D am 22.6.2022 zu. D hat monatliche Umsatzsteuer-Voranmeldungen abzugeben.

➲ **Folge:**

Die Steuer entsteht – ungeachtet vom Rechnungseingang – mit Ablauf des Monats Leistungsausführung (§ 13b Abs. 1 UStG). D hat den Umsatz in seiner Umsatzsteuer-Voranmeldung für März 2022 anzumelden (➲ Kapitel 58.3.4).

In der Praxis stellt sich die Frage, wie die Buchhaltung des Leistungsempfängers auf den Leistungsbezug aufmerksam wird (alter Grundsatz »Keine Buchung ohne Beleg«). Hier wird es eine **Aufgabe des Controllings** sein, den Informationsfluss innerhalb des Unternehmens sicherzustellen. Dies kann z. B. durch einen **Eigenbeleg** geschehen; dabei ist die Bemessungsgrundlage ausgehend von Vertrag, der dem Leistungsbezug zugrunde liegt, zu schätzen. Lange Zeit unklar war für derartige Fallgestaltungen der Zeitpunkt der **Entstehung des Vorsteuerabzugs**. Es wäre durchaus denkbar gewesen, dass zunächst ausschließlich die Steuerschuld und erst bei Rechnungseingang der Vorsteueranspruch entsteht. Der BFH hatte diese Frage dem EuGH zur Entscheidung vorgelegt, der – zugunsten des

Steuerpflichtigen – auf die gleichzeitige Entstehung von Steuerschuld und Vorsteueranspruch erkannt hat (➲ Kapitel 75.5 und 78.1.5).

 Beratungskonsequenzen

1. Die **Besteuerungsgrundlagen** sind damit von den Kreditorenbuchhaltern **ggf. zu schätzen.**

2. Zum **korrespondierenden (automatischen) Vorsteueranspruch** bei den Eingangsumsätzen ➲ Kapitel 75.5

78.1.2 Andere Fälle des Steuerschuldübergangs (§ 13b Abs. 2 UStG)

In allen anderen § 13bFällen entsteht die Steuer mit Ausstellung der Rechnung, spätestens jedoch mit Ablauf des der Ausführung der Leistung folgenden Kalendermonats (§ 13b Abs. 2 UStG). § 13 Abs. 1 Nr. 1 Buchst. a Satz 2 und 3 UStG gilt entsprechend (§ 13b Abs. 4 Satz 1 UStG).

Beispiel 2

Wie Beispiel 1; R ist ein Schweizerischer Rechtsanwalt.

➲ **Folge:**

Die Steuer entsteht

- mit Ablauf des Monats, in dem die Rechnung ausgestellt worden ist (= Juni 2022),
- spätestens jedoch mit Ablauf des der Ausführung der Leistung folgenden Kalendermonats (= April 2022).

D hat den Umsatz in seiner Umsatzsteuer-Voranmeldung für April 2022 anzumelden.

 Beratungskonsequenzen

Zur **Schätzung der Besteuerungsgrundlagen** und zum **korrespondierenden (automatischen) Vorsteueranspruch** ➲ vorstehendes Kapitel 78.1.1

Wird das Entgelt oder ein Teil des **Entgelts vereinnahmt, bevor die Leistung oder Teilleistung ausgeführt** worden ist, entsteht insoweit die Steuer mit Ablauf des Voranmeldungszeitraums, in dem das Entgelt oder das Teilentgelt vereinnahmt worden ist (§ 13b Abs. 4 Satz 3 UStG). Aus Vereinfachungsgründen ist es nicht zu beanstanden, wenn der Leistungsempfänger die Anmeldung der Steuer auf das Entgelt oder Teilentgelt bereits in dem Voranmeldungszeitraum anmeldet, in dem die Beträge von ihm verausgabt werden[1188].

78.2 Bemessungsgrundlage, Steuerberechnung, Steuersatz

§ 13b Abs. 8 UStG stellt klar, dass der Leistungsempfänger die geschuldete Steuer nach den allgemeinen umsatzsteuerlichen Vorschriften zu berechnen hat. Die Kleinunternehmerregelung des § 19 UStG, bei der bis zu einem Umsatz von 22.000 € auf eine Steuererhebung verzichtet wird, ist bei ausländischen Unternehmern nicht anwendbar. Auch die Sonderregelung für land- und forstwirtschaftliche Umsätze nach § 24 UStG kann – ebenso wie beim bisherigen Abzugsverfahren nach § 53 Abs. 1 Satz 2 UStDV – keine Anwendung finden[1189].

In den Fällen, in denen der Leistungsempfänger die Steuer schuldet, ist Bemessungsgrundlage der in der Rechnung oder Gutschrift ausgewiesene Betrag (Betrag ohne Umsatzsteuer). Die Umsatzsteuer ist von diesem Betrag vom Leistungsempfänger zu berechnen.

 Beratungskonsequenzen

Anders als in den Fällen, in denen der Leistende die Umsatzsteuer schuldet, kann hier **nicht** davon ausgegangen werden, dass im Zweifel die zivilrechtliche Preisvereinbarung die Umsatzsteuer enthält.

Bei **tauschähnlichen Umsätzen** – mit oder ohne Baraufgabe – ist § 10 Abs. 2 Satz 2 und 3 UStG anzuwenden.

Die **Mindestbemessungsgrundlage** nach § 10 Abs. 5 UStG ist auch bei Leistungen eines im Ausland ansässigen Unternehmers zu beachten. Ist der Leistungsempfänger Steuerschuldner nach § 13b Abs. 5 UStG, hat er die Bemessungsgrundlage für den Umsatz nach § 10 Abs. 5 UStG zu ermitteln[1190].

Im **Zwangsversteigerungsverfahren** ist das Meistgebot der Berechnung als Nettobetrag zugrunde zu legen. Werden **sicherungsübereignete Gegenstände** durch den Sicherungsgeber an den Sicherungsnehmer außerhalb des Insolvenzverfahrens geliefert und sind bei dieser Lieferung die Voraussetzungen des § 25a

---

1188 Abschn. 13b.12 Abs. 3 UStAE.
1189 Abschn. 13b.13 Abs. 4 UStAE.
1190 Abschn. 13b.13 Abs. 1 UStAE 8; vgl. auch BMF, Schreiben vom 5.12.2001, a. a. O., Tz. 12.

UStG erfüllt, hat der Sicherungsnehmer die Bemessungsgrundlage nach § 25a Abs. 3 UStG und die Steuer nach § 12 Abs. 1 UStG zu berechnen[1191].

Der Leistungsempfänger hat bei der Steuerberechnung den **Steuersatz** zugrunde zu legen, der sich für den maßgeblichen Umsatz nach § 12 UStG ergibt. Das gilt auch in den Fällen, in denen der Leistungsempfänger die Besteuerung nach § 19 Abs. 1 oder § 24 Abs. 1 UStG anwendet[1192].

Ändert sich die Bemessungsgrundlage, gilt § 17 Abs. 1 Halbsatz 1 UStG in den Fällen des § 13b UStG sinngemäß[1193].

Beispiel 3

Der ausschließlich in Frankreich ansässige Bauunternehmer F hat im April 2021 das Dach der in Hamburg ansässigen Spedition des H neu gedeckt und dazu auch die Dachziegel geliefert. Im Februar 2022 stellt sich bei den Ziegeln ein Materialfehler heraus. F erstattet dem H daraufhin 10 % des bereits vereinnahmten Leistungsentgelts.

➲ **Folge:**

F hat im April 2021 in Deutschland eine steuerbare und steuerpflichtige Werklieferung (§ 3 Abs. 7 Satz 1 UStG) erbracht. Da F keinen Nachweis erbracht hat, im Inland ansässig zu sein, schuldete H die Umsatzsteuer (§ 13b Abs. 5 UStG).

In der Voranmeldung für Februar 2022 hat H die in 2021 vorgenommene Besteuerung i. H. v. 10 % zu berichtigen; Entsprechendes gilt für aus dem Leistungseingang gezogene Vorsteuern.

Die Voranmeldung für April 2021 bleibt unverändert!

78.3 Besonderheiten beim Entgelt von dritter Seite

§ 13b Abs. 9 UStG ermächtigt das BMF, durch Rechtsverordnung nähere Bestimmungen über die Anwendung der Steuerschuldnerschaft zu treffen in Fällen, in denen ein anderer als der Leistungsempfänger das Entgelt gewährt. In derartigen Fällen soll es möglich werden festzulegen, dass derjenige, der das Entgelt gewährt, auch die Steuer schuldet.

1191 Abschn. 13b.13 Abs. 3 UStAE; vgl. auch BMF, Schreiben vom 5.12.2001, a. a. O., Tz. 13 f.
1192 § 13b Abs. 8 UStG, Abschn. 13b.13 Abs. 4 Sätze 1 u. 2 UStAE.
1193 Abschn. 13b.13 Abs. 4 Satz 3 UStAE; vgl. auch BMF, Schreiben vom 5.12.2001, a. a. O., Tz. 15.

Von dieser Ermächtigung wird durch die Vorschrift des § 30a UStDV für **Fälle der unfreien Versendung** Gebrauch gemacht. Grundsätzlich ist Leistungsempfänger derjenige, der aus zivilrechtlichen Verträgen berechtigt und verpflichtet ist. Ihm gegenüber erfolgt auch die Abrechnung des Leistenden. In den Fällen der unfreien Versendung oder Besorgung einer solchen[1194] erfolgt die Abrechnung nicht gegenüber dem Auftraggeber, sondern gegenüber dem Empfänger der Warensendung. Aus Vereinfachungsgründen ist es deshalb sinnvoll, den Rechnungsempfänger an Stelle des Auftraggebers zum Steuerschuldner zu bestimmen. Er darf auch – entsprechend der Vorgängerregelung in § 40 UStDV 1999 – den Vorsteuerabzug vornehmen[1195].

 Checkliste

Steuerschuldnerschaft bei unfreier Versendung[1196]

Nach § 30a UStDV müssen aber **folgende Voraussetzungen** vorliegen:

- der Empfänger der Frachtsendung ist ein Unternehmer oder eine juristische Person des öffentlichen Rechts,
- der Empfänger der Frachtsendung hat die Entrichtung des Entgelts für die Beförderung oder für ihre Besorgung übernommen **und**
- aus der Rechnung über die Beförderung oder ihre Besorgung ist auch die in der Nummer 2 bezeichnete Voraussetzung zu ersehen.

Der Rechnungsempfänger erkennt seine Steuerschuldnerschaft anhand der Angaben in der Rechnung[1197].

78.4 Rechnungserteilung, -hinweis und -aufbewahrung

78.4.1 Allgemeines

§ 14a Abs. 5 UStG regelt die Verpflichtung des leistenden Unternehmers zur Ausstellung von Rechnungen auch in den Fällen, in denen nicht er, sondern der Leistungsempfänger Steuerschuldner ist. Die Rechnung muss zur Rechtssicherheit der Betroffenen **neben den allgemeinen Angaben nach § 14 Abs. 4 UStG** auch

---

1194 §§ 453 ff. HGB.
1195 Amtliche Gesetzesbegründung, BR-Drs. 399/01.
1196 § 30a UStDV.
1197 § 14a UStG und § 30a Nr. 3 UStDV.

einen Hinweis auf die Steuerschuldnerschaft enthalten. Dabei könnte ein Rechnungshinweis wie folgt aussehen:

 Musterrechnung mit § 13b-Hinweis

> Für die Mitarbeiter-Schulung am 16.9.2022 in Ihrem Hause berechne ich Ihnen ein Honorar i. H. v. 4.000 € zzgl. Reisekosten i. H. v. 500 €. Ich danke für das mir entgegengebrachte Vertrauen und bitte um Überweisung des Honorars innerhalb von 10 Werktagen ohne Abzug auf das angegebene Geschäftskonto.
> **Die Umsatzsteuer tragen Sie (§ 13b UStG).**
>
> Mit freundlichen Grüßen

 Beratungskonsequenzen

Für den Fall, dass ein entsprechender Rechnungshinweis fehlt, wird der Leistungsempfänger von der Steuerschuldnerschaft **nicht** entbunden[1198].

 Hinweis

Fallstudie zu den Konsequenzen des unbewussten Unterlassens der Versteuerung nach § 13b UStG ➔ Kapitel 78a.3.

Ein **gesonderter Steuerausweis** ist nach § 14a Abs. 5 Satz 3 UStG nicht zulässig. Bei einem gesonderten Steuerausweis durch den leistenden Unternehmer würde diese Steuer von ihm nach § 14c Abs. 1 UStG geschuldet[1199].

Durch § 33 Satz 3 UStDV soll die Vereinfachung des § 33 UStDV für **Kleinbetragsrechnungen** bei Leistungen i. S. d. § 13b UStG ausgeschlossen werden. Dies ist notwendig, weil diese Rechnungen nicht alle im Zusammenhang mit einer Steuerschuldnerschaft des Leistungsempfängers erforderlichen Angaben (Benennung des Leistungsempfängers, Hinweis auf die Steuerschuldnerschaft) enthalten[1200].

1198 Abschn. 13b.14 Abs. 1 Satz 4 UStAE; vgl. auch BMF, Schreiben vom 5.12.2001, a. a. O., Tz. 16; ausführlich hierzu Weimann, UStB 2007, 118.
1199 Amtliche Gesetzesbegründung, BR-Drs. 399/01.
1200 Amtliche Gesetzesbegründung, BR-Drs. 399/01.

Der Unternehmer hat ein **Doppel der Rechnung 10 Jahre aufzubewahren**. Die Aufbewahrungsfrist beginnt mit dem Schluss des Kalenderjahres, in dem die Rechnung ausgestellt worden ist[1201].

78.4.2 Hinweis bei eigenen innergemeinschaftlichen Dienstleistungen

Die meisten Dienstleistungen an einen in der Europäischen Union ansässigen unternehmerischen Leistungsempfänger sind über § 3a Abs. 2 UStG in dem Land (umsatz)steuerbar, in dem der Leistungsempfänger seinen Sitz hat (**sog. B2B-Prinzip**). Das bedeutet, dass die Versteuerung in dem betreffenden EU-Bestimmungsland erfolgt. In diesen Fällen verlagert sich die Steuerschuld durch das EU-weite »Reverse-Charge-Verfahren« auf den Leistungsempfänger; hierauf hat der Rechnungsaussteller den Rechnungsempfänger hinzuweisen.

> **Bitte beachten Sie!**
> Grundsätzlich gibt es innerhalb der EU für die Rechnungsstellung keinerlei Sprachvorgaben. Hinzuweisen ist allerdings auf **Art. 231 MwStSystRL:** »*[Kannbestimmung: Übersetzung von Rechnungen] Zu Kontrollzwecken können die Mitgliedstaaten verlangen, dass Rechnungen, die sich auf Lieferungen von Gegenständen oder auf Dienstleistungen in ihrem Gebiet beziehen, sowie Rechnungen, die von Steuerpflichtigen mit Sitz in ihrem Gebiet empfangen werden, in die Landessprache übersetzt werden.*«

Die entsprechenden Rechnungshinweise in den Amtssprachen der Europäischen Union wurden nunmehr vom BMF zusammengetragen ➲ Kapitel 71.17.

 Beratungskonsequenzen

Deutschen Unternehmern, die B2B-Leistungen gegenüber ihre EU-ausländischen Kunden abrechnen, ist zu empfehlen, den **Rechnungshinweis auch in der Landessprache des Bestimmungslandes** anzubringen, um Beanstandungen schon im Vorfeld zu vermeiden.

1201 § 14b Abs. 1 Satz 4 Nr. 3 UStG.

78.5 Vorsteuerabzug (§ 15 Abs. 1 Nr. 4 UStG)

78.5.1 Grundsatz: Zeitgleiche Entstehung von USt und VorSt

 Hinweis

➲ Kapitel 75.5

78.5.2 Ausnahme: Vorsteuerabzug durch nicht im Gemeinschaftsgebiet ansässige Unternehmer (§ 15 Abs. 4b UStG)

Soweit an nicht im Gemeinschaftsgebiet ansässige Unternehmer Umsätze ausgeführt werden, für die sie Steuerschuldner nach § 13b Abs. 2 UStG sind, haben sie die für Vorleistungen in Rechnung gestellte Steuer im allgemeinen Besteuerungsverfahren und nicht im Vorsteuer-Vergütungsverfahren geltend zu machen. § 15 Abs. 4b UStG **stellt sicher, dass für die nicht im Gemeinschaftsgebiet ansässigen Unternehmer die im Vorsteuer-Vergütungsverfahren geltenden Beschränkungen und Ausschlüsse** – wie bisher – auch im allgemeinen Besteuerungsverfahren **Anwendung finden**, soweit sie keine inländischen Umsätze bewirken[1202].

Beispiel 4

Der in Frankreich ansässige Unternehmer F nimmt im Mai 2022 mit anderen französischen Unternehmern an einer Gemeinschaftsausstellung der Frankfurter Messe teil. Mit der Organisation und Durchführung der Gemeinschaftsausstellung wird die ebenfalls in Frankreich ansässige Durchführungsgesellschaft D beauftragt.

➲ **Folge:**

In diesem Fall erbringt der Veranstalter der Messe sonstige Leistungen an D. D erbringt die sonstigen Leistungen an die an der Gemeinschaftsausstellung beteiligten Aussteller. D erbringt im Inland steuerpflichtige sonstige Leistungen u. a. an F (§ 13b Abs. 1 Satz 1 Nr. 1 UStG). Die Umsatzsteuer für diese sonstigen Leistungen schuldet F (§ 13b Abs. 2 UStG). Unter den weiteren Voraussetzungen des § 15 UStG kann F im allgemeinen Besteuerungsverfahren die nach § 13b Abs. 2

1202 Amtliche Gesetzesbegründung, BR-Drs. 399/01.

UStG geschuldete Steuer und die für Vorleistungen an ihn in Rechnung gestellte Steuer als Vorsteuer abziehen (§ 15 Abs. 1 Satz 1 Nr. 1 und 4 UStG).

Der Unternehmer kann bei Vorliegen der weiteren Voraussetzungen des § 15 UStG den Vorsteuerabzug in der Umsatzsteuer-Voranmeldung oder Umsatzsteuererklärung für das Kalenderjahr geltend machen, in der er den Umsatz zu versteuern hat[1203].

78.6 Steuerschuldnerschaft des Leistungsempfängers

Allgemeines Besteuerungsverfahren

 Hinweis

... auf das Beispiel in der Fallsammlung internationale Umsätze ➲ Kapitel 67.12

Umsatzsteuer-Voranmeldungen[1204] und eine Steuererklärung für das Kalenderjahr[1205] haben auch die Unternehmer und juristischen Personen des öffentlichen Rechts abzugeben, soweit sie als Leistungsempfänger ausschließlich eine Steuer nach § 13b Abs. 2 UStG zu entrichten haben[1206]. Voranmeldungen sind nur für die Voranmeldungszeiträume abzugeben, in denen die Steuer für die Umsätze i. S. d. § 13b Abs. 1 UStG zu erklären ist[1207]. Die Anwendung des § 18 Abs. 2a UStG ist ausgeschlossen[1208].

Beispiel 5

Der ausschließlich in Frankreich ansässige Bauunternehmer F soll das Dach der in Hamburg ansässigen Spedition des H neu decken. F liefert die Dachziegel im April 2022 und deckt das Dach neu ein. Noch im April 2022 erteilt F dem H eine Netto-Rechnung i. H. v. 12.000 €.

1203 § 13b Abs. 1 und Abs. 2 UStG; vgl. Abschn. 13b.15 Abs. 5 UStAE; vgl. auch BMF-Schreiben vom 5.12.2001, a. a. O., Tz. 19 f.
1204 § 18 Abs. 1 und 2 UStG.
1205 § 18 Abs. 3 und 4 UStG.
1206 § 18 Abs. 4a Satz 1 UStG.
1207 § 18 Abs. 4a Satz 2 UStG.
1208 Abschn. 13b.15 Abs. 4 UStAE; vgl. auch BMF-Schreiben vom 5.12.2001, a. a. O., Tz. 21.

⊃ Folge:

F erbringt in Deutschland eine steuerbare und steuerpflichtige Werklieferung (§ 3 Abs. 7 Satz 1 UStG). Da F keinen Nachweis erbringt, im Inland ansässig zu sein, schuldet H die Umsatzsteuer[1209].

In die Umsatzsteuer-Voranmeldung des H für April 2022 wäre der Umsatz mithin wie folgt aufzunehmen:

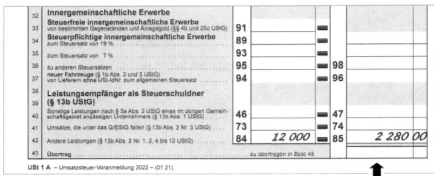

Formular: USt 1 A – Umsatzsteuer-Voranmeldung 2022 – (01.21)

Nullsummenspiel

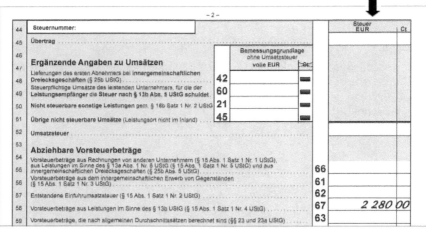

Formular: USt 1 A – Umsatzsteuer-Voranmeldung 2022 – (01.21), Seite 2

1209 § 13b Abs. 5 UStG.

→ Beratungskonsequenzen

1. **Nochmals:** Nach § 13b Abs. 2 Nr. 4 Satz 3 UStG gilt: »Nr. 1 bleibt unberührt«; entsprechende Leistungen von im Ausland ansässigen Unternehmern (§ 13b Abs. 7 UStG) fallen daher auch weiterhin unter den Anwendungsbereich von § 13b Abs. 2 Nr. 1 UStG. Im Beispiel ist die Leistung des F – obwohl der Art nach »Bauleistung« i. S. d. § 13b Abs. 2 Nr. 4 UStG – daher unter den Kz. 84 und 85 anzumelden.

2. **Es ist *keine* Eintragung unter Kz. 60 (= Zeile 49)** vorzunehmen: hier sind nur Umsätze des leistenden Unternehmers einzutragen, für die der Leistungsempfänger die Umsatzsteuer nach § 13b Abs. 5 UStG schuldet[1210].

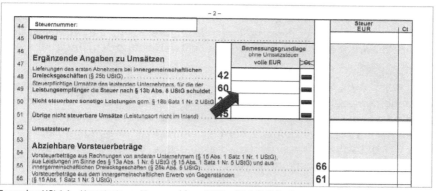

Formular: USt 1 A – Umsatzsteuer-Voranmeldung 2022 – (01.21), Seite 2

Hat der im Ausland ansässige Unternehmer im Besteuerungszeitraum oder Voranmeldungszeitraum nur Umsätze ausgeführt, für die der Leistungsempfänger die Steuer schuldet[1211], sind von ihm nur dann Steueranmeldungen abzugeben, wenn

- er selbst als Leistungsempfänger eine Steuer nach § 13b UStG schuldet,
- er eine Steuer nach § 14c UStG schuldet oder
- das Finanzamt ihn hierzu besonders auffordert.

Das Finanzamt hat den Unternehmer insbesondere in den Fällen zur Abgabe von Steueranmeldungen aufzufordern, in denen es zweifelhaft ist, ob er tatsächlich nur Umsätze ausgeführt hat, für die der Leistungsempfänger die

---

1210 Vgl. Anleitung zur Umsatzsteuer-Voranmeldung 2022.
1211 § 13b Abs. 5 UStG.

Steuer schuldet. Eine Besteuerung des Unternehmers nach § 16 und § 18 Abs. 1 bis 4 UStG ist jedoch nur dann durchzuführen, wenn der im Ausland ansässige Unternehmer im Inland steuerpflichtige Umsätze ausgeführt hat, für die der Leistungsempfänger die Steuer nicht schuldet[1212].

Bei der Besteuerung des im Ausland ansässigen Unternehmers nach § 16 und § 18 Abs. 1 bis 4 UStG sind die Umsätze, für die der Leistungsempfänger die Steuer schuldet, nicht zu berücksichtigen.

Ferner bleiben die Vorsteuerbeträge unberücksichtigt, die im Vorsteuer-Vergütungsverfahren[1213] vergütet wurden. Die danach verbleibenden Vorsteuerbeträge sind ggf. durch Vorlage der Rechnungen und Einfuhrbelege nachzuweisen. Abschn. 15.11 Abs. 1 UStAE gilt gem. Abschn. 13b.16 Abs. 3 Satz 4 UStAE sinngemäß. Das Finanzamt hat die vorgelegten Rechnungen und Einfuhrbelege durch Stempelaufdruck oder in anderer Weise zu entwerten und dem Unternehmer zurückzusenden.

Hat der im Ausland ansässige Unternehmer im Besteuerungszeitraum oder im Voranmeldungszeitraum nur Umsätze ausgeführt, für die der Leistungsempfänger die Steuer schuldet, und kommt deshalb das allgemeine Besteuerungsverfahren nach § 16 und § 18 Abs. 1 bis 4 UStG nicht zur Anwendung, können die nach § 15 UStG abziehbaren Vorsteuerbeträge unter den weiteren Voraussetzungen nur im Vorsteuer-Vergütungsverfahren vergütet werden (➲ Kapitel 77).

78.7 Aufzeichnungspflichten

Neben den allgemeinen Aufzeichnungspflichten nach § 22 UStG müssen in den Fällen des § 13b Abs. 1 bis 5 UStG beim Leistungsempfänger die in § 22 Abs. 2 Nr. 1 und 2 UStG enthaltenen Angaben über die von ihm ausgeführten oder noch nicht ausgeführten Lieferungen und sonstigen Leistungen aus den Aufzeichnungen zu ersehen sein[1214]. Auch der leistende Unternehmer hat diese Angaben gesondert aufzuzeichnen[1215]. Die Verpflichtung, zur Feststellung der Steuer und der Grundlagen ihrer Berechnung Aufzeichnungen zu machen, gilt in den Fällen der

---

1212 BMF, Schreiben vom 5.12.2001, Tz. 22.

1213 § 18 Abs. 9 UStG, §§ 59 bis 61 UStDV.

1214 Abschn. 13b.17 UStAE; bis 31.12.2011: Abschn. 13b.1 Abs. 51 UStAE.

1215 § 22 Abs. 2 Nr. 8 UStG.

Steuerschuldnerschaft des Leistungsempfängers **auch für Personen, die nicht Unternehmer sind**[1216].

Beispiel 6

Bezug einer Leistung für den nichtunternehmerischen Bereich eines Unternehmers oder den Hoheitsbereich einer juristischen Person des öffentlichen Rechts.

78.8 Buchungssätze

Eingangsumsätze, auf die § 13b UStG anzuwenden ist, werden beim (deutschen) Leistungsempfänger wie folgt zu buchen sein:

Buchungssätze

1. Aktivkonto (oder Aufwandskonto) an **Geldkonto** (oder Verbindlichkeiten)
2. **Vorsteuer aus § 13b UStG**   an **Umsatzsteuer aus § 13b UStG**

Selbstverständlich werden die Buchungen auch auf **Sammelkonten** erfolgen können, die durch eine besondere Kennung die Datenbasis für die Umsatzsteuererklärung gewährleisten[1217].

79 Besteuerung von (sonstigen) Leistungen deutscher Unternehmer im EU-Ausland

EU-ausländische »Gegenstücke« zum deutschen § 13b UStG – Wichtig für die Debitorenbuchhaltung!

 Hinweis

➲ mybook.haufe.de > Vertiefende Informationen > Kapitel 79

1216 § 22 Abs. 1 Satz 2 UStG.
1217 So auch *Winter,* UR 2001, 325.

Geschäftsveräußerung – Gesellschaften/Gemeinschaften

80 Geschäftsveräußerung im Ganzen

> ⚠️ **Hinweis**
>
> ➲ mybook.haufe.de > Vertiefende Informationen > Kapitel 80

81 Sonderprobleme

Gesellschaften/Gemeinschaften und des Haltens von Beteiligungen

> ⚠️ **Hinweis**
>
> ➲ mybook.haufe.de > Vertiefende Informationen > Kapitel 81

82 Besteuerungsverfahren nach dem UStG

 Hinweis

➲ mybook.haufe.de > Vertiefende Informationen > Kapitel 82

Die örtliche Zuständigkeit der Finanzämter bei Umsatzsteuerfragen für **in Deutschland steuerpflichtige ausländische Unternehmer** (§ 21 Abs. 1 Satz 2 AO) richtet sich nach der »Umsatzsteuer-Zuständigkeitsverordnung«[1218] ➲ Kapitel 84.4.

83 Allgemeines Verfahrensrecht – Steuerstrafrecht – Zivilrecht – Berufsrecht (ABC)

Hinweis

➲ mybook.haufe.de > Vertiefende Informationen > Kapitel 83

84 Internationales Umsatzsteuerrecht

84.1 Umsatzsteuerrecht der anderen EU-Mitgliedstaaten: Kenntnis für deutsche Unternehmer und deren Steuerberater unerlässlich

Das Umsatzsteuerrecht der EU-Mitgliedstaaten ist weitgehend harmonisiert (➲ Kapitel 1.2). Kompetente und haftungsfreie Umsatzsteuerberatung setzt neben der umfassenden Kenntnis des jeweiligen nationalen Umsatzsteuerrechts

---

1218 Genauer: »Verordnung über die örtliche Zuständigkeit für die Umsatzsteuer im Ausland ansässiger Unternehmer«.

daher immer auch die Kenntnis der europarechtlichen Rahmenbedingungen voraus[1219].

84.1.1 Kenntnis der EU-ausländischen Gesetzesfassungen

Wer die MwStSystRL anwendet, muss sich – wie allgemein bei der Anwendung von Gemeinschaftsrecht – bewusst sein, dass ihr Inhalt **nicht allein durch die deutsche Sprachfassung** bestimmt werden kann. Nach ständiger EuGH-Rechtsprechung verbietet es die Notwendigkeit einer einheitlichen Auslegung des Gemeinschaftsrechts, eine Bestimmung für sich allein zu betrachten. Der Rechtsanwender ist vielmehr dazu **gezwungen, die Bestimmung unter Berücksichtigung ihrer Fassungen in den anderen Amtssprachen auszulegen**[1220].

84.1.2 Kenntnis der aus dem EU-Ausland anhängigen EuGH-Verfahren

Unabdingbar ist auch die Kenntnis der EuGH-Verfahren.

Dabei ist zu beachten, dass nicht nur Verfahren betrachtet werden dürfen, die das deutsche Umsatzsteuerrecht unmittelbar betreffen, sondern **auch solche zum ausländischen Umsatzsteuerrecht**, bei denen Gegenstand der Prüfung Regelungen sind, die in identischer oder sehr ähnlicher Form auch in Deutschland zur Anwendung gelangen[1221].

84.1.3 Besonderheiten des Verfahrensrechts innerhalb der EU

Hinzuweisen ist noch einmal auf die besonderen Gefahren, die sich aus dem auch weiterhin **unterschiedlichen Verfahrensrecht der einzelnen EU-Mitgliedstaaten** ergeben. So hält es der EuGH für grundsätzlich zulässig, dass das italienische Steuerrecht für die Umsatzsteuerschuld eine längere Verjährung als für den dazu gehörenden Vorsteueranspruch vorsieht[1222].

1219 *Weimann* in UNI, Einführung UStG, Rz. 29..

1220 *Weimann* in UNI, Einführung UStG, Rz. 30 f.

1221 *Weimann* in UNI, in UNI, Einführung UStG, Rz. 32 ff.

1222 Vgl. EuGH, Urteil vom 8.5.2008, Rs. C-95/07 und 96/07, Ecotrade SpA, UR 2008, 512; dazu Anmerkungen von *Weimann,* PIStB 2008, 257.

Beratungskonsequenzen

Das Urteil zeigt, wie vorsichtig man als Steuerberater sein muss mit Empfehlungen zum angeblich »überall gleichen Umsatzsteuerrecht«; Abweichungen können sich – noch einmal – insbesondere auch aus dem nationalen Verfahrensrecht ergeben.

84.2 Vorsicht bei Drittlandsfragen!

Das Umsatzsteuerrecht kennt keine Doppelbesteuerungsabkommen; **jedes Land der Welt regelt seine Umsatzsteuerfragen damit grundsätzlich autark** (➲ Kapitel 1.1).

Viele Drittstaaten haben sich aber – ob der Vorteile des Vorsteuerabzugs (Arbeitsteilung bleibt unbesteuert!) – bei der Gestaltung ihres eigenen Umsatzsteuerrechts an den Grundsätzen und Leitlinien des europäischen Umsatzsteuerrechts orientiert und dieses weitestgehend transformiert; so spricht z. B. die Schweiz von einem EU-harmonierten Umsatzsteuerrecht.

Dadurch entsteht für deutsche Unternehmer und deren Berater der oft **trügerische Schein, auch im Drittlandsumsatzsteuerrecht »zu Hause zu sein«.** Hier ist Vorsicht geboten; der Teufel steckt im Detail!

 Beratungskonsequenzen

1. Der **Steuerberater** wird dabei aber immer die **Grenzen seines Beratungsauftrags** zu beachten haben; diese ergeben sich natürlich rein faktisch auch aus dem Umfang des durch seine **Berufshaftpflichtversicherung** abgedeckten Risikos. Bei der Klärung von Drittlandsumsatzsteuerfragen sollte der Berater den Mandanten daher im Zweifel allenfalls unterstützen (Kontakte herstellen etc. Hinweis auf ➲ nachfolgendes Kapitel 84.3), aber keine Haftung übernehmen.

2. **Unternehmern** wiederum ist zu empfehlen, wirklich wichtige Fragen von ihrem Steuerberater/Wirtschaftsprüfer **ausschließlich schriftlich** klären zu lassen. Der Schriftlichkeit kommt im Hinblick auf sich im Fall einer Fehlberatung stellende Haftungsfragen besondere Bedeutung zu.

Ist eine Drittlandsberatung unerwünscht – weil etwa die dadurch zu erwartenden Kosten zu hoch wären oder aber, was gerade im Bereich des Anlagenbaus immer wieder vorkommt, der (größere) Kunde dem (kleineren) Anlagenbauer den Vertrag weitgehend »diktiert« –, sollte der leistende Unternehmer/Mandant zivilrechtlich zumindest über eine »**salvatorische Klausel**« abgesichert werden (Stichwort »vergessene Umsatzsteuer«):

 Musterformulierung

»Die Vertragsparteien gehen **einvernehmlich** davon aus, dass das Geschäft in keinem Land der Welt einer Umsatzsteuer/Mehrwertsteuer oder einer ähnlichen Steuer unterliegt.
Für den Fall, dass diese Annahme falsch sein sollte und die Zahlung einer solchen Steuer vom Vertragspartner zu § ... (Verkäufer, Dienstleister, Anlagenbauer) verlangt wird, **schuldet der Vertragspartner zu § ... (Käufer, Mandant, Kunde) diese Steuer zusätzlich** zu dem in § ... verlangten Kaufpreis.«

84.3 Informationsbeschaffung

84.3.1 Auslandshandelskammern

Zumindest erste verlässliche Informationen können in der Regel über die Auslandshandelskammern (AHK) bezogen werden. Das deutsche Auslandshandelskammernetz umfasste im Jahr 2020 140 Büros (Auslandshandelskammern, Delegiertenbüros und Repräsentanten der deutschen Wirtschaft) in 92 Ländern weltweit. Kernaufgabe des Auslandshandelskammernetzes ist die Förderung der bilateralen Wirtschaftsbeziehungen. Eine der Aufgaben ist der direkte Auskunfts-, Beratungs- und Organisationsdienst für die am bilateralen Wirtschaftsverkehr beteiligten Unternehmen und Organisationen. Damit steht das Netz der deutschen Wirtschaft auch für Umsatzsteuerfragen der jeweiligen Länder zur Verfügung.

84.3.2 Germany Trade and Invest

»Germany Trade and Invest« – nachfolgend kurz »GTaI« – ist die neue **Wirtschaftsförderungsgesellschaft der Bundesrepublik Deutschland**. Die GTaI ist am 1.1.2009 durch die Zusammenführung der **Bundesagentur für Außenwirtschaft (bfai) mit der Invest in Germany GmbH** entstanden. Sie bündelt damit die Kompetenzen beider Vorgängerorganisationen mit dem Ziel, durch eine breit angelegte Wissensbasis die deutsche Außenwirtschaft zu fördern und stärken. Durch die Gründungsgeschichte der Gesellschaft erklären sich deren beide Geschäftsbereiche:

- **Der Geschäftsbereich Außenwirtschaft (Trade)** fokussiert die Beschaffung und Verbreitung von Informationen über ausländische Märkte. Hier sieht die GTaI den Schwerpunkt ihrer Tätigkeit. Weltweit eingesetzte Auslandsmitarbeiter recherchieren vor Ort. Darüber hinaus wird die **enge Zusammenarbeit mit den deutschen AHKs** ausgebaut, um Unternehmern und deren Beratern künftig im Ausland unter dem Dach der AHKs eine zentrale Anlaufstelle mit Informationen und gezielter Beratung zu bieten.

- **Der Geschäftsbereich Investieren (Invest)** unterstützt durch Standortmarketing für den Wirtschafts- und Investitionsstandort Deutschland die Ansiedlung ausländischer Unternehmen in Deutschland.

Von vorrangigem Interesse für deutsche Unternehmen und Steuerberater wird der Geschäftsbereich Außenwirtschaft sein. Gilt es, einen ersten Einstieg in **internationale Umsatzsteuerfälle** zu finden, dürfte zukünftig auch ein Blick auf die neue Homepage der GTaI weiterhelfen. Darstellungen zu länderspezifischen Umsatzsteuerproblemen finden Sie dort unter Außenwirtschaft/Recht/ Steuerrecht/Umsatzsteuer.

 Beratungskonsequenzen

Der Geschäftsbereich Außenwirtschaft hat die vorrangige Aufgabe, deutsche Unternehmen, die ausländische Märkte für sich erschließen wollen, zu beraten und zu unterstützen. Als deutscher Unternehmer/Steuerberater wird man also auch bei der Lösung individueller internationaler Umsatzsteuerprobleme zukünftig die GTaI mit »auf der Agenda« haben müssen.

84.4 Sonderregeln für die Zuständigkeit der deutschen Finanzämter für ausländische Unternehmen

Die örtliche Zuständigkeit der Finanzämter bei Umsatzsteuerfragen für **in Deutschland steuerpflichtige ausländische Unternehmer**[1223] richtet sich nach der »Verordnung über die örtliche Zuständigkeit für die Umsatzsteuer im Ausland ansässiger Unternehmer«[1224]:

1223 § 21 Abs. 1 Satz 2 AO.

1224 Kurz: »Umsatzsteuer-Zuständigkeitsverordnung«, zuletzt geändert durch Jahressteuergesetz 2020 (JStG 2020) vom 21.12.2020, BGBl. I 2020, S. 3096.

Rechtsgrundlagen

Verordnung über die örtliche Zuständigkeit für die Umsatzsteuer im Ausland ansässiger Unternehmer

§ 1

(1) Für die Umsatzsteuer der Unternehmer im Sinne des § 21 Abs. 1 Satz 2 der Abgabenordnung sind folgende Finanzämter örtlich zuständig:

1. das Finanzamt Trier für im Königreich Belgien ansässige Unternehmer,
2. das Finanzamt Neuwied für in der Republik Bulgarien ansässige Unternehmer,
3. das Finanzamt Flensburg für im Königreich Dänemark ansässige Unternehmer,
4. das Finanzamt Rostock für in der Republik Estland ansässige Unternehmer,
5. das Finanzamt Bremen für in der Republik Finnland ansässige Unternehmer,
6. das Finanzamt Offenburg für in der Französischen Republik und im Fürstentum Monaco ansässige Unternehmer,
7. das Finanzamt Hannover-Nord für im Vereinigten Königreich Großbritannien und Nordirland sowie auf der Insel Man ansässige Unternehmer,
8. das Finanzamt Berlin Neukölln für in der Griechischen Republik ansässige Unternehmer,
9. das Finanzamt Hamburg-Nord für in der Republik Irland ansässige Unternehmer,
10. das Finanzamt München[1225] für in der Italienischen Republik ansässige Unternehmer,
11. das Finanzamt Kassel-Hofgeismar für in der Republik Kroatien ansässige Unternehmer,
12. das Finanzamt Bremen für in der Republik Lettland ansässige Unternehmer,
13. das Finanzamt Konstanz für im Fürstentum Liechtenstein ansässige Unternehmer,
14. das Finanzamt Mühlhausen für in der Republik Litauen ansässige Unternehmer,
15. das Finanzamt Saarbrücken Am Stadtgraben für im Großherzogtum Luxemburg ansässige Unternehmer,

---

1225 Bis 31.12.2010: Finanzamt München II.

16. das Finanzamt Berlin Neukölln für in der Republik Mazedonien ansässige Unternehmer,

17. das Finanzamt Kleve für im Königreich der Niederlande ansässige Unternehmer,

18. das Finanzamt Bremen für im Königreich Norwegen ansässige Unternehmer,

19. das Finanzamt München[1226] für in der Republik Österreich ansässige Unternehmer,

20. für in der Republik Polen ansässige Unternehmer

   a) das Finanzamt Hameln, wenn der Nachname oder der Firmenname des Unternehmers mit den Buchstaben A bis G beginnt;

   b) das Finanzamt Oranienburg, wenn der Nachname oder der Firmenname des Unternehmers mit den Buchstaben H bis l beginnt;

   c) das Finanzamt Cottbus, wenn der Nachname oder der Firmenname des Unternehmers mit den Buchstaben M bis R beginnt;

   d) das Finanzamt Nördlingen, wenn der Nachname oder der Firmenname des Unternehmers mit den Buchstaben S bis # beginnt;

   e) ungeachtet der Regelungen in den Buchstaben a bis d das Finanzamt Cottbus für alle Unternehmer, auf die das Verfahren nach § 18 Absatz 4e des Umsatzsteuergesetzes anzuwenden ist,

21. das Finanzamt Kassel-Hofgeismar für in der Portugiesischen Republik ansässige Unternehmer,

22. das Finanzamt Chemnitz-Süd für in Rumänien ansässige Unternehmer,

23. das Finanzamt Magdeburg[1227] für in der Russischen Föderation ansässige Unternehmer,

24. das Finanzamt Hamburg-Nord für im Königreich Schweden ansässige Unternehmer,

25. das Finanzamt Konstanz für in der Schweizerischen Eidgenossenschaft ansässige Unternehmer,

26. das Finanzamt Chemnitz-Süd für in der Slowakischen Republik ansässige Unternehmer,

27. das Finanzamt Kassel-Hofgeismar für im Königreich Spanien ansässige Unternehmer,

28. das Finanzamt Oranienburg für in der Republik Slowenien ansässige Unternehmer,

---

1226 Bis 13.12.2010: Finanzamt München II.
1227 Bis 13.12.2010: Finanzamt Madeburg II.

29. das Finanzamt Chemnitz-Süd für in der Tschechischen Republik ansässige Unternehmer,

30. das Finanzamt Dortmund-Unna für in der Republik Türkei ansässige Unternehmer,

31. das Finanzamt Magdeburg[1228] für in der Ukraine ansässige Unternehmer,

32. das Zentralfinanzamt Nürnberg für in der Republik Ungarn ansässige Unternehmer,

33. das Finanzamt Magdeburg[1229] für in der Republik Weißrussland ansässige Unternehmer,

34. das Finanzamt Bonn-Innenstadt für in den Vereinigten Staaten von Amerika ansässige Unternehmer.

ab 1.7.2021:

[2]Die örtliche Zuständigkeit nach Satz 1 gilt für Außengebiete, Überseegebiete und Selbstverwaltungsgebiete der in Satz 1 genannten Staaten entsprechend[1230].

(2) Für die Umsatzsteuer der Unternehmer im Sinne des § 21 Abs. 1 Satz 2 der Abgabenordnung, die nicht von Absatz 1 erfasst werden, ist das Finanzamt Berlin Neukölln zuständig.

(2a) Abweichend von den Absätzen 1 und 2 ist für die Unternehmer, die von § 18 Abs. 4c des Umsatzsteuergesetzes Gebrauch machen, das Bundeszentralamt für Steuern zuständig.

(3) Die örtliche Zuständigkeit nach § 61 Abs. 1 Satz 1 [ab 1.7.2021: … und § 61a Abs. 1 …][1231] der Umsatzsteuer-Durchführungsverordnung für die Vergütung der abziehbaren Vorsteuerbeträge an im Ausland ansässige Unternehmer bleibt unberührt.

§ 2

Diese Verordnung tritt am Tage nach ihrer Verkündung in Kraft. Gleichzeitig tritt die Umsatzsteuerzuständigkeitsverordnung vom 21.2.1995 (BGBl. I S. 225), zuletzt geändert durch Art. 3 des Gesetzes vom 30.8.2001 (BGBl. I S. 2267) außer Kraft.

1228 Bis 13.12.2010: Finanzamt Madeburg II.
1229 Bis 13.12.2010: Finanzamt Madeburg II.
1230 Eingefügt durch das JStG 2020, a. a. O.
1231 Eingefügt durch das JStG 2020, a. a. O.

Downloadangebote

1. Haufe-Lexware-Downloadseite

Auf der Haufe-Lexware-Downloadseite[1232] finden Sie ergänzende Informationen und Arbeitsmittel:

- **Gesetze, Verordnungen, Richtlinien**

  - Richtlinie 2006/112/EG des Rates vom 28.11.2006 über das gemeinsame Mehrwertsteuersystem (Mehrwertsteuer-Systemrichtlinie/MwStSystRL)

  - Sechste Richtlinie 77/388/EWG zur Harmonisierung der Rechtsvorschriften der Mitgliedstaaten über die Umsatzsteuer – Gemeinsames Mehrwertsteuersystem: einheitliche Bemessungsgrundlage – (6. EG-Richtlinie/6. EG-RL)

  - Umsatzsteuergesetz

  - Umsatzsteuer-Durchführungsverordnung

  - Umsatzsteuer-Anwendungserlass

- **Wichtiges aus der Verwaltung**

  - BMF-Schreiben

  - von anderen Behörden

- **Vordrucke**

- **Vertiefende Informationen**

  - Begleitmaterial zu den Kapiteln dieses Buches

Das Buch konzentriert sich – schon um im Interesse des Lesers den Umfang und damit letztlich auch den Preis in Grenzen zu halten – auf »das Wesentliche«. Den einzelnen Kapiteln sind daher kurze Hinweise auf Rechtsvorschriften, BMF-Schreiben, OFD-Verfügungen und Fallstudien vorangestellt.

Gesamtdarstellungen einzelner Kapitel sowie **Kapitelunterpunkte**, auf die der Praktiker erfahrungsgemäß nur gelegentlich zurückgreifen wird, finden Sie in den digitalen Extras unter der jeweiligen Kapitelnummer.

1232 Den Link sowie Ihren Zugangscode finden Sie am Buchanfang.

2. www.umsatzsteuerpraxis.de

Die Arbeit am Buchmanuskript dauerte bis **Ende März 2022**. Um dem Anspruch des Lesers nach stets aktueller und umfassender Information auch nach der Drucklegung gerecht zu werden, wurde diese **besondere Homepage** eingerichtet. Sie wird **laufend gepflegt** und ist bis zu einer Neuauflage des Buches **kostenlos einzusehen**.

3. EuGH-App »CVRIA«

Der Gerichtshof der Europäischen Union bietet die App CVRIA für Smartphones und Tablets an. Die App ist in »Google Play« und im »App Store« abrufbar. Sie ist in **23 Sprachen** der Union verfügbar und umfasst **vier Rubriken**:

- **Rechtsprechung:** bietet einen einfachen Zugang zu den jüngsten Urteilen, Beschlüssen und Schlussanträgen;
- **Pressemitteilungen:** ermöglicht die Anzeige der letzten zehn Pressemitteilungen;
- **Gerichtskalender:** bietet einen Überblick über die in den nächsten fünf Wochen angesetzten Termine für mündliche Verhandlungen, für die Stellung von Schlussanträgen und für Urteilsverkündungen;
- **Suche:** bietet einen einfachen Zugang zur gesamten Rechtsprechung der Unionsgerichte. Diese Rubrik ermöglicht eine Suche anhand der Rechtssachennummer, der Namen der Parteien und des Datums sowie eine Volltextsuche.

4. Umsatzsteuer-Module der Europäischen Kommission

Die europäische Kommission hat zur Umsatzsteuer E-Learning-Module entwickelt, die auch **in deutscher Sprache** angeboten werden. Ziel der Module ist es, **Grundlagen des EU-Umsatzsteuerrechts** zu erläutern. Downloads unter:
https://ec.europa.eu/taxation_customs/eu-training/general-overview/elearning-modules-vat_de

5. Wer zwitschert denn da? – Der BFH!

Den sozialen Medien vermag sich niemand zu verschließen – auch nicht der BFH. Das Gericht erweitert seine Öffentlichkeitsarbeit und informiert seit Jahresanfang 2017 über seine Pressemitteilungen auch mit Tweets auf Twitter.

Über den Account www.twitter.com/bfh_bund sind die Tweets mit einer Verlinkung auf die jeweilige Pressemitteilung verfügbar.

Zudem können die auf der Internetseite des Bundesfinanzhofs veröffentlichten Pressemitteilungen über eine für Smartphones nutzergerecht gestaltete Zusatzrubrik der Internetseite aufgerufen werden.

Zu beachten ist, dass Twitter nicht als Kommunikationsmittel für Rechtsmittel, Anträge und sonstige Schriftsätze im gerichtlichen Verfahren oder für sonstige Anfragen an den Bundesfinanzhof und seine Pressestelle zur Verfügung steht.

Rechtsmittel, Anträge und sonstige Schriftsätze im gerichtlichen Verfahren müssen weiter auf dem Postweg (Bundesfinanzhof, Postfach 86 02 40, 81629 München), per Telefax (Nr.: 089 9231-201) oder über das Elektronische Gerichts- und Verwaltungspostfach eingereicht werden. Eine Übermittlung per Twittermitteilung ist nicht möglich.

Der BFH weist darauf hin, dass die Plattform www.twitter.de von einem privaten Unternehmen betrieben wird. Das Gericht hat weder Einfluss auf Art und Umfang der Nutzerdatenspeicherung durch den Betreiber der Twitter-Plattform noch auf die Verfügbarkeit des Dienstes.

6. Sonstige Informationsangebote im Internet (ABC)

Diese Auflistung lebt von ihrer Aktualität und wird daher nur noch als Download angeboten ➲ www.umsatzsteuer.de > Aktualisierungen.

Literaturverzeichnis

Dieses Literaturverzeichnis beschränkt sich darauf, aus der Vielzahl der Veröffentlichungen zum Umsatzsteuerrecht die wirklich praxisrelevanten und in diesem Buch daher häufig zitierten aufzulisten.

1. Kommentare

Bunjes [ehemals Bunjes/Geist], UStG, 19. Auflage 2020 ➲ zitiert als »B/G«.

Schwarz/Widmann/Radeisen (ehemals Vogel/Schwarz), UStG, Loseblattwerk ➲ zitiert als »S/W/R«.

Weimann/Lang, Umsatzsteuer – national und international, 5. Auflage 2018, Stand: 3. E-Update Juli 2021, in Kooperation mit Datev eG ➲ zitiert als »UNI«.

2. Lehrbücher u. Ä.

Haufe Praxishandbuch Umsatzsteuer, Loseblattwerk ➲ zitiert als »HPU«.

Kurz / Meissner (ehemals Völkel / Karg), Umsatzsteuer, 18. Auflage 2017 ➲ zitiert als »K/M«.

Lippross, Umsatzsteuer, 24. Auflage 2017 ➲ zitiert als »Lippross«.

Meissner/Neeser, Umsatzsteuer, 24. Auflage 2017.

Schneider (ehemals Völkel/Karg/Schneider), ABC-Führer Umsatzsteuer, Loseblattwerk ➲ zitiert als »Schneider«.

Weimann, E-Rechnungen, 2. Auflage 2020 ➲ zitiert als »Weimann/E-Rechnungen«.

Weimann, Gelangensbestätigung, 1. Auflage 2014, mit Einleger (Rechtsstand 1.1.2020) ➲ zitiert als »Weimann, Gelangensbestätigung«

Weimann, Umsatzsteuersenkung, 1. Auflage 2020 ➲ zitiert als »Weimann, USt-Senkung«.

3. Zeitschriften

Aktuelles aus dem Steuer- und Wirtschaftsrecht ➲ zitiert als »AStW«.

Auto · Steuern · Recht ➲ zitiert als »ASR«.

Betriebs-Berater ➲ zitiert als »BB«.

BFH/NV (Sammlung aller nicht amtlich veröffentlichten Entscheidungen des Bundesfinanzhofs) ➲ zitiert als »BFH/NV«.

BFH-Richter kommentieren für die Praxis ➲ zitiert als »BFH/PR«.

Bundessteuerblatt ➲ zitiert als »BStBl.«.

Der Betrieb ➲ zitiert als »DB«.

Der Steuerberater ➲ zitiert als »StB«.

Deutsches Steuerrecht ➲ zitiert als »DStR«.

Deutsche Steuer-Zeitung ➲ zitiert als »DStZ«.

Deutsches Steuerrecht ➲ zitiert als »DStR«.

Deutsche Steuer-Zeitung ➲ zitiert als »DStZ«.

Entscheidungen der Finanzgerichte ➲ zitiert als »EFG«.

Europäische Grundrechte-Zeitschrift ➲ zitiert als »EuGRZ«

Gestaltende Steuerberatung ➲ zitiert als »GStB«.

Neue Wirtschafts-Briefe für Steuer- und Wirtschaftsrecht ➲ zitiert als »NWB«.

Praxis Internationale Steuerberatung ➲ zitiert als »PIStB«.

Steuerberater Woche ➲ zitiert als »StBW«.

Umsatzsteuer-Rundschau ➲ zitiert als »UR«.

UmsatzSteuerBerater ➲ zitiert als »UStB«.

Umsatzsteuer- und Verkehrsteuer-Recht ➲ zitiert als »UVR«.

Stichwortverzeichnis

V